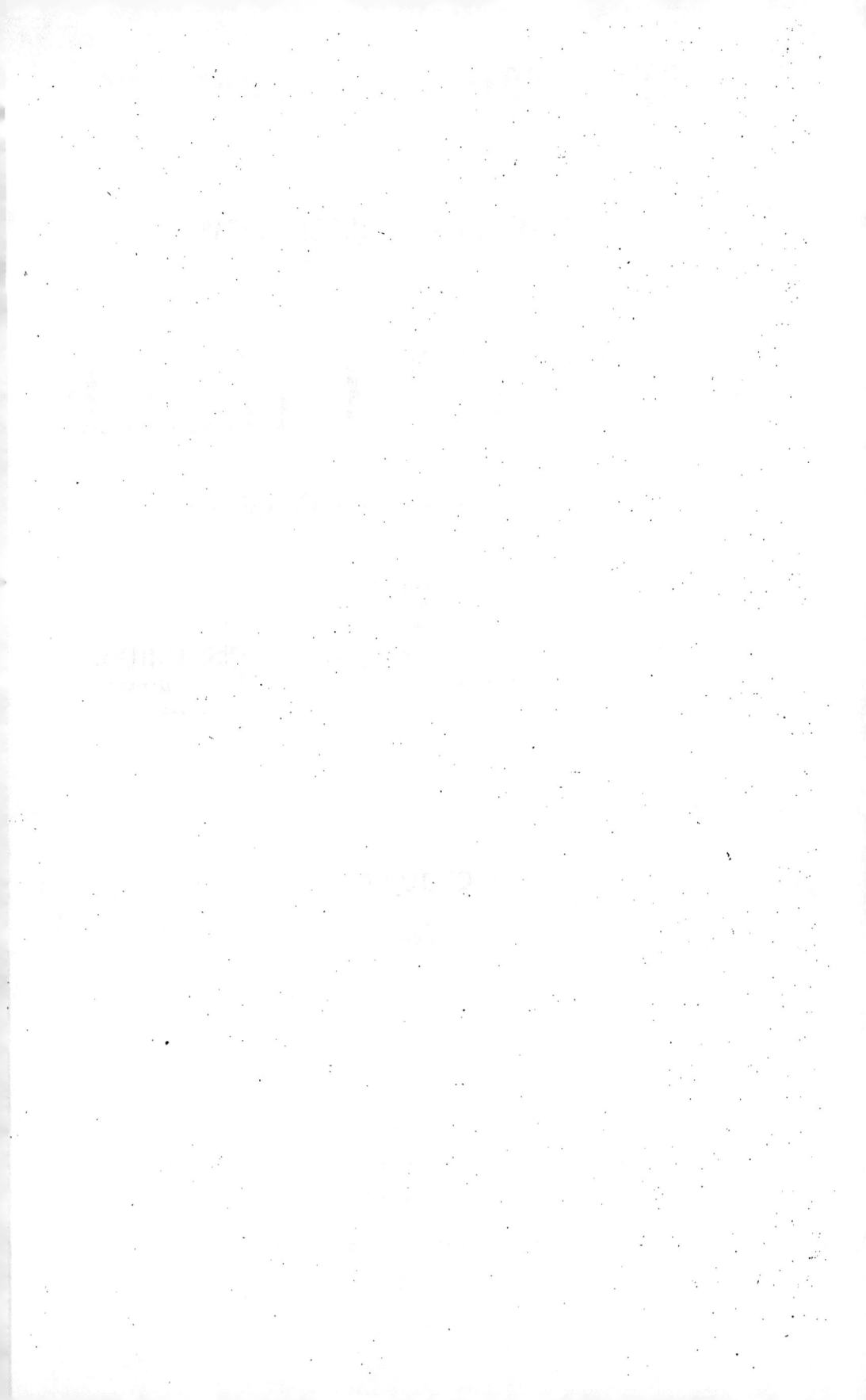

RÉPERTOIRE ALPHABÉTIQUE

DE

LÉGISLATION & DE RÉGLEMENTATION

DE LA

COCHINCHINE

ARRÊTÉ AU PREMIER JANVIER 1889

PAR MM.

E. LAFFONT
ADMINISTRATEUR DES AFFAIRES INDIGÈNES
EN COCHINCHINE.
(DE L'ORIGINE A 1886 INCLUS)

ET

J.-B. FONSSAGRIVES
AIDE-COMMISSAIRE COLONIAL.
(POUR LES ANNÉES 1887 ET 1888)

TOME QUATRIÈME

G-J

PARIS
LIBRAIRIE NOUVELLE DE DROIT ET DE JURISPRUDENCE
ARTHUR ROUSSEAU
ÉDITEUR
14, rue Soufflot et rue Toullier, 13

1890

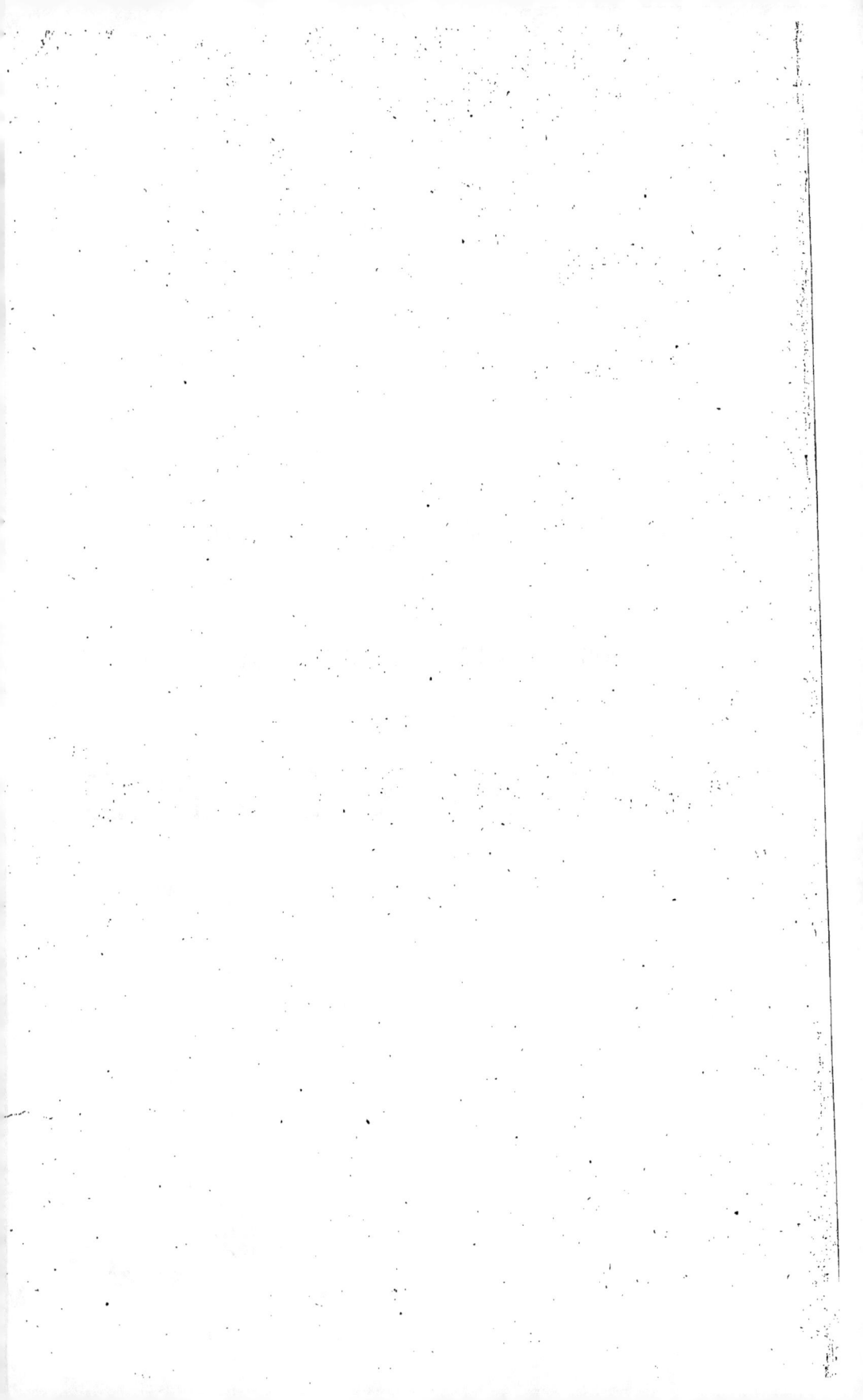

RÉPERTOIRE ALPHABÉTIQUE

DE

LÉGISLATION ET DE RÉGLEMENTATION

DE LA

COCHINCHINE

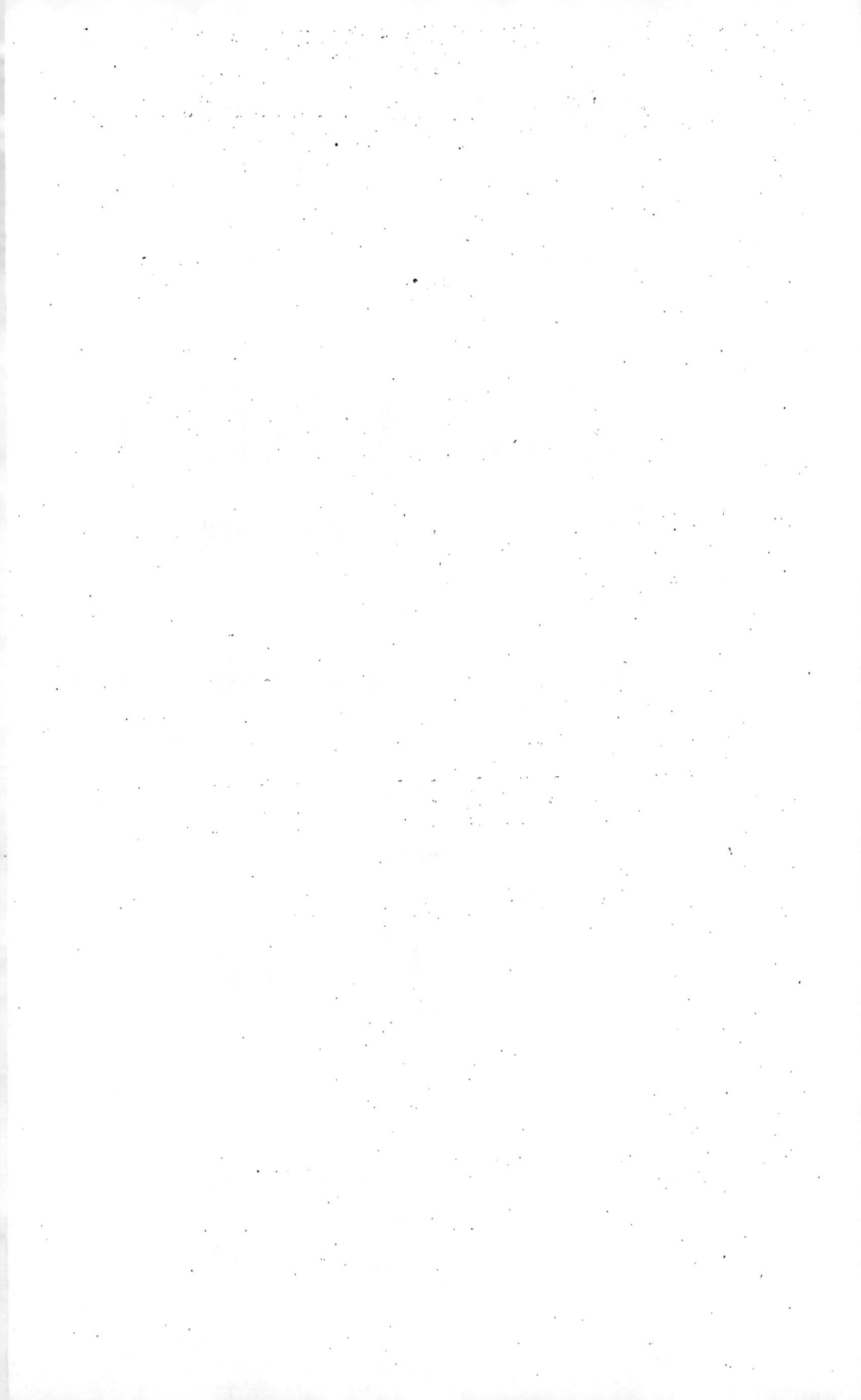

RÉPERTOIRE ALPHABÉTIQUE

DE

LÉGISLATION & DE RÉGLEMENTATION

DE LA

COCHINCHINE

ARRÊTÉ AU PREMIER JANVIER 1889

PAR MM.

E. LAFFONT
ADMINISTRATEUR DES AFFAIRES INDIGÈNES
EN COCHINCHINE.
(DE L'ORIGINE A 1886 INCLUS).

ET

J.-B. FONSSAGRIVES
AIDE-COMMISSAIRE COLONIAL.
(POUR LES ANNÉES 1887 ET 1888).

TOME QUATRIÈME

G-J

PARIS
LIBRAIRIE NOUVELLE DE DROIT ET DE JURISPRUDENCE
ARTHUR ROUSSEAU
ÉDITEUR
14, rue Soufflot et rue Toullier, 13

1890

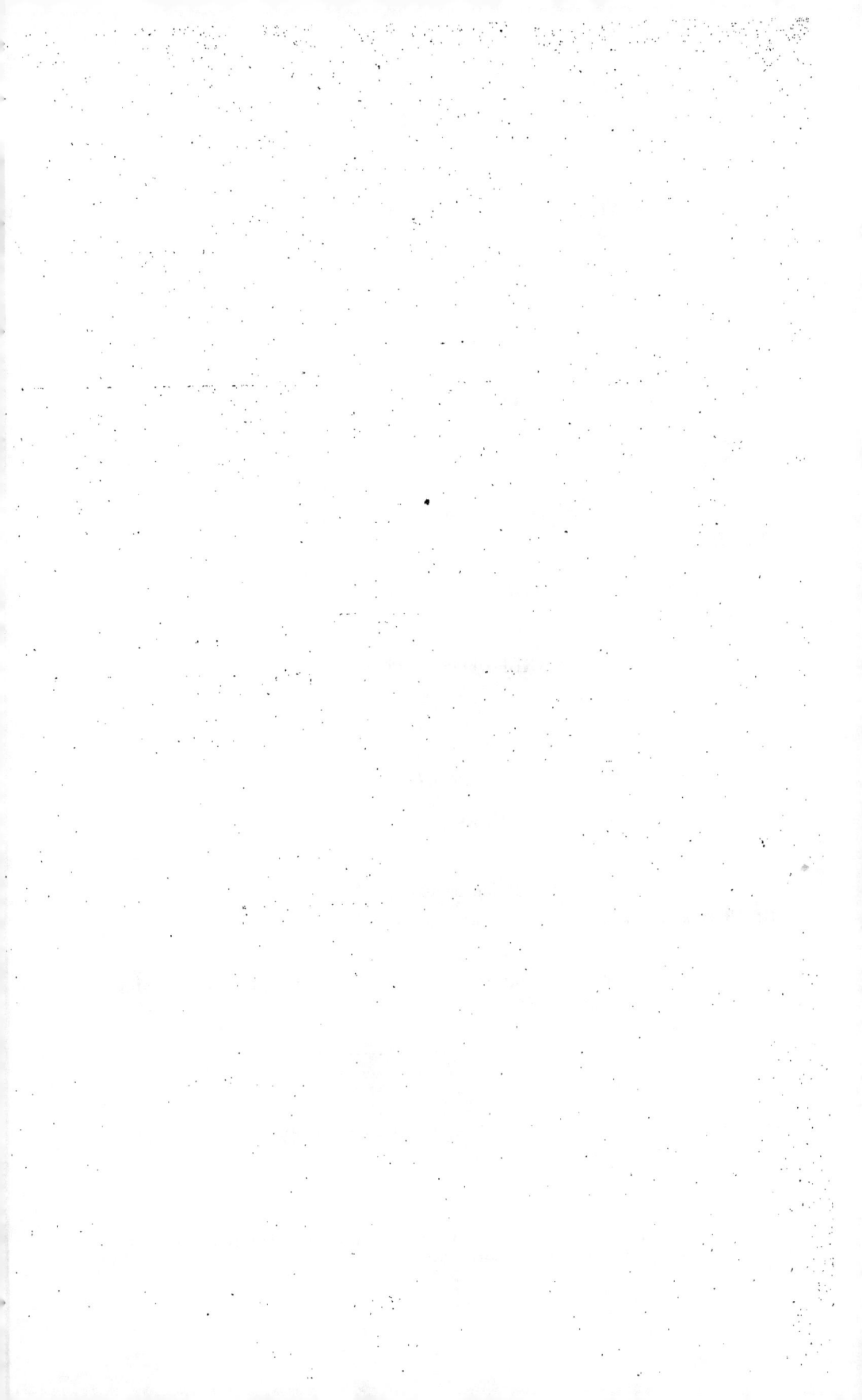

G

GARANTIE DES MATIÈRES D'OR ET D'ARGENT

(8 octobre 1887).

DÉLIB. M. *relative à la garantie des objets d'or et d'argent. Projet* (1).

J. C. p. 999.

GARDES CHAMPÊTRES INTERPRÈTES

V. *Gendarmerie.*
Milices.

GARDES CIVILS INDIGÈNES

V. *Milices.*

GARDES D'ARTILLERIE

V. *Troupes.*

GARDES FORESTIERS

V. *Bois et forêts.*

GARDE-MEUBLES

V. *Hôtels du gouvernement et des chefs d'administration.*

GARDES-PÊCHE

(11 janvier 1884)

DÉCRET *fixant le traitement des brigadiers et gardes-pêche* (2).

B. C. p. 80.

Article premier. — Les traitements des brigadiers et gardes-pêche sont fixés ainsi qu'il suit, à dater du 1er janvier 1884 :

Brigadiers de 1re classe	1.200f 00
Brigadiers de 2e classe	1.000 00
Brigadiers de 3e classe	900 00
Gardes de 1re classe	750 00
Gardes de 2e classe	700 00

Art. 2. — Le traitement des gardes de 1re classe comptant quinze ans de services peut être élevé à 800 francs.

Jules Grévy.

(1) Le conseil colonial s'est réuni en session extraordinaire pour examiner le projet d'établissement. (V. A. G. 24 septembre 1887. J. C. p. 921; B. C. p. 687). — Consulter la table de concordance des lois usuelles (Voir Tripier).

(2) Non appliqué.

GARDIENNAGE.

NATURE DES DOCUMENTS	DATES	RECUEILS A CONSULTER							OBSERVATIONS
		Bat.	B. C.	B. D. I	J. C.	J. H.	B. M.	B. Col	
Dép. M.	16 octobre 1868.	1-535							
Dép. M.	26 avril 1872.	1-536							
Dép. M.	13 avril 1878.	1-537							
Dép. M.	7 janvier 1884.								
Décret.	4 août 1884.		399						
Dép. M.	7 août 1884.		396						
Décret.	11 août 1884.						260		
Dép. M.	16 janvier 1887.								
Dép. M.	3 mars 1888.		202						

(16 octobre 1868)

DÉP. M. *La solde de travail des gardiens-concierges et des bâtiments militaires aux colonies est de 1 fr. 50 et 2 francs par jour.*

BAT. I. p. 535.

Par lettre en date du 28 août, vous m'avez adressé un extrait des délibérations du Conseil consultatif de la Cochinchine, séance du 21 du même mois, dans lequel le Conseil, prenant en considération une demande de M. le directeur du génie à ce sujet, a émis le vœu qu'il soit alloué aux gardiens-concierges des bâtiments militaires des soldes de travail de 1 fr. 50 cent. et de 2 francs, selon la durée du séjour dans la colonie, au lieu de celles de 1 fr. 10 cent. et 1 fr. 30 cent., quotités déterminées par règlement du 23 mars 1863, qui a appliqué aux agents dont il s'agit le tarif de la solde de travail des sous-officiers des compagnies indigènes d'ouvriers du génie.

La solde de travail des gardiens-concierges des bâtiments militaires aux colonies est, en réalité, de 1 fr. 50 cent. et 2 francs par jour, et non de 1 fr. 10 cent. et 1 fr. 30 cent., comme l'a pensé l'Administration de la Cochinchine. La cause de l'erreur commise par elle à cet égard vient de ce qu'on a appliqué à ces agents les fixations du tarif annexé au décret d'organisation des compagnies indigènes d'ouvriers du génie du 5 avril 1860, au lieu de celles du tarif du 20 juin 1861, inséré au *Bulletin officiel*, tarif qui a modifié le premier et qui est indiqué en renvoi dans le règlement du 23 mars 1863.

J'ai, en conséquence, l'honneur de vous prier de vouloir bien donner des ordres dans le sens de la rectification qui précède.

CH. FRÉBAULT.

(26 avril 1872)

DÉP. M. *accordant des suppléments facultatifs de solde de travail de 1 fr., 1 fr. 50 centimes et 2 francs par jour aux gardiens-concierges en service en Cochinchine.*

BAT. I. p. 536.

. . . .

M. le commandant A..., faisant ressortir que la position de gardien concierge est très inférieure à celle des piqueurs des travaux civils, demande que l'on double le prix des journées de surveillance des premiers.

Des observations analogues ont déjà été présentées par l'Administration coloniale, et elles ont été trouvées fondées. Je reconnais d'ailleurs, comme le fait remarquer le directeur du génie, que le service des gardiens-concierges est beaucoup plus pénible en Cochinchine que dans toute autre colonie. Je reconnais également qu'il y a intérêt pour le service à conserver ceux de ses agents qui font preuve de zèle et d'aptitude.

Par suite et prenant en considération la proposition du directeur du génie, j'ai décidé que les agents dont il s'agit recevront sur les fonds du matériel des *suppléments facultatifs de solde de travail* de 1 franc, 1 fr. 50 cent. et 2 francs par jour, suivant leur manière de servir.

ZOEPFFEL.

(13 avril 1878)

DÉP. M. *augmentant le personnel de la direction du génie de trois gardiens-concierges à affecter aux bâtiments militaires du Tonkin.*

BAT. I. p. 537.

Conformément à l'avis émis par M. le directeur du dépôt des fortifications des colonies, à propos du travail d'inspection générale du service du génie militaire en Cochinchine, pour 1876, votre prédécesseur a demandé, par lettre du 22 août dernier, que le personnel de la direction du génie fût augmenté de trois gardiens-concierges à affecter aux bâtiments militaires du Tonkin.

J'ai l'honneur de vous informer que l'allocation votée pour les dépenses du Tonkin permettant de faire face à la dépense qui doit en résulter, des mesures vont être prises pour la nomination de ces trois agents.

Vous aurez à prévoir, à ce titre, une somme de 3,600 francs, plus les dépenses d'hôpitaux et de vivres, dans la répartition du budget du Tonkin.

A. POTHUAU.

(7 janvier 1884)

DÉP. M. *déclarant que les gardiens-concierges seront maintenus, et rejetant la proposition de confier leurs fonctions aux gardes auxiliaires d'artillerie.*

ARCH. GOUV.

Par lettre du 25 octobre dernier, vous m'avez rendu compte que le recrutement des gardiens-concierges est devenu impossible dans la colonie à cause de l'insuffisance de la solde de ces agents, et vous proposez, par suite, de les supprimer et de confier leurs fonctions aux gardes auxiliaires d'artillerie *dont les connaissances sont restreintes.*

J'ai l'honneur de vous rappeler que la commission supérieure chargée, en 1878, de l'organisation du service de constructions et de fortifications aux colonies, a maintenu les gardiens-concierges dans toutes nos possessions d'outre-mer.

En ce qui concerne les gardes auxiliaires, je ne crois pas que M. le Directeur du génie soit bien fondé à se plaindre de leur inaptitude, car ils ont été choisis par ses soins parmi les gardiens-concierges et ont été, sur sa proposition, nommés à l'emploi qu'ils occupent aujourd'hui.

Par décision du   de ce mois, j'ai nommé à l'emploi de gardien-concierge les nommés L... et C..., qui rejoindront leur poste par le transport du 20 janvier.

Au fur et à mesure que des candidats se produiront, je procéderai aux nominations de gardiens-concierges pour combler les vacances qui existent en Cochinchine.

(4 août 1884)

DÉCRET *portant organisation des gardiens-concierges des bâtiments militaires aux colonies.*

B. C. p. 399.

Article premier. — Les gardiens-concierges sont des agents préposés à la garde et à la conservation des bâtiments militaires aux colonies. Ils sont choisis parmi les sous-officiers qui réunissent les conditions prévues par la loi du 24 juillet 1873. A défaut de candidats de cette origine, ils peuvent être pris parmi les anciens militaires ou marins justifiant de l'aptitude nécessaire.

Ils sont nommés par le Ministre.

Au moment de leur admission, ils signent un engagement administratif de rester deux ans au moins au service, sous peine de restituer, s'ils donnent leur démission avant ce délai, le montant de leur première mise d'habillement et, s'ils ont été envoyés de France, les frais de leur passage calculés d'après les tarifs annexés à la circulaire du 12 septembre 1883.

Art. 2. — Le nombre des gardiens-concierges est fixé selon les prévisions budgétaires, par un arrêté de l'autorité locale.

Art. 3. — Ces agents sont placés sous les ordres immédiats du directeur de l'artillerie ; ils peuvent être employés à la surveillance des travaux et, dans ce cas, ils reçoivent une indemnité de travail pour chaque journée de présence effective sur les travaux. Cette indemnité est payée sur les fonds du matériel.

Art. 4. — Les gardiens-concierges sont divisés en deux classes :

Le passage à la 1re classe a lieu, par décision du Gouverneur, après un an au minimum de séjour dans la colonie, comme gardien de 2e classe.

Art. 5. — La solde et les accessoires de solde de ces agents sont fixés par les tarifs annexés au présent décret ; ils ont droit à la ration en nature et sont logés aux frais de l'État, dans l'un des bâtiments dont la garde leur est confiée.

Ceux d'entre eux qui jouissent d'une pension de retraite reçoivent, au lieu de la solde réglementaire, une indemnité annuelle variant de 1,200 francs à 1,400 francs en Cochinchine et de 900 francs à 1,200 francs dans les autres colonies ; mais ils ne sont pas admis à compter le temps passé par eux dans cette situation comme service pouvant leur créer des droits, soit à une nouvelle pension, soit à la revision de celle dont ils sont titulaires.

Les gardiens-concierges, quand ils sont passagers sur les bâtiments de l'État, sont admis à la table des maîtres.

Art. 6. — Ils ont droit à la pension de retraite fixée pour les gardiens-concierges par les tarifs annexés à la loi du 8 août 1883, lorsqu'ils réunissent les conditions déterminées par les lois des 18 avril 1831, 28 juin 1862 et 5 août 1879 sur les pensions de l'armée de terre.

Art. 7. — Les gardiens-concierges peuvent être révoqués pour inconduite ou négligence dans le service ; cette peine est prononcée par le Ministre, sur le rapport des Gouverneurs.

Art. 8. — Leur uniforme se compose d'une tunique, d'un pantalon de drap ou de toile et d'une casquette conforme aux types adoptés dans les compagnies indigènes d'ouvriers du génie (règlement du 5 avril 1860, inséré au *Bulletin officiel de l'Algérie et des colonies*).

Les gardiens-concierges ne devant pas porter l'épaulette ni être armés, la tunique n'aura ni brides d'épaulettes, ni patte de hanche. Le pantalon ne comportera aux coutures latérales qu'un passe-poil en drap écarlate.

La casquette sera ornée sur toutes ses coutures, excepté celle d'assemblage avec la visière, d'un passe-poil de laine écarlate de la grosseur de 2 à 3 millimètres ; sur le devant du bandeau sera cousue une grenade de 35 millimètres de hauteur, en drap écarlate. Les Gouverneurs peuvent autoriser le remplacement de la casquette par la coiffure en usage dans la colonie (chapeau de paille, casque, shako, etc.).

Art. 9. — Toutes les dispositions antérieures concernant les gardiens-concierges aux colonies sont et demeurent abrogées.

JULES GRÉVY.

ANNEXES

Tarif n° 1. — SOLDE BUDGÉTAIRE PAR AN.

(Passible de la retenue de 3 p. 100 au profit de la caisse des Invalides).

DÉSIGNATION DE L'EMPLOI.	Dans les colonies autres que la Cochinchine.	En Cochinchine.	OBSERVATIONS.
Gardiens-concierges de. 1re classe.	1,200 f 00	1,400 f 00	Une indemnité de première mise d'habillement, fixée à la somme brute de 140 francs, est allouée à tout gardien-concierge nouvellement nommé lorsqu'il justifie qu'il s'est pourvu de l'uniforme.
Gardiens-concierges de. 2e classe.	900 00	1,200 00	

Tarif n° 2. — INDEMNITÉ DE ROUTE ET DE SÉJOUR.

Personnel n'ayant pas droit à la réduction sur les voies ferrées.				
EN FRANCE. INDEMNITÉ DE ROUTE PAR KILOMÈTRE sur les voies ferrées.			AUX COLONIES.	
Colonne n° 1.	Colonne n° 2.	Sur les voies ordinaires.	INDEMNITÉ DE ROUTE par kilomètre.	INDEMNITÉ JOURNALIÈRE de route ou de séjour
0f 10	0f 08	0f 150	0f 25	4f 00

A. PEYRON.

(7 août 1884)

DÉP. M. *Notification d'un décret du 4 août 1884, portant organisation des gardiens-concierges des bâtiments militaires aux colonies.*

B. C. p. 398.

J'ai l'honneur de vous notifier un décret du 4 août 1884, qui fixe l'organisation et la situation des gardiens-concierges des bâtiments militaires aux colonies, qu'un arrêté ministériel du 23 mars 1863 avait provisoirement réglementées.

La loi du 24 juillet 1873 ayant réservé ces emplois aux sous-officiers remplissant les conditions déterminées de l'article 71 de la loi du 27 juillet 1872, vous ne devrez plus nommer de gardiens-concierges. Vous pourrez toutefois, en me signalant les vacances qui viendraient à se produire, m'adresser des propositions en faveur d'anciens militaires ou marins qui vous paraîtraient susceptibles d'occuper ces emplois et qui pourraient être nommés à défaut de candidats réunissant les conditions fixées par la loi précitée.

Afin de faciliter le recrutement de ces agents, dont je ne puis augmenter le traitement en raison de la situation budgétaire, j'ai décidé que les militaires en jouissance d'une pension de retraite pourraient, comme par le passé, être nommés à ces emplois ; toutefois, ainsi que l'établit l'article 5 du décret, les gardiens-concierges de cette catégorie recevront, au lieu de la solde réglementaire, une indemnité variant de 1,200 à 1,400 francs en Cochinchine et de 900 à 1,200 francs dans les autres colonies et ne seront pas admis à compter le temps passé par eux dans cette situation comme services pouvant leur créer des droits soit à une nouvelle pension, soit à la revision de celle dont ils sont déjà titulaires.

Vous voudrez bien, à la réception de la présente circulaire, m'adresser un état des gardiens-concierges en service dans la colonie en me faisant connaître leur provenance, leur âge, leurs services antérieurs.

Tous les trois mois, vous me ferez parvenir l'état des mutations survenues dans ce personnel.

A. PEYRON.

(11 août 1884)

DÉCRET *modifiant le décret du 31 mai 1880 relatif au personnel du gardiennage. — Rapport.*

B. M. p. 260.

(16 janvier 1888).

DÉP. M. *Notification de la décision ministérielle du 11 janvier 1888 ramenant à six le nombre des gardiens-concierges primitivement fixé à douze.*

ARCH. GOUV.

Par lettre en date du 7 septembre 1887, M. Filippini, Gouverneur de la Cochinchine, a fait connaître que le cadre des gardiens-concierges affectés à la direction d'artillerie de la colonie se trouvait de beaucoup supérieur aux besoins du service.

M. le Directeur d'artillerie, dans son rapport d'ensemble sur le service pendant l'année 1886, exprimait également le même avis ; il reconnaissait que le nombre de ces agents pouvait être diminué sans inconvénient.

Se basant, d'ailleurs, sur ce fait que, dans certains cas, ces employés pouvaient être avantageusement remplacés par des gardes stagiaires et des gardes auxiliaires d'artillerie conducteurs de travaux, il n'hésitait pas à déclarer que le bon fonctionnement du service pouvait être assuré avec six gardiens-concierges.

J'ai l'honneur de vous annoncer que, conformément à cette proposition et par décision du 11 janvier courant, j'ai ramené à six gardiens-concierges l'effectif primitivement fixé à douze.

Les agents en excédent seront affectés à la garde et à la surveillance des bâtiments militaires du Tonkin et de l'Annam.

Vous voudrez bien, en conséquence, désigner ceux qui devront, au fur et à mesure des besoins, être affectés à ce service.

FÉLIX FAURE.

(3 mars 1888)

DÉP. M. *Réduction de l'effectif des gardiens-concierges en Cochinchine.*

B. C. p. 202.

Par une lettre en date du 12 janvier dernier, M. le Général commandant en chef les troupes de l'Indo-Chine a proposé au Département de réduire de huit gardiens-concierges le personnel de ces agents employés en Cochinchine.

La communication de M. le général Bégin s'est croisée avec la dépêche du 16 janvier 1888, par laquelle mon prédécesseur vous notifiait une décision du 11 du même mois, réduisant à six le cadre des gardiens-concierges de la colonie, primitivement fixé à douze, et vous invitait à affecter à la garde et à la surveillance des bâtiments militaires du Tonkin et de l'Annam les six agents qui sont en excédent. Or, d'après les renseignements contenus dans la situation au 1er janvier, l'effectif de douze se trouvait, en réalité, réduit à dix par suite du décès du sieur H..., qui n'a pas été remplacé et du congé sans solde accordé au sieur B. .. Il s'ensuit qu'en raison de l'envoi prochain, ou peut-être déjà effectué, de six gardiens-concierges en Annam et au Tonkin, il ne reste plus que quatre agents en Cochinchine, chiffre proposé par le général Bégin.

J'ai l'honneur de vous prier de vouloir bien me faire connaître si ce nombre est suffisant, ou bien s'il y a lieu de nommer deux nouveaux gardiens pour combler les deux vacances produites par la mort du sieur Hessel et l'envoi en congé sans solde du sieur Berthet qui, vraisemblablement, ne rentrera pas au service.

. . . .

. . . .

Je vous serai obligé de me rendre compte des mesures que vous aurez prises en exécution des instructions contenues dans la présente dépêche.

DE LA PORTE.

GARDIENS-CONCIERGES DES BATIMENTS MILITAIRES

V. *Gardiennage.*

GARDIENS DE PHARE

V. *Phares et fanaux.*

GENDARMERIE.

I. ORGANISATION ET RÉGLEMENTATION. — II. SOLDE ET ALLOCATIONS DIVERSES.

I. ORGANISATIONS ET RÉGLEMENTATION.

NATURE DES DOCUMENTS	DATES	RECUEILS A CONSULTER								OBSERVATIONS
		Bat.	B. C.	B. D. I.	J. C.	J. H.	B. M.	B. Col.		
Décret.	1er mars 1854.						R. VII 63			
Ordre.	1er décembre 1861.		1862 7							
Ordre.	4 juin 1862.		167							
Dép. M.	16 mars 1867.									
Dép. M.	5 juin 1862.	I-518								
Dép. M.	26 novembre 1868.		1869 26							
A. G.	27 décembre 1869.		530							
Dép. M.	8 juillet 1870.	I-518								
A. G.	3 février 1871.		43							
Dép. M.	26 avril 1872.	I-519								
Dép. M.	23 octobre 1873.	I-519								
Dép. M.	26 novembre 1874.	I-520								
Décret.	9 mars 1876.	I-520								
Dép. M.	7 avril 1876.	I-520								
Dép. M.	23 mars 1878.	II-774								
Dép. M.	6 mai 1878.	I-521								
Décret.	14 janvier 1880.									
Dép. M.	11 février 1880.									

NATURE DES DOCUMENTS	DATES	RECUEILS A CONSULTER Bat.	B. C.	B.D.I	J. C.	J.H.	B. M.	B Col	OBSERVATIONS
Dép. M.	30 mars 1880.								
Dép. M.	9 septembre 1881.								
Circ. M.	28 mars 1883.						526		
Dép. M.	29 mai 1883.								
Dép. M.	12 juin 1883.								
Dép. M.	4 juillet 1883.								
Dép. M.	20 juillet 1883.								
Dép. M.	20 août 1883.								
Dép. M.	24 novembre 1883.								
Dép. M.	1er mars 1884.								
Dép. M.	25 mars 1884.		184						
Dép. M.	31 mars 1884.								
Dép. M.	23 juin 1884.								
Dép. M.	23 juin 1884.								
Dép. M.	1er juillet 1884.								
Dép. M.	7 avril 1886.								
Circ. M.	4 février 1887.		160						
Dép. M.	19 mars 1887.								
Circ. M.	21 mars 1887.						188		
Dép. M.	26 mars 1887.								
Dép. M.	6 juin 1887.								
Décret	6 février 1888.								

(1er mars 1854)

DÉCRET *portant règlement sur l'organisation et le service de la gendarmerie.*

B. M. R. VII. p. 63.

(1er décembre 1861)

ORDRE *concernant la gendarmerie du corps expéditionnaire en Cochinchine.*

B. C. 1862. p. 7.

(4 juin 1862)

ORDRE. *Suppression de la gendarmerie auxiliaire. — Répartition de la gendarmerie du service de l'expédition.*

B. C. p. 167.

(16 mars 1867)

DÉP. M. *(extrait) au sujet de l'emploi de la cavalerie et de la gendarmerie en Cochinchine.*

ARCH. GOUV.

. . . .

. . . .

J'ai d'ailleurs démontré à S. E. M. le Ministre de la guerre de vouloir bien faire reporter au complet de 53 hommes le détachement de gendarmerie de la colonie où il existe en ce moment douze vavances.

Je vous prie de me faire connaître à cette occasion si une augmentation de la gendarmerie ne présenterait pas des avantages et ne permettrait pas de réduire ou même de supprimer certains postes. L'action isolée de la gendarmerie, divisée en brigades, est plus utile et plus pratique que celle des petits postes d'infanterie disséminés sur le territoire. En effet, lorsque le nombre de ces derniers est trop grand, on ne peut plus réunir des colonnes assez nombreuses pour agir contre l'ennemi ; cette dissémination est d'ailleurs mortelle pour la discipline.

D'après ce que vous voyez, je serais disposé à accueillir les propositions que vous m'adresseriez dans le sens d'un développement de l'arme de la gendarmerie.

Rigault de Genouilly.

(5 juin 1868)

DÉP. M. *au sujet des pièces à produire à l'appui des nominations provisoires faites dans la gendarmerie coloniale.*

BAT. I. p. 518.

Mon attention a été appelée sur l'insuffisance des documents produits à l'appui des nominations provisoires faites dans la gendarmerie aux colonies, insuffisance qui ne permet pas souvent de confirmer les décisions des administrations coloniales.

Pour assurer les régularisations de ces nominations, il est indispensable que chaque demande de confirmation me soit transmise par une communication spéciale, comprenant envoi d'un mémoire de proposition, d'un relevé des services, d'une copie du folio de punitions, d'un extrait du tableau d'avancement, avec indication du numéro d'ordre attribué au candidat, et d'une copie de la décision portant nomination.

Laffon de Ladébat.

(26 novembre 1868)

DÉP. M. *Réorganisation du détachement de la gendarmerie de la Cochinchine.*

B. C. 1869. p. 26.

(27 décembre 1869)

A. G. *Création de gardes champêtres interprètes attachés aux brigades de gendarmerie. — Recrutement. — Solde.*

B. C. p. 530.

(8 juillet 1870)

DÉP. M. *Effectif de la compagnie de gendarmerie. — Renvoi en France des militaires de la gendarmerie ayant fait trois années consécutives de service en Cochinchine ; observations à ce sujet.*

BAT. I. p. 518.

Par lettre du 7 mai dernier, vous m'avez entretenu de la situation de l'effectif de la compagnie de gendarmerie de la Cochinchine. Vous m'avez en même temps signalé les inconvénients résultant pour le service du renvoi dans la colonie des hommes venus en France en congé de convalescence. Enfin, vous m'avez prié de ne pas maintenir plus de trois ans dans cette colonie les hommes de cette arme.

En ce qui concerne l'effectif de la compagnie, je demande à M. le Ministre de la guerre le recrutement immédiat du nombre d'hommes nécessaire pour le reporter à son complet réglementaire. Je ne saurais cependant assurer la présence, dans la colonie, de tout le complet réglementaire, ce qui entraînerait le remplacement des hommes venant en France en congé de convalescence, mesure que j'ai déjà dû refuser de prendre, alors qu'elle était demandée par Monsieur votre prédécesseur, attendu que les hommes en congé ne doivent pas cesser de figurer sur les contrôles et qu'il en résulterait un excédent de dépense considérable.

Quant à votre proposition de renvoyer directement de la Cochinchine les militaires de la gendarmerie qui y auront fait trois années consécutives de service, cette faculté existe en principe. En effet, la décision fixant à trois ans la durée réglementaire du service militaire en Cochinchine, est applicable à la gendarmerie aussi bien qu'aux autres corps de troupes stationnés dans la colonie, avec la seule différence que les militaires de cette arme sont remplacés individuellement, soit sur leur demande, soit sur des propositions spéciales ayant pour motif l'intérêt du service.

Je dois vous faire remarquer, en effet, que la compagnie de gendarmerie ne saurait être assimilée pour le remplacement aux autres corps de troupe. La nature de son service exige, au contraire, que les hommes qui la composent acquièrent la plus grande expérience possible du pays et prennent même sur les habitants une certaine influence que le temps seul peut leur faire obtenir. Toutefois, je le répète, il vous appartient d'examiner si, lorsqu'un gendarme a fini son temps de service réglementaire de trois ans en Cochinchine, il doit ou non y être maintenu. Vous avez, dans le cas de la négative, à m'adresser des propositions individuelles, afin que le gendarme soit remplacé dans le poste dont il est titulaire. Quant à ceux qui, après être revenus en France en congé, ne demandent pas à y rester, mais dont la santé laisserait à désirer, je suis très disposé, ainsi que cela a déjà été fait d'ailleurs, à les faire permuter avec des gendarmes de la Réunion ou de la Nouvelle-Calédonie. Mais comme l'effectif de ces compagnies est comparativement restreint, que les distances et les occasions de transport font souvent défaut, je ne puis ériger ces mouvements en règle absolue, et je suis ainsi amené à renvoyer ces gendarmes en Cochinchine lorsque l'état de leur santé le permet. Dans tous les cas, ils ne peuvent être remplacés qu'après avoir reçu une autre destination.

RIGAULT DE GENOUILLY.

(3 février 1871)

A. G. *Les gendarmes à pied et à cheval remettront leurs mousquetons à la direction d'artillerie et recevront à la place le fusil modèle 1866. — L'équiquement sera modifié conformément aux propositions du capitaine, commandant la gendarmerie.*

B. C. p. 43.

(26 avril 1872)

DÉP. M. *Le renvoi des militaires de tout grade de la gendarmerie coloniale, avant qu'il ait été statué sur leurs demandes ou sur les propositions dont ils sont l'objet, ne doit être effectué que dans le cas où leur santé ne permettrait pas de les maintenir dans la colonie ou si leur inconduite devenait une occasion de scandale et de trouble dans le service.*

BAT. I. p. 519.

Des instructions formelles ont été adressées à plusieurs reprises aux administrations coloniales pour les inviter à maintenir à leurs postes, jusqu'à décision du Ministre, les militaires de tout grade de la gendarmerie coloniale qui demandent leur renvoi en France pour y continuer leurs services, ou qui, ne paraissant plus aptes à être employés utilement aux colonies, sont proposés par leurs chefs pour cette mutation.

Le renvoi de ces hommes, avant qu'il ait été statué sur leurs demandes ou sur les propositions dont ils sont l'objet, ne doit être effectué que dans le cas où leur santé ne permettrait pas de les maintenir dans la colonie ou si leur inconduite devenait une occasion de scandale et de trouble dans le service.

Cependant, il arrive fréquemment que des militaires de la compagnie de gendarmerie de la Cochinchine, sont renvoyés en France après trois ans de services dans la colonie, sans que mon Département en soit avisé autrement que par l'envoi d'un état nominatif qui ne me parvient qu'après leur embarquement pour la France. C'est ainsi que, par le courrier dernier, je reçois, avec votre lettre sans date, n° 97, deux demandes de placement en France formées par les nommés L..., brigadier, et M..., gendarme, débarqués à Toulon, le 31 mars dernier, du transport *le Japon*.

Je vous prie de vouloir bien adresser à ce sujet, à M. le commandant de la compagnie de gendarmerie de la colonie, de sérieuses observations et l'inviter à se conformer strictement à l'avenir, aux prescriptions ci-dessus rappelées.

ZOEPPFEL.

(23 octobre 1873)

DÉP. M. *Les militaires de la gendarmerie coloniale qui n'ont plus de famille en France peuvent être envoyés en congé de convalescence au dépôt de convalescents de Porquerolles (îles d'Hyères). — Conditions d'admission.*

BAT. I. p. 519.

J'ai l'honneur de vous informer que, sur ma proposition et par décision du 29 septembre dernier, M. le Ministre de la guerre a consenti à ce que les militaires de la gendarmerie coloniale qui n'ont plus de famille en France soient envoyés en congé de convalescence au dépôt de convalescents de Porquerolles (îles d'Hyères).

Ces militaires seront admis dans cet établissement sous la condition, toutefois, que, selon leur grade, ils effectueront des versements à l'ordinaire, analogues à ceux qui sont imposés aux militaires de l'armée de terre.

Le nombre des gendarmes susceptibles d'être envoyés au dépôt de Porquerolles devra être très restreint, car M. le Ministre de la guerre ne met à ma disposition, pour toute la gendarmerie coloniale, que 60 à 70 places par an.

En raison de l'effectif du détachement de la compagnie de la colonie, cette faveur ne pourra être accordée chaque année à plus de dix-sept militaires.

MICHAUX.

(26 novembre 1874)

DÉP. M. *Acceptation de la démission du sieur T..., maréchal des logis. — On rappelle à ce sujet que le Gouverneur n'a pas qualité pour accepter, même à titre provisoire, la démission des militaires de la gendarmerie. A l'avenir, les gendarmes en instance de démission doivent attendre au détachement de la colonie la décision du Ministre de la guerre.*

BAT. I. p. 520.

Vous m'avez fait connaître que, par arrêté du 1er octobre dernier, vous aviez accepté provisoirement la démission du sieur T..., maréchal des logis à cheval au détachement de gendarmerie de la Cochinchine, qui n'est plus lié au service, et que ce militaire avait été mis par vous à la disposition du Directeur de l'Intérieur pour occuper à Saïgon un emploi de commissaire de police.

J'ai l'honneur de vous informer que, d'après ma proposition, M. le Ministre de la guerre a bien voulu confirmer, à titre de fait accompli, l'acceptation de la démission du sieur T...

Mais je dois vous rappeler que vous n'avez pas qualité pour accepter, même à titre provisoire, la démission des militaires de la gendarmerie, et qu'à l'avenir les gendarmes en instance de démission doivent attendre au détachement de la colonie la décision de M. le Ministre de la guerre.

MICHAUX.

(9 mars 1876)

DÉCRET *fixant l'effectif du détachement de gendarmerie employé en Cochinchine* (1).

BAT. I. p. 520.

Article premier. — L'effectif du détachement de gendarmerie employé en Cochinchine est fixé comme il suit :

Officiers	1 Capitaine commandant 1 Lieutenant ou sous-lieutenant	2
Troupe	1 Maréchal des logis comptable	1
	ARME A PIED	
	3 Maréchaux des logis 7 Brigadiers 40 Gendarmes	50
	ARME A CHEVAL	
	1 Maréchal des logis 2 Brigadiers 14 Gendarmes	17
	2 Enfants de troupe	2
	Total	72

(7 avril 1876)

DÉP. M. *Notification du décret du 9 mars 1876 fixant l'effectif du détachement de gendarmerie employé en Cochinchine.*

BAT. I. p. 520.

En réponse à votre lettre du 18 décembre 1875 et pour faire suite à ma communication du 24 mars dernier, j'ai l'honneur de vous informer que, d'après ma proposition et sur la demande du Ministre de la guerre, un décret, en date du 9 mars 1876, a augmenté le détachement de gendarmerie de la Cochinchine de :

1 Maréchal des logis à pied,
2 Brigadiers à pied,
14 Gendarmes à pied.

. . . .

BENOIST-D'AZY.

(23 mars 1878)

DÉP. M. *au sujet des nominations provisoires dans la gendarmerie coloniale des militaires d'artillerie et d'infanterie de marine en service aux colonies.*

BAT. II. p. 774.

Les nominations provisoires dans le détachement de gendarmerie de la Cochinchine de militaires

(1) V. Dép. M. 7 avril 1876. — Décret, 14 janvier 1880.

d'artillerie et d'infanterie de marine en service dans la colonie sont préjudiciables à la bonne composition des portions de corps. Elles ont en outre pour inconvénient, lorsqu'elles portent sur des gradés, d'affaiblir les cadres, si difficiles à recruter avec la réduction du service à cinq ans.

J'ai, en conséquence, l'honneur de vous prier de donner des ordres pour que les militaires de ces corps de troupe, et principalement les sous-officiers, ne soient admis dans la gendarmerie que lorsqu'ils auront été l'objet de propositions régulières aux inspections générales et que l'on réserve aux cas tout à fait exceptionnels les nominations provisoires faites dans l'intervalle d'une inspection à l'autre.

MARTINEAU DES CHENEZ.

(6 mai 1878)

DÉP. M. *Devoirs de la gendarmerie dans ses relations avec les autorités civiles et la population.*

BAT. I. p. 521.

A la suite de quelques élections en France, il s'est produit entre plusieurs officiers ou militaires de la gendarmerie, d'une part, et certaines autorités locales où les populations elles-mêmes, d'autre part, des difficultés de nature à nuire à la bonne exécution du service.

Des plaintes nombreuses lui ayant été adressées à ce sujet, M. le Ministre de la guerre a rappelé aux commandants de corps d'armée, par une circulaire du 4 avril dernier, les devoirs de la gendarmerie dans ses relations avec les autorités civiles et les populations.

Vous avez, je n'en doute pas, donné des ordres pour éviter qu'il ne se produise dans la colonie des faits pareils à ceux qui ont été commis en France, et vous n'hésiteriez pas, j'en suis convaincu, à sévir contre ceux qui s'écarteraient de la ligne de conduite qui leur est tracée par les règlements.

Néanmoins, je crois devoir vous renouveler ici quelques-unes des prescriptions de la circulaire de M. le Ministre de la guerre, que je recommande d'ailleurs tout entière à votre plus sérieuse attention et dont vous pourriez vous inspirer au besoin.

« Je vous prie d'inviter les chefs de légion, disait M. le général Borel, à prescrire aux militaires sous leurs ordres de s'étudier à apporter dans leurs relations avec les autorités civiles et les populations toute la conciliation désirable.

« Préoccupés avant tout de remplir leurs devoirs professionnels avec le dévouement qui leur est habituel, ils devront s'abstenir de tout acte ou de toute parole ayant trait à la politique et pouvant, par cela même, donner prise à des critiques ou à des interprétations malveillantes.

« L'excellent esprit dont la gendarmerie est animée m'est garant que ces prescriptions seront scrupuleusement observées. »

A. POTHUAU.

(14 janvier 1880)

DÉCRET *modifiant la composition du détachement de gendarmerie employé en Cochinchine.*

Article premier. — Le personnel de l'arme à cheval employé en Cochinchine est supprimé.

Art. 2. — Le détachement de gendarmerie à pied de cette colonie est porté à l'effectif ci-après, savoir :

1 Lieutenant ou sous-lieutenant, commandant ;
1 Maréchal des logis, comptable ;
3 Maréchaux des logis ;
5 Brigadiers ;
32 Gendarmes ;
2 Enfants de troupe.

44

Art. 3. — Les militaires de tous grades non maintenus dans le détachement seront mis à la suite de la gendarmerie coloniale et y resteront jusqu'au moment où ils pourront être replacés, soit dans d'autres compagnies coloniales, soit dans la gendarmerie métropolitaine.

JULES GRÉVY.

(11 février 1880)

DÉP. M. *portant envoi d'un décret du 14 janvier 1880 modifiant l'effectif de la gendarmerie et indiquant les mesures à prendre pour assurer le fonctionnement de ce service.*

ARCH. GOUV.

J'ai l'honneur de vous informer que, suivant les propositions que vous m'avez adressées, je me suis concerté avec M. le Ministre de la guerre pour faire supprimer l'arme à cheval et augmenter l'arme à pied dans le détachement de gendarmerie de la Cochinchine.

Je vous adresse ci-joint, copie d'un décret en date du 14 janvier dernier, qui porte l'effectif à pied aux chiffres suivants :

Lieutenant ou sous-lieutenant commandant	1
Maréchal des logis comptable	1
Maréchaux des logis	3
Brigadiers	5
Gendarmes	32
Enfants de troupes	2
Total	44

Je vous invite à donner des ordres pour que les sous-officiers, brigadiers et gendarmes à cheval, qui ne demandent pas à continuer leurs services dans la colonie et dans l'arme à pied, soient rapatriés par le premier transport de l'État.

M. le capitaine E... conservera jusqu'à nouvel ordre le commandement du détachement à pied ; quant à M. le lieutenant B..., vous l'expédierez en France où une autre destination lui sera assignée.

Vous admettrez à concourir au recrutement du détachement à pied avec leurs grades, les gendarmes à cheval qui manifesteront l'intention de servir dans la colonie, en limitant toutefois l'admission des maréchaux des logis et des brigadiers au nombre nécessaire pour compléter le nouvel effectif.

En me rendant compte de l'exécution de ces mesures, vous voudrez bien me faire connaître les noms des sous-officiers, brigadiers et gendarmes rentrant en France, qui désireraient rester au service dans la gendarmerie coloniale, afin que des emplois de leur grade puissent leur être réservés au besoin dans nos établissements d'outre-mer dans l'arme à cheval ou dans l'arme à pied.

Enfin vous me ferez connaître le nombre de vacances qu'il y aurait à combler dans le détachement à pied, afin que je puisse m'entendre avec M. le Ministre de la guerre pour porter l'effectif de ce détachement à son complet réglementaire.

Les effets de harnachement et d'équipement qui restent en magasin devront être vendus, ainsi que les effets qui ne pourraient être utilisés pour les hommes à pied. La vente s'opérera par l'entremise de l'autorité administrative et suivant les règlements en vigueur. La somme provenant de cette vente sera versée à la masse d'entretien et de secours du détachement à pied.

D'autre part, j'ai décidé que les chevaux rendus disponibles par la suppression de la gendarmerie à cheval seraient versés au détachement de conducteurs, ainsi que les sommes composant la masse de remonte et celle des fourrages qui s'élevaient, à la date du 1er octobre dernier, à 69,854 fr. 85. Ces opérations seront effectuées dans les conditions réglementaires et sous le contrôle de l'autorité administrative.

Par suite, le détachement de conducteurs sera chargé de la remonte, à titre onéreux, des officiers supérieurs, et de la remonte, à titre gratuit, des officiers d'un grade inférieur qui ont droit à des montures. L'effectif normal des chevaux de ce détachement sera porté de 18 à 32, indépendamment de ceux délivrés à titre gratuit, qui ne figureront que pour mémoire sur les contrôles et en supplément de l'effectif.

La somme versée au détachement de conducteurs au titre — de sa masse — de remonte, permettra d'assurer dans de bonnes conditions, le remplacement des chevaux et mulets. Les abonnements de remonte alloués aux officiers montés à titre gratuit devront être — à l'avenir, versés à la masse — de remonte de ce détachement.

J'ai pu constater par l'examen attentif de votre lettre du 28 octobre dernier, et des rapports qui y étaient annexés, que la question de former un corps de cavalerie indigène, a été agitée dans la colonie, et que l'utilité de cette mesure a été contestée par M. le général commandant supérieur des troupes.

Je vous prie de me fournir des explications à cet égard, et d'inviter M. le général de Trentinian à me faire connaître *par votre intermédiaire,* ses appréciations personnelles. Veuillez du reste ne prendre aucune disposition avant que j'aie pu examiner l'opportunité d'une création de cette nature et vous adresser mes instructions.

Je vous invite à assurer l'exécution des dispositions arrêtées par la présente dépêche.

JAURÉGUIBERRY.

(30 mars 1880)

DÉP. M. *au sujet du placement en France des gendarmes à cheval du détachement de Cochinchine.*

ARCH. GOUV.

J'ai l'honneur de vous informer que, d'après ma proposition et par décision du 22 mars courant, M. le Ministre de la guerre a approuvé le passage dans la gendarmerie départementale des militaires de l'arme à cheval du détachement de la Cochinchine, et qui se trouvent actuellement en congé de convalescence en France.

Veuillez donner des ordres pour que ces militaires soient rayés des contrôles du détachement, et pour que, s'il y a lieu, le montant de leur avoir à la masse soit transmis le plus tôt possible.

(9 septembre 1881)

DÉP. M. *Les dates de radiation des militaires des compagnies et détachements de la gendarmerie coloniale qui quittent l'armée pour une cause quelconque, doivent être signalées sans délai au Département pour être transmises au Ministère de la guerre.*

ARCH. GOUV.

Les dates de radiation des militaires des compagnies et détachements de gendarmerie coloniale qui quittent l'armée pour une cause quelconque, doivent être signalées, sans délai, au Département pour être transmises à M. le Ministre de la guerre.

J'ai l'honneur de vous prier de donner des ordres pour qu'à l'avenir des renseignements soient adressés avec plus d'exactitude aussitôt qu'une mutation aura eu lieu dans le détachement.

(28 mars 1883)

CIRC. M. *au sujet des autorisations de mariage à accorder aux militaires de la gendarmerie coloniale présents en France.*

B. M., p. 526.

(29 mai 1883)

DÉP. M. *prescrivant l'envoi, lors du départ d'un militaire de la gendarmerie coloniale, d'une note succincte faisant connaître sa manière de servir, sa situation financière, la durée de ses services, etc.*

DÉP. MANUSC.

J'ai l'honneur de vous prier de vouloir bien donner des ordres pour que, lors du départ pour la France d'un militaire de la gendarmerie coloniale, une note succincte faisant connaître sa manière de servir, sa situation financière, la durée de ses services, etc., soit adressée au commandant du dépôt colonial dont relève en France la compagnie ou le détachement dont le gendarme fait partie.

Ce renseignement permettra aux commandants de ces dépôts d'apprécier l'opportunité des demandes adressées par les gendarmes coloniaux.

DISLÈRE.

(12 juin 1883)

DÉP. M. *au sujet d'une réclamation formée par M. M... contre le rang qu'il occupe au dernier tableau d'avancement.*

ARCH. GOUV.

(4 juillet 1883)

DÉP. M. *au sujet des demandes qui peuvent être formées par les gendarmes coloniaux présents en France.*

ARCH. GOUV.

J'ai l'honneur de vous transmettre ci-joint, à titre de renseignement, deux exemplaires d'une circulaire (1) de M. le Ministre de la guerre, relative aux demandes de toute nature qui peuvent être formulées pendant leur séjour en France par les militaires de la gendarmerie coloniale.

Je vous prie de donner des ordres pour que ce document soit communiqué à tous les militaires de la gendarmerie composant le détachement de la Cochinchine.

DISLÈRE.

(20 juillet 1883).

DÉP. M. *Les documents concernant la gendarmerie coloniale doivent, dans tous les cas, être établis et adressés en double expédition au Département de la marine.*

DÉP. MANUSC.

Par suite à ma circulaire du 5 mai 1883, j'ai l'honneur de vous prier de donner des ordres pour que tous les documents sans exception, établis à la suite de l'inspection générale de la gendarmerie pour l'année 1883, me soient adressés en double expédition.

L'article 89 du décret du 1er mars 1854 stipule que la gendarmerie coloniale dépend du Département de la guerre pour l'organisation et le personnel, mais qu'elle ressortit au Département de la marine pour la direction du service, l'administration, etc. Il est de plus établi, ainsi que le fait ressortir la circulaire de M. le général Thibaudin, en date du 28 mai dernier, et dont je vous ai adressé des exemplaires le 5 juillet courant, que le Ministère de la guerre ne statue, *dans tous les cas*, sur des questions intéressant la gendarmerie coloniale qu'après l'assentiment de la marine.

Il est donc indispensable, pour ces motifs, que les deux Départements intéressés reçoivent tous deux les mêmes documents, à l'exception, bien entendu, des pièces de comptabilité qui ne concernent que le Département de la marine.

Il y aura également lieu de séparer sur les contrôles, pour chaque militaire, dans la colonne « quotité des services », le temps passé dans la gendarmerie de l'intérieur et celui passé dans la gendarmerie coloniale.

DISLÈRE.

(20 août 1883).

DÉP. M. *au sujet des propositions d'avancement concernant des officiers de gendarmerie qui venaient d'atteindre l'ancienneté réglementaire dans le grade qu'ils occupent. — Prescriptions pour l'établissement des propositions d'avancement et des décorations en faveur des militaires de la gendarmerie coloniale.*

DÉP. MANUSC.

Plusieurs Gouverneurs m'ont fait parvenir des mémoires de proposition d'avancement concernant des officiers de gendarmerie coloniale qui venaient d'atteindre, au moment de cette proposition, l'ancienneté réglementaire dans le grade qu'ils occupent.

J'ai transmis ces diverses propositions à M. le Ministre de la guerre, qui me les a renvoyées en m'informant qu'il ne lui était pas possible d'y donner suite, quant à présent, attendu que les candidats n'ayant à leur actif pour expliquer cette proposition, ni action d'éclat, ni fait exceptionnel, il y avait lieu de les renouveler dans la forme prescrite à l'article 49 des instructions sur les inspections générales de la gendarmerie, dont je vous ai transmis des exemplaires le 5 mai dernier.

M. le général Thibaudin m'a fait remarquer, avec juste raison, que les avantages faits aux officiers passant aux colonies sont déjà très grands, mais qu'ils cesseraient tout à fait d'être proportionnés aux services rendus, si ces mêmes officiers pouvaient être présentés pour le grade supérieur le jour même où ils complètent l'ancienneté voulue et cela sans attendre, comme leurs collègues de

(1) Non reproduite. V. Arch. Gendarmerie.

France, l'époque de l'inspection générale et quelquefois sans avoir eu le temps de donner la mesure de leur valeur.

Il peut arriver, en effet, que des officiers de gendarmerie passés récemment dans la gendarmerie coloniale aient à peine quelques mois de présence dans la colonie, le jour où ils réunissent les conditions d'ancienneté dans le grade actuel exigées pour l'avancement en France, et il est hors de doute que la décision qui accorde, sur la présentation des inspecteurs généraux, le bénéfice de l'inscription au tableau des officiers qui se trouvent dans le cas précité, n'a pu vouloir les dispenser d'acquérir des titres nouveaux à cet avancement.

J'ai également reçu de diverses colonies, en même temps que les notes semestrielles des militaires de la gendarmerie antérieurement proposés pour la Légion d'honneur ou pour la médaille militaire, des mémoires de proposition pour l'une ou l'autre de ces distinctions concernant de nouveaux candidats.

M. le Ministre de la guerre m'a fait remarquer, à ce sujet, que les propositions pour la croix et la médaille militaire, *quand elles ne sont pas motivées par des faits exceptionnels*, ne sont faites, dans la gendarmerie, qu'à l'époque de l'inspection générale et qu'il ne lui paraissait pas possible de déroger à ce principe, en ce qui concerne les militaires de la gendarmerie coloniale et principalement les officiers, attendu que ces derniers jouissent déjà d'avantages assez grands en étant susceptibles d'être proposés en même temps pour l'avancement et pour la croix, sans les faire bénéficier encore de cet autre avantage d'être présentés à toute époque de l'année pour cette dernière récompense, en dehors du contrôle des inspecteurs généraux.

J'ai, par suite, l'honneur de vous prier de vous conformer, à l'avenir, pour les propositions d'avancement et de décorations établies en faveur des militaires de la gendarmerie coloniale, aux dispositions qui précèdent.

GOLDSCHEIDER.

(24 novembre 1883).

DÉP. M. *Il appartient au Ministre seul d'autoriser les militaires de la gendarmerie coloniale en instance de retraite à se retirer dans leurs foyers en attendant la liquidation de leur retraite. — Prescriptions.*

DÉP. MANUSC.

Plusieurs Gouverneurs ont prononcé, à diverses reprises, la radiation des contrôles de militaires de la gendarmerie coloniale qui étaient en instance de retraite.

J'ai l'honneur de vous rappeler qu'aux termes de l'article 42 du décret du 1er mars 1854, c'est au Ministre seul qu'il appartient d'autoriser les militaires dont il s'agit à se retirer dans leurs foyers en attendant la liquidation de leur pension.

Je vous rappellerai aussi qu'en dehors du cas de maladie dûment constaté par un certificat médical ou à moins d'inconduite notoire susceptible de porter atteinte à la considération de l'arme, aucun militaire de la gendarmerie coloniale ne doit être renvoyé en France sans mon assentiment.

A l'avenir, tout militaire de la gendarmerie coloniale qui, au moment de rentrer en France, réunira le temps de services voulu pour être admis à la retraite, devra être consulté à l'effet de savoir s'il est dans l'intention de faire valoir ses droits à la retraite.

Dans l'affirmative, son mémoire de proposition sera établi d'urgence par le Conseil d'administration de la compagnie ou du détachement intéressé pour m'être adressé.

Cette manière de procéder aura pour conséquence d'abréger, dans la limite du possible, les délais que nécessitent d'ordinaire l'éloignement de nos possessions d'outre-mer.

Je vous prie de donner des ordres pour assurer l'exécution des prescriptions contenues dans la présente dépêche.

FÉLIX FAURE.

(1er mars 1884)

DÉP. M. *Rappel aux prescriptions de la circulaire du Ministre de la guerre en date du 10 juillet 1879 relative aux renseignements que les compagnies ou détachements de gendarmerie ont à fournir quand des hommes appartenant, soit à la réserve de l'armée active, soit à l'armée territoriale, sont admis dans la gendarmerie.*

ARCH. GOUV.

J'ai remarqué que plusieurs commandants de compagnies ou de détachements de gendarmerie omettaient de se conformer aux prescriptions de la circulaire du Ministre de la guerre du 10 juillet 1879 relative aux renseignements qu'ils ont à fournir quand des hommes appartenant soit à la réserve de l'armée active, soit à l'armée territoriale, sont admis dans la gendarmerie.

J'ai l'honneur de vous transmettre un exemplaire de la circulaire précitée, en vous priant de donner des ordres pour qu'à l'avenir elle soit strictement observée.

FÉLIX FAURE.

(25 mars 1884)

DÉP. M. (*extrait*). *Il demeure entendu que le détachement de gendarmerie, comme corps distinct, continuera comme par le passé à fournir sa situation mensuelle.*

B. C. p. 134.

(31 mars 1884)

DÉP. M. *Pièces périodiques à fournir concernant la gendarmerie coloniale.*

ARCH. S. AD.

(23 juin 1884)

DÉP. M. *Modifications à l'instruction du 18 septembre 1873 qui règle l'uniforme de la gendarmerie coloniale. La tunique en drap est supprimée pour les sous-officiers, brigadiers et gendarmes stationnés dans les colonies autres que St-Pierre et Miquelon.*

ARCH. S. AD.

(23 juin 1884)

DÉP. M. *Instructions pour l'inspection générale de la gendarmerie coloniale.*

ARCH. GOUV.

En vous transmettant ci-joint les imprimés et instructions nécessaires à l'inspection générale de la gendarmerie qui doit être passée en 1884 à la Cochinchine, j'ai l'honneur de vous prier de donner des ordres pour que l'on se conforme strictement aux dispositions précises contenues dans mes dépêches des 20 juillet 1883 et 31 mai 1884, qui prescrivent d'adresser, en double expédition, tous les documents concernant la gendarmerie coloniale à l'exception des pièces de comptabilité qui, ne concernant que le Département de la marine, doivent être fournies en simple expédition.

J'ai remarqué, à la suite de l'inspection générale de l'année 1883, que divers conseils d'administration avaient inutilement établi, contrairement à mes prescriptions, un duplicata des situations de remonte, du casernement, etc., qui ne concernent pas le Département de la guerre, et d'un autre côté, n'avaient pas joint les états signalétiques et des services ainsi que les extraits du registre de discipline aux deux expéditions des mémoires de proposition établis en faveur des militaires proposés pour la Légion d'honneur et la médaille militaire.

Je vous prie de donner des instructions pour que le prochain travail d'inspection générale soit établi conformément à mes prescriptions.

Il y aura également lieu de réparer sur les contrôles nominatifs de la troupe, pour chaque militaire, dans la colonne quotité des services, le temps passé dans la gendarmerie de l'intérieur et celui passé dans la gendarmerie coloniale.

FÉLIX FAURE.

(1er juillet 1884)

DÉP. M. *Prescriptions relatives aux pièces à fournir pour les militaires de la gendarmerie démissionnaires. (Rapport à la dépêche du 25 mars 1884 et à l'article 32 du décret du 1er mars 1854).*

BUR. MIL.

En réponse au dernier § de votre lettre du 11 mai dernier, n° 310, j'ai l'honneur de vous prier de vouloir bien informer le commandant du détachement de la Cochinchine qu'il devra à l'avenir ainsi que le prescrit ma dépêche du 25 mars dernier n° 62, joindre à toutes les demandes de démission, qu'elles concernent des militaires de la gendarmerie appartenant à la réserve de l'armée active ou à l'armée territoriale, la déclaration prescrite par l'article 32 du décret du 1er mars 1854.

(7 avril 1886)

DÉP. M. *Les pièces nécessaires à la confirmation des nominations provisoires faites dans la gendarmerie coloniale doivent être envoyées en double expédition.*

ARCH. GOUV.

Diverses administrations coloniales semblent avoir perdu de vue les prescriptions de la circulaire du 5 juin 1868 relative aux pièces à fournir pour permettre au Département de la guerre de statuer sur les nominations provisoires faites dans la gendarmerie coloniale.

Je crois utile, en conséquence, de vous rappeler que les demandes de confirmation doivent toujours être accompagnées des pièces ci-après indiquées, savoir :

1° Mémoire de proposition ;

2° Relevé des services ;

3° Copie du folio de punition ;

4° Extrait du tableau d'avancement avec indication du numéro d'ordre attribué au candidat ;

5° Copie de la division portant nomination.

Toutes ces pièces doivent, en outre, être établies en double expédition, conformément à la circulaire du 20 juillet 1884.

Les mêmes dispositions s'appliquent aux demandes de confirmation à l'emploi de gendarmes, des élèves-gendarmes des compagnies ou détachements coloniaux, sauf en ce qui concerne l'extrait du tableau d'avancement.

J'ai l'honneur de vous prier de vouloir bien donner des ordres pour la stricte application de ces prescriptions.

(4 février 1887)

CIRC. M. *au sujet de la radiation des contrôles des militaires quittant le service de la gendarmerie coloniale, changeant de colonie, replacés dans la gendarmerie départementale on réintégrés dans leur ancien corps.*

B. C. p. 160.

J'ai remarqué que les diverses administrations de nos possessions d'outre-mer ne procèdent pas d'une façon identique pour la radiation des contrôles des hommes de troupe quittant la gendarmerie coloniale, et que des différences d'appréciation se sont produites, notamment en ce qui concerne les dates auxquelles ces militaires doivent être considérés comme cessant de compter à la compagnie ou au détachement dont ils font partie.

Pour éviter, dans l'avenir, toute erreur à cet égard, je crois utile de vous indiquer la marche qu'il convient de suivre dans les différents cas qui peuvent se présenter.

Les sous-officiers, brigadiers ou gendarmes qui cessent de faire partie de l'armée active, par suite d'admission à la retraite ou à la réforme pour cause d'infirmités, ont droit à la solde et aux vivres jusqu'au jour inclus de leur débarquement en France (article 70 du décret du 18 février 1863, portant règlement sur la solde, les revues et la comptabilité de la gendarmerie) ; l'avis de leur radiation des contrôles de l'activité est transmis au conseil d'administration de la compagnie ou du détachement par le Département, à moins que ces militaires ne se retirent dans la colonie, auquel cas ils doivent être rayés le lendemain du jour de la remise de leur titre de cessation de services.

Ceux qui, au contraire, quittent le service de l'arme par suite de démission ou de mise en réforme par mesure de discipline, n'ont droit à la solde, d'après les prescriptions de l'article 68, § 2, du décret précité, que jusqu'au jour inclus de la notification qui leur est faite de l'acceptation de leur démission ou de leur remise de leur titre de réforme, soit qu'ils se retirent dans la colonie, soit qu'ils soient rapatriés.

Le conseil d'administration du corps doit donc prononcer leur radiation des contrôles de l'arme à compter de cette date, et me faire parvenir l'avis de mutation les concernant (article 2, § 2).

Les sous-officiers, brigadiers et gendarmes changeant de colonie comptent à l'effectif de leur ancienne compagnie jusqu'au jour inclus de leur débarquement, s'ils doivent passer par la France et rejoindre immédiatement leur poste, ou jusqu'au lendemain de l'expiration du congé de convalescence que nécessiterait leur état de santé avant de suivre leur nouvelle destination.

Ceux qui se rendent dans la colonie où ils sont appelés à servir sans passer par la Métropole doivent être rayés des contrôles à la date de leur embarquement.

Dans le premier cas, l'avis de mutation est adressé à l'Administration locale par les soins du Département ; dans le second, la radiation doit être prononcée par le conseil d'administration.

Enfin, les militaires qui rentrent des colonies, soit pour continuer leurs services dans la gendarmerie départementale, soit pour être réintégrés dans leur ancien corps par mesure de discipline ou sur leur demande, soit enfin pour être congédiés ou réformés, cessent de recevoir leur solde au titre du budget colonial le lendemain du jour où ils sont remis définitivement à la disposition du Ministre de la guerre. Ils sont rayés des contrôles de la compagnie à cette date (article 50 du décret précité) et leur mutation est portée par le Département à la connaissance du conseil d'administration.

J'ai l'honneur de vous prier de donner des ordres au commandant de la gendarmerie pour qu'à l'avenir on se conforme strictement aux instructions qui précèdent, et j'insiste particulièrement pour que chacune des radiations prononcées par les conseils d'administration fasse l'objet d'un avis individuel indépendant de la mention à porter sur la situation d'effectif établie le premier de chaque mois.

(19 mars 1887)

DÉP. M. *Instructions au sujet des pièces qui doivent accompagner les militaires de la gendarmerie coloniale envoyés en France pour cause de santé.*

BUR. MIL.

Il arrive fréquemment que des militaires de la gendarmerie coloniale renvoyés en France en congé de convalescence, demandent pour cause de santé, leur placement dans la gendarmerie départementale et sont reconnus par les commissions de réforme à l'examen desquelles ils sont soumis, incapables de continuer à servir.

Dans ce cas, ils sont proposés soit pour la retraite à titre d'infirmités contractées au service, soit pour une gratification renouvelable de réforme. Mais en l'absence de toute pièce justificative de l'origine des infirmités ou des maladies dont ils sont atteints, les commissions ne peuvent établir de propositions régulières et le Département se voit dans la nécessité de maintenir ces militaires en activité en leur payant leur solde de présence, jusqu'à ce que les administrations coloniales aient fait parvenir les certificats.

L'échange de correspondance qui a lieu à ce sujet, entraîne des retards considérables dans la régularisation de la situation des hommes et occasionne, par suite, des dépenses relativement élevées.

Il importe de remédier à cet état de choses et, dans ce but, je vous prie de donner les instructions les plus formelles au commandant du détachement de gendarmerie de la colonie que vous administrez pour qu'à l'avenir les militaires de l'arme rentrant en France, auxquels leur état de santé ne permet pas de retourner à leur poste, soient porteurs de toutes les pièces (certificats de visite, d'origine de maladie et autres s'il y a lieu) propres à éclairer les commissions de réforme devant lesquelles ils doivent comparaître et faciliter l'établissement des propositions dont ils peuvent être l'objet.

Vous voudrez bien m'accuser réception de la présente dépêche.

(21 mars 1887)

CIRC. M. *Application à la gendarmerie coloniale de la décision présidentielle du 6 décem-*

bre 1885, portant suppression de pièces et documents périodiques dont la production a été reconnue inutile.— (Extrait de la dite décision).

B. Col. p. 188.

(26 mars 1887)

DÉP. M. *Notification du décret du 21 février 1887 modifiant le décret du 14 janvier 1880 relatif à l'effectif du détachement de gendarmerie de Cochinchine qui devra se composer de :*

1 Maréchal des logis à pied, commandant;
2 brigadiers à pied;
12 gendarmes à pied.

ARCH. GOUV. BUR. MIL.

Monsieur le Gouverneur, ainsi que je vous l'ai fait connaître par ma dépêche du 21 mai 1885, une réduction d'effectif a été apportée dans le détachement de gendarmerie de Cochinchine; depuis cette époque, le Département a été à même de constater que le chiffre maintenu dans la colonie était suffisant pour les besoins du service.

En conséquence, un décret modifiant celui du 14 janvier 1880 a été soumis à la signature de M. le Présidentde la République, et j'ai l'honneur de vous informer que, sous la date du 21 février dernier, la composition du détachement a été réglée de la façon suivante:

1 maréchal des logis à pied, commandant.
2 brigadiers à pied.
12 gendarmes à pied.

(6 juin 1887)

DÉP. M. *Déclaration à faire par les militaires de la gendarmerie coloniale envoyés en France en congé de convalescence.*

ARCH. GOUV.

Une circulaire du 24 mars 1883, adressée aux préfets maritimes et aux chefs du service de la marine dans les ports secondaires, les informe que les militaires de la gendarmerie coloniale envoyés en France pour y jouir d'un congé de convalescence doivent, à leur débarquement, déclarer s'ils sont dans l'intention de retourner aux colonies, s'ils désirent être placés dans la gendarmerie départementale ou s'ils se proposent de faire valoir leurs droits à une retraite proportionnelle.

Dans le premier cas seulement, il est donné suite à la demande de congé formulée en leur faveur.

Mais j'ai constaté que, souvent, des gendarmes, après avoir joui d'un congé, revenant sur leur déclaration première, sollicitent soit leur retraite, soit leur placement en France, bien que ne réunissant pas les six années de présence aux colonies exigées par l'article 26 du décret du 1er mars 1854.

La circulaire du 24 mars 1883 précitée dispose que, pour remédier à cet état de choses, il ne sera donné aucune suite aux demandes de congé faites dans ces conditions.

Cette circulaire n'ayant pas été modifiée aux colonies, j'ai l'honneur de vous en adresser, ci-joint, une copie et je vous prie d'inviter le commandant à la porter, par la voie de l'ordre, à la connaissance des sous-officiers, brigadiers et gendarmes sous ses ordres, en les prévenant que toute infraction à ces prescriptions entraînerait pour eux une punition disciplinaire, sauf dans le cas de maladie ou d'impossibilité absolue de retourner aux colonies, dûment justifiée par un avis de la commission de réforme.

HOUSEY.

(6 février 1888)

DÉCRET *constituant un détachement de gendarmerie en Annam et au Tonkin* (1).

(Inséré au *Journal de la Gendarmerie* p. 88).

Article premier. — La force publique de gendarmerie employée au Tonkin et en

(1) Notifiée par Dép. M. du 7 août 1888.

Annam prendra à l'avenir la dénomination de détachement de gendarmerie du Tonkin et de l'Annam.

Art. 2. — La composition de ce détachement est déterminée ainsi qu'il suit :

Lieutenant et sous-lieutenant	1
Maréchal des logis, comptable	1
Maréchaux des logis à pied	2
Brigadiers à pied	6
Gendarmes à pied	40
Total	50

CARNOT.

Consulter en outre pour les textes antérieurs à 1873 le répertoire général de la législation locale parue en 1877.

NATURE DES DOCUMENTS	DATES	RECUEILS À CONSULTER							OBSERVATIONS
		Bat.	B. C.	B D.I	J.C.	J.H.	B. M.	B.Col	
D. G.	31 décembre 1861.		1862 28						
A. G.	21 novembre 1868.		265						
Dép. M.	31 août 1879.	I 521							
Dép. M.	14 juin 1882.								
Circ. M.	13 novembre 1883.						598		
Circ. M.	22 avril 1884.						778		
Dép. M.	15 juillet 1884.								
Dép. M.	19 novembre 1887.								
Dép. M.	3 mars 1888.		201						

(31 décembre 1861)

D. G. *traitant uniformément au point de vue de la solde et des accessoires le détachement de gendarmerie envoyé de France pour le service de l'expédition et le détachement de la même arme provenant du corps expéditionnaire de la Chine.*

B. C. (1862), p. 28.

(21 novembre 1868)

A. G. *portant fixation des masses et autres allocations accessoires du détachement de gendarmerie coloniale, des compagnies de soldats indigènes et de l'escadron de spahis de Cochinchine.*

B. C. p. 265.

(31 août 1879)

DÉP. M. *Le montant de l'avoir à la masse des militaires de la gendarmerie coloniale rentrés en France sera transmis par mandats établis au nom des parties prenantes ou des conseils d'administration des nouveaux corps auxquels comptent les anciens gendarmes coloniaux.*

BAT. I. p. 521.

Il arrive assez fréquemment que le montant de l'avoir à la masse, de militaires de la gendarmerie coloniale rentrés en France, m'est adressé en mandats sur le trésor, payables à mon ordre, ce qui nécessite, auprès du Ministre des finances, l'échange de ces mandats contre des titres payables aux intéressés.

Pour éviter les retards qui proviennent de ce fait, je vous prie de donner des ordres pour que le montant de l'avoir à la masse des gendarmes dont il s'agit, me soit à l'avenir transmis par mandats établis au nom des parties prenantes ou des conseils d'administration des nouveaux corps auxquels comptent les anciens gendarmes coloniaux.

(14 juin 1882)

DÉP. M. *Les sous-officiers de la gendarmerie coloniale justifiant de 15 années de service, ont droit à la haute-paie d'ancienneté de 70 centimes (1 fr. 40 cent. aux colonies).*

B. C. p.

J'ai décidé que les dispositions de la loi du 23 juillet 1881, du décret du 1er août 1881 (*Journal militaire*, p. 103), des circulaires du 8 septembre et du 5 octobre 1881 (*Journal militaire*, p. 176 et 212), concernant l'allocation de la haute paie d'ancienneté aux sous-officiers rengagés ou commissionnés, appartenant au Département de la guerre, seront rendues applicables aux sous-officiers de la gendarmerie coloniale.

En conséquence, ceux de ces militaires qui réunissent 15 années de services ont droit à la haute paie d'ancienneté de 70 centimes (1 fr. 40 cent. aux colonies), à dater du 23 juillet 1881.

JAURÉGUIBERRY.

(13 novembre 1883)

CIRC. M. *notifiant une décision présidentielle du 2 novembre 1883 fixant la solde d'hôpital aux colonies des militaires de la gendarmerie coloniale. — Décision et tarif.*

B. M. p. 598.

(22 avril 1884)

CIRC. M. *établissant que les militaires de la gendarmerie coloniale ont droit à la nouvelle solde fixée par les tarifs du 11 janvier 1884.*

B. M., p. 778.

(15 juillet 1884)

DÉP. M. *Il y a lieu d'appliquer à la gendarmerie coloniale les prescriptions de l'art. 246 du décret du 18 février 1863. Les militaires qui cessent de faire partie de ce corps, en dehors du cas de retraite ou de réforme pour infirmités contractées ou blessures reçues dans le service, doivent rembourser, s'ils n'ont pas deux années de présence dans la gendarmerie, la première mise qui leur a été allouée par le Département de la guerre et celle qu'ils ont perçue au moment de leur admission dans la gendarmerie coloniale (Tarif n° 8 annexé à la décision présidentielle du 26 août 1880).*

ARCH. GOUV.

(19 novembre 1887)

DÉP. M. *Fixation des retenues à faire dans la gendarmerie coloniale pour la reconstitution des masses.*

ARCH. S. AD.

(3 mars 1888)

DÉP. M. *au sujet des changements de résidence dans l'intérêt du service. — Secours accordés aux militaires de la gendarmerie coloniale qui en sont l'objet.*

J. C. p. 201.

Mon attention a été appelée par un des généraux inspecteurs d'armes, en 1887, sur les dépenses qu'entraînent pour les militaires de la gendarmerie coloniale les changements de brigade dans l'intérêt du service, et cet officier général a demandé que ces frais fussent mis à la charge de l'État.

Tout en reconnaissant que la situation est digne d'intérêt, je n'ai pas cru devoir accepter la proposition qui m'a été soumise, et dont l'adoption entraînerait de nouvelles charges pour le budget colonial.

Toutefois, afin d'éviter, autant que possible, les dépenses qui résultent pour les intéressés des changements de résidence qui leur sont imposés dans l'intérêt du service, j'ai l'honneur de vous prier de ne prononcer ces mutations que dans le cas d'absolue nécessité.

Je vous autorise, le cas échéant, à accorder, sur la proposition du commandant du détachement de gendarmerie de l'Annam, et dans les conditions prévues par l'article 265 du décret du 18 février 1863, ainsi que par le dernier paragraphe de la circulaire du 4 avril 1878, des secours, sur les fonds de la masse de secours du corps, aux militaires qui se trouveraient, par le fait de ces déplacements, dans une position nécessiteuse.

Vous aurez à me rendre compte de chaque secours alloué dans ces conditions.

Il demeure entendu que les sous-officiers, brigadiers et gendarmes changés de résidence par mesure disciplinaire n'auront aucun droit à cette indemnité.

DE LA PORTE.

NATURE DES DOCUMENTS	DATES	RECUEILS A CONSULTER								OBSERVATIONS
		Bat.	B. C	B.D.	J. C.	J.H.	B. M.	B.Col		
Circ. M.	5 décembre 1887.									
Dép. M.	7 mai 1888.									
Dép. M.	15 octobre 1888.		637							

(5 décembre 1887)

CIRC. M. *Notification d'une décision ministérielle fixant la solde et les indemnités à allouer aux officiers généraux des troupes de la marine détachés en Indo Chine ainsi qu'au chef d'état major de la division d'occupation* (1).

B. C. p.

(7 mai 1888)

DÉP. M. *Approbation des mesures prises pour le paiement de la solde du général de division commandant en chef des troupes de l'Indo-Chine.*

ARCH. GOUV.

A la date du 25 février dernier, vous m'avez transmis copie d'une lettre dans laquelle M. le commissaire de Possel-Deydier, délégué du chef des services administratifs en Annam et au Tonkin, annonce que, sur la demande du général de division, commandant en chef les troupes de l'Indo-Chine, il a fait ordonnancer au profit de cet officier général, la solde et les frais de service acquis par lui, d'après les fixations indiquées par un divisionnaire dans la lettre collective de la guerre, n° 5, du 15 juin 1885 et la dépêche du même Département du 14 mai 1885, soit par an 67.842 fr.

Vous ajoutez, que vous avez approuvé cette mesure, attendu que la décision présidentielle du 30 novembre 1887 ayant attribué au général commandant en chef un traitement de 51.786 fr. alors qu'il n'était que général de brigade, il était rationnel de lui accorder, à partir du moment ou le général Bégin a été promu au grade de divisionnaire le traitement dont jouissait son prédécesseur à l'armée de terre.

J'ai l'honneur de vous informer que je ratifie pleinement la mesure que vous avez prise, mais je crois devoir vous faire remarquer que la question avait déjà été tranchée par le Département dans les instructions spéciales adressées le 2 décembre 1887 à M. le commissaire général, chef des services administratifs (voir l'annotation portée au bas de la page 4).

A. DE LA PORTE.

(15 octobre 1888)

DÉP. M. *Instructions pour M. le général commandant en chef des troupes de l'Indo-Chine.— Rang et préséances. — Exercice des pouvoirs militaires et attributions. — Correspondance. — Réquisition militaire. — Chefs de service. — Service des places. — Service intérieur des corps. — Cas de décès ou de départ. — Remise de service.*

B. C. p. 637.

I. — RANG ET PRÉSÉANCES. — *Instructions du 30 novembre 1887 au général B.... — Instructions du 28 août 1888 au lieutenant-colonel C... — Article 1er du projet de décret de la commission de revision des pouvoirs des Gouverneurs.* — Le général commandant en chef les troupes de l'Indo-Chine relève hiérarchiquement du Gouverneur général civil.

Instructions du 23 août précitées. — Articles 20 et 21 du projet de décret de la commission. — Il occupe, dans l'ordre des préséances, le premier rang après ce haut fonctionnaire, titulaire ou intérimaire. Il ne peût le remplacer, en cas d'absence ou de décès, à moins d'une décision spéciale du Président de la République.

Paragraphe 2 de l'article 20 du projet de décret de la commission. — Lorsque le gouverneur général n'assiste pas aux cérémonies publiques, le général en chef s'y fait représenter par l'officier qui, dans la résidence, marche immédiatement après lui dans l'ordre hiérarchique des grades.

II. EXERCICE DES POUVOIRS MILITAIRES ET ATTRIBUTIONS (2). — *Instructions du 30 novembre*

(1) V. Troupes

(2) Des instructions modifiant la répartition des pouvoirs ont été transmises par dépêche au Gouverneur général de l'Indo-Chine, le Gouvernement ayant décidé sur la proposition du président du Conseil, Ministre

1887. — Instructions du 23 août 1888. — Le général en chef est investi, par délégation permanente du Gouverneur général, de tous les pouvoirs militaires supérieurs.

Instructions du 23 août 1888. — Article 2 du projet de décret de la commission. — Chargé de la défense intérieure et extérieure des territoires de l'Union indo-chinoise, le Général commandant en chef se rend un compte exact des moyens et des ressources dont il dispose, et il a le devoir de provoquer les mesures propres à assurer cette défense.

Instructions du 30 novembre 1887. — Instructions du 23 août 1888. — Il a dans ses attributions :

1° Le commandement supérieur des troupes de toutes armes et de toute force armée existant en Indo-Chine, à l'exclusion des corps constitués spécialement pour les services de police :

2° L'inspection du personnel militaire de toutes armes, en ce qui concerne la tenue, la discipline, le service et l'instruction ;

3° L'étude et la préparation des travaux de défense, l'examen des projets de constructions neuves, de réparation et d'entretien courant des forts et bâtiments militaires, préparés par le directeur d'artillerie et qui doivent être soumis au conseil de défense ;

4° La visite de l'inspection des places, forts, batteries, casernes, directions d'artillerie, approvisionnements de guerre, munitions et vivres, hôpitaux, magasins et autres établissements se rattachant au service militaire. Il s'assure que les approvisionnements de toute nature des magasins sont au complet déterminé par le Ministre, en bon état d'entretien et disponibles pour l'entrée en service.

Instructions du 23 août 1888. — Il a le droit d'exercer vis-à-vis du chef du service de santé et du chef du service administratif les réquisitions utiles aux besoins du service militaire.

Nouveau. — Disposition analogue à celle contenue dans le paragraphe 7 de l'Instruction du 23 août 1888. — Si ces réquisitions sont de nature à engager des dépenses non prévues aux différents budgets, le chef du service administratif n'y fait droit que dans la limite des crédits disponibles. Toutefois, en cas d'urgence absolue et d'absence de crédits, le Général commandant en chef soumet ces réquisitions au Gouverneur général, qui statue après avoir pris l'avis du chef du service administratif.

Instructions du 23 août 1888, paragraphe 2. — Article 5, paragraphe 1er du projet de décret de la commission. — Le Général commandant en chef adresse au Ministre, à la fin de chaque année, un rapport détaillé sur toutes les parties de son service et sur la situation militaire de l'Indo-Chine française ; il lui rend compte mensuellement, ainsi qu'au Gouverneur général, des effectifs par corps et emplacements, de l'état sanitaire du personnel militaire et des faits militaires qui peuvent intéresser la situation politique de la colonie.

Article 5, paragraphe 2 du projet de décret. — Il prescrit ou provoque de la haute autorité du Gouverneur général toutes les mesures propres à garantir la santé des hommes et à préserver la troupe des atteintes des maladies épidémiques et contagieuses.

Article 5, paragraphe 3 du projet de décret. — Il signale immédiatement au Gouverneur général les faits de police militaire qui seraient de nature à exercer une influence quelconque sur la tranquillité ou la sécurité publiques, et il lui demande, le cas échéant, l'assistance de la police civile en ce qui concerne les lieux publics, les cabarets et la santé de la troupe.

Instructions du 30 novembre 1887. — Article 9 du projet de décret. — Il arrête, d'accord avec le Gouverneur général, la répartition normale et l'emplacement des troupes sur le territoire de l'Union indo-chinoise, ainsi que toutes les concentrations et les opérations militaires jugées utiles pour la sécurité intérieure et la défense de la colonie.

Instructions du 23 août 1888. — Enfin le commandant en chef est l'intermédiaire obligé du Gouverneur général pour ses communications avec les chefs de corps ou de détachements.

Article 12 du projet de décret. — En cas d'urgence, lorsque le Gouverneur général s'adresse, par exception, directement à des officiers en sous-ordre, il en informe le plus tôt possible le général en chef. Tout officier qui reçoit un ordre direct du Gouverneur général l'exécute aussitôt et en rend compte, sans aucun délai, à son supérieur immédiat.

Lorsqu'une opération militaire a été décidée et est en cours d'exécution, le conseil de défense ne

du commerce et des colonies, et du Ministre de la marine, de revenir purement et simplement aux termes du décret du 27 janvier 1886 qui réglait les attributions du premier résident général. Rappelons les articles de ce décret qui visent les pouvoirs militaires :

Art. 3. Il (le résident général) a sous ses ordres le commandant des troupes de terre et de mer, la flottille et tous les services du protectorat.

Art. 6. Le résident général a seul droit de correspondre avec le Gouvernement de la République.

Art. 7. Le commandant des troupes de terre et de mer et de la flottille peut correspondre directement avec les ministres de la guerre et de la marine pour les questions techniques, etc.

Art. 8. Aucune opération militaire, sauf le cas d'urgence, où il s'agirait de repousser une agression, ne peut être entreprise sans l'assentiment du résident général.

peut plus être convoqué pour en connaître de nouveau que sur la demande écrite du Général commandant en chef au Gouverneur général.

Instructions du 23 *août* 1888. — Les pouvoirs du Général en chef étant ceux d'un commandant de corps d'armée, il règle la composition et l'effectif des colonnes et dirige les opérations dans son entière indépendance et sous sa seule responsabilité ; il en rend compte au Gouverneur général et au Ministre de la marine et des colonies.

Il reçoit, en temps utile, du Gouverneur général les communications et renseignements relatifs aux menaces d'agressions extérieures.

Il tient le Gouverneur général au courant de la marche des opérations.

III. — CORRESPONDANCE. — *Article* 13 *du projet de décret.* — La correspondance du Général en chef avec le Ministre passe par le Gouverneur général toutes les fois qu'elle a pour objet des questions qui intéressent à la fois le service militaire et des services ne relevant pas du commandement ou celles qui peuvent engager une dépense. Le Gouverneur général y joint ses observations, mais il ne peut en arrêter l'envoi au Ministre.

Instructions du 30 *novembre* 1887. — Cette correspondance est adressée directement lorsqu'elle concerne les questions techniques, savoir :

1° Les ordres généraux de service ;

2° Les demandes de personnel n'ayant pas pour effet de changer les effectifs ;

3° Les situations de personnel, d'animaux, de matériel d'artillerie et de munitions ;

Les documents spécifiés aux paragraphes 2 et 3 ci-dessus sont établis en triple expédition, l'une pour la direction du personnel, l'autre pour l'administration des colonies. La troisième est adressée par le Général en chef au Gouverneur général ;

4° Les jugements des conseils de guerre et de revision en Annam et au Tonkin. Conformément à l'article 3 du décret du 21 juin 1858, le Gouverneur est le chef de la justice militaire en Cochinchine et au Cambodge ;

5° Les notes confidentielles et les feuillets du personnel concernant les officiers ;

6° Les congédiements, les retraites, les réformes des sous-officiers et soldats ;

7° Les rapatriements ;

8° Les congés de convalescence accordés aux militaires de tous grades ;

9° Les propositions ordinaires pour l'avancement en grade, pour la Légion d'honneur, pour la médaille militaire. Toute proposition spéciale pour des faits accomplis dans la colonie doit être soumise au Gouverneur pour être adressée au Ministre ;

10° Les mesures de discipline ;

11° Les questions d'état civil concernant les militaires de tous grades, dans le cas où il n'est pas besoin de jugements rectificatifs ou de jugements déclaratifs de décès ou d'absence ;

12° La recherche des déserteurs, l'envoi de leur signalement.

IV. — RÉQUISITIONS MILITAIRES. — *Instructions du* 23 *août.* — Le Général commandant en chef a le droit de faire, dans les conditions déterminées par le décret du 2 août 1887 (modifié le 23 novembre 1886), les réquisitions prévues par la loi du 3 juillet 1877 (*B. O.*, p. 281).

V.— CHEFS DE SERVICE. — *Circulaire du* 30 *juillet* 1888.— *Instructions du* 23 *août.*— Le Directeur d'artillerie est placé complètement sous les ordres immédiats du Général commandant en chef ; il ne peut correspondre avec le Ministre que par son entremise.

Par analogie avec les prescriptions de l'article 62 du règlement du 16 mars 1877, le Général en chef ne peut ordonner l'exécution de travaux de constructions neuves ou de travaux courants qui ne sont pas prévus au plan de campagne transmis par le Gouverneur général et approuvé par le Ministre.

Toutefois, en cas d'urgence absolue, il peut faire exécuter les réparations indispensables aux bâtiments militaires et aux fortifications avec l'autorisation du Gouverneur général, qui en rend compte au Ministre.

Le Directeur des services administratifs ne dépend que du Gouverneur général.

Toutefois, conformément aux instructions spéciales adressées, le 2 décembre 1887, pour l'accomplissement de sa mission, au Commissaire général de la marine, chef des services administratifs dans l'Indo-Chine française, l'Administration militaire doit obtempérer immédiatement aux réquisitions qui lui sont adressées par l'autorité militaire, sans avoir à en discuter le mérite ; elle doit également fournir, aussitôt qu'elles lui sont demandées par l'état-major général, toutes les situations de magasins que le commandement juge utile de réclamer.

En cas d'expéditions ordonnées, et encore que les délégués du Commissaire général n'aient pu recevoir à temps les instructions nécessaires, ces délégués doivent donner une suite immédiate aux demandes de l'état-major général en vue de l'organisation administrative des colonnes expéditionnaires, et, sans attendre également, ils doivent fournir le personnel de fonctionnaires et d'agents qui serait réclamé à cette occasion.

Les fonctionnaires et agents des services administratifs mis à la disposition de l'autorité militaire, en cas d'expéditions ordonnées, relèvent exclusivement du commandement pendant toute la durée des expéditions.

VI. — SERVICE DES PLACES. — SERVICE INTÉRIEUR DES CORPS. — *Article 10 du projet de décret combiné avec le paragraphe 11 des instructions du 23 août* 1888. — Le Général commandant en chef veille à l'exécution des décrets des 23 octobre 1883 sur le service dans les places de guerre et les villes de garnison, et 26 décembre suivant sur le service intérieur des troupes, ainsi qu'aux décisions ministérielles interprétatives et notamment au paragraphe 6 de la circulaire ministérielle du 18 août 1887. (Personnel des colonies, (*B. O.*, p. 185), relatif aux revues, défilés, distributions de de décorations, médailles militaires, d'honneur ou commémoratives.

Il tient particulièrement la main à ce que les honneurs militaires ne soient rendus qu'aux fonctionnaires revêtus de leur uniforme ou de leur costume officiel.

VII. — CAS DE DÉCÈS OU DE DÉPART. — REMISE DU SERVICE. — *Instruction du 23 août* 1888. — En cas de décès ou de départ, le Général commandant en chef est remplacé par l'officier général le plus ancien des corps de troupes présents en Indo-Chine, et qui a, dès lors, les mêmes droits et les mêmes devoirs.

Lorsqu'il est remplacé dans ses fonctions, le Général commandant en chef remet à son successeur un mémoire détaillé sur les différentes parties du service et lui fournit par écrit des renseignements sur le personnel.

KRANTZ.

GÉNIE MILITAIRE (DIRECTION DU)

I. ORGANISATION MILITAIRE. — II. SOLDE ET ALLOCATIONS DIVERSES. — III. PERSONNEL DE FORMATION LOCALE. — IV. CHEFFERIES, GÉRANCES ET FONDS D'AVANCES.

I. ORGANISATION DU SERVICE.

NATURE DES DOCUMENTS	DATES	RECUEILS A CONSULTER								OBSERVATIONS
		Bat.	B. C.	B D I	J. C.	J.H.	B. M.	B Col		
A.	21 messidor an V.						R.1 119			
Instr.	26 janvier 1866.	1-525	•							
Organisation	9 novembre 1866.									
Dép. M.	30 avril 1867.	1-525								
Dép. M.	5 novembre 1869.	1-535								
A. G.	18 février 1870.		54							
Dép. M.	30 juillet 1875.	1-383								
Dép. M.	30 juin 1877.	1 537								
Dép. M.	13 avril 1878.	1 537								
Décret.	26 juin 1880.	1-537					127			
Notice.	29 juillet 1880.						136			
D. G.	27 décembre 1882.		501							
Circ. M.	21 novembre 1883.		429							
Dép. M.	14 décembre 1883.		1884 10							
D. G.	23 décembre 1887.		448

(21 messidor an V)

ARRÊTÉ *relatif à l'organisation de l'arme du génie militaire aux colonies.*

B. M. R. I. p. 119.

(26 janvier 1866)

INSTRUCTION *sur le service du génie au Sénégal, dans les établissements de la Côte d'or et du Gabon, à Mayotte et dépendances et à Sainte-Marie de Madagascar.*

BAT. I. p. 525

Article premier. — *Rédaction des projets de travaux.* — Les projets de fortifications et de bâtiments militaires sont étudiés au fur et à mesure des besoins ; ils sont adressés au Ministre séparément et aussitôt après l'achèvement de chacun d'eux.

Les ordres ou autorisations concernant la présentation des projets peuvent être provoqués par le directeur du génie (1) ; ils sont donnés par le Ministre, l'Inspecteur général ou le Gouverneur (2).

Le directeur du génie établit les projets ou les fait établir par les commandants du génie sous ses ordres.

On se conformera, pour la rédaction de ces projets, à l'instruction du Ministre de la guerre du 26 février 1855 (3).

Les projets de constructions neuves ou de modifications concernant les bâtiments ou locaux dépendant des services des hôpitaux; des subsistances et autres administrations spéciales, seront toujours accompagnés d'un procès-verbal dressé de concert entre l'officier du commissariat chargé du service intéressé et le commandant du génie, procès-verbal dans lequel seront relatés, s'il y a lieu, les avis des officiers de santé, des agents des services intéressés, etc. Ce document a pour objet de constater, au point de vue des administrations spéciales, la convenance des travaux proposés (4).

Art. 2. — *Envoi des projets.* — Les projets doivent parvenir au Ministre un an au moins avant l'exercice sur les fonds duquel les travaux sont demandés, sauf le cas où il y a lieu de pourvoir à des besoins imprévus.

Les projets, de même que tous les rapports, mémoires, etc., concernant l'exécution du service du génie, qui n'ont pas rapport à la comptabilité, sont remis par le directeur du génie au Gouverneur.

Ces projets, après avoir été présentés au conseil d'administration par le directeur du génie, sont transmis par le Gouverneur avec l'avis du Conseil et le sien propre,

(1) L'officier chef du service du génie, dans chaque colonie, recevra à l'avenir la dénomination de directeur du génie, et les officiers chefs du service du génie, dans chaque place, recevront celle de commandants du génie.

Les gardes du génie remplissant les emplois ci-dessus désignés seront dénommés ; garde du génie faisant fonctions de directeur ou de commandant du génie.

L'expression de chefferie sera remplacée par celle de circonscription.

(2) Les attributions dévolues par la présente instruction aux Gouverneurs sont remplies, à Mayotte et dans les établissements de la Côte d'or et du Gabon, par le commandant supérieur, et à Sainte-Marie de Madagascar, par le commandant.

(3) On aura soin, en outre, de donner sur les dessins et dans les apostilles, si cela est nécessaire, des indications précises sur la direction générale des vents régnants, ainsi que sur d'autres circonstances climatériques utiles à connaître pour l'examen des projets.

(4) Lorsque la dépense prévue ne doit pas dépasser 10,000 francs, on pourra s'abstenir de soumettre les projets à l'approbation du Ministre. Dans ce cas, on se bornera à envoyer les documents propres à faire connaître les dispositions arrêtées.

s'il le juge convenable, au Ministre de la marine et des colonies, lequel, après les avoir fait examiner par le directeur du dépôt des fortifications des colonies, et ensuite s'il le juge utile, par le comité des fortifications, enfin et au besoin, par la commission de défense des côtes, donne les ordres d'exécution (1).

Le directeur du génie est appelé de droit au Conseil d'administration, avec voix délibérative, lors de la présentation de ses projets et, en général, toutes les fois qu'il y est traité de matières rentrant dans ses attributions.

Dans tous les cas, les projets plans et rapports du directeur du génie sont remis *in extenso* au Gouverneur. Pour ceux de ces projets qui doivent être soumis à la sanction ministérielle, si le Gouverneur, en Conseil, décide qu'il sera apporté des modifications au travail présenté, le directeur du génie se conformera à cette décision; dans ce cas, le travail primitif sera, comme le nouvau, transmis *in extenso* au Département.

Art. 3. — *Projets de travaux mixtes.* — Lorsqu'un travail doit intéresser à la fois la défense du territoire ou le service de l'armée, et un ou plusieurs des services civils ou maritimes, et que, d'ailleurs, son importance paraît le réclamer, les projets sont étudiés dans les conférences à établir entre les commandants du génie, les commandants d'artillerie dans chaque place, les ingénieurs d'arrondissement, les officiers de port et les receveurs des domaines.— Les maires et leurs adjoints, les architectes des villes, les ingénieurs ou représentants des compagnies sont entendus, s'il y a lieu, dans les conférences, tant pour fournir les obligations nécessaires que pour présenter et formuler les observations ou les adhésions qu'ils jugent convenables.

Les conférences ont lieu dès l'époque de la rédaction primitive des projets. — Tout fonctionnaire appelé à une conférence doit y prendre part immédiatement. — Elles sont ordonnées, pour chaque affaire spécifiée, par le Gouverneur.—Les intéressés sont prévenus hiérarchiquement. — Les convocations sont faites par le chef du service auquel ressortit le travail à étudier. Les projets concernant les travaux mixtes sont établis par les chefs de service compétents dans chaque circonscription ; ils comprennent un mémoire, un plan d'ensemble des dispositions proposées, et, s'il est nécessaire, des dessins particuliers donnant les renseignements utiles pour la complète intelligence de l'affaire, au point de vue des intérêts en présence.— Dans le cas où la dépense doit être supportée par un service autre que celui qui doit faire exécuter les travaux, il est joint au projet un état estimatif détaillé de cette dépense. — Les commandants du génie devront, en conformité des prescriptions de la circulaire du Ministre de la guerre du 1er décembre 1856, s'attacher à ne consigner, dans les dessins à joindre au dossier, que les renseignements concernant les fortifications qui sont strictement indispensables à l'intelligence des projets.

Les résultats de la conférence sont constatés dans un procès-verbal dressé par les fonctionnaires intervenants. — Celui qui a pris l'initiative de la conférence fait l'exposé de l'affaire et la description des ouvrages proposés ; chacun des représentants des autres services intéressés donne, en ce qui le concerne, son avis sur les diverses dispositions projetées et stipule les conditions, les obligations ou les réserves à poser dans l'intérêt de son service.

Les projets ainsi préparés sont étudiés définitivement par le directeur du service qui a provoqué la conférence, pour être soumis par qui de droit au Conseil d'administration où sont appelés les directeurs des services intéressés. Cet examen en Conseil remplacera l'instruction au deuxième degré prescrite en France pour les projets de l'espèce.

(1) Il s'agit ici de projets qui, par leur importance, doivent être soumis à l'approbation ministérielle.

Le Ministre de la marine et des colonies statuera sur les conditions des délibérations du Conseil privé.

Art. 4. — *Projets de budgets.* — Les projets de budgets établis par le directeur du génie, en conformité des prescriptions de la circulaire du Ministre de la marine du 23 février 1853, doivent parvenir au Département quinze mois au moins avant l'ouverture de l'exercice auquel ils se rapportent, ainsi que le prescrit une autre circulaire du 10 novembre 1861 (1).

On suivra d'ailleurs, pour la transmission et l'envoi de ces documents, la marche prescrite pour les projets de travaux.

Art. 5. — *Allocation et répartition des crédits.* — L'ordonnateur transmet au directeur du génie l'annexe au budget arrêtée par le Ministre, et portant allocation et répartition provisoire des crédits de l'exercice.

Le directeur du génie établit immédiatement un projet de répartition définitive des fonds en articles et sections d'articles d'ouvrages, en se conformant à la nomenclature générale établie dans chaque place, d'après le modèle annexé à l'instruction sur la rédaction des projets du 26 février 1855 (2).

Ce projet de répartition définitive ne peut comprendre que des travaux approuvés (3), sauf le cas d'urgence, dont il devra être rendu compte au Ministre. Il est remis par le directeur du génie à l'ordonnateur, qui le transmet au Gouverneur avec ses observations, s'il y a lieu, et le présente au Conseil d'administration. — Il est ensuite transmis au Ministre, qui arrête définitivement la répartition des fonds.

La répartition approuvée par le Gouverneur, en Conseil d'administration, est toutefois, rendue immédiatement exécutoire.

Lorsque, dans le courant de l'exercice, il se présente un excédent de fonds disponibles sur un article d'ouvrages ou que le crédit affecté à un article est reconnu devoir être insuffisant, ou enfin que des besoins urgents et imprévus se manifestent, le directeur du génie propose un virement de fonds sur lequel le Gouverneur prononce en Conseil d'administration, d'après le rapport de l'ordonnateur.

Les dépenses excédant les allocations primitives ne peuvent être effectuées qu'après que le virement a été ordonné (4).

Il est donné immédiatement connaissance au Ministre de tous les virements de fonds opérés.

Le directeur du génie établit et adresse, en temps opportun, la demande des matières et objets qu'il est nécessaire d'envoyer de France pour l'exécution des travaux (5).

Ces demandes sont visées par l'ordonateur et par le contrôleur colonial.

Art. 6. — *Exécution des travaux.* — Les travaux d'un exercice sont entrepris d'après la répartition de fonds arrêtée en Conseil par le Gouverneur.

L'ordonnateur transmet ce document au directeur du génie, qui donne aux commandants du génie les ordres relatifs à la préparation et à l'exécution des travaux. Les travaux sont exécutés sous la direction, la surveillance et la responsabilité

(1) On évitera de demander, pour l'ensemble des travaux de chaque exercice, plus d'une fois et demie la somme totale des fonds accordés sur l'exercice en cours, à moins de besoins extraordinaires ou d'avis ministériels. On devra, dans ces projets, ainsi que le prescrit la circulaire précitée du 10 novembre 1861, indiquer l'ordre d'urgence des travaux demandés.

(2) L'article relatif aux locations prendra rang avant celui des réparations et entretien courant des bâtiments militaires.

(3) Par le Ministre ou par le Gouverneur, suivant le chiffre de la dépense.

(4) Cette restriction n'est pas applicable aux excédents de peu d'importance, inévitables dans tout service de travaux et qui sont compensés, en fin d'exercice, par des restants disponibles sur d'autres articles.

(5) Il a soin de donner des indications précises qui permettent de satisfaire à cette demande en toute connaissance de cause.

des commandants du génie et du directeur, et sous le contrôle financier de l'ordonnateur.

Les commandants du génie et officiers et gardes en sous-ordre ne reçoivent d'ordres directs, en ce qui concerne leur service, que du directeur du génie.

L'ordonnateur investi, sous le rapport de l'ordonnancement des dépenses et de la comptabilité, des attributions dévolues dans la métropole aux directeurs des fortifications, exerce personnellement ces attributions, comme le font ces officiers supérieurs, sans pouvoir se faire remplacer par aucun délégué. Le directeur du génie dirige et surveille, sous le contrôle financier de l'ordonnateur, l'ensemble du service; il fait, à cet effet, des tournées fréquentes pour s'assurer que les travaux sont exécutés conformément aux règles de l'art et aux projets approuvés, et que les fonds sont employés convenablement et suivant leur destination.

Les commandants du génie, les officiers en sous-ordre et les gardes du génie remplissent, pour l'exécution des travaux, les fonctions qui leur sont dévolues par les articles 48, 49 et 50 de l'instruction de 1835 sur le service du génie dans les places, modifiés en ce qui concerne les gardes, par la circulaire du 17 octobre 1850, laquelle admet ces agents à faire exécuter les travaux et à tenir les carnets.

Le commissaire aux travaux, les commissions de recette, le commissaire aux approvisionnements et le garde-magasin général, n'interviennent dans aucune des parties du service du génie.

Le contrôleur colonial exerce, en ce qui concerne le génie, les attributions qui lui sont dévolues, à l'égard de tous les services, par la réglementation existante.

Les inscriptions faites par les officiers et gardes du génie, dans les formes réglementaires prescrites par l'instruction de 1835 et la circulaire du 17 octobre 1850, constatent seules l'exécution des travaux, leur réception, celle des fournitures, les journées d'ouvriers et toutes les dépenses de matériel ressortissant à ce service.

Les travaux du service du génie sont exécutés soit à l'entreprise, soit en régie.

Art. 7. — *Travaux à l'entreprise.* — S'il n'est pas possible de trouver un entrepreneur en état d'exécuter l'ensemble des travaux d'une place, l'entreprise peut être scindée par nature d'ouvrages.

Les marchés sont passés, suivant le cas, par adjudication ou de gré à gré, en se conformant aux règles générales de comptabilité en vigueur au Département de la marine, en même temps qu'aux dispositions principales de l'instruction du 7 mai 1857, sur les marchés du service du génie.

Le directeur du génie établit ou fait établir, par le commandant du génie, le travail préparatoire à chaque adjudication et comprenant le cahier des charges, le bordereau des prix, etc., etc., et l'adresse à l'ordonnateur.

Les adjudications sont passées par l'ordonnateur, assisté du directeur du génie et en présence du contrôleur. Les marchés de gré à gré sont préparés par le commandant du génie ou le directeur, et soumis par ce dernier à l'approbation de l'ordonnateur. Les marchés et adjudications de tous les ouvrages, approvisionnements, etc., sont, en conformité des ordonnances constitutives des colonies, soumis au Conseil d'administration.

Le directeur et les commandants du génie se conforment, quant aux ordres à donner aux entrepreneurs pour l'exécution des travaux, aux articles 51, 52, 53 et 54 de l'instruction de 1835 sur le service du génie dans les places.

Art. 8. — *Travaux en régie.* — Lorsque le mode à l'entreprise n'est pas applicable ou que les tentatives d'adjudication, pour trouver un ou plusieurs entrepreneurs en titre pour l'ensemble des travaux, sont restées sans résultat, il est établi une régie. C'est le Gouverneur qui, en Conseil d'administration, sur l'avis du directeur du génie et la proposition de l'ordonnateur, décide l'établissement de la régie.

Les travaux sont exécutés en régie à l'aide d'un gérant chargé de solder, avec les fonds que lui avance le trésor, les salaires d'ouvriers et les menues dépenses pour fournitures qui ne sont pas acquittées au moyen de mandats directs délivrés par l'ordonnateur au nom des fournisseurs. L'Administration locale peut d'ailleurs fixer la limite maximum de la somme que le gérant est autorisé à payer à un même fournisseur sur les avances qui lui sont faites.

Le gérant est nommé par le Gouverneur, sur la proposition du directeur du génie et la présentation de l'ordonnateur.

Le Ministre fixe l'indemnité à accorder au gérant pour le couvrir des menus frais et mécomptes qui peuvent résulter pour lui du maniement des fonds qui lui sont confiés.

Même dans le cas de régie, le directeur et les commandants du génie doivent s'attacher à avoir des entrepreneurs particuliers pour l'exécution des différentes espèces de travaux, ainsi que des fournisseurs pour la livraison des matériaux et autres objets. Il est alors passé, suivant le cas, des adjudications ou des marchés de gré à gré dans les mêmes conditions que celles indiquées pour l'exécution des travaux à l'entreprise.

Les achats de menus objets immédiatement livrables, nécessaires à l'exécution des travaux à l'entreprise ou en régie, qui peuvent être faits sur simple commande, sont réalisés directement par le commandant du génie. C'est aussi le commandant du génie qui, aidé par les officiers et gardes en sous-ordre, ainsi que par le gérant, recherche les entrepreneurs, les fournisseurs et les ouvriers.

Art. 9. — *Comptabilité courante des travaux.* — On se conformera, pour la tenue de la comptabilité courante des travaux exécutés à l'entreprise ou en régie, aux prescriptions de l'instruction de 1835 sur le service du génie dans les places, modifiées par la circulaire du 17 octobre 1850, laquelle admet les gardes du génie à faire exécuter les travaux et à tenir les carnets. On aura également égard à l'instruction du 23 juin 1856 sur les feuilles de dépenses concernant les travaux du service du génie. Quant à la comptabilité des cessions, on se conformera à la circulaire du Ministre de la marine du 24 mai 1864. Les matériaux et objets qui seront cédés à titre de remboursement, par le magasin général au génie militaire, figureront dans la comptabilité au titre des cessions. Les dépenses faites en France pour achats de matériaux, frais de transport, etc., figureront en détail dans la comptabilité ; elles devront être portées séparément à la fin de l'article qu'elles concernent, comme il est indiqué pour les approvisionnements achetés sur les fonds de l'exercice, au modèle n° 14 de l'instruction de 1835. Si les travaux sont exécutés à l'entreprise, on séparera d'ailleurs convenablement pour chaque article, et en récapitulation, le compte de l'entrepreneur de ce qui a été soldé en dehors de lui. Les mémoires apostillés devront être fournis à la fin de chaque trimestre. Ils seront établis conformément à l'instruction de 1835 et à la circulaire du Ministre de la marine en date du 24 mai 1864. Ils seront régulièrement envoyés au Ministre par le courrier qui suivra la date de leur établissement.

En outre, il sera fourni un mémoire apostillé, définitif, après l'achèvement des travaux de chaque exercice (1).

Art. 10. — *Paiement des travaux à l'entreprise.* — Pour les travaux à l'entreprise, les dépenses sont mandatées par l'ordonnateur de la manière suivante :

En cours d'exécution, des acomptes sont accordés à l'entrepreneur sur la demande du directeur du génie et sur la production d'un décompte approximatif, en quantités

(1) Circulaire du Ministre de la marine du 6 mai 1865.

et en deniers, des travaux effectués. Ce décompte, établi d'après le modèle annexé à la circulaire du Ministre de la guerre du 15 août 1844, est signé et certifié par le commandant du génie et le directeur, ou par le directeur seul quand il fait en même temps fonctions de commandant du génie.

A l'époque de l'achèvement des travaux ou à l'expiration de l'exercice, le solde des travaux est mandaté sur la présentation du règlement général et définitif et du compte sommaire, établis en conformité de l'instruction de 1835 sur le service du génie dans les places, certifiés par le directeur du génie et approuvés par le Gouverneur après examen en Conseil d'Administration, et sur la production d'un procès-verbal constatant la reconnaissance et l'achèvement des ouvrages; ce dernier est également dressé par le directeur. On joint à ces pièces le bordereau des prix d'après lequel les travaux ont été exécutés.

Si l'entreprise des travaux de la place est scindée entre plusieurs entrepreneurs, il est établi pour chacun d'eux un règlement général et définitif, un compte sommaire et un procès-verbal.

Les dépenses sèches, c'est-à-dire celles concernant les ouvrages ou fournitures qui ne figurent pas dans les bordereaux des marchés des entrepreneurs et qui n'exigent pas la passion d'un marché particulier, seront payées et justifiées conformément aux règles adoptées pour la comptabilité du génie au Département de la guerre.

Les mandats émis par l'ordonnateur sont transmis par ce fonctionnaire au directeur du génie, qui en donne récépissé et les fait parvenir aux ayants droit.

Dans les colonies où il existe un sous-ordonnateur délégataire de l'ordonnateur, les pièces à produire à l'appui des mandats de paiement peuvent être, avec l'autorisation du Gouverneur, certifiées seulement par l'officier du génie ou le garde chargé des travaux de la place, et adressées directement par lui au sous-ordonnateur.

Art. 11. — *Paiement des travaux en régie.* — Pour les travaux en régie, les dépenses sont mandatées par l'ordonnateur, ainsi qu'il est indiqué ci-après :

Les entrepreneurs ou fournisseurs particuliers qui concourent à l'exécution des travaux en régie, sont payés comme acompte ou solde, par mandats directs établis en leur nom, au moyen de la production des pièces indiquées ci-dessus pour les travaux à l'entreprise.

Les salaires d'ouvriers et les menues dépenses pour fournitures sont acquittés par le gérant sur les fonds d'avances qui sont mandatés en son nom par l'ordonnateur, sur la demande du directeur du génie. Ces avances de fonds sont faites et justifiées conformément aux dispositions prescrites par l'article 94 du décret du 31 mai 1862, portant règlement général sur la comptabilité publique. On se conformera, d'ailleurs autant que le permettront les règles spéciales au service financier des colonies, quant aux pièces à produire pour la justification de ces avances, à l'instruction du 23 juin 1856 sur les feuilles de dépenses concernant les travaux du service du génie. Ces pièces seront toujours certifiées par le directeur. Le service du génie devra, suivre, dans l'établissement et la production des pièces justificatives de ces avances, les dispositions de détail qu'arrêtera l'Administration locale.

Art. 12. — *Magasin du génie.* — Le magasin du génie agit isolément ; il est tout à fait distinct et séparé du magasin général.

La gestion du magasin du génie est confiée à un garde du génie nommé par le Gouverneur, sur la proposition du directeur du génie et la présentation de l'ordonnateur.

La comptabilité des matières et objets existant dans le magasin du génie est soumise, comme cela a lieu en Algérie, quelle que soit la catégorie à laquelle appartiennent les matières et objets, aux règles fixées, pour le matériel de la deuxième catégorie, par le règlement de 1845 sur la comptabilité *Matières* du Département de la guerre. — Le garde-magasin ne tient, en conséquence, qu'un seul registre-magasin conforme au modèle n° 15 de l'instruction de 1835, sur le service du génie dans les places, pour l'inscription des mouvements de tous les matériaux ou objets.

On se conformera d'ailleurs, pour la tenue de la comptabilité du magasin, à ce que prescrit le règlement de 1845 pour la seconde catégorie du matériel (1).

Art. 13. — *Comptes d'exercice.* — Les comptes d'exercice qui doivent être établis après la clôture définitive des travaux se composent, savoir :

1° D'un état détaillé de toutes les dépenses, dit règlement général et définitif (il en est établi un spécial pour chaque entrepreneur et, dans le cas de régie, un pour les dépenses soldées par le gérant) ;

2° Des copies des devis et bordereaux des marchés, ainsi que des tarifs des journées militaires ou autres ;

3° D'un compte sommaire ou récapitulation générale des dépenses par articles ;

4° D'un état de situation du magasin pour tous les matériaux, objets, objets mobiliers, etc., etc., établi d'après le modèle n° 17 du règlement de 1845 (2) ;

5° D'un certificat de prise en charge de tous les matériaux, objets, objets mobiliers, etc., etc., achetés ou confectionnés pendant l'exercice et qui figurent au magasin (il est établi d'après le modèle annexé à la circulaire du Ministre de la guerre, en date du 23 janvier 1851) ;

6° D'un supplément à l'inventaire des archives ;

7° D'un supplément au registre des dépenses annuelles établi pour l'exercice antérieur, conformément à la circulaire du Ministre de la marine du 3 novembre 1851.

Le règlement général et définitif, le compte sommaire, le supplément à l'inventaire des archives et le supplément au registre des dépenses annuelles sont établis d'après les modèles et suivant les prescriptions de l'instruction de 1835 sur le service du génie dans les places. — On se conformera également à ce que prescrit l'article 115 de cette instruction pour le règlement particulier de l'article provisoire *Approvisionnements*, et à ce qui est indiqué ci-dessus à l'article de la comptabilité courante pour les cessions et les dépenses faites en France. Dans le cas où les travaux à l'entreprise ont été scindés entre plusieurs entrepreneurs, on récapitule à la suite du règlement général et définitif de l'un d'eux (autant que possible le plus important), les sommes payées aux autres, de façon à présenter un tableau récapitulatif complet des dépenses totales faites sur chaque article. — On agit de même dans le cas de régie, en portant cette récapitulation sur le règlement général des dépenses payées par le gérant.

Les comptes de l'exercice sont établis en double expédition ; ils sont vérifiés et visés par le Directeur du génie, adressés par cet officier à l'ordonnateur, lequel les vise et les soumet, avec ses observations, au Gouverneur qui les arrête en Conseil d'administration. Une expédition de ces comptes est transmise *in extenso* au Ministre, avec les observations de l'ordonnateur et la décision du Conseil d'administration ;

(1) Dans le cas où, par exception et par suite de circonstances particulières, l'Adminisiration locale jugerait utile de rattacher la comptabilité du magasin spécial du génie à celle du magasin général de la marine le Directeur du génie aurait à adresser à l'ordonnateur les relevés récapitulatifs trimestriels des entrées et des sorties effectuées pendant le trimestre, ainsi que le compte général de gestion présentant l'ensemble des entrées et des sorties des matières, objets, objets mobiliers, etc., etc., effectuées pendant l'exercice. Ces documents pourront être établis d'après les modèles n°s 4 et 16 du règlement de 1845, avec les modifications que l'ordonnateur jugerait nécessaire d'y faire apporter.

(2) On se conformera d'ailleurs, pour cet état, aux modifications apportées par la circulaire du Ministre de la guerre du 10 novembre 1863.

l'autre expédition est renvoyée au Directeur du génie, pour être déposée dans les archives de la place.

Art. 14. — *Prescriptions relatives aux fortifications et aux bâtiments militaires.* — Le directeur et les commandants du génie veillent à la tenue des fortifications, bâtiments militaires et autres, à leur conservation et à leur police.

On se conformera, quant au service du casernement, au règlement du Département de la marine du 21 novembre 1854, et, pour toutes les dispositions de détail qui n'y sont pas prévues, au règlement de la guerre du 30 juin 1856.

Les états de l'assiette du logement dans les bâtiments militaires, y compris ceux du service hospitalier, sont établis par place, d'après les prescriptions des règlements précités et celles de la circulaire du Ministre de la marine du 22 février 1861. La commission de casernement est composée, dans chaque place, du commandant de place ou de l'officier qui en tient lieu, du commandant du génie et d'un officier du commissariat. Aussitôt que le Directeur du génie a réuni les états des diverses places, il en forme un état général (modèle n° 2 du règlement de 1856) qu'il adresse à l'ordonnateur avec les états particuliers des places, après avoir d'ailleurs consigné ses observations sur ces différents états. — L'ordonnateur consigne son avis sur l'état général, et il envoie le tout au Gouverneur, qui le transmet au Ministre avec ses observations personnelles, s'il y a lieu.

Il n'est envoyé qu'une expédition de ces états au Ministre ; la seconde expédition est renvoyée par l'ordonnateur au Directeur du génie, pour être conservée dans ses archives. Les commandants du génie tiennent au courant les registres des dégradations et pertes au compte des corps, en se conformant aux dispositions de la circulaire du 14 février 1861 du Ministre de la guerre.

Pour ce qui regarde les états relatifs aux observations et propositions des inspecteurs généraux des divers services concernant les bâtiments militaires, on se conformera aux prescriptions de la circulaire du Ministre de la marine du 18 avril 1864. Les commandants du génie tiendront au courant les états relatifs aux dépenses à faire pour les fortifications et les bâtiments militaires, en se conformant à la circulaire du Ministre de la guerre du 17 décembre 1857 et à celle explicative du 10 juin 1861.

Le grand atlas et le petit atlas des bâtiments militaires seront établis et tenus au courant d'après les instructions du 3 juin 1858 et 28 février 1859, et les dispositions de la circulaire du Ministre de la guerre du 5 juin 1849 (1).

Art. 15. — *Domaine militaire.* — Le commandant du génie, dans chaque place, établit et tient au courant, en se conformant à l'instruction du Ministre de la guerre du 4 février 1853, le plan terrier du domaine militaire, dont l'objet est de faire connaître tous les immeubles placés dans les attributions du service du génie et dont l'État est propriétaire.

Aucune aliénation du domaine militaire ne peut avoir lieu que par décision ministérielle ; il en est de même pour les changements à apporter à l'affectation des immeubles de ce domaine.

Les immeubles du domaine militaire qui ne sont pas utilisés peuvent être loués, sur la proposition du Directeur du génie, au profit du trésor. — Les locations sont, autant que possible, faites au moyen d'adjudications. — Le Directeur du génie établit le cahier des charges y relatif, en se concertant à ce sujet avec le service du

(1) Il importe de terminer d'abord le petit atlas, et il en est envoyé une expédition au Ministre de la marine pour les archives du dépôt des fortifications des colonies.

domaine, et il l'adresse au Gouverneur. L'adjudication est toujours passée en présence du directeur ou du commandant du génie. — Les locations sont approuvées par le Gouverneur, qui en rend compte au Ministre, en lui adressant copie du bail ou du cahier des charges, avec plan indicatif de l'immeuble loué.

On se conformera, autant que possible, quant aux conditions générales à imposer pour ces affermages, au modèle du cahier des charges annexé à la circulaire du Ministre de la guerre du 29 août 1853, et, en particulier, aux articles 12 et 22 relatifs au droit que se réserve l'État de résilier le bail à toute époque, si les besoins du service l'exigent.

Le Directeur et les commandants du génie veillent activement à ce que les particuliers ou les administrations n'empiètent pas sur les terrains du domaine militaire. — Ils se pourvoient, lorsqu'il y a lieu, auprès de l'Administration locale, pour faire rentrer le Département de la marine dans la possession complète des immeubles dont l'État est propriétaire.

Art. 16. — *Travaux autres que ceux des fortifications et des bâtiments militaires.* — Lorsque le service du génie est chargé de travaux autres que ceux des fortifications et des bâtiments militaires, il fonctionne, quant à leur exécution et à la rédaction des projets, d'après les règles et les dispositions posées ci-dessus (1).

Mais l'envoi, l'examen et l'approbation de ces projets sont soumis aux dispositions spéciales au service que ces travaux intéressent.

Art. 17. — *Travail d'inspection générale.* — Le travail d'inspection générale, pour le personnel et le matériel du génie, est adressé, chaque année, au Ministre par l'inspecteur désigné à cet effet, ou, à défaut d'inspecteur, par le Gouverneur. — Ce travail doit parvenir à Paris pour le 1er octobre au plus tard. Le Directeur et les commandants du génie se conforment, quant aux documents à produire pour ce travail, aux instructions concernant les inspections générales du service du génie en France, et à celles spéciales qui sont données par le Ministre de la marine, par l'inspecteur ou par le Gouverneur, quand il est chargé de l'inspection. — Le Directeur joint toujours à ce travail un rapport d'ensemble, dans lequel sont traitées ou examinées succinctement les diverses questions sur lesquelles porte l'inspection du service du génie. L'inspection générale du service du génie ne comprendra celle des travaux autres que les fortifications et les bâtiments militaires, qu'autant que le Ministre aura donné des instructions spéciales à l'inspection générale.

Toutefois, en l'absence de ces instructions, toutes facilités devront être données à l'inspecteur général pour qu'il puisse visiter les travaux faits par les officiers, mais sans droit de contrôle et seulement pour s'assurer que ces officiers se sont bien acquittés de leurs fonctions.

Art. 18. — *Dispositions spéciales à certaines colonies.* — Dans les colonies où le service n'est pas scindé en circonscriptions, le Directeur du génie remplit en même temps les fonctions dévolues par la présente instruction aux commandants du génie.

P. DE CHASSELOUP-LAUBAT.

(1) Cette prescription ne s'applique pas aux travaux non militaires dont le service du génie ne serait chargé que temporairement et pour lesquels il conserverait alors les habitudes du service qu'il serait appelé à suppléer.

(9 novembre 1866)

ORGANISATION *du personnel du génie militaire en Cochinchine.*

ARCH. GOUV.

D'après les diverses propositions qui m'ont été soumises à ce sujet, et notamment par M. le général P..., à la suite de son inspection, j'ai décidé que le personnel du génie militaire en Cochinchine sera composé de la manière suivante :

1 chef de bataillon, directeur à Saïgon ;

1 capitaine en 1er, commandant du génie, idem ;

1 capitaine en 2e, en sous-ordre ;

8 gardes ;

3 gardiens-concierges des bâtiments militaires.

Cet effectif présente sur celui qui existe actuellement une augmentation de deux gardes, que la dissémination des travaux sur divers points rend nécessaires, et de trois gardiens-concierges demandés par vous pour les bâtiments militaires et qui seront d'une grande utilité pour la surveillance des travaux du génie.

Par suite de ces dispositions, j'ai demandé à M. le Ministre de la guerre un chef de bataillon pour remplacer M. le lieutenant-colonel T..., qui, ayant accompli plus de trois années de séjour en Cochinchine, est rentré en France pour être attaché au service métropolitain.

M. le maréchal Randon m'informe qu'il a désigné M. le chef de bataillon B..., actuellement commandant du génie à Ajaccio. Cet officier supérieur n'étant pas proposé pour l'avancement, se trouve ne pas remplir les conditions déterminées par la décision du 3 mars 1863, pour être attaché au service colonial et porté au tableau d'avancement de son arme, mais M. B... a déclaré ne pas réclamer le bénéfice de cette décision.

M. le Ministre de la guerre a désigné également pour servir en Cochinchine M. Bl..., capitaine en 2e, actuellement employé à Dunkerque et qui est destiné à remplacer M. D..., dont le temps de séjour colonial est accompli et que vous devrez faire rentrer en France aussitôt après l'arrivée de son successeur à Saïgon.

Je compte mettre très prochainement à votre disposition deux nouveaux officiers des compagnies indigènes d'ouvriers du génie, après le licenciement de cette troupe, au mois de décembre prochain. Dans ce cas, il ne serait pas pourvu à l'envoi des deux gardes portés en augmentation. Pour les trois gardiens-concierges qui seront pris parmi les sous-officiers ou caporaux de ces compagnies, je vais m'occuper de leur nomination.

La question de la composition du personnel, en grade et en nombre, étant ainsi arrêté, il restera à régler celle concernant le fonctionnement du service.

Une instruction du 26 janvier de la présente année, préparée par une commission spéciale, a résolu cette dernière question d'une manière satisfaisante dans nos autres établissements, et je vous en adresse ci-joint quatre exemplaires à titre de renseignement (celle convenant aux colonies où, comme en Cochinchine, l'ordonnateur n'a pas d'action sur le service du génie).

J'ai l'honneur de vous prier de vouloir bien l'étudier et de me soumettre, dans un bref délai, les modifications que vous jugeriez nécessaire d'apporter à la réglementation dont il s'agit pour la rendre applicable en Cochinchine, en évitant de trop restreindre les pouvoirs du Gouverneur, quant à l'importance des dépenses qu'il aurait la faculté d'engager, ainsi qu'aux décisions à prendre pour la préparation et l'adoption des projets de travaux à exécuter.

DE CHASSELOUP-LAUBAT.

(30 avril 1867)

DÉP. M. *concernant l'application en Cochinchine de l'instruction du 26 janvier 1886 sur le service du génie au Sénégal et dans nos établissements secondaires d'Afrique.*

BAT. I. p. 525.

En vous notifiant, par dépêche du 9 novembre dernier, les dispositions arrêtées par l'organisation du personnel de la direction du génie de Saïgon, mon prédécesseur vous a adressé quelques exemplaires de l'instruction du 26 janvier 1886, sur le service du génie au Sénégal et dans nos établissements secondaires d'Afrique.

Par une lettre du 22 décembre, qui s'est croisée avec la dépêche précitée, vous avez demandé, d'après l'avis du chef du service administratif et du directeur du génie, que les dispositions de l'instruction de même date en vigueur aux Antilles, à la Réunion, à la Guyane et dans nos possessions de l'Océanie, soient déclarées applicables à la Cochinchine.

L'initiative, prise par vous, montre que le moment est venu de donner à notre nouvelle colonie cette réglementation au moyen de laquelle le service du génie fonctionne maintenant d'une manière très convenable dans nos anciens établissements.

Mais il convient d'adopter de préférence les dispositions en vigueur au Sénégal, à cause de l'analogie qui existe entre la situation de cette colonie et celle de la Cochinchine. En effet, notre nouvelle possession est, comme le Sénégal, une colonie toute militaire et qui, de plus, est encore en voie d'organisation. Pour ces deux motifs, il importe que le Gouverneur soit en relation aussi directe que possible avec le directeur du génie, pour tout ce qui concerne les ordres relatifs aux projets et aux travaux, en écartant sous ce rapport l'intervention de l'ordonnateur qui, d'après la réglementation propre aux Antilles, à la Réunion, etc., aurait dans ses attributions la direction supérieure des travaux et la présentation des projets au Conseil privé. La différence entre les deux réglementations se borne d'ailleurs à cette partie du service, car, au Sénégal comme aux Antilles, l'ordonnateur est toujours chargé de tout ce qui concerne l'ordonnancement des dépenses, le contrôle financier et la comptabilité. Du reste, il paraît résulter des projets qui ont été adressés au Département par l'Administration de la Cochinchine, que le chef du service administratif n'est pas intervenu pour la présentation de ces documents, manière de procéder semblable à celle prescrite par l'instruction.

Par suite des considérations qui précèdent, j'ai décidé que l'instruction du 26 janvier 1866, sur le service du génie au Sénégal, sera appliquée à la Cochinchine, sauf les modifications indiquées dans les annotations ajoutées au texte primitif. Ces modifications ont pour but de donner plus d'extension aux attributions de l'Administration locale, sous le rapport du montant de la dépense des travaux qu'elle peut autoriser sans en référer au Département. Le chiffre en est porté à 10,000 francs au lieu de 5,000 francs, déterminé pour les anciennes colonies par les ordonnances organiques. La situation particulière de la Cochinchine, comme l'importance des travaux qui doivent y être exécutés, m'ont paru nécessiter cette dérogation aux règles établies dans nos autres possessions.

J'ai l'honneur de vous prier de donner les ordres nécessaires pour l'exécution des dispositions qui précèdent, et je vous adresse, à cet effet, dix exemplaires de l'instruction dont il s'agit, sur lesquels j'ai fait transcrire les annotations modificatives dont il est question ci-dessus. Vous voudrez bien m'informer, lorsqu'il y aura lieu, des mesures que vous aurez prises.

RIGAULT DE GENOUILLY.

(5 novembre 1869)

DÉP. M. *Solution de diverses questions concernant le fonctionnement du service du génie, savoir : Contrôle à exercer sur les opérations du génie, responsabilité. — L'ordonnancement par le Directeur du génie des dépenses de son service est contraire aux règles adoptées par le Département.*

BAT. I, p. 535.

Sous la date du 24 mai dernier, vous m'avez adressé, avec un extrait des délibérations du Conseil consultatif de la Cochinchine, les comptes du service du génie pour l'exercice 1868.

. . . .

Il résulte de l'extrait des délibérations du Conseil consultatif que, lors de l'examen de cette comptabilité en conseil, le chef du service administratif *p. i.* a présenté diverses observations tendant à faire ressortir l'impossibilité dans laquelle il se trouvait, d'après la réglementation en vigueur, d'exercer aucun contrôle sur les confections et les achats effectués pour le service du génie, et il a demandé ou de faire constater par un officier du commissariat, de concert avec les officiers du génie, les entrées en magasin des objets et matériaux, ou d'être autorisé à sous-déléguer au directeur du génie les crédits attribués à son service, afin que cet officier supérieur ordonnançât lui-même les dépenses qui s'y rapportent.

Je dois d'abord faire remarquer que la réglementation du service du génie en Cochinchine est la même que celle qui est suivie au Sénégal, au Gabon, à Mayotte et à Sainte-Marie, et que, contrairement à ce qu'a fait observer à cet égard M. le contrôleur G..., les directeurs du génie aux colonies sont placés, par rapport aux ordonnateurs, dans la même situation que le chef du génie en Cochinchine, par rapport au chef du service administratif. C'est d'ailleurs avec raison que M. le commandant B... a fait remarquer que ce fonctionnaire peut exercer sur les opérations du génie militaire le même contrôle personnel qu'exercent en France et en Algérie les directeurs des fortifications.

Du reste, la non-intervention dans les opérations du service du génie, des commissaires aux travaux et aux approvisionnements, des commissions de recette, etc., est, depuis la mise en vigueur de l'instruction de 1866, une disposition suivie dans toutes nos colonies, où elle n'a produit aucune difficulté ni aucune réclamation, et il n'y a pas de motifs pour que, par exception, elle ne soit pas appliquée en Cochinchine.

Quant à la question de la responsabilité soulevée par M. le chef du service administratif *p. i.*, elle est réglée par l'article 6 de ladite instruction, lequel spécifie que les travaux du génie seront exécutés sous la surveillance et la *responsabilité* du commandant du génie et du directeur de ce service, l'ordonnateur n'ayant que le contrôle financier. D'après ces dispositions, il ne peut y avoir ni doute ni ambiguïté sur la part qui revient à chacun de ces fonctionnaires dans la responsabilité des opérations du génie militaire.

En ce qui concerne la proposition faite au sein du Conseil et concernant l'ordonnancement par le directeur du génie des dépenses de son service, elle est contraire aux règles adoptées par le Département et elle ne saurait être prise en considération.

J'ai l'honneur de vous prier de communiquer ces observations à qui de droit.

. . . .

RIGAULT DE GENOUILLY.

(18 février 1870)

A. G. *maintenant l'ordre du 3 novembre 1864, qui fixe la durée de la journée de travail des ouvriers et journaliers, tant européens qu'asiatiques, employés dans les chantiers, ateliers et magasins de l'État en Cochinchine, ainsi que les heures de présence desdits ouvriers sur les travaux. — Heures pendant lesquelles la circulation est interdite à ces ouvriers.*

B. C. p. 54.

(30 juillet 1875)

DÉP. M. *au sujet de la contradiction qui existe entre l'instruction du 26 janvier 1886 (art. 2, § 4) et le décret du 21 août 1869, organique du conseil privé.*

BAT. I, p. 333.

Par lettre du 9 avril, vous avez fait ressortir la contradiction qui existe entre l'instruction du 26 janvier 1866, sur le service du génie aux colonies, et le décret du 20 août 1869, relatif à l'organisation du Conseil privé de la Cochinchine.

D'après les dispositions de l'article 2, paragraphe 4, de l'instruction appliquée à la colonie, le directeur du génie est appelé de droit dans le sein du Conseil, avec voix *délibérative*, lorsqu'il y est traité de matières rentrant dans ses attributions, tandis qu'aux termes de l'article 3 du décret de 1869, les chefs de service ont seulement voix *consultative*.

En conséquence, vous demandez s'il n'y aurait pas lieu de mettre les dispositions de cet acte en harmonie avec celles de 1866 et d'admettre dans le Conseil privé la présence des chefs de service avec voix *délibérative*.

Cette dernière prérogative est, en effet, spécifiée dans les ordonnances organiques du Sénégal et de la Nouvelle-Calédonie, colonies auxquelles est également appliquée l'instruction en vigueur en Cochinchine ; mais, d'un autre côté, les ordonnances de la plupart des autres colonies n'ont admis le droit de présence des chefs de service dans le Conseil qu'avec voix *consultative*. Ce dernier système est évidemment, au point de vue de l'homogénéité de cette assemblée et de l'unité de l'administration, préférable au premier.

Telle a été, d'ailleurs, l'opinion qui a prévalu, après examen de cette disposition, lorsqu'on a préparé le décret de 1869, et bien que l'Administration coloniale eût proposé d'y inscrire la disposition que vous réclamez.

Je ne pense pas qu'il convienne de modifier aujourd'hui cet acte, en vue d'en concilier les termes avec ceux de l'instruction de 1866, et la disposition prévue dans cette dernière réglementation doit naturellement fléchir devant un acte organique édicté par une autorité plus élevée et d'une date postérieure. Je ne vois d'ailleurs pas un avantage bien sérieux pour le service dans la modification signalée, car, dans la situation actuelle, l'avis émis en Conseil par les directeurs, sur les affaires qui les concernent, ont toute l'autorité voulue pour influencer, dans la mesure nécessaire, les délibérations de l'assemblée.

Du reste, l'Administration de la Cochinchine a été invitée à préparer les éléments d'un nouveau décret d'organisation de la colonie ; vous pouvez donc, à cette occasion, examiner l'utilité de concéder aux chefs de service (car il devrait en être ainsi pour tous) le droit d'assister, avec voix délibérative, aux séances du Conseil privé.

DE MONTAIGNAC.

(30 juin 1877)

DÉP. M. *Il n'est pas utile d'introduire dans les directions coloniales le nouveau mode de comptabilité introduit par les circulaires des 29 juillet et 28 octobre 1875 modifiant les prescriptions de l'instruction de 1835 sur le service du génie dans les places et de celles du 23 juin 1856 sur les feuilles de dépenses concernant les travaux du service du génie, instructions visées dans les articles 9 et 43 de l'instruction de 1866.*

BAT. I. p. 537.

Aux termes des articles 9 et 13 de l'instruction de 1866, le service du génie aux colonies doit se conformer, pour la tenue de sa comptabilité *Matières*, aux prescriptions de l'instruction de 1835 du Département de la guerre et de celle du 23 juin 1859.

Depuis lors, ces règlements ont été modifiés dans la métropole, et j'ai été consulté sur la question de savoir s'il y avait lieu d'appliquer dans les colonies ces modifications, qui ont fait l'objet des circulaires des 29 juillet et 28 octobre 1875.

J'ai l'honneur de vous informer que, suivant l'avis conforme de M. le directeur du dépôt des fortifications des colonies, et d'accord avec M. le ministre de la guerre, j'ai reconnu qu'en raison du surcroît de travail qui en résulterait il n'était pas utile d'introduire ce nouveau mode de comptabilité dans les directions coloniales dont le personnel est actuellement très réduit, et qu'il convenait plutôt de chercher à simplifier les écritures en les ramenant autant que possible aux règles suivies par l'administration de la marine.

Entre autres simplifications, on devra retirer de la situation annuelle du magasin tous les objets qui figurent sur l'état du mobilier de caserne, dont le règlement de 1854 prescrit l'établissement.

Mais alors, cet état sera régulièrement fourni chaque année.

GICQUEL DES TOUCHES.

(13 avril 1878)

DÉP. M. *augmentant le personnel de la direction du génie de trois gardiens-concierges à affecter aux bâtiments militaires du Tonkin.*

BAT. I. p. 537.

(26 juin 1880)

DÉCRET *portant remise au corps de l'artillerie de la marine du service des constructions militaires et de fortifications aux colonies. — Rapport* (1).

B. M. 1880 1re série p. 127.

(29 juillet 1880)

NOTICE *relatant les conditions d'admission dans l'artillerie de la marine du personnel du génie militaire, la situation dans le service et les chances d'avenir des candidats.*

B. M. p. 136.

(1) V. artillerie (Direction d').

(27 décembre 1882)

D. G. *portant que le service du génie, prendra, d'accord avec le général, commandant supérieur des troupes, toutes les mesures nécessaires pour assurer la défense des postes dont il est chargé.*

B. C. p. 501.

Le service du génie prendra, d'accord avec M. le Général commandant supérieur des troupes, toutes les mesures nécessaires pour assurer la défense des postes dont il est chargé.

Les dépenses résultant de ces travaux et qui ne pourraient être payées sur les fonds d'entretien des postes, seront imputées sur les crédits généraux du budget du génie.

LE MYRE DE VILERS.

(21 novembre 1883)

CIRC. M. *prescrivant la remise à l'artillerie du service du génie en Cochinchine. — Désignation du personnel.*

B. C. p. 429.

En exécution de l'article 13 du décret du 26 juin 1880, le service du génie en Cochinchine sera remis à l'artillerie de la marine à compter du 1er janvier 1884, et la direction des deux services réunis devra être confiée à un lieutenant-colonel ayant sous ses ordres un chef d'escadron sous-directeur, un capitaine en premier adjoint et quatre capitaines en premier ou en second attachés.

J'ai, en conséquence, l'honneur de vous informer que M. de P..., lieutenant-colonel attaché à l'inspection générale, est désigné pour servir comme directeur et commandant des troupes d'artillerie en Cochinchine. Cet officier supérieur rejoindra son poste par le transport du 20 janvier prochain.

Quant aux fonctions de capitaine adjoint, elles seront remplies par le plus ancien capitaine en premier attaché à la direction d'artillerie.

Pour compléter le personnel d'artillerie dans la colonie, un garde conducteur titulaire sera envoyé par le transport du 20 janvier.

Je vous prie d'assurer, en ce qui vous concerne, l'exécution de ces dispositions.

VIGUE.

(14 décembre 1883)

DÉP. M. *Remise à l'artillerie du service du génie* (1).

B. C. 1884 p. 10.

Aux termes du décret du 26 juin 1880, le service du génie en Cochinchine devant être assuré par les officiers d'artillerie à compter du 1er janvier 1884, j'ai l'honneur de vous prier de donner des ordres pour que ce changement de service s'effectue à cette date dans les meilleures conditions possibles (2).

Tous les officiers et adjoints du génie devront être renvoyés en France aussitôt que possible, à l'exception du directeur et de l'adjoint du génie chargé de la comptabilité, lesquels pourront n'effectuer leur retour que dans le courant du mois de février, si leur présence est jugée indispensable pour la remise du service.

Il est bien entendu que les officiers du génie présents au Tonkin y seront maintenus jusqu'à ce qu'il ait été pourvu à leur remplacement.

La remise du service devra être faite conformément aux prescriptions de l'arrêté du 19 juillet 1880. Une ampliation du procès-verbal de remise sera adressée pour être classée dans les archives de l'inspection générale de l'artillerie de la marine.

A. PEYRON.

(1) V. artillerie (Direction d').

(2) Jusqu'au 25 janvier 1864 le génie militaire était chargé du service des ponts et chaussées et des bâtiments civils et du service de la voirie [V. Ponts et chaussées et bâtiments civils (service des)].

(27 décembre 1883)

D. G. *Portant remise, par M. le chef de bataillon S..., du service du génie à M. le capitaine d'artillerie P... appelé à le remplacer provisoirement.*

B. C. p. 448.

En raison de l'absence du directeur d'artillerie titulaire, M. le chef de bataillon S..., directeur du génie, opérera la remise régulière de son service et de ses archives à M. le capitaine d'artillerie P..., appelé à le remplacer jusqu'à l'arrivée du lieutenant-colonel directeur d'artillerie.

M. le commandant S... règlera les comptes finances et matières de l'exercice 1883, conformément à l'instruction du 26 janvier 1866 sur le service du génie.

CHARLES THOMSON.

II. SOLDE ET ALLOCATIONS DIVERSES.

NATURE DES DOCUMENTS	DATES	RECUEILS A CONSULTER							OBSERVATIONS
		Bat.	B. C.	B.D.I	J. C.	J.H.	B. M.	B.Col	
Circ. M.	1er septembre 1863.	1-523	38						
Circ. M.	27 juillet 1864.	1-524	293						
Circ. M.	21 mars 1866.	1-525	77						
Dép. M.	18 février 1867.	1-534	448						
D. G.	10 février 1869.	1-540	151						
D. G.	5 septembre 1871.	1-540	195						
D. G.	15 mars 1873.		305						
D. G.	27 décembre 1874.	1-541							
D. G.	10 juin 1876.	1-543	144						
D. G.	4 juillet 1876.	1-540							
D. G.	29 octobre 1877.	1-543							
Circ. M.	3 avril 1879.	1-538							
Dép. M.	30 janvier 1883.								

(1er septembre 1868)

CIRC. M. *En plus des frais de service et de déplacement, il sera alloué aux officiers et gardes du génie militaire des frais de tournée. — Tarif* (1).

BAT. I. p. 523.

Les indemnités de service accordées aux officiers du génie employés aux colonies ont compris jusqu'ici les frais de déplacement.

J'ai décidé qu'il serait dorénavant alloué à ces officiers, de même qu'aux gardes du génie, en outre des allocations qu'ils reçoivent actuellement, des frais de tournée dont la dépense sera supportée, de même qu'au département de la guerre, sur les fonds prévus pour le matériel du génie de chaque colonie. A cet effet, j'ai arrêté les dispositions suivantes, auxquelles je vous invite à vous conformer :

1o Le règlement de ces indemnités sera effectué par trimestre, conformément au tarif ci-joint, qui a été établi sur la base de celui du 25 avril 1863, en vigueur dans le service du génie en France, avec cette différence que les allocations ont été doublées, en raison de ce qu'elles seront appliquées aux colonies ;

2o Les paiements auront lieu d'après les états fournis par le sous-directeur ou le chef du génie aux ordonnateurs, qui soumettront au Gouverneur les observations auxquelles ces états pourraient donner lieu.

Dans le cas où la tournée s'effectuerait entièrement à bord d'un bâtiment de l'État, l'officier ou le garde ne recevrait aucune indemnité de déplacement ni de transport ; mais il conserverait intégralement, pendant son embarquement, les allocations dont il jouissait à terre.

3o Un état des tournées exécutées devra m'être adressé trimestriellement, avec la revue de liquidation du personnel du génie.

P. DE CHASSELOUP-LAUBAT.

(27 juillet 1864)

CIRC. M. *Imputation des frais de tournées du personnel du génie aux colonies.*

BAT. I. p. 524.

Aux termes de ma circulaire du 1er septembre 1863, les indemnités à allouer pour frais de tournées, aux officiers et gardes du génie employés aux colonies, doivent être imputées sur les fond prévus pour les travaux du génie militaire. Ces dispositions impliquaient l'imputation de ces dépenses à chacun des articles d'ouvrages qui les auraient occasionnées.

Il me paraît aujourd'hui préférable de constituer un fonds particulier pour y subvenir et d'en former une section spéciale à l'article : *Dépenses annuelles des bâtiments militaires.*

L'expérience n'ayant pas encore fait reconnaître, lorsqu'a été préparée la répartition des fonds pour 1865, quelle était, pour chaque colonie, la somme à prévoir pour cet objet, il ne m'a pas été possible d'introduire cette disposition dans le plan de campagne de cet exercice. Mais, pour 1866 et les années suivantes, vous devrez prévoir au projet de budget du génie les crédits que vous jugerez nécessaires pour faire face aux dépenses dont il s'agit.

Il est à peine utile de vous faire remarquer que les frais de tournées qui auraient pour objet des intérêts se rattachant aux travaux civils ou maritimes, devront être payés sur les fonds alloués pour les mêmes travaux.

P. DE CHASSELOUP-LAUBAT.

(21 mars 1866)

CIRC. M. *Modifications apportées aux dispositions concernant les indemnités de déplacement à allouer aux officiers et gardes du génie servant aux colonies.*

BAT. I. p. 525.

D'après le tarif joint à ma circulaire du 1er septembre 1863, concernant les indemnités de frais de transport et de déplacement à allouer aux officiers et gardes du génie employés aux colonies, l'in-

(1) V. Circ. M. 21 mars 1866; 3 avril 1870.

demnité de transport n'est due que lorsque le trajet parcouru est au moins d'un myriamètre pour l'aller et le retour.

Ce parcours avait été fixé d'après la règle établie dans la métropole ; mais j'ai reconnu qu'il était trop considérable pour être fait à pied, sans danger, sous le climat des colonies. En conséquence, j'ai décidé qu'il sera réduit à quatre kilomètres, aller et retour. D'un autre côté, j'ai jugé convenable de réduire de moitié les allocations de 13 francs, 10 fr. 60 cent. et 6 fr. 68 cent. portées au tarif ci-dessus mentionné, pour les déplacements dans lesquels l'officier ou le garde rentre le même jour à sa résidence habituelle, dans le cas où le chef de service du génie jugera qu'une demi-journée d'absence est suffisante.

P. DE CHASSELOUP-LAUBAT.

(18 février 1867)

DÉP. M. *Le supplément de fonction alloué à l'officier chargé du commandement du génie devra être payé à l'officier intérimaire.*

BAT. I. p. 534.

Sous la date du 21 novembre dernier, vous m'avez fait connaître que M. le capitaine... qui, depuis le départ de M. le lieutenant-colonel..., remplaçait cet officier supérieur dans le commandement du génie en Cochinchine, réclame l'intégralité du supplément de fonctions de 3,000 francs par an qui est alloué au directeur titulaire.

Ainsi que vous en avez exprimé l'opinion, les dispositions de l'article 78 du décret du 19 octobre 1851, invoquées par M... à l'appui de sa réclamation, ne sont pas applicables à cet officier.

Sa position rentrerait plutôt dans l'esprit de l'article 153 de l'ordonnance du 22 juin 1847, concernant les frais de représentation des chefs de corps qui sont dus à l'intérimaire lorsque le titulaire ne continue pas à les recevoir à un titre quelconque.

Par analogie, il y a lieu d'allouer à M. le capitaine... l'intégralité du supplément de fonctions de 3,000 francs dévolue à l'officier chargé du commandement du génie, pendant tout le temps que cet officier a rempli l'intérim qui lui est confié.

RIGAULT DE GENOUILLY.

(10 février 1869)

D. G. *allouant un supplément de 600 francs aux gardes du génie chargés du service dans les places autres que le chef-lieu.*

BAT. I. p. 540.
B. C. p. 38

Lorsque, à défaut de gardes principaux, ou pour toute autre cause tenant aux nécessités du service, de simples gardes seront détachés comme chargés du service du génie dans les places autres que le chef-lieu, ils auront droit au supplément pour service extraordinaire du grade supérieur, lequel est fixé par le budget à la somme de six cents francs.

G. OHIER.

(5 septembre 1871)

D. G. *fixant le salaire des auxiliaires du génie.*

BAT. I. p. 540.
B. C. p. 293.

1° Le salaire de la journée sera :

Pour les sous-officiers.	1 f. 20
Pour les caporaux et soldats.	0 80

2° Le salaire des journées qui n'atteindront pas ou qui dépasseront la journée normale de huit heures sera calculé proportionnellement au nombre d'heures de travail, d'après le tarif suivant :

Sous-officier.	0 f. 15
Caporal et soldat..	0 10

(15 mars 1873)

D. G. *portant que la solde du capitaine, commandant du génie, sera complétée à 8000 francs par le budget local.*

(Abr. D. G. 27 décembre 1874)
B. C. p. 77.

(27 décembre 1874)

D. G. *frais de service alloués aux officiers du génie au compte du budget local.*

BAT. I. p. 541.
B. C. p. 448.

La décision, en date du 15 mars 1873, portant concession d'un complément de solde au capitaine du génie commandant la circonscription de Saïgon, est et demeure rapportée à compter du 1er janvier 1875.

Une somme de 2,600 francs restera inscrite au budget local, sous le titre de : *Frais de service aux officiers du génie* ; elle sera répartie par les soins du directeur de ce service.

DUPERRÉ.

(10 juin 1876)

D. G. *portant de 600 à 700 francs l'indemnité allouée au gérant du génie à Saïgon.*

BAT. I. p. 543.
B. C. p. 151

(4 juillet 1876)

D. G. *allouant une indemnité de 45 francs par mois, pour frais de voiture, aux gardes du génie affectés à la surveillance des travaux de la place de Saïgon.*

BAT. I. p. 540.
B. C. p. 195.

Il est alloué aux gardes du génie employés à surveiller les travaux de la place de Saïgon, pendant la période de leur plus grande activité, une indemnité personnelle de 45 francs par mois.

Cette indemnité sera payée sur états dressés par le directeur du génie, et établissant le droit des parties prenantes.

La dépense sera imputée sur la dotation inscrite au titre de la direction du génie.

DE CORNULIER-LUCINIÈRE.

(29 octobre 1877)

D. G. *accordant une indemnité de 45 francs par mois à tous les adjoints du génie employés dans la place de Saïgon.*

BAT. I. p. 543.
B. C. p. 305.

L'indemnité de 45 francs par mois, allouée par l'arrêté du 4 juillet 1870, à quelques-uns des adjoints de la place de Saïgon, sera donnée, jusqu'à nouvel ordre, à tous les adjoints du génie employés dans cette place.

L'arrêté ci-dessus visé est maintenu dans ses autres dispositions.

J. LAFONT.

(3 avril 1879)

CIRC. M. *Nouveaux tarifs des indemnités pour frais de tournées à allouer aux adjoints du génie.*

BAT. I, p. 538.

Par décision du 16 septembre dernier, M. le Ministre de la guerre, sur la proposition du comité des fortifications, a attribué aux adjoints du génie les frais de tournées, indemnités de transport et indemnités de déplacement qui sont alloués aux officiers subalternes de l'arme.

Les adjoints du génie employés aux colonies ayant été traités jusqu'à présent, au point de vue de leurs tournées, comme leurs collègues de la métropole, il y a lieu de les faire bénéficier de la mesure qui a été prise par M. le Ministre de la guerre.

J'ai décidé, en conséquence, que les indemnités qui étaient attribuées aux adjoints du génie détachés au service colonial seront, à partir du 1er janvier dernier, remplacées par celles que le tarif alloue aux officiers subalternes de l'arme.

JAURÉGUIBERRY.

(30 janvier 1883)

DÉP. M. *Application aux adjoints du génie détachés en Cochinchine des nouveaux tarifs de solde adoptés pour les gardes d'artillerie de la marine et de l'armée de terre.*

B. C. p. 144.

Par décision présidentielle du 4 décembre dernier, insérée au *Bulletin officiel*, page 976, l'augmentation de solde accordée aux adjoints du génie et aux gardes d'artillerie de l'armée de terre, a été concédée aux gardes d'artillerie de la marine, à compter du 1er octobre 1882.

Vous voudrez bien donner des ordres pour qu'il soit fait application de ces tarifs aux adjoints du génie qui sont actuellement détachés en Cochinchine.

DISLÈRE.

III. PERSONNEL DE FORMATION LOCALE.

NATURE DES DOCUMENTS	DATES	RECUEILS A CONSULTER							OBSERVATIONS
		Bat.	B. G.	B D. I	J. C.	J. H.	B. M.	B. Col	
A. G.	27 novembre 1869.		483						
D. G.	19 décembre 1871.	1-540	405						
D. G.	20 juin 1875.	1-541	214						
A. G.	30 avril 1875.	1-542	180						

(27 novembre 1869)

A. G. *rendant applicable aux agents de formation locale de génie militaire l'arrêté du 26 juillet 1869 réglant la solde, l'assimilation, l'avancement, etc..., des employés et agents de formation locale appartenant aux administrations publiques de la colonie.*

B. C. p. 483.

(19 décembre 1871)

D. G. *fixant la composition du personnel de formation locale à mettre à la disposition du Directeur du génie* (1).

BAT. I. p. 540.
B. C. p. 405.

Article premier. — Le personnel de formation locale mis à la disposition du Directeur du génie sera composé de la manière suivante :

Écrivains ou dessinateurs auxiliaires européens.	7
Piqueurs européens.	3
Interprète indigène	1
Total.	11

Art. 2. — L'arrêté local du 26 juillet 1869, tarif n° 1, qui règle la solde, l'assimilation, l'avancement, etc., des employés et agents de formation locale appartenant aux administrations publiques de la Cochinchine, sera applicable aux agents de formation locale du service du génie.

Art. 3. — Les agents du génie toucheront leur logement et leurs vivres en nature dans les postes et en argent à Saïgon.

Dupré.

(20 juin 1874)

D. G. *créant des emplois d'écrivains et de dessinateurs titulaires dans le service du génie militaire.*

BAT. I. p. 541.
B. C. p. 214.

Les écrivains et dessinateurs auxiliaires, mis à la disposition du génie, pourront être nommés agents titulaires lorsqu'ils réuniront les conditions d'ancienneté voulues pour obtenir de l'avancement et qu'ils justifieront cette mesure par leur conduite, leur manière de servir et une aptitude dûment constatée, comportant, pour les écrivains, la connaissance complète de toutes les règles de comptabilité du service du génie, et pour les dessinateurs, la pratique des métrés, des levés et de la rédaction des projets.

Les auxiliaires nommés titulaires ne seront pas remplacés, comme nombre, dans l'effectif prévu par l'arrêté du 19 décembre 1871.

Krantz.

(1) Mod. A. G. 30 avril 1875.

30 avril 1875.

A. G. *portant nouvelles dénominations des agents de formation locale employés à la direction du génie, fixant leur solde et indemnités et règlant leur mode d'avancement.*

Bat. I. p. 542.
B. C. p. 180.

Article premier. — Les agents de formation locale employés à la direction du génie seront désignés de la manière suivante :

Commis aux écritures de 1re 2e et 3e classe.

Dessinateurs de 1re 2e et 3e classe.

Piqueurs de 1re 2e et 3e classe.

Art. 2. — La solde et les indemnités allouées à ces agents seront fixées ainsi qu'il suit :

		SOLDE.	INDEMNITÉ de LOGEMENT.	OBSERVATIONS
Commis aux écritures et dessinateurs.	1re classe.	3,000f 00	660f 00	Ces agents ont droit à la ration dite de 2e *catégorie*.
	2e classe.	2,400 00	660 00	
	3e classe.	1,800 00	660 00	
Piqueurs	1re classe.	2,400 00	660 00	
	2e classe.	1,800 00	660 00	
	3e classe.	1,200 00	660 00	

Les commis aux écritures et dessinateurs de la direction du génie sont, en tous points, assimilés aux commis aux écritures employés dans les bureaux de l'administration de la marine.

Les piqueurs sont assimilés aux comptables du matériel.

Art. 3. — Les agents actuels de la direction du génie seront classés ainsi qu'il suit :

ANCIENNES DÉNOMINATIONS.	NOUVELLES DÉNOMINATIONS.
Ecrivain titulaire de 2e classe	Commis aux écritures de 1re classe.
Ecrivain auxiliaire de 1re classe	Commis aux écritures de 2e classe.
Ecrivain auxiliaire de 2e classe	Commis aux écritures de 3e classe.
Dessinateur auxiliaire de 1re classe	Dessinateur de 2e classe.
Piqueur de 2e classe	Piqueur de 1re classe.
Piqueur de 3e classe	Piqueur de 2e classe.

Art. 4. — L'avancement des agents de formation locale du service du génie aura lieu au choix, après une année au moins de service dans chaque classe.

Art. 5. — Les commis aux écritures et les dessinateurs auxquels les travaux extraordinaires auront été confiés pourront, sur la proposition du directeur du génie et par décision spéciale du Gouverneur, recevoir un supplément de solde qui ne pourra pas dépasser cinquante francs par mois.

DUPERRÉ.

NATURE DES DOCUMENTS	DATES	RECUEILS A CONSULTER							OBSERVATIONS
		Bat.	B. C.	B.D.I	J. C.	J.H.	B. M.	B.Col	
A. G.	24 décembre 1867.	1-539	573						
D. G.	20 avril 1875.	1-541	143						
D. G.	30 avril 1875.	1-541	144						
D. G.	6 mai 1876.	1-543	137						
A. G.	3 juin 1876.	1-543	149						
D. G.	10 juin 1876.	1-543	151						
D. G.	13 août 1878.	1-544	272						
D. G.	19 juillet 1879.	1-544	263						
D. G.	2 juillet 1880.		366						
D. G.	15 avril 1882.		174						
D. G.	19 mars 1883.		153						
D. G.	10 juillet 1883.		294						

(24 décembre 1867)

A. G. *Création d'une gérance pour l'exécution des travaux du génie sur la place de Saïgon. — Fonds d'avances.*

BAT. I, p. 539.
B. C. p. 573.

Article premier. — Les travaux du génie à Saïgon sont exécutés en régie, dans les conditions déterminées par les articles 8 et 11 susvisés de l'instruction ministérielle du 26 janvier 1866.

Art. 2. — Le fonds d'avances à mettre mensuellement à la disposition du gérant de la régie, pour payer la solde des ouvriers et les menues dépenses qui ne peuvent pas être acquittées au moyen de mandats directs de l'ordonnateur, est provisoirement fixé à la somme de douze mille francs.

. . . .

. . . .

DE LA GRANDIÈRE.

(20 avril 1875)

D. G. *créant une circonscription du génie au Tonkin pour les travaux d'installation à exécuter dans les ports de Haïphong et Hanoï.*

BAT. I, p. 541.
B. C. p. 143.

Il sera créé une 4e circonscription du génie, dite *Circonscription du Tonkin*, pour les travaux d'installation à exécuter dans les ports de Haïphong et Hanoï.

DUPERRÉ.

(30 avril 1875)

D. G. *réglant les frais de service du commandant de la circonscription du génie au Tonkin.*

BAT. I. p. 541.
B. C. p. 144.

(6 mai 1876)

D. G. *réglant les frais de service du capitaine du génie détaché à Qui-Nhon ou Thinaï.*

BAT. I. p. 543.
B. C. p. 137.

(3 juin 1876)

A. G. *créant à Mytho une gérance pour le service du génie. — Fonds d'avances. Supplément annuel de 600 francs au gérant.*

BAT. I. p. 543.
B. C. p. 149.

Article premier. — A compter du 15 juin 1876, il est créé à Mytho une gérance pour le service du génie; cette gérance sera confiée à l'adjoint du génie détaché dans cette résidence, et servira à pourvoir au paiement des dépenses courantes de ce service : *Salaires d'ouvriers et fournitures diverses.*

Art. 2. — Les fonds mis ainsi à la disposition du gérant sont provisoirement fixés à la somme de douze mille francs.

Il sera alloué au gérant un supplément annuel de six cents francs.

BOSSANT.

(10 juin 1876)

D. G. *portant de 600 à 720 francs l'indemnité allouée au gérant du génie à Saïgon* (1).

BAT. I. p. 543.
B. C. p. 151.

(13 août 1878)

D. G. *Création au Tonkin d'une gérance pour les dépenses courantes faites à Hanoï. — Fonds d'avances. Les dépenses exécutées à Haïphong continueront à être payées par le préposé du trésorier-payeur.*

BAT. I. p. 544.
B. C. p. 272.

Article premier. — Il est créé à Haïphong, chef-lieu de la circonscription du Tonkin, une gérance pour le service du génie, spécialement affectée aux dépenses courantes faites à Hanoï pour *Salaires d'ouvriers et fournitures diverses.*

Les fonds d'avances mis à la disposition du gérant sont fixés à la somme de mille francs.

Art. 2. — Les dépenses afférentes aux travaux exécutés à Haïphong continueront à être payées directement par le préposé du trésorier-payeur.

J. LAFONT.

(19 juillet 1879)

D. G. *transférant à Tayninh la gérance du génie de l'Est. — Fonds d'avances. — Supplément annuel de 690 francs au gérant.* (2).

BAT. I. p. 544.
B. C. p. 263.

Article premier.— La gérance du génie de l'Est est transférée à Tayninh à compter du 1er août prochain.

Art. 2. — Cette gérance sera confiée à l'adjoint du génie détaché dans cette résidence et servira à pourvoir au paiement des dépenses courantes de ce service : *Salaires d'ouvriers et fournitures diverses.*

Art. 3. — Les fonds d'avances, ainsi mis à la disposition du gérant, sont fixés à six mille francs.

Il est alloué au gérant, conformément au budget de 1879 et à titre d'indemnité de responsabilité, un supplément annuel de six cents francs.

LE MYRE DE VILERS.

(1) V. § Solde et allocations diverses.
(2) V. D. G. 15 avril 1882.

(2 juillet 1880)

D. G. *créant une gérance à Hué pour le service du génie.*

B. C. p. 366.

Article premier. — Il est créé à Hué une gérance pour le service du génie afin de pourvoir aux dépenses courantes de ce service : *Salaires d'ouvriers et fournitures diverses.*

Art. 2. — Cette gérance sera confiée à l'adjoint du génie détaché dans cette localité, lequel recevra, à titre d'indemnité, un supplément annuel de six cents francs.

Art. 3. — Les fonds d'avance mis à la disposition du gérant sont fixés à la somme de vingt mille francs.

LE MYRE DE VILERS.

(15 avril 1882)

D. G. *supprimant la gérance de l'Est du génie, et rattachant à celle de Saïgon les places de Tayninh, Bienhoa et Baria.*

B. C. p. 174.

La gérance de l'Est est et demeure supprimée ; les places de Tayninh, Bienhoa et Baria sont rattachées à la chefferie de Saïgon.

Un caissier, relevant du gérant de Saïgon, sera institué à Bienhoa pour payer les menues dépenses relatives aux travaux qui vont êtrs exécutés dans ce poste.

Il recevra l'indemnité annuelle réglementaire de 600 francs.

LE MYRE DE VILERS.

(19 mars 1883)

D. G. *fixant à 10,000 francs les fonds d'avances à mettre à la disposition du gérant du génie de la chefferie de l'Ouest.*

B. C. p. 153.

Article premier. — A compter du 20 mars 1883, la somme à mettre, à titre de fonds d'avances, à la disposition du gérant du génie de la chefferie de l'Ouest, est fixée à 10,000 francs.

CHARLES THOMSON.

(10 juillet 1883)

D. G. *Supprimant la division de la Cochinchine en chefferies du génie et maintenant une gérance à Saïgon pour le paiement des salaires, fournitures diverses et travaux en régie. — Fonds d'avances. — Supplément annuel de 720 francs au gérant.*

B. C. p. 294.

Article premier. — La division de la Cochinchine en chefferies du génie est supprimée à partir du 15 juillet.

Art. 2. — Pour le payement des salaires, fournitures diverses et travaux en régie, il sera conservé une gérance à la direction du génie.

Les fonds d'avance mis à la disposition du gérant sont fixés à trente mille francs.

Il sera alloué au gérant un supplément annuel de sept cent vingt francs.

CHARLES THOMSON.

GÉOMÈTRES, GÉOMÈTRES-CONTROLEURS.

V. *Cadastre*.

GÉRANCES ET FONDS D'AVANCES.

V. *Artillerie* (*direction d'*).
Génie militaire (*direction du*).

GIA DINH BAO.

V. *Journaux et bulletins officiels*.

GOUVERNEMENT GÉNÉRAL DE L'INDO-CHINE.

V. *Indo-Chine*.

GOUVERNEUR.

NATURE DES DOCUMENTS	DATES	RECUEILS A CONSULTER Bat.	B. C.	B.D.I	J. C.	J.H.	B. M.	B.Col	OBSERVATIONS
Ordonnance.	9 février 1827.								
Dép. M.	25 février 1862.								
Décret.	10 janvier 1863.	II-357	366						
Dép. M.	4 décembre 1865.	I-544							
Décret.	30 janvier 1867.	II-360	376						
Décret.	8 mars 1877.	II-202	158						
Décret.	14 mai 1879.						985		
Décret.	8 février 1880.		226						
Circ. M.	19 mars 1880.		159						
Rapp.	25 mai 1881.		295						
Décret.	25 mai 1881.		295						
Décret.	3 octobre 1882.		1883 29						
Décret.	5 octobre 1882.		509						
Circ. M.	15 octobre 1883.						487		
Décret.	2 novembre 1883.						554		
Dép. M.	5 septembre 1884.								
Dép. M.	3 février 1885.								
Dép. M.	17 avril 1885.								
Décret.	22 janvier 1887.		157		290				
Dép. M.	20 juillet 1887.				849				
Décret.	5 septembre 1887.		709		974		74		
Décret.	21 janvier 1888.								

(9 février 1827)

ORDONNANCE *concernant le gouvernement de l'île de la Martinique et celui de la Guadeloupe et de ses dépendances* (1).

TITRE I

. . . .

. . . .

TITRE II. — DU GOUVERNEUR.

CHAPITRE I. — Dispositions préliminaires.
CHAPITRE II. — Des pouvoirs militaires du Gouverneur.
CHAPITRE III. — Des pouvoirs administratifs du Gouverneur.
CHAPITRE IV. — Des pouvoirs du Gouverneur relativement à l'administration de la justice.
CHAPITRE V. — Des pouvoirs du Gouverneur à l'égard des fonctionnaires et des agents du Gouvernement.
CHAPITRE VI. — Des rapports du Gouverneur avec les Gouvernements étrangers.
CHAPITRE VII. — Des pouvoirs du Gouverneur à l'égard de la législation coloniale.
CHAPITRE VIII. — Des pouvoirs extraordinaires du Gouverneur (2).
CHAPITRE IX. — De la responsabilité du Gouverneur.
CHAPITRE X. — Dispositions diverses relatives au Gouverneur.

TITRE III

. . . .

. . . .

(25 février 1862)

DÉP. M. *fixant le traitement de table du contre amiral B., commandant en chef à 120 fr. par jour. (Décision impériale du 5 octobre 1861)* (3).

ARCH. GOUV.

(10 janvier 1863)

DÉCRET *statuant sur le régime administratif et financier des établissements français en Cochinchine* (*art. 1er* § *2*, (4) *art. 5*) (5).

(Promulg. D. G. 1er juillet 1863).
B. II. p. 357.
B. C. p. 366.

(1) Voir dans le B. M. édit. rel. vol. 2, p. 59, à la date du 21 août 1825 une ordonnance semblable concernant le Gouvernement de l'île Bourbon et qui avec celles des 9 février 1827 et 22 août 1833 ne forme plus qu'un seul et même texte, annoté des modifications postérieures.

(2) Aucun acte du chef de l'État n'a consacré en Cochinchine l'exercice des pouvoirs extraordinaires, les instructions du Département de la marine en se référant aux ordonnances organiques des autres colonies y ont étendu ces dispositions. (Circ. M. 19 mars 1880).

(3) La même décision portait allocation d'une indemnité d'entrée en campagne de 4000 francs.

(4) Le traitement du Gouverneur est à la charge de l'État.

(5) V. décret 8 février 1880.

(4 décembre 1865)

DÉP. M. *Modification d'une décision impériale du 27 novembre 1865 portant de 35000 à 60000 francs l'allocation qui avait été accordée au Gouverneur, à titre de frais de représentation, par décision impériale du 16 avril 1864. — Cette allocation continuera à être imputable sur le budget local de la Cochinchine.*

BAT. I. p. 544.

Il m'est agréable d'avoir à vous annoncer que, par une décision en date du 27 novembre 1865, Sa Majesté a bien voulu porter de 35,000 francs à 60,000 francs l'allocation qui vous avait été accordée à titre de frais de représentation, par décision impériale du 16 avril 1864.

Cette allocation vous sera payée à dater du 1er janvier 1866. Elle continuera d'être imputable sur le budget local de la Cochinchine.

DE CHASSELOUP-LAUBAT.

(30 janvier 1867)

DÉCRET *relatif aux pouvoirs accordés aux Gouverneurs et commandants des colonies, en matières de taxes et contributions.*

(Promulg. A. G. 24 avril 1882).
BAT. II, p. 360.
B. C. p. 376.

Article premier. — Dans les colonies autres que la Martinique, la Guadeloupe et la Réunion, les Gouverneurs et commandants sont autorisés à déterminer, par arrêtés pris en conseil d'administration, l'assiette, le tarif, les règles de perception et le mode de poursuites des taxes et contributions publiques (1).

Les droits de douane sont exceptés de cette attribution et réservés pour être réglés par des décrets.

Sont et demeurent confirmés les arrêtés rendus par les Gouverneurs et les commandants sur les matières désignées au paragraphe premier du présent article.

Art. 2. — Les arrêtés rendus par les Gouverneurs et les commandants, en vertu du paragraphe premier de l'article précédent, sont immédiatement soumis à l'approbation de notre Ministre secrétaire d'État de la marine et des colonies. Ces arrêtés sont toutefois provisoirement exécutoires.

Art. 3. — Toutes dispositions contraires sont et demeurent abrogées.

NAPOLÉON.

(8 mars 1877)

DÉCRET *rendant le Code pénal applicable en Cochinchine (art. 3)* (2).

(Promulg. A. G. 31 mai 1877).

BAT., II, p. 202.
B. C., p. 158.

(1) V. Décret, 8 février 1880.

(2) Ce décret comble par son article 3 ci-après 15, la lacune qui existait dans la législation de la colonie, en donnant au Gouverneur le droit de sanctionner ses arrêtés d'administration et de police par des pénalités pouvant s'élever jusqu'à 15 jours de prison et 100 francs d'amende. Toutefois lorsque les peines excéderont celles de simple police déterminées par le Code, les arrêtés qui les édicteront devront être approuvés par le chef de l'État dans un délai de 4 mois.

« Le Gouverneur, pour régler les matières d'administration et pour l'exécution des lois, décrets et règlements promulgués dans la Colonie, conserve exceptionnellement le droit de rendre des arrêtés et décisions avec pouvoir de les sanctionner par quinze jours de prison et cent francs d'amende au maximum.

« Dans ce cas et toutes les fois que les peines pécuniaires ou corporelles excéderont celles du droit commun en matière de contravention, les règlements dans lesquels elles seront prévues devront, dans un délai de 4 mois, passé lequel ils seront caducs, et doivent être convertis en décrets par le chef de l'État.

(14 mai 1879)

DÉCRET *fixant le traitement d'Europe du Gouverneur de la Cochinchine.*

B. M., p. 985.

(8 février 1880)

DÉCRET *instituant un Conseil colonial en Cochinchine.*

(Promulg. A. G., 5 mai 1880).
B. C., p 226.

(19 mars 1880)

CIRC. M. *au sujet des pouvoirs extraordinaires des Gouverneurs.*

B. C. p. 159.

Monsieur le Gouverneur, par décret du Président de la République du 26 février dernier (1), le décret du 7 novembre 1879 (2), qui modifie les pouvoirs extraordinaires des Gouverneurs des An-

(1) Décret du 26 février 1880 rendant applicables aux établissements français de l'Océanie, à Saint-Pierre et Miquelon et à la Nouvelle-Calédonie les dispositions du décret du 7 novembre 1879 concernant les *pouvoirs extraordinaires des Gouverneurs* de la Martinique, de la Guadeloupe et de la Réunion. — Rapport B. M. (1880 1er sem.) p. 445.

Article premier. — Sont rendues applicables aux établissements français de l'Océanie, à Saint-Pierre et Miquelon et à la Nouvelle-Calédonie les dispositions du décret du Conseil d'Etat du 7 novembre 1879, concernant les pouvoirs extraordinaires des Gouverneurs de la Martinique, de la Guadeloupe et de la Réunion.

Article 2. — Sont et demeurent abrogées toutes les dispositions contraires au présent décret.

JULES GRÉVY.

(2) Décret du 7 novembre 1879, modifiant les dispositions des ordonnances organiques du 21 août 1825 et 9 février 1827, en ce qui concerne *les pouvoirs extraordinaires des Gouverneurs* de la Martinique et de la Guadeloupe. — Instructions. (B. M. p. 810).

Article premier. — Sont et demeurent abrogées les dispositions inscrites dans les articles 72, 73, 74, 75 et 78 de l'ordonnance du 21 août 1824, et les articles 75, 76, 77, 78 et 81 de l'ordonnance du 9 février 1827, concernant les pouvoirs extraordinaires des Gouverneurs de la Réunion, de la Martinique et de la Guadeloupe.

Est rendue applicable dans les colonies de la Martinique, de la Guadeloupe et de la Réunion, la législation métropolitaine, actuellement en vigueur, concernant l'ouverture et la police des cafés, cabarets et débits.

Art. 2. — Les articles 76 et 77 de l'ordonnance précitée de 1825, et 79 et 80 de l'ordonnance sus-visée de 1827, sont modifiés ainsi qu'il suit :

« Art. 76. (Réunion) 79 (Antilles), § 1er. — Dans le cas où un fonctionnaire nommé par le Président de la République ou par le Ministre de la marine et des colonies aurait tenu une conduite tellement répréhensible qu'il ne pût être maintenu dans l'exercice de ses fonctions, si, d'ailleurs, il n'y avait pas lieu de le traduire devant les tribunaux, le Gouverneur, après avoir fait connaître à ce fonctionnaire les griefs existant contre lui et entendu ses explications, peut en Conseil, le suspendre jusqu'à ce que le Ministre lui ait fait connaître sa décision ou celle du Président de la République.

§ 2. — Toutefois, le gouverneur, avant de proposer au Conseil aucune mesure à l'égard des chefs d'Administration et des membres de l'ordre judiciaire qui seraient dans le cas prévu ci-dessus, doit leur offrir les moyens de passer en France, pour rendre compte de leur conduite au Ministre de la marine et des colonies.

La suspension ne peut être prononcée contre eux qu'après qu'ils se sont refusés à profiter de cette faculté. Néanmoins, ils cessent immédiatement leurs fonctions.

Il leur est loisible, lors même qu'ils ont été suspendus, de demander au Gouverneur un passage pour la France, aux frais du Gouvernement. Ce passage ne peut leur être refusé.

§ 3. — Le Gouverneur fait connaître, par écrits, au fonctionnaire suspendu les motifs de la mesure prise à son égard.

« Article 77. — (Réunion), 80 (Antilles). Le Gouverneur rend compte immédiatement de ces mesures au Ministre de la marine et des colonies, et lui en adresse toutes les pièces justificatives, afin qu'il soit statué définitivement.

Les fonctionnaires auxquelles ces mesures auront été appliquées pourront, dans tous les cas, se pourvoir auprès du Ministre de la marine et des colonies. JULES GRÉVY.

tilles et de la Réunion, et dont les dispositions ont été étendues à la Guyane, au Sénégal et dans l'Inde par un second acte du 15 du même mois (1), a été rendu applicable aux Établissements français de l'Océanie, à Saint-Pierre et Miquelon et en Nouvelle-Calédonie.

Ainsi que vous le verrez, les dispositions concernant les pouvoirs extraordinaires des Gouverneurs à l'égard des habitants, ont complètement disparu des actes organiques de toutes les colonies visées par ces actes successifs. Il n'a été conservé que ce qui touche aux fonctionnaires, et, sur ce point même, l'exercice de l'autorité supérieure a été soumis à des garanties nouvelles.

Dans ma pensée, le temps a fait son œuvre à l'égard de ces pouvoirs; l'état social, les progrès accomplis dans l'esprit public ne permettent plus de les maintenir. Aussi ai-je résolu de les faire complètement disparaître de la législation coloniale pour y substituer le droit commun.

Bien qu'aucun acte du Chef de l'État n'ait consacré en Cochinchine l'exercice des pouvoirs extraordinaires, les instructions de mon Département, en se référant aux ordonnances organiques des autres colonies, y ont étendu ces dispositions. Vous voudrez bien, en vous inspirant des trois décrets précités et particulièrement de la circulaire du 14 novembre 1879 qui accompagne le premier, faire désormais application, dans la colonie que vous administrez, des principes qui y sont développés.

Les lois des 9 août 1849 et 3 avril 1878, concernant l'état de siège (2), promulguées dans la colonie, donnent à l'autorité, dans les cas graves, à l'égard des Nationaux, des pouvoirs qui répondent à toutes les éventualités. En ce qui concerne les Étrangers et, par extension, les Indigènes non naturalisés, la loi du 3 décembre 1849 (3), également appliquée en Cochinchine par la loi du 29 mai 1874, attribue au Gouverneur le droit d'expulsion dont sont investis les préfets des départements, sous la seule obligation d'avoir à m'en référer immédiatement.

Cette double garantie, jugée suffisante pour les colonies qui ont fait l'objet des décrets des 7 et 15 novembre, me paraît offrir les mêmes avantages dans l'établissement dont l'administration vous est confiée.

Quant au droit d'empêcher l'ouverture d'une boutique ou échoppe, la loi française ne contient rien de semblable. La nécessité de l'autorisation préalable n'est exigée, dans la métropole, que pour les débitants de boissons, marchands de vin, etc.; la promulgation dans la colonie de la législation métropolitaine, en cette matière, suffira amplement à remplir le but que le Gouverneur doit se proposer.

Pour les fonctionnaires, les mesures destinées à assurer ce respect de l'autorité supérieure du chef de la colonie devront désormais être prises en Conseil privé, et il devra m'en être référé immédiatement s'il en est fait usage.

Je n'ai pas besoin d'insister sur la nécessité de rapprocher autant que possible la législation coloniale de celle qui suffit dans la métropole à assurer le respect de l'autorité, et de faire disparaître dans nos possessions d'outre-mer tout ce qui pourrait encore constituer un régime exceptionnel que ne justifient plus ni les progrès accomplis dans l'opinion publique, ni les institutions libres que la France s'est données. J'ai donc lieu de penser que les mesures prises pour supprimer ces dispositions d'exception seront accueillies avec faveur par la population de Cochinchine.

JAURÉGUIBERRY.

(25 mai 1881)

RAPPORT *précédant le décret en date de ce jour concernant la répression par voie disciplinaire des infractions commises par les Annamites non citoyens français et ceux qui leur sont assimilés, contre les arrêtés du Gouverneur.*

B. C. p. 295.

La séparation du pouvoir judiciaire et du pouvoir administratif en Cochinchine est aujourd'hui un fait accompli. Cette importante réforme réalise un progrès notable en faveur de la population annamite; mais il serait compromettant, pour la sécurité publique et pour l'exercice de notre domination, si l'on n'avait soin de conserver aux administrateurs des affaires indigènes une partie des pouvoirs disciplinaires dont ils étaient antérieurement investis.

Dans un pays où il n'existe pas de citoyens dans la population indigène, mais seulement des su-

(1) Décret du 15 novembre 1879 rendant applicables aux colonies de la Guyane, du Sénégal et des établissements français de l'Inde, les dispositions du décret du 7 novembre 1879 concernant les pouvoirs extraordinaires des Gouverneurs de la Martinique, de la Guadeloupe et de la Réunion.—Rapport. (B. M. p. 817).

(2) V. Etat de siège.

(4) V. Etrangers.

jets, où la langue et les mœurs sont différentes des nôtres, il est essentiel que le représentant du Gouverneur soit toujours investi d'un pouvoir propre et personnel qui assure l'efficacité de ses ordres et l'action visible de notre souveraineté. Si, pour la moindre infraction aux règlements de police, il est obligé d'avoir recours à un magistrat qui rend la justice à son heure, il ne tarde pas à perdre tout prestige et toute autorité sur le peuple conquis.

La répression judiciaire des infractions sur l'étendue du territoire de la Cochinchine exigerait d'ailleurs la création de nombreuses justices de paix, et donnerait lieu à des dépenses considérables qui ne seraient pas en rapport avec les besoins du service.

Il convient de remarquer qu'en Algérie la même situation s'est présentée et qu'un projet de loi a été préparé pour le maintien des pouvoirs disciplinaires.

« Ce mot, a dit M. Gastu dans son rapport au conseil général d'Alger, n'a pas la portée qu'on lui prête. Il ne s'agit que des faits d'un intérêt administratif rentrant dans la classe des contraventions. C'est pour des faits de ce genre, particuliers à la vie indigène et qui, en France, ne se produiraient pas, qu'il importe de donner à l'administrateur les pouvoirs d'un juge de simple police. »

Lorsque le projet de loi a été soumis à la Chambre des députés, M. Gastu, rapporteur de la commission, en a recommandé l'adoption « comme une mesure de circonstance ».

La Chambre a partagé cette manière de voir, puisqu'elle a voté la loi conférant des pouvoirs disciplinaires aux administrateurs des communes mixtes du territoire civil.

En Cochinchine, les pouvoirs disciplinaires appartiennent aux maires et aux chefs de canton des communes annamites, ainsi qu'aux administrateurs des affaires indigènes, qui sont également des fonctionnaires civils et exercent à peu près les attributions des administrateurs des communes mixtes d'Algérie.

Si donc le maintien de ces pouvoirs est jugé nécessaire et légal pour notre possession africaine, il doit être consacré pour les mêmes motifs dans notre établissement de l'Extrême-Orient.

Ce droit sera, d'ailleurs, entouré de toutes les garanties indispensables, et son application placée sous l'action d'un contrôle sérieux et incessant, de manière à protéger la population indigène contre des mesures arbitraires.

Il importe en outre que, dans les cas graves, une insurrection, par exemple, le Gouverneur dispose de pouvoirs suffisants pour assurer la domination de la France.

Pour ce cas exceptionnel, j'estime qu'il convient de maintenir au Chef de la colonie le droit d'appliquer le séquestre et l'internement.

Dans les temps de troubles, certaines personnalités intrigantes et puissantes ne sauraient être laissées en liberté, ni maîtresses de leurs biens. Elles répandent des faux bruits, jettent de la défiance dans les esprits, préparent les prises d'armes, et cependant ne peuvent être déférés à la justice faute de preuves matérielles.

Dans l'intérêt de la sécurité, l'Administration doit être à même de prévenir les périls qui menacent le pays, en mettant les fauteurs de troubles dans l'impossibilité d'accomplir leurs criminels desseins. Cependant, comme il faut user de ce pouvoir avec la plus grande réserve, j'estime que l'application du séquestre et de l'internement ne doit être faite que provisoirement par le Gouverneur, à charge de rendre compte à mon Département, qui statuera d'une manière définitive.

Tels sont les motifs du décret que, de concert avec M. le Garde des sceaux, j'ai l'honneur de soumettre à votre haute sanction.

(25 mai 1881)

DÉCRET *concernant la répression par voie disciplinaire des infractions commises par les Annamites non citoyens français et ceux qui leur sont assimilés contre les arrêtés du Gouverneur. — Internement et séquestre.*

(Promulg. A. G. 14 juillet 1881).
B. C. p. 295.

Article premier. — Les administrateurs des affaires indigènes, en dehors du ressort du tribunal de Saïgon, continueront de statuer par voie disciplinaire sur les infractions commises par les Annamites non citoyens français et ceux qui leur seront assimilés, contre les arrêtés du Gouverneur rendus en vertu de l'article 3 du décret du 6 mars 1877. Ils prononceront les peines édictées par ces arrêtés, jusqu'au maximum de huit jours de prison et de 50 francs d'amende.

Art. 2. — Les décisions en matière disciplinaire pourront être déférées au Gouverneur, en Conseil privé.

Art. 3. — L'internement des Asiatiques et des Indigènes non citoyens français, et le séquestre de leurs biens pourront être ordonnés par le Gouverneur, en Conseil privé. Les arrêtés rendus à cet effet seront soumis à l'approbation de M. le Ministre de la marine et des colonies.

Ils seront exécutoires par provision.

Art. 4. — Les dispositions qui précèdent ne seront exécutoires que pendant dix ans, à partir du jour de la promulgation du décret.

JULES GRÉVY.

(3 octobre 1882)

DÉCRET *portant suppression de l'emploi d'ordonnateur dans les colonies. (Art. 7)* (1).

(Promulg. A. G., 22 janvier 1883).
B. C. 1883, p. 29.

Article premier. . . . .

. . . .

Art. 7. — En cas d'absence ou d'empêchement et alors qu'il n'y a pas été pourvu d'avance par un décret, le Gouverneur est remplacé par l'officier ou le fonctionnaire qui a défaut de l'ordonnateur, est désigné à cet effet par les actes actuellement en vigueur dans chacune des colonies en cause.

Art. 8. . . . .

. . . .

JULES GRÉVY.

(5 octobre 1882)

DÉCRET *relatif à la répression des attentats ou désordres graves. — Rapport* (2).

(Promulg. A. G. 30 décembre 1882).
B. C. p. 509.

(15 octobre 1883)

CIRC. M. *Pouvoirs des Gouverneurs en matière judiciaire.*

B. M. p. 487.

M., à l'occasion d'un conflit qui s'est élevé dans une colonie entre le Gouverneur et l'autorité judiciaire, le Département a été consulté sur le point de savoir si les Gouverneurs et Commandants des colonies ont le droit de prescrire au Ministère public d'exercer des poursuites criminelles ou correctionnelles.

S'il est incontestable que les Gouverneurs de colonies peuvent en général, exercer toutes les attributions qui, dans la métropole, sont partagées entre les divers Départements ministériels, il est également hors de doute que leurs pouvoirs ne sauraient excéder les limites dans lesquelles la loi a, dans certains cas, cru devoir les renfermer. Or, relativement à l'administration de la justice, leurs attributions ont été expressément limitées par la loi.

Tous les textes législatifs concernant l'organisation des colonies ont apporté sur ce point les mêmes restrictions. Les ordonnances du 21 août 1825 (art. 46) du 9 février 1827 (art. 47), du 27 août 1828

(1) Décret, 22 juin 1887.
(2) V. Rebelles. Rébellion.

(art. 47), du 23 juillet 1840 (art. 30), du 7 septembre 1840 (art. 35 et le décret du 12 décembre 1874 (art. 55), proclamant qu'il est interdit au Gouverneur de s'immiscer dans les affaires qui sont de la compétence des tribunaux ». D'où la conséquence que le Gouverneur n'a pas qualité pour prescrire au ministère public d'exercer des poursuites. Il en résulte encore qu'il ne saurait s'opposer aux poursuites que voudrait exercer le Ministère public. Cette seconde conséquence est formulée en ces termes : « Il lui est également interdit de s'opposer à aucune procédure civile ou criminelle.» Les seuls pouvoirs qui soient accordés au Gouverneur en matière criminelle consistent dans le droit qui lui est conféré d'ordonner l'exécution des arrêts de condamnation ou de prononcer le sursis lorsqu'il y a lieu de recourir à la clémence du chef de l'État.

On peut objecter, il est vrai, que le Département de la justice ayant en France le droit de prescrire des poursuites, les Gouverneurs et Commandants doivent, aux colonies, être investis du même pouvoir. Mais il n'existe à cet égard aucune analogie entre le Ministre de la justice et les Gouverneurs et Commandants des colonies. En effet, le droit du Garde des sceaux est, dans ce cas, formellement consacré par la loi (art. 274 du Code d'instruction criminelle). Ce droit résulte de ce qu'il est chargé de surveiller l'action publique.

En effet, les ordonnances disposent que dans les affaires qui intéressent le Gouvernement, le Procureur général est tenu, lorsqu'il en est requis par le Gouverneur, de faire, conformément aux instructions qu'il en reçoit, les actes nécessaires pour saisir les tribunaux.

Mais cette exception est la seule qui soit prévue et, dans tous les autres cas, c'est au Procureur général seul qu'appartient le droit de statuer sur l'opportunité des poursuites.

L'insertion de la présente circulaire au *Bulletin officiel de la marine* tiendra lieu de notification.

FÉLIX FAURE.

(2 novembre 1883)

DÉCRET *fixant l'uniforme de différents fonctionnaires des colonies. (Gouverneurs, commandants de colonies, lieutenants-gouverneurs, directeurs de l'intérieur).*

B. M. p. 554.

(5 septembre 1884)

DÉP. M. *Le Gouverneur a le droit, en vertu des pouvoirs qui lui sont conférés par le décret du 25 mai 1881, de faire interner des individus pour un temps limité, et celui de faire remise de la peine quand il le juge opportun* (1).

ARCH. GOUV.

(3 février 1885)

DÉP. M. *Instructions concernant les rapports entre les Gouverneurs et les Commandants des divisions navales. En principe ils sont les uns vis-à-vis des autres dans une situation d'indépendance complète.*

ARCH. GOUV.

Il m'a paru nécessaire de régler, d'une façon précise, les situations respectives des Gouverneurs ou Commandants de Colonies, et des Commandants de divisions navales ; et je vous adresse, à cet effet, les instructions suivantes :

« Les Gouverneurs ou Commandants de colonies et les Commandants de divisions navales sont les uns vis-à-vis des autres dans une situation d'indépendance complète.

Ils ont à se maintenir en parfait accord, à entretenir les meilleures relations et à se prêter mutuellement aide et assistance pour le bien du service.

S'il se présente une circonstance dans laquelle l'une de ces deux autorités ne juge pas pouvoir donner à l'autre le concours qui lui est demandé, la demande et le refus, tous les deux motivés sont transmis au Ministre.

Les bâtiments des stations locales affectés aux colonies sont sous les ordres des Gouverneurs. »

A. PEYRON.

(1) V. Peines administratives.

(17 avril 1885)

DÉP. M. *(Extrait) au sujet des pouvoirs militaires du Gouverneur. (Ses rapports avec le Commandant supérieur des troupes et le Commandant de la marine).*

. . . .

Bien que rien ne soit changé à vos pouvoirs et que vous soyez toujours chargé de la défense de la colonie, j'estime qu'en raison de ce fait que vous n'êtes revêtu d'aucun grade militaire, il convient que vous déléguiez vos pouvoirs militaires au Commandant supérieur des troupes placé sous votre autorité et que, notamment, vous ne preniez en aucune circonstance le commandement effectif.

Il importe aussi que ce soit sur la proposition du Commandant supérieur que vous fixiez la répartition normale des troupes sur le territoire de la colonie.

Si la sécurité ou la tranquillité de la colonie vient à être menacée par une insurrection ou une émeute, vous pourrez prescrire au Commandant supérieur, après en avoir conféré au préalable avec lui, toutes les concentrations de troupes que vous jugerez utiles pour le rétablissement de l'ordre.

En cas de menace ou d'agression venant de l'extérieur ou de tout autre cause exigeant une expédition militaire, vous devez charger le Commandant supérieur des troupes de la préparation et de l'exécution des opérations en lui donnant à cet effet tous les renseignements nécessaires. Il est bien entendu que vous devrez, au préalable, prendre l'avis du Conseil de défense.

. . . .

En ce qui concerne le Commandant de la marine, il suffit de vous recommander de vous référer aux prescriptions du décret du 5 juin 1884 et, pour le surplus, de tenir compte dans vos rapports avec cet officier supérieur, des instructions contenues dans la présente dépêche (1).

GALIBER.

(22 janvier 1887)

DÉCRET *sur la composition du Conseil privé de la Cochinchine (an V).*

B. C. p. 157.
J. C. p. 290.

Article premier. — . . . .

Art. 5. — En cas de décès du Gouverneur ou s'il est absent de la colonie, l'intérim des fonctions du Gouverneur appartient au Directeur de l'Intérieur.

A défaut du Directeur de l'Intérieur, le Gouverneur est remplacé provisoirement par l'un des autres membres du Conseil privé, fonctionnaires ou officiers, dans l'ordre indiqué à l'article 1er.

. . . .

JULES GRÉVY.

(20 juillet 1887)

DÉP. M. *Instructions réglant les attributions du général de brigade commandant supérieur des troupes* (2).

J. C. p. 849.

En principe, le Général, commandant supérieur des troupes en Cochinchine, relève hiérarchiquement du Gouverneur ;

. . . .

BARDEY.

(1) V. Dép. M., 20 juillet 1887. (Commandant supérieur des troupes).
(2) V. Commandant supérieur des troupes.

(5 septembre 1887)

DÉCRET *établissant des classes personnelles pour les Gouverneurs des colonies ; — Traitement* (1). — *Rapport.*

B. C. p. 709.
J. C. p. 974.

(21 janvier 1888)

DÉCRET *réglant les attributions militaires des Gouverneurs aux colonies.*

B. M. p. 74.

(1) Le Gouverneur de la Cochinchine excepté.

GRACE ET COMMUTATIONS DE PEINES.

NATURE DES DOCUMENTS	DATES	RECUEILS A CONSULTER							OBSERVATIONS
		Bat	B. C.	B D.I	J.C.	J.H.	B. M.	B.Col	
O. R.	6 juillet 1834.	I-315	244						
Décret.	25 juillet 1864.	II-139	100						
Décret.	25 juillet 1864.	II-139	100						
Dép. M.	14 janvier 1867.	II-164							
Dép. M.	8 novembre 1868.	II-174							
Loi.	17 juin 1871.								
Dép. M.	22 novembre 1871.	I-315							
Dép. M.	20 octobre 1875.	II-200							
Dép. M.	23 mai 1879.	II-247							
Circ. M.	15 décembre 1879.								
Dép. M.	1er avril 1880.								
Circ. M.	22 mars 1883.		211						
Dép. M.	23 juillet 1883.								
Décret.	17 octobre 1887.				1030				
Décret.	12 novembre 1887.				1177				
Dép. M.	4 avril 1888.								

(6 juillet 1834)

ORD. R. *étendant aux colonies le bienfait des dispositions de l'ordonnance du 6 février 1818, relative aux condamnés qui se font remarquer par leur bonne conduite et leur assiduité au travail pendant l'expiation de leur peine.*

(Promulg. A. G. 17 juillet 1871.)
BAT. I. p. 315.
B. C. p. 244.

Article premier.—Dans chacune des colonies de la Martinique, de la Guadeloupe, de la Guyane française et de Bourbon, et dans les établissements français de l'Inde, le chef de l'administration intérieure, ainsi que le procureur général et les procureurs du roi, se feront remettre, tous les trois mois, par les directeurs, concierges et surveillants des bagnes, des maisons de réclusion, détention et prisons quelconques, des comptes détaillés de la conduite des individus libres et esclaves détenus en vertu d'arrêts et jugements en matière criminelle et correctionnelle.

Art. 2. — Dans la première quinzaine du mois de novembre de chaque année, le chef de l'administration intérieure enverra à notre procureur général la liste de ceux des condannés libres et esclaves qui se seront fait particulièrement remarquer par leur bonne conduite et leur assiduité au travail, et qui seront jugés susceptibles de participer aux effets de notre clémence.

Cette liste sera ensuite transmise au gouverneur de la colonie par notre procureur général, avec ses observations et propositions.

Art. 3. — Après avoir été examinées en conseil privé, les listes seront adressées, par les gouverneurs, à notre Ministre secrétaire d'État de la marine et des colonies, qui prendra nos ordres sur les propositions qui y sont contenues.

Art. 4. — Les condamnés continueront à subir leurs peines jusqu'à ce que les lettres de grâce ou de commutation qui les concernent aient été notifiées dans les colonies et aient pu avoir leur effet.

Art. 5. — Il n'est pas dérogé par la présente ordonnance au mode que les ordonnances royales sur le gouvernement des colonies ont déterminé pour le sursis à fin de recours à notre clémence en matière criminelle.

LOUIS-PHILIPPE.

(25 juillet 1864)

DÉCRET *sur l'organisation de la justice dans les possessions françaises en Cochinchine (art. 17).*

(Promulg. A. G. 24 septembre 1864).
BAT. II. p. 139.
B. C. p. 100.

Art. 17. — Les jugements du tribunal criminel français ne sont susceptibles que du recours en grâce avec sursis préalable. Le sursis est accordé par le Gouverneur.

Le droit de faire grâce n'appartient qu'à l'Empereur (1).

. . . .
. . . .

(1) V. Dép. M. 14 janv. 1867. Dép. M. 8 nov. 1868.

(25 juillet 1864)

DÉCRET *sur l'organisation de la justice dans les possessions françaises en Cochinchine (art. 17 § 3).* (1)

(Promulg. A. G. 24 septembre 1864).
BAT. II. p. 139.
B. C. p. 100.

Art. 17, § 3. — Le droit de grâce n'appartient qu'à l'Empereur.
Art. 18. . . . .

(14 janvier 1867)

DÉP. M. *Interprétation de l'article 17 du décret du 25 juillet 1864.*

BAT. II. p. 164.

Par dépêche du 15 novembre dernier, vous me faites l'honneur de m'entretenir d'une question qui a été soulevée dans le sein du Conseil consultatif de la colonie, au sujet de l'interprétation de l'article 17 du décret du 25 juillet 1864, portant organisation de la justice dans nos possessions françaises en Cochinchine.

Cet article est ainsi conçu :

« Les jugements du tribunal criminel ne sont susceptibles que du recours en grâce avec sursis préalable.

« Le sursis est accordé par le Gouverneur.

« Le droit de faire grâce n'appartient qu'à l'Empereur. »

M. le procureur impérial, chef du service judiciaire, a émis l'avis que le dispositif dudit article avait besoin d'être interprété, attendu que, d'après sa teneur, on pourrait être amené à conclure qu'il y a *obligation* et non pas *faculté* seulement pour le Gouverneur d'accorder le sursis en matière criminelle, lorsqu'il y a un recours en grâce formé par le condamné.

La solution de cette question ne saurait faire aucun doute. La faculté d'accorder le sursis implique nécessairement le droit de le refuser. D'ailleurs, toutes les ordonnances organiques concernant le gouvernement de nos colonies, depuis 1825, ont laissé aux gouverneurs, dans le cas où le recours en cassation n'est pas ouvert au condamné, le pouvoir de prononcer ou de refuser le sursis après avoir pris l'avis du Conseil privé ou du Conseil d'administration. L'article 17 précité n'a pas entendu déroger à ce principe général.

Il est vrai qu'une circulaire de l'un de mes prédécesseurs, du 13 mars 1848, intervenue à la suite d'une notification du Garde des sceaux, du 26 février précédent, avait recommandé aux gouverneurs de nos colonies de s'abstenir d'ordonner, avant d'en avoir référé au Département de la marine, la mise à exécution d'aucune condamnation capitale, lors même que la question de sursis eût été décidée négativement. Mais les prescriptions de cette circulaire ne pouvaient avoir qu'un caractère provisoire, et étaient subordonnées à la solution constitutionnelle de la question du maintien ou de l'abolition de la peine de mort en matière ordinaire. Or, cette question ayant été résolue depuis lors dans le premier sens, il en résulte que les pouvoirs accordés aux gouverneurs par les ordonnances organiques, en ce qui touche l'exécution des arrêts criminels, ont repris toute leur vigueur.

Quant à la Cochinchine, la seule modification qui ait été apportée à ces pouvoirs, consiste en ce que le Gouverneur peut décider en pareille matière sans consulter le Conseil. Il y a donc là, par conséquent, extension et non diminution d'attributions.

Toutefois, vous reconnaîtrez, j'en suis convaincu, la nécessité de n'user de la faculté dont il s'agit que dans les cas présentant un caractère de gravité telle qu'il y ait nécessité de faire suivre le crime commis d'un châtiment immédiat.

DE CHASSELOUP-LAUBAT.

(1) V. Loi du 17 juin 1871.

(8 novembre 1868)

DÉP. M. *Notification d'une décision impériale du 28 octobre 1868 ordonnant qu'il serait sursis à toute exécution capitale et qu'il lui en serait référé toutes les fois que le sursis serait demandé par deux voix dans les conseils composés de six membres et au-dessus, et par une voix dans les conseils composés de cinq membres et au-dessous. — « Cette décision ne préjudicie pas au droit que vous avez de prononcer le sursis dans tous les cas où vous le jugerez convenable et quel que soit l'avis exprimé par le conseil. »*

BAT. II. p. 174.

(17 juin 1871)

LOI *sur l'exercice du droit de grâce.*

B. DES LOIS. p.

(22 novembre 1871)

DÉP. M. *Application de l'ordonnance de 1834 qui étend aux colonies le bienfait des dispositions de l'ordonnance du 6 février 1818 relative aux condamnés qui se font remarquer par leur bonne conduite pendant l'expiation de leur peine.*

BAT. I. p. 315.

Vous m'avez transmis, par dépêche du 11 septembre dernier, le procès-verbal de la séance du Conseil privé du 17 juillet précédent, dans laquelle ont été décidées : 1° la promulgation dans la colonie de l'ordonnance du 6 juillet 1834, qui étend aux colonies le bienfait des dispositions de l'ordonnance du 6 février 1818, relative aux condamnés qui se font remarquer par leur bonne conduite ; 2° . . . .

. . . .

En ce qui concerne la promulgation de l'ordonnance de 1834, le Département n'a qu'une observation de forme à vous présenter. L'article 2 de l'arrêté dont le texte est inséré dans le procès-verbal précité, laisse au commandant du pénitencier de Poulo-Condore ainsi qu'au directeur de la prison de Saïgon, le soin d'adresser directement au procureur général l'état des condamnés qui se seront fait remarquer par leur bonne conduite et leur assiduité au travail. Cette dénonciation de deux agents inférieurs me paraît contraire aux traditions administratives ; en effet, c'est aux chefs d'administration chargés d'assurer l'exécution d'un arrêté du Gouverneur qu'incombe le devoir de donner des ordres à cet effet à leurs subordonnés. Je vous ferai remarquer, en outre, que l'ordonnance de 1818 dispose que les états dont il s'agit seront transmis au Ministre de l'intérieur et par celui-ci au Garde des sceaux, d'où il suit que par analogie, en Cochinchine, ils devraient être adressés au Directeur de l'intérieur qui les transmettrait au procureur général. — Sous la réserve de ces observations, je ne puis qu'approuver la promulgation dans la colonie de l'ordonnance du 6 juillet 1834.

. . . .

(20 octobre 1875)

DÉP. M. *Envoi d'une ampliation d'un décret qui commue la peine de mort prononcée contre la femme L... en celle des travaux forcés à perpétuité. — Observations concernant la proposition de commutation de la peine capitale en celle de la prison perpétuelle. — N'y aurait-il pas lieu d'adopter en Cochinchine l'instrument de supplice en usage dans la métropole.*

BAT. II. p. 200.

J'ai l'honneur de vous transmettre, avec le dossier de la procédure, une ampliation d'un décret rendu le 13 de ce mois sur ma proposition, et qui commue la peine de mort prononcée contre la femme L... en celle des travaux forcés à perpétuité.

Je vous prie de vouloir bien donner des ordres pour que l'enregistrement de ce décret soit fait par la Cour, en présence de la condamnée et avec les solennités d'usage.

Il ne m'a pas paru possible de proposer à M. le Président de la République la commutation de la peine capitale en celle de la prison perpétuelle. Les Indigènes jugés par les tribunaux français ne peuvent, en effet, être frappés que des peines inscrites sur le Code pénal français, et la prison perpétuelle n'est pas prévue dans cette législation. Du reste, la loi du 30 mai 1854 n'ayant pas rendu obligatoire la transportation des femmes, la nommée L... subira sa peine dans la colonie.

J'appelle votre attention, en terminant, sur l'opportunité de modifier, au moins en ce qui concerne les individus condamnés par les tribunaux français, le mode d'exécution usité jusqu'à ce jour dans la colonie. La décapitation par le sabre nécessite chez les exécuteurs des hautes œuvres une expérience qui pourrait faire défaut et ne saurait, en tous cas, être pratiquée à l'égard des Européens contre lesquels la peine capitale viendrait à être prononcée. Je vous prie de vouloir bien faire étudier cette question par M. le procureur général et lui faire examiner s'il n'y aurait pas lieu d'adopter en Cochinchine l'instrument de supplice en usage dans la métropole.

MONTAIGNAC.

(23 mai 1879)

DÉP. M. *Les Annamites et les autres Asiatiques condamnés par les tribunaux indigènes ou par les conseils de guerre, pour crimes de droit commun, seront admis désormais à adresser un recours en grâce au Président de la République.*

BAT. II. p. 247.

Dans l'état actuel de l'organisation judiciaire de la Cochinchine, les arrêts de la cour criminelle sont susceptibles du recours en grâce, et conformément à une décision impériale du 28 octobre 1868, le sursis à l'exécution, en cas de condamnation à mort, est de droit lorsqu'il est demandé par deux membres du Conseil privé.

Cette disposition tutélaire n'a été appliquée jusqu'à présent qu'à ceux qui, aux termes de l'article 14 du décret du 25 juillet 1864, sont justiciables de la cour criminelle de Saïgon; elle a été refusée aux Indigènes et aux Asiatiques qui, d'après l'article 11 du décret, sont régis par la loi annamite, et à l'égard desquels le Gouverneur seul exerce le droit de grâce.

Cette restriction qui armait le Chef de la colonie d'un pouvoir exceptionnel se justifiait dans les premiers temps de l'occupation et pendant la période de conquête, alors qu'il importait de maintenir à l'autorité locale la puissance nécessaire pour réprimer vigoureusement les tentatives de révolte et les actes de piraterie.

Mais aujourd'hui cette situation est changée : la colonie est pacifiée, l'ère de conquête est passée, notre domination est acceptée sans contestation, et sauf quelques actes criminels isolés qui rentrent dans la catégorie des crimes de droit commun, la tranquillité règne dans toute l'étendue de notre possession.

Le moment est venu de tempérer les sévérités édictées au début contre les Asiatiques, et en attendant une revision de la législation criminelle applicable à cette catégorie de justiciables, il convient de les admettre au bénéfice du droit commun, en ce qui concerne le recours en grâce et le sursis à l'exécution des condamnations capitales.

En conséquence, les Annamites et les autres Asiatiques condamnés par les tribunaux indigènes ou par les conseils de guerre, pour crimes de droit commun, seront admis désormais à adresser un recours en grâce au Président de la République. Vous aurez soin de me transmettre ce recours et de surseoir à l'exécution jusqu'à ce que l'autorité métropolitaine ait prononcé.

JAURÉGUIBERRY.

(15 décembre 1879)

CIRC. M. *au sujet du recours en grâce que peuvent former les membres des différents tribunaux militaires ou maritimes, après le prononcé du jugement, en faveur du condamné (Instructions au sujet de l'exercice de ce droit).*

ARCH. C[NT] SUP. T.

(1er avril 1880)

DÉP. M. *Ordre de surseoir à l'exécution de toute sentence capitale prononcée par un Conseil de guerre. Le Gouverneur devra, aussitôt après le jugement, transmettre le dossier de la procédure accompagné de son avis personnel.*

ARCH. GOUV.

Je me suis préoccupé de la possibilité de mettre M. le Président de la République à même de pouvoir exercer son droit de grâce à l'égard des individus condamnés à la peine de mort par des Conseils de guerre des colonies.

La rapidité et la fréquence des communications permettant aujourd'hui de placer à cet égard les colonies sur le même pied que la métropole, j'ai décidé qu'il serait désormais sursis à l'exécution de toute sentence capitale prononcée par les juridictions militaires.

Je vous invite, en conséquence, à me transmettre immédiatement, dans les cas de l'espèce, le dossier complet de la procédure, avec l'expression de votre avis sur les circonstances qui pourraient conduire soit à laisser à la justice son libre cours, soit à appeler la clémence du Chef de l'Etat sur le condamné qui devra toujours être maintenu dans la colonie jusqu'à réception de mes ordres.

Vous voudrez bien faire effectuer le dépôt de la présente instruction d'après les règles tracées à l'article 6 de l'arrêté du 22 septembre 1868 sur les bibliothèques judiciaires. JAURÉGUIBERRY.

(22 mars 1883)

CIRC. M. *A l'avenir, les propositions de grâce seront toujours accompagnées de notices individuelles conformes au modèles ci-joint. — Annexe.*

B. C. p. 211.

J'ai remarqué que les propositions de grâce qui sont adressées périodiquement à mon Département ne sont pas formulées d'une manière uniforme dans toutes les colonies et ne renferment pas toujours tous les renseignements qui me sont nécessaires pour apprécier la suite qu'il y a lieu de leur donner.

C'est ainsi que, dans certaines colonies, on se contente de donner des notes sur la conduite du condamné depuis son écrou, sans fournir aucun renseignement sur les motifs de sa condamnation.

Afin de porter remède à cet état de choses, j'ai l'honneur de vous prier de vouloir bien donner des ordres pour qu'à l'avenir les propositions de grâce que vous auriez à m'adresser soient toujours accompagnées de notices individuelles conformes au modèle ci-joint. CH. BRUN.

ANNEXE

Maison centrale de *ou pénitencier de*

NUMÉRO D'ORDRE du condamné sur la liste de présentation.	NOM ET PRÉNOMS du condamné, son état civil et de famille, ainsi que son numéro d'écrou.	SON AGE à l'époque du crime ou délit.	SITUATION et moyens d'existence de sa famille.	CRIME OU DÉLIT qui a motivé la condamnation.	DATE DE L'ARRÊT ou du jugement.	JURIDICTION qui l'a prononcée.	NATURE et durée de la peine.	RESTANT A SUBIR au
	Nom Prénoms Profession Fils de et de né à le domicilié à N° d'écrou							

RENSEIGNEMENTS DE L'ADMINISTRATION SUR LA CONDUITE DU CONDAMNÉ.

Nota. — Les renseignements propres à faire apprécier la conduite du condamné en prison doivent être reproduits ci-dessous tels qu'ils sont consignés sur le tableau de présentation. — La PROPOSITION DE L'ADMINISTRATION ET L'AVIS DU GOUVERNEUR doivent pareillement y être mentionnés avec soin.

Proposition de l'Administration.	*Avis du Gouverneur.*
—	—

RÉSUMÉ DES RENSEIGNEMENTS FOURNIS PAR LA PROCÉDURE,

OBSERVATIONS ET PROPOSITION

du procureur général du ressort où la condamnation a été prononcée.

OBSERVATION IMPORTANTE

Dans le cas où le parquet aurait été appelé *antérieurement* à fournir des renseignements sur un *recours en grâce* du condamné ou sur une *proposition* faite en sa faveur, il faudrait rappeler ici avec soin:

Le numéro de l'ancien dossier de la chancellerie ou de la dernière notice communiquée au parquet.

(No ______)

ANTÉCÉDENTS JUDICIAIRES.

(13 juillet 1883)

DÉP. M. *au sujet de la commutation de peine accordée au nommé D..., soldat d'infanterie de marine, condamné à mort pour voies de fait envers son supérieur.*

ARCH. GOUV.

Par votre lettre du 4 juin dernier, vous m'avez rendu compte d'une réclamation formulée par M. le Commissaire du Gouvernement près le 2e conseil de guerre de la colonie à l'occasion de la commutation en quinze années de détention accordée au nommé D..., soldat d'infanterie de marine, condamne à mort pour voie de fait envers un supérieur.

Vous m'avez fait connaître que vous avez sursis à l'exécution de la commutation pour la raison qu'elle soumet le nommé D... à la dégradation militaire, tandis que la peine de mort primitivement encourue par cet homme n'entraînait pas contre lui cette conséquence infamante.

Cette situation particulière ne m'avait point échappé lorsque j'ai soumis au chef de l'État le projet de décision gracieuse qu'il a bien voulu revêtir de sa haute sanction; mais voici quel est, à cet égard, l'état de la jurisprudence :

La peine de mort prononcée sans adjonction de la dégration militaire, c'est-à-dire pour fait purement militaire, ne peut, ainsi que vous le faites remarquer, être commuée en une peine criminelle de droit commun; la pénalité substituée doit être une peine militaire : aussi ne peut-on recourir aux travaux forcés ni à la réclusion. Mais la détention présente une nature toute spéciale; ainsi, dans le Code pénal, elle n'est jamais infligée pour crimes de droit commun; elle appartient à l'échelle de répression des crimes d'ordre politique; d'autre part, elle est édictée dans les codes militaire et maritime pour infractions purement militaires, enfin elle est subie dans une forteresse, c'est donc bien une peine militaire, et rien ne s'oppose dès lors à ce qu'elle soit infligée par voie de commutation de la peine capitale dans le cas de voie de fait envers un supérieur.

Cette interprétation a été reconnue légale, sur l'initiative d'un de mes prédécesseurs, par le Garde des sceaux sous la date du 3 juillet 1868, et, depuis lors, elle a été confirmée par de nombreuses applications, tant au Département de la guerre qu'à celui de la marine.

Dans ces circonstances, je ne puis que vous inviter à assurer l'exécution de la commutation dont il s'agit et à renvoyer le nommé D... en France par le plus prochain transport.

CH. BRUN.

(17 octobre 1887)

DÉCRET *ayant pour objet l'union des pays qui constituent l'Indo-Chine (Annam, Tonkin, Cochinchine et Cambodge), art. 4, § 2.*

(Promulg. G. G. 25 novembre 1887).
J. C. p. 1090.

Art. 1er. — . . . .
. . . .

Art. 4. — . . . .

Le Gouverneur général, par délégation au Président de la République, statue sur le recours en grâce (1).

Art. 5. — . . . .

. . . .

JULES GRÉVY.

(12 novembre 1887)

DÉCRET *déterminant les attributions du Gouverneur général de l'Indo-Chine* (*art. 6*).

(Promulg. G. G. 21 décembre 1887).
J. C., p. 1177.

Art. 1er. — . . . .

. . . .

Art. 6. — Sont abrogés le dernier paragraphe de l'article 4 du décret du 17 octobre 1887, aux termes duquel le Gouverneur général, par délégation du Président de la République, statue sur les recours en grâce.

Art. 7. — . . . .

JULES GRÉVY.

(4 avril 1888)

DÉP. M. *Instructions au sujet des propositions de grâce formulées par les Présidents d'assises dans leurs rapports* (2).

ARCH. GOUV.

Dans les derniers rapports d'assises transmis au Département par l'Administration de la Cochinchine, les Présidents des Cours criminelles avaient, suivant l'usage, été amenés, en rendant compte des affaires jugées pendant la session qu'ils ont procédé, à donner leur avis personnel sur la peine prononcée par la Cour, et même, dans certains cas, à signaler à la bienveillance de l'Administration supérieure des condamnés qui auraient été trop rigoureusement frappés. Appelé à examiner la suite que comportent les propositions ainsi formulées, le Gouverneur de la Cochinchine, dans deux communications du 11 octobre dernier, s'est élevé contre l'initiative prise dans ces circonstances ppr les Présidents d'assises qui, à ses yeux, s'attribueraient un droit qui ne leur appartiendrait pas et qu'il serait dangereux de leur reconnaître.

En présence des critiques portées contre le mode de procéder suivi par les Présidents des Cours criminelles, l'Administration des colonies, désirant se conformer en cette matière aux règles adoptées par la chancellerie, a consulté le Ministre de la justice sur la question de savoir si, en France, les comptes rendus d'assises renfermaient des propositions de grâce formulées par les Présidents.

Après avoir rappelé les points sur lesquels ces magistrats sont invités à fournir des indications très complètes, M. le Garde des sceaux a fait connaître qu'ils sont tenus de consacrer à chaque accusé une notice très claire, portant en particulier sur la peine qui a été prononcée, et contenant leur avis motivé sur l'accueil dont peuvent être susceptibles dans un avenir prochain ou éloigné les recours en grâce des condamnés. C'est à cet avis que se réfère tout d'abord l'Administration, quand elle est saisie d'une demande de grâce, et s'il n'est pas favorable, la supplique est généralement classée sans autre examen. Les Présidents d'assises participent ainsi, dans une mesure fort restreinte sans doute, à l'exercice du droit de grâce : aussi leur est-il recommandé d'apporter le plus grand soin dans cette partie du rapport.

Telles sont, en France, les obligations des Présidents d'assises en ce qui concerne la question sou-

(1) Abr. Décret 12 novembre 1887 (art. 6).

(2) Jusqu'au 23 mai 1879, date d'une dép. m. insérée dans *Bataille*, II, p. 247, le Gouverneur seul exerçait le droit de grâce à l'égard des Indigènes asiatiques qui, d'après l'art. 11 du décret du 25 juillet 1864 sur l'organisation de la justice en Cochinchine, sont régis par la loi annamite.

levée par le Gouverneur de la Cochinchine : je ne puis d'ailleurs que vous prier de vous reporter à une circulaire du Ministère de la justice, en date du 26 janvier 1857, qui fournit à cet égard les indications les plus précises.

J'estime que les règles établies en la matière par la chancellerie doivent continuer à recevoir leur application en Cochinchine. Loin de critiquer, ainsi que l'a fait l'Administration de la colonie dans des termes peu mesurés, l'initiative prise par les Présidents des Cours criminelles, il convient au contraire de signaler à ces magistrats, en s'inspirant des prescriptions de la circulaire précitée, tout l'intérêt que présente l'exercice du droit qui leur appartient de formuler leur avis sur les condamnations et, le cas échéant, des propositions de grâce en faveur des condamnés.

A. DE LA PORTE.

NOTA. *Cette faveur est réservée aux seuls employés de l'administration locale dont la solde et les accessoires n'atteignent pas la somme de 6000 francs soit 1274 piastres.*

(V. P. Verb. du C. Col. du 3 janvier 1885).

J. C. p. 90.

GREFFIERS ET COMMIS GREFFIERS

V. *Justice militaire.*
Service judiciaire.

GRIFFES

V. *Signatures.*

H

HABILLEMENT

NATURE DES DOCUMENTS	DATES	RECUEILS A CONSULTER							OBSERVATIONS
		Bat.	B. C	B D I	J. C.	J. H.	B. M.	B Col	
Circ. M.	11 janvier 1848.						RV. 7		
Dép. M.	21 février 1857.						193		
Dép. M.	26 décembre 1865.	II-777							
D. G.	1er mai 1867.	I-82	409						
Dép. M.	30 juin 1868.	II-85							
Circ. M.	1er juin 1870.	II 787							
Dép. M.	7 juin 1873.	II-284							
Dép. M.	4 décembre 1876.	II-285							
Dép. M.	16 septembre 1878.	II-779							
Dép. M.	3 mars 1881.		203						
Dép. M.	20 septembre 1883.								
Circ. M.	13 octobre 1883.								
Dép. M.	27 novembre 1884.								
Circ. M.	6 décembre 1884.		1885 6						

(11 janvier 1848)

CIRC. M. *au sujet des pantalons de toile blanche délivrés dans les Colonies aux militaires des divers corps de troupes de la marine.*

B. M. R. V. p. 7.

(21 février 1857).

DÉP. M. *concernant l'habillement et l'équipement de l'infanterie de marine.*

B. M. p. 193.

(26 décembre 1865)

DÉP. M. *Les couvre-nuques délivrés aux militaires des troupes d'infanterie et d'artillerie de marine qui se rendent en Cochinchine doivent être remis en magasin à leur arrivée.*

BAT. II, p. 777.

Les militaires des troupes d'infanterie et d'artillerie de marine qui se rendent en Cochinchine reçoivent à leur départ de France un couvre-nuque pour les protéger, pendant la traversée, contre les ardeurs du soleil,

Depuis l'adoption de la coiffure dite salacco, il n'y a plus utilité que les militaires conservent le couvre-nuque pendant leur séjour en Cochinchine, et ils doivent, à leur arrivée, les restituer pour qu'ils soient remis en magasin afin de servir aux troupes qui rentrent en France. Dans le cas où les quantités ainsi versées dans les magasins de la colonie seraient plus considérables que celles nécessaires pour assurer les besoins du service, il y aurait lieu de profiter des occasions favorables pour les renvoyer à Toulon où ces couvre-nuques pourraient de nouveau être utilisés pour les envois ultérieurs de troupes en Cochinchine.

DE CHASSELOUP-LAUBAT.

(1er mai 1867)

D. G. *constituant le service des approvisionnements généraux de la flotte en détail distinct et y rattachant le service de l'habillement de la flotte et celui du casernement et du campement.*

BAT. I. p. 82.
B. C. p. 409.

(30 juin 1868)

DÉP. M. *Substitution de la ceinture garance à la ceinture bleu de ciel pour les troupes d'infanterie de marine en Cochinchine.*

BAT. II. p. 83.

Il m'a été rendu compte que les ceintures bleu de ciel, dont font usage les troupes d'infanterie de marine en Cochinchine se détériorent promptement sous l'influence du climat de la colonie.

Dans le but de remédier à cet état de choses, j'ai décidé qu'à l'avenir la ceinture garance, adoptée pour les troupes d'artillerie de marine stationnées en Cochinchine, sera substituée à la ceinture bleu de ciel pour les militaires du corps de l'infanterie de marine.

Cette substitution n'aura lieu qu'au fur et à mesure des remplacements.

CHABRIÉ.

(1er juin 1870)

CIRC. M. *Imputation des dépenses de transport d'effets d'habillement et de casernement aux colonies.*

BAT. II. p. 787.

L'imputation des dépenses faites pour transports d'effets d'habillement et objets appartenant aux corps de troupes de la marine opérés aux colonies, ayant donné lieu à des divergences d'opinion, j'ai l'honneur de vous informer que les dépense de cette nature doivent être imputées sur les fonds du service colonial, chapitre XXI, article 2, § *accessoires de la solde*. Je vous prie de donner des ordres en conséquence.

(7 juin 1873)

DÉP. M. *Le chapeau de paille doit rester la coiffure réglementaire des équipages de la flotte. — Le salacco doit être toléré à certaines conditions.*

BAT. II. p. 284.

Répondant à une demande d'informations qui vous avait été adressée sous la date du 17 août 1872 (*Services administratifs : Solde, etc.*), vous m'avez fait connaître que la substitution du salacco au chapeau de paille, à bord de certains bâtiments de la division navale de Cochinchine, remontait à une époque déjà fort ancienne.

Quoi qu'il en soit, je ne saurais approuver cette dérogation aux règlements sur la tenue des équipages de la flotte, et le chapeau de paille doit rester la coiffure réglementaire, sous quelques latitudes que nos marins soient appelés à servir, aussi bien dans la division navale de Cochinchine que dans les autres.

Cependant en raison de l'opinion favorable que vous m'avez exprimée sur l'efficacité du salacco contre les rayons du soleil, je vous autrorise à tolérer cette coiffure pour les marins de la division de Cochinchine, mais seulement dans les tenues exceptionnelles de travail, où elle serait justifiée par l'intensité extrême de la chaleur, et elle ne pourra être portée dans aucun service où la tenue militaire est de rigueur.

J'ai l'honneur de vous prier de donner des ordres en conséquence et de veiller à ce qu'aucune modification ne soit apportée désormais dans la tenue réglementaire avant qu'elle ait reçu mon approbation.

D'HORNOY.

(4 décembre 1876).

DÉP. M. *Délivrance gratuite de gilets de flanelle aux équipages des bâtiments stationnés en Cochinchine.*

BAT. II. p. 285.

J'ai l'honneur de vous informer que, le 30 novembre, j'ai décidé que les équipages des bâtiments stationnés en Cochinchine continueront à recevoir gratuitement les gilets de flanelle qu'un ordre de l'amiral Bonard, en date du 1er décembre 1862, a prescrit de leur délivrer.

. . . .

DE BON.

(16 septembre 1878).

DÉP. M. *Substitution du casque en liège au salacco pour la coiffure des troupes en Cochinchine.*

BAT. II. p. 779.

En réponse à votre lettre du 7 août dernier, j'ai l'honneur de vous faire connaître qu'un marché a été passé pour la fourniture des casque en liège nécessaires à l'habillement des troupes d'infanterie et d'artillerie de la marine au Sénégal, à la Guyane et en Cochinchine.

Les premières livraisons effectuées en exécution de ce marché seront expédiées en Cochinchine. Il n'y a pas lieu, par suite, de renouveler la fourniture des salaccos.

A. POTHUAU.

(3 mars 1881).

DÉP. M. *La coiffure connue sous le nom de salacco est rendue réglementaire pour les marins de la station navale de Cochinchine.*

B. C. p. 203.

Vous m'avez demandé, le 19 janvier dernier, de rendre réglementaire, pour les marins de la station navale de Cochinchine, la coiffure connue sous le nom de salacco.

J'ai l'honneur de vous faire connaître que j'ai accueilli cette propositon.

G. CLOUÉ.

(20 septembre 1883)

DÉP. M. *au sujet des situations mensuelles d'habillement.*

ARCH. GOUV.

J'ai l'honneur de vous prier de vouloir bien adresser des recommandations afin que les situations mensuelles du service de l'habillement des corps de troupe de la marine, situation de la circulaire du 12 juin 1875 (1) soient toujours soumises au visa de M. le Commissaire aux revues.

GIRAUD.

(13 octobre 1883)

CIRC. M. *au sujet du casque en liège.*

ARCH. GOUV.

Le marché souscrit à Paris, le 3 mai 1880, par MM. Alphonse Helbronner et Cie, pour la fourniture des casques en liège nécessaires aux troupes de la marine, a été prorogé pour une nouvelle période de trois années en vertu d'un acte du 24 mars 1883.

Les modifications indiquées ci-après doivent être apportées dans la confection de ces coiffures, savoir :

1° Les jugulaires seront en cuir jaune.

2° Les agrafes destinées à supporter la jugulaire seront rondes, au lieu d'être plates, et leur tige sera un peu moins élevée, afin de permettre d'accrocher et de décrocher plus aisément la jugulaire;

3° Le coutil américain croisé écru de la coiffe extérieure sera plus fort ;

4° La coiffe intérieure sera en tissu de coton croisé vert, comme les bords, au lieu d'être de couleur fauve clair. Toutefois, les fournisseurs ont été autorisés à livrer les coiffures d'ancien modèle qu'ils avaient en magasin.

Les deux derniers changements ayant été arrêtés postérieurement aux deux premiers, il se pourra qu'un certain nombre de casques soient encore expédiés dans votre colonie sans qu'aucune modification ait été apportée aux coiffes.

Je vous prie de vouloir bien porter ces renseignements à la connaissance des portions de corps stationnées en Cochinchine.

D'autre part, il me paraît utile de différencier par une marque distinctive le casque des militaires, qui n'appartiennent pas à la même arme. J'ai décidé en conséquence, que des expériences seront faites à ce sujet dans les colonies.

Vous aurez à donner des instructions afin que les batteries d'artillerie et les détachements d'ouvriers d'artillerie se pourvoient sur les fonds de la 2e portion de la masse générale d'entretien, de couleurs indélébiles destinés à peindre en rouge le bandeau du casque.

Après six mois, vous voudrez bien me rendre compte du résultat de ces essais, en me faisant connaître s'il y a intérêt à maintenir les distinctions dont il s'agit.

A. PEYRON.

(27 novembre 1884)

DÉP. M. *Instructions et recommandations au sujet du service de l'habillement des équipages de la flotte.*

ARCH. DIV. NAV.

(1) V. B. M. p. 867.

(6 décembre 1884)

CIRC. M. *au sujet de la désinfection des effets d'hommes décédés en pays étrangers.*

B. C. (1885) p. 6.

Mon attention ayant été appelée sur les dangers que pouvait présenter l'embarquement à bord des bâtiments de l'État d'effets non assainis de soldats ou marins décédés en pays étrangers, j'ai l'honneur de vous faire connaître que de concert avec M. le président du conseil, Ministre des affaires étrangères, j'ai adressé une circulaire à MM. les consuls généraux et consuls de France pour les inviter à faire procéder à la désinfection immédiate des sacs de tout soldat ou marin décédé dans un hôpital étranger, quelles que soient d'ailleurs les causes de son décès.

A la suite de cette opération, il sera porté sur les sacs une inscription indiquant la nature de la maladie, la date du décès, la mention des opérations de désinfection et l'époque à laquelle elles auront été pratiquées.

Dans le cas où, par suite d'impossibilité absolue, la désinfection des sacs n'aura pas pu être opérée à terre, elle devra se faire dès l'embarquement des effets, conformément aux prescriptions de la circulaire du 8 août 1884 (*Bull. off.*, p. 256) avec les moyens dont dispose le bâtiment et qui sont suffisants pour un nombre limité de sacs.

De toutes façons, il ne devra jamais être débarqué en France, sous quelque prétexte que ce soit, des effets qui, ayant appartenu à des hommes décédés à l'étranger, n'auraient pas été désinfectés.

A cette occasion, je vous rappelle que, conformément aux prescriptions de l'article 584 du décret du 11 août 1856 et des circulaires du 26 octobre 1874 (*Bull. off.*, p. 299.) et du 6 septembre 1831 (*Bull. off.*, p. 598.), les sacs des hommes décédés doivent être vendus à bord des bâtiments, après avoir été désinfectés, afin d'éviter l'encombrement dans les divisions où ces sacs sont vendus moins facilement et dans de moins bonnes conditions, ce qui est contraire à la fois aux intérêts du trésor et des héritiers.

Je vous prie de tenir la main à ce que les prescriptions de la présente circulaire soient rigoureusement observées.

A. PEYRON.

Consulter en outre : *Approvisionnements généraux et travaux* (*bureaux des*)

NATURE DES DOCUMENTS	DATES	RECUEILS A CONSULTER Bat.	R. C.	B.D.I	J. C.	J.H.	B. M.	B.Col	OBSERVATIONS
D. G.	5 septembre 1868.		180						
A. G.	2 décembre 1869.		501						
A. G.	1er mai 1870.		134						
A. G.	29 juillet 1870.		206						
A. G.	22 février 1871.		55						
A. G.	11 février 1875.	ı-496	68						

(5 septembre 1868)

D. G. *classant le haras comme établissement du service local. — La direction et l'administration en restent provisoirement confiées au capitaine, commandant l'escadron de spahis. — Imputation des dépenses* (1).

B. C. p. 180.

(2 décembre 1869)

A. G. *Les chevaux réformés provenant du haras seront vendus par le domaine au profit du budget local.*

B. C. p. 501.

(1er mai 1870)

A. G. *Organisation du haras. — Il est placé dans les attributions du Directeur de l'Intérieur.*

B. C. p. 134.

(29 juillet 1870)

A. G. *Imputation de la solde du personnel du haras.*

B. C. p. 206.

(22 février 1871)

A. G. *Réorganisation du haras. — Personnel et matériel. — Recettes et dépenses.*

B. C. p. 55.

(11 février 1875)

A. G. *transformant le haras en une ferme agricole et fixant le personnel de ce nouvel établissement* (2).

BAT. I. p. 496.
B. C. p. 68.

HARNACHEMENT ET FERRAGE

V. *Chevaux des corps de troupes.*

(1) V. A. G. 1er mai 1870.
(2) V. Ferme des Mares.

HEURES DE TRAVAIL.

(3 novembre 1864)

D. G. *fixant la durée de la journée de travail des ouvriers et journaliers tant Européens qu'Asiatiques employés dans les chantiers, ateliers et magasins de l'État en Cochinchine, ainsi que les heures de présence desdits ouvriers sur les travaux* (1).

BAT. II. p. 411.
B. C. p. 158.

Art. premier. — La durée de la journée de travail des ouvriers et journaliers, tant Européens qu'Asiatiques, employés dans les chantiers, ateliers et magasins de l'État en Cochinchine, sera de huit heures pendant toute l'année.

Art. 2. — Les heures de présence desdits ouvriers sur les travaux tout fixées ainsi qu'il suit, savoir :

Séance du Matin.

Pendant toute l'année : de 6 heures à 10 heures 1/2.

Séance du soir.

Mod. D. G.; 9 septembre 70.

Art. 3. — Le rappel aura toujours lieu un quart d'heure avant le moment assigné au commencement des séances de travail.

Art. 4. — Des travaux extraordinaires et urgents à accomplir dans un service pourront seuls y motiver la prolongation d'une séance de travail au delà des limites indiquées à l'article 2 ci-dessus ; mais, le cas échéant, le temps excédant la durée réglementaire de la séance donnerait lieu, en faveur des ouvriers et journaliers, à la concession d'un temps de repos égal dans la séance suivante.

DE LA GRANDIÈRE.

(9 septembre 1870)

D. G. *fixant les heures de présence des ouvriers sur les travaux.*

BAT. II. p. 412.
B. C. p. 258.

Les heures de présence des ouvriers sur les travaux seront :

Pour la séance du soir : du 1er février au 31 août, de 2 heures 1/2 à 6 heures ; du 1er septembre au 31 janvier, de 2 heures à 5 heures 1/2.

Il n'est rien changé aux autres dispositions contenues dans la décision suvisée.

DE CORNULIER-LUCINIÈRE.

(1) V. D. G. 9 septembre 1870.

HONNEURS ET PRÉSÉANCES

NATURE DES DOCUMENTS	DATES	RECUEILS A CONSULTER Bat.	B. C.	B. D. I.	J. C.	J. H.	B. M.	B. Col	OBSERVATIONS
Décret.	11 avril 1809.						R. I. 302		
Ord. R.	12 février 1826.						R. II. 144		
Ord. R.	19 mars 1826.						R. II 148		
Ord. R.	14 janvier 1829.						R. II. 686		
Décret.	15 août 1851.						R. V. 616		
Circ. M.	26 décembre 1855.						R. VII 904		
Circ. M.	27 décembre 1861.						646		
O. G.	27 mai 1862.		157						
O. G.	3 juin 1862.		164						
Décret.	13 octobre 1863.								
Dép. M.	10 septembre 1866.	I-338							
Dép. M.	16 mars 1867.								
Décret.	20 mai 1868.								
Circ. M.	10 juillet 1868.						14		
Dép. M.	7 février 1869.	II-361							
Circ. M.	17 décembre 1869.						437		
Décret.	13 mai 1874.	II-752							
Décret.	28 décembre 1875.						882		
Décret.	29 septembre 1876.						552		
Dép. M.	26 décembre 1877.	I-500							
Circ. M.	25 avril 1879.			846					

NATURE DES DOCUMENTS	DATES	RECUEILS A CONSULTER Bat.	B. C.	B.D.I	J. C.	J. H.	B. M.	B Col		OBSERVATIONS
Dép. M.	13 septembre 1879.									
A. G.	13 février 1882.	11-283								
O.C. Sup. Tr.	31 janvier 1883.		93							
Circ. M.	5 juillet 1883.									
Circ. M.	3 octobre 1883.		326							
Décret.	23 octobre 1883.					396				
Dép. M.	10 janvier 1884.									
O.C. Sup. Tr.	1er février 1884.					54				
Dép. M.	15 mars 1884.									
Circ. G.	25 avril 1884.					409				
Décret.	5 juin 1884.				566					
Dép. M.	1er juillet 1884.				773					
Circ. M.	23 juillet 1884.									
O. G.	10 juin 1886.						153			
D. G.	16 juin 1886.					396	5			
Dép. M.	17 juin 1886.					718				
O. G.	19 juin 1886.									
O. G.	19 juin 1886.					717				
Décret.	24 juin 1886.					717				
Dép M.	24 octobre 1888.									
Rapp. M.	14 janvier 1889.				1040					
Décret.	14 janvier 1889.		166							
Décret.	27 août 1889.		166							

(11 avril 1809)

DÉCRET *concernant la place des membres de la Légion d'honneur dans les cérémonies publiques, civiles et religieuses.*

B. M. R. I. p. 302.

(12 février 1826)

ORDONNANCE *qui détermine les honneurs et préséances attribués aux principaux fonctionnaires de l'île Bourbon.*

B. M. R. II. p. 144.

(19 mars 1826)

ORDONNANCE *qui règle les honneurs et préséances qui seront attribués aux gouverneurs et à divers fonctionnaires des colonies de la Martinique et de la Guadeloupe.*

B. M. R. II. p. 148.

(14 janvier 1829)

ORDONNANCE *qui règle les honneurs et préséances qui seront attribués au Gouverneur et à divers fonctionnaires de la Guyane française.*

B. M. R. II. p. 686.

(15 août 1851)

DÉCRET *sur le service à bord des bâtiments de la flotte. (Art. 710 à 736, 750 à 766 et 773 à 776)* (1).

B. M. R. V. p. 616.

(26 décembre 1855)

CIRC. M. *au sujet de la situation sous le rapport du rang et des préséances des chefs d'administration intérimaires aux colonies* (2).

B. M. R. VII. p. 904.

(27 décembre 1861)

CIRC. M. *Les fonctionnaires qui occupent par intérim ou temporairement les fonctions de Gouverneur représentent complètement le Gouverneur titulaire et ont droit aux mêmes honneurs et préséances.*

B. M. p. 646.

(27 mai 1862)

O. G. *Dispositions prescrites à l'occasion de la visite des ambassadeurs du Roi d'Annam et de la vérification des pouvoirs des plénipotentiaires à bord du vaisseau amiral « Le Duperré ».*

B. C. p. 157.

(1) V. Décret 20 mai 1868.
(2) V. Dép. M. 7 février 1869.

(3 juin 1862)

O. G. *Cérémonial prescrit pour la signature du traité de paix avec les ambassadeurs du Roi d'Annam.*

B. C. p. 164.

(13 octobre 1863)

DÉCRET *portant règlement sur le service dans les places de guerre et les villes de garnison* (1).

JOURNAL MILIT. p.
B. DES LOIS, p.

(10 septembre 1866)

DÉP. M. *Les consuls étrangers ne jouissent d'aucun rang défini dans les cérémonies publiques. — Recommandations et dispositions.*

BAT. I. p. 338.

(16 mars 1867)

DÉP. M. (*extrait*) *au sujet de l'emploi de la cavalerie et de la gendarmerie en Cochinchine.*

. . . .

Quant au service d'escorte auprès de votre personne dans les cérémonies officielles, il peut être confié à la gendarmerie conformément aux dispositions de l'article 161 du décret du 1er mars 1864 sur le service de l'arme, sans nuire aux soins de la sûreté publique. C'est ainsi que les choses se passent dans les autres colonies.

. . . .

RIGAULT DE GENOUILLY.

(20 mai 1868)

DÉCRET *sur le service à bord des bâtiments de la flotte (Art. 722 à 752 et 767 à 784)* (2).

Non inséré au B. M.
B. M. T. SUPPL.

(10 juillet 1868)

CIRC. M. *Honneurs funèbres. Interprétation de l'art. 376 du décret du 13 octobre 1863 sur le service des places.*

B. M. p. 14.

(7 février 1869)

DÉP. M. *Honneurs et préséances à attribuer aux chefs d'administration intérimaires.*

BAT. II. p. 361.

Le Ministre de la marine et des colonies a rendu applicable dans nos différents établissements coloniaux les prescriptions d'une dépêche adressée au Gouverneur des établissements français de

(1) V. Décret 23 octobre 1883.
(2) Abrogé et remplacé par le décret du 20 mai 1885. (Publié à part.)

l'Inde, le 26 décembre 1855, et concernant les honneurs et préséances à attribuer aux chefs d'administration *intérimaires.*

Voici la teneur de cette dépêche :

(26 décembre 55).

La question a été soulevée de savoir si, dans le cas où un des emplois de chef d'administration dans une colonie serait occupé par un intérimaire, celui-ci aurait, relativement aux autres chefs d'administration, sous le rapport du rang et des préséances, la même situation que le titulaire qu'il remplace.

Lorsqu'il s'agit d'un fonctionnaire ou d'un officier appelé par le règlement à exercer les fonctions intérimaires, par le seul fait de l'absence du titulaire, la question doit être décidée négativement; mais il n'en est plus de même si l'intérimaire a été spécialement désigné par le Département, qu'il soit envoyé de France, qu'il vienne d'une autre colonie ou enfin qu'il soit pris dans la colonie même. Dans ce cas, l'intérimaire doit jouir de toutes les prérogatives attachées aux fonctions dont il a été chargé, en vertu d'une délégation particulière de l'autorité métropolitaine.

La présente dépêche devra être communiquée au contrôle colonial.

HAMELIN.

(17 décembre 1869)

CIRC. M. *Honneurs à rendre. — Interprétation de l'article 340 du décret du 13 octobre 1862 sur le service des places.*

B. M. p. 437.

(15 mai 1874)

DÉCRET *sur l'organisation de la trésorerie en Cochinchine* (*art. 6*).

BAT. II. p. 752.

Article premier. — . . . .

Art. 6. — Dans les cérémonies publiques, à bord des navires de guerre, dans les hôpitaux de la marine et dans toutes les situations où ils peuvent être en rapport avec les autorités maritimes ou coloniales, les agents du service de la trésorerie et des postes sont traités d'après l'assimilation suivante :

Le trésorier-payeur, comme un commissaire ;

Les payeurs particuliers, comme commissaires adjoints ;

Les payeurs adjoints, comme sous-commissaires ;

Les commis de trésorerie, comme aides-commissaires ;

Les commis auxiliaires, comme sous-lieutenants.

Art. 7. — . . . .
. . . .

(28 décembre 1875)

DÉCRET *portant règlement sur les rangs, préséances et honneurs des autorités militaires dans les cérémonies publiques* (1).

B. M. p. 882.

(29 septembre 1876)

DÉCRET *relatif aux honneurs civils attribués aux officiers généraux dénommés à l'article 8 du décret du 28 décembre 1875.*

B. M. p. 552.

(1) V. Décret 29 sept. 1876.

(26 décembre 1877)

DÉP. M. *au sujet des honneurs réclamés par M. D.., agent administratif de la marine.*

BAT. I, p. 500.

Par une lettre du 5 septembre dernier, votre prédécesseur m'a transmis une demande, formée par M. D.., agent administratif de la marine, employé à l'arsenal de Saïgon, et ayant pour but d'obtenir qu'en raison de l'assimilation consacrée par l'ordonnance du 23 décembre 1847, portant première organisation du personnel administratif des directions de travaux, les honneurs militaires attribués aux officiers du commissariat lui soient également rendus à parité de grade.

Le décret du 13 octobre 1863, sur le service des places, qui est actuellement en vigueur, ne faisant aucunement mention, au titre des honneurs à rendre, des agents et des sous-agents administratifs, j'ai l'honneur de vous informer que je n'ai pu accueillir, quant à présent, la demande formée par M. D... Toutefois, je crois devoir vous faire connaître qu'une commission spéciale, chargée de procéder à la revision du décret sus-mentionné, a adopté un projet de rédaction qui permettra de résoudre dans un sens favorable la question soulevée par M. D..., dès que le nouveau décret aura été promulgué.

POTHUAU.

(25 avril 1879)

CIRC. M. *au sujet des honneurs et préséances dans les cérémonies publiques.*

B. M p. 846.

(13 septembre 1879)

DÉP. M. *Position du Commandant de la marine au point de vue des préséances et des attributions* (1).

BAT. II, p. 283.

(13 février 1882)

A. G. *relatif aux honneurs, préséances et rang dans les cérémonies publiques à attribuer dans l'intérieur aux magistrats chargés de présider les Cours criminelles.*

B. C. p. 93.

Article premier.—Dans chaque localité de l'intérieur où siégera la Cour criminelle, le magistrat chargé de la présider sera logé dans un appartement meublé désigné par l'Administration.

Art. 2. — Le président de la Cour criminelle aura une sentinelle à sa porte, fournie par le contingent de la place ou par la garde civile indigène dans les localités où il n'existe pas de troupes régulières.

Art. 3. — Des visites de corps seront faites au président de la Cour criminelle par les autorités civiles et militaires de la localité, en grande tenue, aux jour et heure qu'il indiquera ; il les recevra en robe rouge.

Art. 4. — L'administrateur, assisté des phus, des huyens et des notables de la localité, fera visite au président de la Cour criminelle.

Art. 5. — Le président rendra, en habit noir et en cravate blanche, la visite dans les 24 heures, à l'administrateur, au président du tribunal de première instance, au procureur de la République et à tous les chefs de corps.

(1) V. Décret 5 juin 1884.

Art. 6. — Un piquet de 15 hommes, commandé par un sous-officier, sera fourni à la Cour criminelle pour le service des audiences, pendant toute la durée de la session.

Dans les localités où il n'existe pas de garnison, le service sera fait par la garde civile indigène.

Art. 7. — Dans les cérémonies publiques, le président de la Cour criminelle occupera le premier rang et aura le pas sur les autorités locales.

Art. 8. — Lorsque la Cour criminelle se rendra à une cérémonie publique, elle sera escortée par un garde, conformément à l'article 347 du décret du 13 octobre 1863 sur le service dans les places de guerre et villes de garnison, et recevra les honneurs militaires prescrits par l'article 330 du même décret.

LE MYRE DE VILERS.

(31 janvier 1883)

O. C^nt SUP. T. *Dispositions concernant les honneurs à rendre au Gouverneur lors de sa visite dans les postes.*

ARCH. C^nt SUP. T.

(5 juillet 1883)

CIRC. M. *Position du chef du service administratif au point de vue des attributions et des préséances.*

B. C. p. 326.

. . . .

Quant à son rang de préséance dans les cérémonies publiques, il sera celui que lui assignera son grade dans le groupe des officiers, puisque, n'étant pas chef d'administration, il n'a pas rang individuel.

Je vous prie de porter cette interprétation à la connaissance de qui de droit.

JULES FERRY.

(3 octobre 1883)

CIRC. M. *établissant que les gardes d'artillerie ont droit au salut de la part des militaires des corps de troupe, mais ils ne peuvent infliger directement de punitions.*

B. M. p. 396.

(23 octobre 1883)

DÉCRET *sur le service dans les places de guerre et les villes de garnison (Titres VI, VII, et VIII)* (1).

B. M. p. 671

(10 janvier 1884)

DÉP. M. *notifiant une circulaire du Ministre de la guerre, en date du 7 décembre 1883, au sujet de l'interprétation des articles 329 et 330 du décret du 23 octobre 1883 sur le service des places. — Circul. du 7 décembre 1883.*

B. M. p. 54.

(1) Rendu applicable à la marine par Circ. M. du 22 novembre 1883 B. M. p. 671.

(1er février 1884)

O. C. SUP. T. *Recommandations au sujet du salut militaire. Conditions dans lesquelles il doit être rendu.*

ARCH. C. SUP. T.

(15 mars 1884)

DÉP. M. *notifiant un décret du 10 mars 1884 modifiant l'art. 310 du décret du 23 octobre 1883 portant règlement sur le service dans les places de guerre et les villes de garnison. — Décret.*

B. M. p. 409.

(25 avril 1884)

CIRC. M. *Instructions aux capitaines des bâtiments de la station locale en vue de leur service dans les fleuves et arroyos de la Cochinchine et du Cambodge. — Instructions générales. — Mission des canonnières. — Rapports avec les administrateurs. — Mouvement des canonnières ; vivres. — Arrivée et séjour à Saïgon* (1).

J. C. p. 566.

(5 juin 1884)

DÉCRET *portant création d'un emploi de commandant de la marine en Cochinchine.* (*Art. 1er § 5.*)

J. C. p. 773.

Article premier. . . . . .

§ 5°. Dans les cérémonies et réunions officielles, il marche à son rang avec le Conseil privé.

. . . .

(1er juillet 1884)

DÉP. M. *Les capitaines des bâtiments de la station locale ne sont pas tenus de faire visite aux administrateurs à leur arrivée dans la résidence de ces fonctionnaires. (Décret du 20 mai 1868. Circulaire du 18 septembre 1874.) Ils ne doivent de visites qu'aux gouverneurs et aux commandants des établissements coloniaux. L'ordre de service du 25 août 1884 devra être modifié dans ce sens.*

ARCH. GOUV.

Dans les instructions que vous avez données le 25 avril dernier aux capitaines des bâtiments de la station locale de la Cochinchine, en vue de leur service dans les fleuves et arroyos, — instructions que j'ai lues dans le numéro du 7 mai 1884 du *Journal officiel* de la colonie, — j'ai remarqué que vous prescriviez à ces capitaines de faire une visite aux administrateurs à leur arrivée dans la résidence de ces fonctionnaires.

J'ai l'honneur de vous faire observer qu'aux termes du décret du 20 mai 1868, sur le service à bord des bâtiments de la flotte, et de la circulaire interprétative du 18 septembre 1874 (B. O. p. 228), les commandants des bâtiments de l'État ne doivent dans les colonies de visites qu'aux gouverneurs ou commandants des établissements coloniaux, votre décision est donc contraire aux règles établies et je vous invite à la rapporter.

L'ordre de service du 25 avril 1884 devant être modifié en conformité des prescriptions du décret

(1) V. Division navale. — V. Dép. M. 1er juillet 1884.

du 5 juin dernier, relatif à l'instruction d'un commandant de la marine en Cochinchine, vous voudrez bien, dans la rédaction des instructions nouvelles, vous inspirer des dispositions de la circulaire ministérielle précitée du 18 septembre 1874, pour régler les rapports officiels des capitaines des bâtiments de la station locale avec les fonctionnaires et chefs de service de la colonie.

A. PEYRON.

P. S. — A cette occasion, et en raison de la grande analogie qu'offre la situation des résidents au Tonkin avec celle des administrateurs des affaires indigènes en Cochinchine, je crois utile de vous envoyer la copie d'une lettre que j'ai écrite le 9 novembre 1883, à M. le Commissaire général H.... pour fixer les devoirs respectifs des Résidents au Tonkin et des capitaines des navires de guerre.

(23 juillet 1884)

CIRC. M *Les corps judiciaires ne peuvent exiger les escortes d'honneur à l'occasion de la messe du Saint-Esprit.*

B. M. p. 153.

A l'occasion de la rentrée annuelle des tribunaux dans une de nos colonies, le Département de la marine et des colonies a été consulté sur la question de savoir si les escortes d'honneur attribuées par les règlements en vigueur aux compagnies judiciaires devaient être fournies aux membres de la magistrature se rendant en corps à la messe du Saint-Esprit.

J'ai l'honneur de vous informer que M. le Garde des sceaux, par une circulaire du 24 octobre 1883, a résolu la question dans les termes suivants :

« Quant à la messe dite «Messe du Saint-Esprit», par laquelle il est d'une coutume assez générale de faire précéder la reprise des travaux judiciaires, aucun texte de la loi ni de décret n'en fait une obligation et elle n'a lieu que sur l'initiative des compagnies judiciaires. A elles seules il appartient de décider si elles veulent persister dans cette coutume ; je n'ai aucune instruction à leur donner sur ce point.

« Je dois seulement vous rappeler, pour le cas où la Cour et les Tribunaux de votre ressort ne croiraient pas devoir rompre avec cette tradition, qu'il a été décidé maintes fois par la Chancellerie que la messe du Saint-Esprit n'avait aucun caractère de cérémonie publique et que les corps judiciaires n'avaient pas le droit, en cas de refus de l'autorité militaire, d'insister pour qu'une escorte leur fût donnée. »

La situation des colonies sous ce rapport est la même que celle de la métropole ; la messe du Saint-Esprit n'est pas comprise par les ordonnances et décrets organiques de la justice, au nombre des solennités qui accompagnent la reprise des travaux judiciaires. Elle n'a pas, dès lors, le caractère de cérémonie publique, et il y a lieu d'appliquer dans nos colonies les instructions adressées par M. le Garde des sceaux à MM. les Procureurs généraux.

L'insertion de la présente circulaire au *Bulletin officiel de la Marine* tiendra lieu de notification.

A. PEYRON.

(10 juin 1886)

O. G. *réglant les honneurs à rendre à M. Filippini nommé par décret du 4 mars 1886 Gouverneur de la Cochinchine.*

J. C. p. 693.

(16 juin 1886).

D. G. *réglementant les saluts à coups de canons tirés par les bâtiments sur rade et mouillés devant la ville.*

J. C. p. 718.

Article premier. — Les saluts à coups de canons sont interdits dans toute la partie de la rivière de Saïgon qui passe devant la ville.

Art. 2. — Ces saluts ne pourront être faits que par les navires mouillés dans le port de guerre, au nord de la place Rigault-de-Genouilly.

Art. 3. — Et dans ce cas les coups devront être tirés, autant que possible, du côté opposé à la ville.

BÉGIN.

(17 juin 1886)

DÉP. M. *modifiant l'article 310 du décret du 23 octobre 1883 sur le service des places. (Rapports de courtoisie entre les officiers de l'armée de terre et ceux de l'armée de mer.*

ARCH. C. SUP. T.

(19 juin 1886)

O. G. *déterminant l'ordre suivant lequel la présentation des différents corps civils et militaires aura lieu au nouveau Gouverneur.*

J. C. p. 717.

(24 juin 1886)

DÉCRET *relatif aux honneurs à rendre au personnel des résidences dans les pays placés sous le protectorat de la France. — Rapport. — Dép. M. — Circ. M.*

B. M. p. 5 à 15.

(24 octobre 1888)

DÉP. M. *établissant que le Commandant de la marine et le Commandant supérieur des troupes, à grade égal, doivent prendre rang selon leur ancienneté de grade.*

J. C. p. 1046.

Dans votre lettre du 10 septembre, vous m'avez consulté sur la question de préséance au Conseil privé de la Cochinchine du Commandant de la marine et du Commandant supérieur des troupes,

Le décret du 16 juillet 1888 a établi le rang des divers membres composant le Conseil privé.

Il ne peut y avoir de doute qu'en ce qui concerne le rang du Commandant supérieur des troupes et du Commandant de la marine, lorsque ces officiers sont pourvus du même grade. Ils doivent, dans ce cas, prendre rang selon leur ancienneté de grade, en conformité du principe posé par l'article 249 du titre VII du décret du 23 octobre 1883 sur le service des places, applicable aux colonies en ce qui concerne le service militaire, les honneurs et préséances.

Cet article est ainsi conçu :

« .... Les généraux de brigade investis du commandement territorial des subdivisions de régions dans lesquelles est compris un port militaire, chef-lieu d'arrondissement maritime, prennent rang dans les cérémonies publiques avec le Contre-Amiral major général de la marine, en observant, pour la préséance, l'ordre d'ancienneté dans le grade d'officier général...... »

KRANTZ.

(14 janvier 1889)

RAPPORT M. *précédant le décret du 14 janvier 1889 modifiant divers articles du décret du 20 mai 1885 sur le service à bord des bâtiments de la flotte (honneurs et préséances).*

B. C. p. 166.

Le titre XII du décret du 20 mai 1885 sur le service à bord des bâtiments de la flotte règle les rapports officiels de courtoisie des officiers commandant à la mer entre eux ; il détermine nettement dans quelles circonstances et de quelle façon ils doivent échanger des visites officielles avec leurs collègues de l'armée de terre, ainsi qu'avec les autorités diplomatiques et consulaires.

Mais, par contre, aucune disposition de cet acte ne fixe les règles suivant lesquelles doivent être rendues les visites que les officiers généraux, supérieurs et autres de la marine, sont appelés, conformément aux prescriptions de l'article 849 dudit décret, à faire aux Gouverneurs de nos établissements coloniaux.

Le décret du 20 mai 1885 ne contient pas non plus de dispositions relatives aux visites à échanger entre nos officiers de marine, le personnel des résidences dans les pays de Protectorat et les Gouverneurs intérimaires.

Enfin, il m'a paru utile de régler les honneurs funèbres à rendre aux Gouverneurs et au personnel des Protectorats.

Dans le but de combler ces lacunes, j'ai fait préparer le décret ci-joint, qui a été soumis à l'examen du Conseil d'amirauté et auquel mon collègue des affaires étrangères a donné son adhésion ; je vous prie de vouloir bien le revêtir de votre signature.

KRANTZ.

(14 janvier 1889)

DÉCRET *modifiant divers articles du décret du 20 mai 1885 sur le service à bord des bâtiments de la flotte (honneurs et préséances).*

(Notifié par Circ. M. 14 janvier 1889)
B. C. p. 166.

Article premier. — L'article 825 du décret du 20 mai 1885 est modifié comme suit :

Honneurs et visites aux Gouverneurs, Lieutenants-Gouverneurs des colonies et au personnel des Protectorats.

1. — Les Gouverneurs généraux des colonies et les Gouverneurs des colonies de 1re, 2e et 3e classe sont salués de quinze coups de canon et reçoivent à bord, dans l'étendue de leur gouvernement, les autres honneurs attribués aux Vice-Amiraux commandant en chef, visitant officiellement pour la première fois un bâtiment placé en dehors de la force navale qu'ils commandent.

2. — Ces honneurs leur sont rendus lorsqu'ils font une première visite officielle, lorsqu'ils s'embarquent sur un bâtiment de l'État pour revenir en France, ou lorsqu'ils quittent celui qui les a conduits à leur destination.

3. — Il ne leur est rendu aucun des honneurs ci-dessus mentionnés au port de leur embarquement ou débarquement en France, et, en aucun cas, lorsqu'ils ne sont pas en uniforme.

4. — Les mêmes honneurs sont attribués au Gouverneur général de l'Algérie et au Gouverneur général de l'Indo-Chine.

5. — Les Résidents généraux exerçant directement le Protectorat de la France sont salués de quinze coups de canon et reçoivent, dans les ports de l'État du Protectorat, lors de leur première visite à bord d'un bâtiment, les honneurs attribués aux Vice-Amiraux commandant en chef, qui visitent officiellement pour la première fois un bâtiment placé en dehors de la force navale qu'ils commandent.

5 *bis.* — Les Résidents généraux qui n'exerçent pas directement le Protectorat de la France reçoivent, dans les ports de l'État du Protectorat, les honneurs attribués aux Contre-Amiraux commandant en chef, qui visitent officiellement pour la première fois un bâtiment placé en dehors de la force navale qu'ils commandent.

Ils sont salués de treize coups de canon.

6. — Les Résidents supérieurs, les résidents et les vice-résidents reçoivent à bord des bâtiments de l'État les honneurs suivants :

§ 1er. — Le Résident supérieur est reçu au haut de l'escalier par le commandant, les officiers et aspirants de quart ; la garde a l'arme au pied et le tambour ou le clairon est prêt à battre ou à sonner. Il est salué de neuf coups de canon.

§ 2. — Le résident, chef de mission ou non, et le vice-résident, chef de mission, sont reçus sur le gaillard d'arrière par le commandant du bâtiment ; la garde a l'arme au pied. Ils sont salués de sept coups de canon.

§ 3. — Le vice-résident est reçu sur le gaillard d'arrière par l'officier en second du bâtiment ; la garde ne s'assemble pas. Il est salué de cinq coups de canon.

7. — Les honneurs sont rendus aux Résidents généraux et Résidents supérieurs, lorsqu'ils font leur première visite officielle, lorsqu'ils s'embarquent sur un bâtiment de l'État pour revenir en France, ou lorsqu'ils quittent celui qui les a conduits sur les lieux où ils sont appelés à exercer les fonctions du Protectorat.

Il ne leur est rendu aucun des honneurs ci-dessus mentionnés au port de leur embarquement ou de leur débarquement en France, et, en aucun cas, lorsqu'ils ne sont pas en uniforme ou revêtus des insignes de leurs fonctions.

Les honneurs réservés aux résidents ou vice-résidents ne leur sont rendus qu'à leur première visite officielle lorsqu'ils sont en uniforme.

8. — En raison de l'organisation particulière du personnel de la Résidence générale en Tunisie, les contrôleurs civils, ayant les attributions de vice-consuls, auront droit aux honneurs réservés aux vice-résidents.

Article premier *bis*. — L'article 826 du décret du 20 mai 1885 est modifié comme suit :

1. — Les Gouverneurs des colonies de 4e classe et les Lieutenants-Gouverneurs sont reçus à bord, dans l'étendue de leur gouvernement, par le commandant, les officiers et les aspirants de quart ; la garde a l'arme au pied. Ils sont salués de sept coups de canon.

2. — Ces honneurs ne sont rendus aux Gouverneurs de 4e classe et aux Lieutenants-Gouverneurs que lorsqu'ils sont en uniforme.

Art. 2. — L'article 849 du décret du 20 mai 1885 est modifié comme suit :

1. — Les Vice-Amiraux commandant en chef ou en sous-ordre doivent la première visite aux Gouverneurs généraux. Ils la reçoivent des Gouverneurs des colonies.

2. — Les Contre-Amiraux commandant en chef ou en sous-ordre, ainsi que les capitaines de vaisseau, chefs de division, doivent la première visite aux Gouverneurs généraux et aux Gouverneurs des 1re, 2e et 3e classes. Ils la reçoivent des Gouverneurs de 4e classe ainsi que des Lieutenants-Gouverneurs.

3. — Tout commandant d'un bâtiment de l'État isolé qui arrive dans une colonie doit la première visite au Gouverneur.

4. — Il n'y a pas d'autres visites obligatoires pour les officiers commandant lors de leur arrivée dans les localités où se trouve le Gouverneur.

5. — Tout commandant d'un bâtiment de l'État qui arrive dans une localité où réside un administrateur colonial est tenu d'envoyer un officier pour prévenir ce fonctionnaire de son arrivée ; il le fait également prévenir de son départ.

6. — Les Gouverneurs généraux et les Résidents généraux rendent en personne les visites qui leur ont été faites par les officiers généraux commandant en chef ou en sous-ordre.

Les Gouverneurs de 1re, 2e et 3e classe et les Résidents supérieurs rendent en personne les visites qui leur ont été faites par les Contre-Amiraux commandant en chef ou en sous-ordre et les capitaines de vaisseau chefs de division.

Les Gouverneurs de 4e classe, les Lieutenants-Gouverneurs, les résidents et vice-résidents rendent en personne les visites qui leur ont été faites par les commandants des bâtiments de l'État.

7. — Ces visites sont rendues dans les vingt-quatre heures, lorsque le temps permet les communications.

8 A. — Les Vice-Amiraux commandant en chef ou en sous-ordre doivent la première visite aux Résidents généraux exerçant directement le Protectorat. Ils atten-

dent la visite des Résidents généraux n'exerçant pas directement le Protectorat, des Résidents supérieurs et des résidents de tous rangs.

B. — Les Contre-Amiraux commandant en chef doivent la première visite aux Résidents généraux. Ils attendent la visite des Résidents supérieurs et des résidents de tous rangs.

C. — Les capitaines de vaisseau, chefs de division, doivent la première visite aux Résidents généraux et aux Résidents supérieurs ainsi qu'aux résidents remplaçant officiellement un Résident supérieur. Ils attendent la visite des résidents et des vice-résidents.

D. — Les capitaines de vaisseau, commandants, doivent la première visite aux Résidents généraux, aux Résidents supérieurs et aux agents remplaçant un résident, en cas d'absence, si les agents sont vice-résidents ou chancelier de résidence. Ils attendent la visite des vice-résidents.

E. — Les capitaines de frégate et lieutenants de vaisseau, commandants, ont les mêmes obligations que les capitaines de vaisseau, et doivent, en outre, la première visite aux vice-résidents.

F. — Les officiers de l'armée de mer de tous grades, lorsqu'ils sont dans le cas de rendre les visites officielles spécifiées dans le présent article sont reçus, au débarcadère, par un fonctionnaire de la résidence. Ces visites sont rendues dans les vingt-quatre heures, si le temps permet les communications.

G. — Lorsque les résidents ont besoin d'une embarcation convenable pour faire ou rendre une visite officielle à bord d'un bâtiment, le commandant de ce bâtiment en met une à leur disposition tant pour les amener à bord que pour les reconduire à terre.

Honneurs funèbres rendus aux officiers des corps autres que celui des officiers de marine, au personnel des Gouverneurs et à celui des résidences.

Art. 3. — L'article 869 du décret du 20 mai 1885 est modifié comme suit :

1. — Les honneurs funèbres déterminés dans le présent chapitre pour les officiers de marine non commandants sont rendus aux personnes appartenant aux corps de troupe et aux différents corps de la marine suivant le rang que leur donne l'assimilation de leur grade.

2. — Les honneurs funèbres attribués aux capitaines de frégate sont rendus aux aumôniers, aux chefs de bataillon et aux personnes d'un rang assimilé à l'ancien grade de capitaine de corvette.

3. — Lorsqu'une personne appartenant à un service public non désigné au présent titre vient à décéder à bord, les honneurs funèbres qui doivent lui être rendus sont réglés suivant son assimilation aux grades et rangs des officiers de marine ou des autres personnes désignées au présent titre. Toutefois, il n'est fait de salut à coups de canon et de décharges de mousqueterie que lors du décès d'un officier appartenant à l'armée de terre.

4. — Les honneurs funèbres à rendre aux membres des différents grades de la Légion d'honneur sont réglés suivant les assimilations attribuées à ces grades par le chapitre XLI du décret du 23 octobre 1883 sur le service dans les places de guerre.

5. — Lorsqu'un Gouverneur général ou un Gouverneur des colonies vient à décéder à bord, les honneurs funèbres qui doivent être rendus sont réglés comme suit :

Pour un Gouverneur général, les honneurs dus au Vice-Amiral commandant en sous-ordre ;

Pour un Gouverneur des colonies de 1re, 2e et 3e classe, les honneurs dus au Contre-Amiral, commandant en sous-ordre ;

Pour un Gouverneur des colonies de 4e classe ou pour un Lieutenant-Gouverneur, les honneurs dus au capitaine de vaisseau non commandant.

5 *bis*. — Lorsqu'un fonctionnaire des résidences vient à décéder à bord, les honneurs funèbres qui doivent lui être rendus sont réglés comme suit :

Pour un Résident général, les honneurs dus au Vice-Amiral commandant en sous-ordre ;

Pour un Résident supérieur, les honneurs dus au Contre-Amiral commandant en sous-ordre ;

Pour un résident de 1re classe, les honneurs dus au capitaine de vaisseau non commandant ;

Pour un résident de 2e classe, les honneurs dus au capitaine de frégate non commandant :

Pour les vice-résidents chefs de mission, les honneurs funèbres attribués aux résidents de 2e classe ;

Pour les vice-résidents de 1re et de 2e classe, les honneurs funèbres dus aux lieutenants de vaisseau non commandants ;

Pour les chanceliers et les commis, honneurs de la flamme et du pavillon en berne et de l'équipage sur le pont.

5 *ter*. — Il est entendu que les honneurs funèbres à rendre aux Gouverneurs des colonies et au personnel des résidences ne comportent ni coups de canon, ni décharges de mousqueterie.

Les honneurs funèbres ne sont en outre rendus que lorsqu'il n'en résulte pas d'inconvénient pour le service du bord.

Distance à laquelle les visites sont obligatoires.

Art. 4. — Les visites entre les officiers de la marine commandant un bâtiment et les autorités coloniales et le personnel des Protectorats ne sont obligatoires que lorsque le bâtiment est mouillé à moins d'un mille et demi du quai d'embarquement.

Visites à échanger avec les Gouverneurs intérimaires.

Art. 5. — Les fonctionnaires qui occupent par intérim les fonctions de Gouverneur, ont droit aux mêmes visites que les titulaires de ces fonctions.

Ils sont tenus de rendre les visites qui leur sont faites par les officiers de la marine dans les mêmes conditions que les Gouverneurs titulaires dont ils remplissent les fonctions.

Les honneurs de la garde, du sifflet et des fanaux sont les seuls rendus aux Gouverneurs intérimaires, à moins que ces intérimaires n'aient droit à d'autres honneurs militaires en vertu de l'emploi dont ils étaient titulaires avant leur entrée en fonctions comme intérimaires.

CARNOT.

(27 août 1889)

DÉCRET *relatif aux honneurs à rendre au Lieutenant-Gouverneur et aux Résidents supérieurs de l'Annam, du Tonkin et du Cambodge.*

(Promulg. A. G. 14 octobre 1889).
J. C. p. 970.

HOPITAUX ET AMBULANCES DE LA MARINE.

I. RÉGLEMENTATION. — II. PERSONNEL. — III. ADMISSION ET CLASSEMENT. — IV. FRAIS D'HOSPITALISATION ET RETENUES D'HOPITAL. — V. SERVICE RELIGIEUX. — VI. MATÉRIEL. VIVRES. — VII. MÉDICAMENTS, INSTRUMENTS DE CHIRURGIE.

I. RÉGLEMENTATION.

NATURE DES DOCUMENTS	DATES	RECUEILS A CONSULTER							OBSERVATIONS
		Bat.	B. O	B.D I	J. C.	J.H.	B. M.	B Col	
A. G.	11 mars 1867.	II-785					IV, 7		
D. G.	4 juillet 1867.		209				193		
D. G.	29 juillet 1867.		229						
D. G.	21 juillet 1868.	I-561	149						
A. G.	30 mars 1869.	II-623	94						
A. G.	28 avril 1870.		119						
D. G.	12 avril 1871.		129						
A. G.	28 juillet 1871.	I-563	272						
D. G.	27 décembre 1872.		354						
A. G.	19 octobre 1874.		363						
D. G.	17 septembre 1877.	I-579	267						
D. G.	27 août 1878.	I-581	336						
A. G.	29 décembre 1879.	I-591	519						
A. M.	25 avril 1885.								
A. G.	20 avril 1887.		256						

(11 mars 1867)

A. G. *portant que les ambulances entretenues dans les cercles et postes autres que Mytho, Baria et Bienhoa cesseront de compter au service hospitalier et seront considérées, sous le rapport économique et administratif comme simples infirmeries régimentaires* (1).

BAT. II, p. 785.

(4 juillet 1867)

D. G. *(extrait) assimilant l'ambulance de Vinh-Long à une ambulance de 1re classe, celle de Chaudoc à une ambulance de 2e classe. — Les infirmeries d'Hatien et de Go-Cong sont considérées comme simples infirmeries régimentaires.*

B. C. p. 209.

(29 juillet 1867)

D. G. *Constitution et entretien d'une ambulance à Vinh-Long. — Entretien dans les autres places et postes des nouvelles provinces des infirmeries régimentaires. — Le matériel envoyé à Chaudoc y sera conservé et servira à constituer une ambulance secondaire.*

B. C. p. 229.

(21 juillet 1868)

D. G. *Le nombre de lits de l'ambulance de Chaudoc est provisoirement porté à vingt-cinq.*

BAT. I, p. 561.
B. C. p. 149.

Le nombre de lits de l'ambulance de Chaudoc sera provisoirement porté à vingt-cinq.

Le chef du service administratif est chargé de l'exécution de la présente décision.

G. OHIER.

(30 mars 1869)

A. G. *portant que le service des « Hôpitaux » sera séparé du service de marine ainsi que le service « Vivres » en ce qui concerne les dépenses du personnel colonial. — A compter de ce jour le service colonial devra pourvoir à toutes les dépenses à faire pour le ravitaillement et l'hospitalisation du personnel colonial. — Le service des « Hôpitaux » continuera à recevoir les malades des divers services, mais à charge de remboursement des frais de traitement et autres.*

BAT. II, p. 623.
B. C. p. 94.

(28 avril 1870)

A. G. *désignant les terrains à réserver tant pour l'établissement de l'hôpital que pour son complet isolement de toute construction publique ou privée. — Dispositions.*

B. C. p. 119.

(1) V. troupes § service médical. — Infirmeries régimentaires.

(12 avril 1871)

D. G. *L'hôpital de Vinh-Long est ramené aux proportions d'une ambulance* (1).

B. C. p. 129.

(28 juillet 1871)

A. G. *Régime alimentaire de l'hôpital militaire de Saïgon. — Tableaux.*

BAT. I, p. 563.
B. C. p. 272.

TITRE PREMIER. — DES ALIMENTS ET DE LEUR DISTRIBUTION.

Composition de la portion entière. — La portion entière pour chaque malade est de :
500 grammes de *viande de bœuf* ou 250 grammes par repas.
740 grammes de *pain blanc* ou 1 kilogramme de riz.
46 centilitres de *vin* ou 5 grammes de thé avec 30 grammes de sucre.

Fixation des délivrances à faire aux hommes à la portion entière et aux trois quarts. — Lorsqu'un malade est désigné pour la portion entière ou les trois quarts, il ne lui est délivré que ce qui est indiqué ci-dessus.

Délivrances à faire aux malades à la demie et au-dessous, ainsi qu'aux officiers.— Les malades à la demie, au quart, au demi-quart et soupe, peuvent recevoir un régime particulier ou des aliments légers prescrits par le médecin. Les aliments légers sont également délivrés aux officiers, quel que soit leur régime alimentaire.

Aliments légers. — Sont considérés comme *aliments légers* : le lait, les légumes de toute espèce, les fruits, les confitures, les œufs, le poisson frais, la volaille, les pâtes féculentes, etc.

Mode des distributions. — La distribution des aliments est faite à dix heures du matin pour le déjeuner et à quatre heures du soir pour le dîner. Les portions sont portées et distribuées dans les salles par les infirmiers, sous la surveillance des sœurs. La distribution n'est faite aux agents et infirmiers de l'hôpital compris dans la pesée que lorsque la distribution est entièrement terminée pour les malades.

TITRE II. — DU RÉGIME ALIMENTAIRE.

Composition du régime alimentaire. — Le régime alimentaire se compose *d'aliments ordinaires*, de *légumes* et *d'aliments légers.* Les aliments ordinaires, pain ou riz, la viande, le vin ou thé, ou bière ou lait. Les légumes comprennent : 1° les légumes frais ; 2° les conserves de légumes ; 3° les légumes secs. Les aliments légers consistent en riz, vermicelle, pâtes féculentes, panades, pruneaux, chocolat, confitures, œufs, lait, etc.

Amélioration de traitement aux officiers. — Le régime alimentaire est le même pour tous les malades, seulement il est accordé aux officiers, au titre : *Amélioration de traitement*, une certaine proportion d'aliments particuliers détaillés ci-après (tableau n° 1).

Division du régime alimentaire. — Le régime alimentaire se divise en trois parties : *régime gras*, *régime maigre*, *diète.*

(1) V. *infrà*, D. G. 27 décembre 1872.

Composition du régime gras. — *Le régime gras* se compose d'aliments ordinaires dans les proportions prescrites par les officiers de santé, qui peuvent y ajouter, quand ils le jugent convenable, un aliment léger, mais seulement pour les malades à la demie et au-dessous. Dans ce cas, ils peuvent retirer la viande. Ils peuvent aussi prescrire de la volaille rôtie ou apprêtée, en remplacement du bœuf, aux malades au régime gras qui sont à la demie ou au-dessous. Les officiers de santé peuvent aussi prescrire, au repas du soir, des légumes avec de la viande aux malades qui sont à la portion entière et aux trois quarts ; dans ce cas, on ne distribuerait la viande aux malades que dans la proportion de la demie s'ils sont à la ration entière, et des trois huitièmes s'ils sont aux trois quarts.

Composition du régime maigre. — *Le régime maigre* se compose, à chaque repas, d'un bouillon maigre et d'un légume ou aliment léger.

La diète exclut tout aliment solide ; elle n'admet que du bouillon gras ou maigre et le vin dans les quantités déterminées. Cependant, les officiers de santé peuvent prescrire un aliment léger aux malades à la diète. Le lait de vache, comme boisson, est prescrit aux vénériens à la diète auxquels cette boisson peut être utile. Le bouillon gras ou maigre est toujours implicitement compris à raison de 50 centilitres dans la prescription des aliments ordinaires, quelle qu'en soit la quantité.

Dispositions particulières. — La ration de viande déposée à la marmite est de 500 grammes par malade, quelle que soit la prescription alimentaire.

Le vin est prescrit dans les mêmes proportions que le pain et la viande, mais séparément et indépendamment de tous autres aliments.

Le vin vieux de Bordeaux peut être délivré comme ration aux hommes les plus malades dont le régime ne dépasse pas la demie.

Le thé sera toujours délivré en ration entière, avec 30 grammes de sucre par litre.

La bière pour boisson se délivre par portion entière, savoir : une bouteille le matin, une bouteille le soir. En aucun cas, la délivrance de la bière comme boisson ne pourra se cumuler avec sa délivrance comme tisane.

La ration de lait ne se subdivise pas, elle est de 0 lit. 25 cent. par repas.

Le café noir peut être prescrit comme aliment léger aux hommes à la diète.

La ration de macaroni est de 100 grammes.

La ration de fruits est de 250 grammes.

Exceptionnellement, il sera délivré, aux hommes au quart et au-dessous, une part de conserve alimentaire dans la proportion d'une boîte pour quatre.

Le chocolat est accordé dans les proportions maximum suivantes :

Pour 100 fiévreux.	20 chocolats.
— blessés.	15 —
— vénériens	5 —

TABLEAU N° 1. — *Régime*

DÉSIGNATION DES ALIMENTS			ESPÈCE DES UNITÉS.
Aliments ordinaires	Pain blanc		Grammes.
	Riz blanc		—
	Vin rouge ou blanc	pour officiers	Centilitres.
		pour autres malades	—
	Vin vieux de Bordeaux	pour officiers	—
		pour autres malades	—
	Thé		Grammes.
	Bière		Bouteille.
	Lait		Centilitres.
	Viande de bœuf	sans légumes	Grammes.
		avec légumes	—
	Bouillon	gras	Centilitres.
		maigre	—
Légumes	Frais pour la marmite		Grammes.
	Frais assaisonnés : pommes de terre, navets, carottes, choux, citrouilles, haricots de Baria, etc.		—
	Secs assaisonnés		—
Aliments légers	Volailles		Pièce.
	Poissons frais		Grammes.
	Salade		—
	Vermicelle		—
	Macaroni		—
	Riz au gras ou au maigre		—
	Pâtes féculentes		—
	Pain pour panade		—
	Pruneaux		—
	Fruits de saison		Nombre et grammes.
	Œufs à la coque ou frits		Nombre.
	Lait pour riz ou bouillie		Centilitres.
	Confitures		Grammes.
	Café noir		—
Aliments particuliers pour officiers	Veau ou mouton		—
	Volailles		Pièce.
	Gibier		—
	Poisson frais		Grammes.
	Pois, haricots, asperges, artichauts (conserves *)		—
	Haricots de Baria		—
	Épinards		—
	Œufs à la coque ou frits		Nombre.

(1) *Aliments légers pour officiers.*

Lorsqu'il est prescrit des aliments légers aux officiers, ce ne peut être qu'en remplacement des aliments particuliers.

alimentaire des malades.

QUANTITÉS A DISTRIBUER AUX MALADES SELON LES PRESCRIPTIONS.					OBSERVATIONS.
Portion entière.	3/4 de portion.	1/2 de portion.	1/4 de portion.	Soupes.	
375	281	187	93.7	46.9	Lorsque la soupe est prescrite séparément, le pain et le riz sont fournis par la cuisine. Dans tout autre cas, le pain et le riz sont prélevés sur les quantités prescrites.
500	375	250	125	46.9	
34.5	25.875	17.25	8.625	»	
23	17.25	11.5	5.75	»	
34.5	25.875	17.25	8.625	»	
23	17.25	11.5	5.75	»	
5	»	»	»	»	Le thé sera toujours délivré en ration entière, avec 30 grammes de sucre par litre.
1	»	»	»	»	Se délivre par portion entière; en aucun cas, la délivrance de la bière comme boisson ne pourra se cumuler avec sa délivrance comme tisane.
				»	
25	»	»	»	»	La ration de lait ne se subdivise pas; elle est de 0 lit. 25 centil. par repas.
140	105	70	35 *	»	Le bœuf, apprêté aux légumes, est prélevé sur la viande mise à la marmite et après la cuisson.
70	35	»	»	50	Chaque repas est compté comme 1/2 portion de légumes.
50	50	50	50	50	Chaque soupe maigre sera comptée comme 1/4 de ration de légumes.
50	50	50	50	100	
»	»	»	»	»	Par kilogramme de viande.
				»	
250	»	125	»	»	Les légumes assaisonnés ne peuvent être prescrits qu'aux malades à la 1/2 et au-dessous, en une espèce au régime gras et deux au régime maigre.
250	»	125	»	»	
»	»	1/4	1/6	»	
»	»	100	»	»	
»	»	200	»	»	Sera compté comme 1/4 de légumes.
»	»	50	»	»	Avec bouillon $37^{e}\ 5^{m}$ à la 1/2, et $18^{e}\ 75^{m}$ au quart.
»	»	50	»	»	
»	»	50	»	»	
»	»	30	»	»	
»	»	75	»	»	
»	»	100	»	»	
1 fruit.	»	125	»	»	
»	»	1	»	»	
25	12.4	»	»	»	
46	»	»	»	»	
20	»	»	»	»	Dans un litre d'eau sans sucre pour les hommes à la diète.
250	»	125	»	»	
1/2	»	1/4	1/4	»	
1	»	1/4	»	»	
200	»	100	»	»	
1 boîte pour deux.	»	1 boîte pour quatre.	»	»	* Exceptionnellement, il sera délivré aux hommes un 1/4 et au-dessous une part de conserve alimentaire dans la proportion d'une boîte pour quatre.
200	»	100	»	»	
250	»	125	»	»	
2	»	1	»	»	

NOTA. — Le chocolat est accordé dans les proportions maximum suivantes :
Pour 100 fiévreux : 20 chocolats (1 pour 5 malades ou fractions de 5).
100 blessés : 15 chocolats (1 pour 7 malades ou fractions de 7).
100 vénériens : 5 chocolats (1 pour 20 malades ou fraction de 20).

TABLEAU N° 2. — *Maximum des quantités de denrées qui peuvent entrer dans la préparation ou l'assaisonnement.*

DÉSIGNATION des ESPÈCES	ALLOCATION.	ESPÈCE des UNITÉS.	QUANTITÉS.	OBSERVATIONS.
Viande pour la marmite	Viande crue par repas	Grammes.	250	Devant rendre 140 grammes de viande cuite.
	Légumes frais, 1re espèce par kilogr. de viande	—	100	
	Eau par kilogramme de viande	Litre.	4	Devant rendre 3 lit. de bouillon
	Sel de cuisine par malade et par jour	Grammes.	25	
Viande pour aliments particuliers.	Veau ou mouton, portion entière	—	140	
	Beurre par portion	—	15	
Bouillon maigre	Légumes frais, 1re espèce, par bouillon.	—	30	
	Julienne au maigre	—	100	
	Beurre	—	15	
	Eau	Centilitres.	60	
Panades et soupes au gras	Bouillon pour soupes et panades	—	50	
	Pain pour panade, fourni par la cuisine.	Grammes.	75	
	Pain pour soupes, fourni par la cuisine.	—	46.875	Lorsqu'elle est prescrite séparément.
Légumes pour malades non officiers au régime gras	Légumes frais, 1re espèce, par portion entière : choux, carottes, navets, pommes de terre, légumes du pays	—	375	
	Légumes secs, par portion entière	—	125	
	Viande provenant de la marmite, par portion	—	70	
Légumes pour malades non officiers au régime maigre.	Légumes frais, 1re espèce, par portion entière	—	375	
	Légumes secs, par portion entière	—	125	
	Beurre, par portion entière	—	15	
Légumes pour aliments particuliers.	Légumes frais, 2e espèce, par portion entière : pois, fèves de marais, haricots blancs frais	—	250	
	Légumes frais, 3e espèce, par portion entière : oseille, épinards et chicorée.	—	250	
	Légumes frais, 4e espèce, par portion entière : haricots verts ou choux-fleurs.	—	200	
	Légumes frais, 5e espèce, par portion entière : asperges, salsifis	—	200	
	Légumes frais, 6e espèce, par portion entière : artichauts	Nombre.	1	Environ 172 gr. à la demie.
Riz, vermicelle, pâtes féculentes	Riz ou vermicelle, par portion	Grammes.	50	
	Pâtes féculentes, par portion	—	30	
	Beurre pour préparation au maigre, par portion	—	15	
	Lait pour préparation au maigre par portion	Centilitres.	25	
	Sucre lumps pour officiers, par portion.	Grammes.	15	
	Bouillon gras pour préparation au gras, par portion	Centilitres.	50	
	Pruneaux	Grammes.	100	Avec sucre lumps.
	Pommes cuites	Nombre.	1	
	Oranges	—	1	Pour officiers.
	Chocolat : portion entière	Grammes.	30	
	Chocolat : sucre lumps, s'il est ordonné.	—	25	
	Chocolat : lait, s'il est ordonné	Centilitres.	15	
Crèmes et biscuits.	Œufs pour crèmes ou biscuits	Nombre.	1	
	Sucre lumps	Grammes.	15	
Les denrées de consommation journalières, telles que : *huile d'olive, vinaigre, poivre, etc.*, selon les besoins du service.				

TABLEAU N° 3. — *Régime alimentaire des rationnaires en santé.*

DÉSIGNATION des RATIONNAIRES.	QUANTITÉ A DÉLIVRER A CHAQUE RATIONNAIRE			OBSERVATIONS.
	PAR JOUR.	au REPAS DU MATIN.	au REPAS DU SOIR.	
Officier supérieur chargé du service administratif ou de santé d'une succursale.	Pain blanc, 750gr. Vin rouge, 69 cl. Café, 20 gr. Sucre, 25 gr.	Deux portions entières d'aliments particuliers. Dessert : une portion entière *ou* deux 1/2	Bouillon gras *ou* maigre. *En remplacement :* Riz, vermicelle gras *ou* maigre, portion entière. Une portion entière de viande bouillie *ou* grillée, provenant de la marmite. Comme le matin.	
Officier de service ou de garde. Aumônier.	Comme ci-dessus.	Deux portions entières d'aliments particuliers. Demi-portion de dessert.	Bouillon *ou* riz *ou* vermicelle comme ci-dessus. Viande grillée *ou* bouillie comme ci-dessus. Aliments particuliers, une portion entière *ou* deux 1/2. Demi-portion de dessert.	
Sœurs hospitalières.	Pain blanc, 750gr. Vin, 60 centil. Café, 20 gr. Sucre, 25 gr. Viande, 300 gr.	Deux plats particuliers. Un dessert.	Le potage deux plats particuliers. Un dessert.	Les vendredis, samedis et autres jouir d'abstinence, elles recevront, en remplacement de la viande, une ration de sardines.
Agents de l'hôpital et infirmiers.	Pain blanc, 750gr. Vin rouge, 69 c. Café, 20 gr. Sucre, 25 gr. *Plus pour acidulage :* Tafia, 2 centil. 5. Sucre, 10 gr. Vinaigre, 2 cl.	Une ration entière de malade. Une ration entière d'aliments particuliers.	Comme le matin.	

(27 décembre 1872)

D. G. *L'hôpital de Vinh-Long est rétabli sur les mêmes bases que précédemment* (1).

B. C. p. 354.

(1) V. *infrà*, A. G. 29 décembre 1879.

(19 octobre 1874)

A. G. *Consigne particulière de l'hôpital.*

B. C. p. 363.

(17 septembre 1877)

D. G. *réduisant de 12.000 francs à 2.000 le maximum des fonds d'avances mis à la disposition de l'agent comptable des hôpitaux pour le paiement des dépenses urgentes de ce service.*

BAT. I, p. 579.
B. C. p. 267.

Le maximum des fonds d'avances à mettre mensuellement à la disposition de l'agent comptable des hôpitaux, pour l'acquittement de toutes les dépenses urgentes de ce service, sera réduit de la somme de douze mille francs à celle de deux mille francs.

DUPERRÉ.

(27 août 1878)

D. G. *Réglant le service des bains, à l'hôpital militaire de Saïgon, pour les personnes qui n'étant pas en traitement dans l'établissement sont autorisées à en prendre.*

BAT. I. p. 581.
B. C. p. 336.

Article premier. — Les officiers, fonctionnaires, employés et agents, rétribués sur les fonds de l'État ou de la colonie, ainsi que les particuliers, pourront être autorisés, sur leur demande et pour cause de santé, à prendre des bains à l'hôpital militaire de Saïgon.

Ces autorisations, au sujet desquelles il sera tenu compte du classement officiel pour les admissions dans l'établissement, seront délivrées par le commissaire aux hôpitaux, sur le vu d'un certificat émanant du médecin en chef ou visé par lui, constatant le nombre et la nature des bains reconnus nécessaires.

Art. 2. — Les bains simples, froids ou chauds, ainsi que les douches, seront accordés gratuitement aux officiers, fonctionnaires, employés et agents.

Ils donneront lieu, pour les particuliers, à l'acquittement d'une taxe fixée à *un franc vingt-cinq centimes* par bain, et payable d'avance entre les mains de l'agent comptable des hôpitaux, d'après le nombre des bains demandés.

Le montant de cette taxe sera versé chaque mois au trésor public et viendra en atténuation des dépenses du service hospitalier.

Art. 3. — Les bains composés : bains sulfureux, alcalins, gélatineux, etc., comporteront toujours le remboursement des substances pharmaceutiques employées.

Ce remboursement qui, pour les particuliers, est indépendant du paiement de la taxe prévue à l'article précédent aura lieu également d'avance, sur les indications fournies par la pharmacie, et s'effectuera selon le mode en usage dans le Département de la marine et des colonies pour les cessions de toute nature, avec augmentation de 25 p. 100 pour frais généraux.

Art. 4. — Afin qu'il n'en résulte aucune gêne pour le service de l'hôpital, les bains accordés dans les conditions de la présente décision ne pourront être pris qu'aux heures indiquées ci-après :

Le matin, de 9 heures à 10 heures et demie.

Le soir, de 4 à 5 heures et demie.

L'heure à laquelle l'intéressé pourra se présenter chaque jour sera d'ailleurs mentionnée sur l'autorisation qui lui sera délivrée.

Art. 5. — Dans le cas où il ne serait pas fait usage de la quantité de bains portée sur ladite autorisation, le remboursement des sommes versées en trop n'aura lieu qu'à partir du lendemain du jour où l'avis en aura été donné au commissaire des hôpitaux.

Art. 6. — Il sera tenu, au bureau du chef du détail, un enregistrement des autorisations de bains délivrées et des sommes encaissées à ce titre, de manière à contrôler les versements faits chaque mois au trésor par l'agent comptable.

J. Lafont.

(29 décembre 1879)

A. G. *Suppression de l'hôpital de Vinhlong remplacé par une ambulance. Réglementation.*

BAT. I. p. 591.

B. C. p. 519.

Article premier. — L'hôpital de Vinhlong est supprimé. Cet établissement sera remplacé par une ambulance destinée à recevoir : 1° les malades de la localité dont l'état n'exigerait pas l'hospitalisation complète, et 2° ceux, au contraire, dont la situation serait assez grave pour rendre impossible leur déplacement, ou qui, atteints d'affections épidémiques ou contagienses, devraient être traités sur les lieux.

Cette ambulance comptera douze lits. Le service médical y sera assuré par les soins d'un officier du corps de santé, à la désignation de M. le médecin en chef, et il y sera attaché un infirmier ordinaire de 1re classe et un journalier.

Art. 2. — Par suite de ces dispositions, les malades des postes obliques, relevant de la circonscription de Vinhlong, seront dirigés désormais, pour y être traités, sur les hôpitaux de Chaudoc et de Mytho.

Ces mouvements s'effectueront conformément aux indications ci-après, savoir :

	PAR BATEAUX A VAPEUR		OBSERVATIONS.
	REMONTANT le fleuve.	DESCENDANT le fleuve	
Pour Claudoc......	Travinh. (1) Sadec. » » »	» » Soctrang. Cantho. Longxuyen.	(1) Les malades de Travinh, pourront être déposés à l'ambulance de Vinhlong, pour être repris au retour sur Mytho, lorsque leur état ne permettra pas de les conduire jusqu'à Chaudoc.
Pour Mytho.......	» »	Sadec. Vinhlong.	

Art. 3. — Ainsi qu'il ressort du tableau ci-dessus, les malades voyageront par les bateaux des messageries de Cochinchine.

Toutefois, dans les cas graves ou lorsque, par suite d'une circonstance quelconque, il ne sera pas possible d'employer cette voie, ils seront expédiés par les chaloupes à vapeur des inspections, à la réquisition du service de santé.

Art. 4. — Les sœurs de Saint-Paul de Chartres, actuellement attachées à l'hôpital de Vinhlong, seront mises à la disposition de Mme la supérieure principale à Saïgon. Les agents qui y sont en service, à part ceux qui doivent être affectés à la nouvelle ambulance, rentreront au chef-lieu. Ils seront licenciés s'il n'est pas possible de leur trouver des emplois dans les autres établissements hospitaliers de la colonie.

Art. 5. — Une commission composée :

Du commandant militaire de Vinhlong,

Du médecin du poste,

Et du chargé du service administratif,

déterminera par un procès-verbal, qui sera soumis à l'approbation de l'autorité supérieure, les bâtiments à réserver à l'ambulance, ainsi que le matériel à y consacrer et les approvisionnements à y laisser.

Les locaux devenus disponibles seront remis sans délai au service du génie et le matériel et les approvisionnements, existant en excédent des besoins, sont immédiatement renvoyés à l'administration hospitalière de Saïgon.

LE MYRE DE VILERS.

(25 avril 1885)

A. M. *relatif à la composition des bibliothèques des hôpitaux militaires aux colonies.*

ARCH. GOUV.

(20 avril 1887)

A. G. *portant qu'à compter du 1er mai prochain, l'hôpital de Pnom-Penh sera un hôpital annexe de celui de Saïgon.*

B. C. p. 256.

Article premier. — A compter du 1er mai prochain, l'ambulance de Pnom-Penh sera un hôpital annexe de celui de Saïgon.

FILIPPINI.

NATURE DES DOCUMENTS	DATES	RECUEILS A CONSULTER							OBSERVATIONS
		Bat.	B. C.	B D.I	J.C.	J.H.	B. M.	B.Coj	
Décret.	19 mars 1853.						RVI. 537		
D. G.	26 août 1863.		379						
D. G.	28 décembre 1864.	1-560	166						
D. G.	10 novembre 1866.		182						
D. G.	5 mars 1867.		59						
D. G.	10 août 1867.	1-561	499						
D. G.	19 octobre 1868.	1-562	213						
A. G.	4 novembre 1868.		254						
Dép. M.	26 avril 1869.	1-562							
A. G.	24 juin 1870.		185						
D. G.	16 décembre 1870.		347						
A. G.	16 mai 1871.		160						
D. G.	9 janvier 1874.		24						
Décret.	29 juin 1876.				1090		4		
Règl. M.	1er juillet 1876.				1177		20		
D. G.	25 septembre 1876.	1-577	237						
D. G.	29 mars 1877.	1-578	86						
D. G.	14 septembre 1877.	1-579	266						
D. Ch. S. Ad.	30 septembre 1877.	1-579	276						
Dép. M.	29 janvier 1878.	1-571							

NATURE DES DOCUMENTS	DATES	RECUEILS A CONSULTER							OBSERVATIONS
		Bat.	B. C.	B.D.I	J. C.	J.H	B. M.	B Col	
A. G.	13 janvier 1879.	1-582	300						
Dép. M	8 décembre 1879.	1-589							
Dép. M.	11 mai 1880.								
D. G.	24 janvier 1881.		63						
A. G.	29 janvier 1881.		76						
D G.	4 mai 1883.		221						
D. G.	4 août 1883.		329						
Dép. M.	19 mars 1885.								
A. G.	3 janvier 1887.		14						
Circ. M.	14 septembre 1887.								
Dép. M.	27 janvier 1888.								
A. G. G.	17 septembre 1888.			806					
Rapport M.	13 février 1889.			501					
Décret.	14 février 1889.			502					

(19 mars 1853)

DÉCRET *portant création, pour le service des hôpitaux de la marine et pour celui des bâtiments de la flotte, d'un corps d'infirmiers permanents qui fera partie de l'armée de mer.*

B. M. R. VI, p. 537.

(26 août 1863)

D. G. *L'indemnité de cinquante centimes allouée par la décision du 1er octobre 1860 aux marins et soldats employés dans les ambulances de Saïgon sera étendue aux militaires détachés de leurs corps et exclusivement employés comme infirmiers dans les postes où il existe des ambulances.*

B. C. p. 379.

(28 décembre 1864)

D. G. (*extrait*) *Comptabilité des drogues et médicaments, vases et ustensiles existant au dépôt de pharmacie de l'hôpital. — L'officier chargé de ce service prendra la qualification de : « Comptable du dépôt de pharmacie. » — Supplément de fonctions, frais de bureau.*

BAT. I, p. 560.
B. C. p. 166.

(10 novembre 1866)

D. G. *Composition et fixation de la ration allouée aux sœurs de St-Paul de Chartres affectées au service des hôpitaux et ambulances de la marine en Cochinchine.*

B. C. p. 182.

(5 mars 1867)

D. G. *supprimant la ration en nature aux aides-infirmiers annamites et portant leur solde à 30 francs par mois. — Allocation supplémentaire pour un service de nuit.*

B. C. p. 59.

(10 août 1867)

D. G. *Création de l'emploi de prévot à l'hôpital de Saïgon* (1).

BAT. I, p. 561.
B. C. p. 499.

Il est créé à l'hôpital de Saïgon un emploi de prévôt qui sera confié à un médecin de 2e classe de la marine, du cadre colonial.

Le prévôt sera logé dans l'enceinte de l'hôpital et nourri par l'établissement.

Il se conformera, dans l'exercice de ses fonctions, aux dispositions réglementaires en vigueur sur la police intérieure de l'hôpital et concourra, dans la limite de ses attributions, à en assurer l'exécution.

DE LA GRANDIÈRE.

(1) V. A. G. 3 janvier 1887.

(19 octobre 1868)

D. G. *allouant à titre gratuit, la ration dite d'officier, aux pères de la mission chargés du service religieux auprès des malades dans les hôpitaux des provinces.*

BAT. I, p. 562.
B. C. p. 213.

Les pères de la mission qui, à défaut d'aumôniers de la marine dans les chefs-lieux de cercles, seront chargés du service religieux auprès des malades traités dans les hôpitaux militaires, recevront, à titre gratuit, la ration dite *d'officier* déterminée par l'arrêté du 3 décembre 1866.

G OHIER.

(4 novembre 1868)

A. G. *portant nouvelle fixation de la solde des infirmiers tagals. — Recrutement.*

B. C. p. 254.

(26 avril 1869)

DÉP. M. *au sujet de la solde attribuée aux sœurs de Saint-Paul de Chartres, attachées au service des hôpitaux de Cochinchine. — Indemnité de trousseau.*

BAT. I, p. 562.

En me transmettant, par lettre du 30 janvier dernier, l'état nominatif des sœurs de Saint-Paul de Chartres attachées au service des hôpitaux de Cochinchine, vous avez fait remarquer que la solde attribuée à ces dames par le budget de 1869 (800 francs pour les supérieures, 600 francs pour les sœurs) est un peu inférieure à celle qu'elles ont reçue jusqu'à ce jour. Vous avez prescrit, en attendant ma décision, de leur accorder la même solde que par le passé ; mais, afin de placer la Cochinchine sur le même pied que les autres colonies, vous proposez de ramener les traitements au taux indiqué par le budget de 1869, en prévoyant toutefois au budget une indemnité de frais de trousseau de 600 francs par sœur sur le pied du quart de l'effectif, soit pour sept sœurs par an.

Je donne mon approbation à cette proposition.

L'indemnité de trousseau est en effet accordée dans nos autres colonies, aux sœurs de Saint-Paul de Chartres qui sont attachées pour la première fois, en qualité de titulaires, au service hospitalier. La même mesure doit être appliquée en Cochinchine, et l'indemnité de trousseau sera prévue au prochain budget. Je vous autorise, en attendant, à la faire payer, lorsqu'il y aura lieu, sur les fonds du chapitre XXI, article 2, aux sœurs qui partent de France pour servir dans les hôpitaux, ainsi qu'aux surnuméraires résidant dans la colonie et qui seront appelées, par suite du départ des titulaires, à remplir des vacances dans le cadre hospitalier.

RIGAULT DE GENOUILLY.

(24 juin 1870)

A. G. *Suppléments journaliers alloués aux infirmiers prêtés au service à terre par la division navale.*

B. C. p. 185.

(16 décembre 1870)

D. G. *instituant une commission chargée d'examiner les titres à l'avancement et à des gratifications des infirmiers de l'hôpital militaire de Saïgon. (Arrêté ministériel du 23 mars 1853.)*

B. C. p. 347.

(16 mai 1871)

A. G. *portant que lorsque à défaut d'infirmier en chef à l'hôpital militaire, un infirmier major sera appelé à en remplir les fonctions, il recevra la totalité de la solde attribuée à l'emploi.*

B. C. p. 160.

(9 janvier 1874)

D. G. *fixant le cadre et la répartition des infirmiers attachés au service des établissements hospitaliers de la marine.*

B. C. p. 24.

(29 juin 1876)

DÉCRET *concernant les infirmiers maritimes et les divers agents des hôpitaux de la marine.*

B. M. (1876) 2e série, 4.

(1er juillet 1876)

RÈGLEMENT *ministériel concernant les infirmiers maritimes et les divers agents des hôpitaux de la marine.*

B. M. p. 20.

(25 septembre 1876).

D. G. *Composition du personnel inférieur affecté à l'hôpital de Mytho.*

BAT. I, p. 577.
B. C. p. 237.

Le personnel inférieur affecté à l'hôpital de Mytho se trouvera composé comme suit :

Cuisiniers	2
Marmiton	1
Garçon de pharmacie	1
Garçons de salles	4
Vidangeurs	2
Porteurs d'eau	2
Journaliers employés à la pompe	2
Journalier employé pour les bains	1
Journalier employé pour les magasins	1
Total	16

(29 mars 1877)

D. G. *attachant deux sœurs de Saint-Paul de Chartres au service de l'hôpital de Chaudoc* (1)

BAT. I, p. 578.
B. C. p. 86.

Deux sœurs de Saint-Paul de Chartres, mises à la disposition de l'Administration par Mme la supérieure principale de cet ordre, à Saïgon, seront attachées à l'hôpital de Chaudoc à partir 1er avril prochain.

(1) Supprimé, A. G. 28 décembre 1880. V. § hôpitaux et ambulances des provinces.

Il sera fait application à ces religieuses des règlements généraux sur le service des hôpitaux maritimes et des dispositions spéciales en vigueur dans la colonie.

Le chef du service administratif est chargé de l'exécution de la présente décision, qui sera enregistrée partout où besoin sera. DUPERRÉ.

(14 septembre 1877)

D. G. *allouant une indemnité mensuelle de 11 francs à chacune des sœurs attachées à l'hôpital de Saïgon, pour pourvoir au blanchissage de leur linge. — Indemnité mensuelle de 5 fr. 50 pour le blanchissage du linge de la chapelle de l'hôpital accordée à la supérieure.*

BAT. I. p. 579.
B. C. p. 266.

A compter du 1er octobre 1877, il sera accordé, à titre d'abondement, une indemnité mensuelle de 11 francs à chacune des sœurs attachées à l'hôpital de Saïgon pour pourvoir, par leurs propres soins, au blanchissage de leur linge.

Mme la supérieure recevra en outre, à compter de la même date, une indemnité mensuelle de 5 fr. 50 cent. pour le blanchissage du linge de la chapelle de l'hôpital. Ces indemnités seront abondées du 3 p. 100 à l'infini et imputées sur le chapitre XV, article 2 : *Hôpitaux*. DUPERRÉ.

(30 septembre 1877).

D. CH. S. AD. *fixation du cadre permanent du personnel ouvrier et journalier employé à l'hôpital de Saïgon. — Avancement, solde.*

BAT. I, p. 579.
B. C. p. 276.

Article premier. — Le cadre permanent du personnel ouvrier et journalier employé à l'hôpital de Saïgon est fixé de la manière suivante :

DÉSIGNATION.		NOMBRE D'EMPLOYÉS.	PRIX de la JOURNÉE		
Cuisiniers	1re classe	3	77f70	Par mois.	
	2e classe	1	66 60		
	3e classe	1	55 50		
Domestiques chinois		5	55 50		
Charpentiers	1re classe	1	2 75		
	2e classe	1	2 25		
	3e classe	1	1 50		
Palefrenier		1	2 00		
Ouvrières	1re classe	11	0 75	Y compris la domestique des sœurs.	
	2e classe	6	0 60		
	3e classe	1	0 50	Enfant de cœur.	
Journaliers	1re classe	3	2 25	1 pharmacie. 1 magasins. 1 ferblantier.	
	2e classe	4	2 00	1 pharmacie. 1 bains.	1 prévôt de l'hôpital. 1 conseil de santé.
	3e classe	12	1 75	3 aides de cuisine. 5 porteurs d'eau. 1 aide palefrenier.	1 magasins des sacs. 2 vidangeurs.
	4e classe	10	1 50	2 service des salles. 1 pharmacie. 1 agent comptable. 1 coupeur d'herbe.	1 ferblantier. 1 planton du détail. 1 officiers de santé de garde.
	5e classe	16	1 25	11 service des salles. 2 pharmacie.	3 cours et jardins.
	6e classe	6	1 00	1 service des salles. 1 lampiste.	1 commis aux entrées. 3 cours et jardins.
	Total	83			

Si des circonstances exceptionnelles rendaient, pour un certain temps, nécessaire l'augmentation de ce personnel, le commissaire aux hôpitaux aurait à provoquer une autorisation spéciale.

Toutefois, comme ce personnel a été calculé pour un effectif normal de 250 malades, sans une décision spéciale, et chaque fois que ce nombre de malades serait dépassé, le nombre des journaliers serait augmenté dans les proportions suivantes :

Pour une augmentation de 50 malades : 3 journaliers supplémentaires, dont 2 pour les salles et 1 pour la cuisine.

Pour une augmentation de 100 malades : 5 journaliers supplémentaires, dont 4 pour les salles et 1 pour la cuisine.

Pour une augmentation de 150 malades : 8 journaliers supplémentaires, dont 6 pour les salles et 2 pour la cuisine.

Art. 2. — La solde sera imputée sur le chapitre XV, article 2 : *Hôpitaux.*

Art. 3. — Aucun journalier, admis pour la première fois à l'hôpital, ne pourra recevoir une solde supérieure à celle de la 6e classe.

Tout avancement ou augmentation de solde sera soumis à l'approbation du chef du service administratif.

Art. 4. — Le personnel en excédent du cadre sera licencié à compter du 10 octobre prochain.

BOYER.

(29 janvier 1878)

DÉP. M. *Les dispositions du décret du 29 juin 1876 ne sont pas applicables aux infirmiers coloniaux.*

BAT. I, p. 571.

Par lettre du 15 décembre 1877, vous m'avez prié d'examiner s'il ne serait pas possible d'appliquer aux infirmiers coloniaux les dispositions du décret du 29 juin 1876 relatif aux infirmiers du cadre métropolitain.

Je reconnais comme vous le grand avantage qu'il y aurait, au point de vue de l'uniformité des règlements, à placer le personnel infirmier colonial sous la même législation que le personnel correspondant dans la métropole ; mais l'application d'une telle mesure est rendue impossible, de fait, par le mode de recrutement des infirmiers coloniaux.

Ces infirmiers, en effet, ne proviennent pas, comme ceux de la métropole, du recrutement de l'armée de mer. Nommés autant que possible sur place, dans les colonies, et à défaut de sujets envoyés de France, avec des avantages pécuniaires plus ou moins grands, suivant les ressources et les besoins des administrations coloniales, ils ne cessent pas d'appartenir à l'élément civil. Aussi, les engagements qu'ils souscrivent de servir trois ou cinq ans dans une colonie ne sont-ils que des engagements administratifs les astreignant, sous peine de perdre leur droit au passage, à résider trois ans ou cinq ans dans une colonie, mais laissant toute latitude à l'Administration coloniale de les renvoyer si leurs services ne sont pas satisfaisants.

N'étant, par suite, liés d'aucune façon au service militaire, on ne saurait leur rendre applicable, tant au point de vue de la discipline qu'au point de vue de la solde, la législation du décret du 29 juin 1876.

Les moyens de répression à l'égard de ce personnel étant ceux dont vous êtes armé à l'égard des agents de l'élément civil, vous pourrez améliorer la situation des sujets méritants par des gratifications d'une part et par une augmentation de traitement correspondant aux divers grades, depuis l'emploi d'infirmier ordinaire de 2e classe jusqu'au grade d'infirmier chef.

MICHAUX.

(13 janvier 1879)

A. G. *Organisation et réglementation d'un personnel d'infirmiers pour le service des hôpitaux militaires de la Cochinchine* (1).

BAT. I, p. 582.
B. C. p. 300.
(App. Dép. M. 8 décembre 1879).

(1) V. *infrà*, Décret 14 février 1889.

Article premier. — Il est affecté au service des hôpitaux militaires de la colonie un personnel d'infirmiers qui prend le titre de : *infirmiers de la Cochinchine.*

Dans le cas d'insuffisance du cadre de ce personnel, il peut être employé des infirmiers auxiliaires.

Art. 2. — Les infirmiers titulaires contractent, soit en France, soit dans la colonie, l'engagement administratif de servir pendant trois années en Cochinchine.

Ils peuvent, pendant la dernière année de leur service, contracter des rengagements de deux ans.

Les engagements et les rengagements sont reçus dans la colonie par le commissaire aux hôpitaux ou, en vertu de la délégation spéciale, par les officiers du commissariat chargés du service administratif dans les postes.

Les actes constatant les engagements et les rengagements sont dressés d'après des formules qui sont arrêtées, sur la proposition du commissaire aux hôpitaux, par le chef du service administratif.

Hiérarchie, solde et accessoires de solde. — Art. 3. — La hiérarchie, la solde et les accessoires de solde des infirmiers affectés au service des hôpitaux militaires de la Cochinchine, sont réglés de la manière suivante :

		SOLDE	
		D'EUROPE.	COLONIALE.
Infirmiers chefs....	de 1re classe........	1,300f 00	2,600f 00
	de 2e classe........	1,100 00	2,000 00
Infirmiers majors...	de 1re classe........	800 00	1,600 00
	de 2e classe........	700 00	1,400 00
Infirmiers ordinaires	de 1re classe........	500 00	1,000 00
	de 2e classe........	400 00	800 00

Ils reçoivent en outre, pour première mise et pour renouvellement et entretien de leurs effets, les indemnités suivantes :

		PREMIÈRE MISE, une fois payée.	RENOUVELLEMENT ET ENTRETIEN après la 1re année d'admission dans le corps, par jour.	OBSERVATIONS.
Infirmiers chefs........		150f 00	0f 40	L'infirmier major et l'infirmier ordinaire de 1re classe n'ont droit à aucune première mise.
Infirmiers majors....	de 1re classe........	»	0 25	
	de 2e classe........	100 00	0 25	
Infirmiers ordinaires.	de 1re classe........	»	0 20	
	de 2e classe........	100 00	0 20	

Ces indemnités ne sont pas dues aux infirmiers ordinaires de race annamite ou asiatique, pour lesquels l'uniforme n'est pas obligatoire.

L'indemnité pour renouvellement d'entretien d'habillement n'est payée que pour les jours de présence dans la colonie.

Art. 4. — Les infirmiers liés au service des hôpitaux militaires de la Cochinchine, en vertu d'un engagement ou d'un rengagement administratif, ont droit à l'indemnité journalière d'ancienneté déterminée par le tableau ci-après :

	INDEMNITÉ sur le pied	
	D'EUROPE	COLONIAL
Après 3 ans de services dans le personnel des infirmiers.........	0f 20	0 40
Après 5 ans de services dans le personnel des infirmiers.........	0 30	0 60
Après 8 ans de services dans le personnel des infirmiers.........	0 45	0 90
Après 12 ans de services dans le personnel des infirmiers.........	0 60	1 20
Après 15 ans de services dans le personnel des infirmiers.........	0 75	1 50

L'indemnité, pour ancienneté de services, est réduite de moitié pour les infirmiers indigènes ou de race asiatique.

Décomptée pour chacun des jours dont se compose le mois, elle est allouée dans toutes les positions qui donnent droit à une solde quelconque et dans les mêmes conditions.

Art. 5. — Les infirmiers annamites ou asiatiques, autorisés à ne pas loger et à ne pas prendre leur nourriture à l'hôpital, ont droit, pendant leur présence dans la colonie, à une indemnité représentative fixée à 25 francs par mois.

Art. 6. — Les infirmiers malades, traités dans les hôpitaux militaires de la colonie, ne subissent, sur leur solde et sur leur indemnité, aucune retenue pour frais de traitement ; mais ils ne reçoivent pas dans ce cas l'allocation représentative prévue à l'article précédent.

Art. 7. — Les infirmiers, lorsqu'ils sont déplacés pour le service, reçoivent, suivant leur assimilation, les indemnités de route et de séjour allouées par les règlements.

Art. 8. — Les infirmiers comptant au moins une année de service dans les hôpitaux de la colonie, qui se feront remarquer par leur bonne conduite, leur zèle et leur aptitude, peuvent obtenir, en fin d'année, des gratifications qui sont accordées par le Gouverneur, sur la proposition du chef du service administratif, et d'après le travail présenté par la commission d'avancement indiquée à l'article 16.

Art. 9. — Les indemnités et gratifications prévues par les articles 3, 4, 5, 7 et 8 ci-dessus, sont, comme la solde, passibles de la retenue de 3 p. 100 au profit de la caisse des invalides de la marine.

Art. 10. — Les dispositions du décret du 1er juin 1875, portant règlement sur la solde et les accessoires de solde des officiers, aspirants, fonctionnaires et divers agents du Département de la marine et des colonies, sont applicables aux infirmiers affectés au service des hôpitaux militaires de la Cochinchine, en tout ce qu'elles n'ont pas de contraire au présent arrêté.

Cadre et répartition. — Art. 11. — Le cadre des infirmiers affectés au service des hôpitaux militaires de la Cochinchine est fixé ainsi qu'il suit :

Infirmiers chefs, dont 1 de 1re classe	....	3
Infirmiers majors....	de 1re classe........................	5
	de 2e classe........................	10
Infirmiers ordinaires.	de 1re classe........................	21
	de 2e classe........................	21
	Total........................	60

Ces infirmiers sont répartis de la manière suivante :

Saïgon	43
Vinhlong	4
Mytho	5
Baria	4
Chaudoc	3
Poulo-Condore	1
Total égal	60

La répartition de ce personnel, dans chaque hôpital, est faite, à Saïgon, par le commissaire aux hôpitaux, de concert avec le chef du service de santé, et, dans les postes, par l'officier du commissariat chargé du service administratif, de concert avec le médecin chargé du service de santé ; cette répartition est soumise, par le chef du service administratif, à l'approbation du Gouverneur.

Il peut être employé des infirmiers auxiliaires chaque fois que le nombre d'infirmiers affecté à chaque établissement est inférieur à la proportion d'un infirmier pour douze malades ordinaires. Les infirmiers chefs et les infirmiers employés aux bains et à la pharmacie ne comptent pas dans ce calcul.

Les infirmiers auxiliaires sont traités, pour la solde, le service et la discipline, comme les infirmiers ordinaires de 2e classe ; mais ils n'ont droit ni aux indemnités d'habillement ni à celles pour ancienneté de services.

Art. 12. — Deux fois par semaine, aux heures fixées par le chef du service de santé, de concert avec le commissaire aux hôpitaux, un cours pratique sera fait aux infirmiers de toutes classes par le prévôt de l'hôpital.

Ce médecin recevra, à cet effet, un supplément de 600 francs par an.

Assimilation. — Art. 13. — Les infirmiers affectés au service des hôpitaux militaires de la Cochinchine sont assimilés aux corps des infirmiers permanents, comme ci-après :

Infirmiers chefs de 1re et de 2e classe		Maîtres infirmiers.
Infirmiers majors	de 1re classe	Seconds maîtres infirmiers.
	de 2e classe	Quartiers maîtres infirmiers.
Infirmiers ordinaires	de 1re classe	Matelots de 1re classe.
	de 2e classe	Matelots de 2e classe.

Les infirmiers auxiliaires sont assimilés aux infirmiers ordinaires de 2e classe, avec lesquels ils servent concurremment, et ils sont licenciés dès que leurs services ne sont plus nécessaires.

Recrutement.—Art. 14.—Les infirmiers ordinaires de 2e classe sont choisis parmi les militaires ou les marins congédiés et autorisés à séjourner dans la colonie, ou, à défaut, parmi les Annamites ou les Asiatiques.

Les candidats pour l'emploi d'infirmier ordinaire de 2e classe doivent, autant que possible, savoir lire et écrire ;

Être porteurs d'un certificat de bonne vie et mœurs ;

Être vaccinés ou avoir eu la petite vérole ;

N'être atteints d'aucune infirmité les rendant impropres au service, ce qui est constaté, à Saïgon, par le prévôt de l'hôpital, et dans les postes, par le médecin chargé du service de santé.

Ils ne sont admis à contracter un engagement administratif qu'après un stage de trois mois comme infirmiers auxiliaires, et sur la production, à l'expiration de ce stage, d'un certificat délivré par le prévôt ou le médecin chargé du service de santé, constatant leur aptitude professionnelle.

Les infirmiers ordinaires de 1re classe sont choisis parmi les infirmiers ordinaires de 2e classe, réunissant au moins une année de services en cette qualité.

Les militaires ou marins mis en congé renouvelable ou libérés du service peuvent, sur l'avis favorable du chef du service de santé, être nommés infirmiers de 1re classe après six mois de services.

Les infirmiers majors de 2e classe sont choisis parmi les infirmiers ordinaires de 1re classe, réunissant au moins deux années de services en cette qualité. Ils doivent savoir lire et écrire couramment sous la dictée.

Les infirmiers majors de 1re classe sont choisis parmi les infirmiers majors de 2e classe, réunissant au moins deux années de services en cette qualité.

Les infirmiers chefs sont choisis parmi les infirmiers majors de 1re classe, réunissant trois années de services en cette qualité. Pour passer à la 1re classe de leur emploi, ils doivent justifier de deux ans de services dans la classe inférieure.

Art. 15. — Ces dispositions ne sont pas applicables pour l'admission des infirmiers envoyés de France et nommés par le Ministre, mais les mêmes conditions pour le passage à une classe ou à un grade supérieur leur sont imposées.

Avancement. — Art. 16. — Au 1er janvier et au 1er juillet de chaque année, il est procédé à un travail d'avancement, d'après le cadre fixé à l'article 11.

Les nominations ont lieu sur un état dressé par une commission composée du chef d'état-major, du commissaire aux hôpitaux et d'un médecin chef de salle, désigné par le chef du service de santé. Elles sont faites par le chef du service administratif, à l'exception des infirmiers chefs qui sont commissionnés par le Gouverneur.

En cas d'absence ou d'empêchement du chef d'état-major, la commission d'avancement est présidée par un officier supérieur à la désignation du Gouverneur.

La commission fait porter son choix sur tous les infirmiers de la colonie. Elle examine les notes données :

1° Par le commissaire aux hôpitaux et les officiers d'administration dans les postes ;

2° Par le chef du service pharmaceutique et les chefs de salles, en ce qui touche spécialement la capacité et les aptitudes des infirmiers.

Ces notes sont inscrites successivement sur le calepin *ad hoc* ouvert à chaque infirmier et qui doit être remis à la commission.

Art. 17. — Tout infirmier sachant lire et écrire est tenu d'avoir le manuel du matelot infirmier.

Subordination.— Art. 18.— A Saïgon, les infirmiers sont placés sous les ordres du commissaire aux hôpitaux, et dans les postes, sous les ordres de l'officier du commissariat chargé du service administratif.

Dans l'exercice de leurs fonctions, ils sont également placés sous les ordres des officiers du corps de santé de la marine, en tout ce qui touche au service médical et pharmaceutique.

Ils obéissent aux sœurs hospitalières affectées aux salles et détails auxquels ils sont attachés. Les infirmiers sont subordonnés entre eux, à raison de leur grade, sous le rapport de la discipline et de leurs fonctions dans l'intérieur des hôpitaux.

Habillement. — Art. 19. — L'uniforme des infirmiers, autres que les Annamites et Asiatiques, liés au service de la Cochinchine par un engagement administratif, est le même que celui déterminé par l'article 30 du règlement ministériel du 1er juillet 1876 pour le corps des infirmiers permanents. Toutefois, ils ne peuvent porter cet uniforme que dans la colonie.

Art. 20. — Les infirmiers affectés aux services des hôpitaux militaires de la Cochinchine ne reçoivent pas leurs effets des magasins de l'État ; ils les achètent directement.

Art. 21. — Les infirmiers majors et les infirmiers ordinaires reçoivent des magasins de l'hôpital des tabliers en toile. Il leur est expressément défendu de se servir d'effets d'hôpital à l'usage des malades.

Nourriture et casernement. — Art. 22. — Les infirmiers européens ou d'origine européenne sont seuls nourris et logés à l'hôpital, à moins d'autorisation spéciale du chef du service administratif.

Art. 23. — La ration allouée aux infirmiers logés à l'hôpital est celle fixée par le tableau n° 3 du règlement sur le régime alimentaire des hôpitaux de la colonie du 9 juillet 1871.

Leurs aliments sont préparés à la cuisine de l'hôpital.

Art. 24. — Les infirmiers logés en ville sont autorisés, lorsqu'ils sont de garde ou consignés à l'hôpital, à se faire apporter leurs vivres du dehors. Le commissaire aux hôpitaux réglera les dispositions d'ordre à prendre pour que ces vivres soient déposés chez le concierge et transportés ensuite au réfectoire des infirmiers aux heures prescrites.

Art. 25.— Les infirmiers nourris par l'hôpital et ceux autorisés à y faire apporter leurs repas, ne peuvent, sous aucun prétexte, sortir ou faire sortir les vivres qu'ils reçoivent soit de l'hôpital, soit du dehors, ni en disposer autrement que pour leur nourriture.

Art. 26. — Les infirmiers chefs sont logés séparément.

Leur mobilier se compose :

D'un lit garni d'un sommier ou d'une paillasse ;
D'un matelas ;
D'un traversin ;
D'une couverture en coton ;
D'une paire de draps ;
D'une table de nuit ;
De rideaux de lit et de fenêtres en calicot couleur ;
De deux chaises foncées en paille ;
D'une table ;
D'une armoire ;
D'un chandelier en cuivre.

Les infirmiers chefs sont responsables du mobilier qui leur est confié et qui leur est remis sur inventaire.

Art. 27. — Les infirmiers majors de 1re et de 2e classe sont, autant que possible, logés dans une même salle.

Ils ont chacun :

Un lit garni d'un sommier ou d'une paillasse, d'un matelas, d'un traversin, d'une couverture en coton et d'une paire de draps.

Art. 28. — Chaque infirmier ordinaire de 1re et de 2e classe reçoit :

Un lit garni d'un sommier ou d'une paillasse, d'un matelas, d'un traversin, d'une couverture en coton et d'une paire de draps.

Art. 29. — Les draps de lit des infirmiers sont changés tous les quinze jours.

Art. 30. — Les infirmiers majors et les infirmiers ordinaires logés à l'hôpital doivent se pourvoir, pour contenir leurs effets, d'un coffre en bois, qui devra être conforme au modèle qui sera adopté.

Art. 31.— Les infirmiers sont responsables des dégâts commis dans les logements qu'ils occupent.

Les dégâts sont réparés aux frais de ceux qui les ont commis et, dans le cas où l'on n'en connaîtrait pas les auteurs, aux frais de tous les infirmiers logés dans la chambre.

Art. 32. — Les infirmiers auxiliaires reçoivent les mêmes effets de couchage que les infirmiers ordinaires de 2e classe.

Art. 33. — Les logements des infirmiers sont éclairés aux frais de l'hôpital.

Fonctions et services. — Art. 34. — Les infirmiers ordinaires, affectés au service des salles, donnent aux malades les soins que leur prescrivent les médecins, sous la surveillance des sœurs hospitalières ; ils font les lits des malades, entretiennent la propreté dans les salles, opèrent le transport des aliments et des médicaments destinés aux malades et assistent les sœurs dans la distribution des aliments.

Les infirmiers de la pharmacie et de la tisanerie préparent, sous la direction du pharmacien chargé de ce service, les médicaments et les tisanes dont la composition n'est pas réservée aux pharmaciens.

Les infirmiers préposés aux bains les préparent suivant les indications des médecins ; ils les administrent aux malades, soit dans les salles spécialement affectées à ce service, soit dans les salles ordinaires, lorsque le malade ne peut pas sortir.

Ils administrent également les douches à ceux à qui il en est prescrit, d'après les indications des médecins.

Les infirmiers préposés au service de l'amphithéâtre ou attachés au service d'un chirurgien, exécutent tous les travaux qui leur sont ordonnés par les officiers de santé qui en sont chargés.

Les infirmiers spécialement proposés à la propreté, l'entretiennent avec soin dans les corridors, escaliers et dans toutes les dépendances de l'hôpital.

Ils sont en outre employés aux travaux de toute espèce qui leur sont donnés par qui de droit.

Art. 35. — Les infirmiers majors de 1re et de 2e classe sont chargés de la surveillance des infirmiers ordinaires et des infirmiers auxiliaires placés sous leurs ordres, dans les différents détails ; ils coopèrent personnellement avec eux, tant à la bonne tenue des salles qu'à l'exécution de toutes les parties du service.

Art. 36. — Les infirmiers chefs se conforment, en ce qui concerne la nature de leurs fonctions et de leur service, à la consigne, en date du 26 décembre 1877, particulière à chacun d'eux.

Les infirmiers-majors et les infirmiers ordinaires doivent aussi se conformer exactement à toutes les consignes arrêtées pour le service de l'hôpital auquel ils sont affectés.

Art. 37. — Il est placé, dans tous les lieux où des infirmiers sont employés, un tableau sur lequel sont inscrits les noms des infirmiers de service.

Licenciement et révocation. — Art. 38. — Les infirmiers peuvent, quel que soit leur grade, être licenciés par suppression d'emploi ou révoqués pour des fautes graves qui ne pourraient pas être suffisamment réprimées par une des peines disciplinaires édictées par l'article 39 du présent arrêté.

Le licenciement et la révocation sont prononcés par le Gouverneur, sur la proposition du chef du service administratif.

Police et discipline.— Art. 39.— Les peines disciplinaires à infliger aux infirmiers de tous grades, employés dans les hôpitaux militaires de la colonie, sont :

1° Le service hors tour ;

2° La consigne pendant un mois au plus ;

3° La suppression ou réduction de solde pendant un mois au plus ;

4° La prison pendant quinze jours au plus.

Cette peine entraîne la privation de solde pendant sa durée.

Art. 40. — Le commissaire aux hôpitaux et les chargés du service administratif dans les postes pourront infliger le service hors tour et la consigne pendant huit jours. En cas de récidive ou de faute grave, ils infligeront la prison ; mais la durée de la peine sera fixée par le chef du service administratif.

Art. 41. — Les médecins chefs de salle, le chef du service pharmaceutique et le prévôt, à Saïgon, auront le même droit, sous la même réserve, quant à la peine de la prison, mais ils ne pourront punir que les infirmiers placés dans leurs services respectifs et seulement pour les infractions relatives au service médical ou pharmaceutique.

Ils seront tenus, en outre, d'en rendre compte immédiatement au chef du service de santé, qui donnera avis de la punition au commissaire aux hôpitaux.

Art. 42.— Le chef du service de santé peut, en ce qui touche les manquements au service médical ou pharmaceutique, et à la charge d'en aviser le même fonctionnaire, punir tous les infirmiers employés dans cet établissement, sans que la punition puisse excéder quinze jours de prison.

Art. 43. — Toutes les autres punitions sont infligées par le chef du service administratif.

Art. 44. — Conformément aux dispositions du décret du 21 juin 1858, le Gouverneur peut infliger la prison pendant deux mois au plus, sur la demande du chef du service administratif.

Art. 45. — Toutes les punitions, à l'exception du service hors tour et de la consigne pour moins de quatre jours, sont inscrites sur le calepin de l'infirmier.

La punition de la prison est subie dans l'établissement ; les infirmiers détenus sont nourris au compte des hôpitaux, et ne reçoivent pas, dès lors, l'indemnité spéciale prévue à l'article 5.

Dispositions générales. — Art. 46.— Les infirmiers affectés au service des hôpitaux militaires de la Cochinchine ne peuvent contracter mariage qu'avec l'autorisation du Gouverneur.

Art. 47. — Un infirmier major est, sur la présentation du commissaire aux hôpitaux, commissionné par le chef du service administratif, pour remplir les fonctions de vaguemestre. Il reçoit à cet effet un supplément de 50 centimes par jour.

Il lui est remis un livret dit *de vaguemestre*.

Art. 48. — Les infirmiers qui tombent malades dans les quarante jours qui suivent l'expiration de leur engagement ou de leur rengagement administratif, sont admis dans les hôpitaux militaires de la colonie, et leurs frais de traitement restent à la charge du budget du service colonial.

Art 49. — Les infirmiers auxiliaires, blessés dans un service commandé ou ayant contracté dans l'hôpital une maladie contagieuse ou épidémique, sont hospitalisés et continuent à recevoir, pendant toute la durée de leur traitement, l'intégralité de leur solde.

Art. 50. — Les dépenses relatives aux infirmiers sont à la charge du service des hôpitaux militaires de la colonie.

Dispositions transitoires. — Art. 51. — Les infirmiers engagés en France ou rengagés dans la colonie pour le service des hôpitaux militaires de la Cochinchine, auront à souscrire un nouvel engagement dans les conditions du présent arrêté, et dont l'effet remontera à la date de l'acte précédent.

Ceux qui reçoivent en ce moment une solde supérieure aux fixations des articles 3 et 4, en tenant compte des indemnités nouvelles pour habillement et pour ancienneté, continueront à toucher leur traitement actuel sans pouvoir cumuler les augmentations résultant du présent arrêté.

Les infirmiers qui préféreront maintenir leur engagement précédent, n'auront droit également qu'à la solde qui leur est actuellement payée, et pourront être remplacés à son expiration.

Art. 52. — Tous les infirmiers annamites ou de race asiatique, actuellement en service, qui ne contracteront pas l'engagement administratif prévu par l'article 2 ci-dessus, conserveront leur position actuelle ; mais ils seront considérés comme auxiliaires et pourront être remplacés.

Art. 53. — Sont et demeurent rapportées toutes les dispositions antérieures, en ce qu'elles ont de contraire au présent arrêté.

Art. 54. — Le présent arrêté, exécutoire provisoirement, sera soumis à l'approbation du Ministre de la marine et des colonies.

J. LAFONT.

(8 décembre 1879)

DÉP. M. *approuvant l'arrêté d'organisation du personnel infirmier en Cochinchine.*

BAT. I, p. 589.

Vous m'avez soumis un projet d'arrêté pris en Conseil privé et portant organisation du personnel des infirmiers en Cochinchine.

Cet acte, dont j'approuve les dispositions, tant au point de vue du recrutement de ce personnel que des avantages qui lui sont réservés, m'a paru pouvoir être mis en vigueur, mais sous la réserve expresse que l'Administration coloniale se renfermera dans les limites du crédit inscrit au budget au titre des dépenses d'hôpitaux, sous la rubrique : *Salaires des infirmiers et des journaliers.*

JAURÉGUIBERRY.

(11 mai 1880)

DÉP. M. *rappelant aux prescriptions du règlement du 28 juillet 1871 relativement à une ration supplémentaire délivrée chaque matin au personnel valide employé à l'hôpital.*

ARCH. GOUV.

Par lettre du 19 mars dernier, nº 263, vous m'avez fait connaître qu'entre autres réformes économiques récemment introduites dans la question du service des hôpitaux de la Cochinchine, vous aviez cru devoir faire supprimer, pour le personnel valide employé dans ces établissements, la ration de café au lait ou de chocolat formant le déjeuner préparatoire du matin.

Cette mesure a provoqué, de la part de M. le Chef du service de santé une protestation basée sur la nécessité de donner au personnel de la Cochinchine une nourriture fortifiante susceptible de combattre les effets débilitants du climat.

Dans cette situation vous avez jugé convenable de prendre mon avis sur la possibilité de donner satisfaction au vœu de M. le docteur Lucas.

Je n'hésite pas à vous déclarer qu'autant il me paraît essentiel de chercher à améliorer le régime alimentaire des malades, autant je considère comme abusif d'accorder au personnel valide des hôpitaux, une ration supplémentaire qui n'est autorisée par aucun règlement ; si faible que soit l'économie à réaliser, je vous invite à appliquer rigoureusement les prescriptions du règlement du 28 juillet 1871.

JAURÉGUIBERRY

(24 janvier 1881)

D. G. *affectant une quatrième sœur à l'hôpital militaire de Mytho.*

B. C. p. 63.

(29 janvier 1881)

A. G. *accordant une indemnité de logement aux infirmiers européens ou d'origine européenn mariés et non logés dans les bâtiments de l'État.*

B. C. p. 76.

Les infirmiers européens ou d'origine européenne, mariés, qui ne seront pas logés à l'hôpital de Saïgon, recevront l'indemnité de logement de 25 francs par mois prévue à l'arrêté local du 30 avril 1875.

La dépense en résultant sera imputable au titre du chapitre XX : *Hôpitaux et vivres,* 1re partie, article 2, paragraphe : *Frais divers.*

Le présent arrêté aura son effet à compter du jour où ces agents auraient cessé d'être logés dans l'établissement.

LE MYRE DE VILERS.

(4 mai 1883)

D. G. *réduisant à 400 francs et à 300 francs les indemnités de frais de bureau à payer au commissaire et à l'agent comptable des hôpitaux* (1).

B. C. p. 221.

Article premier. — A compter du 1er mai 1883, l'indemnité à allouer au commissaire des hôpitaux est fixée à 400 francs par an et celle à allouer à l'agent comptable des hôpitaux est fixée à 300 francs par an.

CHARLES THOMSON.

(4 août 1883)

D. G. *rapportant celle du 4 mai dernier et rétablissant les frais de bureau alloués au commissaire et à l'agent comptable des hôpitaux.*

B. C. p. 329.

La décision du 4 mai 1883 est rapportée.

Les allocations budgétaires allouées, à titre de frais de bureau, au commissaire et à l'agent comptable des hôpitaux, leur seront payées intégralement et il sera émis en leur nom un mandat de rappel comprenant la différence entre les sommes inscrites au budget et celles qui leur ont été payées en vertu de la décision précitée.

CHARLES THOMSON.

(19 mars 1885)

DÉP. M. *Rejet d'une demande formée par les infirmiers coloniaux à l'effet d'obtenir le droit à une pension de retraite après quinze ans de services effectifs. Ils restent sous le régime de la loi du 7 mai 1879.*

ARCH. GOUV.

(1) V. D. G. 4 août 1883.

(3 janvier 1887)

A. G. *portant que les fonctions de prévôt de l'hôpital ne peuvent être exercées que par un médecin de 2e classe entretenu.*

B. C. p. 14.
J. C. 6 janvier 1887.

Article premier. — Les fonctions de prévôt de l'hôpital ne peuvent être exercées que par un médecin de 2e classe entretenu.

Art. 2. — La durée de la prévôté sera désormais de six mois.

Art. 3. — La prévôté devenue vacante sera donnée au médecin de 2e classe entretenu, le plus ancien, présent à Saïgon, qui aura déjà fait un tour de poste dans la colonie ou, à son défaut, un médecin de 2e classe entretenu, le plus ancien, présent au port.

Art. 4. — Si au moment de la vacance de la prévôté, il n'y a à Saïgon aucun médecin de 2e classe entretenu, on rappellera de son poste le médecin le plus ancien remplissant les conditions prévues aux articles précédents.

Art. 5. — Le prévôt sortant prendra la queue de liste pour les remplacements dans les postes.

FILIPPINI.

(14 septembre 1887)

CIRC. M. *Rétablissement de l indemnité de responsabilité précédemment accordée aux pharmaciens et agents comptables des hôpitaux des colonies.*

ARCH. GOUV.

L'attention du Département a été appelée par diverses administrations coloniales sur la nécessité de rétablir l'indemnité de responsabilité qui était accordée autrefois aux pharmaciens et aux agents comptables des hôpitaux et qui avait été supprimée, par mesure d'économie, à partir de 1887.

Le conseil supérieur de santé, auquel ces réclamations ont été soumises, ayant émis l'avis qu'il y avait lieu de les accueillir favorablement, j'ai l'honneur de vous informer qu'à la date du 10 septembre courant, j'ai décidé que l'indemnité dont il s'agit continuera à être payée, à compter du 1er janvier dernier.

Je vous prie de vouloir bien donner des ordres pour que les fonctionnaires intéressés soient rappelés de la différence à laquelle ils ont droit, à ce titre.

La dépense est imputable sur l'ensemble des crédits du chapitre IX, Hôpitaux, exercice courant.

(27 janvier 1888)

DÉP. M. *Organisation du service médical et pharmaceutique des hôpitaux de l'Indo-Chine (Instructions).*

ARCH. GOUV.

Afin d'assurer les mesures d'exécution qu'entraîne la création de l'Union indo-chinoise, et en raison de la nécessité de remplacer successivement le personnel dépendant du Ministre de la guerre, le Département s'est préoccupé de pourvoir à l'organisation du service des hôpitaux de l'Annam et du Tonkin, dans des conditions analogues à celles qui sont en vigueur dans nos colonies.

Après avis du Conseil supérieur de santé, cette organisation a été réglée par une décision ministérielle du 10 janvier courant de la façon suivante :

1° Les exercices médicaux de la Cochinchine, du Cambodge, du Tonkin et de l'Annam sont réunis sous l'autorité d'un Directeur dont la résidence sera à Saïgon et qui prendra le titre de Directeur du service de la santé de l'Indo-Chine. Un pharmacien en chef sera chargé de centraliser, sous les ordres du Directeur, le service pharmaceutique de l'Union ;

2° Le personnel médical de la Cochinchine et du Cambodge, qui comprend actuellement :

1 médecin en chef.
1 médecin principal.
10 médecins de 1re classe.
18 médecins de 2e classe.
1 pharmacien principal.
1 pharmacien de 1re classe.
5 pharmaciens de 2e classe.

en tout 37 officiers,

sera augmenté pour l'Annam et le Tonkin de :

1 médecin en chef.
4 médecins principaux.
17 médecins de 1re classe.
13 médecins de 2e classe.
1 pharmacien principal.
4 — de 1re classe.
5 — de 2e classe.

en tout 45 officiers.

Comme il eût été impossible de mettre immédiatement à votre disposition un personnel aussi important, il a paru utile de fractionner les hôpitaux de l'Annam et du Tonkin en neuf groupes, dont la répartition est indiquée ci-après et dont le corps de santé de la marine prendra successivement possession.

L'organisation a été calculée en prenant pour point de départ la situation telle qu'elle existe actuellement, c'est-à-dire en conservant les hôpitaux et ambulances créés par la guerre, quitte à modifier l'état de choses lorsque l'expérience aura permis de constater les améliorations qu'il est possible d'y rapporter.

Les 45 officiers ci-dessus indiqués seront partagés entre les différents établissement de la façon suivante :

Premier groupe. — Hôpital d'Haïphong.

1 médecin principal, médecin en chef de l'hôpital.
2 — de 1re classe.
1 — de 2e classe.
1 pharmacien de 2e classe.
5

Deuxième groupe. — Hôpital de Quân-Yên.

1 médecin principal, médecin en chef de l'hôpital.
2 médecins de 1re classe.
2 — de 2e classe.
1 pharmacien de 1re classe.
6

Troisième groupe. — Hôpital de Bacninh.

1 médecin principal, médecin en chef de l'hôpital.
2 médecins de 1re classe.
2 — de 2e classe.
1 pharmacien de 1re classe.
6

Quatrième groupe. — Hôpital de Son-Tay.

1 médecin de 1re classe, chef de l'hôpital.
1 — de 2e classe.
1 pharmacien de 2e classe.
3

Cinquième groupe. — Hôpital de Nam-Ding.

1 médecin de 1re classe, chef de l'hôpital.
1 — de 2e classe.
1 pharmacien de 2e classe.
3

Sixième groupe. — Hôpital de Hong-Hoa.

1 médecin de 1re classe, chef de l'hôpital.
1 pharmacien de 2e classe.
2

Septième groupe. — Hôpital de Thuan-An.

1 médecin principal, médecin en chef de l'hôpital.
2 médecins de 1re classe.
1 médecin de 2e classe.
1 pharmacien de 1re classe.
5

Huitième groupe. — Ambulance de Hué.

1 médecin de 1re classe, chef de l'ambulance.
1 — de 2e classe
2

Neuvième groupe. — Hôpital de Hanoï.

1 médecin en chef, chef du service de santé en Annam et au Tonkin.
5 médecins de 1re classe.
4 — de 2e classe.
1 pharmacien principal, chef du service pharmaceutique.
1 — de 1re classe.
1 — de 2e classe.
13

Après entente avec le Département de la guerre, il a été décidé que la marine prendrait la direction du service de santé de l'Annam et du Tonkin dès qu'elle aurait pourvu au remplacement de la moitié de l'effectif actuel des médecins et pharmaciens militaires. A ce moment, le Directeur et le pharmacien en chef seront expédiés à Saïgon où ils remplaceront le médecin en chef et le pharmacien principal actuellement en Cochinchine.

A ce moment, le service devra fonctionner comme dans nos autre colonies et dans les conditions tracées par les instructions générales adressées le 2 décembre 1887 à M. le Commissaire général, chef des services administratifs de l'Indo-Chine. L'administration des hôpitaux sera confiée à l'officier du commissariat chargé de ce détail dans chaque localité où existera un établissement de cette nature ; toutefois, il demeure entendu que le médecin pourra intervenir dans la police intérieure de l'hôpital et qu'il aura la faculté de punir le personnel placé sous ses ordres, à la seule condition d'informer le commissaire aux hôpitaux, des punitions qu'il aura infligées.

En ce qui concerne les infirmeries ambulances, elles continueront à être gérées directement par les médecins, d'après le système adopté par le Département de la guerre.

En exécution des dispositions qui précèdent, il a été pourvu à la désignation des officiers qui doivent assurer le service des quatre groupes d'Haïphon, de Quan-Yen, de Bac-Ninh et de Son-Tay.

Ce personnel est composé de :

La solde de tous ces officiers du corps de santé sera imputable sur les fonds du budget de l'Indo-Chine.

J'ai l'honneur de vous prier de vouloir bien prendre les mesures nécessaires pour assurer l'exécution des instructions contenues dans la présente dépêche.

Félix Faure.

(17 septembre 1888)

A. G. G. *allouant à compter du 1er juillet 1888 une indemnité annuelle nette de cent piastres au pharmacien comptable de l'hôpital de Saïgon.*

J. C. p. 806.

Article premier. — A compter du 1er juillet 1888, une indemnité annuelle nette de cent piastres (100 piastres) est accordée au pharmacien comptable de l'hôpital de Saïgon, et une gratification annuelle de vingt piastres (20 piastres) au personnel subalterne placé sous ses ordres.

La première de ces allocations sera payée par douzièmes à l'intéressé et la gratification au personnel subalterne à la fin de chaque année.

Art. 2. — Cette dépense sera prélevée sur l'ensemble des crédits prévus au chapitre XX du budget local de la Cochinchine, sous la rubrique : *Tirailleurs annamites.*

RICHAUD.

(13 février 1889)

RAPPORT M. *précédant le décret du 14 février 1889 sur l'organisation d'un personnel militaire d'infirmiers coloniaux.*

J. C. p. 501.

A différentes reprises, les administrations coloniales ont appelé l'attention du Département sur les défectuosités de l'organisation du personnel infirmier en service dans nos Établissements d'outre-mer.

En effet, le recrutement de cette catégorie d'agents a toujours été difficile et n'a donné que peu de sujets réunissant les garanties d'aptitude, de conduite et de moralité que l'on est en droit d'exiger de ceux auxquels est confié le soin des malades.

Cet état de choses ne tient pas seulement au mode de recrutement des infirmiers coloniaux ; il est dû aussi aux règlements mal définis qu'on leur applique et aux conditions désavantageuses dans lesquelles ils se trouvent, par rapport au personnel similaire des équipages de la flotte et de l'armée de terre.

Préoccupée de cette situation, l'Administration des colonies avait invité les Gouverneurs et les inspecteurs des services administratifs et financiers de mission aux colonies à lui adresser sur ce sujet des rapports détaillés, qui lui sont parvenus au commencement de 1888 et qui ont été communiqués à la commission instituée, par décision ministérielle du 27 juin dernier, pour étudier l'organisation d'un corps d'infirmiers coloniaux. Les travaux de la commission ont abouti à l'élaboration du projet de décret que j'ai l'honneur de placer sous les yeux du Ministre.

L'article premier accorde aux infirmiers coloniaux les bénéfices de la militarisation : il les astreint à des règles de discipline bien déterminées et les assimile aux infirmiers maritimes placés, comme eux, sous les ordres des médecins de la marine.

Afin d'encourager le recrutement des régnicoles dont les services, dans plusieurs de nos possessions d'outre-mer sont fort appréciés du corps de santé de la marine, la commission a, tout en créant deux catégories d'agents (infirmiers chefs et majors infirmiers ordinaires), ouvert l'accès des emplois supérieurs à tous les infirmiers coloniaux, sans distinction d'origine. Les conditions exigées pour l'obtention du grade d'infirmier major de 2e classe (naturalisation, épreuve d'instruction primaire et examen professionnel) ont paru suffisantes pour assurer la bonne composition du cadre des gradés dans chaque colonie.

Un stage d'un an, auquel devront être soumis les régnicoles, avant d'être définitivement incorporés avec le grade d'infirmier permanent de 2e classe, permettra au service de santé de juger pratiquement de leurs aptitudes ; à l'expiration de la période d'essai, les stagiaires reconnus incapables d'être utilement employés dans les hôpitaux comme infirmiers seront immédiatement licenciés.

Le congédiement des stagiaires n'est pas seulement prévu en cas d'incapacité : l'article 14 du décret dispose, en effet, que cette mesure pourra être la simple conséquence de l'application de certaines peines disciplinaires dont l'importance est limitativement déterminée.

L'admission de l'élément indigène dans le corps des infirmiers coloniaux est donc entourée de toutes les garanties désirables. Les agents les plus dignes parviendront seuls aux emplois de la 1re catégorie, en justifiant les titres particuliers dont la possession ne pourra qu'établir une égalité parfaite entre les divers candidats au grade d'infirmier-major de 2e classe, quelle que soit leur provenance.

Il a paru inutile de fixer le cadre des agents de la 1re catégorie, qui est appelé à varier dans certaines colonies, notamment en Annam et au Tonkin, où le Département de la guerre pourvoit encore, mais à titre provisoire, à l'entretien d'un nombreux personnel infirmier ; la fixation du cadre de ces agents, pour chaque colonie, fera l'objet d'arrêtés ministériels.

La nomination et l'avancement à tous les emplois de la 1re catégorie ont été également réservés au Ministre. La nomination et l'avancement de la 2e catégorie ont été dévolus aux Gouverneurs des colonies, afin de laisser toute latitude à ces hauts fonctionnaires, qui doivent assurer sans interruption, en cas d'épidémie, le service de nos établissements hospitaliers ; d'ailleurs, le rapport établi par l'article 22 du décret entre le nombre des malades et celui des infirmiers de la 2e catégorie, pour chaque hôpital, maintiendra toujours le cadre de ces agents dans des proportions normales.

D'un autre côté, la commission s'est attachée à assurer l'ordre hiérarchique et la discipline dans le nouveau corps; elle a pris soin des intérêts multiples concernant son organisation, en réglant dans des articles spéciaux les questions se rapportant à la solde, à la retraite, à la ration, à l'habillement et à l'hospitalisation.

Enfin, les dispositions transitoires ont été rédigées de manière à respecter les droits acquis, à ne nuire à aucune situation préexistante et digne d'intérêt, tout en permettant à l'administration des colonies de n'admettre dans le nouveau corps, avec le grade d'infirmier permanent, que des sujets vraiment aptes à en remplir les fonctions.

Si le Ministre approuve les dispositions du projet dont je viens d'esquisser rapidement les lignes principales, j'ai l'honneur de le prier de vouloir bien revêtir de sa signature le décret ci-annexé et le soumettre à la sanction de M. le Président de la République.

(14 février 1889)

DÉCRET *relatif à l'organisation d'un personnel militaire d'infirmiers coloniaux.*

J. C. p. 502.

Article premier. — Il est affecté au service des hôpitaux des colonies un personnel militaire d'infirmiers permanents formant deux catégories :

La première catégorie comprend :

Des infirmiers chefs de 1re classe assimilés aux premiers maîtres de la marine ;

Des infirmiers chefs de 2e classe assimilés aux premiers maîtres de la marine ;

Des infirmiers-majors de 1re classe assimilés aux maîtres infirmiers de la marine ;

Des infirmiers-majors de 2e classe assimilés aux seconds maîtres infirmiers de la marine.

La deuxième catégorie comprend :

Des infirmiers ordinaires de 1re classe assimilés aux matelots infirmiers de 1re classe ;

Des infirmiers ordinaires de 2e classe assimilés aux matelots infirmiers de 2e classe ;

Des infirmiers stagiaires.

En aucun cas, les infirmiers coloniaux ne pourront être distraits du service professionnel pour être employés aux travaux relevant de l'ordre administratif, lesquels seront confiés à des agents spéciaux recrutés par les soins de l'Administration locale.

Art. 2. — Le cadre du personnel des infirmiers, dans chaque colonie, est fixé par le Ministre de la marine et des colonies.

Art. 3. — La nomination et l'avancement à tous les emplois de la 1re catégorie sont réservés au Ministre de la marine et des colonies. Les infirmiers de la 2e catégorie sont nommés et avancés en classe par le Gouverneur, dans chaque colonie, sur la proposition du chef du service de santé et l'avis conforme du chef du service administratif.

Art. 4. — Nul ne peut être admis : 1° dans la 1re catégorie du personnel des infirmiers coloniaux, s'il n'est Français ou naturalisé Français ; 2° dans l'une ou l'autre catégorie, s'il est âgé de plus de 40 ans et, quel que soit son âge, s'il ne compte des services antérieurs qui lui permettent de réunir, à 56 ans, des droits à une pension de retraite.

Art. 5. — Les infirmiers permanents contractent, en entrant au service des hôpitaux des colonies et dans les conditions d'âge fixées par la loi, un engagement de cinq ans ; s'ils sont déjà liés par un engagement antérieur, ils complètent à cinq ans la période réglementaire. Ils peuvent, pendant la dernière année de leur service, contracter des rengagements pour une nouvelle période qui n'est jamais inférieure à trois ans. Les engagements et rengagements sont reçus dans la colonie par le commissaire aux hôpitaux ou par son délégué.

Art. 6. — Les infirmiers stagiaires seront choisis parmi les militaires ou marins congédiés, autorisés à résider dans les colonies, ou, à défaut, parmi les habitants du pays.

Chaque candidat devra produire, à l'appui de sa demande d'emploi, les pièces suivantes :

1° Certificat de bonnes vie et mœurs;

2° Acte de naissance ou toute autre pièce pouvant en tenir lieu ;

3° Extrait du casier judiciaire ;

4° Relevé des services à l'État, s'il y a lieu ;

5° Un certificat délivré par un médecin de la marine ou, à défaut, un médecin militaire, constatant qu'il n'est atteint d'aucune infirmité le rendant impropre au service.

Chaque candidat devra, en outre, être vacciné ou avoir eu la petite vérole.

Art. 7. — Après un an de stage et lorsqu'ils ont été jugés aptes au service des hôpitaux, les infirmiers stagiaires contractent, en qualité d'infirmiers ordinaires de 2e classe, un engagement de cinq ans.

L'aptitude professionnelle des infirmiers stagiaires est constatée à la fin du stage par un certificat que délivre le chef du service de santé sur le rapport du médecin chef de la salle.

L'infirmier stagiaire reconnu impropre au service des hôpitaux sera immédiatement licencié par le chef du service administratif.

Art. 8. — Les infirmiers ordinaires de 1re classe sont choisis parmi les infirmiers ordinaires de 2e classe réunissant au moins une année de service en cette qualité.

Les militaires ou marins mis en congé renouvelable ou libérés du service militaire au titre français peuvent, sur l'avis favorable du chef du service de santé, être nommés infirmiers de 1re classe après six mois de stage.

Art. 9. — Les infirmiers-majors de 2e classe sont choisis parmi les infirmiers ordinaires de 1re classe réunissant au moins deux années de service en cette qualité. Ils doivent savoir lire et écrire couramment sous la dictée et satisfaire à un examen professionnel dont le programme sera fixé par le Ministre de la marine et des colonies.

Les infirmiers-majors de 1re classe seront choisis parmi les infirmiers-majors de 2e classe réunissant au moins deux années de service en cette qualité.

Les infirmiers chefs sont choisis parmi les infirmiers-majors de 1re classe réunissant trois années en cette qualité.

Pour passer à la 1re classe de leur emploi, ils doivent justifier de deux années de service dans la classe inférieure.

Art. 10. — Les infirmiers-majors et les infirmiers chefs peuvent, toutefois, être choisis, jusqu'à concurrence du cinquième des emplois vacants, parmi les candidats remplissant les conditions ci-après énumérées :

Les infirmiers de 2e classe, parmi les seconds maîtres, et, à défaut, les quartiers-maîtres infirmiers de 1re classe de la marine réunissant les conditions exigées pour l'avancement, ou parmi les infirmiers de grades correspondants de l'armée de terre, ou parmi les infirmiers civils, libérés du service militaire, qui compteront deux ans de service dans les hôpitaux civils et auront satisfait à un examen professionnel dont le programme sera ultérieurement déterminé par le Ministre de la marine et des colonies ;

Les infirmiers majors de 1re classe, parmi les maîtres infirmiers de la marine remplissant les conditions voulues pour l'avancement, ou parmi les infirmiers des grades correspondants de l'armée de terre ;

Les infirmiers chefs, parmi les premiers maîtres infirmiers ou, à défaut, les maîtres infirmiers de la marine remplissant les conditions voulues pour l'avancement, ou parmi les infirmiers de l'armée de terre des grades correspondants.

Art. 11. — Dans chaque colonie, le conseil de santé, assisté du commissaire aux hôpitaux, dresse annuellement un tableau, par ordre de préférence, des candidats susceptibles d'obtenir un avancement.

En cas de partage des voix, celle du président est prépondérante.

La commission établit deux états distincts présentant : l'un les propositions d'avancement pour la deuxième catégorie que le Gouverneur peut approuver, et l'autre celles des avancements de la première catégorie qui doivent être soumises au Ministre de la marine et des colonies.

Art. 12. — Les infirmiers relèvent administrativement du chef du service administratif et, par délégation, du commissaire aux hôpitaux.

Dans l'exercice de leurs fonctions, ils sont placés sous les ordres directs du chef du service de santé ; ils obéissent aux médecins, aux pharmaciens et aux sœurs hospitalières affectés aux salles et détails où ils sont détachés.

Art. 13. — Les infirmiers coloniaux sont soumis aux dispositions des lois et ordonnances qui concernent la discipline et la police des corps militaires de la marine.

Quand il y a lieu de les traduire devant un conseil de guerre, la composition de ce conseil est la même que pour les infirmiers des hôpitaux de la marine, suivant les assimilations de l'article premier du présent décret.

Art. 14. — Les infirmiers coloniaux peuvent être rétrogradés ou remis à la classe inférieure, ou être suspendus de leurs fonctions pendant trois mois au plus, pour manquements graves à leurs devoirs, inconduite habituelle, mauvaise volonté persistante ou négligence incorrigible.

Ils sont, en outre, passibles des peines disciplinaires indiquées à l'article 17.

Art. 15. — Les infirmiers de la première catégorie sont rétrogradés ou remis à la classe inférieure par le Ministre de la marine et des colonies, sur la proposition du Gouverneur; cette proposition entraîne, de plein droit, leur suspension jusqu'à décision du Ministre, sauf rappel de leur solde, si la décision leur est favorable.

Les infirmiers de la première catégorie qui ont été rétrogradés ou remis à la classe inférieure sont immédiatement changés de résidence.

Les infirmiers de la deuxième catégorie qui ont été rétrogradés ou remis à la classe inférieure par décision du Gouverneur, rendue sur le rapport du chef du service de santé ou du chef du service administratif, suivant que la faute se rapporte ou non au service médical.

Art. 16. — La suspension de fonctions est prononcée, pour les infirmiers des deux catégories, par le Gouverneur, sur la demande du chef du service de santé ou du chef du service administratif, suivant le cas, et pour un temps déterminé qui ne doit pas excéder six mois.

Art. 17. — A l'hôpital, les peines de discipline à prononcer contre les infirmiers sont les suivantes, selon la nature des fautes et leur gravité :

1° Consigne dans l'intérieur de l'hôpital ;

2° Salle de police, de un à trente jours ;

3° Prison, de un à quinze jours ;

4° Cachot, de un à quatre jours ;

Ces deux dernières punitions entraînent la privation de la solde pendant leur durée.

L'infirmier puni de la salle de police, de la prison ou du cachot peut, en outre, être privé de la ration de vin et être astreint à faire le service courant.

Ces peines, en tout ce qui touche le service de santé, seront prononcées par le chef de ce service, sur le rapport du médecin, chef de salle. Elles sont immédiatement notifiées au commissaire aux hôpitaux.

Les infractions relevant de l'ordre administratif sont punies par le commissaire aux hôpitaux.

Art. 18. — Tout infirmier stagiaire qui aura encouru une des punitions déterminées par les numéros 2, 3 et 4 de l'article 17 ci-dessus sera immédiatement licencié.

Art. 19. — Un tour de roulement est établi entre les infirmiers coloniaux de la première catégorie ; toutefois, ils ne seront déplacés que sur leur demande et après une période d'au moins deux ans de séjour dans l'une des colonies réputées insalubres, c'est-à-dire le Sénégal, la Cochinchine, l'Annam et le Tonkin, le Gabon, Obocq, Diégo-Suarez, Nossi-Bé, Sainte-Marie-de-Madagascar et Mayotte.

Art. 20. — Le cadre des infirmiers de la deuxième catégorie est spécial à chaque colonie et doit être calculé sur la base de un infirmier pour huit malades.

Art. 21. — La solde, les accessoires de solde et les indemnités diverses à allouer aux infirmiers coloniaux sont réglés d'après les tarifs annexés au présent décret.

Art. 22. — Les infirmiers coloniaux sont logés à l'hôpital et nourris par la dépense.

Une décision de l'autorité administrative déterminera, par journée de présence, les quantités constitutives de café ou thé, rhum ou tafia, pain d'équipage, qui entreront dans la ration.

Dans les colonies où il existe une ration indigène, elle sera attribuée aux infirmiers indigènes.

Ils pourront, sur leur demande et par décision du chef du service administratif, être autorisés à recevoir en espèces la valeur représentative de leur ration.

Art. 23. — Les infirmiers malades, traités dans les hôpitaux des colonies, ne subissent sur leur solde aucune retenue pour frais de traitement.

Les infirmiers congédiés autrement que par mesure disciplinaire, s'ils tombent malades dans les quarante jours qui suivent leur congédiement, sont admis, sans frais, dans les hôpitaux et pour une durée qui ne pourra dépasser trois mois.

Art. 24. — L'uniforme des infirmiers coloniaux comprend :

1° Une vareuse en drap bleu ou en flanelle de même couleur ;

2° Un gilet en drap bleu ou en flanelle de même couleur ;

3° Un pantalon en drap bleu ou en flanelle de même couleur ;

4° Un casque ou une casquette.

Les boutons sont argentés pour les infirmiers de première catégorie et en métal blanc pour les autres ; ils sont semblables à ceux en usage dans les troupes de la marine, mais avec les lettres I. C. (infirmiers coloniaux).

Art. 25. — Les marques distinctives de grade sont :

Pour les infirmiers chefs de 1re et de 2e classe :

Un galon en argent sur la casquette ;

Sur le revers du col de la vareuse, ainsi que sur le bandeau de la casquette, un écusson composé d'une ancre entourée d'un double câble formant torsade à jour ; sur le jas de l'ancre sont placées, à cheval, les lettres I. C.

L'écusson est brodé sur le drap bleu en canetille d'argent fin ; l'ancre en argent mat ; les lettres I. C. en argent brillant, et le double câble moitié argent mat et moitié argent brillant.

Pour les infirmiers majors de 1re classe :

Même écusson que celui des infirmiers chefs sur la casquette ;
Deux galons parallèles en argent à lézarde sur chaque avant-bras.

Pour les infirmiers majors de 2e classe :

Même écusson sur la casquette que celui des infirmiers-majors de 1re classe ;
Un seul galon à lézarde sur chaque avant-bras.

Art. 26. — Les inrfimiers coloniaux qui obtiendraient la médaille militaire ou la croix de la Légion d'honneur jouiront du traitement afférent à ces décorations.

Art. 27. — Au point de vue de la pension, les infirmiers coloniaux sont retraités par application des lois des 18 avril 1831 et 8 août 1883, concernant les pensions de l'armée de mer.

Les infirmiers chefs de 1re classe et de 2e classe reçoivent la pension attribuée aux premiers maîtres infirmiers des équipages de la flotte.

Les infirmiers-majors de 1re classe, celle des maîtres des équipages de la flotte.

Les infirmiers-majors de 2e classe, celle des seconds maîtres infirmiers des équipages de la flotte.

Les infirmiers ordinaires, celle des matelots infirmiers.

Dispositions transitoires. — Art. 28. — Pour la formation des corps, les infirmiers chefs et les infirmiers-majors seront recrutés parmi les candidats remplissant les conditions indiquées à l'article 10.

Les infirmiers ordinaires pourront être recrutés dans le personnel français ou indigène actuellement en service. Leur répartition par classe sera fixée dans chaque colonie par le Gouverneur, sur la proposition du chef du service de santé et l'avis conforme du service administratif.

Art. 29. — Les infirmiers actuellement en service qui ne seront pas reconnus aptes à continuer leurs fonctions seront licenciés à moins qu'ils ne réunissent déjà vingt ans de services effectifs.

Les propositions de la colonie sont immédiatement transmises au Ministre par le Gouverneur en ce qui concerne les infirmiers susceptibles d'être classés dans la première catégorie.

Les infirmiers en service qui, lors de la réorganisation des cadres, ne pourraient être maintenus dans le nouveau corps qu'avec une situation comportant une solde inférieure aux émoluments dont ils jouissaient, conserveront leurs anciennes allocations, mais serviront comme auxiliaires jusqu'à avancement ultérieur leur donnant droit à des allocations équivalentes.

Ils ne peuvent, d'ailleurs, obtenir un avancement en grade et servir en qualité d'infirmier permanent que s'ils remplissent les conditions prévues par le présent décret.

Les infirmiers d'ancienne formation qui réunissent les conditions de temps de service exigées pour l'obtention de la pension pourront être admis à faire valoir leurs droits à la retraite.

Art. 30. — Toutes les dispositions contraires au présent décret sont et demeurent abrogées.

Art. 31. — Le Ministre de la marine et des colonies est chargé de l'exécution du présent décret, qui sera inséré au *Journal officiel* de la République française, au *Bulletin des Lois*, et au *Bulletin officiel* de l'administration des colonies.

Fait à Paris, le 14 février 1889.

CARNOT.

TARIF N° 1. — *Solde et indemnité d'habillement des infirmiers coloniaux.*

GRADES.	SOLDE DE PRÉSENCE. EUROPÉENS, ou indigènes citoyens français. Sur le pied d'Europe, par an.	SOLDE DE PRÉSENCE. EUROPÉENS, ou indigènes citoyens français. Sur le pied colonial, par an.	SOLDE DE PRÉSENCE. INDIGÈNES placés sous le régime du statut personnel. Solde coloniale.	SOLDE DE PRÉSENCE. INDIGÈNES placés sous le régime du statut personnel. Supplément colonial.	INDEMNITÉ d'habitation. POUR PREMIÈRE MISE une fois payée.	INDEMNITÉ d'habitation. POUR RENOUVELLEMENT et entretien d'effets.
	Francs.	Francs.	Francs.	Francs.	Francs.	
Infirmier chef de 1re classe	1,300	2,600	»	»	150	20 centimes par jour pour tous les infirmiers.
Infirmier chef de 2e classe	1,100	2,200	»	»	150	
Infirmier-major de 1re classe	800	1,600	»	»	100	
Infirmier-major de 2e classe	700	1,400	»	»	100	
Infirmier ordinaire de 1re classe	500	1,000	250	500	»	
Infirmiers ordinaires de 2e classe et stagiaires	400	800	200	400	»	

TARIF N° 2. — *Indemnités de route et de séjour (les sommes portées au présent tarif doivent être payées net aux ayants-droit.)*

GRADES ET EMPLOIS.	EN FRANCE. sur les VOIES ORDINAIRES	EN FRANCE. sur les VOIES FERRÉES avec réduction.	EN FRANCE. INDEMNITÉ par journée passée en route ou séjour	AUX COLONIES. INDEMNITÉ ROUTE par kilomètre	AUX COLONIES. INDEMNITÉ JOURNAL. de route ou de séjour
	Francs	Francs.	Francs.	Francs.	Francs.
Infirmiers chefs de 1re et 2e classe	0,130	0,024	2 00	0 30	6 00
Infirmiers majors de 1re et 2e classe	0,125	0,032	1 00	0 25	4 00
Infirmiers ordinaires de 1re et 2e cl. et stagiaires	0,125	0,024	1 50	0 20	3 00

OBSERVATION. — Dans les cas non prévus au présent tarif, les indemnités de route ou de séjour sont allouées aux infirmiers : en France, conformément au décret du 18 décembre 1888 ; dans les colonies, à l'arrêté ministériel du 19 janvier 1878.

KRANTZ.

NATURE DES DOCUMENTS	DATES	RECUEILS À CONSULTER							OBSERVATIONS
		Bat.	B. C.	B.D.I	J. C.	J.H.	B. M.	B.Col	
D. G.	4 octobre 1864.	1-547	108						
D. G.	30 septembre 1866.	1-560	158						
Dép. M.	16 juillet 1867.	1-561							
Dép. M.	10 janvier 1868.	1-561							
	6 décembre 1870.		342						
Dép. M.	10 juin 1874.	1-569	260						
D. G.	31 octobre 1874.		369						
A. G.	18 janvier 1876.	1 571	18						
D. G.	11 juillet 1876.	1-576	171						
D. G.	14 août 1876.	1-576	224						
D. G.	23 janvier 1877.	1-578	19						
D. G.	16 août 1877.	1-578	238						
Dép. M.	17 février 1880.								
Circ. D. I.	9 juillet 1880.			82					
D. G.	11 juillet 1881.		290						
D. G.	22 mai 1885.				750				
Dép. M.	9 décembre 1885.								
A. G.	20 juillet 1886.								
Circ. M.	7 avril 1887.				533				
A. G.	11 novembre. 1888.				974				

(4 octobre 1864)

D. G. *Les agents et ouvriers indigènes employés au service de l'État ne pourront être admis, hors les cas de force majeure, qu'à l'hôpital indigène de Choquan.*

BAT. I. p. 547.

B. C. p. 108.

(30 septembre 1886)

D. G. *Classement, dans les différentes salles de l'hôpital, des militaires en congé renouvelable.*

BAT. I, p. 560.

B. C. p. 158.

Article premier. — Les militaires en congé renouvelable, quel que soit le titre avec lequel ils sont employés dans les administrations ou services civils, seront à l'avenir, lorsqu'ils entreront à l'hôpital, placés dans les salles des malades d'après le grade dont ils sont pourvus dans l'armée, et non d'après la position temporaire qu'ils occupent ou les fonctions dont ils sont revêtus.

Art. 2. — La même règle leur sera applicable en ce qui concerne leur admission aux tables de bord, lorsqu'ils voyageront à bord des bâtiments de l'État.

DE LA GRANDIÈRE.

(16 juillet 1867)

DÉP. M. *Admission des agents des postes dans les hôpitaux militaires des colonies* (1).

BAT. I. p. 561.

Par décision de ce jour, j'ai autorisé, sur la demande de M. le Ministre d'État et des finances, les agents des postes embarqués sur les paquebots français des lignes maritimes subventionnées par l'État qui font escale dans nos colonies, à se faire traiter, lorsque leur état de santé l'exige, dans les hôpitaux coloniaux ; ils seront admis aux mêmes conditions que les officiers et sauf remboursement des frais de traitement.

Les agents qui seront appelés à bénéficier de cette disposition sont :

Les commissaires du Gouvernement assimilés aux officiers supérieurs ;

Les agents embarqués de 1re et de 2e classe, assimilés au grade de sous-commissaire.

Les frais de traitement seront remboursés par le Ministère des finances, par voie de virement de compte ; en conséquence, vous aurez à m'adresser, à la fin de chaque semestre, un décompte des frais de traitement des agents des postes admis à l'hôpital militaire de la colonie; ces décomptes seront centralisés par les soins de mon Département, en vue du remboursement qui sera demandé en temps utile au Ministère des finances.

RIGAULT DE GENOUILLY.

(10 janvier 1868)

DÉP. M. *Admission des agents des postes dans les hôpitaux militaires de la Cochinchine* (2).

BAT. I, p. 561.

Par décision du 16 juillet dernier, j'ai autorisé l'admission, dans les hôpitaux militaires des colonies, des agents des postes embarqués sur les paquebots français des lignes maritimes subventionnées par l'État.

Sur demande de M. le Ministre des finances, j'ai décidé que le bénéfice de cette mesure serait applicables aux agents ci-après :

1° Les sous-commissaires du Gouvernement assimilés aux officiers supérieurs ;

2° Les receveurs des bureaux de poste français établis en Chine et au Japon, assimilés aux officiers supérieurs ;

3° Les officiers des postes de ces mêmes bureaux, assimilés au grade d'aide-commissaire ;

4° Les gardiens de ces bureaux, assimilés aux sous-officiers.

RIGAULT DE GENOUILLY.

(6 décembre 1870)

CLASSEMENT *dans les différentes salles des hôpitaux militaires de la colonie, des officiers, fonctionnaires, employés et agents des administrations et services civils susceptibles d'être traités dans ces établissements.*

B. C. p. 342.

(1) V. Dép. m. 17 février 1880.
(2) V. Dép. m. 17 février 1880.

(10 juin 1874)

DÉP. M. *prescrivant la plus grande réserve dans les admissions aux hôpitaux coloniaux des militaires retraités de l'armée de terre. — Il est rappelé que les militaires retraités ne sont admissibles dans les hôpitaux militaires de France ou d'Algérie qu'autant qu'ils sont atteints de maladies aiguës ou nécessitant des opérations sérieuses. — Retenue à exercer sur leur pension de retraite ou de réforme.*

BAT. I, p. 569.
B. C. p. 260.

Par une lettre du 30 avril dernier, M. le Ministre de la guerre m'a fait connaître que son Département avait été récemment appelé à rembourser au trésor des avances faites par le trésorier-payeur de la Martinique, à titre de frais de traitement de militaires retraités dans les hôpitaux de Fort de France.

Mon collègue exprime la crainte que l'admission de catégorie de malades ait lieu en dehors des règles établies, et me prie d'adresser aux autorités locales des instructions pour que la plus grande réserve soit apportée dans les admissions aux hôpitaux coloniaux des militaires retraités de l'armée de terre.

Dans ce but, M. le général du Barail me rappelle que les militaires retraités ne sont admissibles dans les hôpitaux militaires de France ou d'Algérie qu'autant qu'ils sont atteints de maladies aiguës ou nécessitant des opérations sérieuses, et sauf son approbation ou, pour les cas d'urgence, suivant autoristion des intendants.

Je vous invite donc, le cas échéant, à faire une rigoureuse application de ce principe.

D'un autre côté, comme d'après les règlements sur le service de santé de l'armée, les militaires jouissant d'une pension de retraite ou de réforme ne peuvent être traités dans les établissements hospitaliers de France que sauf retenue sur leur pension de retraite ou de réforme, vous aurez à veiller à ce que cette retenue soit opérée régulièrement, et vous m'adresserez un état des militaires traités, indiquant leurs noms et le nombre des journées qu'ils auront passées à l'hôpital.

MONTAIGNAC.

(31 octobre 1874)

D. G. *concernant l'admission des particuliers à l'hôpital militaire de Saïgon* (1).

B. C. p. 369.

(18 janvier 1876)

A. G. *fixant un nouveau classement dans les salles des hôpitaux militaires de la Cochinchine. — Tableau.*

BAT. I, p. 571.
B. C. p. 18.

Article premier. — Les officiers, fonctionnaires et employés, les sous-officiers, soldats, officiers mariniers, marins, ouvriers et agents divers y assimilés ou considérés comme tels, susceptibles d'être traités dans les hôpitaux militaires de la Cochinchine, seront classés d'après le tableau ci-annexé dans les diverses salles.

Art. 2. — Les officiers, officiers mariniers, marins et surnuméraires des bâtiments de guerre étrangers seront admis aux hôpitaux d'après leur assimilation avec les grades correspondants de la marine française.

Art. 3. — Les capitaines et marins du commerce français seront admis dans les diverses salles suivant le classement indiqué au tableau ci-annexé.

Art. 4. — Toute personne étrangère au service et non indiquée au tableau ci-annexé ne poura être admise dans le pavillon des officiers à moins d'une décision spéciale du Gouverneur.

Art. 5. — Sont abrogées toutes dispositions contraires au présent arrêté et notamment le tableau de classement local en date du 6 décembre 1870.

DUPERRÉ.

(1) Abr. D. G 16 août 1877.

TABLEAU DU CLASSEMENT, dans les différentes salles des hôpitaux militaires de la colonie, de ouvriers et agents divers y assimilés ou considérés comm

DÉSIGNATION des CORPS ET SERVICES.	PAVILLON DES OFFICIERS — SUPÉRIEURS et fonctionnaires y assimilés.	PAVILLON DES OFFICIERS — INFÉRIEURS et fonctionnaires y assimilés	SALLE SPÉCIALE.
			SERVICE
Bâtiments de l'État en station ou en mission en Cochinchine.	Capitaine de vaisseau. Capitaine de frégate. Commissaire adjoint. Médecin principal. Aumônier.	Lieutenant de vaisseau. Enseigne de vaisseau. Mécanicien principal. Aspirants 1re et 2e classe. Sous-commissaire. Aide-commissaire. Elève-commissaire. Médecins de 1re et de 2e cl. Aide-médecin. Aide-pharmacien.	
Arsenal de Saïgon. (2)	Commandant de l'arsenal. Ingénieur du génie maritime. Commissaire de l'arsenal.	Sous-ingénieur du génie maritime. Directeur du port. Sous-commissaire. Aide-commissaire. Agent administratif. Agent comptable. Commis du commissariat de 1re, 2e et 3e classe.	Maîtres entretenus. Commis du commissariat, de 4e classe. Commis de direction. Commis de comptabilité. Écrivains de direction. Écrivains et magasiniers de comptabilité. Commis de formation locale. Écrivains auxiliaires et employés civils.
			SERVICE
Corps militaires, troupes de toutes armes, gendarmerie, direction d'artillerie et du génie. (3)	Commandant supérieur des troupes. Colonel. Lieutenant-colonel. Chefs de bataillon et d'escadron.	Capitaine. Lieutenant. Sous-lieutenant. Médecin-major. Médecin aide-major. Adjoint d'artillerie et du génie. Chef et sous-chef ouvriers d'État. Vétérinaire.	
Administration coloniale.	Chef du service administratif. Commissaire. Commissaire-adjoint.	Sous-commissaire. Aide-commissaire. Elève-commissaire. Commis de marine.	Écrivains de marine. Commis de formation locale. Stagiaires. Écrivains auxiliaires et employés civils.
Service du trésor.	Trésorier payeur.		»
Service de santé.	Médecin en chef Médecin principal.	Médecin et pharmacien de 1re et 2e classe. Aide-médecin. Aide-pharmacien. Aumônier. Sœur hospitalière.	»
Agents divers.	»	»	Syndic des gens de mer.
			SERVICE
Gouvernement.	Chef du cabinet (4). Secrétaire archiviste (4). Conseiller privé.	Secrétaire particulier (4).	»
Administration centrale (Direction de l'Intérieur).	Directeur de l'intérieur. Secrétaire général (4). Chef de bureau de 1re cl. (4).	Chef de bureau de 2e cl. (4) Sous-chef de bureau (4). Interprète principal.	Premier commis. Secrétaires titulaires et auxiliaires. Interprète.
Inspection des affaires indigènes.	Inspecteur. Administrateur de 1re classe.	Administrateurs de 2e et de 3e classe. Professeur de langues orientales.	Administrateur stagiaire Agent voyer. Garde forestier de 1re et 2e classe.

Officiers, fonctionnaires, apirants, employés, sous-officiers, soldats, officiers mariniers, marins, tels susceptibles d'être traités dans ces établissements.

SALLE DES SOUS-OFFICIERS, officiers mariniers et agents y assimilés.	SALLE DES SOLDATS, MARINS et agents y assimilés.	OBSERVATIONS.
MARINE (1).		
Officiers mariniers. Seconds maîtres. Commis aux vivres. Magasiniers. Chef et sous-chef de musique.	Quartiers-maîtres. Matelots. Surnuméraire.	(1) Dans le cas où des officiers ou fonctionnaires non compris au présent tableau, envoyés en mission dans la colonie, se trouveraient dans le cas d'être admis dans les hôpitaux, il leur serait fait application des dispositions qui sont prises à leur égard dans les hôpitaux de la métropole, suivant leur grade et leurs fonctions.
Maître de profession, de 1re et de 2e classe. Seconds maîtres de manœuvres. Conducteurs de travaux. Agents du matériel de 1re et de 2e classe.	Quartiers maîtres. Contre-maîtres. Marins. Agents du matériel de 3e cl. Ouvriers. Journaliers. Plantons.	(2) Mod. D. G., 23 janvier 77.
COLONIAL.		
Adjudant. Sergent-major. Maréchal des logis chef. Ouvrier d'Etat. Chef armurier. Sergent. Sergent-fourrier. Maréchal des logis. Maîtres des directions. Maître armurier. Gardien concierge des bâtiments militaires. »	Caporal et brigadier. Gendarmes. Soldats de diverses armes. Ouvrier civil des directions. Manœuvres des directions. »	(3) Mod. D. G., 11 juillet 76.
» Servant chef. Servant major de 1re classe.	» Sergent-major de 2e classe. Servants. Plantons. Journaliers.	
Garde maritime. Agent du matériel et des subsistances, de 1re et de 2e cl.	Agent du matériel et des subsistances de 3e classe. Garçons de bureau. Plantons. Concierges.	
LOCAL.		
Huissier du Gouvernement. Garde-meuble du Gouvernem. Concierge du Gouvernement. Aide interprète et interprète auxiliaire.	» Distributeur du magasin local.	(4) Lorsque ces fonctionnaires ne sont pas pourvus d'un grade dans le commissariat ou dans un corps militaire.
Maître armurier. Second maître armurier. Garde forestier de 3e et 4e cl.	Quartier-maître armurier. Ouvrier sellier. Surveillant des travaux.	

TABLEAU DU CLASSEMENT, dans les différentes salles des hôpitaux militaires de de la colonie, des ouvriers et agents divers y assimilés ou considérés comme

DÉSIGNATION des CORPS ET SERVICES.	PAVILLON DES OFFICIERS — SUPÉRIEURS et fonctionnaires y assimilés.	PAVILLON DES OFFICIERS — INFÉRIEURS et fonctionnaires y assimilés	SALLE SPÉCIALE.
			SERVICE
Service judiciaire. (1)	Procureur général. Président de la Cour d'appel Conseiller. Substitut du procur. gén. Juge de 1re instance. Procureur de la République	Conseiller auditeur. Lieutenant de juge. Juge suppléant. Substitut du procureur de la République. Juge de paix.	Secrétaire du parquet. Greffier en chef. Greffier de la justice de paix. Greffier et comm. greffier Expéditionnaire.
Instruction publique.	»	Directeur de collège. Directeur et frères des écoles chétiennes. Sœurs institutrices.	Profess. du collège indig. Directeur d'école prim.
Culte.	Evêque. Vicaire général. Curé de Saïgon.	Prêtre, vicaire. Missionnaire.	»
Service du trésor. (2)	»	Trésorier particulier. Payeur adjoint.	Commis de trésorerie. Secrétaires de toute cl. Commis auxiliaires.
Contributions.	»	Contrôleur.	»
Enregistrement et domaines.	Vérificateur chef du service	Vérificateur en sous-ordre Conservat. des hypothèq. Receveur.	»
Cadastre.	Chef du service.	»	Triangulateur. Géomètre. Dessinat. de toutes cl.
Travaux publics.	Chef du service.	Sous-chef.	Conducteur des travaux Comptable.
Service télégraphique.	Sous-inspecteur.	Directeur de transmission Chef de station. Commis principal.	Empl. du cadre métro. (a) Employé du cadre colon. Employé auxiliaire.
Port de commerce.	»	Capitaine de port.	»
Imprimerie.	»	Chef et sous-chef.	»
Police.	»	Commissaire général. Commissaire de police.	»
Prison et hôpital de Choquan. (2)	»	Directeur de la prison.	Greffier comptable. Sous-directeur de l'hôpit. Agent compt. de l'hôpit. Pharmacien de l'hôpital. Commis-greffier.
Pénitenc. de Poulo-Condore	»	Directeur du pénitencier.	Sous-directeur.
Jardin botanique et ferme des Mares.	Directeur.	»	»
Agents divers.	»	»	»
Marins du comm. franç. (2)	»	»	Capitaine au long cours.

(a) V. Dép. M., 17 février 1880.

officiers, fonctionnaires, aspirants, employés, sous-officiers, soldats, officiers mariniers, marins. tels, susceptibles d'être traités dans ces établissements (suite).

SALLE DES SOUS-OFFICIERS, officiers mariniers et agents y assimilés.	SALLE DES SOLDATS, MARINS et agents y assimilés.	OBSERVATIONS.
LOCAL (suite).		
»	»	(1) Mod. D. G., 14 août 1876
»	»	
»	»	
»	Porteur de contraintes. Facteur. Distributeur. Gardien de caisse.	(2) Mod. D. G., 11 juillet 1876
»	»	
»	»	
»	»	
Piqueur.	Surveillant des travaux.	
Agent spécial mécanicien. Chef.	Surveillant. Facteur.	
Maître de port. Rardien chef et sous-chef du phare.	Gardien du port. Canotier.	
Agent des 4 premières classes. Brigadier.	Agent de 5e 6e et 7e classe. Sous-brigadier. Agent.	
Gardien-chef.	Gardien. Concierge. Infirmier.	
Gardien-chef. Jardinier chef. Chef d'exploitation. Surveillant des cultures.	Gardien. Jardinier.	
Agent et surveillant au cap Saint-Jacques.	Concierge, garde-meuble. Garçons de bureau et de caisse, plantons, etc.	
Maître au cabotage.	Matelot.	

Approuvé pour être annexé à l'arrêté du 18 janvier 1876, pris au Conseil privé.

DUPERRÉ.

(11 juillet 1876).

D. G. *Modification au tableau de classement annexé à l'arrêté du 18 janvier 1876.*

BAT. I .p. 576.

B. C. p. 171.

DÉSIGNATION des CORPS ET SERVICES.	SALLE DES OFFICIERS supérieurs.	SALLE DES OFFICIERS subalternes.	SALLE SPÉCIALE	SALLE des SOUS-OFFICIERS.	SALLE DES SOLDATS, etc,
		SERVICE COLONIAL.			
Corps militaires, troupes de toutes armes, gendarmerie, direction d'artillerie et du génie. » » » » » » » » » » »	Commandant supérieur des troupes. Colonel. Lieutenant-colonel. Chefs de bataillon et d'escadron. » » » » » » » »	Capitaine. Lieutenant. Sous-lieutenant. Médecin major. Médecin aide-major. Adjudant d'artillerie et du génie. Chefs et sous-chefs ouvriers d'État. Vétérinaire. » » » » »	» » » » » » » » » » » » » » » » » »	Adjudant. Sergent-major. Maréchal des logis chef. Ouvrier d'État. Chef armurier. Sergent. Sergent fourrier. Maréchal des logis. Maîtres des directions. Maîtres armuriers. Gardien-concierge des bâtiments militaires. Gendarmes.	Caporal et brigadier. Soldats des diverses armes. Ouvrier civil des directions. Manœuvres des directions. » » » » » » » » »
		SERVICE LOCAL.			
Service du trésor.	Payeurs particuliers.	Payeur adjoint. Commis de trésorerie entretenus et auxiliaires de toutes classes du cadre métropolitain.	Employés ou secrétaires auxiliaires du cadre colonial.	» » » » » »	Porteur de contraintes. Facteur. Gardien de caisse.
Prison et hôpital de Choquan.	Directeur de la prison de Saïgon.	» » » » » »	Greffier comptab. Sous-directeur de l'hôpital. Agent comptable de l'hôpital. Pharmacien de l'hôpital. Commis-greffier.	Gardien chef. » » » » » »	Gardien. Concierge. Infirmier.
Marins du commerce français.	»	Capitaine au long cours.	»	Maîtres au cabotage.	Matelots.

DUPERRÉ.

(14 août 1876).

D. G. *Modifications au tableau de classement annexé à l'arrêté du 18 janvier 1876.*

BAT. I. p. 576.

B. C. p. 224.

DÉSIGNATION des CORPS ET SERVICES.	SALLE des OFFICIERS supérieurs.	SALLE des OFFICIERS subalternes.	SALLE SPÉCIALE.	SALLE des SOUS-OFFIC.	SALLE des SOLDATS.
		SERVICE LOCAL.			
Service judiciaire...........................	»	Greffier en chef. Greffier du tribun. de commerce	»	»	»

DUPERRÉ

23 janvier 1877.

D. G. *Modifications au tableau de classement annexé à l'arrêté du 18 janvier 1876.*

BAT. I. p. 578.
B. C. p. 19.

DÉSIGNATION des CORPS ET SERVICES.	SALLE des OFFICIERS supérieurs	SALLE des OFFICIERS subaltern.	SALLE SPÉCIALE.	SALLE des SOUS-OFFICIERS.	SALLE des SOLDATS.
SERVICE MARINE.					
Arsenal de Saïgon	»	»	»	Maîtres de profession de 1re et de 2e cl.	Quartiers-maîtres marins.
	»	»	»	Seconds maîtres de manœuvres.	Agents du matériel de 3e classe.
	»	»	»	Conducteurs de travaux.	Ouvriers.
	»	»	»	Agent du matériel de 1re et de 2e cl.	Journaliers.
	»	»	»	Contremaîtres	Plantons.

DUPERRÉ.

(16 août 1877)

D. G. *concernant l'admission des particuliers à l'hôpital militaire de Saïgon.*

BAT. I, p. 578.
B. C. p. 238.

Article premier. — Indépendamment de la réserve faite à l'article 4 de l'arrêté du 18 janvier 1876, pour l'admission des particuliers dans le pavillon des officiers, toute personne étrangère au service et non indiquée au tableau annexé précité ne pourra être admise à l'hôpital de Saïgon, dans la salle spéciale dite *salle des employés de l'Administration*, que sur une autorisation du chef du service administratif. Le commissaire de l'hôpital indiquera celles des personnes qui pourront être reçues à la salle des sous-officiers.

Art. 2. — Il n'est rien changé au mode de remboursement à l'État des frais qu'occasionnent ces admissions, tel qu'il est réglé par décision locale du 25 janvier 1869.

Art. 3. — La décision du 31 octobre 1874 est et demeure abrogée.

DUPERRÉ.

(17 février 1880)

DÉP. M. *Classement dans les hôpitaux de la colonie des commis des postes et télégraphes (cadre métropolitain).*

B. C. p. .

Par lettre du 15 novembre dernier, vous m'avez transmis une réclamation de M. X..., commis de 2e classe des postes et télégraphes (cadre métropolitain), relativement à la nouvelle assimilation qui est faite aux agents des postes et télégraphes par la circulaire du 18 février 1879.

M. X... qui, aux termes de cette circulaire, a droit à la table de l'état-major sur les bâtiments de l'État, réclame un classement analogue dans les hôpitaux militaires de la colonie.

La réclamation de cet employé me paraît fondée.

En conséquence, j'ai l'honneur de vous prier de prendre des mesures pour que les commis des postes et télégraphes (cadre métropolitain) soient assimilés aux officiers pour l'admission dans les hôpitaux de la colonie.

Toutefois, vous voudrez bien faire remarquer à M. X... qu'il ne devait pas s'adresser concurremment à mon Département et à celui des postes et télégraphes, pour la solution à donner à sa réclamation, le fait de servir dans une colonie le mettant, pendant toute la durée de son séjour, sous la dépendance exclusive de l'Administration de la marine.

JAURÉGUIBERRY.

(9 juillet 1880)

CIRC. C. I. *Les militaires indigènes, quel que soit leur grade, ne doivent, pas plus que les agents civils annamites, être admis dans les établissements de la marine. — Cas exceptionnel.*

B. D. I. p. 82.

Le service administratif de la marine vient de demander au budget local le remboursement des frais de traitement subi par des tirailleurs annamites dans un hôpital maritime d'arrondissement pendant le trimestre écoulé.

Ce fait me conduit à vous informer qu'en principe les militaires indigènes, quel que soit leur grade, ne doivent, pas plus que nos agents civils annamites, être admis dans les établissements de la marine. Si la gravité exceptionnelle d'une maladie ou d'une blessure nécessitait une dérogation à cette règle, vous auriez à me demander, par le télégraphe, une autorisation spéciale, et le billet d'hôpital recevrait votre attache.

NOUET.

(11 juillet 1881)

D. G. *admettant à l'hôpital, aux frais du budget local, les agents journaliers européens du service des travaux publics.*

B. C. p. 290.

Les agents journaliers européens du service des travaux publics seront admis à l'hôpital, aux frais du budget local, lorsqu'il sera constaté par le médecin du service extérieur que la maladie dont ils sont atteints a été contractée au service ou à l'occasion du service.

A. DE TRENTINIAN.

(22 mai 1885)

D. G. *réglant les conditions d'admission à l'hôpital militaire des malades des différents services civils de la colonie et des particuliers. — Billet d'entrée.*

J. C. p. 750.

Article premier.— Nul ne sera admis à l'hôpital militaire de Saïgon s'il n'est porteur d'un billet d'entrée régulièrement établi, dans la forme ci-dessous, par le service dont il relève, avec indication du genre de maladie certifié par un médecin et comprenant tous les renseignements que comportent les actes de l'état civil.

Pour les particuliers et les indigents, le billet émanant de la mairie devra être complété par la caution de la municipalité garantissant les frais de traitement et de sépulture.

CHARLES THOMSON.

ANNEXE

(Billet d'entrée)

SERVICE OU DIRECTION.

Genre de maladie.	Je sousigné , certifie que M. est dans le cas d'entrer à l'hôpital, étant atteint de A , le 188 .
SERVICE DE L'HOPITAL. Entré à l'hôpital le 188 . Vu par l'officier de santé chargé en chef de la salle. NUMÉROS: du registre d'entrée / de la classe / du lit. Entré le 188 . *Le commis aux entrées,*	**BILLET D'ENTRÉE A L'HOPITAL MILITAIRE DE SAIGON** Pour fils de et de domiciliés à département de , né le arrondissement de , département de Fait à , le 188 . Le Sorti Caution

CERTIFICAT DE SORTIE.

Le commissaire aux hôpitaux certifie que la personne désignée d'autre part est sortie aujourd'hui. A , le 188 .

(9 décembre 1885)

DÉP. M. *au sujet du classement du personnel des affaires indigènes et de la Direction de l'Intérieur (administrateurs stagiaires et commis principaux et comptables) admis en traitement à l'hôpital militaire de Saïgon.*

ARCH. GOUV.

Par une lettre du 15 août dernier, nº 1484, vous m'avez demandé de faire admettre à la salle des officiers les administrateurs stagiaires des affaires indigènes, ainsi que les commis principaux et les comptables de la Direction de l'Intérieur qui sont reçus en traitement à l'hôpital militaire de Saïgon.

J'ai l'honneur de vous informer que je ne puis autoriser cette exception à la règle qui a déterminé, pour les colonies comme pour la France, le classement des commis et employés dans les hôpitaux de la marine, règle qui a été rappelée par la circulaire du 20 mars 1875.

Si quelques-uns de ces employés, tels que les anciens premiers commis devenus commis principaux et comptables de la Direction de l'Intérieur, sont admis à bord à la table des officiers, en vertu de la réglementation du 22 avril 1880, il ne s'ensuit pas nécessairement qu'ils soient fondés à s'appuyer sur ce classement pour obtenir dans les hôpitaux un traitement différent de celui qui a été autorisé pour le personnel similaire en France.

Les deux règlementations concernant l'une le classement des passagers et l'autre celui des fonctionnaires dans les hôpitaux sont absolument distinctes ; et, dès lors, la question d'assimilation que seuls pourraient soutenir les commis et les comptables de la Direction de l'Intérieur, puisque les administrateurs stagiaires sont classés à la table des aspirants, ne sauraient légitimer leurs revendications.

Les uns et les autres doivent donc continuer d'être traités à l'hôpital militaire de Saïgon à la salle spéciale réservée aux commis et employés des différents services. Je vous prie de les informer de ma décision et de donner des ordres dans ce sens à qui de droit.

Il vous sera répondu, sous le timbre « Colonies, 1er bureau », en ce qui concerne l'application aux commis et aux comptables de la Direction de l'Intérieur, des dispositions de l'article 5 du décret du 16 juillet 1884, portant réorganisation des Directions de l'Intérieur aux colonies.

GALIBER.

(20 juillet 1886)

A. G. *réglant les conditions d'admission de toute personne non militaire dans les hôpitaux et ambulances de l'armée* (1).

(7 avril 1887)

CIRC. M. *portant que les ouvriers de l'entreprise Hersent blessés sur les travaux doivent être traités gratuitement à l'hôpital.*

J. C. p. 533.

L'article 13 du marché souscrit par M. Hersent, le 4 décembre 1883, pour la construction du bassin de radoub de Saïgon, est ainsi conçu :

OUVRIERS BLESSÉS OU MALADES.

« Les ouvriers à la solde de l'entrepreneur qui *tomberaient malades* pourront être admis dans l'hô-
« pital de la marine, mais à la condition formelle que l'entrepreneur acquittera les frais de traite-
« ment d'après les taux réglementaires. »

Par lettre du 12 février dernier, vous m'avez consulté sur la question de savoir si, ainsi que pourrait porter à le croire le titre de l'article précédent, les ouvriers de l'entreprise Hersent blessés sur les chantiers doivent être admis à l'hôpital aux mêmes conditions que les ouvriers tombés malades, c'est-à-dire à charge de remboursement des frais de leur traitement, ou si, au contraire, ils doivent être traités aux frais de l'État, par application de l'article 39 des conditions générales du 29 juin 1857, rendues applicables à l'entreprise du bassin de Saïgon (article 16 du marché du 4 décembre 1883).

J'ai l'honneur de vous faire connaître qu'en présence du texte même de l'article en cause, qui mentionne seulement les ouvriers tombant malade, il y a lieu d'accorder aux ouvriers blessés de l'entreprise Hersent le bénéfice de la gratuité du traitement dans les hôpitaux, concédé d'une manière générale aux entrepreneurs de la marine par l'article 39 des conditions générales du 29 juin 1857.

C'est donc avec raison que l'Administration de la marine a admis à l'hôpital, aux frais de l'État, les ouvriers du bassin de radoub qui ont reçu sur les travaux des blessures dûment constatées. Mais il doit demeurer bien entendu, ainsi que le stipule l'article 39 des conditions générales précitées, que cette admission ne saurait donner lieu à aucune allocation de solde par la marine en faveur desdits ouvriers.

AUBE.

(1) Le paragraphe 2 de l'article 5 est modifié par un arrêté du 11 novembre 1888, V. *infrà*.

(11 novembre 1888)

A. G. *modifiant le § 2 de l'art. 5 de l'arrêté du 20 juillet 1886 réglant les conditions d'admission de toute personne non militaire dans les hôpitaux et ambulances de l'armée.*

J. C. p. 974.

Article premier. — Le paragraphe 2 de l'arrêté du 20 juillet 1886 est modifié ainsi qu'il suit :

. . . .

« 2° Pour les personnes solvables par des versements directs ; l'intéressé devra, « avant son entrée à l'hôpital, verser entre les mains de l'officier comptable, et à « titre de provision, une somme représentant au minimum le montant des frais de « traitement pendant treize jours ; cette provision devra être renouvelée à la fin de « chaque quinzaine. »

. . . .

RICHAUD.

IV. FRAIS D'HOSPITALISATION ET RETENUES D'HOPITAL.

NATURE DES DOCUMENTS	DATES	RECUEILS A CONSULTER							OBSERVATIONS
		Bat.	B. C.	B D. I	J. C.	J. H.	B. M.	B. Col	
Dép. M.	8 octobre 1841.								
Circ. M.	15 février 1850.								
Circ. M.	15 octobre 1850.								
D. G.	17 juin 1862.		177						
A. G.	11 octobre 1864.		118						
A. G.	2 décembre 1868.		314						
D. G.	25 janvier 1869.	I-562	19						
A. G.	8 août 1869.		286						
A. G.	12 octobre 1871.		335						
A. G.	26 mars 1874.		103						
Circ. M.	22 mai 1874.						686		
Dép. M.	10 juin 1874.	I-569	260						
Circ. M.	26 décembre 1874.						584		
Décret.	1er juin 1875.								
Dép. M.	25 avril 1878.	I-106							
Circ. M.	12 avril 1882.						519		
Dép. G.	24 novembre 1882.				1036				
Dép. M.	2 août 1883.						145		
Dép. M.	9 août 1883.						165		
A. G. G.	3 avril 1889.				390				

(8 octobre 1841).

DÉP. M. *exonérant les marins du commerce traités dans les hôpitaux du remboursement d'une partie des dépenses* (1).

B. M. p. .

(15 février 1850)

CIRC. M. *sur le mode à suivre pour l'établissement du tarif de remboursement applicable aux cessions de journées d'hôpital.*

B. M. p. .

(15 octobre 1850)

CIRC. M. *sur le mode à suivre pour l'établissement du tarif de remboursement applicable aux cessions de journées d'hôpital.*

B. M. p.

(17 juin 1862)

D. G. *déterminant le montant de la retenue journalière à faire supporter pendant la durée de leur séjour à l'hôpital, aux fonctionnaires et agents de tous les services à terre et embarqués dont la solde n'est pas comprise dans les tarifs de la marine* (2).

B. C. p. 177.

(11 octobre 1864)

A. G. *déterminant le montant de la retenue journalière à faire supporter pendant la durée de leur séjour à l'hôpital aux fonctionnaires et agents des services civils dont la solde n'est pas comprise dans les tarifs de la marine* (3).

B. C. p. 118.

(2 décembre 1868)

A. G. *déterminant les retenues à exercer sur la solde des fonctionnaires et agents des divers services civils dont la solde n'est pas comprise dans les tarifs de la marine qui seront traités dans les établissements hospitaliers* (4).

B. C. p. 314.

(25 janvier 1869)

D. G. *Les frais de séjour à l'hôpital de la marine des résidents européens de toute nationalité seront remboursés directement par le budget municipal.*

BAT. I, p. 562.
B. C. p. 19.

A l'avenir, les frais de séjour à l'hôpital maritime des résidents européens de

(1) Le prix du remboursement de la journée de traitement dans les hôpitaux et ambulances de la marine, ainsi que le prix de remboursement des frais de sépulture, sont fixés par des arrêtés locaux pris en exécution des circulaires des 15 octobre 1850 et 8 octobre 1841.
(2) V. A. G. 11 octobre 1864.
(3) V. A. G. 2 décembre 1868.
(4) V. A. G. 8 août 1869.

toute nationalité seront remboursés directement au service marine par le budget municipal.

Le commissaire municipal sera chargé de poursuivre ensuite, pour le compte de la ville, le recouvrement des sommes déboursées par elle, pour chacun des résidents traités à l'hôpital maritime.

G. OHIER.

(8 août 1869)

A. G. *modifiant celui du 2 décembre 1868 et fixant les retenues à exercer sur les traitements des fonctionnaires, employés et agents du service local traités dans les établissements hospitaliers* (1).

J. C. p. 286.

(12 octobre 1871)

A. G. *fixant les retenues à exercer sur le traitement des fonctionnaires, employés et agents du service local traités dans les établissements hospitaliers.*

B. C. p. 335.

(26 mars 1874)

A. G. *appliquant, à compter du 1er avril prochain, le tarif annexé au décret du 2 janvier 1874* (2), *relatif aux retenues à opérer, pendant leur séjour à l'hôpital, sur la solde des officiers, aspirants, employés, divers agents et ouvriers du Département de la marine et des colonies.*

B. C. p. 103.

(22 mai 1874)

CIRC. M. *Nouvelle fixation du prix de remboursement de la journée de traitement des marins du commerce admis dans les hôpitaux de la marine.*

B. M. p. 686.

(10 juin 1874)

DÉP. M. (*extrait*). *Les militaires jouissant d'une pension de retraite ou de réforme ne peuvent être traités dans les établissements hospitaliers que sauf retenue sur leur pension de retraite ou de réforme.*

BAT. I, p. 569.
B. C. p. 260.

(26 décembre 1874)

CIRC. M. *Fixation des retenues d'hôpital à faire subir aux pensionnaires et demi-soldiers non compris au tarif annexé au décret du 2 janvier 1874. Le paiement de la gratification de réforme renouvelable sera suspendu pendant le séjour du titulaire à l'hôpital.*

B. M. p. 584.

(1) V. A. G. 12 octobre 1871.
(2) V. B. M. p. 3.

(1er juin 1875)

DÉCRET *portant règlement sur la solde des officiers, aspirants, fonctionnaires et divers agents du Département de la marine et des colonies. — Tarifs (art. 80 à 83)* (1).

(25 avril 1878)

DÉP. M. *Quotité de la retenue d'hôpital à prélever sur la solde d'un officier détaché à l'arsenal de Saïgon.*

BAT. I. p. 106.

Sous la date du 9 mars dernier, vous m'avez rendu compte que, à l'occasion d'un séjour fait à l'hôpital par M. C..., aide-commissaire du cadre métropolitain détaché à l'arsenal de Saïgon, des hésitations se sont produites relativement à la quotité de la retenue d'hôpital à prélever sur la solde de cet officier, et vous m'avez demandé de vous faire connaître la règle à suivre dans les cas analogues.

Les diverses allocations attribuées aux officiers détachés à l'arsenal de Saïgon, et parmi lesquelles figure l'indemnité de séjour, constituant un traitement en quelque sorte fixe, et, d'un autre côté, ces officiers servant au titre *à la mer*, il y a lieu de les traiter comme le personnel embarqué et de leur faire application des dispositions du paragraphe numéroté 7 de l'article 19 du décret du 1er juin 1875.

En conséquence, lorsqu'un officier, faisant partie du personnel détaché à l'arsenal, est admis dans les hôpitaux, cet officier conserve l'intégralité de son traitement, sous la déduction de la retenue d'hôpital prévue par le tarif no 5 (colonne no 1), annexé au décret précité du 1er juin 1875.

A. Potuhau.

(12 avril 1882)

CIRC. M. *au sujet des frais de traitement dans les hôpitaux des employés du Trésor aux colonies.*

B. M. p. 519.

Des difficultés se sont produites à la Martinique entre l'ordonnateur et le trésorier-payeur au sujet des retenues qui doivent être appliquées aux employés du Trésor admis dans les hôpitaux en vertu des dispositions de la circulaire ministérielle du 13 mars 1862.

Le tarif no 53, annexé au décret du 1er juin 1875, détermine, d'après l'importance des traitements, l'échelle des retenues d'hôpital à appliquer aux fonctionnaires et agents des divers services aux colonies, et il est spécifié, en outre, au paragraphe 2 des dispositions communes à tous les agents, ainsi qu'aux officiers et assimilés que cette retenue ne peut, dans aucun cas, être supérieure à la moitié d'un jour de solde à laquelle l'officier, l'employé ou l'agent a droit, suivant sa position de non-activité, de réforme ou de congé. Cette règle, quoique nettement posée, est, en effet, dans la pratique, de nature à soulever des interprétations différentes en ce qui concerne les employés des trésoriers.

Les trois positions énumérées ci-dessus, non-activité, réforme et congé, n'existent pas pour ces agents qui n'ont aucune assimilation officielle et dont les émoluments sont réglés au gré des trésoriers-payeurs et sur des fonds dont ces comptables disposent personnellement. Il s'ensuit même que leur classement à l'hôpital peut varier suivant la quotité du traitement qui leur est attribué, et, dans le cas encore où ce traitement est réduit aux plus étroites limites, la retenue se trouve ne plus correspondre à la classe de leur admission à l'hôpital.

Quoi qu'il en soit, des considérations d'un autre ordre m'ont déterminé à poser des règles plus précises pour l'admission dans les hôpitaux de l'État des agents dont il est question. Quel que soit, en effet, le montant de la solde qu'ils reçoivent, pendant leur séjour à l'hôpital, ils sont admis à la salle des officiers ou à celle des employés d'administration. Dans ces conditions, la retenue à laquelle ils sont assujettis est loin de compenser les charges qu'ils occasionnent au budget des hôpitaux.

(1) Publié à part.

Mon intention étant de donner une juste mesure au principe bienveillant concédé par la circulaire ministérielle du 13 mai 1862, j'ai décidé qu'à l'avenir les employés du Trésor ne pourront verser des retenues inférieures à celles édictées par les mêmes tarifs pour les officiers subalternes. En conséquence, ces retenues devront être désormais établies sur les traitements suivants et quelle que soit la position dans laquelle pourra se trouver l'agent admis à l'hôpital :

De 2,501 à 3,000 fr.	4 fr. 50
De 1,801 à 2,500 fr.	4 »
De 1,800 et au-dessous. . . .	3 »

L'insertion de la présente dépêche au *Bulletin officiel de la marine* tiendra lieu de notification.

JAURÉGUIBERRY.

(24 novembre 1882)

DÉP. M. *où il est question d'ouvrir provisoirement à l'hôpital de la marine un quartier particulier pour les femmes.*

J. C. p. 1036.

Depuis 1880, la population féminine de la colonie a triplé ; un grand nombre de nos employés se sont mariés et paraissent fixés d'une manière définitive en Cochinchine. Ce résultat est aussi satisfaisant que possible, et nous ne pouvons trop nous en applaudir, mais nous ne devons pas perdre de vue que cette situation nouvelle nous impose des devoirs et des charges.

Tandis que nous possédons un magnifique hôpital pour les hommes, une femme malade ne peut être soignée en dehors de sa maison. Si elle est veuve ou pauvre, si son mari est obligé de travailler dans les bureaux, si elle n'a pas d'amies, elle reste abandonnée aux soins d'Indigènes dont elle ne comprend pas la langue.

J'ai la certitude que le Conseil colonial jugera indispensable de remédier à un semblable état de choses.

Je ne crois pas qu'il soit encore utile de créer un hôpital pour les femmes, la dépense serait hors de proportion avec les services à rendre ; nous supporterions des frais généraux énormes pour quelques journées de traitement, et il est reconnu qu'un établissement qui ne fonctionne que d'une manière intermittente est généralement mal tenu.

Il me paraîtrait préférable d'ouvrir provisoirement à l'hôpital de la marine, comme cela a lieu en Algérie dans les hôpitaux militaires, un quartier particulier pour les femmes.

Si le Conseil partageait ce sentiment, je demanderais à M. le Ministre de la marine l'autorisation de faire construire un pavillon aux frais de la colonie, et les travaux pourraient commencer au milieu de l'année prochaine.

Dans le cas où cette solution serait adoptée, je désirerais savoir si, dans le classement des malades, le Conseil tiendrait à adopter la hiérarchie maritime : officiers supérieurs, officiers, élèves, sous-officiers, soldats ; tel n'est pas mon avis, et je crois plus avantageux à tous les points de vue de ne créer que deux catégories, les malades en chambre et les malades dans le dortoir commun.

LE MYRE DE VILERS.

(2 août 1883)

DÉP. M. *fixant à nouveau les retenues d'hôpital en ce qui concerne les officiers et les militaires retraités des corps de troupe de la marine.*

B. M. p. 145.

(9 août 1883)

DÉP. M. *au sujet des retenues d'hôpital à exercer sur le traitement de tout le personnel colonial.*

B. M. p. 165.

(3 avril 1889).

A. G. G. *fixant le prix de remboursement des journées de traitement dans les hôpitaux militaires de la Cochinchine et du Cambodge et des frais de sépulture.*

J. C. p. 390.

ARRÊTE :

Article premier. — Les prix de remboursement des journées de traitement dans les hôpitaux militaires de la Cochinchine et du Cambodge et les frais de sépulture sont fixés ainsi qu'il suit :

	PRIX		PART AFFÉRENTE	
	POUR l'officier.	POUR LE non-officier.	au CHAPITRE XI personnel.	au CHAPITRE XII matériel.
Journées de traitement.				
Personnel des services publics	10f00	»	4 90	5 10
Personnes étrangères au service	»	7 81	3 83	3 98
Marins du commerce français	6 41	»	»	6 41
	»	4 51	»	4 61
Frais de sépulture.				
Pour les mêmes	30 84	»	»	30 84
	»	25 84	»	25 84

Art. 2. — Le présent tarif sera appliqué, en ce qui concerne les services publics, à partir du 1er janvier 1889, et, pour les particuliers et marins du commerce, à partir du 1er avril courant.

Art. 3. — Le chef du service administratif est chargé de l'exécution du présent arrêté, qui sera inséré au *Journal* et au *Bulletin* officiels de la colonie.

Saïgon, le 3 avril 1889.

RICHAUD.

NATURE DES DOCUMENTS	DATES	RECUEILS A CONSULTER							OBSERVATIONS
		Bat.	B. C.	B. D.	J. C.	J. H.	B. M.	B. Col	
D. G.	19 octobre 1868.	I-562	213						
D. G.	13 avril 1870.	I-562	105						
Dép. M.	15 décembre 1874.	I-570							
D. G.	28 septembre 1876.	I-577	239						
D. G.	1er juin 1877.	I-577							
Dép. M.	24 mars 1882.								

(19 octobre 1868)

D. G. *allouant à titre gratuit la ration dite d'officier aux Pères de la mission chargés du service religieux auprès des malades dans les hôpitaux des provinces.*

BAT. I, p. 562.
B. C. p. 213.

(13 avril 1870)

D. G. *Règlement du service religieux à l'hôpital militaire de Saïgon.*

BAT. I. p. 562.
B. C. p. 105.

Article premier.— Les exercices religieux et obligatoires sont et demeurent réglés ainsi qu'il suit à l'hôpital militaire de Saïgon :

1° Tous les dimanches et fêtes chômées, messe basse à huit heures et demie du matin ;

2° Les mêmes jours, bénédiction du Saint-Sacrement à six heures du soir ;

3° Tous les autres jours messe basse à six heures du matin. Toutefois, lorsqu'un enterrement d'officier devra avoir lieu le matin, la messe sera dite à sept heures.

Art. 2. — L'aumônier fait en outre des visites journalières dans les salles pour offrir aux malades les secours de la religion et pour l'administration des sacrements.

Il assiste aux enterrements pour y réciter les prières prescrites par le rituel et il accompagne le corps jusqu'à la porte de l'hôpital, dite *porte de la Citadelle.*

Art. 3. — L'aumônier prend soin des vases sacrés ; il veille à l'entretien des ornements de la chapelle, ainsi que ceux du service hospitalier.

Un infirmier de l'hôpital est chargé, sous ses ordres, de la garde de ces objets.

DE CORNULIER-LUCINIÈRE.

(15 décembre 1874)

DÉP. M. *au sujet d'une proposition ayant pour but d'obtenir que des croix fussent placées sur la tombe des soldats et marins décédés à l'hospice militaire de Saïgon.*

BAT. I. p. 570.

Par lettre du 13 février dernier, M. votre prédécesseur a fait parvenir à mon Département une lettre de M. l'aumônier supérieur de l'hôpital de Saïgon, ayant pour but d'obtenir que des croix fussent placées sur la tombe des soldats et marins décédés dans cet établissement, ainsi que cela se pratique à l'hôpital de Saint-Mandrier. M. le contre-amiral Dupré ajoutait que les devis établis dans la colonie fixaient la dépense à 3 fr. 85 cent. par croix, ce qui entraînerait une dépense annuelle de 577 francs environ.

Tout en approuvant en principe la pieuse intention qui a dicté le vœu de M. l'aumônier supérieur, je dois vous faire observer que les évaluations de la colonie sont loin d'être exactes ; il résulte en effet des renseignements que j'ai fait recueillir à ce sujet, qu'il serait impossible d'établir des croix en fer, si simples, si petites et si légères qu'elles fussent, à moins de 10 francs l'une. Dans le cas donc où la colonie serait disposée à faire cette dépense, il serait peut-être préférable de faire exécuter ces croix en fonte dans l'un des grands établissemente dont les dépôts se trouvent à Paris. Les modèles qui existent, notamment dans les magasins du Val-d'Osne, sont très variés de forme et de prix, et l'on pourrait sans doute traiter soit avec cette usine, soit avec toute autre du même genre, aux conditions que je viens d'indiquer.

Je ne vous donne ces explications qu'à titre de simple renseignement, laissant à l'Administration de la colonie le soin d'examiner si les ressources dont elle dispose pourraient lui permettre d'exécuter sur place et dans de meilleures conditions les croix dont il s'agit.

MICHAUX.

(28 septembre 1876)

D. G. *portant qu'à l'avenir l'aumônier de service à l'hôpital militaire de Saïgon accompagnera jusqu'au cimetière les corps des officiers, fonctionnaires, employés, sous-officiers, marins, soldats ou assimilés décédés à cet hôpital.*

BAT. I. p. 577.
B. C. p. 239.

A l'avenir, l'aumônier de service à l'hôpital militaire accompagnera jusqu'au cimetière de Saïgon les corps de tous les officiers, fonctionnaires, employés, sous-officiers, marins, soldats ou assimilés décédés à cet hôpital.

Dans le cas où la cérémonie funèbre ne devrait pas se célébrer dans la chapelle de l'hôpital, l'aumônier accompagnera lesdits corps jusqu'à la porte de l'église paroissiale ou jusqu'à la porte de l'hôpital seulement, si la levée du corps est faite en cet endroit.

DUPERRÉ.

(1er juin 1877).

G. D. *Le service religieux de l'hôpital militaire de Saïgon et du vaisseau stationnaire est confié à un missionnaire, par suite de la suppression des aumôniers de la marine dans les colonies.*

BAT. I. p. 577.

M. le R. P. de la compagnie des missions étrangères, mis à la disposition de l'Administration, sera chargé du service religieux à l'hôpital militaire de Saïgon et à bord du *Fleurus*.

Il entrera en fonctions et la remise du service lui sera faite en la forme ordinaire, à compter d'aujourd'hui 1er juin.

DUPERRÉ.

(24 mars 1882)

DÉP. M. *relativement au traitement de l'aumônier de l'hôpital. Il doit recevoir 3,000 fr. pris sur le budget colonial au chapitre « Hôpitaux ».*

ARCH. GOUV.

Le 8 février dernier, de la manière dont était assuré le service de l'aumônerie à l'hôpital militaire de Saïgon et à bord du vaisseau le *Tilsitt*, vous m'avez prié de prendre une décision qui réglât l'imputation du traitement à allouer au membre de l'ordre religieux chargé desdites fonctions.

Confiées depuis 1877 à un Père de la mission de Cochinchine, ces fonctions étaient rétribuées au moyen d'une augmentation de 3,000 francs à la subvention que recevait la mission pour les fonds du budget local de la colonie, mais un vote du Conseil colonial ayant récemment supprimé toute subvention à la mission, il en résulte que, depuis le 1er janvier 1882, le service de l'aumônerie se trouve complètement dépourvu de rétribution.

Cet état de choses ne peut se prolonger et voici comment je compte y remédier : en attendant que les dispositions nécessaires aient été prises pour classer au budget colonial l'allocation de 3,000 fr., représentation du traitement accordé jusqu'alors au service de l'aumônerie, cette allocation sera prélevée, avec rappel depuis le 1er janvier 1882, sur l'ensemble du crédit inscrit du chapitre 30, Hôpitaux, du budget de l'exercice en cours.

C'est en ce sens que je vous prie de donner à qui de droit des instructions.

NATURE DES DOCUMENTS	DATES	RECUEILS A CONSULTER							OBSERVATIONS
		Bat	B. C.	B D.I	J.C.	J.H.	R. M.	B.Col	
D. G.	1er août 1864.	I-559	84						
D. G.	19 décembre 1864.		166						
D. G.	25 avril 1869.		162						
D. G.	19 avril 1871.	I-563	135						
Dép. M.	16 janvier 1875.	I-570							
Dép. M.	19 novembre 1878.								
Circ. M.	11 mars 1881.								
Circ. M.	9 novembre 1883.						607-636		
Circ. M.	31 décembre 1886.						65		
Circ. M.	28 mai 1887.								
Circ. M.	30 novembre 1887.								

(1er août 1864)

D. G. *Le matériel des hôpitaux et ambulances hors Saïgon devra désormais, lorsqu'il sera reconnu en mauvais état, être renvoyé à l'hôpital central, préalablement à toute demande de remplacement.*

BAT. I, p. 559.
B. C. p. 84.

Article premier. — A l'avenir, lorsque dans les hôpitaux et ambulances établis hors Saïgon, des objets de matériel seront reconnus en mauvais état, ils devront être visités par les soins d'une commission qui les classera sous les deux catégories suivantes :

1° A réparer ; 2° Impropres au service.

Cette commission aura en outre le devoir de s'enquérir de la date à laquelle lesdits objets auront été mis en service, de rechercher les causes des détériorations, et, dans le cas où ces détériorations lui paraîtraient provenir de la faute ou de la négligence des agents ou infirmiers, elle proposerait d'en imputer la valeur sur leur solde.

Art. 2.— Les objets sur lesquels il aura été ainsi statué seront, à moins qu'ils ne puissent être réparés sur les lieux, renvoyés à Saïgon accompagnés d'une expédition du procès-verbal de visite. Mais, afin que les hôpitaux et ambulances dont il s'agit ne se trouvent pas démunis de trop d'objets à la fois, ces renvois seront effectués *par petites quantités.*

Art. 3. — Une fois rendus à Saïgon, ils y seront examinés de nouveau par la commission des remises de l'hôpital central chargée de les classer définitivement. Enfin, ce classement établi, il sera pourvu sans retard au remplacement, tant des objets déclarés impropres à tout service que des objets à réparer. Cependant, si tous ou quelques-uns de ceux compris dans cette dernière catégorie n'exigeaient que des réparations minimes et de très courte durée, il pourrait être sursis à leur remplacement, et ils seraient renvoyés après avoir été réparés.

Quant aux objets que la commission des remises aurait reconnus susceptibles de faire encore un bon service, leur renvoi dans les localités d'où ils proviendraient auraient lieu immédiatement.

DE LA GRANDIÈRE.

(19 décembre 1864)

D. G. *Disposition concernant le matériel d'hôpital et les vivres de malades accordés aux ambulances des postes militaires. — Nombre de lits de malades à entretenir dans chacun desdits postes.*

B. C. p. 166.

(25 avril 1869)

D. G. *portant que les deux chevaux affectés au service du corbillard et aux transports intérieurs de l'hôpital seront concédés au service de la marine par l'escadron de spahis.*

B. C. p. 162.

(19 avril 1871)

D. G. *nommant une commission permanente chargée de déguster les boissons et aliments destinés aux malades.*

BAT. I. p. 563.
B. C. p. 135.

Une commission permanente composé de :

MM. le commis aux entrées à l'hôpital militaire de Saïgon,
le médecin de garde, *idem*,

se rendra chaque jour à la dépense, avant les heures de distribution, pour y déguster les boissons et aliments destinés aux malades.

Elle inscrira son avis sur un registre ouvert à cet effet et qui restera à la dépense ou sera envoyé sans délai en communication à M. le commissaire aux hôpitaux, si l'examen de la commission a donné lieu à une observation de quelque importance.

DUPRÉ.

(16 janvier 1875)

DÉP. M. *Nouvelles dispositions adoptées pour la délivrance de la bière aux malades rapatriés.*

BAT. I, p. 570.

Des considérations d'économie m'ont déterminé, l'année dernière, à interdire toute délivrance de bière aux malades, embarqués sur les transports affectés au service régulier entre Toulon et la Cochinchine.

Mon attention ayant été de nouveau appelée sur cette question, j'ai décidé que de la bière pourra être délivrée exceptionnellement, *et pour les traversées de retour seulement*, aux transports dont il s'agit, sur un ordre motivé du Gouverneur en Cochinchine, et sous la responsabilité du commandant.

Il ne sera d'ailleurs constitué aucun approvisionnement de ce liquide ; les quantités nécessaires seront achetées à Saïgon ou dans les lieux de relâche.

Je vous prie d'assurer l'exécution de cette disposition et de la porter à la connaissance des commandants des bâtiments qu'elle concerne.

MONTAIGNAC.

(19 novembre 1878)

DÉP. M. *Imputation de la défense faite pour achat d'appareils destinés aux hôpitaux.*

BAT. I, p. 537.

Répondant, par lettre du 20 août dernier, à une observation faite à propos de l'inspection générale du service du génie en Cochinchine pour 1877, vous avez soumis à mon appréciation un arrêté pris par vous, dans le but de mettre fin à une divergence d'opinion qui s'était produite entre M. le chef du service administratif et M. le directeur du génie, relativement à l'imputation de la dépense de certains travaux exécutés ou projetés à l'hôpital de Saïgon.

Vous exposez que, suivant M. le commandant C..., le service du génie ne doit au service hospitalier, en outre des bâtiments et de leur entretien, que les fourneaux et les fours en maçonnerie, les appareils à installer dans les hôpitaux devant être fournis et installés aux frais de l'Administration, d'où il résulterait que ceux envoyés pour l'organisation de la buanderie doivent être payés et mis en place au compte du budget des hôpitaux.

S'appuyant sur les articles 298 et 300 du règlement du 1er avril 1831, sur les hôpitaux militaires, et une dépêche du 11 juin 1872 en Nouvelle-Calédonie, le chef du service administratif a émis un avis contraire, que vous avez approuvé et consacré par votre arrêté, lequel reproduit d'ailleurs les dispositions des articles 298 à 300 du règlement précité.

Il est certain que l'interprétation donnée par le directeur du génie au texte de ces articles est trop absolue et trop étroite; elle ne tient d'ailleurs aucun compte de la réserve posée dans l'article 113 du règlement du 30 juin 1856, sur le service du casernement, relativement aux règles spéciales qui régissent la matière, en ce qui concerne les établissements des services administratifs. Il ressort évidemment de ces dispositions combinées que les appareils destinés à remplacer les fourneaux en maçonnerie doivent être fournis et installés par le génie militaire et que, dans cette catégorie, on doit comprendre ceux nécessaires pour l'installation de la buanderie.

Les appareils, dont la dépense doit incomber au service des hôpitaux, sont les mécanismes, tels que : machines à vapeur, monte-charges, cuviers, baignoires, appareils hydrothérapiques et autres objets similaires.

Telles sont les règles qui doivent, en principe, présider à la répartition des dépenses dont il s'agit. Toutefois, pour ce qui touche les objets qui vous ont été envoyés pour l'organisation des divers services de l'hôpital de Saïgon, ils ont été par exception, ainsi que cela avait eu lieu pour celui de Nouméa, imputés sans distinction sur le budget du génie militaire.

A. Pothuau.

(11 mars 1881)

CIRC. M. *rappelant aux prescriptions concernant les demandes d'approvisionnements (16 mai 1870, 12 février 1877, 27 juin et 24 juillet 1878).*

ARCH. GOUV.

J'ai eu dernièrement encore l'occasion de constater que les administrations coloniales ne se conforment pas toujours aux instructions qui leur ont été successivement adressées pour l'établissement des demandes d'approvisionnements qui sont transmises à mon Département. Plusieurs états de matériel et de médicaments n'indiquaient ni la moyenne des consommations ni l'existant en magasin ou en service et ne portaient pas l'évaluation de la dépense et le nombre de malades.

Je vous recommande de nouveau de ne m'adresser les demandes que lorsqu'elles seront établies dans les formes prescrites par les diverses circulaires de mon Département (16 mai 1870, 12 février 1877, 27 juin et 24 juillet 1878).

Michaux.

(9 novembre 1883)

CIRC. M. *contenant de nouvelles nomenclatures de matériel et un arrêté portant instruction sur la comptabilité des valeurs mobilières ou permanentes appartenant au service des hôpitaux. — Arrêté.*

B. M. p. 607-636.

(31 décembre 1886)

CIRC. M. *contenant instruction sur l'établissement des demandes de matériel d'hôpital.*

B. M. p. 65, année 1887, 1re sem.

(28 mai 1887)

CIRC. M. *Mise à l'essai d'un nouveau régime d'alimentation.*

ARCH. DIV. NAVALE.

(30 novembre 1887)

CIRC. M. *au sujet des vivres de malades à distribuer aux bâtiments.*

ARCH. DIV. NAVALE.

NATURE DES DOCUMENTS	DATES	RECUEILS A CONSULTER							OBSERVATIONS
		Bat.	B. C.	B.D.I	J. C.	J.H.	B. M.	B.Col	
D. G.	28 décembre 1864.	I-560	166						
Tableau	1864		1865 60						
D. G.	4 juillet 1867.		209						
A. G.	6 février 1868.		15						
Circ. M.	13 septembre 1876.	I-244							
Circ. M.	15 décembre 1876.	I-244							
A. G.	24 septembre 1877.	I-579	271						
D. G.	15 décembre 1877.	I-580	404						
Dép. M.	15 février 1880.								
Dép. M.	15 novembre 1882.								
Dép. M.	27 avril 1883.								
Circ. M.	28 avril 1885.					845			
Dép. M.	23 novembre 1886.								

(28 décembre 1846)

D. G. *La comptabilité des drogues et médicaments, vases et ustensiles existant au dépôt de pharmacie de l'hôpital de Saïgon, sera suivie conformément au règlement ministériel du 30 octobre 1860 relatif à la comptabilité du matériel existant dans les dépôts établis hors du territoire continental (B. M. p. 383). L'officier de santé chargé de ce service spécial prendra la qualification de « Comptable du dépôt de pharmacie. » — Supplément de fonctions, frais de bureau.*

BAT. I, p. 560.
B. C. p. 166.

Article premier. — A partir du 1er janvier 1865, la comptabilité des drogues et médicaments, vases et ustensiles existant dans le dépôt de pharmacie de l'hôpital de Saïgon, sera suivie, conformément aux dispositions du règlement du 30 octobre 1860, par un pharmacien ou chirurgien de 2e ou 3e classe désigné par le Gouverneur, sur la proposition du chef du service de santé et de l'avis du chef du service administratif.

Art. 2. — Cet officier de santé prendra, pour ce service spécial, la qualification de *comptable du dépôt de pharmacie*, sans cesser de relever de son chef direct, sous le rapport de la discipline.

Il aura droit, en raison dudit emploi, aux allocations suivantes :

1° Supplément de fonctions, par an	500 fr.
2° Frais de bureau.	300

Art. 3. — Par application de l'article 12 du règlement précité du 30 octobre 1860, seront suivies, dans le dépôt de pharmacie de Saïgon, les dispositions de l'instruction du 1er octobre 1854, relatives à la constatation et à la justification des recettes et des dépenses, ainsi qu'à la surveillance administrative de la comptabilité, laquelle surveillance est dévolue aux commissaires aux hôpitaux.

. . . .

DE LA GRANDIÈRE.

(1864)

TABLEAU. *Nomenclature des médicaments composant l'approvisionnement des ambulances de la colonie.*

B. C. (1865), p. 60.

(4 juillet 1867)

D. G. *fixant les délivrances de vin, vinaigre, huile, moutarde à faire, à titre de médicaments, aux ambulances et infirmeries. — Nomenclature et quantité des médicaments alloués pour trois mois aux postes sans médecins.*

B. C. p. 209.

(6 février 1868)

A. G. *portant que la manne en larmes et le sous-nitrate de bismuth seront délivrés gratuitement aux infirmiers régimentaires.*

B. C. p. 15.

(13 septembre 1876)

CIRC. M. *Les cessions des médicaments faites par le service des hôpitaux aux bâtiments de la flotte seront remboursées aux prix du marché passé en France avec une augmentation de 25 0/0* (1).

BAT. I. p. 244.

La commission permanente de contrôle et de revision du règlement d'armement a signalé plusieurs fois l'élévation des prix de diverses cessions de médicaments à des bâtiments de la flotte faites par le service des hôpitaux militaires de la colonie.

J'ai l'honneur de vous prier d'adresser de nouvelles recommandations pour que les cessions de l'espèce soient toujours remboursées aux prix du marché passé en France pour le service colonial, avec augmentation de 25 0/0. Le service de santé, dans chaque colonie, possède des exemplaires de ce marché envoyés aux époques de renouvellement.

MICHAUX.

(15 décembre 1876)

CIRC. M. *Le service marine devra rembourser aux prix des achats sur place les médicaments dont il aura demandé la cession et qui ne proviendront pas de France.*

BAT. I, p. 244.

J'ai été informé que, très fréquemment, les pharmaciens des hôpitaux des colonies ne pouvaient satisfaire aux demandes de cessions, adressées par des bâtiments de la flotte, qu'en délivrant des médicaments achetés sur place à des prix assez élevés.

Dans ce cas, il ne me paraît pas équitable de faire rembourser par le service marine la valeur de ces médicaments, suivant les prescriptions de la circulaire du 13 septembre dernier, et de laisser ainsi à la charge du service colonial la différence entre le prix de revient des médicaments envoyés de France.

J'ai décidé que l'augmentation de 25 0/0 ne serait applicable qu'aux médicaments expédiés de France en vertu du marché en cours pour le service colonial. Le service marine devra donc rembourser aux prix des achats sur place les médicaments dont il aura demandé la cession et qui ne proviendront pas d'envois de France.

FOURICHON.

(24 septembre 1877)

A. G. *supprimant les délivrances gratuites de médicaments par la pharmacie de l'hôpital, sauf le cas où le médicament désigné ne se trouve point dans les officines de la ville. — Les délivrances de l'espèce continueront à être faites dans tous les postes extérieurs où il existe des ambulances ou des hôpitaux.*

BAT. I, p. 579.
B. C. p. 271.

Article premier.— A compter du 1er octobre 1877, les délivrances gratuites de médicaments cesseront d'être faites par la pharmacie de l'hôpital de Saïgon.

Toutefois, lorsque le chef du service de santé ou le médecin du service extérieur certifiera qu'un médicament désigné ne se trouve point dans les officines de la ville, la pharmacie de l'hôpital satisfera à la demande d'après les indications portées sur le bon du médecin.

Il sera tenu une comptabilité spéciale de ces consommations exceptionnelles.

Art. 2. — Dans tous les postes extérieurs où il existe des ambulances ou des hôpitaux, les délivrances de médicaments continueront à être faites comme par le passé.

DUPERRÉ.

(1) V. Circ. m. 15 décembre 1876.

(15 décembre 1877)

D. G. *instituant une comptabilité pour suivre les mouvements dans les entrées et les sorties des instruments composant l'arsenal de chirurgie de l'hôpital.*

BAT. I, p. 580.
B. C. p. 404.

Article premier. — Une comptabilité sera tenue, à compter du 1er janvier 1878, pour suivre les mouvements qui se produiront dans les entrées et les sorties de l'arsenal de chirurgie de l'hôpital militaire de Saïgon.

Art. 2.— Le recensement établi le 28 novembre dernier servira de point de départ à cette comptabilité, en tenant compte des mouvements qui auront lieu de cette date à celle du 1er janvier prochain.

Art. 3. — M. le prévôt de l'hôpital militaire de Saïgon est chargé, sous la surveillance et la direction de M. le médecin en chef, de la tenue de la comptabilité et est responsable des instruments composant l'arsenal de chirurgie.

Il recevra pour ce service une indemnité spéciale de 300 francs par an.

Art. 4. — La comptabilité dont il s'agit sera ouverte et suivie d'après les règles tracées par l'instruction ministérielle du 1er octobre 1854, sur la comptabilité des matières.

J. Lafont.

(15 février 1880)

DÉP. M. *rappelant aux prescriptions des circ. des 27 juin et 24 juillet 1878 au sujet des demandes d'approvisionnement, ainsi que celles des 29 janvier et 8 février de la même année qui prescrivent d'établir les demandes de médicaments, etc., d'après la nomenclature des marchés spéciaux envoyés au service des hôpitaux des colonies.*

ARCH. GOUV.

J'ai l'honneur de vous adresser par ce courrier quatre exemplaires du nouveau marché passé à Paris le 26 novembre 1879, pour la fourniture des médicaments et de quelques objets de pharmacie nécessaires au service des hôpitaux des colonies.

Je vous prie de rappeler, à cette occasion, les prescriptions des circulaires de mon Département, des 27 juin et 27 juillet 1878, au sujet des demandes d'approvisionnement, ainsi que celles des 27 janvier et 28 février de la même année, qui prescrivent d'établir les demandes de médicaments, d'instruments de chirurgie et d'ustensiles de pharmacie d'après la nomenclature des marchés spéciaux qui sont envoyés au service des hôpitaux des colonies.

Vous recevrez, avec le marché de médicaments, un exemplaire de ceux qui ont été passés pour la fourniture des écorces de quinquina jaune, de sulfate de quinine, des bandages et du linge à pansement, ainsi que deux exemplaires des marchés pour les instruments de chirurgie et des ustensiles de chirurgie dont vous avez déjà reçu des exemplaires avec la circulaire du 29 janvier 1878.

Pour le marché de médicaments qui vient d'être passé avec le fournisseur des hôpitaux maritimes de la métropole, je pense qu'il est peut-être utile d'appeler l'attention du service de santé sur l'utilité d'analyser certains médicaments (extraits, poudres, etc.), le titulaire de ce marché n'ayant fourni jusqu'ici que des médicaments simples. Je dois ajouter que ces livraisons ont d'ailleurs toujours été faites à la satisfaction de l'Administration.

Sellier.

(15 novembre 1882)

DÉP. M. *Recommandations au sujet de l'établissement des demandes de vivres et de médicaments.*

ARCH. GOUV.

(27 avril 1883)

DÉP. M. *Transmission de la copie d'un procès-verbal de la séance du Conseil supérieur de santé du 19 avril 1883. — Annexe.*

J'ai l'honneur de vous transmettre la copie du procès-verbal de la séance du Conseil supérieur de santé du 19 avril 1883.

J'appelle toute votre attention sur les mesures signalées par le Conseil supérieur en vue de la consommation des médicaments en approvisionnement dans la colonie.

En ce qui concerne les substances pour lesquelles l'Administration locale a recours au commerce de la place, il y a lieu de donner des ordres, afin qu'à l'avenir les demandes en soient adressées en temps utile en France.

Il résulte également des observations du Conseil supérieur de santé que l'emploi de la chlorodyne ne doit pas être autorisé dans les hôpitaux aux colonies, et je vous prie de ne plus autoriser à l'avenir l'achat de ce médicament.

DISLÈRE.

ANNEXE

(Séance du 19 avril 1883).

Le rapport de fin d'année concernant le service pharmaceutique de Saïgon, transmis à l'examen du Conseil supérieur de santé par note de M. le Conseiller d'État, Directeur des colonies, en date du 13 de ce mois, signale dans sa première partie l'altération subie par les médicaments d'origine organique, tels que feuilles, fleurs, semences, etc., par suite de l'extrême humidité qui règne pendant une partie de l'année en Cochinchine. Le Conseil supérieur s'est déjà préoccupé de cette cause de détérioration, et a indiqué, pour la combattre, l'emploi de boîtes en fer blanc, fermant assez exactement pour garantir de l'humidité les substances qu'on y renferme. Pour les matières très hygrométriques, il conviendrait d'obtenir, au moyen d'un collier de caoutchouc vulcanisé, le joint de la boîte avec son couvercle. Cette disposition, recommandée déjà pour les boîtes à sinapismes, pourrait être également adoptée pour les sparadraps, car, en même temps qu'elle garantit de l'humidité, elle s'oppose efficacement aux effets de dessication et de fendillement produits pendant la saison sèche.

Dans la deuxième partie, on remarque l'achat d'un certain nombre de substances demandées au commerce. Pour le lait frais, les sangsues, la glace, il y a certainement nécessité de se les procurer sur place. Mais il serait à désirer que, pour des médicaments aussi importants que le sous-nitrate de bismuth et le bromure de potassium, le silicate de potasse, l'hydrate de chloral, les besoins fussent prévus à temps pour éviter de recourir à un achat toujours plus onéreux dans la colonie. Quant à la chlorodyne, le Conseil supérieur a été d'avis qu'il n'y avait pas lieu d'en autoriser l'emploi thérapeutique et en a proposé la suppression dans la demande qui lui a été soumise. Le Conseil supérieur constate d'ailleurs, avec satisfaction, que le chef du service pharmaceutique a rempli ses obligations d'une manière très satisfaisante et qu'il a notamment prêté un concours intelligent et dévoué à la justice militaire et à la justice civile, par ses recherches analytiques, exécutées avec méthode et précision.

(28 avril 1886)

CIRC. M. *au sujet des règles relatives à l'établissement des demandes de médicaments aux colonies. — Responsabilité encourue en cas d'achats de médicaments sur place.—Prescriptions au sujet de ces achats.*

B. M. p. 845.

(23 novembre 1886)

DÉP. M. *Rappel aux prescriptions de la circ. du 13 juillet 1860 relative au rapport détaillé que doivent fournir en fin d'année les pharmaciens chefs de service aux colonies sur la marche de leur service.*

BUR. MIL.

HOPITAL INDIGÈNE DE CHOQUAN.

I. ORGANISATION. — II. ADMISSION, FRAIS D'HOSPAITLISATION. — III. COMPTABILITÉ, FONDS D'AVANCES.

I. ORGANISATION.

NATURE DES DOCUMENTS	DATES	RECUEILS A CONSULTER							OBSERVATIONS
		Bat.	B. C	B.D I	J. C.	J.H.	B. M.	B Col	
D. G.	1er septembre 1864.		96						
D. G.	8 juillet 1867.		222						
D. G.	20 septembre 1869.		324						
D. G.	14 janvier 1870.		14						
A. G.	18 mars 1871.	1-547	108						
A. G.	14 décembre 1874.		429						
A. G.	17 juin 1875.	1-549	226						
A. G.	7 avril 1878.	1-558	113						
Dép. M.	28 octobre 1878.	1-559							
A. G.	30 décembre 1878.	1-559	444						
D. G.	15 février 1884.		61						
A. G.	8 septembre 1887.		660		897				
A. L. G.	12 décembre 1887.		586		1158				
Dép. M.	23 mai 1888.								

(1er septembre 1864)

D. G. *Service médical de l'hôpital indigène et du dispensaire. Supplément à allouer aux deux officiers de santé chargé de ce service.*

B. C. p. 96.

(8 juillet 1867)

D. G. *chargeant l'inspecteur de Saïgon de la direction et de la surveillance de l'hôpital. Le service de cet établissement lui sera remis par le commissaire municipal* (1).

B. C. p. 222.

(20 septembre 1869)

D. G. *chargeant le 2e médecin de l'hôpital de Choquan de passer la visite des filles soumises de Cholon. Supplément de 600 francs à titre d'indemnité de déplacement.*

B. C. p. 324.

(14 janvier 1870)

A. G. *L'hôpital de Choquan est placé sous la direction et la surveillance de la Direction de l'Intérieur.*

B. C. p. 14.

(18 mars 1871)

A. G. *autorisant l'annexion au dispensaire de l'hôpital de Choquan d'un refuge de filles repenties.*

BAT. I. p. 547.
B. C. p. 108.

Article premier. — Est autorisée, à titre d'annexe du dispensaire de Choquan, l'œuvre du refuge déjà existante dans cet établissement.

Art. 2. — Le chiffre maximum des repenties admises au refuge, et dont les dépenses de nourriture et d'entretien seront à la charge du budget local, est limité à quinze.

Art. 3. — Les filles repenties auront droit à la ration journalière attribuée aux filles asiatiques du dispensaire et à trois habillements par an.

Art. 4. — Un règlement spécial déterminera les conditions disciplinaires, d'admission, de séjour et de sortie des pensionnaires du refuge.

DE CORNULIER-LUCINIÈRE.

(14 décembre 1874)

A. G. *réglementant les services réunis de la maison centrale de Saïgon et de l'hôpital de Choquan et les plaçant sous la direction du directeur de ladite maison centrale* (2).

B. C. p. 429.

(1) V. A. G. 14 janvier 1870.
(2) Mod. A. G. 7 avril 1878.

(17 juin 1875)

A. G. *établissant le règlement intérieur de l'hôpital indigène de Choquan.*

BAT. I, p. 549.
B. C. p. 226.

CHAPITRE PREMIER

PERSONNEL.

Du directeur de la prison centrale (1) *et de l'hôpital de Choquan. Ses attributions.* — Le directeur de la prison centrale et de l'hôpital de Choquan, est chargé de l'administration et de la police de l'hôpital de Choquan et de ses annexes, sous la surveillance du Directeur de l'Intérieur.

NOMENCLATURE DES MÉDICAMENTS.	QUANTITÉ A DÉLIVRER pour trois mois.	
	ESPÈCE des unités.	QUANTITÉS.
Charpie	Kilogr.	1 000
Linge à pansement	—	3 000
Alcool camphré	Litres.	Trois.
Teinture d'arnica	Kilogr.	0 200
Solution de nitrate d'argent au 1/5e	—	0 030
Teinture d'iode	—	0 050
Diachylon	Rouleaux.	Deux.
Baume du commandeur	Kilogr.	0 200
Perchlorure de fer liquide à 30°	—	0 050
Éther sulfurique	—	0 050
Laudanum	—	0 060
Céra simple	—	0 300
Poudre de quina, charbon et camphre	—	0 200
Sulfate de soude	—	0 500
Sulfate de quinine	—	0 060
Pommade d'helmérich	—	1 000
Ammoniaque	—	0 100
Onguent mercuriel	—	0 250
Extrait de saturne	—	0 300
Ipéca en paquet de 1 gramme	—	0 020
Alcool phénique au 1/10e	—	0 100
Hypochlorite de soude	Bouteilles.	Deux.

Il prépare les cahiers des charges, les adjudications publiques, les marchés de gré à gré, les achats sur facture destinés à assurer l'approvisionnement de l'hôpital en vivres, drogues, médicaments et matières diverses ; vérifie et liquide les dépenses sur fonds d'avances (2) ; il veille à l'accomplissement des prescriptions réglementaires en matières de recette, et à ce que les certificats comptables soit établis conformément aux règlements en vigueur dans la colonie ; ils s'assure que les matières sont convenablement emmagasinées et que l'ordre règne dans toutes les parties du service.

Tous les employés affectés au service de l'hôpital, les sœurs hospitalières, les infirmiers et tous les agents secondaires sont sous ses ordres ; il prononce les peines disciplinaires contre les malades et contre les employés asiatiques, sauf la révocation

(1) Mod. A. G., 7 avril 1878.
(2) V. *Fonds d'avances.*

des agents commissionnés ; il peut, au besoin, requérir la force publique pour assurer l'exécution des règlements et maintenir le bon ordre.

Il prépare les consignes relatives à la police de l'hôpital ; il se concerte avec le chef du service médical sur tout ce qui intéresse le service des malades.

Du sous-directeur (1). — Le sous-directeur est chargé de l'administration et de la police de l'établissement, sous l'autorité et conformément aux instructions du directeur de la prison centrale et de l'hôpital de Choquan. Lorsque ce fonctionnaire est absent ou empêché, il est appelé à le remplacer et a toutes ses attributions en ce qui concerne l'hôpital de Choquan.

Le sous-directeur délivre lès billets d'hôpital et tient les registres d'entrée et de sortie.

Service médical. — Les officiers de santé, sous le rapport de la discipline intérieure de l'établissement, dépendent du directeur de l'hôpital, qui leur adresse, quand il y a lieu, des observations, et en réfère au besoin à l'autorité supérieure. — Ils ne peuvent s'immiscer dans les détails du service administratif, ni donner aucun ordre aux agents de ce service, autres que les infirmiers. — Ces ordres ne peuvent être donnés que pour le service des malades. — S'ils ont des plaintes à porter contre eux, ils les font connaitre au directeur, et, dans le cas où ce dernier n'y ferait pas droit, ils ont recours à l'autorité supérieure.

A chaque changement de destination, les officiers de santé sont tenus, avant de quitter l'hôpital, de faire la remise à l'agent comptable des objets du matériel mis à leur disposition. et de mettre au courant toutes les écritures qu'ils ont à tenir.

Le premier médecin propose, au directeur de la prison centrale et de l'hôpital de Choquan, ses vues d'amélioration et lui communique ses observations, par écrit, sur les objets de police et d'administration qui lui paraissent intéresser les malades.

Les officiers de santé se conforment aux dispositions des règlements, en ce qui concerne les réceptions et les vérifications de denrées, d'objets de chirurgie et de médicaments, et relativement à tous les autres détails de service dans lesquels leur concours est demandé par le chef de l'établissement.

Pharmacien. — Le pharmacien est comptable, sous la surveillance admnistrative du directeur de la prison centrale et de l'hôpital, des objets de consommation qui lui sont confiés ; il est responsable des ustensiles mis à sa disposition.

Il dirige et assure par lui-même la conservation, la préparation et la distribution des médicaments.

Il dirige le jardin botanique de l'hôpital,il consulte les officiers de santé sur le choix des plantes médicinales à y cultiver.

Il suit le médecin pendant la visite et il transcrit les prescriptions sur un cahier divisé en deux parties, comme celui des aliments ; il tient la main à ce que les préparations prescrites soient faites à temps et avec précision, conformément au formulaire.

Le pharmacien établit, après la visite, un relevé des médicaments prescrits, qui sert à confectionner la pièce justificative des drogues consommées pendant le mois.

Il a la garde des instruments de chirurgie.

Sa comptabilité, établie dans les formes ordinaires, est remise en fin d'année à l'agent comptable de l'établissement chargé de l'ensemble de la comptabilité.

De l'agent comptable. — L'agent comptable est placé sous les ordres et la surveillance du directeur de la prison centrale et de l'hôpital de Choquan ; il prend charge

(1) Emploi fondu avec celui de directeur.

des matières après leur recette définitive, veille à leur conservation et en assure la délivrance régulière.

Indépendamment de toutes les écritures relatives à la comptabilité : vivres, matériel, pharmacie, construction, culte, instruments de chirurgie, l'agent comptable est gérant des fonds d'avances (1) et des dépôts effectués par les malades ; il tient le contrôle du personnel et toutes les écritures qui lui sont confiées.

Sœurs hospitalières (2). — Les sœurs hospitalières sont chargées, sous les ordres du directeur de la prison centrale et de l'hôpital de Choquan, de la propreté des salles ; elles veillent à la conservation et sont responsables des objets de toutes nature déposés dans les salles qu'elles desservent ; elles assistent à la distribution des vivres et au rechange d'effets d'habillement dans les dispensaires et chez les femmes libres.

En ce qui concerne les soins à donner aux malades, elles doivent faire exécuter toutes les mesures de salubrité qui sont ordonnées par les médecins qu'elles accompagnent dans leurs visites. — Elles assistent à la distribution des médicaments faite par le pharmacien et les font prendre aux malades de la manière et aux moments indiqués par les officiers de santé. Elles président aux pansements confiés aux infirmiers et s'occupent personnellement de ceux que les médecins leur prescrivent.

Les infirmiers et les infirmières employés dans les salles sont tenus de déférer aux ordres des sœurs dans toutes les parties du service qu'elles sont chargées d'assurer.

Indépendamment des obligations sus-énumérées, les sœurs tiennent la main à ce que les consignes disciplinaires soient respectées par les malades et les infirmiers. — A cet effet, elles se conforment aux dispositions des règlements de l'hôpital et elles veillent à l'exécution minutieuse de tous les détails du service dans lesquels leur concours est demandé par le chef de l'établissement.

Les sœurs hospitalières ne peuvent, sous aucun prétexte, s'immiscer dans aucun des détails du service administratif, ni donner des ordres aux employés.

La propreté de la chapelle, l'arrangement et la conservation de tous les objets du culte leur seront confiés, sous la surveillance de l'aumônier.

Aumônier. — L'aumônier dit la messe tous les dimanches et jours de fête, à l'heure fixée par le directeur de la prison centrale et de l'hôpital.

A des heures autres que celles fixées pour la visite des médecins et pour la distribution des médicaments et des vivres, l'aumônier parcourt les salles pour offrir aux malades catholiques les consolations de la religion ; il répond, de nuit et de jour, à l'appel des mabades qui ont besoin de son ministère.

Dans les services funèbres, il accompagne les corps jusqu'à la porte de la chapelle.

L'aumônier est responsable envers l'Administration des objets du culte portés sur l'inventaire.

Infirmiers et infirmières. — L'infirmier major a la surveillance disciplinaire de tous les infirmiers et infirmières laïques. Ceux-ci sont tenus d'obéir aux médecins dans l'exercice de leurs fonctions et aux sœurs des salles qu'ils sont appelés à seconder.

L'infirmier major suit les visites muni d'un cahier, sur lequel il inscrit les prescriptions alimentaires. Un relevé de ce cahier est remis à l'agent comptable une heure au moins avant la distribution des vivres.

Les infirmiers et les infirmières reçoivent la ration asiatique fournie aux malades par l'hôpital, et les tabliers nécessaires.

(1) V. *Fonds d'avances.*
(2) Supprimées, 11 octobre 1875.

Les tabliers sont changés par les soins du magasinier, sur la présentation de ceux qui étaient en service.

Les infirmiers et les infirmières sont obligés de monter la garde de nuit et de jour, à tour de rôle, et de porter en service le costume réglementaire qui leur est fourni.

Gardien des prisons. — Le gardien des prisons détaché à l'hôpital a la police de ses prisonniers, qu'il emploie aux travaux qui lui sont désignés par le directeur de la prison centrale et de l'hôpital. Il lui rend compte des infractions, signale les évasions et fait exécuter les punitions prononcées contre les condamnés.

Il tient le registre des punitions et, en cas de révolte, il prend les instructions du chef de l'établissement ou de son suppléant.

Portier. — Le portier de l'hôpital ne laisse entrer qui que ce soit dans l'établissement qu'en vertu d'une permission du directeur de la prison centrale et de l'hôpital, sauf le jeudi et le dimanche, où l'entrée est accordée librement de cinq à six heures du soir.

Dans le cas où le porteur d'une permission donnerait au portier des motifs de soupçonner que sa présence dans l'hôpital peut produire du désordre, il en informe le directeur, qui lui refuse l'entrée.

Le portier ne laisse sortir aucun malade traité dans l'hôpital, s'il n'est muni d'une permission du docteur, préalablement visée par le chef de l'établissement. Il visite tous les paquets que l'on veut introduire dans l'hôpital ou en faire sortir.

Il ne permet ni l'entrée, ni la sortie d'aucune espèce de comestible ou de boisson, sauf les approvisionnements journaliers, sans l'autorisation écrite de qui de droit.

Les femmes du dispensaire ne peuvent être visitées que par leur père et mère, le premier lundi de chaque mois seulement; toutefois, le directeur peut, en cas de nécessité absolue, autoriser la visite de personnes étrangères.

ENTRÉES.

Visite du malade. — Dépôt des effets dont il est porteur. — Délivrance des effets d'hôpital. — Chaque malade, à son entrée, est visité par le médecin de garde, qui vérifie la nature de la maladie et désigne la salle qu'il doit occuper.

Le billet d'entrée une fois annoté par le docteur, le sous-directeur l'inscrit sur le registre des entrées et des sorties et délivre un billet de salle que l'infirmier major place à la tête du lit du malade.

Cette formalité remplie, le malade est conduit au vestiaire, où il dépose ses effets et reçoit en échange un costume de l'hôpital. Les effets déposés sont lavés, s'il y a lieu, numérotés et inscrits sur un registre spécial.

SORTIES.

Le docteur, dans la visite du matin, désigne les individus qui doivent sortir le lendemain, en inscrivant sa décision sur le billet de salle que l'infirmier major présente au directeur de la prison centrale et de l'hôpital, qui ordonne l'inscription sur le registre des entrées et des sorties, à l'appui duquel reste le billet de salle.

Le sous-directeur prépare un billet de sortie, en ayant soin de mentionner l'autorité qui a requis l'admission à l'hôpital du malade.

Muni de ce billet, l'individu sortant est conduit au vestiaire où ses effets lui sont remis. Il donne sur le registre inventaire reçu des objets déposés au magasin.

Si la partie prenante est illettrée, deux témoins assistent à la remise des effets.

Les filles publiques et les détenus sont remis aux autorités desquelles ils dépendent, sur la présentation de l'avis adressé la veille par le chef de l'établissement.

Cet avis signale le jour et l'heure où le malade doit sortir de l'hôpital.

SORTIES PAR ÉVASION.

Aussitôt qu'une évasion de l'hôpital est portée à la connaissance du directeur, ce fonctionnaire la signale aux parties intéressées.

Si l'évadé emporte ses effets de l'hôpital, procès-verbal est dressé pour justifier la perte des effets.

DÉCÈS.

Un extrait du registre des décès est adressé aux services auxquels appartenaient les décédés, ou bien aux particuliers qui avaient requis leur admission à l'hôpital, ainsi qu'à l'administrateur des affaires indigènes de son dernier domicile.

DU TRAITEMENT DES MALADES.

Les médecins chargés du traitement des malades ont seuls le droit d'ordonner des remèdes et le régime alimentaire, en se conformant, pour les aliments, au genre de nourriture adopté par l'Administration.

Les médecins doivent faire chaque jour deux visites dans les salles, l'une le matin et l'autre le soir.

Les visites du matin doivent commencer, en toute saison, à sept heures. Elles ont lieu plus tôt si le nombre des malades l'exige, de manière que la distribution des médicaments soit toujours terminée une heure avant celle des aliments.

Les visites du soir doivent être faites à trois heures et demie. Les médecins sont tenus d'en faire d'autres toutes les fois que la gravité des maladies le commande.

Les médecins sont suivis dans leurs visites par le pharmacien, les infirmiers et la sœur de la salle.

L'infirmier major est toujours présent aux visites du matin et du soir.

Les prescriptions des médicaments et des aliments sont inscrites immédiatement, sous la dictée du médecin, sur deux cahiers tenus l'un par le pharmacien, l'autre par l'infirmier major.

Chacun des deux cahiers de visites doit être divisé en deux parties, l'une pour les jours pairs et l'autre pour les jours impairs, de manière que le médecin ait toujours en main le cahier de la veille.

Les cahiers sont composés du nombre de feuilles nécessaires pour le service pendant un mois.

Les cahiers sont signés tous les jours par le médecin qui a fait la visite, lequel rectifie les erreurs qui auraient pu s'y glisser. — Les malades sont désignés sur les cahiers en question par les numéros des lits qu'ils occupent.

Après chaque visite, l'infirmier major remet le relevé des prescriptions alimentaires au comptable, une heure avant la distribution.

Le pharmacien, de son côté, fait le relevé des médicaments prescrits et pourvoit à leur préparation et à leur distribution.

La distribution des médicaments est faite par le pharmacien, le cahier à la main, en présence de la sœur et des infirmiers. Elle a lieu deux fois par jour : le matin, immédiatement après la visite ; le soir, après la distribution des aliments.

Les pansements doivent toujours être faits, après la visite du matin, par les médecins, les sœurs et les infirmiers, selon la gravité et la nature des blessures et des plaies.

Les infirmiers qui suivent les pansements et portent les boîtes d'appareils ont soin de recueillir dans des paniers le linge, les bandes et les compresses qui on servi aux pansements précédents.

Ce linge ne peut plus être employé qu'après avoir été lessivé avec soin.

Toute personne admise à l'hôpital doit observer, à l'égard des sœurs hospitalières, des médecins et des employés, le respect et les égards qui leur sont dus.

Il est enjoint aux malades de traiter les infirmiers avec douceur et de ne jamais les injurier, alors même qu'ils auraient à se plaindre de leur service. Ils doivent, dans ce cas, en instruire le médecin, qui en rend compte à qui de droit.

Il est recommandé aux médecins de veiller à ce que les infirmiers traitent les malades avec bienveillance.

Il est expressément défendu aux malades de fumer et de chiquer du bétel dans les salles, de rien faire de contraire à la propreté, de faire aucun bruit susceptible de troubler le bon ordre ou de nuire au repos de leurs camarades. Tous les jeux d'argent sont interdits, ainsi que l'usage de l'opium et tout trafic ou échange d'aliments.

Aucun malade ne peut, sous quelque prétexte que ce soit, entrer dans la cuisine, dans la cambuse, la pharmacie, le logement des employés ou dans les autres dépendances de l'hôpital. Les malades sont tenus de se conformer aux défenses qui leur sont faites par les médecins de sortir de leurs salles, s'ils sont atteints de maladies contagieuses.

RÉGIME DISCIPLINAIRE.

Les employés européens attachés au service de l'hôpital sont punis des peines disciplinaires édictées par l'article 16 de l'arrêté du 21 avril 1875, concernant le personnel de la Direction de l'Intérieur.

Les infirmiers et autres agents asiatiques sont punis d'une retenue sur le traitement, qui pourra s'étendre jusqu'à 15 jours de solde ; de la consigne, de la salle de police ou de la prison pendant 15 jours, conformément à l'arrêté du 8 avril 1869 (1); de la révocation.

Le personnel attaché au service de l'hôpital ne peut prendre, ni directement ni indirectement, aucun intérêt dans les marchés et fournitures concernant l'approvisionnement de l'établissement.

Il est absolument interdit de délivrer, même à charge de remboursement, des vivres, des médicaments ou objets quelconques de matériel, aux officiers, fonctionnaires ou agents de l'hôpital.

Il est expressément défendu au personnel de l'hôpital de donner ou vendre aux malades aucun aliment ni aucune boisson.

Les malades qui ont commis des fautes contre la discipline peuvent être punis par la privation d'une partie de leur ration ou par la détention à la salle de police pendant 15 jours au plus, pourvu que le médecin déclare que la punition infligée peut être subie sans préjudice pour leur santé.

Les malades, ainsi que les femmes du dispensaire, sont tenus de porter toujours le costume réglementaire de l'hôpital.

Les personnes étrangères à l'hôpital ne peuvent être admises dans la chapelle qu'en vertu d'une autorisation du directeur.

DISPOSITIONS GÉNÉRALES.

Le directeur des prisons et hôpitaux préparera un projet sur le régime alimentaire, ainsi que sur le mode à suivre pour l'établissement des pièces administratives, le

(1) V. Punitions disciplinaires.

remboursement des frais de traitement et le rouage de toutes les écritures à produire pour la justification de ses opérations, d'après les règles en vigueur dans la colonie.

Ce projet sera soumis à l'approbation du Directeur de l'Intérieur.

DUPERRÉ.

(7 avril 1878)

A. G. *séparant la direction de l'hôpital de Choquan de celle de la maison centrale de Saïgon.*

BAT. I. p. 558.
B. C. p. 113.

Article premier. — A partir du 8 avril courant, l'hôpital indigène de Choquan, mis par l'arrêté du 14 décembre 1874 dans les attributions du directeur de la prison, est placé sous la direction d'un fonctionnaire qui prend le titre de : *Directeur de l'hôpital de Choquan.*

Art. 2. — Les appointements annuels de ce fonctionnaire sont fixés à 6,000 francs.

Art. 3. — Les attributions dévolues au directeur de la prison, comme chargé de l'hôpital de Choquan, sont confiées au nouveau directeur de cet établissement.

Art. 4. — Les dispositions antérieures, contraires au présent arrêté, sont abrogées.

J. LAFONT.

(28 octobre 1878).

DÉP. M. *Les dépenses que pourra nécessiter l'emploi des deux médecins de la marine attachés au service de l'hôpital indigène seront soldées par le budget local.*

BAT. I. p. 559.

Jusqu'à ce jour, les médecins de la marine qui desservent l'hôpital de Choquan ont été rémunérés par le budget de l'État ; le service local n'accordant à ces fonctionnaires qu'un simple supplément de solde.

En réponse aux observations dont cet état de choses avait été l'objet de ma part, vous m'avez prié de remarquer que l'hôpital de Choquan reçoit, outre les indigents et les Asiatiques appartenant au service local, le personnel employé dans les divers services de la marine, y compris les ouvriers de l'arsenal, les équipages indigènes des chaloupes et canonnières, etc., et qu'ainsi, il vous paraissait équitable de laisser à la charge du budget de la marine la solde réglementaire des deux médecins attachés à cet hôpital et auxquels le budget local accorde des suppléments suffisants.

D'autres établissements coloniaux, placés dans les mêmes conditions que celui de la Cochinchine, ont paru considérer comme équitable de payer, avec leurs ressources particulières, les dépenses résultant pour eux de l'emploi de médecins de la marine dans les hôpitaux locaux ou municipaux, bien que des fonctionnaires et des agents y fussent traités.

Je crois indispensable d'appliquer la même règle à l'hospice de Choquan. Je vous prie de prendre les mesures nécessaires pour que, désormais, les dépenses que pourra nécessiter l'emploi des deux médecins dont il vient d'être question, soient complètement soldées par le budget local.

A. POTHUAU.

(30 décembre 1878)

A. G. *mettant au compte du budget local la solde des deux médecins de la marine détachés à l'hôpital indigène de Choquan.*

BAT. I. p. 559.
B. C. p. 444.

A compter du 1er janvier 1879, la solde des deux médecins de la marine détachés à l'hôpital indigène de Choquan sera mise au compte du budget local.

J. LAFONT.

(15 février 1884)

D. G. *portant fixation de la solde de divers agents asiatiques de l'hôpital de Choquan.*

B. C. p. 61.

La solde de divers agents asiatiques de l'hôpital de Choquan est fixée comme suit, à compter du 1er janvier 1884 :

	Piastres.
Concierge magasinier	180 00
Infirmières de 1re classe	80 00
Infirmières de 2e classe	60 00
Aide-cuisinier	80 00

CHARLES THOMSON.

(8 septembre 1887)

A. G. *assurant le service médical de l'hôpital de Choquan. — Médecin en sous ordre. — Durée de la période de service. — Supplément annuel alloué au médecin en sous-ordre.*

B. C. p. 660.
J. C. p. 897.

Article premier. — A l'avenir, le médecin en sous-ordre de l'hôpital de Choquan sera pris parmi les médecins de 2e classe titulaires, présents à Saïgon le jour de la vacance du poste et d'après le rang occupé sur la liste de départ.

Art. 2. — La durée de la période de service à faire à Choquan sera de six mois.

Art. 3. — Il est alloué au médecin en sous-ordre de Choquan un supplément annuel de deux mille francs (2,000 francs).

Art. 4. — S'il n'existe à Saïgon aucun médecin entretenu le jour de la vacance du poste de Choquan, le titulaire du poste conservera cet emploi à titre provisoire jusqu'à l'arrivée d'un officier susceptible de le remplacer.

Art. 5. — Le surcroît de dépense provenant de la solde du médecin de 2e classe en sous-ordre et de l'augmentation du supplément, sera prélevé sur l'ensemble des crédits inscrits au chapitre XII du budget de l'exercice courant.

FILIPPINI.

(12 décembre 1887)

A. L. G. *confiant le service médical de l'hôpital de Choquan au médecin principal de la marine en service en Cochinchine* (1).

B. C. p. 856.
J. C. p. 1158.

Article premier. — A compter du 1er janvier 1888, le service médical de l'hôpital de Choquan sera confié, sous la direction du médecin en chef, au médecin principal de la marine en service en Cochinchine. En cas d'absence ou d'empêchement, le médecin de 1re classe qui occupera le premier rang sur la liste des corvées extérieures remplacera le médecin principal. Cet officier de santé conservera néanmoins son rang sur la feuille des départs ; il ne prendrait la queue de liste que si son service à Choquan avait une durée de trois mois au moins.

Art. 2. — Le médecin principal résidera à l'hôpital indigène de Choquan ; il continuera à faire partie du Conseil de santé et restera à la disposition du médecin en chef pour tous les besoins du service.

Art. 3. — Il lui sera adjoint un médecin de 2e classe pris dans le cadre général, conformément à l'arrêté du 8 septembre 1887.

(1) App. Dép. M. 23 mai 1888.

Art. 4. — La solde de grade des deux médecins de la marine détachés à l'hôpital indigène de Choquan continuera, ainsi qu'il est spécifié à l'arrêté du 30 décembre 1878, à être mise au compte du budget local.

PIQUET.

(23 mai 1888)

DÉP. M. *approuvant et confirmant l'arrêté du 12 décembre 1887 par lequel la direction de l'hôpital indigène de Choquan a été confiée à un médecin principal de la marine à titre permanent.*

ARCH. GOUV.

Par une lettre du 15 janvier dernier, vous avez soumis à l'appréciation du Département la question de savoir s'il y avait lieu de maintenir l'arrêté du 12 décembre 1887 par lequel M. le Lieutenant-Gouverneur de la Cochinchine a confié, à titre permanent, au médecin principal de la marine en service dans la colonie, la direction de l'hôpital indigène de Choquan, ou de revenir au système antérieurement en vigueur et qui consistait à charger à tour de rôle les médecins de première classe de cette direction.

J'ai l'honneur de vous faire connaître qu'il me paraît de beaucoup préférable de confier l'hôpital de Choquan au médecin principal dont le maintient à la tête de cet établissement ne peut avoir qu'un bon résultat au point de vue du traitement des malades. Je ne vois, du reste, aucun inconvénient à ce que cet officier supérieur réside à Choquan vu la faible distance qui sépare cet hôpital du chef-lieu de la colonie.

Je vous prie, en conséquence, de vouloir bien maintenir l'arrêté pris le 12 décembre 1887.

A. DE LA PORTE.

NATURE DES DOCUMENTS	DATES	RECUEILS A CONSULTER							OBSERVATIONS
		Bat.	B. C.	B.D.I	J. C.	J.H.	B. M.	B Col	
D. G.	4 octobre 1864.	I-547	108						
D. G.	29 septembre 1869.		339						
D. G.	28 février 1870.		59						
D. G.	18 novembre 1871.	I-548	381						
Circ. D. I.	1er octobre 1872.	I-548		54					
A. G.	31 juillet 1878.	I-558	237						
Circ. D. I.	9 juillet 1880.			82					
Circ. D. I.	3 mai 1882.			19					
Circ. D. I.	19 juillet 1882.			55					
Circ. D. I.	23 août 1882.			55					

(4 octobre 1864)

D. G. *A l'avenir, les agents et ouvriers indigènes malades ne pourront être admis, hors les cas de force majeure, qu'à l'hôpital indigène de Choquan.*

BAT. I. p. 547.
B. C. p. 108.

Article premier. — A l'avenir, les agents et ouvriers indigènes employés au service de l'État, qui tomberont malades, tant à Saïgon que dans les autres localités de la colonie, et qui demanderont à être traités dans un établissement hospitalier, ne pourront plus être admis qu'à l'hôpital annamite de Choquan . . . .

. . . .

Art. 2. — Il ne sera fait d'exception à cette règle qu'à l'égard de ceux desdits agents et ouvriers blessés sur les travaux à Saïgon et qu'il y aurait urgence à transporter à l'hôpital maritime de cette localité. Mais, dans ce cas . . . .

. . . .

le malade serait évacué sur l'hôpital annamite de Choquan, dès qu'il pourrait y être transporté sans inconvénient pour sa guérison.

DE LA GRANDIÈRE.

(29 septembre 1869)

D. G. *fixant le prix de remboursement de la journée de traitement à l'hôpital de Choquan* (1).

B. C. p. 339.

(28 février 1870)

D. G. *modifiant le prix de remboursement de la journée de traitement à l'hôpital de Choquan* (2).

B. C. p. 59.

(18 novembre 1871)

D. G. *modifiant le mode de remboursement des journées de traitement à l'hôpital indigène de Choquan. — Dépôt de garantie exigé de toute personne étrangère au service de l'État* (3).

BAT. I, p. 548.
B. C. p. 381.

Article premier. — Les décisions susvisées des 29 septembre 1869 et 28 février 1870 sont et demeurent rapportées.

Art. 2. — *Abr. A. G.*, 31 juillet 1878.

Art. 3. — Les personnes étrangères au service devront acquitter d'avance, par période de huit jours, les frais de traitement à l'hôpital.

Art. 4. — A dater de ce jour, les dépenses de séjour à l'hôpital de Choquan seront remboursées au service local, savoir :

Pour tous les plantons et employés asiatiques, au moyen d'une retenue sur leur traitement ;

(1) V. D. G. 28 février 1870.
(2) V. A. G. 18 novembre 1871.
(3) V. A. G. 31 juillet 1878.

Pour les malades envoyés par la ville de Saïgon ou ayant leur domicile dans cette ville, et pour les filles soumises, par le budget municipal qui, de son côté, se fera rembourser par les propriétaires des maisons auxquelles appartiennent ces filles ;

Pour les domestiques ou employés des maisons de commerce, par les directeurs de ces maisons ;

Pour les marins des navires de commerce, par les consignataires.

CH. D'ARBAUD.

(1er octobre 1872)

CIRC. D. I. *relative au remboursement des frais d'hôpital des Chinois admis dans les établissements hospitaliers de la colonie.*

BAT. I. p. 548.
B. D. I. p. 54.

Le recouvrement des frais occasionnés, soit à l'hôpital de Choquan, soit dans les ambulances du service local établies sur divers points de la colonie, par le traitement des Chinois, offre, dans la plupart des cas, de grandes difficultés ; il en résulte un dommage important au préjudice du trésor.

Pour y remédier, me basant d'ailleurs sur l'esprit de l'arrêté du 5 octobre 1871, qui pose en principe la responsabilité de la congrégation, et sur une récente délibération de la délégation municipale de Cholon, j'ai décidé qu'aucun individu de nationalité chinoise ne serait admis dans les établissements hospitaliers appartenant au service local, et destinés au traitement des Asiatiques, s'il n'était muni au préalable d'une attestation du chef de sa congrégation certifiant l'engagement de sa part de payer les frais.

En vous notifiant cette mesure, pour l'application de laquelle j'ai l'honneur de vous inviter à prendre immédiatement les dispositions nécessaires, je crois devoir vous rappeler les prescriptions des paragraphes 2 et 3 de l'arrêté du 18 novembre 1871, relativement au taux du remboursement de la journée d'hôpital ou d'ambulance, et au dépôt de garantie qui doit être exigé pour toute personne étrangère au service de l'État. Cependant, la garantie de la congrégation me paraissant suffisante, je ne pense pas qu'il y ait lieu d'appliquer cette clause dans toute sa rigueur et vous laisse toute latitude à cet égard.

Il est bien entendu que, dans le cas d'urgence, l'admission a lieu immédiatement, sauf à régulariser ensuite.

GIBERT DES MOLIÈRES.

(31 juillet 1878)

A. G. *fixant le prix de remboursement de la journée de traitement à l'hôpital de Choquan.*

BAT. I. p. 558.
J. C. p. 237.

Article premier. — L'article 2 de la décision du 18 novembre 1871 est et demeure rapporté.

Art. 2. — Le taux de remboursement de la journée de traitement à l'hôpital de Choquan est fixé, pour tous les Indigènes admis dans cet établissement, à 1 fr. 45 c.

Art. 3. — Toutes les autres dispositions contenues dans la décision sus-visée sont maintenues.

J. LAFONT.

(9 juillet 1880)

CIRC. D. I. *Les militaires indigènes, quel que soit leur grade, ne doivent, pas plus que les agents civils annamites, être admis dans les établissements de la marine. — Cas exceptionnel.*

B. D. I, p. 82.

Le service administratif de la marine vient de demander au budget local le remboursement des frais de traitement subi pour des tirailleurs annamites dans un hôpital maritime d'arrondissement pendant le trimestre écoulé.

Ce fait me conduit à vous informer en principe que les militaires indigènes, quel que soit leur grade, ne doivent, pas plus que nos agents civils annamites, être admis dans les établissements de la marine. Si la gravité exceptionnelle d'une maladie ou d'une blessure nécessitait une dérogation à cette règle, vous auriez à me demander, par le télégraphe, une autorisation spéciale, et le billet d'hôpital recevrait votre attache.

NOUET.

(3 mai 1882)

CIRC. D. I. *au sujet des aliénés ou autres à diriger sur l'hôpital de Choquan.*

B. D. I. p. 19.

Il résulte des renseignements qui me sont transmis par M. le Directeur de l'hôpital indigène de Choquan, que les cabanons affectés spécialement aux aliénés se trouvent complètement occupés en ce moment, et qu'il lui est impossible de recevoir aucun contingent des différents points de l'intérieur.

J'ai l'honneur, en conséquence, de vous prier de vouloir bien suspendre tout envoi d'aliénés, à l'avenir, sans en avoir préalablement obtenu mon autorisation.

Je vous invite également à ne m'adresser vos demandes pour l'admission à l'hôpital de tous les malades en général qu'avec la plus grande réserve, les frais que leur séjour occasionne dans cet établissement étant fort onéreux pour le budget de la colonie.

BÉLIARD.

(19 juillet 1882)

CIRC. D. I. *prescrivant de n'envoyer désormais à l'hôpital que les employés du service local autres que les journaliers. — Quant aux malades non compris dans cette catégorie, il ne leur sera délivré de billets d'hôpital que sur la présentation d'un engagement de rembourser les frais de transport, d'hospitalisation, etc.*

B. D. I, p. 55.

Vous n'ignorez pas que le nombre toujours croissant d'Indigènes hospitalisés à Choquan devient une lourde charge pour le budget local. Aussi, et dans le but de parer à cet inconvénient, ai-je l'honneur de vous prier de n'envoyer désormais à l'hôpital que les employés du service local autres que les journaliers. Quant aux malades non compris dans cette catégorie, vous voudrez bien ne leur délivrer de billet d'hôpital que s'il vous est présenté un engagement de rembourser les frais de transport, d'hospitalisation, etc. Ce document devra être souscrit soit par les communes, soit par les congrégations, soit par l'arrondissement, soit enfin par un particulier solvable. Il devra être annexé au billet d'hôpital.

Le remboursement des frais sera provoqué soit en fin de trimestre, soit à la sortie de l'hôpital en cours de trimestre. Il s'effectuera sur ordre de recette.

Je ne crois pas devoir insister sur l'importance des recommandations qui précèdent et dont vous comprendrez, je n'en doute pas, toute la portée au point de vue des intérêts du trésor local.

BÉLIARD.

(23 août 1882)

CIRC.D.I. *Remboursement des frais d'hospitalisation des filles publiques par les villes de Saïgon et de Cholon d'une part et par les arrondissements d'autre part.*

B. D. I. p. 55.

Par suite de l'admission à l'hôpital de Choquan des filles publiques libres, pour lesquelles aucun remboursement de frais d'hospitalisation n'a lieu, les crédits inscrits au budget pour cet établissement sont de moins en moins suffisants chaque année.

Au 1er avril dernier, sur 221 malades en traitement à Choquan, se trouvaient 123 filles publiques; dans ce nombre, figuraient 87 prostituées libres, et leur hospitalisation a donné lieu à un excédent de dépense de 900 piastres, ce qui produira un déficit de 3,500 piastres environ pour la fin de l'année.

J'ai dû chercher les moyens de remédier le plus tôt possible à cet état de choses, et soumettre à M. le Gouverneur les mesures qui me paraissaient de nature à prévenir le retour de ces accroissements de dépenses.

Relativement aux villes de Saïgon et de Cholon, qui sont d'ailleurs les deux centres qui envoient à Choquan le plus grand nombre de filles publiques, j'en ai référé aux maires de ces deux municipalités, et ils ont adhéré aux propositions de l'Administration en acceptant le remboursement des frais de traitement des filles dont il s'agit.

Quant aux arrondissements de l'intérieur, la question restée pendante jusqu'à ce jour va pouvoir recevoir une solution conforme, je l'espère, à celle donnée par les municipalités de Saïgon et de Cholon.

Vous reconnaîtrez, en effet, M. l'Administrateur, qu'en principe la réglementation de la prostitution échappe entièrement au contrôle de l'Administration ; seule l'autorité municipale a toute latitude, aux termes de la loi du 22 juillet 1791, organisant la police municipale, pour prendre telles mesures qu'il lui paraîtra nécessaire dans l'intérêt de l'hygiène et de la morale publiques. En fait, cela est encore vrai pour la commune indigène agissant sous votre impulsion et votre surveillance. D'elle et de son zèle pour la chose publique dépend le plus ou moins grand nombre de filles publiques libres, car elle peut les reléguer dans les maisons de tolérance, et ce sont alors les propriétaires de ces maisons qui remboursent les frais d'hospitalisation de leurs filles malades, conformément aux dispositions de la décision du 18 novembre 1871.

Avant la mesure libérale qui abandonne aux communes indigènes le revenu de leurs marchés, nous nous serionssans doute heurtés à une impossibilité matérielle ; tout au moins était-il à craindre d'éprouver, dans quelques villages dénués de ressources, des difficultés pour le remboursement des sommes dues. Il n'en est heureusement rien aujourd'hui ; nous devons reconnaître que c'est seulement dans les centres chefs-lieux que la prostitution constitue un danger pour la santé publique ; or, dans toutes ces communes, l'arrêté du 14 juin 1880 a créé des ressources presque partout supérieures aux dépenses de police municipale et qui le seront bien davantage le jour où le prix des marchés sera soldé définitivement. Il est évident, d'ailleurs, que si lourds que soient pour nous les frais d'hospitalisation, ils ne constitueront qu'une charge insensible pour chaque commune lorsqu'ils seront répartis entre 20 arrondissements. Il reste entendu que la commune, responsable vis-à-vis du trésor, a toujours recours contre la maison publique où séjournait la fille contaminée.

Dans ces conditions, la mesure proposée vous paraîtra, comme à moi, logique et de bonne administration. Je vous prie de vouloir bien donner à cette décision la publicité nécessaire, de manière que tous les villages intéressés en aient connaissance dans le plus bref délai.

Le prix de la journée de traitement est de 27 cents. Je ferai établir l'ordre de recette que je vous adresserai et dont vous assurerez le remboursement.

BÉLIARD.

NATURE DES DOCUMENTS	DATES	RECUEILS A CONSULTER							OBSERVATIONS
		Bat.	B. C.	B. D.	J. C.	J. H.	B. M.	B. Col	
D. G.	15 février 1867.		50						
D. G.	7 décembre 1874.	I-502	1875 162						
A. G.	1er juillet 1876.	I-536			87				
D. G.	8 avril 1878.	I-505	114						
D. G.	9 mai 1878.	I-505	135						
D. G.	24 janvier 1879.	I-505	17						
D. G.	19 avril 1880.								

(15 février 1867)

D. B. *Création d'un magasinier comptable à l'hopital de Choquan. — Instruction pour la tenue de la comptabilité.*

B. C. p. 50.

(7 décembre 1875)

D. G. *portant que la prison centrale et l'hopital indigène de Choquan seront régis par économie et fixant les fonds d'avances mis à la disposition de ces deux établissements* (1).

BAT. I, p. 502.
B. C. (1875), p. 162.

(1er juillet 1876)

A. G. *Comptabilité de l'hopital indigène de Choquan. (Exécution des articles 9 et 10 de l'arrêté du 14 décembre 1874* (2).

BAT. I, p. 556.
B. D. I. p. 87.

Article premier. — Indépendamment de la solde des fonctionnaires et employés commissionnés de l'hôpital, dont le paiement a lieu au moyen d'états d'émargement, les dépenses du service de l'établissement se divisent en trois classes, savoir :

1re Classe. — Les dépenses applicables au prix de la journée du traitement des malades.

L'établissement étant géré par économie, le compte des dépenses de cette classe se divise en plusieurs chapitres :

1° Aliments ;
2° Éclairage ;
3° Pharmacie et objets de chirurgie ;
4° Blanchissage, sanification des effets et propreté ;
5° Couchage ;
6° Habillement ;
7° Entretien et réparation du matériel ;
8° Culte et inhumation.

2e Classe. — L'achat et la confection du mobilier, des ustensiles et généralement toutes les dépenses diverses qui ne sont pas applicables au prix de la journée.

3e Classe. — Les salaires dus aux hommes de peine et ouvriers.

Art. 2. — Chacune des classes de dépenses, déterminées par l'article précédent, est soumise à un mode particulier de justification et donne lieu à l'établissement de pièces distinctes. Ces pièces sont établies d'après les règlements qui régissent la matière, en tant que la situation exceptionnelle de l'hôpital l'autorise.

Art. 3. — Toutes les pièces de dépenses, destinées à constater les droits des créanciers payés au moyen des fonds d'avances dont dispose l'administration de l'hôpital, doivent être produites à la Direction de l'Intérieur dans les cinq premiers jours de chaque mois, sauf le cas d'empêchement légitime.

(1) Mod. A. G. 8 avril 1878.
(2) V. *Prisons*.

Art. 4. — Les différentes pièces comptables seront établies en double expédition. Les duplicata seront retournés à l'hôpital pour former ses archives et soumis, en fin d'année, avec le développement de toutes les opérations de l'agent comptable, à la vérification d'une commission spéciale, nommée par le Directeur de l'Intérieur, et qui donnera son avis sur la tenue et la régularité des écritures.

Art. 5. — Les pièces concernant le matériel demandé aux magasins du service local et autres seront établies conformément aux dispositions de l'instruction du 1er octobre 1854 (1).

Art. 6. — Les mouvements intérieurs, tels que : réparations, transformations, condamnations, mises hors de service, changements de classifications, cessions, recensements, procès-verbaux des pertes et déchets, etc., feront l'objet des pièces prévues par l'instruction précitée, en tant qu'elle sera compatible avec le système en régie introduit dans l'hôpital.

Quant aux achats faits au marché, les fournitures par adjudication, les achats sur factures ou d'après marchés de gré à gré, ils seront justifiés dans les formes prescrites par le règlement ministériel du 14 janvier 1869, qui sert à appliquer le décret du 31 mai 1862, sur la comptabilité publique (modèles nos 20, 21 et autres déjà en usage).

Art. 7. — L'agent comptable fournit le relevé numérique des journées pour justifier de la dépense du traitement des malades reçus dans l'hôpital, au compte des services particuliers.

Ces relevés sont produits tous les mois d'après les comptes ouverts pour chaque partie intéressée.

Art. 8. — Les relevés des journées de traitement sont terminés par un décompte représentant l'allocation journalière au prix réglé par l'autorité supérieure, et les frais de sépulture.

Art. 9. — Le jour de l'admission et celui du décès seront compris dans le décompte du nombre de journées à rembourser. La journée de la sortie, par suite de guérison, n'est pas comptée.

Art. 10. — S'il a été délivré, sur la demande des officiers de santé approuvée par le Directeur de l'établissement, des bandages herniaires, des sondes, des béquilles, des jambes de bois et autres objets de chirurgie, à des malades pendant leur traitement ou à leur sortie, le montant en est porté comme dépense extraordinaire à la suite de l'extrait du compte de journées.

Art. 11. — Les services intéressés et les particuliers effectuent le versement au trésor des frais de traitement et autres, sur la présentation d'ordres de versement établis d'après des extraits de leurs comptes ouverts.

Art. 12. — Dans le cas de dépôt direct dans la caisse de l'hôpital des frais de journées, des demandes de versement au trésor sont adressées trimestriellement à la Direction de l'Intérieur, qui établit l'ordre de recette.

Quant aux dépôts des malades décédés, non réclamés par les ayants droit, ils sont remis, dans le délai d'un an, au receveur des domaines contre récépissé.

Art. 13. — Il est établi des écritures particulières pour chacun des comptes indiqués aux chapitres qui précèdent.

Ces écritures comprennent :

D'une part, l'enregistrement :

1° Des malades traités à l'hôpital ;

2° Des recettes et paiement en deniers ;

3° De toutes les entrées et sorties en matières.

(1) En vigueur au Département de la marine.

D'autre part, l'établissement des situations périodiques, relevées sur les divers registres tenus dans l'hôpital pour la marche régulière de toutes les branches du service (modèles nos 10, 15, 16, 17).

Art. 14. — Les registres à tenir à l'hôpital sont :

1° Registre des entrées et des sorties des malades (modèle n° 1 de la nomenclature qui fait suite au présent règlement) ;

2° Journal de caisse, faisant l'office de grand-livre, présentant le montant des sommes reçues et celui des sommes payées, avec la distinction en autant de colonnes de chaque origine de recette et de chaque origine de paiement (modèle n° 18) ;

3° Un journal pour la transcription des entrées et sorties en matières de toute nature (modèle n° 11, déjà en usage) ;

4° Un inventaire-balance (modèle n° 12, déjà en usage) ;

5° Des registres des comptes ouverts présentant nominativement tous les malades traités à l'hôpital par ordre d'admission et par service (modèle n° 19) ;

6° Un registre inventaire pour les effets déposés au vestiaire par les malades (modèle n° 2) ;

7° Registre à souches pour les dépôts en argent et bijoux (modèle n° 3) ;

8° Registre des décès (modèle n° 9, déjà en usage) ;

9° Relevé général des entrées et des sorties journalières des denrées de consommation (modèle n° 13).

Art. 15. — Les états périodiques à fournir à la Direction de l'Intérieur sont les suivants :

1° État numérique des mouvements journaliers des malades (modèle n° 8, en usage) ;

2° État récapitulatif des journées de traitement par catégorie des malades soignés à l'hôpital pendant le mois (modèle n° 22) ;

3° État des recettes et des dépenses de toute nature faites pendant le mois (modèle n° 17, en usage) ;

4° Rapport mensuel sur l'ensemble du service (modèle n° 24) ;

5° État numérique des décès survenus pendant le mois (modèle n° 7).

Art. 16. — Indépendamment des registres et pièces périodiques énumérés aux articles précédents, et afin d'établir une corrélation parfaite dans les écritures et obtenir un contrôle facile, il sera tenu également les situations, registres, états désignés au tableau ci-après sous les nos 4, 5, 6, 10, 14, 15 et 16.

Art. 17. — Tous les ans, des états de développement en valeur, appuyés de toutes les pièces justificatives, seront établis autant que possible dans les formes prescrites par les règlements régissant les hôpitaux et les hospices, pour être présentés à la commission (modèle n° 23).

Quant à l'inventaire de fin d'année, il en sera dressé une expédition à la Direction, dans les premiers jours du mois de janvier, conformément aux règles en vigueur dans les divers services.

PIQUET.

(8 avril 1878)

D. G. *mettant une somme de 4,000 francs, à titre de fonds d'avances, à la disposition du Directeur de l'hôpital de Choquan (art. 2 et 3)* (1).

BAT. I. p. 505.
B. C. p. 114.

(1) Mod. D. G. 9 mai 1878 ; 24 janvier 1879.

(9 mai 1878)

D. G. *Les fonds d'avances mis à la disposition du Directeur de l'hôpital seront régis par l'agent comptable de cet établissement.*

BAT. I. p. 505.
B. C. p. 135.

Les fonds d'avances mis à la disposition du Directeur de l'hôpital de Choquan, par décision en date du 8 avril 1878, seront, à l'avenir, régis par l'agent comptable de cet établissement.

J. Lafont.

(24 janvier 1879)

D. G. *réduisant à 4,000 francs les fonds d'avances mis à la disposition du Directeur de l'hôpital par décision du 8 avril 1878* (1).

BAT. I. p. 505.
B. C. p. 17.

Les fonds d'avances mis à la disposition de M. le Directeur de l'hôpital de Choquan, par décision du 8 avril 1878, sont réduits de *quatre mille francs* à *cinq cents francs* (1).

J. Lafont.

(19 avril 1880)

D. G. *supprimant les fonds d'avances mis à la disposition du Directeur de l'hôpital de Choquan.*

ARCH. GOUV.

Article premier. — Les fonds d'avances mis à la disposition du Directeur de l'hôpital de Choquan par décision du 24 janvier 1879 sont supprimés à partir de ce jour.

Art. 2. — Les sommes restant disponibles sur ces fonds feront l'objet d'un versement au trésor et la justification de celles employées aura lieu dans la forme prescrite par les articles 1 à 5 de l'arrêté du 26 juin 1868.

Le Myre de Vilers.

(1) Mod. A. G. 19 avril 1880.

HOSPICE CIVIL

(29 juin 1887)

A. G. *nommant une commission à l'effet d'examiner la question relative à la création à Saïgon d'un hospice civil colonial destiné à recevoir les femmes et les enfants malades des employés et des colons.*

B. C. p. 478.
J. C. p. 694.

Article premier. — Une commission composée de :

MM. Le directeur des travaux publics, *président ;*

Deux conseillers coloniaux désignés par le président de cette assemblée, *membres* ;

Le maire de la ville de Saïgon, *idem ;*

Un conseiller municipal, *idem ;*

Un médecin de la marine désigné par M. le médecin en chef, *idem* ;

M..., médecin civil, *idem ;*

M..., médecin civil, *idem ;*

Le sous-chef du 3ᵉ bureau, *idem ;*

est nommée à l'effet d'examiner la question relative à la création, à Saïgon ; d'un hospice civil colonial destiné à recevoir les femmes et les enfants malades des employés et des colons.

Cette commission se réunira sur la convocation de son président.

Elle aura pour mission de faire dresser les plans et devis descriptifs et estimatifs du pavillon et des dépendances à édifier ; d'indiquer les dépenses afférentes au personnel, au matériel, à la nourriture et à l'achat des médicaments ; de déterminer le prix de la journée d'hôpital selon la classe d'admission des malades ; de rechercher quel sera l'effectif moyen des femmes et des enfants admis en traitement chaque année.

La commission élaborera ensuite un projet d'organisation et d'administration de l'établissement projeté, elle formulera ses appréciations et ses observations dans un rapport qu'elle présentera à l'administration, et qui sera soumis au Conseil colonial dans sa prochaine session ordinaire.

FILIPPINI.

HOSPITALISATION.

V. *Hôpitaux et ambulances de la marine.*

HOTELS DU GOUVERNEMENT ET DES CHEFS D'ADMINISTRATION ET DE SERVICE.

NATURE DES DOCUMENTS	DATES	RECUEILS A CONSULTER							OBSERVATIONS
		Bat.	B. C.	B.D.I	J. C.	J.H.	B. M.	B.Col	
A. G.	17 octobre 1868.	I-597	211						
A. G.	9 février 1869.		35						
Dép. M.	17 février 1880.								
A. G.	12 décembre 1887.								
A. L. G.	23 janvier 1888.		34						

(17 octobre 1868)

A. G. *attachant à l'hôtel de chacun des membres du Gouvernement (Commandant supérieur des troupes, Chef du service administratif, Directeur de l'Intérieur, Procureur général et le Contrôleur colonial) : 1° un concierge ; 2° un jardinier ; 3° un garçon de peine. — Solde. Ceux de ces agents qui seront européens auront droit à la ration de vivres de la deuxième catégorie.*

BAT. I, p. 597.
B. C. p. 211.

Article premier. — Il sera attaché à l'hôtel de chacun des membres du Gouvernement, le Commandant supérieur des troupes, le Chef du service administratif, le Directeur de l'Intérieur, le Procureur général et le Contrôleur colonial :

1° Un concierge chargé de l'entretien et de la conservation du mobilier, aux appointements de 900 francs ;

2° Un jardinier chargé de l'entretien et de la propreté des cours et jardins, aux appointements de 720 francs ;

3° Et un garçon de peine chargé de la tenue des escaliers et salles de réception, ainsi que l'éclairage, aux appointements de 720 francs.

Un garçon de peine sera, en outre, attaché au service du secrétaire archiviste.

Ces appointements seront payés par le service local.

Ceux de ces agents qui seront européens auront droit à la ration de vivres de la deuxième catégorie.

Art. 2. — Il sera pourvu à l'éclairage desdits hôtels, à celui des corridors et des escaliers, aux frais de la colonie ; l'huile et le matériel nécessaires seront délivrés par le magasin du service local, sur des demandes établies par chacun des fonctionnaires ci-dessus désignés, lesquelles seront visées à la Direction de l'Intérieur (1).

G. OHIER.

(9 février 1869)

A. G. *Un supplément de 1.500 francs par an est alloué au garde-meubles de l'hôtel du Gouvernement.*

B. C. p. 35.

(17 février 1880)

DÉP. M. *prescrivant de mettre à la charge du trésor de la Cochinchine les frais de loyer, d'ameublement et de gardiennage* (2).

ARCH. GOUV.

(12 décembre 1880)

A. G. *ouvrant un crédit pour permettre l'exécution des travaux de transformation du musée commercial en palais du Lieutenant-Gouverneur* (3).

ARCH. D. I.

(1) V. D. G. 12 janvier 1880 (éclairage).
(2) V. Inspection des services administratifs et financiers.
(3) V. *infrà*, A. L. G. 23 janvier 1888.

(23 janvier 1888)

A. L. G. *rapportant l'arrêté du 12 décembre 1887 qui ouvrait un crédit pour achever le musée et le transformer en palais du Lieutenant-Gouverneur et accordant un crédit pour terminer les travaux du musée.*

B. C. p. 34.
J. C. p. 98.

Article premier. — L'arrêté du 12 décembre 1887, ouvrant un crédit de 255,701 fr. 10 cent. pour achever le musée et le transformer en palais du Lieutenant-Gouverneur de la Cochinchine française, est rapporté.

Art. 2. — Un crédit de 28,447 piastres 46 cents, est mis à la disposition du service des travaux publics pour terminer les travaux du musée.

Art. 3. Cette somme de 28,447 piastres 46 cents sera imputée sur le reliquat de 400,000 francs disponible du crédit de 501,000 francs, précédemment mis à la disposition du service des travaux publics, par arrêté du 18 juin 1887, pour diverses constructions au cap Saint-Jacques.

NAVELLE.

Consulter en outre : Ameublement ; éclairage.

HUILES MINÉRALES.

NATURE DES DOCUMENTS	DATES	RECUEILS A CONSULTER							OBSERVATIONS
		Bat.	B. C.	B D.I	J.C	J.H.	B. M.	B.Col	
A. G.	6 juillet 1875.	I-600	256						
Circ. D. I.	19 décembre 1876.	I-602		177					
Délib. C. C.	30 novembre 1882.		312						
A. G.	6 septembre 1884.		369						
A. G.	16 mars 1887.		202		353				
A. G.	9 mai 1887.		336		537				

(6 juillet 1875)

A. G. *réglementant l'introduction, le chargement, le déchargement, le dépôt et la vente du pétrole et de ses dérivés dans la colonie* (1).

BAT. I, p. 600.
B. C. p. 256.

Article premier. — L'importation en Cochinchine du pétrole et des matières inflammables et incendiaires ci-dessus et la création des dépôts pour la vente au détail sont soumises aux formalités suivantes :

Art. 2 — Tout navire chargé de pétrole ou de matières inflammables indiquées ci-dessus sera tenu de stationner loin des autres bâtiments, en des points désignés, par avance, par le capitaine du port de commerce, et de faire usage, pour s'amarrer, de chaînes en fer, à l'exclusion de câbles en chanvre.

Art. 3. — Les navires porteurs de pétrole devront, en entrant, arborer un drapeau rouge, et leurs capitaines seront tenus de faire immédiatement leur déclaration au capitaine du port de commerce, qui leur assignera l'emplacement où ils doivent effectuer leur déchargement, ainsi que les heures pendant lesquelles cette opération devra avoir lieu.

Les navires sortant devront également faire connaître, au préalable, le moment où ils veulent commencer leur chargement de pétrole ou d'huile minérale, et arboreront le drapeau rouge, en prenant le mouillage désigné en l'article premier.

Dans les deux cas, le capitaine qui négligera de faire cette déclaration sera puni d'une amende variant entre 1,000 et 2,000 francs.

Ne seront pas considérés comme chargés de pétrole les navires ayant 10 caisses ou au-dessous (2).

Art. 4. — Le chargement ou le déchargement de ces matières devra être opéré soit de bord à quai, soit sur des allèges, dans des emplacements déterminés.

Art. 5. — Ces opérations ne pourront avoir lieu que de jour ; les allèges, chaloupes, gabarres, etc., servant à effectuer ces transports seront soumises à la surveillance la plus active de la part du capitaine du port de commerce, tant au point de vue du mode de construction que de la solidité.

Il est absolument interdit d'allumer du feu et de la lumière et de fumer sur les allèges ou embarcations qui servent au transport de ces matières inflammables.

Art. 6. — Les essences minérales destinées à l'exportation devront être contenues dans des vases métalliques hermétiquement fermés, afin qu'aucune des vapeurs facilement inflammables ne puisse se dégager.

Art. 7. — Le transport des substances mentionnées à l'article premier doit être fait exclusivement dans des vases en métal étanche et hermétiquement clos, ou dans des fûts en bois également étanches et cerclés de fer.

Art. 8. — La partie du quai affectée aux manutentions du pétrole, à l'exclusion de toute autre marchandise, devra être appropriée à cette destination spéciale, par les soins de M. le Chef du service des travaux publics.

L'aire de ces terre-pleins sera formée d'un dallage imperméable avec pentes transversales inclinées, de manière à empêcher le pétrole qui viendrait à se répandre de couler dans le fleuve où les navires sont mouillés.

Il y aura lieu de conserver, à proximité de ces parties du quai, des approvisionne-

(1) V. Circ. D. I. 19 décembre 1876.
(2) Chaque caisse contient 1,000 litres de pétrole.

ments de sable en quantité suffisante, afin d'avoir toujours sous la main le moyen le plus efficace d'arrêter les commencements d'incendie.

Art. 9. — Les barils ou les caisses de pétrole devront être transportés directement à l'entrepôt général du Gouvernement, où un pavillon spécial sera affecté à chaque négociant qui en fera la demande, et lui servira d'entrepôt particulier destiné à approvisionner les dépôts pour la vente au détail.

Le prix de magasinage à l'entrepôt du gouvernement est fixé à une piastre par mètre cube et par mois.

Art. 10. — Tout débitant de substances désignées à l'article premier est tenu d'adresser au maire, pour Saïgon, et aux administrateurs des affaires indigènes pour l'intérieur, une déclaration contenant la désignation précise du local, des procédés de conservation et de livraison, des quantités de liquides inflammables auxquelles il entend limiter son approvisionnement, et de l'emplacement qui sera exclusivement affecté, dans sa boutique, aux récipients de ces liquides.

Cette déclaration devra être soumise à l'approbation du Directeur de l'Intérieur avant de permettre au débitant d'exploiter son commerce.

Après avoir obtenu l'autorisation, il sera libre d'ouvrir son magasin, à la charge par lui de se conformer aux prescriptions contenues dans les articles suivants.

Art. 11. — Les huiles et essences sont transportées et conservées chez le détaillant, sans aucun transvasement lors de la réception, dans les récipients en forte tôle de métal étanches et munis de deux ouvertures au plus fermées par des robinets ou bouchons hermétiques.

Ces récipients ont une capacité de trois cent cinquante litres au plus ; ils portent solidement fixée, en caractères très lisibles, l'inscription sur fond rouge : *Huile minérale* ou *Essence inflammable*.

Ils ne peuvent, en aucun cas, être déposés dans une cave ; ils sont solidement établis et occupent un emplacement spécial séparé des autres marchandises dans la boutique.

Un vase avec goulot en forme d'entonnoir est placé sous le robinet pour recevoir la liquide qui viendrait à s'en échapper.

Une quantité de sable ou de terre proportionnée à l'importance du dépôt sera conservée dans le local pour servir à éteindre un commencement d'incendie, s'il venait à se déclarer.

Ces huiles ne peuvent être livrées aux consommateurs que dans des burettes ou bidons en métal étanches, munis d'un ou de deux orifices avec robinets ou bouchons hermétiques et portant l'inscription très lisible : *Huile minérale* ou *Essence inflammable*.

Le remplissage des bidons doit se faire directement sous le récipient, sans interposition d'entonnoir ou d'ajustage mobile, de façon qu'aucune goutte de liquide ne soit répandue au dehors.

Ces liquides ne peuvent être transvasés pour le débit qu'à la clarté du jour. La livraison aux consommateurs est interdite à la lumière artificielle, à moins que le détaillant ne conserve et ne débite les liquides dans des bidons ou burettes en métal, de manière à éviter tout transvasement au moment de la vente. Ces bidons, d'une capacité de cinq litres au plus, seront rangés dans des boîtes ou casiers à rebords, garnis intérieurement de feuilles de métal formant cuvette étanche.

Art. 12. — L'approvisionnement du débit ne devra jamais excéder mille litres d'huile minérale ou d'essences inflammables.

Art. 13. — Dans le cas où le détaillant disposerait d'une cour ou de tout autre emplacement découvert, il pourra conserver les liquides dans les récipients, fûts en bois ou autres ayant servi à un transport.

Ces récipients seront placés dans un magasin isolé de toute maison d'habitation ou de tout autre bâtiment contenant des matières combustibles, parfaitement ventilé et constamment fermé à clef. Le sol sera creusé en forme de cuvette et entouré d'un bourrelet en terre ou en maçonnerie pouvant retenir les liquides en cas de fuite.

Le détaillant sera, d'ailleurs, soumis aux prescriptions indiquées dans les trois derniers paragraphes de l'article 10 et dans l'article 11 de la présente décision.

Art. 14. — Le présent arrêté sera exécutoire immédiatement pour toutes les mesures concernant la police des navires et à partir du 1er janvier 1876 pour les dispositions relatives à l'emmagasinage à terre.

Art. 15. — En cas d'inobservation des conditions d'installation fixées par le présent arrêté, la vente au détail peut être interdite, sans préjudice de peines encourues pour contravention aux règlements de police.

DUPERRÉ.

(19 décembre 1876)

CIRC. D. I. *Notification de l'arrêté local du 19 décembre 1876.*

BAT. I, p. 602.
B. D. I, p. 177.

J'ai l'honneur de vous informer que, par ordre de M. le Gouverneur, l'arrêté du 6 juillet 1875, réglementant l'introduction, le chargement, le déchargement, le dépôt et la vente du pétrole et de ses dérivés, sera mis en vigueur à la date du 1er janvier prochain.

Je vous prie de vouloir bien en assurer l'exécution, en ce qui vous concerne.

BÉLIARD.

(30 novembre 1882)

DÉLIB. C. COL. *Le droit de magasinage des huiles minérales, actuellement fixé à 1 piastre par mois et par mètre cube est réduit à 15 cents par caisse et par mois.*

(Exécutoire à partir du 1er janvier 1883).
B. C. p. 512.

(6 septembre 1884)

A. G. *plaçant l'entrepôt des huiles minérales sous la direction immédiate de l'administration des contributions indirectes.*

B. C. p. 369.

Article premier. — L'entrepôt des huiles minérales sera placé, à compter du 1er janvier 1885, sous la direction immédiate de l'administration des contributions indirectes.

CHARLES THOMSON.

(16 mars 1887)

A. G. *réglementant l'importation et la circulation du pétrole et autres matières inflammables.*

B. C. p. 202.
J. C. p. 353.

Article premier. — Le commerce du pétrole et des autres matières inflammables et incendiaires telles que poudres, artifices, essences, etc. est réglé comme suit :

TITRE PREMIER. — De l'importation.

Art. 2. — Tout navire chargé de pétrole ou de matières inflammables désignées ci-dessus sera tenu de stationner loin des autres bâtiments, en des points désignés par avance par le capitaine du port de commerce, et de faire usage, pour s'amarrer, de chaînes en fer à l'exclusion de câbles en chanvre.

Art. 3. — Les navires porteurs de pétrole devront, en entrant, arborer un drapeau rouge, et leurs capitaines seront tenus de faire immédiatement leur déclaration au capitaine du port de commerce, qui leur assignera l'emplacement où ils doivent effectuer leur déchargement, ainsi que les heures pendant lesquelles cette opération devra avoir lieu.

Les navires sortant devront également faire connaître au préalable le moment où ils veulent commencer leur chargement de pétrole ou huile minérale, et arboreront le drapeau rouge en prenant le mouillage désigné en l'article premier.

Dans les deux cas, le capitaine qui négligera de faire cette déclaration sera puni d'une amende de 500 à 2,500 francs.

Ne seront pas considérés comme chargés de pétrole, les navires ayant 100 caisses de 2 touques (modèle du commerce) ou au-dessous, ni comme chargés de matières inflammables ou incendiaires les navires ayant moins de 100 kilogrammes de poudre, artifices ou autres produits similaires.

Exception est faite en ce qui concerne la dynamite ; la plus petite quantité de cette matière rendra obligatoires les dispositions ci-dessus.

Art. 4. — Le chargement ou le déchargement de ces matières devra être opéré sous la surveillance des agents des contributions indirectes, soit de bord à quai, soit sur des allèges ou chalands, dans les emplacements déterminés.

Art. 5. — Ces opérations ne pourront avoir lieu que de jour, les chalands ou autres embarcations servant à effectuer le transport seront préalablement visités par la régie ; il est absolument interdit d'y entretenir ou d'y allumer du feu et d'y fumer.

Art. 6. — Les essences minérales destinées à l'exportation devront êtres contenues dans des vases métalliques hermétiquement fermés afin qu'aucune des vapeurs facilement inflammables se puisse se dégager.

Art. 7. — Le transport des substances mentionnées à l'article premier doit être fait exclusivement dans des vases en métal étanche et hermétiquement clos, ou dans des fûts en bois également étanches et cerclés de fer.

Les caisses, touques, vases, fûts ou récipients quelconques ayant trace de coulage seront transbordés dans un chaland séparé.

Art. 8. — La partie du quai affectée aux manutentions du pétrole, à l'exclusion de toute autre marchandise, devra être appropriée à cette destination spéciale par les soins de M. le Chef du service des travaux publics.

Il y aura lieu de conserver à proximité de ces parties du quai des approvisionnement de sable en quantité suffisante, afin d'avoir toujours sous la main le moyen le plus efficace d'arrêter les commencements d'incendie.

Art. 9. — Les barils ou les caisses de pétrole devront être transportés directement à l'entrepôt général du Gouvernement, où un pavillon spécial sera affecté à chaque négociant qui en fera la demande, et lui servira d'entrepôt particulier destiné à approvisionner les dépôts pour la vente au détail.

TITRE II. — De l'importation.

Art. 10. — Toute personne recevant des huiles minérales, ou autres matières désignées au titre précédent est tenue de les entreposer dans les magasins établis ou désignés par l'Administration. Les transports et toute la manipulation restent à la charge des entrepositaires.

Art. 11. — Il est absolument interdit d'introduire dans les magasins des caisses, fûts ou autres récipients ayant des traces de coulage et de se livrer à l'intérieur de l'enceinte des magasins à des opérations de transvasement, réparation, soudage.

Un emplacement en dehors des magasins et désigné par l'Administration, sera affecté à la manipulation que pourra nécessiter l'état des caisses ou récipients à emmagasiner.

Art. 12. — Les entrepositaires sont tenus d'assurer la propreté du local occupé par leur marchandise.

Toute détérioration des bâtiments leur sera imputable.

Les heures pendant lesquelles le magasin recevra et livrera des marchandises seront déterminées par l'Administration, qui en donnera avis aux intéressés.

Le prix de magasinage sera exigible à l'entrée, le *quantum* sera fixé chaque année par un arrêté spécial du Gouverneur.

Toute contravention aux dispositions du présent titre sera punie d'une amende de 100 à 500 francs.

TITRE III. — De la circulation.

Art. 13. — Les matières ci-dessus désignées pourront, à leur sortie du magasin, être transportées d'un point à un autre de la colonie, à la condition que les transporteurs se conforment aux prescriptions suivantes :

Les caisses devront être en bon état de solidité, sans coulage. A bord des navires elles seront chargées sur le pont et recouvertes de fortes bâches afin d'être isolées des autres marchandises, les autorités du bord sont chargées de veiller à ce qu'il ne soit pas allumé de feu à proximité ; à bord des barques, les caisses seront également recouvertes de bâches ou prélarts, elles seront placées à fond de cale.

Art. 14. — Toute barque ayant à son bord plus de cinq caisses de pétrole ou autres matières spécifiées ci-dessus, sera tenue de mouiller ou s'amarrer à une distance d'au moins 20 mètres des autres barques ou de toute habitation.

Il ne pourra être fait de feu qu'à l'extrême arrière et dans un fourneau garni d'argile.

En circulation, les barques ainsi chargées devront porter à l'avant un petit drapeau rouge et la nuit un fanal de la même couleur.

Toute contravention aux dispositions qui précèdent sera punie d'une amende de 25 à 100 francs.

TITRE IV. — Du débit au détail.

Art. 15. — Tout débitant de substances désignées à l'article premier est tenu d'adresser aux maires pour Saïgon et Cholon, et aux administrateurs des affaires indigènes pour les arrondissements, une déclaration contenant la désignation précise du local, des procédés de conservation et de livraison des quantités de liquides inflammables auxquelles il entend limiter son approvisionnement et de l'emplacement qui sera exclusivement affecté dans sa boutique aux récipients de ces liquides.

Cette déclaration devra être soumise à l'approbation du Directeur de l'Intérieur avant de permettre au débitant d'exploiter son commerce.

Après avoir obtenu l'autorisation, il sera libre d'ouvrir son magasin à la charge par lui de se conformer aux prescriptions contenues dans les articles suivants.

Art. 16. — Chaque débitant doit être muni :

1° *Pour son approvisionnement et la vente en caisses ou en touques.* — D'un puits cimenté avec couvercle métallique, ou à défaut, d'un réduit en maçonnerie, isolé des autres marchandises, couvert en fer, en briques, avec porte en tôle. Les murs du réduit devront avoir une épaisseur minimum de 30 centimètres et les tôles de 5 millimètres.

Les pétroles et autres matières inflammables seront emmagasinés dans ces réduits avec ou sans leur enveloppe en bois.

Aucune caisse ou touque ne devra être entreposée ailleurs.

2° *Pour la vente au soutirage.* — D'une caisse en tôle ou en zinc de fort numéro, de la contenance maximum de 10 caisses ou 350 litres environ, munie à sa partie supérieur d'une couverture de 20 centimètres de diamètre, fermée au moyen d'un couvercle en fer s'adaptant parfaitement pour empêcher l'air de pénétrer à l'intérieur, et à sa partie inférieure d'un robinet en métal soudé ou rôdé sur les tôles de la caisse.

Cette caisse sera remplie au moyen des touques perforées au gré du débitant ; le débit aura lieu au moyen d'une mesure de capacité placée sous le robinet, avec laquelle le récipient de l'acheteur sera rempli.

Une cuvette sera placée sous le robinet pour recueillir le liquide qui viendrait à s'échapper.

Toutes ces opérations devront être faites sans l'aide de la lumière artificielle.

Le débit fait directement d'une touque est formellement interdit. Aucune touque en vidange ne sera tolérée dans le magasin. Un dépôt de 1 mètre cube de sable devra être conservé dans le local, à proximité de la caisse, pour servir à éteindre un commencement d'incendie.

Le récipient ci-dessus désigné portera l'inscription : *huile minérale* en lettres très lisibles sur fond rouge.

Art. 17. — L'approvisionnement du débit ne devra jamais excéder 30 caisses de 2 touques (mille litres environ), non compris la contenance de la caisse en tôle affectée au débit ; toutefois, pour les débits qui présenteront des garanties sérieuses par leur bonne installation, l'Administration pourra autoriser un approvisionnement double de celui ci-dessus fixé. Tout dépôt de pétrole dans les locaux autres que ceux ci-dessus désignés est formellement interdit.

Toute contravention aux dispositions qui précèdent sera punie d'une amende de 25 à 250 francs, et en cas de récidive dans la même année l'autorisation pourra être retirée.

Art. 18. — La taxe à acquitter pour les entrepositaires pour les huiles minérales entreposées dans les magasins de l'Administration est fixée à 25 centimes par caisse dite de commerce, ce droit sera dû dès l'entrée de la caisse en magasin.

Moyennant cette taxe, les caisses pourront, au gré de l'entrepositaire, séjourner six mois consécutifs sans avoir d'autres taxes à subir.

Passé ce délai, un nouveau droit de 10 centimes par caisse sera dû par une nouvelle période de six mois.

Les droits seront acquittés entre les mains du garde-magasin, sur ordre de recette dressé par lui.

Le versement à la caisse de l'entrepôt à Saïgon des droits perçus par ce comptable sera effectué dans la journée qui suivra la perception.

Art. 19. — Les risques d'incendie resteront à la charge de l'Administration, qui percevra une prime d'assurance obligatoire de 0,075 centimes par caisse, payable à l'entrée.

Toutefois, les essences emmagasinées antérieurement au présent arrêté et qui sont actuellement couvertes par une assurance, seront exemptées de cette taxe jusqu'à l'expiration de la police en cours.

FILIPPINI

(9 mai 1887).

A. G. *créant à Hatien un entrepôt où les huiles minérales seront déposées.*

B. C. p. 336.
J. C. p. 537.

Article premier. — Il est créé à Hatien un entrepôt où les huiles minérales devront être déposées, conformément aux dispositions de l'arrêté du 16 mars 1887.

Art. 2. — La perception des droits, fixés conformément aux articles 18 et 19 du même arrêté, sera effectuée par le service des contributions indirectes sous l'autorité et le contrôle de M. l'administrateur.

FILIPPINI.

HUISSIERS.

NATURE DES DOCUMENTS	DATES	RECUEILS A CONSULTER							OBSERVATIONS
		Bat	B. C.	B. D. I	J. C.	J. H.	B. M.	B. Col	
Décret.	25 juillet 1864.	II-140	100						
A. G.	11 juillet 1865.	II-153	255						
A. G.	25 octobre 1865.	I-602	364						
A. G.	17 janvier 1881.		56						
A. G.	6 février 1882.		89						
A. G.	29 janvier 1883.		75						
Circ.Ch.S.Jud.	30 juillet 1884.		290						
A. G.	10 juin 1885.				818				
A. G. G.	10 décembre 1888.				1093				

(25 juillet 1864)

DÉCRET *sur l'organisation de la justice dans les possessions françaises en Cochinchine. (Art. 28).*

(Promulg. A. G. 24 septembre 1874).
BAT. II, p. 140.
B. C. p. 100.

Art. 28. — Les fonctions d'huissier sont remplies par les agents de la force publique désignés par le Gouverneur, sur la proposition du procureur impérial.

(11 juillet 1865)

A. G. *portant établissement des droits de greffe, le tarif des frais et dépens en matière civile, commerciale, criminelle, de simple police et le tarif des actes publics.* (1)

BAT. II, p. 153.
B. C. p. 255.

(25 octobre 1865)

A. G. *portant à 1800 fr. le supplément de 1200 fr. attribué aux fonctions d'huissier* (2).

BAT. I, p. 602.
B. C. p. 364.

(17 janvier 1881)

A. G. *allouant une indemnité pour frais de déplacement aux secrétaires faisant fonctions d'huissiers et prescrivant la prestation du serment professionnel par ces agents.*

B. C. p. 56.

(6 février 1882)

A. G. *fixant la solde et les frais de service des trois agents de la force publique remplissant le ministère d'huissiers près la Cour et les tribunaux de Saïgon.*

B. C. p. 89.

Article premier. — La solde des trois agents de la force publique remplissant le ministère d'huissier près la Cour d'appel et les tribunaux de Saïgon, est portée à mille piastres (1,000 piastres) par an, à compter du 1er janvier 1882.

Art. 2. — Indépendamment de leur solde, il leur sera alloué, à titre de frais de service, une somme de six cents piastres (600 piastres), qui sera répartie entre eux de la façon suivante :

100 piastres par an et par huissier pour les actes faits par lui en matière criminelle, correctionnelle et de simple police (total, 300 piastres).

(1) V. Droits de greffe et d'enregistrement.
(2) Sans objet.

Il sera fait masse du surplus (300 piastres), qui seront réparties proportionnellement aux actes faits par chacun d'eux en matière civile et commerciale.

Art. 3. — Cette répartition sera faite par le chef du service judiciaire, sur la présentation d'un état visé par le receveur de l'enregistrement.

Art. 4. — Le procureur général fera, chaque année, un roulement des huissiers entre les différents services de la cour et des tribunaux.

LE MYRE DE VILERS.

(29 janvier 1883)

A. G. *organisant le service des huissiers dans la colonie.*

B. C. p. 75.

TITRE PREMIER. — DE LA NOMINATION ET DU NOMBRE DES HUISSIERS.

Article premier. — Il y aura près de la Cour d'appel et les tribunaux de Saïgon trois huissiers chargés de la notification des actes judiciaires dans toute l'étendue du 20e arrondissement. Ce nombre pourra être augmenté, suivant les besoins du service, par un arrêté du Gouverneur pris en Conseil privé.

Art. 2. — Les huissiers seront nommés par le Gouverneur ; ils devront être âgés de 25 ans accomplis, être Français et jouir de leurs droits civils et politiques.

Art. 3. — Ils seront soumis à un examen public sur les actes de leur ministère et sur les procédures usitées dans la colonie ; ils devront aussi justifier de la connaissance de la langue annamite.

Art. 4. — Le postulant présentera sa requête au Procureur général, qui désignera un membre de la Cour pour procéder à l'examen et recueillir des renseignements sur sa conduite et sa moralité.

Art. 5. — Le Procureur général, sur le rapport de ce magistrat, transmettra la demande du postulant au Gouverneur, qui lui délivrera, s'il y a lieu, une commission d'huissiers.

Art. 6. — Les huissiers sont assujettis à un cautionnement fixé à 400 piastres et qui doit appartenir en propre au titulaire. Ce cautionnement est versé à la caisse des dépôts et consignations.

Il est affecté spécialement, et par privilège, à la garantie des condamnations prononcées contre lui par suite de l'exercice de ses fonctions.

Lorsque, par l'effet de cette garantie, le montant du cautionnement aura été employé en tout ou en partie, l'huissier sera suspendu de ses fonctions jusqu'à ce que le cautionnement ait été entièrement rétabli, et, faute par lui de le rétablir dans les deux mois, il sera considéré comme démissionnaire et remplacé.

Art. 7. — Avant d'entrer en fonctions et dans le mois de sa nomination, à peine de déchéance, tout huissier est tenu de prêter, à l'audience de la Cour, le serment de remplir ses fonctions avec exactitude et probité.

L'huissier n'est admis au serment qu'après avoir justifié du versement de son cautionnement.

Art. 8. — Les huissiers institués par le présent arrêté n'ont pas la faculté de présenter des successeurs.

Tout traité pour la cession ou transmission de titres ou clientèle, à quelque époque qu'il apparaisse, et alors même qu'il n'aurait pas été suivi d'effet, entraînera la révocation, soit de l'huissier encore en exercice, soit de son successeur, si la nomination avait suivi le traité.

Art. 9. — Les huissiers sont tenus de résider à Saïgon ; ils ne pourront s'absenter de la colonie qu'avec l'autorisation du Gouverneur.

Tout huissier qui ne serait pas de retour dans la colonie à l'expiration du congé qui lui aura été accordé, sera considéré comme démissionnaire, et il sera pourvu à son remplacement.

Art. 10. — Il pourra être pourvu par le Gouverneur au remplacement des huissiers pendant la durée du congé qui leur aura été accordé.

Art. 11. — Les huissiers recevront un traitement annuel de 1.000 piastres, tel qu'il est fixé par l'arrêté du 6 février 1882.

Ces fonctionnaires auront droit, en outre, au coût des actes par eux faits, conformément aux tarifs en vigueur dans la colonie.

Art. 12. — Ils seront tenus de faire, à tour de rôle, le service des audiences, sans pouvoir prétendre à aucune autre rétribution.

Les actes faits à la requête des parquets, d'une administration publique ou à celle d'une personne qui aurait obtenu l'assistance judiciaire, ne leur donneront droit à aucun salaire.

Art. 13. — L'huissier intérimaire aura droit à la moitié du traitement du titulaire et à la totalité du coût des actes qu'il fera ou notifiera, sauf les exceptions prévues aux articles qui précèdent.

TITRE II. — DES ATTRIBUTIONS DES HUISSIERS ET DE LEURS DEVOIRS.

CHAPITRE PREMIER.

ATTRIBUTIONS DES HUISSIERS.

Art. 14. — Toutes citations, notifications et significations requises pour l'instruction des procès, ainsi que tous les actes et exploits nécessaires pour l'exécution des ordonnances de justice, jugements et arrêts seront faits indistinctement par tous les huissiers, dans toute l'étendue du ressort du tribunal de première instance de Saïgon.

Les significations ou notifications des jugements ou arrêts par défaut, celles des paiements préparatoires ou interlocutoires et de tous actes d'audience seront exclusivement faites par l'huissier commis.

Art. 15. — Le transport des huissiers de Saïgon dans les divers arrondissements judiciaires du ressort de la Cour d'appel ne pourra être autorisé dans les affaires criminelles que par le procureur général.

Art. 16. — En matière civile, aucun huissier de Saïgon ne pourra instrumenter hors du ressort du tribunal civil, sans une désignation spéciale de la Cour d'appel.

Art. 17. — Dans tous les cas où les règlements accordent aux huissiers une indemnité pour frais de voyage, il ne sera alloué qu'un seul droit de transport pour la totalité des actes que l'huissier aura faits dans la même course et dans le même lieu.

Ce droit sera partagé en autant de parties égales entre elles qu'il y aura d'originaux d'actes, et à chacun de ces actes l'huissier appliquera l'une desdites portions : le tout à peine de rejet de la taxe ou de restitution envers la partie et d'une amende de cinq piastres.

Art. 18. — Les huissiers ne pourront, sous peine de suspension et de révocation en cas de récidive, se rendre ni directement ni indirectement adjudicataires des objets mobiliers dont ils auront opéré la saisie ou qu'ils seront chargés de vendre.

Il leur est interdit, sous les mêmes peines, de se rendre cessionnaires de créances à recouvrer et de procéder directement.

CHAPITRE II.

DEVOIRS DES HUISSIERS.

Art. 19. — Les huissiers sont tenus de se renfermer dans les bornes de leur ministère, sous peine de suspension et même de révocation, s'il y a lieu.

Tout acte du ministère des défenseurs ou de postulation leur est formellement interdit.

Art. 20. — Il est défendu aux huissiers, sous peine d'être remplacés, de faire le commerce, même sous le nom de leurs femmes, sans qu'ils y soient spécialement autorisés.

Art. 21. — Les huissiers seront tenus d'exercer leur ministère toutes les fois qu'ils en seront requis et sans acception de personnes, sauf les prohibitions pour cause de parenté ou d'alliance portées par les articles 4 et 66 du Code de procédure civile.

Art. 22. — Si l'huissier contrevient aux dispositions de l'article qui précède, le ministère public pourra provoquer sa suspension et même sa révocation, s'il y a lieu.

Art. 23. — Tout huissier qui ne remettra pas lui-même à personne ou à domicile les exploits et les copies des pièces qu'il aura été chargé de signifier, sera condamné, par voie de police correctionnelle, à une suspension de trois mois, à une amende qui ne pourra être moindre de 20 piastres ni excéder 100 piastres et aux dommages-intérêts des parties.

Si, néanmoins, il résulte de l'instruction qu'il a agi frauduleusement, il sera poursuivi criminellement et puni d'après l'article 146 du Code pénal.

Art. 24. — Les huissiers tiendront un répertoire des actes qu'ils seront chargés de notifier. Ce répertoire, coté et paraphé par un magistrat délégué par le président de la Cour, devra contenir le nom des parties, la nature des actes, la date de leur signification, les frais pour déplacement et, dans une colonne particulière, le coût de chaque acte ou exploit, déduction faite des déboursés. Il sera soumis au visa mensuel du receveur de l'enregistrement.

Art. 25. — Pour faciliter la taxe des frais, les huissiers, outre la mention qu'ils doivent faire au bas de l'original et de la copie de chaque acte du montant de leurs droits, seront tenus d'indiquer, en marge de l'original, le nombres de rôles de copies de pièces et d'y marquer même le détail de tous les articles de frais formant le coût de l'acte, à peine de deux piastres d'amende. Ils ne pourront, sous aucun prétexte, à peine de suspension et même de révocation s'il y a lieu, réclamer aucune somme supérieure au tarif ni toucher des émoluments autres que ceux des actes.

Art. 26. — Les copies d'actes, de jugements, d'arrêts ou de toutes autres pièces qui seront faites par les huissiers doivent être correctes et lisibles à peine de rejet de la taxe.

Art. 27. — Le service des audiences et du parquet sera fait à tour de rôle par les huissiers, d'après la distribution qui en sera faite par le Procureur général ; en cas d'empêchement, le Procureur général pourra désigner un agent de la force publique pour faire ce service.

Art. 28. — Les huissiers de service se rendront au lieu des séances, un quart d'heure avant l'ouverture de l'audience. Ils prendront au greffe l'extrait des causes qu'ils doivent appeler. Ils veilleront à ce que personne ne s'introduise à la chambre du conseil sans s'être fait annoncer, à l'exception des membres de la Cour ou du tribunal.

Art. 29. — Les huissiers de service aux audiences devront se présenter en habit ou revêtus du costume porté dans la Métropole.

TITRE III. — DISCIPLINE DES HUISSIERS.

Art. 30. — Le président et le procureur de la République auront le droit de rappeler à l'ordre et même de réprimander tout huissier du tribunal qui s'écarterait de ses devoirs ou qui tiendrait une conduite contraire à la dignité de son caractère ; ce même droit appartient au procureur général et aux présidents de la Cour d'appel.

Art. 31. — Si la faute commise par l'huissier est de nature à entraîner sa suspension ou sa révocation, en dehors des cas où elle doit être prononcée par le tribunal correctionnel sur la poursuite du ministère public, il sera statué par le Gouverneur en Conseil privé, après avoir pris l'avis de la Cour d'appel.

TITRE IV. — DISPOSITIONS DIVERSES.

Art. 32. — Les actes en matière criminelle et correctionnelle et de simple police pourront être notifiés par tout agent de la force publique qu'il plaira au procureur général de commettre à cet effet.

Art. 33. — Dans les arrondissements de l'intérieur, les notifications des actes de toute nature continueront à être faites par les notables, conformément au décret du 25 mai 1881.

Dans les affaires intéressant les Européens, le Procureur général, de concert avec le Directeur de l'Intérieur, désignera un fonctionnaire ou agent de l'Administration pour faire les notifications qu'il y aura lieu de faire.

Les notables et les fonctionnaires ou agents ainsi commis seront dispensés de la prestation de serment prescrite par l'article 7.

Art. 34. — Le service des audiences dans l'intérieur sera fait par un des expéditionnaires indigènes attachés au greffe, sur la désignation du président.

Art. 35. — Sont et demeurent maintenues toutes les dispositions des arrêtés et règlements antérieurs qui n'ont rien de contraire au présent arrêté.

CHARLES THOMSON.

(30 juillet 1884)

CIRC. CH. S. JUD. *Programme des matières de l'examen à subir par les candidats aux fonctions d'huissiers près la Cour d'appel et les tribunaux de Saïgon.*

B. C. p. 290.

CODE DE PROCÉDURE CIVILE.

LIVRE PREMIER.

Titre Ier. — Des citations diverses.

LIVRE II.

Titre II. — Des ajournements et significations de jugement.

LIVRE V.

Titre VI. — Règles générales sur l'exécution forcée des jugements et actes.
Titre VII. — Des saisies-arrêts ou oppositions.
Titre VIII. — Des saisies-exécutions.
Titre IX. — De la saisie-brandon.
Titre XII. — De la saisie immobilière.
Titre XIII. — Des incidents de la saisie immobilière.
Titre XV. — De l'emprisonnement.

CODE DE COMMERCE.

Articles 120, 173, 174. — Des divers protêts.

ARRÊTÉ DU 5 SEPTEMBRE 1882.

De l'exécution des jugements en matière civile et commerciale indigène.
Questions orales sur la connaissance de la langue annamite.
Dressé au parquet général à Saïgon, le 30 juillet 1884.

R. MAISONNEUFVE-LACOSTE.

(10 juin 1885)

D. G. *nommant une commission à l'effet de préparer un projet de création d'une corporation d'huissiers destinés au service des tribunaux de l'intérieur.*

J. C. p. 818.

(10 décembre 1888)

A. G. G. *réglant les attributions des huissiers dans le ressort du tribunal de première instance de Saïgon. — Procédure suivie sur le territoire des villages annexés à la commune de Cholon. — Attributions du maire. — Procédure suivie sur l'ancien territoire de Cholon et sur celui de Saïgon.*

J. C. p. 1093.

Article premier. — Dans le ressort du tribunal de première instance de Saïgon, les huissiers n'ont pas qualité, sauf les exceptions indiquées ci-dessous, pour faire les citations, notifications et significations requises pour l'instruction des procès, ainsi que les autres actes et exploits nécessaires pour l'exécution des ordonnances de justice, jugements ou arrêts, dans les affaires qui n'intéressent que les Indigènes ou Asiatiques soumis à la loi annamite; le greffier du tribunal de Saïgon et les autorités municipales dans les communes de l'ex-vingtième arrondissement et dans celles des arrondissements de Cholon et de Giadinh sont seuls chargés de ces divers actes, en se conformant aux errements suivis devant les tribunaux de l'intérieur.

La même procédure sera suivie sur le territoire des villages annexés à la commune de Cholon, par les arrêtés du 27 octobre 1879 et du 25 juillet 1881 ; le Maire de Cholon apposera son visa sur les actes ou pièces intéressant les justiciables indigènes ou asiatiques domiciliés dans lesdits villages, et les transmettra au Conseil des notables pour suite à donner; les chefs de quartier remplaceront les maires dans les actes ou exploits où ces derniers instrumentent dans les communes annamites.

Sur l'ancien territoire de Cholon et sur celui de Saïgon les actes autres que ceux d'exécution seront faits par un agent de la force publique, désigné par le Gouverneur général, sur la proposition du Directeur du service local et du Chef du service judiciaire ; cet agent devra connaître la langue annamite et le quoc-ngu ; les actes d'exécution tels que la saisie mobilière et la saisie immobilière, les ventes qui en seront la suite, sont soumis aux prescriptions de l'arrêté du 5 septembre 1882, qui restent en vigueur dans tout ce qu'elles n'ont pas de contraire au présent arrêté.

RICHAUD.

HUYENS.

V. *Fonctionnaires ou agent indigènes.*

HYDROGRAPHIE (1).

NATURE DES DOCUMENTS	DATES	RECUEILS A CONSULTER							OBSERVATIONS
		Bat.	B. O.	B.D.I	J. C.	J.H.	B. M.	B Col	
O.	21 mars 863.		320						
D. G.	13 février 1869.		39						
O.	1er janvier 1870.		2						
O.	5 janvier 1870.		3						
D. G.	4 février 1870.		34						
A. G.	6 mars 1870.		79						
Dép. M.	8 août 1879.	II-285							
Dép. M.	10 novembre 1883.						640		

(1) Pas de texte organisant le service hydrographique. Il serait bon de consulter les archives particulières de la division navale.

(21 mars 1863)

ORDRE *prescrivant aux bâtiments de la division navale de verser à la mission hydrographique ceux de leurs instruments qui seront en mauvais état. — Il sera pourvu à leur remplacement par les soins du dépôt. — Un premier maître de timonerie attaché à la mission hydrographique sera chargé sous la surveillance et la direction du chef du service hydrographique de la conservation et du dépôt de ces instruments. — Comptabilité. — Indemnité annuelle de 400 francs.*

B. C. p. 320.

(13 février 1869)

D. G. *allouant un supplément de 0,50 centimes par jour aux deux marins détachés à l'hydrographie.*

B. C. p. 39.

(1er janvier 1870)

ORDRE. *Suppression du service hydrographique en Cochinchine. — Maintien du service de l'observatoire qui reste sous les ordres directes du Commandant de la marine.— Service des montres. — Supplément alloué au premier maître de timonerie.*

B. C. p. 2.

(5 janvier 1870)

ORDRE. *Répartition des documents nautiques (ouvrages et cartes de navigation) entre le magasin général, la direction de l'intérieur et la division navale.*

B. C. p. 3.

(4 février 1870)

D. G. *accordant un supplément de 6 fr. par mois au premier maître de timonerie attaché à l'observatoire, comme chargé de plus de trois montres et du service météorologique.*

B. C. p. 34.

(6 mars 1870)

A. G. *Le quartier-maître et les deux matelots préposés à la garde et à la direction de l'observatoire cesseront de vivre à terre. — Ils toucheront leurs vivres à bord du « Fleurus ».— L'indemnité de 0,50 centimes ne leur sera plus allouée.*

B. C. p. 79.

(8 août 1879)

DÉP. M. *Les officiers du corps des ingénieurs hydrographes, détachés en Cochinchine, seront placés sous les ordres du commandant de la division navale et embarqués sur le « Tilsitt ».*

BAT. II, p. 285.

Les travaux auxquels se sont livrés depuis longtemps les officiers du corps des ingénieurs hydrographes, détachés en Cochinchine, ont eu principalement pour but de donner satisfaction aux besoins de la colonie. C'est ainsi que diverses cartes d'atterrages ont été levées et que de nombreuses reconnaissances ont eu pour objet l'intérieur des rivières. Aujourd'hui, il est utile de s'occuper principalement des travaux à faire sur les côtes elles-mêmes. Les études des ingénieurs hydrographes devront donc tendre vers ce but et, pour leur faciliter ce travail, j'ai décidé qu'ils seront placés désormais sous les ordres du commandant de la division navale de Cochinchine et qu'ils seront embarqués sur le *Tilsitt*.

Cette disposition s'appliquera à M. R..., le seul ingénieur hydrographe en service aujourd'hui dans cette colonie. Je la notifie à M. le capitaine de vaisseau commandant la division navale de Cochinchine, qui devra fournir à ce sous-ingénieur les moyens d'exécuter ses travaux.

SELLIER.

(10 novembre 1883)

DÉP. M. *au sujet de l'indication sur les levés hydrographiques de la méthode adoptée pour obtenir la longitude de l'un des points du plan.*

B. M. p. 640.

HYGIÈNE PUBLIQUE.

NATURE DES DOCUMENTS	DATES	RECUEILS A CONSULTER							OBSERVATIONS
		Bat.	B. C.	B. D.	J. C.	J. H.	B. M.	B.Col	
D. G.	5 décembre 1870.	I-603	338						
D. G.	11 janvier 1871.	I-603	12						
D. G.	30 janvier 1875.	I-604	45						

(5 décembre 1870)

D. G. *portant création à Saïgon d'un conseil d'hygiène publique et de salubrité* (1).

BAT. I, p. 603.
B. C. p. 338.

Article premier. — Il est institué, à Saïgon, un conseil d'hygiène publique et de salubrité.

Ce conseil est chargé de l'étude et de l'examen des questions qui lui sont renvoyées par le Directeur de l'Intérieur, notamment en ce qui concerne :

1° Les quarantaines et les services qui s'y rattachent ;

2° Les mesures à prendre pour prévenir et combattre les épidémies ;

3° L'assainissement des localités et des habitations ;

4° La propagation de la vaccine ;

5° L'organisation et la distribution des secours médicaux aux malades indigents ;

6° La salubrité des ateliers, écoles, hôpitaux, maisons d'aliénés, établissements de bienfaisance, casernes, arsenaux, prisons, etc. ;

7° Les questions relatives aux enfants trouvés ;

8° La qualité des aliments, boissons, condiments et médicaments livrés au commerce ;

9° Les demandes en autorisation, translation ou révocation des établissements dangereux, insalubres ou incommodes ;

10° Les grands travaux d'utilité publique, construction d'édifices, écoles, prisons, casernes, ports, canaux, réservoirs, fontaines, halles, établissements des marchés, égouts, cimetières, la voirie en ce qui touche à l'hygiène publique ;

11° Les épizooties et les maladies des animaux.

Art. 2. — *Abr. D. G.*, 11 *janvier* 1871.

Art. 3. — Le conseil se réunit au moins une fois par mois.

Il peut appeler dans son sein toutes les personnes qu'il croit utile d'entendre.

DE CORNULIER-LUCINIÈRE.

(11 janvier 1871)

D. G. *modifiant la décision du 5 décembre 1870 portant création d'un conseil d'hygiène publique et de salubrité* (2).

BAT. I, p. 603.
B. C. p. 12.

L'article 2 de la décision précitée est modifié comme suit :

Le conseil d'hygiène publique et de salubrité est composé :

D'un président ;

De cinq médecins ou pharmaciens, civils ou militaires ;

D'un vétérinaire.

Tous les membres sont nommés par le Gouverneur.

Le conseil désignera lui-même, selon la nature des questions à examiner, un de ses membres pour faire fonctions de rapporteur ou de secrétaire.

DE CORNULIER-LUCINIÈRE.

(1) V. D. G. 11 janvier 1871.
(2) Mod. D. G. 30 janvier 1875.

(30 janvier 1875)

D. G. *fixation du nombre des membre du conseil d'hygiène et de salubrité.*

BAT, I, p. 604.
B. C. p. 45.

Article premier. — Le conseil d'hygiène publique et de salubrité est composé de dix membres, savoir :

4 médecins,
2 pharmaciens,
1 vétérinaire,
Le maire de Saïgon,
Le chef du service et des travaux publics
Et un commerçant notable de la ville.

Art. 2. — Toutes dispositions antérieures, qui ne sont pas contraires à celles de la présente décision, sont maintenues.

DUPERRÉ.

HYPOTHÈQUE MARITIME.

NATURE DES DOCUMENTS	DATES	RECUEILS A CONSULTER Bat.	B. C.	B. D I	J. C.	J. H.	B. M.	B Col	OBSERVATIONS
Loi.	10 décembre 1874.		495						
Décret.	23 février 1875.		495						
Décret.	23 avril 1875.		495						
A. G.	11 octobre 1880.		495						
Décret.	4 avril 1884.		221						
Dép. M.	30 avril 1884.		227						
Loi.	10 juillet 1885.		519						
Décret.	18 juin 1886.		1888 522						
Décret.	6 août 1887.		520						
A. G. G.	18 septembre 1888.		519						

(10 décembre 1874)

LOI *ayant pour objet de rendre les navires susceptibles d'hypothèques* (1).

(Promulg. A. G. 11 octobre 1880).
B. C. p. 495.

Article premier. — Les navires sont. susceptibles d'hypothèques ; ils ne peuvent être hypothéqués que par la convention des parties.

Art. 2. — Le contrat par lequel l'hypothèque maritime est consentie doit être rédigé par écrit ; il peut être fait par acte sous signatures privées.

Pour l'inscription de l'hypothèque, l'acte sous seing privé ne sera passible que du droit fixe de deux francs. Mais le droit proportionnel pourra être ultérieurement exigé dans le cas où les actes sous seing privé y sont assujettis, conformément aux lois sur l'enregistrement.

Art. 3. — L'hypothèque sur le navire ou sur portion du navire ne peut être consentie que par le propriétaire ou par son mandataire justifiant d'un mandat spécial.

Art. 4. — L'hypothèque consentie sur le navire ou sur portion du navire s'étend, à moins de convention contraire, au corps du navire, aux agrès, apparaux, machines et autres accessoires.

Art. 5. — L'hypothèque maritime peut être constituée sur un navire en construction. Dans ce cas, l'hypothèque doit être précédée d'une déclaration faite au bureau du receveur des douanes du lieu où le navire est en construction.

Cette déclaration indiquera la longueur de la quille du navire, et approximativement ses autres dimensions, ainsi que son port présumé. Elle mentionnera l'emplacement de la mise en chantier du navire.

Art. 6. — L'hypothèque est rendue publique par l'inscription sur un registre spécial tenu par le receveur des douanes du lieu où le navire est en construction ou de celui où il est immatriculé.

Si le navire a déjà un acte de francisation, l'inscription doit être mentionnée au dos dudit acte par le receveur des douanes.

Dans tous les cas, l'inscription est en outre certifiée par lui immédiatement, et sous la même date, sur le contrat d'hypothèque ou sur son expédition authentique, dont la représentation lui en aura été faite.

Art. 7. — Tout propriétaire d'un navire construit en France, qui demande à le faire admettre à la francisation, est tenu de joindre aux pièces requises à cet effet un état des inscriptions prises sur le navire en construction ou un certificat qu'il n'en existe aucune.

Les inscriptions non rayées sont reportées d'office à leurs dates respectives, par le receveur des douanes, sur l'acte de francisation, ainsi que sur le registre du lieu de la francisation, si celui-ci est autre que celui de la construction.

Si le navire change de port d'immatricule, les inscriptions non rayées sont pareillement reportées d'office, par le receveur des douanes du nouveau port où il est immatriculé, sur son registre et avec mention de leurs dates respectives.

Art. 8. — Pour opérer l'inscription, il est présenté au bureau du receveur des douanes un des originaux du titre constitutif d'hypothèque, lequel y reste déposé s'il est sous seing privé ou reçu en brevet, ou une expédition s'il en existe minute.

(1) V. *infrà*, loi 10 juillet 1885.

Il y est joint deux bordereaux signés par le requérant, dont l'un peut être porté sur le titre présenté. Ils contiennent :

1° Les noms, prénoms et domiciles du créancier et du débiteur, et leur profession, s'ils en ont une ;

2° La date et la nature du titre ;

3° Le montant de la créance exprimée dans le titre ;

4° Les conventions relatives aux intérêts et au remboursement ;

5° Le nom et la désignation du navire hypothéqué, la date de l'acte de francisation ou de la déclaration de sa mise en construction ;

6° Élection de domicile, par le créancier, dans le lieu de la résidence du receveur des douanes.

Art. 9. — Le receveur des douanes fait mention sur son registre du contenu aux bordereaux, et remet au requérant l'expédition du titre, s'il est authentique, et l'un des bordereaux, au pied duquel il certifie avoir fait l'inscription.

Art. 10. — S'il y a deux ou plusieurs hypothèques sur la même part de propriété du navire, leur rang est déterminé par l'ordre de priorité des dates de l'inscription.

Les hypothèques inscrites le même jour viennent en concurrence nonobstant la différence des heures de l'inscription.

Art. 11. — L'inscription conserve l'hypothèque pendant trois ans, à compter du jour de sa date ; son effet cesse si l'inscription n'a été renouvelée, avant l'expiration de ce délai, sur le registre tenu en douane, et mentionnée à nouveau sur l'acte de francisation, dès le retour du navire au port où il est immatriculé.

Art. 12. — Si le titre constitutif de l'hypothèque est à ordre, sa négociation par voie d'endossement emporte la translation du droit hypothécaire.

Art. 13. — L'inscription garantit, au même rang que le capital, deux années d'intérêt en sus de l'année courante.

Art. 14. — Les inscriptions sont rayées soit du consentement des parties intéressées ayant capacité à cet effet, soit en vertu d'un jugement en dernier ressort ou passé en force de chose jugée.

Art. 15. — A défaut de jugement, la radiation totale ou partielle de l'inscription ne peut être opérée par le receveur des douanes que sur le dépôt d'un acte authentique de consentement à la radiation, donné par le créancier ou son cessionnaire justifiant de ses droits.

Si l'acte se borne à donner main-levée, le droit proportionnel sur le titre constitutif de l'hypothèque ne sera pas perçu.

Dans le cas où l'acte constitutif de l'hypothèque est sous seing privé, ou si, étant authentique, il a été reçu en brevet, il est communiqué au receveur des douanes qui y mentionne, séance tenante, la radiation totale ou partielle.

Si l'acte de francisation lui est représenté simultanément ou ultérieurement, le receveur des douanes est tenu d'y mentionner à sa date la radiation totale ou partielle.

Art. 16. — Le receveur des douanes est tenu de délivrer, à tous ceux qui le requièrent, l'état des inscriptions subsistantes sur un navire, ou un certificat qu'il n'en existe aucune.

Art. 17. — En cas de perte ou d'innavigabilité du navire, les droits des créanciers s'exercent sur les choses sauvées ou sur leur produit, alors même que les créances ne seraient pas encore échues. Ils s'exercent également, dans l'ordre des inscriptions, sur le produit des assurances qui auraient été faites par l'emprunteur sur le navire hypothéqué. Dans le cas prévu par le présent article, l'inscription de l'hypothèque vaut opposition au paiement de l'indemnité d'assurance.

Les créanciers inscrits ou leurs concessionnaires peuvent, de leur côté, faire assurer le navire pour la garantie de leurs créances.

Les assureurs avec lesquels ils ont contracté l'assurance sont, lors du remboursement, subrogés à leurs droits contre le débiteur.

Art. 18. — Les créanciers ayant hypothèque inscrite sur un navire ou portion de navire, le suivent, en quelques mains qu'il passe, suivant l'ordre de leurs inscriptions.

Si l'hypothèque ne grève qu'une portion du navire, le créancier ne peut saisir et faire vendre que la portion qui lui est affectée. Toutefois, si plus de la moitié du navire se trouve hypothéquée, le créancier pourra, après saisie, le faire vendre en totalité, à charge d'appeler à la vente les copropriétaires.

Dans tous les cas de co-propriété autres que ceux qui résultent d'une succession ou de la dissolution d'une communauté conjugale, par dérogation à l'article 883 du code civil, les hypothèques consenties durant l'indivision par un ou plusieurs des co-propriétaires, sur une portion de navire, continuent à subsister après le partage ou la licitation.

Toutefois, si la licitation s'est faite en justice, dans les formes déterminées par les articles 201 et suivants du code de commerce, le droit des créanciers n'ayant hypothèque que sur une portion du navire, sera limité au droit de préférence sur la partie du prix afférente à l'intérêt hypothéqué.

Art. 19. — L'acquéreur d'un navire ou d'une portion de navire hypothéqué, qui veut se garantir des poursuites autorisées par l'article précédent est tenu, avant la poursuite ou dans le délai de quinzaine, de notifier à tous les créanciers inscrits sur l'acte de francisation, au domicile élu dans leurs inscriptions :

1° Un extrait de son titre indiquant seulement la date et la nature de l'acte, le nom du vendeur, le nom, l'espèce et tonnage du navire, et les charges faisant partie du prix ;

2° Un tableau, sur trois colonnes, dont la première contiendra la date des inscriptions ; la seconde, le nom des créanciers ; la troisième, le montant des créances inscrites.

Art. 20. — L'acquéreur déclarera par le même acte qu'il est prêt à acquitter sur-le-champ les dettes hypothécaires, jusqu'à concurrence seulement de son prix, sans distinction des dettes exigibles ou non exigibles.

Art. 21. — Tout créancier peut requérir la mise aux enchères du navire ou portion de navire, en offrant de porter le prix à un dixième en sus et de donner caution pour le paiement du prix et des charges.

Art. 22. — Cette réquisition, signée du créancier, doit être signifiée à l'acquéreur dans les dix jours des notifications. Elle contiendra assignation devant le tribunal civil du lieu où se trouve le navire ou, s'il est en cours de voyage, du lieu où il est immatriculé, pour voir ordonner qu'il sera procédé aux enchères requises.

Art. 23. — La revente aux enchères aura lieu à la diligence soit du créancier qui l'aura requise, soit de l'acquéreur, dans les formes établies pour les ventes sur saisie.

Art. 24. — La réquisition de mise aux enchères n'est pas admise en cas de vente judiciaire.

Art. 25. — Faute par les créanciers de s'être réglés entre eux, à l'amiable, dans le délai de quinzaine, pour la distribution du prix offert par la notification ou produit par la surenchère, il est procédé entre les créanciers privilégiés, hypothécaires et chirographaires, dans les formes établies en matière de saisie. En cas de distribution du prix d'un navire hypothéqué, l'inscription vaut opposition au profit du créancier inscrit. Les créanciers auront un mois pour produire leurs titres, à compter de la sommation qui leur aura été adressée.

Art. 26. — Le propriétaire qui veut se réserver la faculté d'hypothéquer son navire en cours de voyage, est tenu de déclarer, avant le départ du navire, au bureau du receveur des douanes du lieu où le navire est immatriculé, la somme pour laquelle il entend pouvoir user de ce droit.

Cette déclaration est mentionnée sur le registre du receveur et sur l'acte de francisation, à la suite des hypothèques déjà existantes.

Les hypothèques réalisées en cours de voyage sont constatées sur l'acte de francisation: en France et dans les possessions françaises, par le receveur des douanes ; à l'étranger, par le consul de France ou, à son défaut, par un officier public du lieu du contrat. Il en est fait mention, par l'un et par l'autre, sur un registre spécial qui sera conservé pour y avoir recours, au cas de perte de l'acte de francisation par naufrage ou autrement, avant le retour du navire. Elles prennent rang du jour de leur inscription sur l'acte de francisation.

La mention faite en vertu du paragraphe 2 du présent article ne pourra être supprimée qu'après le voyage accompli et sur la présentation de l'acte de francisation.

Art. 27. — Les paragraphes 9 de l'article 191 et 7 de l'article 192 du Code de commerce sont abrogés.

L'article 191 du même Code est terminé par la disposition suivante :

« Les créanciers hypothécaires sur le navire viendront dans leur ordre d'inscription, après les créances privilégiées. »

Art. 28. — L'article 233 du Code de commerce est modifié ainsi qu'il suit :

« Si le bâtiment est frété du consentement des propriétaires, et que quelques-uns fassent refus de contribuer aux frais nécessaires pour l'expédition, le capitaine peut, en ce cas, vingt-quatre heures après sommation faite aux refusants de fournir leur contingent, emprunter hypothécairement pour leur compte, sur la part dans le navire, avec l'autorisation du juge. »

Art. 29. — Les navires de vingt tonneaux et au-dessus sont seuls susceptibles de l'hypothèque créée par la présente loi.

Art. 30. — Le tarif des droits à percevoir par les employés de l'administration des douanes et le cautionnement spécial à leur imposer, à raison des actes auxquels donnera lieu l'exécution de la présente loi, seront fixés par un décret rendu dans la forme des règlements d'administration publique.

La responsabilité de la régie des douanes, du fait de ses agents, ne s'applique pas aux attributions conférées aux receveurs par les dispositions qui précèdent.

La loi sera exécutoire à partir du 1er mai 1875.

(23 février 1875)

DÉCRET *rendant applicable aux colonies la loi du 10 décembre 1874, ayant pour objet de rendre les navires susceptibles d'hypothèques.*

(Promulg. A. G. 11 octobre 1880).
B. C. p. 495.

Article premier. — Est promulguée dans les colonies la loi du 10 décembre 1874, ayant pour objet de rendre les navires susceptibles d'hypothèques.

Art. 2. — La fixation des délais prévus dans ladite loi et les dispositions contenues en l'article 30 seront réglées conformément à la législation des colonies.

Art. 3. — Les mesures d'exécution, et notamment l'époque à partir de laquelle ladite loi sera mise en vigueur dans chaque colonie, seront déterminées par des arrêtés locaux soumis à l'approbation du Ministre de la marine et des colonies.

DE MAC-MAHON.

(23 avril 1875)

DÉCRET *sur les remises et salaires à percevoir par les employés de l'administration des douanes* (1) *à raison des formalités accomplies en vertu de la loi du 10 décembre 1884. — Cautionnement à fournir. Les rentes sur l'État seront capitalisées au denier 20.*

(Promulg. A. G. 11 octobre 1880).
B. C. p. 495.

Article premier. — Les droits à percevoir par les employés de l'Administration des douanes (1) chargés du service de l'hypothèque maritime, se composent de remises et de salaires payables d'avance.

Art. 2. — Les remises sont fixées à un demi pour mille du capital des créances donnant lieu à l'hypothèque ou à un renouvellement d'une inscription.

Elles sont réduites à un quart pour mille à l'égard des sommes que le propriétaire du navire se réserve la faculté de réaliser par voie d'hypothèque, en cours de voyage, conformément à l'article 26 de la loi du 10 décembre 1874.

Lorsque l'hypothèque ainsi réservée est effectivement prise, l'agent appelé à l'inscrire perçoit à son tour une remise d'un quart pour mille sur la somme hypothéquée.

Art. 3. — Les salaires seront de un franc :

1° Pour l'inscription de chaque hypothèque requise par un seul bordereau, quel que soit le nombre de créanciers ;

2° Pour chaque inscription reportée d'office, en vertu de l'article 7 de la loi du 10 décembre 1874, sur l'acte de francisation, sur le registre du lieu de la francisation ou sur le registre du nouveau port d'attache ;

3° Pour chaque déclaration soit du changement de domicile, soit de subrogation, soit de tous les deux par le même acte ;

4° Pour chaque radiation d'inscription ;

5° Pour chaque extrait d'inscription ou pour le certificat, s'il n'en existe pas.

Art. 4. — Chaque bordereau d'inscription ne peut s'appliquer qu'à un seul navire. Dans le cas de changement de domicile, de subrogation ou de radiation, il est aussi fait une déclaration distincte par inscription.

Art. 5. — Les employés des douanes (1) chargés du service de l'hypothèque maritime auront à fournir, pour la garantie des actes auxquels donnera lieu l'exécution de la loi du 10 décembre 1874, un cautionnement supplémentaire égal au dixième de leur cautionnement actuel. Ce cautionnement supplémentaire devra être fourni en immeubles ou en rentes nominatives sur l'État, conformément à ce qui est réglé pour les hypothèques terrestres. Les rentes sur l'État seront capitalisées au denier 20. La libération du cautionnement supplémentaire ne pourra être réclamée qu'après un délai de trois ans, à dater du dernier jour de la gestion du comptable.

Art. 6. — Le taux des cautionnements, des remises et des salaires sera revisé à l'expiration d'une période de cinq ans.

DE MAC-MAHON.

(1) Il n'existe pas en Cochinchine de receveur de douanes ; les attributions dévolues et les obligations imposées aux receveurs des douanes par la loi du 10 décembre 1874 ont été dévolues et imposées au conservateur des hypothèques de Saïgon (A. G. 11 octobre 1880).

(11 octobre 1880)

A. G. *promulguant :*

1° Le décret du 23 février 1875, rendant applicable dans la colonie la loi du 10 décembre 1874 sur l'hypothèque maritime ;

2° La loi du 10 décembre 1874 précitée ;

3° Et le décret du 23 avril 1875, sur les remises et salaires à percevoir par l'administration des douanes à raison des formalités accomplies en vertu de ladite loi du 10 décembre 1874 sous les modifications suivantes.

B. C. p. 495.

Article premier. — Le décret du 23 février 1875, rendant applicables aux colonies la loi du 10 décembre 1874, sur l'hypothèque maritime, ladite loi, et le décret du 23 avril 1875, sur les remises et salaires dus à raison des formalités accomplies en vertu de cette loi, sont promulgués dans toute l'étendue de la Cochinchine française, pour y recevoir leur exécution à compter du jour de leur insertion au *Journal officiel* de la colonie, sous les modifications suivantes :

Art. 2. — Les attributions dévolues et les obligations imposées aux receveurs des douanes par la loi du 10 décembre 1874, et notamment par les articles 5, 6, 7, 8, 9, 15, 16 et 26, seront dévolues et imposées au conservateur des hypothèques de Saïgon.

Art. 3. — Les remises et salaires édictés par le décret du 23 avril 1875, sont portés au double ; ils seront perçus par le conservateur des hypothèques, à son profit, sous la retenue du quart dont il comptera mensuellement au trésor local, en atténuation des dépenses de secrétariat à sa charge, ainsi qu'il est prescrit, pour les salaires ordinaires de la conservation par l'article 3 de l'arrêté du 8 septembre 1877.

Art. 4. — Le cautionnement du conservateur des hypothèques, tel qu'il résulte de l'arrêté du 5 septembre 1872, sera augmenté dans la proportion fixée par l'article 5 du décret du 23 avril 1875, qui recevra à cet égard sa pleine et entière exécution.

Art. 5. — Les délais fixés par les articles 19, 22 et 25 de la loi du 10 décembre 1874, seront augmentés du délai des distances fixé en toutes matières pour les créanciers hypothécaires et les propriétaires domiciliés hors du territoire de la Cochinchine. Ce délai des distances n'est accordé qu'une fois, au cas de l'article 25.

LE MYRE DE VILERS.

(4 avril 1884)

DÉCRET *sur l'hypothèque maritime et la francisation de navires en Cochinchine. — Modèles ; — formule de l'acte de francisation.*

(Promulg. A. G. 2 juin 1884).
B. C. p. 221.

Article premier. — Sont susceptibles de l'hypothèque créée par la loi du 10 décembre 1874 les navires auxquels a été concédée en Cochinchine la francisation locale, dans les conditions déterminées ci-après.

Art. 2. — Peuvent être provisoirement francisés :

1° Les bâtiments de provenance étrangère devenus propriété française dans la proportion exigée par la loi, en vue de se rendre dans un port de France à l'effet d'y être francisés définitivement.

2° Les navires construits en Cochinchine ou au Cambodge et appartenant pour moitié au moins à des Français, jusqu'à la francisation définitive qui pourrait leur être accordée par le Gouvernement métropolitain.

Peuvent être francisés à titre exceptionnel les bâtiments de provenance étrangère devenus propriété française, qui sont destinés à la navigation locale.

Les navires compris dans ces deux dernières catégories ne pourront être employés qu'à la navigation s'accomplissant dans les limites fixées par les arrêtés du Gouverneur de la Cochinchine.

Art. 3. — Les francisations sont concédées par arrêtés du Gouverneur de la Cochinchine rendus en Conseil privé.

A l'appui de toute demande de francisation, les requérants devront produire:

1° Pour les navires construits en Cochinchine ou au Cambodge, l'état des inscriptions les ayant grevés sur chantier ou le certificat qu'il n'en existe aucune; ensemble un certificat de construction délivré par le constructeur;

2° Le procès-verbal de description du navire et de calcul ou de vérification de son tonnage établi par le directeur du port de commerce;

3° L'expédition du serment prêté par l'armateur et conçu en la forme du modèle n° 1 ci-annexé;

4° Un original enregistré ou une expédition, s'il est authentique du titre de propriété;

5° Lorsqu'il s'agira de navires destinés à la navigation locale, la demande de francisation devra être accompagnée, en outre, d'une soumission cautionnée de 4 piastres (20 francs) par tonneau si le bâtiment a un tonnage inférieur à 200 tonneaux, de 6 piastres ou 30 francs s'il est supérieur à 200 tonneaux, de 8 piastres ou 40 francs s'il est supérieur à 400 tonneaux.

Cet acte sera conforme au modèle n° 2 annexé au présent décret.

Les propriétaires seront tenus des obligations que cet acte énumère, sous peine de confiscation du montant des sommes y énoncées.

Toutes ces pièces seront déposées au bureau des hypothèques de Saïgon, pour y être classées dans un dossier spécial à chaque navire.

Art. 4. — L'acte de francisation indiquera, suivant les distinctions de l'article, l'espèce de la francisation accordée et spécifiera qu'il n'est valable que pour le cabotage local.

Il sera établi conformément au modèle n° 3 ci-annexé.

Les énonciations seront reproduites sur un registre tenu au bureau des hypothèques de Saïgon, où seront inscrites également les déclarations de construction, mesurage, description, cautionnement et propriété ordonnées ci-dessus.

Art. 5. — En cas de perte de l'acte de francisation, le propriétaire, en affirmant la sincérité de cette perte, en obtiendra un nouveau en observant les mêmes formalités et à la charge des mêmes cautionnement, soumission, déclaration de droits que pour l'obtention du premier.

Art. 6. — Si, après la délivrance de l'acte de francisation, le bâtiment est changé dans sa forme, son tonnage ou de toute autre manière, on en obtiendra un nouveau; autrement, le bâtiment sera réputé bâtiment étranger.

Art. 7. — Les droits dus à raison de ces francisations seront fixés comme suit:

Bâtiments au-dessous de 100 tonneaux, 1 piastre 80 cents ou 9 francs.

Bâtiments de 100 tonneaux et au-dessous de 200 tonneaux, 3 piastres 60 cents ou 18 francs;

Bâtiments de 200 tonneaux et au-dessous de 300 tonneaux, 4 piastres 80 cents ou 24 francs, et en sus 1 piastre 20 cents ou 6 francs pour chaque 100 tonneaux au-dessus de 300 tonneaux.

Art. 8. — Tout acte de transmission de bâtiment ou de partie de bâtiment contiendra copie de l'acte de francisation.

Art. 9. — Mention de ces aliénations, des mutations résultant de décès et des inscriptions d'hypothèque maritime, sera faite par le conservateur des hypothèques de Saïgon, au *verso* de l'acte de francisation.

Art. 10. — A cet effet, ledit acte sera présenté au conservateur en même temps que les titres d'acquisition ou les documents prescrits par l'article 6 de la loi du 10 décembre 1884.

Toutefois, avant de procéder à aucune inscription de mutation, le conservateur fera souscrire par le nouveau propriétaire la soumission cautionnée prescrite par l'article 3 ci-dessus. Il libérera ensuite le précédent propriétaire et ses cautions.

Art. 11. — En ce qui touche les navires compris dans les deux dernières catégories de l'article 2 du présent décret, la réserve d'hypothèque en cours de voyage ne pourra être stipulée ni réalisée que dans les limites de navigation fixées par les arrêtés du Gouverneur de la Cochinchine.

Mention de cette restriction sera faite dans la déclaration inscrite sur le registre du conservateur et sur l'acte de francisation.

Art. 12. — Tous ceux qui prêteront leur nom à la francisation des bâtiments étrangers, qui concourront comme officiers publics ou comme témoins aux ventes simulées ; tout préposé dans les bureaux, consignataire, agent de bâtiments et cargaison, capitaine et lieutenant du bâtiment qui, connaissant la francisation frauduleuse, n'empêcheront pas la saisie du bâtiment, disposeront de la cargaison d'entrée ou en fourniront une de sortie, auront commandé ou commandent le bâtiment, seront condamnés solidairement et par corps à 6,000 francs d'amende, déclarés incapables d'aucun emploi, de commander aucun bâtiment français. Le jugement de comdamnation sera publié et affiché.

Art. 13. — Les propriétaires des navires attachés au port de Saïgon, francisés antérieurement au présent décret, devront, dans un délai de deux mois, présenter au bureau du conservateur de Saïgon l'acte de francisation qui leur a été accordé et leur titre de propriété.

Sur le registre, dont la tenue est prescrite par l'article 4, il sera ouvert des comptes spéciaux à ces navires ; les transferts dûment constatés et les inscriptions dont ils auront été l'objet seront mentionnés par le conservateur au *verso* de l'acte de francisation.

Art. 14. — Les contraventions aux dispositions ci-dessus sont du ressort du tribunal de Saïgon.

JULES GRÉVY.

ANNEXES

Modèle No 1. — **Formule de prestation de serment.**

Je (1)..

....

jure et affirme que (2)..................................

....

est un (3)..

....

....

a été construit (4)...

....

en (5)..

....

que je suis seul propriétaire dudit bâtiment ou conjointement avec (6)..

....

et qu'aucune personne quelconque n'y aura droit, titre, portion, intérêt ou propriété ; que je suis citoyen de France, ainsi que les associés ci-dessus (7)..

....

(1) Nom, prénoms, état, domicile.

(2) Le nom du bâtiment et du port auquel il appartient.

(3) Espèce et description du navire, s'il est à voiles, à vapeur, à roues ou à hélice, en bois, en fer ou en acier.

(4) Lieu de construction.

(5) L'année de construction, s'il a été acheté à l'étranger, pris, confisqué ou perdu ; indiquer le lieu et le temps des jugements et ventes.

(6) Nom, prénoms, état, domicile des intéressés ; *quantum* de leurs parts.

(7) Ajouter, s'il y a lieu : « A « l'exception des sieurs....... « ...., qui sont étrangers, « mais ne possèdent pas ensem- « ble plus de la moitié du na- « vire. »

Modèle N° 2. — **Formule de soumission cautionnée.**

(1) Je ou nous, nom, prénoms, état, domicile.

(2) Désignation du navire.

(1) ....,
....
propriétaire du navire...
jaugeant......... tonneaux, dont...........sollicit..........
la francisation.....................................et l'attache
au port de Saïgon, déclar....................soumettre par ces présentes, sous peine de confiscation de la somme ci-après énoncée, outre les autres condamnations prononcées par le décret du 4 avril 1884, à ne point vendre, donner, prêter ni autrement disposer des congé et acte de francisation du navire (2)............
....
à n'en faire usage que pour le service dudit bâtiment, à rapporter l'acte de francisation au bureau des hypothèques de Saïgon si le navire est pris par l'ennemi, brûlé ou perdu de toute autre manière, devenu pour plus de moitié la propriété d'étrangers, et ce dans un mois, si la perte ou la vente de plus de moitié du bâtiment a eu lieu en Cochinchine ou au Cambodge ou sur les côtes de ces pays; et dans quatre mois, si la vente ou la perte sont survenues en d'autres lieux.

En exécution de la présente soumission ....engage............à verser au trésor de Saïgon, dans les huit jours de la demande qui en sera faite par l'Administration la somme de............................ à défaut de versement dans le délai ci-dessus fixé par le...
de la somme ci-dessus énoncée...................................
soussigné..................engage.............par ces présentes, à verser au trésor, dans les huit jours de la demande de l'Administration et en l'acquit d............... sieur..................
ladite somme de............ renonçant formellement au bénéfice de la discussion d.........dit ..... sieur.........................
qui déclar......... accepter ladite caution.

En cas de décès d......... soumissionnaire et de............
caution, l'engagement et le cautionnement ci-dessus seront indivisibles entre leurs héritiers ou représentants.

Fait à Saïgon, le...........

Modèle N° 3. — **Formule de l'acte de francisation.**

RÉPUBLIQUE FRANÇAISE.

Acte de francisation des bâtiments du commerce français.

(Cet acte ne confère les avantages de la francisation que pour le cabotage local, et si le navire auquel il est délivré aborde dans un port français de la Métropole, il restera sous le coup des règles générales applicables aux navires étrangers).

AU NOM DU PEUPLE FRANÇAIS,

Le Gouverneur de la Cochinchine, le Conseil privé entendu, déclare que M.......... Français, domicilié à.......... a justifié, conformément à la loi du 27 vendémiaire an II, être propriétaire d...
ci-après décrit, francisé à.......................attaché au port de............................
immatriculé au quartier maritime de............et jaugeant officiellement........................
suivant le détail ci-après :

	Mètres cubes.	Tonneaux.
	—	—
Volume total (non compris l'allocation pour l'équipage).........	....	....
Déduction pour les navires à vapeur..	....	....
Net..........................	... .	....

L'identité du navire est déterminée par les mesures ci-après :

Longueur de l'avant de l'étrave sous le beaupré, jusqu'à l'arrière de l'étambot. ....mèt....c.
Plus grande largeur extérieure.. ....
Hauteur du milieu du navire.. { sous le pont du tonnage... ....
{ sous le pont supérieur .. ..

Il a été également constaté que ledit navire a.............. ponts, qu'il..............vairage, qu'il a........ mâts, qu'il est en......., et qu'il a été construit à..... .... en 18......, ainsi qu'il appert des justifications produites ;

Vu les actes passés devant l'autorité judiciaire, à l'effet de constater que ce navire est propriété française et que le serment a été reçu :

Vu aussi les soumissions et le titre du cautionnement déposés au bureau des hypothèques de................ le.............., et relatés au registre des francisations sous le nº........

Le présent acte est délivré par nous aux fins de conférer à l'impétrant le droit de faire naviguer ledit navire sous pavillon français.

En conséquence, le Président de la République prie et requiert tous souverains, États, amis et alliés de la France, et leurs subordonnés, ordonne à tous fonctionnaires publics, commandants des bâtiments de l'État, et à tous autres qu'il appartiendra, de le laisser sûrement et librement passer avec son bâtiment, sans lui faire ni souffrir qu'il lui soit fait aucun trouble ni empêchement quelconque, mais au contraire de lui donner faveur, secours et assistance partout où besoin sera.

Saïgon, le........... 18.....

Le Gouverneur,

Les justifications relatives au présent acte avaient été enregistrées au bureau des hypothèques de Saïgon, le.................

Le Conservateur,

(30 avril 1884)

DÉP. M. ***Notification du décret du 4 avril 1884 sur l'hypothèque maritime et la francisation des navires en Cochinchine. — Instructions.***

B. C. p. 227.

J'ai l'honneur de vous faire connaître que j'ai soumis à la signature de M. le Président de la République le projet de décret relatif à la francisation et à l'hypothèque maritime que vous avez transmis au Département le 30 mars 1883.

Le décret porte la date du 4 avril courant ; vous le trouverez inséré au *Journal officiel de la République*, au *Bulletin officiel de la marine* et au *Bulletin des lois*. Vous recevrez en outre, prochainement, un certain nombre d'exemplaires de cet acte, que je fais tirer à part.

Je vous prie de vouloir bien pourvoir à sa promulgation dans la colonie.

L'article 3 du projet a été modifié. Cet article exigeait la production, à l'appui de toute demande, d'une soumission cautionnée. Cette obligation ne me paraît pas justifiée lorsqu'il s'agit de la francisation provisoire de navires destinés à se rendre dans un port de France pour y être francisés définitivement. En effet, l'Administration métropolitaine réclame, avant de conférer à ces navires la francisation définitive, une nouvelle soumission cautionnée qui forme double emploi avec celle qui a été souscrite à Saïgon. La soumission cautionnée ne sera donc pas exigée pour les navires francisés dans ces conditions.

D'autre part, il a paru utile de mentionner sur la formule de l'acte de francisation que l'acte délivré dans la colonie n'est valable que pour le cabotage local. Le modèle que vous m'avez transmis a été complété dans ce sens.

Je dois enfin appeler votre attention sur la manière dont il conviendra d'agir à l'égard des navires de provenance étrangère qui, devenus propriété française dans la proportion légale, pourraient être francisés provisoirement en vue de se rendre dans un port de France à l'effet d'y être francisés définitivement.

C'est là une situation analogue à celle des navires achetés à l'étranger et autorisés par nos consuls à porter provisoirement le pavillon français. Comme cela a été réglé pour ces navires, le bâtiment de construction étrangère, pourvu d'un brevet provisoire en Cochinchine, pourra être expédié soit pour un pays étranger, soit à destination d'un port français, avec faculté d'escale dans les ports étrangers situés sur sa route. Dans ce dernier cas, les droits dus pour la francisation métropolitaine ne seront acquittés qu'à l'arrivée du navire en France ; ces droits seront simplement soumissionnés en Cochinchine. Les soumissions devront m'être adressées pour que je puisse les transmettre au Département des finances. Dans la première hypothèse, c'est-à-dire lorsque le bâtiment, avant de se rendre en France, fera un voyage intermédiaire à l'étranger, l'armateur devra remettre au trésorier de la colonie le montant présumé des droits, d'après le tonnage déclaré du navire, avec soumission portant engagement de payer en France le complément de ces droits reconnu exigible. Le trésorier payeur de la colonie recevra du Ministère des finances les instructions nécessaires pour la transmission en France, par un mandat sur le trésor au nom du receveur principal des douanes à Paris, des sommes qu'il aura encaissées à ce titre.

FÉLIX FAURE.

(10 juillet 1885)

LOI *relative à l'hypothèque maritime.*

(Promulg A. G. G. 18 septembre 1888).
B. C. p. 519.

Article premier. — Les navires sont susceptibles d'hypothèques ; ils ne peuvent être hypothéqués que par la convention des parties.

Art. 2. — Le contrat par lequel l'hypothèque maritime est consentie doit être rédigé par écrit ; il peut être fait par acte sous signatures privées.

Le droit d'enregistrement de l'acte constitutif d'hypothèque, authentique ou sous seing privé est fixé à 1 franc par 1,000 francs des sommes ou valeurs portées au contrat.

Art. 3. — L'hypothèque sur le navire ne peut être consentie que par le propriétaire ou par son mandataire justifiant d'un mandat spécial.

Si le navire a plusieurs propriétaires, il pourra être hypothéqué par l'armateur titulaire pour les besoins de l'armement ou de la navigation, avec l'autorisation de la majorité, telle qu'elle est établie par l'article 220 du Code de commerce, et celle du juge, comme il est dit à l'article 233.

Dans le cas où l'un des copropriétaires voudrait hypothéquer sa part indivise dans le navire, il ne pourra le faire qu'avec l'autorisation de la majorité, conformément à l'article 220 du Code de commerce.

Art. 4. — L'hypothèque consentie sur le navire ou sur la portion du navire s'étend, à moins de convention contraire, au corps du navire, aux agrès, apparaux, machines et autres accessoires.

Art. 5. — L'hypothèque maritime peut être constituée sur un navire en construction. Dans ce cas, l'hypothèque doit être précédée d'une déclaration faite au receveur principal du bureau des douanes dans la circonscription duquel le navire est en construction.

Cette déclaration indiquera la longueur de la quille du navire et approximativement ses autres dimensions, ainsi que son tonnage présumé. Elle mentionnera l'emplacement de la mise en chantier du navire.

Art. 6. — L'hypothèque est rendue publique par l'inscription sur un registre spécial tenu par le receveur principal du bureau des douanes dans la circonscription duquel le navire est en construction, ou du bureau dans lequel le navire est immatriculé, s'il est déjà pourvu d'un acte de francisation.

Des décrets détermineront, pour les chantiers de construction établis en dehors du rayon maritime, le bureau des douanes dans la circonscription duquel ils devront être compris.

Art. 7. — Tout propriétaire d'un navire construit en France, qui demande à le faire admettre à la francisation, est tenu de joindre aux pièces requises à cet effet un état des inscriptions prises sur le navire en construction ou un certificat qu'il n'en existe aucune.

Les inscriptions non rayées sont reportées d'office à leurs dates respectives par le receveur des douanes sur le registre du lieu de francisation, si celle-ci est autre que celui de la construction.

Si le navire change de port d'immatricule, les inscriptions non rayées sont pareillement reportées d'office par le receveur des douanes du nouveau port où il est immatriculé sur son registre et avec mention de leurs dates respectives.

Art. 8. — Pour opérer l'inscription, il est présenté au bureau du receveur des douanes un des originaux du titre constitutif d'hypothèque, lequel y reste déposé s'il est sous seing privé ou reçu en brevet, ou une expédition s'il en existe minute.

Il y est joint deux bordereaux signés par le requérant, dont l'un peut être porté sur le titre présent. Il contient :

1° Les noms, prénoms et domiciles du créancier et du débiteur, et leurs professions, s'ils en ont une ;

2° La date et la nature du titre ;

3° Le montant de la créance exprimée dans le titre ;

4° Les conventions relatives aux intérêts et au remboursement ;

5° Le nom et la désignation du navire hypothéqué, la date de l'acte de francisation ou de la déclaration de la mise en construction ;

6° Élection de domicile par le créancier dans le lieu de la résidence du receveur des douanes.

Art. 9. — Le receveur des douanes fait mention sur son registre du contenu aux bordereaux, et remet au requérant l'expédition du titre s'il est authentique et l'un des bordereaux, au pied duquel il certifie avoir fait l'inscription.

Art. 10. — S'il y a deux ou plusieurs hypothèques sur le même navire ou sur la même part de propriété du navire, le rang est déterminé par ordre de priorité des dates de l'inscription.

Les hypothèques inscrites le même jour viennent en concurrence, nonobstant la différence des heures de l'inscription.

Art. 11. — L'inscription conserve l'hypothèque pendant dix ans, à compter du jour de sa date ; son effet cesse si l'inscription n'a pas été renouvelée avant l'expiration de ce délai sur le registre tenu en douane.

Art. 12. — Si le titre constitutif de l'hypothèque est à ordre, sa négociation par voie d'endossement emporte la translation du droit hypothécaire.

Art. 13. — L'inscription garantit, au même rang que le capital, deux années d'intérêt en sus de l'année courante.

Art. 14. — Les inscriptions sont rayées, soit du consentement des parties intéressées ayant capacité à cet effet, soit en vertu d'un jugement en dernier ressort ou passé en force de chose jugée.

Art. 15. — A défaut de jugement la radiation totale ou partielle de l'inscription ne peut être opérée par le receveur des douanes que sur le dépôt d'un acte authentique de consentement à la radiation donnée par le créancier ou son cessionnaire justifiant de ses droits.

Dans le cas où l'acte constitutif de l'hypothèque est sous seing privé ou si, étant authentique, il a été reçu en brevet, il est communiqué au receveur des douanes qui y mentionne, séance tenante, la radiation totale ou partielle.

Art. 16. — Le receveur des douanes est tenu de délivrer à tous ceux qui le requièrent l'état des inscriptions subsistant sur le navire ou un certificat qu'il n'en existe aucune.

Art. 17. — Les créanciers ayant hypothèque inscrite sur un navire ou portion de navire le suivent, en quelques mains qu'il passe, pour être colloqués et payés suivant l'ordre de leurs inscriptions.

Si l'hypothèque ne grève qu'une portion de navire, le créancier ne peut saisir et faire vendre que la portion qui lui est affectée. Toutefois, si plus de la moitié du navire se trouve hypothéquée, le créancier pourra, après saisie, le faire vendre en totalité, à charge d'appeler à la vente les copropriétaires.

Dans tous les cas de copropriété, par dérogation à l'article 883 du Code civil, les hypothèques consenties durant l'indivision par un ou plusieurs des copropriétaires, sur une portion du navire, continuent à subsister après le partage ou licitation.

Toutefois, si la licitation s'est faite en justice, dans les formes déterminées par les articles 23 et suivants de la présente loi, le droit des créanciers n'ayant hypothèque que sur une portion de navire sera limité au droit de préférence sur la partie du prix afférente à l'intérêt hypothéqué.

Art. 18. — L'acquéreur d'un navire ou d'une portion de navire hypothéqué, qui veut se garantir des poursuites autorisées par l'article précédent, est tenu, avant la poursuite ou dans le délai de quinzaine, de notifier à tous les créanciers inscrits sur le registre du port d'immatricule, au domicile élu dans leurs inscriptions :

1° Un extrait de son titre indiquant seulement la date et la nature de l'acte, le nom du vendeur, le nom, l'espèce et le tonnage du navire, et les charges faisant partie du prix.;

2° Un tableau sur trois colonnes, dont la première contiendra la date des inscriptions; la seconde, le nom des créanciers ; la troisième, le montant des créances inscrites.

Cette notification contiendra constitution d'avoué.

Art. 19. — L'acquéreur déclarera par le même acte qu'il est prêt à acquitter sur-le-champ les dettes hypothécaires jusqu'à concurrence de son prix, sans distinction des dettes exigibles ou non exigibles.

Art. 20. — Tout créancier peut requérir la mise aux enchères du navire ou portion du navire en offrant de porter le prix à un dixième en sus, et de donner caution pour le paiement du prix et des charges.

Art. 21. — Cette réquisition signée du créancier doit être signifiée à l'acquéreur dans les dix jours des notifications. Elle contiendra assignation devant le tribunal civil du lieu où se trouve le navire, ou, s'il est en cours de voyage, du lieu où il est immatriculé, pour voir ordonner qu'il sera procédé aux enchères requises.

Art. 22. — La vente aux enchères aura lieu à la diligence soit du créancier qui l'aura requise, soit de l'acquéreur, dans les formes établies pour les ventes sur saisie.

Art. 23. — Au cas de saisie, le saisissant devra, dans le délai de trois jours, notifier au propriétaire copie du procès-verbal de saisie, et le faire citer devant le tribunal civil du lieu de la saisie, pour voir dire qu'il sera procédé à la vente des choses saisies.

Si le propriétaire n'est pas domicilié dans le ressort du tribunal, les significations et citations lui seront données en la personne du capitaine du bâtiment saisi, ou, en son absence, en la personne de celui qui représentera le propriétaire ou le capitaine, et le délai de trois jours sera augmenté d'un jour par cinq myriamètres de la distance de son domicile, sans que le délai puisse dépasser un mois.

S'il est étranger, hors de France et non représenté, les citations et significations seront données ainsi qu'il est prescrit par l'article 69 du Code de procédure civile.

Art. 24. — Le procès-verbal de saisie sera transcrit au bureau du receveur des douanes du lieu où le navire est en construction ou de celui où il est immatriculé, dans le délai fixé au paragraphe 1er de l'article précédent, avec augmentation d'un jour par cinq myriamètres de la distance du lieu où se trouve le tribunal qui doit connaître de la saisie et de ses suites.

Dans la huitaine, le receveur des douanes délivrera un état des inscriptions et, dans les trois jours qui suivront (avec augmentation du délai à raison des distances, comme il est dit ci-dessus), la saisie sera dénoncée aux créanciers inscrits, aux domiciles élus dans leurs inscriptions, avec l'indication du jour de la comparution devant le tribunal civil.

Le délai de la comparution sera calculé à raison d'un jour par cinq myriamètres de distance entre le lieu ou le navire est immatriculé et le lieu où siège le tribunal dans le ressort duquel la saisie a été pratiquée, sans qu'en aucun cas et tous calculs faits il puisse dépasser les termes fixés par les deux derniers paragraphes de l'article 23.

Art. 25. — Le tribunal fixera par son jugement la mise à prix et les conditions de la vente. Si, au jour fixé pour la vente, il n'est pas fait d'offre, le tribunal déterminera par jugement le jour auquel les enchères auront lieu sur une nouvelle mise à prix inférieure à la première et qui sera déterminée par le jugement.

Art. 26. — La vente se fera à l'audience des criées du tribunal civil, quinze jours après une apposition d'affiche et une insertion de cette affiche dans un des journaux imprimés au lieu où siège le tribunal, et, s'il n'y en a pas, au chef-lieu du département, sans préjudice de toutes autres publications qui seraient autorisées par le tribunal.

Néanmoins le tribunal pourra ordonner que la vente sera faite, soit devant un autre tribunal civil, soit en l'étude et par le ministère d'un notaire, soit par un courtier conducteur de navire, à la bourse ou dans tout autre lieu du port où se trouve le navire saisi.

Dans ces divers cas, le jugement réglementera la publicité locale.

Art. 27. — Les affiches seront apposées au grand mât ou sur la partie la plus apparente du bâtiment saisi ; à la porte principale du tribunal devant lequel on procédera ; dans la place publique et sur le quai du port où le bâtiment sera amarré, ainsi qu'à la bourse de commerce s'il y en a une.

Art. 28. — Les annonces et affiches devront indiquer :

Les nom, profession et demeure du poursuivant ;

Les titres en vertu desquels il agit ;

Le montant de la somme qui lui est due ;

L'élection de domicile par lui faite dans le lieu où siège le tribunal et dans le lieu où se trouve le bâtiment ;

Les nom, profession et domicile du propriétaire du bâtiment saisi ;

Le nom du bâtiment et, s'il est armé ou en armement, celui du capitaine ;

Le mode de puissance motrice du navire, à voiles ou à vapeur, à roues ou à hélice ; s'il est à voiles, son tonnage légal ; s'il est à vapeur, les deux tonnages légaux, brut et net, ainsi que le nombre de chevaux nominaux de sa machine motrice ;

Le lieu où il se trouve ;

La mise à prix et les conditions de la vente ;

Les jour, lieu et heure de l'adjudication.

Art. 29. — La surenchère n'est pas admise en cas de vente judiciaire.

Art. 30. — L'adjudicataire sur saisie, comme l'adjudicataire par suite de surenchère, sera tenu de verser son prix, sans frais, à la caisse des dépôts et consignations, dans les vingt-quatre heures de l'adjudication, à peine de folle enchère.

Il devra, dans les cinq jours suivants, présenter requête au président du tribunal civil, pour faire commettre au juge devant lequel il citera les créanciers par acte signifié aux domiciles élus, à l'effet de s'entendre à l'amiable sur la distribution du prix.

L'acte de convocation sera affiché dans l'auditoire du tribunal, et, s'il n'y en a pas, dans l'un des journaux qui seront imprimés dans le département.

Le délai de la convocation sera de quinzaine, mais sans augmentation à raison de la distance.

Art. 31. — Dans le cas où les créanciers ne s'entendraient pas sur la distribution du prix, il sera dressé procès-verbal de leurs prétentions et contredits.

Dans la huitaine, chacun des créanciers devra déposer au greffe une demande de collocation contenant constitution d'avoué avec titres à l'appui.

A la requête du plus diligent, les créanciers seront, par un simple acte d'avoué, appelés devant le tribunal qui statuera à l'égard de tous, même des créanciers privilégiés.

Art. 32. — Le jugement sera signifié, dans les trente jours de sa date, à avoué seulement pour les parties présentes et aux domiciles élus pour les parties défaillantes. Ce jugement ne sera pas susceptible d'opposition.

Le délai d'appel sera de dix jours à compter de la signification du jugement, outre un jour par cinq myriamètres de distance entre le siège du tribunal et le domicile élu dans l'inscription.

L'acte d'appel contiendra assignation et l'énonciation des griefs, à peine de nullité.

La disposition finale à l'article 762 du Code de procédure civile sera appliquée, ainsi que les articles 761, 763 et 764 du même Code, relativement à la procédure devant la Cour.

Dans les huit jours qui suivront l'expiration du délai d'appel et, s'il y a appel, dans les huit jours de l'arrêt, le juge déjà désigné dressera l'état des créances colloquées, en principal, intérêts et frais. Les intérêts des créances utilement colloquées cesseront de courir à l'égard de la partie saisie. Les dépens de contestations ne pourront être pris sur les deniers à distribuer, sauf les frais de l'avoué le plus ancien.

Sur ordonnance rendue par le juge-commissaire, le greffier délivrera les bordereaux de collocation exécutoires contre la caisse des dépôts et consignations, dans les termes de l'article 770 du Code de procédure civile. La même ordonnance autorisera la radiation par le receveur des douanes des inscriptions des créanciers non colloqués. Il sera procédé à cette radiation sur la demande de toute partie intéressée.

Art. 33. — La vente volontaire d'un navire grevé d'hypothèques à un Étranger, soit en France, soit à l'étranger, est interdite. Tout acte fait en fraude de cette disposition est nul et rend le vendeur passible des peines portées par l'article 408 du Code pénal. L'article 463 du même Code pourra être appliqué.

Les hypothèques consenties à l'étranger n'ont d'effet à l'égard des tiers, comme celles consenties en France, que du jour de leur inscription sur les registres de la recette principale des douanes du port d'immatricule du navire.

Sont néanmoins valables les hypothèques constituées sur le navire acheté à l'étranger avant son immatriculation en France, pourvu qu'elles soit régulièrement inscrites par le consul français sur le congé provisoire de navigation et reportées sur le registre du receveur des douanes du lieu où le navire sera immatriculé.

Ce report sera fait sur la réquisition du créancier, qui devra produire à l'appui le bordereau prescrit par l'article 8 de la présente loi.

Les dispositions du présent article seront mentionnées sur l'acte de francisation.

Art. 34. — L'article 191 du Code de commerce est terminé par la disposition suivante :

« Les créanciers hypothécaires sur le navire viennent, dans leur ordre d'inscription, après les créanciers privilégiés. »

Art. 35. — L'article 233 du Code de commerce est modifié ainsi qu'il suit :

« Si le bâtiment est frété du consentement des propriétaires et que quelques-uns fassent refus de contribuer aux frais nécessaires pour l'expédition, le capitaine peut, en ce cas, vingt-quatre heures après sommation faite aux refusants de fournir leurs contingents, emprunter hypothécairement, pour leur compte, leur part dans le navire, avec l'autorisation du juge.

Au cas où la part serait déjà hypothéquée, la saisie pourra être autorisée par le juge et la vente poursuivie devant le tribunal civil, comme il est dit ci-dessus. »

Art. 26. — Les navires de vingt tonneaux et au dessus seront seuls susceptibles de l'hypothèque créée par la présente loi.

Art. 37. — Le tarif des droits à percevoir par les employés de l'Administration des douanes, ainsi que le cautionnement spécial à leur imposer, à raison des actes auxquels donnera lieu la présente loi, les émoluments et honoraires dus aux notaires et aux courtiers conducteurs de navires pour les ventes dont ils pourront être chargés, seront fixés par des décrets rendus dans la forme des règlements d'administration publique.

La responsabilité de la régie des douanes du fait de ses agents ne s'applique pas aux attributions conférées aux receveurs par les dispositions qui précèdent.

Art. 38. — L'intérêt conventionnel en matière de prêts hypothécaires sur navire est libre. L'intérêt légal est de 6 p. 0/0, comme en matière commerciale

Art. 39. — Sont abrogés :

Le paragraphe 9 de l'artice 191 et le paragraphe 7 de l'article 192 du Code de commerce ;

Les articles 201, 202, 203, 204, 205, 206 et 207 du même Code ;

La loi du 10 décembre 1874 sur l'hypothèque maritime ;

Et généralement toutes les dispositions contraires à la présente loi.

(18 juin 1886)

DÉCRET *fixant le tarif des droits à percevoir et des cautionnements à verser par les receveurs des douanes chargés du service de l'hypothèque maritime.*

(Promulg. décret 6 août 1887, art. 2)
B. C. 1888, p. 522.

Article premier.— Les droits à percevoir par les receveurs de l'Administration des douanes chargés du service de l'hypothèque maritime se composent de remises et de salaires payables d'avance.

Art. 2. — La remise est fixée à un demi pour mille du capital des créances donnant lieu à l'hypothèque, quel que soit le nombre des navires sur lesquels il est pris inscription. Toutefois, dans le cas où les navires affectés à la garantie d'une même créance sont immatriculés dans des ports dépendant de recettes différentes, la remise est due au receveur de chacune des recettes.

En cas de renouvellement des inscriptions hypothécaires, la remise est calculée d'après les règles fixées au paragraphe précédent.

Art. 3. — Les salaires seront de 1 franc :

1° Pour l'inscription de chaque hypothèque requise par un seul bordereau, quel que soit le nombre de créanciers ;

2° Pour chaque inscription reportée d'office, en vertu de l'article 7 de la loi du 10 juillet 1885, sur le registre du lieu de la francisation ou sur le registre du nouveau port d'attache ;

3° Pour chaque déclaration, soit de changement de domicile, soit de subrogation, soit de tous les deux par le même acte ;

4° Pour chaque radiation d'inscription ;

5° Pour chaque extrait d'inscription ou pour le certificat qu'il n'en existe pas ;

6° Pour la transcription du procès-verbal de saisie, conformément à l'article 24 de la loi du 10 juillet 1885.

Art. 4. — Chaque bordereau d'inscription ne peut s'appliquer qu'à un seul navire. Dans le cas de changement de domicile, de subrogation ou de radiation, il est fait aussi une déclaration distincte par inscription.

Art. 5. — Les receveurs des douanes chargés du service de l'hypothèque maritime auront à fournir, pour la garantie des actes auxquels donnera lieu l'exécution de la loi du 10 juillet 1885, un cautionnement supplémentaire égal au dixième de leur cautionnement actuel. Le cautionnement supplémentaire devra être fourni en immeubles ou en rentes nominatives sur l'État, conformément à ce qui est réglé pour les hypothèques terrestres. Les rentes sur l'État seront capitalisées au denier 20.

La délibération du cautionnement supplémentaire ne pourra être réclamée qu'après un délai de dix ans, à dater du dernier jour de la gestion du comptable.

Art. 6. — Le taux des cautionnements, des remises et des salaires sera revisé à l'expiration d'une période de cinq ans.

JULES GRÉVY.

(6 août 1887)

DÉCRET *rendant applicable aux colonies la loi du 10 juillet 1885 sur l'hypothèque maritime sous certaines réserves.*

(Promulg. A. G. G. 18 septembre 1888).
B. C. p. 520.

Article premier. — Les dispositions de la loi du 10 juillet 1885 sur l'hypothèque maritime sont rendues applicables aux colonies, sous les réserves portées aux articles suivants:

Art. 2. — Le mode de perception, ainsi que le tarif des droits à percevoir pour ladite loi, est déterminé conformément aux dispositions des articles 1er, 2 et 3 du décret du 18 juin 1886.

Toutefois les salaires spécifiés à l'article 3 dudit décret sont portés de 1 franc à 1 fr. 50.

Art. 3. — Des arrêtés du Gouverneur en Conseil privé détermineront l'époque à partir de laquelle la loi du 10 juillet 1885 sera mise en vigueur dans chaque colonie. Ils désigneront les agents qui seront chargés du service de l'hypothèque maritime et fixeront, tous les cinq ans, le cautionnement à leur imposer en raison de leurs fonctions spéciales.

Art. 4. — Sont abrogés les décrets des 23 février 1875 et 18 janvier 1877, qui ont rendu la loi du 10 décembre 1874 applicable aux colonies, et généralement toutes les dispositions contraires à celles du présent décret.

JULES GRÉVY.

(18 septembre 1888)

A. G. G. ***promulguant le décret du 6 août 1887 rendant applicable aux colonies la loi du 10 juillet 1883 sur l'hypothèque maritime sous les réserves suivantes :***

B. C. p. 519.

Article premier. — Le décret du 6 août 1887 rendant applicable aux colonies la loi du 10 juillet 1885 sur l'hypothèque maritime, ladite loi et le décret du 18 juin 1886 portant règlement d'administration publique sont promulgués dans toute l'étendue de la Cochinchine française pour y recevoir leur exécution à compter du jour de leur insertion au *Journal officiel* de la colonie, sous les modifications suivantes :

Art. 2. — Le service de l'hypothèque maritime est maintenu dans les attributions du conservateur des hypothèques de Saïgon.

Art. 3.— Le cautionnement supplémentaire du conservateur, spécialement affecté à la garantie des formalités accomplies en exécution de la loi du 10 juillet 1885, demeure, pour une période de cinq ans, fixé au dixième du cautionnement prévu par l'arrêté du 5 septembre 1872.

Art. 4. — Les remises et salaires édictés par l'article 2 du décret du 6 août 1887 seront perçus par le conservateur des hypothèques, à son profit, sous la retenue du quart dont il fera compte mensuellement au trésor local, en atténuation des dépenses de secrétariat à sa charge, ainsi qu'il est prescrit pour les salaires ordinaires de la conservation par l'article 3 de l'arrêté du 8 septembre 1877.

RICHAUD.

HYPOTHÈQUES.

I. LÉGISLATION ET RÉGLEMENTATION. — II. CONSERVATEURS DES HYPOTHÈQUES. — III. PURGE.

I. LÉGISLATION ET RÉGLEMENTATION.

NATURE DES DOCUMENTS	DATES	RECUEILS A CONSULTER							OBSERVATIONS
		Bat.	B. C.	B D I	J. C.	J. H.	B. M.	BCol	
D. G.	20 février 1862.		95						
A. G.	2 septembre 1865.	1-443	338						
A. G.	5 décembre 1865.	1-444	1866 6						
A. G.	21 avril 1868.	1-445	79						
Dép. M.	22 novembre 1873.								
Circ. D. I.	19 mai 1877.	1-607		41					
Circ. D. I.	14 novembre 1877.	1-414		98					
Circ. D. I.	2 février 1878.	1-609		37					
Loi.	13 février 1889.								

(20 février 1862)

D. G. *Il est suppléé au manque de bureaux d'enregistrement et d'hypothèques en Cochinchine. Règlement relatif aux transactions.*

B. C. p. 95.

(2 septembre 1865)

A. G. *rendant applicables sous certaines modifications et exceptions les lois, décrets et ordonnances sur les droits d'enregistrement et d'hypothèque qui se trouvent déjà insérés dans les codes déjà promulgués et dont un exemplaire a été déposé aux greffes des tribunaux de Saïgon, en conformité de l'article 2 de l'arrêté du 7 mars 1865* (1).

BAT. I. p. 443.
B. C. p. 338.

(5 décembre 1865)

A. G. *soumettant à la formalité de l'enregistrement et de la transcription les actes de vente consentis en faveur d'Européens, en conformité de la décision du 30 mars 1865 et ayant pour objet des terrains domaniaux situés en dehors du ressort des tribunaux civils de Saïgon* (2).

BAT. I. p. 444.
B. C. 1866 p. 6.

(21 avril 1868)

A. G. *modifiant les dispositions de l'article 2 de l'arrêté du 2 septembre 1865 sur l'enregistrement et les hypothèques* (3).

BAT. I. p. 445.
B. C. p. 79.

(22 novembre 1873).

DÉP. M. *prescrivant de nommer une commission chargée d'examiner les changements qu'il y aurait lieu d'apporter dans l'organisation de la conservation des hypothèques de la colonie.*

ARCH. GOUV.

(19 mai 1877)

CIRC. D. I. *Envoi d'un modèle de mainlevée d'inscription hypothécaire pour les actes passés en dehors du ressort de Saïgon.*

BAT. I. p. 607.
B. D. I, p. 41.

Les immeubles vendus par le domaine, soit de gré à gré, soit par adjudication publique, pour un prix supérieur à 200 francs, sont frappés d'une inscription hypothécaire prise d'office, par le conser-

(1) V. *infrà*, A. G. 21 avril 1868. — Droits de greffe et d'enregistrement.
(2) V. Droits de greffe et d'enregistrement.
(3) V. Droits de greffe et d'enregistrement.

vateur des hypothèques de Saïgon, au moment de la transcription, pour sûreté du paiement intégral du prix de vente.

Les quittances délivrées n'opèrent la libération de l'acquereur qu'autant que les paiements ont été reconnus suffisants, au moyen d'un décompte réglé et approuvé par moi.

Il s'ensuit que tout acquéreur, ayant rempli les clauses et conditions de l'acte qui le lie envers l'Administration, est en droit de réclamer la mainlevée de l'inscription hypothécaire qui pèse sur sa propriété.

Lorsqu'il s'agit d'actes passés en dehors du ressort de Saïgon, le service de l'enregistrement et des domaines, n'en possédant ni minute ni expédition, ne peut, par conséquent, être appelé à rédiger les arrêtés de mainlevée hypothécaire. C'est à vous, qui avez consommé ces aliénations, qu'il appartient de préparer ces arrêtés.

La formule qui accompagne la présente circulaire devra vous servir de modèle à l'avenir, et, vu l'extention que prend l'assiette de la propriété foncière dans la colonie, je vous prie de tenir la main à ce que tout débiteur envers l'État, régulièrement libéré, soit mis en possession définitive de l'immeuble qu'il a acquis.

Vous aurez donc, dès que ce cas se présentera, à m'adresser :

1° La demande de radiation faite par l'acquéreur ;

2° Les quittances qui lui auront été délivrées ;

3° L'arrêté de mainlevée en quadruple expédition.

Les frais d'enregistrement et autres sont à la charge des demandeurs ; vous en serez avisé du montant par les soins du conservateur des hypothèques.

PIQUET.

(14 novembre 1877)

CIRC. D. I. *Les actes relatifs aux aliénations de biens domaniaux seront dispensés de la transcription toutes les fois que le prix de vente sera payé de suite.*

BAT. I. p. 414.
B. D. I. p. 98.

Jusqu'à ce jour, les actes de vente des immeubles domaniaux ont été soumis ;

1° A la formalité de l'enregistrement et de la transcription, lorsque le prix de vente était acquitté immédiatement ;

2° A la formalité de l'enregistrement, de la transcription et de l'inscription, lorsque le paiement devait avoir lieu en plusieurs termes.

L'application du nouveau tarif des salaires dus au conservateur des hypothèques de Saïgon, d'après l'arrêté du 8 septembre dernier, augmente d'une façon considérable les droits à payer par les acquéreurs.

Aussi, pour ne pas entraver la marche toujours croissante des aliénations d'immeubles domaniaux, je me suis entendu avec M. le chef du service de l'enregistrement et des domaines pour qu'à l'avenir les actes relatifs à ces aliénations soient dispensés de la transcription toutes les fois que le prix de vente sera payé de suite.

Je vous prie, en conséquence, de vouloir bien faire comprendre à vos administrés qu'ils ont tout intérêt à se libérer en une seule fois, lors même que le prix d'acquisition serait supérieur à 200 francs

Vous devez, de votre côté, exiger la stricte exécution du 3e alinéa de l'article 34 de l'arrêté du 29 décembre 1871, relatif aux ventes d'un produit inférieur à ce chiffre.

PIQUET.

(2 février 1878)

CIRC. D. I. *prescrivant dans le cas où il y aurait lieu de faire procéder à une vente sur exécution forcée de demander au bureau des hypothèques à Saïgon l'état des inscriptions hypothécaires relevées après la saisie.*

BAT. I. p. 609.
B. D. I. p. 37.

J'ai l'honneur de vous prier de vouloir bien, toutes les fois que vous aurez à faire procéder à une vente sur *exécution forcée*, ne pas manquer de demander au bureau des hypothèques, à Saïgon, l'état des inscriptions hypothécaires relevées après la saisie.

Cette mesure a pour but d'éviter des difficultés qui se sont produites à la suite de ventes d'immeubles faites par les administrateurs, sans tenir compte des hypothèques dont ils étaient grevés.

PIQUET.

(13 février 1889)

LOI *relative à l'hypothèque légale de la femme, rendue applicable aux colonies par décret du 23 mars 1889.*

(Promulg. A. G. G. 5 juillet 1889)
B. C. p.
J. C. p.

Article unique. — Il sera ajouté à l'article 9 de la loi du 23 mars 1856 une disposition ainsi conçue :

« La renonciation par la femme à son hypothèque légale, au profit de l'acquéreur d'immeubles grevés de cette hypothèque, en emporte l'extinction et vaut purge à partir soit de la transcription de l'acte d'aliénation, si la renonciation y est contenue soit de la mention faite en marge de la transcription de l'acte d'aliénation, si la renonciation a été consentie par acte authentique distinct.

Dans tous les cas, cette renonciation n'est valable et ne produit les effets ci-dessus que si elle est contenue dans un acte authentique.

En l'absence de stipulation expresse, la renonciation par la femme à son hypothèque légale ne pourra résulter de son concours à l'acte d'aliénation que si elle stipule soit comme co-venderesse, soit comme garante ou caution du mari.

Toutefois, la femme conserve son droit de préférence sur le prix, mais sans pouvoir répéter contre l'acquéreur le prix ou la partie du prix par lui payé de son consentement et sans préjudice du droit des autres créanciers hypothécaires.

Le concours ou le consentement donné par la femme soit à un acte d'aliénation contenant quittance totale ou partielle du prix, soit à l'acte ultérieur de quittance totale ou partielle, emporte même, à due concurrence, subrogation à l'hypothèque légale sur l'immeuble vendu au profit de l'acquéreur, vis-à-vis des créanciers hypothécaires postérieurs en rang ; mais cette subrogation ne pourra préjudicier aux tiers qui deviendraient cessionnaires de l'hypothèque légale de la femme sur d'autres immeubles du mari, à moins que l'acquéreur ne se soit conformé aux prescriptions du paragraphe 1er du présent article. »

Les dispositions qui précèdent sont applicables à la Guadeloupe, à la Martinique et à la Réunion.

II. CONSERVATEURS DES HYPOTHÈQUES.

NATURE DES DOCUMENTS	DATES	RECUEILS A CONSULTER							OBSERVATIONS
		Bat.	B. C.	B D. I	J. C.	J. H.	B. M.	B. Co	
A. G.	5 septembre 1872.	1-605	236						
Loi.	5 janvier 1875.	1-606	232						
Instr. M.	16 janvier 1875.						1876 546		
Décret.	23 avril 1875.		495						
Décret.	28 août 1875.	1-607	232						
Instr. M.	17 septembre 1875.						1876 549		
Instr. M.	12 octobre 1875.						1876 557		
Circ. M.	27 octobre 1875.						1876 559		
Décret.	16 mars 1876.	1-606	232						
A. G.	8 septembre 1877.	1-608	262						
Instr. M.	22 mars 1879.	1-609							
Circ. M.	8 avril 1879.	1-609							
A. G.	11 octobre 1880.		495						

(5 septembre 1872)

A. G. *Le cautionnement à fournir par le conservateur des hypothèques pourra être constitué, en totalité ou en partie, soit en immeubles, soit en rentes nominatives 3 p. 100 sur l'État* (1).

BAT. I. p. 605.
B. C. p. 236.

Article premier. — Le conservateur des hypothèques de Saïgon sera tenu de fournir un cautionnement qui pourra être constitué, en totalité ou en partie, soit en immeubles, soit rentes nominatives 3 p. 100 sur l'État.

Art. 2. — Ce cautionnement est fixé provisoirement à 2,500 francs en immeubles ou 100 francs de rentes.

Il demeurera spécialement et exclusivement affecté à la responsabilité du conservateur pour les erreurs et omissions dont la loi le rend garant envers le tiers.

Cette affectation subsistera pendant toute la durée des fonctions et dix ans après, passé lequel délai les biens servant de cautionnement seront affranchis de plein droit de toutes actions de recours qui n'auraient point été intentées dans cet intervalle.

Art. 3. — Le conservateur sera tenu de faire recevoir son cautionnement et d'en justifier conformément aux règles tracées par les lois et décrets susvisés.

Art. 4. — *Abr. A. G., 8 septembre 1877.*

Art. 5. — Il est accordé, au conservateur actuellement en exercice, un délai de six mois pour produire les justifications exigées par l'article 3.

Art. 6. — Sont et demeurent abrogées toutes les dispositions antérieures contraires.

Ch. d'Arbaud.

(5 janvier 1875)

LOI *modifiant l'article 2200 du Code civil en ce qui concerne la tenue du registre des dépôts et la délivrance des reconnaissances ou des récépissés de pièces ou d'actes dans les bureaux d'hypothèques.*

(Promulg. A. G. 16 septembre 1876).
BAT. I. p. 606.
B. C. p. 232.

Article premier. — L'article 2200 du Code civil est modifié ainsi qu'il suit :

« Néanmoins, les conservateurs seront tenus d'avoir un registre sur lequel ils inscriront, jour par jour et par ordre numérique, les remises qui leur seront faites d'actes de mutation et de saisie immobilière, pour être transcrits ; de bordereaux pour être inscrits ; d'actes, expéditions ou extraits d'actes, contenant subrogation ou antériorité, et de jugements prononçant la résolution, la nullité ou la rescision d'actes transcrits pour être mentionnés.

« Ils donneront aux requérants, par chaque acte ou par chaque bordereau à transcrire, à inscrire ou à mentionner, une reconnaissance sur papier timbré qui rappellera le numéro du registre sur lequel la remise aura été inscrite, et ils ne pourront transcrire les actes de mutation et de saisie immobilière, ni inscrire les bordereaux ou mentionner les actes contenant subrogation ou antériorité et les jugements portant résolution, nullité ou rescision d'actes transcrits sur les registres à ce destinés, qu'à la date ou dans l'ordre des remises qui leur auront été faites.

« Le registre prescrit par le présent article sera tenu double, et l'un des doubles

(1) V. A. G. 8 septembre 1877 ; A. G. 11 octobre 1880 (art. 4).

sera déposé sans frais, et dans les trente jours qui suivront sa clôture, au greffe du tribunal civil d'un arrondissement autre que celui où réside le conservateur.

« Le tribunal au greffe duquel sera déposé le double du registre de dépôt sera désigné par une ordonnance du président de la Cour dans le ressort de laquelle se trouve la conservation. Cette ordonnance sera rendue sur les réquisitions du procureur général. »

Art. 2. — Il sera statué par un décret sur toutes les autres mesures d'exécution nécessitées par la présente loi.

(16 janvier 1875)

INST. M. *Exécution de la loi du 5 janvier 1875 sur la tenue du registre des dépôts et la délivrance des reconnaissances ou des récépissés de pièces ou d'actes dans les bureaux d'hypothèques.*

B. M. 1876, 1er sem. p. 546.

(23 avril 1875)

DÉCRET *sur les remises et salaires dus à raison de l'exécution de la loi du 10 décembre 1874 sur l'hypothèque maritime*(1).

(Promulg. A. G. 11 octobre 1880).
B. C. p. 495.

(28 août 1875)

DÉCRET *rendu en exécution de la loi du 5 janvier 1875 sur la tenue du registre des dépôts de pièces ou d'actes dans les bureaux d'hypothèques.*

(Promulg. A. G. 15 septembre 1876).
BAT. I. p. 607.
B. C. p. 232.

Article premier. — Le registre dont la tenue double est prescrite par l'article premier de la loi du 5 janvier 1875, est en papier timbré et conforme au modèle fourni par l'administration de l'enregistrement.

Le coût du timbre est à la charge des parties.

Art. 2. — Il est alloué au conservateur 20 centimes, à titre de salaire, pour l'enregistrement sur les deux registres et pour la reconnaissance des dépôts d'actes ou de bordereaux à transcrire, à mentionner ou à inscrire, conformément aux dispositions de l'article premier de la loi du 5 janvier 1875.

Les droits de timbre des cases employées à l'inscription des arrêtés quotidiens sur le registre à déposer au greffe, resteront à la charge de l'État.

Art. 3. — Le dépôt du double du registre est effectué, par les soins du conservateur, dans le délai prescrit par la loi. L'envoi a lieu par la poste au moyen d'un paquet chargé.

Le jour même de la réception du registre, le greffier dresse acte de la remise et il en fait parvenir, par lettre chargée, le récépissé au conservateur.

Le tout a lieu sans frais.

Art. 4. — Les doubles des registres sont gardés au greffe, sous clef ; il est interdit

(1) Hypothèque maritime.

au greffier d'en donner connaissance à toute autre personne qu'aux agents de l'administration de l'enregistrement.

En cas de destruction des registres de dépôt, les doubles conservés au greffe sont immédiatement remis, comme récépissé, à l'administration de l'enregistrement, qui procède à la reconstitution de ces registres, sans qu'il en puisse résulter aucune charge nouvelle pour les parties ; cette reconstitution aura lieu dans la même forme dans le cas de destruction des doubles gardés au greffe.

M[al] DE MAC-MAHON.

(17 septembre 1875)

INST. M. *Exécution de la loi du 5 janvier 1875 et du décret du 28 août 1875 en ce qui concerne la tenue et la conservation du registre des dépôts établi dans les bureaux d'hypothèques.*

B. M. 1876 1er sem. p. 549.

(12 octobre 1875)

INST. M. *Exécution du décret du 28 août 75 18en ce qui concerne la conservation du registre des dépôts établi dans les bureaux d'hypothèques.*

B. M. 1876 1er sem. p. 557.

(27 octobre 1875)

CIRC. M. (*Justice*). *Application de la loi du 5 janvier 1875 et du décret du 28 août 1875 concernant la tenue du registre des dépôts de pièces ou d'actes dans les bureaux d'hypothèques.*

B. M. 1876 1er sem. p 559.

(16 mars 1876)

DÉCRET *rendant applicables aux colonies la loi du 5 janvier 1875 modifiant l'article 2200 du Code civil et le décret du 28 août 1875 rendu en exécution de ladite loi.*

BAT. I, p. 606.
B. C. p. 232.

La loi du 5 janvier 1875, modifiant l'article 2200 du Code civil, et le décret du 28 août 1875, rendu en exécution de cette loi, sont déclarés applicables aux colonies.

M[al] DE MAC-MAHON.

(8 septembre 1877)

A. G. *rapportant les dispositions de l'article 4 de l'arrêté du 5 septembre 1872. — Fixation des salaires à payer au conservateur des hypothèques de Saïgon par les requérants* (1).

BAT. I, p. 608.
B. C. p. 262.

Article premier. — L'article 4 de l'arrêté du 5 septembre 1872 est rapporté.

Art. 2. — A partir du 1er octobre 1877, il sera payé au conservateur des hypothèques de Saïgon, par les requérants, pour les actes qu'il délivrera ou les formalités qu'il accomplira, les sommes énoncées au tarif suivant, savoir :

(1) V. A. G. 11 octobre 1880.

1° Pour l'enregistrement et la reconnaissance d'actes au registre des dépôts, tenu conformément à la loi du 5 janvier 1875........ 1f00

2° Pour l'inscription de chaque droit d'hypothèque ou privilège, quel que soit le nombre des créanciers, si la formalité est requise par le même bordereau........ 5 00

3° Pour chaque inscription faite d'office par le conservateur en vertu d'un acte translatif de propriété soumis à la formalité........ 5 00

4° Pour chaque déclaration, soit de changement de domicile, soit de subrogation ou d'époque d'exigibilité, soit de tous les trois par le même acte........ 2 00

5° Pour chaque radiation d'inscription........ 3 00

5° Pour chaque extrait d'inscription ou certificat qu'il n'en existe aucune........ 3 00

7° Pour la transcription de chaque acte de mutation, par rôle d'écriture du conservateur, contenant 30 lignes à la page et 18 syllabes à la ligne........ 3 00

8° Pour chaque certificat de non-transcription........ 2 00

9° Pour les copies collationnées des actes déposés ou transcrits, par rôle d'écriture du conservateur, contenant 25 lignes à la page et 18 syllabes à la ligne........ 3 00

10° Pour chaque duplicata de quittance........ 0 50

11° Pour la transcription de chaque procès-verbal de saisie immobilière et de chaque exploit de dénonciation de ce procès-verbal au saisi, par rôle d'écriture du conservateur, contenant 30 lignes à la page et 18 syllabes à la ligne........ 3 00

12° Pour l'acte du conservateur contenant son refus de transcrire, en cas de précédente saisie........ 2 00

13° Pour chaque extrait d'inscription ou certificat qu'il n'en existe aucune (*article 592, Code procédure civile*)........ 3 00

14° Pour la mention :

1° Des deux notifications prescrites par les articles 691 et 692, Code procédure civile........ 2 00

2° Du jugement d'adjudication........ 2 00

3° Du jugement de conversion de saisie........ 2 00

15° Pour chaque radiation de saisie immobilière........ 2 00

16° Pour l'enregistrement d'ordre au registre de dépôt et la mention en marge de la transcription d'un acte de mutation du jugement portant résolution de l'acte transcrit, au seul salaire de........ 2 00

Art. 3. — Tant que les secrétaires attachés à la conservation seront salariés par le Gouvernement, le quart des salaires ainsi perçus sera compté mensuellement par le conservateur au trésor local, en atténuation de la dépense à sa charge.

Les trois autres quarts revenant au conservateur subiront seuls la retenue de 5 p. 100 au profit de la caisse des retraites.

DUPERRÉ.

(22 mars 1879)

INST. M. (*Finances*). — *Les conservateurs sont autorisés à percevoir désormais, au taux déterminé par les tarifs en vigueur, les salaires des formalités concernant les acquisitions faites pour le compte de l'État, soit par voie d'expropriation, soit à tout autre titre.*

BAT. I, p. 609.

Le Ministre des finances a décidé, le 24 juillet 1837 (instruction n° 1542), qu'il ne serait payé aux conservateurs des hypothèques aucun salaire « soit pour le dépôt ou la transcription, contrats ou « jugements, soit pour la délivrance des états d'inscriptions ou des certificats négatifs, de même « que pour toute autre espèce de renseignements, lorsqu'il s'agit d'acquisitions faites pour le compte « de l'État, par voie d'expropriation pour cause d'utilité publique. »

Cette disposition a été appliquée, depuis lors, aux acquisitions faites par l'État, à tous autres titres que ceux d'expropriation forcée et d'utilité publique, quelle que soit d'ailleurs la participation des départements à la dépense (Déc. min. fin. des 16 novembre 1842 et 15 novembre 1849, inst. n°s 1681 et 1840).

Par suite de l'extension donnée aux travaux publics, le nombre des formalités à accomplir gratuitement, en vertu de ces décisions, s'est accru au point de constituer une charge très onéreuse pour les conservateurs.

Le Ministre des finances, auquel cette situation a été signalée par le directeur général, a décidé, le 13 mars 1879, qu'à partir de cette date, les dispositions dont il s'agit cesseront d'être appliquées.

En conséquence, les conservateurs sont autorisés à percevoir désormais, au taux déterminé par les tarifs en vigueur, les salaires des formalités concernant les acquisitions faites pour le compte de l'État, soit par voie d'expropriation, soit à tout autre titre. Cette perception aura lieu au moment même de la remise des pièces constatant l'accomplissement des formalités, lorsque les requérants offriront le paiement immédiat de la somme exigible. Si le versement n'est pas effectué, les conservateurs n'en devront pas moins remplir les formalités requises.

Pour obtenir le paiement de ce qui leur est dû, ils adresseront au directeur, dans les dix premiers jours de chaque trimestre, des états ou des mémoires analogues aux états prescrits par la décision ministérielle du 12 juillet 1843 (inst. n° 1695), en ce qui concerne les salaires de certaines formalités accomplies au profit des départements ou des communes. Il sera fourni un état par chaque service intéressé. Le directeur transmettra immédiatement ces relevés aux chefs de service compétents, pour provoquer le paiement des sommes qui y sont portées.

E. Levavasseur.

(8 avril 1879)

CIRC. M. *Notification d'une instruction du Ministère des finances du 22 mars 1879 relative aux salaires des conservateurs des hypothèques, en matière d'acquisition faites pour le compte de l'État.*

BAT. I, p. 609.

Par arrêté du 14 mars dernier, M. le Ministre des finances a rapporté les décisions des 24 juillet 1837, 16 novembre 1842 et 15 novembre 1849, aux termes desquelles les conservateurs des hypothèques ne devaient réclamer aucun salaire pour les formalités relatives aux acquisitions faites par l'État, soit par suite d'expropriation pour cause d'utilité publique, soit à tout autre titre.

Vous trouverez ci-après l'instruction rédigée en conséquence par M. le directeur général de l'enregistrement, des domaines et du timbre.

Jauréguiberry.

(11 octobre 1880)

A. G. *promulguant en Cochinchine le décret du 23 avril 1875 sur les remises et salaires dus à raison de l'exécution de la loi du 10 décembre 1874 sur l'hypothèque maritime, sous certaines modifications* (1).

B. C. p. 495.

(1) V. Hypothèque maritime.

III. PURGE.

NATURE DES DOCUMENTS	DATES	RECUEILS A CONSULTER							OBSERVATIONS
		Bat.	B. C.	B. D.	J. C.	J.H.	B. M.	B.Col	
Circ. M.	15 octobre 1868.	1-605							
A. G.	15 février 1873.	1-606	49						

(15 octobre 1868)

CIRC. M. *Il n'est pas permis aux justiciables de s'abstenir de prendre une expédition de leur contrat d'acquisition aux greffes des tribunaux et de procéder à la purge légale de leur acquisition sur une copie de la transcription de ce contrat délivrée par le conservateur des hypothèques.*

BAT. I. p. 605.

La Cour de cassation, par un arrêt rendu le 14 juillet dernier, vient de fixer la jurisprudence sur une question qui intéresse en même temps le trésor public et les greffiers des tribunaux de 1re instance. Il s'agissait d'établir si les justiciables peuvent procéder à la purge légale d'un immeuble qu'ils ont acquis, au moyen d'une copie sur transcription de leur contrat d'adjudication délivrée par le conservateur des hypothèques, ou s'ils sont tenus de prendre une expédition de ce contrat aux greffes des tribunaux.

Un greffier de la Martinique a refusé d'admettre une copie de jugement d'adjudication délivrée par le conservateur des hypothèques, comme pouvant faire foi en justice pour procéder à la purge légale de l'immeuble acquis. Il a été condamné par le tribunal de 1re instance à la recevoir en dépôt. Ce jugement a été réformé par la cour impériale de la Martinique.

Un pourvoi dirigé contre l'arrêt de la Cour impériale a été rejeté par la Cour suprême qui a, par conséquent, adopté la jurisprudence de la Cour impériale déclarant qu'il n'est pas permis aux justiciables de s'abstenir de prendre une expédition de leur contrat d'acquisition aux greffes des tribunaux, et de procéder à la purge légale de leur acquistion sur une copie de la transcription de ce contrat délivrée par le conservateur des hypothèques.

RIGAULT DE GENOUILLY.

(15 février 1873)

A. G. *dispensant des formalités de la purge des hypothèques légales les acquisitions ou échanges d'immeubles n'ayant appartenu qu'à des Indigènes ou Asiatiques soumis à la loi annamite.*

BAT. I. p. 606.
B. C. p. 49.

Sont dispensés des formalités de la purge des hypothèques légales les acquisitions ou échanges de propriétés mobilières faites par la colonie, même dans le cas où les prix d'acquisition seraient supérieurs à cinq cents francs, lorsqu'il résultera de l'établissement de propriété porté auxdits contrats que tous les propriétaires étaient indigènes ou asiatiques soumis à la loi annamite.

DUPRÉ.

I

ILLUMINATION

V. *Fêtes légales.*

IMMEUBLES DOMANIAUX

V. *Domaine de l'Etat.*

IMMIGRATION.

V. *Émigration et immigration.*

IMPORTATIONS.

V. *Armes et munitions.*
Douanes.

IMPOTS.

I. DISPOSITIONS COMMUNES. — II. IMPOT FONCIER. — III. IMPOT PERSONNEL. — IV. CENTIÈMES.

I. DISPOSITIONS COMMUNES.

NATURE DES DOCUMENTS	DATES	RECUEILS A CONSULTER							OBSERVATIONS
		Bat.	B. C.	B.D.I	J. C.	J.H.	B. M.	B.Col	
Circ. D. I.	15 décembre 1866.			55					
Circ. D. I.	28 février 1868.	I-298		113					
Circ. D. I.	30 avril 1869.	I-57							
Instr.	août 1870.	I-302		31					
Circ. D. I.	14 mars 1873.			21					
Circ. D. I.	16 avril 1873.								
A. G.	27 décembre 1873.	II-438	457						
A. G.	27 décembre 1873.	I-343	460						
Circ. D. I.	2 octobre 1876.			147					
Circ. D. I.	2 septembre 1879.	I-306		85					
Circ. D. I.	9 décembre 1879.	I-309		135					
Circ. D. I.	9 février 1880.			14					
Circ. D. I.	9 juin 1880.			56					
A. G.	6 décembre 1880.		588						
Circ. D. I.	11 mars 1881.			13					
Circ. D. I.	27 janvier 1882.			4					
Circ. D. I.	12 septembre 1882.			57					
Circ. D. I.	18 novembre 1882.			71					

NATURE DES DOCUMENTS	DATES	RECUEILS A CONSULTER							OBSERVATIONS
		Bat.	B. C.	B.D.I	J. C.	J.H.	B. M.	B Col	
Circ. D. I.	3 avril 1883.			26					
Circ. D. I.	21 avril 1883.			31					
Circ. D. I.	22 août 1883.			57					
Circ. D. I.	15 octobre 1883.			64					
Circ. D. I.	17 novembre 1883.			71					
Circ. D. I.	12 juin 1884.			24					
Circ. D. I.	22 octobre 1884.			46					
Circ. D. I.	3 février 1885.				206				
Circ. D. I.	10 septembre 1885.			41					
A. G.	3 février 1886.		54						
Télégr. D. I.	19 février 1886.								
A. G.	27 novembre 1886.		344						
Circ. D. I.	13 janvier 1887.			8					
Circ. D. I.	13 septembre 1887.				882				
Circ. D. I.	11 octobre 1887.				963				
A. G. G.	29 décembre 1888.				1154				

(15 décembre 1866)

CIRC. D. I. *indiquant les impôts qui doivent donner un revenu plus considérable. — Propositions d'établissement de taxes légères et faciles à percevoir.*

B. D. I. p. 55.

(28 février 1886)

CIRC. D. I. *Les produits du service local se divisent en deux catégories. — Instructions.*

BAT. I, p. 298.
B. D. I. p. 113.

Les produits du service local se divisent en deux catégories qu'il importe de bien distinguer dans les inspections où la perception est faite par les agents du trésor.

La première de ces catégories comprend :

1° Rentes tenant lieu d'impôt foncier ;
2° Contribution des patentes ;
3° Impôts personnel, foncier et autres des villages ;
4° Contributions indirectes et divers produits affermés ;
5° Location ou concession temporaire des biens du domaine ;
6° Impôt des salines.

Pour cette catégorie, les inspecteurs n'ont qu'à établir des rôles ou des contrats dont ils conservent minute ou enregistrement sommaire. Les agents du trésor sont chargés de toute la comptabilité résultant du recouvrement de ces produits, et les inspecteurs doivent seulement user de leur autorité sur les contribuables pour les amener à verser en temps opportun.

La deuxième catégorie comprend tous les autres produits :

1° Impôt sur les barques annamites (1) ;
2° Prix de vente des terrains du domaine ;
3° Droits d'enregistrement, de timbre, d'hypothèques, etc. ;
4° Droits d'ancrage et de phare ;
5° Droits sur les bois coupés dans les forêts de l'État ;
6° Produit de la taxe des lettres ;
7° Produit de la télégraphie privée ;
8° Produit de l'imprimerie ;
9° Permis de séjour aux Asiatiques étrangers ;
10° Amendes diverses ;
11° Recettes accidentelles et diverses ;
12° Recettes en atténuation des dépenses du service local.

Ces produits doivent être recouvrés au moyen d'ordres de recette, à l'exception, toutefois, des produits de la taxe des lettres et de la télégraphie privée, pour lesquels il existe un mode de recouvrement spécial, étranger au service des inspecteurs.

Les inspecteurs placés dans les centres où la perception est faite par le trésor doivent donc délivrer des ordres de recette pour les produits de la deuxième catégorie qu'ils ont à faire encaisser, et ils doivent tenir enregistrement de ces ordres de recette. Les ordres de recette doivent être numérotés au moment de leur émission. Ces numéros, qui correspondent à ceux du livre d'enregistrement, doivent former une seule série non interrompue pour chaque exercice.

Les droits sur les titres de propriété doivent être classés avec les droits d'enregistrement, de timbre et d'hypothèques, etc.

Il importe que les inspecteurs tiennent un registre des ordres de recette par exercice, et qu'ils évitent avec le plus grand soin de confondre les produits des deux exercices qui s'exécutent simultanément pendant les six premiers mois de l'année.

Pour éviter cette confusion, il est essentiel que les inspecteurs ouvrent, le 1er janvier, un registre des ordres de recette relatifs à l'exercice qui commence, et que, néanmoins, ils continuent à tenir

(1) V. D. G. 25 juillet 1871 (Barques et Jonques).

leur registre de l'exercice qui expire, sans interrompre la série des numéros d'ordre des ordres de recette, jusqu'au 30 juin, si les produits afférents à cet exercice n'ont pu être recouvrés avant cette date. Cette époque passée, l'exercice qui tire son nom de l'année précédente est clos et les produits en retard, s'il y en a, incombent à l'exercice courant.

Il est utile de rappeler ici que les produits d'un exercice se composent de tous les droits constatés ou acquis pendant l'année qui donne son nom à l'exercice.

P. VIAL.

(30 avril 1869)

CIRC. D. I. *Instructions concernant l'affermage des produits du budget local.*

BAT. I, p. 57.

L'affermage des produits divers du budget local doit toujours avoir lieu par écrit, au moyen de baux passés, soit de gré à gré, soit par adjudication publique.

Lorsqu'un produit de peu d'importance, c'est-à-dire inférieur à 1,000 francs par an, doit être affermé, vous pouvez traiter de gré à gré. Lorsque, au contraire, le produit affermé est supérieur à cette somme, vous le mettrez en adjudication. Dans ce dernier cas, voici la marche que vous avez à suivre.

Vous établissez d'abord un cahier des conditions particulières à imposer à l'adjudication.

Ce cahier des charges, établi conformément au modèle n° 1 ci-annexé, doit m'être adressé au moins un mois avant le jour fixé par vous pour procéder à l'adjudication. Ce cahier des charges, une fois revêtu de mon visa et de celui du contrôleur, et approuvé par l'Amiral, vous est retourné, et alors vous devez donner toute publicité possible à l'adjudication, au moyen de placards affichés dans les lieux les plus apparents et les plus fréquentés de l'inspection.

Vous devez aussi provoquer l'insertion, dans le *Courrier de Saïgon* et le journal publié en annamite, de l'avis de cette adjudication.

Cet avis doit faire connaître l'objet de l'adjudication, le lieu, le jour et l'heure à laquelle cette adjudication aura lieu et l'autorité chargée d'y procéder.

Le modèle joint à la présente instruction vous permettra d'insérer dans le cadre toutes les conditions à exiger des adjudicataires.

Je vais passer en revue les diverses clauses à insérer dans le cahier des charges, dans le cas d'un bail pour adjudication publique. Vous jugerez par là de celles que vous devez insérer dans un bail passé de gré à gré.

Vous devez tout d'abord bien indiquer l'objet de l'adjudication, le lieu, le jour et l'heure de l'adjudication.

Vous mentionnerez ensuite quel est le mode qui sera suivi pour recevoir les offres des soumissionnaires.

Sera ce sur soumissions cachetées ou à la criée que les offres seront faites ? C'est là un point que vous déterminerez d'avance. Vous vous déciderez pour celui des deux moyens qui devra donner les meilleurs résultats, au point de vue des intérêts du Trésor ; mais, je le répète, vous l'indiquerez d'avance.

Quant au dépôt de garantie à exiger des soumissionnaires, vous ne devez l'exiger que pour les produits d'une grande importance, c'est-à-dire lorsque le prix de l'affermage devra atteindre 10,000 francs par an au moins.

Toutefois, il vous sera facultatif d'exiger que les soumissionnaires soient cautionnés lorsque, par eux-mêmes, ils ne vous présenteront pas de garanties de solvabilité suffisantes.

Quant au cautionnement à exiger, vous agirez comme pour le dépôt de garantie, c'est-à-dire que, suivant l'importance de la location, ou vous en exigerez un, ou bien vous vous contenterez de la présentation de deux cautions solvables.

Vous aurez soin de bien déterminer quels sont les droits du fermier et de quelle façon il devra percevoir le montant des produits qui lui sont affermés.

De plus, s'il sous-loue, comme cela se présente pour les pêcheries, vous déterminerez quels sont les droits maximum qu'il peut exiger des pêcheurs.

Les décisions et arrêtés locaux réglant la police des pêcheries, marchés, etc., devront, suivant le cas, être visés dans le cahier des charges.

Passant aux charges directes qui sont imposées au fermier, vous les déterminerez d'un façon précise.

Si le bail est relatif à un marché, par exemple, vous mettrez à la charge l'entretien et les réparations à faire. S'il est relatif à un bac, vous désignerez les personnes qu'il doit passer sans rétribution, les heures où il doit être prêt à recevoir le tram.

Il m'est impossible de vous indiquer d'une manière détaillée des conditions qui doivent varier suivant la nature du produit affermé.

Vous jugerez vous-même de celles qui doivent être insérées, mais je vous recommande de bien préciser, afin d'éviter toute méprise sur la nature des engagements pris.

Les époques où les versements devront être faits seront indiquées avec soin.

Règle générale, le prix du bail sera exigible d'avance. Vous devrez en outre, lorsque le fermier n'aura pas versé de cautionnement, échelonner les paiements de façon telle que le fermier ait toujours payé deux mois d'avance.

Ainsi, si le bail doit durer un an, avant le jour de sa mise à exécution, vous exigerez le paiement des deux douzièmes du prix total ; puis, chaque mois, vous exigerez le paiement d'un autre douzième, et ainsi de suite jusqu'à l'avant-dernier mois, époque à laquelle il fera le dernier paiement.

Vous devez prévoir les cas où le fermier ne satisferait pas à ses engagements et, dès lors, quelles seront les peines à lui infliger. Elles devront être proportionnées à l'importance du produit affermé.

Quant à l'autorité chargée d'appliquer la peine, il s'agit de bien distinguer l'objet du bail.

Règle générale, en pareille matière, ce n'est pas à l'autorité administrative qu'il appartient de juger les contestations, c'est aux tribunaux ordinaires.

Il n'est fait d'exception à cette règle que pour les baux passés pour les bacs. Il y a là une question d'intérêt général qui a fait conserver la juridiction d'exception, c'est-à-dire les tribunaux administratifs.

Ainsi, lorsqu'une contestation s'élèvera entre vous et le fermier, lorsqu'il s'agira de faire résilier le bail, en un mot, pour toutes les questions litigieuses auxquelles donnera lieu l'exécution des baux administratifs, vous devez en référer aux tribunaux ordinaires, sauf, bien entendu, le cas où il s'agirait d'un bac. Cependant, vous ne déterminerez la juridiction qui doit connaître des contestations que pour les baux relatifs aux locations de ce genre. Pour les autres, il est inutile de le mentionner.

Je vous invite à vous conformer strictement aux instructions qui précèdent pour la passation des marchés par adjudication publique. Il importe qu'en pareille matière la plus grande uniformité existe, afin d'assurer la marche régulière de cette partie de notre service.

PIQUET.

(août 1870)

INSTRUCTION. *Nomenclature des justifications à produire à l'appui des recettes locales de la 2e catégorie, encaissées directement par le trésor sur ordres de recette ou de versement.*

BAT. I, p. 302.
B. D. I. p. 31.

Observations générales. — Les ordres de recette doivent toujours être au nom du débiteur ou des débiteurs. Lorsqu'ils ne sont pas appuyés de pièces qui justifient la nature et la quotité de la recette, ils doivent contenir des détails et décomptes suffisants pour suppléer ces pièces.

Lorsque des pièces justificatives ont été précédemment fournies ou ont été jointes à des mandats de paiement, les ordres de recette doivent contenir l'indication des documents auxquels ces pièces sont annexées.

I. — *Impôts sur les barques annamites.* — Les ordres de recette doivent contenir : 1° le numéro de la barque ; 2° la jauge en piculs pour les barques de rivière et les dimensions pour les barques de mer ; 3° le droit à percevoir sur chaque barque d'après les tarifs des décisions ci-après (*Bulletin officiel*, 1864, pages 27 et 28, pour les barques de mer, et 1865, pages 5 et 6, pour les barques de rivières).

II. — *Prix de vente des biens du domaine dans les inspections.* — Les ordres de recette doivent être appuyés de copies authentiques des arrêtés du Gouverneur qui auront ordonné les ventes, et d'ampliations relatant la mention d'enregistrement des procès-verbaux d'adjudication ou autres actes qui auront déterminé les prix et conditions des ventes. Ils doivent faire connaître s'il s'agit d'un prix intégral ou d'un acompte. Dans ce dernier cas, le numéro de l'acompte doit être indiqué, ainsi que l'ordre de recette auquel les pièces de la recette ont été jointes.

III. — *Droits d'enregistrement, etc., dans les inspections.* — Les ordres de recette doivent indiquer la nature du droit et la base du décompte qui produit la somme à verser.

IV. — *Droits d'ancrage et de phare.* — Les ordres de recettes doivent contenir : 1° le nom du navire ; 2° son tonnage officiel ; 3° les causes qui, en vertu de l'article 5 de l'arrêté du 22 novembre

1866, l'exonèrent d'une partie du droit de 2 francs par tonneau de jauge ; 4° le décompte du nombre de tonneaux imposés par le tarif de 2 francs ou de 1 franc, selon le cas.

V. — *Droits sur les bois coupés dans les forêts de l'État.* — Les ordres de recette doivent être appuyés du tableau des prix mentionnés à l'article 3 de la décision du 14 mai 1866. Ils doivent contenir les quantités des bois imposés et le décompte de ces quantités par le quart des prix du tableau.

VI. — *Produits de la taxe des lettres.* — Il n'y a pas d'ordre de recette. Ce produit est justifié par la copie du dépouillement journalier.

VII. — *Produits de la télégraphie privée.* — Un bordereau de versement doit être fourni par le chef de station et le versement doit être inscrit par le receveur sur un livret spécial.

(14 mars 1873)

CIRC. D. I. *demandant l'envoi régulier de la situation par exercice du recouvrement des impôts.*

B. D. I. p. 21.

VIII. — *Produits de l'imprimerie.* — Les ordres de recette doivent indiquer le détail des fournitures et donner le décompte des sommes qui en comportent.

IX. — *Permis de séjour aux Asiatiques étrangers.* — Les ordres de recette doivent contenir les noms des redevables et les prix des permis.

X. — *Amendes diverses.* — Les ordres de recette doivent contenir : 1° les noms des délinquants ; 2° les sommes dues par eux ; 3° la cause de leur condamnation ; 4° la date du jugement ou décision.

XI. — *Recettes accidentelles et diverses.* — Les recettes à classer à ce compte sont les suivantes : 1° rachat de corvées (*décision du 19 novembre 1864*) ; 2° permis d'armes (*décision du 23 janvier 1865*) ; 3° ventes d'objets mobiliers confisqués ou saisis ; 4° cautionnements saisis ; 5° retenues disciplinaires sur traitement non soumis à la loi sur les pensions civiles.

Les justifications à fournir à l'appui de ces recettes sont pour chaque catégorie :

1° *Rachats de corvées.* — Les ordres de recette doivent contenir le décompte du nombre de journées par leur prix (0 fr. 50 cent.) et être appuyés de la demande de rachat approuvée par le Gouverneur.

2° *Permis d'armes.* — Les ordres de recette doivent indiquer s'il s'agit de la délivrance d'un permis ou du visa d'un permis. Le prix du permis est de 10 francs et celui du visa est de 5 francs.

3° *Ventes d'objets mobiliers confisqués ou saisis.* — Les ordres de recette doivent être appuyés de l'acte de confiscation ou de saisie approuvée par le Gouverneur, et du procès-verbal de l'acte de vente également approuvé par le Gouverneur.

4° *Cautionnements saisis.* (Ces recettes ne peuvent être faites qu'à Saïgon). — Les ordres de recette doivent être appuyés de la décision du Gouverneur qui a prononcé la saisie et présenter distinctement le capital et les intérêts.

5° *Retenues disciplinaires.* — Les ordres de recette doivent porter le décompte du nombre de journées retenues par le montant de la solde journalière et être appuyés de la décision qui a prononcé la punition.

XII. — *Recettes en atténuation des dépenses du service local.* — Les recettes à classer à ce compte sont les suivantes :

1° Remboursement de rations de vivres ;

2° Remboursement de journées de traitement à l'hôpital ;

3° Remboursement de cessions de divers objets ;

4° Remboursement de sommes indûment payées ;

5° Remboursement d'avances ;

6° Remboursement de sommes payées pour compte d'autres services.

Les justifications à fournir à l'appui de ces recettes sont, pour chaque catégorie :

1° *Rations de vivres.* — Les ordres de recette doivent être appuyés d'un état décompte ou contenir le décompte du nombre de rations par leur prix.

2° *Journées de traitement à l'hôpital.* — Les ordres de recette doivent être appuyés d'un état décompté ou contenir le décompte du nombre de journées par leur prix.

3° *Cessions de divers objets.* — Les ordres de recette doivent être appuyés d'un état détaillé et décompté des objets cédés, approuvé par le Gouverneur.

4° *Sommes indûment payées.* — Les ordres de recette ou de versement doivent indiquer les mandats par lesquels les sommes ont été indûment payées et faire ressortir l'exactitude de la somme à reverser.

5° *Avances.* — Les ordres de recette ou de reversement doivent indiquer les mandats d'avances dont le reversement est effectué en totalité ou en partie.

6° *Sommes payées pour compte d'autre service.* — Les ordres de recette ou de reversement doivent indiquer les mandats de paiements dont le remboursement est effectué.

(16 avril 1873)

CIRC. D. I. *Envoi d'imprimés destinés à remplacer dans certains cas les ordonnances de dégrèvement.*

ARCH. GOUV.

J'ai l'honneur de vous informer que pour simplifier autant que possible le travail auquel donne lieu en fin d'exercice le dégrèvement des recettes de la 1re catégorie qui n'ont pu être recouvrées en temps utiles, j'ai fait préparer un modèle d'imprimé dont je vous envoie ci-joint douze exemplaires.

Cet état est destiné à remplacer les ordonnances de dégrèvement qui, jusqu'à présent, ont été fournies pour chaque article de rôle à dégrever. Il devra être établi en double expédition, et distinctement pour chaque nature de recette et pour chaque rôle primitif ou supplémentaire.

Il est bien entendu que vous continuerez à vous servir des imprimés d'ordonnance de dégrèvement toutes les fois que le nombre des articles à dégrever sur le même rôle n'exigera pas l'emploi de ce nouveau modèle.

PIQUET

(27 décembre 1873)

A. G. *apportant certaines modifications aux arrêtés sur les patentes, l'impôt foncier et les poursuites en matières de contributions directes.*

BAT. II. p. 438.
B. C. p. 457.

A partir du 1er janvier 1874, la législation sur les patentes, l'impôt foncier et les poursuites en matière de contributions directes est complétée des dispositions suivantes.

Article premier. — Toute personne qui, après le 1er janvier, entreprendra une profession imposable, devra, dans la huitaine, se présenter au contrôle des contributions pour requérir son inscription au rôle et se munir d'une patente, sous peine de voir son établisement fermé par mesure administrative, jusqu'à régularisation de sa position et acquittement du premier terme exigible de sa contribution.

Art. 2. — La contribution des patentes de 7e et 8e classe sera exigible en un seul terme et d'avance.

Art. 3. — La contribution de 25 francs établie sur chaque voiture de place sera pareillement exigible en un seul terme et d'avance.

Chaque voiture sera inscrite au rôle sous un article spécial. Tous les propriétaires ou détenteurs successifs de la même voiture, dans le cours de l'année, seront solidairement tenus au paiement de ladite contribution, sauf leur recours entre eux.

Toute voiture circulant sans être munie de la carte-patente prescrite par la décision du 8 août 1873, sera mise en fourrière ; avis en sera immédiatement donné au contrôleur qui, en cas de non-paiement de la contribution, provoquera auprès du percepteur les poursuites nécessaires.

Art. 4. — L'article 21, premier alinéa, de l'arrêté du 17 octobre 1872, s'étend à tous les marchands ambulants ou colporteurs, aussi bien à ceux qui vendent hors de leur domicile qu'à ceux qui vendent au lieu de leur domicile.

Les marchandises séquestrées en vertu de cet article, ainsi entendu, seront déposées au commissariat central de police ; elles y seront immédiatement inventoriées et un double de l'inventaire sera, séance tenante, adressé au contrôleur des contributions.

Le Directeur de l'Intérieur, en cas de non-paiement de la contribution, pourra, même avant l'émission du rôle, et au vu de l'ordre de recette du contrôleur, ordonner la saisie et la vente desdites marchandises par le ministère du porteur de contraintes.

Art. 5. — Tout patenté reconnu solvable qui, un mois après la publication du rôle, se sera mis dans le cas d'être poursuivi pour retard dans le paiement du premier terme de sa contribution, perdra le bénéfice des articles 17, premier alinéa, et 15, deuxième alinéa, de l'arrêté du 17 octobre 1872. En conséquence, la contrainte qui lui sera notifiée comprendra l'intégralité de la contribution annuelle devenue, par le fait de ce retard, immédiatement exigible et non sujette à répétition, quels que soient les événements ultérieurs.

(1) Art. 6. — Les tarifs annexés à l'arrêté du 17 octobre 1872 sont ainsi modifiés, en ce qui concerne les industries suivantes :

Blanchisseurs de linge, 4e, 5e ou 6e classe ;

Cordonniers 4e, 5e ou 6e classe ;

Ferblantiers, 4e, 5e ou 6e classe ;

Tailleurs d'habits, 4e 5e ou 6e classe.

Le nombre des ouvriers servira de base à la classification de ces industries, de telle sorte que la 6e classe sera applicable à celles qui n'emploient que deux ouvriers, la 5e classe à celles qui en emploient de trois à cinq, et la 4e classe à celles qui en emploient un plus grand nombre.

Art. 7. — Les formules de patentes pour les villes de Saïgon et de Cholon seront remises au intéressés par le contrôleur des contributions directes, au vu de la quittance constatant le paiement du premier terme à la caisse du percepteur de la localité.

En conséquence, l'article 19 de l'arrêté du 17 octobre est abrogé.

Les avertissements seront de même remis aux destinataires, sous la direction du contrôleur, par les porteurs de contraintes assistés, s'il y a lieu, des interprètes du contrôle.

Art. 8. — Les résidents asiatiques assujettis au livret ou à la carte de notable devront porter sur les rôles des patentes les mêmes noms que ceux inscrits sur lesdits livrets ou cartes. Le numéro du livret ou de la carte et la congrégation y seront de plus indiqués.

Il est défendu à tous fonctionnaires chargés de l'assiette de l'impôt de les dénommer autrement, et il est enjoint aux contribuables de représenter leurs livrets ou cartes à toute réquisition desdits fonctionnaires, sous peine de n'être pas inscrits et punis comme exerçant sans patente. Les Asiatiques soumis aux livrets pourront toujours être conduits aux contrôles des contributions pour faire vérifier ou régulariser leur position.

Art. 9. — Le vendeur et l'acquéreur d'un immeuble seront solidairement responsables, sauf leur recours entre eux, au paiement de l'impôt foncier de l'année pendant laquelle la mutation a eu lieu.

Art. 10. — Il est fait défense aux fonctionnaires de délivrer aucun passeport à l'extérieur sans la production par le réquérant d'un certificat du percepteur de sa résidence constatant qu'il ne doit rien au trésor colonial. Ce certificat sera annoté sur la souche du passeport et conservé au secrétariat de la mairie ou de l'inspection.

(1) Mod. A. G. 27 janvier 1879 (patentes).

Les contribuables qui seront dans l'impossibilité de payer devront faire constater leur insolvabilité et en remettre l'attestation au percepteur, qui en fera mention sur son certificat.

Art. 11. — Toutes les dispositions des arrêtés antérieurs, contraires à celles du présent arrêté, sont et demeurent abrogées.

DUPRÉ.

(27 décembre 1873)

A. G. *Création d'un contrôle des patentes de l'impôt foncier pour les villes de Saïgon et de Cholon. — Établissement et publication des rôles de l'impôt foncier et des patentes. — Délais et formalités de présentation des réclamations des contribuables contre la fixation de ces taxes.*

BAT. I, p. 343.

B. C. p. 460.

Article premier. — Dans les villes de Saïgon et de Cholon les rôles des patentes et de l'impôt foncier sont établis par les soins du contrôleur des contributions directes.

Après avoir été vérifiés par le Directeur de l'Intérieur, ils sont, sur sa proposition, rendus exécutoires par le Gouverneur, en Conseil privé, et publiés immédiatement après au moyen d'affiches apposées dans l'intérieur des villes de Saïgon et de Cholon et par une insertion au *Journal officiel* de la colonie.

Art. 2. — Les patentés qui réclameront contre la fixation de leurs taxes seront admis à prouver la justice de leurs réclamations par la représentation d'actes de société légalement publiés, de journaux et de livres de commerce régulièrement tenus et par tous autres documents.

Art. 3. — Les réclamations des contribuables en décharge ou en réduction de leurs taxes ne seront admises qu'autant qu'elles seront présentées à l'Administration et reçues par elle dans les trois mois de la publication des rôles.

Elles devront, à peine de rejet sans examen, être appuyées de l'avertissement donné au contribuable ou d'un extrait du rôle et, sur la réquisition du contrôleur des contributions, de la quittance du terme échu lors de la demande.

Art. 4. — Les pétitions en remise ou modération de contributions pour pertes résultant d'événements extraordinaires devront être remises à l'Administration dans les quinze jours qui suivront ces événements.

Elles seront appuyées des pièces justificatives spécifiées en l'article précédent.

Art. 5. — Les délais ci-dessus fixés sont de rigueur ; ils ne pourront en aucun cas être réputés comminatoires et aucune autorité ne pourra relever les contribuables de la déchéance qu'ils auront irrévocablement encourue en les outrepassant.

Art. 6. — Les réclamations formées en temps utile et appuyées des justifications voulues, seront instruites et jugées dans le plus bref délai.

Le contrôleur des contributions à qui elles seront, dans tous les cas, communiquées, prendra, s'il y a lieu, l'avis du maire ou de l'administrateur de la localité. Cet avis lui sera fourni dans la huitaine et le dossier sera renvoyé à la Direction de l'Intérieur dans le mois de sa transmission au contrôleur.

Art. 7. — Le Gouverneur statue, en Conseil privé, sur les réclamations en décharge ou en réduction de taxes ; il juge seul les demandes en remise ou modération.

Les dégrèvements peuvent lui être présentés au moyen d'états collectifs par exercice et par nature de contributions.

L'administration est tenue d'aviser sans retard les intéressés de la solution favorable ou défavorable donnée à leurs pétitions.

Art. 8. — A défaut de réclamations individuelles, et s'il s'agit des cotes indûment imposées ou irrécouvrables, les agents chargés du recouvrement en feront l'objet d'états collectifs.

Les états de cotes indûment imposées seront établis dans les trois mois de la publication des rôles; celui des cotes irrécouvrables, dans les deux premiers mois faisant suite à l'exercice écoulé.

Ces états, dressés en triple expédition, seront vérifiés par le contrôleur des contributions, qui prendra au besoin l'avis du maire ou de l'administrateur, selon la localité.

Le Gouverneur, sur la proposition du Directeur de l'Intérieur, statuera en Conseil privé sur l'admission des cotes en non valeurs, tant en principal, qu'en frais de poursuites, et sur la responsabilité des comptables.

DUPRÉ.

(2 octobre 1876)

CIRC. D. I. *Recommandations au sujet du versement de l'impôt par les contribuables. — Les contribuables indigènes professant la religion catholique ne doivent pas employer l'intermédiaire du missionnaire de leur localité pour le versement des contributions dont ils sont redevables.*

B. D. I. p. 147.

(2 septembre 1879)

CIRC. D. I. *prescrivant l'émission d'ordres de recette pour tous les produits non perçus sur rôles ou sur autres titres en tenant lieu. — Comptabilité à tenir.*

BAT. I. p. 306.
B. D. I. p. 85.

D'après les règlements et arrêtés en vigueur, tous les produits du budget local qui ne font pas l'objet de rôles d'impôt ou de titres en tenant lieu, doivent être perçus sur ordres de recette.

En d'autres termes, toute recette doit être faite en vertu d'un titre de perception qui est suivant le cas : un rôle pour les contributions directes; un contrat pour les produits affermés, etc., et un ordre de recette pour les autres produits.

Jusqu'à présent l'émission d'ordres de recette n'a été en usage que dans les centres pourvus d'un préposé payeur. Il importe de combler cette lacune dans les inspections-perceptions.

J'ai, en conséquence, l'honneur de vous prier de vous conformer à cet égard aux prescriptions suivantes, contenues en partie dans les circulaires de 1886, *Bulletin de la Direction*, page 53; de 1867, *Bulletin de la Direction*, pages 67 et 113; et de 1870, *Bulletin de la Direction*, page 31.

Les ordres de recette seront établis par le premier ou par le troisième administrateur qui en suivra la comptabilité au moyen d'un livre d'enregistrement, tenu par exercice et contenant une seule série de numéros, du 1er janvier au 30 juin de l'année suivante.

Il sera arrêté mensuellement, et un relevé exact de l'émission du mois devra être établi en deux expéditions destinées : l'une à l'administrateur-percepteur pour lui permettre de suivre la recette, et la seconde au 4e bureau de la Direction de l'Intérieur. Cette dernière devra être transmise régulièrement du 1er au 5 de chaque mois et porter le visa du 2e administrateur (1). A la suite des totaux du mois, on inscrira le total des émissions antérieures, afin de former le chiffre général des ordres de recette délivrés depuis le commencement de l'exercice.

Aussitôt qu'un ordre de recette aura été émis, envoi en sera fait au 2e administrateur (1) chargé d'en opérer le recouvrement dans la forme ordinaire. Ce dernier avisera immédiatement la partie intéressée et l'invitera à se libérer à la caisse de l'inspection.

A la fin du mois, les ordres de recette recouvrés, récapitulés et accompagnés d'un état *ad hoc*, seront envoyés à la Direction de l'Intérieur, en même temps que le bordereau de versement, par les soins de l'administrateur-percepteur (2).

(1) V. Déc. 7 novembre 1879.
(2) Mod. Inst. 9 décembre 1879.

L'état d'annulation remplace, pour les ordres de recette, l'ordonnance de dégrèvement. Il y aura lieu d'en établir aussitôt qu'un droit deviendra irrécouvrable. Les annulations ne devront jamais être déduites des droits constatés, mais être portées en dégrèvement comme il est procédé pour les produits perçus sur rôles.

Ces états, signés par le 1er administrateur, me seront adressés en triple expédition. En fin d'exercice, les ordres de recette irrécouvrés et qui seront susceptibles d'être transférés à l'exercice suivant, feront l'objet d'états d'annulations *pour ordre*.

Les ordres de recette devront toujours être établis au nom du débiteur véritable. Lorsqu'ils ne seront pas appuyés de pièces justifiant la nature et la quotité de la recette, ils devront contenir les détails suffisants pour suppléer ces pièces, et toujours présenter clairement les bases du décompte. L'indication de l'article et du paragraphe du budget des recettes auxquels s'appliquera la recette, sera mise à la suite du libellé.

Pour les recettes d'ordre, on indiquera le chapitre, l'article et les paragraphes du budget des dépenses qui devront profiter de la réintégration du crédit.

PREMIER EXEMPLE. — *Produits du budget.*

Droit de sortie sur 2,000 piculs de riz, à raison de 0 piastre 10 cents le picul, soit 200 piastres à 5 fr. 35 cent., ci.. 1,070 francs.

Article premier, paragraphe 4 : *Impôts et revenus indirects.*

DEUXIÈME EXEMPLE. — *Recettes d'ordre.*

Remboursement de frais de nourriture d'un prisonnier pour dettes, du 5 au 14 février inclus 18 , à raison de 0 fr. 50 cent. par jour, soit 10 × 0 fr. 50 cent, ci .... 5 francs.

Réintégration au crédit du chapitre III, article 3, paragraphe »

Les recettes ci-après devront toujours être appuyées des pièces justificatives, savoir :

Pour les ventes de terrains, copie certifiée de l'acte de vente relatant la mention de l'enregistrement ;

Pour les cessions de matières et objets, état décompté des objets cédés, approuvé par le Gouverneur ;

Pour les ventes diverses, procès-verbal de vente et, s'il y a lieu, de confiscation ou de saisie ;

Saisie de dépôt de garantie, décision du Gouverneur qui a ordonné la saisie.

Quant aux amendes diverses, aux droits d'ancrage, d'enregistrement et d'hypothèques, et aux droits sur les bois coupés, vous trouverez à la circulaire de 1870, *Bulletin de la Direction*, page 31, tous les renseignements que doivent contenir les ordres de recette.

Dans le cas de paiement par acomptes, le numéro de l'acompte devra être indiqué et le premier versement sera appuyé de toutes les pièces justificatives. Pour les acomptes subséquents, il suffira de mentionner l'ordre de recette précédent auquel les justifications auront été rattachées.

EXEMPLE :

L'acte de vente a été joint à l'ordre de recette no..., exercice 18.., payé le..............., sous le numéro de quittance......, versement du mois de.......... (le mois pendant lequel le versement a été reçu au trésor).

Les acomptes antérieurs devront toujours être relatés, afin d'établir nettement la situation de l'intéressé au jour du dernier versement.

Vous n'aurez pas, bien entendu, à établir d'ordres de recette pour les opérations de trésorerie.

Cette nouvelle comptabilité, pour laquelle je vous enverrai ultérieurement un registre et les imprimés nécessaires, devra être mise en vigueur à partir du 1er janvier prochain, pour l'exercice 1880. Si vous aviez besoin de renseignements complémentaires, vous n'auriez qu'à me demander des instructions.

J'appelle également votre attention sur une autre lacune qui existe dans la comptabilité de plusieurs inspections. MM. les administrateurs-percepteurs omettent parfois de faire figurer aux droits constatés les produits non perçus sur rôles. Il en résulte que le bordereau de versement présente un chiffre de recouvrements supérieurs à celui des droits constatés. Cette irrégularité ne devra plus se produire à l'avenir. La dernière ligne de votre bordereau de versement, celle des totaux généraux, devra toujours donner la balance suivante : *Montant des droits constatés égale l'ensemble des recettes effectuées, des dégrèvements et des restes à recouvrer.* Cette équation ne pourrait manquer que si vous aviez des recettes effectuées avant l'émission des rôles, comme il peut arriver pour les patentes, la capitation et l'impôt des barques. Dans ce cas, mention en devra être faite dans la colonne *observations.* D'ailleurs, ces différences ne sauraient exister pendant plus de deux mois. En effet, si les recouvrements portent sur des rôles déjà établis et non encore approuvés, le bordereau du mois suivant devra nécessairement comprendre, dans les droits constatés, le montant de ces recouvrements par l'inscription des rôles entiers. Si, au contraire, il s'agit de recettes dont les rôles primitifs ne font pas mention, comme vous devez établir à la fin de chaque mois des rôles supplémentaires, l'approbation donnée à ces documents, 10, 15 ou 20 jours au plus après leur émission, vous permettra également de régulariser, dans la colonne des droits constatés du bordereau suivant, les recettes réalisées pendant le mois précédent. De sorte que les excédents de recette sur les droits constatés qui, d'ailleurs, ne se produisent généralement que dans les deux ou trois premiers mois de l'année, ne pourront guère se présenter que durant un mois ou deux au plus.

Je vous rappelle que le montant des rôles d'impôt ou titres en tenant lieu, ne doit figurer dans les bordereaux de versement, aux droits constatés, qu'après notification de l'approbation donnée par le Gouverneur, en Conseil privé.

BÉLIARD.

(9 décembre 1879)

CIRC. D. I. *Instructions complémentaires pour la mise à exécution de la circ. du 2 septembre dernier prescrivant l'émission d'ordres de recette pour tous les produits non perçus sur rôles ou autres titres en tenant lieu.*

BAT. I. p. 309.
B. D. I. p. 135.

J'ai l'honneur de vous adresser ci-après des instructions complémentaires pour la mise à exécution de ma circulaire du 2 septembre dernier (*Bulletin de la Direction*, page 85) prescrivant l'émission, à partir du 1er janvier 1880, d'ordres de recette pour tous les produits non perçus sur rôles ou autres titres en tenant lieu.

Relevés mensuels. — Le relevé mensuel des ordres de recette devra être établi en triple expédition : l'une d'elles sera remise au 2e administrateur, les deux autres, destinées au Trésor et à la Direction de l'Intérieur, devront m'être adressées directement par vos soins.

Recouvrements opérés sur avis émanant de la Direction de l'Intérieur. — Il ne sera plus nécessaire que les inspections informent la Direction de l'Intérieur des recouvrements de l'espèce. Les relevés mensuels permettront à mes bureaux de s'assurer de l'établissement des ordres de recette.

Ventes de terrains domaniaux. — Le paiement des termes devra être suivi avec le plus grand soin. Afin d'éviter des décomptes d'intérêt qui se produiraient infailliblement si on attendait la date de l'échéance pour établir l'ordre de recette, il sera nécessaire que, dès les premiers jours de chaque mois, vous dressiez les ordres de recette pour tous les termes venant à échéance dans le courant du mois.

Il reste entendu que les ordres de recette pourront toujours être émis au moment même où les parties intéressées se présenteront pour se libérer d'avance.

Vous aurez soin de me faire connaître mensuellement le montant et la date des paiements effectués, pendant le mois écoulé, par les acquéreurs de biens domaniaux ; ce renseignement est nécessaire au 4e bureau de la Direction de l'Intérieur pour contrôler cette partie du service.

Mode de recouvrements. — Conformément à l'article 17 du décret du 15 mai 1874, le recouvrement des produits perçus sur ordres de recette doit être suivi à la diligence des liquidateurs ou ordonnateurs qui demeurent chargés des poursuites qu'il peut être nécessaire d'exercer contre les débiteurs. Vous voudrez bien vous conformer aux autres dispositions de cet article, notamment en ce qui concerne la remise des relevés mensuels à M. l'administrateur-percepteur, et exiger que ce fonctionnaire vous donne régulièrement chaque mois l'état des ordres de recette restant à exécuter.

Recettes d'ordre.— Aussitôt le versement du mois effectué, M. le 2e administrateur devra remettre à M. le 1er administrateur les récépissés de recettes d'ordre délivrés par le trésor, après avoir inscrit au verso de chacun le numéro et le montant des divers ordres de recette qui en forment le total. Au moyen de cette indication, la Directeur de l'Intérieur suivra ces recouvrements qui laissent encore à désirer aujourd'hui.

Les recettes d'ordre non recouvrées sur l'exercice auquel ils appartiennent sont classées à l'exercice suivant, au titre : *Produits divers*, sous la rubrique *Recettes d'ordre* non recouvrées sur les exercices antérieurs.

Ordres de recette non recouvrés en fin d'exercice.— Ils feront l'objet d'états d'annulations pour ordre et de nombreux ordres de versement portant la mention : *Ordre de recette, report de l'exercice 18 , no* , seront établis sur l'exercice courant. La même mention devra être faite sur l'état mensuel.

Inspections non perceptions. — Les prescriptions ci-dessus, sauf celles relatives à la transmission des récépissés des recettes d'ordre, sont toutes applicables dans les inspections centres de payeries. Il n'y a aucune dissemblance : d'une part le liquidateur, de l'autre le percepteur. Les relevés mensuels devront, à l'avenir, être dressés en triple expédition, comme pour les inspections-perceptions. L'une d'elles sera remise au préposé-payeur et les deux autres me seront adressées.

Le 1er administrateur correspond seul avec le Directeur de l'Intérieur. — Conformément au décret du 2 juin 1876, je désire que toute la correspondance échangée entre les inspections et la Direction de l'Intérieur, ainsi que toutes les transmissions de pièces soient faites désormais par les soins de M. le 1er administrateur. Quant aux questions de comptabilité se rattachant au service de la perception, elles devront être soumises directement par M. l'administrateur-percepteur à M. le trésorier-payeur. Les demandes d'imprimés et de registres continueront d'être adressées à la Direction de l'Intérieur.

Ordres de recette recouvrés. — Les ordres de recette recouvrés seront remis par M. l'administrateur-percepteur à M. le trésorier-payeur ou à M. le préposé payeur de sa circonscription, au moment où il effectuera son versement. Ma circulaire du 2 septembre prescrivait de faire cet envoi à la Direction de l'Intérieur en même temps que les bordereaux de versement ; mais la mise en vigueur du paragraphe 3 de l'article 3 du décret du 2 juin 1876, a changé cet état de choses.

En terminant, je vous invite à veiller à ce que toutes les pièces de comptabilité que vous délivrez soient établies avec le plus grand soin et la plus parfaite exactitude. Une vérification minutieuse doit toujours être faite. Les erreurs nombreuses, relevées journellement sur les pièces qui arrivent des inspections m'obligent d'insister sur cette recommandation.

BÉLIARD.

(9 février 1880)

CIRC. D. I. *Observations au sujet des irrégularités constatées dans les relevés d'ordres de recette, notamment en ce qui concerne les recettes d'ordre.*

B. D. I. p. 14.

Les premiers relevés d'ordres de recette parvenus à la Direction de l'Intérieur m'ont donné lieu de constater de nombreuses irrégularités, notamment en ce qui concerne les *recettes d'ordre*.

Cette catégorie de recettes fait l'objet d'une comptabilité spéciale, sur laquelle des malentendus se produisent journellement. Je crois donc indispensable de vous rappeler le but et le jeu des recettes d'ordre.

Une recette d'ordre n'est point un produit effectif ; c'est toujours le remboursement d'une dépense déjà supportée ou à supporter ultérieurement par le budget local. Au moyen des récépissés délivrés lors des versements, on réintègre au budget des dépenses les sommes qui ont été mises provisoirement à sa charge. Les dépenses se trouvent donc diminuées d'autant et le crédit employé redevient disponible.

De ce qui précède, il résulte évidemment que les recettes d'ordre doivent toujours être prises au titre de l'exercice qui a la charge de la dépense, tant que cet exercice n'est pas clos ; mais si la clôture arrive sans que la recette ait été faite, elle doit être classée aux *produits divers* de l'exercice suivant.

C'est donc à tort que la plupart des inspections ont émis des ordres de recette à l'exercice 1880 pour remboursement de vivres perçus en décembre. Ces recettes reviennent à l'exercice 1879 (pour lequel les ordres de versement ne sont pas en usage) et ne peuvent être maintenues à l'exercice 1880.

Les bordereaux mensuels de versement doivent présenter aux droits constatés exactement le montant des relevés d'ordres de recette. Avant de viser ces relevés, M. l'administrateur-percepteur doit, par conséquent, s'assurer de leur exactitude et que tous les ordres de recette y mentionnés lui ont été remis.

Le budget des dépenses de 1880 est divisé en un trop grand nombre de chapitres pour que le détail des recettes d'ordre puisse être fait dans le corps du bordereau de versement ; mais ce détail doit être donné très exactement dans le petit tableau à droite, et, au moment du versement, M. l'administrateur-percepteur devra demander à M. le payeur la délivrance d'autant de récépissés qu'il y a de motifs différents de recettes.

Vous remarquerez que les remboursements de cessions de vivres, par les fonctionnaires et employés, ne devront plus être confondus avec les frais de nourriture de prisonniers pour dettes. En effet, les premiers seront à réintégrer au chapitre XVIII (*Dépenses à titre d'avances*), tandis que les frais de nourriture de prisonniers pour dettes viendront en atténuation des dépenses du chapitre XI (*Services pénitentiaires*). *Des récépissés distincts* devront, par suite, être établis.

Du reste, dans le doute, il est préférable de faire le plus de subdivisions possible; aucun inconvénient ne peut en résulter.

Après m'être concerté avec M. le trésorier-payeur, j'ai l'honneur de vous prier d'inviter M. l'administrateur-percepteur à verser *intégralement*, chaque mois, les recettes effectuées sur ordres de versement et annexer à son bordereau tous les ordres de recette recouvrés.

Des relevés d'ordres de recette de quelques inspections ne me sont pas encore parvenus. Je vous rappelle que l'envoi de ces documents doit être fait exactement dans les *cinq premiers jours* de chaque mois.

Je vous adresse quelques exemplaires d'un nouvel imprimé de bordereau de versement; il diffère peu de l'ancien. M. l'administrateur-percepteur voudra bien faire aux bordereaux qu'il possède actuellement les modifications nécessaires pour qu'ils présentent les mêmes résultats.

J'ai l'honneur de vous prier de prendre la meilleure note des instructions qui précèdent et de m'en accuser réception.

BÉLIARD.

(9 juin 1880)

CIRC. D. I. *prescrivant d'établir des états collectifs chaque fois qu'il y aura plusieurs demandes de dégrèvement sur le même impôt.*

B. D. I. p. 56.

Il arrive fréquemment que l'on m'adresse, des inspections, autant d'ordonnances de dégrèvement qu'il y a d'articles de rôles ou contribuables à dégrever. Cette manière de procéder, outre qu'elle a l'inconvénient de dissimuler l'importance des décharges demandées, multiplie inutilement les écritures et les formalités.

J'ai donc l'honneur de vous prier d'établir des états *collectifs par nature de produit*, chaque fois que vous aurez plusieurs articles de rôles à dégrever sur le même impôt.

Je vous envoie ci-joint un modèle de l'état dont vous devrez faire usage à cet effet. L'emploi de cet imprimé est d'ailleurs autorisé par le paragraphe 2 de l'article 7 de l'arrêté du 27 décembre 1873 et la circulaire du 16 avril 1873. Si vous n'en possédiez pas, vous n'auriez qu'à en demander au 4e bureau de la Direction de l'Intérieur.

NOUET.

(6 décembre 1880)

A. G. *modifiant le § 1 de l'article 16 de l'arrêté du 17 octobre 1872 réglementant les contributions des patentes et le § 1 de l'article 3 de l'arrêté du 27 décembre 1873.*

B. C. p. 588.

Article premier. — V. *Patentes*.

Art. 2. — Le paragraphe 1er de l'article 3 de l'arrêté du 27 décembre 1873 est abrogé et remplacé par les dispositions suivantes :

« Les réclamations des contribuables en décharge ou en réduction de leurs taxes « ne seront admises qu'autant qu'elles seront présentées à l'Administration dans le « délai d'un mois, à partir du jour de la publication des rôles. »

Art. 3. — V. *Patentes*.

Art. 4. — Les dispositions qui précèdent seront applicables à partir du 1er janvier 1881.

LE MYRE DE VILERS.

(11 mars 1881)

CIRC. D. I. *portant que le mode d'émission d'ordres de recettes collectifs pourra être employé lorsqu'il s'agira de recettes ayant un même classement et dont la perception doit être immédiate.*

B. D. I, p. 13.

En présence de la surcharge de travail causée par l'établissement des ordres de recette émis en nombre considérable dans les inspections, j'ai l'honneur de vous rappeler que le mode d'émission d'ordres collectifs peut être employé chaque fois qu'il s'agit de recettes ayant *un même classement*, et dont la perception doit être *immédiate*. J'ajoute « *perception immédiate* », parce que les ordres de recette recouvrés étant mis, par MM. les payeurs et percepteurs, à l'appui de leurs versements mensuels, doivent être recouvrés *intégralement* au moment où ils sortent de leurs mains.

Les ordres de recette, quoique collectifs, devront présenter le détail des sommes dues par tous les débiteurs, afin qu'une quittance particulière puisse être délivrée à chacun d'eux. Le titre de perception peut seul être collectif; il pourra être conçu ainsi : *Divers débiteurs désignés ci-après*. Cette indication (*divers*) suffira dans les relevés que vous m'adressez mensuellement.

Toutefois, pour les recettes d'ordre, *le détail des remboursements* faisant l'objet de *chaque ordre de recette*, devra être donné dans les colonnes 3 et 4 du relevé.

BÉLIARD.

(27 janvier 1882)

CIRC. D. I. *portant qu'une copie des actes passés pour location des divers produits devra être adressée au percepteur pour tenir lieu de titre de perception.*

B. D. I. p. 4.

J'ai l'honneur de vous prier de vouloir bien faire établir, dans le plus bref délai possible, et adresser à M. le percepteur, une copie des actes passés pour location pendant 3, 6 ou 9 ans, des divers produits de votre arrondissement ; ces copies tiendront lieu de titre de perception pour l'exercice courant et devront être reproduites chaque année jusqu'à l'expiration des marchés.

Je vous serai obligé de faire établir, en outre, un extrait de chacun des actes dont il s'agit. Ces extraits sont destinés au trésorier-payeur ; vous voudrez bien me les adresser le plus tôt possible, je les ferai parvenir à destination.

BÉLIARD.

(12 septembre 1882)

CIRC. D. I. *rappelant les prescriptions de la circulaire du 9 décembre 1879, aux termes de laquelle le percepteur doit remettre régulièrement les récépissés de recettes d'ordre délivrés pour le trésor. Ces pièces seront adressées à la Direction de l'Intérieur.*

B. D. I. p. 57.

L'examen du livre d'enregistrement des recettes d'ordre m'a donné lieu de constater le peu d'exactitude apporté dans l'envoi, à la Direction de l'Intérieur, des récépissés délivrés à ce titre par les soins du Trésor.

De nombreuses circulaires vous ont cependant tracé le rôle que vous aviez à remplir. Entre autres, je vous rappelle celle du 9 décembre 1879, qui est la plus détaillée ; il y est dit, à l'article recettes d'ordre : « Aussitôt le versement du mois effectué, le percepteur devra remettre à M. le 1er administrateur les récépissés de recettes d'ordre délivrés par le Trésor, après avoir inscrit au verso de chacun le numéro et le montant des divers ordres de recette qui en forment le total. Au moyen de « cette indication, la Direction de l'Intérieur suivra ces recouvrements, qui laissent encore beaucoup « à désirer aujourd'hui. »

Bon nombre d'arrondissements n'ont point encore envoyé de récépissés de l'exercice 1882, quoique cependant la presque totalité des recettes d'ordre dudit exercice ait été versée au Trésor.

Vous voudrez bien inviter le percepteur à vous remettre régulièrement, du 1er au 5 de chaque mois, les récépissés émis pendant le mois précédent. S'il n'y a pas eu de recettes, il fournira un bordereau « néant ». Ces pièces me seront adressées immédiatement par vos soins, de manière à ce qu'elles me parviennent le 12 au plus tard. Elles seront remplacées, le cas échéant, par une note constatant que le percepteur ne s'est pas conformé aux instructions ci-dessus.

Je ne saurais trop vous recommander, Monsieur l'Administrateur, de vous assurer, de votre côté, au moyen de votre livre d'enregistrement des ordres de recette, colonne recette d'ordre, que vous avez bien reçu en récépissés une somme égale à celle de votre chiffre d'émission. C'est là le complément du contrôle exercé par le bureau centralisateur et sa parfaite exécution est appelée à supprimer une correspondance de détail tout à fait inutile.

BÉLIARD.

(18 novembre 1882)

CIRC. D. I. *rappelant les prescriptions de la circulaire du 14 mars 1873, relative à la situation du recouvrement des impôts.*

B. D. I. p. 71.

Aux termes des instructions contenues dans la circulaire du 14 mars 1873 (*Bulletin de la Direction de l'Intérieur*, année 1873, page 21), il devait m'être adressé, dans les premiers jours de chaque mois, la situation par exercice du recouvrement des impôts au dernier jour du mois précédent.

Ces prescriptions ont, depuis quelque temps, été perdues de vue et ne sont plus suivies; je viens vous les rappeler et vous prier de vous y conformer strictement à l'avenir.

La nature et la classification des divers produits du service local ayant subi quelques modifications, j'ai fait établir un nouvel imprimé comportant toutes les indications nécessaires.

En vous envoyant vingt exemplaires du modèle de situation que j'ai adopté pour cet usage, je vous engage à prendre les mesures nécessaires pour qu'elle me parvienne, par exercice, sous le timbre du 4e bureau, du 1er au 5 de chaque mois au plus tard.

BÉLIARD.

(3 avril 1883)

CIRC. D. I. *portant que les renseignements donnés par les préposés payeurs et les percepteurs sur la situation du recouvrement des impôts seront fournis aussi bien pour les produits encaissés sur ordres de recettes que pour ceux acquittés en vertu de rôles, contrats, marchés, etc.... — Envoi de nouveaux imprimés à cet effet et fixation des dates auxquelles ils devront être remis.*

B. D. I. p. 26.

L'examen des situations de recouvrement des impôts qui me sont fournies chaque mois par les préposés payeurs des places et les percepteurs, m'a permis de constater que la rentrée des revenus budgétaires n'était plus suivie avec tout le soin et l'attention désirables; que les contributions n'étaient pas toujours acquittées aux époques fixées par les règlements en vigueur; que des sommes relativement élevées restaient encore à recouvrer sur plusieurs produits, qui devraient être perçus intégralement depuis longtemps; bref, qu'un certain relâchement paraissait s'être produit dans l'exécution de cette partie importante du service.

Il ne faut pas oublier que, dans l'état actuel de notre organisation admieistrative et financière, vous restez chargé des démarches à faire pour assurer le payement des droits, taxes, etc., à percevoir pour le compte du service local, et des poursuites à exercer contre les retardataires.

Les renseignements qui vous sont donnés actuellement ne me semblent pas suffisants pour vous permettre d'agir en toute connaissance de cause. Il est indispensable qu'ils vous soient désormais fournis aussi bien pour les produits encaissés sur ordres de recette que pour ceux acquittés en vertu de rôles, contrats, marchés, etc.

J'ai pensé que pour vous mettre à même de connaître la marche du recouvrement des impôts et de pouvoir faire les diligences nécessaires, en vue d'obliger les contribuables à payer dans les délais légaux, il était utile que vous fussiez mis au courant de ces détails, à des époques déterminées, par les agents du trésor de votre circonscription.

Pour arriver à ce résultat, j'ai fait préparer, après entente avec M. le trésorier-payeur, des imprimés d'une contexture simple, qui seront remplis et vous seront remis, par les préposés payeurs et les percepteurs de votre arrondissement, aux dates désignées plus loin.

Le premier de ces imprimés a trait aux ordres de recette restant à exécuter au dernier jour du mois précédent. La production de cette pièce a déjà été prescrite par la circulaire du 9 décembre 1870. Seulement, aucun modèle d'imprimé n'avait été adopté pour cet usage. Aux termes des instructions contenues dans les articles 12 et 211 du décret du 20 novembre 1882, les comptables (receveur spécial, préposés payeurs et percepteurs) doivent adresser aux ordonnateurs ou liquidateurs des recettes (chefs d'administration et de service à Saïgon, administrateurs dans l'intérieur) un état des restes à recouvrer, dans les trois jours qui suivent celui de la réception par ces comptables du relevé des ordres de recette émis pendant le mois écoulé.

Le deuxième concerne tous les produits qui peuvent être compris sans inconvénient sur un même état, tels que : impôt foncier des villages, impôt personnel, impôt des barques de rivière, en résumé, tous les revenus dont les titres de perception sont dressés collectivement aux noms des communes.

Enfin, le troisième et dernier est relatif aux produits à percevoir individuellement sur les débiteurs de la colonie : impôt foncier des centres, des salines, des barques de mer, capitation des Asiatiques étrangers (au nom de la congrégation pécuniairement responsable), contribution des patentes. Il y aura lieu également de faire figurer sur ce dernier état les droits constatés suivants : locations et concessions temporaires des biens du domaine ; exploitation des huiles, résines, du miel et de la cire, des carrières, des plumes d'oiseaux, des nids d'hirondelles ; location des bacs affermés pour le compte du budget local, des pêcheries, etc., et, en général, toute recette à percevoir en vertu de titres de perception réguliers, rôles, marchés, contrats, etc., non compris dans la deuxième catégorie, et qui ne nécessitent pas, pour leur payement dans les caisses du service local, l'émission d'ordres de recette. Ils peuvent être inscrits à la suite les uns des autres, ainsi qu'il est indiqué sur le modèle no 3.

Afin d'éviter un surcroît de travail inutile aux comptables, ces états (il n'est question ici que des deux derniers, le premier devant être forcément remis chaque mois) ne nous seront fournis qu'aux dates ci-après :

1o Au dernier jour du mois de mars pour les impôts suivants : capitation des Asiatiques étrangers qui est exigible légalement, sauf prorogation, dans les deux premiers mois de l'année ; barques de mer et de rivière, payable dans le courant du 1er trimestre ; impôt foncier des centres, dû dès les premiers jours de l'année (les titres de propriété et les actes de vente portent que la rente annuelle doit être versée le 1er janvier de chaque année) ;

2o Au 31 juillet pour ces mêmes revenus et de plus pour l'impôt foncier des salines et des villages, dont les payements doivent commencer aussitôt après la récolte ; l'impôt personnel, la contribution des patentes qui doit être acquittée par semestre et d'avance pour les six premières classes et en un seul terme pour certaines professsions et industries nomades, et les deux dernières classes ; enfin, tous les droits constatés par des contrats, marchés, etc., dont la nomenclature a été donnée ci-dessus ;

3o Mensuellement, au dernier jour du mois précédent, pour tous les droits désignés plus haut, jusqu'à la clôture de l'exercice, à partir du 30 septembre inclus, date à laquelle réglementairement tous les impôts devraient être perçus, sauf en ce qui concerne plusieurs produits affermés pour lesquels des époques de payement sont déterminées.

Le travail occasionné aux comptables par l'établissement de ces pièces ne sera pas si considérable qu'on pourrait se le figurer de prime abord.

La production des pièces, telle qu'elle est indiquée plus haut, a été échelonnée de manière que la plupart des versements auront été effectués au moment de leur présentation.

Ainsi, la première de ces situations à fournir a lieu à la fin de mars ; or, à cette époque, la majeure partie de la capitation, des barques de mer et de rivière, et de la rente foncière aura été acquittée. Cet état ne comprendra donc, à moins d'événements imprévus, que peu d'articles.

La deuxième situation doit être livrée à la fin de juillet, alors que le deuxième semestre des patentes sera rentré ; il ne restera que les négligents et les créances douteuses. La liste la plus longue sera celle concernant l'impôt foncier des villages, qui n'aura été versé qu'en partie ; mais il est nécessaire qu'à ce moment de l'année vous puissiez savoir exactement à quel point se trouve la rentrée de ce produit.

MM. les préposés payeurs et les percepteurs devront également vous remettre les situations par exercice de recouvrement des impôts qu'ils sont tenus d'adresser à la Direction de l'Intérieur, conformément aux prescriptions stipulées dans la circulaire du 18 novembre 1882. Ces documents me seront transmis par vos soins, après avoir été revêtus de votre visa, et lorsque vous y aurez puisé tous les indications que vous avez à consigner dans votre rapport mensuel.

Je vous prie de veiller strictement à l'exécution des instructions relatées dans la présente circulaire, dont vous voudrez bien m'accuser réception.

BÉLIARD.

MODÈLES.

B. C. p. 29, 30.

(21 avril 1883)

CIRC. D. I. *Les relevés des ordres de recette émis pendant le mois précédent doivent être adressées à la Direction de l'Intérieur du 1er au 5 de chaque mois au plus tard. — Rappel des circulaires des 2 septembre et 9 décembre 1879.*

B. D. I. p. 31.

J'ai l'honneur de vous rappeler qu'aux termes des instructions qui vous ont été données, notamment celles contenues dans les circulaires du 2 septembre et 9 décembre 1879, les relevés des ordres de recette émis pendant le mois précédent doivent être adressés sans faute à la Direction de l'intérieur, en double expédition, sous le timbre du 4e bureau, du 1er au 5 de chaque mois au plus tard.

Des états avec la mention néant, mais comportant les recettes antérieures, doivent être fournis jusqu'à la clôture de l'exercice (30 juin) pour les mois où aucun droit de l'espèce n'aurait été constaté. Je me verrais obligé de vous retourner, pour être complétées, toutes les pièces transmises qui ne contiendraient pas ces indications.

Je vous prie de veiller à ce que ces prescriptions soient exécutées ponctuellement.

BÉLIARD.

(22 août 1883)

CIRC. D. I. *Recommandations relatives au recouvrement des impôts et revenus locaux. — Rappel de la circulaire du 3 avril dernier.*

B. D. I. p. 57.

J'ai eu lieu de remarquer que les prévisions budgétaires des recettes, pour l'année 1884, de certains arrondissements, n'avaient pas été préparées avec toute l'attention que nécessite l'établissement de ces documents, qui sont appelés à servir de point de départ pour la confection des budgets.

Contrairement aux indications portées dans la circulaire du 15 juin dernier, relative à l'envoi de ces pièces, qui donnait très explicitement la marche à suivre en cette circonstance, les chiffres de certains produits inscrits pour 1884 ont été mentionnés pour une somme inférieure au montant des droits constatés au 30 juin 1883. En général, la plupart des recettes ont été diminuées sans qu'aucune explication, dans la colonne des observations, soit venue donner les motifs de cette réduction.

Je citerai notamment la contribution des patentes, l'impôt des barques de rivière et de mer, la capitation des Asiatiques étrangers, les salines, certains produits affermés, les frais de justice et de poursuites, etc.

Les relations commerciales s'étendant chaque jour, les importations et exportations augmentant dans une notable proportion, il n'est pas possible d'admettre que la contribution des patentes et l'impôt sur les barques donnent maintenant des résultats moindres que ceux obtenus les années précédentes.

Ce n'est que par un contrôle efficace, exercé principalement à l'époque de la vente des récoltes dans les principaux centres de votre arrondissement, que vous pourrez vous rendre un compte exact de la valeur des transactions auxquelles peuvent se livrer certains commerçants chinois pour la plupart, acheteurs des agriculteurs, qui échappent en majeure partie au fisc. Ce genre de commerce, qui ne dure que quelques mois, leur procure d'assez beaux bénéfices pour qu'on puisse leur délivrer une patente. Il en est de même des négociants asiatiques de Saïgon et de Cholon qui viennent en jonques vendre des marchandises dans les localités de l'intérieur ; ils exercent leur industrie dans leur bateau, payent une légère redevance aux notables des villages et réussissent ainsi à échapper à l'impôt.

Dans les villages cambodgiens, tout commerce se fait ordinairement par voie d'échange; ce sont des colporteurs qui font ce métier assez lucratif; peu sont munis de patente.

J'ai eu connaissance également que, dans plusieurs arrondissements, le soin de recueillir l'impôt des patentes et des barques, pour les Chinois, était laissé aux chefs de congrégation. Ce mode de procéder, qui a pu avoir sa raison d'être dans les premières années de la fondation de la colonie, ne saurait se continuer plus longtemps. Il est certain que le chef de congrégation, difficile à contrôler, qui, lui-même, ne peut se renseigner suffisamment s'il voulait être sincère, ne fera que des déclarations inexactes naturellement au-dessous de la vérité, d'où il s'ensuit une perte sèche pour le budget local. Il est à remarquer que chaque fois que les maires ont été substitués aux chefs de congrégation dans la perception des taxes, ces dernières se sont élevées sensiblement. Je vous prie, si l'état de choses que je viens de signaler était encore en pratique dans votre arrondirsement, de prendre les mesures nécessaires pour que les autorités communales indigènes soient chargées dès maintenant de cette partie du service. Vous voudrez bien me rendre compte des dispositions que vous aurez adoptées à cet égard et des avantages produits.

Je suis persuadé qu'une surveillance pratiquée chaque fois, lors de vos tournées dans les villages, permettrait d'atteindre un chiffe de recette plus en rapport avec l'accroissement normal de la richesse publique.

Quant à l'impôt des barques, qui tend également à décroître sans raison plausible, puisque la délivrance des livrets pour jonques nouvellement construites augmente au point qu'il en a été envoyé sur votre demande près de 4,000 depuis un an, il semble que les arrêtés pris sur la matière soient négligés et qu'on ne veille plus aussi exactement qu'autrefois à leur stricte exécution.

Il est un point sur lequel je désire attirer tout spécialement votre attention, c'est sur les déclarations qui vous sont faites par les villages, tant au point de vue des joncques détruites, coulées, etc., à rayer des contrôles, qu'à celui du jaugeage des barques neuves à inscrire sur vos matricules.

En ce qui concerne les livrets que vous aurez à donner dorénavant dans les cas prévus par l'arrêté du 24 mars 1873, la décision du 2 janvier 1875, l'arrêté du 30 août 1880, je vous rappellerai les instructions contenues dans le 4e paragraphe de la circulaire du 2 janvier 1875, relatives aux petites barques de passage qui ne servent à faire aucun commerce, pour lesquelles il n'est pas nécessaire de délivrer de carte et de livret, mais qui doivent être munies d'un simple permis de circulation signé du maire de la commune, — ils devront donner lieu au payement d'un droit de 1 piastre. En résumé, toute délivrance d'un livret neuf devra être suivie de l'acquittement de ce droit, qu'il soit remis pour une barque nouvellement construite ou comme duplicata de livret perdu.

En cas de vente d'une joncque, la mention en sera consignée sur le livret, comme il est expliqué à l'article 1er de l'arrêté du 30 août 1880. L'ancienne carte sera anéantie et remplacée gratuitement par une carte nouvelle.

Je terminerai en vous renouvelant les recommandations que je vous ai déjà faites le 3 avril dernier, relativement au recouvrement des impôts, recommandations qui peuvent s'appliquer au cas présent. En effet, les prévisions budgétaires envoyées, les situations fournies par les payeurs et percepteurs, les restes à recouvrer en souffrance à la fin du dernier exercice, les dégrèvements peu fondés demandés, tous ces motifs réunis me démontrent clairement que quelques-uns d'entre vous ne se pénètrent pas bien des obligations qui leur incombent et de la responsabilité qu'ils pourraient encourir, s'ils n'avaient pas fait toutes les diligences nécessaires pour arriver à connaître exactement les débiteurs de la colonie et à poursuivre la rentrée intégrale des impôts.

En faisant appel à votre bonne volonté, je suis convaincu à l'avance que vous ferez tous vos efforts pour remédier à un état de choses qui ne tarderait pas à s'aggraver s'il était négligé un seul instant.

Béliard.

(15 octobre 1883)

CIRC. D. I. *prescrivant de se conformer aux instructions des circulaires ayant trait aux pièces justificatives à joindre aux ordres de recette émis sur la caisse du payeur ou du percepteur de l'arrondissement. — Modèles.*

B. D. I. p. 64.

Des injonctions émanées de la Cour des comptes, ayant trait aux pièces justificatives à joindre aux recettes perçues sur ordre et à celle provenant des contrats s'étendant à plusieurs années, m'ont amené à reconnaître que les instructions données à cet égard ne sont plus suivies exactement et que plusieurs d'entre elles semblent être tombées en désuétude.

Ainsi, d'après les termes d'une circulaire datée du 27 janvier 1882, vous deviez faire établir, pour les actes passés pour location, pendant trois, six ou neuf ans, des divers produits de l'arrondissement, des extraits certifiés conformes qui étaient destinés soit au percepteur pour lui permettre de poursuivre le recouvrement de ces revenus, soit au trésorier-payeur pour le mettre à même de connaître les droits constatés.

Ces documents devaient m'être envoyés directement et répartis par mes soins. Cette formalité n'est pas toujours remplie; aussi est-il à craindre que les observations faites par la Cour des comptes ne se reproduisent à bref délai.

Il en est de même de la production des pièces qui, d'après les règles tracées par la circulaire de 1870, doivent accompagner les ordres de recette que vous émettez sur la caisse du payeur ou du percepteur de votre arrondissement.

Les réclamations qui nous parviennent de la Métropole démontrent que la généralité de ces documents n'ont pas été fournis régulièrement ou étaient incomplets. Il en résulte chaque année, pour les bureaux de la Direction de l'Intérieur, un surcroît de travail qui pourrait être facilement évité et qui n'aboutit pas toujours à un résultat satisfaisant.

C'est aux payeurs et aux percepteurs qu'il appartient de s'assurer si les ordres de recette à recouvrer qui leur sont remis sont accompagnés des justifications voulues. Il est de leur devoir de signaler aux liquidateurs les omissions, les irrégularités qu'ils relèvent dans les décomptes, etc., et de réclamer les pièces prescrites par les règlements lorsqu'elles font défaut.

Pour éviter le retour de ces inconvénients qui engendrent des erreurs et compliquent inutilement le service, je vous prierai de vouloir bien veiller constamment à ce que les prescriptions des circulaires en vigueur soient suivies à la lettre.

J'ai pensé que pour les extraits des marchandises ayant cours pendant plusieurs années et conclus pour la location des pêcheries, des tabacs, des monts-de-piété, etc., il était indispensable de vous donner un modèle préparé de concert avec M. le trésorier-payeur et qui, tout en simplifiant votre besogne, la rendrait uniforme.

Ces extraits devront m'être envoyés en trois expéditions pour chaque contrat, le 15 décembre de chaque année au plus tard, de manière à ce que je puisse les faire remettre aux parties intéressées avant le 1er janvier de l'année suivante. Ils seront certifiés par vous et contiendront toutes les indications mentionnées au modèle joint à la présente circulaire.

Premier modèle. — Les extraits qui comporteraient un certain nombre d'articles, comme ceux par exemple concernant les locations de pêcheries, seront établis de façon à donner au comptable chargé de la perception la faculté d'inscrire les différents versements effectués en regard de chaque numéro du rôle. Je me verrais obligé de vous retourner tous ceux de l'espèce qui ne seraient pas dressés dans ces conditions.

Deuxième modèle. — Vous aurez à joindre aux ordres de recette relatifs aux aliénations d'immeubles domaniaux, lorsqu'il s'agira de payements subséquents, un extrait de l'acte intervenu entre l'Administration et l'acquéreur. Il pourra être rédigé suivant l'exemple annexé à cette circulaire. Il reste entendu que, pour le premier payement, c'est une copie régulière, certifiée conforme par le secrétaire archiviste du Conseil privé, qu'il y aura lieu de fournir à l'appui de l'ordre de recette.

Cette dernière pièce comptable, ainsi que celles concernant les payements suivants, devront être rédigées dans le sens des instructions contenues dans la circulaire du 2 septembre 1879, citée plus haut.

Troisième modèle. — Les ordres de recette ayant pour objet des ventes mobilières, de matériel, d'animaux, etc., provenant soit de condamnation, soit de la fourrière, soit de saisie, confiscation, etc., devront de même être appuyés d'un extrait du procès-verbal de vente pour chaque adjudicataire.

En raison de la petite quantité d'extraits que certains arrondissements auront à envoyer chaque année, ils seront établis à la main sur papier libre, mais en se conformant entièrement aux données exposées ci-dessus et relatées sur les modèles.

Je vous ferai remarquer par la même occasion que l'ensemble des opérations relatives aux ventes mobilières, malgré de nombreux rappels à l'exécution des règlements, laisse encore beaucoup à désirer. Les procès-verbaux qui me parviennent sont entachés d'irrégularités et ne contiennent pas, la plupart du temps, toutes les indications désirables.

Afin d'éviter dans la mesure du possible la correspondance à laquelle donne lieu le renvoi de ces pièces, j'ai pensé qu'il pourrait être avantageux de réunir en un seul document toutes les formalités que vous devez remplir pour les ventes de l'espèce auxquelles vous devez procéder par délégation du Directeur de l'Intérieur, représentant du domaine local dans la colonie. Les nouveaux imprimés qui vous seront envoyés incessamment, destinés à remplacer les anciens, présentent dans leur contexture toutes les indications que vous avez à relater et tous les renseignements qui peuvent vous être utiles de connaître en pareille circonstance. Je vous prie de vous y conformer.

Dans ce nouvel imprimé, l'autorisation de vente précède le procès-verbal; vous vous arrangerez, lorsqu'une vente devra se produire, pour m'envoyer en temps voulu, de manière à ce que les publications puissent être faites au moins quinze jours avant la date fixée pour la vente, un de ces imprimés, établi en deux expéditions, qui devra contenir tous les renseignements préliminaires à la vente.

Ces deux expéditions vous seront retournées après examen. Elles seront accompagnées des affiches que vous devrez faire apposer aux endroits accoutumés, au chef-lieu de l'arrondissement et dans tous autres lieux que vous jugerez convenables. L'insertion de l'avis à l'*Officiel* sera faite par mes soins.

Dans les trois jours au plus tard qui suivront la vente, vous me renverrez ces pièces (les deux originaux, plus une copie), les procès-verbaux complétés suivant les prescriptions qui précèdent; elles seront soumises à l'approbation de M. le Gouverneur. Une de ces expéditions vous sera ensuite transmise pour être conservée dans vos archives.

Comme le montant des prix de vente, augmenté de 5 0/0 en sus pour les frais, doit être versé de suite par les acquéreurs, vous joindrez à chaque ordre de recette que vous émettrez à cet effet, ainsi qu'il a été dit plus haut, un extrait du procès-verbal de vente.

Je terminerai ces explications en vous priant de vous reporter, lorsque vous aurez à procéder, pour le compte du receveur des domaines à Saïgon, à une vente d'objets appartenant à l'État, à la décision du 20 août 1880, insérée au *Bulletin officiel* de la colonie, année 1880, page 433

BÉLIARD.

MODÈLES

B. C. p. 67, 68, 69.

(17 novembre 1883)

CIRC. D. I. *Instruction pour l'établissement des titres de perception de l'année 1884. — Se reporter aux circulaires antérieures et notamment à celle du 2 septembre 1879 en ce qui concerne les droits à percevoir avant l'approbation des rôles.*

B. D. I. p. 71.

Au moment d'établir les titres de perception de l'année 1884, je crois nécesaire de vous renouveler quelques instructions qui paraissent n'être plus suivies exactement et de vous en donner des nouvelles, afin d'éviter la confusion et les incertitudes qui se sont présentés au commencement de cette année.

Aux termes des circulaires qui ont été prises à différentes époques, les rôles d'impôts doivent m'être adressés vers le 15 décembre, afin de pouvoir procéder à leur vérification, de me mettre en mesure de remplir les formalités réglementaires et d'en permettre le recouvrement dès le 1er janvier suivant. Cette prescription, qui a été adoptée dans le but de simplifier les opérations et d'exclure toute difficulté, n'est plus exécutée dans tous les arrondissements. Si la plupart des rôles me sont parvenus en temps voulu, d'autres, par contre, sont arrivés si tard qu'ils ont amené de la gêne et nécessité des demandes de délais que j'ai cru devoir refuser en principe.

Bien que les sessions du Conseil colonial n'aient lieu que vers la fin du mois de novembre, elles ne sauraient être un empêchement à l'établissement de ces pièces comptables. Les modifications à apporter dans l'assiette et les tarifs des revenus de la colonie ne se révèlent pas à l'improviste, elles sont étudiées longtemps à l'avance. Il me sera possible de vous prévenir chaque fois en temps opportun des changements qui pourraient survenir.

Les rôles doivent être dressés sur les nouveaux imprimés dont l'usage a été prescrit par ma circulaire en date du 27 novembre 1882, en un original et en trois extraits pour tous les arrondissements sans distinction. Il y aura lieu d'envoyer tout d'abord les titres dont les créances sont recouvrables dans les premiers mois de l'année, tels que : capitation des Asiatiques étrangers, rentes tenant lieu d'impôt foncier des centres, barques de rivière et de mer, patentes (1er semestre et les 7e et 8e classes), etc. Vous voudrez bien joindre à l'appui de chacun d'eux un tableau faisant ressortir, d'une part, les différences en plus ou en moins entre le montant du rôle primitif de l'année et celui correspondant de l'année précédente ; d'autre part, les motifs qui ont amené ces différences.

Ces explications me sont d'une très grande utilité ; je dois être tenu constamment au courant des causes des augmentations et des diminutions qui se produisent, ayant moi-même à en rendre compte au Conseil colonial. Je me verrai dans l'obligation de vous retourner tous les documents qui ne seraient pas accompagnés de ces renseignements.

Il peut arriver que par suite du renvoi des rôles pour irrégularité ou pour toute autre cause, ces pièces ne puissent être approuvées avant le 1er janvier. Vous devrez quand même, en ce qui concerne surtout les contributions exigibles au commencement de l'année, en ordonner le recouvrement, en émettant pour chaque article de rôle un bulletin destiné à en assurer la perception (1). Je vous prie de vous reporter à ce sujet aux instructions antérieures et notamment à celles contenues dans l'avant-dernier paragraphe de la circulaire du 2 septembre 1879.

Dans cette dernière circulaire, il n'est question que des droits à percevoir, avant l'approbation des rôles, sur la capitation des Asiatiques non Indigènes, les barques et les patentes. J'ai cru utile d'étendre cette faculté à tous les produits perçus sur titres réguliers ; c'est pourquoi j'ai été amené à modifier le modèle des bulletins usités jusqu'alors, de manière à le faire servir pour tous les produits de ce genre indistinctement. L'application de cette nouvelle mesure est appelée, je l'espère, à produire de bons effets. Elle facilitera la rentrée des impôts dans les délais réglementaires et permettra le payement immédiat des droits au moment de leur constatation, en évitant ainsi aux contribuables de se déplacer plusieurs fois.

Les bulletins devront être rédigés avec beaucoup de soin ; ils contiendront toutes les indications de l'article du rôle dont ils tiendront lieu ; ils seront remplis et signés par le fonctionnaire chargé de l'assiette de l'impôt dans l'arrondissement et remis aux parties versantes, qui les présenteront au percepteur de la localité. Ce comptable, après en avoir perçu le montant, les conservera comme justification de ses recettes ; il les complétera en y inscrivant les mentions relevant de ses attributions.

Il procédera, pour l'établissement de son bordereau de versement mensuel, ainsi qu'il est indiqué dans la circulaire du 2 septembre 1879, en expliquant dans un renvoi, au bas du bordereau, les motifs des différences entre les droits constatés et les payements effectués. Le montant des rôles n'est considéré comme « *droits constatés* » qu'après l'approbation du Gouverneur.

Au fur et à mesure que les titres de perception leur seront notifiés par M. le trésorier-payeur, les percepteurs se reporteront aux articles du rôle mentionnés sur les bulletins, les confronteront et inscriront en regard de chaque article les paiements effectués, ainsi que la date du versement. Ces bulletins, lorsqu'ils auront été régularisés de la sorte, seront joints à leur plus prochain bordereau de versement.

En vous transmettant deux cents exemplaires du nouveau bulletin, je vous serai obligé de veiller, en ce qui vous concerne, à l'exécution des instructions qui précèdent, que j'adresse également aux percepteurs, après m'être concerté avec M. le trésorier-payeur.

DROUHET.

MODÈLE

(*Bulletin destiné à faire payer avant l'émission du rôle les sommes dues sur l'impôt de*). . . .

B. D. I. p. 74.

(12 juin 1884)

CIRC. D. I. *Création de cartes destinées à constater le paiement des contributions régionales et de l'impôt personnel* (2).

B. D. I. p. 24.

Sur les rôles de l'impôt personnel établis au commencement de l'exercice, les villages, pour ne pas engager leur responsabilité pécunière, ont soin de ne porter que les personnes établies dans le village même et dont la présence au moment du paiement de l'impôt leur paraît assurée. Si des déclarations nouvelles se produisent au courant de l'année, il arrive souvent qu'elles ne donnent pas lieu à l'établissement de rôles supplémentaires, sous le prétexte que ces accessions viennent compenser les pertes causées par les morts, les désertions, qui sans cela resteraient au compte du village. En acceptant jusqu'à en certain point ce principe de compensation, il y a lieu aujourd'hui d'adopter un système qui porte remède à ces irrégularités, et assure, autant que possible, le recouvrement intégral de l'impôt.

En obligeant les villages à donner à l'avenir leurs reçus de l'impôt personnel et des prestations faites ou rachetées, sur un imprimé uniforme que vous leur délivreriez, on atteindrait, je crois, ce résultat. Cet imprimé porterait le millésime de l'année. En remetant à vos villages les rôles de l'impôt personnel, vous leur délivreriez en même temps ces imprimés, revêtus du cachet de l'inspection, en nombre égal des articles du rôle des inscrits. Vous porteriez, par affiches, à la connaissance de

(1) V. Circ. D. I. 8 février 1885.
(2) V. Circ, D, I. 22 octobre 1884.

la population que tout reçu délivré sur papier libre sera tenu pour nul et non avenu. Il est évident que lorsque les autorités du village auront délivré leurs reçus à tous les inscrits du rôle primitif, elles devront, pour être en état de pourvoir aux nouvelles déclarations, vous demander de nouveaux imprimés, ce qui donnera lieu à l'émission d'un rôle supplémentaire. Si le village avait au contraire à solliciter un dégrèvement, il devrait reproduire les reçus non employés.

Il n'aura pas échappé à votre attention que, par la nature même des choses, le reçu délivré par le village à leurs inscrits commence à jouer le rôle d'une carte d'identité. Nous n'aurons qu'à suivre ce mouvement, à demander la production de leurs reçus aux prestataires, aux individus suspects, à ceux qui viennent à l'inspection demander des autorisations, faire viser leurs livrets de barque, etc., et, sans commettre aucune ingérence dans l'administration intérieure des villages, nous arriverons à bref délai à limiter des fraudes aussi préjudiciables au budget de la colonie qu'à celui des arrondissements.

Ci-joint le modèle de carte que je me propose d'adopter. L'imprimé reviendrait à 0 piastre 003 en faisant une commande pour toute la colonie, remboursable au budget local par les arrondissements au prorata du nombre de leurs inscrits.

Avant de réaliser ce projet, j'ai tenu à avoir votre avis personnel et celui des conseils régionaux. Je vous prie en conséquence de vouloir bien consulter votre conseil d'arrondissement sur l'innovation dont il s'agit à la session de juillet prochain.

NOUET.

(22 octobre 1884)

CIRC. D. I. *Instructions complémentaires concernant les cartes destinées à constater le paiement des contributions régionales et de l'impôt personnel. — Duplicata de cartes.*

B. D. I. p. 46.

La plus grande partie des arrondissements ayant émis un avis favorable à la création de cartes destinées à constater le payement des contributions régionales et de l'impôt personnel des indigènes, j'ai fait confectionner le nombre de reçus de cette nature qui seront approximativement nécessaires pour l'année 1885. Je me suis attaché à donner autant que possible satisfaction aux desidera exprimés par les conseils régionaux, quant à la forme et à la dimension de ces quittances.

Le but que s'est proposé l'Administration en créant lesdites cartes ne peut être obtenu au moyen des registres à souches déjà en usage dans quelques arrondissements. En effet, il arrive toujours qu'un certain nombre de cases des registres restent en blanc, sans compter les quittances annulées par suite de surcharges, d'erreurs, etc. A moins de vous livrer vous-même à un travail très absorbant, les perceptions seraient donc difficilement contrôlées. Vous pourrez d'ailleurs continuer à faire tenir ces registres, qui peuvent rendre des services comme livres de comptabilité.

Ma circulaire du 12 juin 1884 vous a déjà fait connaître le fonctionnement des nouvelles cartes ; comme instructions complémentaires, j'ai seulement à ajouter que les duplicata de cartes perdues ne seront délivrés que contre payement de nouveaux droits et ne donneront lieu à aucune exception, quant au classement de la recette. Ils seront par suite compris dans les rôles supplémentaires. En fin d'exercice, *les cartes non employées seront toutes renvoyées à la Direction de l'Intérieur.* Je ne saurais donc trop vous engager à prendre des mesures pour qu'il n'en soit point détruit ou employé irrégulièrement dans vos bureaux.

Il serait peut-être préférable de ne pas délivrer aux maires, dès l'ouverture de l'exercice, un nombre de cartes égal à celui de leurs inscrits, mais de leur constituer seulement une certaine avance qui serait renouvelée au fur et à mesure de leurs versements, à concurrence du montant de leurs rôles. Je vous laisse du reste le soin de régler ce détail au mieux des intérêts de l'Administration et des villages.

Vous voudrez bien me demander en temps utile les cartes qui vous seront nécessaires pour l'année 1885, d'après le nombre de vos inscrits. Le prix en sera remboursé sur les budgets régionaux, à raison de 0 piastre 00133 chaque imprimé.

NOUET.

(3 février 1885)

CIRC. D. I. *Restrictions apportées à l'emploi des bulletins de perception établis pour le recouvrement des impôts avant l'émission des rôles et autorisés par circulaire du 19 novembre 1883.*

J. C. p. 206.

A la suite de la vérification par M. l'inspecteur en chef des services administratifs et financiers, des services du trésor, ce haut fonctionnaire a appelé mon attention sur l'usage abusif des bulletins établis pour le recouvrement des impôts avant l'émission des rôles. Le rôle n'est plus aujourd'hui, dans quelques arrondissements, qu'un état récapitulatif de bulletins et celui-ci est devenu le vrai titre de perception. Dans ces conditions, la sanction légale des droits constatés fait complètement défaut et, chose non moins grave, le recouvrement est loin d'être entouré de garanties suffisantes.

J'ai, en conséquence, l'honneur de vous faire connaître que je rapporte les dispositions de la circulaire du 19 novembre 1883, en ce qui concerne l'extension qu'elle a donnée au bulletin. Ce titre provisoire ne devra être employé, à l'avenir, que pour le recouvrement de l'impôt des barques, de la capitation des Asiatiques étrangers, et de la contribution des patentes de 7e et 8e classe payables d'avance et des personnes visées à l'article 17 de l'arrêté du 17 octobre 1872. Son usage est formellement interdit pour tous les autres produits.

Les dispositions qui précèdent, en supprimant les facilités données par le bulletin, rendent nécessaire l'envoi régulier à Saïgon de vos rôles d'impôts dans les délais réglementaires. Je vous recommande d'établir ces documents avec le plus grand soin, et de me les faire parvenir en même temps que la situation mensuelle du recouvrement qui vous est remise par M. le percepteur. De mon côté, je tiendrai la main à ce que le renvoi vous en soit fait dans le plus bref délai possible.

Les rôles supplémentaires doivent être établis mensuellement pour la contribution des patentes, l'impôt des barques, la capitation des Asiatiques étrangers et l'impôt personnel des indigènes.

NOUET.

(10 septembre 1885)

CIRC. D. I. *Envoi de cahiers imprimés pour l'établissement des roles des villages. — Instructions.*

B. D. I. p. 41.

Mon attention a été appelée sur la dépense relativement lourde que l'établissement des cahiers d'impôt annuels occasionne aux villages qui, à défaut de secrétaires capables d'établir ces documents d'une manière satisfaisante, doivent louer au chef-lieu de l'arrondissement les services très onéreux d'indigènes plus expérimentés. D'un autre côté, les éléments des rôles d'impôt fournis par les maires présentent, suivant les arrondissements, des formes diverses qu'il importe de ramener à un modèle unique pour toute la colonie.

Pour remédier au double inconvénient que je viens de signaler, j'ai fait confectionner des cahiers imprimés, de contexture simple, dont les villages pourront se servir avantageusement pour dresser leurs projets de rôles.

Ces cahiers, dont vous trouvez ci-joint un exemplaire, sont, à l'exception de celui des patentes, précédés d'une instruction destinée à guider dans leur tenue et à rappeler les principales dispositions des arrêtés qui régissent chaque contribution.

En règle générale, les rôles des villages établis en double expédition sont vérifiés par l'administrateur qui, après approbation, retient un des deux exemplaires et remet l'autre au maire. Cette deuxième expédition doit rester déposée pendant vingt jours à la maison commune, où tous les intéressés peuvent en prendre connaissance.

Tous les renseignements que comporte la 1re page doivent être inscrits dans vos bureaux. Ils sont la signification réglementaire aux villages des taxes qu'ils doivent acquitter, tant pour le budget local que pour le budget régional.

Les petits tableaux qui résument pour l'impôt personnel, l'impôt foncier et l'impôt des barques, soit le montant des contributions, soit le résultat définitif des mutations, ne doivent être remplis dans vos bureaux qu'après que les rôles ont été soigneusement vérifiés.

Impôt personnel. — Afin d'obtenir un recensement aussi exact que possible de la population masculine adulte, tout individu de plus de 18 ans devra figurer au rôle. Une unité sera placée en regard de son nom, dans l'une des 8e, 9e, 10e ou 11e colonnes, suivant la catégorie à laquelle il appartient au point de vue de l'impôt. Le montant du rôle résultera donc de la multiplication du total des unités des 8e et 9e colonnes par la cote à laquelle chaque individu imposable est assujetti.

La deuxième page du rôle contient un tableau destiné à faire connaître les noms des notables en exercice. Ce renseignement m'a paru très utile.

Impôt des barques. — Chaque barque sera également représentée par une unité placée dans l'une des 5e, 6e, 7e ou 8e colonnes, suivant la catégorie à laquelle elle appartient. Le montant du rôle s'obtiendra comme pour l'impôt personnel.

Impôt foncier. — Au lieu de demander chaque année aux villages un nouveau rôle d'impôt foncier, il m'a semblé préférable de n'exiger d'eux qu'un état des mutations. La vérification des déclarations sera ainsi rendue plus facile et plus sûre, puisque chaque mutation peut être contrôlée, soit au moyen du registre des concessions, soit au moyen du registre d'enregistrement des transactions. Le rôle original deviendra, par suite, une sorte de matrice et ne subira que des augmentations et des diminutions pendant une durée de cinq années, après lesquelles la réfection des bo-dien sera nécessaire. Quelques administrateurs ont déjà pris l'initiative de ce mode de faire et sont satisfaits de ses résultats. Je me propose, du reste, de faire reconstituer prochainement les dia-bo qui, tout en permettant l'usage des états de mutations annuels, auront, sur les bo-dien, l'avantage de mentionner les mutations.

Je vous prie de m'adresser, le plus tôt possible, vos demandes de cahiers pour l'exercice 1886, en vous guidant exactement, en ce qui concerne les numéros des imprimés, sur les renseignements ci-après :

Impôt personnel.

	P.	C.
Nº 1. — Cahier suffisant pour 80 noms	0	04
Nº 2. — Cahier suffisant pour 160 noms	0	055
Nº 3. — Cahier suffisant pour 240 noms	0	07
Nº 4. — Cahier suffisant pour 320 noms	0	085
Nº 5. — Cahier suffisant pour 400 noms	0	10
Nº 6. — Cahier suffisant pour 480 noms	0	115
Nº 7. — Cahier suffisant pour 560 noms	0	13
Nº 8. — Cahier suffisant pour 640 noms	0	145
Nº 9. — Cahier suffisant pour 720 noms	0	16
Nº 10. — Cahier suffisant pour 1,200 noms	0	20

Impôt foncier.

Nº 1. — Cahier de 20 mutations	0	04
Nº 2. — Cahier de 40 mutations	0	055
Nº 3. — Cahier de 60 mutations	0	07
Nº 4. — Cahier de 80 mutations	0	085

Impôt des patentes.

Nº 1. — Cahier de 36 patentés	0	02
Nº 2. — Cahier de 108 patentés	0	04
Nº 3. — Cahier de 180 patentés	0	055
Nº 4. — Cahier de 252 patentés	0	07
Nº 5. — Cahier de 324 patentés	0	085

Impôt des barques.

Nº 1. — Cahier de 72 barques	0	04
Nº 2. — Cahier de 144 barques	0	055
Nº 3. — Cahier de 216 barques	0	07

Afin de simplifier, autant que possible, l'opération de remboursement au service local du coût de ces imprimés, je vous autorise à imputer leur valeur sur le budget régional. Vous restez, d'ailleurs, libre de faire rembourser directement la dépense par les villages.

NOUET.

(3 février 1886)

A. G. *accordant des remises basées sur le nombre des habitants indigènes soumis à la cote personnelle aux maires des villages* (1).

J. C. p. 246.

B. C. p. 54.

Article premier. — Des remises basées sur le nombre des habitants indigènes soumis à la cote personnelle et fixées conformément au tableau ci-après, seront allouées, à partir du 1er janvier 1886, aux maires des villages, pour les indemni-

(1) V. A. G. 27 novembre 1886.

ser des charges qui leur incombent, à raison de leurs fonctions de collecteurs de l'impôt.

VILLAGE DE											
100 inscrits et au-dessous.	101 à 200 inscrits.	201 à 300 inscrits.	301 à 400 inscrits.	401 à 500 inscrits.	501 à 600 inscrits.	601 à 700 inscrits.	701 à 800 inscrits.	801 à 900 inscrits.	901 à 1,000 inscrits.	1,001 inscrits et au-dessus	
Piastres 16	Piastres 20	Piastres 24	Piastres 28	Piastres 32	Piastres 34	Piastres 39	Piastres 38	Piastres 40	Piastres 42	Piastres 44	Indemnité annuelle....

Art. 2. — Un état collectif des sommes à payer aux ayants droit sera dressé en double expédition le 1er janvier de chaque année pour l'année écoulée, et mandaté moitié sur le budget local et moitié sur le budget de l'arrondissement.

Art. 3. — Les sommes non recouvrées à la date ci-dessus et dont les maires n'auront pas obtenu le dégrèvement seront imputées, à concurrence due, sur cette indemnité, sans préjudice de l'action du trésor, soit contre les villages, soit contre les maires et, au besoin, contre les particuliers, dans le cas où les contributions restant a acquitter excèderaient les remises faites aux maires.

En outre, les cotes personnelles dont le versement à la caisse du percepteur n'aura pas été opéré à la date du 20 avril n'entreront pas dans le calcul des allocations allouées par les présents, alors même que les maires les verseraient ultérieurement et avant le 1er janvier.

BÉGIN.

(19 février 1886)

TÉLÉGRAMME D. I. *au sujet de l'arrêté du 3 février 1886.*

ARCH. GOUV.

Au sujet arrêté 3 février on m'a objecté que dans les villages au-dessous de 100 inscrits, remises maires pourront dépasser produit impôts. En transmettant procès-verbaux conseils arrondissement me ferez connaître les villages rentrant dans ce cas, examinerai s'il convient ajouter arrêté article restrictif stipulant que remises ne pourront jamais dépasser telle partie du montant impôt, 5 0/0 par exemple.

(27 novembre 1886)

A. G. *complétant l'article premier de l'arrêté du 3 février 1886 relatif aux allocations à accorder aux maires des villages pour les indemniser des charges qui leur incombent à raison de leur fonction de collecteurs d'impôt.*

B. C. p. 344.

Article premier. — L'article premier de l'arrêté du 3 février 1886, ainsi conçu : « Des remises basées sur le nombre des habitants, etc. » .. .... est complété comme suit :

« Toutefois, le montant des remises faites aux maires ne pourra, en aucun cas, dépasser le cinquième du montant de l'impôt perçu dans chaque village. »

Art. 2. — Le Directeur de l'Intérieur est chargé de l'exécution du présent arrêté, qui sera enregistré et communiqué partout où besoin sera.

FILIPPINI.

(13 janvier 1887)

CIRC. D. I. *relatives aux remises à allouer aux maires à raison de la perception de l'impôt personnel et de l'impôt foncier du service local.*

B. D. I. p. 8.

Quelques-uns de vos collègues m'ont demandé quels seront les impôts qui doivent servir de base pour la fixation du montant des remises à allouer aux maires d'après l'arrêté du 27 novembre dernier, modificatif de celui du 3 février 1886, lequel dispose que ce montant ne devra jamais dépasser le cinquième de l'impôt.

J'ai l'honneur de vous informer qu'en soumettant à l'approbation du Conseil colonial le principe de cette rémunération, l'Administration n'a eu d'autre but que d'indemniser les fonctionnaires indigènes à raison de la perception de l'impôt personnel et de l'impôt foncier du service local ; c'est du reste sur le produit de ces deux contributions qu'a été calculé le total des remises pour tous les maires, et c'est également sur le montant de ces deux impôts que vous devrez vous baser pour l'établissement de vos états de dépenses.

Agréez, etc.

NOEL PARDON.

(13 septembre 1887)

CIRC. D. I. *au sujet des pièces relatives à la comptabilité des recettes sur ordres.*

J. C. p. 882.

J'ai constaté par l'examen des registres et pièces comptables servant à la centralisation des recettes sur ordres, que les récépissés de recettes d'ordre ne sont pas envoyés directement à la Direction. Vous n'ignorez pas que cette partie du service est essentielle ; car les bureaux liquidateurs doivent constamment être tenus au courant des crédits disponibles, et ce n'est qu'en établissant le plus rapidement possible les états d'annulation de paiement que ce résultat peut être obtenu.

Un point non moins essentiel sur lequel j'insisterai plus spécialement, c'est la réalisation immédiate des états de remboursement qui vous sont adressés de Saïgon. Vous devez vous assurer de la validité de la créance et faire établir sans retard l'ordre de versement. Dans le cas où le recouvrement vous paraîtrait douteux, vous devez m'en informer immédiatement.

Souvent les relevés mensuels d'ordres de recettes sont établis sans soin et à la hâte, de manière à être à peine lisibles ; il en résulte pour la vérification des difficultés qu'il ne faudrait qu'un peu plus d'attention pour éviter ; maintes circulaires ont déjà réglementé le mode de procéder pour l'établissement de ces pièces, et je vous prie de vouloir bien veiller à ce qu'elles soient observées.

NOEL PARDON.

(11 octobre 1887)

CIRC. D. I. *prescrivant de suivre pour l'établissement du tableau récapitulatif des produits divers, la nomenclature du budget des recettes de l'exercice en cours.*

J. C. p. 963.

J'ai l'honneur de vous prier de vouloir bien suivre, pour l'établissement du tableau récapitulatif des produits divers, la nomenclature du budget des recettes de l'exercice en cours, insérée au dernier verso des relevés mensuels.

Les recettes qui n'ont pas un classement déterminé doivent être comprises dans les *Recettes diverses*. Dans le cas où un produit mériterait, par l'importance du montant de la perception, de prendre un titre spécial, vous voudrez bien me le signaler, afin que je puisse le faire comprendre dans ladite nomenclature et, par suite, le faire figurer aux prévisions budgétaires de l'exercice suivant.

NOEL PARDON.

(29 décembre 1888)

A. G. G. *promulguant les tarifs de perception des taxes et contributions locales pour 1889. — Tarifs des taxes locales à percevoir en 1889 pour le compte du budget local.*

J. C. p. 1145.

Article premier. — La perception des taxes et contributions locales sera faite, à partir du 1er janvier 1889, conformément au tarif voté par le Conseil colonial.

Art. 2. — La perception des divers droits, produits et revenus énoncés audit tarif continuera d'être faite, au profit du budget local de la colonie, conformément aux règlements existants.

Art. 3. — Toutes autres contributions directes ou indirectes, à quelque titre et sous quelque dénomination qu'elles se perçoivent, sont formellement interdites, à peine, pour les autorités qui les ordonneraient, pour les employés qui confectionneraient les rôles et tarifs et ceux qui en feraient le recouvrement, d'être poursuivis comme concussionnaires, sous préjudice de l'action en répétition pendant trois années contre tous receveurs, percepteurs ou individus qui auraient fait la perception.

RICHAUD.

ANNEXE

(*Tarifs des taxes locales à percevoir en 1889 pour le compte du budget local*).

B. C. p. 1155 à 1159.

II. IMPOT FONCIER : *a*. IMPOT FONCIER ; *b*. IMPOT DES SALINES ; *c*. CONTROLE DE L'IMPOT FONCIER.

a. IMPOT FONCIER.

NATURE DES DOCUMENTS	DATES	RECUEILS A CONSULTER							OBSERVATIONS
		Bat.	B. O.	B.D.I	J. C.	J.H.	B. M.	B.Col	
D. G.	20 février 1862.		91						
D. G.	16 janvier 1864.		14						
D. G.	22 octobre 1864.		130						
D. G.	30 mars 1865.		50						
A. G.	15 juin 1865.	II-31	85						
D. G.	1er octobre 1865.	II-32	344						
D. G.	3 octobre 1865.		189						
A. G.	28 décembre 1866.		285						
D. G.	5 juillet 1867.	II-32	221						
D. G.	29 août 1867.		252						
D. G.	9 mai 1868.		101						
A. G.	7 décembre 1869.		504						
A. G.	20 mai 1871.		167						
A. G.	3 novembre 1871.		373						
D. G.	3 novembre 1871.		374						
D. G.	20 décembre 1871.		407						
A. G.	11 octobre 1873.		358						
A. G.	27 décembre 1873.	II-438	457						
Circ. D. I.	7 avril 1875.			42					
A. G.	7 juin 1875.		216						

NATURE DES DOCUMENTS	DATES	RECUEILS A CONSULTER							OBSERVATIONS
		Bat.	B. C.	B.D.I	J. C.	J.H.	B. M.	B Col	
A. G.	6 juillet 1875.		259						
A. G.	4 octobre 1875.		355						
A. G.	11 septembre 1876.		228						
A. G.	12 février 1877.		54						
A. G.	9 septembre 1878.		351						
Circ. D. I.	13 novembre 1880.			116					
A. G.	15 novembre 1880.		560						
Délib. C. C.	21 novembre 1880.				832				
Délib. C. C.	13 décembre 1881.		527						
Délib. C. C.	13 décembre 1881.		527						
Circ. D. I.	6 avril 1882.			14					
Délib. C. C.	13 novembre 1882.		467						
Délib. C. C.	23 novembre 1882.		511						
Circ. D. I.	6 décembre 1882.			78					
Circ. D. I.	25 août 1884.			36					
Circ. D. I.	18 mai 1885.				711				
Délib. C. C.	8 décembre 1885.				1507				
A. G.	24 février 1887.		172		276				
A. G.	21 avril 1887.				478				
A. G.	4 juin 1887.		396						
A. L. G.	14 avril 1888.		167						
A. L. G.	16 mai 1888.		256						

NATURE DES DTSENOCUM	DATES	RECUEILS A CONSULTER Bat.	B. C.	B.D.I.	J. C.	J.H.	B. M	8 Col	OBSERVATIONS
A. G. G.	1er juin 1888.				1889 37				
Circ. D. I.	6 octobre 1888.				863				
Délib. C. G.	8 décembre 1888.				1889 23				
Décret.	12 février 1889.		307		457				

(20 février 1862)

DG. . *Mise en vente de terrains composant le territoire de la ville de Saïgon. — Règlement. — État des redevances annuelles afférentes à chacun des lots de terrain.*

B. C. p. 91.

. . . .

. . . .

Art. 18. — Tout acquéreur d'un lot quelconque de terrain sera tenu de payer à l'État une rente annuelle et perpétuelle pour chacun des lots acquis par lui.

Art. 19. — Cette rente représente la partie de l'impôt foncier afférent à chacun des lots vendus. Elle sera calculée suivant le tarif ci-annexé.

(15 janvier 1864)

D. G. *L'impôt sur les rizières sera perçu en nature suivant l'ancien usage* (1).

B. C. p. 14.

(22 octobre 1864)

D. G. *Nouvelle assiette de l'impôt foncier : Conversion en argent de l'impôt sur les rizières et sur les terrains à cultures diverses ; — taux de conversion.*

B. C. p. 130.

(30 mars 1865)

D. G. *réglementant la vente des terrains appartenant à l'État. Redevance tenant lieu d'impôt (art. 9 et 10).*

B. C. p. 50.

(15 juin 1865)

A. G. *fixant les époques d'adjudication des lots de terrain compris dans le territoire de Saïgon et le taux des mises à prix (art. 3). — État faisant connaître en piastres et en francs le montant des rentes annuelles tenant lieu d'impôt foncier.*

BAT. II. p. 31.
B. C. p. 85.

(1) V. A. G. 22 octobre 1864.

(1er octobre 1865).

D. G. *divisant les terrains de la ville de Mytho en trois zones. — Taxe annuelle.*

BAT. II. p. 32.
B. C. p. 344.

Les terrains de la ville de Mytho sont partagés en trois zones :

Première zone.

1° Les terrains situés sur le quai de l'Arroyo de la Poste et compris entre ce quai et la rue de la Préfecture ;

2° Les terrains situés sur l'allée Trentinian.

Deuxième zone.

Les terrains situés entre la rue de la Préfecture et la nouvelle rue de l'Église.

Troisième zone.

Les terrains situés au delà de la nouvelle rue de l'Église.

La taxe annuelle est fixée ainsi qu'il suit (1) :

A 0 f 0,222	dix-millièmes de franc par mètre carré, pour la			....	1re zone.
A 0 0,166	—	—	—	....	2e zone.
A 0 0,111	—	—	—	....	3e zone.

G. Roze.

(3 octobre 1865)

D. G. *frappant les terrains de la ville de Cholon d'une rente annuelle. — Cinq zones. Tarifs* (2).

B. C. p. 189.

(28 décembre 1866)

A. G. *augmentant la rente annuelle imposée sur les terrains de Cholon. — Tarifs.*

B. C. p. 285.

(5 juillet 1867)

D. G. *(extrait). Tarif de l'impôt foncier des terrains de la ville de Bienhoa* (3)

BAT. II. p. 32.
B. C. p. 221.

L'impôt foncier exigible dès l'époque de la vente est fixé à 2 millimes le mètre carré.

de la Grandière.

(1) V. nouveau tarif du 21 novembre 1880.
(2) V. A. G. 28 décembre 1866.
(3) Ramené au tarif de l'impôt des villages.

(29 août 1867)

D. G. *fixant l'impôt foncier des terrains de la ville de Baria. — Quotité fixée à 1 centime par mètre carré.*

B. C. p. 252.

(9 mai 1868)

D. G. *réduisant l'impôt des terres consacrées à diverses cultures (cannes à sucre dégrevées de 33 p. 100 de l'impôt ordinaire par hectare ; — mûriers, 60 p. 100 ; — indigo, 75 p. 100).* (1).

B. C. p. 101.

(7 décembre 1869)

A. G. *Fixation de nouvelles bases pour l'impôt foncier : Diminution de la contribution afférente aux rizières dont la contenance exacte aura été constatée ; — établissement de l'impôt des salines. — Maintien à l'état actuel de la classification des diverses catégories de terres. — Dégrèvements ; mode de procéder. — Exemption des terres nouvellement défrichées. — Réclamations relatives aux mutations et modifications d'impôt foncier. — Paiement de l'impôt — Responsabilité du village* (2).

B. C. p. 504.

(20 mai 1871)

A. G. (*extrait*). *Les cahiers d'impôt des champs de chaque village, désignés vulgairement sous le nom de* dun bô, *continueront à être rédigés annuellement en la forme et aux époques déterminées par les règlements en vigueur.*

B. C. p. 167.

(3 novembre 1871)

A. G. *rapportant l'arrêté du 7 décembre 1869 qui modifie les bases de l'impôt foncier des terres cadastrées. — Les dispositions relatives à la perception et à la rentrée de l'impôt ainsi qu'aux cas de degrèvements sont maintenues telles qu'elles ont été fixées par la loi et les usages annamites et les autres arrêtés sur la matière.*

B. C. p. 373.

(3 novembre 1871)

D. G. *modifiant celle du 9 mai 1868 concernant les terrains plantés en mûriers et en indigos.*

B. C. p. 374.

(20 décembre 1871)

D. G. *Les terrains cultivés en coton seront exempts d'impôts à partir du 1er janvier 1872.*

B. C. p. 407.

(1) V. A. G. 3 novembre 1871.
(2) V. A. G. 3 novembre 1871.

(11 octobre 1873)

A. G. *modifiant le tarif des rentes annuelles tenant lieu d'impôt foncier pour la ville de Saïgon et appliquées soit aux propriétés distraites du territoire de la ville, soit aux propriétés comprises dans la limite de ce territoire.*

B. C. p. 358

(27 décembre 1873)

A. G. *portant modifications aux arrêtés sur les patentes, l'impôt foncier et les poursuites en matière de contributions* (1).

BAT. II. p. 438.
B. C. p. 457.

(7 avril 1875)

CIRC. D. I. *Les Européens ou résidents assimilés ayant des terrains faisant partie des territoires des villages indigènes feront l'objet de rôles nominatifs établis au titre : Impôt personnel, foncier et autres des villages.*

B. D. I. p. 42.

(7 juin 1865)

A. G. *fixant l'impôt foncier à percevoir sur certains terrains de la banlieue de Saïgon, et notamment sur ceux situés sur les rives de l'arroyo chinois* (2).

B. C. p. 216.

(6 juillet 1875)

A. G. *abrogeant et remplaçant l'arrêté et les tarifs du 28 décembre 1866 relatifs aux rentes annuelles tenant lieu d'impôt foncier pour les terrains de la ville de Cholon. — Tarifs* (3).

B. C. p. 259.

(4 octobre 1875)

A. G. *réglementant l'impôt foncier des terrains urbains de la ville de Vinh-Long. — Tarif.*

B. C. p. 355.

(11 septembre 1872)

A. G. *fixant la rente annuelle tenant lieu d'impôt foncier à payer par certains terrains récemment annexés à la ville de Saïgon.*

B. C. p. 228.

(1) V. § précédent.
(2) V. A. G. 1er juin 1888.
(3) V. Délib. C. col. 7 janvier 1887 (J. C. p. 122), au sujet du classement des rues et voies de communication.

(12 février 1877)

A. G. *fixant à 0 fr. 01 par mètre carré l'impôt foncier à payer par les terrains urbains de la ville de Soctrang à compter du 1er janvier 1877.*

B. C. p. 54.

(9 septembre 1878)

A. G. *modifiant les tarifs de l'impôt foncier des villages. (Rizières et cultures diverses)* (1).

B. C. p. 351.

(13 novembre 1880)

CIRC. D. I. *(extrait). Instructions pour l'application du nouvel impôt foncier et personnel.*

B. D. I. p. 116.

Dans sa séance du 11 de ce mois, le Conseil colonial, agissant en vertu des pouvoirs que lui confèrent les articles 33 et 34 du décret du 8 février 1880, a voté la réduction des taxes de rizières et la diminution de l'impôt des inscrits.

J'espère que cette délibération, que M. le Gouverneur se propose de rendre provisoirement exécutoire, sera ratifiée par M. le Président de la République.

Je n'ai pas besoin d'appeler votre attention sur l'importance de cette mesure, qui marquera d'une façon si heureuse les travaux du Conseil colonial ; si elle est appliquée avec intelligence, elle fera rentrer l'Administration dans la voie de la justice et de la vérité, elle donnera à l'agriculture une vive impulsion, elle supprimera les innombrables abus dont le pauvre est victime.

Les conséquences sociales ne seront pas moindres, car, avec l'abolition de la corvée, elle nous conduira à la suppression du servage et au développement de la petite propriété, dont l'existence était compromise dans quelques arrondissements.

Je compte sur votre concours pour mener à bien cette grande entreprise : nul ne mérite davantage toute votre sollicitude.

Afin d'assurer une unité d'exécution, sans laquelle nous n'arriverions qu'à une confusion aussi regrettable que celle d'aujourd'hui, je crois devoir vous tracer la manière d'opérer et vous faire connaître en même temps les motifs qui ont guidé la décision du Chef de la colonie, afin qu'il y ait entre les divers agents de l'Administration cette communauté de vues, cette persévérance dans l'action, cette suite dans les idées, nécessaires pour qu'une œuvre soit durable, et qui, seules, peuvent assurer le succès des entreprises les mieux conçues,

IMPOT FONCIER DES RIZIÈRES

Désormais, les rizières seront classées en trois catégories, selon leur fertilité : 3 francs, 2 francs et 1 franc l'hectare. Vous aurez donc à examiner les rizières de vos arrondissements respectifs, qui devront rentrer dans l'une ou l'autre de ces catégories, et vous adresserez à la Direction de l'Intérieur vos propositions pour le classement.

Certains arrondissements, comme Gocong, par exemple, auront presque toutes leurs rizières de 1re classe ; c'est à peine si quelques villages seront de la 2e. Dans d'autres arrondissements, au contraire, comme Tayninh, la 3e catégorie formera la généralité.

L'unité de perception étant le village, jusqu'à nouvel ordre, chaque village ne comprendra qu'une catégorie : c'est le seul moyen pratique d'éviter les nombreux abus du système antérieur, auxquels le Conseil s'est particulièrement attaché à remédier. Si vous divisiez les terres de la même unité en trois catégories, comme aujourd'hui, le champ du pauvre serait toujours inscrit dans la 1re et celui du riche dans la 2e ou la 3e.

Dès la réception de cette circulaire, vous préviendrez les maires qu'ils aient à faire des déclara-

(1) En vigueur pour les cultures diverses ; — pour les rizières (v. A. G. 15 novembre 1882).

tions aussi exactes que possible de la contenance des terres cultivées, et à vous fournir tous les renseignements de nature à vous éclairer sur la classification à donner aux villages pour leurs rizières,

Aussitôt que ces renseignements vous seront parvenus, vous procéderez, avec le concours du chef de canton, à la classification des villages par catégorie. Cette classification devra être terminée au plus tard le 20 décembre, et vous l'enverrez à la Direction de l'Intérieur pour le 1er janvier, en ayant soin d'établir en double expédition, sur les imprimés de dénombrement qui vous ont été fournis, un état par village faisant connaître :

1re et 2e colonne. — Les déclarations de 1re et de 2e classe faites pour l'exercice 1880.
3e colonne. — Le montant de l'impôt en 1880.
4e colonne. — Le montant des déclarations en 1881.
5e colonne. — La classe que vous proposerez.
6e colonne. — Le produit de l'impôt.

Pour les cultures diverses, vous ferez un même état, qui comprendra :

Colonnes 1, 2 et 3. — Le nombre d'hectares pour chaque classe en 1880.
Colonnes 4, 5 et 6. — Le produit de l'impôt en 1880.
Colonnes 7, 8 et 9. — Les déclarations pour 1881.
Colonnes 10, 11 et 12. — Le produit de l'impôt en 1881.

Ces états, approuvés par M. le Gouverneur, en Conseil privé, serviront ensuite à établir les rôles définitifs et en serviront au besoin.

Avec une diminution d'impôt aussi considérable et qui, sans doute, sera la dernière, car nous ne pourrions aller au delà, il est nécessaire que nous restions, dans la classification, plutôt au-dessus qu'au-dessous de la valeur contributive réelle : il est plus facile, en effet, d'accorder des dégrèvements que d'exiger des rehaussements.

Quoique je tienne essentiellement à ce que la fraude disparaisse, je ne me dissimule pas que, pendant la première année, quelques oublis se produiront ; mais vous devez vous attacher à les réprimer en procédant à des vérifications ; un géomètre sera, au besoin, mis à votre disposition.

IMPOT DES INSCRITS.

. . . .
. . . .

MESURES DISCIPLINAIRES.

Comme j'ai eu l'honneur de vous le dire, le Gouvernement veut sortir du régime de fraude et de dissimulation où nous sommes engagés. Il est donc nécessaire de sévir contre les villages qui se livreraient à des dissimulations.

Des arrêtés du Gouverneur, en Conseil privé, détermineront les pénalités. J'aurai l'honneur de vous les adresser d'ici quelques jours.

Chaque dissimulation par masse de culture de village de plus de 1/10e donnera lieu à une double taxe pour une année, 2/10es pendant deux ans, 3/10es pendant trois ans, et ainsi de suite.

En ce qui touche l'impôt des inscrits, toute fraude de plus de 1/10e donnera lieu à une imposition double pendant un an, 2/10es pendant deux ans, et ainsi de suite.

MESURES DE GARANTIE.

Les exactions des notables sont principalement dues à ce que le contribuable ignore ce qu'il doit verser au trésor. Nous réprimerons en grande partie ces abus en publiant, comme cela se fait dans tout pays civilisé, le montant des rôles et la taxe de chaque catégorie ; il vous sera adressé des placards sur lesquels vous n'aurez plus à porter que la classification des rizières.

Vous devrez également faire afficher dans chaque village la liste de l'impôt des inscrits revêtue de votre visa.

Le Gouvernement fait appel à votre concours, et il compte que, dans cette importante transformation qui aura une influence si considérable sur le pays, vous apporterez tout votre zèle, toute votre intelligence, tout votre dévouement.

BÉLIARD.

(15 novembre 1880)

A. G. (*Extrait*) *rendant provisoirement exécutoires à partir du 1er janvier 1881, les délibérations du Conseil colonial relatives : 1° aux taxes sur les rizières ; 2° à l'impôt des inscrits ; 3° au droit de sortie sur les riz.*

B. C. p. 560.

Art. 1er. — Sont provisoirement rendues exécutoires les délibérations susvisées.

Art. 2. — Les taxes des rizières sont fixées à 3 francs, 2 francs et 1 franc l'hectare, suivant leur degré de fertilité.

Art. 3. — (Impôt des inscrits).

Art. 4. — (Impôt d'exportation sur le riz).

Art. 5. — Est abrogé l'article premier de l'arrêté du 9 septembre 1878, sur l'impôt foncier.

Art. 6. — Tout village qui commettra des dissimulations sur les contenances cultivées et soumises à l'impôt, sera passible d'un impôt double pendant autant d'années qu'il aura dissimulé de dixièmes sur ses cultures.

Art. 7. — En cas de contestations entre l'Administration et les villages, il pourra être procédé à un levé topographique. Les frais dudit levé seront à la charge de l'Administration ou des villages, selon la partie qui succombera.

Art. 8. — Les réclamations des villages seront portées devant le Conseil privé.

Art. 9. — (Impôt des inscrits).

Art. 10. — Sont abrogées toutes les dispositions antérieures contraires au présent arrêté qui sera soumis à l'approbation du Président de la République.

LE MYRE DE VILERS.

(21 novembre 1880)

DÉLIB. C. COL. *Les terrains des villes de Mytho et de Vinh-Long sont divisés en trois zones et imposés, savoir :*

La 1re zone, 0 fr. 05 le mètre carré ;
La 2e zone, 0 fr. 03 le mètre carré ;
La 3e zone, 0 fr. 01 le mètre carré.

J. C. p. 832.

(13 décembre 1881)

DÉLIB. C. COL. *Les cultures d'ananas et d'arachides sont comprises, les premières dans la 2e classe, les secondes dans la 3e classe des cultures diverses.*

B. C. p. 527.

(Délibération exécutoire à partir du 1er janvier 1882).

BÉLIARD.

(13 décembre 1881)

DÉLIB. C. COL. *Le minimum des taxes foncières à acquitter par contribuable est fixé à 0 fr. 05 pour les terrains possédés dans une même commune et situés dans les centres de Mytho, Vinh-Long et Soctrang dans les parties cadastrées de l'inspection de Saïgon et dans toute l'étendue de la banlieue de Saïgon.*

B. C. p. 527.

(Délibération exécutoire à partir du 1er janvier 1882).

BÉLIARD.

(6 avril 1882)

CIRC. D. I. *relative à l'impôt des jardins.*

B. D. I. p. 14.

Lorsque le Conseil colonial, dans sa session de 1880, abaissa, sur notre proposition, le tarif des rizières de près des 2/3, l'Administration prit vis-à-vis de cette assemblée l'engagement d'étudier les moyens de diminuer l'impôt sur les jardins ; il est temps de songer à mettre notre promesse à exécution.

Il est certain qu'à moins de constituer un corps de recenseurs européens, dont la solde serait hors de proportion avec les recouvrements, nous ne pouvons classer les jardins, comme les rizières, par catégories, selon leur qualité ; nous sommes forcés de maintenir un seul tarif.

La taxe de 12 francs est-elle trop élevée ? Devons-nous proposer de la réduire ? Je ne le pense pas ; les produits des jardins ne paient pas, comme ceux des rizières, de droits de sortie, et la proportionnalité des impôts dans leur ensemble est rationnelle.

Le grand inconvénient de cet impôt me paraît consister dans ce fait, que nous frappons le produit du jardin avant qu'il soit né ; ainsi, une plantation d'aréquiers qui ne donne de revenu qu'au bout de 7 ans, coûte pendant cette période des frais de culture considérables auxquels viennent s'ajouter l'impôt de 12 francs par hectare.

Dans un pays comme la Cochinchine, où l'intérêt de l'argent est élevé, rarement les propriétaires ont des ressources suffisantes pour développer les cultures à longue échéance. C'est ce qui explique que nous sommes obligés d'importer de grandes quantités de noix d'arec lorsqu'il nous serait si facile d'en fournir à l'exportation.

Le meilleur remède à une semblable situation ne serait-il pas de ne faire commencer l'impôt que lorsque la plantation est en plein rapport : la 6ᵉ ou la 7ᵉ année par exemple ? Comme les terres, durant cette période, sont généralement cultivées en bananiers, cannes à sucre, maïs, etc., elles supporteraient l'impôt des cultures diverses (4 francs). Une déclaration inscrite en marge du *bo-dien* et sur un registre spécial au chef-lieu d'arrondissement permettrait de suivre le dégrèvement des propriétés.

La mesure, dont ne profiteraient que les cultures nouvelles, s'appliquerait exclusivement aux superficies supérieures à 20 ares ; car nous ne pourrions, sans nous engager dans des difficultés inextricables, opérer le dégrèvement sur les jardins de quelques ares entourant les habitations.

Cette disposition serait, je crois, aussi avantageuse pour la colonie que pour les agriculteurs.

Je vous prie, Monsieur l'Administrateur, de vouloir bien me faire connaître votre opinion sur les difficultés d'exécution que cette mesure pourrait rencontrer dans votre arrondissement. Il va sans dire que vous pourrez proposer tout autre régime qui vous paraîtrait plus avantageux ou plus pratique.

Je vous serai obligé de vouloir bien me faire parvenir votre réponse avant le 20 de ce mois.

BÉLIARD.

(13 novembre 1882)

DÉLIB. C. COL. *Les cultures d'aréquiers et de cocotiers sont comprises dans la 2ᵉ classe des jardins, jusqu'au jour où elles commencent à produire. A cette époque elles sont inscrites à la 1ʳᵉ classe.*

B. C. p. 467.

Le Conseil colonial, statuant sur les propositions de l'Administration, a décidé que toutes les plantations d'aréquiers qui seront créées à l'avenir appartiendront à la deuxième classe des cultures diverses et paieront la taxe afférente à cette classe jusqu'au 1ᵉʳ janvier de la cinquième année qui en suivra la création. Elles passeront, à cette date, dans la première classe et seront frappées de la taxe qui lui incombe. La même règle sera observée pour les plantations de cocotiers.

Ces dispositions ne sont pas applicables aux plantations ayant une existence antérieure à leur mise en vigueur, non plus qu'à celles créées ou à créer dont la superficie serait inférieure à 20 ares. Les unes et les autres continueront à être régies, au point de vue de l'impôt, par les arrêtés sur la matière.

(Délibération exécutoire à partir du 1ᵉʳ janvier 1883).

Signé : BÉLIARD.

(23 novembre 1882)

DÉLIB. C. C. *modifiant le tarif de l'impôt foncier de la ville de Saïgon. — Division du territoire de la commune de Saïgon en trois zones.*

B. C. p. 511.

Le Conseil colonial, statuant sur les propositions de l'Administration, a décidé, dans sa séance du 23 novembre 1882, que le tarif de l'impôt foncier de la ville de Saïgon serait modifié de la manière ci-après :

Le territoire de la commune de Saïgon sera divisé en trois zones. La première zone sera délimitée par la rivière de Saïgon, l'Arroyo-Chinois, la rue Pellerin, la rue d'Espagne, la rue Nationale et la place du Ront-Point. Les terrains qui s'y trouvent compris seront passibles d'une taxe de 0 piastre 025 par mètre carré.

La deuxième zone sera délimitée par les limites extérieures de la première du côté de la terre et en outre par l'Arroyo-Chinois, la rue Némésis, la rue Dayot, la rue Mac-Mahon, la rue Chasseloup-Laubat, la rue de Bang-kok, la rue Taberd, le boulevard de la Citadelle et la rivière de Saïgon. Les terrains qui en font partie seront imposé à raison de 0 piastre 015 par mètre carré.

La troisième zone se composera de tous les immeubles compris entre les limites extérieures de la deuxième et les limites de la ville ; ils seront assujettis à une taxe de 0 piastre 0075 par mètre superficiel.

(Délibération exécutoire à partir du 1er janvier 1883).

BÉLIARD.

(6 décembre 1882)

CIRC. D. I. *relative à l'impôt des plantations d'aréquiers et de cocotiers.*

B. D. I. p. 78.

Monsieur l'Administrateur,

Vous trouverez au *Journal officiel* du 6 décembre courant la promulgation d'un vote du Conseil colonial, qui accorde aux plantations d'aréquiers et de cocotiers un dégrèvement partiel pendant le temps de leur croissance. La décision prise par le Conseil étant exécutoire dès le 1er janvier 1883, je crois bon de vous donner quelques détails sur la manière dont elle doit être appliquée.

L'ancienne réglementation sur la matière rangeait indistinctement dans la 1re classe des cultures diverses les plantations d'aréquiers et de cocotiers ; mais l'enquête faite au sujet de la réforme de l'impôt a relevé que cette règle n'était pas toujours rigoureusement appliquée. Il en résulte que, dans beaucoup d'arrondissements, celles de ces plantations qui sont encore dans la période de croissance ne paient que comme culture de 2e classe.

Ce qui n'était qu'une tolérance est devenu la règle, en vertu du vote du 13 novembre dernier; mais il est à remarquer que cette règle n'est applicable qu'aux plantations qui seront créées après sa mise en vigueur, c'est-à-dire postérieurement au 1er janvier 1883. Les plantations existantes, qu'elles aient été imposées jusqu'à ce jour à la 1re ou à la 2e classe, restent soumises aux prescriptions des anciens arrêtés, c'est-à-dire sont en droit passibles de la taxe la plus élevée ; il en est de même de celles créées ou à créer dont la superficie n'atteindrait pas 20 ares.

Les distinctions établies entre des cultures de même nature et se trouvant dans une situation identique, peuvent, au premier abord, paraître bizarres ; mais, en y regardant de près, on s'aperçoit facilement que la diminution de taxe pour les cultures de moins de 20 ares serait peu sensible aux propriétaires, tout en constituant une perte notable pour le trésor. Il n'était pas non plus possible d'accorder, en principe, une réduction de tarif aux plantations actuellement existantes qui n'ont pas encore atteint leur 4e année ; bon nombre d'entre elles étant déjà inscrites à la 1re classe, il eût fallu, dans beaucoup d'arrondissements, refondre entièrement les rôles de l'impôt et faire une enquête générale pour ces sortes de propriétés, ce qu'il a paru bon d'éviter.

En résumé, le Conseil colonial, sur la proposition de l'Administration, a eu l'intention d'améliorer la situation des planteurs d'aréquiers et de cocotiers, en diminuant les charges qu'ils ont à supporter pendant la période de développement de leurs plantations, tout en évitant une transformation trop brusque qui pourrait jeter le trouble dans l'établissement de l'impôt. Il a pensé atteindre ce double but en accordant aux cultures de l'avenir un dégrèvement partiel et temporaire, et en maintenant le *statu quo*, c'est-à-dire le principe de l'imposition à la 1re classe pour celles dont la création est antérieure.

Il résulte de ce qui précède que la mise en vigueur de la décision du 13 novembre ne nécessitera, pour ainsi dire, aucun changement en 1883, et que la transition sera des plus faciles. Cependant, afin d'éviter toute indécision, je vais prévoir tous les cas qui peuvent se présenter et vous indiquer la marche que vous aurez à suivre.

Aucune difficulté n'est à craindre en ce qui concerne le classement des plantations qui seront créées postérieurement au 1er janvier 1883. Le vote du Conseil colonial est, à cet égard, assez explicite. Ces cultures appartiendront à la 2e classe jusqu'au 1er janvier de la 5e année qui suivra leur création. A compter de cette date, elles passent dans la 1re classe et sont imposées en conséquence.

Le classement des plantations antérieures au 1er janvier 1883 est plus délicat.

Cinq cas différents peuvent se présenter :

1° Cultures portées aux rôles précédents comme appartenant à la 1re classe ;

2° Cultures rangées dans la 2e classe, ayant plus de quatre années d'existence au 1er janvier ;

3° Cultures rangées dans la 2e classe, ayant moins de quatre années au 1er janvier.

Voilà pour les cultures figurant sur les rôles antérieurs.

Les cultures non imposées jusqu'à ce jour peuvent être réparties en deux catégories, savoir :

4° Cultures ayant plus ou moins de quatre années d'existence au 1er janvier et ne figurant pas au rôle ;

5° Cultures créées depuis le 1er janvier de l'année 1882.

Les plantations de la 1re catégorie doivent être maintenues, quel que soit leur âge, à la 1re classe, dans laquelle il convient de faire passer également celles de la 2e catégorie qui sont supposées avoir atteint leur entier développement. Les cultures de la 3e catégorie qui ont été jusqu'à présent placées à la 2e classe, y resteront jusqu'à l'époque où elles seront sorties de la période de croissance (le 1er janvier de la 5e année qui suivra leur création).

Les cultures de la 4e catégorie sont celles qui ont été dissimulées jusqu'à ce jour. Lorsqu'il sera possible de les découvrir, il sera juste de les imposer à la 1re classe, en raison du bénéfice illégal réalisé par les propriétaires, par suite de cette fraude.

En ce qui concerne les plantations créées pendant l'année précédente, voici comme vous devrez opérer : le vote du Conseil colonial n'étant exécutoire qu'à compter du 1er janvier 1883, on pourrait dire que ces cultures n'ont pas droit au dégrèvement d'impôt édicté par la décision du Conseil colonial ; mais il m'a semblé qu'il serait plus conforme à l'esprit de cette décision de les admettre à bénéficier de la nouvelle mesure, d'autant plus qu'il est possible de le faire sans avoir à opérer la refonte des rôles sur lesquelles elles ne figurent pas. Ces cultures seront imposées à la 2e classe jusqu'à l'époque où, d'après le vote du Conseil, elles seront réputées avoir atteint leur entier développement.

Il est bien entendu que tout ce qui précède ne s'applique qu'aux plantations d'une superficie de 20 ares et au-dessus. Celles dont la contenance serait moindre, qu'elles soient créées ou à créer, seront à l'avenir rigoureusement imposée comme cultures de 1re classe ; vous devrez par conséquent taxer en cette qualité toutes celles qui ne pourraient figurer aux rôles antérieurs à aucun titre.

Ainsi que vous le remarquerez, la mise en vigueur de la décision prise par le Conseil colonial n'entraînera aucune brusque transformation de l'impôt, puisque l'ancienne taxation est maintenue pour les plantations figurant déjà aux rôles, sauf pour celles qui, en raison de leur âge, devront passer de la 2e à la 1re classe. L'opération se fera donc avec la plus grande facilité.

Le nouveau classement étant applicable à partir du 1er janvier prochain, vous aurez à vous conformer aux prescriptions ci-dessus pour l'établissement des rôles en 1883.

BÉLIARD.

(25 août 1884)

CIRC. D. I. *au sujet de l'exonération de l'impôt foncier des terrains sur lesquels sont édifiés des pagodes et temples.*

B. D. I. p. 36.

Dans le cours de sa session de 1883, le Conseil colonial a été saisi par M. Wangtaï d'une demande d'exonération de l'impôt foncier pour cinq pagodes chinoises sises à Cholon et appartenant aux diverses congrégations de cette ville.

Les mosquées et pagodes indiennes bénéficiant déjà de cette faveur en Cochinchine, le Conseil exprima le désir, dans sa séance du 20 décembre, de voir appliquer la même mesure à tous les terrains affectés aux édifices du culte, sans distinction de religion. Mais comme son extension pourrait amener une diminution notable des revenus de la colonie, l'Assemblée locale demanda à l'Administration de la renseigner sur l'importance des dégrèvements qui en seraient la conséquence.

Afin de me permettre de répondre à cette demande, j'ai l'honneur de vous prier de vouloir bien m'adresser un état faisant connaître la contenance des terrains sur lesquels sont édifiés des pagodes et temples, avec indication en regard de l'impôt y afférent. Cet état, que vous ferez établir avec la plus grande exactitude, devra m'être transmis dans la deuxième quinzaine de septembre.

NOUET.

(18 mai 1885)

CIRC. D. I. *Réforme de l'assiette de l'impôt foncier. (Proposition à étudier.)*

J. C. p. 711.

Dans la séance du 26 septembre 1884, les conseillers coloniaux annamites ont émis le vœu de voir le classement des cultures déterminé d'après des bases plus certaines que celles qui existent actuellement.

Nous devons constater, en effet, que l'assiette de cet impôt n'est pas suffisamment stable : le droit perçu reposant sur la nature de la culture doit changer avec elle d'une année à l'autre.

En outre, le dégrèvement est pour ainsi dire de droit, en cas de perte des récoltes ou d'abandon temporaire de la terre.

Ainsi un terrain passera de la 1re à la 2e ou à la 3e classe, ou même sera dégrevé entièrement, suivant qu'une culture de tabac ou de bétel sera remplacée par une plantation de maïs, de canne à sucre, d'arachides, d'ananas ou bien laissée en jachère.

L'impossibilité, ou tout au moins la grande difficulte de suivre les changements de cultures, a fait que le classement des terres, basé légalement sur la nature du produit cultivé, s'est établi peu à peu sur une appréciation générale de la valeur du fonds.

Cette façon de procéder, qui ne repose sur aucune règle définie, n'est pas suffisamment générale; elle laisse une grande incertitude sur la valeur de la propriété par suite de l'instabilité de l'impôt qui pèse sur elle, enfin elle n'a aucune sanction dans notre législation.

Afin de remédier à ces graves inconvénients, j'ai étudié un projet de réforme dans lequel l'impôt serait immuable entre deux révisions de la propriété, le classement étant basé non sur la valeur de la plantation, mais uniquement sur celle du terrain.

Le sol approprié se partage en deux grandes divisions : 1° les terrains de rizières ; 2° les terrains de cultures diverses autres que le riz ; ces divisions peuvent comprendre chacune cinq classes imposées différemment, afin de tenir compte de la valeur de divers sols. Un terrain non cultivé est naturellement imposable suivant sa qualité ; il appartient à son propriétaire de le mettre en rapport.

Le rôle du pouvoir législatif consiste à déterminer la quotité du droit à percevoir sur chaque classe pour une même étendue de terrain et à fixer le laps de temps qui doit séparer deux revisions successives de la propriété.

Cela fait, les arrondissements devront refaire leur *dia-bo* en inscrivant chaque parcelle de terrain à la division et à la classe qui lui conviennent; une large colonne sera réservée aux mutations de propriétés et sous aucun prétexte le *dia-bo* ne pourra être renouvelé, il sera *l'état civil de la propriété.*

Un tel classement doit être possible aujourd'hui, après vingt-cinq années d'occupation ; quelles que soient, du reste, les défectuosités résultant des erreurs d'appréciation que le système nouveau pourra présenter, la réforme que j'indique constituerait certainement à tous égards un grand progrès sur l'assiette actuelle, dont la mobilité a produit les effets les plus funestes. Les cahiers de description des champs, qui seuls garantissent la propriété indigène, ont été abandonnés ou n'ont pas été tenus avec assez de soin pour être consultés utilement dans les contestations de droits.

D'ailleurs, il est facile d'établir une classification conventionnelle d'après les bases suivantes :

Pour les rizières on pourrait dire que les terrains propres à produire :

	Piastre.	
50 gia de paddy et au-dessus seront de 1re classe et paieront . .	1 00	d'impôt.
40 à 50 gia de paddy et au-dessus seront de 2e classe et paieront.	0 80	—
30 à 40 gia de paddy et au-dessus seront de 3e classe et paieront. .	0 60	—
20 à 30 gia de paddy et au-dessus seront de 4e classe et paieront.	0 40	—
20 gia de paddy et au-dessus seront de 5e classe et paieront . .	0 20	—

Les autres terrains seraient de même divisés en cinq classes d'après leurs valeurs respectives.

L'élément d'appréciation de la valeur sera évidemment le produit net que chaque terrain donne lorsqu'il reçoit la culture qui lui convient le mieux. On pourrait placer :

	Piastres.
Les terrains dont le produit net dépasse 30 piastres, à la 1re classe et les imposer à	2 50
Les terrains dont le produit varie entre 20 et 30 piastres, à la 2e classe et les imposer à	2 00
Les terrains dont le produit varie entre 12 et 20 à la 3e classe et les imposer à.	1 20
Les terrains dont le produit varie entre 6 et 12 à la 4e classe et les imposer à.	0 60
Les terrains dont le produit est inférieur à 6 à la 5e classe et les imposer à.	0 30

Le système proposé offre les avantages suivants : il rend facile la tenue du *dia-bo*, qui ne subira d'autres modifications que celles qui résulteront des mutations de propriétés constatées dans une colonne *ad hoc* ; il donne une grande stabilité à l'impôt ; il procure une base d'évaluation de la propriété foncière ; il favorise le développement des cultures riches tandis que l'impôt actuel, qui modifie le droit suivant le produit exploité, a quelquefois un résultat tout contraire ; il est libéral et sollicite l'initiative individuelle, puisque le propriétaire peut disposer librement de son bien sans avoir à redouter une augmentation de droit ; enfin et surtout, il est perfectible : rien ne sera plus facile en effet que de changer le classement des parcelles au fur et à mesure que leur valeur sera mieux connue, tout en leur laissant la place qu'elles occupent dans le *dia-bo*.

Vous voudrez bien étudier, avec l'attention toute particulière qu'elles méritent, les propositions qui précèdent, me donner le plus tôt possible votre avis à leur égard et me faire connaître les effets probables de ce changement sur le produit de l'impôt foncier dans votre arrondissement : 1° pour les rizières ; 2° pour les cultures diverses.

NOUET.

(8 décembre 1885)

DÉLIB. C. COL. *Les terrains sur lesquels sont édifiés les pagodes et temples des différents cultes en Cochinchine et les propriétés dont les revenus sont réservés à l'entretien de ces mêmes édifices sont exonérés d'impôt.*

J. C. p. 1507.

(24 février 1887)

A. G. *divisant les terrains de la ville de Cholon en deux classes et les imposant d'une rente annuelle tenant lieu d'impôt foncier. — Tarifs.*

B. C. p. 172.
J. C. p. 276.

Article premier. — A dater du 1er janvier 1887, les terrains de la ville de Cholon, telle qu'elle se trouve délimitée par les arrêtés des 27 octobre 1879 et 25 juillet 1881, sont divisés en deux classes :

1° Les terrains urbains proprement dits, c'est-à-dire ceux qui se trouvent compris dans les limites fixées par l'arrêté du 31 août 1874, et constituent les huit quartiers actuels de la ville ;

2° Les terrains ruraux, c'est-à-dire ceux qui se trouvent sur le territoire des communes annexées en 1879, auxquelles on a garanti le traitement des communes rurales annamites du reste de la colonie, pour l'impôt foncier comme pour l'impôt personnel.

Art. 2. — Les terrains urbains de la ville de Cholon, divisés en terrains couverts et en terrains non couverts, sont imposés d'une rente annuelle tenant lieu d'impôt foncier, suivant les tarifs annexés ; les terrains couverts payant taxe entière et les terrains non couverts acquittant seulement demi-taxe suivant la rue ou voie de communication sur laquelle ils auront façade où dont ils se trouveront le plus rapprochés.

Les terrains ruraux acquittent les taxes foncières telles qu'elles sont établies dans les communes rurales du reste de la colonie.

Art. 3. — Les terrains urbains ayant façade sur plusieurs rues ou voies de communication supporteront sur leur contenance totale la taxe de la voie la plus imposée.

Art. 4. — Les tarifs annexés seront revisés tous les trois ans par une commission spéciale nommée par le Gouverneur.

Art. 5. — Les arrêtés des 3 octobre 1865, 28 décembre 1866 et 6 juillet 1875 sont et demeurent abrogés.

FILIPPINI.

ANNEXE

(*Tarifs*).

PREMIÈRE SÉRIE.

Rues et voies de communication dans lesquelles la rente tenant lieu d'impôt foncier est de 0 f. 25 le mètre carré. — Quai de Mytho (depuis le quai au Riz jusqu'au quai de Yunnam), quai de Pékin, rue de Canton (dans l'île), rue du Marché, rue des Jardins, rue de la Pagode.

DEUXIÈME SÉRIE.

Rues et voies de communication dans lesquelles la rente tenant lieu d'impôt foncier est de 0 f. 20 le mètre carré.— Quai de Mytho (depuis le quai du Cambodge jusqu'au poste de police), quai au Riz, rue Lareynière (dans l'île), rue de Paris (du quai des Minh-huong au quai de Mytho (quai du Commerce, rue de Gialong (de la rue des Jardins à la rue de Paris), rue des Marins (de la rue de Jaccareo à la rue de Canton.

TROISIÈME SÉRIE.

Rues et voies de communication dans lesquelles la rente tenant lieu d'impôt foncier est de 0 f. 10 le mètre carré. — Quai de Hoi-hiep, quai des Minh-huong, quai Testard (jusqu'au télégraphe), cité Wangtai, rue de Canton (jusqu'à la rue de Caymai), rue des Ébénistes, quai Gaudot, rue de Gialong (rue de Paris au quai de Yunnam), rue de Paris (le reste jusqu'à la rue de Caymai), quai de Yunnam, quai de Xom-cui (partie comprise dans le cinquième quartier).

QUATRIÈME SÉRIE.

Rues et voies de communication dans lesquelles la rente tenant lieu d'impôt foncier est de 0 f 05 le mètre carré. — Rues des Marins (de la rue de Canton à la rue de Paris), quai du Cambodge, quai de Phuoc-kien, quai des Jonques, avenue Jaccareo, quai de Choquan (du boulevard d'Annam au point Gaudot).

CINQUIÈME SÉRIE.

Rues et voies de communication dans lesquelles la rente tenant lieu d'impôt foncier est de 0 f. 02 le mètre carré. — Quai des Chantiers, rue d'Audien, rue des Artisans, rue de Caymai (de la rue de Saïgon au quai Hoi-hiep), rue Lapelin, rue Lareynière (de l'île à la rue Caymai), rue Marchaise, rue des Marins (de la rue de Paris à la rue de Trieu-chau et de la rue Jaccareo au boulevard d'Annam), rue de Phu-dinh, rue des Roses, rue des Sept-Congrégations, rue de Tanhung, rue de Tien-Tsin, rue de Thouroude, quai de l'Annexion, rue Barbet, ruelle du Théâtre, ruelle des Marins (première et deuxième), rue de Paris (de la rue de Caymai au boulevard de l'École), ruelle Phuoc-kien, ruelle des Jardins, impasse des Jardins, ruelle allant du quai Phuoc à la rue Caymai.

SIXIÈME SÉRIE.

Rues et voies de communication dans lesquelles la rente tenant lieu d'impôt foncier est de 0 f. 01 le mètre carré. — Quai de Choquan (de la limite Est de la ville au boulevard d'Annam), boulevard d'Annam, rue de Binh-hoa, rue de Caymai (du quai de Testard à la limite de la ville), rue des Clochetons, rue de Kihoa, quai Phu-huu, rue de Saïgon (du boulevard d'Annam à la limite Est de la ville), rue de Trieu-chau, boulevard de l'École, rue projetée (à l'angle de la rue des Clochetons jusqu'à la rue des Sept-Congrégations), quai du Phuloc, rue de Phugiao, rue des Xom-vai, rue des Tamariniers, ruelle allant de la rue des Marins à la rue de Caymai, rue de l'Abattoir.

SEPTIÈME SÉRIE.

Rues et voies de communication dans lesquelles la rente tenant lieu d'impôt foncier est de 0 f. 005 le mètre carré. — Rue des Marins (du boulevard d'Annam à la limite Est de la ville), rue de Gocong, rue de Palikao, rue de Thapmuoi, rue de Gia-phu (de la rue de Gocong à la rue de Palikao), rue Peiho (partie comprise entre la rue Thapmuoi et le quai des Chantiers.

HUITIÈME SÉRIE.

Rues et voies de communication dont la rente tenant lieu d'impôt foncier est de 0 f. 025 le mètre carré. — Rue de Gia-phu (le reste), rue de Peiho, rue de Vinhlong et tous les terrains situés à l'Ouest de la rue de Vinhlong, qui n'ont pas de façade sur le quai de Mytho, ainsi que ceux situés au Sud du quai des Jonques et qui n'ont pas de façade sur le quai.

(21 avril 1887)

A. G. *créant une inspection d'agriculture en Cochinchine et décidant que les agriculteurs qui se livreraient à la culture de produits spéciaux indiqués par l'Administration pourraient être dégrevés de l'impôt foncier (art. 3).*

J. C. p. 478.

Art. 1er. — . . . .

Art. 3. — Les agriculteurs qui se livreront à la culture des produits spéciaux indiqués par l'Administration, pourront être dégrevés de l'impôt foncier jusqu'à l'année de la seconde récolte, et dans des conditions qui seront ultérieurement spécifiées.

(4 juin 1887)

A. G. *La culture du cacaoyer, du caféier, du cachou et du racouyer sont dites cultures recommandées et exemptes d'impôt sous certaines conditions* (1).

B. C. p. 396.

(14 avril 1888)

A. L. G. *divisant en cinq zones les terrains urbains de Baclieu et les imposant à partir du 1er janvier 1889. — Tarifs* (2).

B. C. p. 167.

Article premier. — Les terrains urbains de Baclieu sont divisés en cinq zones et seront imposés, à partir du 1er janvier 1889, conformément aux tarifs ci-annexés.

NAVELLE.

(1) V. Agriculture, Commerce et Industrie, § II.
(2) V. A. G. 16 mai 1888.

ANNEXE

(*Tarifs*).

Première zone. — 1° A 0,20 cents par mètre carré : les terrains du marché comprenant les lots 143, 144, 152, 153, 154, 155, 163, 172, 173, 174, 175, 176, 177.

2° A 0,10 cents le mètre carré : tous les autres lots, du n° 137 au n° 179 inclus.

Deuxième zone. — A 0,10 cents le mètre carré : du lot n° 180 au lot n° 217 inclus.

Troisième zone. — A 0,10 cents le mètre carré : du lot n° 75 au lot n° 136 inclus,

Quatrième zone. — A 0,07 cents le mètre carré : du lot n° 1 au lot n° 74 inclus. en réservant les terrains appartenant à l'État.

Cinquième zone. — A 0,02 cents le mètre carré : les lots du n° 218 aux derniers.

(16 mai 1888).

A. L. G. *rectifiant les tarifs annexés à l'arrêté du 14 avril 1888 divisant en cinq zones les terrains urbains de Baclieu* (1).

B. C. p. 256.

Article premier. — Le tarif de l'impôt foncier pour les terrains urbains de Baclieu, annexé à l'arrêté du 14 avril 1888, est annulé.

Art. 2. — Les tarifs pour la vente et l'impôt foncier de ces terrains sont fixés comme suit, par mètre carré :

	Prix de vente par mètre carré.	Prix de l'impôt foncier par mètre carré.
1re Zone. — 1° Les terrains du marché comprenant les lots 143, 144, 152, 153, 154, 155, 163, 172, 173, 174, 175, 176, 177	0 20c	0 0025
2° Les autres lots du n° 137 au n° 179 inclus.	0 10	0 0020
2e Zone. — Du lot n° 180 au lot n° 217 inclus.	0 10	0 0020
3e Zone. — Du lot n° 75 au lot n° 136 inclus	0 10	0 0020
4e Zone. — Du lot n° 1 au lot n° 74 inclus en réservant les terrains appartenant à l'État	0 07	0 0015
5e Zone. — Les lots du n° 218 aux derniers	0 02	0 0010

NAVELLE.

(1er juin 1888)

A. G. G. *abrogeant l'arrêté du 7 juin 1875 et classant les terrains situés dans les cantons de Binh-Chauh-Chuong et de Duong-Minh rattachés le premier à l'arrondissement de Giadinh et le second attaché à celui de Cholon, en cinq séries imposées conformément aux tarifs ci-annexés.*

J. C. 1889. p. 37.

Article premier. — L'arrêté du 7 juin 1875 est abrogé.

Art. 2. — A dater du 1er janvier 1889 les terrains des deux cantons précités seront classés en cinq séries imposées conformément aux tarifs ci-annexés.

RICHAUD.

(1) Non encore appliquée.

ANNEXE

(*Tarifs*).

	Piastres.	
1re série. — 1° Terrains bâtis ayant façade sur les différentes routes et les quais	25 00	l'hect.
— 2° Terrains non bâtis ayant façade sur les différentes routes et les quais	2 50	—
2e série. — Jardins maraîchers et cultures d'aréquiers et de cocotiers en plein rapport	2 30	—
3e série. — Plantations naissantes d'aréquiers et de cocotiers et cultures d'arbres fruitiers ou autres avoisinant les habitations.	80	—
4e série. — Terrains vagues de la plaine des tombeaux situés aux villages de Xuan-hoa, Phu-thanh et Hoa-hung	50	—
5e série. — Rizières de 1re qualité	60	—
— Rizières de 2e qualité	40	—
— Rizières de 3e qualité	20	—

(6 octobre 1888)

CIR. D. I. *au sujet des réformes à apporter à l'arrêté du 9 septembre 1878, divisant les cultures diverses en trois catégories. — Demande de renseignements.*

J. C. p. 863.

L'arrêté du 9 septembre 1878, encore en vigueur aujourd'hui, divise les cultures diverses en trois catégories, imposées à 2 piastres 30 cents, 80 cents et 30 cents par hectare.

La nature des plantations sur laquelle est basée cette classification n'aurait cependant pas dû entrer seule en ligne de compte pour obtenir une équitable répartition de l'impôt sur un genre de produits dont les revenus sont susceptibles de variations considérables suivant l'âge de la culture et la région où elle est mise en exploitation.

A la suite des critiques dirigées contre le système actuel de division en trois catégories et des difficultés que présentait son application, le Conseil colonial donna satisfaction aux réclamations les plus pressantes, en décidant (séance du 13 novembre 1882) que les aréquiers et les cocotiers seraient compris dans la 2e classe pendant leurs premières années pour ne repasser à la 1re classe que le jour de leur entrée en rapport.

C'était une amélioration ; mais bien d'autres réformes restaient à faire sur ce terrain dont l'Administration dut remettre l'étude à plus tard pour ne pas entraver le grand travail de la revision des dia-bo.

Le moment paraît venu de reprendre la question pour lui donner une solution durable.

La classification même des cultures, telle qu'elle a été établie par l'arrêté du 9 septembre 1878 demande un remaniement sérieux. C'est ainsi que l'ananas a été imposé à la 1re classe sous prétexte que, fruit de luxe, il ne pouvait prendre place à la 2e classe à côté des légumes, denrées de première nécessité. Cependant la culture de l'ananas mérite d'être sérieusement encouragée, à raison de l'aliment que ce produit pourrait fournir à l'industrie des sucres ou des alcools, et l'abaissement de la taxe ne pourrait qu'en favoriser le développement. MM. les Administrateurs des arrondissements de Thudaumot et de Bienhoa ont déjà insisté sur la nécessité de ce dégrèvement.

Les mêmes observations s'appliquent à la canne à sucre comprise à la 2e classe.

Le mûrier demande une protection spéciale, et M. Pouchon, dans son récent rapport sur la sériciculture que vous avez entre les mains, n'hésite pas à proposer à l'Administration la distribution de primes et récompenses en argent à tout cultivateur qui aura créé une plantation de mûriers d'une certaine étendue : 5 ou 10 hectares par exemple. On voit que nous sommes loin de l'imposition à la 2e classe qui frappe actuellement cette culture.

D'autres produits, comme l'arec et le bétel sont, au contraire, pour le propriétaire, une source de revenus assez considérables pour justifier une sensible augmentation d'impôt.

Dans une étude sur l'exploitation des poivrières de l'arrondissement d'Hatien (publiée au *Journal officiel* de la colonie du 27 juin 1887), M. Sellier proposait de les diviser, suivant l'âge des plants, en trois classes payant respectivement par hectare 9 fr. 20 cent., 100 francs et 50 francs. Le rendement de cette culture, ajoute-t il, est tellement supérieur à celui de toutes les autres qu'il n'est pas à craindre d'en voir entraver le progrès par cette énorme surtaxe.

Vous aurez donc, dans l'ordre d'idées que je viens de vous indiquer, à me proposer le système de classification par nature de produits qui vous paraîtra le plus favorable au développement de nos diverses exploitations agricoles.

Borné à cette simple étude, le travail de revision de l'impôt sur les jardins pourra, je n'en doute pas, permettre d'adopter un règlement constituant un véritable progrès sur ce qui existe.

Aussi je vous serais reconnaissant de vouloir bien me donner les plus amples renseignements sur les conditions d'exploitation particulières à votre arrondissement. Ce sera là le point de départ d'une nouvelle fixation des taxes par région qui devra se combiner avec les taxes par nature de produits.

La question des dégrèvements à accorder aux jeunes plantations n'a encore été résolue qu'en ce qui concerne les aréquiers et les cocotiers. Vous voudrez bien la compléter. Quelques-unes d'entre elles exigent des soins particulièrement coûteux tout en restant parfaitement improductives pendant quatre, cinq et six ans. Dans un pays où l'élévation de l'intérêt de l'argent éloigne déjà bien des cultivateurs d'entreprises de ce genre, l'obligation de payer un impôt, quelque minime qu'il soit, n'est pas faite pour réagir contre cette tendance.

Enfin, j'attirerai tout particulièrement votre attention sur les deux méthodes d'évaluation des cultures par superficie ou de recensement par pied. La dernière serait évidemment la plus équitable, mais aussi la plus vexatoire pour l'Indigène et la plus difficile à mettre en pratique.

Ne pourrait-elle pas cependant présenter quelques avantages dans certains cas particuliers où l'évaluation par superficie devient difficile, le cas des jardins sis dans les villages, par exemple?

Les renseignements que je vous demande pourront m'être fournis sous telle forme que vous jugerez convenable, et la réponse aux questions qui vous sont adressées n'exclut nullement l'exposé de tels systèmes dont vos connaissances et votre expérience vous auront donné l'idée.

J'aurais désiré pouvoir soumettre cette étude au Conseil colonial dans sa prochaine session, mais l'importance de la question devant nécessiter de votre part un travail considérable, j'ai dû abandonner ce projet et remettre à l'année 1889 la présentation du nouveau règlement.

CELORON DE BLAINVILLE.

(8 décembre 1888)

DÉLIB. C. COL. *Les terrains de la ville de Saïgon sont divisés en trois zones et composés, savoir : la 1re zone à 375 p. l'hectare, la 2e zone à 167 p. l'hectare, et la 3e zone à 63 p. l'hectare.*

J. C. 1889, p. 23.

(12 février 1889)

DÉCRET *approuvant la délibération du Conseil colonial en date du 25 janvier 1888, tendant à ériger en centre le chef-lieu de l'arrondissement de Bac-Lieu.*

(Promulgué par A. G. G. 8 avril 1889)
B. C. p. 307.
J. C. p. 457.

b. IMPOT DES SALINES.

NATURE DES DOCUMENTS	DATES	RECUEILS A CONSULTER							OBSERVATIONS
		Bat.	B. C.	B D.I	J.C.	J.H.	R. M.	B.Co	
D. G.	16 novembre 1864.		150						
A. G.	7 décembre 1869.		504						
A. G.	26 octobre 1870.	II 40	298						
D. G.	17 juillet 1877.	II-40							
A. G.	14 décembre 1882.		206						
Circ. D. I.	20 décembre 1882.			80					
Décret.	5 avril 1883.		206						
Dép. M.	18 avril 1883.								
A. G. G.	29 décembre 1888.				1889 13				

(16 décembre 1864)

D. G. *Constatation du produit de chaque snou* (1) *de salines ; délivrance de titres de propriété ; paiement d'une contribution annuelle égale au 1/10 de leur produit net, soit en argent, soit en nature.*

B. C. p. 150.

(2 décembre 1869)

A. G. *Fixation de nouvelles bases pour l'impôt foncier : Diminution de la contribution afférente aux rizières dont la contenance exacte aura été constatée. — L'impôt des salines sera établi proportionnellement à la valeur des produits ; il sera calculé sur le huitième du revenu brut* (2).

B. C. p. 504.

(26 octobre 1870)

A. G. *Fixant l'impôt des salines au 1/20 du produit brut. — Établissement des rôles* (3).

BAT. II. p. 40.
B. C. p. 298.

Article premier. — L'impôt des salines sera fixé, à l'avenir, au vingtième du produit brut.

Art. 2. — Les rôles d'impôt seront établis chaque année au mois de mai par les inspecteurs de Baria et de Soctrang, qui prendront pour base le produit de la dernière récolte et le prix moyen du sel sur les lieux de production.

Art. 3. — Toutes les dispositions concernant la matière, antérieures au présent arrêté, sont et demeurent rapportées.

DE CORNULIER-LUCINIÈRE.

(17 juillet 1871)

D. G. *classant, à compter du 1er janvier 1872, l'impôt sur les salines dans l'impôt foncier* (4).

BAT. II. p. 40.

A compter du 1er janvier 1872, l'impôt sur les salines sera classé dans l'impôt foncier.

DUPRÉ.

(14 décembre 1882)

A. G. *réglementant l'impôt des salines.*

(App. Décret 5 avril 1883)
B. C. p. 206.

Article premier. — L'impôt foncier des terrains en nature de salines sera établi et

(1) V. Poids et mesures.
(2) V. A. G. 14 décembre 1882.
(3) V. A. G. 14 décembre 1882.
(4) V. A. G. 14 décembre 1882.

calculé, à l'avenir, en raison de la superficie totale des terrains imposés, sans retranchement ni déduction d'aucune espèce. Il sera uniforme dans toute l'étendue de la colonie, sauf la restriction ci-après :

Art. 2. — La quotité de l'impôt afférente à l'hectare sera de 4 piastres. Cet impôt deviendra exigible à compter du 1er janvier de la troisième année qui suivra la création de la saline. Jusqu'à cette époque, les terrains de cette nature demeureront exempts d'impôt.

Art. 3. — Les salines en exploitation au moment de la mise en vigueur du présent arrêté seront uniformément taxées à 4 piastres, quelle que soit la date de leur création.

Art. 4. — Les arrêtés susvisés des 7 décembre 1869 et 26 octobre 1870, la décision du 17 juillet 1871 et tous autres règlements actuellement en vigueur, sont et demeurent abrogés en ce qu'ils ont de contraire au présent arrêté.

Art. 5. — Les dispositions ci-dessus seront exécutoires à dater du 1er janvier 1883.

LE MYRE DE VILERS.

(20 décembre 1882)

CIRC. D. I. *Notification de l'arrêté du 14 décembre réglementant l'impôt des salines.*

B. D. I., p. 80.

Vous trouverez au *Journal officiel* du 21 du courant un arrêté de M. le Gouverneur qui transforme entièrement le mode d'assiette de l'impôt dit *des salines*.

L'ancienne règlementation, telle qu'elle est établie par les arrêtés des 7 décembre 1869, 26 octobre 1870, et la décision du 17 juillet 1871, tout en rangeant la taxe payée par les salines au nombre des contributions foncières, lui laisse cependant le caractère d'un impôt sur le revenu ; elle traite fort inégalement, au point de vue fiscal, les différents arrondissements de la colonie ; enfin, la quotité de la taxe, beaucoup trop élevée pour certains d'entre eux, encourageait des dissimulations qui compensaient, et au delà, les effets qu'on était en droit d'attendre de son élévation.

L'arrêté du 14 décembre 1882 est destiné à remédier à ces inconvénients. Il a pour but :

1° De rendre à l'impôt des salines son véritable caractère de contribution foncière, à l'exclusion de tout autre ;

2° D'établir l'uniformité d'impôt pour toute l'étendue de la Cochinchine ;

3° D'abaisser la quotité afférente à l'unité imposable et, par là, de provoquer des déclarations.

C'est, vous le voyez, une véritable transformation.

En vous disant que l'impôt des salines recouvre, par la nouvelle règlementation, le caractère exclusif de taxe foncière, c'est vous indiquer suffisamment que la taxe sera désormais proportionnelle à la superficie réelle des parcelles imposées. Vous ne devrez, par conséquent, admettre aucune déduction de superficie, quel qu'en soit le prétexte ; toutes les parties des immeubles consacrés à l'industrie saunière sont également passibles de la taxe, sans égard à leur destination particulière.

Je n'ai pas besoin de m'appesantir sur la question de tarif qui se trouve très clairement précisée par l'article 2 de l'arrêté. Toutes les salines comptant trois années d'existence au 1er janvier de l'année courante, devront être imposées à raison de 4 piastres par hectare ; celles moins anciennes seront exemptes d'impôt jusqu'à l'époque où elles se trouveront dans les conditions qui viennent d'être indiquées. Vous remarquerez toutefois que les terrains cultivés en salines, au moment de la mise en vigueur du nouvel arrêté, ne peuvent être admis en aucun cas à bénéficier de cette exemption ; l'article 3 est formel à cet égard : « Ces immeubles seront passibles de la taxe de 4 piastres dès l'année 1883, que leur existence remonte à plusieurs années ou seulement à quelques mois ».

Ainsi que je vous l'ai dit plus haut, le Conseil colonial et l'Administration en réduisant l'impôt à 4 piastres par hectare, avaient la conviction que les déclarations nouvelles combleraient au delà le vide créé par l'abaissement des tarifs. Il peut certainement, il doit même en être ainsi. L'exagération de l'ancien tarif obligeait en quelque sorte, les propriétaires à ne déclarer qu'une partie de leurs salines, sous peine de voir tout leur produit absorbé par l'impôt. La sincérité des déclarations était, dans ces conditions impossible à obtenir, et l'Administration a agi sagement en renonçant à l'exiger des intéressés. C'est ainsi que les dissimulations sont passées en usage au point de représenter, dans quelques arrondissements, quatre fois la superficie des terres déclarées.

Cet état de chose n'a plus de raison d'être. Le produit des salines assurant aux exploitants les moyens de payer la contribution réduite mise à leur charge et, en outre, un revenu largement rémunérateur, il est naturel d'exiger d'eux des déclarations fidèles. Je compte que vous mettrez tout en œuvre pour prévenir la fraude et assurer le recouvrement des sommes dues au trésor.

En dehors des modifications indiquées ci-dessus, qui sont essentielles, il n'est rien innové à la forme de l'établissement de l'impôt. Les rôles continueront à être être établis à la même époque.

Vous voudrez bien appliquer, pour l'année 1883, les dispositions de l'arrêté du 14 décembre 1882, qui sont exécutoires à compter du 1er janvier prochain.

BÉLIARD

(5 avril 1883)

DÉCRET *approuvant l'arrêté du 14 décembre 1882 sur l'assiette de l'impôt des salines en Cochinchine.*

B. C. p. 206.

Article premier. — Est approuvé l'arrêté du Gouverneur de la Cochinchine, en date du 14 décembre 1882 sur l'assiette de l'impôt des salines en Cochinchine.

JULES GRÉVY.

(18 avril 1883)

DÉP. MIN. *portant modification à l'assiette de l'impôt des salines votée par le Conseil colonial dans sa séance du 20 novembre 1882, et sanctionnant l'arrêté du 14 décembre 1882 qui rendait provisoirement exécutoire cette modification.*

ARCH. GOUV.

En me rendant compte le 14 février dernier du vote émis par le Conseil colonial, dans sa séance du 20 novembre 1882, au sujet de l'assiette et du tarif de l'impôt des salines vous m'avez prié de soumettre à la sanction du Président de la République l'arrêté pris par votre prédécesseur, le 14 décembre 1882 à l'effet de rendre provisoirement exécutoire la mesure votée par l'assemblée locale.

J'ai l'honneur de vous envoyer ci-joint la copie du décret qui a été rendu à ce sujet le 5 avril courant et dont je vous prie d'assurer la promulgation.

(29 décembre 1888)

A. G. G. *créant une deuxième classe de salines.*

J. C. 1889, p. 13.

Article premier. — Il est créé en Cochinchine une 2e classe des salines soumise à un impôt annuel de 2 piastres par hectare.

Art. 2. — Dans chaque arrondissement, l'administrateur s'adjoindra les principaux industriels se livrant à l'exploitation du sel pour procéder à la nouvelle classification des salines déjà existantes et désigner celles d'entre elles qui devront bénéficier de l'abaissement de la taxe.

Art. 3. — Cette classification sera revisée tous les ans par la même commission au moment de l'établissement des rôles d'impôt primitif.

Art. 4. — Toute saline nouvellement créée sera comprise dans la 2e classe pendant deux ans et ne pourra passer à la 1re classe qu'au moment de la revision qui suivra sa deuxième année d'existence.

RICHAUD.

c. CONTROLE DE L'IMPOT FONCIER.

NATURE DES DOCUMENTS	DATES	RECUEILS A CONSULTER Bat.	B. C.	B D. I.	J. C.	J. H.	B. H.	B Col	OBSERVATIONS
A. G.	24 mars 1887.		241		414				
Circ. Ch. S. Cad.	26 mars 1887.				416				
Circ. D. I.	7 avril 1887.				416				
Circ. D. I.	18 octobre 1887.				989				

(24 mars 1887)

A. G. *créant dans la colonie un service du contrôle de l'impôt foncier et le confiant aux géomètres du cadastre* (1).

B. C. p. 241.
J. C. p. 414.

(26 mars 1877)

CIRC. *du chef du service du cadastre au sujet des attributions des géomètres contrôleurs de l'impôt foncier* (2).

J. C. p. 416.

(7 avril 1887)

CIRC. D. I. *au sujet de l'application de l'arrêté du 24 mars 1887 portant création du service du contrôle de l'impôt foncier* (3).

J. C. p. 416.

(18 octobre 1887)

CIRC. D. I. *au sujet du fonctionnement du contrôle de l'impôt foncier. — L'application de l'arrêté du 24 mars 1887 ne saurait avoir pour résultat de créer un nouveau service indépendant* (4).

J. C. p. 989.

(1) V. cadastre.
(2) V. cadastre.
(3) V. cadastre.
(4) V. cadastre.

III. IMPOT PERSONNEL. — *a.* IMPOT DE CAPITATION DES INDIGÈNES. — *b.* IMPOT DE CAPITATION DES ASIATIQUES ÉTRANGERS. — *c.* PRESTATIONS. — *d.* CORVÉES.

a. IMPOT DE CAPITATION DES INDIGÈNES.

NATURE DES DOCUMENTS	DATES	RECUEILS A CONSULTER							OBSERVATIONS
		Bat.	B. C.	B. D. I.	J. C.	J. H.	B. M.	B. Col	
D. G.	22 octobre 1864.		130						
A. G.	18 août 1874.		291						
Circ. D. I.	13 novembre 1880.			116					
A. G.	15 novembre 1880.		560						
Délib. C. G.	15 novembre 1882.		1883 77						
Circ. D. I.	3 décembre 1882.			77					
Dép. M.	9 avril 1883.								
Décret.	27 octobre 1883.		428						
Circ. D. I.	12 juin 1884.			24					
Circ. D. I.	22 octobre 1884.			46					
A. G.	24 février 1885.				329				
Circ. D. I.	4 mars 1885.				330				
Circ. D. I.	13 avril 1885.			23					
Circ. D. I.	30 novembre 1885.				1886 2				

IMPOT PERSONNEL (1)

(22 octobre 1864)

D. G. *(Extrait). L'impôt de capitation sera porté à 2 francs pour les* tzang-hang *(hommes faits inscrits) et à 1 franc pour les jeunes gens au-dessous de 18 ans (dân-dinh-hang) pour les hommes de 55 à 60 ans (lao-hang) et pour les infirmes (tan tât-hang) qui payaient la demi-capitation.*

B. C. p. 130.

(18 août 1874)

A. G. *exemptant les maires des villages de l'impôt personnel et de l'impot des corvées.*

B. C. p. 291.

(13 novembre 1880)

CIR. D. I. *(Extrait). Instructions pour l'application du nouvel impôt foncier et personnel.*

B. D. I. p. 116.

Dans sa séance du 11 de ce mois, le Conseil colonial, agissant en vertu des pouvoirs que lui confèrent les articles 33 et 34 du décret du 8 février 1880, a voté la réduction des taxes de rizières et la diminution de l'impôt des inscrits.

J'espère que cette délibération, que M. le Gouverneur se propose de rendre provisoirement exécutoire, sera ratifiée par le Président de la République.

Je n'ai pas besoin d'appeler votre attention sur l'importance de cette mesure, qui marquera d'une façon si heureuse les travaux du Conseil colonial; si elle est appliquée avec intelligence, elle fera rentrer l'Administration dans la voie de la justice et de la vérité, elle donnera à l'agriculture une vive impulsion, elle supprimera les innombrables abus dont le pauvre est victime.

Les conséquences sociales ne sont pas moindres, car, avec l'abolition de la corvée, elle nous conduira à la suppression du servage et au développement de la petite propriété, dont l'existence était compromise dans quelques arrondissements.

Je compte sur votre concours pour mener à bien cette grande entreprise : nul ne mérite davantage toute votre sollicitude.

Afin d'assurer une unité d'exécution, sans laquelle nous n'arriverions qu'à une confusion aussi regrettable que celle d'aujourd'hui, je crois devoir vous tracer la manière d'opérer et vous faire connaître en même temps les motifs qui ont guidé la décision du Chef de la Colonie, afin qu'il y ait entre les divers agents de l'Administration cette communauté de vues, cette persévérance dans l'action, cette suite dans les idées, nécessaires pour qu'une œuvre soit durable, et qui, seules, peuvent assurer le succès des entreprises les mieux conçues.

IMPOT FONCIER DES RIZIÈRES.

. . . .

IMPOT DES INSCRITS.

Le but que nous poursuivons est de substituer à l'impôt des inscrits, l'impôt personnel et mobilier ; nous ne sommes pas en état d'opérer immédiatement une réforme de cette nature ; nous n'a-

(1) A partir du 1er janvier 1882 et jusqu'au 1er janvier 1886 tout Huong-Thân sera exempt de l'impôt personnel ; tout Huong-Hao ne payera que la moitié de l'impôt personnel, et tout Bien-Lai sera exempt de corvées s'ils sont en état de correspondre en quoc-ngu (A. G. 5 avril 1878. Bat. vol. II, p. 272).

L'impôt personnel régional de 0 p. 20 cents ne doit pas être payé par les Chinois. (Circ. D. I. 11 février 1886. V. Service régional).

Les inscrits qui quittent un village dans le courant d'une année, doivent être maintenus sur les rôles jusqu'à ce que l'administrateur en ordonne la radiation, ce qui ne sera fait qu'après que les motifs du départ et le lieu où il va se fixer seront connus.

vons pas encore déterminé la manifestation de richesse qui nous servira de base. En fût-il autrement, la question au point de vue sociale est si considérable, elle aura une influence si active sur la constitution des villages, que nous ne saurions songer à entreprendre d'un seul coup une œuvre aussi importante.

Pour cette année, nous nous contenterons de répartir l'impôt entre les villages, ajournant à une autre époque la répartition entre les individus, si elle est possible et nécessaire.

Le Conseil colonial a fixé à 3 francs en moyenne par homme valide la part afférente à chaque village.

Vous aurez donc à dresser, par chaque village, un état faisant connaître le nombre d'hommes valides; il suffira de multiplier par 3 pour avoir le montant de l'impôt par unité.

Dans les arrondissements où le recensement de la population a été fait avec soin, rien ne sera plus facile; il suffira de relever les nombres sur la statistique; dans ceux où l'opération n'a pas été faite d'une façon sérieuse, il y aura lieu de procéder à un travail de révision; vous comprenez, en effet, combien il serait regrettable que la fraude fût privilégiée, que les villages qui nous ont trompés fussent favorisés.

Les états des inscrits, comme ceux de l'impôt foncier, devront parvenir à la Direction de l'Intérieur pour le 1er janvier au plus tard.

La répartition selon les facultés, entre les habitants du village, se fera par les soins des notables; il serait imprudent d'opérer différemment. Mais vous aurez le soin d'exiger une liste indiquant les noms de tous les contribuables et la date à laquelle ils auront été imposés. Chaque année, la même liste vous sera fournie avec les modifications survenues pendant l'exercice précédent; ce sera le point de départ, la base sur lesquels nous établirons ultérieurement l'impôt personnel et mobilier.

MESURES DISCIPLINAIRES.

Comme j'ai eu l'honneur de vous le dire, le Gouvernement veut sortir du régime de fraude et de dissimulation où nous sommes engagés. Il est donc nécessaires de sévir contre les villages qui se livreraient à des dissimulations.

Des arrêtés du Gouverneur, en Conseil privé, détermineront les pénalités. J'aurai l'honneur de vous les adresser d'ici quelques jours.

Chaque dissimulation par masse de culture de village de plus de 1/10, donnera lieu à une double taxe pour une année, 2/10 pendant deux ans, 3/10 pendant trois ans, et ainsi de suite.

En ce qui touche l'impôt des inscrits, toute fraude de plus de 1/10 donnera lieu à une imposition double pendant un an; 2/10 pendant deux ans, et ainsi de suite.

MESURES DE GARANTIE.

Les actions des notables sont principalement dues à ce que le contribuable ignore ce qu'il doit verser au trésor. Nous réprimerons en grande partie ces abus en publiant, comme cela se fait dans tout pays civilisé, le montant des rôles et la taxe de chaque catégorie. Il vous sera adressé des placards sur lesquels vous n'aurez plus à porter que la classification des rizières.

Vous devrez également faire afficher dans chaque village la liste de l'impôt des inscrits revêtue de votre visa.

Le Gouvernement fait appel à votre concours, et il compte que dans cette importante transformation qui aura une influence si considérable sur le pays, vous apporterez tout votre zèle, toute votre intelligence, tout votre dévouement.

BÉLIARD.

(15 novembre 1880).

A. G. *(Extrait) rendant provisoirement applicable à partir du 1er janvier 1881 les délibérations du Conseil colonial relatives : 1° aux taxes des rizières ; 2° à l'impôt des inscrits ; 3° au droit de sortie sur le riz.*

B. C. p. 560.

Article premier. — Sont provisoirement rendues exécutoires les délibérations susvisées.

Art. 2. — (Impôt des rizières).

Art. 3. — L'impôt des inscrits à payer par village et à répartir entre les habitants, suivant leur capacité, est fixé à raison de trois francs par homme valide.

Art. 4. — (Impôt d'exportation sur les riz).

Art. 5. — (Impôt sur les rizières).

Art. 6. — id.

Art. 7. — id.

Art. 8. — Les réclamations des villages seront portées devant le Conseil privé.

Art. 9. — Tout village qui commettra des dissimulations sur le nombre des hommes valides, pour l'établissement de l'impôt des inscrits, sera passible d'un impôt double pendant autant d'années qu'il aura dissimulé de dixièmes du nombre des hommes valides.

Art. 10. — Sont abrogées toutes les dispositions antérieures contraires au présent arrêté qui sera soumis à l'approbation du Président de la République.

LE MYRE DE VILERS.

(15 novembre 1882)

DÉLIB. C. C. *réduisant à 40 cents par homme valide l'impôt personnel des Indigènes perçu au profit de la colonie et autorisant les arrondissements à percevoir, pour leur compte, une taxe analogue fixée à 20 cents par tête.*

(App. décret 27 octobre 1883).
B. C. 1883, p. 77.

(3 décembre 1882)

CIRC. D. I. *au sujet de l'impôt personnel des Annamites.*

B. D. I, p. 77.

Par délibération en date du 15 novembre courant, le Conseil colonial, sur la proposition de l'Administration, a décidé que l'impôt personnel des Annamites perçu au profit de la colonie serait abaissé de 60 à 40 cents et que les arrondissements auraient à l'avenir le droit de percevoir, à leur compte et profit, un impôt personnel régional fixé à 20 cents.

Vous voudrez bien, par suite, établir les rôles de l'impôt personnel colonial sur la base de 0 piastre 40 cents par homme valide recensé de 18 à 60 ans.

L'industrie sera ultérieurement pourvue des modèles adoptés pour la confection des rôles de l'impôt personnel régional et des centièmes additionnels affectant l'impôt personnel. — Il vous sera loisible de vous en procurer aux frais du budget de l'arrondissement.

Dans tous les cas, il est interdit de se servir des imprimés du service local pour les besoins du service arrondissemental.

BÉLIARD.

(9 avril 1883)

DÉP. M. *au sujet d'un arrêté rendant exécutoire une délibération du Conseil colonial tendant à réduire de 60 à 40 cents l'impôt personnel des Annamites perçu au profit de la colonie.*

ARCH. GOUV.

Par une lettre du 20 février dernier vous m'avez prié de faire sanctionner par décret du Président de la République un arrêté de votre prédécesseur qui à pour but de rendre provisoirement exécutoire une délibération du conseil colonial tendant à réduire à 40 cents par homme valide l'impôt de capitation perçu au profit de la Colonie et à autoriser les arrondissements à percevoir pour leur propre compte, en remplacement de subventions allouées, une taxe analogue, fixée à 20 cents par tête.

J'ai l'honneur de vous faire connaître qu'il ne me sera possible de statuer sur cette affaire que lorsque vous m'aurez fait parvenir les pièces nécessaires pour permettre de préparer le décret qui devra consacrer la mesure qui a été prise et qui paraît d'ailleurs bien motivée.

Je ne puis donc que vous prier de vouloir bien m'envoyer ces documents en vous référant à cet égard aux instructions contenues dans la dépêche circulaire en date du 31 janvier 1873. (Bat. vol. 2, p. 369).

DISLÈRE.

(27 octobre 1883)

DÉCRET *approuvant la délibération du Conseil colonial du 15 novembre 1882 abaissant de 60 à 40 cents l'impôt personnel des Annamites perçu au profit de la colonie et autorisant les arrondissements à percevoir pour leur propre compte une taxe analogue fixée à 20 cents par tête.*

B. C. p. 428.

Article premier. — Est approuvée la délibération susvisée du Conseil colonial de la Cochinchine, en date du 15 novembre 1882, réduisant à 40 cents par homme valide l'impôt de capitation perçu au profit de la colonie et autorisant les arrondissements à percevoir pour leur propre compte, en remplacement des subventions allouées, une taxe analogue fixée à 20 cents par tête.

JULES GRÉVY.

(12 juin 1884).

CIRC. D. I. *création de cartes destinées à constater le paiement des contributions régionales et de l'impôt personnel des Indigènes* (1).

B. D. I, p. 24.

Sur les rôles de l'impôt personnel établis au commencement de l'exercice, les villages, pour ne pas engager leur responsabilité pécuniaire, ont soin de ne porter que les personnes établies dans le village même et dont la présence au moment du payement de l'impôt leur paraît assurée. Si des déclarations nouvelles se produisent au courant de l'année, il arrive souvent qu'elles ne donnent pas lieu à l'établissement de rôles supplémentaires, sous le prétexte que ces accessions viennent compenser les pertes causées par les morts, les désertions, qui sans cela resteraient au compte du village. En acceptant jusqu'à un certain point ce principe de compensation, il y a lieu aujourd'hui d'adopter un système qui porte remède à ces irrégularités et assure autant que possible le recouvrement intégral de l'impôt.

En obligeant les villages à donner à l'avenir leurs reçus de l'impôt personnel et des prestations faites ou rachetées, sur un imprimé uniforme que vous leur délivreriez, on atteindrait je crois ce résultat. Cet imprimé porterait le millésime de l'année. En remettant à vos villages les rôles de l'impôt personnel, vous leur délivreriez en même temps ces imprimés, revêtus du cachet de l'inspection, en nombre égal aux articles du rôle des inscrits. Vous porteriez, par affiches à la connaissance de la population que tout reçu délivré sur papier libre sera tenu pour nul et non avenu.

Il est évident que lorsque les autorités du village auront délivré leurs reçus à tous les inscrits du rôle primitif, elles devront pour être en état de pourvoir aux nouvelles déclarations, vous demander de nouveaux imprimés, ce qui donnera lieu à l'émission d'un rôle supplémentaire.

Si le village avait au contraire à solliciter un dégrèvement, il devrait reproduire les reçus non employés.

Il n'aura pas échappé à votre attention que, par la nature même des choses, le reçu délivré par les villages à leurs inscrits commence à jouer le rôle d'une carte d'identité. Nous n'aurons qu'à suivre ce mouvement, à demander la production de leurs reçus aux prestataires, aux individus suspects, à ceux qui viennent à l'inspection demander des autorisations, faire viser leurs livrets de barque, etc., et, sans commettre aucune ingérence dans l'administration intérieure des villages, nous arriverons à bref délai à limiter des fraudes aussi préjudiciables au budget de la colonie qu'à celui des arrondissements.

(1) V. Circ. D. I, 22 octobre 1884.

Ci-joint le modèle de carte que je propose d'adopter. L'imprimé reviendrait à 0 piastre 003 en faisant une commande pour toute la colonie, remboursable au budget local par les arrondissements au prorata du nombre de leurs inscrits.

Avant de réaliser ce projet, j'ai tenu à avoir votre avis personnel et celui des conseils régionaux. Je vous prie en conséquence de vouloir bien consulter votre conseil d'arrondissement sur l'innovation dont il s'agit à la session de juillet prochain.

NOUET.

(22 octobre 1884)

CIRC. D. I. *relative à la création de cartes destinées à constater le payement des contributions régionales et de l'impôt personnel des Indigènes.*

B. D. I, p. 46.

La plus grande partie des arrondissements ayant émis un avis favorable à la création de cartes destinées à constater le payement des contributions régionales et de l'impôt personnel des Indigènes, j'ai fait confectionner le nombre de reçus de cette nature qui seront approximativement nécessaires pour l'année 1885. Je me suis attaché à donner autant que possible satisfaction aux desiderata exprimées par les Conseils régionaux, quant à la forme et à la dimension de ces quittances.

Le but que s'est proposé l'Administration en créant lesdites cartes ne peut être obtenu au moyen des registres à souches déjà en usage dans quelques arrondissements.

En effet, il arrive toujours qu'un certain nombre de cases des registres restent en blanc, sans compter les quittances annulées par suite de surcharges, d'erreurs, etc. A moins de vous livrer vous-même à un travail très absorbant, les perceptions seraient donc difficilement contrôlées. Vous pourrez d'ailleurs continuer à faire tenir ces registres, qui peuvent rendre des services commes livres de comptabilité.

Ma circulaire du 12 juin 1884 vous a déjà fait connaître le fonctionnement des nouvelles cartes; comme instructions complémentaires, j'ai seulement à ajouter que les duplicata de cartes perdues ne seront délivrés que contre payement de nouveaux droits et ne donneront lieu à aucune exception, quant au classement de la recette. Ils seront par suite compris dans les rôles supplémentaires. En fin d'exercice, les cartes non employées *seront toutes renvoyées à la Direction de l'Intérieur*. Je ne saurais donc trop vous engager à prendre des mesures pour qu'il n'en soit point détruit ou employé irrégulièrement dans vos bureaux.

Il serait peut-être préférable de ne pas délivrer aux maires, dès l'ouverture de l'exercice, un nombre égal à celui de leurs inscrits, mais de leur constituer seulement une certaine avance qui serait renouvelée au fur et à mesure de leurs versements, à concurrence du montant de leurs rôles. Je vous laisse du reste le soin de régler ce détail au mieux des intérêts de l'Administration et des villages.

Vous voudrez bien me demander en temps utile les cartes qui vous seront nécessaires pour l'année 1885, d'après le nombre de vos inscrits. Le prix en sera remboursé sur les budgets régionaux, à raison de 0 piastre 00133 chaque imprimé.

NOUET.

(24 février 1885)

A. G. *fixant au 30 avril le délai accordé aux villages pour le payement de l'impôt personnel des Indigènes.*

J. C. p. 329.

Article premier. — Le délai accordé aux villages pour le versement au trésor des contributions personnelles des Indigènes est fixé au 30 avril de chaque année.

Art. 2. — Toutes dispositions contraires au présent arrêté seront abrogées.

Art. 3. — Le Directeur de l'Intérieur est chargé de l'exécution du présent arrêté, qui sera communiqué et enregistré où besoin sera.

CHARLES THOMSON.

(4 mars 1885)

CIRC. D. I. *Instructions au sujet de l'arrêté du 24 février 1885 accordant un délai de quatre mois pour le paiement de l'impôt personnel.*

J. C. p. 330.

Le délai accordé aux Indigènes pour le payement de l'impôt personnel n'a, jusqu'à ce jour, été fixé par aucun arrêté. Il était nécessaire de combler cette lacune dans la législation pour atteindre le but que l'Administration s'est proposé en créant les cartes-quittances mises en vigueur par la circulaire du 22 octobre dernier. Un arrêté en date du 24 février 1885, inséré au *Journal officiel* du 9 mars courant, a, en conséquence, décidé que les contributions personnelles des Indigènes devraient être entièrement acquittées le 30 avril de chaque année. Ce terme expiré, les notables de villages seront tenus solidairement de verser au trésor les sommes restant à recouvrer dont ils n'auront pas obtenu le dégrèvement,

Pour répondre aux demandes et objections présentées par quelques-uns de vos collègues au sujet des nouvelles cartes, j'ai l'honneur de vous faire connaître qu'il n'est pas indispensable que l'inscrit ait acquitte la totalité de ses contributions pour avoir droit à la délivrance d'une carte. En effet, du moment où un Indigène a employé une carte, il n'échappe plus à l'impôt, le village est responsable pour lui d'une cote entière tant pour le budget local que pour le budget régional, alors même que l'une de ces deux contributions seulement aurait été payée au moment de la remise à l'intéressé de sa carte. Le nombre de cartes délivrées aux maires représentant autant de cotes entières et les quittances non employées étant rendues, aucun détournement par les notables n'est possible. Ce résultat ne pouvait en aucune façon être obtenu au moyen d'un registre à souches, le nombre de souches délivrées n'aurait pas renseigné sur le nombre de cotes perçues, puisqu'un même individu pouvait être porteur de deux ou trois quittances et, par suite, ce document de comptabilité ne procure aucun contrôle de la nature de celui que les cartes uniques permettent d'exercer.

NOUET.

(13 avril 1885)

CIRC. D. I *notifiant une délibération du Conseil colonial aux termes de laquelle les bonzes sont exemptés de l'impôt personnel.*

B. D. I. p. 23.

Dans sa séance du 29 janvier 1885, le Conseil colonial a décidé, conformément aux propositions de l'Administration, que les bonzes seraient désormais exemptés de l'impôt personnel.

L'application de cette mesure, déjà en usage dans certains arrondissements, devra, par suite, être généralisée dans toute la colonie.

NOUET.

(30 décembre 1885)

CIRC. D. I. *Mesures à prendre pour éviter les fraudes auxquelles donnent lieu les cartes d'impôt personnel des Indigènes.*

J. C. 1886, p. 2.

Je suis informé que des Indigènes inscrits prêtent quelquefois leurs cartes-quittances d'impôt personnel à des non-inscrits qui se trouvent ainsi provisoirement en règle pour les personnes qui ne les connaissent pas. Afin de déjouer cette fraude, je vous prie d'inviter les maires des villages à porter sur les cartes, au moment de leur délivrance, les diem-chi des titulaires.

Je vous recommande aussi de tenir sous clef votre stock de cartes et de n'en permettre le timbrage et la délivrance aux maires qu'en présence de vous-même ou du secrétaire d'arrondissement.

Si ces précautions sont négligées, si les cartes sont laissées à la disposition du personnel indigène, des abus ne tarderont pas à s'introduire, et cette innovation, loin de donner les résultats attendus, ne fera que donner un abri aux dissimulations.

NOUET.

b. IMPOT DE CAPITATION DES ASIATIQUES ÉTRANGERS.

NATURE DES DOCUMENTS	DATES	RECUEILS A CONSULTER							OBSERVATIONS
		Bat.	B. C.	B. D.	J. C.	J. H.	B. M.	B. Col	
A. G.	5 octobre 1871.	II-5	321						
D. G.	12 octobre 1871.	II-30	371						
A. G.	2 décembre 1872.	II-30		64					
A. G.	10 décembre 1872.	II-438	339						
Circ. D. I.	24 février 1873.	II-30		17					
A. G.	28 février 1873.		61						
D. G.	3 avril 1873.	II-31	29						
A. G.	31 décembre 1873.	II-12	464						
A. G.	2 juin 1874.	II-13	191						
Circ. D. I.	13 juin 1874.	II-13		32					
A. G.	24 novembre 1874.	II-15	403						
Circ. D. I.	25 février 1875.	II-17		17					
Circ. D. I.	18 mai 1875.	II-19		50					
A. G.	11 septembre 1876.								
Circ. D. I.	11 mars 1880.		227	26					
Circ. D. I.	26 avril 1882.			18					
A. G.	23 janvier 1885.		27						
Circ. D. I.	29 janvier 1885.			5					
A. G.	22 décembre 1885.		454						
Circ. L. G.	22 juin 1888.				578				
A. G. G.	24 juin 1889.				670				

(5 octobre 1871)

A. G. *divisant en trois catégories les gens de race asiatique ou africaine de toute profession. — Dispositions fiscales imposées aux Chinois et aux Asiatiques non indigènes (art. 52 et 53)* (1).

B. II, p. 5.
B. C. p. 321.

(12 octobre 1871)

D. G. *Le montant des cotes personnelles payées par les Asiatiques sera encaissé au budget local.*

BAT. II, p. 30.
B. C. p. 371.

A partir du 1er février 1872, le montant des cotes personnelles payées par les Asiatiques résidant soit à Saïgon, soit dans l'intérieur de la colonie, sera encaissé au profit du budget local, sur rôles établis par les soins des inspecteurs des affaires indigènes.

DUPRÉ.

(2 décembre 1872)

A. G. *Les Asiatiques et Africains, sujets français, ne seront plus astreints au paiement de la cote personnelle.*

BAT. II, p. 30.
B. D. I, p. 64.

(10 décembre 1872)

A. G. *au sujet des patentés asiatiques des trois dernières classes.*

BAT. II. p. 438
B. C. p. 339.

L'arrêté du 5 octobre 1871 est modifié ainsi qu'il suit :

Les patentés asiatiques des trois dernières classes pourront, s'ils le désirent, être classés parmi les Chinois de la troisième catégorie et ne payer, par suite, qu'une capitation annuelle de vingt-cinq francs.

CH. D'ARBAUD,

(24 février 1873)

CIRC. D. I. *Pièces que devront fournir les sujets français, originaires de l'Inde, qui voudront bénéficier de la mesure bienveillante édictée par l'arrêté du 2 décembre 1872.*

BAT. II, p. 30.
B. D. I, p. 17.

Par un arrêté rendu en Conseil privé le 2 décembre 1872, M. le Gouverneur a bien voulu décider qu'à compter du 1er janvier 1873, les Asiatiques et Africains sujets français ne seront plus astreints à la cote personnelle.

(1) V. *infra* A. G. 2 décembre 1872 ; 10 décembre 1872.

A cette occasion, M. le Gouverneur des établissements français dans l'Inde fait connaître que les natifs n'ont été tenus de faire inscrire à l'état civil leurs enfants nouveau-nés qu'à partir du 29 décembre 1855 ; antérieurement, aucune obligation ne leur en était imposée.

Par suite de ces dispositions, les sujets français, originaires de l'Inde, qui voudront bénéficier de la mesure bienveillante édictée par l'arrêté du 2 décembre 1872, devront justifier de leur origine par la production de leur acte de naissance, s'ils sont nés postérieurement au 29 décembre 1855, et par la production d'un acte de notoriété en tenant lieu, s'ils sont nés antérieurement à cette époque.

PIQUET.

(28 février 1873)

A. G. *Modification à l'article 52 de l'arrêté du 5 octobre 1871 concernant la capitation des Chinois de la 3e catégorie dont le paiement sera exigible au moment même du débarquement* (1).

B. C. p. 61.

(3 avril 1873)

D. G. *Les chefs de congrégation sont exemptés de l'impôt de capitation.*

BAT. II, p. 31.
B. C. p. 129.

Article premier. — Les chefs de congrégations nommés au commencement de chaque année, en conformité de l'article 7 de l'arrêté du 5 octobre 1871, seront exempts de l'impôt de capitation pour l'année courante.

Art. 2. — L'effet de cette mesure remontera au 1er janvier 1873.

Art. 3. — Ne jouiront pas de l'exemption dont il est parlé ci-dessus :

1° Les chefs de congrégation, qui, pour un motif quelconque, quitteront leurs fonctions avant l'expiration du 1er semestre de l'année pour laquelle ils auront été nommés ;

2° Ceux qui auront été nommés provisoirement en attendant l'époque des élections annuelles ;

3° Les sous-chefs de congrégation qui exerceront temporairement les fonctions de chefs.

DUPRÉ.

(31 décembre 1873)

A. G. *rapportant celui du 28 février 1873 et exemptant les Chinois de la 3e catégorie de l'impôt de capitation pendant la première année* (1).

BAT. II, p. 12.
B. C. p. 464.

Article premier. — L'arrêté du 28 février 1873 est rapporté.

Art. 2. — A partir du 1er janvier 1874, tous les immigrants chinois de la 3e catégorie qui arriveront dans la colonie seront exempts de l'impôt de capitation pendant la première année, et auront, dans tous les cas, un délai d'un an, à partir du jour de leur arrivée, pour le paiement de l'année suivante.

A leur arrivée, ils seront classés par congrégation dans le délai et les formes dé-

(1) Mod. A. G. 24 novembre 1874 (art. 2 et 8).
(2) Abr. A. G. 31 décembre 1873.

terminées par l'article 6 de l'arrêté du 5 octobre 1871. A Saïgon, un délégué du commissaire central de police assistera à cette classification et signera les états de répartition dressés par les chefs de congrégation.

Des copies de ces états seront transmises par M. le commissaire central à MM. les administrateurs des affaires indigènes de Saïgon ou de Cholon, selon que les immigrants auront été acceptés dans les congrégations de l'une ou de l'autre de ces localités.

Art. 3. — A partir de la même date, les immigrants chinois classés dans la 3e catégorie ne pourront quitter la colonie s'ils n'ont acquitté leur capitation de l'année courante, et un droit de sortie fixé à 25 francs, quelles que soient la date de leur départ et la durée de leur séjour en Cochinchine.

Ils devront, en outre, être munis d'un passeport qui leur sera délivré dans l'intérieur par MM. les administrateurs des affaires indigènes, et à Saïgon et à Cholon par les soins des municipalités de ces deux villes, sur la production d'un certificat de l'administrateur ou du percepteur du lieu de leur résidence, constatant qu'ils ne sont redevables d'aucune contribution envers l'État.

A Saïgon, un délégué du commissaire central de police se rendra à bord de tous les navires en partance et surveillera la stricte exécution de cette mesure. Il arrêtera ceux qui voudraient s'y soustraire et les remettra entre les mains de l'autorité judiciaire.

Art. 4. — Seront punis d'une amende de 50 à 150 francs et d'un emprisonnement de un à quinze jours, les immigrants chinois de la 3e catégorie qui chercheront à se soustraire à l'impôt de capitation à l'expiration du délai fixé par l'article 2 du présent arrêté.

Les chefs de congrégations qui, même non sciemment, auront participé d'une manière quelconque à la fraude désignée ci-dessus, seront responsables solidairement du paiement de l'amende prononcée.

Art. 5. — Seront punis d'une amende de 100 à 500 francs et d'un emprisonnement de cinq jours à un mois, ceux qui chercheraient à quitter la colonie sans avoir satisfait aux obligations qui leur sont imposées par l'article 3 du présent arrêté.

Art. 6. — Le présent arrêté est applicable à tous les Asiatiques et Africains non sujets français, quelle que soit la nationalité à laquelle ils appartiennent.

Art. 7. — Sont maintenues toutes les dispositions de l'arrêté du 5 octobre 1871, qui ne sont pas contraires au présent arrêté.

DUPRÉ.

(2 juin 1874)

A. G. *Les immigrants liés par un contrat d'engagement seront exempts de l'impôt de capitation pendant les quatre premières années de leur séjour dans la colonie.*

BAT. II. p. 13.
B. C. p. 191.

(13 juin 1874)

CIRC. D. I. *Notification de deux arrêtés et notamment de celui du 2 juin 1874 relatif aux immigrants liés par un contrat d'engagement.*

BAT. II, p. 13.
B. D. I. p. 32.

. . . .

. . . .

Le second porte que tous les immigrants débarquant en Cochinchine, liés par un contrat d'engagement pour être employés comme travailleurs dans des exploitations agricoles, autres que celles ayant pour objet des cultures maraîchères, seront exempts de l'impôt de capitation pendant les quatre premières années de leur séjour dans la colonie, et qu'à l'expiration de ce délai, ils ne paieront qu'une capitation annuelle de *dix francs*.

Les dispositions du second de ces arrêtés pouvant donner lieu à des interprétations différentes, j'ai cru devoir vous faire connaître le but que s'est proposé l'Administration en édictant cette mesure, afin que vous puissiez, le cas échéant, en faire l'application.

En exemptant de l'impôt de capitation, pendant les quatre premières années de leur séjour dans la colonie, les travailleurs arrivant par groupes d'au moins vingt, liés par un contrat d'engagement au même engagiste, pour être employés dans la même exploitation agricole, l'Administration a voulu encourager les grandes cultures, en assurant un avantage réel au planteur qui, aux termes du titre IV de l'arrêté du 5 octobre 1871, est responsable du paiement de l'impôt de capitation de ses travailleurs. Cet avantage lui est continué à l'expiration des quatre premières années de son installation, par suite de la réduction à *dix francs* de l'impôt dû par ses travailleurs.

Cette mesure ne doit donc pas profiter au travailleur lui-même, pris isolément, mais bien à son engagiste. Ainsi, celui-ci aura la faculté de faire venir et d'employer pendant quatre ans, sur sa concession, un groupe d'au moins vingt travailleurs, pour lesquels il n'aura pas d'impôt de capitation à payer; mais, à l'expiration de ce délai, il sera responsable du paiement de l'impôt de capitation de *dix francs* dû par chacun des travailleurs qu'il aura sur sa concession à cette époque, *quels qu'en soient le nombre et la provenance.*

En effet, en imposant au planteur l'obligation d'avoir sur sa concession un chiffre minimum d'au moins vingt travailleurs, pour profiter de la mesure bienveillante édictée par cet arrêté, l'Administration a voulu lui laisser la faculté d'augmenter ce nombre selon ses besoins, soit en faisant venir du dehors de nouveaux travailleurs, soit en les recrutant dans la colonie; et c'est par suite de l'usage qu'il fera de cette faculté, pendant les quatre premières années de son installation, que le planteur pourra avoir, à l'expiration de ce délai, un nombre de travailleurs bien supérieur à celui avec lequel il aura commencé son exploitation.

PIQUET.

(24 novembre 1874)

A. G. *créant à Saïgon un bureau d'immigration et déterminant les mesures de police générale auxquelles sont soumis les immigrants et émigrants (art. 2, 8 et 10).*

BAT. II, p. 15.
B. C. p. 403.

(25 février 1875)

CIRC. D. I. *Le droit de capitation n'est dû que par les résidents seuls. — Les immigrants n'ont rien à payer dans l'intérieur pendant l'année de leur arrivée.*

BAT. II. p. 17.
B. D. I. p. 17.

Divers chefs de congrégations se sont plaints de ce que plusieurs d'entre vous voulaient exiger des immigrants le droit de capitation de 25 francs.

Il ressort clairement, du texte et de l'esprit de l'arrêté du 24 novembre 1874, que le droit de capitation n'est dû que par les résidents seuls, et que les immigrants n'ont rien à payer dans l'intérieur pendant l'année de leur arrivée dans la colonie, puisqu'ils ont déjà acquitté au bureau de l'immigration le droit d'entrée de 11 fr. 10 cent. fixé par ledit arrêté, — le droit de capitation n'étant dû, pour eux, que le 1er janvier de l'année qui suit celle de leur arrivée en Cochinchine.

. . . .

PIQUET.

(18 mai 1875)

CIRC. D. I. *Extension aux infirmes et aux vieillards âgés de 60 ans et au-dessus des dispositions bienveillantes de l'article 10 de l'arrêté du 24 novembre 1874. (Exemption de tous droits* *d'entrée et de séjour dans la colonie.)* — *La limite d'âge au dessous de laquelle les enfants seront exempts de ces droits est fixé à 15 ans.*

BAT. II, p. 19.
B. D. I. p. 50.

L'article 10 de l'arrêté du 24 novembre 1874 édicte que les immigrants du sexe féminin et les enfants au-dessous de l'âge de dix ans sont exempts de tous droits d'entrée et de séjour dans la colonie, où ils peuvent circuler librement sur un simple laisser-passer délivré par les administrateurs des affaires indigènes.

Quelques-uns d'entre vous m'ont proposé d'étendre cette mesure bienveillante aux *infirmes* et *aux vieillards âgés de soixante ans et au dessus,* et de porter à *quinze ans* la limite d'âge au-dessous de laquelle les enfants seront exempts de ces droits.

Ces propositions ayant surtout pour but de donner satisfaction à une question d'humanité, j'ai l'honneur de vous faire connaître que je leur donne mon approbation, et je vous prie de vouloir bien, le cas échéant, les appliquer dans votre arrondissement.

(11 septembre 1876)

A. G. *régularisant la situation des Tagals résidant en Cochinchine* (1).

B. C. p. 227.

(11 mars 1880)

CIRC. D. I. *au sujet de l'établissement des contrôles des Étrangers soumis à l'impôt de capitation.*

B. D. I. p. 26.

La vérification des rôles de l'impôt de capitation de l'année courante a fait constater des différences considérables entre l'effectif de ces états et celui des matricules générales de l'immigration.

Ces différences doivent être attribuées à diverses irrégularités qu'il importe de faire disparaître le plus tôt possible. L'inscription des mutations ne se faisant pas toujours au fur et à mesure qu'elles se produisent, des individus, décédés, ou partis pour Chine ayant changé de résidence après déclaration, ont été portés comme disparus ; des enfants, des vieillards ou autres exempts d'impôt, ont été compris sur les rôles ; enfin, malgré les recommandations précédemment faites, notamment par la circulaire du 6 octobre 1877, les registres ont été renouvelés sans nécessité dans plusieurs arrondissements, et de nouveaux numéros ayant été donnés aux contribuables, il en résulte que l'immigration, qui n'a pas reçu le double de ces contrôles, ne peut enregistrer les mutations qui lui parviennent, par suite de l'impossibilité de savoir à qui elles s'appliquent.

Pour remédier à cet état de choses et sortir une bonne fois de cette situation, j'ai l'honneur de vous prier de faire établir et m'envoyer, le plus tôt possible, un contrôle des Étrangers soumis à l'impôt de capitation existant à la date du 1er janvier 1880, en y comprenant nécessairement les immigrants débarqués à Saïgon antérieurement à cette date, bien qu'inscrits postérieurement dans votre inspection.

Afin d'éviter le retour des confusions qui se sont produites dans l'établissement des rôles, vous ferez faire deux contrôles : l'un pour les *imposés,* l'autre pour les *exempts d'impôt.*

Le contrôle des imposés sera établi, conformément aux prescriptions de la circulaire du 25 octobre 1875, par congrégations, en commençant par *un,* dans chacune d'elles, la série d'inscription, et continuant ainsi, sans interruption, jusqu'au renouvellement du registre. Les numéros anciens devront toujours être reproduits à côté des nouveaux.

Les exempts d'impôt seront également inscrits, par congrégation et par catégorie, sur un registre spécial comprenant :

Les chefs de congrégation ; les vieillards ; les infirmes ; les femmes ; les filles ; les garçons au-dessus de 10 ans et au-dessous de 15 ; les travailleurs engagés par contrat pour une exploitation agricole ; les sujets des nations européennes représentées par un consul à Saïgon (pourvu qu'ils

(1) Les Tagals qui se sont fait inscrire au consulat d'Espagne sont considérés comme Étrangers non Asiatiques pour l'impôt et le statut personnel.

soient inscrits à leur consulat) ; les individus embarqués à divers titres sur les bâtiments de l'État, et ceux qui seraient dispensés de l'impôt à titre exceptionnel.

Il est très important que ces contrôles, une fois établis, ne soient pas renouvelés *sans mon autorisation spéciale*. Les individus qui y figureront devront toujours conserver le même numéro tant que les mêmes contrôles seront maintenus. Les cases de ceux qui seront rayés par suite de mutations régulières devront rester vides et leurs numéros ne devront être donnés à personne. Tout individu rayé définitivement, qui revient de son ancienne résidence, prend le numéro à la suite du dernier inscrit de la congrégation à laquelle il appartient.

Après l'établissement des contrôles dont il s'agit, vous voudrez bien faire parvenir au bureau de l'immigration, en même temps que les états mensuls de mutations, les numéros et les noms des individus qui, ayant atteint 60 ans, passent du contrôle *des imposés* au contrôle des exempts d'impôt, ainsi que les numéros et les noms des jeunes gens qui, ayant atteint 15 ans révolus, font la mutation contraire.

Par exception aux prescriptions de la circulaire du 17 avril 1876, lorsque vous aurez délivré un passeport à un individu de la 3e catégorie, vous attendrez pour le rayer d'avoir reçu du bureau de l'immigration l'avis du départ de l'émigrant, puis vous renverrez cette feuille d'avis au bureau expéditeur, avec la carte de l'intéressé.

S'il revient et désire retourner dans votre arrondissement, sa carte vous sera renvoyée pour lui être remise en échange de son passeport. Vous lui donnerez le numéro à la suite du dernier inscrit de sa congrégation, en mentionnant sur vos contrôles son ancien numéro à côté du nouveau.

S'il désire se fixer ailleurs, sa carte sera adressée à l'Administrateur de sa nouvelle résidence, lequel l'inscrira à la suite de sa congrégation comme il est dit ci-dessus.

Vous conserverez, comme par le passé, les cartes des individus de la 1re et de la 2e catégorie établis dans votre arrondissement. Leur nombre étant relativement restreint, vous vous bornerez à inscrire leur départ dans la colonne à ce destinée, sans les rayer ; ils reprendront leur ancien numéro lors de leur retour. A l'expiration de la durée de leur passeport, c'est-à-dire au bout d'un an, s'ils ne sont pas rentrés, vous les rayerez définitivement et adresserez leur carte à l'immigration avec un avis de mutation.

En terminant, je vous recommande instamment, Monsieur l'Administrateur, de veiller à la tenue des contrôles et à l'envoi régulier à l'immigration, au commencement de chaque mois, des situations des cartes de séjour ainsi que des mutations (*inscrits et rayés*) qui se seront produites dans le mois précédent. Les cartes des décédés, les laisser-passer ou autres pièces à l'appui de ces mutations, doivent toujours accompagner ces états.

Lorsque le travail que je vous demande sera terminé, il ne sera plus possible, s'il est tenu compte de mes recommandations, de constater entre les chiffres accusés par les inspections et ceux du bureau qui centralise les écritures, des différences telles que celles qui existent depuis plusieurs années.

NOUET.

(26 avril 1882)

CIRC. D. I. *au sujet des Asiatiques non indgiènes exemptés de l'impôt de capitation.*

B. D. I. p. 18.

La circulaire du 18 mai 1875 dispose que les Asiatiques non indigènes, âgés de moins de 15 ans et de 60 et plus, seront exempts d'impôt de capitation. Je n'ignore pas qu'il est difficile de déterminer exactement l'âge de ces individus, mais il est cepedant une limite où le doute n'est plus possible. Aussi est-il indispensable de ne pas toujours s'en tenir aux déclarations des chefs de congrégations, et de se faire présenter les prétendus enfants de 14 ans et les prétendus vieillards de 60 ans au moment du renouvellement des cartes annuelles. Cette mesure, mise en pratique au bureau de l'immigration, a donné les meilleurs résultats. Depuis le 1er janvier, un grand nombre d'individus, porteurs de laisser-passer, ont été astreints à la carte, tout en laissant une large part d'exemptions en faveur des sujets douteux.

Je vous recommande donc de faire appeler sans retard, à votre bureau, les Asiatiques de la catégorie indiquée ci-dessus qui ne vous auraient pas été présentés, et d'astreindre immédiatement à la carte ceux qui auraient été exemptés à tort.

BÉLIARD.

(23 janvier 1885)

A. G. *réglementant sur de nouvelles bases l'immigration des Asiatiques étrangers* (1).

B. C., p. 27.

(29 janvier 1885)

CIRC. D. I. *Instruction au sujet de la mise en vigueur de l'arrêté du 23 janvier 1885 sur l'immigration asiatique* (2).

B. D. I. p. 5.

(22 décembre 1885)

A. G. *augmentant l'impôt de capitation des Asiatiques étrangers d'une contribution additionnelle.*

B. C. p. 454.

Article premier. — L'impôt de capitation des Asiatiques étrangers sera grevé, à dater du 1er janvier 1886, d'une contribution additionnelle fixée comme suit :

Pour chaque cote de 1re catégorie, taxe additionnelle : 5 piastres.

Pour chaque cote de 2e catégorie, taxe additionnelle : 2 piastres.

Pour chaque cote de 3e catégorie, taxe additionnelle : 50 cents.

Ces taxes seront perçues en même temps et de la même manière que le principal des contributions auxquelles elles s'ajoutent.

BÉGIN.

(22 juin 1888)

CIRC. L. G. *au sujet des changements de résidence des Asiatiques soumis à l'impôt de capitation. — Formalités à remplir. — Tout Asiatique sera libre de payer sa capitation dans l'arrondissement où il se trouve au moment où cet impôt sera exigé.*

J. C. p. 578.

Aux termes de l'article 14 de l'arrêté du 23 janvier 1885, quand un Asiatique soumis à l'impôt de capitation, après avoir quitté momentanément l'arrondissement où il était inscrit, désire rendre définitif son changement de résidence, il doit en faire la déclaration au fonctionnaire compétent, qui demande au lieu d'origine la carte déposée au moment du départ.

Contrairement à ces prescriptions, de nouvelles cartes ont été parfois délivrées sur la simple demande des chefs de congrégation à des Chinois déjà inscrits dans un autre chef-lieu. Ces individus ne cessèrent d'ailleurs pas de figurer sur les contrôles de leur ancienne résidence, qui n'eut connaissance de leur mutation qu'au moment où les chefs de congrégation demandèrent le dégrèvement de l'impôt de tels et tels de leurs congréganistes inscrits, disent-ils, dans d'autres arrondissements.

Les inconvénients qu'engendre cette manière de procéder ne peuvent vous échapper, et je ne saurais vous rappeler avec trop d'insistance à l'exécution du règlement.

(1) V. Émigration et immigration.
(2) V. Émigration et immigration.

Les demandes de changement de résidence sont souvent faites par les intéressés dans le seul but de payer sur place l'impôt de capitation qu'ils devraient verser au lieu où ils ont été inscrits. Il ne semble pas impossible d'affranchir de ce dernier assujettissement les Asiatiques soumis à la carte, et j'ai l'honneur de vous prier de vouloir bien désormais vous conformer aux prescriptions suivantes, qui laissent d'ailleurs subsister dans toute sa force le principe de la responsabité du chef de congrégation.

Tout Asiatique étranger sera libre de payer sa capitation dans l'arrondissement où il se trouve au moment où cet impôt est exigé. Vous lui délivrerez une quittance de la somme versée, et l'Administrateur de l'arrondissement où il est inscrit sera prévenu par vos soins. Ce dernier dégrèvera de pareille somme le chef de la congrégation à laquelle appartient l'intéressé.

L'individu qui voudra user de la faculté de se libérer ainsi, devra se présenter à vous muni de son laisser-passer, sans qu'il ait besoin de se faire accompagner par un chef de congrégation de votre arrondissement, dont l'intervention ne pourrait être qu'onéreuse pour le demandeur et inutile pour l'Administration. Lorsque les délais de paiement seront expirés, les chefs des congrégation resteront, comme par le passé, responsables de l'impôt dû par leurs administrés présents ou non dans votre arrondissement, et par les disparus dont ils n'auraient pas signalé la fuite en temps utile.

Il reste en outre bien entendu que, dans les trois premiers mois de l'année, aucuns passeports ni laisser-passer ne seront accordés avant le paiement de la capitation.

NAVELLE.

(24 juin 1889)

A. G. G. *relatif à l'impôt de capitation des Asiatiques étrangers.*

J. C. p. 670.

Article premier. — A dater du 1er juillet 1889 les Asiatiques étrangers sont placés, au point de vue de l'impôt de capitation, sous l'autorité du Gouvernement français en Annam.

Art. 2. — En dehors des prescriptions contenues dans le présent arrêté, ils restent soumis jusqu'à nouvel ordre aux lois en vigueur en Annam et aux règlements particuliers les concernant édictés par le Gouvernement annamite et sont justiciables des tribunaux indigènes. Cependant le Gouvernement du Protectorat, considérant les Chinois comme étrangers au point de vue politique aussi bien qu'au point de vue administratif, se réserve le droit, en cas de troubles ou de coalition de la part de certains d'entre eux, de provoquer leur expulsion ou leur internement par mesure administrative.

Art. 3. — Ils sont divisés, au point de vue de l'impôt, en trois catégories soumises aux taxes fixées provisoirement de la façon suivante, la contribution des patentes n'existant pas actuellement en Annam :

La première, comprenant les notables commerçants, est imposée à quarante piastres (40 piastres) ; la deuxième, comprenant les négociants moins importants, est imposée à douze piastres (12 piastres) ; dans la troisième catégorie seront compris tous les ouvriers, coolies et petits marchands ambulants ou dont le commerce est sans importance. Ils paieront une capitation de 3 piastres.

Art. 4. — Chaque résident pour sa province est chargé de la répartition des Chinois dans ces trois catégories.

Art. 5. — Tout Chinois arrivant ou résidant en Annam devra faire partie d'une des congrégations établies dans la province qu'il habite.

Les congrégations reconnues sont, comme auparavant, au nombre de quatre : Haï-nam, Canton, Trieu-chau et Phuoc-kien.

Art. 6. — Le régime des congrégations est provincial. Dans les provinces où le nombre des Chinois est considérable, ils pourront être répartis en plusieurs congrégations.

Dans celles où le nombre des Chinois est restreint, ils seront tous réunis en une seule comprenant les Chinois de toutes langues.

Art. 7. — Chaque congrégation nommera un chef et, au besoin, un sous-chef, qui seront exempts de l'impôt de capitation. Ces nominations seront soumises à l'approbation du Résident supérieur et du Gouvernement annamite.

Art. 8. — Dans le cas où les membres d'une congrégation refuseraient d'élire un chef ou un sous-chef de congrégation, le résident, après approbation du Résident supérieur, les désignerait d'office.

Art. 9. — La congrégation est pécuniairement responsable dans la personne de son chef et, au besoin, solidairement entre tous ses membres de la totalité des contributions personnelles dues par les congréganistes.

Art. 10. — Le chef de congrégation est l'intermédiaire désigné pour recevoir toute communication de l'administration à la collectivité des individus composant la congrégation. Les chefs ou les sous-chefs de congrégation doivent toujours être à même d'indiquer, au moyen du contrôle nominatif qu'ils sont astreints à tenir, les mouvements survenus parmi les membres de leur congrégation et le nombre exact de ces membres. Ils doivent signaler, au fur et à mesure qu'ils se présentent, les changements de domicile, décès, départs, fuites, etc.

Toute infraction à cette disposition, de même que toute déclaration inexacte, sera punie d'une amende de 2 à 20 piastres, et il pourra être infligé quinze jours de prison en cas de récidive.

Art. 11.— La congrégation peut refuser l'admission des individus dont elle ne veut pas répondre. Dans ce cas, il appartient à l'autorité française de prendre contre ces individus telle mesure administrative qu'elle jugera utile.

Art. 12. — La perception de l'impôt de capitation sera effectuée sur rôles annuels établis par les soins des résidents, avec le concours des autorités annamites et des chefs de congrégation, et soumis à l'approbation du Résident supérieur.

Les droits constatés par ces rôles primitifs devront être rentrés avant le 1er mars de chaque année. Des rôles supplémentaires seront établis mensuellement, s'il y a lieu, pour les inscriptions postérieures au 1er janvier.

Art. 13. — Le paiement de l'impôt sera constaté par des cartes de séjour qui seront délivrées par les résidents aux Asiatiques soumis à la taxe.

Le diem-chi du propriétaire réel de la carte sera apposé sur cette carte par les soins de la résidence ou du chef de congrégation.

Art. 14. — Tout Asiatique étranger résidant en Annam devra être muni d'une carte de séjour qu'il est tenu de présenter à toute réquisition d'un agent de l'autorité sous peine d'une amende de 3 piastres, sans préjudice des poursuites à exercer devant le résident pour l'inscription au rôle s'il n'y figurait pas.

Art. 15. — Les enfants au-dessous de 15 ans, les vieillards au-dessus de 60, les femmes et les infirmes sont exempts de l'impôt de capitation. Il leur sera délivré sans frais des laisser-passer personnels renouvelables dans les deux premiers mois de chaque année.

Art. 16. — Tout Asiatique étranger immigrant en Annam est tenu de faire constater immédiatement son arrivée, et une carte de séjour lui sera délivrée le plus tôt possible contre paiement de la capitation et après son inscription dans une des congrégations de la province.

Si l'arrivée a lieu dans le cours du deuxième semestre, il ne paiera que la demi-taxe.

Il appartient à chaque résident de proposer au Résident supérieur les moyens propres à assurer l'exécution de cette mesure dans sa province.

Art. 17. — Les Chinois ne peuvent quitter le territoire de l'Annam qu'autant qu'ils auront acquitté leur capitation de l'année courante et après déclaration du chef de congrégation. Ce dernier devra, en même temps, remettre la carte du partant à la résidence. En cas de non-déclaration, sauf dans le cas de fuite ou tout autre cas d'impossibilité dûment constaté, l'absent est porté sur le rôle de l'année suivante et la congrégation est tenue d'acquitter le montant de la taxe à laquelle il était soumis.

Art. 18. — En cas de changement définitif de résidence, l'Asiatique soumis à la carte de séjour sera tenu d'en faire la déclaration au résident de la province qu'il habite.

La carte sera retirée et envoyée au résident de la province où il doit fixer son nouveau domicile. Elle sera remplacée par un laisser-passer indiquant le numéro de la carte et valable pendant trois mois. A l'arrivée dans la province qu'il doit habiter, le déclarant devra échanger son laisser-passer contre son ancienne carte, qui portera le nouveau numéro d'inscription à la résidence où il s'établit.

Art. 19. — Tout Asiatique étranger qui, après s'être muni d'une carte de séjour, quittera le pays, ne sera pas tenu de payer un nouveau droit si son retour a lieu la même année.

Art. 20. — Les chefs de congrégation seront tenus d'adresser au résident de la province, le premier jour de chaque mois, un état des mutations survenues dans le mois parmi les Chinois de leur congrégation.

Art. 21. — Tout porteur d'une carte reconnue ne pas lui appartenir sera puni d'une amende de 10 piastres, outre le prix de la carte personnelle de séjour qu'il est tenu de posséder. Le prêteur sera puni de la même peine et la carte prêtée ou achetée sera saisie et annulée.

Art. 22. — Les duplicatas de cartes de séjour, lorsque la demande en sera faite spontanément, donneront droit à la perception d'un nouveau droit entier sans amende.

Toute contravention aux articles 16 et 18 sera punie d'une amende de 2 à 5 piastres.

En cas d'insolvabilité, les délinquants seront contraints par corps et incarcérés pendant une durée qui ne pourra excéder un mois, puis expulsés aux frais de la congrégation.

Les frais de nourriture pendant l'incarcération seront à la charge de la congrégation, qui est libre de provoquer l'expulsion de l'insolvable dès l'arrestation, après avoir payé les contributions dues au trésor.

Art. 23. — La question des Minh-huong est réservée. Provisoirement, dans toutes les provinces où les Minh-huong seront organisés en congrégations, il seront soumis au même régime que les Chinois.

Hué, le 24 juin 1889.

PIQUET

c. PRESTATIONS.

NATURE DES DOCUMENTS	DATES	RECUEILS A CONSULTER Bat.	B. C.	B.D.I	J. C.	J.H.	B. M.	B.Col	OBSERVATIONS
A. G.	4 mai 1884.		85						
Circ. D. I.	25 mars 1884.			30					
Circ. D. I.	5 mars 1886.			6					

(24 mars 1884)

A. G. *fixant la limite d'âge au delà de laquelle les contribuables sont exempts de prestations.*

B. C. p. 85.

Article premier. La limite d'âge au delà de laquelle les contribuables sont exempts de prestations, est fixée à 55 ans.

CHARLES THOMSON.

(25 mai 1884)

CIRC. D. I. *relative au recouvrement des prestations en nature.*

B. D. I. p. 30.

La vérification des pièces de comptabilité régionale m'a amené à reconnaître que le règlement des prestations en nature ne s'effectuait pas de la même façon dans tous les arrondissements ; j'ai appris en outre que cette opération donnait lieu parfois à des contestations entre l'administrateur ordonnateur et le receveur comptable.

Afin de remédier à cet état de choses, j'ai pensé qu'il était nécessaire de vous donner des instructions à ce sujet :

Lorsqu'il y aura lieu de régler des journées de prestations en nature, vous établirez un état conforme au modèle ci-joint, distinct pour chacun des articles 3, 4, 6, 7 et 8 du budget des dépenses. Pour plus de commodité » vous ferez pour chaque article un état par canton. Vous mettrez ensuite le ou les états à l'appui d'un mandat émis au nom de l'agent de payement que vous aurez choisi (le chef de canton, par exemple), avec la rubrique suivante : « Valeur représentative des journées en « nature fournies pour (*exemple*) la construction des chemins de grande communication, suivant « états joints ».

Ledit mandat sera remis au receveur comptable qui, en échange, établira des quittances à souche portant la mention : « Valeur représentative des journées fournies en nature ». Cette recette sera portée, comme toutes les autres, sur son livre récapitulatif ; il l'inscrira dans la colonne : *Chapitre II, paragraphe 2*, qui correspond au même paragraphe du budget des recettes.

Pour ne pas avoir à établir une grande quantité de pièces (mandats, états, etc.), vous ne réglerez pas ces journées au fur et à mesure des services faits, mais seulement et après que toutes les journées auront été fournies.

Il est bien entendu que le receveur comptable devra délivrer une quittance à souche à chacune des parties prenantes portées sur les états de dépense joints aux mandats, afin de pouvoir faire l'émargement aux articles du rôle des prestations. Pour lui, il n'y aura qu'une recette et une dépense fictives, représentées par les quittances à souche qu'il délivrera et par les mandats qu'il recevra.

Tel est, Monsieur l'Administrateur, le mode d'opérer qui me paraît le plus simple et le plus conforme aux règlements financiers.

J'ai l'honneur de vous prier de m'accuser réception de cette circulaire, dont je vous adresse un second exemplaire pour le receveur comptable de votre arrondissement.

NOUET.

(5 mars 1886)

CIRC. D. I. *rappelant que le nombre de journées à fournir par les prestataires est de 5 dont 3 journées de grande vicinalité et 2 de petite.*

B. D. I. p. 6.

Dans la séance du 19 janvier dernier MM. les conseillers annamites ont émis un vœu tendant à ce que, dans chaque arrondissement, les habitants ne soient astreints qu'aux prestations réglementaires.

A ce sujet je dois vous rappeler que le nombre de journées à fournir par les prestataires est de 5, dont 3 journées de grande vicinalité et 2 de petite.

En appelant votre attention sur ce point, j'ai l'honneur de vous informer que j'attache une grande importance à ce que ce chiffre ne soit pas dépassé.

NOUET.

d. CORVÉES

NATURE DES DOCUMENTS	DATES	RECUEILS A CONSULTER							OBSERVATIONS
		Bat.	B. C.	B. D. I	J. C.	J. H	B. M.	BCol	
A. G.	19 novembre 1864.	II-41	153						
A. G.	17 juillet 1871.	II-42	240						
D. G.	18 novembre 1871.	II-42	383						
Circ. D. I.	5 mars 1872.	II-42		26					
A. G.	18 août 1874.	II-41							
Dép. M.	20 novembre 1874.	II-41							
Circ. D. I.	10 novembre 1875.	II-42		102					
A. G.	9 septembre 1878.	II-43	352						
D. présid.	10 mai 1881.		244						
Dép. M.	27 mai 1881.								

(19 novembre 1864)

A. G. *Durée et valeur des corvées exigibles des villages. — Leur rachat.*

BAT. II. p. 41.
B. C. p. 153.

(17 juillet 1871)

A. G. *Fixation du nombre des corvées à racheter par chaque inscrit et du prix de rachat dans les diverses inspections* (1).

BAT. II, p. 42.
B. C. p. 240.

(18 novembre 1871)

D. G. *Modifications apportées à l'article 2 de l'arrêté du 17 juillet 1871 relativement au prix de rachat des corvées.*

BAT. II. p. 42.
B. C. p. 383.

(5 mars 1872)

CIRC. D. I. *coucernant le rachat des corvées. On devra s'abstenir de reqérir une seule corvée en nature.*

BAT. II. p. 42.
B. D. I. p. 26.

(18 août 1874)

A. G. *Les maires des villages seront exempts de l'impôt des corvées* (2).

BAT. II. p. 41.

(20 novembre 1874)

DÉP. M. *au sujet de l'exemption de l'impôt personnel et des corvées en faveur des maires des villages. — Il eut été préférable d'allouer aux maires une indemnité annuelle payable par douxième.*

BAT. II. p. 41.

(10 novembre 1875)

CIRC. D. I. *Interprétation de l'arrêté local du 17 juillet 1871 concernant le rachat des corvées.*

BAT. II. p. 42.
B. D. I. p. 102.

(1) V. D. G. 18 nov. 1871, Circ. D. I. 10 nov. 1875. A. G. 9 sept. 1878.
(2) V. Dép. M. 20 nov. 1874.

(9 septembre 1878)

A. G. *diminuant le nombre de corvées à racheter ; — Prix du rachat.*

(App. dép. M. 26 nov. 1875).
BAT. II. p. 43.
B. C. p. 352.

(10 mai 1881)

DÉCR. PRÉSIDENTIELLE. *Suppression de la corvée.*

B. C. p. 244.

De toutes les charges publiques, la plus onéreuse est sans contredit la corvée : elle oblige l'ouvrier à quitter sa famille et ses intérêts, elle constitue une entrave au développement de l'agriculture. En Cochinchine, cet impôt revêt un caractère odieux ; par suite de lorganisation sociale du village, le pauvre seul y est astreint ; mal nourri, couchant en plein air, travaillant dans le marais, le corvéable subit de véritables souffrances, et presque toujours une épidémie de choléra force l'Administration à licencier les chantiers.

Au point de vue de la tranquillité, les inconvénients de ces grandes agglomérations d'hommes ne sont pas moins graves : les fauteurs de désordre trouvent à recruter leurs bandes de pillards parmi les ouvriers mécontents, et on a remarqué qu'une tentative de rébellion suivait presquetoujours la réunion des grandes corvées.

Depuis deux années, l'Administration a renoncé à la convoquer ; les travaux publics sont exécutés par adjudication, avec l'emploi de l'outillage moderne ; seule, la vicinalité fluviale et terrestre est entretenue, comme en France, par la prestation.

J'ai l'honneur de vous prier de consacrer par une décision présidentielle cette réforme considérable qui, en tout pays, a été le point de départ de l'affranchissement du peuple et de la suppression du servage.

Les Annamites trouveront, dans cette déclaration, un témoignage du sentiment de bienveillance du Gouvernement de la République à leur égard ; ils y verront une preuve nouvelle de notre ferme volonté de les assimiler à notre civilisation, de substituer à la domination le régime du droit et de la liberté.

JULES GRÉVY.

(27 mai 1881)

DÉP. M. *prescrivant la promulgation d'une décision présidentielle en date du 10 mai 1881 relative à la suppression de la corvée en Cochinchine.*

ARCH. GOUV.

Parmi les réformes que M. Le Myre de Vilers m'avait proposé d'introduire dans l'organisation administrative et financière de la Cochinchine, il en est une qui se recommandait à la sollicitude particulière du Département, au point de vue politique comme au point de vue humanitaire. Je veux parler de la suppression de la corvée, impôt justement signalé comme vexatoire, et comme entretenant dans les populations indigènes des sentiments contraires au développement de notre influence.

L'arrivée en France de M. Le Myre de Vilers m'ayant permis de compléter par de nouvelles informations les explications contenues dans le dossier que j'avais reçu de la colonie, je n'ai pas hésité à proposer au Chef de l'État de vouloir bien prononcer l'abolition de la corvée.

Le *Journal officiel* du 12 de ce mois a publié le rapport que j'ai adressé à cet égard à M. le Président de la République et qu'il a bien voulu approuver le 10 mai courant.

J'ai l'honneur de vous adresser une ampliation de cette décision présidentielle : je vous prie de la promulguer sans retard et d'en assurer l'exécution.

CLOUÉ.

IV. CENTIÈMES ADDITIONNELS (1). — *a.* ARRONDISSEMENTS. — *b.* MUNICIPALITÉS.

a. ARRONDISSEMENTS.

NATURE DES DOCUMENTS	DATES	RECUEILS A CONSULTER Bat.	B. O.	B. D. I	J. C.	J. H.	B. M.	B. Col	OBSERVATIONS
A. G.	28 décembre 1882.				1883 2				(1) Les centièmes additionnels ne doivent être calculés que sur 0 p. 40 (Circ. D. I. 11 février 1886, V. Service Régional). Le nombre des centièmes additionnels est fixé annuellement par le Gouverneur, sur le vote du Conseil colonial (art. 30 § 1, A. G. 12 mai 1882, Organique des Conseils d'arrondissement. — V. Service Régional.
A. G.	9 février 1884.				229				
A. G.	30 décembre 1886.				1887 53				

(28 décembre 1882)

A. G. *fixant le nombre des centièmes additionnels au principal de divers impôts directs que les arrondissements sont autorisés à percevoir.*

J. C. p. 2.

Les arrondissements énumérés ci-après sont autorisés à percevoir, en 1883, le nombre de centièmes additionnels au principal des rôles de l'exercice, repris au tableau suivant :

ARRONDISSEMENTS	NOMBRE DE CENTIÈMES ADDITIONNELS AU PRINCIPAL DE L'IMPOT						OBSERVATIONS
	Personnel.	Foncier.	Foncier des centres.	Des barques	Des patentes	De capitation des asiatiques étrangers.	
Baria	»	»	»	15	»	»	
Bentré	3	3	»	3	3	»	
Bienhoa	»	»	»	»	1	»	
Cholon	5	5	»	5	5	»	
Gocong	3	3	»	3	3	»	
Longxuyen	4	4	»	4	4	4	
Rachgia	»	2	»	2	2	»	
Sadec	5	5	»	5	5	»	
Saïgon	15	15	15	15	15	»	
Soctrang	2	2	5	2	2	»	
Tanan	5	5	»	5	5	»	
Thu-dau-mot	5	5	»	5	5	5	
Travinh	10	10 (A)	»	»	»	»	
Vinhlong	6	Rizières 6 Cultures 3	6	4	10	»	(A) Vote du conseil d'arrondissement réservé.
20e	10	»	»	10	»	»	

LE MYRE DE VILERS.

(9 février 1884)

A. G. *fixant le nombre des centièmes additionnels au principal de divers impôts directs que les arrondissements sont autorisés à percevoir.*

J. C. p. 229.

Les arrondissements énumérés ci-après sont autorisés à percevoir, en 1884, le nombre de centièmes additionnels au principal des rôles de l'exercice, repris au tableau suivant :

ARRONDISSEMENTS	NOMBRE DE CENTIÈMES ADDITIONNELS AU PRINCIPAL DE L'IMPOT					
	Personnel.	Foncier.	Foncier des centres.	Des barques.	Des patentes.	De capitation des Asiatiques étrangers.
Baclieu	»	10	10	10	10	10
Baria	»	»	»	10	5	»
Bentré	5	5	»	5	5	5
Bienhoa	»	»	»	2	»	»
Cholon	5	15	»	5	5	5
Gocong	5	3	»	3	3	»
Longxuyen	4	4	»	4	4	4
Rachgia	4	2	»	2	2	»
Sadec	5	5	»	5	5	»
Saïgon	15	15	15	15	15	15
Soctrang	2	2	5	2	2	»
Tanan	5	5	»	5	5	»
Tayninh	»	20	»	»	»	»
Thu-dau-mot	5	5	»	5	5	5
Travinh	10	10	»	»	»	»
Vinhlong	6	Riz. 6 Cult. 4	6	4	10	»
20e arrondissement	10	»	»	10	»	»

Charles Thomson.

(30 décembre 1886)

A. G. *autorisant divers arrondissements à percevoir en 1887 des centièmes additionnels au principal des rôles et fixant leur quotité.*

J. C. (1887). p. 53

Article premier. — Les arrondissements énumérés ci-après sont autorisés à percevoir en 1887, le nombre des centièmes additionnels au principal des rôles de l'exercice indiqué au tableau suivant, savoir :

ARRONDISSEMENTS	NOMBRE DE CENTIÈMES ADDITIONNELS AU PRINCIPAL DE L'IMPOT			
	Personnel.	Foncier.	Patentes.	Capitation.
Baria	5	10	»	»
Bienhoa	1	2	1 1/2	1
Cantho	»	2 1/2	»	»
Chaudoc	»	5	»	»

Art. 2. — Le Directeur de l'Intérieur est chargé de l'exécution du présent arrêté, qui devra être notifié partout où besoin sera.

Filippini.

b. MUNICIPALITÉS.

NATURE DES DOCUMENTS	DATES	RECUEILS A CONSULTER							OBSERVATIONS
		Bat.	B. C.	B.D.I	J.C.	J.H.	B. M.	B.Col	
A. G.	23 février 1880.		66						
A. G.	26 décembre 1881.		536						
A. G.	29 janvier 1883.		71						
A. G.	22 janvier 1884.								
A. G.	12 janvier 1885.		13		126				
A. G.	30 janvier 1886.		52		261				
A. G.	2 février 1887.				185				
A. G.	2 février 1887.				186				
A. L. G.	22 novembre 1887.		829		1106				
A. L. G.	23 janvier 1888.				103				
A. L. G.	16 octobre 1889.				991				

(23 février 1880)

A. G. *autorisant la ville de Cholon à percevoir dix centièmes additionnels sur le produit de l'impôt des barques et des patentes* (1).

B. C. p. 66.

Article unique.— La ville de Cholon est autorisée à percevoir dix centièmes additionnels sur le produit de l'impôt foncier, de l'impôt des barques et des patentes.

LE MYRE DE VILERS.

(26 décembre 1881)

A. G. *autorisant la ville de Cholon à percevoir 13 centièmes additionnels sur le produit de divers impôts (foncier, barques et patentes)* (2).

B. C. p. 536.

Article premier. — La ville de Cholon est autorisée à percevoir, à partir du 1er janvier 1882, treize centièmes additionnels sur le produit de l'impôt des barques et des patentes.

LE MYRE DE VILERS.

(29 janvier 1883)

A. G. *fixant à nouveau diverses taxes municipales et autorisant la ville de Cholon à percevoir quinze centièmes additionnels en 1883 sur le produit de l'impôt foncier des centres et des villages, de l'impôt des barques et de la contribution des patentes assis dans les limites de la ville (art. 2)* (3).

B. C. p. 71.

Article premier. — . . . .
. . . .

Art. 2. — La ville de Cholon est autorisée à percevoir en 1883, sur le produit de l'impôt foncier des centres et des villages, de l'impôt des barques et de la contribution des patentes assis dans les limites de la ville, quinze centièmes additionnels, dont cinq centièmes à titre de contribution ordinaire et dix centièmes à titre de contribution extraordinaire.

CHARLES THOMSON.

(22 janvier 1884)

A. G. *autorisant la ville de Cholon à percevoir en 1884, quinze centièmes additionnels sur le produit de l'impôt foncier des centres et des villages, de l'impôt des barques, et de la contribution des patentes assis dans les limites de la ville.*

ARCH. 3e B.

(1) V. A. G. 26 décembre 1881.
(2) V. A. G. 29 janvier 1883 (art. 2).
(3) V. *infrà*, A. G. 12 janvier 1885.

(12 janvier 1885).

A. G. *autorisant la ville de Cholon à percevoir en 1885 quinze centièmes additionnels sur le produit de l'impôt foncier des centres et des villages, de l'impôt des barques et de la contribution des patentes assis dans les limites de la ville.*

B. C. p. 13.
J. C. p. 126.

Article premier. — La ville de Cholon est autorisée à percevoir en 1885, sur le produit de l'impôt foncier des centres et des villages, des barques et de la contribution des patentes assis dans les limites de la ville, quinze centièmes additionnels, dont cinq centièmes à titre de contribution ordinaire et dix centièmes à titre de contribution extraordinaire.

CHARLES THOMSON.

(30 janvier 1886)

A. G. *autorisant la ville de Cholon à percevoir en 1886 dix centièmes additionnels sur le produit de l'impôt foncier des centres et des villages, de l'impôt des barques et de la contribution des patentes, assis dans les limites de la ville.*

B. C. p. 52.
J. C. p. 261.

Article premier. — La ville de Cholon est autorisée à percevoir en 1886, sur le produit de l'impôt foncier des centres et des villages, de l'impôt des barques et de la contribution des patentes, assis dans les limites de la ville, dix centièmes additionnels, dont cinq centièmes à titre de contribution ordinaire, et cinq centièmes à titre de contribution extraordinaire.

BÉGIN.

(2 février 1887)

A. G. *autorisant la ville de Saïgon à percevoir en 1887 vingt centièmes additionnels sur le produit de l'impôt de capitation des Asiatiques étrangers habitant dans les limites de la ville.*

J. C. p. 185.

Article premier. — La ville de Saïgon est autorisée à percevoir, en 1887, sur le produit de l'impôt de capitation des Asiatiques étrangers habitant dans les limites de la ville, vingt centièmes additionnels, dont cinq centièmes à titre de contribution ordinaire et 15 centièmes à titre de contribution extraordinaire.

FILIPPINI.

(2 février 1887)

A. G. *autorisant la ville de Cholon à percevoir en 1887 dix centièmes additionnels sur le produit de l'impôt foncier des centres et des villages, de l'impôt des barques et de la contribution des patentes assis dans les limites de la ville.*

J. C. p. 186.

Article premier. — La ville de Cholon est autorisée à percevoir en 1887, sur le produit de l'impôt foncier des centres et des villages, de l'impôt des barques et de contribution des patentes, assis dans les limites de la ville, dix centièmes additionnels, dont cinq centièmes à titre de contribution ordinaire et cinq centièmes à titre de contribution extraordinaire.

FILIPPINI.

(22 novembre 1887)

A. L. G. *autorisant la ville de Cholon à percevoir en 1888 cinq centièmes additionnels ordinaires sur les produits de l'impôt de capitation des Asiatiques étrangers et de l'impôt personnel des Annamites habitant la ville.*

B. C. p. 829.
J. C. p. 1106.

Article premier. — La ville de Cholon est autorisée à percevoir en 1888, cinq centièmes additionnels ordinaires sur les produits de l'impôt de capitation des Asiatiques étrangers et de l'impôt personnel des Annamites habitant la ville.

PIQUET.

(23 janvier 1888)

A. L. G. *autorisant la ville de Cholon à percevoir en 1888 sur le produit de l'impôt foncier des centres et des villages de l'impôt des barques et de la contribution des patentes, cinq centièmes additionnels à titre de contribution ordinaire.*

J. C. p. 103.

Article premier. — La ville de Cholon est autorisée à percevoir en 1888, sur le produit de l'impôt foncier des centres et des villages, de l'impôt des barques et de la contribution des patentes assis dans les limites de la ville, cinq centièmes additionnels à titre de contribution ordinaire.

(16 octobre 1889)

A. L. G. *autorisant la ville de Cholon à percevoir en 1890, à titre de contribution ordinaire, cinq centièmes additionnels sur le produit de l'impôt foncier des centres, de l'impôt personnel des Indigènes, de l'impôt de capitation des Asiatiques étrangers et des impôts des patentes et des barques assis sur son territoire.*

J. C. p. 991.

IMPOTS DES BARQUES

V. *Barques et jonques.*

IMPOTS. — CONTRIBUTION DES PATENTES

V. *Patentes.*

IMPRESSION ET IMPRIMÉS

NATURE DES DOCUMENTS	DATES	RECUEILS A CONSULTER							OBSERVATIONS
		Bat.	B. C.	B. D. I.	J. C.	J. H.	B. M.	B. Col	
Circ. M.	26 août 1869.						123		
D. G.	13 août 1870.	II-46	229						
A. G.	11 septembre 1873.	I-82	306						
D. G.	13 octobre 1873.	II-625	370						
Dép. M.	14 novembre 1873.								
D. G.	15 décembre 1873.	II-46							
Circ. M.	8 septembre 1875.						260		
Dép. M.	3 décembre 1879.	II-51							
Circ. D. I.	24 février 1880.			20					
Circ. D. I.	10 mars 1880.			25					
Circ. D. I.	7 juin 1882.			26					
Circ. D. I.	27 novembre 1882.			72					
Dép. M.	28 février 1883.								
D. G.	4 août 1883.		328						
Dép. M.	8 novembre 1883.		427						
D. G.	12 décembre 1883.		445						
Circ. M.	24 mars 1884.		133						
Circ. M.	2 septembre 1884.						427		
Circ. D. I.	18 octobre 1884.			45					
Circ. D. I.	27 novembre 1885.			72					
Dép. M.	20 janvier 1886.		15						
Circ. M.	23 février 1887.						85		

(26 août 1869)

CIRC. M. *Centralisation du service des imprimés dans chaque colonie entre les mains du commissaire aux approvisionnements.*

B. M. p. 123.

(13 août 1870)

D. G. *La demande des imprimés présumés nécessaires pendant l'année suivante devra être parvenue à la Direction de l'Intérieur le 1er septembre de chaque année.*

BAT. II. p. 46.
B. C. p. 229.

A l'avenir, les chefs d'administration et de service feront parvenir, le 1er septembre de chaque année, à M. le Directeur de l'Intérieur, une demande générale des imprimés en usage dans la colonie, qui seront présumés nécessaires pendant l'année suivante.

Si, dans le courant de l'année, des imprimés nouveaux étaient adoptés, ou si un besoin urgent se faisait sentir, les commandes seraient soumises à l'approbation du Gouverneur.

DE CORNULIER-LUCINIÈRE.

(11 septembre 1873)

A. G. *Établissement des demandes d'imprimés et dont la fourniture a lieu au compte du budget de la marine. — Application de ces dispositions aux demandes concernant les imprimés spéciaux au service colonial.*

BAT. I. p. 82.
B. C. p. 306.

Article premier. — Toutes les demandes d'imprimés nécessaires aux services de la colonie, et dont la fourniture a lieu au compte du budget de la marine, devront être désormais établies au mois de juin de chaque année et transmises au commissaire aux approvisionnements, chargé de les centraliser et d'en dresser à son tour la demande générale destinée au Département.

Art. 2. — Ces demandes, préparées par les chefs de service, chacun en ce qui le concerne, comprendront tous les imprimés qui seront jugés nécessaires pour assurer les besoins de l'année suivante, et seront calculées autant que possible sur la consommation moyenne des trois dernières années.

Art. 3. — Les dispositions qui précèdent seront également appliquées aux demandes concernant les imprimés spéciaux *au Service colonial* . . . .
. . . .

Ces nouvelles demandes devront en conséquence être transmises, après visa du chef du service administratif, au commissaire aux approvisionnements, qui restera chargé d'en poursuivre l'exécution auprès de l'imprimerie locale, et d'opérer ensuite la répartition des imprimés entre les services intéressés.

Art. 4. — Toutes dispositions contraires sont et demeurent abrogées.

DUPRÉ.

(13 octobre 1873)

D. G. *Répartition annuelle du crédit budgétaire prévu au titre des frais de bureau (art. 3, § 2, 3).*

BAT. II. p. 625
B. C. p. 370.

(14 novembre 1873)

DÉP. M. *au sujet des travaux d'impressions et de reliures exécutés dans les colonies.*

ARCH. GOUV.

Les travaux d'impressions et de reliures qui sont exécutés dans les colonies reviennent à des prix beaucoup plus élevés que ceux qui s'effectuent en France.

Dans un but d'économie et par suite des réductions apportées dans le crédit précédemment accordé, il est de toute nécessité de limiter ces dépenses au strict nécessaire.

Malgré les recommandations qui ont été faites à plusieurs reprises, ces sortes de dépenses dans les colonies n'ont pas diminué et cela tient sans doute à ce que l'on ne se conforme pas strictement aux dispositions de la circulaire du 26 août 1869, inséré au *Bulletin officiel*, p. 123.

J'ai l'honneur de vous prier de vouloir bien rappeler de nouveau les dispositions de cette circulaire aux fonctionnaires sous vos ordres et de tenir le maire à son exécution.

D'HORNOY.

(15 décembre 1873)

D. G. *Les diverses impressions et reliures exécutées par l'imprimerie nationale de Saïgon seront calculées d'après les bases indiquées au tarif ci-annexé. — Tarif.*

BAT. II. p. 46.

(8 septembre 1875)

CIRC. M. *Nouvelles dispositions concernant les demandes d'imprimés. — Recommandations au sujet des impressions faites, dans les colonies, pour le compte du service marine.*

B. M. p. 260.

(3 décembre 1879)

DÉP. M. *au sujet des fournitures destinées à assurer l'approvisionnement de l'imprimerie locale. — L'imprimerie nationale fournira 1° les approvisionnements nécessaires au service de l'imprimerie et 2° les impressions qui pourront lui être demandées* (1).

BAT. II. p. 51.

(24 février 1880)

CIRC. D. I. *relative à la fourniture de papier à lettres, registres en blanc, etc., nécessaires aux divers services.*

B. D. I. p. 20.

J'ai l'honneur de vous prier de vouloir bien vous adresser, à l'avenir, au commerce pour la fourniture de papier à lettres, registres en blanc, impression d'en-têtes ou feuilles de notes qui pourraient vous être nécessaires, sauf le cas où l'industrie privée ne pourrait satisfaire à vos commandes.

NOUET.

(1). V. imprimerie coloniale de Cochinchine.

(10 mars 1880)

CIRC. D. I. *Demande de modèles d'imprimés pour la préparation d'un bordereau général.*

B. D. I. p. 25.

La fourniture des imprimés réglementaires aux divers services de l'Administration locale, se fait au fur et à mesure des besoins journaliers. Il en résulte pour un même modèle, dans le courant d'une période souvent très courte, une multiplicité de demandes qui, en exigeant la composition très fréquente des mêmes planches, ajoute considérablement aux travaux de l'imprimerie du Gouvernement, déjà si chargée, et aux dépenses du budget.

J'ai besoin, Messieurs, de votre concours pour arriver à l'établissement d'un ordre de choses plus conforme aux véritables intérêts du service et de la colonie.

A cet effet, j'ai l'honneur de vous prier de vouloir bien me faire parvenir, avant le 1er avril prochain, une nomenclature *très complète, par ordre alphabétique,* des imprimés en usage dans vos services respectifs, en l'appuyant *d'une formule de chacun de ces imprimés:*

Ces documents, rapprochés de ceux d'autre provenance et fondus avec eux, permettront la rédaction d'un bordereau général qui présentera :

1° Les modèles communs à plusieurs services ;

2° Les modèles spéciaux à chaque service.

L'usage de ce bordereau, rendu réglementaire, facilitera l'introduction dans cette partie du service de la méthode qui lui fait actuellement défaut.

NOUET.

(7 juin 1882)

CIRC. D. I. *au sujet des livres à envoyer à la reliure.*

B. D. I. p. 26.

Vous n'ignorez pas que le personnel de l'imprimerie, constamment renouvelé et souvent insuffisant pour assurer certaines parties du service, ne peut exécuter les diverses commandes qui lui sont faites qu'à leur tour d'inscription. Actuellement même, il lui est impossible, faute d'agents spéciaux, d'exécuter aucun travail de reliure.

Vous voudrez bien, en conséquence, n'envoyer à l'avenir de livres à la reliure qu'après en avoir préalablement obtenu mon autorisation, en vue d'éviter les frais inutiles occasionnés au budget local par le transport de documents que je serais dans la nécessité de vous faire retourner.

BÉLIARD.

(27 novembre 1882)

CIRC. D. I. *relative aux registres et imprimés délivrés par le 4e bureau de la Direction de l'Intérieur. — Catalogue desdits registres et imprimés.*

B. D. I. p. 72.

J'ai l'honneur de vous adresser ci-joint la liste des registres et imprimés qui pourront vous être délivrés pour vos besoins, ainsi que pour ceux du percepteur de votre arrondissement, par le 4e bureau de la direction de l'Intérieur.

La contexture de certains d'entre eux, concernant les titres de perception ayant subi quelques modifications, tels que :

Extraits du rôle d'impôt foncier des centres, Rôle d'impôt des salines, Extraits de ce rôle, Rôle d'impôt foncier des villages, Rôle d'impôt personnel, Rôle des barques de rivière, Extraits de ce rôle et de celui des barques de mer, Extraits du rôle des patentes.

Je vous serai obligé de vous prémunir à l'avance des quantités que vous jugerez nécessaires pour l'établissement des rôles d'impôt de l'exercice 1883.

D'autres, qui n'existaient pas, ont été mis en usage ou créés ; je vous citerai en première ligne le *livre d'enregistrement des demandes d'emprunts faites par les villages,* qui n'avait pas été employé jusqu'à ce jour dans les inspections. Il y aura lieu d'y inscrire par ordre de date toutes les sommes prêtées qui n'ont pas encore été remboursées. Ce livre vous sera d'une grande utilité pour poursuivre les recouvrements.

Tous les registres autrefois en usage pour le service des domaines (sauf celui destiné à l'enregistrement des titres de la Mission) sont supprimés et remplacés par de nouveaux modèles ; toutefois, les anciens devront être conservés, à titre de renseignement, aussi longtemps qu'il sera nécessaire.

Je n'ai que peu de chose à vous dire au sujet des registres de nouvelle création, dont vous avez vu plus haut la nomenclature. Ma circulaire au sujet de l'application de l'arrêté du 22 août 1882 sur les aliénations, insérée au *Journal officiel* du 27 septembre dernier, vous a déjà fait connaître l'usage du *Registre à souche des concessions gratuites*. Les titres et les intitulés des colonnes des *Registres des aliénations, Acquisitions, Affectations*, et des deux *Registres des baux*, suffisent à vous en faire apprécier l'emploi. Je me bornerai à vous faire remarquer que vous ne devrez y faire figurer que les affaires terminées ; celles en instance ou en instruction seront suivies sur un carnet dont le modèle reste facultatif.

Pour plus de simplicité, vous pourrez vous dispenser d'inscrire au *Registre des aliénations* les concessions gratuites consignées au registre *ad hoc ;* il suffira de les porter mensuellement et en bloc sous la rubrique *Concessions gratuites accordées en exécution de l'article 4 de l'arrêté du 22 août 1882.*

Le *Registre des échéances* est destiné à montrer jour par jour la marche du recouvrement des prix de vente et de location des biens immobiliers du domaine. Sa disposition vous indiquera la méthode qui doit être adoptée pour sa tenue.

Le 4e bureau sera désormais approvisionné de registres pour le service du séquestre (*Sommiers de consistance* et *Registres des comptes courants*), conformes aux modèles prescrits par les instructions. Cependant, ils ne devront être employés qu'après l'épuisement des registres réglementaires, tracés à la main, qui existent actuellement dans quelques inspections.

BÉLIARD.

Catalogue A. B. I. (82 p. 74).

(28 février 1883)

DÉP. M. *Recommandations relatives aux demandes de registres et imprimés. (Extrait).*

ARCH. GOUV.

. . . .

Malgré les recommandations formelles renouvelées notamment par la dépêche du 7 septembre 1882, l'Administration de la Cochinchine persiste à établir ses demandes d'imprimés sans tenir compte des prescriptions contenues dans les circulaires des 26 août 1869 (B. O. p. 123) et 8 septembre 1875 (B. O. p. 260) fréquemment rappelées par le Département. Aussi de nombreuses réductions ont dû être apportées à la demande supplémentaire dont il s'agit. . . . .

. . . .

En ce qui touche la nécessité de baser les demandes de l'espèce sur la moyenne de la consommation des trois dernières années, je crois devoir vous prier de rappeler à la rigoureuse exécution de l'arrêté local de l'un de vos prédécesseurs, en date du 11 septembre 1873.

L'importance actuelle des consommations de registres et d'imprimés impose l'obligation d'apporter la plus stricte économie dans cette partie du service ; je me réfère donc aux dépêches timbrées : service intérieur, en dates des 3 juin et 31 octobre 1878, 14 novembre 1879 et 7 septembre 1882, dans lesquelles sont résumées les observations que motivent généralement les demandes d'imprimés émanant de la Cochinchine.

J'appelle tout particulièrement votre attention sur ces dépêches et je vous prie de donner des ordres sévères pour qu'elles ne soient pas perdues de vue à l'avenir. Il ne vous échappera pas que la mise en oubli des prescriptions ci-dessus rappelées est préjudiciable aux intérêts du trésor et il importe de prévenir le retour des irrégularités si fréquemment signalées à l'Administration de votre colonie.

En terminant, je vous prie également de recommander à qui de droit de faire ressortir dans les demandes à adresser au Département, l'existant en magasin au moment de l'établissement de la demande, et non le chiffre probable au 31 décembre, ainsi que le fait pressentir la lettre du 9 novembre dernier.

L'accusé de réception sommaire devra m'être adressé dès que les modèles et registres annoncés vous seront parvenus.

(4 août 1883)

D. G. *maintenant les dispositions de l'article 3, parahraphe 3, de l'arrêté du 13 octobre 1873, en ce qui concerne les entêtes de lettres, rapports, arrêtés, décisions, etc.*

B. C. p. 328.

Sont maintenues les dispositions de l'article 3, paragraphe 3, de l'arrêté du 13 octobre 1873, en ce qui concerne les entêtes de lettres, rapports, arrêtés, décisions, etc., qui continueront à être imprimés au compte de l'État, la fourniture des papiers de divers formats sur lesquels ces impressions seront portées restant seule à la charge du fonctionnaire qui aura à en faire usage.

Les registres en blanc destinés aux enregistrements de la correspondance, des ordres et décisions, des dépêches ministérielles, etc., en un mot, tous les registres destinés à faire partie intégrante des archives seront également fournis au compte du budget de l'État.

Les frais d'abonnement ne comprendront que les menues fournitures de bureau et les papiers de toute espèce.

CHARLES THOMSON.

(8 novembre 1883)

DÉP. M. *invitant à rapporter l'arrêté du 4 août 1883 qui maintenait les dispositions de l'article 3, paragraphe 3, de l'arrêté du 13 octobre 1873, en ce qui concerne l'impression au compte de l'État des entêtes de lettres, rapports, etc., et la fourniture des registres destinés aux archives.*

B. C. p. 427.

Vous m'avez transmis, avec les observations auxquelles il a donné lieu de la part de l'inspection, l'arrêté du 4 août dernier par lequel vous mettez à la charge de l'État l'impression des entêtes de lettres, rapports, arrêtés, décisions, etc., ainsi que la fourniture de tous les registres destinés à faire partie intégrante des archives.

Les prescriptions de l'article 125 du décret du 1er juin 1875 sont formelles à cet égard, et je ne puis que vous inviter à en assurer l'exécution.

Vous voudrez bien, en conséquence, rapporter l'arrêté du 4 août précité. En ce qui concerne la quotité des indemnités allouées pour frais de bureau, je dois vous faire connaître que je l'ai fixée pour la Cochinchine d'après le taux adopté pour les autres colonies.

Quant aux allocations attribuées au commissaire et à l'agent comptable des hôpitaux, elles devront être réduites à 500 francs pour le premier et à 500 francs pour le second, à compter du 1er janvier prochain.

FAURE.

(12 décembre 1883)

D. G. *rapportant celle du 4 août 1883 qui maintenait les dispositions de l'article 3, paragraphe 3, de l'arrêté du 13 octobre 1873, en ce qui concerne l'impression au compte de l'État des entêtes de lettres, rapports, etc.*

B. C. p. 445.

Article premier. — Est rapportée la décision du 4 août 1883. A compter de ce jour, l'impression des entêtes de lettres, rapports, arrêtés, décisions, etc., ainsi que la fourniture des registres en blanc faisant partie intégrante des archives devront être supportées, sur leurs frais de bureau, par les fonctionnaires qui auront à faire usage usage de ces fournitures de bureau.

Art. 2. — A titre de dispositions transitoires, les commandes en cours d'exécution à la date du 13 décembre, jour de la réception dans la colonie de la dépêche ministérielle, seront supportées par l'État.

CHARLES THOMSON.

(24 mars 1884)

CIRC. M. *portant que les modèles nécessaires à la comptabilité du matériel du service colonial doivent être compris dans les demandes annuelles d'imprimés.*

B. C. p. 133.

En me transmettant, par votre lettre du 15 février dernier, un état de la répartition des registres n° 4,255 à 4,259 dont l'envoi vous a été annoncé par ma dépêche du 14 juin dernier, en vue d'assurer l'application de l'arrêté ministériel du 29 décembre 1882, relatif à la comptabilité du matériel du service colonial, vous m'avez fait connaître que les quantités expédiées étaient suffisantes pour l'année 1884, mais qu'il y aura lieu de renouveler cet approvisionnement pour la comptabilité de l'année 1885.

J'ai l'honneur de vous faire remarquer qu'il convient de faire figurer les modèles dont il s'agit (imprimés et registres) sur les demandes annuelles d'imprimés qui, conformément à la circulaire du 26 août 1869, doivent être établies et transmises de façon à parvenir au Ministère dans le courant du mois de septembre.

Je vous prie de donner des ordres pour que les demandes particulières des divers comptables du service colonial soient adressées en temps utile au commissaire aux approvisionnements de Saïgon, chargé de la centralisation des états de cette nature pour tous les détails de la colonie.

FOURNIER.

(2 septembre 1884)

CIRC. M. *prescrivant aux colonies de pourvoir sur place à l'impression de leurs modèles spéciaux.*

B. M. p. 427.

(18 octobre 1884)

CIRC. D. I. *relative aux registres et feuilles volantes nécessaires à la constatation de l'état civil des Indigènes.*

B. D. I. p. 45.

En prévision de la mise en vigueur, à partir du 1er janvier 1885, du décret du 3 octobre 1883 sur la législation civile annamite, décret promulgué dans la colonie par arrêté du 26 mars 1884 et inséré à l'*Officiel* du 16 avril suivant, l'Administration a fait la commande des registres et feuilles volantes nécessaires à la constatation de l'état civil des Indigènes.

Les nouveaux registres auront 100, 50 et 26 feuillets ; ils coûteront, savoir :

Les registres de 100 feuillets, 75 cents chacun ;

Les registres de 50 feuillets, 10 cents chacun ;

Les registres de 26 feuillets, 25 cents chacun ;

Les feuilles volantes, 7 piastres le mille.

Aux termes de l'article 9 de l'arrêté du 9 juillet 1884 (*Journal officiel*, p. 749), la dépense nécessitée par la confection des registres et des feuilles annexes sera remboursée par les communes.

J'ai l'honneur de vous prier de me faire connaître d'urgence le nombre de registres de chaque catégorie et la quantité de feuilles volantes qui vous seront nécessaires pour les villages de votre arrondissement.

L'état des sommes dues au service local vous sera ultérieurement adressé.

Vous pouvez, afin de faciliter l'opération du remboursement, faire usage d'ordres de recettes collectif établis au nom du chef de chaque canton, et dressés conformément aux instructions contenues dans la circulaire du 11 mars 1881 (*Bulletin de la Direction*, p. 13).

NOUET.

(27 novembre 1885)

CIRC. D. I. *relative aux registres et imprimés délivrés par le 4e bureau de la Direction de l'Intérieur.*

B. D. I. p. 72.

J'ai l'honneur de vous adresser ci-joint la liste des registres et imprimés qui pourront vous être délivrés pour vos besoins, ainsi que pour ceux du percepteur de votre arrondissement, par le 4e bureau de la Direction de l'Intérieur.

La contexture de certains d'entre eux, concernant les titres de perception ayant subi quelques modifications, tels que :

Extraits du rôle d'impôt foncier des centres, Rôle d'impôt des salines, Extraits de ce rôle, Rôle d'impôt foncier des villages, Rôle d'impôt personnel, Rôle des barques de rivière, Extraits de ce rôle et de celui des barques de mer, Extraits du rôle des patentes.

Je vous serai obligé de vous prémunir à l'avance des quantités que vous jugerez nécessaires pour l'établissement des rôles d'impôt de l'exercice 1883.

D'autres, qui n'existaient pas, ont été mis en usage ou créés ; je vous citerai en première ligne le *Livre d'enregistrement des demandes d'emprunt faites par les villages*, qui n'avait pas été employé jusqu'à ce jour dans les inspections. Il y aura lieu d'y inscrire par ordre de date toutes les sommes prêtées qui n'ont pas encore été remboursées. Ce livre vous sera d'une grande utilité pour poursuivre les recouvrements.

Tous les registres autrefois en usage pour le service des domaines (sauf celui destiné à l'enregistrement des titres de la Mission) sont supprimés et remplacés par de nouveaux modèles ; toutefois, les anciens devront être conservés, à titre de renseignement, aussi longtemps qu'il sera nécessaire.

Je n'ai que peu de chose à vous dire au sujet des registres de nouvelle création, dont vous avez vu plus haut la nomenclature. Ma circulaire au sujet de l'application de l'arrêté du 22 août 1882 sur les aliénations, insérée au *Journal officiel* du 27 septembre dernier, vous a déjà fait connaître l'usage du *Registre à souche des concessions gratuites*. Les titres et les intitulés des colonnes des *Registres des aliénations, Acquisitions, Affectations*, et des deux *Registres des baux*, suffisent à vous en faire apprécier l'emploi. Je me bornerai à vous faire remarquer que vous ne devrez y faire figurer que les affaires terminées ; celles en instance ou en instruction seront suivies sur un carnet dont le modèle reste facultatif.

Pour plus de simplicité, vous pourrez vous dispenser d'inscrire au *Registre des aliénations* les concessions gratuites consignées au registre *ad hoc* ; il suffira de les porter mensuellement et en bloc sous la rubrique *Concessions gratuites accordées en exécution de l'article 4 de l'arrêté du 22 août 1882*.

Le *Registre des échéances* est destiné à montrer jour par jour la marche du recouvrement des prix de vente et de location des biens immobiliers du domaine. Sa disposition vous indiquera la méthode qui doit être adoptée pour sa tenue.

Le 4e bureau sera désormais approvisionné de registres pour le service du séquestre (*Sommiers de consistance* et *Registres des comptes courants*), conformes aux modèles prescrits par les instructions. Cependant, ils ne devront être employés qu'après l'épuisement des registres réglementaires, tracés à la main, qui existent actuellement dans quelques inspections.

BÉLIARD.

CATALOGUE des registres et imprimés fournis par la Direction de l'Intérieur (4 bureau) *à MM. les administrateurs et percepteurs.*

NUMÉROS D'ORDRE	DÉSIGNATION DES OBJETS	NOMBRE DEMANDÉ	OBSERVATIONS
	Administrateurs :		
1	Rôle d'impôt foncier des villages (entêtes)............		Nouveau modèle.
2	Rôle d'impôt foncier des villages (intercalaires).......		*Idem.*
3	Extrait du rôle d'impôt des villages..................		Nouveau modèle (intercalaire supprimé).
4	Rôle d'impôt personnel des villages (entêtes)..........		
5	Rôle d'impôt personnel des villages (intercalaires).....		
6	Extrait du rôle d'impôt personnel des villages.........		
7	Rôle d'impôt foncier des centres (entêtes).............		
8	Rôle d'impôt foncier des centres (intercalaires).......		
9	Extrait du rôle d'impôt foncier des centres...........		*Idem.*
10	Rôle d'impôt des salines (entêtes)....................		*Idem,*
11	Rôle d'impôt des salines (intercalaires)...............		*Idem.*
12	Extrait du rôle d'impôt des salines..................		*Idem.*
13	Rôle d'impôt des barques de mer (entêtes),...........		
14	Rôle d'impôt des barques de mer (intercalaires).......		
15	Extrait du rôle d'impôt des barques de mer...........		*Idem.*
16	Rôle d'impôt des barques de rivière (entêtes)..........		*Idem.*
17	Rôle d'impôt des barques de rivières (intercalaires)....		*Idem.*
18	Extrait du rôle d'impôt des barques de rivière.........		*Idem.*
19	Rôle d'impôt des patentes (entêtes).................		
20	Rôle d'impôt des patentes (intercalaires)..............		*Idem.*
21	Extrait du rôle d'impôt des patentes		*Idem.*
22	Capitation des Asiatiques étrangers (entêtes)..........		
23	Capitation des Asiatiques étrangers (intercalaires)		
24	Extrait du rôle des Asiatiques étrangers..............		
25	Cartes pour l'impôt foncier.........................		
26	Cartes pour l'impôt personnel		
27	Relevés des enregistrements des ordres de recette émis (entêtes)...............................		
28	Relevés des enregistrements des ordres de recette émis (intercalaires)..........................		
29	Ordonnances de dégrèvement.........................		
30	Etats collectifs de dégrèvement (entêtes)............		
31	Etats collectifs de dégrèvement (intercalaires)..........		
32	Etats des dégrèvements pour ordre à rétablir (entêtes).		
33	Etats des dégrèvements pour ordre à rétablir (intercal.)		
34	Relevés détaillés des ordonnances de dégrèvements, fin exercice (entêtes).............................		
35	Relevés détaillés des ordonnances de dégrèvemenis, fin exercic (intercalaires).........................		
36	Modèle de cahier des charges pour l'affermage des monts-de-piété................................		
37	Marchés de gré à gré pour l'affermage des pêcheries...		
38	Récépissés du tribut annuel de navigation (barques de mer)....................................		
39	Bulletins individuels pour le paiement des patentes avant l'émission du rôle		
40	Patentes		
41	Ordres de recette		
42	Cartes de barque...................................		
43	Bordereaux à talon des sommes perçues pour le compte de l'enregistrement...........................		
44	Réquisitions pour paiements urgents		
45	Livres d'enregistrement des ordres de recette émis, etc.		
46	Registres pour fonds d'avances		
47	Matricules et contrôles des barques de rivière.........		
48	Matricules et contrôles des barques de mer............		
49	Livrets de barques..................................		

NUMÉROS D'ORDRE	DÉSIGNATION DES OBJETS	NOMBRE DEMANDÉ	OBSERVATIONS
50	Extrait du compte courant (fonds d'avances)...... ...		
51	Procès-verbal de vérification de caisse...............		
52	Registres des demandes d'emprunt à la banque de l'Indo-Chine)...............		
53	Prévisions budgétaires (recettes).................		
54	Prévisions budgétaires (dépenses).................		
54	Livres d'enseignement des biens de la mission........		
56	Registres des acquisitions par le domaine............		Nouveau registre créé.
57	Registres des aliénations..........................		*Idem.*
58	Registres des baux de biens domaniaux............ .		*Idem.*
59	Registres des baux des biens pris en location par la colonie...		*Idem.*
60	Registres des autorisations de culture...............		*Idem.*
61	Répertoire des actes notariés........................		
62	Registres des transactions...........................		
63	Registre-inventaire des immeubles domaniaux........		
64	Index pour faciliter les recherches		
65	Registre des oppositions		
66	Registres à souche des concessions gratuites...........		Nouveau registre créé.
67	Registres des affectations		*Idem.*
68	Registre des échéances de prix de vente ou de location.		*Idem.*
69	Sommier de consistance des biens séquestrés		*Idem.*
70	Registres des comptes-courants du séquestre		*Idem.*
71	Procès-verbaux de vente, objets, animaux, etc........		
72	Bordereaux d'inscription des privilèges........... ...		
73	Procès-verbaux de pose d'affiches (ventes de biens domaniaux..		
74	Modèle d'acte d'acquisition par le domaine.............		
75	Baux...		
76	Titres de possession légale (Mission)..................		
76	États des mutations immobilières...................		
78	États des renseignements sur les immeubles domaniaux.		
79	États trimestriels des aliénations..................		
80	Vente de gré à gré		
81	Cahier des charges pour adjudication		
82	Cahier de description des champs....................		
83	Autorisations de culture...........................		
84	Arrêtés de concession gratuite nº 1...................		
85	Arrêtés de concession gratuite nº 2..................		
86	État d'annulation des ordres de recette (entêtes)		
87	État d'annulation des ordres de recette (intercalaires)..		
88	Registre des récépissés délivrés par le trésor..........		
	Percepteurs.		
1	Situation mensuelle du recouvrement des impôts par exercice..		
2	Registre de recette pour les opérations de trésorerie....		
3	Registre pour l'enseignement des actes entre Asiatiques (sommes perçues)................................		
4	État récapitulatif des ordres de recette payés (entêtes) .		
5	État récapitulatif des ordres de recette payés (intercal.)		
6	Comptes-rendus....................................		
7	Comptes finaux....................................		
8	Bordereaux de versement..........................		
9	États des mandats télégraphiques payés sur la caisse...		
10	Livre de caisse.....................................		
11	Livre d'enregistrement des dépenses payées sur réquisition...		
12	Livre récapitulatif.................................		
13	Livre d'enregistrement des mandats.................		
14	Livre de détail.....................................		
15	Livre de quittance à souche..........................		

Nota. — Les registres, cartes et imprimés concernant les Asiatiques non indigènes sont fournis directement par le service de l'immigration, auquel il y a lieu d'adresser les demandes ; de même pour ceux ayant trait aux situations de caisse, mandats télégraphiques, etc., ils sont envoyés par le trésor ou le Directeur des postes et télégraphes.

(20 janvier 1886)

DÉP. M. *Envoi des modèles nécessaires aux inspections générales de l'artillerie et de l'infanterie de la marine, et du régiment des tirailleurs annamites. — Recommandations à ce sujet.*

B. C. p. 15.

J'ai l'honneur de vous transmettre ci-joint un avis d'expédition constatant l'envoi de 6 paquets de poste n° 13 contenant les modèles nécessaires aux inspections générales de l'artillerie et de l'infanterie de la marine et du régiment des tirailleurs annamites.

Cet envoi est effectué en vue de reformer l'approvisionnement de prévoyance institué par la circulaire manuscrite du 21 avril 1875, n° 271. Il comprend, en ce qui concerne *l'infanterie*, les formules se rattachant à l'instruction du 29 janvier 1885, et qui, aux termes de la circulaire du même jour (*Bull offi.*, 1er semestre 1885, p. 224), doivent être mises en usage dans les colonies à partir de l'année 1886. Les quantités expédiées pour chacune de ces formules nomenclaturées sous les nos 131 140 par la circulaire du 6 août 1885 (*Bull. offi.*, p. 283), représentent le double du nécessaire pour établir le travail d'inspection générale d'une année.

La moitié de ces quanttiés devra donc être conservée au magasin des imprimés de votre colonie, à titre de *stock de prévoyance*.

Je vous prie de donner des ordres pour que l'on se conforme rigoureusement à ces prescriptions, afin de prévenir le retour des difficultés qui se sont produites notamment en 1884 et 1885, dans certaines colonies, où le magasin des imprimés ne possédait aucune réserve des modèles dont il s'agit.

Les formules 130 à 141, se rattachant à l'instruction abrogée du 26 avril 1869, ainsi que celle n° 928, supprimées de la nomenclature par la circulaire précitée du 6 août 1885, devront être mises au pilon.

Vous voudrez bien me faire adresser l'accusé de réception sommaire dès que les imprimés portés sur l'avis d'expédition ci-annexé vous seront parvenus.

(23 février 1887)

CIRC. M. *au sujet des demandes distinctes d'imprimés, devront être établies pour le service marine et pour le service colonial.*

B. M. p. 85.

IMPRIMERIES COLONIALES

I. DISPOSITIONS GÉNÉRALES. — II. DISPOSITIONS LOCALES.

I. DISPOSITIONS GÉNÉRALES.

NATURE DES DOCUMENTS	DATES	RECUEILS A CONSULTER							OBSERVATIONS
		Bat.	B. C.	B. D. I.	J. C.	J. H.	B. M.	B. Col.	
Décret.	18 novembre 1872.	II-45	254						
Dép. M.	4 décembre 1872.	II-45							
Dép. M.	25 février 1878.	II-45							

(18 novembre 1872)

DÉCRET *organisant le personnel des imprimeries coloniales.*

(Promulg. A. G. 24 juillet 1873).
BAT. II. p. 45.
B. C. p. 254.

Article premier. — Les chefs d'imprimeries des colonies reçoivent un traitement d'Europe de 3,000 francs pour la 1re classe et 2,000 francs pour la 2e classe.

Art. 2. — Les agents inférieurs de ces mêmes imprimeries reçoivent les traitements d'Europe ci après :

Ceux de 1re classe, 1,800 francs.
Ceux de 2e classe, 1,600 francs.
Ceux de 3e classe, 1,400 francs.
Ceux de 4e classe, 1,200 francs.
Ceux de 5e classe, 1,000 francs.
Ceux de 6e classe, 800 francs.
Ceux de 7e classe, 600 francs.

Art. 3. — Les pensions des agents inférieurs des imprimeries coloniales sont réglées par la loi du 16 avril 1831. Ces agents sont assimilés pour la retraite :

Ceux de 1re et 2e classe, aux commis dessinateurs.
Ceux de 3e et 4e classe, aux chefs contre-maîtres.
Ceux de 5e classe, aux contre-maîtres.
Ceux de 6e classe, aux chefs-ouvriers.
Ceux de 7e classe, aux ouvriers.

Dispositions transitoires.

Art. 4. — Ceux des agents inférieurs dont la solde d'Europe est supérieure à 1,800 francs continueront à en jouir. Leur assimilation au point de vue de la retraite sera celle attribuée à la 1re classe de leur emploi.

A. THIERS.

(4 décembre 1872)

DÉP. M. *Notification du décret du 18 novembre 1872 organique du personnel des imprimeries coloniales.*

BAT. II. p. 45.

(25 février 1878)

DÉP. M. *Assimilation des agents des imprimeries sur les transports de l'État* (1).

BAT. II, p. 45.

(1) V. Passagers et frais de passage.

II. DISPOSITIONS LOCALES.

NATURE DES DOCUMENTS	DATES	RECUEILS A CONSULTER Bat.	B. G.	B. D.	J. C.	J. H.	B. M.	B-Col	OBSERVATIONS
D. G.	15 décembre 1873.	II-46							
Rég. D. I.	1er novembre 1878.	II-48		164					
Dép. M.	3 décembre 1879.	II-51							
D. G.	1er juin 1880.		318						
D. G.	10 décembre 1880.		595						
Dép. M.	17 mai 1882.								
A. G.	4 mai 1885.				636				

(15 décembre 1873)

D. G. *Les diverses impressions et reliures exécutées par l'imprimerie nationale de Saïgon, seront calculées d'après les bases indiquées au tarif ci-annexé. — Tarif.*

BAT. II, p. 46.

(1er novembre 1878)

RÈG. D. I. *sur le service de l'imprimerie du Gouvernement : Personnel. — Comptabilité.*

BAT. II, p. 48.
B. D. I. p. 164.

(3 décembre 1879)

DÉP. M. *au sujet des fournitures destinées à assurer l'approvisionnement de l'imprimerie locale.*

BAT. II. p. 51.

Dans le double but de réaliser une économie et d'obtenir des fournitures de choix, vous m'avez prié, par lettre du 4 octobre dernier, de demander le concours de l'imprimerie nationale pour l'acquisition du matériel nécessaire à l'imprimerie de Saïgon : papiers, cartons, caractères, etc. L'Administration locale ayant également à faire des commandes assez considérables d'imprimés, dont les modèles seraient envoyés à Paris par l'intermédiaire de mon Département, vous avez exprimé le désir que l'imprimerie nationale se chargeât de ce soin, moyennant le remboursement des frais de transport, d'emballage, etc. Vous avez ajouté que la colonie paierait volontiers une rétribution qui pourrait être fixée à tant pour cent, comme frais généraux de recettes et d'entrepôt.

J'ai saisi M. le directeur de l'imprimerie nationale d'une communication à ce sujet, en appuyant vivement votre proposition. Cette administration a accepté sans réserve votre demande, et elle s'est mise entièrement, pour y donner suite, à la disposition de mon Département.

L'imprimerie nationale fournira, en conséquence, à la Cochinchine :

1° Les approvisionnements nécessaires au service de l'imprimerie locale, en faisant bénéficier celle-ci des avantages que lui assurent, pour beaucoup d'objets, des marchés à long terme, et à des prix d'achat débattus pour les autres objets ;

2° Les impressions qui pourront lui être demandées ; les mémoires de ces impressions seront établis en conformité des tarifs annuels et décrétés de l'établissement.

Les frais d'emballage et de transport des objets fournis seront portés au compte du Gouvernement colonial. Mais, à l'exception des fournitures de papiers et de cartons, qui donneront lieu à l'application de la plus-value de 4 p. 100 prévue par les tarifs de l'imprimerie nationale pour la fourniture de papiers blancs, les autres fournitures ne seront frappées d'aucune surcharge ni plus-value et ne seront comptées que pour le prix réel d'acquisition.

Tels sont les avantages dont l'imprimerie nationale consent à faire bénéficier l'Administration de la Cochinchine.

Je ne puis que vous inviter, en conséquence, à adresser au premier de ces établissements, par l'intermédiaire de mon Département, les demandes de fournitures de toute sorte nécessaires à l'imprimerie du Gouvernement.

Je vois avec satisfaction que, renonçant aux commandes directes faites aux commissionnaires à Paris pour assurer l'approvisionnement de l'imprimerie, l'Administration locale opère aujourd'hui d'une manière régulière en s'adressant à un établissement qui offre toutes les garanties désirables, sous le rapport de la qualité des fournitures et de l'économie à réaliser dans leur achat.

Vous avez d'ailleurs tenu compte, dans cette circonstance, des instructions de mon Département.

JAURÉGUIBERRY.

(1er juin 1880)

D. G. *augmentant l'indemnité allouée aux divers agents de l'imprimerie, pour heures supplémentaires de travail.*

B. C. p. 318.

Article premier. — Les agents européens et manœuvres indigènes du service de l'imprimerie seront payés de leurs heures supplémentaires de travail conformément au tarif ci-après :

PERSONNEL EUROPÉEN.

Agents de 1re, 2e, 3e et 4e classe.

Par heure (jour) 1f 50
Par heure (nuit) 2 00

Agents (classes inférieures).

Par heure (jour) 1f 00
Par heure (nuit) 1 50

PERSONNEL INDIGÈNE.

Manœuvres employés aux travaux des machines

Par heure 0f 25

LE MYRE DE VILERS.

(10 décembre 1880).

D. G. *relative à l'allocation accordée aux agents de l'imprimerie du Gouvernement.*

B. C. p. 595.

Article premier. — A partir du 1er janvier 1881, les agents de l'imprimerie du Gouvernement, dont la maladie aura été constatée régulièrement par le médecin chargé du service extérieur, recevront, pendant la durée de leur absence de l'atelier, une allocation égale à la moitié du montant de leur journée de travail.

Art. 2. — Cette dépense sera imputée sur le crédit de l'imprimerie.

LE MYRE DE VILERS.

(17 mai 1882).

DÉP. M. *relative au recrutement d'imprimeurs, compositeurs et ouvriers typographes.*

ARCH. GOUV.

Par lettre du 19 janvier dernier, vous avez demandé l'envoi dans la colonie de deux compositeurs typographes, d'un ouvrier relieur et d'un imprimeur.

A la suite d'une communication faite à ce sujet à l'imprimerie Nationale, cinq candidats se sont présentés ; tous étaient imprimeurs. M. H..... n'a cru pouvoir en recommander qu'un seul au choix de mon Département, M. E..... Cet ouvrier a 36 ans, il est noté comme capable et laborieux; il est marié et il a un enfant.

Pour avoir d'autres candidats, je me suis inutilement adressé à la Chambre syndicale. Après plusieurs acceptations suivies de démission, j'ai nommé compositeur typographe parmi les postulants qui ont persisté. M. H... (Charles) qui a produit de plusieurs maisons pour le compte desquelles il a travaillé, de très bons certificats que vous trouverez ci inclus en vous laissant le soin de les lui faire remettre.

En conséquence, j'ai nommé à dater du 1er de ce mois, ces deux ouvriers agents de 1re classe à l'imprimerie du Gouvernement à Saïgon, le premier comme imprimeur, le second en qualité de compositeur typographe.

Les titulaires jouiront des avantages suivants :

Solde d'Europe.	1,800 fr.
Le logement.	
Supplément colonial.	400
Journées de travail, l'une.	6
Heures supplémentaires, l'une.	1

Ces agents recevant, avant leur départ, les allocations réglementaires, chacun d'eux a signé l'engagement de servir au moins pendant quatre ans dans la colonie. Les deux engagements sont ci-joints.

La dépense à laquelle donnera lieu l'envoi dans la colonie des ouvriers dont il s'agit est imputable sur les fonds du budget local de la Cochinchine.

La Direction des colonies se préoccupe de rechercher des candidats pour un emploi de compositeur typographe et d'autres pour celui de relieur encore vacant à l'imprimerie du Gouvernement.

(4 mai 1885)

A. G. *portant que l'imprimerie du service local portera le nom d'imprimerie coloniale.*

J. C. p. 636.

Article premier. — L'imprimerie du service local portera, à dater de la présente décision, le nom d'imprimerie coloniale.

Charles Thomson.

IMPRIMERIE ET LIBRAIRIE

NATURE DES DOCUMENTS	DATES	RECUEILS A CONSULTER							OBSERVATIONS
		Bat.	B. C.	B.D.I	J. G.	J.H.	B. M.	B.Col	
Décret.	5 février 1810.								
Décret.	22 mars 1852.						VI 210		
Décret.	10 septembre 1870.								
A. G.	7 juin 1875.	11-43	218						

(5 février 1810)

DÉCRET *contenant règlement sur l'imprimerie et la librairie.*

(22 mars 1852)

DÉCRET *sur l'exercice de la profession d'imprimeur en taille douce, la possession ou l'usage des presses de petite dimension et la vente des machines et ustensiles servant à imprimer.*

B. M. VI. p. 210.

(10 septembre 1870)

DÉCRET *qui rend libres les professions d'imprimeur et de libraire.*

(7 juin 1875)

A. G. *réglementant l'exercice de la profession d'imprimeur en Cochinchine.*

BAT. II. p. 43.
B. C. p. 218.

Article premier. — Tout écrit destiné à la publicité, de quelque nature qu'il soit, ne pourra être imprimé, lithographié ou autographié que par un imprimeur breveté et assermenté, patenté de 3e classe.

Art. 2. — Le nombre des imprimeurs brevetés dans l'inspection de Saïgon est limité à deux.

Lorsque l'une des places d'imprimeurs viendra à vaquer, la personne qui se présentera pour remplir la vacance ne pourra recevoir son brevet ni être admise au serment qu'après avoir été agréée par le secrétaire général de la Direction de l'Intérieur, qui délivrera le brevet d'imprimeur après l'avoir soumis à l'approbation du Gouverneur. Ce brevet sera enregistré au greffe du tribunal de 1re instance, à la diligence de l'impétrant, qui prêtera serment de ne rien imprimer de contraire au respect dû aux lois ainsi qu'aux intérêts de l'État.

Art. 3. — Chaque imprimeur sera tenu d'avoir un registre coté et paraphé par le secrétaire général de la Direction de l'Intérieur : sur ce registre seront inscrits, par ordre de dates et avec une série de numéros, le titre littéral des ouvrages que l'imprimeur se proposera d'imprimer ou de lithographier, le nombre des feuilles des volumes, le nombre des exemplaires et le format de l'édition. Ce registre sera représenté, à toute réquisition, aux commissaires de police.

Art. 4. — Aucun écrit ne pourra être imprimé, lithographié ou autographié sans que déclaration ait été faite par l'imprimeur au secrétariat général de la Direction de l'Intérieur. Cette déclaration sera conforme à l'inscription sur le registre mentionné en l'article précédent. Deux exemplaires de tout écrit imprimé, lithographié ou autographié seront déposés au secrétariat général de la Direction de l'Intérieur, avant la publication.

Art. 5. — Les écrits de toute nature, les avis, annonces et images destinés à être distribués, affichés ou vendus, porteront le nom de l'imprimeur.

Art. 6. — Les écrits, avis, annonces destinés à être affichés par les particuliers, ne pourront être imprimés ou lithographiés que sur papier de couleur.

Art. 7. — Les commissaires de police rechercheront et constateront d'office toutes les contraventions aux dispositions du présent arrêté.

Art. 8. — Toutes les infractions aux dispositions du présent arrêté seront punies d'un emprisonnement de un à cinq jours et d'une amende de 1 à 15 francs, ou de l'une de ces deux peines seulement.

Le brevet pourra être retiré à l'imprimeur ayant subi une condamnation à l'une des peines spécifiées ci-dessus.

Le tout sans préjudice des peines prononcées par les lois, décrets et arrêtés actuellement en vigueur, auxquels il n'est rien dérogé par les présentes, dans le cas ou les imprimés ou lithographies constitueraient des crimes, délits ou contraventions prévus par ces lois, décrets et arrêtés.

Art. 9. — Les contrevenants seront poursuivis d'office par le ministère public, sur le vu des procès-verbaux dressés par les commissaires de police.

DUPERRÉ.

Consulter en outre : *Presse et notamment le décret du 16 février 1880.*

IMPRIMEUR

V. *Imprimerie.*
Presse.

INCAPACITÉS ÉLECTORALES

V. *Législation électorale.*

INCENDIES

NATURE DES DOCUMENTS	DATES	RECUEILS A CONSULTER							OBSERVATIONS
		Bat.	B. C.	B D. I.	J. C.	J. H.	B. M.	B. Col	
O. D. I.	6 mai 1867.	11-53		78					
A. G.	29 janvier 1872.	11-53	38						
Circ. D. I.	4 août 1879.			79					
Circ. D. I.	17 mai 1884.			23					
O. C. Sup. Tr.	16 décembre 1885.								

(6 mai 1867)

O. D. I. *au sujet du service d'incendie à Saïgon et à Cholon.*

BAT. II. p. 53.
B. D. I. p. 78.

1. Une pompe à incendie complétement gréée sera placée à l'inspection des affaires indigènes, une au service des ponts et chaussées et une à l'inspection de Cholon.

2. Elles sont manœuvrées à Saïgon par douze miliciens, sous la direction des ponts et chaussées.

3. L'inspecteur de Saïgon enverra tous les miliciens disponibles pour travailler et faire la chaîne en y joignant les élèves du collège des interprètes.

4. Il aura toujours prêts, pour les incendies, quatre échelles en bambou de huit à dix mètres, quarante seaux annamites marqués et une voiture pour la pompe.

5. L'inspecteur de Cholon prendra des mesures analogues.

6. Des hommes seront désignés spécialement pour l'entretien des pompes et du matériel.

P. Vial.

(29 janvier 1872)

A. G. *portant règlement des dispositions à prendre en cas d'incendie.*

BAT. II. p. 53.
B. C. p. 38.

INCENDIE A SAIGON.

Article premier. — Aussitôt qu'un incendie sera signalé, les troupes seront réunies et se disposeront à se porter au secours.

Art. 2. — Tous les corps, administrations et services possédant des pompes les tiendront prêtes.

Art. 3. — La gendarmerie fera monter à cheval 4 ou 5 gendarmes qui se rendront de suite au lieu du sinistre. L'officier ou le maréchal des logis enverra deux de ces gendarmes montés rendre compte au Gouverneur de ce qu'il aura vu. Ces gendarmes seront envoyés à un certain intervalle l'un de l'autre. Le premier arrivé restera à la disposition du Gouverneur, qu'il accompagnera (1).

Art. 4. — Un aide de camp du Gouverneur et un officier d'ordonnance du commandant supérieur des troupes se porteront également à cheval au lieu de l'incendie et viendront rendre compte.

Art. 5. — Si, avant l'arrivée de ces cavaliers chez le Gouverneur, les chefs des corps ayant des pompes peuvent être renseignés avec assez de certitude et que leur intervention immédiate puisse être utile, le Gouverneur les autorise à agir de leur propre initiative. Dans ce cas, ils feront avertir le Gouverneur.

Art. 6. — Les chefs de corps auront soin que les pompes soient accompagnées seulement de deux relèves ; les autres hommes doivent rentrer et rester dans les quartiers.

Art. 7. — Un officier doit accompagner les pompes de chaque corps ; il aura près de lui son clairon ou trompette qui ne devra sonner que par son ordre. On évitera de sonner pendant la marche.

Art. 8. — Les pompes de la ville agiront d'après les ordres immédiats de M. le maire.

(1) V. Déc., 14 janvier 1880, qui supprime la gendarmerie à cheval.

Art. 9. — Il en serait de même des pompes particulières.

Art. 10. — Le commandement de l'incendie est exercé dans l'ordre hiérarchique suivant, si l'incendie n'a pas lieu dans des bâtiments appartenant au service militaire :

Le Gouverneur,

Le Directeur de l'Intérieur.

Le Maire de Saïgon,

L'Inspecteur de Saïgon.

Art. 11. — Si l'incendie a lieu dans les bâtiments militaires, le commandement, en l'absence du Gouverneur, appartient au directeur du génie, sous la haute direction du chef du service compétent.

Art. 12. — Le commandant supérieur des troupes reste à portée de ses quartiers.

Art. 13. — Le commandant de la marine reste à bord de son vaisseau ; il fait chauffer les chaloupes et yoles à vapeur, embarquer les pompes disponibles. Il surveille avec soin l'arsenal de la marine.

Art. 14. — Le major de garnison reste à son bureau, où toutes les ordonnances doivent converger.

Art. 15. — Le commandant de l'artillerie reste à son quartier.

Art. 16. — Le commandant du génie et ses officiers se rendent à l'incendie.

Art. 17. — Le commandant de la gendarmerie se tient près de l'incendie, avec des ordonnances à cheval.

Art. 18. — Le directeur des constructions navales se rend à l'incendie ; le sous-directeur reste à l'arsenal.

Art. 19. — Le directeur des ponts et chaussées, celui des bâtiments civils se rendent à l'incendie.

Art. 20. — Des piquets d'infanterie ainsi que des patrouilles de gendarmes parcourent les différents quartiers de la ville pour la surveiller.

Art. 21. — Des interprètes désignés se rendent au lieu du sinistre et se tiennent à portée du commandant de l'incendie.

Art. 22. — L'inspecteur de Saïgon envoie la moitié de ses matas à l'incendie, sans armes ; l'autre moitié reste en réserve à l'inspection, sous les ordres du 2e inspecteur.

INCENDIE HORS DE SAIGON.

Art. 23. — Les limites en dehors desquelles les secours de Saïgon contre l'incendie ne seront plus prêtés par les pompes attelées ou embarquées, à moins d'ordres spéciaux, sont : la ligne tracée par l'arroyo de l'Avalanche, le canal de ceinture, la ville de Cholon, l'Arroyo chinois, le rach Ong-lon et le rach Ban.

Art. 24. — Les pompes tirées à la bricole ne dépasseront pas les limites de la ville.

Art. 25. — Les édifices situés en dehors des limites ci-dessus désignées recevront les secours qu'il sera possible de leur porter par jonques ou chaloupes. Il en sera de même des bâtiments mouillés sur la rade de Saïgon.

Art. 26. — Les tonneaux d'arrosage devront être pleins tous les soirs ; leurs conducteurs les amèneront à l'incendie et recevront un marron, qui sera changé le lendemain contre une gratification graduée, de façon que les trois plus tôt arrivés à l'incendie soient mieux rétribués que les autres.

Art. 27. — Les chefs de service sans troupe, le parquet, sont engagés à assister à l'incendie. Si le feu s'est déclaré dans les locaux de leur service, ils indiqueront au commandant de l'inceudie les parties les plus importantes à sauver. Il en est de même des propriétés incendiées.

Art. 28. — Tous les détachements qui seraient ultérieurement envoyés à l'incendie seront commandés par des officiers.

INCENDIE EN RADE.

Art. 29. — Le directeur des mouvements du port prend le commandement, et, en son absence, le capitaine du port de commerce. Tous les pilotes présents à Saïgon et les maîtres du port se tiennent à portée de recevoir ses ordres pour l'exécution de tous les mouvements et manœuvres qu'il aura à prescrire.

DUPRÉ.

(4 août 1879)

CIRC. D. I. *Faire procéder à une enquête chaque fois qu'un sinistre surviendra dans un arrondissement.*

B. D. I. p. 79.

Toutes les fois qu'il surviendra un sinistre dans votre arrondissement, vous voudrez bien faire procéder immédiatement à une enquête par les soins d'un des administrateurs placés sous vos ordres. Ce fonctionnaire devra toujours se faire assister par deux ou trois principaux notables de l'endroit victime du sinistre.

Le procès-verbal de l'enquête fera ressortir les causes qui ont amené l'évènement, l'estimation des pertes individuelles, le total des pertes et l'état de fortune des sinistrés. Vous me l'adresserez immédiatement avec vos propositions de secours, s'il y a lieu.

BÉLIARD.

(17 mai 1884)

CIRC. D. I. *relative aux incendies allumés pour détruire la végétation herbacée sur les terrains incultes.*

B. D. I. p. 23.

Les Indigènes ont l'habitude de détruire par le feu la végétation herbacée qui se forme sur les terrains incultes. Il est rare que ces incendies aient pour mobile la malveillance : ils sont le plus souvent allumés inconsciemment et sans nécessité. Cette pratique est déplorable. Comme les auteurs de ces incendies n'ont aucun souci d'en circonscrire le foyer, le feu peut se propager très loin et causer de sérieux ravages. Allumé dans les clairières, dans les jeunes forêts de tram notamment, il détruit tous les jeunes sujets et altère profondément le développement des arbres assez forts pour résister à une combustion immédiate.

L'application aux auteurs de ces dévastations des articles 1,382 et 1,383 du Code civil ne donnerait le plus souvent aucun résultat utile, attendu que le dommage peut difficilement être apprécié. D'autre part, les peines édictées par l'article 434 du Code pénal sont bien rigoureuses quand il s'agit d'habitudes passées dans les mœurs du peuple.

Pour combattre le mal, je crois qu'il y aurait lieu d'interdire d'une façon générale les incendies sur les terrains appartenant à l'Etat sans une autorisation expresse de l'administrateur, présentée par les notables, et d'édicter les peines spéciales qui frapperaient solidairement les villages et les coupables directs, sans préjudice des dispositions du Code pénal lorsque les incendies allumés par la malveillance exigeraient des punitions plus sévères.

Je vous prie de vouloir bien étudier avec intérêt la question sur laquelle j'ai l'honneur de vous consulter et la soumettre au conseil de votre arrondissement à la session de juillet prochain.

NOUET.

(16 décembre 1885)

O. C. SUP. T. *Instructions relatives aux mesures à prendre en cas d'incendie dans les postes.*

ARCH. C. SUP. T.

INCESSIBILITÉ

V. *Insaisissabilité*.

INDEMNITÉ DE CAISSE OU DE RESPONSABILITÉ

Consulter : Chaque titre principal de la présente table pour ce qui concerne les indemnités spéciales et notamment le décret du 1er juin 1875, portant règlement sur la solde et les accessoires de solde des officiers, aspirants, fonctionnaires et divers agents du Département de la marine et des colonies (art. 110 à 117).

INDEMNITÉ DE CHANGE

NATURE DES DOCUMENTS	DATES	RECUEILS A CONSULTER Bat.	B. O.	B.D.I	J.C.	J.H.	B. M.	B.Col	OBSERVATIONS
A. G.	27 novembre 1879.	II-651	453						
Dép. M.	23 avril 1880.								
A. G.	7 juin 1880.		321						
A. G.	17 janvier 1881.		57						
Délib. C. C.	14 décembre 1882.								
D. G.	22 janvier 1884.		30						
Dép. M.	26 mars 1884.		134						
Délib. C. C.	8 décembre 1885.				1502				
Circ. D. I.	22 février 1888.				262				
Télég. D. I.	11 janvier 1889.								

(27 novembre 1879)

A. G. *accordant une indemnité de change de 7 p. 100, aux officiers, marins et soldats, fonctionnaires, employés et agents des divers services rétribués sur le budget de l'État (service marine et service colonial) ou sur le budget local* (1).

BAT. II, p. 651.
B. C. p. 453.

Article premier. — Les officiers, marins et soldats, fonctionnaires, employés et agents des divers services rétribués sur le budget de l'Etat (service marine et service colonial) ou sur le budget local, recevront une indemnité de change de 7 p. 100 qui ramènera pour eux le taux de la piastre de 5 fr. 35 cent. à 5 francs environ.

Cette indemnité, qui s'appliquera à la solde et aux accessoires de solde déterminés par les règlements, supportera la retenue de 3 p. 100 au profit des invalides de la marine.

Art. 2. — Comme conséquence de ces dispositions, la piastre ne sera acceptée qu'au taux de 5 francs en échange des mandats sur le trésor public, à délivrer au personnel appelé à bénéficier de la bonification dont il s'agit.

Art. 3. — En ce qui touche les services métropolitains, la recette et la dépense seront inscrites, sauf régularisation ultérieure, dans les écritures de M. le trésorier-payeur, au compte administratif déjà ouvert sous le titre : *Frais de négociation et de change S. C. C.*

Les titres de recette et de dépense seront adressés et délivrés par le chef du service administratif dans les formes prescrites par les règlements financiers.

En ce qui touche le service local, des crédits supplémentaires seront ouverts au Directeur de l'Intérieur.

Art. 4. — Cette mesure s'appliquera aux droits acquis à partir du 1er novembre 1879, qui n'auraient pas été suivis de paiement.

La restriction relative à la délivrance des mandats du trésor aura son effet à compter du 1er décembre 1879.

Art. 5. — Le bénéfice du présent arrêté n'est acquis qu'au personnel en service sur le territoire de la Cochinchine française.

LE MYRE DE VILERS.

(23 avril 1880)

DÉP. M. *portant observations au sujet de l'arrêté du 27 novembre 1879 dont l'approbation est subordonnée aux deux conditions suivantes : Envoi d'une lettre du Ministre des finances.*

ARCH. GOUV.

J'ai l'honneur de vous envoyer ci-joint, copie d'une lettre du Ministre des finances, en date du 1er avril, concernant le taux de la piastre. Malgré les critiques fondées qu'il adresse à la combinaison consacrée par votre arrêté du 27 novembre 1879, mon collègue est d'avis qu'en raison de l'époque rapprochée où doit être rendu le décret sur le budget local, en piastres, il n'y a pas lieu de modifier, quant à présent, le mode de procéder que vous aurez adopté.

Toutefois, son adhésion est subordonnée à deux conditions qui doivent être observées rigoureusement.

1° La bonification du change de 7 0/0, pour la délivrance des mandats de poste, sera perçue, quelle que soit la monnaie employée pour le paiement.

(1) V. Dép. M. 23 avril 1880 ; A. G. 17 janvier 1881.

2° La bonification payée aux fonctionnaires et officiers étant une simple opération de trésorerie, puisque le chiffre porté sur le mandat de solde ne change pas, il n'y a pas lieu de la soumettre à la retenue de 3 0/0 au profit des Invalides.

Les perceptions de cette nature qui auraient été faites jusqu'à présent devront être annulées.

Je vous invite à vous conformer strictement, à ces instructions et à veiller personnellement à ce que l'exécution des mesures de la bienveillance consenties en faveur du personnel ne donne lieu à aucun abus.

JAURÉGUIBERRY.

ANNEXE

(1er avril 1880)

Vous m'aviez fait l'honneur de me communiquer le 8 janvier dernier pour avoir mes observations et mon avis une lettre de M. le Gouverneur de la Cochinchine relative aux mesures qu'il a cru devoir substituer à l'abaissement du taux égal de la piastre arrêté en principe d'un commun-accord entre nos deux Départements.

Je ne puis aprécier en connaissance de cause les motifs de M. Le Myre de Vilers parce qu'ils sont tirés exclusivement de la situation du budget local, budget dont je n'ai pas à connaître la difficulté de remanier les titres de perception de l'impôt qui alimente ce budget et de considérations politiques relatives aux populations indigènes.

Je ne saurais donc me prononcer sur la question de savoir si cette mesure était indispensable et s'il y avait réellement impossibilité de suivre les instructions que nous avions concertées.

Je me bornerai, en conséquence à vous faire remarquer les graves inconvénients de la mesure qui a été consacrée par l'arrêté du 27 novembre dernier.

1° Il est alloué à tous les officiers, marins et fonctionnaires (art. 1er) une indemnité de change de change de 7 0/0 destinée à ramener, pour eux, le taux de la piastre de 5 francs 35 à 5 francs et cette dépense doit être inscrite, en ce qui concerne les service métropolitains, à un compte spécial de frais de négociation et de change. Il en résulte qu'une dépense nouvelle se trouve acquittée sans crédit ce qui est incontestablement irrégulier. Il est vrai que nous avions l'imputation provisoire à ce compte de la perte apparente qui devait résulter de l'abaissement de la valeur de la piastre à 5 francs, mais il s'agissait alors d'une perte nettement limitée par le nombre de piastres existant en caisse, perte que nous constations seulement puisque nous faisions que suivre le cours commercial des monnaies que nous avions reçues et conservées ; aucune somme ne sortait des caisses du trésor ; il ne s'agissait pas, en un mot de rien payer sur la quittance d'au tiers les choses restaient absolument entières pour une régularisation ultérieure. Il s'agit au contraire maintenant d'une véritable allocation dont il est impossible de prévoir le montant total, et M. le Gouverneur la considère si bien comme une dépense qu'il lui fait supporter la retenue de 3 0/0 au profit des Invalides de la Marine (art. 1er, 52).

2° L'article 2 porte que la piastre ne sera acceptée que pour 5 francs seulement au lieu de 5 francs 35 pour la délivrance de mandats sur le trésor.

Cette disposition qui était, je le connais, commandée par la précédente a au point de vue du service du trésor, un très sérieux inconvénient le même comptable, la même caisse se trouvent obligés, à s'en tenir au texte de l'arrêté, de recevoir une seule et même monnaie à deux taux différents ; pour 5 francs il s'agit de la délivrance d'un mandat ; pour 5 francs 35 s'il agit de toute autre recette.

Il est vrai que dans la pratique on tourne cette difficulté en se changeant en recette de 7 0/0 du montant des mandats payés en piastres, mais un abus reste possible ; je veux parler de l'emploi de la monnaie française dans ce cas, non seulement le fonctionnaire profite de l'indemnité du change de 7 0/0 et profite encore de la faculté de verser au pair cette monnaie sans payer aucun frais de change, ce qui ne peut pas, après tout, occasionner un grand dommage au trésor, mais, ce qui est beaucoup plus grave, cette éventualité de l'emploi des monnaies françaises (éventualité qui s'est réalisée) rend impossible d'exercer aucun contrôle sur le comptable qui délivre des mandats, il lui est loisible de déclarer qu'il n'a rien porté en recette au compte. « Frais de négociation, etc., » parce qu'il a reçu en monnaies françaises il est fâcheux de créer une situation semblable.

En définitive, Monsieur le Ministre et cher collègue, je ne m'oppose pas à la ratification de l'arrêté que vous m'avez communiqué, parce qu'il y a fait accompli, et parce que les dispositions en question ne peuvent être considérées que comme transitoires, mais je vous demanderai de vouloir donner des instructions dans le sens des observations ci-après, afin d'en atténuer les inconvénients.

1° L'art. 2 de l'article du 27 novembre 1879 sera modifié : la piastre reçue uniformément à son cours légal, mais il sera stipulé qu'à l'avenir les mandats de l'espèce ne seront plus délivrés que moyennant le versement supplémentaire d'un change de 7 0/0 quelle que soit la monnaie employée pour le paiement.

2° L'arrêté du 27 novembre 1879 sera immédiatement rapporté dès que la situation monétaire et financière de la colonie aura été modifiée soit par suite de l'établissement du budget en piastres, soit par un changement quelconque dans la fixation du cours légal de cette monnaie.

MAGNIN.

(7 juin 1880)

A. G. *modifiant l'arrêté du 27 novembre 1879, concernant l'indemnité de change de 7 p. 100 accordée aux officiers, marins et soldats, fonctionnaires, employés et agents des divers services.*

B. C. p. 321

Article premier. — L'arrêté susvisé du 27 novembre 1879 est modifié ainsi qu'il suit :

« Article 1er. — Les officiers, marins et soldats, fonctionnaires, employés et agents des divers services rétribués sur le budget de l'État (service marine et service colonial) ou sur le budget local, recevront une indemnité de change de 7 pour 100, qui ramènera pour eux le taux de la piastre de 5 fr. 35 cent. à 5 francs environ.

Cette indemnité, qui s'appliquera aux accessoires de solde déterminés par les règlements, ne supportera pas la retenue de 3 p. 100 au profit des invalides de la marine.

Les perceptions de cette nature qui ont été faites jusqu'à ce jour seront annulées.

Cette indemnité de change sera applicable aux ouvriers détachés des arsenaux d'Europe.

Art. 2. — Comme conséquence de ces dispositions, les sommes versées en échange des mandats sur le trésor public délivrés aux officiers, fonctionnaires et employés appelés à bénéficier de cette faveur, seront abondées du change de 7 p. 100, quelle que soit la monnaie employée pour ce versement.

Art. 3. — Les autres dispositions de l'arrêté du 27 novembre 1879, qui n'ont rien de contraire à celles du présent arrêté, sont maintenues. »

LE MYRE DE VILERS.

(17 janvier 1881)

A. G. *rapportant, en ce qui touche le personnel des services métropolitains, les arrêtés des 27 novembre 1879 et 7 juin 1880, accordant une indemnité pour perte de change sur la piastre délivrée par les caisses du Trésor.*

B. C. p. 57.

Art. premier. — Les arrêtés des 27 novembre 1879 et 7 juin 1880, accordant une indemnité de change de 7 p. 100, destinée à ramener le taux de la piastre de 5 fr. 35 cent. à 5 fr. environ, sont rapportés en ce qui concerne les officiers, marins et soldats, fonctionnaires, employés et agents rétribués sur le budget de l'État, service marine et service colonial.

Art. 2. — Comme conséquence de cette mesure, qui s'appliquera aux droits acquis à compter du 1er février prochain, la piastre sera acceptée au taux de 5 fr. 35 c., en échange des mandats sur le trésor public délivrés au personnel compris à l'article précédent.

Art. 3. — Toutes les dispositions des arrêtés des 27 novembre 1879 et 7 juin 1880 continueront à recevoir leur exécution pour les officiers, soldats et marins, fonctionnaires, employés et agents payés sur le budget de la colonie.

LE MYRE DE VILERS.

(14 décembre 1882)

DÉLIB. C. C. *abondant de 7 0/0 la solde des fonctionnaires et employés européens du service local à partir du 1er janvier 1883* (1).

(22 janvier 1884)

D. G. *portant que les suppléments de fonctions alloués aux officiers et sous-officiers du régiment des tirailleurs annamites seront abondés de 7 p. 100 à compter du 1er janvier 1884.*

B. C. p. 30.

Article premier. — Les suppléments de fonctions alloués aux officiers et sous-officiers du régiment des tirailleurs annamites, par le règlement ministériel du 4 décembre 1879, seront abondés de 7 p. 100 à compter du 1er janvier 1884

Art. 2. — Le montant des sommes nécessaires pour l'abondement de ces allocations en 1884 sera prélevé sur le crédit inscrit au chapitre XVIII : *Dépenses imprévues*, du budget du service local de l'exercice courant.

CHARLES THOMSON.

(26 mars 1884)

DÉP. M. *portant que les pertes au change seront remboursées au caissier du conseil d'administration de la solde, sur les fonds du chapitre XVIII (salaires pour le service général).*

B. C. p. 134.

Dans une lettre en date du 13 octobre dernier, M. le Directeur des travaux de l'arsenal de Saïgon a appelé votre attention sur les pertes au change que l'insuffisance de la monnaie donnée par le trésorier occasionne, lors de chaque payement du personnel ouvrier, au sous-agent administratif, caissier du conseil d'administration de la solde, et que ne couvrent pas les 500 francs d'indemnité de fonctions qu'il reçoit.

J'ai l'honneur de vous faire remarquer que le règlement alloue à chaque caissier du conseil d'administration de la solde une indemnité de 250 francs qui, par sa nature même, ne comporte aucune augmentation aux colonies ; c'est donc à tort que cette indemnité a été doublée pour le caissier de la Direction des constructions navales de Saïgon, qui, comme tous les autres caissiers, n'a droit qu'à l'indemnité de fonctions de 250 francs, à laquelle il y a lieu de revenir à partier du 1er janvier dernier.

En ce qui concerne les partages au change, elles ne peuvent être supportées équitablement par le caissier du conseil, qui ne reçoit aucune indemnité pour s'en couvrir, ni par les agents du personnel ouvrier qui ont droit à la somme intégrale qu'ils ont gagnée. Dans ces conditions, j'ai décidé que les pertes au change seront remboursées par la marine au caissier du conseil d'administration de la solde, en ce qui concerne les salaires du personnel ouvrier des constructions navales de l'arsenal, sur les *Salaires pour le service général* (chapitre XVIII du budget de 1884, service maritime), et que cette dépense figurerait dans le compte d'emploi sous le titre Ier : *Frais accessoires de fabrication* ; § 3, *Autres dépenses communes à plusieurs travaux des chantiers et ateliers*.

Ladite dépense sera justifiée au moyen d'un état dressé par le conseil d'administration de la solde et visé par le Directeur de l'arsenal.

Je vous prie de vouloir bien donner des ordres en ce sens.

A. PEYRON.

(1) Ratifiée par A. G. du 21 janvier 1883.

(8 décembre 1885)

DÉLIB. C. C. *élevant de 7 à 16 0/0 pour l'année 1886 la bonification allouée par le Conseil colonial dans sa séance du 14 décembre 1882* (1).

J. C. p. 1502.

(22 février 1888)

CIR. D. I. *concernant l'exécution d'un vote du Conseil colonial portant de 7 à 16 0/0 la bonification allouée par ladite assemblée du 14 décembre 1882.*

J. C. p. 262.

Le Conseil privé ayant approuvé, en séance du 15 février, le vote du Conseil colonial augmentant la solde du personnel européen de 16 0/0, il y a lieu d'appliquer cette mesure à compter du mois de février courant et de comprendre sur les états de solde, le rappel de l'augmentation de 9 0/0 pour le mois de janvier.

A cet effet, les soldes devront être décomptées d'après les quotitées fixées au tableau n° 1, joint à l'arrêté du 12 décembre 1881, augmentées de 16 0/0 pour le mois de février, avec rappel de 9 0/0 pour janvier.

Exemple. — Une ancienne solde de 1,000 piastres, augmentée du 7 0/0, donnait 1,070 piastres ; cette solde, aujourd'hui, s'élève à 1,160 piastres (1,000 + 16 0/0 = 1,160).

Les états de solde devront avoir une colonne spéciale scindée en deux pour le rappel de cette augmentation. La première partie de cette colonne comprendra l'abonnement de 9 0/0 sur les sommes passibles de la retenue de 5 0/0 pour les pensions ; la seconde, le même abondement sur les sommes passibles de la retenue de 3 0/0 ou devant être payées nettes.

Nouet.

(11 janvier 1889)

TÉLÉG. D. I. *prescrivant de convertir, pour 1889, la solde du personnel européen à 3 fr. 80, ainsi que les indemnités diverses fixées en francs* (2).

ARCH. D. I.

INDEMNITÉ DE DÉPOSSESSION.

V. *Expropriation.*
Propriété.

(1) Ratifiée en séance du Conseil privé du 15 février 1886.
(2) V. Traitement, soldes et accessoires de soldes.

INDEMNITÉ DE LOGEMENT ET D'AMEUBLEMENT.

NATURE DES DOCUMENTS	DATES	RECUEILS A CONSULTER							OBSERVATIONS
		Bat.	B. O.	B D. I	J. C.	J. H.	B. M.	B Col	
Décret.	1er juin 1875.		665						
Circ. M.	26 février 1877.	II-649							
A. G.	14 juillet 1879.	II-651	260						
Circ. M.	16 avril 1880.						730		
A. G. G.	31 mars 1888.				352				

(1er juin 1875)

DÉCRET *portant règlement sur la solde et les accessoires de solde des officiers, aspirants, fonctionnaires et divers agents du Département de la marine et des colonies (art. 95 à 106).*

B. C. p. 665.

(26 février 1877)

CIRC. M. *Paiement de l'indemnité de logement aux fonctionnaires des directions de l'Intérieur venant en France, en congé de convalescence.*

BAT. II. p. 649.

La question a été posée de savoir si l'indemnité de logement qui est allouée, dans les colonies, aux fonctionnaires et agents composant le personnel des directions de l'Intérieur, doit leur être payée lorsqu'ils viennent en congé de convalescence en France.

J'ai l'honneur de vous informer qu'après examen de cette question, mon Département a décidé que l'indemnité dont il s'agit est due à ces fonctionnaires qui se trouvent en France en position de congé régulier, dans les conditions prévues par le décret du 1er juin 1875, pour le personnel auquel ils sont assimilés.

MICHAUX.

(14 juillet 1879)

A. G. *supprimant les indemnités de vivres et de logement et les remplaçant par un supplément de solde équivalent.*

BAT. II, p. 651.
B. C. p. 260.

A partir du 1er août 1879, les indemnités de vivres et de logement seront supprimées et remplacées par un supplément de solde équivalent.

LE MYRE DE VILERS.

(16 avril 1880).

CIRC. M. *Interprétation du § 2 de l'article 100 du décret du 1er juin 1875 sur la solde (indemnité de logement).*

B. M. p. 730.

(31 mars 1888)

A. G. G. *portant que certaines dépenses inscrites au budget local de la Cochinchine (entre autres l'indemnité de logement allouée aux officiers en résidence à Saïgon) et qui sont soumises à l'approbation ministérielle, seront mandatées d'urgence au fur et à mesure des besoins* (1).

J. C. p. 352.

Voir en outre : *Chaque titre principal de la présente table concernant les indemnités spéciales de logement.*

(1) V. Traitements, soldes et accessoires de soldes.

INDEMNITÉ POUR PERTE DE CHEVAUX, D'EFFETS ET DE MATÉRIEL DE TABLE

(27 mai 1867)

DÉP. M. *au sujet des allocations déterminées pour pertes d'effets et de matériel de table des officiers pourvus du grade de lieutenant de vaisseau.*

BAT. II. p. 647.

Sous la date du 18 mars dernier, vous m'avez demandé l'autorisation de faire payer à M. E... une indemnité de perte d'effets et de materiel de table calculée d'après les fixations qui ont été adoptées pour les officiers pourvus du grade de lieutenant de vaisseau et qui sont déterminées par le tarif nº 33 annexé au décret du 19 octobre 1851.

Cette demande est basée sur ce que M. E..., qui, en qualité d'enseigne de vaisseau, commandait la canonnière, nº 22 (*l'Épée*) lors de l'explosion de ce bâtiment, le 25 janvier 1867, avait été nommé au grade de lieutenant de vaisseau par décret du 29 décembre précédent.

Les indemnités de l'espèce ayant pour objet de couvrir les officiers des pertes qu'ils ont éprouvées par suite des accidents de force majeure, on ne saurait admettre qu'une promotion au grade supérieur et dont la notification n'a été faite à l'intéressé que postérieurement à l'événement, pût entraîner pour l'État le paiement d'une allocution destinée à rembourser la valeur d'objets que ne devait pas posséder M. E... à l'époque de l'explosion de la canonnière nº 22.

Dans cet état de choses, j'ai décidé qu'il ne serait apporté aucune modification à la quotité des indemnités que j'ai accordées à cet officier par dépêche en date du 13 avril dernier.

RIGAULT DE GENOUILLY.

INDEMNITÉ DE PREMIÈRE MISE D'ÉQUIPEMENT ET D'ENTRÉE EN CAMPAGNE.

NATURE DES DOCUMENTS	DATES	RECUEILS A CONSULTER							OBSERVATIONS
		Bat.	B. C.	B. D. I	J. C.	J. H	B. M.	B Col	
O. R.	25 décembre 1837.						R. III 368		
O. R.	22 juin 1847.						R IV. 388		
Décret.	11 août 1856.						164		
Dép. M.	19 mai 1866.	n-775							
Dép. M.	30 janvier 1867.	n-775							
Dép. M.	2 avril 1886.								

(25 décembre 1837)

ORDONNANCE *portant règlement sur le service de la solde et des revues des corps de troupes (art. 224 à 230).*

B. M. R. III, p. 368.

(22 juin 1847)

ORDONNANCE *sur la solde, les revues, l'administration et la comptabilité des corps de troupes de la marine (art. 196 à 204).*

B. M. R. IV, p. 388.

(11 août 1856)

DÉCRET *sur la solde, les revues, l'administration et la comptabilité des équipages de la flotte (art. 119, tarif nº 13).*

B. M. p. 164.

(19 mai 1866)

DÉP. M. *au sujet d'une demande tendant à l'allocation de la moitié de la gratification d'entrée en campagne réclamée par M. le colonel M...*

BAT. II, p. 775.

Sous la date du 29 mars dernier, vous m'avez transmis une lettre dans laquelle le conseil d'administration de la portion secondaire du 3e régiment d'infanterie de marine faisant partie du corps expéditionnaire en Cochinchine, demande que la moitié de la gratification d'entrée en campagne soit allouée à M. le lieutenant colonel M... qui, ayant effectué son retour en France par suite de promotion, a été appelé, dans un délai de moins d'une année, à continuer de nouveau ses services en Cochinchine.

Le conseil s'appuie, pour soutenir la réclamation de M. M..., sur le 2e paragraphe de l'article 228 de l'ordonnance du 25 décembre 1837 relative à l'administration et à la comptabilité des corps de troupes du Département de la guerre.

L'article 202 de l'ordonnance du 22 juin 1847, qui régit les militaires des corps de troupes de la marine, n'ayant pas reproduit les dispositions du 2e paragraphe de l'article précité, il ne m'est pas possible de donner suite à la demande formée par le conseil d'administration en faveur de M. le lieutenant-colonel M...

DE CHASSELOUP-LAUBAT.

(30 janvier 1867)

DÉP. M. *La gratification d'entrée en campagne ne doit être payée que sur un ordre spécial du Ministre.*

BAT. II, p. 775.

Sous la date du 9 novembre dernier, vous m'avez demandé l'autorisation de faire payer la gratification d'entrée en campagne à tous les officiers présents en Cochinchine et qui ne l'ont pas encore touchée depuis leur arrivée dans la colonie ou avant leur départ de France.

Cette demande, qui est basée sur la nécessité de faire cesser la dissemblance qui existe dans la manière de traiter des officiers appelés à servir dans la manière de traiter des officiers appelés à servir dans la même colonie ne m'a pas paru de nature à être accueillie.

Il est, au contraire, plus rationnel d'opérer comme on l'a fait depuis le 1er janvier 1866, c'est-à-dire d'allouer, au départ de France, la gratification d'entrée en campagne aux officiers qui se rendent en Cochinchine pour faire partie d'une expédition ordonnée par le Ministre, et de refuser cette indemnité à ceux qui vont tenir garnison dans la colonie, sauf à payer à ces derniers l'allocation sur le pied colonial s'ils prennent part ultérieurement à une expédition de guerre.

Il demeure bien entendu que, dans ce dernier cas, il convient de se conformer aux prescriptions qui font l'objet de l'article 203 de l'ordonnance du 22 juin 1847, c'est-à-dire de demander préalablement l'autorisation ministérielle qui est nécessaire pour procéder au paiement de la gratification d'entrée en campagne.

RIGAULT DE GENOUILLY.

(2 avril 1886)

DÉP. M. *Instructions au sujet de l'imputation des sommes allouées à titre de gratification de demi-entrée en campagne à divers officiers faisant partie de l'expédition du Cambodge.*

ARCH. S. AD.

INDEMNITÉ REPRÉSENTATIVE DE FOURRAGES.

V. *Troupes (artillerie et service de fourrage).*

INDEMNITÉ DE ROUTE ET DE SÉJOUR.

V. *Frais de conduite, de route et de séjour.*

2 septembre 1886.

DÉP. M. *L'indemnité en marche aux colonies ne peut se cumuler avec le supplément à la masse individuelle prévu en cas de campagne de guerre.*

ARCH. GOUV. BUR. MIL.

Consulter en outre : chaque article principal de la présente table pour ce qui concerne les indemnités particulières.

INDEMNITÉ DE VIVRES.

NATURE DES DOCUMENTS	DATES	RECUEILS A CONSULTER Bat.	B. C.	B. D.	J. C.	J.H.	B.M.	B.Col.		OBSERVATIONS
A. G.	14 juillet 1879.	II-651	260							
A. G.	17 janvier 1880.		24							
A. G. G.	21 janvier 1888.				89					
Dép. M.	5 mai 1888.									
D. G. G.	14 mars 1889.				317					

(14 juillet 1879)

A. G. *supprimant les indemnités de vivres et de logement et les remplaçant par un supplément de solde équivalent.*

BAT. II. p. 651.
B. C. p. 260.

A partir du 1er août 1879, les indemnités de vivres et de logement seront supprimées et remplacées par un supplément de solde équivalent.

LE MYRE DE VILERS.

(17 janvier 1880)

A. G. *remplaçant la ration en nature délivrée au personnel inférieur des services métropolitains pour une indemnité représentative fixée à 400 francs par an.*

B. C. p. 24.

Article premier. — La ration en nature, qui se délivrait au personnel inférieur des divers services métropolitains à Saïgon. est supprimée à compter du 1er février prochain, et remplacée par une indemnité représentative fixée à 400 francs par an, laquelle sera payée sur le chapitre *Vivres* du budget de la marine ou du budget colonial, selon l'imputation de la solde des rationnaires.

Art. 2. — Il n'est rien changé aux dispositions actuellement en vigueur en ce qui concerne les employés et agents en résidence dans les postes de la Cochinchine et du Tonkin, lesquels continueront, jusqu'à nouvel ordre, à percevoir leurs vivres en nature.

LE MYRE DE VILERS.

(21 janvier 1888)

A. G. G. *supprimant, à compter du 1er avril 1888, l'indemnité représentative de la ration de vivres, allouée au personnel inférieur des divers services métropolitains en Cochinchine et au Cambodge, et rapportant les arrêtés des 15 avril 1879 et 17 janvier 1880.*

J. C. p. 89.

Article premier. — L'indemnité représentative de la ration de vivres, allouée au personnel inférieur des divers services métropolitains en Cochinchine et au Cambodge, est supprimée à compter du 1er avril 1888.

Art. 2. — Les arrêtés des 15 avril 1879 et 17 janvier 1880 sont rapportés.

(5 mai 1888)

DÉP. M. *Approbation de l'arrêté du 21 janvier 1888 qui a supprimé l'indemnité représentative de la ration de vivres au personnel inférieur des divers services métropolitains employés en Cochinchine et au Cambodge.*

ARCH. GOUV.

Par lettre en date du 11 février dernier, n° 105/221, vous avez transmis au Département deux arrêtés : l'un portant réduction des suppléments accordés aux officiers et sous-officiers des régiments de tirailleurs annamites et tonkinois, l'autre supprimant l'indemnité représentative de la ration de vivres allouée au personnel secondaire des bureaux et aux agents des magasins employés en Cochinchine et au Cambodge.

La première question a été résolue par la dépêche du 7 avril, nº 133; quand à la seconde, j'ai l'honneur de vous informer que j'ai donné mon approbation à votre arrêté du 21 janvier qui en a prescrit l'application à compter du 1er avril courant.

A. de la Porte.

(14 mars 1889)

D. G. G. *portant que l'indemnité représentative de vivres sera payée à compter du 1er janvier 1889, au personnel inférieur des divers services métropolitains à Saïgon.*

J. C. p. 317.

Consulter en outre: Chaque article principal de la présente table pour ce qui concerne les indemnités spéciales.

INDIENS.

V. *Émigration et immigration.*

INDIGÈNES (EMPLOYÉS, OUVRIERS, ETC).

NATURE DES DOCUMENTS	DATES	RECUEILS A CONSULTER							OBSERVATIONS
		Bat.	B. G.	B.D.I	J. C.	J.H.	B. M.	B.Col	
D. G.	4 octobre 1864.	1-547							
D. G.	20 octobre 1870.		292						
Circ. D. I.	24 mai 1872.	II-118							
A. G.	10 novembre 1877.	1-137	331						
Circ. D. I.	4 décembre 1878.	II-127							
Circ. D. I.	9 décembre 1881.			60					
Circ. D. I.	28 février 1883.			16					

(4 octobre 1864)

D. G. *A l'avenir, les agents et ouvriers indigènes malades ne pourront être admis, hors les cas de force majeure, qu'à l'hôpital annamite de Choquan.*

BAT. I, p. 547.

Article premier. — A l'avenir, les agents et ouvriers indigènes employés au service de l'État, qui tomberont malades, tant à Saïgon que dans les autres localités de la colonie, et qui demanderont à être traités dans un établissement hospitalier, ne pourront plus être admis qu'à l'hôpital annamite de Choquan. . . . .
. . . .

Art. 2. — Il ne sera fait d'exception à cette règle qu'à l'égard de ceux desdits agents et ouvriers blessés sur les travaux à Saïgon et qu'il y aurait urgence à transporter à l'hôpital maritime de cette localité. Mais, dans ce cas. . . . .
. . . .
le malade serait évacué sur l'hôpital annamite de Choquan, dès qu'il pourrait y être transporté sans inconvénient pour sa guérison.

DE LA GRANDIÈRE.

(20 octobre 1870)

D. G. *fixant la juridiction à laquelle doit être soumis l'Indigène engagé.*

B. C. p. 292.

(24 mai 1872)

CIRC. D. I. *portant que les élèves qui quitteront sans autorisation ou avant d'avoir terminé leurs études seront exclus des fonctions d'instituteur et de tout emploi administratif.*

BAT. II. p. 118.

Il arrive fréquemment que des jeunes Annamites, admis soit au collège d'Adran, soit à l'école normale coloniale, à leur retour de France ou à leur sortie des autres écoles de la colonie, quittent sans autorisation ces établissements avant d'avoir terminé leurs études, attirés par l'espoir de trouver des emplois dans les inspections.

Ce fait est d'autant plus fâcheux que la plupart de ces jeunes gens ne sont pas encore assez instruits pour rendre des services utiles, et que l'Administration verrait lui échapper les résultats qu'elle est en droit d'attendre de la création d'établissements d'enseignement public, dont le but est de former des sujets aptes à occuper, plus tard, des fonctions et des emplois publics.

Pour y remédier, j'ai décidé que les élèves qui, à l'avenir, quitteraient, sans l'autorisation de leurs supérieurs et avant d'avoir terminé leurs études, soit l'école normale, soit les établissements d'enseignement dirigés par les frères des écoles chrétiennes, seraient exclus, non seulement des fonctions d'instituteurs, mais encore de tout emploi administratif relevant de la Direction de l'Intérieur.

J'aurai soin de vous signaler les jeunes gens auxquels il y aura lieu d'appliquer cette mesure, et je vous prie de vouloir bien écarter rigoureusement les demandes qu'ils pourraient vous adresser.

GIBERT DES MOLIÈRES.

(10 novembre 1877)

A. G. *Conditions dans lesquelles les emplois dans les services publics pourront être accordés aux Indigènes.*

BAT. I. p. 437.
B. C. p. 331.

A l'avenir, aucun emploi, quel qu'il soit, ne pourra être donné à un indigène s'il ne produit, à l'appui de sa demande, un certificat émanant du chef d'administration ou de service sous les ordres duquel il aura servi précédemment.

Dans le cas où le postulant n'aurait encore été employé dans aucun service public, ou si l'attestation avait plus six mois de date, il devrait produire un certificat délivré par le Directeur de l'Intérieur établissant ses antécédents et sa moralité.

J. Lafont.

(4 décembre 1878)

CIRC. D. I. *rappelant celle du 24 mai 1872 au sujet des élèves quittant les établissements d'instruction avant d'avoir terminé leurs études.*

BAT. II. p. 127.

Il m'a été rendu compte, à l'occasion des examens des lettrés, interprètes et secrétaires indigènes qui ont eu lieu le 2 décembre courant, qu'un certain nombre d'anciens élèves du collège Chasseloup-Laubat, qui ont quitté cet établissement sans autorisation et avant la fin de leurs études, ont pu, grâce à un changement de nom, se faire admettre dans l'Administration à titre d'employés stagiaires ou surnuméraires et obtenir ainsi l'autorisation de se présenter aux examens en question.

Les dispositions contenues dans la circulaire du 24 mai 1872, excluant les individus dont il s'agit de tout emploi administratif relevant de la Direction de l'Intérieur, j'ai immédiatement prescrit le renvoi du concours de ceux qui s'étaient présentés, et j'ai pris une décision à l'effet de les licencier de l'Administration.

En vous rappelant la circulaire qui a motivé cette mesure, j'ai l'honneur de vous prier de tenir la main à ce qu'elle soit strictement observée. Je vous recommande, en outre, de vous assurer autant que possible de l'exactitude des noms des indigènes qui se présenteront pour obtenir des emplois, afin d'éviter le retour des cas signalés plus haut.

Béliard.

(9 décembre 1881)

CIRC. D. I. *au sujet du recrutement des services publics, parmi les tirailleurs annamites sur le point d'être licenciés et connaissant le français.*

B. D. I, p. 60.

Vous n'ignorez pas que le régiment de tirailleurs annamites renferme, parmi ses gradés, des hommes possédant une instruction primaire assez étendue, parlant couramment le français, ayant quelque orthographe et doués d'une écriture courante et très lisible. En outre, leur contact journalier avec l'élément français leur a donné un certain usage de nos habitudes et de nos mœurs, qui les a déjà assimilés dans une large mesure.

L'Administration a trop besoin du concours d'Indigènes connaissant notre langue pour négliger une source de recrutement qui pourrait alimenter une grande partie des services publics. La mesure aurait le double mérite d'offrir aux militaires indigènes des avantages analogues à ceux qui sont faits en France aux militaires français, tout en fournissant aux divers services des hommes pliés aux exigences de la discipline.

Je vous serais reconnaissant de vouloir bien aider les vues du Gouvernement local, en vous rapprochant des officiers du corps des tirailleurs, afin d'obtenir des renseignements sur ceux de leurs hommes qui sont à la veille d'être licenciés et qui se trouvent dans les conditions énumérées plus haut. Vous voudrez bien me transmettre, au fur et à mesure, un état nominatif de ces tirailleurs, avec votre appréciation personnelle sur leurs aptitudes, et vous serez ultérieurement informé, avant leur licenciement, des emplois mis à leur disposition par l'Administration supérieure.

Béliard.

(28 février 1883)

CIRC. D. I. *Rappel aux prescriptions des circulaires des 24 mars 1872 et 4 décembre 1878, relatives aux élèves qui demandent à entrer dans l'Administration avant d'avoir terminé leurs études.*

B. D. I. p. 16.

Je suis informé qu'un certain nombre d'élèves abandonnent les écoles ou les collèges dans lesquels ils se trouvent avant d'avoir terminé leurs études, pour aller occuper dans les arrondissements des emplois qui leurs sont donnés dans les services régionaux, contrairement aux dispositions formelles des circulaires des 24 mai 1872 et 4 décembre 1878.

Ces circulaires portent exclusion des élèves dont il s'agit de tout emploi administratif, vous voudrez bien, Monsieur l'Administrateur, prononcer le renvoi de tous ceux que vous aurez nommés dans ces conditions.

Je vous rappelle ces prescriptions et vous recommande de tenir désormais la main à ce qu'elles soient strictement observées.

Béliard.

Consulter en outre : *Fonctionnaires et agents indigènes ouvriers.*

INDIGENTS.

V. *Rapatriement, assistance judiciaire, pagodes de refuge.*

INDO-CHINE.

I. ORGANISATION ADMINISTRATIVE ET PUBLIQUE. — II. SERVICES FINANCIERS.

I. ORGANISATION ADMINISTRATIVE ET POLITIQUE

NATURE DES DOCUMENTS	DATES	RECUEILS A CONSULTER								OBSERVATIONS
		Bat.	B. C.	B.D.I	J. C.	J H.	B. M.	B.Col		
Rapp. M.	27 janvier 1886.									
Décret.	27 janvier 1886.									
Rapp. M.	17 octobre 1887.				1090					
Décret.	17 octobre 1887.				1090					
Décret.	20 octobre 1887.				1137					
Décret.	12 novembre 1887.				1177					
Décret.	12 novembre 1887.				1178					
Rapp.	19 novembre 1887.				42					
Décret.	19 novembre 1887.				42					
Dép. M.	26 novembre 1887.									
A. G. G.	28 décembre 1887.				1191					
A. G. G.	28 décembre 1887.				1191					
Rapp.	12 avril 1888.				502					
Décret.	12 avril 1888.		278		502					
A. G. G.	29 mai 1888.		272		504					
A. G.	29 mai 1888.				505					
Dép. M.	15 juin 1888.									
Dép. M.	15 octobre 1888.						470			

NATURE DES DOCUMENTS	DATES	RECUEILS A CONSULTER							OBSERVATIONS
		Bat.	B. C.	B. O. I.	J. C.	J. H.	B. M.	B. Col	
Dép. M.	29 octobre 1888.		1117						
Rapp.	7 décembre 1888.		1889						
Décret.	7 décembre 1888.		1889 89						
Rap. M.	9 mai 1889.	529	598						
Décret.	9 mai 1889.	531	598						
Décret.	26 août 1889.		943						
A. G. G.	11 septembre 1889.		858						
A. G. G.	20 septembre 1889.		873						
A. G. C.	20 septembre 1889.		873						

(27 janvier 1886)

RAPPORT M. *précédant le décret du 27 janvier 1886 portant organisation du protectorat de l'Annam et du Tonkin.*

J. R. F. p. 466.

(27 janvier 1886)

DÉCRET *portant organisation du protectorat de l'Annam et du Tonkin.*

J. R. F. p. 466.

(17 octobre 1887)

RAPPORT M. *précédant le décret du 17 octobre 1887 ayant pour objet l'union des pays qui constituent l'Indo-Chine, (Annam, Tonkin, Cochinchine et Cambodge).*

J. C. p. 1090.

Le projet de décret que nous avons l'honneur de soumettre à votre haute approbation a pour objet de réaliser l'Union des pays qui constituent l'Indo-Chine française (l'Annam, le Tonkin, la Cochinchine et le Cambodge), pour tout ce qui concerne :

L'Administration générale et la direction politique ;

Le Commandement des forces de terre et de mer ;

Les Services judiciaires ;

L'Administration des postes et télégraphes ;

L'Administration des douanes et régies.

L'union douanière est un fait accompli, puisqu'aux termes de la dernière loi de finances et du règlement d'administration publique rendu pour son exécution, un tarif unique, basé sur le tarif général métropolitain, est appliqué depuis le 1er juin dans l'Indo-Chine française.

En ce qui concerne la justice, les juridictions françaises dans l'Annam et le Tonkin relèvent actuellement de la cour de Saïgon : l'union judiciaire ne sera que la consécration de cet état de choses.

L'établissement d'un service unique pour les postes et les télégraphes s'impose par des considérations qu'il suffit d'indiquer. Aux termes des conventions postales internationales (article 32 du règlement de détail de Paris), la péninsule indochinoise ne forme qu'un seul territoire ; d'autre part, la ligne maritime postale qui dessert le Tonkin est subventionnée par le budget local de la Cochinchine ; le câble qui relie le cap Saint-Jacques à Haïphong est actuellement placé sous le contrôle du chef du service du Tonkin, mais c'est la Cochinchine qui supporte la moitié de la dépense afférente à l'exploitation de la ligne. Il y a là une communauté d'intérêts qui nécessite la création d'un service commun ; la séparation administrative de la Cochinchine et du Tonkin a donné lieu pour les services des postes et télégraphes à des difficultés, qui, jusqu'à présent, sont restées pendantes.

Au point de vue militaire, l'unité dans le commandement permettra de concentrer les forces réparties entre les différents pays de l'Union sur les points où leur présence sera reconnue nécessaire ; il sera possible de réaliser ainsi, sans affaiblir nos moyens d'action, une réduction sur l'effectif des troupes européennes appelées à servir en Indo-Chine.

Cette organisation implique l'unité dans la direction des affaires politiques et d'administration générale.

Le Gouverneur général de l'Indo-Chine aura sous sa haute autorité le Résident général de l'Annam et du Tonkin, le Lieutenant-Gouverneur de la Cochinchine, le Résident général au Cambodge et les cinq Chefs d'administration correspondant aux services communs de l'Indo-Chine.

Mais l'unité administrative restera limité aux services que nous avons énumérés ; chaque pays conservera son autonomie, son budget, son organisation propre, telle qu'elle résulte des institutions locales ou des actes diplomatiques passés avec les souverains des territoires placés sous le protectorat de la France.

L'union des pays indo-chinois ainsi comprise ne peut produire que d'heureux résultats :

Économie dans le personnel, résultant de la suppression d'emplois que l'organisation des services communs permettra de réaliser ;

Augmentation des recettes par l'extension à toute l'Indo-Chine de la perception en régie de certaines contributions indirectes qui, en Cochinchine et au Cambodge, donnent des revenus importants ;

Concentration de toutes les forces vives des pays de l'Union pour assurer la pacification complète de ces riches contrées et leur développement agricole, industriel et commercial ;

Réduction des dépenses métropolitaines par une meilleure utilisation des forces militaires et navales que la France entretient en Indo-Chine.

FLOURENS.

(17 octobre 1887)

DÉCRET *ayant pour objet l'union des pays qui constituent l'Indo-Chine (Annam, Tonkin, Cochinchine et Cambodge) pour tout ce qui concerne : l'administration générale et la direction politique ; le commandement des forces de terre et de mer ; les services judiciaires ; l'administration des postes et télégraphes ; l'administration des douanes et régies.*

(Promulg. A. G. G., 25 novembre 1887).
J. C. p. 1090.

Article premier. — L'administration supérieure de la colonie de la Cochinchine et des protectorats du Tonkin, l'Annam et du Cambodge est confiée à un Gouverneur général civil de l'Indo-Chine.

Art. 2. — Les services indo-chinois sont répartis entre cinq Chefs d'administration :

Le Commandant supérieur des troupes ;
Le Commandant supérieur de la marine ;
Le Secrétaire général ;
Le Chef du service judiciaire ;
Le Directeur des douanes et régies.

Un Trésorier-Payeur est chargé, sous les ordres immédiats du Gouverneur général, de la direction du Trésor pour les services indochinois.

Il peut être chargé du Trésor pour la Cochinchine et les pays du protectorat.

Art. 3. — Un Lieutenant-Gouverneur en Cochinchine, un Résident général au Tonkin et en Annam et un Résident général au Cambodge représentent l'autorité métropolitaine. Ils sont placés sous les ordres du Gouverneur général.

Art. 4. — Le Résident général de l'Annam et du Tonkin et le Résident général au Cambodge exercent, sous l'autorité du Gouverneur général, les pouvoirs qui leur sont conférés par la loi du 15 juin 1885, portant approbation du traité de Hué, et par la loi du 17 juillet 1885, portant approbation de la convention passée avec Sa Majesté le roi du Cambodge.

Le Gouverneur général, par délégation du Président de la République, statue sur les recours en grâce.

Art. 5. — Le Lieutenant-Gouverneur et les Résidents généraux reçoivent les instructions du Gouverneur général et en assurent l'exécution par les officiers et fonctionnaires appartenant aux diverses administrations.

Art. 6. — Le Gouverneur général correspond directement avec le Ministre de France en Chine, les consuls et vice-consuls de France à Batavia, Hong-kong, Singapore, Siam et Luang-Prabang. Il ne peut engager d'action politique ou diplomatique en dehors de l'autorisation du Gouvernement.

Art. 7. — Les différents services financiers en Indo-Chine sont soumis aux inspections métropolitaines ; les rapports des inspecteurs sont transmis en même temps au Ministre et au Gouverneur général.

Art. 8. — Toutes les dépenses des troupes de terre et de mer, françaises ou indigènes, de la flottille, des fortifications, du Gouvernement général, des postes et télégraphes, des contributions indirectes et des douanes, sont supportées par le budget de l'Indo-Chine.

Art. 9. — Les recettes comprennent les produits des postes et des télégraphes, les contributions de la Cochinchine et des pays du protectorat, telles qu'elles sont fixées par un arrêté du Ministre de la Marine et des Colonies, et la subvention métropolitaine.

Art. 10. — Le budget est préparé par le Gouverneur général et délibéré par le Conseil supérieur de l'Indo-Chine, composé :

Du Gouverneur général, *président ;*

Du Lieutenant-Gouverneur de la Cochinchine ;

Du Résident général en Annam et au Tonkin ;

Du Résident général au Cambodge ;

Et des cinq Chefs d'administration énumérés à l'article 2.

Il est approuvé par décret rendu en Conseil des Ministres, sur le rapport du ministre de la marine et des colonies.

Les contributions imposées à la Cochinchine et aux pays du protectorat sont inscrites aux budgets locaux comme dépenses obligatoires.

Art. 11. — Les contributions indirectes et les produits des douanes sont perçus par le service des douanes, et régis pour le compte des budgets locaux qui les ont établis ; il est fait, au profit du budget de l'Indo-Chine à titre de frais de perception, une retenue proportionnelle dont le quantum est fixé par le ministre de la marine et des colonies, sur la proposition du Gouverneur général.

Art. 12. — Des emprunts peuvent être contractés soit pour l'Indo-Chine, soit pour la Cochinchine ou l'un des pays du protectorat, avec la garantie du budget général de l'Indo-Chine. Dans le second cas, les intérêts et l'amortissement avancés par le budget général lui sont remboursés par le budget local intéressé, conformément aux conventions intervenues lors de l'approbation de l'emprunt.

Les emprunts sont approuvés par décrets en Conseil d'État.

Jules Grévy.

(20 octobre 1887)

DÉCRET *modifiant l'organisation de l'Indo-Chine.*

(Promulg. A. G. G. 10 décembre 1864)
J. C. p. 1137.

Article premier. — Le Gouverneur général de l'Indo-Chine, les Résidents généraux, Résidents supérieurs et Résidents dans l'Annam, le Tonkin et le Cambodge, sont nommés par décrets rendus sur les propositions du Ministre des Affaires Étrangères et du Ministre de la Marine et des Colonies.

Art. 2. — Aucune opération militaire ne peut être entreprise, aucun changement ne peut être apporté aux circonscriptions politiques ou administratives sans l'assentiment du Ministre des Affaires Étrangères.

Art. 3. — Le Gouverneur général et les Résidents généraux adresseront, chaque trimestre, au Ministre des Affaires Étrangères et au Ministre de la Marine et des Colonies, un rapport sur la situation des circonscriptions à la tête desquelles ils sont placés.

Art. 4. — Les emprunts qui ne seraient pas gagés sur des excédents constatés aux exercices antérieurs et ceux qui seraient contractés avant que les ressources locales du budget de l'Indo-Chine lui permettent de s'équilibrer sans subvention de la Métropole ne pourront être autorisés que par une loi.

JULES GRÉVY.

(12 novembre 1887)

DÉCRET *déterminant les attributions du Gouverneur général de l'Indo-Chine.—Tableau des emplois auxquels il est pourvu par décret ou par décision ministérielle.*

(Promulg. A. G. G. 21 décembre 1887).
J. C. p. 1177.

Article premier. — Le Gouverneur général civil de l'Indo-Chine française a sa résidence officielle à Saïgon, mais il peut séjourner dans toute autre ville de l'Indo-Chine française où les besoins du service l'appellent.

Art. 2. — Il organise les services de l'Indo-Chine et règle leurs attributions par des arrêtés provisoirement exécutoires.

Art. 3. — Il nomme à tous les emplois civils, à l'exception de ceux auxquels il est pourvu par décrets ou par décisions ministérielles dans les formes indiquées au tableau ci-annexé.

Art. 4. — Le Gouverneur général peut déléguer, par une décision spéciale et limitative, son droit de nomination au Lieutenant-Gouverneur et aux Résidents généraux.

Art. 5. — Des territoires pourront être provisoirement déterminés par le Gouverneur général, après avis de l'autorité militaire, pour être soumis à la juridiction militaire.

Dans ces territoires, le commandant supérieur des troupes exercera, par délégation, les pouvoirs du Gouverneur général, auquel il sera tenu de rendre compte.

Ces territoires rentreront sous le régime normal par décision du Gouverneur général.

Les décisions portant établissement provisoire ou cessation du régime militaire seront immédiatement portées à la connaissance du Ministre de la Marine et des Colonies et du Ministre des Affaires Étrangères.

Art. 6. — Sont abrogés le dernier paragraphe de l'article 4 du décret du 17 octobre 1887, aux termes duquel le Gouverneur général, par délégation du Président de la République, statue sur le recours en grâce, et toutes les dispositions contraires au présent décret.

JULES GRÉVY.

ANNEXE

(*Tableau des emplois de l'Indo-Chine auxquels il est pourvu par décret ou par décision ministérielle*).

Résidents généraux. Secrétaire général du gouvernement général. Secrétaire général de la résidence générale en Annam et au Tonkin. Résidents supérieurs, résidents et vice-résidents dans l'Annam, le Tonkin et le Cambodge.	Nommés par décrets, dans les conditions prévues par l'article 1er du décret du 20 octobre 1887.
Secrétaire général de la Cochinchine. Chefs d'administration et chefs de service. Administrateurs et administrateurs stagiaires.	Nommés par décrets sur la proposition du Ministre de la marine et des colonies.
Personnel judiciaire en Cochinchine et au Cambodge.	Nommé par décrets ou par arrêtés ministériels, dans les conditions prévues par le décret du 25 mai 1881.
Agents du Trésor.	Nommés dans les conditions prévues par le décret du 15 mai 1874.

Des fonctionnaires appartenant aux diverses Administrations métropolitaines peuvent, sur la demande du Gouverneur général, être détachés en Indo-Chine. Ils sont considérés comme en mission et conservent leurs droits à l'avancement suivant les règles propres à ces Administrations, dans lesquelles ils sont réintégrés à l'expiration de leur service en Indo-Chine.

(12 novembre 1887).

DÉCRET *fixant le traitement du personnel politique et administratif de l'Indo-Chine.*

(Promulg. A. G. G. 21 décembre 1887).
J. C. p. 1178.

Article premier. — La solde du personnel politique et administratif de l'Indo-Chine, est fixée comme suit :

	SOLDE d'Europe.	TRAITEMENT colonial.	INDEMNITÉ à forfait pour frais de service de représentation et de déplacement.
Gouverneur général	»	150,000	50,000
Résident général en Annam et au Tonkin	20,000	60,000	40,000
Lieutenant-Gouverneur en Cochinchine	15,000	50,000	30,000
Résident général au Camdodge	12,000	40,000	10,000
Résident supérieur à Hué	12,000	40,000	10,000
Sécrétaire général du gouvernement général	10,000	30,000	»
Secrétaire générale de la résidence générale en Annam et au Tonkin	9,500	25,000	»
Secrétaire général de la Cochinchine	9,500	25,000	»
Résidents de 1re classe	9,000	20,000	»
Administrateurs de 1re classe et résidents de 2e classe	7,500	15,000	»
Administrateurs de 2e classe et vice-résidents de 1re classe	6,500	13,000	»
Administrateurs de 3e classe et vice-résidents de 2e classe	5,000	10,000	»
Administrateurs stagiaires	3,500	7,000	»
Commis principaux de 1re classe et chanceliers	3,500	7,000	»
Commis principaux de 2e classe et commis de résidence de 1re classe	3,000	6,000	»
Commis rédacteurs de 1re classe et commis de résidence de 2e classe	2,500	5,000	»
Commis rédacteurs de 2e classe et commis de résidence de 3e classe	2,000	4,000	»

L'emploi d'Administrateur principal en Cochinchine est supprimé.

Art. 2. — L'indemnité pour dépenses accessoires et l'indemnité pour entrée en campagne prévues au décret du 3 février 1886 sont supprimées.

Toutefois, le Gouverneur général pourra accorder aux chefs de postes éloignés des indemnités pour frais de service, variant de 2,000 à 5,000 fr.

Les Agents appartenant au personnel diplomatique et consulaire qui seront détachés en Indo-Chine auront droit aux indemnités et avances prévues par les règlements du Ministère des Affaires indigènes.

Art. 3.— Sont spécialement abrogés les articles 6 et 7 du décret du 3 février 1886, ainsi que toutes les dispositions dudit acte et du décret du 4 mai 1881 qui seront contraires au présent décret.

JULES GRÉVY.

(19 novembre 1887)

RAPPORT *précédant le décret en date de ce jour portant modification à la composition du Conseil supérieur de l'Indo-Chine.*

(Promulg. A. G. G. 10 janvier 1888).
J. C. p. 42.

Le décret du 17 octobre 1887, relatif à l'organisation de l'Indo-Chine, établit à son article 10 la composition du Conseil supérieur du Gouvernement général de l'Indo-Chine française.

Les services administratifs de l'Union ont été placés, depuis la promulgation de cet acte, sous la direction d'un commissaire général de la marine qu'il nous paraît nécessaire de comprendre au nombre des membres du Conseil supérieur.

Nous estimons également qu'il convient de donner entrée dans ledit Conseil au fonctionnaire de l'inspection des colonies en service en Indo-Chine.

Tel est l'objet du projet de décret ci-joint, que nous avons l'honneur de vous prier de vouloir bien revêtir de votre signature.

FLOURENS.

(19 novembre 1887)

DÉCRET *portant modification à la composition du Conseil supérieur de l'Indo-Chine.*

(Promulg. A. G. G. 10 janvier 1888).
J. C. p. 42.

Article premier. — Le Chef des services administratifs de l'Indo-Chine fait partie du Conseil supérieur du Gouvernement général de l'Indo-Chine.

Art. 2. — Le fonctionnaire de l'inspection des colonies en service en Indo-Chine assiste aux séances du Conseil supérieur ; il a le droit de présenter ses observations dans toutes les discussions ; les affaires soumises à ce Conseil lui sont communiquées en temps utile pour qu'il puisse en prendre connaissance avant la séance.

JULES GRÉVY.

(26 novembre 1887)

DÉP. M. *Envoi de deux décrets en date du 19 novembre portant : l'un modification à la composition du Conseil supérieur de l'Indo-Chine; l'autre, reconstitution sur de nouvelles bases du Conseil privé de la Cochinchine.*

ARCH. GOUV.

Vous trouverez au *Journal officiel* de la République du 22 novembre courant, deux décrets en date du 19 du même mois que je vous prie de vouloir bien promulguer en Indo-Chine.

Le premier de ces actes a pour but de donner entrée dans le Conseil supérieur du Gouvernement général, d'une part, au chef des services administratifs de l'Indo-Chine, et d'autre part, au fonctionnaire de l'Inspection coloniale.

Par le second décret, le Conseil privé de la Cochinchine a été reconstitué sur de nouvelles bases et a été mis en harmonie avec l'organisation politique et administrative de l'Indo-Chine.

Je vous adresse ci-joint le numéro du *Journal officiel* qui contient le texte de ces actes.

ÉTIENNE.

(28 décembre 1887)

A. G. G. *déterminant les attributions du Secrétariat général du Gouvernement de l'Indo-Chine* (1).

J. C. p. 1191.

Article premier. — Le Secrétaire général du Gouvernement de l'Indo-Chine est chargé d'assurer la transmission et l'exécution de tous les actes émanant de l'autorité du Gouverneur général.

Il a seul qualité pour signer par délégation.

Art. 2.— Le secrétariat général comprend deux bureaux dont les attributions sont déterminées ainsi qu'il suit :

1er Bureau. — Relations politiques avec les pays de l'Union. — Police générale. — Cultes. — Enseignement. — Missions en Indo-Chine.

2e Bureau. — Administration générale. — Contentieux. — Finances. — Comptabilité. — Budget de l'Indo-Chine. — Conseil supérieur de l'Indo-Chine. — Rela-

(1) Supp. décret 12 avril 1888.

tions administratives avec les pays de l'Union. — Division territoriale. — Organisation des services. — Personnel politique et administratif. — Travaux publics. — Commerce. — Agriculture. — Industrie. — Institutions de crédit. — Relations avec les chefs d'administration énumérés à l'art. 2 du décret du 17 octobre 1887. — Affaires diverses.

Le bureau des interprètes européens et indigènes fait partie du secrétariat général.

CONSTANS.

(28 décembre 1887)

A. G. G. *réglant les attributions du cabinet du Gouverneur de l'Indo-Chine.*

J. C. p. 1191.

Les attributions du cabinet du Gouverneur général sont déterminées ainsi qu'il suit :

Ouverture et dépouillement de la correspondance à l'arrivée. Expédition des courriers. Relations avec les agents diplomatiques et consulaires et avec les autorités des colonies françaises et étrangères. Chiffre. Audiences. Presse. Journal officiel de l'Indo-Chine. Publications. Beaux-arts. Propositions pour la Légion d'honneur. Distinctions honorifiques. Affaires confidentielles.

CONSTANS.

(12 avril 1888)

RAPPORT *précédant le décret du 12 avril 1888, fixant la solde du personnel politique et administratif de l'Indo-Chine.*

J. C. p. 502.

(12 avril 1888)

DÉCRET *fixant la solde du personnel politique et administratif de l'Indo-Chine.*

(Promulg. A. G. G. 29 mai 1888).

B. C. p. 273.

J. C. p. 502.

Article premier. — Le cadre et la solde du personnel politique et administratif de l'Indo-Chine sont fixés comme suit :

DÉSIGNATION.	SOLDE D'EUROPE	TRAITEMENT COLONIAL.	FRAIS de représentation
	Francs.	Francs.	Francs.
Gouverneur général	30,000	60.000	60,000
Résident général en Annam et au Tonkin	20,000	40.000	40,000
Résident général au Cambodge	15,000	30.000	10.000
Résident supérieur à Hanoï	15,000	30.000	10,000
Directeur du service local en Cochinchine	15,000	30.000	10,000
Administrateurs principaux et résidents de 1re classe	9,000	18,000	»
Secrétaire général de la Cochinchine	7,500	15,000	»
Administrateurs de 1re classe et résidents de 2e classe	7,500	15,000	»
Administrateurs de 2e classe et vice-résidents de 1re classe	6,500	13,000	»
Administrateurs de 3e classe et vice-résidents de 2e classe	5,000	10,000	»
Administrateurs stagiaires	3.500	7.000	»
Commis principaux de 1re classe et chanceliers	3,509	7 000	»
Commis principaux de 2e classe et commis de résidence de 1re classe	3,000	6,000	»
Commis rédacteurs de 1re classe et commis de résidence de 2e classe	2,500	5,000	»
Commis rédacteurs de 2e classe et commis de résidence de 3e classe	2,000	4,000	»

Art. 1. — Le nombre des résidents et vice-résidents de la 1re classe ne pourra excéder la moitié du nombre des agents de la 2e.

Il pourra être accordé aux chefs de postes éloignés des indemnités pour frais de service variant de 2,000 à 5,000 francs.

Les agents appartenant au personnel diplomatique et consulaire, qui seront détachés en Indo-Chine, auront droit aux indemnités et avances prévues par les règlements du Ministère des Affaires étrangères.

Art. 3. — Toutes les dispositions contraires au présent décret sont abrogées.

CARNOT.

(29 mai 1888)

A. G. G. *déterminant la répartition des affaires traitées au Gouvernement entre le cabinet, le bureau politique et des protectorats et le bureau militaire.*

B. C. p. 272.
J. C. p. 504.

Le Gouverneur général *p. i.* de l'Indo-Chine, Officier de la Légion d'honneur et de l'Instruction publique,

Vu le décret du 12 novembre 1887 réglant les attributions du Gouverneur général,

ARRÊTE :

Toutes les affaires examinées ou traitées au Gouvernement général seront réparties ainsi qu'il suit entre le cabinet, le bureau politique et des protectorats et le bureau militaire :

I. — *Cabinet.* — Dépouillement, enregistrement et répartition de la correspondance à l'arrivée, expédition des courriers. — Affaires concernant la Cochinchine. — Audiences. — Propositions pour la Légion d'honneur, l'Ordre impérial du Dragon d'Annam, l'Ordre royal du Cambodge ; distinctions honorifiques. — Police générale. — Comptabilité. — Personnel. — Affaires confidentielles.

II. — *Bureau politique et des protectorats.* — Relations politiques et administratives avec les pays du protectorat. — Publications. — Beaux-arts. — Missions. — Traductions. — Commerce, agriculture, industrie. — Institutions de crédit. — Chiffre. — Relations avec les agents diplomatiques et consulaires et avec les autorités des colonies françaises et étrangères. — Presse, *Journal officiel* et *Gia-dinh-boa.*

III. — *Bureau militaire.* — Toutes les affaires millitaires concernant la Cochinchine et les pays de protectorat.

RICHAUD.

(29 mai 1888)

A. G. *fixant les traitements du chef du cabinet et du chef-adjoint.*

J. C. p. 505.

Article premier. — M. Merlande, administrateur de 1re classe des affaires indigènes, continuera à remplir les fonctions de chef du cabinet.

Art. 2. — M. Douville, sous-chef de bureau de 1re classe, est nommé chef adjoint du cabinet chargé de la direction du bureau politique et des protectorats.

Art. 3. — Le traitement annuel de ces deux fonctionnaires est fixé comme suit :

M. Merlande. . . . . 18,000 francs.
M. Douville . . . . 15,000 francs.

Art. 4. — Cette dépense sera imputée sur l'ensemble du chapitre Ier de la 1re division du budget général (1re section, article 1er).

Art. 5. — Les effets de cet arrêté courent à partir du 1er juin 1888.

RICHAUD.

(15 juin 1888)

DÉP. M. *Le Gouvernement général est seul investi du pouvoir juridictionnel en Cochinchine. En cas d'empêchement du Gouverneur général, ces prérogatives passent de droit au Gouverneur par intérim, mais ne peuvent être délégués* (1).

ARCH. GOUV.

(15 octobre 1888)

DÉP. M. *Instructions pour M. le Général de division, commandant en chef des troupes de l'Indo-Chine* (2).

B. M. p. 470.

(29 octobre 1888).

DÉP. M. *au sujet des nominations réservées au Département et faites, à titre provisoire, par le Gouverneur général.*

J. C. p. 1117.

Le décret du 12 novembre 1887 vous a réservé le droit de nommer à tous les emplois civils, à l'exception de ceux auxquels il est pourvu dans les formes indiquées par le tableau annexé à cet acte. Or, il arrive journellement que des fonctionnaires sont nommés sur place à un de ces derniers emplois « à titre provisoire et sous réserve de la ratification du Département ».

Cette manière de procéder présente de graves inconvénients ; il en résulte notamment un sensible accroissement de dépenses, puisque l'on attribue, dans la colonie, au fonctionnaire appelé provisoirement au grade supérieur le traitement intégral des fonctions qui lui sont confiées. J'ai, par suite, l'honneur de vous prier de vous abstenir de procéder dorénavant à des nominations de cette nature ; des propositions régulières d'avancement devront être adressées au Département en faveur des fonctionnaires qui, par leur manière de servir ou leur ancienneté de grade, paraissant susceptibles d'être nommés à l'emploi supérieur.

Il appartient au Ministre d'apprécier, en tenant compte de l'état des cadres, si vos propositions peuvent être accueillies ; en effet, le décret du 12 novembre 1887 n'a pas seulement conféré à l'Administration métropolitaine la faculté de ratifier vos désignations provisoires, mais il a spécifié que les titulaires des emplois, à partir des grades d'administrateur stagiaire et de vice-résident, seraient nommés par décret, sur la présentation du Ministre.

En conséquence, si vous vous trouvez dorénavant dans l'obligation d'assurer provisoirement un service, vous devrez, en l'absence de titulaires du grade, appeler un agent du grade immédiatement inférieur à occuper par intérim le poste vacant. L'intérimaire sera traité suivant les règlements en vigueur.

A. DE LA PORTE.

(7 décembre 1888)

RAPPORT *précédant le décret du 7 décembre 1888 réorganisant le Conseil supérieur de l'Indo-Chine.*

J. C. 1889, p. 89.

En présentant à votre signature le décret du 11 mai 1888, qui a supprimé le budget général de

(1) V. justice militaire.
(2) V. Général, commandant en chef les troupes de l'Indo-Chine.

l'Indo-Chine, je faisais observer que le Gouverneur général « continuerait d'examiner et de régler dans le Conseil supérieur de l'Indo-Chine, dont il est président, les budgets particuliers des divers pays qui composent l'Union indo-chinoise. »

Le Conseil supérieur devant bientôt se réunir pour l'examen des budgets de l'exercice 1889, il y a lieu d'apporter à sa composition les changements rendus nécessaires par les décrets des 12 avril et 11 mai 1888.

Tel est l'objet du décret ci-joint que j'ai l'honneur de soumettre à votre haute approbation.

KRANTZ.

(7 décembre 1888)

DÉCRET RÉORGANIQUE *du Conseil supérieur de l'Indo-Chine. — Abrogation des articles 2 et 10 du décret du 17 octobre 1887 relatif à l'organisation de l'Indo-Chine et du décret du 19 novembre 1887.*

(Promulg. A. G. 22 janvier 1889).
J. C. 1889, p. 89.

Article premier. — Le Conseil supérieur de l'Indo-Chine se compose :

Du Gouverneur général, *président;*

Du Commandant en chef des troupes de l'Indo-Chine ;

Du Commandant en chef de la division de l'Extrême-Orient et des forces navales stationnées en Indo-Chine ;

Du Résident général en Annam et au Tonkin ;

Du Directeur du service local de la Cochinchine ;

Du Résident général au Cambodge ;

Du Procureur général, chef du service judiciaire en Indo-Chine.

Il est complété, suivant les cas, par l'adjonction des membres désignés à l'article 5.

Art. 2. — Le Gouverneur général arrête, en Conseil supérieur de l'Indo-Chine, le budget local de la Cochinchine délibérée par le Conseil colonial.

Art. 3. — Le Conseil supérieur donne son avis : 1° sur le budget de l'Annam et du Tonkin ; 2° sur le budget du Cambodge ; 3° sur toutes les questions qui sont soumises à son examen par le Gouverneur général.

Art. 4. — Le budget de l'Annam et du Tonkin et celui du Cambodge sont approuvés par décrets rendus en Conseil des Ministres, sur la proposition du Ministre de la Marine et des Colonies.

Art. 5. — Le Résident supérieur au Tonkin prend séance au Conseil supérieur de l'Indo-Chine, avec voix délibérative, toutes les fois qu'il s'agit soit du budget de l'Annam et du Tonkin, soit de toute autre question intéressant le Protectorat. Les chefs des services administratifs : 1° de l'Annam et du Tonkin ; 2° de la Cochinchine et du Cambodge siègent également au Conseil supérieur, avec voix délibérative, pour toutes les questions qui concernent leur service.

Art. 6. — Le fonctionnaire de l'inspection des colonies en service en Indo-Chine assiste aux séances du Conseil supérieur ; il a le droit de présenter ses observations dans toutes les discussions ; les affaires soumises à ce Conseil lui sont communiquées, en temps utile, pour qu'il puisse en prendre connaissance avant la séance.

Art. 7. — En cas d'absence ou d'empêchement, le Commandant en chef de la division de l'Extrême-Orient et des forces navales stationnées en Indo-Chine est remplacé, avec voix délibérative : 1° pour les questions qui intéressent la Cochinchine et le Cambodge, par le Commandant de la division navale de la Cochinchine ; 2° pour les questions qui intéressent le Tonkin et le Cambodge, par le Commandant de la division navale du Tonkin.

Art. 8. — Le Conseil supérieur de l'Indo-Chine tient au moins une séance par an.

Il se réunit, sur la convocation du Gouverneur général, soit à Saïgon, soit dans toute autre ville que le Gouverneur général a désignée.

Art. 9. — Sont abrogés : 1° le premier paragraphe de l'article 36 du décret du 8 février 1880 ; 2° les articles 2 et 10 du décret du 17 octobre 1887 relatif à l'organisation de l'Indo-Chine ; 3° le décret du 19 novembre 1887 et toutes autres dispositions contraires au présent décret.

CARNOT.

(9 mai 1889)

RAPPORT M. *précédant le décret du 9 mai 1889 fixant les attributions, l'assimilation et les traitements du Lieutenant-Gouverneur de la Cochinchine et des Résidents supérieurs de Hué, de Hanoï et de Pnom-Penh.*

B. C. p. 529.
J. C. p. 598.

L'Administration du Protectorat de l'Annam et du Tonkin est actuellement confiée à un Résident général officiellement installé à Hué et ayant sous ses ordres, pour l'Administration du Tonkin, un fonctionnaire résidant à Hanoï. Le Résident général est lui-même placé sous la haute autorité du Gouverneur général de l'Indo-Chine, à qui il doit en référer pour toutes les questions importantes. Les décisions à prendre, la correspondance destinée à l'autorité métropolitaine, préparées à Hanoï, dirigées ensuite sur Hué pour être soumises au Résident général, ne sont acheminées sur Saïgon, où est le siège officiel du Gouvernement général, qu'après avoir subi des retards qu'augmente la difficulté des communications entre Hué et Hanoï, et qui sont très préjudiciables à la bonne expédition des affaires. Aussi en est-on venu, dans la pratique, à rendre le fonctionnaire chargé de l'administration du Tonkin presque indépendant du Résident accrédité auprès du roi de l'Annam. L'expérience de ce système, indiquée en 1887 dans les instructions adressées au Gouverneur général de l'Indo-Chine, avait donné à cette époque d'excellents résultats et avait été favorablement accueillie aussi bien à la cour de Hué que par la population européenne et les fonctionnaires indigènes du Tonkin.

La constitution de l'Union indo-chinoise a eu, en effet pour objet de concentrer entre les mains du Gouverneur général tous les pouvoirs politiques et administratifs précédemment dévolus, tant en Cochinchine qu'au Cambodge, en Annam et au Tonkin, aux différents fonctionnaires chargés de représenter le Gouvernement de la République.

C'est le Gouverneur général qui est, en réalité, le représentant du Gouvernement de la République accrédité à Pnom-Penh et à Hué par la convention du 17 juin 1884 et le traité du 6 juin de la même année. Les fonctionnaires installés en permanence auprès du roi du Cambodge n'agissent, en réalité, que suivant les ordres que leur adresse le Gouverneur général et dans la limite de la délégation qu'il leur confère.

En se plaçant à ce point de vue, qui est le seul conforme à la réalité des choses, il y a tout intérêt à consacrer l'indépendance de l'agent politique que nous entretenons à Hué et du fonctionnaire chargé de diriger l'administration du Tonkin.

Cette organisation, que des nécessités d'ordre pratique commandent, est loin d'être contraire à l'esprit des arrangements diplomatiques par lesquels nous sommes liés. L'Annam proprement dit, en vertu même du traité de 1884, est soumis à un Protectorat qui diffère essentiellement du régime adopté pour le Tonkin. Les conventions postérieures, et notamment l'ordonnance qui a investi le Kin-Luoc des pouvoirs royaux au Tonkin, ont encore accentué cette séparation.

Il appartiendra d'ailleurs au Gouverneur général, de qui relèveront directement les Résidents supérieurs de Hué et de Hanoï, de maintenir l'unité de vue dans la direction des affaires intéressant le Protectorat.

En supprimant l'emploi de Résident général en Annam et au Tonkin, en attribuant au fonctionnaire accrédité auprès de la cour de Hué le titre plus modeste et le traitement moins élevé de Résident supérieur, il nous a paru logique de donner la même désignation au représentant de la France au Cambodge, qui jouit actuellement des mêmes émoluments que le Résident supérieur de Hanoï.

La suppression de la résidence générale de Hué permet de réaliser une économie de 40,000 francs sur le traitement du personnel civil de l'Indo-Chine.

Enfin, le projet que nous avons l'honneur de soumettre à votre haute approbation supprime le

Directeur du service local, dont les attributions n'ont jamais été définies, et rend au fonctionnaire chargé, sous la haute autorité du Gouverneur général, de diriger l'administration de notre colonie de Cochinchine le titre de Lieutenant-Gouverneur qu'il avait antérieurement et les attributions qui lui avaient été conférées par le décret du 9 octobre 1887.

Si vous approuvez ces propositions, nous vous prions, Monsieur le Président, de revêtir de votre signature le décret ci-joint.

P. Tirard.

(9 mai 1889)

DÉCRET *fixant les attributions, l'assimilation et les traitements au Lieutenant-Gouverneur de la Cochinchine et des Résidents supérieurs de Hué, Pnom-Penh et Hanoï.*

(Promulg. A. G. G. 13 juin 1889).
B. C. p. 531.
J. C. p. 598.

Article premier. — Le Gouverneur général de l'Indo-Chine a sous ses ordres pour le seconder dans l'administration de la Cochinchine et des protectorats du Tonkin, de l'Annam et du Cambodge :

Un Lieutenant-Gouverneur, à Saïgon ;
Un Résident supérieur, à Hué ;
Un Résident supérieur, à Hanoï ;
Un Résident supérieur, à Pnom-Penh.

Art. 2. — Le Lieutenant-Gouverneur exerce les attributions qui lui ont été conférées par le décret du 29 octobre 1887.

Art. 3. — Le Résident supérieur à Hué et le Résident supérieur à Pnom-Penh exercent, par délégation du Gouverneur général, les pouvoirs qui sont conférés au représentant du Gouvernement de la République française par la loi du 15 juin 1885, portant approbation du traité de Hué, et par la loi du 17 juillet 1885, portant approbation de la convention passée avec Sa Majesté le roi du Cambodge.

Art. 4. — Le Résident supérieur à Hanoï remplit les fonctions précédemment dévolues au Résident général de l'Annam et du Tonkin, dans les provinces non comprises dans les limites fixées par l'article 3 du traité du 6 juin 1884.

Art. 5. — Le traitement du Lieutenant-Gouverneur de la Cochinchine et des Résidents supérieurs à Hué, à Hanoï et à Pnom-Penh est fixé comme suit :

Solde d'Europe.	Solde coloniale.	Frais de représentation
15,000f	30,000f	10,000f

Ces fonctionnaires auront, au point de vue de la retraite, l'assimilation de commissaire général de la marine.

Art. 6. — Sont et demeurent abrogées toutes dispositions contraires au présent décret.

Carnot.

(26 août 1889)

DÉCRET *modifiant la composition du Conseil supérieur de l'Indo-Chine et du Conseil privé de la Cochinchine (art. 1er). — Rapport.*

(Promulg. A. G. G. 3 octobre 1889).
J. C. p. 943.

(11 septembre 1889)

A. G. G. *supprimant le bureau des interprètes du Gouverneur général.*

J. C. p. 858.

(20 septembre 1889)

A. G. G. *supprimant le bureau politique et des protectorats au Gouvernement général ; — les attributions de ce bureau passent au cabinet du Gouverneur général.*

J. C. p. 873.

(20 septembre 1889)

A. G. G. *modifiant la composition du personnel européen du cabinet du Gouverneur général et déterminant la solde de ce personnel.*

J. C. p. 873.

NATURE DES DOCUMENTS	DATES	RECUEILS A CONSULTER							OBSERVATIONS
		Bat.	B. C.	B D.I	J.C.	J.H.	B. M.	B.Col	
A. M.	26 décembre 1887.				153				
Décret	26 décembre 1878.				154				
A. G. G.	28 décembre 1887.				1192				
A. G. G.	18 janvier 1888.				114				
A. G. G.	18 janvier 1888.				114				
A. G. G.	18 janvier 1888.				114				
Dép. M.	20 janvier 1888.								
Dép. M.	11 février 1888.								
A. G. G.	15 février 1888.				278				
A. G. G.	12 mars 1888.				333				
A. G.	4 avril 1888.				386				
Rapp.	11 mai 1888.				550				
Décret.	11 mai 1888.		327		551				
A. G. G.	30 mai 1888.		275		503				
Dép. M.	26 juillet 1888.								
Dép. M.	1er août 1888.								
Rapp. M.	7 septembre 1888.				1889 90				
Décret.	7 septembre 1888.								

(26 décembre 1887)

A. M. *déterminant les opérations effectuées par le trésorier-payeur de l'Indo-Chine et le payeur du Protectorat de l'Annam et du Tonkin, ainsi que les écritures à tenir par ces comptables* (1).

(Promulg. A. G. G. 16 février 1888).
J. C. 1888, p. 153.

(26 décembre 1887)

DÉCRET *relatif à l'organisation du service financier du Gouverneur général de l'Indo-Chine.*

(Promulg. A. G. 16 février 1888).
J. C. p. 154.

Article premier.— Le service de trésorerie du Gouverneur général de l'Indo-Chine française est dirigé par un trésorier-payeur.

Ce comptable réside à Saïgon.

Art. 2. — Le trésorier-payeur du Gouverneur général de l'Indo-Chine française est nommé par décret du Président de la République, rendu sur la proposition du Ministre des finances, après avis du Ministre de la marine et des colonies.

Art. 3. — Le cautionnement du Trésorier payeur est fixé par arrêté du Ministre des finances.

Art. 4. — Le trésorier-payeur est chargé, sous sa responsabilité, d'effectuer ou de faire effectuer les opérations concernant les services financiers du budget de l'Indo-Chine.

Il opère les recouvrements, pourvoit à l'acquittement des dépenses et centralise toutes les opérations de ce budget.

Il effectue ou fait effectuer pour son compte, conformément aux instructions qu'il reçoit directement du Ministre des finances, les recettes et les paiements relatifs aux services métropolitains.

Art. 5. — Le trésorier-payeur de l'Indo-Chine française est également chargé du service local de la Cochinchine, dans les conditions prévues par le décret du 5 juillet 1881.

Toutefois, par dérogation aux articles 10, 16 et 22 de ce décret, le receveur spécial du service local centralise directement les opérations effectuées par les comptables résidant dans les places, et sert d'intermédiaire entre le trésorier-payeur et ces comptables.

Le trésorier-payeur continuera néanmoins à leur donner directement des instructions, s'il y a lieu.

Art. 6. — Le trésorier-payeur a la faculté de faire exécuter les opérations prévues aux deux articles précédents par le payeur chef de service du Protectorat du Cambodge et le Payeur chef de service du Protectorat de l'Annam et du Tonkin. A cet effet, il correspond directement avec eux et leur adresse les instructions nécessaires.

Il n'est pas responsable de leur gestion.

Art. 7. — Les règles tracées par le décret du 20 novembre 1882 sont applicables

(1) V. Trésorerie.

au budget du Gouvernement général de l'Indo-Chine française, ainsi que les dispositions du règlement de comptabilité du 14 janvier 1869, concernant le mode de justification et de liquidation des dépenses du Ministère de la marine et des colonies.

Art. 8. — Des arrêtés régleront les rapports de comptabilité entre le Trésorier payeur de l'Indo-Chine française et le Payeur chef du service de trésorerie dans le Protectorat de l'Annam et du Tonkin.

CARNOT.

(28 décembre 1887)

A. G. G. *Préparation, administration et centralisation du budget général de l'Indo-Chine. — Ordonnancement, etc.*

J. C. p. 1192.

Artice premier. — Le budget général de l'Indo-Chine est administré par le Gouverneur général.

Art. 2. — Tous les renseignements nécessaires à la préparation et à l'administration du budget de l'Indo-Chine sont centralisés par le Secrétaire général du Gouvernement.

Art. 3. — Les ordonnateurs secondaires sont, pour les dépenses intéressant le Gouvernement général :

Le Secrétaire général ;

Pour les services civils de l'Indo-Chine :

1° Le Lieutenant-Gouverneur de la Cochinchine ;

2° Le Résident général en Annam et au Tonkin ;

3° Le Résident général au Cambodge ;

4° Le Résident supérieur à Hué.

Art. 4. — Le Gouverneur général délègue, par arrêté, les crédits nécessaires aux ordonnateurs secondaires.

Dans la première quinzaine de chaque mois, il opère la répartition des fonds destinés à faire face aux dépenses du mois suivant.

Art. 5. — Les ordonnateurs secondaires peuvent, sous leur responsabilité et après avis du Gouverneur général, déléguer la signature aux fonctionnaires chargés de la direction de leurs bureaux.

Art. 6.—Les dépenses des services civils sont liquidées par les soins du chef d'administration qui les a engagées ; ce dernier peut, s'il le juge nécessaire et sous sa responsabilité, déléguer pour cette opération les chefs de service ou les fonctionnaires placés sous ses ordres.

CONSTANS.

(18 janvier 1888)

A. G. *fixant le montant de la retenue proportionnelle à exercer sur les budgets locaux des Protectorats à titre de frais de perception et au profit du budget local de l'Indo-Chine par l'Administration des douanes et régies* (*Décret du 17 octobre 1887* (*art. 11*).

J. C., p. 114.

Article premier. — Le montant de la retenue proportionnelle à exercer sur les budgets locaux des protectorats est fixé, savoir :

Pour l'Annam et le Tonkin à . . . . . . 660,000 fr.

Pour le Cambodge à. . . . . 100,000 fr.

CONSTANS.

(18 janvier 1888)

A. G. G. *Le budget général de l'Indo-Chine est rendu exécutoire provisoirement à partir du 15 février 1888.*

J. C. p. 114.

Article premier. — Le budget primitif de l'Indo-Chine, tel qu'il a été adopté par le Conseil supérieur, est rendu provisoirement exécutoire à partir du 15 février 1888.

Il sera ultérieurement soumis à l'approbation du Conseil des Ministres, conformément aux prescriptions de l'article 10 du décret du 17 octobre 1887.

CONSTANS.

(18 janvier 1888)

A. G. G. *Les excédents des recettes sur les dépenses des budgets locaux du Cambodge et de l'Annam et du Tonkin seront versés au fonds de réserve du budget général.*

J. C. p. 114.

Article premier. — Les excédents des recettes sur les dépenses des budgets locaux du Cambodge et de l'Annam et du Tonkin seront versés au fonds de réserve du budget général.

Art. 2.— Le fonds de réserve ne peut être employé qu'en vertu d'arrêtés spéciaux du Gouverneur général, déterminant la nature et le montant de chaque dépense. (Délibération du Conseil supérieur du 18 janvier 1888).

CONSTANS.

(20 janvier 1888)

DÉP. M. *(extrait). Notification de deux décrets en date du 26 décembre 1887 réglant : le premier, l'organisation du service de trésorerie du Gouverneur général ; le second, le fonctionnement du service de trésorerie en Annam et au Tonkin. — Envoi de deux arrêtés ministériels déterminant : l'un, la situation des agents du Trésor en service au Tonkin ; et l'autre, les rapports du trésorier-payeur de l'Indo-Chine avec le payeur, chef du service en Annam et au Tonkin.*

ARCH. GOUV.

. . . .

Ainsi que vous le remarquez, le service financier de l'Indo-Chine se trouve constitué sur les mêmes bases que celui qui fonctionne en Cochinchine et dans les autres colonies. Il m'a paru que le moment n'était pas venu de modifier le système actuellement en vigueur. Le Département des finances avait, au début, été amené à proposer une organisation d'après laquelle les opérations financières des budgets de l'Indo-Chine avaient cessé de venir se fondre dans la comptabilité centrale du Trésor français dont elles seraient distinctes comme le sont, dans la Métropole, les opérations financières des villes. Les agents chargés d'effectuer le nouveau service auraient continué à opérer des paiements et à encaisser certaines recettes pour le compte du budget général de l'État, mais en se bornant à ouvrir au Trésor français un compte courant et sans avoir avec lui d'autres relations que celles de banquier à banquier.

Frappée des conséquences qu'entraînerait cette organisation, mon Administration a fait valoir qu'il ne lui paraissait pas possible que la Métropole, qui contribue pour une somme de 20 millions aux dépenses de l'Indo-Chine, se dégageât de toute obligation de centralisation et de contrôle pour les services financiers de l'Indo-Chine. D'un autre côté, comme on ne saurait admettre que la comptabilité des Trésoriers de l'Indo-Chine et de la Cochinchine soit adressée directement à la Cour des comptes, l'Administration centrale des colonies se serait trouvée dans l'obligation de prendre dans ses attributions la centralisation et le contrôle dont le Ministère des Finances se serait désintéressé.

Or, l'Administration des colonies ne comportait pas le personnel spécial et les moyens d'action nécessaires pour se charger de ces opérations.

Une autre conséquence des projets de réorganisation consistait à laisser aux autorités locales le soin et la responsabilité d'effectuer toutes les opérations se rapportant à l'approvisionnement des caisses *hors du concours direct du Ministre des Finances*. Mon Administration a demandé le maintien de l'état de choses actuel qui seul offre les garanties nécessaires aux fonctionnaires du Trésor et les met à l'abri de la malveillance et des soupçons.

J'ai admis toutefois que les risques provenant des frais de négociations et de change ne seraient plus laissés dorénavant à la charge de l'État ; il m'a paru qu'il serait légitime de mettre ces risques à la charge du budget de l'Indo-Chine.

Le Département des Finances a accepté avec empressement cette concession qui lui a permis de ne pas insister pour qu'il soit donné suite pour le moment aux projets concernant l'organisation des services de Trésorerie de l'Indo-Chine et de la Cochinchine qui resteront soumis aux règles fondamentales des décrets des 20 novembre 1882 et 15 mars 1874.

Mais, M. Tirard a émis l'avis qu'il y aurait néanmoins lieu de poursuivre l'étude plus approfondie du système proposé par mon Département et qui lui paraît présenter de sérieux avantages sur l'organisation actuelle.

Pour répondre à ce désir, j'ai l'honneur de vous transmettre, à titre documentaire, la copie du projet de décret primitif préparé par l'Administration des Finances, en vue de réaliser la réforme qui a été ajournée. Je ne puis que vous prier, ainsi que j'en ai donné l'assurance à M. Tirard, de vouloir bien étudier, de concert avec M. le trésorier-payeur, cette importante question : il vous appartiendra de me faire connaître les résultats de cette étude, et au besoin de me saisir des propositions que vous croirez devoir formuler.

. . . .

(11 février 1888)

DÉP. M. *Instructions au sujet du fonctionnement du budget de l'Indo-Chine.*

ARCH. S. AD.

(15 février 1888)

A. G. G. *promulguant et rendant exécutoire dans les pays du protectorat (Cambodge, Annam et Tonkin) et d'une manière générale pour l'administration du budget de l'Indo-Chine, le décret du 20 novembre 1882 sur la comptabilité.*

J. C. p. 278.

Article premier. — Est promulgué et rendu exécutoire dans toute l'étendue des pays du Protectorat (Cambodge, Annam et Tonkin) et d'une manière générale pour l'administration du budget de l'Indo-Chine, le décret du 20 novembre 1882, à l'exception des dispositions de cet acte contraires aux décrets organiques susvisés et notamment des articles 1 à 36, 98, 148 à 153, 155, 156, 182 à 186, 187 à 190, 193 à 196, 216, 219 à 221, 224 à 228 dudit décret.

Art. 2. — Le Lieutenant-Gouverneur en Cochinchine et les Résidents généraux au Cambodge, en Annam et au Tonkin rempliront les fonctions dévolues par le décret du 20 novembre 1882 au Directeur de l'Intérieur.

Art. 3. — La commission prévue par l'article 141 du décret précité sera, pour l'Annam et le Tonkin, composée de trois membres pris dans le sein du Conseil du Protectorat.

Art. 4. — La concordance des écritures de chaque ordonnateur avec celle du payeur, chef de service, ayant été reconnue par ladite commission, le procès-verbal de cette constatation est transmise au Gouverneur général, avec le compte rendu du budget et les diverses pièces et tableaux destinés à permettre l'examen de la gestion.

Ces diverses opérations sont faites, tant pour le budget particulier de chaque pays de protectorat que pour la partie du budget général confiée à la gestion des ordonnateurs secondaires.

Art. 5. — Aucune taxe ou contribution ne peut être établie au profit des budgets locaux des pays de protectorat que par décision du Gouverneur général.

Art. 6. — Les taxes ou contributions perçues au profit des communes ou de tout autre établissement pourront, toutefois, être établies par le Lieutenant-Gouverneur en Cochinchine et par les Résidents généraux pour les autres pays de protectorat.

Art. 7. — La perception des revenus publics, autres que les produits des douanes et des postes et télégraphes, sera faite au Cambodge, en Annam et au Tonkin par les agents du Trésor, sous la responsabilité des payeurs, chefs de service, dans les places où le service du Trésor est représenté, et dans les autres localités par les agents de protectorat institués à cet effet par les Résidents généraux.

Art. 8. — La centralisation des recettes de toute nature sera opérée par les agents du Trésor, au moyen des versements réguliers des divers comptables des deniers publics.

Art. 9. — La forme des registres, comptes, pièces, etc., du service de la perception sera celle suivie en Cochinchine, et les divers agents chargés de la perception recevront, à cet effet, de leurs chefs des instructions spéciales.

CONSTANS.

(12 mars 1888)

A. G. G. *déterminant les opérations de recettes et de dépenses que le payeur du Protectorat effectuera avec le caissier payeur central à Paris et avec le trésorier-payeur de l'Indo-Chine et du service local de Cochinchine* (1).

J. C. p. 333.

(4 avril 1888)

A. G. *ouvrant pour mémoire au budget général de l'Indo-Chine, 5e division, un article intitulé :* Dépenses à rembourser ultérieurement, *sur lequel seront imputées toutes les dépenses exécutées par les services étrangers au budget général de l'Indo-Chine.*

J. C. p. 386.

Article premier.— Il est ouvert pour mémoire au budget général de l'Indo-Chine, 5e division, un article intitulé : *Dépenses à rembourser ultérieurement,* sur lequel seront imputées toutes les dépenses exécutées pour les services étrangers au budget général de l'Indo-Chine.

CONSTANS.

(11 mai 1888)

RAPPORT *précédant le décret en date de ce jour, supprimant le budget général de l'Indo-Chine.*

J. C. p. 550.

Dès le début de notre intervention en Annam et au Tonkin, les Chambres et le Gouvernement ont eu à se prononcer entre le système du protectorat et celui de l'annexion.

Le régime de l'administration directe avait ses partisans, qui pouvaient invoquer comme argument la prospérité croissante de notre colonie de Cochinchine. Il a paru néanmoins meilleur de li

(1) V. Trésorerie. — Annam et Tonkin.

miter notre action aux grands intérêts politiques, au lieu de chercher à l'étendre, dans un vaste empire comme l'Annam et le Tonkin, aux innombrables détails de l'administration intérieure. Ainsi que le faisait remarquer avec raison le rapport qui précédait le décret du 28 janvier 1886, il existe dans le royaume annamite un organisme relativement perfectionné; il suffit « de le faire fonctionner dans le sens de nos idées et des progrès que nous voulons faire réaliser à ces pays. »

Les négociateurs du traité du 6 juin 1884 s'étaient d'ailleurs inspirés des mêmes idées.

En attribuant à notre Résident général la direction des relations extérieures du royaume annamite, le traité de Hué réserve expressément au roi la direction de l'administration intérieure de l'Annam proprement dite. Au Tonkin, nos Résidents ont à la fois le contrôle de toute l'Administration et la haute-main sur le service de l'impôt. Ils peuvent requérir la révocation des fonctionnaires de tout ordre, et interviennent d'une manière plus active qu'en Annam dans le règlement des affaires locales. Leur action ne doit pas perdre toutefois les caractères essentiels qui distinguent le contrôle de l'administration directe.

Le régime du protectorat a pacifié le Cambodge; loyalement accepté aujourd'hui par la cour de Hué, il nous permettra de nous concilier définitivement les populations de l'Annam et du Tonkin.

Ce serait une erreur de le croire incompatible avec l'Union indo-chinoise, que le décret du 17 octobre 1887 a établi et que le décret du 12 avril 1888 a maintenue, en la restreignant dans ses justes limites. L'institution d'un haut fonctionnaire, chargé de faire converger dans le même sens les forces administratives de la Cochinchine et la politique des pays placés sous notre protectorat, se justifie par les mêmes raisons qui ont conduit le Gouvernement à mettre sous les ordres du général commandant la division d'occupation toutes les troupes stationnées en Indo-Chine, et à la disposition du commandant en chef de la marine tous les navires dont se composaient les stations locales.

Mais, autant l'unité d'action s'impose pour la bonne conduite de notre politique et des opérations militaires, autant la fusion administrative de la Cochinchine et des pays de protectorat est, à mon avis, inutile et dangereuse.

L'institution du secrétariat général de l'Indo-Chine, qui avait soulevé dans les deux Chambres de vives critiques, ne m'a donc pas paru pouvoir être conservée. Il en est de même du procédé de comptabilité qui a été désigné sous le nom de budget général de l'Indo-Chine.

Pour constituer à ce budget une dotation, il a fallu démembrer à son profit les budgets particuliers. On a concentré ainsi à Saïgon l'ordonnancement de la plupart des dépenses des pays de protectorat, et par là même la direction des services auxquels ces dépenes correspondent, enlevé aux Résidents généraux l'autorité qu'ils doivent exercer sous le contrôle direct du Gouverneur et entrepris une œuvre d'absorption administrative qui aurait pour conséquence logique l'annexion.

Vous avez bien voulu sanctionner, par le décret du 12 avril 1888, la suppression du secrétariat général de l'Indo-Chine.

Cette suppression entraîne nécessairement celle du budget général de l'Indo-Chine, dont les bureaux du secrétariat général avaient l'administration.

Le rôle du Gouverneur général, pour être ainsi modifié, n'en sera pas amoindri.

Rien ne sera changé aux attributions essentielles qu'il tient des décrets des 17 octobre et 12 novembre 1887. Son autorité sur les Résidents généraux et sur le Directeur du service local en Cochinchine subsistera tout entière.

Il continuera d'examiner et de régler dans le Conseil supérieur de l'Indo-Chine, dont il est président, les budgets particuliers des divers pays qui composent l'Union indo-chinoise; il statuera ainsi, comme par le passé, sur toutes les questions d'ordre financier.

Il aura seul le droit, conformément au décret du 12 novembre 1887, de déterminer les territoires qui pourront être provisoirement soumis à la juridiction militaire, et de les faire rentrer sous le régime normal quand le moment lui paraîtra venu.

Il gardera enfin la nomination de la plupart des fonctionnaires.

La disparition du budget général de l'Indo-Chine, dont j'ai indiqué plus haut les avantages, ne paraît donc devoir préjudicier en rien à l'autorité réelle du Gouverneur général et à son action efficace sur toutes les affaires qui méritent, par leur importance, de lui être réservées.

Au point de vue financier, elle aura pour premier résultat la simplification des écritures. Elle permettra, en outre, de constater sans peine la véritable situation financière des divers pays qui composent l'Union indo-chinoise.

Dans l'état actuel des choses, chacun de ses pays a bien conservé son budget où toutes ses recettes ont continué d'être inscrites, à l'exception du produit des postes et des télégraphes qui figure au budget général.

Mais au lieu de rester groupées, comme les recettes, à leur place naturelle, les dépenses de chaque pays se répartissent, dans des proportions inégales, entre son budget particulier et le budget général de l'Indo-Chine.

Ce dernier budget, comme il vient d'être dit, ne reçoit directement que le produit des postes et télégraphes, évalué à 584,000 francs (dont 416,000 proviennent de la Cochinchine et 168,000 de l'Annam et du Tonkin).

Il n'en doit pas moins acquitter des dépenses, dont le total s'élève pour l'exercice 1888 à 56.350,150 francs.

L'équilibre entre la recette et la dépense s'obtient uniquement par la subvention de la Métropole et par les versements que font au budget général les divers budgets particuliers.

Le budget réel de chaque pays ne peut ainsi être connu qu'à la suite d'une série d'opérations assez compliquées.

Toutes ces complications risquent de faire naître dans certains esprits des doutes auxquels il y a lieu de mettre un terme.

Le Gouvernement n'a pas de plus grand intérêt que de présenter sous une forme facilement saisissable pour tous le tableau des recettes et des dépenses de l'Annam et du Tonkin. Nul n'ignore que notre Protectorat ne se suffit pas encore à lui-même. Mais on sait également que l'insuffisance de ses recettes s'atténue chaque année, et c'est en la faisant connaître avec une entière exactitude qu'on empêchera l'opinion de s'en exagérer l'importance.

Cette clarté si nécessaire sera obtenue par l'imputation à chaque budget particulier des dépenses qui doivent moralement lui incomber.

Les dépenses du budget général de l'Indo-Chine, telles qu'elles ont été réglées par le Gouverneur général, sont réparties en cinq sections, dont une correspond à la Cochinchine, une autre au Cambodge, une troisième à l'Annam et au Tonkin. Les deux dernières sections comprennent seulement le fonds de réserve commun aux pays de l'Indo-Chine française (4,037,758 francs), qui trouvera tout son emploi dans l'Annam et le Tonkin, et 755,000 francs de dépenses dites de Gouvernement général.

Pour reconstituer les budgets particuliers, il suffit donc : 1° de rendre à chacun d'eux comme recettes sa part dans le produit des postes et télégraphes telle qu'elle a été indiquée plus haut ; 2° de comprendre parmi ses dépenses celles déjà inscrites pour chaque pays à la section du budget général qui le concerne.

Quant au crédit de 755,000 francs pour le Gouvernement général, qui seul représente réellement les dépenses communes de l'Indo-Chine, une grande partie de ce crédit est devenue inutile à cause des suppressions d'emplois qui résultent du décret du 12 avril 1888 ; l'autre se compose de dépenses de matériel et de personnel qui étaient, l'an dernier encore, supportées par le budget local de la Cochinchine où il n'y aura qu'à les rétablir.

Par suite de la suppression du budget général, la subvention de la Métropole et le contingent de la Cochinchine figureront désormais, conformément à la réalité des choses, parmi les recettes de l'Annam et du Tonkin.

Les contingents que la Métropole a le droit d'exiger de ses colonies constituent pour elle une ressource dont elle fait usage à son gré. On ne saurait donc s'étonner de la voir employer dans l'Annam et le Tonkin le contingent qui lui est fourni par la Cochinchine et que le décret du 17 octobre 1887 avait déjà transporté pour l'exercice courant au budget général de l'Indo-Chine.

La quotité de ce contingent au lieu d'être fixée par arrêté ministériel sera déterminée à l'avenir, comme avant le décret du 17 octobre 1887, par la loi annuelle de finances. L'intervention du Parlement est de droit commun en pareille matière, d'après la législation coloniale. Il m'a paru équitable de ne pas priver la Cochinchine de cette garantie.

L'article 2 du projet de décret que j'ai fait préparer dispose enfin que le contingent versé par la Cochinchine au budget de l'Annam et du Tonkin sera exclusivement appliqué aux dépenses militaires. Ce sont là des dépenses qui intéressent la sécurité des frontières de notre colonie, et auxquelles il serait par conséquent difficile de soutenir qu'elle peut rester indifférente.

Les articles 3 et 4 contiennent des dispositions transitoires qui ne me semblent pas exiger d'application spéciale.

J'ai, en conséquence, l'honneur de soumettre à votre signature le projet de décret ci-joint.

(11 mai 1888)

DÉCRET *supprimant le budget général de l'Indo-Chine et restituant aux budgets particuliers les recettes qui le composent.*

(Promulg. A. G. 18 juin 1888).
B. C. p. 327.
J. C. p. 551.

Article premier. — Le budget général de l'Indo-Chine est supprimé.

Les recettes qui le composent sont restituées aux budgets particuliers qui les ont fournies.

Art. 2. — Le budget de l'Annam et du Tonkin comprend en recettes, outre ses ressources propres : 1° la subvention de la Métropole ; 2° le contingent dû par la Cochinchine à la Métropole.

Ce contingent, fixé par la loi annuelle de finances, est appliqué exclusivement aux dépenses de l'Annam et du Tonkin.

Art. 3. — A partir de la promulgation du présent décret, il ne sera plus mandé de dépenses au titre du budget général de l'Indo-Chine.

Les sommes antérieurement payées à ce titre seront réimputées sur les budgets particuliers auxquels doit incomber la dépense.

Art. 4. — Il sera prélevé sur les crédits précédemment transportés du budget de la Cochinchine au budget général de l'Indo-Chine une somme de 11,340,000 francs pour être affectée, pendant l'exercice 1888, au paiement des dépenses militaires de l'Annam et du Tonkin.

Art. 5. — Toutes dispositions contraires à celles du présent décret sont abrogées.

CARNOT.

(30 mai 1888)

A. G. G. *indiquant de quelle manière sont modifiés les divers budgets locaux de la Cochinchine, du Cambodge, de l'Annam et du Tonkin, en exécution du décret du 11 mai 1888 qui supprime le budget général de l'Indo-Chine.*

B. C. p. 275.
J. C. p. 503.

Article premier. — Le budget général de l'Indo-Chine est supprimé.

Les crédits en seront transportés en totalité, suivant leur nature, au budget de la marine, au budget colonial et aux budgets locaux de la Cochinchine et des Protectorats du Cambodge, de l'Annam et du Tonkin. Les dépenses effectuées depuis le commencement de l'exercice seront également rattachées aux budgets qu'elles concernent.

Art. 2. — Toutes les dépenses concernant le budget général de l'Indo-Chine, et notamment celles se rapportant à la solde du mois de mai, seront liquidées et mandatées le 31 mai 1888 au soir.

L'époque de la clôture des paiements à faire sur les mandats dudit budget est fixée : 1° au 30 juin 1888 à la caisse du trésorier-payeur à Saïgon et à celles des payeurs chefs de service à Hanoï et Pnom-Penh ; 2° au 20 juin 1888 aux caisses de tous les autres comptables.

Art. 3. — Toutes les créances afférentes au budget de l'Indo-Chine qui n'auraient pu être liquidées à la date du 31 mai seront imputées ultérieurement sur le budget qu'elles concernent. Il en sera de même pour les mandats déjà ordonnancés et restant à payer au 30 juin.

RICHAUD.

(26 juillet 1888)

DÉP. M. *Instructions au sujet du rattachement aux budgets particuliers des dépenses acquittées au titre de l'Indo-Chine (application de l'art. 3 du décret du 11 mai 1888).*

ARCH. GOUV.

Dans ma dépêche du 26 mai dernier confirmant un télégramme du 21 du même mois, j'ai eu l'honneur de vous signaler les modifications apportées aux budgets du service local de la Cochinchine, du Cambodge, de l'Annam et du Tonkin, par suite de rattachement à ces différents budgets, en exécution du décret du 11 mai 1888, des recettes et des dépenses précédemment inscrites au budget général de l'Indo-Chine. Il importait de statuer sur les mesures à prendre pour rattacher aux budgets du service marine et du service colonial également visés dans l'art. 3 dudit décret, les dépenses déjà classées au budget général de l'Indo-Chine. Ces mesures sont indiquées dans une circulaire adressée le 11 juin courant aux autorités maritimes dans les ports et dont je vous transmets ci-joint copie.

Ainsi que vous le remarquez, cette circulaire laisse à l'Administration de la Cochinchine le soin de procéder à la réimputation aux différents budgets des dépenses qui auraient été acquittées pour leur compte au titre de l'Indo-Chine.

Il m'a paru que l'Administration de la Cochinchine, en possession de toutes les justifications se rapportant aux opérations qui ont reçu ce classement, par suite de la transmission, je lui en fais chaque mois, était seule en mesure de procéder à cette réimputation.

En conséquence, pour ce qui concerne le service marine, je vous prie de prendre les mesures nécessaires pour que les dépenses dont les justifications vous seront parvenues avec la comptabilité de l'Indo-Chine soient attachées au budget dudit service dans la forme ordinaire, c'est-à-dire au moyen d'une imputation au compte, « Avances au service marine. » Quant aux dépenses du service colonial qui se trouveront dans les mêmes conditions, elles devront faire l'objet d'une réimputation au compte des chapitres en cause du budget et je vous délègue à cet effet, ainsi que pour les dépenses susceptibles d'être acquittées jusqu'à l'achèvement de l'exercice 1888, les crédits suivants, savoir :

Dépenses des services civils.

Chapitre	3. Personnel des services civils......	50,000 fr.
—	8. Frais de voyage par terre et par mer.	3,000
—	14. Dépenses diverses et d'intérêt général.	4,200

Dépenses des services militaires.

—	6. Personnel des services militaires . . .	320,000
—	7. Agents des vivres et du matériel . . .	100,000
—	8. Frais de voyage par terre et par mer.	18,000
—	10. Vivres	900,000
—	11. Hôpitaux. Personnel.	300,000
—	11 *bis*. Hôpitaux. Matériel	20,000
—	13. Matériel des services militaires	338,570
—	14. Dépenses diverses et d'intérêt général.	22,660

Je vous serai obligé de m'accuser réception de la présente dépêche.

A. DE LA PORTE.

(1er août 1888)

DÉP. M. *Instructions au sujet du rattachement aux différents budgets des dépenses faites en France pour le compte de l'Indo-Chine.*

ARCH. GOUV.

Par lettre du 17 juin dernier, vous m'avez prié, pour vous permettre de rattacher aux différents budgets les dépenses affectées au titre du budget général de l'Indo-Chine, de vous adresser un état des dépenses qui ont été acquittées en France tant pour les services militaires que pour les services de la marine.

J'ai l'honneur de vous faire remarquer qu'aux termes de la dépêche du 11 février 1888, relative au fonctionnement du budget de l'Indo-Chine, la centralisation de toutes ces dépenses devait être effectuées par les soins de l'Administration de la Cochinchine.

Dans ces conditions, l'Administration centrale des colonies s'est dessaisie de toutes les justifications se rapportant à ces opérations et elle n'est plus, par suite, en mesure de vous en fournir l'état. Je ne puis, dès lors, que me référer aux envois qui vous ont été effectués aux dates ci-après :

28 mai.	— Paiements	de mars	174,288,49
21 juin.	—	d'avril	448,701,10
23 juillet.	—	de mai	14,602,70

Je saisis cette occasion pour vous faire remarquer que les opérations faites pour le compte de l'Annam et du Tonkin, depuis le mois de février jusqu'à mai inclus, vous ont été adressées les 13 avril, 17 mai, 21 juin et 23 juillet.

(7 septembre 1888)

RAPP. M. *précédant le décret du 7 septembre 1888 portant réorganisation du Conseil supérieur de l'Indo-Chine.*

ARCH. GOUV.

En présentant à votre signature le décret du 11 mai 1888, qui a supprimé le budget général de l'Indo-Chine, je faisais observer que le Gouverneur général « continuerait d'examiner et de régler dans le Conseil supérieur de l'Indo-Chine, dont il est le président, les budgets particuliers des divers pays qui composent l'Union indochinoise. »

Le Conseil supérieur devant bientôt se réunir pour l'examen des budgets de l'exercice 1889, il y a lieu d'apporter à sa composition les changements rendus nécessaires par les décrets des 12 avril et 11 mai 1888.

Tel est l'objet du décret ci-joint que j'ai l'honneur de soumettre à votre haute approbation.

KRANTZ.

(7 septembre 1888)

DÉCRET *portant réorganisation du Conseil supérieur de l'Indo-Chine.*

(Promulg. A. G. G. 5 juin 1889).
J. C. p. 90.

Article premier. — Le Conseil supérieur de l'Indo-Chine se compose :

Du Gouverneur général, *président* ;

Du Commandant en chef des troupes de l'Indo-Chine ;

Du Commandant en chef de la division de l'Extrême-Orient et des forces navales stationnées en Indo-Chine ;

Du Résident général en Annam et au Tonkin ;

Du Directeur du service local de la Cochinchine ;

Du Résident général au Cambodge ;

Du Procureur général, chef du service judiciaire en Indo-Chine.

Il est complété, suivant les cas, par l'adjonction des membres désignés à l'art. 5.

Art. 2. — Le Gouverneur général arrête, en Conseil supérieur de l'Indo-Chine, le budget local de la Cochinchine délibéré par le Conseil colonial.

Art. 3. — Le Conseil supérieur donne son avis : 1° sur le budget de l'Annam et du Tonkin ; 2° sur le budget du Cambodge ; 3° sur toutes les questions qui sont soumises à son examen par le Gouverneur général.

Art. 4. — Le budget de l'Annam et du Tonkin et celui du Cambodge sont approuvés par décrets rendus en Conseil des Ministres, sur la proposition du Ministre de la Marine et des Colonies.

Art. 5. — Le Résident supérieur au Tonkin prend séance au Conseil supérieur de l'Indo-Chine, avec voix délibérative, toutes les fois qu'il s'agit soit du budget de l'Annam et du Tonkin, soit de toute autre question intéressant le Protectorat. Les chefs des services administratifs : 1° de l'Annam et du Tonkin ; 2° de la Cochinchine et du Cambodge siègent également au Conseil supérieur, avec voix délibérative, pour toutes les questions qui concernent leur service.

Art. 6. — Le fonctionnaire de l'inspection des colonies en service en Indo-Chine assiste aux séances du Conseil supérieur ; il a le droit de présenter ses observations dans toutes les discussions ; les affaires soumises à ce Conseil lui sont communiquées, en temps utile, pour qu'il puisse en prendre connaissance avant la séance.

Art. 7. — En cas d'absence ou d'empêchement, le Commandant en chef de la division de l'Extrême-Orient et des forces navales stationnées en Indo-Chine est remplacé, avec voix délibérative : 1° pour les questions qui intéressent la Cochinchine et le Cambodge, par le Commandant de la division navale de la Cochinchine ; 2° pour les questions qui intéressent le Tonkin ou l'Annam, par le Commandant de la division navale du Tonkin.

Art. 8. — Le Conseil supérieur de l'Indo-Chine tient au moins une séance par an. Il se réunit, sur la convocation du Gouverneur général, soit à Saïgon, soit dans toute autre ville que le Gouverneur général a désignée.

Art. 9. — Sont abrogés : 1° le premier paragraphe de l'art. 36 du décret du 8 février 1820 ; 2° les articles 2 et 10 du décret du 18 octobre 1887 relatif à l'organisation de l'Indo-Chine ; 3° le décret du 19 novembre 1887 et toutes autres dispositions contraires au présent décret.

Art. 10. — Le Ministre de la Marine et des Colonies est chargé de l'exécution du présent décret, qui sera inséré au *Bulletin des lois*, au *Journal officiel* de la République française et au *Bulletin officiel* de l'Administration des colonies.

CARNOT.

INFANTERIE DE MARINE.

V. *Troupes.*

INFIRMERIES RÉGIMENTAIRES.

V. *Hôpitaux. Troupes.*

INFIRMIERS ET AGENTS DIVERS DES HOPITAUX DE LA MARINE.

V. *Hôpitaux et ambulances de la marine.*

INGÉNIEUR DES CONSTRUCTIONS NAVALES.

V. *Arsenal.*

INGÉNIEURS DES PONTS ET CHAUSSÉES.

V. *Ponts et chaussées.*

INHUMATION ET EXHUMATION.

NATURE DES DOCUMENTS	DATES	RECUEILS A CONSULTER Bat.	B. C.	B D.I	J.C	J.H.	B.M.	B.Col	OBSERVATIONS
A. G.	28 mai 1857.	1-319	325						
Décret.	15 décembre 1874.	1-570							
A. MM.	25 octobre 1888.			932					

(28 mai 1867)

A. G. *autorisant la communauté des religieuses carmélites du monastère St-Joseph, à Saïgon, à inhumer les personnes défuntes, appartenant à ladite communauté, sur les terrains de la concession à elle faite.*

BAT. I. p. 319.
B. C. p. 425.

Article premier. — La communauté des religieuses carmélites du monastère Saint-Joseph, à Saïgon, est autorisée à consacrer à la sépulture de ses membres une surface de 200 mètres carrés prise sur la partie médiane de la concession lui appartenant, la concession tout entière étant entourée d'un mur plein.

Cet espace sera limité, dans l'intérieur, par une haie vive.

La communauté sera tenue d'entretenir les arbres existant sur cette surface et de les remplacer à mesure qu'ils viendront à disparaître.

Art. 2. — La présente autorisation ne saurait avoir d'effet qu'en ce qui touche la destination même du lieu; elle ne pourra, dans aucun cas, être considérée comme dégageant la communauté de l'accomplissement des formalités légales relatives aux déclarations et constatations de décès, aux demandes de permis d'inhumation et aux inhumations elles-mêmes.

Art. 3. — Le droit d'être inhumé sur le lieu autorisé par le présent arrêté est réservé aux seules personnes cloîtrées faisant partie de la communauté, à l'exclusion de tout individu de l'un ou de l'autre sexe qui pourrait être, à un titre quelconque, considéré comme attaché à ladite communauté.

Art. 4. — Le lieu des sépultures des sœurs carmélites du monastère Saint-Joseph restera sous le coup de l'article 16 (titre IV) du décret-loi du 23 prairial an XII (12 juin 1804), ainsi conçu :

« Les lieux de sépulture, soit qu'ils appartiennent aux communes, soit qu'ils « appartiennent à des particuliers, seront soumis à l'autorité, police et surveillance « des administrations municipales. »

DE LA GRANDIÈRE.

(15 décembre 1874)

DÉP. M. *au sujet d'une proposition relative à la sépulture des soldats et marins décédés à l'hôpital de Saïgon.*

BAT. I. p. 570.

Par lettre du 13 février dernier, M. votre prédécesseur a fait parvenir à mon Département une lettre de M. l'aumônier supérieur de l'hôpital de Saïgon ayant pour but d'obtenir que des croix fussent placées sur la tombe des soldats et marins décédés dans cet établissement, ainsi que cela se pratique à l'hôpital de Saint-Mandrier. M. le contre-amiral Dupré ajoutait que les devis établis dans la colonie fixaient la dépense à 3 fr. 85 cent. par croix, ce qui entraînerait une dépense annuelle de 577 francs environ.

Tout en approuvant en principe la pieuse intention qui a dicté le vœu de M. l'aumônier supérieur, je dois vous faire observer que les évaluations de la colonie sont loin d'être exactes ; il résulte en effet des renseignements que j'ai fait recueillir à ce sujet, qu'il serait impossible d'établir des croix en fer, si simples, si petites et si légères qu'elles fussent, à moins de 10 francs l'une. Dans le cas donc où la colonie serait disposée à faire cette dépense, il serait peut-être préférable de faire exécuter ces croix en fonte dans l'un des grands établissements dont les dépôts se trouvent à Paris. Les modèles qui existent, notamment dans les magasins du Val-d'Osne, sont très variés de forme et de prix, et l'on pourrait sans doute traiter soit avec cette usine, soit avec tout autre du même genre, aux conditions que je viens d'indiquer.

Je ne vous donne ces explications qu'à titre de simple renseignement, laissant à l'Administration de la colonie le soin d'examiner si les ressources dont elle dispose pourraient lui permettre d'exécuter sur place et dans de meilleures conditions les croix dont il s'agit.

MICHAUX.

(25 octobre 1888)

A. M. *(Cholon) relatif à l'exhumation des Européens et des Asiatiques naturalisés ou admis à domicile.*

J. C. p. 932.

Article premier. — L'exhumation des Européens et des Asiatiques naturalisés ou admis à domicile devra avoir lieu en présence de M. le commissaire de police.

Les frais de vacation sont fixés à quatre piastres (4 piastres) par exhumation.

Art. 2. — L'exhumation des Chinois inhumés dans les cimetières des diverses congrégations aura lieu en présence d'un agent de police, désigné par M. le commissaire de police.

Art. 3. — Lorsque l'exhumation sera demandée pour raison ou convenances de famille, ou nécessitée par suite de fouilles à faire pour des constructions ou le percement de rues ou voies de communication, et s'il s'agit de corps d'Asiatiques qui ne soient ni naturalisés, ni admis à domicile, elle aura lieu en présence d'un agent de police, délégué de M. le commissaire de police.

Art. 4. — Dans les cas prévus aux articles 2 et 3, le prix de la vacation de trois heures, quels que soit le nombre des exhumations, est fixé à soixante cents (60 cents).

Art. 5. — Il est loisible au commissaire de police d'assister aux exhumations prévues dans les articles 2 et 3 ; mais il n'aura droit dans ces cas qu'à la vacation stipulée aux articles ci-dessus désignés.

Art. 6. — Les sommes fixées ci-dessus seront mandatées au profit du commissaire de police ou des agents qui auront assisté aux exhumations. Elles seront remboursées à la ville, s'il y a lieu, par les intéressés sur la demande desquels les exhumations auront été autorisées.

Art. 7. — En ce qui concerne les exhumations dans les cimetières chinois, les frais de vacation seront mandatés au nom de M. le commissaire de police, qui sera sera chargé de les répartir entre les agents au prorata des vacations fournies par chacun d'eux.

Art. 8. — Le présent arrêté ne sera exécutoire qu'après approbation de l'autorité supérieur compétente.

GAILLARD.

Consulter le dictionnaire de l'Administration française (Block). Voir en outre : *Corps (translation de) ; Hôpitaux et ambulances de la marine*, § *service religieux*.

INSAISISSABILITÉ.

V. *Opposition et saisie-arrêts. — Pensions de retraite et pensions dites demi solde. Salaires.*

INSCRIPTIONS DE DROIT

(28 décembre 1875)

DÉP. M. *La demande formée dans le but d'obtenir la faculté de prendre dans la colonie même les six premières inscriptions de droit est accueillie.*

BAT. I. p. 44.

Par lettre du 7 septembre dernier, vous avez appelé mon attention sur la demande formée par M. F..., administrateur des Affaires indigènes en Cochinchine, dans le but d'obtenir la faculté de prendre, dans la colonie même, les six premières inscriptions de licence en droit, en justifiant au préalable du diplôme de bachelier ès lettres.

J'ai l'honneur de vous informer que M. le Ministre de l'Instruction publique, auquel j'avais communiqué la demande dont il s'agit, a autorisé M. F... à prendre à Saïgon les six premières inscriptions de droit, sous cette réserve, toutefois, que ces inscriptions seront prises aux époques réglementaires et correspondront, en fait, à six trimestres d'étude.

M. Wallon me fait remarquer, d'ailleurs, que cette autorisation ne saurait impliquer, comme paraît le supposer M. le Directeur du Collège des stagiaires, la dispense du premier examen du baccalauréat en droit, que les étudiants doivent subir après la quatrième inscription.

M. F... aura donc à faire connaître à mon Département, dès son arrivée en France, la faculté devant laquelle il subira ses examens, et qui devra être informée, par les soins de M. le Ministre de l'Instruction publique, de la décision le concernant.

INSCRIPTIONS HYPOTHÉCAIRES.

V. *Hypothèques*.

INSCRIPTION MARITIME.

NATURE DES DOCUMENTS	DATES	RECUEILS A CONSULTER							OBSERVATIONS
		Bat.	B. C.	B B. I	J. C.	J. H.	B. M.	B. Col	
Décret.	3 mai 1848.						R. V. 52		
Circ. M.	15 novembre 1884.						R. V. 131		
Décret.	16 août 1856.						1017		
Décret.	16 août 1856.						1019		
Instr.	28 novembre 1856.						1021		
Circ. M.	3 décembre 1884.								
Dép. M.	26 janvier 1885.								
Circ. M.	2 décembre 1885.		1886 8						
Dép. M.	4 décembre 1885.								
Circ. M.	12 avril 1887.								
Dép. M.	5 novembre 1887.								

(3 mai 1848)

DÉCRET *sur l'application aux colonies des dispositions qui régissent en France le recrutement de l'armée, l'inscription maritime et la garde nationale.*

B. M. R. V. p. 52.

(15 novembre 1848)

CIRC. M. *Dispositions relatives à l'exécution du décret du 3 mai 1848 qui rend applicables aux colonies les lois sur... l'inscription maritime.*

B. M. R. V. p. 131.

(16 août 1856)

DÉCRET *portant organisation de l'inscription maritime dans les colonies de la Martinique, de la Guadeloupe et de la Réunion.*

B. M. p. 1017.

(16 août 1856)

DÉCRET *portant application, dans les colonies de la Guyane, du Sénégal, de Gorée et de Saint-Pierre et Miquelon du décret du 16 août 1856, organisant l'inscription maritime dans les colonies de la Martinique, de la Guadeloupe et de la Réunion.*

B. M. p. 1019.

(28 novembre 1856)

INSTRUCTIONS *sur le service de l'inscription maritime dans les colonies.*

B. M. p. 1021.

(3 décembre 1884)

CIRC. M. *A partir du 1er janvier 1885, le temps de présence exigé des inscrits maritimes pendant la 1re période de service obligatoire avant leur envoi en congé renouvelable est porté de 45 à 50 mois.*

ARCH. GOUV.

L'effectif du corps des équipages de la flotte étant encore bien supérieur à celui prévu au budget de 1887, j'ai décidé, pour rentrer le plus tôt possible dans les prévisions budgétaires, que les officiers-mariniers quartiers-maîtres et marins de l'inscription maritime réunissant 40 mois de service à l'État, seront placés en congé renouvelable et renvoyés dans leurs foyers à partir du 15 avril 1887. Il sera fait exception pour ceux qui se trouveront en dette envers l'État.

En conséquence, je vous recommande de vous montrer très sévère dans les autorisations de parfaire 5 années de service actif que vous pouvez accorder aux hommes qui le demandent, conformément à l'avant-dernier paragraphe de la circulaire du 29 novembre 1886 (B. O. p. 773).

Les prescriptions contenues dans la circulaire du 1er octobre 1886 restent en vigueur.

Des demandes de personnel devront m'être adressées le plus tôt possible en vue du remplacement des inscrits devant accomplir 40 mois de service au moment de leur retour en France que vous n'aurez pas autorisés à continuer la campagne pour parfaire 5 années de service (circulaire du 29 novembre 1886), ou pour se présenter devant la commission des réadmissions à leur arrivée dans un port militaire (§ 4 de l'art. 44 modifié du décret du 5 juin 1883).

Il sera pris note de la présente décision en marge des circulaires du 18 mars 1886) et du 29 novembre 1886 (B. O. p, 773).

G. BESNARD.

(26 janvier 1885)

DÉP. M. *Autorisation de congédier, à titre exceptionnel, dans la colonie, les marins du recrutement arrivés au terme de leur engagement ou à l'époque légale du congédiement de leur classe (30 juin), et les inscrits maritimes ayant accompli la période obligatoire de 60 mois de service, pourvu qu'ils aient été remplacés au préalable à bord de leur bâtiment (art. 368 du décret du 5 juin 1883).*

ARCH. GOUV.

En réponse à votre lettre du 16 décembre dernier, j'ai l'honneur de vous faire connaître que j'approuve exceptionnellement la mise en congé renouvelable dans la colonie du sieur Le P....., quartier-maître canonnier à bord du *Coutelas,* qui a été appelé à occuper un emploi de préposé dans l'Administration des contribution indirectes.

Je saisis cette occasion pour vous informer que je vous autorise à congédier dans la colonie, à titre exceptionnel, les marins du recrutement arrivés au terme de leur engagement ou à l'époque légale du congédiement de leur classe (30 juin), et les inscrits maritimes ayant accompli la période obligatoire de 60 mois de service pourvu qu'ils aient été remplacés au préalable à bord de leur bâtiment, ainsi que le prescrit formellement l'art. 366 du décret du 5 juin 1883. Vous pourriez encore procéder de le même manière à l'égard des marins rengagés ou réadmis qui seraient arrivés à l'expiration de la période pour laquelle ils étaient liés au service.

Il est bien entendu que cette faveur ne pourra être accordée qu'aux hommes susceptibles d'être pourvus d'un emploi colonial ou ayant un état qui leur permettra de s'établir avec quelques chances de succès.

Il me sera d'ailleurs toujours rendu un compte sommaire des congédiements autorisés et des raisons qui les auront motivés.

D'AMBLY.

(2 décembre 1885)

CIRC. M. (*extrait*) *réduisant le temps de service des inscrits maritimes de 50 à 45 mois à partir du 1er janvier 1886.*

B. C. 1886, p. 8.

J'ai l'honneur de vous faire connaître qu'à la date du 30 novembre dernier, j'ai décidé que les jeunes gens de la classe 1880 et les engagés volontaires libérables du service actif avant le 1er juillet 1886, seront placés en congé renouvelable et renvoyés dans leurs foyers, à dater du 15 décembre courant.

J'ai décidé, en outre, que les marins de l'inscription maritime réunissant 48 mois de service seront envoyés en congé renouvelable à la même date du 15 décembre et qu'à partir du 1er janvier 1886, la période de service exigée des inscrits maritimes sera fixée à 45 mois.

Ces mesures ne seront appliquées qu'aux hommes présents dans les divisions ou sur les bâtiments en rade de France.

(4 décembre 1885)

DÉP. M. *au sujet de la mise en congé renouvelable d'un nommé M..., provenant du* Gagah. *— Rappel de la dépêche du 26 janvier dernier. — Il y a lieu d'indiquer sur les états si les hommes ont été pourvus d'un emploi dans l'Administration coloniale ou s'ils exercent un état leur permettant de s'établir avec quelques chances de succès.*

B. C. partie supp., p. 8.

(12 avril 1887)

CIRC. M. *au sujet des marins inscrits qui devront, autant que possible, être placés en congé renouvelable lorsqu'ils auront atteint 40 mois de navigation (Circ. du 29 novembre 1886).*

ARCH. GOUV.

J'ai l'honneur de vous informer qu'à partir du 1er janvier 1885, le temps de présence exigé des inscrits maritimes pendant la première période de service obligatoire avant leur envoi en congé renouvelable, sera porté de 45 à 50 mois.

Je vous prie de vouloir bien donner des ordres en conséquence.

PEYRON.

(5 novembre 1887)

DÉP. M. *Le temps de service à exiger des marins avant leur envoi en congé renouvelable sera, à partir du 1er janvier 1888, de 42 mois pour les inscrits et 54 pour les hommes de recrutement et les engagés volontaires.*

ARCH. DIV. NAVALE

Consulter en outre : *Amnistie. — Recrutement et réserve de l'armée.*

INSPECTION DES SERVICES ADMINISTRATIFS ET FINANCIERS.

I. ORGANISATION. — II. FONCTIONNEMENT DU SERVICE.

I. ORGANISATION.

NATURE DES DOCUMENTS	DATES	RECUEILS A CONSULTER							OBSERVATIONS
		Bat.	B. C	B.D I	J. C.	J.H.	B. M.	B.Col	
Décret.	12 janvier 1853.						RVI. 499		
Instruc. M.	21 septembre 1853.						RVI. 1143		
Décret.	16 mars 1864.						197		
A. M.	19 mars 1864.						199		
Décret.	15 janvier 1868.		41				53		
Décret.	18 mars 1868.		82				395		
Décret.	16 août 1872.						169		
Décret.	15 avril 1873.						457		
Décret.	15 avril 1873.	II-361	200						
Décret.	15 avril 1873.						459		
A. M.	9 juillet 1873.						146		
Décret.	29 juin 1878.						1164		
	26 avril 1879.						807		
Rapp.	23 juillet 1879.	II-89							
Décret.	23 juillet 1879.	II-89	373						
Circ. M.	23 juillet 1879.						54		
A. M.	24 juillet 1879.		380				68		
A. M.	22 août 1879.		388						

NATURE DES DOCUMENTS	DATES	RECUEILS A CONSULTER							OBSERVATIONS
		Bat	B. C.	B.D.I	J. C.	J.H.	B. M.	B.Col	
A. M.	22 août 1879.	II-93	381						
Circ. M.	23 août 1879.		381						
Dép. M.	6 février 1880.								
Dép. M.	17 février 1880.								
Dép. M.	19 février 1880.								
O. G.	10 mars 1880.						425		
A. G.	15 mars 1880.		120						
Circ. M.	20 novembre 1880.						768		
Dép. M.	4 janvier 1881.								
Dép. M.	24 janvier 1882.								
Dép. M.	28 février 1882.		170						
D. Présid.	10 juillet 1882.						70		
Décret.	20 novembre 1882.		1883 29						
Dép. M.	21 novembre 1882.								
Dép. M.	2 avril 1883.						529		
Dép. M.	10 octobre 1883.						426		
A. M.	21 juillet 1884.						151		
Dép. M.	5 juin 1885.								
Dép. M.	4 septembre 1885.						556		
Décret.	12 novembre 1886.								
Décret.	22 janvier 1887.		157		291				
Dép. M.	31 janvier 1887.								

NATURE DES DOCUMENTS	DATES	RECUEILS A CONSULTER							OBSERVATIONS
		Bat.	B. C.	B.D.I	J.H.	J. C.	B. M.	B Col	
Dép. M.	7 février 1887.		10						
Décret.	20 juillet 1887.							435	
Rapp.	20 juillet 1887.							435	
Décret.	20 juillet 1887.							435	
A. M.	21 juillet 1887.							438	
A. M.	21 juillet 1887.							440	
A. M.	23 septembre 1887.							743	
Rapp.	25 novembre 1887.							912	
Décret.	25 novembre 1887.							912	
Décret.	26 novembre 1887.							920	
A. M.	29 novembre 1887.							924	
Dép. M.	2 décembre 1887.								
Dép. M.	5 janvier 1888.								
A. G. G.	16 mai 1888.		252		478				
Rapp. M.	27 août 1889.				943				
Décret.	27 août 1889.				943				

(12 janvier 1853)

DÉCRET *sur l'inspection des services administratifs de la marine.*

B. M. R. VI, p. 499.

(21 septembre 1853)

INSTRUCTIONS *relatives au visa préalable à donner par l'inspection.*

B. M. R. VI, p. 1143.

(16 mars 1864)

DÉCRET *portant allocation de frais d'employés aux chefs de service de l'inspection des services administratifs de la marine. Instructions.*

B. M. p. 197.

(19 mars 1864)

A. M. *déterminant le montant de l'allocation annuelle pour frais d'employés de l'inspection des services administratifs de la marine. Instructions.*

B. M. p. 199.

(15 janvier 1868)

DÉCRET *relatif à la création d'un emploi de contrôleur en Cochinchine et à la Nouvelle-Calédonie et des augmentations de traitement d'ordonnateurs et de contrôleurs.*

B. C. p. 41.
B. M. p. 53.

(18 mars 1868)

DÉCRET *déterminant les attributions du contrôleur colonial de la Cochinchine.*

B. C. p. 82.
B. M. 395.

(16 août 1872)

DÉCRET *relatif au recrutement des inspecteurs adjoints des services administratifs de la marine.*

B. M. p 169.

(15 avril 1873)

DÉCRET *portant suppression du contrôle colonial.*

B. M. p. 457.

(15 avril 1873)

DÉCRET *faisant répartition des attributions qui étaient dévolues aux contrôleurs coloniaux (art. 4).*

BAT.II. p. 361.
B. C. p. 200.

Article premier. . . . .

Art. 4. — Les attributions du contrôle déterminées par les articles 250, 251 et 252 du décret du 26 septembre 1855, sont dévolues à l'ordonnateur pour ce qui concerne les comptables justiciables de la Cour des comptes et au directeur de l'intérieur pour les comptables justiciables du Conseil privé.

A. Thiers.

(15 avril 1873)

DÉCRET *portant création d'une inspection mobile des services administratifs et financiers des colonies.*

B. M. p. 459.

(9 juillet 1873)

A. M. *fixant les allocations à payer au personnel de l'inspection mobile des colonies, soit à Paris, soit en cours de voyage.*

B. M. p. 146.

(29 juin 1878)

DÉCRET *relatif au mode de recrutement des inspecteurs adojins du service administratif de la marine.*

B. M. p. 1164.

(26 avril 1879)

Au sujet du rôle de l'inspection dans les commissions de recette.

B. M. p. 807.

(23 juillet 1879)

RAPPORT *précédant le décret en date de ce jour relatif à l'institution d'une inspection des services administratifs et financiers de la marine et des colonies.*

BAT. II p. 89.

L'organisation administrative des colonies a longtemps comporté, au nombre de ses rouages essentiels, un service de surveillance et de vérification. Ce service a été appelé successivement contrôle et inspection.

C'est dans le personnel du commissariat, placé sous les ordres des gouverneurs, qu'étaient choisis les contrôleurs, de même que les ordonnateurs. Les fonctions inconciliables d'administration et de contrôle passaient alternativement dans les mêmes mains, et le cotrôleur, d'après les ordonnances, remplaçait l'ordonnateur absent. Pour ces divers motifs, on reprochait à l'institution de n'avoir ni la force ni l'indépendance nécessaires.

La pensée de remédier à un tel état de choses détermina la suppression du contrôle colonial permanent, auquel a été substituée, en 1873, une inspection mobile des services administratifs et financiers des colonies.

Mais, bien qu'exercée avec talent, l'inspection mobile n'a pas produit tous les résultats attendus. Des commissions de budget de la Chambre des députés ont signalé à l'attention du Gouvernement l'insuffisance de l'inspection mobile pour la garantie des intérêts du budget de l'État et du trésor colonial. Elles ont demandé le rétablissement d'un service de contrôle permanent, efficace, indépendant et fortement constitué.

Afin de déférer à ce vœu, mes prédécesseurs ont fait étudier cette question délicate par une commission composée de hauts fonctionnaires de la marine et des finances, et, ensuite, par le conseil d'amirauté.

Après des études approfondies, un projet rattachant l'inspection coloniale au corps de l'inspection des services administratifs de la marine, et conçu en vue d'assurer l'action de l'inspection mobile parallèlement à celle de l'inspection sur place dans les colonies, a été envoyé au Conseil d'État, où il a subi d'importantes modifications.

J'ai l'honneur, Monsieur le Président, de soumettre à votre haute sanction ce projet remanié par le Conseil d'État.

L'acte nouveau, en forme de règlement d'administration publique, institue une inspection des services administratifs et financiers de la marine et des colonies. Sous ce titre, sont réunies et fusionnées les deux inspections qui fonctionnent maintenant dans les ports et dans les colonies. Le personnel du corps doit servir indistinctement en France et dans les principales colonies, où il aura des représentants en permanence. Il ne relève, pour l'exercice de ses fonctions, que de l'autorité du Ministre de la marine. Deux inspecteurs en chef sont spécialement affectés à l'inspection mobile de l'administration des établissements d'outre-mer.

J'ai la confiance que le corps de l'inspection du département ainsi réorganisé, ainsi fortifié, remplira avec fermeté et avec vigilance, aux colonies comme il le fait en France, l'utile mission qui lui est attribuée.

JAURÉGUIBERRY.

(23 juillet 1879)

DÉCRET *instituant une inspection des services administratifs de la marine et des colonies. — Tarifs de solde.*

BAT. II, p. 89.
B. C. p. 373.

TITRE PREMIER. — DE L'INSPECTION DES SERVICES ADMINISTRATIFS ET FINANCIERS DE LA MARINE ET DES COLONIES.

Article premier. — L'inspection des services administratifs de la marine et l'inspection mobile des services administratifs et financiers des colonies prennent la dénomination d'inspection des services administratifs et financiers de la marine et des colonies.

Art. 2. — L'inspection des services administratifs et financiers de la marine et des colonie comprend :

L'inspection des services administratifs de la marine en France et en Algérie ;

L'inspection mobile et permanente des services administratifs et financiers des colonies.

Ces services sont centralisés au Ministère, sous la direction de l'inspecteur en chef chargé du contrôle central.

Art. 3. — Le personnel du corps d'inspection est composé de :

4 inspecteurs en chef de 1re classe ;

4 inspecteurs en chef de 2e classe ;

21 inspecteurs ;

24 inspecteurs-adjoints.

Les membres de ce corps servent indistinctement en France et dans les colonies.

La répartition de l'effectif et le tour de roulement sont réglés par des arrêtés ministériels (1).

TITRE II. — DU SERVICE DE L'INSPECTION DES SERVICES ADMINISTRATIFS ET FINANCIERS DE LA MARINE ET DES COLONIES.

Art. 4. — Le service de l'inspection en France et en Algérie continue à être régi par les dispositions des décrets du 12 janvier 1853, du 19 mai 1858 et du 25 octobre 1871.

Art. 5. — L'inspection mobile dans les colonies est confiée à deux inspecteurs en chef.

Art. 6. — L'inspecteur en chef envoyé en mission dans les colonies est chargé d'inspecter toutes les parties des services administratifs et financiers des colonies.

Art. 7. — Il reçoit du Ministre des finances des instructions pour ce qui touche aux services financiers des colonies. Le Département de la marine informe à cet effet celui des finances des inspections projetées, en lui laissant un délai suffisant pour que ces instructions puissent être préparées.

La transmission des instructions aux inspecteurs en chef et les réponses de ces derniers se font par l'intermédiaire du Département de la marine.

Le Ministre de la marine adresse au Ministre des finances la partie des rapports des inspecteurs en chef qui concerne le service financier des colonies.

Art. 8, § 1er. — Pendant son séjour dans les colonies, l'inspecteur en chef est investi des droits attribués à l'inspecteur permanent par les paragraphes 3, 4, 5, 6, 7, 8 et 13 de l'article 10 et par l'article 12 du présent décret.

§ 2. — Il peut requérir l'inspecteur permanent de procéder à toute vérification ou opération qui ressortit à ses attributions.

§ 3. — Il donne des notes sur le personnel attaché à l'inspection permanente.

§ 4. — Il adresse au Ministre un rapport d'ensemble sur les résultats de la mission.

Art. 9. — L'inspection permanente dans les colonies est exercée par un inspecteur dans les colonies suivantes :

Cochinchine,	Inde,
Martinique,	Guyane,
Guadeloupe,	Nouvelle-Calédonie,
Réunion,	Sénégal,

Les colonies dénommées ci-après :

Saint-Pierre et Miquelon,	Taïti,
Mayotte,	Gabon,
Nossi-Bé,	

n'ont pas d'inspecteur permanent. Elles sont soumises aux visites périodiques d'inspecteurs désignés par le Ministre.

Art. 10, § 1er. — L'inspecteur permanent attaché à une colonie est chargé au nom du Ministre, de l'inspection et du contrôle des services administratifs et financiers dans les colonies.

§ 2. — Il est subordonné au Gouverneur sous le rapport hiérarchique.

Il ne relève, pour l'exercice de ses fonctions, que du Ministre avec lequel il correspond directement.

(1) V. A. M., 22 août 1879.

§ 3. — Il a pour mission de veiller à la régularité du fonctionnement de toutes les parties des services administratifs et financiers, et il requiert, à cet effet, l'exécution ponctuelle des lois, ordonnances, décrets, règlements et ordres ministériels, ainsi que des arrêtés et décisions des gouverneurs.

§ 4. — Sa surveillance s'étend :

Sur toutes les dépenses en deniers, matières et vivres, sur les recettes et les dépenses du budget local ;

Sur la conservation des marchandises et munitions de toute espèce dans les magasins de l'État ou de la colonie ;

Sur l'emploi des matières et du temps des ouvriers ;

Sur les hôpitaux, prisons, établissements pénitentiaires, chantiers, ateliers et autres établissements de l'État ou de la colonie ;

Sur l'administration de la caisse des invalides, des gens de mer et des prises ;

Sur les différentes administrations, fermes et régies des contributions de la colonie.

§ 5. — Il vérifie les caisses et les écritures des comptables du trésor et des comptables locaux ; celles des communes, hospices et établissements publics.

§ 6. — Il prend connaissance de tous états, registres, s'assure de leur exactitude et de leur régularité.

§ 7. — Les magasins, ateliers, bureaux, greffes lui sont ouverts à toute réquisition.

§ 8. — Les chefs d'administration et de service sont tenus de lui donner tous les éclaircissements et tous les renseignements dont il a besoin.

§ 9. — Il lui est donné connaissance de tous les ordres ministériels concernant les services administratifs et financiers.

§ 10. — Il lui est également donné communication des ordres de service de l'autorité locale, avant leur exécution.

§ 11. — Les mandats concerdant les dépenses du budget de l'État et du budget local lui sont communiqués avant le paiement.

La preuve de la communication résulte soit de l'émargement, soit de l'apposition du timbre de l'inspection sur ces pièces ou sur les bordereaux qu'elles comportent, sans que l'omission de cette formalité puisse autoriser le refus du paiement.

§ 12. — Il reçoit une expédition, certifiée conforme, des baux, marchés, pour fournitures ou pour travaux, passés par l'Administration.

§ 13. — Il peut assister, avec droit de faire des représentations, aux adjudications, à la passation des marchés de gré à gré, aux opérations de paiements d'ouvriers, d'envois de fonds, de recette de deniers, de matières ou de travaux, de recensements, de condamnation, de déclassement, de vente, enfin à toute opération quelconque intéressant le service de l'État ou le service local.

L'Administration lui donne à l'avance les informations nécessaires.

Art. 11. — L'inspecteur a le droit d'assister, avec voix représentative, aux séances du Conseil privé.

Les convocations de ce Conseil lui sont communiquées. Il siège en face du président.

Il n'assiste pas aux séances où le Conseil est constitué en conseil du contentieux.

Art. 12. — L'inspecteur ne peut diriger, empêcher ou suspendre aucune opération. Il peut cependant fermer les mains provisoirement aux comptables dont la situation lui paraît irrégulière, sauf à en donner immédiatement avis au Gouverneur.

Il peut également apposer les scellés sur les pièces qui lui sont présentées pendant le cours de ses vérifications, à charge d'en informer aussitôt le Gouverneur, qui statue, par décision écrite, sur les mesures à prendre.

Art. 13. — L'inspecteur adresse au Ministre un compte rendu annuel sur la situation des services administratifs et financiers de la colonie.

Art. 14. — Lorsque l'inspecteur est en congé, l'intérim est fait par l'inspecteur-adjoint.

TITRE III. — DU CORPS DE L'INSPECTION DES SERVICES ADMINISTRATIFS ET FINANCIERS DE LA MARINE ET DES COLONIES.

Art. 15. — Les dispositions qui règlent actuellement les conditions d'état, d'assimilation, de rang, d'avancement, de recrutement, d'uniforme, de solde, d'allocation et de pension des membres de l'inspection des services administratifs de la marine, sont applicables à tous les fonctionnaires du corps d'inspection de services administratifs et financiers de la marine et des colonies.

Toutefois, lorsque les membres dudit corps sont employés à l'inspection mobile ou permanente des colonies, leur solde spéciale, les allocations auxquelles ils ont droit et les abonnements pour frais de bureau et d'employés, sont réglés par les tarifs annexés au présent décret (1).

TITRE IV. — DISPOSITIONS TRANSITOIRES ET GÉNÉRALES.

Art. 16. — Pour la première formation, le corps d'inspection des services administratifs et financiers de la marine et des colonies est composé des membres actuels du corps d'inspection des services administratifs de la marine et complété, dans chaque grade, conformément aux dispositions de l'article 3 ci-dessus.

Les fonctionnaires appelés à compléter le corps sont choisis de la manière suivante :

1° Les inspecteurs en chef, parmi les commissaires généraux du cadre colonial actuellement titulaires de l'emploi d'inspecteur en chef mobile ;

2° Les inspecteurs, pour moitié au moins parmi les inspecteurs-adjoints du corps actuel d'inspection métropolitaine, réunissant trois années de grade, et pour le reste, parmi les commissaires et les commissaires-adjoints de la marine (des deux cadres), ces derniers réunissant également trois années de grade ;

3° Des inspecteurs-adjoints sont nommés au concours dans les conditions exigées par les règlements actuels pour l'admission dans l'inspection des services administratifs de la marine. Néanmoins, trois commissaires-adjoints du cadre colonial peuvent être nommés, au grade d'inspecteur-adjoint.

Le corps devra être constitué dans le délai d'un an, à partir de la date de promulgation du présent décret.

Les commissaires généraux, inspecteurs en chef, nommés inspecteurs en chef, les commissaires de la marine nommés inspecteurs et les commissaires-adjoints nommés inspecteurs-adjoints, prennent rang, dans chaque grade du corps de l'inspection des services administratifs et financiers de la marine et des colonies, à compter du jour de leur nomination à leur grade actuel dans le commissariat.

Art. 17. — Par dérogation au dernier paragraphe de l'article 3 ci-dessus, les membres de l'inspection métropolitaine actuellement en fonctions ne pourront être envoyés d'office dans les colonies qu'avec un grade supérieur.

Art. 18. — Sont abrogées les dispositions des ordonnances, décrets et règlements antérieurs, en ce qu'elles ont de contraire au présent décret.

JULES GRÉVY.

(1) V. B. C. 1879, p. 378 et 379.

(23 juillet 1879)

CIRC. M. *Notification du décret du 23 juillet et de l'arrêté ministériel du 24 juillet 1879 Instructions.*

B. M. p. 54.

(24 juillet 1879)

A. M. *fixant la répartition du personnel de l'inspection des services administratifs et financiers de la marine et des colonies.*

B. C. p. 380.
B. M. p. 68.

(22 août 1879)

A. M. *réglant le tour de roulement des inspecteurs et des inspecteurs adjoints pour le service alternatif en France et dans les colonies.*

B. C. p. 388.

(22 août 1879)

A. M. *réglant dans les colonies, les détails du service de l'inspection permanente des services administratifs et financiers de la marine et des colonies. Modèle.*

BAT. II, p. 93.
B. C. p. 381.

Article premier. — L'inspecteur a le droit de faire mentionner son opinion au procès-verbal des séances du Conseil privé ; il prend connaissance, avant les séances du Conseil privé, des affaires qui, aux termes des ordonnances, doivent avoir été préalablement déposées au secrétariat dudit Conseil.

Art. 2. — L'inspecteur doit recevoir, en temps utile, l'avis préalable de toute séance de commission ou de toute réunion à laquelle il a le droit ou le devoir d'assister.

Si l'inspecteur assiste à l'ppération, il a le droit de faire insérer ou annexer ses observations au procès-verbal qu'il signe.

En cas d'absence de l'inspecteur, il est passé outre aux délibérations. Mention en est faite au procès-verbal, lequel lui est ultérieurement communiqué. La preuve de la communication résulte de l'apposition du timbre de l'inspection sur ces pièces.

Art. 3. — Pour faciliter son contrôle sur la liquidation des dépenses et l'émission des mandats, l'inspecteur a le droit de se faire donner communication, par les chefs d'administration, de tous les documents propres à éclairer ses investigations.

La communication des mandats de dépenses est faite à l'inspecteur avant qu'ils soient revêtus de la signature de l'ordonnateur ou du directeur de l'intérieur.

Art. 4. — L'inspecteur est prévenu à l'avance des vérifications mensuelles et inopinées des caisses et des écritures auxquelles l'ordonnateur procède ou fait procéder chez les comptables chargés de la perception des produits locaux.

Il est prévenu par le directeur de l'intérieur des vérifications de même nature que ce fonctionnaire effectue chez les comptables chargés de la perception des produits locaux.

Il est également prévenu par le directeur de l'administration pénitentiaire, lorsque celui-ci procède à la vérification des caisses de *transportation* et de *déportation*.

Art. 5. — L'inspecteur est tenu d'aviser au moment même, suivant le cas, l'ordonnateur, le Directeur de l'Intérieur ou le directeur de l'administration pénitentiaire, quand il juge à propos de procéder à une vérification inopinée de la caisse et des écritures des comptables.

Lorsqu'il s'agit des caisses de l'État, deux expéditions du procès-verbal de vérification sont adressées sans retard, par les soins de l'inspecteur, au Ministre de la marine. L'une de ces expéditions est destinée au Ministre des finances.

Art. 6. — L'inspecteur procédant à une vérification d'écritures, constate l'opération sur le journal par un visa et par un arrêté.

Art. 7. — Les projets de cahiers des charges et de marchés pour fournitures, ventes ou entreprises, sont communiqués à l'inspecteur avant d'être soumis à l'approbation du Gouverneur. Cette communication est constatée par l'apposition du timbre de l'inspection de ces projets.

L'inspecteur veille à ce que l'annonce des adjudications reçoive la plus grande publicité possible, à la stricte exécution des clauses des marchés et à la régularité des opérations de recettes. Si tous les membres des commissions ne sont pas présents aux séances, il le fait remarquer au président de ces commissions et, au besoin, en rend compte au Gouverneur.

Art. 8. — Si le commissariat ne remplit pas ces obligations, relativement aux revues d'effectif des corps de troupe d'infanterie et d'artillerie, des troupes indigènes et autres, l'inspecteur en fait l'observation au Gouverneur.

Il peut requérir l'Administration de procéder à des revues inopinées, après avis adressé au Gouverneur.

Art. 9. — L'inspecteur reçoit du commissaire aux revues l'avis de l'apposition et de la levée des scellés sur les effets et papiers provenant de la succession des fonctionnaires décédés dans la colonie. Il peut assister à ces opérations, comme à la vente desdits effets, et doit recevoir communication de la liquidation de la succession.

Art. 10. — Il s'assure de la régularité des dépenses faites au titre des bâtiments des stations locales. Il veille à ce que le commissariat procède à la vérification de la comptabilité de ces bâtiments, et, dans le cas ou ces opérations n'auraient pas lieu, il en rend compte au Gouverneur.

Art. 11. — L'inspecteur s'assure qu'il est procédé régulièrement à la constatation de la présence des ouvriers aux heures réglementaires, et peut faire procéder, dans les divers services, à des contre-appels de ces mêmes ouvriers par le maître, le contremaître, le surveillant militaire ou autre.

Art. 12. — L'inspecteur s'assure de la bonne tenue des matricules de l'inscription maritime et de l'exécution des règles relatives à la police de la navigation.

Art. 13. — L'inspecteur s'assure que les travaux exécutés résultent d'ordres supérieurs ; que les consommations sont régulièrement établies ; que les dépenses en matières et en journées sont pleinement justifiées par la nature des travaux. Il peut, à cet effet, requérir tout métrage, cubage et toute constatation comparative.

Art. 14. — L'inspecteur peut requérir les chefs d'administration de faire opérer des recensements partiels et inopinés de matériel ou de vivres. Ces recensements ont lieu immédiatement.

Art. 15. — L'inspecteur, à la suite des vérifications, des investigations auxquelles il se livre, et lorsqu'il relève des irrégularités, fait usage, par spécialité de service, de l'imprimé n° 3, sur lequel est consignée l'observation de l'inspection.

Si l'imprimé est émargé d'une réponse du chef de service, confirmée par le chef d'administration, reconnaissant fondée l'observation de l'inspection, l'instruction ne va pas plus loin.

Si le dissentiment continue à subsister entre l'inspecteur et le chef d'administration, le litige est porté, avec les notes échangées, devant le Gouverneur, qui donne la solution ou indique qui la propose au Ministre.

Si le Gouverneur statue dans un sens qui donne satisfaction aux observations de l'inspection, le litige prend fin.

Si le Gouvernement ne croit pas devoir statuer, ou s'il prononce dans un sens contraire aux observations de l'inspection il doit en écrire sans retard au Ministre, sous le timbre de la direction que l'affaire concerne, en transmettant l'imprimé n° 3, annoté.

De son côté, l'inspecteur est tenu de rendre compte au Ministre, sous le timbre du contrôle central, dans le délai d'un mois à partir du jour où il a présenté ses observations à l'autorité supérieure, en indiquant la nature et l'objet du débat et les motifs qui le portent à maintenir son opinion.

Art. 16. — L'inspecteur, dans l'exercice de ses attributions, peut se faire représenter par le fonctionnaire de l'inspection placé sous ses ordres.

En ce qui concerne les séances du Conseil privé, l'inspecteur peut, mais en cas de maladie ou de tournée seulement, se faire suppléer par ce même fonctionnaire.

Art. 17. — L'inspecteur peut faire des tournées d'inspection administrative et financière dons la colonie.

L'autorité met à sa disposition les moyens matériels nécessaires à l'accomplissement de sa mission. Il prévient le gouverneur et rend compte au Ministre.

Art. 18. — L'inspecteur adresse au Ministre des notes annuelles sur le fonctionnaire qui est adjoint à son inspection.

Art. 19. — L'inspection tient enregistrement de sa correspondance avec le Ministre, avec le Gouverneur, ainsi que de ses observations adressées aux chefs d'administration et de service.

Cet enregistrement est visé par l'inspecteur en chef en mission.

Art. 20. — L'inspecteur nomme directement les employés de l'inspection et fixe le traitement dans la limite des fonds de l'abonnement accordé par le décret du 23 juillet 1879.

Les services rendus dans cette situation ne peuvent ouvrir aucun droit à pension en faveur de ces employés.

Les commissions délivrées à ces employés sont visées par le Gouverneur.

Art. 21. — L'inspecteur adresse le 1er février, au Ministre, un compte rendu annuel sur la situation des services administratifs et financiers de la colonie. Toutes les propositions de réforme ou d'omélioration qu'il croit devoir présenter sont communiqués préalablement au Gouverneur, afin que ce dernier puisse faire parvenir au Ministre les observations que ces propositions lui semblent comporter.

Art. 22. — A son entrée en fonctions, l'inspecteur fait la première visite au commandant militaire, aux chefs d'administration, au président de la cour, au supérieur ecclésiastique (évêque ou préfet apostolique), aux membres civils du Conseil privé, au président du conseil général et aux chefs de corps pourvus d'un grade d'officier supérieur.

Cette visite lui est rendue dans les vingt-quatre heures.

Il reçoit la visite des autres fonctionnaires du Gouvernement et la rend dans les vingt-quatre heures aux conseillers de la cour, aux membres du tribunal de première instance, au juge de paix, au maire, au curé de la paroisse et aux chefs de service.

Art. 23. — Dans les fêtes et cérémonies publiques, l'inspecteur reçoit les convocations du Gouverneur, prend rang avec les chefs d'administration, et dans l'ordre de préséance, après le procureur général.

JAURÉGUIBERRY.

(23 août 1879)

CIRC. M. *Notification des arrêtés ministériels du 22 août 1879 concernant le service de l'inspection aux colonies.*

B. C. p. 381.

(6 février 1880)

DÉP. M. *infirmant une décision du Gouverneur allouant une somme annuelle de 6,000 fr. à l'Inspecteur à titre de frais de service et de représentation.*

ARCH. GOUV.

Vous avez pris en conseil une décision qui alloue à ce titre de frais de service et de représentation d'une somme annuelle de 6,000 fr. à M. l'Inspecteur des services administratifs et financiers. Je ne saurais approuver cette libéralité qui serait de nature à nuire à l'indépendance de l'inspection et qui pourrait servir de justification à des revendications de la part d'autres chefs de service. Je vous invite donc à rapporter votre décision et à faire cesser le paiement de l'indemnité dont il s'agit.

A ce propos mon attention a été appelée sur des allocations de même nature attribuées déjà à un assez grand nombre de fonctionnaires et d'officiers en Cochinchine.

Je suis porté à croire que les raisons qui ont motivé ces libéralités n'existent plus aujourd'hui ; je vous prie donc de les soumettre à une revision sévère et à ne conserver que celles qui vous paraîtront rigoureusement nécessaires.

Vous m'informerez de la suite donnée aux prescriptions des deux derniers paragraphes de cette dépêche.

JAURÉGUIBERRY.

(17 février 1880)

DÉP. M. *prescrivant de mettre à la charge du trésor de la Cochinchine les frais de loyer, d'ameublement et de gardiennage.*

ARCH. GOUV.

Dans la lettre datée du 11 janvier dernier, que vous m'avez adressée au sujet de l'installation du service de l'inspection, et dans la délibération du 10 novembre 1879, sur le même objet, je vois que le Conseil privé a décidé à la majorité des voix qu'il n'y a pas lieu de mettre les frais de loyer, d'ameublement et de gardiennage de l'inspection des services administratifs et financiers de la colonie, à la charge du trésor de la Cochinchine. Je m'attendais à une autre conclusion, en raison de votre décision rendue, sur l'avis du Conseil privé, laquelle accorde à l'Inspecteur une indemnité de frais de représentation montant à 6,000 fr. imputable sur le budget de la colonie. Je n'ai pas approuvé, d'ailleurs, cette proposition, ainsi que je vous l'ai notifié par ma dépêche du 6 courant ; mais je donnerais mon assentiment à la mesure qui consisterait à affecter ce fonds de 6,000 fr. au paiement des frais de loyer, d'ameublement et de gardiennage.

Cette dépense annuelle serait ainsi subdivisée d'après vos indications :

	Loyer	2.889 fr.
	Réparations locatives	600
Solde	d'un concierge	1.000
	de deux garçons de bureaux	1.400
	En total	5.889

L'imputation n'aurait, dans tous les cas, rien que de légitime, attendu que dans les autres colonies, même à législature, des dépenses de l'ordre, ci-dessus indiqué, sont faites pour le Gouvernement et d'autres fonctionnaires, dont le traitement est supporté par le budget de l'État.

Quant au mobilier nécessaire à l'Inspecteur, à ses bureaux et à leur installation, la dépense de

6,000 fr. occasionnée par les achats et les travaux sera imputée, comme vous le demandez, sur le chapitre XXI, *Matériel civil et militaire*. Le crédit vous sera ouvert.

Je ne trouve justifiée, ni la dépense d'un huissier, ni celle d'éclairage qui s'élèverait à 1,400 fr. pour le service de l'inspection.

Je n'ai donc aucun crédit à vous déléguer à ce titre.

Enfin, le tarif annexé au décret du 23 juillet 1879, ayant fixé à 9,000 fr. l'abonnement pour frais d'employés. Le budget de l'État, pas plus que le budget local, ne doit subvenir à la solde de commis ou d'écrivains travaillant dans les bureaux de l'inspection.

JAURÉGUIBERRY.

(19 février 1880)

DÉP. M. *au sujet du concours pour le grade d'Inspecteur-adjoint décidant que les candidats devront, avant d'être envoyés en France, subir un examen préparatoire dans la colonie où ils se trouvent.*

ARCH. GOUV.

Le concours annoncé par mes circulaires des 29 juillet et 31 octobre 1879 (B. O. p. 69 et 711) pour le grade d'Inspecteur-adjoint des services administratifs et financiers de la marine et des colonies, n'a pas donné les résultats qu'on était en droit d'attendre du nombre des candidats.

Des six sous-commissaires du service colonial admis aux épreuves écrites du concours, quatre ont été déclarés inadmissibles. Leur envoi en France et leur retour aux colonies, ayant occasionné au trésor des frais élevés et improductifs, il a paru utile de restreindre, à l'avenir, la dépense dans les cas analogues.

J'ai décidé qu'une épreuve préparatoire aurait lieu désormais dans les colonies avant d'envoyer en France les sous-commissaires qui se porteront candidats au grade d'Inspecteur-adjoint.

L'épreuve consistera dans la rédaction d'une question d'administration sur des sujets tirés du programme énoncé dans l'arrêté du 11 juillet 1879.

La question à traiter sera choisie par l'ordonnateur et l'Inspecteur qui prendront de concert les mesures de surveillance, de façon à entourer l'épreuve de garanties sérieuses. Le plus ancien dans le grade de Commissaire ou d'Inspecteur aura la présidence.

Vous n'autoriserez donc l'envoi en France, pour passer le concours dans les formes prescrites, si d'ailleurs leur moralité est notoirement satisfaisante, que des sous-commissaires dont les connaissances générales, la manière d'écrire, auront été reconnues suffisantes par ces deux fonctionnaires.

Vous trouverez ci-joint l'ampliation d'un décret en date du 19 février 1880, annonçant l'ouverture d'un concours dans le mois de juillet prochain.

Je vous prie de donner des ordres afin d'assurer, le cas échéant, l'exécution des dispositions de la présente dépêche.

Je statuerai sur la demande des sous-commissaires transmise par la voie hiérarchique, lorsqu'ils se trouveront en service dans les établissements coloniaux où l'Inspection n'a pas de représentant, et qu'ils solliciteront leur venue en France, afin de se présenter au concours pour le grade d'Inspecteur-adjoint des services administratifs et financiers de la marine et des colonies.

(10 mars 1880)

O. G. *de procéder successivement à la vérification inopinée des caisses publiques des colonies.*

B. M. p. 425.

(15 mars 1880)

A. G. *supprimant diverses allocations accordées à des fonctionnaires et officiers en Cochinchine.*

J. C. p. 120.

Article premier. — Sont supprimées, à partir du 1er avril prochain, les indemnités suivantes accordées à des fonctionnaires, officiers en troupes du service métropolitain :

Chapitre IV du budget.

. . . .

Frais de représentation et de service de l'inspecteur des services administratifs. . . . . 6,000 fr

Chapitre XII.

. . . . 540

LE MYRE DE VILERS.

(20 novembre 1880)

CIRC. M. *Interprétation de l'art. 17 de l'arrêté du 22 août 1879 sur le service de l'inspection permanente aux colonies.*

B. M. p. 768.

(4 janvier 1881)

DÉP. M. *approuvant un arrêté du Gouverneur qui met à la disposition de l'Inspecteur un employé de la Direction de l'Intérieur, dont la solde sera prélevée sur les frais d'employés attribués à l'Inspection par le décret du 23 juillet 1879.*

ARCH. GOUV.

En raison des difficultés qu'éprouve le service de l'Inspection en Cochinchine pour recruter le personnel de ses bureaux, j'ai l'honneur de vous informer que j'approuve la décision par laquelle vous avez autorisé le Directeur de l'Intérieur à mette un employé de son administration à la disposition de l'Inspecteur qui vous en a fait la demande.

Par mesure exceptionnelle, les services de cet employé continueront à compter, dans cette position, pour le droit à la pension de retraite ; sa solde sera prélevée sur les frais d'employés attribués à l'Inspection par le décret du 23 juillet 1879.

CLOUÉ.

(24 janvier 1882)

DÉP. M. *Mode de régularisation des frais de voiture des services de l'Inspection.*

ARCH. GOUV.

A la suite d'une réclamation produite, au mois d'août 1881, par M. J....., Inspecteur-adjoint des services administratifs et financiers en Cochinchine, en vue d'obtenir d'être défrayé, au même titre que les divers fonctionnaires de la colonie, des dépenses de voiture que lui occasionne son service, M. le Vice-Amiral Cloué, Ministre de la Marine et des Colonies, vous a fait connaître, le 14 octobre de la même année, que, tout en considérant comme très légitime cette réclamation, il croyait devoir en différer la suite à y donner jusqu'à l'époque où vous lui auriez adressé des propositions spéciales en même temps que certains renseignements complémentaires sur la nature et la quotité des indemnités allouées pour frais de voiture aux divers fonctionnaires de la colonie.

Votre lettre du 25 novembre dernier, répondant à cette invitation, tend à faire autoriser le remboursement à M. J..... de la somme de 436 fr. qu'il a avancée pour frais de voitures, du 1er janvier au 31 octobre dernier, et, d'autre part, elle contient une proposition aux termes de laquelle les dépenses de même nature occasionnées au service de l'Inspection seront désormais réglées sur présentation d'un mémoire détaillé.

Sur ces deux points, vous vous êtes inspiré des idées exprimées dans la dépêche ministérielle du 14 octobre 1881, aussi ne saurais-je aller à l'encontre de vos propositions qui me paraissent d'ailleurs parfaitement justifiées.

La seule réserve qu'il convienne d'introduire ici a pour but de limiter à l'exercice 1881 les conséquences de la décision que j'ai l'honneur de vous notifier.

En vertu des dispositions des services aux colonies, les fonctionnaires de l'Inspection se trouvent actuellement sous la dépendance de M. le Ministre de la Marine ; c'est donc à mon collègue qu'il appartient exclusivement de régler, à partir de 1882, le mode de régularisation des frais de déplacement alloués aux fonctionnaires qu'il administre.

(28 février 1882)

DÉP. M. *au sujet des frais de voiture du service de l'Inspection.*

B. C. p. 170.

M. le Ministre du Commerce et des Colonies vous a fait connaître, le 24 janvier dernier, dans quelle forme devait être opéré, pour l'Exercice 1881, le remboursement des frais de voiture que le service occasionne aux fonctionnaires de l'Inspection des services administratifs et financiers en Cochinchine.

Le système indiqué par la dépêche précitée consiste dans le remboursement sur la présentation d'un mémoire détaillé établi par le fonctionnaire.

En raison du caractère accidentel et varié que présentent les déplacements du service de l'Inspection, le mode adoptée par M. le Ministre du Commerce et des Colonies m'a paru très rationnel et préférable à la concession d'une indemnité fixe et équivalente à celle qui est payée mensuellement à certains fonctionnaires de la colonie; j'estime, par suite, qu'il y a lieu de continuer à le mettre en pratique, et c'est en ce sens que je vous prie de donner à qui de droit les instructions nécessaires.

BERLET.

(10 juillet 1882)

D. PRÉSID. *modifiant le décret du 23 juillet 1879 relatif au corps de l'inspection des services administratifs et financiers de la marine et des colonies.*

B. M. p. 70.

(20 novembre 1882)

DÉCRET *sur le régime financier des colonies (Titre VII)* (1).

B. C. 1883, p. 29.

(21 novembre 1882)

DÉP. M. *au sujet de la situation des Inspecteurs des services administratifs, censeurs légaux des banques vis-à-vis des Gouverneurs.*

ARCH. GOUV.

Dans vos lettres des 27 juin et 30 août derniers, vous m'avez entretenu de la situation de l'Inspecteur des services administratifs et financiers de la Marine, censeur légal de la Banque vis-à-vis du Gouverneur.

J'ai soumis cette question à l'examen de la Commission de surveillance des banques coloniales, qui a émis l'avis suivant :

« D'après les statuts, les censeurs légaux exercent un contrôle véritable avec droit de représentation, mais sans jamais participer à direction ni l'entraver. Or, c'est un principe depuis longtemps « en vigueur au Département de la Marine et des Colonies, et dont l'application vient d'être faite au « Département de la Guerre, que pour être sérieux et efficace, le contrôle doit être indépendant du « commandement et ne relever que du Ministre. Le décret du 23 juillet 1879 sur l'inspection aux « colonies y a consacré la même règle. Ni la loi organique, ni les statuts des banques ne subordon-

(1) V. Comptabilité des colonies.

« nent les censeurs aux gouverneurs. Il les astreignent seulement à correspondre avec ceux-ci. Ils « donnent aux gouverneurs le pouvoir de suspendre les directeurs, aux censeurs légaux le droit et « le devoir de signaler les irrégularités commises, mais ils ne permettent ni aux gouverneurs, ni « aux censeurs légaux d'intervenir activement dans l'administration des banques.

« Dans ces conditions, pourvu que chacun reste dans ces attributions, il peut se produire des dis- « sentiments sur lesquels le Ministre ait à statuer, mais les craintes de conflit émises par M. le Gou- « verneur de la Cochinchine ne semblent pas justifiées.

« D'ailleurs, on ne pourrait subordonner les inspecteurs remplissant les fonctions de censeurs aux « gouverneurs sans porter une grave atteinte à la situation indépendante faite aux premiers par le « décret précité du 23 juillet 1879.

« Il faudrait donc, pour donner satisfaction à la réclamation de M. le Gouverneur de la Cochin- « chine, abroger la décision ministérielle qui a conféré les fonctions de censeurs légaux aux inspec- « teurs des services administratifs et revenir à l'état de choses antérieur à cette décision ; mais la « Commission de surveillance a fréquemment signalé l'insuffisance du contrôle exercé par les cen- « seurs légaux lorsqu'ils étaient choisis parmi des fonctionnaires dépendants et peu élevés dans la « hiérarchie. M. le Gouverneur, dans sa lettre du 30 août dernier, en fournit un nouvel exemple. « Il signale le danger qu'a failli courir la banque de Saïgon par suite de prêts aventureux faits à des « entrepreneurs sans autres garanties que les sommes à recevoir par eux de l'établissement.

« Ce danger n'eût pas existé si l'on avait observé les prescriptions d'une dépêche ministérielle de « 1876, interdisant les prêts dont il s'agit. Le censeur légal avait le droit de les rappeler et ne l'a « pas rempli. Son indépendance du Gouverneur n'a donc pas pour effet de rendre sa surveillance « plus efficace, et le fait cité par M. Le Myre de Vilers, loin d'être favorable à sa thèse, fournit un « argument pour la combattre.

« Au contraire, dans le système nouveau que critique M. Le Myre de Vilers, la responsabilité du « censeur légal est d'autant mieux établie qu'elle cesse d'être partagée. Ce fonctionnaire assistant « aux délibérations du Conseil d'administration et de l'assemblée générale a connaissance de tous « les actes du Directeur, de tous les prêts consentis. Il a donc tous les moyens de sauvegarder sa « responsabilité en signalant les irrégnlarités commises sans entraver cependant par des conflits la « marche des affaires.

« En conséquence, la Commission est d'avis qu'il n'y a pas lieu de modifier la réglementation des « banques coloniales dans le sens des observations présentées par M. le Gouverneur de la Cochin- « chine. »

Je ne puis qu'adopter cette manière de voir aussi correcte que compétente de la Commission spéciale placée auprès de mon Département pour l'examen de toutes les questions relatives à la gestion de nos Établissements de crédits coloniaux.

JAURÉGUIBERRY.

(2 avril 1883)

DÉP. M. *modifiant l'arrêté ministériel du 25 juillet 1881 portant répartition du personnel de l'Inspection des services administratifs et financiers de la marine et des colonies.*

B. M. p. 529.

L'arrêté ministériel du 25 juillet 1881, portant répartition du personnel de l'Inspection des services administratifs et financiers de la marine et des colonies, est modifié comme suit :

	Inspecteurs en chef.	Inspecteurs.	Inspecteurs adjoints.	OBSERVATIONS.
Pour remplacement dans les ports et dans les colonies.....				(A) Est attaché au Contrôle central quand il n'est pas pas employé au service de remplacement..

(10 octobre 1883)

DÉP. M. *au sujet des épreuves préalables à subir dans les colonies par les candidats au concours pour le grade d'Inspecteur-adjoint des services administratifs et financiers de la marine et des colonies.*

B. M. p. 426.

L'application de l'article 9 de l'arrêté ministériel du 31 mai 1881, relatif aux sous-commissaires coloniaux qui demandent à prendre part au concours d'admission dans le corps de l'Inspection ayant donné lieu à des interprétations qui ne sont pas conformes à l'esprit de cet acte, il m'a paru utile d'en fixer le sens et d'arrêter la marche à suivre à ce sujet.

Les Gouverneurs enverront au Ministre, avec leur avis personnel, les demandes qui leur seront adressées en vue du concours pour l'Inspection. Si le Ministre accorde l'autorisation de prendre part au concours, elle sera notifiée aux Gouverneurs, et c'est seulement alors que les candidats seront appelés à subir les épreuves préalables prescrites par l'article 9 de l'arrêté du 31 mai 1881 et qu'ils pourront, s'il y a lieu, être envoyés en France à l'époque qui sera fixé par la dépêche ministérielle.

A. Peyron.

(21 juillet 1884)

A. M. *fixant la répartition, pour le port de Cherbourg et la Cochinchine, du personnel de l'Inspection des services administratifs et financiers de la marine et des colonies. (Extrait).*

B. M. p. 151.

. . . .
. . . .

Pour la colonie de la Cochinchine :

1 Inspecteur ;

2 Inspecteurs adjoints.

Peyron.

(5 juin 1885)

DÉP. M. *indiquant la procédure à suivre en cas de dissentiment entre l'Inspection et l'Administration. (Art. 15 de l'arrêté du 22 août 1879).*

ARCH. GOUV.

J'ai reçu la lettre que vous m'avez adressée le 9 avril dernier, et par laquelle vous m'annoncez que vous avez rapporté, conformément aux prescriptions de la dépêche du 12 février 1885, nº 17, l'arrêté de promulgation du décret du 18 novembre 1882, sur les adjudications et marchés passés pour le compte de l'État. Vous faites remarquer que vous n'aviez pris cet arrêté que sur la demande de M. l'Inspecteur des services administratifs, et vous me priez de vous indiquer, en vue des circonstances qui pourraient se produire dans l'avenir, la marche à suivre en cas de dissentiment entre l'Administration locale et le service du contrôle.

J'ai l'honneur de vous faire connaître que la procédure réglementaire en pareil cas est nettement tracée dans l'article 15 de l'arrêté du 22 août 1879, auquel je ne puis que me référer. J'ajouterai que dans toute affaire ayant donné lieu à des observations de l'Inspection, vous devez, lorsque la solution vous parait douteuse, soumettre le point en litige au Département et provoquer des ordres formels.

A. Rousseault.

(4 septembre 1885)

DÉP. M. *au sujet de l'interprétation des attributions de l'Inspection permanente dans les colonies.*

B. M. p. 556.

(12 novembre 1886)

DÉCRET *instituant un corps spécial d'inspection pour les colonies.*

B. M. p. .

(22 janvier 1887)

DÉCRET *apportant plusieurs modifications à la composition et à la constitution du Conseil de la Cochinchine. (Art. 1 § 3, art. 2 § 3).*

B. C. p. 157.
J. C. p. 291.

Art. 1er . . . .

. . . .

L'Inspecteur des services administratifs et financiers de la colonie assiste au Conseil; il a le droit de présenter ses observations dans toutes les discussions (1).

Les fonctions du ministère public près du Conseil sont remplies par l'inspecteur des services administratifs et financiers de la colonie.

. . . .

. . . .

JULES GRÉVY.

(31 janvier 1887)

DÉP. M. *portant envoi d'un décret en date du 12 novembre 1886 qui institue un corps spécial d'inspection pour les colonies.*

ARCH. GOUV.

Un décret du 12 novembre dernier, dont je vous adresse une ampliation, institue un corps spécial d'inspection pour les colonies,

Avant de consulter, comme l'avait prévu l'article 2 de ce décret, les officiers de l'inspection des services administratifs et financiers de la marine et des colonies sur le point de savoir s'ils veulent opter pour l'inspection coloniale, il m'a semblé nécessaire d'attendre le vote du budget par la Chambre.

Les crédits destinés à la nouvelle organisation de l'inspection coloniale ayant été aujourd'hui transférés du budget de la marine à celui des colonies, je vous prie de vouloir bien inviter M. l'Inspecteur H..... et MM. les Inspecteurs adjoints C..... et D..... à me faire connaître le plus tôt possible la détermination à laquelle ils seront arrêtés.

Leur réponse devra, en tout cas, me parvenir le 1er juin prochain.

Je vous prie d'appeler plus particulièrement l'attention des intéressés sur les dispositions transitoires inscrites aux articles 4 et 5 qui leur permettront, s'ils réunissent vingt années de services militaires au 1er janvier 1888 de conserver leur grade, tout en faisant partie d'un corps civil et, s'ils ont droit à la retraite, de cumuler leur pension militaire avec le traitement d'activité qui doit leur être attribué.

Il est bien entendu que cette mesure de faveur ne saurait être applicable qu'aux fonctionnaires actuellement en activité qui demanderaient à faire liquider leur retraite au moment de leur entrée dans le corps de l'inspection coloniale.

(1) Un décret du 10 novembre 1887 donne entrée, dans le Conseil supérieur du Gouvernement général, au fonctionnaire de l'inspection coloniale. (V. Indo-Chine).

(7 février 1887)

DÉP. M. *portant imputation sur les fonds du budget colonial, chapitre III, de la solde des fonctionnaires de l'inspection coloniale.*

B. C. p. 10.

J'ai l'honneur de vous informer que, dorénavant et conformément aux dispositions du décret du 12 novembre dernier, constituant une inspection des services administratifs et financiers et un contrôle central des colonies distincts de ceux de la marine, la solde des fonctionnaires de l'inspection en service aux colonies devra être payée sur les fonds du budget colonial, chapitre III.

Je vous prie de donner des ordres en conséquence.

Ainsi qu'il est mentionné à l'article 8 de l'acte précité, un décret, rendu sous forme de règlement d'administration publique, organisera prochainement ce nouveau corps.

A. DE LA PORTE.

(20 juillet 1887)

RAPPORT *précédant le décret en date de ce jour fixant le traitement du chef du service central de l'inspection coloniale de celui des Inspecteurs-adjoints, chefs du service de l'inspection permanente aux colonies.*

B. C. p. 435.

(20 juillet 1887)

DÉCRET *instituant une inspection des services administratifs et financiers spéciale aux colonies et un service central pour cette inspection.*

B. Col. 1887 p. 435.

Article premier. — Il est institué à l'Administration centrale des colonies un service spécial chargé de la centralisation de l'inspection aux colonies et du contrôle de l'administration centrale des colonies.

Ce service est dirigé par un inspecteur de la marine, qui prend le titre de chef de service central de l'inspection des colonies.

Un inspecteur ou un inspecteur adjoint de la marine est placé auprès du chef du service pour le seconder dans ses fonctions.

Art. 2. — Jusqu'à ce qu'il ait été statué sur la réorganisation du service de l'inspection aux colonies, ce service continuera à être confié à des officiers de l'inspection de la marine.

Art. 3. — Ces officiers, mis à la disposition de l'administration des colonies, seront payés sur les fonds du budget des colonies.

Art. 4. — Il ne sera affecté à l'inspection coloniale que la partie du personnel de l'inspection de la marine dépassant le cadre suivant.

Six inspecteurs en chef.

Treize inspecteurs.

Treize inspecteurs-adjoints.

Jusqu'à ce que le cadre soit rentré dans ces limites, il ne sera fait dans chacun des grades d'inspecteur en chef et d'inspecteur qu'une promotion sur deux vacances, et il ne sera pas fait de nomination d'inspecteur-adjoint.

Les diminutions d'effectif résultant de ces mesures porteront exclusivement sur le service colonial.

Art. 2. — L'inspection mobile dans les colonies est exercée par des inspecteurs en chef ou des inspecteurs de la marine.

Ils sont secondés par des inspecteurs ou des inspecteurs-adjoints.

Art. 6. — L'inspection permanente dans les colonies est exercée par des inspecteurs ou des inspecteurs-adjoints.

Art. 7. — Les emplois d'inspecteur permanent prévus par l'article 9 du décret du 23 juillet 1879 peuvent être supprimés par arrêtés ministériels. Dans les colonies où cette suppression est opérée, le service de l'inspection est assuré par l'inspection mobile. Celle-ci peut être confiée à un inspecteur permanent d'une autre colonie.

Dans les colonies où il n'existe pas d'inspecteur permanent, les fonctions de commissaire du Gouvernement près les conseils du contentieux seront remplies par un officier ou fonctionnaire désigné par le gouverneur.

Art. 8. — Sont abrogées les dispositions des décrets antérieurs contraires au présent décret.

JULES GRÉVY.

(20 juillet 1887)

DÉCRET *fixant le traitement du chef du service central de l'inspection coloniale et celui des Inspecteurs-adjoints, chefs du service de l'inspection permanente aux colonies.*

B. Col. p. 435.

Article premier. — Le traitement du chef du service central de l'Inspection coloniale est fixé à 12,000 francs.

Art. 2. — Le traitement des Inspecteurs-adjoints, chefs du service de l'Inspection permanente aux colonies, est fixé à 13,000 francs.

JULES GRÉVY.

(21 juillet 1887)

A. M. *mettant à la disposition du Sous-Secrétaire d'État, pour les colonies, les Inspecteurs en chef, Inspecteurs et Inspecteurs-adjoints des services administratifs et financiers de la marine et des colonies, en excédant au cadre prévu par l'article 4 du décret du 20 juillet 1887 et réglant le temps pendant lequel ils seront détachés au service colonial.*

B. Col. p. 438.

Article premier. — Les fonctionnaires de l'Inspection des services administratifs de la marine en excédent au cadre prévu par l'article 4 du décret du 20 juillet 1887 et mis à la disposition du Sous-Secrétaire d'État au Département de la marine et des colonies pour être affectés au service de l'Inspection coloniale, ne cessent pas de faire partie de leur corps.

Les propositions pour l'avancement et pour les récompenses honorifiques, les décisions relatives à la discipline sont centralisées et présentées au Ministre par l'Inspecteur en chef chargé du contrôle central de la marine.

Art. 2. — Lorsque ces fonctionnaires auront accompli le temps de service réglementaire dans l'Inspection coloniale, ils seront remplacés sous la réserve des §§ 2 et 3 de l'article 4 du décret du 20 juillet 1887, conformément aux dispositions de l'arrêté du 15 mai 1881.

Art. 3. — La durée minimum du service colonial est de deux ans dans le service permanent, et de trois ans dans le service mobile et au service central.

Art. 4. — Les Inspecteurs et Inspecteurs-adjoints, dont les postes sédentaires seront supprimés aux colonies avant qu'ils aient terminé le temps de séjour prescrit par le présent arrêté, seront attachés à l'Inspection mobile ou au service central pour y achever la période de trois ans fixée par ces deux services.

Art. 5. — Par mesure transitoire, les Inspecteurs et les Inspecteurs-adjoints actuellement affectés au service de l'Inspection permanente des colonies et qui seront attachés à l'Inspection mobile, en vertu des dispositions de l'article précédent, après avoir accompli une période quelconque de service dans l'Inspection sédentaire, pourront, sur leur demande, être réintégrés dans le service métropolitain lorsqu'ils réuniront deux années de service tant dans l'Inspection sédentaire que dans l'Inspection mobile.

Ils devront faire connaître leurs intentions un mois avant l'expiration de ces deux années.

Art. 6. — Sont mis à la disposition du Sous-Secrétaire d'État aux colonies :

MM. . . . .

E. BARBEY.

(21 juillet 1887)

A. M. *répartissant le personnel de l'Inspection des services administratifs et financiers des colonies mis à sa disposition par l'arrêté ministériel du 21 juillet 1887.*

B. Col. p. 440.

Article premier. — L'Inspection des services administratifs et financiers des colonies comprend :

1° Le service central de l'Inspection à l'Administration centrale des colonies ;

2° L'Inspection mobile des services administratifs et financiers de toutes les colonies françaises et pays de protectorat relevant du Ministère de la marine et des colonies ;

3° L'Inspection permanente des services administratifs et financiers dans les colonies suivantes :

Cochinchine, Guyane, Guadeloupe, Nouvelle-Calédonie, Martinique, Sénégal, Réunion.

Les fonctionnaires de l'Inspection attachés au service de l'Inspection mobile demeurent à Paris ou sont laissés en résidence libre dans l'intervalle compris entre leurs diverses missions successives. Ils peuvent, en cas de besoin, être attachés provisoirement au service central lorsqu'ils ne sont pas employés aux travaux relatifs à l'Inspection mobile.

Art. 2. — En attendant la révision du décret du 23 juillet 1879, l'Inspection coloniale fonctionnera suivant les règlements en vigueur.

Art 3. — Le personnel mis à la disposition des colonies est réparti comme suit :

Service central.

Inspecteur : M. D.....
Inspecteur-adjoint : M. *X*.

Inspection mobile.

Inspecteurs en chef : MM. *X*.
Inspecteurs : MM. *X*.
Inspecteurs-adjoints : MM. *X*.

Inspection permanente.

Inspecteurs : MM. *X*.
Inspecteurs-adjoints : MM. *X*.

Art. 4. — Les Inspecteurs et Inspecteurs-adjoints dont les postes sont supprimés quitteront les colonies où ils sont actuellement en service dès qu'ils auront reçu l'ordre de prendre possession de leurs nouvelles fonctions.

EUG. ÉTIENNE.

(23 septembre 1887)

A. M. *réglant le tour de roulement des Inspecteurs et Inspecteurs-adjoints pour le service mobile et permanent des colonies. — Liste de départ.*

B. Col. p. 743.

Article premier. — Les Inspecteurs et Inspecteurs-adjoints désignés pour le service des colonies sont inscrits sur une liste de roulement spéciale par grade, divisée en deux catégories :

La 1re catégorie comprend les Inspecteurs et Inspecteurs-adjoints n'ayant pas encore servi dans leur grade aux colonies et ceux qui, affectés à une mission d'Inspection mobile, n'auraient pas achevé leur tournée ;

La 2e catégorie comprend les Inspecteurs et Inspecteurs-adjoints ayant terminé au moins une tournée d'inspection mobile et ceux qui, dans leur grade, ont déjà accompli une période réglementaire de service colonial.

L'Inspecteur désigné pour seconder le chef du service central est placé en dehors de la liste de roulement.

Art. 2. — Les Inspecteurs et Inspecteurs-adjoints, à mesure qu'ils sont détachés au service colonial, prennent chacun dans la liste de leur grade le dernier rang de la 1re catégorie, s'ils n'ont pas accompli, dans leur grade, une période de service réglementaire aux colonies, et le même rang dans la deuxième catégorie, s'ils ont accompli cette période.

Les Inspecteurs et Inspecteurs-adjoints reçoivent leur première destination suivant les besoins, soit pour le service mobile, soit pour le service permanent.

A moins de cas imprévus, les désignations sont faites deux mois à l'avance, les Inspecteurs et Inspecteurs-adjoints de la 2e catégorie n'étant appelés à marcher que lorsque la 1re catégorie de la liste correspondante est épuisée.

Art. 3. — Après chaque tournée d'inspection mobile, les fonctionnaires qui en reviennent sont placés en queue de liste de roulement à la 2e catégorie ; ceux rentrant le même jour sont classés entre eux dans l'ordre où ils se trouvaient avant le départ pour la mission.

Art. 4. — Les Inspecteurs et Inspecteurs-adjoints qui, pour raisons de santé ou autres motifs personnels, rentrent avant d'avoir achevé la tournée de l'inspection mobile pour laquelle ils étaient désignés, sont placés en queue de liste à la 1re catégorie, dès qu'ils sont de nouveau disponibles.

Art. 5. — Tout Inspecteur et Inspecteur-adjoint nommé dans le service permanent doit faire deux ans dans son poste.

Art. 6. — Si, pour raisons de santé ou autres motifs personnels, un Inspecteur ou Inspecteur-adjoint permanent revient en France avant d'avoir achevé deux ans de séjour colonial, cet Inspecteur ou Inspecteur-adjoint, à l'expiration de son congé, sera renvoyé dans sa colonie pour y achever sa période réglementaire.

Art. 7. — En cas d'absence de leur poste des Inspecteurs permanents, le service est provisoirement assuré, s'il y a lieu, par les fonctionnaires du service mobile.

Art. 8. — Les fonctionnaires de l'Inspection présents en France peuvent, à grade égal, être admis à échanger leur tour de départ.

Toute permutation a pour effet de substituer complètement l'un à l'autre pour l'origine des droits et pour les obligations du tour de service, les officiers qui ont été autorisés à permuter.

Art. 9. — Tout Inspecteur et Inspecteur-adjoint promu au grade supérieur est remis à la disposition du service de la marine, à moins qu'il ne soit appelé dans son nouveau grade à remplir immédiatement un emploi colonial vacant.

DISPOSITIONS TRANSITOIRES.

Pour la première formation de la liste, les Inspecteurs ou Inspecteurs-adjoints, comptant déjà des services aux colonies, seront classés entre eux dans la deuxième catégorie de leur liste, dans l'ordre inverse de la durée de ces services, celui qui en réunit le moins étant appelé à marcher le premier.

Cette disposition sera appliquée aux Inspecteurs et Inspecteurs-adjoints qui seraient ultérieurement détachés aux colonies pour parfaire le temps de service réglementaire.

EUG. ÉTIENNE.

LISTE *de départ des Inspecteurs et des Inspecteurs-adjoints du service colonial, à la date du 23 septembre 1887.*

B. Col. p. 745.

(25 novembre 1887)

RAPPORT *précédant le décret du 25 novembre 1887 réglant l'organisation du corps de l'inspection des colonies.*

B. Col. p 912.

(25 novembre 1887)

DÉCRET *réglant l'organisation du corps de l'inspection des colonies.*

B. Col. p. 912.

TITRE Ier. — ATTRIBUTIONS DE L'INSPECTION DES COLONIES.

Aticle premier. — L'inspection des colonies a pour mission de sauvegarder les intérêts du Trésor et les droits des personnes, et de constater dans tous les services l'observation des lois, décrets, règlements et décisions qui en régissent le fonctionnement administratif.

Art. 2. — Le contrôle est exercé par des inspecteurs permanents dans les colonies de la Guadeloupe, de la Guyane, du Sénégal, de la Réunion, de la Cochinchine et de la Nouvelle-Calédonie; il peut l'être également dans toute autre colonie qui sera désignée par décret du Président de la République.

Les autres colonies sont soumises à des inspections temporaires.

Des inspecteurs généraux ou inspecteurs en mission surveillent l'exécution du service dans les différentes colonies.

Art. 3. — Les fonctionnaires de l'inspection, chefs de service, ne relèvent, pour l'exercice de leurs fonctions, que du Ministre, avec qui ils correspondent directement.

Les fonctionnaires de l'inspection en sous-ordre relèvent de leurs chefs de service.

Les uns et les autres sont subordonnés aux Gouverneurs sous le rapport hiérarchique.

Art. 4. — L'inspecteur surveille spécialement la gestion de tous les comptables publics tant en deniers qu'en matières ; son droit d'investigation n'est pas limité et il vérifie, en conséquence, toutes les fois qu'il le juge convenable, les caisses et les écritures du Trésor et les comptables locaux, ainsi que celles des communes, des hospices et des établissements publics.

Il requiert, dans tous les services, l'exécution ponctuelle des lois, ordonnances, décrets, règlements et ordres ministériels qui en déterminent le fonctionnement.

Tous les bureaux, ateliers, magasins, greffes, hôpitaux, prisons, établissements pénitentiaires et autres établissements de l'État ou de la colonie seront ouverts à l'inspecteur.

Les chefs d'administration et de service sont tenus de lui donner tous les éclaircissements et tous les renseignements qui lui sont nécessaires.

Il lui est donné communication de tous les ordres ministériels concernant les services administratifs et financiers.

Il lui est également donné connaissance des ordres de service de l'autorité locale avant leur exécution.

L'inspecteur reçoit une expédition certifiée conforme de tous les marchés et conventions, quelles qu'en soient la nature et la forme. ainsi que de tous les baux passés par l'Administration.

Il peut assister, avec droit de faire des représentations, aux adjudications, à la passation des marchés de gré à gré, aux opérations de payements d'ouvriers, d'envois de fonds, de recette de deniers, de matières ou de travaux de recensement, de condamnation, de déclassement, de vente, enfin à toute opération quelconque intéressant le service de l'État ou le service local.

L'Administration lui donne à l'avance les informations nécessaires.

Art. 5. — L'inspecteur exerce, à l'égard de tous les comptables publics, en deniers et en matières, aux colonies, les diverses attributions dévolues aux membres de l'inspection générale des finances en France.

Des instructions lui sont données par le Ministre des Finances pour ce qui touche aux services financiers des colonies. La transmission des instructions aux inspecteurs et des réponses de ces derniers se fait par l'intermédiaire de l'Administration des colonies.

Le Ministre de la Marine et des Colonies adresse au Ministre des Finances la partie des rapports des inspecteurs qui concerne le service financier des colonies.

Art. 6. — L'inspecteur ne peut diriger, empêcher ni suspendre aucune opération.

Il peut, toutefois, fermer provisoirement les mains aux comptables dont la situation lui paraît irrégulière, sauf à en donner immédiatement avis au Gouverneur.

Il peut également apposer les scellés sur les pièces qui lui sont présentées pendant le cours de ses vérifications, à charge d'en informer aussitôt le Gouverneur qui statue, par décision écrite, sur les mesures à prendre.

Art. 7. — L'inspecteur peut assister, avec droit de faire des représentations, aux séances du Conseil privé. Il siège en face du président. Les affaires soumises à ce Conseil lui sont communiquées en temps utile pour qu'il puisse en prendre connaissance avant la séance.

Lorsqu'un inspecteur réside à poste fixe dans une colonie, il siège en qualité de Commissaire du Gouvernement au Conseil du contentieux, conformément aux prescriptions du décret du 5 août 1881.

Il reçoit, à cet effet, au moins cinq jours avant chaque séance, communication du dossier de chacune des affaires qui doivent y être jugées ; le dossier doit être en état d'examen, le rappoot du conseiller rapporteur y est annexé.

Art. 8. — L'inspecteur à poste fixe remplit, près la Banque de la colonie, les fonctions de censeur légal.

Art. 9. — L'inspecteur adresse au Ministre des comptes-rendus périodiques sur la situation des services administratifs et financiers de la colonie.

Art. 10. — Lorsqu'un inspecteur en résidence dans une colonie est absent ou empêché, ses fonctions comme commissaire du Gouvernement au Conseil du contentieux et comme censeur de la Banque sont remplies par un officier ou fonctionnaire désigné par le Gouverneur.

TITRE II. — ATTRIBUTIONS DU SERVICE CENTRAL DE L'INSPECTION A L'ADMINISTRATION CENTRALE DES COLONIES.

Art. 11. — Le chef du service central de l'inspection est spécialement chargé de centraliser à l'Administration centrale toutes les opérations de l'inspection aux colonies.

Il exerce à l'égard des divers services de l'Administration centrale les attributions de contrôle qui sont déterminées par un arrêté ministériel.

TITRE III. — ORGANISATION DU CORPS DE L'INSPECTION.

Art. 12. — Le service de l'inspection est assuré par un corps spécial portant le titre d'inspection des colonies et composé exclusivement d'agents civils.

Art. 13. — Le corps de l'inspection des colonies possède une hiérarchie propre ne comportant aucune assimilation avec les emplois des divers fonctionnaires des services coloniaux.

Cette hiérarchie est ainsi réglée :

Inspecteur de 3e classe ;
— 2e classe ;
— 1re classe ;
Inspecteur général de 2e classe ;
— 1re classe.

Les fonctionnaires de l'inspeetion sont nommés par décrets du Président de la République.

Art. 14. — Les traitements d'Europe sont fixés de la manière suivante :

Inspecteur de 3e classe.	7,000 fr.
— 2e classe.	9,000
— 1re classe	11,000
Inspecteur général de 2e classe. . . .	14,000
— 1re classe . . .	16,000

Art. 15. — Les places d'inspecteur de 3e classe sont mises au concours parmi :

1° Les inspecteurs-adjoints et les commissaires-adjoints de la marine et des colonies ;

2° Les sous-commissaires de la marine et des colonies ayant au moins trois ans de grade au jour de l'ouverture du concours ;

3° Les inspecteurs de 4e classe des finances sans condition de temps de grade ;

4° Les sous-chefs de bureau de l'Administration centrale des colonies, sans condition de temps et de grade, et les principaux commis-rédacteurs réunissant trois ans de services dans leur emploi au jour de l'ouverture du concours ;

5° Les chefs de service de l'intérieur et les secrétaires généraux des Directeurs de l'intérieur, comptant au moins six ans de services dans les colonies ;

6° Les sous-directeurs de l'Administration pénitentiaire à la Guyane et à la Nouvelle-Calédonie ;

7° Les chefs de bureau de 1re classe des Directeurs de l'Intérieur aux colonies réunissant trois ans de services dans leur emploi à la date de l'ouverture du concours.

Les uns et les autres de ces candidats devront, au préalable, avoir été autorisés à concourir par le Ministre.

Les nominations sont faites suivant l'ordre du classement arrêté à la suite du concours.

Un arrêté ministériel déterminera le programme, l'époque d'ouverture et les conditions du concours pour l'admission à l'emploi d'inspecteur de 3e classe.

Art. 16. — Tous les avancements sont donnés au choix.

Nul ne peut obtenir un avancement s'il ne compte deux années de service effectif dans le grade immédiatement inférieur.

Art. 17. — Les fonctionnaires de l'inspection des colonies sont soumis, pour les pensions de retraite, à la loi du 9 juin 1853.

Art. 18. — Les peines disciplinaires applicables aux fonctionnaires de l'inspection des colonies sont les suivantes :

Le blâme ;

La privation de la moitié du traitement pour une durée de deux mois au plus ;

La révocation.

Le blâme et la privation de traitement sont prononcés par le Ministre.

La révocation ne peut être prononcée que pour les motifs ci-après :

Fautes graves et répétées dans le service ;

Fautes contre l'honneur.

La révocation est prononcée par décret du Président de la République et d'après l'avis du conseil d'enquête. Un décret spécial déterminera la composition et le mode de procéder de ce conseil, dont l'avis ne pourra jamais être modifié que dans un sens favorable au fonctionnaire inculpé.

Art. 19. — Les dispositions relatives à la fixation des cadres, aux accessoires du traitement et aux indemnités du personnel sont réglés par décret du Président de la République.

Le mode de fonctionnement du service est fixé par arrêté ministériel.

TITRE IV. — DISPOSITIONS TRANSITOIRES.

Art. 20. — Les fonctionnaires du corps de l'inspection des colonies sont recrutés, pour la formation, parmi les officiers du corps de l'inspection de la marine ayant opté pour les colonies, savoir :

Les inspecteurs généraux parmi les inspecteurs en chef ;

Les inspecteurs de 1re classe parmi les inspecteurs ;

Les inspecteurs de 2e classe parmi les inspecteurs adjoints.

Ils sont nommés par décret du Président de la République, font définitivement partie des cadres de l'inspection des colonies et prennent rang dans chaque grade, tant au point de vue de l'ancienneté relative qu'à celui du temps exigé pour l'avancement, du jour de leur dernière nomination dans leur ancien corps.

Art. 21. — Les fonctionnaires du corps de l'inscription des colonies provenant, au moment de sa formation, de l'inspection de la marine, tout en ayant une hiérarchie propre sans aucune assimilation avec les grades de l'armée, conserveront l'état d'officier et continueront à bénéficier des dispositions de la loi du 19 mai 1834.

Leurs services dans l'inspection des colonies seront considérés, au point de vue de la Légion d'honneur et de la retraite, comme services militaires.

Les pensions auxquelles ces services donneront droit seront liquidées conformément aux dispositions des lois des 18 avril 1831 et 5 août 1879. Leur assimilation pour la retraite sera fixée suivant le tableau annexé au présent décret.

Art. 22. — Les vides restant dans les cadres après les nominations prévues à l'article 20 seront comblés par les inspecteurs en chef, inspecteurs et inspecteurs-adjoints en excédent au cadre de l'inspection de la marine. Ces fonctionnaires continueront à être détachés et traités conformément aux dispositions du décret du 20 juillet 1887.

Art. 23. — Les vacances venant à se produire dans les conditions prévues par l'article 4 du décret du 20 juillet 1887 donneront lieu à une promotion qui portera seulement sur les fonctionnaires faisant définitivement partie de l'inspection des colonies.

Art. 24. — Les droits des candidats reconnus admissibles à la suite du concours du 4 avril 1887 pour le grade d'inspecteur-adjoint de la marine sont réservés conformément au décret du 24 août suivant.

TITRE V. — DISPOSITIONS GÉNÉRALES.

Art. 25. — Sont abrogées les dispositions des ordonnances, décrets et règlements antérieurs en ce qu'elles ont de contraire au présent décret.

JULES GRÉVY.

(26 novembre 1887)

DÉCRET *fixant les cadres, les accessoires du traitement et les indemnités du personnel de l'inspection des colonies.*

B. Col. p. 920.

TITRE I. — DE L'INSPECTION DES COLONIES.

Article premier. — L'inspection des colonies comprend :

La direction du service spécial chargé de la centralisation de l'inspection aux colonies et du contrôle de l'administration centrale des colonies ;

L'inspection mobile des services administratifs et financiers de toutes les colonies françaises ;

L'inspection permanente des services administratifs et financiers dans les colonies désignées à l'article 2 du décret du 25 novembre 1887.

Art. 2. — Le personnel du corps de l'inspection des colonies est composé de :

1 inspecteur général de 1re classe
1 inspecteur général de 2e classe ;
4 inspecteurs de 1re classe ;
5 inspecteurs de 2e classe ;
7 inspecteurs de 3e classe.

Des membres de ce corps servent indistinctement en France et dans les colonies, soit dans l'inspection permanente, soit dans l'inspection mobile.

Art. 3. — La répatition de l'effectif est réglée de la manière suivante :

SERVICE CENTRAL

Un inspecteur de 1re classe, nommé par décret, est chargé de la direction du service central à l'administration centrale des colonies. Il est secondé par un inspecteur nommé à son choix.

INSPECTION MOBILE

L'inspection mobile de toutes les colonies françaises est exercée par des inspecteurs généraux et des inspecteurs de 1re classe, chefs de mission. Les chefs de mission sont secondés par des inspecteurs de toutes classes.

INSPECTION PERMANENTE

Des inspecteurs de toutes classes sont chargés du service de l'inspection permanente dans les colonies désignées à l'article 2 du décret du 25 novembre 1877.

La période réglementaire de séjour dans l'inspection permanente aux colonies est, au minimum de deux ans.

Art. 4. — Les désignations auxquelles il y a lieu de procéder. en vue d'assurer le service de l'inspection mobile et le service de l'inspection permanente aux colonies, sont faites au choix du sous-secrétaire d'Etat, sur une liste tenue dans les bureaux du chef de service central de l'inspection.

Sur cette liste figure tous les inspecteurs du service des colonies présents en France, à l'exception du chef du service central et de son adjoint, des inspecteurs en congé de convalescence et de ceux qui, depuis leur rentrée des colonies n'ont pas accompli, dans la métropole, un séjour de six mois, s'ils proviennent de l'inspection permanente, ou de trois mois, s'ils viennent de terminer une tournée d'inspection mobile.

TITRE II. — DES DIVERSES ALLOCATIONS PÉCUNIAIRES ET DES CONGÉS.

Art. 5. — Le traitement d'Europe des fonctionnaires du corps de l'inspection des colonies est fixé, à partir du 1er janvier 1888, conformément aux dispositions du décret du 25 novembre 1887 ; les supplements de traitement auxquels ils ont droit sont déterminés par le tarif n° 1 annexé au présent décret.

Les fonctionnaires de l'inspection des colonies reçoivent en outre, à titre d'abonnement pour fournitures de bureaux et de frais d'employés, lorsqu'ils servent aux colonies, les allocations déterminées par le tarif n° 2, également annexé au présent décret.

Les inspecteurs chefs du service de l'inspection permanente aux colonies reçoivent le logement et l'ameublement en nature.

Art. 6. — Lorsqu'ils sont officiellement appelés à se déplacer, les fonctionnaires de l'inspection des colonies ont droit, dans les conditions prévues par le décret du 12 janvier 1870 et l'arrêté du 19 janvier 1878 sur les indemnités de route et de séjour en France et aux colonies aux allocations prévues par ces deux actes, savoir :

Les inspecteurs généraux, aux indemnités fixées pour les fonctionnaires civils assimilés aux officiers généraux ;

Les inspecteurs des trois classes, à celles prévues par les fonctionnaires assimilés aux officiers supérieurs.

Les inspecteurs généraux et les inspecteurs qui restent titulaires d'un grade militaire continuent à bénéficier de la réduction du prix des places sur les voies ferrées, à laquelle ils ont droit en raison de leur grade. Les indemnités de route auxquelles ils peuvent prétendre sont, en conséquence, réduites conformément aux indications des tarifs annexés aux actes sus mentionnés.

Art. 7. — Les fonctionnaires de l'inspection faisant partie de l'inspection mobile ont droit, pendant la durée de leurs missions temporaires dans les colonies, à leur traitement dans Paris.

Ils reçoivent, en outre, à titre d'indemnité spéciale pendant la durée de leur séjour dans les colonies, les allocations fixées par le tarif n° 3 annexé au présent décret.

Le droit à ces allocations s'ouvre du jour exclu de leur débarquement dans la colonie ; il prend fin le lendemain du jour de leur embarquement soit pour se rendre dans une autre colonie, soit pour rentrer en France.

Art. 8. — En ce qui concerne l'obtention des congés, les fonctionnaires du corps de l'inspection des colonies sont régis par les dispositions y relatives du décret du 1er juin 1875 et du décret du 20 septembre 1885.

Art. 9. — Le décret du 7 mai 1879 sur les passages est applicable aux fonctionnaires de l'inspection des colonies.

DISPOSITIONS GÉNÉRALES.

Art. 10. — Un arrêté ministériel réglera les détails du service de l'inspection permanente aux colonies, du service de l'inspection mobile et du service central de l'inspection.

Art. 11. — Sont abrogées toutes les dispositions des ordonnances, décrets et règlements antérieurs en ce qu'elles ont de contraire au présent décret.

JULES GRÉVY.

Tarif n° 1. — Suppléments de traitement des fonctionnaires de l'inspection des colonies.

Tarif n° 2. — Frais d'employés et abonnements pour fournitures de bureau (art. 6.)

Tarif n° 3. — Indemnité spéciale aux fonctionnaires de l'inspection mobile pendant la mission de leurs missions temporaires dans les colonies (art. 8.).

(29 novembre 1887)

A. M. *concernant le fonctionnement de l'inspection des colonies. Service central ; service mobile ; service permanent.*

B. Col. p. 924.

(2 décembre 1887)

DEP. M. *Observations concernant le contrôle exercé par le service de l'inspection.*

ARCH. S. AD.

(5 janvier 1888)

DÉP. M. *Instructions au sujet de l'organisation du corps de l'inspection des colonies.*

ARCH. GOUV.

Vous trouverez au *Journal officiel* des 26 et 28 novembre derniers, deux décrets en date des 25 et 27 du même mois qui, organisant le corps de l'inspection des colonies, ont apporté au fonctionnement de ce service tel que l'avaient institué les décrets et arrêtés du mois de juillet dernier, quelques modifications que je crois devoir signaler à votre attention.

Comme vous le savez, le contrôle préventif n'avait été abandonné qu'à titre provisoire ; cet essai n'ayant pas donné de résultats satisfaisants, j'ai décidé qu'il serait fait retour à l'état de choses précédemment existant.

L'Inspecteur a reçu sous le timbre du service central de l'inspection, les instructions que comportent ces nouvelles dispositions; je vous recommande, de votre côté, de vouloir bien veiller à ce que, comme par le passé, tous les ordres ministériels concernant les services administratifs et financiers soient portés à sa connaissance, et qu'il lui soit donné communication, avant leur exécution, des ordres de service de l'autorité locale. Lorsque l'inspecteur absentera du chef lieu de la colonie, ces ordres de service devront être établis en double expédition. Ils seront immédiatement exécutoires à son retour, l'inspecteur présentera s'il y a lieu les observations qu'ils auraient pu motiver.

Seule, la suppression du visa préalable des mandats de dépenses a été définitivement maintenue, mais cette suppression ne devra être un obstacle au contrôle de l'inspection sur la liquidation des dépenses. Vous voudrez bien recommander au trésorier-payeur de se prêter sur ce point à toutes les vérifications de l'Inspecteur et de s'entendre avec ce dernier afin que l'envoi des pièces à la comptabilité publique ne soit pas retardé.

(16 mai 1888)

A. G. *portant que les dépenses du service de l'inspection seront supportées par le budget de l'Indo-Chine à compter du 1er janvier 1888.*

B. C. p. 252.
J. C. p. 478.

Article premier. — Les dépenses de service de l'Inspection seront supportées par le budget de l'Indo-Chine à compter du 1er janvier 1888.

Art. 2. — Elles seront imputées, pour le personnel, au paragraphe 1er : *Soldes*, de l'article 1er du chapitre 1er de la 2e division, et pour le matériel, au paragraphe 9 de l'article 2 du même chapitre et de la même division.

Art. 3. — Il sera pourvu à ces dépenses au moyen des ressources générales prévues aux paragraphes dont il est parlé à l'article 2.

(27 août 1889)

RAPPORT M. *précédant le décret du 27 août 1889, portant que le contrôle sera exercé en Annam et au Tonkin par un inspecteur permanent et au Cambodge par l'inspecteur chargé en Cochinchine du service permanent de l'inspection.*

Promulg., A. G. G. 3 octobre 1889.
J. C. p. 943.

(27 août 1889)

DÉCRET *portant que le contrôle sera exercé en Annam et au Tonkin par un inspecteur permanent et au Cambodge par l'inspecteur chargé en Cochinchine du service permanent de l'inspection.*

Promulg., A. G. G. 3 octobre 1889.
J. C. p. 944.

NATURE DES DOCUMENTS	DATES	RECUEILS A CONSULTER							OBSERVATIONS
		Bat.	B. O.	B. D. I	J. C.	J. II	B. M.	B Col	
Circ. M.	30 décembre 1845.						R. IV 245		
Circ. M.	21 novembre 1853.						R VI. 1174		
Circ. M.	2 juillet 1855						R VII 701		
Dép. M.	16 juillet 1880.						114		
Circ. M.	27 juillet 1880.						169		
Circ. M.	20 novembre 1880.								
Circ. M.	5 février 1881.						175		
Circ. M.	23 mars 1881.								
Circ. M.	4 février 1882.						125		
Circ. M.	24 avril 1882.						542		
Circ. M.	25 avril 1882.								
Dép. M.	6 juillet 1882.		398				29		
Dép. M.	26 octobre 1882.								
Circ. M.	29 janvier 1883.						113		
Dép. M.	29 janvier 1883.								
Dép. M.	20 mars 1883.						438		
Dép. M.	29 mars 1883.								
Circ. M.	30 mai 1883.						777		
Dép. M.	11 juillet 1883.						36		
Dép. M.	2 août 1883.								

NATURE DES DOCUMENTS	DATES	RECUEILS A CONSULTER							OBSERVATIONS
		Bat.	B. O.	B.D I	J.H.	J. C.	B. M	B Col	
Dép. M.	2 novembre 1883.						556		
Dép. M.	5 février 1884.								
Dép. M.	16 février 1884.								
Dép. M.	4 août 1884.								
Circ. M.	31 octobre 1884.						806		
Dép. M.	30 janvier 1885.								
Circ. M.	24 septembre 1885.								
Circ. G.	30 décembre 1885.				1886 2				
Circ. M.	9 août 1887.								
Circ. D. I.	22 septembre 1887.				912				
Décret.	27 août 1889.				932				

(30 décembre 1845)

CIRC. M. *Instructions concernant la correspondance des contrôleurs coloniaux avec le Département de la marine.*

B. M. R. IV, p. 245.

(21 novembre 1853)

CIRC. M. *au sujet des investigations des inspecteurs.*

B. M. R. VI, p. 1174.

(2 juillet 1855)

CIRC. M. *Recommandations relatives aux vérifications inopinées de la caisse des trésoriers des invalides.*

B. M. R. VII, p. 701.

(16 juillet 1880)

CIRC. M. *du rôle de l'inspection vis-à-vis la Banque des colonies et la commission chargée de rapprocher les comptes de l'ordonnateur des écritures du trésorier. — Annexe.*

B. M. 114.

J'ai l'honneur de vous envoyer copie d'une dépêche que je viens d'adresser à l'Inspecteur de la colonie placée sous votre gouvernement.

Cette dépêche spécifie :

1o Le rôle de l'Inspecteur vis-à-vis la Banque de la colonie :

2o La fonction de l'Inspecteur dans la commission chargée de rapprocher annuellement les comptes de l'ordonnateur des écritures du trésorier.

JAURÉGUIBERRY.

ANNEXE

(16 janvier 1880)

En me rendant compte, par votre lettre du 22 décembre dernier, de la vérification de caisse inopinée à laquelle vous veniez de procéder à la Banque du Sénégal, vous m'avez demandé de vous faire connaître si vous aviez eu raison de ne pas revendiquer certaines attributions de l'ancien contrôle colonial.

En ce qui concerne les fonctions de censeur près les banques coloniales, elles appartiennent à l'ordonnateur, auquel elles ont été remises, par le décret du 15 avril 1873 faisant répartition des attributions qui étaient dévolues aux contrôleurs coloniaux ; votre surveillance devra donc continuer à s'exercer vis-à-vis de la Banque du Sénégal, d'après le mode fixé par l'arrêté du 22 août 1879, réglant les détails du service de l'inspection aux colonies et à titre de délégation des pouvoirs réservés au Ministre par l'article 61 de la loi du 11 juillet 1851 sur les Banques coloniales, ainsi conçu :

« Le Ministre et le Gouverneur soit d'office, soit sur la provocation de la commission de surveil-
« lance, pourront, lorsqu'ils le jugeront convenable, faire procéder, par les agents qu'ils désigneront
« à toute vérification des registres, des caisses, et des opérations de la Banque. »

Quant à la commission chargée de rapprocher les comptes de l'ordonnateur des écritures du trésorier-payeur, vous avez bien fait d'en décliner la présidence ; mais l'inspection a le droit et le devoir d'assister aux séances de cette commission avec la faculté de faire insérer ses observations au procès-verbal, de même qu'elle peut assister à toute opération quelconque intéressant le service de l'État ou le service local.

Je ne puis donc qu'approuver la ligne de conduite que vous avez suivie, dans les circonstances que vous indiquez, vous appuyant sur le texte et vous inspirant de l'esprit des dispositions contenues au décret du 23 juillet 1879 constitutif de l'Inspection permanente aux colonies.

JAURÉGUIBERRY.

(27 juillet 1880)

CIRC. M. *Instructions relatives à la vérification de la comptabilité des corps de troupes stationnés aux colonies.*

B. M. p. 169.

Par analogie avec les prescriptions contenues dans la circulaire du 22 juillet courant, insérée au *Bulletin officiel de la Marine*, page 118, sous le timbre : Services administratifs, — Personnel et contrôle central, — rappelant les investigations que peut exercer en France le service de l'inspection sur la comptabilité intérieure des corps de troupes, j'ai arrêté les dispositions suivantes que je recommande à votre attention :

Lorsque l'inspecteur jugera nécessaire de procéder à la vérification de la comptabilité d'un corps de troupe, il devra se concerter à cet effet avec le Gouverneur ; il se transportera alors dans la caserne, où il pourra faire des vérifications sur les recettes, les dépenses en deniers ou en matières, concernant, soit les opérations du Conseil d'administration, soit celles du trésorier ou de l'officier d'habillement.

Ces opérations pourront être effectuées sans que la présence des membres du Conseil d'administration soit obligatoire.

Si, dans le cours de ces investigations, des abus ou des irrégularités sont reconnues, l'inspecteur es signalera à l'ordonnateur et, au besoin, au Gouverneur.

L'insertion de la présente circulaire au *Bulletin officiel de la Marine* tiendra lieu de notification.

JAURÉGUIBERRY.

(20 novembre 1880)

CIRC. M. *Interprétation de l'art. 17 de l'arrêté ministériel du 22 août 1879 sur le service de l'inspection permanente aux colonies.*

ARCH. GOUV.

J'ai été consulté sur l'interprétation qu'il convient de donner à l'art. 17 de l'arrêté du 22 août 1879 sur le service de l'inspection permanente aux colonies.

Cet article est ainsi conçu :

« L'inspecteur peut faire des tournées d'inspection administrative et financière dans la colonie.

« L'autorité met à sa disposition les moyens matériels nécessaires à l'accomplissement de sa « mission.

« Il prévient le Gouverneur et rend compte au Ministre. »

Cette disposition n'empêche pas que le service de l'inspection doive, comme les autres services coloniaux, voyager, dans la plupart des cas, au moyen des indemnités de route et de séjour fixées par l'arrêté ministériel du 19 janvier 1878.

Les moyens de transport par terre ou par mer dont peut disposer l'autorité, ne doivent être fournis en nature aux inspecteurs, comme à tous les fonctionnaires qui voyagent aux frais de l'État, que lorsque le pays est dépourvu de ressources sous ce rapport ou quand l'intérêt du service ou l'économie le commande.

Quant à l'autorisation de voyager sur mémoire, elle ne doit, aux termes de l'art. 28 de l'arrêté sur les frais de route, être accordée que s'il est bien établi que les allocations réglementaires ne sont pas suffisantes ; tous les efforts des Gouverneurs doivent tendre à diminuer le nombre de ces autorisations et même à les faire disparaître tout à fait, s'il est possible.

Dans tous les cas, il doit en être rendu spécialement compte au Ministre, qui statue définitivement sur l'état des dépenses présenté par le fonctionnaire autorisé à voyager sur mémoire.

L'insertion de la présente circulaire au *Bulletin officiel de la Marine* tiendra lieu de notification.

CLOUÉ.

(5 février 1881)

CIRC. M. *au sujet des délais dans lesquels les Administrations coloniales doivent répondre aux observations de l'inspection.*

B. M. p. 175.

Mon attention a été maintes fois appelée sur les retards apportés par certaines Administrations locales à répondre aux observations de l'inspection.

Ces retards sont beaucoup trop considérables et sont nuisibles au service. Le délai de trois jours fixé pour la métropole, par la circulaire du 2 février 1848, qui ne se trouve pas dans les actes relatifs relatifs à l'inspection coloniale, ne m'a pas paru devoir être appliqué à nos possessions d'outre-mer, et j'ai décidé qu'il serait porté à six jours au maximum.

Quant aux communications qui sont adressées au Gouverneur par l'inspecteur, je ferai remarquer que, d'après les termes du dernier paragraphe de l'art. 15 de l'arrêté ministériel du 22 août 1879, ce fonctionnaire doit rendre compte au Ministre, dans le délai d'un mois, des affaires restées en litige ; il est donc nécessaire qu'il ait reçu, dans ce délai maximum, la réponse du chef de la colonie aux observations qu'il a cru devoir lui soumettre.

L'insertion de la présente circulaire au *Bulletin officiel de la Marine* tiendra lieu de notification.

A. PEYRON.

(23 mars 1881)

CIRC. M. *portant que tous les ordres, décisions et arrêtés des autorités locales, aux colonies, doivent être communiqués à l'inspection avant d'être mis à exécution.*

B. M. p.

Mon attention a été appelée sur ce que, dans certaines colonies, il n'est pas donné communication à l'inspection de tous les ordres, décisions ou arrêtés dont ce service est appelé à surveiller l'exécution, et notamment des ordres d'embarquement, des réquisitions de passages et des arrêtés pris en Conseil privé.

Le vœu du règlement n'est pas rempli si certaines de ces communications sont omises ou si elles ne sont pas opérées avant l'exécution des ordres qu'elles concernent ; l'Administration locale ne saurait non plus s'en dispenser pour les arrêtés ou décisions pris en Conseil privé, sous prétexte que l'inspecteur a assisté aux séances du Conseil.

Je vous prie de donner des instructions au personnel placé sous vos ordres, afin que les prescriptions que je viens de rappeler ne soient plus perdues de vue.

La preuve de la communication à l'inspecteur des ordres de service de l'autorité locale résultera de l'apposition, sur ces ordres, du timbre de l'inspection, ainsi que cela a lieu pour les mandats de dépenses.

L'insertion de la présente circulaire au *Bulletin officiel de la Marine* tiendra lieu de notification.

G. CLOUÉ.

(4 février 1882)

CIRC. M. *Mode de procéder pour porter les observations de l'inspection à la connaissance du Ministre. — Modèle.*

B. M. p. 125.

L'arrêté ministériel du 16 février 1853, réglant les détails du service de l'inspection des services administratifs dans les ports, n'a pas déterminé suffisamment le mode suivant lequel les fonctionnaires de l'inspection font parvenir à qui de droit leurs observations, lorsque les vérifications ou les investigations auxquelles ils se livrent les conduisent à relever des irrégularités.

Le mode de communication prescrit par l'art. 15 de l'arrêté du 22 août 1879, qui a réglé dans les colonies les détails du service de l'inspection, ayant produit de bons résultats, j'ai décidé qu'à l'avenir il serait fait usage, par le service de l'inspection en France, de l'imprimé dont le modèle est ci-annexé.

Lorsque l'imprimé sur lequel seront consignées par spécialité de service les observations de l'inspection sera émargé d'une réponse du chef de détail, de l'officier du service intéressé ou du chef de ce service, reconnaissant fondées lesdites observations, l'instruction n'ira pas plus loin.

Si le dissentiment continue à subsister entre l'inspecteur en chef et le chef du service, l'observation sera portée par l'inspecteur en chef devant le Préfet maritime, qui donnera la solution ou indiquera qu'il la propose au Ministre.

Si le Préfet statue dans un sens qui donne satisfaction aux observations de l'inspecteur, le litige prendra fin.

Si le Préfet ne croit pas devoir statuer ou s'il prononce dans un sens contraire aux observations de l'Inspection, il sera dans l'obligation d'en écrire sans retard au Ministre, sous le timbre de la Direction que l'affaire concerne, en transmettant l'imprimé annoté de son avis.

L'inspecteur en chef sera tenu de rendre compte immédiatement au Ministre, sous le timbre du Contrôle central, en indiquant la nature et l'objet de l'observation, ainsi que les motifs sur lesquels il se base pour la maintenir.

L'insertion au *Bulletin officiel de la Marine* tiendra lieu de notification.

JAURÉGUIBERRY.

(24 avril 1882)

CIRC. M. *Recommandation aux fonctionnaires de l'inspection au sujet de leurs rapports.*

B. M. p. 542.

En prenant connaissance des rapports de l'inspection des services administratifs et financiers, j'ai remarqué que des fonctionnaires de ce service se laissaient parfois entraîner à porter une sorte de jugement sur la manière dont certains officiers ou membres de l'Administration remplissent leurs obligations.

Ces appréciations sur les personnes ne sont pas du ressort de l'inspecteur ; lorsqu'il constate des irrégularités ou des abus, il doit se borner à les signaler à qui de droit, en se maintenant dans la limite des faits.

Vous voudrez bien ne pas perdre de vue ces recommandations.

A cette occasion, je crois devoir vous recommander également de vous abstenir de mentionner dans vos rapports, les satisfactions que vous avez obtenues sur place.

Les diverses questions qui auront été résolument localement seront désormais analysées sommairement dans une annexe, qui permettra de juger les résultats obtenus par l'inspection, sans qu'elle ait eu à recourir à l'intervention du Ministre.

En même temps que le compte-rendu de vos opérations, les rapports annuels doivent contenir l'exposé général de la situation des services et, s'il y a lieu, les propositions d'amélioration et de réforme que vous aurait paru comporter la réglementation du Département de la Marine et des Colonies.

Cet exposé succinct, précis, dépouillé de tout ce qui n'offrirait qu'un intérêt secondaire, sera, comme toutes les affaires dont l'inspection croira devoir entretenir le Ministre dans le courant de l'année, préalablement communiqué à l'autorité supérieure locale pour que celle-ci puisse me faire parvenir les observations que ces communications lui auraient suggérées.

En ce qui concerne les inspecteurs permanents des colonies, l'annexe, dont il est parlé plus haut, comprendra, en outre, une liste générale des comptables de la colonie, avec indication des dates des dernières vérifications inopinées de caisse et des écritures opérées par l'inspection.

Je dois enfin vous faire connaître que l'envoi d'un rapport doit être considéré comme obligatoire, toutes les fois que l'inspecteur aura exercé ses fonctions pendant plus de 6 mois, au cours de ports, établissements hors des ports ou dans les colonies.

L'insertion de la présente circulaire au *Bulletin officiel* de la Marine tiendra lieu de notification.

JAURÉGUIBERRY.

(25 avril 1882)

CIRC. M. *rappelant que les officiers de l'Inspection doivent, avant d'envoyer leurs rapports au Département, les communiquer au Gouverneur ; que celui-ci est tenu d'y consigner ses observations et d'envoyer ces documents au Ministre dans le plus bref délai.*

ARCH. GOUV.

Vous trouverez au *Bulletin officiel* une circulaire en date du 24 de ce mois, par laquelle je rappelle aux officiers de l'Inspection qu'ils doivent, avant de m'envoyer leurs rapports, vous les communiquer, afin que vous puissiez me soumettre les observations que leur examen vous aurait suggérées.

Jusqu'ici, vous avez attendu pour adresser ces observations au Ministre, qu'il vous les ait demandées, ce qu'il faisait en vous communiquant des extraits des rapports dont il s'agit.

Afin de réaliser à la fois une économie de temps dans les résolutions à prendre et une simplification d'écritures, j'ai l'honneur de vous inviter à me faire parvenir dorénavant vos observations aussitôt que vous aurez pu les formuler.

(6 juillet 1882)

DÉP. M. *au sujet des droits d'investigation de l'inspection sur les comptabilités municipales aux colonies.*

B. M. p. 29.
B. C. p. 398.

Messieurs, des doutes s'étant élevés sur la question de savoir comment les Inspecteurs des services administratifs et financiers doivent exercer leur droit d'investigation sur les comptabilités municipales aux colonies, j'ai cru devoir prendre à cet égard l'avis de mon collègue des finances, afin de mettre d'accord avec les règles suivies dans la métropole, celles qu'il y a lieu d'adopter dans les colonies ; je ne puis mieux faire, pour vous fixer sur ce point, que de reproduire ci-après la réponse de M. Léon Say.

ANNEXE.

(7 juin 1882)

Vous m'avez fait l'honneur de me demander si les Inspecteurs des finances ont le droit d'exercer leurs investigations sur les comptabilités municipales, et, dans le cas de l'affirmative, comment ils exercent ce droit.

Une lettre impériale du 15 décembre 1810 a ordonné la vérification, par les Inspecteurs du trésor, des caisses des receveurs municipaux. Cet ordre, rappelé dans un arrêté ministériel du 15 février 1811, signé Mollien, a été confirmé par l'ordonnance royale du 17 septembre 1837, qui a même donné aux Inspecteurs des finances le droit de suspendre les comptables des communes, en cas de déficit. Pour exercer ses vérifications, l'Inspection des finances prend connaissance des pièces de comptabilité, de la correspondance, des documents de toute nature, sans exception. Elle consigne ses observations dans des procès-verbaux, communiqués d'abord à l'agent vérifié, afin qu'il puisse fournir ses observations, puis au chef de service, pour qu'il puisse assurer le redressement des irrégularités signalées. Enfin, le préfet et le maire reçoivent copies des parties du rapport qui intéressent le service administratif.

Quant aux écritures tenues dans les mairies, l'Inspection des finances n'est pas habituellement chargée de les contrôler. L'instruction générale sur la comptabilité du 20 juin 1859 dit à ce sujet (article 1322) :

« Les Inspecteurs n'ont pas à s'immiscer dans le service administratif, à moins qu'ils ne s'y trouvent indispensablement amenés par la constatation de désordres dans la gestion du comptable, ou qu'ils n'aient été chargés d'une mission spéciale à cet égard, ou, enfin, qu'ils n'en soient requis par l'administration supérieure locale. »

Dans le cas où l'Inspecteur des finances croit devoir, aux termes de cet article, procéder à l'examen des écritures de la municipalité, c'est au maire qu'il doit en demander communication, sauf à recourir au préfet s'il éprouve un refus. Si une gestion occulte est découverte, l'Inspecteur des finance est armé vis-à-vis de la personne qui s'est illégalement ingérée dans le maniement des deniers publics, de tous les droits dont il jouit envers les comptables réguliers (décret du 31 mai 1862, article 25).

J'estime ainsi que vous, Monsieur le Ministre et cher collègue, que ces règles suivies dans la Métropole sont entièrement applicables aux services financiers et administratifs des colonies.

Le paragraphe 5 de l'article 10 du décret du 23 juillet 1879 ne me semble donc laisser subsister aucune incertitude au sujet du droit qu'a l'Inspecteur permanent d'exercer ses investigations sur la comptabilité municipale, lorsqu'il est amené à le faire, par la constatation de désordres dans la gestion du comptable ou par la recherche d'une gestion occulte.

LÉON SAY.

(26 octobre 1882)

PÉD. M. *Recommandations au sujet du bâtiment affecté au logement de l'Inspecteur des services administratifs et financiers.*

ARCH. GOUV.

Vous m'avez transmis, le 11 septembre dernier, la copie d'une lettre que M. l'Inspecteur des services administratifs et financiers a adressée, le 11 août, à M. le chef du service administratif pour lui transmettre le procès-verbal de vérification inopinée de la caisse et des écritures du payeur-particulier à Mytho. A cette occasion, M. P... a cru devoir appeler l'attention de l'Administration sur le mauvais état dans lequel se trouve, à son avis, l'hôpital de Mytho, et sur la nécessité d'y exécuter d'urgence certains travaux.

J'estime, comme vous, que les observations contenues dans cette lettre portent sur des points qui ne rentrent pas dans les attributions de l'Inspection, M. P... a certainement agi pour le bien du service en informant le chef du service administratif d'un fait dont il s'était aperçu, mais il aurait dû s'arrêter là et ne pas traiter, dans une communication officielle, des questions sur lesquelles l'Inspecteur n'a ni à se prononcer, ni même à émettre un avis, me demandant que les travaux de réparation signalés par lui soient exécutés en première urgence.

Il est indispensable, pour éviter une confusion et un déplacement des responsabilités qui seraient très préjudiciables au service, que chacun des chefs d'administration se renferme strictement dans ses attributions, et j'attache la plus grande importance à l'observation de cette règle.

Vous voudrez bien donner connaissance de la présente dépêche à M. l'Inspecteur des services administratifs et financiers.

JAURÉGUIBERRY.

(29 janvier 1883)

CIRC. M. *Les agents du contrôle doivent, dans leurs rapports constatant la situation de la caisse, fournir en outre des renseignements sur l'installation matérielle des agents, sur la manière dont ils s'acquittent de leurs fonctions, enfin sur le crédit et la considération dont ils jouissent.*

B. M. p. 113.

(29 janvier 1883)

DÉP. M. *Envoi d'une lettre du ministre des Finances relative à la vérification du service du trésorier-payeur. — Lettre.*

ARCH. GOUV.

J'ai l'honneur de vous adresser la copie d'une lettre que mon collègue des Finances m'a fait parvenir le 17 janvier courant.

Cette lettre, dont jenvoie également copie à l'inspecteur P... est relative à vérification du service du trésorier-payeur en Cochinchine.

JAURÉGUIBERRY.

ANNEXE

(17 janvier 1883)

Les derniers procès-verbaux que votre administration a adressés au ministère des finances de la vérification inopinée du service du trésorier-payeur de Cochinchine présentent bien la situation des écritures et celle des valeurs, mais ils ne sont accompagnés d'aucune appréciation ni d'aucun renseignement sur l'installation matérielle des agents, sur la manière dont ils s'acquittent de leurs fonctions et enfin sur le crédit et la considération dont ils jouissent.

L'inspection générale des Finances en France, lorsqu'elle vérifie les comptables de deniers publics, me renseigne sur ces différents points que mon administration a le plus grand intérêt à connaître.

Je désirerais que les agents de votre Département, chargés du contrôle, qui remplacent l'Inspection générale des finances aux colonies, rendissent également compte, à la suite des vérification dont ils sont chargés de leurs appréciations sur la marche générale du service et sur les fonctionnaires qui l'exécutent. Si l'on objectait qu'il est difficile d'exercer, dans ces conditions, le contrôle sur les agents relevant d'un autre Département ministériel, il serait facile de répondre que l'inspection des finances remplit sans difficulté cette mission en France bien qu'elle se trouve dans une situation analogue vis-à-vis d'un grand nombre de comptables qu'elle est chargée de vérifier et qui ne dépendent pas du ministère des Finances.

Je vous serai donc obligé, Amiral et cher collègue, de vouloir bien faire procéder, le plus tôt possible en Cochinchine à une vérification complémentaire du service du trésorier-payeur. Cette vérification pourrait ne porter que sur telle ou telle partie que l'on jugerait à propos d'examiner, mais je désirerais qu'elle contînt une appréciation détaillée sur les différends indiqués plus haut.

TIRARD.

(20 mars 1883)

DÉP. M. *Envoi d'une circulaire relative au droit d'investigation de l'inspection sur la gestion des secrétaires municipaux aux colonies. — Circulaire.*

ARCH. GOUV.
B. M. p. 438.

J'ai l'honneur de porter à votre connaissance la dépêche ci-après relative au droit d'investigation de l'inspection sur la gestion des secrétaires municipaux aux colonies qu'après concert avec mon collègue des Finances j'ai adressé au Gouverneur de. . . . .

ANNEXE

Par une lettre du 1er décembre dernier, l'inspecteur de. . . m'a fait connaître que M. le directeur de cette colonie, se basant sur les termes généraux de la circulaire du 6 juillet 1882 (B. O. p. 29) avait laissé sans réponse des notes d'observations présentées à la suite de la vérification par l'inspection de la caisse et des écritures de divers secrétaires municipaux.

Je crois d'abord devoir rappeler que l'inspection des services administratif et financiers se trouve armée aux colonies, vis-à-vis des secrétaires municipaux, du droit d'investigation défini par la circulaire précitée, à partir du moment où ces personnes s'ingèrent, d'une façon occulte ou régulière, dans le maniement des deniers des communes. Il ne saurait subsister aucun doute à ce sujet.

Quant aux observations intéressant le service financier auxquelles peuvent donner lieu les investigations dont il s'agit, elles doivent être ainsi que cela se pratique pour tous les comptables, communiquées en premier lieu à l'agent vérifié, afin qu'il puisse y répondre puis au receveur municipal et au chef du service du trésor pour qu'ils puissent assurer le redressement des irrégularités signalées.

(29 mars 1883)

DÉP. M. *au sujet de la surveillance de l'Inspecteur sur les opérations des banques.*

ARCH. GOUV.

M. l'Inspecteur des services administratifs et financiers de l'une de nos colonies a demandé à être fixé exactement sur l'étendue des obligations qui lui étaient imposées comme censeur légal de la banque locale. D'un autre côté, M. le Gouverneur de la Réunion a autorisé, sous la réserve de mon approbation, M. l'Inspecteur de la colonie à se faire remplacer, en cas d'empêchement, par M. l'Inspecteur adjoint, soit aux séances du conseil d'administration de la banque, soit aux vérifications des livres et des caisses de cet établissement.

Après avoir consulté la commission de surveillance sur ces questions, j'ai donné approbation à la mesure prise par M. le Gouverneur de la Réunion, sous cette réserve expresse que la délégation ne saurait être accordée qu'au cas d'empêchement réel, en l'invitant à tenir la main à ce que cette exception ne devînt pas la règle par le fait d'une tolérance abusive.

M. l'Inspecteur permanent de la Réunion a invoqué l'obligation où il se trouve d'assister aux séances du Conseil privé. L'obligation, dans ce cas, est certainement un empêchement suffisant, et la délégation est de droit, lorsque le conseil d'administration de la banque se réunit le même jour ; mais il est à désirer que cette coïncidence disparaisse, et il me paraît facile d'obtenir de la banque que son conseil fixe ses séances de manière à permettre à M. l'Inspecteur d'y assister en personne. Pour les vérifications mensuelles des caisses de la banque, provoquées par la direction de cet établissement, on peut admettre que M. l'Inspecteur permanent se fasse présenter par son adjoint, mais il ne saurait en être ainsi pour les vérifications inopinées qui, aux termes de ma circulaire du 16 février dernier, à laquelle je vous prie de vous reporter, doivent être faites personnellement par ce fonctionnaire.

La question de la 3e clef de la caisse de réserve n'intéresse que la gestion intérieure des banques. M. l'Inspecteur n'est pas tenu de se déplacer toutes les fois qu'il y a lieu d'ouvrir cette caisse, et il peut déléguer ce soin à l'un de ses employés.

La pensée du Département et de la Commission de surveillance, en confiant à l'Inspection permanente le soin d'assister aux réunions du conseil d'administration des banques et de procéder à des vérifications inopinées des caisses et de la comptabilité de ces établissements, a été de s'assurer le contrôle supérieur de fonctionnaires d'un rang élevé et d'une complète indépendance sur des opérations qui intéressent au plus haut degré la prospérité de nos colonies.

Ch. Brun.

(30 mai 1883)

DÉP. M. *au sujet du contrôle de l'Inspection vis-à-vis des corps de troupes aux colonies.*

B. M. p. 777.

(11 juillet 1883)

DÉP. M. *au sujet des renseignements à fournir par les Inspecteurs des colonies sur les fonctionnaires du trésor. — Annexe.*

B. M. p. 36.

L'Inspecteur des services administratifs et financiers de la colonie de.... m'a demandé à le fixer sur l'interprétation à donner à la circulaire du 29 janvier 1883 (B. M., p. 113), relative aux appréciations et renseignements qui doivent accompagner les procès-verbaux des vérifications des caisses des comptables coloniaux, auxquelles il est procédé par le service de l'Inspection.

La lettre du Ministre des finances du 17 janvier dernier, insérée dans ladite circulaire, est suffisamment explicite en ce qui concerne l'époque d'envoi et la nature de ces renseignements confidentiels.

Quant à la question de savoir quels sont exactement les comptables pour lesquels il y a lieu de fournir des notes, elle est résolue par la lettre ci-après du Ministre des finances que j'ai dû consulter à ce sujet.

ANNEXE

(15 juin 1883)

« Monsieur le Ministre et cher collègue, en réponse de la lettre que vous avez bien voulu m'adresser le 5 juin courant, j'ai l'honneur de vous informer qu'il me paraît utile que les renseignements demandés par ma lettre du 17 janvier sur les trésoriers-payeurs soient également fournis par les percepteurs. Toutefois, les notes sur ces derniers étant pour mon Département de moindre importance, je ne vois, en ce qui me concerne, pas d'inconvénients à ce qu'elles soient établies beaucoup plus sommairement que celles concernant les comptables supérieurs.

« Quant aux autres comptables des services locaux, l'Administration des finances n'a pas intérêt à recevoir des renseignements à leur égard. »

Tirard.

(2 août 1883)

DÉP. M. *rappelant qu'aux termes de l'art. 7 de l'arrêté ministériel du 22 août 1879 inséré au* Bulletin officiel, *p. 203, la communication préalable des projets de marchés à l'Inspection est obligatoire dans tous les cas.*

ARCH. GOUV.

Aux termes de l'article 7 de l'arrêté ministériel du 22 août 1879, inséré au *Bulletin officiel*, 2e semestre de 1879, p. 203, les projets de cahiers des charges et de marchés pour fournitures, ventes ou entreprises doivent être communiqués à l'Inspecteur avant d'être soumis à l'approbation du Gouverneur.

Quelques doutes s'étant élevés dans une de nos colonies sur l'interprétation de cet article, il me paraît utile de vous rappeler que la communication préalable des projets de marchés à l'Inspection est obligatoire dans tous les cas ; la correspondance doit, avant son envoi, être sonmise au visa de l'Inspection, qui a le devoir d'assister à la préparation de tous les marchés, et dont le rôle se trouverait en partie annulé s'il était possible d'engager des dépenses à son insu par un échange de lettres.

J'ai l'honneur de vous prier de vouloir bien donner des ordres pour que l'administration locale se conforme toujours exactement aux règles qui viennent d'être rappelées.

Ch. Brun.

(2 novembre 1883)

DÉP. M. *au sujet des communications à faire au service de l'Inspection aux colonies.*

B. M. p. 556.

A la suite d'un dissentiment survenu entre le Directeur de l'Intérieur et l'Inspecteur de la colonie placée sous vos ordres, à l'occasion de certaines communications réclamées par le service de l'Inspection, vous avez pensé qu'il conviendrait de fixer l'interprétation à donner à l'article 10 du décret du 23 juillet 1879 et au paragraphe 2 de l'article 4 de l'arrêté du 22 août 1879 réglant les détails dudit service aux colonies.

En ce qui concerne les documents à communiquer à l'Inspecteur permanent, il y a lieu d'établir une distinction entre ceux dont il lui est donné connaissance, dans ses bureaux, par les soins de l'Administration et ceux dont il prend connaissance sur place dans les bureaux des divers services.

Les procès-verbaux de vérification des caisses et des écritures des comptables locaux, rapports ou autres pièces émanant des vérificateurs des douanes, de l'enregistrement et en général de tous les employés chargés du contrôle permanent de ces comptables doivent être rangés dans cette dernière catégorie. En vertu du paragraphe 6 de l'article 10 du décret précité et de l'article 3 de l'arrêté du 22 août 1879, l'Inspecteur a le droit d'en prendre connaissance comme de tous les états et registres qui existent dans les bureaux ; la communication sur place ne saurait lui en être refusée par les chefs d'administration, du moment où ces hauts fonctionnaires ont le devoir de mettre à sa disposition, sur sa demande, tous les documents propres à éclairer ses investigations. Il appartient à l'Inspecteur de se tenir au courant des résultats des vérifications en question, en se transportant, aussi souvent qu'il le juge nécessaire, dans les bureaux où ces opérations sont centralisées.

Quant aux avis préalables à donner à l'Inspecteur par les chefs d'administration, il convient également de distinguer entre les vérifications courantes, habituelles, pratiquées par les agents de contrôle du service local, en vertu de leurs attributions propres et dans l'exercice permanent de leurs fonctions, et les vérifications mensuelles ou opérées, dans des cas extraordinaires, en vertu d'ordres spéciaux des chefs d'administration. Si pour les premières, il n'y a pas lieu d'informer l'Inspecteur, pour les secondes il est prescrit par l'article 4 de l'arrêté ministériel du 22 août 1879 de le prévenir à l'avance, c'est-à-dire en temps afin qu'il puisse y assister. D'autre part, et conformément à l'article 5 du même acte, l'Inspecteur avise au moment même les chefs d'administration quand il juge à propos de procéder à une vérification inopinée de la caisse et des écritures des comptables.

Félix Faure.

(5 février 1884)

DÉP. M. *invitant les Administrations coloniales à répondre dans le délai maximum de six jours aux observations de l'Inspection. Le Gouverneur doit de son côté rendre compte au Ministre, dans le délai d'un mois, des affaires en litige.*

ARCH. GOUV.

(16 février 1884)

DÉP. M. *portant que la remise du service au titulaire nouveau, en cas de changement, ainsi que la prise de possession du logement qui lui est attribué, doit avoir lieu le jour même de l'arrivée de celui-ci dans la colonie.*

ARCH. GOUV.

J'ai l'honneur de vous confirmer la dépêche télégraphique qui vous a été adressée le 11 de ce mois, vous faisant connaître que M........., attaché à la colonie placée sous vos ordres en qualité d'inspecteur permanent, en remplacement de M........., devait, dès en arrivant à..........., entrer en fonctions et prendre possession de l'hôtel et des bureaux de l'inspection.

C'est ainsi qu'il sera procédé à l'avenir, toutes les fois que des fonctionnaires de l'inspection seront appelés à servir aux colonies.

Quelle que soit l'origine de la mutation, la remise du service au titulaire nouveau doit avoir lieu le jour de son arrivée dans la colonie, ainsi que la prise de possession du logement qui est attribué à l'emploi.

A. PEYRON.

(4 août 1884)

DÉP. M. *Envoi d'une lettre du Ministre des Finances décidant que les Inspecteurs des finances n'ont pas qualité pour adresser directement aux contribuables une demande de représentation de quittance, ils ne peuvent non plus vérifier directement les écritures des comptables, mais doivent s'adresser aux chefs de service compétent. Les Inspecteurs généraux agissent de même. — Annexe.*

ARCH. GOUV.

J'ai l'honneur de vous communiquer la lettre ci-après du Ministre des Finances répondant à une question qui m'a été adressée par le service de l'Inspection de l'une de nos colonies.

ANNEXE

(12 juillet 1884).

« Vous m'avez fait l'honneur de me demander si les inspecteurs des finances ont le droit d'adres-
« ser directement des avertissements aux contribuables afin de les amener à représenter leurs quit-
« tances et de pouvoir ainsi vérifier les écritures des comptables.

« En principes, les inspecteurs des finances sont chargés uniquement d'un contrôle intérieur et
« ne sont investis d'aucune autorité ni d'aucune attribution vis-à-vis des contribuables. Dans le cas
« où des indices graves de détournements les amèneraient à penser qu'un appel de quittances est
« nécessaire, ils devraient requérir le chef de service et l'inviter à procéder, soit par lui-même, soit
« par l'un des agents de vérification.

TIRARD.

Les fonctionnaires de l'Inspection coloniale reçoivent l'ordre de se conformer à la manière de procéder indiquée ci-dessus.

FÉLIX FAURE.

(31 octobre 1884)

CIRC. M. *Rôle de l'inspection près des Conseils du contentieux administratif dans les colonies.*

B. M. p. 806.

J'ai été consulté sur la question de savoir si les Inspecteurs des services administratifs et financiers, Commissaires du Gouvernement près des Conseils du contentieux administratif dans les colonies, peuvent se pourvoir dans l'intérêt de la loi contre les décisions de ces conseils.

La question doit être résolue négativement, ces pourvois n'étant pas prévus dans le décret du 5 août 1881 concernant l'organisation et la compétence desdits conseils.

La nature même des affaires portées devant les Conseils du contentieux administratif s'oppose, d'ailleurs, à l'admission de pourvois dans l'intérêt de la loi. Ce mode de recours n'a été établi que pour permettre à l'État, représentant l'intérêt général que la loi a pour mission de protéger, de faire annuler les décisions judiciaires lorsqu'elles lui semblent contraires à la loi, et que les parties intéressées ne se sont pas pourvues.

L'Administration étant toujours partie en cause dans les affaires portées devant la juridiction contentieuse, elle a à sa disposition les voies de recours accordées aux parties. Elle peut, en outre, saisir le Conseil d'État d'une question de doctrine relative à l'interprétation d'une disposition réglementaire. Dans ce cas, le Département de la Marine et des Colonies est le meilleur juge de la question de savoir s'il y a lieu de demander un avis au Conseil d'État.

J'ai été consulté également au sujet de la mission qui pourrait être donnée au Commissaire du Gouvernement de signaler au Département les décisions contentieuses de nature à intéresser l'Administration centrale.

Le Département peut avoir, en effet, un grand intérêt à être renseigné sur certaines décisions des Conseils du contentieux, soit qu'elles concernent l'ordre public, soit qu'elles portent interprétation d'un texte et servent à fixer la jurisprudence ; cette mission incombe naturellement à l'organe du Ministère public ; l'Inspecteur de la colonie agira dans ce cas, non plus comme agent de contrôle, mais comme Commissaire du Gouvernement. Par suite de cette distinction, les rapports qu'il m'adressera dens cette circonstance seront fournis à titre de renseignements et n'auront plus le caractère de ceux qu'il me fait parvenir lorsque l'Administration ne croit pas devoir faire droit aux observations qu'il présente à titre de chef du service de l'Inspection.

L'insertion de la présente circulaire au *Bulletin officiel de la Marine* tiendra lieu de notification.

PEYRON.

(30 janvier 1885)

DÉP. M. *Le visa de l'Inspection ne doit pas être apposé sur les marchés passés par les conseils d'administration des corps de troupe (Instructions).*

ARCH. GOUV. (bur. mil.).

(24 septembre 1885)

CIRC. M. *Le droit de surveillance dont est investi l'Inspsecteur en matière de fermes et régies des contributions lui donnera le pouvoir de faire opérer des recensements chez les fabricants ou débitants de spiritueux.*

ARCH. GOUV.

Aux termes du § 4 de l'art. 10 du décret du 23 juillet 1877, la surveillance de l'Inspecteur permanent aux colonies s'étend sur les différentes Administrations, fermes et régies des contributions.

La question s'est posée de savoir si ce droit de surveillance confère à l'Inspecteur le droit de faire opérer des recensements chez les fabricants ou débitants de spiritueux : il y a lieu de résoudre par l'affirmative et dans le sens des circulaires aux Gouverneurs et Inspecteurs des colonies du 4 août 1884 (contrôle central et colonies), concernant les moyens de contrôle de l'Inspection vis-à-vis du service des contributions directes.

Dans le cas où les indices graves d'abus ou d'irrégularités les amèneraient à penser qu'un de ces recensements est nécessaire, les fonctionnaires de l'Inspection coloniale devraient requérir le chef de service et l'inviter à faire procéder à cette opération par l'un des agents de vérification placés sous ses ordres.

Ces fonctionnaires reçoivent l'ordre de se conformer à la manière indiquée ci-dessus.

A. ROUSSEAU.

(30 décembre 1885)

CIRC. G. *rappelant aux prescriptions de l'art. 15 de l'arrêté ministériel du 22 août 1879 réglementant les détails du service de l'Inspection aux colonies.*

B. C. 1886, p. 2.

J'ai l'honneur de rappeler à MM. les Chefs d'Administration et de service que, lorsqu'une observation est présentée par l'Inspection, ils doivent, conformément à l'art. 15 de l'arrêté susvisé, répondre directement à cette observation ; si, malgré les explications fournies, l'accord entre ces deux services ne s'établit pas, c'est à l'inspecteur des services administratifs et financiers qu'il appartient de saisir du litige le Gouverneur qui donne la solution.

Le Gouverneur rappelle également les décisions antérieures prescrivant l'envoi à l'inspection pour visa préalable de tous les dossiers destinés au Conseil privé, ainsi que les projets de décision, etc., devant entraîner une dépense en deniers ou en matières.

BÉGIN.

(9 août 1887)

CIRC. M. *au sujet du fonctionnement du service de l'Inspection des colonies.*

ARCH. GOUV.

Un décret en date du 20 juillet dernier, inséré au *Bulletin officiel* de l'Administration des colonies, a créé une inspection des services administratifs et financiers spéciale aux colonies et un service central pour cette inspection.

Cette organisation nouvelle n'apporte, en principe, de changement au fonctionnement actuel de l'Inspection que dans la répartition de son personnel ; toutefois, pour rendre possible le service permanent avec un personnel réduit, j'ai décidé qu'à l'avenir l'action de l'Inspecteur ne s'exercerait, en matières administratives et financières, que sur *les faits accomplis*. Le contrôle préventif, jusqu'ici réglementaire, ne devra plus être appliqué que dans les cas où il serait réclamé, soit par vous-même, soit par vos chefs d'administration. Le premier effet de cette modification, vous le comprendrez aisément, Monsieur le Gouverneur, est un déplacement de responsabilité sur lequel je crois devoir appeler votre plus sérieuse attention : l'ingérence de l'Inspection ne doit plus avoir, à de rares exceptions près, d'effet préventif ; il appartient à votre Administration, privée ainsi de tout contrôle, d'apporter dans l'application des règlements administratifs et financiers la plus grande circonspection.

Vous voudrez bien adresser en ce sens à qui de droit des recommandations expresses.

Vous recommanderez également que les cahiers des charges soient, avant toute adjudication, communiqués à l'Inspecteur, afin qu'il puisse assister, s'il le juge nécessaire, aux différentes opérations qui seront la conséquence de leur exécution.

L'art. 7 de l'arrêté ministériel du 22 août 1879 devra être modifié en ce sens.

L'Inspecteur n'aura plus, bien entendu, en raison des dispositions qui précèdent, à viser les mandats avant leur ordonnancement, ni à voir les ordres de service avant leur exécution. Mais il lui sera loisible d'en prendre connaissance dans les bureaux de chaque service où tous les documents qui lui seront nécessaires devront être mis à sa disposition.

Je compte sur votre esprit, M. le Gouverneur, pour assurer dans les meilleures conditions la marche du service ainsi constitué.

Je recevrai, d'ailleurs, avec intérêt les avis et observations que son application vous aura suggérés.

(22 septembre 1887)

CIRC. D. I. *Notification des instructions ministérielles portant que l'Inspection n'aura plus à viser les mandats avant ordonnancement, ni à voir les ordres de service ou autres actes administratifs avant leur exécution. — Les cahiers des charges sur la loi seront communiqués avant l'adjudication.*

J. C. p. 912.

J'ai l'honneur de vous informer que, par lettre en date du 13 courant, M. l'Inspecteur des services administratifs et financiers m'a fait connaître qu'en vertu d'instructions nouvelles de M. le Sous-Secrétaire d'État aux colonies, l'inspection n'aura plus à viser les mandats avant ordonnancement, ni à voir les ordres de service ou autres actes administratifs avant leur exécution. Les cahiers des charges seuls lui seront communiqués avant l'adjudication, pour que les différentes opérations qui en découlent puissent être suivies.

En vous priant de vouloir bien donner les ordres nécessaires pour la mise à exécution de ces nouvelles instructions, je ne saurais trop vous engager à redoubler de surveillance pour assurer la parfaite régularité des mandats ordonnancés par vous, et de toute votre comptabilité en général.

Le contrôle de l'inspection ne perd rien de sa force, et le caractère de mobilité qu'il revêtira désormais, le rend d'autant plus efficace qu'il sera exercé à l'improviste et qu'il portera sur des pièces de comptabilité devenues définitives, dont l'irrégularité constatée aurait pour premier effet d'entraver la marche de votre service.

Noël Pardon.

(27 août 1889)

DÉCRET *mettant à la charge du budget local la moitié des frais d'abonnement pour fournitures de bureau attribuées par les tarifs sur la matière, au chef du service permanent de l'Inspection en Cochinchine.*

(Promulg. A. G. G. 5 octobre 1889).

J. C. p. 932.

INSTRUCTION PUBLIQUE.

I. ORGANISATION ET RÈGLEMENTATION. — II. PERSONNEL, SOLDE ET ALLOCATIONS DIVERSES. — III. BOURSES ET ÉLÈVES BOURSIERS. — IV. CONCOURS ET EXAMENS.

I. ORGANISATION ET RÈGLEMENTATION.

NATURE DES DOCUMENTS	DATES	RECUEILS À CONSULTER							OBSERVATIONS
		Bat.	B.C.	B.D.I	J.C.	J.H.	B.M.	B.Col	
A. G.	17 novembre 1874.		395						
Circ. D. I.	25 juin 1877.	II-99		47					
A. G.	17 mars 1879.	II-107	85						
A. G.	10 septembre 1879.	II-88	341						
Circ. M.	20 mars 1880.								
A. G.	21 avril 1880.		202						
A. G.	14 juin 1880.		333						
A. G.	14 juin 1880.		335						
Circ. D. I.	16 juillet 1880.			86					
A. G.	31 janvier 1881.		101						
Circ. M.	1er avril 1881.								
Circ. D. I.	21 septembre 1881.			146					
Dép. M.	4 mai 1883.								
Circ. M.	27 août 1883.								
Dép. M.	30 octobre 1883.								
Circ. M.	12 novembre 1883.		1884 4						
Dép. M.	7 janvier 1884.								
Circ. D. I.	30 juillet 1885.			36					

NATURE DES DOCUMENTS	DATES	RECUEILS A CONSULTER							OBSERVATIONS
		Bat.	B. C.	B.D.I	J.H.	J. C.	B. M.	B Col	
A. G.	12 août 1885.				993				
Dép. M.	26 octobre 1885.								
Décret.	7 septembre 1885.						737		
A. G.	14 avril 1886.		134		540		737		
Dép. M.	31 mai 1886.								
Circ. D. I.	1er février 1887.				138				
A. G.	21 avril 1887.		257		478				
Circ. D. I.	20 juin 1889.				627				

(17 novembre 1874)

A. G. *réglementant le service de l'instruction publique en Cochinchine. Écoles d'enseignement primaire et secondaire* (1).

B. C. p. 395.

(25 juin 1877)

CIRC. D. I. *Toute faculté doit être laissée aux parents pour l'envoi de leurs enfants dans les écoles.*

BAT. II. p. 99.
B. D. I. p. 47.

L'arrêté du 17 novembre 1874, réglant le service de l'instruction publique en Cochinchine, dispose, en son article premier, que cette instruction sera essentiellement facultative.

Ainsi que j'ai eu l'occasion de vous le faire remarquer à plusieurs reprises, le but que le Gouvernement s'est proposé, en laissant aux indigènes la plus entière liberté sur cette matière, a été de supprimer les abus engendrés, dès les débuts de l'occupation, par l'obligation imposée alors aux villages de fournir à nos écoles un contingent déterminé d'élèves.

Malgré toutes les recommandations qui ont été faites, j'ai acquis la certitude que, dans la plupart de nos écoles, plusieurs des élèves sont encore actuellement de malheureux enfants loués par les villages.

Je n'ai pas besoin d'insister davantage sur les graves inconvénients qu'entraîne une pareille situation, et qui se traduisent en première ligne par une source d'exactions et un discrédit complet de nos établissements d'instruction publique.

M. le Gouverneur m'a donné les ordres les plus formels pour faire cesser immédiatement ces abus.

Veuillez donc convoquer sans retard vos chefs de canton à l'inspection et leur répéter que le Gouvernement français, tout en préconisant l'instruction publique parmi les populations indigènes, a tenu à ce qu'il n'en résultât aucune espèce de charge pour les communes, que les parents sont absolument libres d'envoyer leurs enfants dans nos écoles, ou de ne pas le faire, et cela sans qu'il puisse en résulter la moindre défaveur pour les maires ou les notables des villages.

Vous procéderez ensuite, en leur présence, à l'enquête la plus minutieuse sur la provenance des élèves, et vous renverrez impitoyablement de l'école tous ceux qui y seraient à la charge de la commune ou contre le plein gré de leurs parents, en prévenant les maires qu'ils s'exposeraient à être punis très sévèrement si de semblables faits se reproduisaient.

Ce travail d'élimination une fois terminé, vous voudrez bien redoubler de vigilance pour rehausser, par tous les moyens possibles, le niveau moral et intellectuel des écoles de votre arrondissement.

C'est par les résultats obtenus, bien plus que par le nombre des élèves, que nous amènerons les Annamites à comprendre l'utilité des mesures bienveillantes prises par le Gouvernement pour propager l'instruction dans toutes les classes de la population.

Vous voudrez bien me faire connaître le résultat qu'aura amené dans l'effectif des élèves la stricte application de ces mesures. Le principe de l'obligation de l'instruction n'étant pas inscrit dans nos lois, il n'y a aucune raison pour qu'il soit appliqué en Cochinchine.

PIQUET.

(17 mars 1879)

A. G. *portant nouvelle organisation du service de l'instruction publique* (2).

BAT. II. p. 107.
B. C. p. 85.

TITRE PREMIER. — DES ÉTABLISSEMENTS D'INSTRUCTION PUBLIQUE.

Article premier. — L'instruction publique est, en principe, gratuite et facultative dans les écoles du Gouvernement en Cochinchine.

(1) V. A. G. 17 mars 1879.
(2) V. A. G. 14 juin 1880; A. G. 14 juin 1880.

Art. 2. — Aucune institution particulière ne peut être ouverte sans l'autorisation de l'Administration.

Quiconque sollicitera cette autorisation devra justifier des conditions de moralité et de capacité exigées par les règlements. Toute institution particulière est soumise à la surveillance de l'Administration.

Art. 3. — Seront dispensés de l'autorisation exigée par l'article 2, les établissements d'instruction publique légalement institués et fonctionnant déjà dans la colonie, savoir :

Le collège des missions et les écoles qui en dépendent ;

L'institution Taberd, fondée à Saïgon par les missionnaires ;

Le collège d'Adran et les autres institutions dirigées par les frères de la doctrine chrétienne ;

Les diverses écoles de jeunes filles, dirigées par les sœurs de Saint-Paul de Chartres ;

L'institution municipale et les diverses écoles particulières de filles et de garçons, existant déjà.

Tous ces établissements seront d'ailleurs soumis au contrôle de l'Administration.

Sont en outre dispensées de l'autorisation les écoles primaires créées ou à créer dans les villages, connues sous le nom d'écoles de caractères chinois. Les administrateurs en provoqueront et en faciliteront l'organisation dans chaque commune. Elles seront visitées par les administrateurs, les inspecteurs des affaires indigènes et le directeur de l'enseignement.

Les maîtres de ces écoles qui enseigneront avec les caractères chinois l'usage des caractères latins ou les éléments de la langue française, pourront recevoir des gratifications, dont le montant sera fixé d'après le nombre et la force des élèves qu'ils auront formés.

Art. 4. — Les écoles d'enseignement primaire, d'enseignement secondaire, instituées par l'arrêté du 17 novembre 1874, sont, en principe, supprimées et remplacées par des écoles dites du 1er degré, du 2e degré et du 3e degré.

L'enseignement y sera donné conformément au programme détaillé ci-après.

Art. 5. — Une école du 1er degré est instituée dans chacun des centres suivants :

Saïgon-Inspection, Cholon, Mytho, Vinhlong, Soctrang, Bentré, Bienhoa, Long-xuyen, Gocong, Trang-bang, Cantho, Travinh, Sadec, Tanan, Chaudoc, Baria, Thu-dau-mot, Rachgia, Hatien et Caïbé.

Une école du 2e degré est instituée dans chacun des centres suivants :

Saïgon-Inspection, Cholon, Mytho, Vinhlong, Soctrang et Bentré.

Ces différentes écoles seront ouvertes dans l'ordre indiqué ci-dessus et au fur et à mesure que les ressources du budget le permettront.

Art. 6. — Le collège Chasseloup-Laubat est transformé en école du 3e degré.

Il y sera cependant donné, en outre, transitoirement et jusqu'à nouvel ordre, l'instruction du 2e degré.

Il n'est rien changé à son organisation administrative ; le personnel enseignant seul sera modifié d'après les bases indiquées au présent arrêté.

Art. 7. — Dans les centres pourvus à la fois d'une école du 1er degré et d'une école du 2e degré installées dans les mêmes bâtiments, ces deux écoles seront réunies sous l'autorité d'un même directeur, et les cours de français pourront être faits par les mêmes professeurs dans les deux degrés, suivant les besoins du service.

Art. 8. — Les différentes écoles tenues par les frères de la doctrine chrétienne constitueront, pour les matières enseignées, des écoles du premier et du second degré. — Le collège d'Adran pourra donner à la fois l'enseignement des trois degrés.

TITRE II. — CONDITIONS D'ADMISSION DANS LES ÉCOLES DU GOUVERNEMENT.

Art. 9. — Les écoles dirigées par des maîtres français reçoivent des élèves internes et des élèves externes.

Celles qui sont dirigées par des maîtres indigènes ne recevront que des externes.

Art. 10. — Il sera alloué, chaque année, pour la nourriture et l'entretien des élèves internes, un certain nombre de bourses dont le chiffre et la quotité sont fixés par les crédits budgétaires.

Outre les boursiers, il pourra être admis des internes payants. Le prix de leur pension sera établi d'après les prévisions inscrites au budget pour les boursiers.

Art. 11. — Nul ne pourra être admis dans une des écoles du Gouvernement, soit comme élève interne, soit comme élève externe, s'il n'a subi avec succès les examens d'entrée à cette école.

Ces examens auront lieu à la fin de chaque année scolaire, et dans les conditions indiquées ci-après :

Art. 12. — Pour l'admission aux écoles du 1er degré :

Les épreuves seront subies dans chacun des centres où il y aura une institution de ce genre. Elles porteront sur les caractères chinois, dont la connaissance sera exigée jusqu'aux pages à six colonnes inclusivement, d'après la méthode d'enseignement indigène.

La connaissance du quoc-ngu ne sera point exigée ; cependant, il en sera tenu compte dans le classement des candidats. Une note spéciale leur sera donnée, dont le coefficient sera le dixième du coëfficient affecté à la note relative aux caractères.

Les candidats devront se faire inscrire préalablement, en temps utile, au bureau de l'administrateur de leur arrondissement. Ils produiront, à cet effet, leur demande signée du chef de la famille, sur laquelle mention spéciale sera faite de l'école dans laquelle ils désirent être admis. Cette demande sera jointe à la liste des candidats qui devra être adressée à la Direction de l'Intérieur.

Les candidats aux bourses devront être âgés de 10 ans au minimum et de 14 ans au maximum. Ils seront admis d'après l'ordre de classement obtenu à l'examen.

Art. 13. — Pour l'admission aux écoles du 2e degré :

Les examens auront lieu dans chacun des centres pourvus d'une école du 2e degré. Ils porteront sur toutes les matières comprises dans le programme du 1er degré. Les formalitées d'inscriptions sont les mêmes que celles indiquées plus haut.—Les élèves de toutes les écoles particulières pourront y prendre part, à la seule condition de se faire inscrire. Les candidats aux bourses devront, en outre, être âgées de 12 ans au moins et de 17 ans au plus.

Art. 14. — Pour l'admission aux écoles du 3e degré :

Les examens auront lieu à Saïgon entre tous les élèves des écoles du 2e degré. Ils porteront sur toutes les matières enseignées aux écoles du 2e degré. Les candidats aux bourses devront être âgés de 14 ans au minimum et de 20 ans au maximum.

Les formalités d'inscription sont les mêmes que celles qui ont été prescrites pour les écoles du 1er degré.

L'examen est ouvert à quiconque désire le subir, à la condition, pour le candidat de se faire inscrire préalablement en temps utile.

Les conditions d'âge, prévues pour l'admission des boursiers aux écoles des trois degrés, ne sont exigées ni des externes, ni des payants.

TITRE III. — BREVETS DE CAPACITÉ.

Art. 15. — Il y a deux sortes de brevets de capacité : le brevet élémentaire et le brevet supérieur.

Le brevet élémentaire est délivré aux candidats qui ont subi avec succès l'examen d'admission aux écoles du 3ᵉ degré.

L'examen pour l'obtention du brevet supérieur a lieu à Saïgon à la fin de chaque année scolaire, entre tous les élèves ayant terminé les études du 3ᵉ degré. Il porte sur toutes les matières enseignées dans le cours du 3ᵉ degré. Il est ouvert à quiconque désire le subir, à la condition de se faire inscrire en temps utile.

Les candidats qui auront obtenu le brevet élémentaire pourront être pourvus d'emplois inférieurs dans les diverses administrations de la colonie, ceux de lettrés, d'interprètes et de secrétaires à la Direction de l'Intérieur et dans les inspections exceptés. Ils pourront être employés comme instituteurs de la dernière classe et comme secrétaires, interprètes et lettrés auxiliaires de la dernière classe.

Les candidats qui auront obtenu le brevet supérieur pourront être employés soit comme interprètes, secrétaires ou lettrés titulaires, soit comme professeurs indigènes.

Les élèves qui auront subi avec le plus de succès l'examen donnant droit au brevet supérieur, pourront être envoyés en France pour y continuer leurs études aux frais de la colonie.

Art. 16. — Le brevet de capacité est supprimé. Toutefois, ceux qui en sont actuellement pourvus pourront continuer à se présenter aux emplois auxquels il donne accès, jusqu'au 1ᵉʳ janvier 1883 exclusivement. Ce brevet est remplacé par le brevet élémentaire, qui donnera accès, jusqu'au 1ᵉʳ janvier 1883, aux emplois réservés aux possesseurs du brevet de capacité, d'après la décision du 17 novembre 1874 (1).

A partir 1ᵉʳ janvier 1883, les candidats aux emplois des diverses administrations de la colonie devront être munis soit du brevet élémentaire, soit du brevet supérieur, selon les dispositions du présent arrêté.

TITRE IV. — FORME DES EXAMENS.

Art. 17. — Les divers examens dont il est parlé aux articles 11 et suivants, se composeront d'épreuves orales et d'épreuves écrites. Les questions pour les épreuves écrites. les mêmes dans tous les centres d'examen et pour chaque genre d'examen, seront envoyées de Saïgon, sous pli scellé, par la commission de l'instruction publique. Elles seront subies partout, le même jour pour chaque genre d'examen,

Les épreuves orales auront lieu :

Pour l'admission aux écoles du 1ᵉʳ degré, devant une commission composée d'un délégué du Directeur de l'Intérieur, président et de deux professeurs appartenant à l'école laïque, pour les candidats à l'école laïque, ou de deux professeurs appartenant à l'école congréganiste pour les candidats à l'école congréganiste.

Pour l'admission aux écoles du 2ᵉ degré, par une commission composée d'un délégué du Directeur de l'Intérieur, président ; du directenr de l'école et de deux professeurs appartenant à l'école laïque pour les candidats à l'école laïque, ou de deux professeurs appartenant à l'école congréganiste pour les candidats à l'école congréganiste.

(1) D. G., 17 novembre 1874 :
« Art. 10. — A dater du 1ᵉʳ janvier 1870, le brevet de capacité sera nécessaire pour être nommé instituteur à 600 francs comme pour être nommé secrétaire, interprète et lettré auxiliaire de 1ʳᵉ classe au traitement de 1,000 francs par an, en conformité des prescriptions de l'article 3, § 5, de l'arrêté du 8 avril 18744. »

Pour les examens donnant lieu à l'obtention du brevet élémentaire, et à l'admission des écoles du 3e degré, par un membre de la commission permanente de l'instruction publique, assisté d'examinateurs désignés par la même commission.

Pour les examens donnant lieu à l'obtention du brevet supérieur, par un membre de la commission permanente de l'instruction publique, assisté d'examinateurs désignés également par la même commission.

Les différentes commissions d'examens enverront au Directeur de l'Intérieur leur liste de classement des candidats. Le résultat en sera publié au *Cia dinh bao.*

Art. 18. — Tout candidat au brevet élémentaire ou au brevet supérieur, qui, dans les épreuves écrites, n'aura pas obtenu un nombre de points au moins égal à la moitié du maximum des points attribués auxdites épreuves, ne sera pas admis à subir les épreuves orales et sera renvoyé à une prochaine session.

Art. 10. — Tout élève qui, à la fin de la dernière année d'études, ne satisfait pas à l'examen, ne peut être admis à recommencer cette dernière année que sur autorisation expresse du Directeur de l'Intérieur.

TITRE V. — PROGRAMME DE L'ENSEIGNEMENT PUBLIC.

Art. 20. — Le programme de l'enseignement public en Cochinchine et la durée des cours sont fixés ainsi qu'il suit :

Écoles du 1er degré. — Durée des cours : trois ans.

Cours de français.	1° Éléments de la langue française. 2° Arithmétique : les quatre règles et le système métrique comparé; rapport entre les diverses mesures françaises et annamites (sans démonstrations.
Cours de caractères et quoc-ngu.	Les quatre livres, avec explications, développements et rédactions en caractères. Commencer les narrations en quoc-ngu. Lectures fréquentes en quoc-ngu.

Dans la 3e année, il est recommandé aux professeurs d'insister sur la langue française parlée, et, s'il est possible, de commencer à l'introduire dans les cours de français.

Les classes consacrées aux matières à enseigner le seront dans la proportion suivante : trois classes consacrées aux différents cours de français sur deux classes consacrées aux différents cours de caractères et de quoc-ngu.

Écoles du 2e degré. — Durée des cours : trois ans.

Cours de français.	1° *Langue française.* — Grammaire française ; lecture ; écriture (insister sur l'étude de la langue parlée) ; narrations et rédactions ; thèmes et versions (insister sur la traduction de l'annamite en français). 2° *Arithmétique.* — Les quatre règles ; système métrique ; fractions ; règles de trois, d'escompte, d'intérêts et de société. 3° *Géométrie* élémentaire pratique, mesure des surfaces et des volumes (sans démonstrations). 4° *Géographie.* — Notions générales sur les cinq parties du monde (insister sur la France et ses colonies). 5° *Dessin linéaire et artistique* (éléments).
Cours de caractères et quoc-ngu.	*Les quatre livres.* — Développements, explications, rédactions, narrations, soit en caractères, soit en quoc-ngu; histoire et géographie de l'Annam.

Deux classes par semaine sont réservées aux cours de caractères et de quoc-ngu, les autres classes sont réservées à l'enseignement des cours de français.

Écoles du 3e degré. — Durée des cours : quatre ans.

Cours de français.	1° *Langue française.* — Grammaire complète ; rédactions sur sujets donnés.
	2° *Arithmétique.* — En entier, à l'exception de la racine cubique et du calcul approché des nombres décimaux et des opérations y relatives (erreurs relatives).
	3° *Géométrie* plane, sauf ce qui exige la connaissance des équations du 2e degré ; surfaces et volumes.
	4° *Algèbre.* — Jusqu'aux équations du 2e degré exclusivement.
	5° *Trigonométrie.* — Résolutions des triangles plans.
Cours de français (*suite*).	6° *Arpentage.* — Levé des plans avec les instruments les plus usuels ; nivellement ; notions de géométrie descriptive.
	7° *Dessin.* — Application au levé des plans ; lavis.
	8° *Tenue des livres* en parties simple et double ; endossement et négociation des effets de commerce.
	9° *Géographie.* — Les cinq parties du monde ; fleuves et chaînes de montagnes remarquables ; divisions politiques ; climats ; principales productions (renseignements plus détaillés sur la France et ses colonies).
	10° *Cosmographie.* — Notions générales.
	11° *Chimie.* — Éléments ; notions générales sur les corps les plus employés et les plus connus.
	12° *Physique.* — Notions générales ; applications aux diverses industries (télégraphe, etc.).
	13° *Histoire naturelle.* — Zoologie ; botanique ; géologie ; notions générales.
Cours de caractères et de quoc-ngu.	*Les quatre livres.* — Rédactions ; développements en caractères et en quoc-ngu.
	Étude des divers genres d'écrits en usage chez les Annamites (contrats, etc.).
	Histoire et géographie de l'Annam.

Une classe par semaine sera consacrée aux cours de caractères et quoc-ngu. Les autres classes seront consacrées aux différents cours de français.

Art. 21. — Dans chaque école, l'enseignement complet des matières, déterminées par le programme, doit être donné de façon à ce que la dernière année du cours soit réservée à une révision complète des matières indiquées dans le programme.

Art. 22. — Le programme détaillé des cours d'étude à suivre par année, dans les écoles des divers degrés, ainsi que le nombre total de points à obtenir pour être reçu aux examens, sera, conformément aux bases indiquées ci-dessus, déterminé par les soins de la commission supérieure de l'instruction publique.

TITRE VI. — PERSONNEL DE L'INSTRUCTION PUBLIQUE.

Art. 23. — L'enseignement est confié à des maîtres français et à des maîtres annamites qui doivent, au préalable, justifier de leur moralité et remplir les conditions de capacité exigées par le présent arrêté.

1° Personnel français

Art. 24. — Le personnel français se compose :

D'un directeur de l'enseignement ;

De directeurs d'école ;

De professeurs de différentes classes.

Art. 25. — Le directeur de l'enseignement centralise et dirige le service sous les ordres du Directeur de l'Intérieur.

Il exerce son contrôle sur tous les établissements d'instruction publique de la colonie, mais principalement sur ceux qui sont entretenus ou subventionnés sur les fonds du budget local. Il inspecte périodiquement les écoles, interroge les élèves, se rend compte par lui-même de leurs progrès, de leur bonne tenue, de leurs besoins ; il inspecte le matériel, les livres et autres fournitures ; s'assure tout particulièrement que les directeurs et les professeurs s'acquittent convenablementde leurs devoirs, se conforment à ses instructions et appliquent strictement le programme, et traitent leurs élèves avec douceur et fermeté.

A la fin de chaque tournée, il adresse son rapport au Directeur de l'Intérieur, lui fait part de ses observations et lui remet les propositions qu'il juges utiles pour le bien du service.

En outre, il remet trimesriellement au Direction de l'Intérieur un rapport d'ensemble sur la situation et la marche du service de l'instruction publique.

Les directeurs d'écoles, les professeurs et instituteurs, tant européens qu'indigènes, sont placés sous ses ordres. Il inflige, quand il y a lieu, aux Européens, des avertissements, et aux Indigènes des avertissements et des punitions jusqu'à quatre jours de retenue de solde.

Pour les fautes méritant une répression plus sévère, il en réfère au Directeur de l'Intérieur.

Ces avertissements et ces punitions sont inscrits par lui sur un registre où une feuille spéciale est consacrée à chacun des directeurs d'écoles, professeurs et instituteurs, et contient les renseignements propres à éclairer l'Administration sur leur conduite et leur valeur.

Il donne directement ses instructions et ses observations aux directeurs, qui les transmettent aux professeurs et sont chargés de leur exécution.

Il donne son avis au Directeur de l'Intérieur sur les récompenses à accorder et les nominations à faire dans les cadres de l'instruction publique, et lui propose les mutations et mouvements à effectuer pour assurer le service.

Il lui adresse aux dates réglementaires ses notes individuelles sur tout le personnel.

Art. 26. — Les directeurs d'écoles sont choisis parmi les professeurs, comme il est dit à l'art. 29. Ils font les cours auxquels ils sont astreints.

Ils sont chargés, sous les ordres du Directeur de l'enseignement, de la direction des études, conformément au programme, de la discipline de l'école, de la régularité des cours ; en un mot, de tout ce qui concerne l'enseigment dans l'établissement qui leur est confié.

Ils s'occupent du bien-être matériel des élèves, de leur tenue, de leur conduite, de leur assiduité aux cours.

Ils tiennent la main à ce que les bâtiments, salles d'études, dortoirs, etc., soient constamment entrenus dans un état de propreté parfaite.

Lorsqu'il n'y a pas d'économe, ils sont responsables du matériel, des livres et des fournitures qui leur sont confiés pour le service, et dont ils tiennent la comptabilité.

Ils donnent leurs ordres aux professeurs et aux instituteurs de tous grades placés sous leur direction ; ils leur transmettent les instructions du directeur de l'enseignement, exigent qu'ils s'y conforment et qu'ils remplissent tous les devoirs de leur profession, signalent au directeur de l'enseignement ceux dont le zèle ou la conduite laisserait à désirer, et provoquent auprès de ce chef de service la répression des fautes qu'ils peuvent commettre.

A la fin de chaque mois, ils adressent au directeur de l'enseignement un rapport dont le cadre sera indiqué par le Directeur de l'Intérieur.

Art. 27. — Les professeurs sont chargés des cours sous le contrôle et la surveillance des directeurs. Ils aident ces derniers en tout ce qui concerne l'enseignement et la police des écoles.

Instituteurs de 1re classe	....	1,400
— 2e classe	....	1,200
— 3e classe	....	1,000

Art. 33. — Nul ne pourra être admis dans le personnel de l'instruction publique, s'il n'est âgé de 21 ans au moins ; s'il ne justifie de sa conduite et de sa moralité ; enfin, s'il n'est muni du brevet élémentaire. Toutefois, jusqu'au 1er janvier 1888 inclusivement, le brevet de capacité tiendra lieu de brevet élémentaire.

Solde, avancement et hiérarchie, punitions disciplinaires.

Art. 28. — La solde, le mode d'avancement et la hiérarchie du personnel enseignant français, attaché au service de l'instruction publique, sont réglés comme il suit :

Directeur de l'enseignement......................... 12,000f 00 — Logement ou indemnité représentative.

Professeurs de 1re classe	8,000 00	Logement en nature ou indemnité représentative allouée aux employés de la Direction de l'Intérieur. Indemnité de vivres. Logement en nature ou l'indemnité représentative allouée aux employés de la Direction de l'Intérieur.
— 2e classe	7,000 00	
— 3e classe	6,000 00	
— 4e classe	5,000 00	
Professeurs stagiaires	3,600 00	

Art. 29.— Nul ne pourra être nommé professeur stagiaire, s'il n'est muni du brevet supérieur pour l'enseignement primaire dans la métropole, ou de tout autre brevet universitaire en tenant lieu.

Nul ne pourra être admis comme professeur de 4e classe, s'il n'a professé comme professeur stagiaire pendant un an au moins en Cochinchine et s'il n'a subi avec succès les examens d'interprète auxiliaire au titre européen.

Nul professeur ne pourra passer d'une classe inférieure à la classe immédiatement supérieure, s'il n'a au moins deux ans de service dans cette classe et s'il n'a professé au moins un an en Cochinchine muni du titre de la classe inférieure.

L'avancement a lieu par ordre d'inscription sur un tableau d'avancement établi chaque année par la commission d'instruction publique.

Les directeurs des écoles seront choisis parmi les professeurs et nommés par le Directeur de l'Intérieur, sur la proposition du directeur de l'enseignement.

Dans cette position, ils jouiront d'un supplément de solde de 500 fr. par an, lorsqu'ils seront chargés d'une école du 2e degré, et de 250 fr. pour une école du 1er degré.

Art. 30. — Les peines disciplinaires à prononcer contre les professeurs sont :

1° L'avertissement du directeur de l'enseignement ;

2° Le blâme infligé par le Directeur de l'Intérieur.

3° La suspension, dans les conditions fixées par les règlements ;

4° La révocation.

Les deux dernières peines seront prononcées par le Gouverneur, mais seulement après l'avis du conseil d'enquête.

Art. 31. — Le personnel enseignant actuel est maintenu provisoirement en fonctions. Nul promotion à un grade supérieur ne pourra être faite qu'autant que le professeur aura satisfait aux conditions de brevet et d'examen exigées par le présent arrêté, ou aura passé, devant une commission spéciale, un examen sur les matières exigées pour l'obtention du brevet de capacité pour l'enseignement primaire supérieur.

2° Personnel indigène.

Art. 32. — La solde, le mode d'avancement et la hiérarchie du personnel indigène attaché au service de l'instruction publique sont réglés comme il suit :

Professeurs de 1re classe	....	2,400 fr.
—	2e classe..	2,200
—	3e classe..	2,000
—	4e classe,..	1,800

Les instituteurs pourront, après un an de service, être promus à la classe supérieure. Ces avancements auront lieu dans les conditions indiquées à l'article 29 pour les professeurs européens.

Art. 34. — Nul ne pourra être nommé à l'emploi de professeur de 4e classe s'il n'est muni du brevet supérieur. Toutefois, et jusqu'au 1er janvier 1883 exclusivement, les instituteurs de 1re classe, non possesseurs de ce brevet, seront admis à l'emploi de professeur de 4e classe s'ils ont subi avec succès l'examen fixé à l'article 13 de la décision en date du 7 février 1876, selon les dispositions prescrites à l'article 5 de ladite décision.

Les professeurs de 3e et de 4e classe pourront, après deux ans de grade, passer à la classe supérieure, dans les conditions indiquées à l'article 29.

Les places de professeurs de 1re classe seront données à la suite d'un examen auquel pourront prendre part les professeurs de 2e classe quel que soit leur temps en grade, et les professeurs de 3e classe ayant au moins deux ans de grade et des notes satisfaisantes. Le programme de cet examen est fixé à l'article 16 de la décision du 7 février 1876.

Les examens pour l'emploi de professeur de 1re classe auront lieu tous les ans, à la même époque que ceux des interprètes, lettrés et secrétaires par les soins d'un jury spécial.

Il en sera de même pour les examens exigés des candidats à la 4e classe, dans les conditions indiquées au § 1er du présent article, et ce jusqu'au 1er janvier 1883 exclusivement, époque où ces examens seront supprimés.

Art. 35. — Ne pourront être nommés pour l'enseignement du 2e et du 3e degré que les professeurs de 1re classe.

Les nominations de ces professeurs au collège Chasseloup-Laubat, et en général à une école du 3e degré, auront lieu à la suite d'un concours entre les professeurs de cette classe. A cet effet, les candidats qui désireront concourir devront, à une époque qui sera fixée suivant les besoins du service, adresser à M. le Directeur de l'Intérieur et par la voie hiérarchique une demande spéciale.

Les matières du concours seront les mêmes que celles fixées par le présent arrêté pour l'examen des professeurs de 1re classe. Les nominations auront lieu au fur et à mesure des besoins, d'après l'ordre de classement établi à la suite du concours. La liste de classement sera valable pour un an.

Les professeurs attachés aux écoles du 3e degré recevront un supplément annuel, variant de 200 à 600 francs.

Art. 36. — Les professeurs et les instituteurs indigènes seront soumis aux peines disciplinaires ci-après :

L'avertissement du directeur de l'école ;

La réprimande du directeur de l'enseignement et du Directeur de l'Intérieur ;

La réprimande du Gouverneur ;

Une retenue sur le traitement, qui pourra s'étendre jusqu'à quinze jours de solde ;

La rétrogradation ;

La suspension ;

La révocation.

Art. 37. — Tout professeur indigène de 1re classe peut passer professeur stagiaire au titre français, à condition d'être muni du brevet de capacité exigé pour cet emploi.

Les professeurs indigènes, au titre français, jouiront des mêmes conditions d'avancement, de solde et de hiérarchie que les professeurs français.

Art. 38. — Pour tous les grades qui exigent un examen préalable, l'avancement aura lieu suivant la liste de classement faite par le jury d'examen, qui aura tenu compte d'une note spéciale cotée de 0 à 20 et dont le coefficient est fixé à 10, sur la valeur morale et professionnelle de chaque candidat. Cette note est donnée par le Directeur de l'enseignement.

TITRE VII. — CADRES DU PERSONNEL ENSEIGNANT.

Art. 39. — Les cadres du personnel enseignant sont fixés chaque année lors de l'établissement du budget, suivant le nombre d'écoles ouvertes et le nombre des élèves qui les fréquentent, et ce d'après les règles suivantes, savoir :

1° Dans les écoles du 1er degré : un professeur français ou au titre français, directeur de l'école, et deux professeurs ou instituteurs indigènes, dont l'un sera chargé du cours de caractères et de quoc-ngu, et l'autre sera adjoint au directeur de l'école pour l'enseignement des cours de français. Dans le cas où le défaut de personnel ne permettrait pas de mettre un professeur français ou au titre français, les cours de français seront faits par un professeur indigène, qui sera directeur de l'école.

2° Dans les écoles du 2e degré, pour les différents cours de français, deux professeurs français ou au titre français, dont l'un remplit les fonctions de directeur de l'école, plus un professeur ou instituteur indigène pour l'enseignement des caractères et du quoc-ngu.

3° Dans les écoles du 3e degré, trois professeurs français pour l'enseignement des cours faits en français, un professeur indigène pour le cours de caractères et de quoc-ngu, et un professeur de dessin.

Des professeurs ou instituteurs annamites pourront être adjoints, dans les diverses écoles, aux professeurs français.

Art. 40. — Cette situation du cadre du personnel des différentes écoles est donnée pour un nombre d'élèves d'une même année inférieur ou au plus égal à quarante-cinq élèves, composant l'effectif le plus élevé des élèves d'une même année.

Quand ce nombre sera supérieur à quarante-cinq, mais inférieur à quatre-vingt-dix, le nombre des professeurs sera doublé, et, en général, augmenté d'un groupe de professeurs par chaque fraction en plus de trente élèves au minimum, et de quarante-cinq au maximum.

Le nombre des professeurs de caractères et de quoc ngu sera déterminé en affectant un professeur par chaque série de cinquante élèves d'une même année au minimum et de soixante-quinze au maximum.

Un maître d'études sera attaché à chaque groupe de quarante-cinq élèves.

Art. 41. — L'effectif par classe des professeurs et instituteurs sera établi dans les proportions suivantes :

1° *Professeurs européens ou indigènes.*

1 de 1re classe pour 2 de 2e classe.

1 de 2e classe pour 2 de 3e classe.

de 3e classe pour 3 de 4e classe.

2° *Instituteurs*.

1 de 1re classe pour 2 de 2e classe.
2 de 2e classe pour 3 de 3e classe.

COMMISSION SUPÉRIEURE D'INSTRUCTION PUBLIQUE.

Art. 42. — Une commission supérieure permanente est chargée d'étudier toutes les questions se rattachant à l'instruction publique et d'inspecter les divers établissements d'enseignement. Elle se réunit au moins une fois par trimestre et le procès-verbal est remis au Gouverneur par le Directeur de l'Intérieur.

Art. 43. — Cette commission est composée ainsi qu'il suit :

Le Directeur de l'Intérieur ou, à son défaut, le secrétaire général, *président ;*
Le maire de la ville de Saïgon ;
Le directeur de l'enseignement ;
Les inspecteurs des affaires indigènes ;
Les administrateurs de Saïgon et Cholon ;
Le directeur du collège Chasseloup-Laubat ;
Le directeur du collège d'Adran ;
Le curé de Saïgon ;
Un médecin de la marine désigné par le chef du service de santé ;
Un professeur indigène de langues orientales ;
Un interprète principal européen ;
Le chef du bureau de la Direction de l'Intérieur d'où ressort le service de l'enseignement.

Art. 44. — La commission supérieure propose, au choix du Directeur de l'Intérieur, la composition des commissions spéciales chargées d'examiner les élèves des écoles des différents degrés et les candidats aux brevets.

Elle établit les tableaux d'avancement prévus aux articles 29, 33 et 34.

SURVEILLANCE ADMINISTRATIVE DES ÉCOLES.

Art. 45. — Dans les arrondissements où se trouvent les écoles du 1er degré, du 2e degré ou du 3e degré, l'administrateur des affaires indigènes est chargé, sous l'autorité du Directeur de l'Intérieur, de leur surveillance administrative exclusivement.

Il devra les visiter aussi fréquemment que possible. Il recevra et au besoin pourra exiger des directeurs, professeurs et instituteurs, tous les renseignements propres à l'éclairer. Il ne pourra, à moins qu'il y ait été spécialement autorisé par le Directeur de l'Intérieur, rien changer au régime intérieur administratif de ces établissements. Il adressera tous les trimestres, au Directeur de l'Intérieur, un rapport spécial.

Il statuera sur l'expulsion des élèves du 1er et du 2e degré, après rapport du directeur de l'établissement. Il en rendra compte au Directeur de l'Intérieur.

Ces dispositions ne sont pas applicables au collège Chasseloup-Laubat, qui est placé entièrement sous le contrôle immédiat du directeur de l'enseignement.

Art. 46. — Sont abrogées toutes dispositions antérieures au présent arrêté.

J. LAFONT.

(10 sepembre 1879)

A. G. *disposant que les intérêts d'une somme de 3,514 fr. 43 placée en rentes sur l'État, au nom de la colonie, seront versés au budget local pour être distribués à titre de primes aux meilleurs élèves métis qui sortiront des écoles.*

BAT. II. p. 88.
B. C. p. 341.

Article premier. — Le trésorier-payeur est autorisé exceptionnellement à prendre des inscriptions de rentes sur l'État pour la somme ci-dessus de trois mille cinq cent quatorze francs cinquante-trois centimes, au nom de la colonie de Cochinchine.

Art. 2. — Les intérêts en seront versés chaque année au budget local pour être, lorsqu'il y aura lieu, distribués à titres de primes aux meilleurs élèves métis qui sortiront des écoles.

LE MYRE DE VILERS.

(20 mars 1880)

CIRC. M. *recommandant de favoriser le développement des établissements d'instruction laïques ainsi que le recrutement des instituteurs primaires.*

ARCH. GOUV.

L'enseignement primaire est actuellement donné, dans la plupart de nos colonies, par des maîtres congréganistes concurremment avec quelques instituteurs laïques. Sans vouloir méconnaître le mérite de l'éducation donnée dans les écoles des frères, il est incontestable qu'aujourd'hui les écoles laïques sont devenues indispensables, comme répondant à des besoins spéciaux auxquels les congrégations ne peuvent pas satisfaire. C'est surtout en matière d'instruction de la jeunesse que tous les intérêts sociaux ont droit à une égale protection, et, à ce point de vue, le développement de l'instruction laïque est la conséquence nécessaire des principes libéraux dont s'inspire le Gouvernement de la République.

Les administrations coloniales ont donc le devoir de se préoccuper d'établir des écoles laïques ou d'en favoriser le développement ; en même temps, il importe de nous attacher à tout ce qui peut contribuer à l'amélioration graduelle de l'enseignement dans ces écoles, et, pour atteindre ce résultat, le premier soin à prendre serait de former des maîtres instruits, possédant d'excellentes méthodes pédagogiques et d'en assurer le recrutement.

La métropole pourrait peut-être fournir, au besoin, à nos diverses possessions d'outre-mer, le personnel des instituteurs qui leur serait nécessaire. Mais il ne saurait vous échapper qu'il y a un intérêt très réel à ce que ce personnel soit, autant que possible, formé et recruté dans la population locale elle-même.

L'une de nos colonies, la Réunion, entrant dans cette voie, a organisé, il y a quelques années, un cours normal destiné à former des instituteurs primaires. On avait songé d'abord à constituer une école normale dans les conditions où fonctionnent en France les établissements de cette nature. Mais on a craint que les dépenses fussent hors de proportion avec les besoins auxquels il s'agissait de pourvoir, et c'est par ce motif que le Conseil général s'est borné à voter la création d'un cours normal, Seulement ce cours a été annexé à l'un des établissements de l'Instruction publique du pays, de manière à assurer les avantages de l'internat aux élèves-maîtres admis à faire leurs études comme boursiers.

Je ne puis qu'appeler votre attention sur l'utilité que pourrait avoir une création semblable en Cochinchine et sur les conditions dans lesquelles il serait possible de la réaliser. Quant à moi, je serais, je l'espère, en mesure de mettre à votre disposition, dès que vous en feriez la demande, le personnel enseignant dont vous pourriez avoir besoin pour la période d'organisation.

En attendant les résultats de cette utile création, le Département pourrait, je crois, grâce aux demandes d'emploi aux colonies dont il est saisi, aider votre administration à constituer un personnel d'instituteurs laïques pour les écoles dont la formation serait immédiatement décidée.

JAURÉGUIBERRY.

(21 avril 1880)

A. G. *disposant que les intérêts d'une somme de 151 fr. 43 placée en rentes sur l'État, au nom de la colonie, seront versés au budget local pour être distribués à titre de primes aux meilleurs élèves métis qui sortiront des écoles.*

B. C. p. 202.

(14 juin 1880)

A. G. *portant que chaque village, chef-lieu de canton, où n'existe pas une école française, est tenu d'entretenir une école de caractères français (quoc-ngu).*

B. C. p. 333.

Article premier. — Chaque village, chef-lieu de canton, où n'existe pas une école française, est tenu d'entretenir une école de caractères français (quoc-ngu).

Art. 2. — En cas d'insuffisance de ressources, les autres villages du canton participeront à la dépense par un fonds de concours. L'administrateur des affaires indigènes de l'arrondissement, assisté du chef de canton et des maires, fixera la part contributive de chaque village.

Art. 3 — Les villages qui entretiendront une école de caractères français seront dispensés de toute contribution pour l'école de canton.

Art. 4. — Les instituteurs annamites qui enseigneront, dans les écoles de caractères français, les éléments de la langue française, recevront de la colonie une prime de 200 francs par an.

Art. 5. — Provisoirement, les maires de tous les villages de la Cochinchine française recevront gratuitement le journal officiel annamite *le Gia dinh bao*, en caractères français. — Une traduction du Code pénal en caractères français sera également fournie gratuitement à chaque village.

LE MYRE DE VILERS.

(14 juin 1880)

A. G. *sur les admissions dans les écoles du premier degré soit comme boursier, soit comme élève libre.*

B. C. p. 335.

Article premier. — Le minimum d'âge exigé pour l'admission aux bourses, dans les écoles du premier degré, est aboli.

Art. 2. — Les examens exigés à l'entrée desdites écoles sont provisoirement ajournés.

Art. 3. — L'admission dans les écoles, soit comme boursier, soit comme élève libre, sera prononcée par le Directeur de l'Intérieur, sur les propositions motivées de l'Administrateur chargé de la surveillance des écoles et sur l'avis du Directeur de l'enseignement.

LE MYRE DE VILERS.

(16 juillet 1880)

CIRC. D. I. *du rôle des administrateurs à l'égard des écoles de canton et d'arrondissement.*

B. D. I. p. 86.

En créant les écoles de canton, M. le Gouverneur a entendu que ces établissements seraient placés exclusivement sous votre direction et c'était le seul moyen de développer rapidement dans ce pays la connaissance de notre écriture. Vous seul possédez, en effet, vis-à-vis des autorités indigènes, l'influence nécessaire pour donner une vive impulsion à la prospérité des écoles déjà fondées et pour favoriser l'ouverture de nouveaux centres scolaires.

Pour les écoles d'arrondissement, la situation n'est pas la même.

La création du service de l'enseignement implique l'obligation de laisser à M. l'Inspecteur d'Académie toute autorité sur les établissements dirigés par des maîtres français ; ce fonctionnaire jouit vis-à-vis de ce personnel des mêmes attributions que les autres chefs de service.

Vous n'avez donc pas à vous immiscer dans les détails d'administration et de surveillance de ces écoles ou collèges. Votre rôle à leur égard se borne au contrôle que le représentant du gouverneur a le devoir d'exercer sur l'ensemble des services publics dans son arrondissement.

Les correspondances officielles des directeurs d'écoles, quand elles devront être mises sous mes yeux, porteront non votre apostille ; mais celle de M. le Directeur de l'enseignement.

Vous continuerez naturellement à prêter votre appui moral aux écoles entretenues par la colonie et à me signaler dans vos rapports mensuels les observations que vous suggéreront la marche générale du service, l'aptitude et la conduite des professeurs.

NOUET.

(31 janvier 1881)

A. G. *instituant des conférences pédagogiques et un bulletin de l'enseignement.*

B. C. p. 101.

Article premier. — Des conférences pédagogiques auront lieu chaque année aux grandes vacances. Une décision du Directeur de l'Intérieur en fixera la date et la durée.

Une session supplémentaire pourra avoir lieu au milieu de l'année.

Art. 2. — Ces conférences sont obligatoires pour tout le personnel européen des écoles laïques entretenues par la colonie, et facultatives seulement pour le personnel indigène, ainsi que pour celui des écoles congréganistes ou municipales. Les instituteurs libres, français ou indigènes, qui désireraient y assister, pourront être autorisés par le directeur de l'enseignement.

Art. 3. — Les membres du corps enseignant, venus de l'Intérieur, auront droit au transport gratuit, et, pendant leur séjour obligé à Saïgon, à l'indemnité de séjour prévue par les règlements, sous condition, néamoins, d'assiduité aux séances.

La dépense sera imputée au chapitre VI, article 1er, du budget de 1881 : *Frais de passage et de séjour.*

Art. 4. — Les conférences seront présidées par le directeur de l'enseignement ou par un membre de l'instruction publique désigné par lui.

Art. 5. — L'ordre et les heures des séances, l'ordre et le choix des matières à discuter seront déterminés d'avance par M. le directeur de l'enseignement.

L'organisation intérieure de l'assemblée sera l'objet d'un règlement spécial rédigé par les soins du directeur de l'enseignement et soumis à l'approbation du Directeur de l'Intérieur.

Art. 6. — Les procès-verbaux des séances, avec mention des conclusions adoptées et des vœux émis, seront inscrits sur un registre spécial.

Art. 7. — Le travail des conférences sera complété par l'institution d'un *Bulletin de l'enseignement*, qui sera imprimé par la presse autographique du collège Chasseloup-Laubat et distribué gratuitement à tous les membres européens et indigènes du corps enseignant.

Ce *Bulletin* contiendra les circulaires et instructions du directeur de l'enseignement, un choix des communications faites aux conférences, toutes les pièces de statistique ou autres, enfin tous les renseignements utiles au progrès de l'instruction publique dans la colonie.

Art. 8. — La rédaction de ce *Bulletin* sera confiée, sous la surveillance du directeur de l'enseignement, à un fonctionnaire de l'instruction publique désigné par lui.

LE MYRE DE VILERS.

(1er avril 1881)

CIRC. M. *au sujet des subventions et avances à répartir en vue de l'amélioration ou de la construction de bâtiments scolaires et d'acquisition de mobilier.*

ARCH. GOUV.

Plusieurs de nos colonies ont exprimé le vœu de pouvoir développer leurs établissements d'instruction publique, et particulièrement leurs écoles primaires ; et en vue de seconder leurs désirs, je me suis préoccupé de la question de savoir s'il ne serait pas possible de les faire bénéficier, soit immédiatement, soit dans un délai plus ou moins prochain des dispositions libérables de la loi du 1er juin 1878 et de celle du 3 juillet 1880 sur la construction des établissements scolaires.

Ainsi que vous le savez la loi du 1er juin 1878 a disposé :

1° Qu'une somme de 60 millions payable en cinq annuités était mise à la disposition du Ministre de l'Instruction publique pour être répartie à titre de *subvention*, entre les communes en vue de l'amélioration ou de la construction de leurs bâtiments scolaires et de l'acquisition de leur mobilier.

2° Qu'une autre somme de 60 millions payables dans les mêmes conditions était mise à titre d'*avance* à la disposition des communes dûment autorisées à emprunter pour le même objet.

En ce qui concerne la subvention prévue par le premier des deux paragraphes, je crains qu'il ne soit pas possible d'y recourir d'abord parce que le montant en sera certainement insuffisant pour les besoins de la métropole et ensuite parce qu'en présence de l'affectation expressément déterminée du crédit dont il s'agit la régularité d'un prélèvement en faveur de nos colonies pourrait être vraisemblablement contestée.

Peut-être les mêmes objections ne seraient-elles pas élevées à propos de la participation des colonies aux avances prévues par la loi de 1878 et par celle de 1880 ; mais c'est un point sur lequel je ne suis pas encore en mesure de vous renseigner.

En tout cas, je viens de demander à M. le Président du Conseil, Ministre de l'Instruction publique de vouloir bien me faire connaître si les demandes de subvention et d'avances qui seraient formées par les colonies pourraient être comprises parmi celles que son Département est appelé à examiner ou s'il lui paraîtrait nécessaire de proposer une loi distincte qui ouvrirait à mon Département les crédits nécessaires pour cet objet.

Dans l'un et l'autre cas il est indispensable que celles de nos colonies qui désireraient participer à ces subventions ou à des avances remboursables, m'adressent toutes les pièces justificatives que comporte l'instruction de leurs demandes.

Vous aurez à vous inspirer à cet égard des indications contenues dans les décrets des 10 août 1878 et 13 août 1880, ainsi que dans 2 circulaires de M. le Ministre de l'Instruction publique en date des 16 août 1878 et 18 août 1880 dont vous trouverez ci-joint un exemplaire.

Je vous prie de m'accuser réception de la présente circulaire et de me fixer autant que possible sur l'importance des sommes qu'il y aurait lieu de mettre à la disposition de la colonie ou des communes pour ses besoins spéciaux. Il ne saurait vous échapper que le concours financier de l'État doit répondre à une double nécessité, d'une part l'urgence d'améliorer la situation matérielle de l'enseignement et d'autre part l'insuffisance dûment constatée des ressources locales susceptibles d'y être affectées.

G. CLOUÉ.

(21 septembre 1881)

CIRC. D. I. *prescrivant que les enfants non vaccinés ne pourront être admis dans les établissements scolaires de la colonie.*

B. D. I, p. 46.

Quelques cas de variole viennent de se déclarer parmi les élèves de l'école de Vinhlong, et l'Administration a dû, par mesure de précaution, licencier ladite école pendant quelque temps.

Afin d'éviter le retour de ce fait, heureusement isolé, j'ai prié M. le directeur de l'enseignement de donner des instructions formelles aux directeurs d'écoles pour qu'ils fassent vacciner, dans le plus bref délai possible, ceux des enfants confiés à leurs soins qui n'auraient pas subi l'inoculation. — Je vous prie, en ce qui vous concerne, de vouloir bien faciliter l'accomplissement de cette mesure par tous les moyens dont vous disposez et de ne plus m'adresser, à l'avenir aucune demande de bourse pour des enfants qui n'auraient pas été vaccinés. — Le certificat de vaccine devra accompagner la demande.

BÉLIARD.

(4 mai 1883)

DÉP. M. *rappelant une circulaire du 14 juin 1882 prescrivant d'envoyer annuellement au Département un état en double expédition des traitements perçus par les fonctionnaires détachés au Département de l'Instruction publique, ainsi que du montant des retenues prélevées sur ces émoluments au profit du Trésor.*

ARCH. GOUV.

Par ma circulaire du 14 juin 1882, n° 32, insérée au *Bulletin officiel*, p. 858, je vous ai prescrit de m'adresser annuellement, en double expédition, un état indiquant les traitements perçus par tous les membres du corps enseignant détachés aux colonies, ainsi que le montant des retenues prélevées sur ces émoluments au profit du Trésor public (*Pensions civiles*).

Une seule colonie m'a fait parvenir cet état ; je vous prie de donner des ordres pour que le document dont il s'agit me soit adressé par le prochain courrier, dans la forme du modèle annexé à la circulaire précitée.

DISLÈRE.

(27 août 1883)

CIRC. M. *au sujet des membres du corps enseignant renvoyés en France (rappel aux prescriptions du décret du 7 novembre 1879. Observations).*

ARCH. GOUV.

Je me vois dans la nécessité de rappeler, à propos de plusieurs membres du corps enseignant qui ont été renvoyés en France par certaines colonies dans ces derniers temps, les prescriptions du décret du 7 novembre 1879, qui détermine les conditions dans lesquelles les fonctionnaires coloniaux peuvent être mis à ma disposition.

Aux termes de ce décret, les Gouverneurs ont perdu le droit d'exclure les nationaux de nos colonies et à l'égard des fonctionnaires envoyés de France, ils ne peuvent procéder que par voie de suspension provisoire, en attendant la décision du pouvoir métropolitain et dans aucun cas, il ne leur est permis de renvoyer d'office aucun agent. Toutefois, les chefs d'administration et les magistrats doivent être autorisés à rentrer en France, lorsqu'ils en font la demande, pour rendre compte de leur conduite.

D'autre part, l'avis du Conseil privé doit toujours être demandé.

Ces prescriptions, qui sont impératives lorsqu'il s'agit de fonctionnaires du Département, le sont à plus forte raison lorsqu'on est en présence de fonctionnaires détachés d'autres Départements ministériels.

Vous n'ignorez pas avec quelle difficulté le personnel métropolitain consent à s'expatrier pour venir aux colonies ; il importe donc de lui donner toutes les garanties de stabilité compatibles avec la discipline, c'est le principal moyen de faciliter le recrutement.

Je n'ai pas besoin de vous recommander de ne proposer le renvoi en France des membres du corps enseignant que pour des motifs graves et parfaitement justifiés.

J'ajoute que la rénitussation du personnel remis à la disposition du Département de l'Instruction publique exige un certain temps et par suite ne saurait être imposé à l'Administration métropolitaine qui a besoin d'examiner la situation des agents renvoyés et les nécessités du service.

Pour tous ces motifs, il faut que mon Département saisisse au préalable le Ministère de l'Instruction publique de plaintes portées par les autorités coloniales et qu'il attende son avis avant de statuer au sujet du retour des agents incriminés.

En conséquence, je vous prie de procéder désormais d'une manière plus régulière et de n'autoriser l'embarquement d'office d'aucun fonctionnaire du cadre métropolitain sans m'en avoir référé au préalable.

Je vous recommande enfin, pour donner satisfaction à un désir manifesté par le Département de l'Instruction publique, que les lettres par lesquelles vous annoncez le départ pour la France des fonctionnaires qui ont accompli leur période d'engagement et de tous ceux qui quittent la colonie sans esprit de retour pour une cause quelconque, soient toujours accompagnées d'un rapport précis et détaillé.

Il importe que mon collègue soit renseigné autrement que par les notes qui lui sont transmises annuellement, sur la manière dont ces fonctionnaires se sont acquittés de leur mission et sur les causes qui ont déterminé leur départ.

PEYRON.

(30 octobre 1883)

DÉP. M. *au sujet de la mise en disponibilité du personnel enseignant.*

B. C. p.

En m'accusant réception des états du personnel de l'Instruction publique détaché aux colonies dont l'envoi a été prescrit par la circulaire du 14 juin 1882, M. le Président du Conseil, Ministre de l'Instruction publique, a demandé au Département de prescrire aux Administrations coloniales d'indiquer sur les états dont il s'agit, surtout pour les fonctionnaires de l'enseignement primaire, la décision qui les a mis à la disposition du Département de la Marine et des Colonies.

Les instituteurs ne peuvent, en effet, être admis à verser les retenues au Trésor que s'ils ont été régulièrement mis en disponibilité par le Préfet du Département où ils exerçaient.

Vous voudrez bien, en conséquence, prendre des mesures pour que les indications qu'il vous sera possible de donner à ce sujet soient comprises dans le prochain envoi de ces états.

J'aurai soin du reste de vous informer dorénavant de la date de mise en disponibilité des instituteurs nouvellement envoyés aux colonies.

FÉLIX FAURE.

(12 novembre 1883)

CIRC. M. *au sujet des correspondants des élèves ou boursiers coloniaux. — Ils devront souscrire l'engagement de payer d'avance les sommes dues pour les trimestres suivants; de recevoir l'élève s'il est exclu de l'établissement et de le faire remettre à sa famille.*

B. C. (1884), p. 4.

Des difficultés se sont récemment élevées dans un lycée de la Métropole au sujet du refus, opposé par le correspondant d'un boursier colonial, de reprendre chez lui cet élève qui venait d'être renvoyé de l'établissement.

A cette occasion, je crois devoir vous informer qu'aux termes des règlements, les correspondants des lycées et collèges ont à fournir l'engagement :

1° De payer d'avance les sommes dues pour les trimestres suivants ;

2° De recevoir l'élève s'il est exclu de l'établissement et de le faire remettre à sa famille.

Cet engagement doit être souscrit non seulement pour les boursiers, mais encore pour les pensionnaires libres des établissements universitaires métropolitains.

Je vous prie, en conséquence, de vouloir bien porter ces renseignements à la connaissance des familles des colonies qui envoient leurs enfants en France, ou de donner les ordres nécessaires pour que ces engagements soient adressés au Département avant l'entrée de l'enfant dans l'établissement où il doit être admis.

GOLDSCHEIDER.

(7 janvier 1884)

DÉP. M. *Invitation de joindre un rapport spécial à la lettre d'avis du retour en France des fonctionnaires au service de l'Instruction publique.*

ARCH. GOUV.

Le Département de l'Instruction publique a exprimé à plusieurs reprises le désir de recevoir, avec la lettre d'avis annonçant le retour en France de membres de l'Université, un rapport précis et détaillé concernant ces fonctionnaires.

Il importe, en effet, d'être renseigné autrement que par les notes confidentielles que vous transmettez annuellement, sur la manière dont les professeurs se sont acquittés de leurs fonctions, sur leur conduite et spécialement sur les causes qui ont déterminé leur départ de la colonie.

Je crois devoir généraliser ces recommandations et vous prier d'en faire l'application à l'égard de tout le personnel laïque du service de l'instruction publique, détaché ou non du cadre métropolitain.

Je tiens également à être tenu au courant des mesures disciplinaires que vous pouvez être appelé à prendre à leur égard, mais je ne saurais trop vous recommander de ne proposer le rappel en France de professeurs que dans les cas tout à fait graves et pour des motifs bien justifiés.

En conséquence, chaque fois qu'un membre de l'enseignement rentrera en France, sauf pour le cas de congé, je vous prie de ne pas omettre de m'adresser, avec votre appréciation personnelle, les renseignements les plus complets sur la situation de ce fonctionnaire sur les causes qui ont motivé son retour dans la Métropole.

GOLDSCHEIDER.

(30 juillet 1885)

CIRC. D. I. *au sujet de la façon peu satisfaisante dont les instituteurs des écoles communales et cantonales s'acquittent des devoirs de leur charge. — Il est recommandé d'exercer une surveillance plus active sur les instituteurs.*

B. D. I. p. 36.

Mon attention a été appelée sur la façon peu satisfaisante dont les instituteurs des écoles communales ou cantonales s'acquittent des devoirs de leur charge. Les maîtres, il est vrai, ne sont généralement pas à la hauteur de la mission qui leur est confiée, mais il serait cependant possible d'obtenir de beaucoup d'entre eux plus de travail et d'assiduité.

Les instituteurs savent tous lire et écrire et pourraient, s'ils voulaient s'en donner la peine, enseigner la lecture et l'écriture à leurs élèves. Malheureusement, comme ils sont peu surveillés, ils manquent souvent aux cours ou s'y occupent de choses complètement étrangères, mais qui ont à leurs yeux le mérite d'être beaucoup plus lucratives.

Les enfants, laissés à eux-mêmes, s'ennuient, prennent la classe en horreur, ne font aucun progrès, et les sacrifices que s'imposent les arrondissements pour propager l'instruction demeurent sans résultat.

Le remède à cet état de choses consisterait à exercer une surveillance plus active sur les instituteurs. Il serait facile d'y parvenir en chargeant les phus et les huyens de faire des inspections dans ces établissements, de façon que chacun d'eux soit visité au moins deux fois par mois à l'improviste, et en obligeant les chefs de canton à exiger l'assiduité des instituteurs.

Je sais que la solde de ces agents est peu élevée. Mais il ne m'est pas démontré qu'en les payant mieux on en obtienne plus de travail et plus de zèle. La crainte d'être révoqués, surtout lorsque l'on aura fait quelques exemples, agira plus efficacement sur eux que la promesse d'une augmentation de traitement, et je pense qu'il vaut mieux fermer momentanément quelques écoles faute de maîtres, que de paraître tolérer la mauvaise volonté et la paresse.

J'appellerai en outre votre attention sur l'emploi des fournitures classiques que l'Administration a jugées indispensables aux élèves des écoles communales et cantonales. La plupart des instituteurs se servent de ces fournitures, et notamment du papier, pour des travaux qui n'ont rien de scolaire. De pareils faits ne sauraient subsister plus longtemps.

Je vous prierai donc, Monsieur l'Administrateur, de vouloir bien exercer et faire exercer sur les écoles de votre arrondissement une surveillance étroite et sévère, qui seule empêchera les abus que je vous ai signalés et assurera le succès de l'œuvre utile entreprise en 1880.

Vous voudrez bien me rendre compte dans vos rapports, soit particuliers, soit mensuels, des résultats qu'aura produits l'application de cette circulaire et des mesures que vous auront suggérées votre zèle et votre connaissance du pays.

NOUET.

(12 août 1885)

A. G. *Modifiant les art. 29 et 43 de l'arrêté du 17 mars 1879 portant organisation du service de l'instruction publique.*

J. C. p. 993.

Article premier. — L'arrêté du 14 juin 1880 est abrogé.

Art. 2. — Les articles 29 et 43 de l'arrêté du 17 mars 1879 sont modifiés ainsi qu'il suit :

(Art. 29) — Nul ne pourra être nommé professeur stagiaire s'il n'est muni du brevet supérieur pour l'enseignement primaire dans la Métropole, ou de tout autre brevet universitaire en tenant lieu.

Pourront être admis comme professeurs de 4e classe les professeurs stagiaires ayant professé pendant un an au moins en Cochinchine, et toute personne pourvue du double diplôme de bachelier ès lettres et bachelier ès sciences ayant professé deux ans au moins.

Pourra être nommé immédiatement professeur de 3e classe toute personne pourvue du diplôme de licencié ès lettres ou licencié ès sciences.

Nul professeur ne pourra passer d'une classe inférieure à la classe immédiatement supérieure s'il n'a au moins deux ans de service dans cette classe, et s'il n'a professé au moins un an en Cochinchine muni du titre de la classe inférieure.

Les directeurs des écoles seront choisis parmi les professeurs et nommés par le Directeur de l'Intérieur, sur la proposition du directeur de l'enseignement.

Dans cette position, ils jouiront d'un supplément de solde de 100 piastres par an, lorsqu'ils seront chargés d'une école de 2e degré et de 50 piastres pour une école du 1er degré.

(Art. 43). — La commission supérieure de l'instruction publique est composée ainsi qu'il suit :

Le Directeur de l'Intérieur, ou à son défaut le secrétaire général, *président ;*

Le directeur de l'enseignement ;

Un administrateur principal, ou à son défaut un administrateur désigné par le Directeur de l'Intérieur ;

Un administrateur de 1re ou 2e classe désigné par le Directeur de l'Intérieur ;

Un conseiller colonial ;

L'inspecteur primaire ;

Le directeur du collège Chasseloup-Laubat ;

Le médecin du service local ;

Le chef du 3e bureau ;

Un professeur, *membre secrétaire.*

BÉGIN.

(26 octobre 1885)

DÉP. M. *prescrivant la promulgation d'un décret en date du 7 septembre 1885 réglant la concession de mentions honorables en faveur du personnel de l'enseignement primaire aux colonies.*

ARCH. GOUV.

Vous trouverez au *Journal officiel* de la République française du 18 septembre dernier un décret en date du 7 du même mois réglant la concession de mentions honorables et de médailles en faveur du personnel de l'enseignement primaire aux colonies.

Je vous prie de prendre des mesures pour la promulgation de cet acte dans la colonie. Des instructions spéciales vous seront adressées au sujet de l'application de ce décret.

(7 septembre 1885)

DÉCRET *réglant la concession de distinctions honorifiques en faveur du personnel de l'enseignement primaire aux colonies.*

B. M. p. 737.

Article premier. — Des médailles d'argent, de bronze et des mentions honorables pourront être décernées aux instituteurs et aux institutrices titulaires, adjoints ou adjointes pourvus du brevet ou du certificat d'aptitude pédagogique, aux directrices et sous directrices d'écoles maternelles pourvues du certificat d'aptitude exerçant aux colonies.

Ces distinctions sont accordées après avis du Gouverneur, sur le rapport du chef de service de l'Instruction publique dans la colonie, par un arrêté signé des deux Ministres de la marine et des colonies et de l'Instruction publique.

Les instituteurs-adjoints et les institutrices-adjointes pourvus du brevet supérieur ou du certificat d'aptitude pédagogique ; les sous directrices d'écoles maternelles, pourvues, outre le certificat d'aptitude, du brevet élémentaire, peuvent seuls prétendre à la médaille d'argent.

Art. 2. — Il peut être accordé chaque année, pour l'ensemble du personnel enseignant aux colonies.

2 médailles d'argent,

4 médailles de bronze,

8 mentions honorables.

Art. 3. — Nul instituteur titulaire ou adjoint, nulle institutrice titulaire ou adjointe, nulle directrice d'École maternelle ne peut obtenir une mention honorable, s'il ne compte au moins 3 ans de services et 23 ans d'âge.

Nul ne peut obtenir la médaille de bronze s'il n'a reçu la mention honorable depuis deux années au moins.

Nul ne peut obtenir la médaille d'argent s'il n'a reçu la médaille de bronze depuis deux années au moins.

Les instituteurs et institutrices qui auront obtenu la médaille d'argent dans les conditions prévues à l'art 3 ci-dessus auront droit à une allocation supplémentaire annuelle de 180 francs. Cette allocation ne sera à la charge du budget local des colonies que pendant le temps que les titulaires y exerceront leurs fonctions. Elle sera affranchie de toute retenue et ne devra pas être comprise dans le traitement moyen.

JULES GRÉVY.

(14 avril 1886).

A. G. *établissant dans les collèges et écoles primaires de la colonie des pensionnats et demi-pensionnats payants.*

B. C. p. 134
J. C. p. 510.

Article premier. — Les directeurs des collèges et écoles primaires de la colonie sont autorisés à recevoir, dans ces établissements, des pensionnaires et des demi-pensionnaires payants.

Art. 2. — Le prix de la pension entière, pour les dix mois de l'année scolaire, est fixé (tous frais compris) à trente piastre pour les collèges de Saïgon et de Mytho, et à vingt et une piastres pour les écoles primaires.

Le prix de la demi-pension, pour les 10 mois de l'année scolaire (deux repas par jour) est fixé à quinze piastres pour les collèges de Saïgon et de Mytho, et à neuf piastres pour les écoles primaires.

Art. 3. — Les paiement aurant lieu d'avance, en trois termes, fixés conformément aux indications portées dans le tableau ci-dessous.

	PENSIONNAIRES.			DEMI-PENSIONNAIRES.		
	1er avril.	1er août.	1er novembre	1er avril.	1er août.	1er novembre
	Piastres.	Piastres.	Piastres.	Piastres.	Piastres.	Piastres.
Collèges de Saïgon et Mytho....	10	10	10	5	5	5
Écoles primaires..............	7	7	7	3	3	3

Art. 4. — Le directeurs des établissements scolaires dresseront, par arrondissement et en double expédition, les états nominatifs des pensionnaires et demi-pensionnaires payants admis dans leurs établissements.

Ces états certifiés par eux seront communiqués par visa au Directeur de l'enseignement qui après vérification, les soumettra pour aprobation au ministre de l'intérieur.

L'une des expéditions sera renvoyée au Directeur de l'enseignement pour être transmise par ses soins au directeur de l'établissement scolaire, et l'autre servira au recouvrement des sommes dues.

Art. 5. — Les recettes de cette nature seront perçues sur ordre de versement délivré, savoir, à Saïgon par M. le receveur principal ; dans l'intérieur par MM. les percepteurs, et classés à l'article 2 des produits ordinaires du budget, sous la rubrique : *Recettes d'ordre.*

Ces recettes viendront en atténuation des dépenses occasionnées par les élèves entretenus dans les collèges et écoles de la colonie.

BÉGIN.

(31 mai 1886)

DÉP. M. *prescrivant l'envoi au Département de rapports périodiques (trimestriels) sur la marche du service.*

ARCH. GOUV.

Le Département est très imparfaitement renseigné en ce qui concerne la marche du service de l'instruction publique qui, cependant aux colonies comme en France a une importance toute particulière et dont le pouvoir métropolitain ne saurait se désintéresser.

J'ai décidé en conséquence que des rapports périodiques me seraient adressés pour ce service par les colonies et vous voudrez bien donner des ordres afin que des rapports trimestriels vous soient réunis par le Directeur de l'Intérieur, par le chef de service et par les Directeurs principaux établissements d'enseignement.

Ces rapports me seront envoyés par vous dans le mois suivant avec vos observations qui porteront sur le personnel dirigeant ou enseignant. J'attacherai du prix à ce que les dits rapports soient complétés par les renseignements que vous pourrez être à même de faire recueillir sur les établissements d'instruction libre.

Enfin chaque année, vous m'enverrez sur l'instruction publique un rapport d'ensemble auquel vous joindrez des documents statistiques dont je vous enverrai ultérieurement le modèle.

DE LA PORTE.

(21 avril 1887)

A. G. *Les prix des pensions et demi-pensions dans les collèges et écoles primaires de la colonie seront convertis en francs au taux de 4 francs la piastre.*

B. C. p. 257.
J. C. p. 478.

(1er février 1888)

CIRC. D. I. *Les candidats éliminés à l'examen pour l'obtention du brevet élémentaire et qui n'ont pas accompli le temps d'étude exigé par les règlements ne devront être admis à aucun titre dans les divers services de la colonie, s'ils n'ont fait une quatrième année de collège.*

J. C. p. 138.

A la suite des derniers examens qui ont eu lieu pour l'obtention du brevet élémentaire, un assez grand nombre de candidats, qui n'avaient pas accompli le temps d'études exigé par les règlements, ont été éliminés.

Il est à prévoir que beaucoup d'entre eux vont s'adresser aux divers services de la colonie pour solliciter des emplois.

Je dois de vous recommander de ne les admettre à aucun titre. Il importe, en effet, que l'accès des administrations ne soit facilité en aucune façon à des jeunes gens qui ne sont ni en âge, ni en état, faute d'instruction, d'occuper un emploi public. Ils seront tous astreints à faire une quatrième année de collège.

NOEL PARDON.

(20 juin 1889)

CIRC. D. I. *Rappelant que tout directeur d'école doit faire douze heures de classe par semaine.*

J. C. p. 627.

Mon attention a été attirée sur un article du règlement intérieur du service de l'instruction publique en Cochinchine tombé en désuétude, aux termes duquel il est spécifié que tout directeur d'école doit faire douze heures de classe par semaine.

S'appuyant sur l'autorité que leur donne leur titre vis-à-vis du personnel placé sous leurs ordres, certains directeurs négligent complètement cette partie du règlement, se bornant à exercer une surveillance générale sur l'ensemble du service.

Dans la situation où se trouvent actuellement réduits les cadres du personnel de l'enseignement, situation qui nous oblige à restreindre, autant que possible, le nombre des professeurs européens dans nos différents établissements et à ne laisser même dans certaines écoles qu'un seul professeur français pour les diriger, il est facile de préjuger des faibles résultats que l'on obtiendrait si ce directeur, se reposant complètement sur les instituteurs indigènes du soin d'instruire les élèves, se dispensait de faire la classe lui-même.

Pour remédier à cette situation, je vous prie de vouloir bien inviter M. le directeur de l'école de votre arrondissement à vous fournir un tableau de service journalier indiquant les différentes classes qu'il se réserve, ainsi que celles qui seront confiées à chacun des professeurs.

Dans les établissements comptant au moins deux professeurs européens, le nombre des heures de classe à exiger du directeur restera fixé à 12, mais il est essentiel que, dans ceux où le directeur est le seul professeur européen, celui-ci fasse dix-huit heures de classe par semaine.

Je vous serai obligé de veiller à ce que le tableau de service établi sur ces bases et soumis à votre approbation soit ponctuellement exécuté.

L. FOURÈS

II. PERSONNEL, SOLDE ET ALLOCATIONS DIVERSES.

NATURE DES DOCUMENTS	DATES	RECUEILS A CONSULTER							OBSERVATIONS
		Bat	B. C.	B D.I	J.C.	J.H.	B. M.	B.Col	
D. G.	7 mai 1867.		155						
D. G.	17 novembre 1874.		401						
D. G.	7 février 1876.	II-97	72						
A. G.	17 mars 1879.	II-107	85						
D. G.	2 février 1880.		46						
A. G.	14 juin 1880.		330						
D. G.	7 février 1881.		105						
Circ. M.	14 juillet 1882.		362						
Dép. M.	6 avril 1883.								
Dép. M.	15 septembre 1883.					383			
Dép. M.	11 mars 1884.								
A. G.	19 mai 1884.		497						
A. G.	23 mai 1887.				771				
Circ. D. I.	9 août 1887.			61					
A. G.	20 octobre 1887.				1021				
A. G. G.	15 janvier 1888.				75				

(7 mai 1867)

D. G. *portant création de deux classes de maîtres d'école indigènes. — Leur solde.*

B. C. p. 155.

(17 novembre 1874)

D. G. *fixant les cadres du personnel européen et indigène nécessaire aux divers établissements de l'instruction publique. — Personnel domestique. — Nombre de bourses à accorder.*

B. C. p. 401.

(7 février 1876)

D. G. *réglementant la solde, le mode d'avancement de la hiérarchie du personnel indigène attaché au service de l'instruction publique (art. 1 à 12)* (1).

BAT. II. p. 97.
B. C. p. 72.

(17 mars 1879)

A. G. *portant nouvelle organisation du service de l'instruction publique en Cochinchine* (2).

BAT. II. p. 107.
B. C. p. 85.

(2 février 1880)

D. G. *fixant la composition du bureau du Directeur de l'enseignement, ses frais de bureau et son indemnité de logement.*

B. C. p. 46.

Article premier. — (Personnel du bureau du Directeur de l'enseignement). V. § Réglementation.

Art. 2. — Il est alloué par an au Directeur de l'enseignement, savoir :

400 francs pour frais de bureau ;
2,000 francs pour indemnité de logement.

LE MYRE DE VILERS.

(14 juin 1880)

A. G. *complétant le paragraphe 2 de l'article 29 de l'arrêté du 17 mars 1879, réorganisant le service de l'instruction publique.*

B. C. p. 330.

Article premier. — Le paragraphe 2 de l'article 29, de l'arrêté du 17 mars 1879, est complété comme suit :

« Exceptionnellement, pourra être nommée immédiatement professeur de 4e classe,

(1) V. A. G., 17 mars 1879.
(2) V. § 1, Organisation réglementaire; A. G. 14 juin 1880; A. G. 19 mai 1884.

toute personne pourvue du double diplôme de bachelier ès lettres et bachelier ès sciences, ayant enseigné pendant deux années au moins.

« Pourra être nommée immédiatement professeur de 3e classe, toute personne pourvue du diplôme de licencié ès lettres ou de celui de licencié ès sciences.

« La connaissance de la langue annamite est exigée pour passer à une classe supérieure. »

LE MYRE DE VILERS.

(7 février 1881)

D. G. *accordant une rétribution mensuelle à l'Annamite chargé des fonctions d'instituteur à l'école du cap Saint-Jacques.*

B. C. p. 105.

Article premier. — Une subvention mensuelle de vingt francs bruts (20 francs) sera payée à l'Annamite chargé des fonctions d'instituteur à l'école du cap Saint-Jacques.

Cette dépense sera mandatée sur production d'un état, établi par les soins de l'administrateur de Baria, constatant que l'école du cap a fonctionné et que les enfants des tirailleurs y ont été admis.

Elle sera imputée sur les fonds du budget local, exercice 1881, chapitre VI, article 1er, et prélevée sur l'ensemble du crédit inscrit pour les écoles d'arrondissement.

LE MYRE DE VILERS.

(14 juillet 1882)

CIRC. M. *portant réglementation de la situation financière du personnel enseignant, détaché aux colonies, en vue de conserver leurs droits à une pension sur le trésor public.*

B. C. p. 362.

Mon Département s'est concerté avec M. le Ministre de l'instruction publique pour assurer au personnel enseignant aux colonies le droit d'être réintégré dans les cadres de la Métropole et d'obtenir, à la fin de sa carrière, la pension de retraite réglementaire sur les fonds du trésor public.

Dans ce but, les mesures suivantes ont été prises :

Chaque fois qu'un membre du personnel de l'Instruction publique sera envoyé de France aux colonies, il sera mis en disponibilité et sera considéré comme détaché de son administration pour continuer ses services dans nos possessions d'outre-mer. La date de cette décision sera mentionnée dans la commission qui sera délivrée par mon Département.

Conformément à la jurisprudence du Ministère des finances, les fonctionnaires et les agents détachés de l'Administration métropolitaine pour servir aux colonies continueront de subir les retenues réglementaires au profit du trésor et seront admis à la retraite d'après les dispositions qui régissent, à cet égard, le personnel du corps enseignant.

Par suite, ils continueront d'appartenir à leur administration, qui aura seule qualité pour statuer sur leur avancement en classe ou en grade, ainsi que pour prononcer la rétrogradation en classe ou en grade et la révocation ; mais aucune décision ne pourra être prise à cet égard que sur la demande de mon Département.

Pour les autres mesures disciplinaires, ils seront soumis aux règles applicables au personnel colonial.

Enfin, ils pourront, sur leur demande ou d'office, être remis à la disposition de l'Administration métropolitaine, et, dans ce cas, ils seront réintégrés en France dans un emploi de leur grade ; en attendant leur replacement, ils seront mis en congé, conformément aux prescriptions du décret du 1er juin 1875 sur la solde du personnel de mon Département.

Je vous prie de faire établir annuellement, en double expédition (dont une pour le Ministère de l'Instruction publique), un état indiquant les traitements perçus par tous les fonctionnaires et agents du service de l'enseignement qui sont détachés de France aux colonies, ainsi que le montant des retenues prélevées sur ces émoluments au profit du trésor.

Cet état, qui sera conforme au modèle ci-joint, devra m'être transmis régulièrement au mois de janvier, à partir de 1883.

L'insertion de la présente circulaire au *Bulletin officiel de la marine* tiendra lieu de notification.

JAURÉGUIBERRY.

(6 avril 1883)

DÉP. M. *Application de la loi du 16 juin 1881, aux engagements décennaux.*

ARCH. GOUV.

Vous trouverez au *Journal officiel* de la République française du 23 mars dernier une circulaire de M. le Ministre de la Guerre, en date du 20 du même mois, relative aux effets de la loi du 16 juin 1881, à l'égard des jeunes gens de la classe de 1882 qui se disposent à invoquer devant le conseil de révision le bénéfice de la dispense prévue à l'article 29 de la loi du 27 juillet 1872 (1).

Je vous prie de veiller à l'exécution de ces dispositions qui s'appliquent à tout le personnel de l'enseignement primaire d'origine métropolitaine.

DISLÈRE.

(15 septembre 1883)

DÉP. M. *au sujet du traitement des instituteurs auxiliaires coloniaux qui n'est pas passible des retenues au profit de la Caisse des Invalides de la marine.*

B. M. p. 383.

J'ai été consulté sur la question de savoir si les instituteurs auxiliaires des colonies doivent subir sur leur traitement les retenues réglementaires au profit de la Caisse des Invalides.

Ces instituteurs ne font pas partie du cadre permanent du personnel de l'instruction publique des colonies et n'exercent leurs fonctions qu'à titre temporaire. Ils ne sont donc pas susceptibles d'acquérir des droits à une pension de retraite d'après les dispositions de la loi du 9 juin 1853; les services ne sont, en effet, admissibles pour la pension que lorsqu'ils ont le caractère d'un travail habituel et continu, et tel n'est pas le cas pour les instituteurs auxiliaires coloniaux.

J'ai, en conséquence, l'honneur de vous informer qu'il n'y a pas lieu de prélever les retenues dont il s'agit, sur le traitement des instituteurs auxiliaires ou temporaires des colonies. Cette solution de la question est, d'ailleurs, conforme aux dispositions de la circulaire du 30 octobre 1882, qui a eu pour objet principal de modifier l'interprétation donnée par celle du 10 mars 1881 aux prescriptions de la loi précitée en ce qui concerne les agents employés seulement à titre temporaire.

Je vous prie d'assurer, en ce qui vous concerne, l'exécution des dispositions de la présente circulaire.

A. PEYRON.

(11 mars 1884)

DÉP. M. *Observations relatives à l'établissement du personnel enseignant.*

ARCH. GOUV.

J'ai l'honneur de vous accuser réception de votre lettre du 18 janvier dernier, nº 46, transmissive des états du personnel enseignant en Cochinchine afférents au 4e trimestre 1883.

Je dois vous adresser à cet égard quelques recommandations au sujet de la forme dans laquelle ces états sont établis.

Il convient de dresser les états en groupant le personnel par établissement et non en prenant pour base son origine. La distinction en instruction primaire et enseignement secondaire spécial devra toujours être maintenue.

Les fonctionnaires seront classés dans l'un ou l'autre ordre d'enseignement d'après la nature de leurs fonctions et le genre de l'établissement et non d'après leurs titres universitaires.

(1) V. Recrutement.

Il est nécessaire que la 3e colonne du tableau indique non seulement la provenance du fonctionnaire, mais encore s'il appartient au cadre métropolitain ou au cadre local. En effet, un fonctionnaire de provenance métropolitaine peut appartenir au cadre local, et il est important d'établir cette distinction.

Je vous prie de tenir la main à ce que les états dont il s'agit soient établis avec le plus grand soin, en tenant compte des indications qui précèdent.

FÉLIX FAURE.

(19 mai 1884)

A. G. *complétant le paragraphe 2 de l'article 29 de l'arrêté du 17 mars 1879 réorganisant le service de l'instruction publique.*

B. C. p. 197.

Article premier. — Le paragraphe 2 de l'article 29 de l'arrêté du 17 mars 1879 est complété comme suit :

« Les professeurs primés pour la langue cambodgienne jouiront, en ce qui concerne leur avancement, des mêmes avantages qui sont accordés aux professeurs primés pour la langue annamite. »

CHARLES THOMSON.

(23 mai 1887)

A. G. *nommant, en exécution d'une délibération du conseil colonial, en date du 3 février 1887, des inspecteurs des écoles primaires en Cochinchine. — Solde.*

J. C. p. 771.

Article premier. — MM. M..., professeur de 3e classe ; A. d'H..., professeur de 4e classe ; Ng.-t.-q..., professeur indigène de 4e classe, sont nommés inspecteurs des écoles primaires en Cochinchine.

Art. 2. — Ces fonctionnaires seront chargés respectivement de l'inspection des écoles des 1re, 2e et 3e circonscriptions et recevront un traitement fixé d'après les quotités ci-après :

MM. M..., solde d'Europe 5,000 francs, solde coloniale 4,850 ; A. d'H..., solde d'Europe 4,000 francs, solde coloniale 3,880 francs ; Ng.-t.-q..., solde d'Europe 2.666 francs, solde coloniale 2,586 francs 67 centimes.

Cette dernière solde étant égale aux deux tiers de la solde prévue au budget pour un fonctionnaire européen.

Ils auront droit, en outre, à une indemnité individuelle de deux cents cinquante francs (250 francs) pour frais de bureau.

Art. 3. — La dépense sera imputée sur les crédits inscrits à cet effet au budget de l'exercice courant, chapitre VI, première section.

FILIPPINI.

(9 août 1887)

CIRC. D. I. *Notification de l'arrêté local du 23 mai 1887 portant nomination de trois inspecteurs primaires.*

B. D. I. p. 61.

Vous trouverez au *Journal officiel* du 1er août courant un arrêté de M. le Gouverneur portant nomination de trois inspecteurs d'écoles primaires. Indépendamment du service qui leur est confié, ces fonctions auront encore pour mission d'inspecter les écoles cantonnales et communales des arrondissements, de s'assurer que le programme d'études fixé par l'administration est strictement suivi.

Ce programme ne peut d'ailleurs être qu'élémentaire, il suffira que les instituteurs placés à la tête des écoles apprennent à leurs élèves à lire et a écrire le quoc-ngu, à compter, à résoudre les problèmes faciles d'arithmétique et de mesure de surface et de volume; à indiquer la valeur de nos poids et mesures et l'emploi des mots français usuels ; la construction des phrases en employant de préférence l'indicatif. Les exercices de récitation et de l'écriture du français, reconnus inutiles pour les élèves qui débutent, devront être supprimés.

Telle doit la règle pour toutes les écoles cantonnales et communales. Mais rien n'empêche que l'on ne pousse plus loin les études de certains sujets dont l'intelligence et l'aptitude au travail se justifieront. Pour ceux-ci, l'accès des écoles primaires et des collèges leur sera toujours facilité.

En principe, le but que poursuit l'administration est de donner au plus grand nombre possible d'enfants les notions élémentaires d'instruction pour leur permettre, lorsqu'ils seront hommes, de se passer d'intermédiaires, qu'il s'agisse de leurs affaires privées ou qu'ils soient appelés par les fonctions publiques qu'ils pourront exercer à seconder l'administration dans ses différents services régionaux. C'est là le rôle qui est réservé aux écoles de canton et de village, le rôle d'autant plus important qu'il s'étend à la grande masse de la population.

MM. les Inspecteurs primaires se présenteront à vous à leur arrivée dans votre arrondissement; vous voudrez bien mettre à leur disposition tous les moyens de transport dont vous pourrez disposer, afin qu'ils puissent effectuer leurs tournées. Si vous le jugez nécessaire vous préviendrez les chefs de canton et les maires de leur visite et du but de leur mission.

A leur départ de l'arrondissement, ces fonctionnaires vous mettront une copie de leur rapport d'inspection, dont l'original sera envoyé à M. le Directeur de l'enseignement ; vous aurez à tenir compte des propositions qui y seront contenues, tant sous le rapport du fonctionnement du service de l'enseignement qu'au point de vue des améliorations matérielles qu'il y aurait lieu d'introduire dans l'installation des écoles cantonales et communales.

NOEL PARDON.

(20 octobre 1887)

A. G. *rapportant l'arrêté du 23 mai 1887 en ce qui concerne Ng.-tr.-q. — Ce professeur indigène est nommé inspecteur primaire au titre indigène. — Solde et indemnité.*

J. C. p. 1021.

Article premier. — L'arrêté du 23 mai 1887 est rapporté en ce qui concerne Ng...-tr...-q..., professeur indigène de 4e classe.

Art. 2. — Ledit sieur Ng...-tr...-q... est nommé inspecteur primaire à titre indigène, à la solde annuelle de deux mille quatre cents francs (2,400 fr.).

Art. 3. — Il aura droit, en outre, à l'indemnité annuelle de deux cent cinquante francs (250 fr.), pour frais de bureau, allouée aux inspecteurs primaires par l'arrêté du 23 mai susvisé.

NOEL PARDON.

(15 janvier 1888)

A. G. G. *Le personnel enseignant en service dans les arrondissements relève désormais des chefs des circonscriptions administratives et, à Saïgon, du secrétaire général de la Cochinchine.*

J. C. p. 75.

Article premier. — Le personnel enseignant en service dans les arrondissements relève désormais des chefs de circonscriptions administratives et, à Saïgon, du Secrétaire général de la Cochinchine.

Art. — Le Secrétaire général du Gouvernement de l'Indo-Chine est chargé d'assurer l'exécution du présent arrêté, qui sera notifié, enregistré et publié partout où besoin sera.

CONSTANS.

III. BOURSES ET ÉLÈVES BOURSIERS.

NATURE DES DOCUMENTS	DATES	RECUEILS A CONSULTER Bat.	B. C.	B D. I	J. C.	J. II.	B. M.	B Col	OBSERVATIONS
D. G.	15 janvier 1862.		37						
O. G.	30 janvier 1862.		38						
A. G.	13 juin 1869.	1-178	204						
A. G.	23 août 1870.		279						
Circ. M.	3 juin 1874.	1-178							
D. G.	6 janvier 1876.	1-179	8						
Circ. D. I.	3 juillet 1876.	1-179		118					
Circ. M.	17 novembre 1876.	1-179							
A. G.	1er septembre 1879.	1-180	336						
A. G.	14 juin 1880.		335						
A. G.	14 juin 1880.		332						
A. G.	2 août 1880.		417						
D. G.	13 septembre 1880.		470						
Circ. D. I.	7 mars 1881.			12					
Circ. M.	24 juin 1881.								
Circ. M.	14 septembre 1881.								
Circ. M.	12 novembre 1883.		1884 4						
Dép. M.	1er décembre 1885.								
Dép. M.	22 mars 1886.								
Dép. M.	20 octobre 1886.								
Dép. M.	18 février 1887.								
Dép. M.	16 mars 1888.								

(15 janvier 1862)

D. G. *Création de cent bourses au collège d'Adran.*

B. C. p. 37.

(30 janvier 1862)

O. G. *portant création de cent bourses à l'école française de la Sainte-Enfance.*

B. C. p. 38.

(13 juin 1869)

A. G. *allouant une somme de 35 francs, à titre d'indemnité de route, à chaque élève annamite pour sa traversée de Saïgon en France.*

BAT. I, p. 178.
B. C. p. 204.

Une somme de 35 francs sera allouée dorénavant, à titre d'indemnité de route, à chaque élève annamite, pour sa traversée de Saïgon en France. La somme totale sera mandatée au nom de l'officier chargé de leur conduite, qui devra distribuer ce qui revient à chacun au fur et à mesure de ses besoins.

Cette dépense sera imputée au budget local.

G. Ohier.

(23 août 1870)

A. G. *Création de bourses à l'institution de la Sainte-Enfance.*

B. C. p. 279.

(3 juin 1874)

CIRC. M. *Bourses de l'État dans les écoles d'arts et métiers. — Le nombre n'en est pas limité et ces bourses sont indépendantes de celles inscrites dans les budgets locaux.*

BAT. I. p. 178.

Vous savez qu'un certain nombre de bourses de l'État sont réservées aux jeunes créoles, soit dans les lycées de France, soit dans les maisons d'éducation de la Légion d'honneur. J'avais demandé à M. le Ministre de l'agriculture et du commerce de vouloir bien donner un nouveau témoignage de la sollicitude de l'Administration métropolitaine pour nos populations coloniales, en disposant chaque année, en faveur de jeunes créoles, de quelques bourses de l'État dans les écoles d'arts et métiers. Ces bourses seraient indépendantes de celles que les conseils généraux des colonies pourraient, dans le même but, inscrire dans les budgets locaux.

M. Deseilligny m'informe que le nombre des bourses accordées par l'État dans les écoles d'arts et métiers, en vertu du décret du 6 novembre 1873, n'étant point limité, tous les jeunes gens des colonies sont aptes, comme ceux de la métropole, à obtenir ces bourses, en se conformant aux formalités prescrites par les règlements, c'est-à-dire avoir subi avec succès les épreuves exigées et justifier d'une insuffisance de ressources pour l'entretien à l'école.

Je m'empresse de porter à votre connaissance ces informations, qui seront accueillies, je n'en doute pas, avec satisfaction par vos administrés.

Benoist-d'Azy.

(6 janvier 1876)

D. G. *allouant aux élèves boursiers admis dans les écoles primaires : 1° une première mise d'habillement ; 2° une allocation mensuelle de 15 francs pour subvenir aux besoins de leur nourriture et de leur entretien* (1).

BAT. I. p. 179.
B. C. p. 8.

Article premier. — Une première mise d'habillement de la somme de 15 francs est allouée aux élèves boursiers admis dans les écoles primaires.

Art. 2. — Une allocation mensuelle de 15 francs leur est également accordée pour subvenir aux besoins de leur nourriture et de leur entretien pendant les dix mois de cours que comporte l'année scolaire.

DUPERRÉ.

(3 juillet 1876)

CIRC. D. I. *Les sommes allouées aux boursiers des écoles primaires pour leur nourriture et leur habillement, doivent-elles subir ou non la retenue du 3 p. 100?*

BAT. I. p. 179.
B. D. I. p. 118.

La décision du 6 janvier dernier ne faisant pas connaître si les sommes allouées aux boursiers des écoles primaires, pour leur nourriture et leur habillement, doivent subir ou non la retenue de 3 p. 100, plusieurs administrateurs m'ont déjà consulté afin d'être renseignés à cet égard.

Dans le but de combler la lacune qui m'est signalée, j'ai l'honneur de vous informer que la retenue de 3 p. 100 doit seulement être exercée sur les 15 francs qui sont alloués mensuellement pour la nourriture des élèves, et que la dépense pour l'habillement doit, au contraire, être abondée.

PIQUET.

(17 novembre 1876)

CIRC. M. *au sujet des allocations, à titre d'indemnité de route et de séjour, à accorder aux créoles venant en France comme élèves-boursiers ou subventionnés, outre le prix de la pension et les frais de trousseau.*

BAT. I. p. 179.

Les jeunes créoles venant en France pour y terminer leurs études aux frais des colonies, ont reçu jusqu'à présent, par les soins de mon Département et par imputation sur les budgets locaux des colonies, des indemnités, à titre de frais de route, pour se rendre du port de débarquement, soit dans les établissements où ils étaient appelés à jouir de leur subvention ou de leur bourse, soit dans les localités où ils avaient à se présenter pour y subir des examens.

A l'expiration de leurs études, et lors de leur rapatriement, il leur est accordé des allocations semblables pour se rendre du lieu de leurs études au port d'embarquement.

De plus, quelques-uns de ces jeunes gens ont demandé et obtenu des allocations à titre de frais de séjour, lorsqu'ils ne pouvaient entrer immédiatement dans l'établissement où ils avaient été admis, et qu'ils justifiaient être sans ressources pour subvenir aux dépenses de leur entretien jusqu'à l'époque de leur admission.

Mon Département a toujours considéré ces dépenses comme le complément des frais de voyage de jeunes créoles autorisés à venir en France en qualité d'élèves-boursiers ou subventionnés. On s'est d'ailleurs attaché, autant que possible, à ce qu'il n'en résultât aucun dépassement de crédits sur les sommes votées dans les colonies, en vue des frais d'éducation de ces jeunes gens.

(1) La retenue de 3 p. 100 doit être exercée sur les 15 francs alloués mensuellement pour la nourriture, et la dépense pour l'habillement doit être abandonnée. (Circ. D. I., 3 juillet 1876, Bat. vol. I, p. 179).

Toutefois, comme les paiements de l'espèce tendent à se généraliser, et qu'il pourrait entrer dans les intentions des administrations coloniales de restreindre ces dépenses accessoires; qu'elles seules, d'ailleurs, sont en mesure d'apprécier l'opportunité de semblables concessions, eu égard à la situation des familles, il importe que mon Département soit fixé, lorsqu'il y aura lieu, sur la limite de ses obligations à cet égard.

En conséquence, je vous prie de vouloir bien désormais, lorsqu'un jeune créole sera envoyé en France pour y terminer ses études comme élève-boursier ou subventionné, me faire connaître si la colonie consent à prendre à sa charge, outre le prix de la pension, non-seulement les frais de trousseau, mais encore les frais de voyage en France, tant à l'aller qu'au retour, c'est-à-dire s'il y aura lieu d'accorder, et dans quelles limites, des secours de route et des allocations pour frais de séjour.

FOURICHON.

(1er septembre 1879)

A. G. *Création au compte de la colonie, de bourses dans les lycées de la métropole et de l'Algérie. — Admission comme boursiers dans les écoles d'enseignement secondaire. — Conditions.*

BAT. I. p. 180.
B. C. p. 336.

Article premier. — Il est créé au compte de la colonie, dans les lycées de la métropole et de l'Algérie, des bourses dont le chiffre définitif sera arrêté par le Conseil colonial.

Art. 2. — Ces bourses seront accordées de préférence aux enfants dont les pères seront morts au service de la colonie, ou dont la famille aura établi définitivement son domicile en Cochinchine.

Art. 3. — Pour être admis boursiers dans l'enseignement secondaire, les candidats doivent avoir neuf ans accomplis et moins de quinze ans. Pour être admis dans l'enseignement spécial, ils doivent avoir dix ans accomplis et moins de quinze ans.

Les uns et les autres devront subir un examen écrit et oral.

Art. 4. — Les bourses seront accordées par le Gouverneur, en Conseil privé, sur la proposition d'une commission dont feront partie deux membres du Conseil colonial.

Chaque candidat devra produire à l'appui de sa demande :

1° Son acte de naissance ;

2° Un état des services de son père ou un certificat constatant la durée de la résidence de la famille dans la colonie ;

3° L'avis du conseil municipal de Saïgon, si la famille est domiciliée dans cette ville ;

5° Un certificat d'examen délivré par la commission d'instruction publique, constatant qu'il est apte à profiter de l'enseignement pour lequel il demande une bourse.

Art. 5. — Les enfants bénéficiaires de bourses auront droit au passage, aller et retour, sur les transports de l'État.

LE MYRE DE VILERS.

(14 juin 1880)

A. G. *sur les admissions dans les écoles du premier degré, soit comme boursiers, soit comme élève libre.*

B. C. p. 335.

Article premier. — Le minimum d'âge exigé pour l'admission aux bourses, dans les écoles du premier degré, est aboli.

Art. 2. — Les examens exigés à l'entrée desdites écoles sont provisoirement ajournés.

Art. 3. — L'admission dans les écoles, soit comme boursier, soit comme élève libre, sera prononcée par le Directeur de l'Intérieur, sur les propositions motivées de l'Administrateur chargé de la surveillance des écoles et sur l'avis du Directeur de l'enseignement.

LE MYRE DE VILERS.

(14 juin 1880)

A. G. *complétant le paragraphe 1er de l'article 10 de l'arrêté du 17 mars 1879 réorganisant le service de l'instruction publique.*

B. C. p. 332.

Le paragraphe 1er de l'article 10, de l'arrêté du 17 mars 1879, est ainsi complété :

« Art. 10. — Il sera alloué chaque année, pour la nourriture et l'entretien des élèves internes *ou externes*, un certain nombre de bourses dont le chiffre et la quotité seront fixés par les crédits budgétaires. »

LE MYRE DE VILERS.

(2 août 1880)

A. G. *portant à 200 le nombre de boursiers à admettre au collège Chasseloup-Laubat.*

B. C. p. 417.

Article premier. — Le nombre des boursiers du collège Chasseloup-Laubat, fixé à 150 par le budget de l'année courante, est porté à 200.

La dépense résultant de cette augmentation sera prélevée sur l'ensemble des crédits prévus au chapitre VI, article 1er, de l'exercice 1880.

LE MYRE DE VILERS.

(13 septembre 1880).

D. G. *Création de trente bourses de demi-pensionnaires pour être accordées à des élèves des écoles primaires.*

B. C. p. 470.

Article premier. — Trente bourses de demi-pensionnaires, à 8 francs l'une par mois, sont créées pour être accordées à des élèves des écoles primaires pouvant loger dans leur famille. Ces élèves prendront à l'école le repas du matin.

Art. 2. — La dépense résultant de cette nouvelle création sera prélevée sur les fonds prévus au chapitre VI, article 1er, de l'exercice 1880.

LE MYRE DE VILERS.

(7 mars 1881)

CIRC. D. I. *au sujet des propositions d'admission de pensionnaires dans les écoles primaires. — Des bourses et des demi bourses.*

B. D. I. p. 12.

J'ai eu l'honneur de vous adresser, ces jours derniers, un certain nombre d'imprimés pour servir à l'inscription de vos propositions d'admission dans les écoles primaires de la colonie.

Bien que l'arrêté du 14 juin dernier puisse se passer de commentaires, il m'a néanmoins semblé utile de vous donner quelques instructions touchant une certaine catégorie de pensionnaires dont la dépense est inscrite au budget de l'année courante : je veux parler des demi-boursiers.

Je vous prie de ne faire figurer comme tels, dans vos propositions, que les élèves externes habitant trop loin pour faire le chemin de l'école quatre fois par jour. Les demi-bourses pourront également être données à des familles méritantes, sans être trop pauvres. Quant aux bourses entières, elles devront être réservées pour des familles méritantes pauvres ou habitant à de trop grandes distances de l'école.

BÉLIARD.

(24 juin 1881)

CIRC. M. *faisant envoi d'un décret en date du 19 janvier 1881 portant règlement pour la collation des bourses de l'État dans les lycées de la Métropole. Dispositions à prendre en vue d'appliquer cette nouvelle réglementation dans la colonie* (1).

ARCH. GOUV.

J'ai l'honneur de vous adresser ci-joint un exemplaire :

1o D'un décret en date du 19 janvier 1881 portant règlement pour la collection des bourses de l'État dans les lycées de la métropole ;

2o De l'arrêté de M. le Président du Conseil, Ministre de l'Instruction publique et des Beaux-Arts, en date du 20 janvier 1881, pour l'exécution du décret ci-dessus ;

3o D'une circulaire en date du 5 avril adressée aux Recteurs par M. Jules Ferry et contenant des instructions spéciales pour l'application des nouvelles mesures consacrées tant par le décret que par l'arrêté ministériel ci-dessus relatés.

Le décret du 19 janvier renferme plusieurs dispositions que je crois devoir signaler à votre attention.

D'après la réglementation jusqu'alors en vigueur, la concession de bourses nationales emportait de la part des parents la justification de services publics ; désormais, ainsi que le fait ressortir M. Jules Ferry dans ses circulaires, les principaux titres à l'obtention d'une bourse sont l'aptitude constatée du candidat et l'insuffisance des ressources de la famille, les services publics ne viennent qu'en second ordre.

L'examen d'aptitude que le candidat est tenu de subir préalablement doit donc être entouré de toutes les garanties désirables, et, à ce propos, je ne puis qu'appeler votre attention sur la nécessité de constituer les jurys d'examen dans les meilleures conditions de compétence.

L'article 7 du décret porte que l'examen est subi en France devant une commission spéciale de cinq membres nommés par le Recteur de l'Académie et siégeant au chef-lieu du département.

D'autre part, l'article 1er de l'arrêté du 20 janvier dispose que les commissions (qui sont chargées d'examiner les candidats aux bourses nationales aussi bien que les candidats aux bourses départementales et communales), sont composées d'un Inspecteur d'académie, président, et de quatre membres choisis par le Recteur, parmi les professeurs ou les anciens professeurs des Facultés, des Lycées et des Collèges.

Jusqu'à présent, dans les colonies, les commissions d'examens des candidats aux bourses de l'État étaient composées de membres recrutés à la fois parmi le personnel enseignant et parmi les fonctionnaires des divers services publics.

Vous reconnaîtrez que, de même qu'en France, il convient de n'introduire que l'élément pédagogique dans la composition des jurys d'examens.

A la Réunion, la présidence appartiendra naturellement au Vice-Recteur et dans les autres colonies elle reviendra au Directeur de l'Intérieur ou à son délégué.

Les autres modifications apportées à la réglementation métropolitaine, notamment en ce qui concerne les matières de l'examen, le point de départ et la fixation de la limite d'âge, les prolongations d'études, me paraissent également devoir être exécutoires dans les colonies.

Je ne puis, en tout cas, que vous laisser le soin de prendre en Conseil privé un arrêté qui mette la réglementation coloniale en matière de concessions de bourses en harmonie avec celle qui est actuellement en vigueur dans la métropole.

Je vous serai obligé de m'adresser une copie de cet arrêté avec extrait de la délibération du Conseil privé qui sera intervenue.

G. CLOUÉ.

(1) Avis faisant connaître les conditions à remplir par les candidats et les pièces à fournir à l'appui des demandes de bourses pour la France et l'Algérie. Inséré au J. C. 1886, p. 902.

(14 septembre 1881)

CIRC. M. *Notification d'un décret en date du 4 août 1881 modifiant l'art. 11 du décret du 19 janvier 1881 relatif aux bourses des lycées et collèges de la métropole (V. Dép. min. du 23 juin 1881.*

ARCH. GOUV.

Comme suite à ma dépêche du 23 juin dernier, je crois devoir vous signaler un nouveau décret en date du 4 août 1881 modifiant l'art. 11 du décret du 19 janvier 1881 relatif aux bourses entretenues dans les lycées et collèges de la métropole.

Ce décret a été inséré au *Journal officiel* du 5 août dernier.

(12 novembre 1883)

CIRC. M. *au sujet des correspondants des élèves et boursiers coloniaux. — Ils devront souscrire l'engagement de payer d'avance les sommes dues pour les trimestres suivants, de recevoir l'élève s'il est exclu de l'établissement et de le faire remettre à sa famille* (1).

B. C. 1884, p. 4.

(1er décembre 1885)

DÉP. M. *au sujet de l'imputation des frais de trousseau et de semaines des boursiers annamites au lycée d'Alger.*

ARCH. GOUV.

Monsieur le Gouverneur, M. le Contre-Amiral, Commandant de la marine en Algérie, m'a demandé si les frais de trousseau et de semaines des trois derniers boursiers annamites nouvellement arrivés au lycée d'Alger devaient être supportés par le service local de la Cochinchine.

J'ai dû lui répondre que le taux de la bourse étant fixé à 800 francs, montant exact du prix de la pension au lycée d'Alger, toutes les dépenses accessoires restaient à la charge des familles.

Mais le proviseur m'a fait remarquer que, ne connaissant pas les familles de ces jeunes gens, il se trouvait assez embarrassé pour recouvrer la somme de 1,500 fr. qui est actuellement due, et il a ajouté qu'en raison de la distance qui sépare l'Algérie de la Cochinchine, il était probable que le règlement de ces frais de trousseau ne pourrait avoir lieu qu'à une époque assez éloignée.

Dans ces conditions, je vous prie d'examiner si les sommes dues pour frais de trousseau et autres, ne pourraient pas être imputées comme les frais de pension, au compte du service local qui se ferait rembourser directement par les familles intéressées.

Dans le cas où cette combinaison ne serait pas admise, il serait indispensable que les familles choisissent un correspondant résidant en Algérie, auquel l'administration du lycée pourrait s'adresser directement pour obtenir le paiement des dépenses accessoires des boursiers.

Je vous prie de me faire connaître aussitôt que possible la suite donnée à cette affaire.

(22 mars 1886)

DÉP. M. *relative aux renseignements à fournir sur les boursiers de toute nature qui font leurs études en France aux frais des colonies.*

ARCH. GOUV.

En avisant le Département de la concession de bourses et de subventions en faveur de jeunes créoles qui font leurs études en France, les administrations locales omettent souvent d'indiquer la durée de ces allocations ainsi que les dates auxquelles elles doivent commencer à courir et cesser leur effet.

(1) V. § 1, Organisation et réglementation.

Il en résulte des retards dans le paiement de ces subsides scolaires et parfois aussi des interruptions dans les études des jeunes gens qui en ont le bénéfice ; afin de remédier aux inconvénients graves qui m'ont été signalés, de prévenir toute difficulté avec les chefs des divers établissements ou les correspondants, j'ai décidé, à moins d'avis contraire de votre part, que les allocations de toute nature (bourses, subventions, bourses spéciales de licence, etc.) continueront à être payées au compte de la colonie jusqu'au jour où le Département sera avisé du retrait de ces concessions. L'avis devra parvenir au moins trois mois avant l'expiration de la bourse.

Vous aurez soin en outre de m'adresser, pour le 1er janvier de chaque année, dans la forme du modèle annexé à la présente circulaire, un état récapitulatif de tous les boursiers et subventionnés de la colonie par ordre alphabétique.

Je saisis cette occasion pour vous faire remarquer que les frais de route n'étant pas dus aux boursiers, il est nécessaire de mentionner dans chaque lettre d'avis s'il y a lieu ou non de rembourser les frais de voyage ; il en est de même pour les frais de trousseau qui ne sont accordés que par une décision spéciale des autorités locales.

Je vous rappelle également qu'à l'appui de chaque proposition en faveur de nouveaux titulaires des demi-bourses de l'État qui sont réservées par le Département de l'Instruction publique aux jeunes créoles de nos principales colonies dans les lycées et collèges de la métropole, il est nécessaire de joindre une expédition de l'acte de naissance du candidat et le procès-verbal de la commission d'examen.

Je vous serai obligé de donner des ordres pour assurer l'exécution de toutes ces prescriptions et de veiller tout particulièrement à la transmission régulière et en même temps utile de l'état annuel de tous ces boursiers et subventionnés de la colonie.

(20 octobre 1886)

DÉP. M. *au sujet du taux des demi-bourses accordées par l'État. L'État acquitte toujours la moitié du prix total de la pension, quel qu'il soit, dans la limite maximum de 1,200 fr., prix des bourses les plus élevées.*

ARCH. GOUV.

En me remerciant, par votre lettre du 29 août dernier, d'avoir bien voulu accorder trois demi-bourses de l'État à la Cochinchine, vous me priez de vous faire connaître le taux de ces bourses entières.

J'ai l'honneur de vous informer que l'État acquitte toujours la moitié du prix total de la pension, quel qu'il soit, dans la limite maximum de 1,200 fr., prix des bourses les plus élevées.

(18 février 1887)

DÉP. M. *au sujet de l'envoi des boursiers coloniaux dans les institutions professionnelles.*

ARCH. GOUV.

L'Administration de la Marine, à Nantes, a, sur la demande du chef d'une institution préparatoire aux écoles professionnelles, appelé mon attention sur l'inconvénient que présente le choix des élèves boursiers coloniaux parmi des jeunes gens ne se destinant pas aux carrières professionnelles en vue desquelles sont établis les programmes des cours qu'ils doivent suivre.

Il arrive, en effet, que certains de ces jeunes gens viennent en France avec des aspirations d'un ordre tout différent, et qu'après avoir plus ou moins complètement appris ce qui doit leur être enseigné, ils deviennent une gêne, un embarras pour le fonctionnement général de l'institution dans laquelle ils sont placés. En outre, ils occasionnent une dépense qui ne répond en aucune façon au but que s'est proposé l'administration locale en prenant leur instruction à sa charge.

Je ne puis que vous inviter à apporter un soin tout particulier dans le choix des élèves boursiers et à déterminer d'une manière précise le genre d'instruction qu'ils doivent recevoir en France.

HAUSSMANN.

(16 mars 1888)

DÉP. M. *Notification d'un décret en date du 27 février 1888 relatif aux bourses coloniales.*

ARCH. GOUV.

J'ai l'honneur de vous transmettre ci-joint copie d'un décret du 27 février dernier relatif aux bourses coloniales.

J'appelle votre attention d'une façon toute particulière sur les dispositions de l'art. 2, § 1. Il est absolument indispensable que les candidats remplissent les conditions exigées par les règlements relatifs à la collation des bourses dans la métropole.

Il ne pourra être donné suite aux propositions de cette nature qu'autant qu'elles seront accompagnées des pièces constatant la situation régulière des jeunes gens qui en seront.

F. HAUSSMANN.

a. Les titres de capacité de l'enseignement primaire sont ;

1° Le brevet élémentaire et le brevet supérieur ;
2° Les certificats d'aptitude professionnelle (pédagogiques) ;
3° Les certificats spéciaux pour les enseignements accessoires.

Consulter à ce sujet le décret du 18 janvier 1887 sur l'organisation de l'enseignement primaire et l'arrêté ministériel du même jour. Ces deux textes n'ont pas été promulgués en Cochinchine.

Voir, en outre, la loi du 30 octobre 1886, relative à l'organisation de l'enseignement primaire qui, également, n'a pas été promulguée en Cochinchine.

b. Les titres de capacité au titre indigène sont :

1° Le brevet élémentaire et le brevet supérieur.

Le programme des examens est fixé par une décision locale du 6 décembre 1883 qui réglemente les conditions d'admission (B. D. I. p. 78).

c. Une décision locale règlemente tous les ans les examens pour l'admission aux écoles du 2e degré et en fixe le programme.

INSTRUCTION PUBLIQUE (ÉTABLISSEMENTS D') (1).

I. SITUATION. — II. CONCOURS ET EXAMENS. — III. COLLÈGES ET ÉCOLES DE LA COLONIE. IV. ÉTABLISSEMENTS CONGRÉGANISTES.

I. SITUATION.

(7 août 1868)

CIRC. M. *Envoi d'un état destiné à faire connaître la situation des établissements d'enseignement public de tous les degrés.*

BAT. II. p. 97.

Je désire que vous me fassiez parvenir, chaque semestre, l'état dont vous trouverez ci-joint un modèle, et qui est destiné à faire connaître la situation des établissements d'enseignement public de tous les degrés qui existent dans la colonie que vous administrez.

La production de ce document a été prescrite dès 1850, par mon Département, aux colonies de la Martinique, de la Guadeloupe, de la Réunion, de la Guyane et du Sénégal, et j'y verrais avec d'autant plus d'intérêt figurer aujourd'hui nos autres possessions que ce renseignement me permettra de me rendre compte du mouvement général de nos écoles coloniales. Le premier état devra comprendre la situation du semestre qui vient de s'écouler.

RIGAULT DE GENOUILLY.

(1) Aucune institution particulière ne pourra être ouverte sans l'autorisation de l'administration. — Toute institution particulière est soumise à la surveillance de l'administration.

Sont dispensés de cette autorisation les établissements d'instruction publique légalement institués et fonctionnant dans la colonie, savoir : les écoles congréganistes (v. ce mot), l'institution municipale de Saïgon, les écoles primaires libres existant dans les villages (écoles de caractères chinois).

II. CONCOURS ET EXAMENS.

NATURE DES DOCUMENTS	DATES	RECUEILS A CONSULTER							OBSERVATIONS
		Bat.	B. C.	B D.I	J.C	J.H.	B.M.	B.Col	
D. G.	5 janvier 1867.		18						
D. G.	7 février 1876.	II-97	72						
A. G.	18 mars 1884.		91						
A. G.	10 avril 1885.			519					
A. G.	25 juillet 1885.			950					
Circ. M.	21 février 1887.								

(5 janvier 1867)

D. G. *organisant un concours annuel entre les écoles de la colonie.*

B. C. p. 18.

(7 février 1876)

D. G. *(extrait) réglementant la solde, le mode d'avancement et la hiérarchie du personnel indigène attaché au service de l'instruction publique. — Programme de l'examen à subir pour l'obtention du grade de professeur. — Coefficients* (1).

BAT. II. p. 97.
B. C. p. 72.

Art. premier à 12. — *Abr. A. G., 17 mars 1879.*

Art. 13. — Le programme de l'examen à subir pour l'obtention du grade de professeur de 3e classe est fixé comme suit :

Épreuves écrites.

Dictée française.
Version et thème annamites (caractères latins).
Rédaction en quoc-ngu.
Problème raisonné d'arithmétique et théorème raisonné de géométrie plane.
Application d'une formule de la géométrie dans l'espace, en se bornant à la mesure des solides.
Dessin d'après un croquis coté au tableau.

Épreuves orales.

Analyse grammaticale d'une phrase dictée au tableau.
Dialogue en français, soutenu avec un Européen.
Notions très élémentaires d'histoire ancienne (d'après le petit cours d'histoire universelle de M. Duruy).
Géographie physique générale, avec les grandes divisions politiques.
Arithmétique, jusqu'à la racine carrée inclusivement.
Algèbre, jusqu'aux équations du 1er degré exclusivement.
Géométrie plane raisonnée.
Arpentage.
Notions très élémentaires de physique, de chimie, d'histoire naturelle et de cosmographie.
Questions sur l'histoire et la géographie de l'Annam.
Tenue de livres en partie simple.

Art. 14. — Les coefficients attribués aux divers parties du programme ci-dessus sont les suivants :

Épreuves écrites.

Dictée française	10
Version et thème annamites (caractères latins)	8
Rédaction en quoc-ngu	8
Problème raisonné d'arithmétique, théorème raisonné de géométrie plane et application d'une formule de géométrie dans l'espace	6
Dessin d'après un croquis	4

(1) V. A. G. 17 mars 1879, § *Organisation.*

Épreuves orales.

Analyse grammaticale d'une phrase dictée au tableau	8
Dialogue en français, soutenu avec un Européen	10
Histoire et géographie	4
Sciences mathématiques : arithmétique, géométrie, algèbre et arpentage	8
Sciences physiques : cosmographie, physique, chimie et histoire naturelle	4
Tenue de livres (partie simple)	2

Art. 15. — Le nombre minimum des points à obtenir pour être déclaré admissible est fixé à 800.

Art. 16. — Le programme de l'examen à subir pour l'obtention du grade de professeur de 1re classe est fixé comme suit :

Épreuves écrites.

Narration française.
Dictée sur les difficultés de la grammaire.
Version et thème annamite (caractères latins).
Rédaction en caractères chinois.
Problèmes raisonnés d'arithméttque, de géométrie et d'algèbre (1er degré).
Chaque candidat devra, en outre, présenter un travail de levé de terrain fait par lui.

Épreuves orales.

Exercices d'analyse grammaticale et logique de phrases dictées au tableau.
Dialogues divers soutenus avec un Européen.
Éléments de littérature française.
Histoire de France (d'après le petit cours d'histoire universelle de M. Duruy).
Géographie générale avec les divisions politiques importantes.
Géographie particulière de la France et de ses colonies, en se bornant aux connaissances générales pratiques.
Arithmétique.
Géométrie plane et géométrie dans l'espace.
Algèbre jusqu'aux équations du 1er degré inclusivement.
Arpentage et levé des plans.
Éléments de physique, de chimie, d'histoire naturelle et de cosmographie.
Tenue des livres en partie double.

Art. 17. — Les coefficients attribués aux diverses parties du programme ci-dessus sont les suivants :

Épreuves écrites.

Narration française	10
Dictée	8
Version et thème annamites (caractères latins)	6
Rédaction en caractères chinois	6
Problème d'arithmétique, de géométrie et d'algèbre	6
Travail de levé de terrain	4

Épreuves orales.

Analyse grammaticale et logique	8
Dialogues divers	10
Éléments de littérature	4
Histoire de France et géographie	4
Sciences mathématiques : arithmétique, géométrie, algèbre, arpentage et levé de plans	8
Sciences physiques : cosmographie, physique, chimie et histoire naturelle	6
Tenue de livres en partie double	3

Art. 18. — Le nombre minimum des points à obtenir pour être nommé professeur de 1re classe est fixé à 900.

Art. 19. — Les notes données par les examinateurs aux candidats, tant pour le grade de professeur de 3e classe que pour celui de 1re classe, seront cotées de 0 à 20 : *nul 0, mal 5, assez bien 10, bien 15, très bien 20.*

Art. 20. — Toutes les dispositions contraires à celles précitées sont et demeurent abrogées.

BOSSANT.

(18 mars 1884)

A. G. *portant à deux par an le nombre des sessions d'examens pour l'obtention du brevet de capacité dans la colonie.*

B. C. p. 91.

Article premier. — Le nombre des sessions d'examens pour l'obtention du brevet de capacité dans la colonie est porté à deux par an.

Art. 2. — Ces sessions s'ouvriront :

La première, le 24 mars et jours suivants ;

La seconde, le 17 juillet et jours suivants.

CHARLES THOMSON.

(10 avril 1885)

A. G. *modifiant l'article 2 de l'arrêté du 18 mars 1884 portant à deux par un le nombre de sessions d'examens, dans la colonie, pour l'obtention du brevet de capacité, au titre français.*

J. C. p. 519.

Article premier. — L'article 2 de l'arrêté précité du 18 mars 1884, est modifié ainsi qu'il suit :

Les sessions d'examens pour l'obtention du brevet de capacité de l'enseignement primaire s'ouvriront :

La première, le second lundi du mois d'avril ;

La deuxième, le second lundi du mois d'août.

CHARLES THOMSON.

(25 juillet 1885)

A. G. *rapportant l'arrêté du 10 avril 1885 modifiant la date des sessions d'examens pour l'obtention du brevet de capacité, au titre français.*

J. C. p. 950.

Article premier. — Est rapporté l'arrêté du 10 avril 1885, modifiant l'époque de l'ouverture des sessions d'examens pour l'obtention du brevet de capacité au titre français.

CHARLES THOMSON.

(21 février 1887)

CIRC. M. *Les sujets de composition à donner aux candidats se présentant aux divers examens subis dans chaque colonie doivent être désormais choisis par le fonctionnaire qui est chargé dans cette colonie du service de l'Instruction publique.*

ARCH. GOUV.

Monsieur le Ministre de l'Instruction publique et des Beaux-Arts m'a fait connaître qu'aux termes des nouveaux règlements et, conformément à l'avis émis par le conseil supérieur de l'instruction publique, les sujets de compositions pour les examens du brevet élémentaire et du brevet supérieur seraient désormais choisis en France par l'inspecteur d'académie de chaque département. En raison de cette décision, la commission chargée de choisir les textes de compositions aussi bien pour les colonies que pour la métropole a été dissoute.

Par suite, j'ai décidé que les sujets de compositions à donner aux candidats, se présentant aux divers examens subis dans chaque colonie, seraient désormais choisis par le fonctionnaire qui est chargé dans cette colonie du service de l'instruction publique.

Je vous prie de m'accuser réception de la présente circulaire, en me tenant au courant des mesures prises pour en assurer l'exécution.

A. DE LA PORTE.

III. COLLÈGES ET ÉCOLES DE LA COLONIE.

a. COLLÈGE CHASSELOUP LAUBAT. — *b*. COLLÈGE D'ADRAN. — *c*. COLLÈGE DE MYTHO. — *d*. ÉCOLES PRIMAIRES LIBRES OU ÉCOLES DE CARACTÈRES CHINOIS. ÉCOLES DE CARACTÈRES LATINS. ÉCOLES D'ENSEIGNEMENT PRIMAIRE. — *e*. ÉCOLES DU 1er DU 2e ET DU 3e DÉGRÉ. — *f*. ÉCOLE NORMALE COLONIALE. — *g*. INSTITUTION MUNICIPALE (GARÇONS ET FILLES.

a. COLLÈGE CHASSELOUP-LAUBAT.

NATURE DES DOCUMENTS	DATES	RECUEILS A CONSULTER							OBSERVATIONS
		Bat.	B.C	B.D.I	J. C.	J.H.	B. M.	B.Col	
D. G.	1er décembre 1877.	II-99	388						
D. G.	1er décembre 1877.	II-100	389						
D. D. I.	3 décembre 1877.	II-100		101					
Rég. D. I.	3 décembre 1877.	II-101		103					
A. G.	17 mars 1879.	II-107	85						
A. G.	14 juin 1880.		334						
A. G.	21 octobre 1884.		419						

(1er décembre 1877)

D. G. *instituant un conseil d'administration et un économat au collège Chasseloup-Laubat* (1).

BAT. II. p. 99.
B. C. p. 388.

Article premier. — Il est institué, à dater du 1er janvier 1878, un conseil d'administration du collège Chasseloup-Laubat, et il est créé, à partir de la même époque, un économat audit collège.

Art. 2. — Les attributions du conseil d'administration et de l'économe seront définies par le Directeur de l'Intérieur, en même temps que celles des autres employés du collège.

L'emploi d'économe sera confié à un secrétaire de la Direction de l'Intérieur, qui continuera de faire partie des cadres pour l'avancement. Il logera au collège et recevra annuellement une indemnité de la somme de 600 francs, payable après la reddition de ses comptes, d'après un procès-verbal constatant la bonne gestion de l'établissement.

J. Lafont.

(1er décembre 1877)

D. G. *réglant la composition du conseil d'administration du collège Chasseloup-Laubat* (2).

BAT. II. p. 100.
B. C. p. 389.

(3 décembre 1877)

D. D. I. *Attribution du conseil d'administration, du directeur, du censeur et de l'économe du collège Chasseloup-Laubat* (3).

BAT. II. p. 100.
B. D. I. p. 101.

Les attributions du conseil d'administration, du directeur, du censeur et de l'économe du collège Chasseloup-Laubat son fixées comme suit :

1° *Des attributions du conseil d'administration.*

Le conseil d'administration connaît de tout ce qui concerne l'administration économique du collège; donne son avis sur les améliorations qu'il jugerait convenable d'y introduire; examine les comptes de fin d'année et les soumet au Directeur de l'Intérieur avec ses observations; visite de temps en temps l'intérieur de l'établissement; s'assure de la bonne qualité des effets et denrées, de la bonne tenue des élèves, et rend immédiatement compte au Directeur de l'Intérieur des abus qu'il a remarqués.

Le conseil d'administration fait appeler devant lui l'économe, ainsi que les autres fonctionnaires et employés du collège, lorsqu'il le juge convenable. Il se réunit une fois par mois en séance ordinaire. Le président peut le convoquer en séance extraordinaire, sur la demande du directeur du collège ou sur l'ordre du Directeur de l'Intérieur. Il est dressé procès-verbal de ces séances sur un registre particulier, coté et paraphé par le président.

2° *Des attributions du directeur.*

Le directeur est chargé, sous l'autorité du Directeur de l'Intérieur et en se conformant aux règlements en vigueur, de la distribution des cours aux divers professeurs et répétiteurs, de la surveillance générale des études, ainsi que de l'administration du collège.

(1) V. A. G. 21 octobre 1884.
(2) V. A. G. 21 octobre 1884.
(3) V. A. G. 21 octobre 1884.

Il ordonne et régularise les opérations financières; règle et autorise les dépenses, tant en argent qu'en nature, mais seulement dans les limites fixées par l'Administration de la colonie; veille à la bonne tenue du magasin; s'assure de la qualité des effets, denrées et autres objets délivrés aux élèves. Il soumet au Directeur de l'Intérieur les projets de marchés pour fournitures; surveille la comptabilité et tient la main à la production régulière des pièces et documents y relatifs. Il vérifie, à la fin de chaque mois, la caisse de l'économe et en rend compte au Directeur de l'Intérieur. Il exerce une surveillance toute spéciale sur le personnel et adresse au Directeur de l'Intérieur, au commencement de chaque mois, un rapport sur la manière dont ce personnel s'est acquitté de ses devoirs. Ce rapport comprend également la situation générale du collège, tant au point de vue des études qu'au point de vue administratif.

Le directeur est, de plus, chargé d'un cours à son choix. Il correspond seul avec le Directeur de l'Intérieur et avec l'inspecteur des écoles, pour tout ce qui concerne l'établissement.

3o *Des attributions du censeur.*

Le censeur est chargé, sous l'autorité du directeur du collège, de la surveillance spécial et immédiate de tout ce qui concerne l'enseignement et la discipline. Il reçoit directement les ordres du directeur et lui rend compte de l'exécution.

Le censeur remplace le directeur en cas d'absence ou d'empêchement; surveille la tenue, la propreté, le lever et le coucher des élèves, l'entrée et la sortie des classes, les repas, les promenades, le parloir et les dortoirs. Il est chargé de la conservation de la bibliothèque et des instruments et collections des objets relatifs aux sciences. Il est également chargé d'un cours désigné par le directeur.

4o *Des attributions de l'économe.*

L'économe, agent comptable des recettes et des dépenses, est chargé, sous la surveillance du directeur du collège, de la comptabilité de la caisse, du magasin, du mobilier, du matériel, des vivres et de la pharmacie. Il propose à l'approbation du directeur les conventions et marchés relatifs aux achats à effectuer sur la subvention accordée par le service local pour la nourriture, l'habillement et l'entretien des élèves. L'économe veille à la conservation et au bon emploi des objets ou denrées provenant de ces achats. Il fait les distributions journalières de vivres; surveille les domestiques et dirige leur service, d'après les ordres du directeur, en ce qui concerne la cuisine, le réfectoire, l'entretien et la propreté des bâtiments et des cours, etc.

Il établit les comptes de gestion en fin d'année.

PIQUET.

(3 décembre 1877)

RÈGL. D. I. *Comptabilité du collège Chasseloup-Laubat* (1).

BAT. II. p. 101.
B. D. I. p. 103.

Les dépenses de cet établissement se divisent en trois parties, savoir :

1o Solde du personnel;

2o Subvention allouée sur le budget local pour la nourriture et l'entretien des élèves;

3o Mobilier, matériel, etc., fournis par le service local en dehors de la subvention.

PREMIÈRE PARTIE.

SOLDE DU PERSONNEL.

La situation du personnel, au point de vue de la solde, est suivie sur un contrôle nominatif ou modèle en usage dans les autres services, et renouvelable chaque année.

Ce registre est disposé de manière à faire ressortir mensuellement les sommes acquises pour chaque employé. — Doivent y figurer toutes les personnes rétribuées directement sur les fonds du budget local, même les domestiques attachés à l'établissement lorsque leur emploi est prévu au budget. Les paiements sont totalisés en fin d'exercice.

La solde est perçue le 1er de chaque mois et à terme échu par l'économe, sur mandat du Directeur de l'Intérieur établi d'après un état nominatif décompté, fourni en temps opportun par le collège. Elle est payée aux ayants droit par l'économe, lequel s'en fait donner quittance sur une feuille d'émargement qu'il conserve dans ses archives.

(1) V. A. G. 21 octobre 1884.

DEUXIÈME PARTIE.

SUBVENTION POUR LA NOURRITURE ET L'ENTRETIEN DES ÉLÈVES.

Objet de la subvention. — Cette allocation, fixée à 240 francs par an, est destinée à couvrir les dépenses relatives à l'habillement, à la nourriture et à l'entretien des élèves.

Elle est divisée en deux portions :

1° Habillement.	40f 00
2° Nourriture et frais accessoires	200 00
Total.	240 00

Mode de perception. — Elle est perçue par l'économe, conformément à la décision du 1er décembre 1877, sur mandats délivrés par le Directeur de l'Intérieur et appuyés des pièces justificatives désignées ci-après, fournies en temps opportun par le collège, savoir :

Pour l'habillement : État nominatif décompté, indiquant la date de l'admission au collège (modèle n° 1.)

Pour la nourriture et frais accessoires : État numérique (modèle n° 2) présentant :

1° L'effectif au premier jour du trimestre avec le décompte en résultant ;

2° Les augmentations et les diminutions provenant des mutations survenues pendant le trimestre écoulé ;

3° Total des sommes acquises.

Ces deux états, établis en double expédition, sont arrêtés par l'économe et certifiés par le directeur du collège. L'une des expéditions reste à l'appui du mandat; l'autre, revêtue du récépissé de de l'économe, lui est renvoyée après visa du chef du 1er bureau, et est conservée par lui comme pièce justificative de sa comptabilité financière. Le récépissé inscrit sur l'état trimestriel doit faire la distinction de la somme destinée aux achats de vivres et de celle à consacrer aux dépenses accessoires. Le montant net de chacune de ces pièces est porté immédiatement en recette sur le compte courant dont il est question ci-après.

Comptabilité financière.

Journal et compte courant. — La comptabilité financière est suivie au moyen d'un journal portant compte courant et servant en même temps de livre de caisse (modèle n° 3), sur lequel on inscrit, au fur et à mesure qu'elles se présentent, toutes les recettes et toutes les dépenses affectant la subvention. Il est appuyé des pièces justificatives de ces opérations établies dans les formes déterminées ci-après et classées par dates et numéros. Ce registre, coté et paraphé par le Directeur de l'Intérieur, est arrêté mensuellement par l'économe et certifié par le directeur du collège.

Approvisionnements.

Mode d'approvisionnement. — Les effets d'habillement, les objets de literie, de gamelle, le combustible, etc., etc., ainsi que les denrées faciles à conserver, sont approvisionnés selon les besoins du service et dans la limite des ressources du collège, sur l'initiative de l'économe, qui prend les ordres du directeur.

Les achats sont effectués sur marchés ou conventions écrites, passés avec les fournisseurs après appel à la concurrence.

Ces marchés sont présentés à l'approbation du Directeur de l'Intérieur par le directeur du collège, après avoir été au préalable soumis à l'examen du conseil d'administration.

Réception des fournitures. — Les fournitures sont soumises à l'examen d'une commission composée :

D'un membre du conseil d'administration, *président ;*

D'un censeur des études, *membre ;*

D'un secrétaire de la direction de l'Intérieur, *idem,*

qui en prononce la réception après s'être assurée qu'elles remplissent les conditions voulues. Procès-verbal est dressé de cette opération (modèle n° 4).

Les marchandises sont introduites en magasin par l'économe, sur l'ordre qui lui en est donné au pied du procès-verbal par le directeur. Cette pièce est ensuite revêtue de la pièce en charge du comptable, enregistrée en recette sur le livre de magasin et gardée dans les archives à l'appui des écritures.

Paiement des fournitures. — Les paiements sont effectués immédiatement après la recette et selon les conditions du marché, sur factures acquittées par les fournisseurs et visées par le directeur (modèle n° 5). Ces factures sont portées en dépense au compte courant et restent à l'appui des écritures.

Achats journaliers. — Les viandes, denrées et autres à consommer de suite, sont achetées chaque jour par les soins de l'économe, autant que possible sur marchés passés avec des fournitures chargés de les apporter au collège. Ces fournitures sont reçues et délivrées par l'économe, qui en surveille l'emploi de manière à empêcher le gaspillage.

Ces achats sont inscrits jour par jour sur un carnet spécial (modèle n° 6), coté et paraphé par le Directeur de l'Intérieur. Le directeur du collège en certifie la véracité par son émargement journalier en marge du carnet.

Ce carnet présente :

1° La date des achats,

2° L'effectif des élèves à nourrir pendant la journée ;

3° L'espèce et la quantité des denrées achetées ;

4° En bloc, la valeur de ces denrées.

Il est totalisé, acquitté par les fournisseur, signé par l'économe et visé par le directeur à chaque paiement, à moins que les paiements n'aient lieu chaque jour. Dans ce cas, l'émargement du fournisseur suffit (s'il ne sait pas signer, le directeur vise pour paiement). La dépense est ensuite portée au compte courant.

Délivrance d'objets en approvisionnement. — Les délivrances sont effectuées par l'économe, sur bons signés par le directeur (modèles nos 7, 8 et 9).

Ces bons, après avoir été acquittés, sont enregistrés sur le livre de magasin dont il sera question ci-après, et restent à l'appui de la comptabilité.

Comptabilité de l'approvisionnement.

La comptabilité de l'approvisionnement est tenue sur un carnet de magasin (modèle n° 10) présentant un compte particulier pour chaque espèce d'objets ou de matières. On y enregistre, par date et par numéro, les recettes et les dépenses, au fur et à mesure qu'elles se produisent. Les numéros sont reportés sur les pièces justificatives. Ce carnet qui sert de journal et de grand-livre, est coté et paraphé par le Directeur de l'Intérieur, arrêté chaque mois par l'économe et visé par le directeur du collège.

Dispositions diverses.

Habillement des élèves. — Les objets à acheter sur l'allocation d'habillement sont, pour chaque élève:

1 robe longue en satin noir,

2 chemisettes en calicot blanc,

2 pantalons en calicot blanc,

1 mouchoir de tête en soie bleue,

1 mouchoir en calicot blanc,

1 paire de souliers,

1 paire de pantoufles,

2 paires de chaussettes,

Peigne, brosse,

Nattes et traversin annamites (objets de literie).

Les distributions faites aux élèves sont constatées sur un contrôle nominatif (modèle n° 11) portant pour chaque élève un compte courant présentant en recette la somme allouée pour son habillement, et en dépense l'espèce et la valeur des objets délivrés.

Ces comptes sont arrêtés chaque trimestre.

Ce registre fait également ressortir, dans une colonne *ad hoc*, le nombre des journées et le montant des sommes acquises pour chaque élève en fin d'exercice.

Nourriture des élèves. — Les élèves sont nourris à la mode annamite. La nourriture doit être saine et abondante, mais sans excès.

La ration se compose de 750 grammes de riz par jour et par élève. On y ajoute du poisson frais ou sec, de la viande, des légumes et les assaisonnements nécessaires, de manière à ce que la dépense totale de la ration n'excède pas 0 fr. 54 cent. au maximum.

Vente des résidus de cuisine. — Les résidus de cuisine et les restes provenant des repas des élèves sont vendus, si c'est possible, et le produit de cette vente est encaissé par l'économe et porté en recette au compte courant, sur un ordre de recette du directeur, qui reste à l'appui des écritures modèle n° 12).

Le directeur tient enregistrement de ces ordres de recttes sur un carnet particulier (modèle n° 13).

Combustible. — La quantité de combuetible à consommer chaque jour pour le service du collège est limitée de 5 à 600 buchettes du prix de 3 fr. 50 cent. environ. Les demandes sont comprises sur celles des vivres en approvisionnement.

Sou de poche à élivrer aux élèves les jours de congé. — Le directeur est autorisé à délivrer les jours de congé, à titre de récompense et d'encouragement, aux élèves méritants, une gratification qui ne devra pas excéder 25 centimes par semaine et par élève.

Cette somme est payée par l'économe sur état nominatif décompté (modèle n° 14), signé par le censeur qui en a fait la distribution et visé par le directeur. Récépissé est donné par le censeur au pied de l'état qui sert de pièce justificative de dépense et dont le montant est inscrit au compte courant.

Effectif. — L'effectif des élèves est suivi sur un carnet (modèle n° 15) présentant jour par jour le nombre d'élèves à nourrir, ceux absents régulièrement et l'effectif.

Vérification de la comptabilité. — Tous les registres et autres pièces de comptabilité, relatifs à l'allocation pour l'habillement et l'entretien des élèves, sont adressés au 1er bureau de la Direction de l'intérieur du 1er au 5 de chaque mois avec les pièces justificatives, pour être vérifiés. Les registres sont visés par le chef du 1er bureau, après vérification.

TROISIÈME PARTIE

MOBILIER, MATÉRIEL, ETC., FOURNIS PAR LE SERVICE LOCAL, EN DEHORS DE LA SUBVENTION.

Outre la solde du personnel et l'allocation pour l'entretien des élèves, le service local fournit au collège ;

1° Le mobilier affecté au logement du directeur, du censeur et de l'économe, ainsi que le mobilier, le matériel et les fournitures de bureau ;

2° Le mobilier et le matériel des classes, dortoirs, réfectoires, cuisines, pharmacie, magasins, etc. ;

3° Les médicaments pour les élèves ;

4° Les instruments, livres, papiers, plumes, etc., nécessaires pour assurer le service du collège, tant au point de vue de l'administration qu'à celui de l'enseignement.

Ces divers objets sont fournis par le magasin du service local, sur demandes régulières dûment approuvées, ou achetés directement au commerce, après autorisation du Directeur de l'Intérieur.

La comptabilité en est tenue de la manière suivante :

1° Mobilier à l'usage personnel des fonctionnaires : sur inventaire (modèle n° 16) présentant l'existant au 1er janvier, avec les accroissements et les décroissements survenus pendant l'année, signé par le directeur et pris en charge par le comptable, accompagné de pièces justificatives. Le récolement en est fait en fin d'année et à chaque changement de comptable, par la commission nommée à cet effet.

2° Mobilier et matériel d'école (classes, dortoirs, réfectoire, etc.) : sur un autre inventaire, dans la même forme, récolé comme ci-dessus, en présence du comptable, par un fonctionnaire désigné par le Directeur de l'intérieur.

3° Matériel divers affecté à la cuisine, à la propreté des cours, etc. : inventaire tenu et récolé dans même forme que le précédent.

On fait des demandes spéciales pour chacune de ces catégories.

4° Pharmacie sur un carnet de magasin présentant un compte spécial, par recettes et dépenses, pour chaque espèce de drogue, coté et paraphé par le Directeur de l'Intérieur, arrêté à la fin de chaque mois par le comptable et visé par le directeur ; appuyé des pièces justificatives (talon de la demande revêtue de la prise en charge du comptable pour les recettes et ordonnances du médecin pour les dépenses).

Ces divers comptes sont tenus par l'économe.

5° Instruments, bibliothèque et fournitures de bureau : sur inventaire semblable à celui du matériel en service. Les objets consommables, tels que : papier, plumes, encre, crayons, n'en font pas partie ; on les enregistre sur un simple carnet.

Ces derniers comptes sont tenus par le censeur des études chargé de l'entretien et de la consommation des articles qui y figurent. On ne fait pas d'approvisionnement. Les demandes sont établies à la fin de chaque mois et ne comprennent que le nécessaire pour le mois suivant.

Tous ces inventaires, établis en double expédition, sont soumis au visa du Directeur de l'Intérieur, qui renvoie une expédition au collège ; l'autre est gardée au 2e bureau de la Direction de l'Intérieur, qui suit les mouvements du matériel contradictoirement avec le collège. Ils sont renouvelés au commencement de chaque année.

Le carnet de la pharmacie est soumis, dans les cinq premiers jours de chaque trimestre, à la vérification du chef du 1er bureau, en même temps que la comptabilité dont il a été question précédemment.

COMPTE RECAPITULATIF.

Dans la première quinzaine de chaque année, l'économe présente un tableau sommaire des dépenses occasionnées par le collège pendant l'année précédente. Ce tableau présente d'une part :

1° Les sommes mandatées pour solde du personnel;

2° Les sommes perçues pour la nourriture, l'habillement et l'entretien des élèves ;

3° La valeur des objets délivrés pour l'ameublement des employés ;

4° La valeur des objets délivrés pour l'ameublement des salles d'étude, dortoirs, réfectoire, pharmacie, etc.;

5° La valeur des médicaments fournis par le service local ;

6° La valeur des instruments, livres et fournitures d'école à l'usage des écoles ;

7° La valeur du matériel et outils divers ;

8° Réparation et entretien du bâtiment (ce dernier chiffre sera fourni par le Directeur de l'Intérieur).

D'autre part :

1° La situation du compte de la subvention annuelle au 1er janvier de l'année courante,

2° La valeur des approvisionnements payés sur cette subvention et restant en magasin à la même date ;

3° La valeur des différentes catégories du mobilier et du matériel désignés plus haut et existant au collège ;

4° La valeur des médicaments existant à la pharmacie, toujours à la même date ;

5° Le total.

Ce tableau et cette situation sont établis en deux expéditions signées par l'économe, certifiées par le directeur du collège. L'une, renvoyée au collège avec le visa du Directeur de l'Intérieur et l'approbation du Gouverneur ; l'autre, conservée dans les archives du 1er bureau de la direction de l'Intérieur.

PIQUET.

(17 mars 1879)

A. G. *portant nouvelle organisation du service de l'Instruction publique (art. 6)* (1).

BAT. II, p. 107.
B. C. p. 85.

(14 juin 1880)

A. G. *complétant et modifiant l'art. 6 (titre Ier) de l'arrêté du 17 mars 1879 réorganisant le service de l'Instruction publique en Cochinchine.*

B. C. p. 334.

Article premier. — L'art. 6 (titre Ier) de l'arrêté du 17 mars 1879 est modifié et complété comme suit :

« Le collège Chasseloup-Laubat sera agrandi de façon que l'instruction puisse être donnée au deuxième et au troisième degré.

« L'enseignement du troisième degré sera organisé au collège Chasseloup-Laubat à partir de la rentrée des classes de l'année 1881.

« Il y sera annexé une école du premier degré où les élèves instituteurs feront leur apprentissage professionnel à côté des maîtres en fonctions. »

Art. 2 (création du collège de Mytho.

LE MYRE DE VILERS.

(1) V. A. G. 14 juin 1880.

(21 octobre 1884)

A. G. *rappelant les décisions du 1er décembre 1877, la décision et le règlement du Directeur de l'Intérieur du 3 du même mois, en ce qui concerne l'administration, par économie, du collège Chasseloup-Laubat.*

B. C. p. 419.

Article premier. — A compter du 1er janvier 1884, le collège Chasseloup-Laubat cessera d'être régi par économie et sera administré comme celui d'Adran et les autres écoles de l'intérieur, d'après les règles de la comptabilité publique en vigueur.

Art. 2. — Sont rapportées les décisions du 1er décembre 1877, la décision et le règlement du Directeur de l'Intérieur, en date du 3 du même mois, sur la comptabilité du collège Chasseloup-Laubat, en ce qui concerne l'administration par économie de cet établissement et en tout ce qu'ils ont de contraire au présent arrêté.

CHARLES THOMSON.

b. COLLÈGE D'ADRAN.

(14 mars 1883)

CIRC. D. I. *Le collège d'Adran cesse d'être un établissement d'enseignement congréganiste. Rien n'est changé dans l'organisation de ce collège.*

B. D.I. p. 19.

Par suite du départ des frères de la doctrine chrétienne, le collège d'Adran cesse d'être un établissement congréganiste.

Les classes y seront faites désormais par des professeurs laïques.

C'est, d'ailleurs, le seul changement opéré dans l'organisation de ce collège, qui continuera, comme par le passé, à être accessible aux élèves admis à suivre les cours du second degré.

Vous aurez donc à recevoir les demandes d'admission à cet établissement et à les transmettre, comme d'habitude, à la direction de l'enseignement.

BÉLIARD.

(24 avril 1884)

DÉP. M. *au sujet du collège d'Adran et du départ des Frères.*

ARCH. GOUV.

J'ai l'honneur de vous informer que j'approuve les mesures que vous avez adoptées pour assurer le maintien en exerce du collège d'Adran à la suite de la résolution prise par les frères de quitter cet établissement et dont vous m'avez rendu compte par votre lettre du 17 mars dernier, n° 378.

Je présume que le conseil colonial n'hésitera pas à ratifier la combinaison à laquelle vous vous êtes arrêté pour ce qui concerne les arrangements à intervenir avec les frères et la mission. Cette combinaison paraît, en effet, offrir des avantages réels pour la colonie et je vous prie de me faire connaître la décision du conseil dès qu'elle aura été prise.

Vous pouvez compter sur l'arrivés très prochaine des neuf instituteurs laïques que vous avez demandés; j'espère même être en mesure de vous les envoyer tous par le transport du 20 mai prochain, si je puis disposer d'un nombre de places suffisant à bord de ce bâtiment.

CH. BRUN.

c. COLLÈGE DE MYTHO.

(14 juin 1880)

A. G. *complétant et modifiant l'art. 6 (titre I) de l'arrêté du 17 mars 1879 réorganisant le service de l'instruction publique en Cochinchine.*

B. C. p. 334.

Article premier. — (Collège Chasseloup-Laubat).

Art. 2. — Un second collège semblable à celui de Chasseloup-Laubat est institué à Mytho.

La première division des cours du deuxième degré sera constitué immédiatement dans un local provisoire et composée d'élèves pris à la suite sur la liste des admissibles au collège Chasseloup-Laubat.

LE MYRE DE VILERS.

d. ÉCOLES PRIMAIRES LIBRES OU ÉCOLES DE CARACTÈRES CHINOIS.
ÉCOLES DE CARACTÈRES LATINS. ÉCOLES D'ENSEIGNEMENT PRIMAIRE (1).

NATURE DES DOCUMENTS	DATES	RECUEILS A CONSULTER							OBSERVATIONS
		Bat.	B. C.	B D.I	J.C.	J.H.	B. M.	B.Col	
D. G.	31 mars 1863.		310						(1) L'article 9 de l'arrêté local du 17 mars 1879, porte que les écoles d'enseignement primaire, d'enseignement secondaire, instituées par arrêté du 17 novembre 1874 sont, en principe, supprimées et remplacées par des écoles dites du 1er, 2e et 3e degré.
D. G.	16 juillet 1864.		78						
Circ. D. I.	27 avril 1871.			14					
Circ. D. I.	29 juillet 1871.			56					
D. G.	17 novembre 1874.		395						
A. G.	17 mars 1879.	II-107	85						
Circ. D. I.	6 septembre 1880.			105					
D. G.	6 septembre 1880.		479						
Rapp.	21 septembre 1880.		565						

(31 mars 1863)

D. G. *Rétablissement de l'instruction publique sur les mêmes bases que sous l'administration annamite.*

B. C. p. 310.

(16 juillet 1864)

D. G. *Création d'écoles primaires pour apprendre aux Indigènes à écrire leur langue en caractères européens.*

B. C. p. 78.

(27 avril 1871)

CIRC. **D. I.** *relative à la surveillance des maîtres des écoles indigènes.*

B. D. I. p. 14.

(29 juillet 1871)

CIRC. D. I. *invitant les inspecteurs des affaires indigènes à encourager les chefs de canton à faire fréquenter les écoles.*

B. D. I. p. 56.

(17 novembre 1874).

D. G. *réglementant le service de l'instruction publique en Cochinchine. — Écoles d'enseignement primaire et secondaire* (1).

B. C. p. 395.

(17 mars 1879)

A. G. *portant nouvelle organisation du service de l'instruction publique.*

BAT. II, p. 107.
B. C. p. 85.

(6 septembre 1880)

CIRC. D. I. *Notification d'une décision de ce jour nommant un inspecteur primaire chargé de l'inspection des écoles de caractères latins. — Ses attributions.*

B. D. I. p. 105.

Vous savez l'importance considérable qu'attache le Gouverneur au succès des écoles de caractères français à fonder ou déjà établies dans les villages. Ces écoles ont déjà pris, grâce à votre zèle et à votre initiative, un essor inespéré. Mais il est impossible d'en assurer le succès tant qu'elles ne seront pas soumises à une inspection permanente au point de vue pédagogique. C'est pour arriver à ce résultat que le Chef de la colonie a, par décision du 6 septembre, nommé un inspecteur primaire chargé de l'inspection de ces établissements. Ce fonctionnaire devra visiter les écoles, examiner les élèves, apprécier les méthodes d'enseignement; il vous rendra directement compte de leur situa-

(1) V. A. G., 17 mars 1879.
L'art. 9 porte que les écoles de caractères latins sont, en principe, supprimées. Les élèves fréquentant ces écoles seront, sur leur demande, envoyés dans les écoles d'enseignement primaire.

tion. Il adressera également un rapport à M. le directeur de l'enseignement. Mais tout ce qui touche à la discipline, au budget, au recrutement des maîtres, restera sous votre entière direction.

J'ai l'honneur de vous prier de faciliter à M. l'inspecteur primaire l'accomplissement de sa tâche dans la limite des moyens dont vous disposez.

NOUET.

(6 septembre 1880)

D. G. *chargeant M. R..., interprète principal, ancien directeur de l'école normale de Saïgon, de l'inspection des écoles de caractères français.*

B. C. p. 479.

(21 septembre 1880)

RAPP. *d'un conseiller colonial annamite sur les écoles de caractères latins et de caractères chinois.*

B. C. p. 565.

Dernièrement, vous m'avez accordé l'honneur d'une audience, dans laquelle vous m'avez chargé de faire un rapport sur les écoles de caractères francais et de vous l'adresser.

Dans toutes les inspections où des écoles de caractères français ont été établies, MM. les Administrateurs y font de fréquentes visites, à l'effet de juger par eux-mêmes de ce qui s'y passe engageant les chefs de canton et les notables des villages à exhorter les pères de familles à envoyer leurs enfants à l'école, où ils apprendront à connaître les lois du gouvernement qui les régit.

Sur ces exhortations, les parents qui avaient des enfants n'ont pas hésité à les envoyer dans les écoles de caractères français, dont quelques-unes comprennent déjà 50, 70 et même jusqu'à 100 élèves. Le nombre des élèves est donc déjà important.

Relativement aux moyens d'existence des maîtres d'école, voici ce qui se passe à Cantho :

Les inscrits de la première catégorie paient mensuellement 1 franc au maître d'école pour chacun de leurs enfants, tandis que ceux de la seconde catégorie ne paient que 0 fr. 50 cent. Cette mesure satisfait les habitants.

Je pense que les maîtres d'écoles tiendront compte de ces sacrifices de la part des parents, en faisant tous leurs efforts pour se consacrer à l'instruction des enfants.

Dès que les parents seront édifiés sur le zèle du maître d'école, ils n'hésiteront plus à lui confier leurs enfants qui, augmentant en nombre, augmenteront en même temps les ressources du maître.

Si, au contraire, les maîtres d'écoles négligent les devoirs qui leur incombent, il est évident qu'ils auront peu d'élèves et, partant, seront peu rétribués ; or, en ayant cette crainte en perspective, il faudra bien qu'ils fassent tous leurs efforts pour se livrer à l'enseignement.

Par suite de ces dispositions, l'Administration n'a pas à sa charge les frais d'entretien des maîtres d'écoles, et je suis personnellement satisfait de cette nouvelle mesure.

J'estime qu'il serait nécessaire de faire passer des examens tous les trimestres ; MM. les administrateurs se rendraient alors dans les écoles ; les maîtres d'écoles qui se seraient signalés par leur zèle et qui auraient beaucoup d'élèves possédant des connaissances, seraient maintenus dans leur emploi avec un supplément de 30 francs par mois, tandis que ceux qui se seraient signalés par leur négligence, seraient remerciés et remplacés.

A la suite de chaque inspection, MM. les Administrateurs adresseraient alors des avis dans toutes les écoles pour faire connaître ceux qui, par leur négligence, auraient encouru leur renvoi.

Ces mesures auront pour objet l'encouragement et la répression ; en présence de ces mesures administratives, les maîtres d'écoles rempliront leurs devoirs avec assiduité et les enfants ne feront qu'y gagner en instruction.

e. ÉCOLES DU 1er, DU 2e ET DU 3e DÉGRÉ.

V. *Instruction publique,* § *Organisation et réglementation, notamment l'arrêté local du* 17 *mars* 1879 *et celui du* 14 *juin* 1880.

f. École normale coloniale.

NATURE DES DOCUMENTS	DATES	RECUEILS A CONSULTER							OBSERVATIONS
		Bat	B. C.	B.D.I	J. C.	J. H.	B. M.	B Col	
D. G.	10 juillet 1871.		230						
D. G.	10 juillet 1871.		232						
D. G.	12 août 1871.		284						
D. G.	16 août 1871.		284						
D. G.	22 août 1872.		218						
D. G.	1er octobre 1873.		267						
D. G.	24 novembre 1873.		420						
A. G.	17 novembre 1873.		393						
A. G.	24 février 1886.		65		325				

(10 juillet 1871)

D. G. *instituant à Saïgon une école normale coloniale.*

B. C. p. 230.

(10 juillet 1871)

D. G. *nommant une commission chargée de préparer le plan d'études de l'école normale coloniale.*

B. C. p. 232.

(12 août 1871)

D. G. *La pagode Barbet et ses dépendances sont affectées à l'école normale.*

B. C. p. 284.

(16 août 1871)

D. G. *allouant une somme de 25 francs à titre de première mise, à chaque élève de l'école normale.*

B. C. p. 284.

(22 août 1872)

D. G. *Institution de deux prix annuels pour les élèves de l'école normale.*

B. C. p. 218.

(1er octobre 1872)

D. G. *Le nombre des élèves de l'école normale est porté à 80.*

B. C. p. 267.

(24 novembre 1873)

D. G. *Nomination d'une commission chargée d'examiner les élèves qui désirent être admis à l'école normale.*

B. C. p. 420.

(17 novembre 1874)

A. G. *réglementant le service de l'instruction publique en Cochinchine* (1).

B. C. p. 395.

(1) L'art. 15 porte suppression de l'école normale et crée sous la dénomination de *Collège indigène*, un établissement d'enseignement secondaire (V. Écoles d'enseignement secondaire).

(24 février 1886)

A. G. *portant création d'une école normale primaire d'instituteurs en Cochinchine.*

B. C. p. 65.
J. C. p. 325.

Article premier. — Une école normale primaire d'instituteurs est créée en Cochinchine ;

Elle sera installée dans le local du collège d'Adran et dirigée par le chef de cet établissement.

Art. 2. — Le personnel de cette école sera composé, outre le directeur :

1° De trois professeurs européens, dont un de 1re classe et deux de 2e classe ;

2° De deux professeurs indigènes de 1re classe ou de 2e classe ;

3° De trois instituteurs indigènes chargés de la surveillance.

Ces maîtres seront pris parmi le personnel enseignant prévu au budget.

Pour des raisons de service, des professeurs d'une classe inférieure à celles désignées ci-dessus pourront être appelés à remplir ces emplois. Dans ce cas, ils toucheront la moitié de la différence existant entre le traitement de leur grade et celui du grade immédiatement supérieur.

Art. 3. — Un instituteur dirigera, sous l'autorité du directeur de l'école normale, l'école primaire annexe et formée de 50 élèves externes, dans laquelle des élèves-maîtres seront exercés à la pratique de l'enseignement.

Art. 4. — Les élèves-maîtres sortis de l'école normale avec le brevet (titre français) auront un traitement de début au moins égal à celui qui est attribué aux professeurs indigènes de 3e classe, par l'arrêté du 17 mars 1879.

Art. 5. — Tout candidat à l'école normale doit avoir au moins 14 ans et au plus 19 ans.

Art. 6. — Les demandes d'admission écrites et signées par les candidats seront adressées à la direction de l'enseignement.

Elles devront être accompagnées :

1° D'un certificat délivré par le maire de leur village, visé par l'administrateur de l'arrondissement, et faisant connaître l'âge du candidat et sa moralité ;

2° De certificats délivrés par les chefs des établissements auxquels ils auront appartenu.

Art. 7. — Les candidats subiront un examen propre à faire constater leur aptitude à recevoir avec fruit l'enseignement donné dans l'école. Les épreuves consisteront en une composition française, un compte-rendu écrit d'une leçon faite par un professeur, en interrogations sur l'arithmétique et en une lecture d'un texte français que le candidat devra expliquer. Il sera attribué à chaque épreuve une note en chiffres (1 à 10). Le total de ces notes donnera l'ordre de mérite.

La commission d'admission sera présidée par le directeur de l'école et composée, outre le président, de l'inspecteur primaire et de trois professeurs européens.

Art. 8. — L'admission des élèves est prononcée par le directeur de l'enseignement, d'après le résultat de l'examen.

Le nombre des candidats à admettre chaque année est fixé par le Directeur de l'Intérieur.

Art. 9. — Les jeudis, dimanches et jours de fête, les élèves sont conduits en promenade.

Art. 10. — Des sorties peuvent être autorisées par le directeur de l'école, le dimanche ou le jeudi.

Art. 11. — La durée des vacances sera chaque année de deux mois.

Art. 12. — Chaque jour, il sera consacré cinq heures au moins au travail personnel, le nombre d'heures de classe ne dépassera pas six pour chacun des cinq jours de travail.

Art. 13. — Le Directeur de l'Intérieur est chargé de l'exécution du présent arrêté.

BÉGIN.

g. INSTITUTION MUNICIPALE (GARÇONS ET FILLES).

NATURE DES DOCUMENTS	DATES	RECUEILS A CONSULTER							OBSERVATIONS
		Bat.	B. G.	B D.I	J.C.	J.H.	B M.	B.Col	
D. G.	10 février 1868.		16						
A. G.	17 décembre 1868.		323						
A. G.	24 septembre 1884.		374						

(10 février 1868)

D. G. *Création d'une institution municipale à Saïgon.*

B. C. p. 16.

(17 décembre 1868)

A. G. *réglant l'admission d'élèves boursiers à l'école municipale de Saïgon.*

B. C. p. 323.

(24 septembre 1884)

A. G. *portant concession gratuite d'un immeuble domanial à la ville de Saïgon pour l'agrandissement de l'école municipale*

B. C. p. 374.

Article premier. — Les lots n°s 209 et 210 de la section C, 5e feuille du plan de Saïgon, sis à l'angle des rues Lagrandière et Nationale, d'une contenance d'environ vingt-neuf ares soixante-quatorze centiares (29 ares 74 centiares), tels au surplus qu'ils sont figurés et délimités par un liséré jaune sur le plan ci-joint, sont affectés à la ville de Saïgon pour l'agrandissement de l'école municipale et sa transformation en collège communal.

Art. 2. — Les immeubles ci-dessus désignés, dont l'affectation est ordonnée par le présent arrêté, ne pourront recevoir d'autre destination que celle indiquée par l'article premier, et feront retour au domaine local du jour où ils seront distraits de leur affectation primitive.

CHARLES THOMSON.

IV. ÉTABLISSEMENTS CONGRÉGANISTES.

NATURE DES DOCUMENTS	DATES	RECUEILS A CONSULTER							OBSERVATIONS
		Bat.	B. C.	B. D.	J. C.	J.H.	B. M.	B.Col	
D. G.	31 juillet 1866.		116						
D. G.	13 septembre 1867.		261						
D. G.	13 mai 1868.		102						
D. G.	3 juin 1868.	II-96	120						
D. G.	22 juin 1868.		130						
D. G.	28 avril 1871.	II-97	142						
A. G.	13 mai 1885.				711				

(31 juillet 1866)

D. G. *Formalités à remplir pour l'admission des élèves annamites au collège d'Adran* (1).

B. C. p. 116.

(13 septembre 1867)

D. G. *allouant au frère supérieur de Mytho une somme de 0,50 cent. par mois et par élève à titre d'abonnement pour fournitures classiques* (2).

B. C. p. 261.

(13 mai 1868)

D. G. *nommant une commission à l'effet d'exercer sur l'administration et l'éducation qui y est donnée au séminaire de Saïgon une action de surveillance et de contrôle dans les conditions déterminées par la délibération du Conseil consultatif du 9 mai 1868, accordant audit établissement une subvention de 10,000 francs.*

B. C. p. 102.

(3 juin 1868)

D. G. *nommant une commission pour surveiller l'emploi de la subvention de 10,000 francs accordée au séminaire de Saïgon.*

BAT. II. p. 96.
B. C. p. 120.

Article premier. — Une commission composée de MM............ est chargée de surveiller le bon emploi de la subvention de 10,000 fr. accordée au séminaire de Saïgon, et de s'assurer que la langue française est enseignée aux élèves des classes supérieures de cet établissement. La commission rendra compte au Gouverneur du résultat de ses investigations, qui auront lieu au moins tous les trois mois.

Art. 2. — L'arrêté du 13 mai 1868 est abrogé.

G. OHIER.

(22 juin 1868)

D. G. *relative à l'admission au collège d'Adran des élèves annamites qui ont commencé leurs études en France.*

B. C. p. 130.

(28 avril 1871)

D. G. *allouant mensuellement aux frères directeurs des écoles chrétiennes de Mytho, Vinhlong*

(1) Par suite du départ des frères de la doctrine chrétienne, le collège d'Adran cesse d'être un établissement congréganiste.

(2) V. D. G. 28 avril 1871.

et Bac-trang et pour chaque élève indigène une somme de 1 franc, à titre d'abonnement, pour fournitures classiques (1).

BAT. II, p. 97.
B. C. p. 142.

Il sera payé annuellement, à dater du 1er mai, pour chaque élève indigène, aux frères directeurs des écoles de Mytho, Vinhlong et Bac-trang, une somme de 1 franc, à titre d'abonnement pour fournitures classiques aux élèves.

DUPRÉ.

(13 mai 1885)

A. G. *accordant une prime de 25 cents par élève et par an à la mission pour les écoles de l'intérieur par les missionnaires.*

J. C. p. 711.

Article premier. — Une subvention de 25 cents par élève et par an est accordée à la mission pour les écoles de l'intérieur dirigées par les missionnaires.

Cette subvention, dont le montant ne devra pas dépasser 1,100 piastres, sera payée sur présentation de listes semestrielles établies par les missionnaires et contrôlées par les administrateurs dans chaque arrondissement.

Art. 2. — Cette dépense sera supportée par le budget local et imputée au chapitre VI : *Subventions aux écoles d'externes tenues par les missionnaires dans l'intérieur.*

Art. 3. — Le Directeur de l'Intérieur est chargé de l'exécution du présent arrêté, qui sera publié et enregistré partout où besoin sera.

CHARLES THOMSON.

Consulter en outre : *Instruction publique*, et notamment le §, *Bourses, élèves boursiers.*

(1) V. A. G. 13 mai 1885.

INTERDICTION DE SÉJOUR.

NATURE DES DOCUMENTS	DATES	RECUEILS A CONSULTER							OBSERVATIONS
		Bat.	B. C.	R.D.I	J. C.	J.H.	B. M.	B.Col	
Loi.	9 juillet 1852.								
Loi.	27 mai 1885.								
Circ. M.	3 décembre 1885.			441					
Loi	22 juin 1886.					865			
Circ. D. I.	19 août 1887.				64	827			

(9 juillet 1852)

LOI *relative aux interdictions de séjour dans le département de la Seine et dans les communes de l'agglomération lyonnaise.* (1)

Bulletin des lois, p.

(27 mai 1885)

LOI *sur les récidivistes (art. 19).* (2)

B. C. p. 441.

(3 décembre 1885)

CIRC. M. *portant abrogation des dispositions légales sur la surveillance de la haute police en conformité de l'article 19 de la loi du 27 mai 1885 sur les récidivistes.*

ARCH. GOUV.

Par dépêche du 9 novembre dernier, je vous ai invité à promulguer dans la colonie la loi du 27 mai 1885 sur les récidivistes.

Aux termes de l'article 19 de cette loi la peine de la surveillance de la haute police est supprimée et remplacée par la « *défense faite au condamné de paraître dans les lieux dont l'interdiction lui sera signifiée par le Gouvernement* ».

D'accord avec MM. les Ministres de la Justice et de l'Intérieur, j'estime qu'en raison de l'éloignement de nos colonies le pouvoir accordé au Gouvernement par l'art. 19 précité et exercé dans la métropole par M. le Ministre de l'Intérieur doit être attribué aux Gouverneurs et Commandants de colonies.

Vous recevrez ultérieurement notification du décret qui interviendra à cet égard.

Je dois vous faire remarquer que d'après les instructions adressées au préfets par M. le Ministre de l'Intérieur les localités à interdire aux condamnés se divisent en deux catégories : la première comprenant celles qui doivent être interdites à titre général, la seconde celles qui ne peuvent être qu'à titre particulier, soit en raison de la nature du crime, soit en raison de l'origine du condamné.

La même classification devant être faite pour nos possessions d'outre-mer; je vous prie de me faire parvenir, le plus tôt possible, la liste des localités de la colonie qui, d'une manière générale doivent être interdites à tous les condamnés soumis à la loi du 27 mai 1885.

Des instructions qui vous seront adressées en même temps *que le décret destiné à vous déléguer* les pouvoirs du Gouvernement, vous feront connaître la procédure à suivre pour la signification des arrêtés d'interdiction.

GALIBER.

(22 juin 1886)

LOI *relative au membres des familles ayant régné en France,*

(Promulg., A. G. 19 août 1886).
J. C. p. 865.

Article premier. — Le territoire de la République est et demeure interdit aux chefs des familles ayant régné en France et à leurs héritiers directs, dans l'ordre de primogéniture.

Art. 2. — Le Gouvernement est autorisé à interdire le territoire de la République

(1) V. Loi, 27 mai 1885.
(2) V. Récidivistes.

aux autres membres de ces familles. L'interdiction est prononcée par un décret du Président de la République, rendu en Conseil des ministres.

Art. 3. — Celui qui, en violation de l'interdiction, sera trouvé en France, en Algérie ou dans les colonies, sera puni d'un emprisonnement de deux à cinq ans; à l'expiration de sa peine il sera reconduit à la frontière.

Art. — Les membres des familles ayant régné en France ne pourront entrer dans les armées de terre et de mer, ni exercer aucune fonction publique, ni aucun mandat électif.

(19 août 1887)

CIRC. D. I. *La signification des arrêtés portant interdiction de séjour income à l'administrateur.*

B. D. I. p. 64.
J. C. p. 827.

La loi du 27 mai 1885 qui supprime la peine de la surveillance de la haute police dispose, au deuxième paragraphe de son article 19, que cette peine sera remplacée par la défense faite au condamné de paraître dans les lieux dont l'interdiction lui sera signifiée par le Gouvernement avant sa libération.

J'ai l'honneur de vous faire connaître que c'est à vous qu'incombe le soin de faire cette signification sur le territoire de l'arrondissement que vous dirigez.

Les arrêtés prononçant l'interdiction de séjour sont publiés à l'*Officiel*. Vous voudrez bien consulter ces documents et, s'il se trouve à la prison de votre arrondissement quelque prisonnier condamné à cette peine, lui faire connaître, avant sa libération, les lieux où il lui est défendu de paraître et la durée de cette défense.

Afin d'assurer ce service, je vous prie de faire inscrire sur votre registre la date de l'arrêté portant interdiction de séjour ainsi que celle de la signification qui en aura été faite à l'intéressé.

Je vous recommande de tenir la main à la stricte exécution de ces instructions.

NOEL PARDON.

INTERDITS (BIENS DES)

V. *Mineurs et interdits (biens des).*

INTÉRÊT LÉGAL

(21 avril 1868)

A. G. *établissant en Cochinchine que la convention sur le prêt à intérêt fait la loi des parties.*

BAT. II, p. 118.
B. C. p. 70.

Article premier. — Dans la Cochinchine française, la convention sur prêt à intérêt fait la loi des parties.

Art. 2. — L'intérêt légal, à défaut de convention et jusqu'à ce qu'il en soit autrement ordonné, sera de 12 p. 100, tant en matière civile qu'en matière commerciale.

G. OHIER.

INTÉRIM.

V. *Honneurs et préséances.*
Traitements solde et accessoires de solde.

INTERNEMENT.

V. *Peines administratives.*

INTERPRÈTES EUROPÉENS ET ASIATIQUES. — LETTRÉS EUROPÉENS ET ASIATIQUES.

NATURE DES DOCUMENTS	DATES	RECUEILS A CONSULTER							OBSERVATIONS
		Bat.	B.C.	B D.I	J.C.	J.H.	B.M.	B.Col	
A. G.	29 obtobre 1861.								
D. G.	1 décembre 1881.		1862 5						
D. G.	8 mai 1862.		147						
A. G.	11 juillet 1865.	II-153	255						
A. G.	8 avril 1873.	II-118	123						
A. G.	8 avril 1874.	II-123							
D. G.	19 juin 1877.	II-124	184						
D. G.	23 janvier 1878.	II-126	24						
D. G.	8 mai 1880.		240						
Circ. D. I.	13 octobre 1880.			112					
D. G.	4 janvier 1881.		9						
D. G.	28 février 1881.		125						
D. G.	13 mai 1882.		224		449				

(29 octobre 1861)

A. G. *portant création d'interprètes européens.*

ARCH. D. I.

(1er décembre 1861)

D. G. *réglant le programme de concours des interprètes et lettrés indigènes.*

B. C. 1862, p. 5.

(8 mai 1862)

D. G. *Dispositions réglementaires concernant l'institution du collège annamite*

B. C. p. 147.

(11 juillet 1865)

A. G. *portant établissement de droits de greffe et tarif des frais et dépens en matière civile, commerciale, criminelle, de police correctionnelle et de simple police, et des actes publics, (Titre II, chapitre III)* (1).

BAT. II, p. 153.
B. C. p. 255.

(8 avril 1874)

A. G. *réunissant en un seul corps relevant du Directeur de l'Intérieur les interprètes européens et asiatiques ainsi que les lettrés et secrétaires asiatiques; — Organisation* (1).

BAT. II, p. 118.
B. C. p. 123.

TITRE PREMIER. — DISPOSITIONS GÉNÉRALES.

Article premier. — Les interprètes européens et asiatiques, ainsi que les lettrés et secrétaires asiatiques, sont réunis en un seul corps, relevant du Directeur de l'Intérieur.

Art. 2. — La hiérarchie et la solde des interprètes, au titre européen, ainsi que des lettrés, secrétaires et interprètes, au titre asiatique, sont fixées comme suit :

1° Interprètes au titre européen :

Aides-interprètes	2,400f 00
Interprètes auxiliaires	3,000 00
Interprètes	3,600 00
Interprètes principaux	6,000 00

Ils ont droit aux mêmes indemnités et suppléments que les employés de la Direction de l'Intérieur. De plus, lorsqu'ils seront détachés spécialement au service du

(1) V. Droits de greffe et d'enregistrement.
(2) Abr. en ce qui concerne les interprètes européens. V. *infrà*, D. G. 19 juin 1877.

Gouvernement, ils prendront, pendant la durée de ces fonctions, le titre d'interprète du Gouvernement, et jouiront alors d'un supplément de moitié en sus de leur solde.

2° Interprètes, lettrés et secrétaires asiatiques :

Stagiaires		360f 00
Interprètes auxiliaires. Lettrés. Secrétaires	de 2e classe	600 00
	de 1re classe	1,000 00
Interprètes Lettrés. Secrétaires	de 2e classe	1,400 00
	de 1re classe	1,800 00
Interprètes principaux. Lettrés. Secrétaires	de 2e classe	2,100 00
	de 1re classe	2,400 00

Art. 3. — Nul ne peut être admis dans le personnel des interprètes européens ou asiatiques, des lettrés et des secrétaires asiatiques, s'il n'est âgé de 21 ans au moins, s'il ne justifie de sa conduite et de sa moralité, et enfin s'il n'a subi avec succès les épreuves de l'examen d'aide-interprète pour les Européens, d'interprète, de lettré ou de secrétaire auxiliaire de 2e classe pour les Asiatiques, conformément au programme qui sera adopté.

Toutefois, les candidats européens pourvus du diplôme de bachelier ès lettres ou ès sciences pourront, en débutant, être nommés interprètes auxiliaires, à la condition de subir l'examen exigé pour obtenir cet emploi.

Les inspecteurs et administrateurs des affaires indigènes pourront également être détachés comme interprètes du Gouvernement. Dans ce cas, ils continueront à concourir pour l'avancement avec leurs collègues et à jouir du bénéfice des dispositions du décret du 10 février 1873, concernant la caisse de prévoyance.

Il sera alloué aux administrateurs un supplément de solde qui ne pourra dépasser la différence entre la solde de leur classe et celle de la classe immédiatement supérieure.

Les candidats asiatiques qui justifieront du brevet supérieur d'instituteur ou de tout autre grade universitaire, lorsqu'il en aura été établi, seront admis à débuter par l'emploi d'interprète, de lettré ou de secrétaire de 2e classe, pourvu qu'ils passent l'examen exigé pour obtenir cet emploi.

Avant d'être admis à passer leur examen, les Asiatiques non munis du brevet d'instituteur ou de tout autre diplôme universitaire, devront avoir servi pendant six mois au moins, à titre d'essai, en qualité de stagiaires.

Art. 4. — L'avancement a lieu dans l'ordre des grades et des classes.

L'avancement de la classe inférieure à la classe supérieure, dans le même grade, est donné au choix, c'est-à-dire en raison de la moralité, de la fidélité, de l'application et de l'aptitude, sur la proposition du Directeur de l'Intérieur.

Nul ne peut être promu au grade supérieur s'il n'a subi avec succès l'épreuve de l'examen exigé pour obtenir ce grade, conformément au programme qui sera adopté, et s'il ne compte au moins un an de service dans le grade inférieur ou dans chacune des classes du grade inférieur.

Art. 5. — Les interprètes, lettrés et secrétaires principaux de 1re classe, au titre asiatique, pourront être élevés aux fonctions d'administrateur, de huyen, pourvu qu'ils aient auparavant prouvé, devant une commission spéciale, qu'ils connaissent suffisamment l'usage des lettres chinoises et la législation annamite.

Les interprètes au titre européen qui justifieront de la même manière de connaissances spéciales suffisantes, pourront être admis à concourir, lorsqu'ils rempliront les conditions voulues pour obtenir de l'avancement à des emplois de 1er commis à la Direction de l'Intérieur ou à des emplois dans l'instruction publique équivalents à ceux de 1er commis. En outre, ils pourront être nommés administrateurs stagiaires s'ils réunissent d'ailleurs les conditions imposées par le décret du 10 février 1873, article 4, paragraphe 5.

Les interprètes principaux au titre européen, comptant au moins deux ans de grade, pourront concourir dans les mêmes conditions aux emplois de sous-chefs à la Direction de l'Intérieur.

Art. 6. — Les interprètes, lettrés et secrétaires en exercice sont maintenus dans les emplois dont ils sont actuellement pourvus.

Les admissions et promotions continueront provisoirement à avoir lieu comme dans le passé, sans que l'examen soit exigé ; il sera facultatif et la préférence sera naturellement donnée à ceux qui l'auront subi. Mais, à dater du 1er janvier 1875, nul ne pourra être admis ou promu dans le personnel des interprètes ainsi que des lettrés et des secrétaires asiatiques, s'il ne remplit les conditions déterminées par les articles 3 et 4 ci-dessus.

Art. 7. — Les dispositions des articles 3, 4 et 5 ne sont applicables qu'aux interprètes et lettrés pour la langue annamite. Le recrutement des interprètes et lettrés pour les autres langues continuera d'avoir lieu selon les besoins du service. Leur avancement a lieu au choix, après un an de service au moins dans chaque classe ou grade.

Art. 8. — Les interprètes, ainsi que les lettrés et secrétaires indigènes seront punis des mêmes peines disciplinaires que les autres fonctionnaires et agents de la direction de l'Intérieur.

L'infidélité, même involontaire, dans les traductions et interprétations, pourra être punie, suivant la gravité du délit et les antécédents de l'individu, de la suspension, de la perte d'un ou plusieurs grades et même de la révocation, sans préjudice, s'il y a lieu, des peines édictées par les lois contre les faux en écritures publiques, commerciale, privée, et contre le faux témoignage.

Tout individu cassé, soit d'une ou de plusieurs classes, soit d'un ou de plusieurs grades, remontera par la voie du choix à la classe ou au grade d'où il est descendu, et il ne pourra, bien entendu, obtenir d'avancement qu'après un an de service au moins dans chaque classe.

Tout individu révoqué pour toute autre cause que l'incapacité ne pourra plus être admis dans le personnel des interprètes, des lettrés ou secrétaires asiatiques.

TITRE II. — DISPOSITIONS SPÉCIALES AUX INTERPRÈTES, LETTRÉS ET SECRÉTAIRES ATTACHÉS A DES ADMINISTRATIONS INDÉPENDANTES DE LA DIRECTION DE L'INTÉRIEUR ET NOTAMMENT DU SERVICE JUDICIAIRE.

Art. 9. — Des décisions du Gouverneur fixent le cadre des interprètes, des lettrés et des secrétaires asiatiques détachés dans les services indépendants de la Direction de l'Intérieur.

Lesdits interprètes, lettrés et secrétaires soumis à l'autorité et à la surveillance des chefs d'administration et de service, à la disposition desquels ils ont été mis, et qui leur infligent ou proposent au Gouverneur de leur infliger les peines disciplinaires, conformément aux règlements en vigueur.

Toutefois, lorsque les peines disciplinaires à appliquer sont, telles que la rétrogradation ou la révocation, de nature à modifier la situation du cadre des interprètes, lettrés ou secrétaires, la décision qui les prononcera devra également être rendue sur le rapport du Directeur de l'Intérieur et contresignée par lui.

Avant d'être attachés au service des cours et tribunaux français, les interprètes et lettrés devront être instruits des crimes et délits qu'ils peuvent commettre dans l'exercice de leurs fonctions, et un extrait des articles du Code qui s'y rapportent (traduit dans leur langue pour les lettrés) leur sera remis.

Après qu'ils auront déclaré en avoir pris connaissance, ils prêteront le serment suivant :

« Je jure d'interpréter fidèlement les pièces, écrits ou discours que je serai chargé « de traduire, et d'en garder le secret.

« Je jure également de me conformer, dans l'exercice de mes fonctions, aux lois, « ordonnances, décrets et arrêtés en vigueur dans la colonie, et de remplir avec « exactitude et probité les devoirs de ma profession. »

Art. 10. — Les interprètes et lettrés assermentés attachés au service des cours et tribunaux ne peuvent exercer aucune autre profession.

Ils demeurent constamment à la disposition des magistrats.

Dans le ressort des tribunaux français, ils ont seuls qualité pour faire et certifier la traduction des notifications en matière criminelle ou correctionnelle et généralement pour faire tous les actes du ministère des interprètes ordonnés par la justice.

Art. 11. — Nul acte écrit en langue indigène, chinoise ou étrangère, qu'il soit authentique ou sous seing privé, ne peut être produit en justice ou annexé à un autre acte s'il n'est accompagné de sa traduction certifiée par un interprète assermenté.

Les actes français produits en justice contre un Asiatique ou un étranger, devront être traduits dans la langue de la partie contre laquelle ils sont invoqués; ils devront être certifiés par un interprète assermenté.

Dans le cas où l'acte est écrit en caractères chinois, il doit être transcrit en quoc-ngu ; cette transcription, certifiée par un lettré assermenté, est ensuite traduite en langue française, et la traduction est certifiée par un interprète assermenté.

Si, au contraire, il s'agit d'avoir en caractères chinois la traduction d'un acte français, il doit être traduit d'abord en quoc ngu et cette traduction est certifiée par un interprète assermenté; puis cette traduction en quoc-ngu est transcrite en caractères chinois et un lettré assermenté certifie ladite transcription.

Art. 12. — Les traductions dûment certifiées feront foi en justice de leur contenu, sauf vérification par les tribunaux.

Art. 13. — Les interprètes assermentés attachés au service des cours et des tribunaux français ont seuls qualité, dans le ressort de la juridiction devant laquelle ils sont assermentés, pour intervenir entre les parties en litige, à raison du litige, à moins que les parties ne veuillent se servir d'un autre interprète préalablement agréé par le président du tribunal compétent et pris parmi les interprètes commissionnés par l'Administration.

L'interprète ainsi choisi et agréé n'aura pas droit aux émoluments prévus et fixés pour les interprètes assermentés du service judiciaire.

Ils ont, en outre, qualité pour assister les parties : 1° dans la passation des actes devant notaires; 2° dans les déclarations au greffe, à l'enregistrement, à la conservation des hypothèques et à la caisse des dépôts et consignations.

Dans ces deux cas, les parties pourront se servir d'un interprète de leur choix pris en dehors des interprètes du service judiciaire, mais choisi parmi les interprètes commissionnés par l'Adminisration.

Les interprètes ainsi choisis n'auront pas droit aux émoluments prévus et fixés pour les interprètes assermentés du service judiciaire.

Art. 14. — Les traducteurs devront traduire les actes avec simplicité et brièveté. Ils en reproduiront le sens littéral, sauf à en expliquer l'esprit, s'il y a lieu, par des annotations. Lorsque l'expression à traduire n'aura pas de terme correspondant ou équivalent dans la langue de la traduction, ils rappelleront textuellement cette expression, indiquant toutefois le sens qui leur semble y être attaché.

Art. 15. — L'outrage fait par paroles, gestes ou menaces, ou les violences ou voies de fait envers un interprète assermenté, dans l'exercice de ses fonctions ou à l'occasion de l'exercice de ses fonctions, seront punis de l'application des articles 224, 227, 228 et 230 du Code pénal.

Art. 16. — Le ministère des interprètes et lettrés assermentés du service judiciaire est gratuit lorsqu'il est réclamé par un service public, sans déroger, toutefois, aux lois et décrets en vigueur dans la colonie.

Art. 17. — Dans tous les cas où le ministère soit des interprètes, soit des lettrés assermentés du service judiciaire, sera requis par les particuliers, officiers publics ou tous autres, soit pour assister les parties devant un officier public, soit pour tout autre motif, chaque lettré ou interprète recevra, pour chaque vacation de trois heures le jour, dix francs.

Les vacations de nuit seront payées moitié en sus.

Il ne pourra être alloué que deux vacations de jour et une de nuit.

Art. 18. — Les traductions écrites d'actes, de pièces ou papiers quelconques seront payées en sus des vacations et à raison de cinq francs cinquante-cinq centimes par rôle de vingt-cinq lignes à la page et de douze syllabes à la ligne.

Tout rôle commencé est dû intégralement.

Il est dû à chaque interprète et lettré, pour l'analyse sommaire des citations et notifications, tant pour l'original que pour la copie, un franc ; pour légalisation ou traduction des signatures apposées sur les lettres de change, billets ou effets de commerce, un franc.

Art. 19. — Toute traduction mentionnera le prix reçu ou réclamé par les traducteurs.

La perception par les interprètes et lettrés d'un salaire ou d'une indemnité, à quelque titre que ce soit, en sus de leur traitement ou des honoraires qui sont fixés par le présent arrêté, sera poursuivie comme concussion.

Art. 20. — Dans le cas de transport à plus de deux kilomètres, comptés à partir des limites fixées par l'article 30 de l'arrêté du 11 juillet 1865, les interprètes européens du service judiciaire se déplaçant sur la réquisition des particuliers (officiers publics ou autres), auront droit aux vacations prévues par l'article 17 du présent arrêté, plus aux frais de transport qui leur seront alloués quand ils se transportent sur la réquisition d'un service public. Lorsqu'ils se déplaceront sur la réquisition des services publics, ils n'auront pas droit à des vacations, mais seulement aux frais de transport et de séjour prévus par les arrêtés du 19 mai 1871 et du 6 décembre 1872.

L'indemnité de transport ne sera due que dans le cas où l'Administration ou les parties n'auront pas fourni les moyens de transports en nature.

Art. 21. — Les lettrés et interprètes asiatiques recevront la même indemnité de transport que les interprètes européens.

Les autres droits et indemnités accordés à ces derniers, conformément aux articles 17 et 18, seront réduits de moitié lorsqu'ils seront dus aux lettrés ou interprètes asiatiques.

Art. 22. — La taxe des droits et honoraires dus aux interprètes et lettrés sera faite dans la même forme et par le même juge appelé à taxer ceux revenant soit au magistrat, soit à l'officier public ou ministériel, et autant que possible par la même ordonnance.

Les magistrats, ainsi que les officiers publics ou ministériels, auront qualité pour requérir la taxe des interprètes et lettrés qui les auront assistés, en même temps que la leur.

Art. 23. — La perception, par les interprètes ou lettrés assermentés du service judiciaire, d'un salaire ou d'une indemnité à quelque titre que ce soit, en sus de leur traitement ou des honoraires fixés par le présent arrêté, sera poursuivie comme concussion.

Art. 24. — Sont et demeurent abrogées toutes les dispositions contraires au présent arrêté.

KRANTZ.

(8 avril 1874)

D. G. *Fixation du programme des examens des interprètes, des lettrés et des secrétaires asiatiques* (1).

BAT. II. p. 123.

Article premier. — Le programme des examens qu'auront à subir les interprètes européens et asiatiques, ainsi que les lettrés et secrétaires asiatiques, est fixé comme suit :

1° Pour les candidats aux emplois d'aides-interprètes au titre européen :

. . . .

. . . .

5° Pour les candidats à l'emploi d'interprète ou de secrétaire auxiliaire asiatique de 2e classe :

Épreuve écrite. — Dictée en quoc-ngu. Dictée en français.

Épreuve orale. — Traduction au tableau, au choix de la commission d'examen. Notions de géographie sur la Cochinchine et le Cambodge. Traductions et interrogatoires faciles.

6° Pour les candidats à l'emploi d'interprète ou de secrétaire asiatique de 2e classe :

Épreuve écrite. — Dictée en quoc-ngu. Dictée en français, en évitant les difficultés de la langue. Traduction en français d'un morceau de prose ou de poésie annamite, écrit en caractères latins.

Épreuve orale. — Traductions d'interrogatoires. Dialogue en français soutenu avec un Européen. Traduction libre en français des actes les plus usuels écrits en caractères chinois.

7° Pour les candidats à l'emploi de secrétaire ou d'interprète principal de 2e classe :

Épreuve écrite. — Discours ou narration en français sur un sujet donné.

Épreuve orale. — Traduction d'interrogatoires. Dialogue en français soutenu avec un Européen. Traduction à livre ouvert des prosateurs et poètes annamites, ainsi que d'un texte tiré d'un ouvrage français en prose. Traduction d'un texte en caractères chinois tiré des *Quatre livres.*

8° Pour les candidats à l'emploi de lettré auxiliaire de 2e classe :

Épreuve écrite. — Dictée en quoc-ngu. Composition en chinois des pièces officielles. Développement d'un texte facile tiré des *Quatre livres.*

Épreuve orale. — Explication d'un passage des *Quatre livres.* Calculs et problèmes au tableau. Histoire et géographie de l'Annam.

9° Pour les candidats à l'emploi de lettré de 2e classe :

Épreuve écrite. — Dictée en quoc-ngu. Composition de pièces officielles en chinois. Développement sur une question tirée des *Quatre livres.*

(1) Abr. pour ce qui concerne les interprètes européens. V. *infrà,* D. G. 19 juin 1877.

Épreuve orale. — Explication d'un passage des *Quatre livres*. Interrogatoire sur la géographie de l'Annam d'après le nam Viet-dia-dzu-ky. Organisation administrative et établissement de l'impôt chez les Annamites et en Basse-Cochinchine.

10° Pour les candidats à l'emploi de lettré principal de 2e classe.

Épreuve écrite. — Dictée en quoc-ngu. Les mêmes épreuves que celles qui étaient exigées des candidats au grade Tu-tai.

Épreuve orale. — Explication d'un texte tiré du Code annamite.

Art. 2. — Les demandes des candidats qui voudront se présenter aux examens devront être déposées à la direction de l'Intérieur, au plus tard le 15 novembre de chaque année.

Les examens commenceront le premier lundi de décembre, dans l'ordre suivant :

D'abord, les examens des candidats aux divers emplois d'interprètes européens, puis les examens pour les interprètes et les secrétaires asiatiques ; enfin, en troisième lieu, les examens pour les lettrés.

Art. 3. — La commission d'examen est composée d'un inspecteur des affaires indigènes, président, de trois professeurs européens et de trois professeurs annamites, attachés au collège des stagiaires ou à l'école normale.

Art. 4. — Les notes données aux candidats par les examinateurs seront cotées de 0 à 20, avec des coefficients qui seront fixés par le Directeur de l'Intérieur, sur la proposition de la commission d'examen.

Art. 5. — Sont et demeurent abrogées toutes les dispositions contraires au présent arrêté.

KRANTZ.

(19 juin 1877)

D. G. *réorganisant le corps des interprètes européens en Cochinchine* (1).

BAT. II, p. 124.
B. C. p. 184.

Article premier. — La hiérarchie et la solde des interprètes européens sont fixées comme suit :

Interprètes auxiliaires	3,000 fr.
Interprètes	3,600
Interprètes principaux de 2e classe	6,000
Interprètes principaux de 1re classe	8,000
Secrétaires interprètes	10,000

Ils ont droit aux mêmes indemnités et suppléments que les employés de la Direction de l'Intérieur. De plus, lorsqu'un secrétaire interprète sera appelé à servir au cabinet du Gouverneur, il prendra le titre de secrétaire interprète du Gouvernement et jouira d'un supplément de 2,000 fr.

Art. 2. — Le corps des interprètes européens sera composé comme suit :

Interprètes auxiliaires	5
Interprètes	4
Interprètes principaux de 2e classe	2
Interprètes principaux de 1re classe	2
Secrétaires interprètes	2

Art. 3. — Nul ne peut être admis dans le corps des interprètes européens s'il n'est

(1) V. *infrà*, D. G. 28 février 1881.

âgé de vingt et un ans au moins, s'il ne justifie de sa conduite et de sa moralité, et enfin s'il n'a subi avec succès les épreuves de l'examen d'interprète auxiliaire.

Art. 4. — L'avancement a lieu dans l'ordre des grades et des classes.

Nul ne peut être promu au grade supérieur s'il n'a subi avec succès l'épreuve de l'examen exigé pour ce grade et s'il ne compte au moins un an de service dans le grade inférieur ou dans chacune des classes du grade inférieur.

Néanmoins, les jeunes gens ayant étudié au collège des langues orientales, à Paris, pourront être admis comme interprètes principaux de 2e classe, en satisfaisant aux épreuves exigées pour ce grade.

Art. 5. — A partir du grade d'interprète principal de 2e classe, l'avancement n'aura plus lieu qu'au choix et sans examen.

Art. 6. — Il sera ouvert au collège des administrateurs stagiaires, à dater du 1er juillet prochain, un cours gratuit de langue annamite et de caractères chinois, à l'usage des Européens candidats aux fonctions d'interprètes.

Appel pourra, en outre, être fait en France aux jeunes gens qui voudront embrasser cette carrière.

Le nombre des candidats à admettre sera adressé au Ministère, chaque année, selon les besoins du service.

Ils seront nommés secrétaires auxiliaires à titre provisoire, et maintenus dans cette position jusqu'au jour de l'examen. Cette période d'études ne pourra excéder deux années, à l'expiration desquelles, en cas de refus, le candidat sera admis à concourir pour l'emploi de secrétaire auxiliaire de 1re classe, en satisfaisant à l'examen exigé pour la 2e classe.

Art. 7. — Le programme des examens qu'auront à subir les interprètes européens est fixé comme suit :

1° Pour les candidats aux fonctions d'interprètes auxiliaires :

Épreuve écrite. — Dictée en français, analyse grammaticale. Thème et version annamites.

Épreuve orale. — Calcul et démonstration au tableau sur l'arithmétique, sur la géométrie plane (mesure des surfaces et des volumes), sur l'algèbre élémentaire et sur l'arpentage. Explication de l'usage des principaux instruments topographiques.

Traduction à livre ouvert d'un ouvrage de prose facile.

Traduction en langue française d'un interrogatoire subi par un indigène devant la commission.

Traduction en langue annamite d'un dialogue en français entre deux membres de la commission, et transcription au tableau de quelques-unes des réponses.

2° Pour les candidats aux fonctions d'interprètes :

Épreuve écrite. — Version annamite (sans dictionnaire). Thème annamite.

Épreuve orale. — Explication à livre ouvert des fables de M. Pétrus Ky ou de tout autre prosateur indigène. Conversation avec des Indigènes des diverses classes de la population.

Traduction d'interrogatoires subis par des Indigènes devant la commission d'examen, et traduction en annamite d'un dialogue en langue française.

Explication et traduction de toutes les pièces usuelles écrites en caractères chinois telles que : titres de propriétés, contrats et actes de toute nature que les Annamites ont l'habitude de faire.

3° Pour les candidats aux fonctions d'interprètes principaux de 2e classe :

Épreuve écrite. — Composition en langue annamite sur un sujet donné.

Épreuve orale. — Conversation avec des Indigènes. Traduction à livre ouvert d'un passage de *Luc vân tiên* ou de toute autre poème annamite écrit en caractères latins.

Art. 8. — Toutes les dispositions de l'arrêté du 8 avril 1874, qui ne sont pas contraires à celles de la présente décision, sont maintenues.

DUPERRÉ.

(23 janvier 1878)

D. G. *relative à l'examen de lettré auxiliaire de 1re classe.*

BAT. II. p. 126.
B. C. p. 24.

Article premier. — Les élèves de 3e année du collège Chasseloup-Laubat, qui auront suivi le cours spécial de caractères chinois, seront autorisés provisoirement à subir, à leur sortie de cet établissement, l'examen dont le programme est ci-annexé.

Art. 2.— Ceux d'entre eux qui subiront avec succès cet examen, recevront un brevet qui leur permettra d'être nommés lettrés auxiliaires de 1re classe au traitement de 1,000 francs par an, au fur et à mesure des vacances qui se produiront.

Art. 3. — Ces examens seront subis devant la commission spéciale instituée par l'art. 17 de l'arrêté du 17 novembre 1874.

J. LAFONT.

PROGRAMME d'examen à subir par les candidats à l'emploi de lettré auxiliaire de 1re classe.

ÉPREUVE ÉCRITE.

Coefficients

8. Dictée en caractères chinois.
10. Rédaction d'une plainte, d'une réclamation, etc., etc., en caractères chinois
10. Lettre en quoc-ngu sur un sujet donné.
6. Dictée en français, courte et très simple.
10. Traduction d'un morceau facile de conversation du français en quoc-ngu.
10. Traduction d'un morceau facile de conversation du quoc-ngu en français.

Nota. — Ces deux dernières épreuves ne seront corrigées qu'à la fin de l'examen, après que l'administration aura prononcée.

Elles serviront à apprécier plus exactement la valeur générale des candidats et à les classer définitivement.

ÉPREUVE ORALE.

Coefficients

10. Traduction en langue annamite de pièces administratives écrites en caractères chinois.
8. Explication en langue annamite d'un ou plusieurs passages des *Quatre livres*.
6. Géographie générale (grandes divisions territoriales) : États, capitales et quelques villes importantes.
10. Géographie particulière de la Cochinchine française.
6. Arithmétique et géométrie : les quatre opérations fondamentales avec chiffres décimaux, système métrique, mesure pratique des surfaces et des volumes réguliers.
10. Petite conversation en français soutenue avec un Européen.

Chaque épreuve sera cotée de 0 à 20, selon l'usage. En outre, chacune d'elles aura son coefficient dont la valeur est portée en regard dans le tableau qui précède.

Le minimum des points à obtenir pour être déclaré admissible, c'est-à-dire non compris le résultat des traductions annamite-française et française-annamite, est fixé à 1,200.

Les candidats déclarés admissibles recevront un brevet de capacité pour les caractères chinois. Ils rempliront spécialement les fonctions de secrétaires lettrés et ne pourront pas entrer en concurrence pour les autres emplois de l'Administration, à moins de se munir préalablement du brevet de capacité ordinaire par voie d'examen.

Ils pourront toutefois être désignés pour remplir les fonctions de professeurs de caractères chinois. Ils recevront, dans ces conditions, la solde de leur grade et concourront à l'avancement avec leurs collègues des bureaux.

(8 mai 1880)

D. G. *Les fonctions d'interprète, dans chaque détachement de tirailleurs annamites, seront remplies par un tirailleur indigène.*

B. C. p. 240.

Dans chaque détachement de tirailleurs annamites, un tirailleur indigène, gradé ou non, nommé par le Général, commandant supérieur des troupes, remplira les fonctions d'interprète.

Il recevra un supplément de 0 fr. 50 cent. par jour qui lui sera payé par les soins du corps.

Par exception, le détachement des Mares est autorisé à conserver, à l'exclusion de tout autre, l'interprète civil actuel et dont la solde a été fixée à 600 francs par an.

LE MYRE DE VILERS.

(13 octobre 1880).

CIRC. D. I. *relative aux examens pour les divers emplois de huyen, d'interprète ou secrétaire et de lettré asiatiques.*

B. D. I. p. 112.

Les examens pour les divers emplois de huyen, d'interprète ou secrétaire et de lettré asiatiques, prescrits par l'arrêté du 8 avril 1874, auront lieu cette année, à Saïgon, le 29 novembre prochain et jours suivants.

Toutefois, le nombre des candidats, reconnus admissibles dans les précédents examens pour l'emploi d'interprète principal de 2e classe, étant suffisant pour combler les vacances qui pourront se produire en 1881, il n'y aura pas de concours pour cet emploi.

J'ai, en conséquence, l'honneur de vous prier de me faire parvenir, avant le 15 novembre, la liste des candidats placés sous vos ordres qui désirent prendre part à l'examen pour l'emploi :

1o De huyen;
2o D'interprète ou secrétaire de 2e classe ;
3o D'interprète ou secrétaire auxiliaire de 2e classe ;
4o De lettré principal de 2e classe ;
5o De lettré de 2e classe ;
6o De lettré auxiliaire de 2e classe.

Outre les interprètes ou secrétaires et les lettrés nommés à titre provisoire qui devront tous y figurer, cette liste ne devra comprendre que les individus réunissant les conditions exigées par les articles 3, 4 et 5 de l'arrêté précité, dont les prescriptions seront rigoureusement observées. Elle devra donc contenir des renseignements suffisants pour en permettre le contrôle.

Vous voudrez bien diriger tous ces candidats sur Saïgon, en temps opportun, par la voie des bateaux Roque. Ils devront être munis d'un ordre de route et se présenter au 1er bureau de la Direction de l'Intérieur à leur arrivée à Saïgon.

BÉLIARD.

(4 janvier 1881)

D. G. *créant un emploi d'interprète pour le service des canonnières au Tonkin.*

B. C. p. 9.

Est créé, à compter de ce jour, un emploi d'interprète annamite pour le service des canonnières en station au Tonkin.

Il sera pourvu à la nomination de cet agent par les soins du consul de Haïphong, sur la présentation du commandant de la marine.

Cet agent sera embarqué à la ration asiatique et recevra un traitement de 800 fr. par an.

LE MYRE DE VILERS.

(28 février 1881)

D. G. *relative à la hiérarchie et à la solde des interprètes européens.*

B. C. p. 125.

Article premier. — La hiérarchie et la solde des interprètes européens sont fixées comme suit :

Interprète principal de 1re classe, 10,000 francs.
Interprète principal de 2e classe, 8,000 francs.
Interprète ordinaire de 1re classe, 6,000 francs.
Interprète ordinaire de 2e classe, 4,660 francs.
Interprète ordinaire de 3e classe, 4,060 francs.

Art. 2. — Sont abrogées les dispositions des articles 1er et 2e de la décision du 19 juin 1877, en ce qu'elles ont de contraire à celles qui précèdent.

LE MYRE DE VILERS.

(13 mai 1882)

D. G. *Programme de l'examen à subir par les lettrés de toutes classes désirant entrer dans le cadre des secrétaires indigènes. — Programme de l'examen à subir par les candidats à l'emploi d'élève-secrétaire* (1).

B. C. p. 224.
J. C. p. 449.

Consulter en outre : Collège des interprètes.

INTERPRÈTES SONNEURS.

V. *Contributions indirectes (administration du)*

(1) V. Administration locale, § IV.

INVALIDES DE LA MARINE.

I. ORGANISATION. — RETENUES AU PROFIT DE LA CAISSE.

I. ORGANISATION.

NATURE DES DOCUMENTS	DATES	RECUEILS A CONSULTER							OBSERVATIONS
		Bat.	B. C.	B.D.I	J. C.	J.H.	B. M.	B.Col	
Rapp. M.	17 novembre 1885.								
Décret.	17 novembre 1885.						1273		
Dép. M.	12 décembre 1885.								

(17 novembre 1885).

RAPPORT M. *précédant le décret en date de ce jour, portant : 1° Modification du service de l'établissement des invalides de la marine ; 2° règlement du mode de payement des pensions civiles et militaires de la marine et des colonies.*

ARCH. GOUV.

J'ai l'honneur de vous soumettre, d'accord avec mon collègue au Département des finances, un projet de décret ayant pour objet :

1° De mettre en harmonie avec les prescriptions des lois de finances des 21 et 22 mars 1885, le mode de payement des pensions civiles et militaires du Département de la marine et des colonies, ainsi que le fonctionnement du service de l'Établissement des invalides de la marine ;

2° De simplifier en la régularisant la comptabilité dudit Établissement.

En rendant au trésor le payement des pensions militaires et civiles du Département de la marine et des colonies, les lois de finances précitées ont pour effet de replacer la caisse des invalides de la marine sur les bases établies par la loi du 13 mai 1791.

Le titre 1er du projet ci-joint décrit dans les articles 4 et 5 les modifications que subissent par suite les revenus et charges actuels de l'Établissement. Nous en avons profité pour rappeler qu'en exécution de l'article 4 du règlement du 15 décembre 1786, les sommes non réclamées depuis trente ans appartiennent définitivement à la caisse des invalides de la marine. Une opinion contraire avait, il est vrai, été soutenue jusqu'ici ; on avait souvent fait valoir que la caisse précitée n'opposait pas de prescription, mais cette doctrine est d'une application si peu pratique que, dans diverses circonstances, notamment dans une dépêche du 11 janvier 1853, insérée au *Bulletin officiel de la marine*, p. 32, mon Département avait dû invoquer le bénéfice de l'article 4 du règlement du 15 décembre 1786 qui n'a jamais, en effet, été abrogé. Le plus que l'on puisse faire est de conserver pendant trente ans les documents qui constatent les droits des déposants à la caisse des gens de mer.

Les articles 1, 2, 3, 7, 8 et 9 modifient le système de justifications des recettes et des dépenses de l'Établissement.

Il est de principe aujourd'hui qu'aucune recette ne peut être admise, aucune dépense ne peut être allouée sur la caisse des invalides qu'en vertu d'une ordonnance signée par le Ministre de la marine et des colonies, et voici comment ce principe est appliqué. Les opérations s'effectuent sur mandats tant du Directeur des invalides que des commissaires de l'inscription maritime, depuis ces mandats sont relevés dans les états annuels que l'on soumet à la signature du Ministre et qui remplacent dans les comptes les mandats dont nous venons de parler. Ainsi, la plupart des pièces qui ont servi effectivement à la recette et à la dépense disparaissent, et l'on demande à un Ministre d'intéresser des faits accomplis, alors que parfois il n'était pas encore à la tête de son Département.

Il nous a paru qu'il y avait lieu de supprimer ces errements en constituant le Directeur de l'Établissement ordonnateur secondaire des dépenses de la Caisse des invalides,

Dans un intérêt de simplification, ce fonctionnaire mandaterait seul ces dépenses, sauf en ce qui concerne les demi-soldes et les pensions qui en sont dérivées, ces pensions devant, ainsi qu'il est dit plus loin, être payées sur présentation des titres.

Quant aux services des Caisses des prises et des gens de mer qui se bornent à recevoir des dépôts et ne donnent lieu à aucune opération budgétaire, c'est-à-dire à aucune disposition des crédits votés par le Parlement, les ordres de recette et de dépense continueront à être signés par les commissaires de l'inscription maritime et à servir de pièces justificatives.

En outre, pour faciliter cette partie du service tout en la rendant plus logique, il a été jugé préférable de laisser les dépôts à la Caisse des gens de mer pendant trente années, c'est-à-dire jusqu'à ce qu'ils deviennent la propriété définitive de la Caisse des invalides de la marine. La comptabilité de ces dépôts sera suivie par les commissaires de l'inscription maritime, et, dans ces nouvelles conditions, leur remboursement ne donnera plus lieu à l'ouverture de crédits législatifs, qui était en réalité une complication de pure forme, puisque ces remboursements ne pouvaient être refusés.

Les articles 13, 14, 15, 16 et 18 concernent le service des comptables spéciaux de l'Établissement. Le trésorier général et les trésoriers des invalides se trouveront dans les mêmes relations entre eux que les trésoriers-payeurs généraux des départements et les receveurs particuliers des finances, tant au point de vue de la justification des opérations que de la reddition des comptes.

Le projet de décret ne fait d'ailleurs que définir une situation dont le principe, déjà posé dans les anciens règlements, a été reproduit dans l'article 800 du décret du 31 mars 1862 sur la comptabilité publique.

Cet article charge le trésorier général des invalides de l'ensemble de la comptabilite, et dès lors la reddition de comptes distincts par chaque trésorier des invalides constitue une complication inutile d'écritures.

L'article 11 réduit à 1/4 p. 0/0 du montant des opérations qu'ils effectuent pour le compte de l'Établissement des invalides, l'allocation qui est allouée aux percepteurs des contributions directes qui prêtent leur concours à cet Établissement. C'est sur cette base que sont déterminées les indemnités de l'espèce qui sont attribués par la Légion d'honneur aux comptables du Trésor dont elle se sert comme agents de payement.

Le titre II est relatif au mode de prise en charge par la Dette publique des pensions civiles et militaires de la marine et de leur payement à compter du 1er janvier 1886.

La Caisse des invalides demeurera chargée de régler l'arriéré.

Les pensionnaires de la marine seront soumis aux mêmes règles de payement que les autres pensionnaires de l'État, mais ils pourront, quand ils le demanderont, continuer à venir toucher leurs arrérages aux Caisses des trésoriers des invalides.

Ces comptables spéciaux justifieront des opérations qu'ils effectueront pour le compte du Trésor auprès du comptable du Département dans lequel la pension est inscrite.

Le titre III introduit deux modifications dans le service des demi-soldes et des pensions qui en sont dérivées.

L'article 30 fait payer sur certificats de vie, au porteur de brevet, les arrérages de demi-soldes aussi bien que ceux des pensions de l'État.

D'abord les observations de la Cour des comptes, relativement au mode de payement dit *à la Banque*, portent également sur ces pensions spéciales. En second lieu, ledit mode de payement n'aurait pu être maintenu qu'en revenant rigoureusement aux prescriptions de l'article 5 du titre VIII de l'édit de 1720, c'est-à-dire en faisant émarger les états par les parties prenantes, et dans ces conditions il devenait moins expéditif que le payement sur certificats de vie acquittés par le porteur sur titre.

D'autre part, l'article 31 substitue aux matricules des demi-soldiers et autres pensionnaires de la Caisse des invalides, des registres permanents semblables à ceux qui sont adoptés depuis longtemps par le Ministre des finances pour les pensionnaires de l'État. Aujourd'hui on est obligé de conserver dans les bureaux chaque volume de matricule jusqu'à ce que tous les pensionnaires qui y figurent en aient disparu. Il en résulte que les locaux dont dispose la Marine sont encombrés au point de gêner le service et que les employés perdent beaucoup de temps pour rechercher les noms dont ils ont besoin. Au surplus, l'avantage des registres dits permanents sur les matricules n'est plus à démontrer.

Le titre IV est relatif aux retenues à exercer au profit du Trésor sur les traitements du personnel civil et militaire de la marine et des colonies. Les articles qui le composent sont assez détaillés pour ne comporter aucun développement.

Les retenues imposées par les lois de pensions auront simplement à être versées au Trésor en lieu et place de la Caisse des invalides de la marine.

Quant aux retenues exercées en cas de congé ou d'envoi en résidence libre, et qui n'étaient exercées qu'en vertu de l'article 204 du décret du 1er juin 1875 sur la solde, il a paru plus simple de les supprimer en abrogeant lesdits articles. Elles constituaient des subventions indirectes que rendait inutiles le contingent servi directement par le Département de la marine et des colonies. Le Trésor profitera de ces retenues par le fait de leur non-payement.

Telles sont, Monsieur le Président, les dispositions qui ont paru aux deux Départements des finances et de la marine devoir vous être proposées pour l'exécution des lois précitées des 21 et 22 mars 1885. Elles accordent aux pensionnaires de la marine toutes les facilités qui étaient compatibles avec les exigences de la comptabilité publique. Elles n'introduisent dans le fonctionnement de l'Établissement des invalides que des simplifications dont l'expérience a démontré la sagesse. C'est donc avec une entière confiance que j'ai l'honneur de vous demander de revêtir de votre signature le projet de décret ci-joint.

GALIBER.

(17 novembre 1885)

DÉCRET *portant : 1° modification du service de l'établissement des invalides de la marine; 2° règlement du mode de payement des pensions civiles et militaires de la marine et des colonies.*

ARCH. GOUV.

Le service de la comptabilité de l'Établissement des invalides de la marine, ainsi que le mode de payement des pensions civiles et militaires de la marine et des colonies, sont soumis, à compter du 1er janvier 1886, aux dispositions dont la teneur suit:

TITRE I. — MODIFICATIONS INTRODUITES DANS LE SERVICE DE L'ÉTABLISSEMENT DES INVALIDES DE LA MARINE.

Article premier. — La caisse des gens de mer verse à la caisse des invalides de la Marine, le 1er janvier de chaque année, les sommes qui, à l'époque du 31 décembre précédent sont restées pendant trente ans sans être réclamées.

Art. 2. — La comptabilité des dépôts effectués à la caisse des gens de mer est tenue par remises, quartiers et années de dépôt.

Elle est suivie par le directeur de l'Établissement des invalides pour les dépôts payables à Paris ou dans les départements, et par les commissaires de l'inscription maritime pour ceux à acquiter dans les quartiers.

Après trois années de dépôt, les sommes restant à payer sur les remises de l'année qui précède cette période de temps sont dans chaque quartier réunis en un seul état nominatif qui sert de point de départ pour les opérations des 27 années suivantes.:

Art. 3. — Au commencement de l'année, le directeur de l'établissement des invalides et les commissaires de l'inscription maritime dressent un état présentant :

1° Les remises prises en recette au cours de la dernière année, les payements effectués et les restes à payer au 31 décembre sur ces remises;

2° Les restes à payer au 1er janvier, les payements effectués et les restes à payer au 31 décembre sur ces remises de la période triennal précédente ;

3° Les restes à payer au 1er janvier, le versement à la caisse des invalides, les payements effectués et les restes à payer au 31 décembre sur les 27 années antérieures.

Ces états sont certifiés conformes à leurs écritures et par le trésorier général des invalides ou le trésorier des invalides, suivant le cas.

Le trésorier général des invalides les récapitule dans un résumé et les joint à son compte de gestion.

Art. 4. — Les dotations et revenus de la caisse des invalides de la marine se composent :

1° Du versement du 5 0/0 de la totalité de leurs émoluments opéré par les officiers des différents corps de la marine autorisés soit à servir à bord des paquebots ou des navires du commerce, soit à seconder des entreprises industrielles se reliant à la marine, et par suite rétribués sur d'autres fonds que ceux de l'Etat. (Art. 11 *de la loi de finances du* 8 *août* 1885) ;

2° Des taxes et des retenues sur les salaires des marins employés par le commerce et sur les bénéfices de ceux qui naviguent à la part ou se livrent à la pêche (*Loi du* 13 *mai* 1791, *titre* I, *art.* 4. — *Loi du* 11 *avril* 1881, *art.* 6) ;

3° Des sommes dues par l'État aux déserteurs des bâtiments de l'État ainsi que des parts de prises qui pourraient leur revenir (*Loi du* 13 *mai* 1791, *titre* I, *art.* 4, *art.* 371 *du Code de justice militaire pour l'armée de mer*) ;

4° De la moitié de la solde acquise par les déserteurs de la marine du commerce sur les bâtiments auxquels ils appartiennent au moment dudit (*Loi du* 13 *mai* 1791, *titre* I, *art.* 4 *et art.* 69 *du décret-loi du* 24 *mars* 1852) ;

5° De la totalité du produit, non réclamé depuis trente ans, des bris et naufrages, des parts de prises, soldes, gratifications, salaires, journées d'ouvriers, ainsi que des successions des marins et autres personnes mortes en mer (*Loi du* 13 *mai* 1791, *titre* I, *art.* 4 *et règlement du* 15 *décembre* 1786, *art.* 4) :

6° Des droits des invalides sur les captures faites par les bâtiments de l'État (*Loi du* 13 *mai* 1791, *titre* I, *art.* 4. — *Arrêté des consuls du* 9 *ventôse an* IX, *art.* 2. — *Règlement du* 2 *prairial an* XI. — *Art.* 10 *de la loi du* 10 *avril* 1825. — *Art.* 16 *de la loi du* 4 *mars* 1831) ;

7° Du produit de la vente des feuilles de rôles d'équipage délivrées aux bâtiments (*Loi du* 21 *mars* 1885, *art.* 11) ;

8° Du produit des amendes et confiscations légalement prononcées en vertu du code justice militaire pour l'armée de mer, ainsi que pour contraventions aux lois et règlements maritimes (*Art.* 371 *du code de justice militaire pour l'armée de mer, et crédits des* 9 *janvier*, 2, 19, 20, 24 et 28 mars 1852) ;

9° Des arrérages des rentes appartenant à ladite caisse sur le grand-livre de la dette publique, et du revenu des autres placements provenant de ses économies (*Loi du* 13 *mai* 1791, *titre* I, *art.* 2) ;

10° De la subvention servie par le Département de la marine et des colonie (*Art.* 11 *de la loi de finances du* 22 *mars* 1885) ;

11° Des produits éventuels dont elle est actuellement en jouissance.

Art. 5. — La caisse des invalides de la marine est chargée du payement.

1° Des demi-soldes et pensions qui en sont dérivées, accordées au personnel de l'inscription maritime (*Loi du* 13 *mai* 1791, *titre* III, *art.* Ier. — *Loi du* 11 *avril* 1881) ;

2° Des gratifications et secours accordés aux marins, militaires et agents du Département de la marine et des colonies, à leurs veuves et à leurs enfants ainsi qu'à leurs pères et mères (*Loi du* 13 *mai* 1791, *titre* III, *art.* Ier. — *Lois des* 8 *et* 12 *juin* 1792) ;

3° Du secours annuel attribué à l'hospice de Rochefort pour la subsistance et l'entretien de douze veuves infirmes et de quarante orphelins de marins, militaires et ouvriers de la marine (*Arrêté consulaire du* 9 *messidor an* IX. — *Décision impériale du* 1er *janvier* 1856) ;

4° Des appointements du personnel de l'administration centrale et des comptables de l'établissement des invalides de la marine ;

5° Des frais de bureaux administratifs, des frais de service du trésorier général et des trésoriers particuliers ; des indemnités allouées aux comptables du trésor, des frais d'impression relatifs à son administration ainsi que des frais de recouvrement des sommes qui lui sont dues (*Loi du* 13 *mai* 1791, *titre* V, *art.* 12 *et* 13).

Art. 6. — La pension représentative de l'entretien des officiers, officiers-mariniers et marins admis à l'Hôtel des invalides de la guerre cesse d'être servie au trésor.

Art. 7. — Le directeur de l'établissement des invalides de la marine est constitué ordonnateur secondaire des dépenses qui sont imputées au budget annexe de la caisse des invalides de la marine.

Art. 8. — Aucune dépense faite pour le compte de la caisse des invalides de la marine ne peut être allouée sur cette caisse qu'en vertu d'un mandat du directeur de l'établissement.

Toutefois, les demi-soldes et les pensions qui en sont dérivées sont payées sur la présentation du titre de pension et la production d'un certificat de vie, dans les conditions déterminées aux articles 30 et 31 ci-après.

Art. 9. — Les opérations des Caisses des prises et des gens de mer s'effectuent sur mandats des commissaires de l'inscription maritime et du directeur de l'Établissement des invalides de la marine.

Art. 10. — Le trésorier général des invalides de la marine a pour préposés :

Sur le littoral, les trésoriers des invalides ;

Dans les départements, les trésoriers-payeurs généraux des finances ;

En Algérie et dans les colonies, les trésoriers-payeurs ;

Aux armées, les payeurs d'armées.

Les différents comptables placés sous les ordres des trésoriers-payeurs généraux, des trésoriers-payeurs de l'Algérie et des colonies et les payeurs d'armées effectuent, pour le compte de la Caisse des invalides de la marine, tous les recouvrements et payements pour lesquels leur concours est jugé nécessaire.

Art. 11. — Les percepteurs des contributions directes reçoivent une allocation de 1/4 0/0 du montant des opérations qu'ils effectuent pour le compte de l'Établissement des invalides de la marine.

Art. 12. — Les trésoriers des invalides transmettent tous les mois au trésorier général des invalides, la balance de leur grand-livre appuyée de toutes les pièces justificatives des recettes et des dépenses qu'ils ont effectuées pendant le mois.

Le trésorier général leur adresse, après vérification de ces pièces, des avis de débit pour le montant des recettes et des avis de crédit pour le montant des dépenses.

Ces avis tiennent lieu, dans la comptabilité des invalides, des pièces de recettes et de dépenses qu'ils ont produites au trésorier général des invalides.

Art. 13. — Le trésorier général des invalides de la marine centralise dans ses écritures toutes les opérations effectuées soit directement par lui, soit par l'entremise des trésoriers des invalides et de ses autres préposés. Il est justiciable de la Cour des comptes, à laquelle il rend annuellement le compte desdites opérations.

Les trésoriers des invalides n'ont point à rendre de compte de gestion annuelle : ils justifient des actes de leur gestion par l'envoi successif de leurs écritures, des valeurs provenant de leurs recouvrements et des justifications des dépenses qu'ils ont acquittées. Ils sont valablement déchargés par les avis de crédit ou de débit mentionnés à l'article précédent, sauf cependant les rejets de pièces prononcés par la Cour des comptes et dont ils seraient responsables envers le trésorier général des invalides.

Art. 14. — Les cautionnements des trésoriers des invalides de la marine sont remboursés sur le certificat *de quitus* du trésorier général. Ce certificat est visé par le directeur de l'Établissement des invalides.

Ce remboursement a lieu pour les deux tiers dans le délai de quatre mois et pour le surplus après arrêt de la Cour des comptes.

Si, à raison de circonstances spéciales et exceptionnelles, le trésorier général des invalides jugeait qu'il fût nécessaire de surseoir à la délivrance du *quitus*, il en serait référé au Ministre de la marine, qui statuerait.

Art. 15.— L'administration centrale de l'Établissement des invalides de la marine tient les écritures nécessaires pour constater les droits au profit dudit établissement et de ses créanciers, les liquidations individuelles, l'ordonnancement de toutes les dépenses, l'emploi des crédits législatifs et la fixation des restes à recouvrer et des restes à payer en fin d'exercice.

TITRE II. — DES PENSIONS CIVILES ET DES PENSIONS MILITAIRES DE LA MARINE INSCRITES AU GRAND-LIVRE DE LA DETTE PUBLIQUE.

Art. 16. — Les pensions civiles et les pensions militaires de la marine et des colonies cessent d'être à la charge de la Caisse des invalides de la marine, et le service de ces pensions est effectué par le Trésor public.

La caisse des invalides de la maritine continue néanmoins, pour les pensions concédées antérieurement au 1er janvier 1886 et jusqu'au terme de prescription, à effectuer le payement des arrérages trimestriels et des décomptes d'arrérages afférents à l'année 1885 et aux années antérieures.

Art. 17. — Les pensions civiles et militaires de la marine et des colonies concédées antérieurement au 1er janvier 1886 seront inscrites au grand-livre de la Dette publique d'après les états certifiés par le directeur de l'Établissement des invalides de la marine et transmis au Ministre des finances par le Ministre de la marine.

Ces états mentionneront, en regard des noms des pensionnaires, les circonstances qui seraient de nature à arrêter ou à suspendre le pagement des arrérages.

Art. 18. — Les pensions militaires de la marine et des colonies sont liquidées par le Ministre de la marine et des colonies qui les communique à la révision du Ministre des finances et les soumet, avec l'avis de son collègue, à l'examen de la section des finances, des postes et télégraphes, de la guerre, de la marine et des colonies et du Conseil d'État.

Les décrets de concession sont rendus sur la proposition du Ministre de la marine et contresignés par le Ministre des finances.

Les pensions civiles de la marine et des colonies sont liquidées dans les formes et sous les justifications prescrites par le décret du 9 novembre 1853 portant règlement d'administration publique pour l'exécution de la loi du 9 juin précédent.

Art. 19. — Les pensions civiles et militaires de la marine et des colonies inscrites au grand-livre de la Dette publique sont payables par trimestres, aux époques des 1er mars, 1er juin, 1er septembre et 1er décembre de chaque année.

Il en est de même des suppléments de pensions concédés en exécution de la loi du 18 août 1881 et des compléments de pensions sur la Caisse des offrandes nationales.

Les arrérages à payer le 1er mars 1886 comprendront seulement le montant des deux premiers mois du 1er trimestre 1886, échus à cette époque.

Art 20. — Les titulaires de pensions civiles et militaires de la marine, inscrites au grand-livre de la Dette publique en vertu des art. 9 et 10 de la loi du 22 mars 1885, recevront, à l'échéance du 1er mars 1886, un certificat d'inscription délivré par le Ministère des Finances (Direction de la Dette inscrite).

Art. 21. — Les pensions civiles et militaires de la marine inscrites au grand-livre de la Dette publique sont payables au porteur du certificat d'inscription et du certificat de vie du titulaire. Le porteur donne acquit des arrérages au bas du certificat de vie.

En cas de décès, le payement des arrérages restant dus est effectué aux ayants droit sur pièces justificatives.

Le certificat de vie est délivré par un notaire dans les conditions déterminées par l'ordonnance du 6 juin 1839 et l'article 46 du règlement du 9 novembre 1853. Il peut être établi, sans frais, et conformément au modèle A annexé au présent décret, par le syndic des gens de mer de la localité pour les pensionnaires qui figuraient sur les matricules et de l'inscription maritime avant leur admission à la retraite, et qui ont été reportés sur la matricule des hors de service, ainsi que pour les veuves et les orphelins d'inscrits maritimes.

Art. 22. — Les pensions civiles et militaires de la marine et des colonies inscrites au grand-livre de la Dette publique sont payables, savoir :

A Paris, par le payeur central de la Dette publique et par les receveurs percepteurs des contributions directes ;

Dans les départements, par les trésoriers-payeurs généraux et les receveurs particuliers des finances ;

En Algérie et dans les colonies, par les trésoriers-payeurs et les payeurs particuliers ;

Aux armées, par les payeurs d'armées.

Dans les départements, ces pensions peuvent également être payées par les percepteurs des contributions directes, mais seulement après visa du receveur des finances de l'arrondissement.

En outre, les pensionnaires qui le commandent peuvent être payés par les trésoriers des invalides pour le compte du Trésor. Dans ce cas, le payeur central de la Dette publique à Paris ou le trésorier-payeur général du département dans lequel le pensionnaire est inscrit remet au trésorier général des invalides ou au trésorier des invalides désigné un extrait du registre quinquennal comprenant les pensionnaires dont il s'agit.

Lorsque le trésorier général des invalides et les trésoriers des invalides interviennent dans le payement des pensions civiles et militaires de la marine, ils doivent acquitter en même temps et sur la production du même certificat de vie, les arrérages échus du traitement de la Légion d'honneur et de la médaille militaire.

Art. 23. — Le certificat de vie produit à l'appui des arrérages échus le 1er mars 1886 ne pouvant énoncer que le numéro de l'ancien titre de pension, le comptable chargé du payement doit mentionner sur ledit certificat de vie le numéro du nouveau titre.

Il doit, en même temps, se faire représenter l'ancien titre et y apposer un timbre d'annulation. Ce titre demeure néanmoins valable pour le payement des arrérages antérieurs au 1er janvier 1886 et restant à payer par la caisse des invalides, ainsi qu'il est dit au deuxième alinéa de l'article 16.

Dans ce dernier cas, le comptable chargé du payement remet au pensionnaire un extrait de son certificat de vie pour lui permettre d'obtenir de la caisse des invalides le payement des trimestres arriérés.

Art. 24. — Tout premier payement d'une pension doit être appuyé d'un certificat de radiation du titulaire des contrôles d'activité mentionnant l'époque à laquelle ce dernier doit entrer en jouissance de ses arrérages.

Les certificats de radiation sont établis par les fonctionnaires désignés par le Ministre de la marine et des colonies.

Art. 25. — Le payement du premier trimestre, ainsi que des décomptes d'arrérages après décès, des pensions civiles et militaires de la marine et des colonies inscrites au grand-livre de la Dette publique, ne doit avoir lieu dans les départements que sur le visa du trésorier-payeur général des finances.

A Paris, ces deux natures de payement s'effectuent exclusivement dans les bureaux du payeur central de la Dette publique.

Art. 26. — Dans le cas où il peut être fait des oppositions au payement des pensions inscrites au Trésor, ces oppositions doivent être formées entre les mains du conservateur des oppositions à Paris ou du trésorier-payeur général du département où la pension est payable.

Art. 27. — Le trésorier général des invalides de la marine adresse tous les dix jours au payeur central de la Dette publique, avec un bordereau détaillé, les certificats de vie acquittés pour le compte du Trésor.

Dès la réception de ces pièces et après vérification, le payeur central en délivre son récépissé comptable au trésorier général des invalides et l'en fait créditer dans son compte courant au Trésor. Le trésorier général des invalides produit ce récépissé dans sa comptabilité comme justification de la dépense.

Art. 28. — Les trésoriers des invalides adressent également tous les dix jours au trésorier-payeur général de leur département, avec un bordereau détaillé, les certificats de vie qu'ils ont acquittés pour son compte.

Le trésorier-payeur général leur délivre un récépissé à talon qui tient lieu dans leur comptabilité des pièces de dépenses acquittées pour le compte du Trésor. Il fait en même temps créditer d'une somme égale le compte courant du trésorier général des invalides au Trésor.

TITRE III. — DES DEMI-SOLDES ET DES PENSIONS QUI EN SONT DÉRIVÉES A LA CHARGE DE LA CAISSE DES INVALIDES DE LA MARINE.

Art. 29. — Les arrérages des demi-soldes et des pensions qui en sont dérivées sont payés les 1er janvier, 1er avril, 1er juillet et 1er octobre de chaque année.

Art. 30. — Le payement des demi-soldes et des pensions qui en sont dérivées est effectué au porteur du titre et sur la remise du certificat de vie du titulaire.

Ce certificat de vie peut être établi par le syndic des gens de mer de la localité, ou, à défaut, par le maire, conformément au modèle B annexé au présent décret.

Le porteur donne acquit des arrérages au bas du certificat de vie.

En cas de décès, le payement des arrérages restant dus au titulaire est effectué à ses héritiers ou ayants cause sur la production des pièces justificatives établissant leurs droits.

Art. 31. — La direction de l'établissement des invalides tient un registre permanent des demi-soldes et des pensions qui en sont dérivées et en remet le double au trésorier général des invalides. Ce double de registre est tenu à jour au moyen d'états supplémentaires et d'états de déductions dressés par la direction de l'établissement des invalides.

Le trésorier général des invalides délivre aux différents comptables désignés comme ses préposés à l'article 10 ci-dessus, des extraits de son registre permanent ainsi que des extraits desdits états supplémentaires et de déductions.

De leur côté, les trésoriers-payeurs généraux des finances remettent aux receveurs particuliers des états détaillés des demi-soldes et pensions payables dans leurs arrondissements respectifs.

Art. 32. — Par suite, les demi-soldes et pensions à la charge de l'établissement des invalides de la marine sont payables, savoir :

A Paris, à la caisse du trésorier général des invalides ;

Sur le littoral, aux caisses des trésoriers des invalides ;

Dans les départements, aux caisses des trésoriers-payeurs généraux et des receveurs particuliers des finances ;

En Algérie et dans les colonies, aux caisses des trésoriers-payeurs et des payeurs particuliers.

En outre, les demi-soldiers et pensionnaires de la Caisse des invalides peuvent être payés par les percepteurs des contributions directes, mais seulement après visa du receveur des finances de l'arrondissement.

Art. 33. — Le paiement du 1er trimestre, ainsi que les décomptes d'arrérages après décès, des demi-soldes et pensions qui en dérivent, ne peut avoir lieu par les receveurs particuliers que sur le visa du trésorier-payeur général des finances.

Art. 34. — Les trésoriers-payeurs généraux adressent tous les dix jours au trésorier général des invalides de la marine, avec un bordereau détaillé, les certificats de vie qui ont été acquittés soit par eux directement, soit pour les receveurs particuliers et les percepteurs du département.

Cet envoi est fait mensuellement par les trésoriers-payeurs de l'Algérie et des colonies.

Dès l'arrivée des pièces de dépense, le trésorier général des invalides en adresse un accusé de réception provisoire aux trésoriers-payeurs généraux des départements au aux trésoriers-payeurs de l'Algérie et des colonies de qui elles émanent ; lorsque les pièces ont été reconnues régulières, il leur envoie un avis de crédit définitif et il fait accréditer de leur montant le compte au Trésor desdits trésoriers-payeurs généraux ou trésoriers-payeurs.

TITRE IV. — DES RETENUES EXERCÉES AU PROFIT DU TRÉSOR SUR LES TRAITEMENTS DU PERSONNEL CIVIL ET MILITAIRE DE LA MARINE ET DES COLONIES.

Art. 35. — Les dépenses concernant la solde du personnel des troupes de la marine et des colonies continuent à n'être ordonnancées que pour le montant net, et la retenue de 5 0/0 à laquelle ces dépenses sont assujetties par la loi du 22 juin 1878 est liquidée trimestriellement par l'Administration de la marine et ordonnancée directement au profit du Trésor public.

Art. 36. — Les dépenses concernant les officiers, marins et assimilés qui figurent sur les rôles des divisions des équipages de la flotte ou des bâtiments de l'État continuent à être ordonnancées pour la somme nette, et le montant des retenues de 5 et de 3 0/0 auxquelles ces dépenses sont assujetties par la loi du 5 août 1879 est calculée en une seule fois, au moment du décomptage des rôles, pour les commissaires aux armements, puis récapitulé dans un relevé général établi par division ou bâtiment, et qui est joint à un mandat au profit du Trésor public.

Quant aux officiers ou assimilés et agents des différents corps de la marine et des colonies qui ne figurent sur aucun des rôles précités, les dépenses dont il s'agit continuent à être ordonnancées pour leur montant brut avec mention sur les mandats de paiement des retenues à exercer en vertu de la loi du 5 avril 1879 et les comptables du Trésor sur la Caisse desquels le paiement de ces traitements est assigné se chargent en recette du montant des dites retenues.

Art. 37. — En ce qui concerne les traitements des fonctionnaires et employés de l'Administration centrale du Ministère de la marine et des colonies et les traitements du personnel civil des colonies, placés par l'article 9 de la loi de finances du 21 mars 1885 sous le régime de la loi du 9 juin 1853, les mandats de paiement continuent à être établis pour leur montant brut avec mention des retenues à exercer pour le service des pensions civiles et les comptables du Trésor sur la Caisse desquels le paiement de ces traitements est assigné se chargent en recette du montant desdites retenues.

Les traitements des fonctionnaires et employés de l'Administration centrale de l'établissement des invalides, ainsi que la solde et l'indemnité de logement des trésoriers des invalides, sont mandatés dans la même forme.

Les comptables de la Caisse des invalides de la marine versent le montant de ces retenues aux agents du Trésor qui leur en délivrent des récépissés à talon et ces récépissés sont annexés aux mandats de paiement.

Art. 38. — Cessent d'être versées à la Caisse des invalides de la marine et profitent au Trésor :

1° Les retenues exercées en cas de congé sur la solde des officiers, fonctionnaires ou agents en congé, ainsi que l'indemnité de logement des officiers en résidence libre ;

2° La solde et les accessoires de solde des officiers, fonctionnaires ou agents en congé ou en prolongation de congé sans solde et qui sont maintenus dans le cadre des corps auxquels ils appartiennent.

Art. 39. — Sont abrogées toutes les dispositions contraires au présent décret.

JULES GRÉVY.

(12 décembre 1885)

DÉP. M. *Envoi : 1° du décret du 17 novembre 1885 portant modification au service de l'Établissement des invalides de la marine, et règlement du mode de payement des pensions civiles et militaires de la marine et des colonies ; 2° d'une instruction provisoire du 12 décembre suivant pour l'application dudit décret. — Rapport. — Décret.*

B. M. p. 1273.

Messieurs, j'ai l'honneur de vous adresser :

1° Une ampliation d'un décret rendu le 17 novembre dernier pour l'exécution des article 9 et 10 de la loi de finances du 21 mars 1859, 9, 10 et 11 de celle du 22 du même mois concernant le service de la Caisse des invalides de la marine et les pensions civiles et militaires de la marine et des colonies ;

2° Une instruction destinée à assurer l'application de ce décret à partir du 1er janvier prochain. Cette instruction est provisoire et j'en prescrirai la révision de manière à remplacer celle du 19 décembre 1859, lorsqu'un certain temps d'expérience aura démontré la nécessité des changements dont elle peut être susceptible.

Les principales modifications que le décret du 17 novembre introduit dans le service de l'Établissement des invalides de la marine consistent dans :

1° Le maintien pendant trente ans dans la Caisse des gens de mer des dépôts qui lui sont confiés ;

2° La reddition préparatoire du compte de cette Caisse par les commissaires de l'inscription maritime ;

3° Le payement des demi-soldes et pensions qui en sont dérivées au porteur du titre et sur la remise du certificat de vie du pensionnaire acquitté par la partie prenante ;

4° La constitution du directeur de l'Établissement des invalides en ordonnateur secondaire des dépenses imputables au budget annexe de la Caisse des invalides de la marine ;

5° La transformation des trésoriers des invalides en préposés effectifs du trésorier général, ce dernier rendant seul le compte de l'Établissement.

Le rapport qui précède ce décret donne les principales raisons qui ont fait adopter ces modifications ; je me bornerai à y ajouter les considérations suivantes :

La faculté qui est laissée aux commissaires de l'inscription maritime de mandater les dépenses portant sur le budget annexe de la Caisse des invalides, alors qu'aucun crédit ne leur est délégué à cet effet, aboutit à des dépassements de crédits et partant à des demandes supplémentaires qu'il est le plus souvent très difficile de justifier auprès des Chambres. D'autre part, il n'a pas paru possible, eu égard à leur peu d'importance relative, de déléguer des crédits à tous ces fonctionnaires ; on se serait exposé à émietter, sans profit, les ressources de la Caisse des invalides. Le directeur de l'Établissement reste donc le seul ordonnateur secondaire pour le budget ; mais, ainsi que vous le verrez par la lecture de l'instruction, des dispositions sont prises pour qu'il n'en résulte aucun retard dans le payement des dépenses autorisées.

Les commissaires de l'inscription maritime ont été constitués comptables administratifs du service des gens de mer pour permettre d'effectuer les remises dans chaque quartier, et d'éviter ainsi le travail et le retard qui résultent de l'établissement des extraits de remises pour les quartiers obliques.

Ainsi que mon prédécesseur vous l'a fait connaître par une dépêche du 18 février dernier (Direction des invalides, Bureau des pensions et secours), mon Département était obligé de renoncer au mode de payement dit à la *banque* pour les pensions et les demi-soldes et de revenir, pour ces dépenses, à la règle tracée par l'art. 6 de la loi du 22 floréal an VII. Dans ces conditions, la solution intervenue doit être considérée comme la plus avantageuse pour les parties prenantes. Les certificats de vie ne peuvent, en principe, être établis que par les notaires, car ces officiers ministériels peuvent seuls offrir au Trésor des garanties suffisantes en cas de faux payement. Il n'a pu être admis d'exception à cette règle que pour les retraités provenant de l'inscription maritime, les veuves et les orphelins d'inscrits, parce que, par leur service même, les syndics sont tenus de les connaître et d'en suivre les mouvements. Cette même considération ne pouvait être invoquée pour les autres pensionnaires. Au surplus, la rétribution qui est attribuée aux notaires pour la délivrance des certificats de vie (art. 46 du décret du 9 novembre 1853) est si faible que les intéressés seraient mal fondés à s'en plaindre en présence des augmentations dont leurs pensions ont bénéficié depuis 1879. C'est comme conséquence des majorations accordées aux pensions de l'armée de terre que l'armée de mer a pu obtenir l'amélioration de ses tarifs dans des proportions au moins aussi favorables, et les pensionnaires de l'armée de terre ont toujours été soumis à la dépense que je viens de citer. Grâce d'ailleurs à l'inscription des pensions au grand-livre de la Dette publique, cette dépense sera réduite de moitié pour les légionnaires et les médaillés, parce que le même certificat de vie pourra servir au payement des deux sortes de pensions. Si cette inscription ne s'était pas faite, les légionnaires et les médaillés auraient été tenus au contraire à la production d'un double certificat de vie à chaque semestre, c'est-à-dire à une dépense de moitié plus forte. Ce sont d'ailleurs les seuls frais qui incomberont aux pensionnaires militaires. Les certificats de vie ne doivent être établis sur papier timbré que pour les titulaires de pensions de la loi de 1853, et l'échange des certificats d'inscription se fait gratuitement pour tous.

D'autre part, comme les certificats de vie tiennent lieu de procuration et de mandat et qu'ils pourront être présentés à toute caisse, soit du Trésor, soit de l'Établissement des invalides, les pensionnaires trouveront toujours un agent de payement assez rapproché pour les dispenser de l'intermédiaire onéreux des commissionnaires accrédités.

Les autorités maritimes n'auront plus évidemment la faculté d'allouer des acomptes aux pensionnaires nécessiteux. Mais, d'abord, cette faculté s'est, dans plusieurs localités, transformée en abus. L'art. 139 de l'Instruction du 19 décembre 1859 n'autorise ces payements qu'à titre exceptionnel, et non seulement ils sont devenus très nombreux et permanents, mais encore ils profitent parfois à des personnes que le chiffre de leur pension ne permet pas de considérer comme nécessiteuses. En second lieu, l'exercice de cette faculté est une cause d'embarras pour l'administration. La majorité des pensionnaires est, en effet, dans une situation peu aisée ; où s'arrêter, dès lors, dans la voie de l'exception et comment refuser à l'un ce que l'on accorde à l'autre ? On en arrive à étendre une faveur qui, par elle-même, est une dérogation à la loi et à créer un surcroît sérieux d'écritures, partant de frais d'administration.

La loi peut seule ordonner le payement mensuel des arrérages de pensions et, si elle édictait une semblable mesure par modification de l'art. 30 de la loi du 9 juin 1853, elle devrait le faire pour tous les pensionnaires de l'État. L'unique avantage qu'il était permis à mon Département de maintenir aux pensionnaires de la marine, est celui de pouvoir être payés à des guichets spéciaux.

Quant à la Caisse des invalides, elle sera rendue à elle-même et mon Département va en poursuivre la transformation en caisse de prévoyance, afin que l'inscrit devenu infirme avant l'âge par le fait de la navigation, que la veuve et l'orphelin de celui qui a péri dans un naufrage n'aient plus à solliciter chaque année un secours éventuel et trop souvent insuffisant. Ce problème peut être résolu sans accroître les charges de l'État, mais l'étude ne pouvait en être abordée qu'après que la Caisse des invalides aurait recouvré la libre disposition de ses ressources.

En résumé, Messieurs, la nouvelle réglementation de l'Établissement des invalides se propose un double but : l'observation stricte des règles de la comptabilité publique et la suppression de toute complication dans les écritures. Je compte sur vos efforts pour que ce double but soit atteint. Je vous prie, en outre, de vous attacher à faire connaître aux pensionnaires et aux populations maritimes les dispositions qui les concernent et les avantages qu'ils peuvent en retirer.

GALIBER.

II. RETENUES AU PROFIT DE LA CAISSE (1).

NATURE DES DOCUMENTS	DATES	RECUEILS A CONSULTER							OBSERVATIONS
		Bat	B. C.	B D. I	J. C.	J. H.	B. M.	B. Col	
Circ. M.	27 janvier 1854.		1864 12						
Décret.	1er juin 1875.						665		
Dép. M.	24 janvier 1879.	II-454							
Dép. M.	21 juin 1879.								
Dép. M.	22 août 1879.				103		291		
Circ. M.	19 février 1880.								
Dép. M	23 février 1880.								
Dép. M.	7 mai 1880.								
Circ. D. I.	8 juillet 1880.			81					
Décret.	13 juillet 1880.		408						
Dép. M.	17 juillet 1880.								
Dép. M.	29 juillet 1880.								
Circ. M.	10 novembre 1880.								
Circ. M.	16 décembre 1880.								
Dép. M.	10 mars 1881.		223						
Dép. M.	15 mars 1881.		222						
Circ. M.	12 avril 1881.					523			
A. G.	9 novembre 1881.								
Dép. M.	27 octobre 1882.								
Circ. M.	30 décembre 1882.					1104			
Dép. M.	11 juin 1883.								

(1) Les retenues imposées par les lois de pension sur les traitements du personnel civil et militaire de la Marine et des Colonies sont, depuis le 1er janvier 1886, exercées au profit du Trésor.

Quant aux retenues exercées en vertu de l'art. 204 du décret du 1er juin 1875 sur la solde en cas de congé ou d'envoi en résidence libre, elles cessent depuis la même date (1er janvier 1886) d'être versées à la Caisse des Invalides de la Marine et profitent au Trésor.

NATURE DES DOCUMENTS	DATES	RECUEILS A CONSULTER							OBSERVATIONS
		Bat.	B. C.	B.D.I	J.H.	J. C.	B. M.	B Col	
Dép. M.	11 juin 1883.							835	
Dép. M.	29 juin 1883.								
Dép. M.	26 juillet 1883.						105		
Circ. M.	31 juillet 1883.								
Circ. M.	21 novembre 1883.						668		
Circ. M.	28 novembre 1883.						727		
Circ. M.	1er décembre 1883.						731		
Circ. D. I.	10 janvier 1884.			3					
Dép. M.	4 mars 1884.								
Circ. M.	31 mai 1884.		310						
Circ. Ch. S. Ad.	8 septembre 1884.								
Circ. M.	8 octobre 1884.								
Dép. M.	31 décembre 1884.		1885 48						
Circ. D. I.	16 janvier 1885.			2	80				
Rapp. D. I.	17 février 1885.				250				
Circ. D. I.	21 février 1885.				251				
Dép. M.	21 juillet 1885.								
Dép. M.	7 octobre 1885.		1886 4						
Dép. M.	6 novembre 1885.		409						
Dép. M.	12 novembre 1885.								
Dép. M.	28 novembre 1885.								
Circ. D. I.	janvier 1886.			2	79				

NATURE DES DOCUMENTS	DATES	RECUEILS A CONSULTER							OBSERVATIONS
		Bat	B. C.	B. D. I	J. C.	J. H.	B. M.	B Col	
Dép. M.	13 mai 1886.								
Dép. M.	9 octobre 1886.								
Dép. M.	10 janvier 1887.								
Dép. M.	24 janvier 1887.								
Dép. M.	16 février 1888.								
Dép. M.	23 août 1888.								

(27 janvier 1854)

CIRC. M. *au sujet des retenues à exercer sur le traitement des ingénieurs et conducteurs des ponts et chaussées pour le service des pensions civiles.*

(Insérée au B. C. par ordre du 4 janvier 1864).
B. C. 1864. p. 12.

(1er juin 1875)

DÉCRET *portant règlement sur la solde et les accessoires de solde des officiers, aspirants, fonctionnaires et divers agents du Département de la marine et des colonies (art. 204)* (1).

B. M. p. 665.

(24 janvier 1879)

DÉP. M. *Le personnel des douanes du Tonkin (cadre métropolitain) est admis, en vue du bénéfice de la retraite, à verser au trésor la prestation réglementaire. Prescriptions concernant les agents du service colonial et de formation locale.*

BAT. II. p. 454.

Le 18 octobre dernier, vous m'avez soumis une demande formée par une partie du personnel des douanes du Tonkin à l'effet d'obtenir qu'ils soient admis, en vue du bénéfice de la retraite, à verser à la Caisse des invalides de la marine la prestation réglementaire sur les appointements qui leur sont alloués par le gouvernement annamite.

Je n'ai pas d'objection à élever contre cette réclamation. Il est à remarquer seulement que c'est au trésor et non à la Caisse des invalides de la marine, qui aurait à payer des pensions dont ils deviendraient titulaires, que les agents du cadre métropolitain devront opérer les versements dont il s'agit.

Pour les autres, comme il est tenu note dans les bureaux de l'administration des invalides des retenues de l'espèce, je vous prierai de m'adresser trimestriellement, sous le timbre du bureau central de cette direction, conformément à ce qui a lieu pour les officiers et agents employés par le gouvernement annamite, un état nominatif indiquant le traitement desdits agents et l'importance des versements qu'ils auront effectués.

Quant aux agents de formation locale qui ont exprimé le désir d'être affranchis de toute retenue, il est hors de doute qu'aucune obligation ne peut leur être imposée à cet égard, du moment que leurs émoluments sont directement payés par le gouvernement de Hué.

MICHAUX

(21 juin 1879)

DÉP. M. *au sujet de la retenue de 5 0/0 à opérer sur la solde des officiers du génie employés en Cochinchine.*

ARCH. GOUV.

M. le général L...., inspecteur général des troupes en Cochinchine, en 1878, m'a remis à son retour à Paris une réclamation qui lui avait été présentée par les officiers du génie employés dans la colonie et portant sur les points suivants :

1° La retenue de 5 0/0 sur la solde ne doit être exercée que sur la solde de grade proprement dite et non sur les suppléments et indemnités ;

2° L'application de cette retenue, qui est effectuée en France depuis le 1er juillet 1878, ne peut l'être en Cochinchine qu'à partir de l'époque où la loi du 22 juin 1878 sur les pensions militaires a été connue dans la colonie.

(1) Les retenues exercées en vertu de ces dispositions cessent d'être versées à la Caisse des invalides de la marine et profitent au Trésor (art. 38 du décret du 17 novembre 1885).

Cette réclamation, que n'a pas cru devoir admettre M. le chef du service à Saïgon, ne m'a pas paru non plus de nature à être accueillie.

En effet, s'il n'a pas été possible de constituer pour les officiers prêtés par le Département de la guerre, comme on l'a fait pour ceux des troupes de la marine, une solde coloniale unique, par la raison que les retenues opérées sur le traitement des premiers sont versées partie au Trésor, partie à la Caisse des invalides de la marine, l'ensemble des allocations n'en forme pas moins un traitement égal au grade correspondant. Il a paru dès lors que les dispositions appliquées, quant à la quotité des retenues, aux officiers du Département de la marine, devaient l'être également à ceux du Département de la guerre.

Néanmoins, j'ai cru devoir demander sur la question l'avis de M. le général G...., qui partage ma manière de voir à cet égard.

Quant à ce qui concerne l'application de la retenue de 5 0/0 à compter du 1er juillet, il n'y a là aucun effet rétroactif, attendu qu'aux colonies les dispositions modificatives de la solde reçoivent leur exécution non pas du jour où elles y sont connues, mais du jour même où elles ont été rendues applicables en France.

J'ai l'honneur de vous prier de vouloir bien porter cette décision à la connaissance de qui de droit.

JAURÉGUIBERRY

(22 août 1879)

DÉP. M. *Retenues à exercer sur la solde et les accessoires de solde des officiers, fonctionnaires et divers agents de la marine. — Application de la loi du 5 août 1879 sur les pensions du personnel du Département de la marine et des colonies. — 1° Allocations passibles de la retenue de 5 0/0; 2° allocations possibles de la retenue de 3 0/0.*

J. C. p. 103.
B. M. p. 291.

(19 février 1880)

CIRC. M. *Instructions sur les retenues à exercer au profit de la Caisse des invalides sur les dépenses aux colonies.*

ARCH. S. AD.

(23 février 1880)

DÉP. M. *prescrivant de distinguer sur les relevés des mandats les officiers des militaires des corps de troupes dans le but de faciliter la retenue du 3 et du 5 0/0 au profit du Trésor.*

ARCH. GOUV.

Par une dépêche en date du 25 mai dernier, j'ai appelé votre attention sur l'insuffisance des renseignements portés sur les relevés des mandats émis par l'Administration de la Cochinchine.

Ainsi que je vous le faisais remarquer, ces documents comprennent à la fois des sommes payées à des officiers et à des militaires des corps de troupe de la marine, sans distinction de grade.

Il est indispensable que les paiements effectués soient indiqués séparément pour les officiers et pour la troupe, afin de permettre de faire ressortir dans le travail d'ensemble de l'Administration centrale le montant des prestations de 5 et de 3 0/0 dévolues à la Caisse des Invalides.

En conséquence, j'ai l'honneur de vous renvoyer les huit relevés ci-joints que vous aurez à me faire parvenir aussitôt qu'ils auront été complétés dans le sens des indications qui précède.

Je vous prie d'adresser des recommandations en vue d'éviter le retour de ces irrégularités.

JAURÉGUIBERRY.

(7 mai 1880)

DÉP. M. *prescrivant que si les pensions de retraite des tirailleurs ont été mises à la charge de la colonie, il n'en résulte pas pour elle le droit de réputer contre la Caisse des invalides les sommes qu'elle a encaissées.*

ARCH. GOUV.

Vous m'exposez, dans votre lettre du 20 mars, les conséquences qui vous paraissent devoir résulter, au point de vue de la Caisse des invalides, de l'application du décret du 2 décembre dernier qui a créé un régiment de tirailleurs indigènes en Cochinchine.

L'article 4 dudit décret ayant mis les pensions de retraite des tirailleurs annamites à la charge de la colonie, vous en inférez qu'il n'y a plus lieu de continuer à percevoir pour le compte de cette Caisse la prestation de 3 0/0 sur cette partie des dépenses.

Vous ajoutez que des répétitions devront même être exercées contre elle à raison des sommes qu'elle a encaissées depuis quinze ans, attendu que le décret du 2 décembre dernier admet dans la liquidation des pensions les services antérieurs à sa promulgation.

Je ne saurais partager votre manière de voir sur ce dernier point.

Je reconnais, en effet, avec vous que les pensions des tirailleurs annamites ne devant pas être liquidées par la Caisse des invalides, il est rationnel qu'il ne soit point exercé de prestations à son profit sur la solde qui sera payée à ces militaires sur les fonds du budget local ; mais, en ce qui touche la question des perceptions déjà effectuées, il a toujours été de principe de n'exercer aucune répétition contre la Caisse des pensions à l'égard de sommes qui, en définitive, lui ont été régulièrement dévolues.

C'est ainsi que chaque jour elle conserve le montant des retenues opérées sur la solde des fonctionnaires ou agents de la marine qui passent au service des autres départements ministériels.

Il ne me paraît donc pas possible de créer une exception en faveur du service local de la Cochinchine.

JAURÉGUIBERRY.

(8 juillet 1880)

CIRC. D. I. *au sujet de la retenue de 5 p. 100 à opérer sur le traitement des fonctionnaires de l'administration locale.*

B. D. I. p. 81.

Conformément aux prescriptions de la dépêche ministérielle du 7 août 1879, portant notification de la loi du 5 du même mois sur les pensions de retraite et des tarifs y annexés, une retenue de 5 p. 100 doit être opérée, au profit de la caisse des invalides de la marine, sur la solde des fonctionnaires compris dans le tarif nº 1.

La même retenue devra être faite aux fonctionnaires qui leur sont assimilés par le décret du 21 mai 1880, réglant l'assimilation des fonctionnaires, employés et agents de service colonial, en ce qui concerne leurs droits à la pension de retraite, inséré au *Journal officiel* de la colonie du 3 juillet courant.

En conséquence, j'ai l'honneur de vous adresser ci-dessous la liste des fonctionnaires de l'Administration locale qui devront subir la retenue de 5 p. 100 sur la totalité de la solde colonial à compter du 1er juillet courant :

Directeur de l'Intérieur,
Secrétaire général,
Chef de bureau,
Sous-chef de bureau,
Inspecteur,
Administrateur,
Administrateur stagiaire,
Interprète principal,
Secrétaire-archiviste du Conseil privé,
Secrétaire-archiviste de la direction de l'Intérieur.

Il ne sera plus établi de mandats individuels pour les Administrateurs qui ont un grade dans l'armée ou dans la marine.

Ces fonctionnaires devront figurer sur les états de solde des inspections et supporter, ainsi qu'il est dit plus haut, la retenue de 5 p. 100 sur la totalité de leur solde coloniale comme administrateurs.

NOUET.

(13 juillet 1880)

DÉCRET *concernant les pensions de retraite des fonctionnaires et agents coloniaux ayant une parité d'office dans les services métropolitains (art. 2, 3 et 4)* (1).

B. C. p. 408.

Article premier. — . . . .

Art. 2. — Les retenues déterminées par l'article 3 de la loi du 9 juin 1853 sont exercées, au profit de la caisse des invalides, sur le traitement de parité d'office.

Le supplément accordé pour parfaire le traitement colonial ne supporte que la retenue de 3 p. 100, conformément aux lois annuelles de finances.

Art. 3. — Le personnel colonial non compris dans le tableau faisant suite au présent décret, est retraité d'après les dispositions générales de la loi du 9 juin 1853. Sa solde d'Europe est déterminée par le Ministre ; elle est passible, au profit de la Caisse des invalides, des retenues prescrites par ladite loi. Le supplément accordé à titre de traitement colonial supporte la retenue de 3 p. 100.

Art. 4. — Sont abrogées les dispositions contraires au présent décret, et notamment celles contenues au paragraphe 7 de l'article 204 du décret du 1er juin 1875 sur la solde.

JULES GRÉVY.

(17 juillet 1880)

DÉP. M. *prescrivant qu'en exécution de l'art. 204 du décret du 1er juin 1875 sur la solde, tous les fonctionnaires du service des travaux publics, sauf toutefois les surveillants de travaux qui ne sont pas mentionnés dans le décret ci-dessus, doivent subir une retenue de 5 0/0 sur leur solde d'Europe au profit de la caisse des invalides.*

ARCH. GOUV.

J'ai eu l'occasion de remarquer que la Direction de l'Intérieur de Cochinchine, en arrêtant les livrets de solde des fonctionnaires et agents du service des travaux publics de la colonie rentrant en France en congé, indiquait le traitement d'Europe de ces fonctionnaires et agents était passible d'une retenue de 3 0/0 au profit de la caisse des invalides de la marine.

Cette manière de procéder est erronée et préjudiciable aux droits de la caisse des invalides.

Je crois devoir, en conséquent, vous rappeler les dispositions en vigueur à cet égard, afin qu'un semblable fait ne se produise plus à l'avenir.

Aux termes de l'article 204 du décret du 1er juin 1875 sur la solde, les fonctionnaires ou agents des services civils aux colonies qui ont une parité d'office dans les services métropolitains (loi du 18 avril 1837, art. 24) et qui sont traités par la caisse des invalides de la marine sur les bases de la loi du 9 juin 1853 concernant les pensions civiles, subissent au profit de cette caisse, les diverses retenues prévues par ladite loi.

Tel est bien le cas des employés du service des travaux publics dont l'assimilation avec le personnel métropolitain des ponts et chaussées a été réglée par le décret du 23 septembre 1873.

Il en résulte que tous les fonctionnaires et agents de ce service, à l'exception toute fois des surveillants de travaux qui ne sont pas désignés dans le décret ci-dessus mentionné doivent subir une retenue de 5 0/0 sur leur soldé d'Europe, profit de la caisse des invalides de la marine.

J'ai l'honneur de vous prier de vouloir bien donner des ordres pour que ces dispositions reçoivent dorénavant leur stricte application.

JAURÉGUIBERRY.

(1) V. Pensions de retraite.

P. S. — L'exception ci-dessus indiquée n'existe même plus pour les surveillants d'après les dispositions du décret du 13 juillet inséré au *Journal officiel* du 19 du même mois.

(29 juillet 1880)

DÉP. M. *au sujet d'une contradiction qui paraît exister entre les dispositions de la circulaire du 10 décembre 1878 et celles de la dépêche du 21 juin 1879 au sujet de la retenue à exercer sur les indemnités allouées aux officiers de l'état-major particulier de l'artillerie et du génie. (V. circ. 13 mars 1880).*

ARCH. GOUV.

Par lettre du 16 décembre dernier, vous m'avez signalé la contradiction qui semble exister entre les dispositions de la circulaire du 10 décembre 1878 (1) et celles de la dépêche du 21 juin 1879, au sujet de la retenue à exercer, au profit de la caisse des invalides de la marine, sur les indemnités allouées aux officiers des états majors particuliers de l'artillerie et du génie et vous m'avez demandé de nouvelles instructions à cet égard.

La dépêche du 21 juin 1879 n'a eu pour effet que de donner une solution à la réclamation formée par les officiers du génie employés en Cochinchine, et non de déterminer la retenue à exercer sur ces indemnités, retenue dont la quotité est fixée par la décision présidentielle du 17 mars 1875, et maintenue par la circulaire du 10 décembre 1878.

J'ai l'honneur de vous faire remarquer que les officiers des états-majors particuliers de l'artillerie et du génie doivent supporter, sur leurs indemnités de fonctions, une retenue de 2 p. 100 au lieu de 3 p. 100, comme vous l'indiquez dans votre lettre précitée du 16 décembre; mais la caisse des invalides de la marine devant recevoir une prestation de 3 p. 100 sur ces indemnités, il y a lieu de déduire 2 p. 100 de la somme à payer et d'abonder le reste de 3 p. 100 à l'infini.

Cette prescription est rappelée par la circulaire du 13 mars dernier, insérée au *Bulletin officiel de la marine*, p. 463.

Je vous prie de notifier ces dispositions à qui de droit.

JAURÉGUIBERRY.

(10 novembre 1880)

CIRC. M. *au sujet des retenues à exercer sur le traitement des magistrats.*

ARCH. GOUV.

Le decret du 17 janvier 1863, sur la solde des magistrats aux colonies, détermine trois sortes de traitements :

1° Le traitement colonial ;

2° Le traitement d'Europe, fixé à la moitié du précédent ;

3° Le traitement de parité d'office servant de base à la liquidation de la pension de retraite, qui est réglée conformément aux lois des 18 avril 1831 et 9 juin 1853.

D'autre part, le décret du 1er juin 1875, sur la solde du personnel de la marine et des colonies, porte, dans son article 204, que les fonctionnaires et agents des services civils aux colonies qui ont une parité d'office dans les services métropolitains et qui sont retraités par la caisse des invalides, sur les bases de la loi du 9 juin 1853, subissent, au profit de cette caisse, les retenues prévues par ladite loi.

Il ressort de ces dispositions que les magistrats doivent subir sur leur traitement de parité d'office, une retenue de 5 p. 100, ainsi que, le cas échéant, la retenue du premier douzième et des retenues pour cause d'absence, de congé ou par mesure disciplinaire. Mais, la plupart du temps, cette prescription ne peut être exécutée à l'égard des magistrats qui sont en congé ou en expectative de départ, attendu que le traitement d'Europe dont ils jouissent est inférieur à la solde de parité d'office et qu'il serait à la fois rigoureux et peu équitable de leur imposer une retenue pour la partie de leur traitement qu'ils ne touchent pas.

Pour remédier à cet état de choses, je me suis préoccupé de rechercher un mode de procéder qui, tout en fournissant à la caisse des invalides les allocations auxquelle elle a droit, garantit en même

(1) V. B. M. p. 940.

temps les intérêts des magistrats. Par suite, j'ai décidé que toutes les retenues réglementaires seraient dorénavant effectuées au profit de la caisse des invalides, *sur le traitement de parité d'office* des magistrats, d'après les prescriptions du décret de 1875; mais que toutes les fois que le traitement de parité d'office serait supérieur à la solde réellement touchée, les retenues réglementaires seraient prélevées d'abord au compte du magistrat, proportionnellement au montant de la solde qui lui est payée; ensuite et pour le surplus, au compte du budget auquel la dépense est imputable, c'est-à-dire le budget de l'État pour toutes les colonies, sauf la Cochinchine, et le budget local pour cette dernière.

Il est bien entendu que le supplément de retenue n'est mis au compte du budget que lorsque la solde touchée par le magistrat est inférieure au traitement de parité d'office.

Ainsi, aux termes de l'article 33 du décret du 1er juin 1875, le magistrat appelé à se déplacer par suite de sa promotion à un nouvel emploi, reçoit, depuis le jour de sa nomination jusqu'à celui de son départ, un traitement transitoire égal au montant de la solde coloniale de son ancien emploi. Dans ce cas, les retenues réglementaires doivent être exercées, à la charge du magistrat, jusqu'à concurrence de la parité d'office du nouvel emploi.

Par exemple, quand un juge du tribunal de Saint-Pierre (Martinique), au traitement colonial de 6,000 francs, est nommé juge-président au tribunal de Saint-Louis (Sénégal), au traitement colonial de 7,000 francs, il touche jusqu'au jour de son embarquement, une solde transitoire de 6,000 francs, ainsi décomposé :

Solde d'Europe du juge-président, 3,500 francs.

Supplément, 2,500 francs.

L'ensemble de cette solde de 6,000 francs étant supérieur au traitement de parité d'office du nouvel emploi qui est de 3,000 francs, le magistrat subira les retenues réglementaires jusqu'à concurrence de cette dernière somme.

C'est donc le traitement de parité d'office du nouvel emploi, soit 3,000 francs, qui est passible des retenues réglementaires.

D'autre part, quand un président de la Cour des Antilles, au traitement de 14,000 francs, est nommé procureur général, il recevra, jusqu'au jour de son embarquement, une solde transitoire de 14,000 francs, ainsi décomposée :

Solde d'Europe du nouvel emploi, 9,000 francs.

Supplément colonial, 5,000 francs.

Le traitement de parité d'office de procureur général s'élevant à 15,000 francs, le magistrat subira les retenues réglementaires sur 14,000 francs, et la différence des retenues jusqu'à concurrence de 15,000 francs, soit 1,000 francs, sera imputée sur les crédits du budget intéressé.

Les retenues complémentaires donnant lieu à des dépenses au compte du budget, il conviendra d'adopter un mode d'opérer spécial.

L'ordonnance ou le mandat de paiement contiendra, outre le décompte du traitement, le montant net du supplément de retenue laissé à la charge du budget; le total des sommes formera la dépense brute. On inscrira à la suite, dans la colonne des retenues : 1° celles qui sont subies par le magistrat; 2° celles qui sont imputées au budget, s'il y a lieu (*le total de ces sommes constituant la retenue de la parité d'office*).

Rien n'est changé, d'ailleurs, à la perception de la retenue du 3 p. 100 sur la partie du traitement supérieure à la parité d'office.

Je vous prie de prescrire les mesures nécessaires pour qu'on se conforme aux prescriptions contenues dans la présente dépêche.

CLOUÉ.

(16 décembre 1880)

CIRC. M. *au sujet des modifications apportées dans le libellé des feuilles de rôles d'équipage. Adoption d'une formule unique pour la perception des sommes à verser à l'Établissement des Invalides.*

ARCH. GOUV.

Je crois devoir vous faire connaître que les imprimés des diverses feuilles de rôle d'équipage qui vont être mis en usage à partir de l'année 1881, ont été modifiés de manière à se mieux prêter à la mention de la spécialité et de la situation militaire actuelle des hommes embarqués.

Je ne saurais trop vous recommander de veiller à ce que toutes les indications que comportent les formules soient rigoureusement remplies au moment de l'embarquement de chaque marin.

D'autre part, dans un but de simplification, j'ai décidé qu'à l'avenir, et quel que soit le genre de navigation effectuée, l'imprimé n° 3513 (*ainsi que son annexe n° 3514*) intitulé : *Rôle de perception* serait seul employé comme formule de désarmement destinée à la Cour des comptes. De plus, cette feuille devant nécessairement aboutir à un ordre ou un mandat de recette pour droits d'invalides, j'en ai fait modifier la légende de manière que l'arrêté constitue lui-même ce mandat.

En conséquence, à partir de la réception de ces nouvelles feuilles de rôles de perception, et dès que les anciennes formules auront été épuisées, l'imprimé n° 3434, désigné dans la nomenclature générale sous le titre : *Mandat de recette, chapitre armements et désarmements*, cessera d'être employé. Les quantités de cet imprimé qui existeront alors dans les ports, devront être renvoyées au chef-lieu de l'arrondissement maritime pour être livrées au pilon.

L'insertion de la présente circulaire au *Bulletin officiel de la Marine* tiendra lieu de notification.

CLOUÉ.

(10 mars 1881).

DÉP. M. *fixant les retenues à exercer sur les traitements du personnel colonial non compris dans les décrets d'assimilation des 21 mai, 13 juillet et 6 septembre 1880.*

B. C. p. 223.

Les fonctionnaires coloniaux dont la situation, au point de vue de la pension, était restée jusqu'à ces derniers temps incertaine, ont fait l'objet de divers décrets, en date des 21 mai, 13 juillet et 6 septembre 1880, qui ont définitivement arrêté, pour un certain nombre d'entre eux, les bases de la fixation des pensions à leur attribuer. Les uns ont reçu des assimilations avec le personnel des arsenaux, et, pour d'autres, il a été fixé des parités d'office aux fonctionnaires civils de France occupant les positions similaires dépendant des différents Départements ministériels.

Tels sont ceux qui se trouvent compris dans les tableaux faisant suite aux décrets précités.

Mais il existe encore un assez grand nombre de fonctionnaires du service local des colonies pour lesquels il n'a pu être adopté ni une assimilation, ni une parité d'office, et, par suite, le décret du 13 juillet 1880, statuant à leur égard, contient à l'article 3 les dispositions suivantes : « Le personnel « colonial non compris dans le tableau faisant suite au présent décret, est retraité d'après les dis- « positions générales de la loi du 9 juin 1853 ; la solde d'Europe est déterminée par le Ministre ; elle « est passible, au profit de la caisse des invalides, des retenues prescrites par ladite loi. Le supplé- « ment accordé à titre de traitement colonial supporte la retenue de 3 p. 100. »

Il s'agit donc, pour compléter la série des mesures arrêtées en ce qui concerne le règlement des pensions du personnel colonial, de déterminer qu'elle sera, pour la catégorie spéciale dont je viens de parler, la partie du traitement qui, considérée comme traitement d'Europe, sera frappée de la retenue de 5 p. 100, comme le veut l'article 3 de la loi du 9 juin 1853, et servira de base à la liquidation de retraite, le surplus étant réputé supplément colonial et ne devant supporter que la prestation ordinaire de 3 p. 100.

Jusqu'à présent, il a été admis d'une manière à peu près générale, à l'égard du personnel inférieur des colonies, et cela en vertu de dispositions de principe posées dans une ordonnance du 22 septembre 1819, que le traitement d'outre-mer était double de celui d'Europe. Telle est, au surplus, la règle observée vis-à-vis des fonctionnaires coloniaux n'ayant pas de parité d'office, lorsqu'ils viennent passer un congé en France.

Il m'a donc semblé que la même règle pourrait être adoptée pour la matière spéciale des pensions et que les fonctionnaires dont il s'agit pourraient supporter, quel que soit le budget sur lequel leur traitement est imputable, une retenue de 5 p. 100 sur la moitié de leurs émoluments et 3 p. 100 sur l'autre moitié.

Si le Ministre approuvait cette solution, elle pourrait être notifiée par circulaire à MM. les gouverneurs et commandants des colonies, qui réclament l'adoption d'une règle pour l'application de l'article 3 précité du décret du 13 juillet 1880.

(15 mars 1881)

DÉP. M. *Notification de la décision ministérielle du 18 mars 1881.*

B. C. p. 222.

Par décision du 10 mars courant, j'ai fixé à la moitié du traitement total la partie de la solde du personnel local non compris dans les décrets d'assimilation des 21 mai, 13 juillet et 6 septembre

1880, qui doit supporter la retenue de 5 p. 100 exercée en vue de la pension de retraite sur la caisse des invalides de la marine, la seconde moitié dudit traitement ne devant subir que la retenue de 3 p. 100.

L'insertion de ladite décision au *Bulletin officiel de la marine* tiendra lieu de notification.

G. Cloué.

(12 avril 1881)

CIRC. M. *Règlement de diverses questions relatives aux retenues à opérer sur les traitements des agents coloniaux.*

B. M. p. 523.

(9 novembre 1881)

A. G. *ayant pour objet d'exonérer les dépenses de la régie d'opium de la retenue de 3 0/0 exercée au profit de la caisse des invalides de la marine.*

(APP. DÉP. M. 11 juin 1883).

(27 octobre 1882)

DÉP. M. *au sujet des retenues au profit du Trésor et de la Caisse des invalides. Indications à mentionner sur les états.*

ARCH. GOUV.

L'examen des revues de liquidation des états-majors et corps de troupes coloniaux, m'a permis de constater que le plus souvent les états de retenues à opérer, soit au profit du Trésor, soit au profit de la caisse des invalides, ne présentent pas des indications suffisantes pour apprécier si oui ou non les retenues mentionnées sur les états ont fait, dans la colonie, l'objets d'états de régularisation dans les écritures des agents du Trésor ou si, par suite de circonstances particulières, ces retenues n'ont été faites que pour mémoire.

Je vous prie de donner des ordres pour qu'à l'avenir une indication catégorique fasse connaître s'il s'agit de retenues *opérées* et *versées* au Trésor ou à la caisse des invalides de la marine, ou si les états dont il s'agit ne font que constater le montant des retenues dont le versement *doit être effectué en France*, ce qui, dans tous les cas, ne pourrait avoir lieu que pour les retenues opérées au profit du la caisse des invalides pouvant toujours être régularisées dans les colonies.

Dislère.

(30 décembre 1882)

CIRC. M. *Solutions de diverses questions se rapportant aux retenues à percevoir sur les émoluments du personnel local des colonies.*

B. M. p. 1104.

(11 juin 1883)

DÉP. M. *Les dépenses de la régie de l'opium sont exonérés de la retenue 3 0/0 au profit de la Caisse des invalides.*

ARCH. GOUV.

L'inspecteur des services administratifs et financiers de la marine et des colonies en Cochinchine a appelé mon attention, dans son rapport de fin d'année, sur un arrêté de votre prédécesseur en date du 9 novembre 1881 et qui a pour objet d'exonéner les dépenses de la régie de l'opium de la retenue de 3 p. 100 au profit de la caisse des invalides.

M. Prigent considère cette mesure comme justifiée en ce qui concerne les frais auxquels donnent lieu l'achat des matières premières, leur transformation, etc., attendu que ces opérations ne constituent que des moyens d'arriver à réaliser des recettes pour la colonie. Mais il voudrait maintenir l'exercice de la retenue dont s'agit sur les frais de premier établissement comme ceux d'acquisition de terrains, de maisons, etc., « ces dépenses, dit-il, ne sont pas absorbées par l'exploitation elle-« même et la régie venant à cesser de fonctionner, on retrouverait dans l'avoir de la colonie des « terrains, des maisons, du matériel en représentation de l'argent dépensé. »

Je n'ai pas besoin de vous faire remarquer que cette distinction ne saurait exister si les prix de vente de l'opium étaient régulièrement établis, car les frais de première installation dont il est question entrent dans le prix de revient de cette marchandise. En tout cas, elle se heurterait dans la pratique à des complications d'écritures et à des difficultés hors de proportion avec le résultat à atteindre. La régie de l'opium remplace une ferme dont les dépenses ne supportaient aucune retenue au profit de la caisse des invalides.

Il me paraît plus simple de lui maintenir cette situation et il y a d'autant moins d'inconvénient à agir ainsi que le projet de loi portant réorganisation de la caisse des invalides et que j'ai déposé sur le bureau de la Chambre dans la séance du 17 mars dernier, propose dans son article 12 d'exonérer de la retenue dont il s'agit les dépenses à la charge des revenus locaux des colonies.

J'approuve, en conséquence, l'arrêté de votre prédécesseur en date du 9 novembre 1881 et je vous prie d'en assurer l'entière application.

Ch. Brun.

(11 juin 1883)

DÉP. M. *au sujet de la suppression de la retenue de 3 0/0 sur les dépenses de matériel à partir du 1er janvier 1884.*

B. M. p. 835.

(29 juin 1883)

DÉP. M. *au sujet des retenues exercées sur la solde du personnel du service local en Cochinchine.*

ARCH. GOUV.

Par suite à votre lettre du 26 avril dernier, n° 478, j'ai l'honneur de vous transmettre un état du personnel du service local dont la solde m'a paru frappée de retenues irrégulières. Il était inutile du reste de faire figurer sur le tableau joint à votre communication le personnel de la direction de l'intérieur et celui du service annexe des affaires indigènes, puisque ces fonctionnaires sont régis par le décret d'assimilation du 21 mai 1880.

Je vous prie de rappeler à l'administration locale que d'après l'assimilation avec le personnel métropolitain des agents subalternes du service colonial mentionnés par le tableau faisant suite au décret précité la prestation de 3 0/0 et non de 5 0/0 est la seule qu'il convienne d'exercer tant sur la solde d'Europe que sur le supplément colonial de ces agents lorsqu'il existe égalité dans le traitement. Cette observation s'applique aux interprètes de 1re et de 2e classe. Les interprètes principaux seuls ont une assimilation plus élevée.

D'autre part le personnel qui n'a pas de parité d'office et auquel le décret du 21 mai 1880, n'est pas applicable, est régi, pour les retenues à prélever au profit de la caisse des invalides, par les décisions ministérielles des 10 mars et 12 avril 1881 (B. M. p. 375 et 523). Conformément aux dispositions de la loi du 9 juin 1853, la solde d'Europe, sur laquelle est basée la liquidation des retraites, comporte la retenue de 5 0/0, le supplément colonial ne supportant que celle de 3 0/0. Les agents affectés à l'assistance publique appartiennent à cette catégorie de personnel, sauf dans le cas où ils auraient été prêtés par le service hospitalier qui est mentionné dans le décret du 20 mai 1880.

Il doit demeurer entendu, que, conformément aux prescriptions de la circulaire du 30 décembre 1882 (B. M, p. 1104), ceux des agents qui ne seraient employés que temporairement n'ont pas droit à pension et ne supportent aucune retenue au profit de la caisse des invalides. Leurs émoluments doivent en conséquence être abondés de 3 0/0.

Je vous prie de vouloir bien donner des ordres pour assurer l'exécution des dispositions sus-mentionnées.

Ch. Brun.

(26 juillet 1883)

DÉP. M. *prescrivant qu'à partir du 1er janvier 1884 les retenues au profit de la Caisse des Invalides de la marine sur les dépenses de toute nature à la charge des revenus locaux des colonie devront faire l'objet de mandats de recette distincts qui seront classés dans la comptabilité de l'établissement des invalides sous le titre : retenues sur les dépenses à la charge des revenus locaux des colonies.*

B. M. p. 105.

(31 juillet 1883)

CIRC. M. *relative à la retenue de 3 p. 100 établie au profit de la caisse des invalides, sur les dépenses du matériel du Ministère de la marine et des colonies.*

ARCH. GOUV.

La loi de finances du 29 décembre 1882 a supprimé, à partir du 1er janvier 1884, la retenue de 3 p. 100 établie, au profit de la caisse des invalides, sur les dépenses du matériel du Ministère de la marine et des colonies.

Une de nos administrations coloniales ayant pensé que la loi précitée s'appliquait également aux dépenses de même nature inscrites aux budgets locaux, a demandé s'il ne serait pas nécessaire de promulguer dans la colonie la loi du 29 décembre 1882, afin qu'elle puisse recevoir son exécution dans le délai fixé.

Pour qu'aucune équivoque ne puisse se produire à cet égard, je crois devoir vous rappeler que la loi précitée concerne exclusivement les dépenses de matériel du budget de la marine et du budget colonial, et que les dépenses de même nature des budgets locaux resteront soumises à la retenue de 3 p. 100 au profit de la caisse des invalides de la marine.

CH. BRUN.

(21 novembre 1883)

CIRC. M. *au sujet de la retenue de 3 0/0 au profit de la caisse des invalides qui doit continuer à s'opérer sur les dépenses du matériel à la charge des service locaux des colonies.*

B. M. p. 668.

(28 novembre 1883)

CIRC. M. *contenant des instructions relatives au paiement de certaines dépenses qui, à partir du 1er janvier 1884, ne doivent plus supporter la retenue ou être abondées de 3 0/0 au profit de la caisse de invalides.*

B. M. p. 727.

(1er décembre 1883)

CIRC. M. *au sujet de la retenue de 3 0/0 sur les dépenses du matériel à partir du 1er janvier 1884 ; — manière d'opérer ; — modèle de certificat comptable.*

B. M. p. 731.

(10 janvier 1884)

CIRC. D. I. *Quel que soit le nombre de fonctionnaires et d'agents compris sur les états de solde collectifs, le total des retenues individuelles de 5 0/0 ou de 3 0/0 doit rigoureusement concorder avec l'ensemble des sommes brutes.*

B. D. I. p. 3.

L'établissement des états de solde des personnels européens et indigènes présente fréquemment des irrégularités et des discordances qui imposent aux employés chargés du mandatement une perte de temps considérable.

J'estime qu'il serait facile d'éviter ces rectifications d'office en suivant minutieusement les instructions en vigueur. Ainsi en ce qui concerne les états de solde collectifs, les retenues à opérer au profit de la caisse des Invalides de la marine ou de la caisse des pensions civiles doivent présenter exactement des totaux généraux conformes aux totaux partiels. Quel que soit le nombre de fonctionnaires et d'agents compris sur ces états, le total des retenues individuelles de 5 p. 100 ou de 3 p. 100 doit rigoureusement concorder avec l'ensemble des sommes brutes. Je vous prie de vouloir bien tenir la main à la stricte observation des règlements sur la comptabilité publique. (Décrets des 1er juin et 14 janvier 1869).

(4 mars 1884)

DÉP. M. *au sujet du remboursement au service local des retenues 3 0/0 effectuées sur les dépenses de la régie d'opium.*

ARCH. GOUV.

Lors du renvoi à Paris, le 14 mars 1883, d'un mandat de dépense Invalides de 20.959 fr. 99 cent. transmis à Saïgon par bordereau du 10 janvier précédent et représentant le remboursement au service local de retenues 3 0/0 opérées sur les dépenses du matériel de la Régie d'opium, vous m'avez informé que conformément aux observations contenues dans ledit bordereau, des ordres de recette venaient d'être établis pour remboursement à la Caisse des Invalides, non seulement de la somme précitée, mais encore des sommes de 6.488 fr. 09 cent., 5 fr. 03 et 9 fr. 17 précédemment reversées, pour le même motif au service local.

Comme l'examen des mandats et des bordereaux de retenues de 3 0/0 ne permet pas de vérifier si les recettes ont été réellement effectuées, je vous prie de me faire connaître dans quelle comptabilité mensuelle elles ont été comprises.

D'un autre côté, par une dépêche du 10 juin 1883, nº 1509, mon prédécesseur a reconnu que les dépenses de la Régie d'opium ne devraient pas supporter de retenues au profit de la caisse des Invalides, et de nouveaux ordres de reversements ont dû être par suite établis pour le remboursement au service local des sommes ci-dessus mentionnées.

Aucune dépense de l'espèce n'apparaissant dans les dépenses diverses effectuées dans la colonie, jusqu'au mois d'octobre 1883, date de la dernière comptabilité Invalide parvenue, vous voudrez bien m'indiquer les motifs qui se sont opposés à ce que cette opération ait eu lieu.

(31 mai 1884)

CIRC. M. *portant instructions complémentaires relatives à l'exercice de la retenue de 5 et de 3 p. 100 au profit de la Caisse des Invalides. — Définition des dépenses du matériel.*

B. C. p. 310.

J'ai été saisi de diverses difficultés qui se sont élevées relativement à l'exercice de la retenue de 3 p. 100 sur les dépenses d'allocations autres que la solde et les accessoires de solde proprement dits. Prenant texte des insertions contenues dans ma circulaire du 28 novembre 1883, insérée au *Bulletin officiel de la Marine*, page 727, quelques administrateurs ont pensé qu'il y avait lieu d'affranchir de cette retenue ou même de l'abondement de 3 p. 100 à l'infini les traitements du personnel qui ne peut prétendre à une pension de l'État. D'autres m'ont demandé si l'on devait soumettre à la retenue les traitements imputés à des chapitres du matériel.

Les études et les discussions qui ont précédé l'adoption de l'art. 23 de la loi de finances du 29 décembre 1882 ne laissent aucun doute sur la portée de la suppression de la retenue de 3 p. 100 sur les dépenses du matériel. Le législateur a voulu, en édictant cette disposition, enlever à la Caisse des Invalides tous les prélèvements ayant un caractère de subvention indirecte, et ne leur laisser que les retenues instituées par la loi comme une condition inhérente à la jouissance du traitement lui-même, comme le gage, dans une certaine mesure, d'une pension future.

Au surplus, toutes les allocations qui ne peuvent être rangées dans cette catégorie, telles que le traitement de table, les frais de bureau, les indemnités de chauffage et d'éclairage, les frais de déplacement, etc., constituent, en réalité, des payements de main-d'œuvre ou la représentation de services que le Département aurait eu à effectuer en nature. Par elles-mêmes, elles restent donc plutôt dans la catégorie des dépenses de matériel.

Les seules dépenses qui doivent réellement être considérées comme dépenses de personnel sont, je le répète, celles auxquelles s'appliquent :

L'ordonnance du 31 décembre 1883, en ce qui concerne le personnel de l'administration centrale ;

La loi du 9 juin 1853, en ce qui concerne le personnel retraité d'après la loi des pensions civiles ;

Celles des 22 juin 1878 et 5 août 1879, en ce qui concerne le personnel retraité d'après les lois militaires.

Pour plus de précision, j'en rappelle ici l'énumération telle qu'elle a déjà été donnée par un de mes prédécesseurs dans une circulaire du 22 août 1879 (B. M. p. 291), savoir :

Traitement des préfets maritimes ;
Solde de présence ;
Solde d'absence ;
Compléments de solde ;
Suppléments de solde ;
Supplément de résidence à Paris ;
Indemnité de logement et d'ameublement ;
Indemnité de rassemblement ;
Suppléments de fonctions ;
Solde de réserve ;
Solde de non-activité ;
Solde de réforme.

J'ai décidé, en conséquence, que toutes les autres allocations, ainsi que tous les traitements qui ne conduisent pas à une pension de l'État, devront être payés nets, sans mention d'aucune retenue au profit de la caisse des Invalides.

A cet effet, par application de ce qui a été dit dans l'avant-dernier paragraphe de ma circulaire du 28 novembre 1883, il y aura lieu de transformer en sommes nettes :

1° Les chiffres portés dans les tarifs nos 9, 11, 12, 13, 14, 15, 17 et 18 du décret du 11 août 1856 ;

2° Les allocations ci-après comprises aux tarifs annexés au décret du 1er juin 1885 :

Tarif n° 1. — Frais de représentation des vice-amiraux, préfets maritimes ;

Tarif no 14. — Indemnités judiciaires et frais de bureau des greffiers ;

Tarif no 18. — Complément de solde des ingénieurs des ponts et chaussées ;

Tarif no 19. — Indemnités aux conservateurs des bibliothèques de Cherbourg, Lorient, Rochefort et Toulon, ainsi qu'au conservateur de la bibliothèque de l'hôpital à Brest ; traitement et indemnité des examinateurs d'admission et de sortie de l'école navale ; frais de bureau de l'agent comptable des traites ;

Tarif n° 21. — Indemnité au professeur chargé du cours normal des instituteurs à Rochefort ;

Tarif n° 24. — Indemnité aux inspecteurs des pêches, syndics et gardes maritimes titulaires d'une pension de retraite ou d'une demi-solde ; supplément pour embarcation aux syndics et gardes maritimes ;

Tarif n° 31. — La totalité des allocations ;
Tarif no 34. — *idem* ;
Tarif no 35. — *idem* ;
Tarif no 38. — *idem* ;
Tarif no 39. — *idem* ;
Tarif no 40. — *idem* ;
Tarif no 41. — *idem* ;
Tarif no 42. — *idem* ;
Tarif no 43. — *idem* ;
Tarif no 44. — *idem* ;
Tarif no 45. — *idem* ;

Tarif n° 46. — *idem* ;
Tarif n° 47. — *idem* ;
Tarif n° 48. — *idem* ;
Tarif n° 48 *bis*. — *idem* ;
Tarif n° 49. — *idem* ;
Tarif n° 50. — *idem* ;
Tarif n° 51. — *idem* ;

3° Tarif n° 1 annexé au décret du 27 mars 1882 (*Bull. off.*, p. 419). — Frais de bureau des surveillants généraux.

A l'avenir, les crédits correspondants seront également demandés et figureront en sommes nettes dans le budget du Département, et, jusqu'à ce qu'il en soit ainsi, l'Administration centrale remettra directement à l'Établissement des Invalides, d'après les relevés de ses écritures antérieures, les prestations dont les administrations locales n'auront pas effectué le versement.

Ces instructions sont applicables aux services locaux des colonies ; mais, comme les dépenses de matériel de ces services sont demeurées ou mises à l'exercice de la retenue de 3 p. 100 au profit de la caisse des Invalides, j'ai dû arrêter à leur égard les dispositions complémentaires suivantes :

Les marchés seront passés sur prix nets comme dans le service marine et le service colonial. La conclusion de traités à prix bruts à côté de marchés à prix nets était, en effet, de nature à produire des confusions préjudiciables aux intérêts du Département.

Quant aux prestations dues à la caisse des Invalides, elles seront déterminées lors de l'arrêté trimestriel de la comptabilité prescrite par l'art. 103 du décret du 20 novembre 1882 ; chaque ordonnateur fera verser à cette époque, à ladite caisse, les sommes représentant le 3 p. 100 à l'infini des payements effectués sur les budgets locaux au titre du matériel.

A. Peyron.

(8 septembre 1884)

CIRC. CH. S. AD. *Interprétation de la Circ. M. du 31 mai 1884. — Les salaires, ne donnant pas droit à pension, ne doivent point être frappés de la retenue de 3 0/0.*

ARCH. S. AD.

(8 octobre 1884)

CIRC. M. *portant que les prestations de 3 0/0 dévolues à la Caisse des Invalides, sur les dépenses à la charge des budgets locaux des colonies, ne peuvent être ordonnancées que par les Directeurs de l'Intérieur, seuls ordonnateurs desdits budgets.*

ARCH. GOUV.

Je suis informé que quelques ordonnateurs de la Métropole, s'appuyant sur les termes de l'avant-dernier paragraphe de ma circulaire du 31 mai dernier, effectuent eux-mêmes le versement trimestriel, à la caisse des Invalides, des retenues du 3 0/0 à l'infini sur les dépenses qu'ils liquident au net pour le compte des budgets locaux des colonies.

J'ai l'honneur de vous faire remarquer que, d'après les articles 55, 65 et 70 du décret du 20 novembre 1882 sur le régime financier dans nos possessions d'outre-mer, les dépenses effectuées hors des colonies auxquelles elles appartiennent ne constituent que des opérations de trésorerie et ne peuvent être considérées comme définitivement liquidées qu'autant que le Directeur de l'Intérieur, unique ordonnateur des dépenses du service local de la colonie, a émis un mandat spécial pour les rattacher à sa comptabilité.

A titre d'opérations de trésorerie, les mandats émis hors de la colonie comptable de la dépense ne peuvent engager les budgets locaux que pour le montant net de la créance, et c'est au Directeur de l'Intérieur intéressé qu'il appartient d'effectuer le versement des prestations dévolues à la caisse des Invalides.

Je n'ai pas besoin d'ajouter, en ce qui concerne les dépenses de matériel, que les relevés trimestriels à mettre à l'appui des mandats de versements de prestations dont il s'agit, devront être établis avec la plus rigoureuse exactitude, afin de ne priver la caisse des Invalides d'aucune de ses ressources. Ce résultat sera, d'alleurs, obtenu sans difficulté si l'on a soin, en enregistrant les articles de dépenses sur le journal dont la tenue est prescrite par l'art. 102 du décret du 20 novembre 1882, de mentionner, en regard et en marge, les sommes revenant à ladite caisse.

Je vous prie d'assurer, chacun en ce qui vous concerne, l'exécution des instructions contenues dans la présente circulaire, dont l'insertion au *Bulletin officiel de la marine* tiendra lieu de notification.

A. Peyron.

(31 décembre 1884)

DÉP. M. *au sujet des retenues à exercer sur les salaires des Annamites ou Asiatiques employés dans les divers services locaux de la colonie.*

J. C. 1885, p. 48.

Vous m'avez consulté, par votre lettre du 4 octobre dernier, sur la question de savoir si, en l'absence de dispositions spéciales fixant un droit à pension pour les Annamites ou Asiatiques employés comme infirmiers, manœuvres ou plantons dans les divers services de la colonie, il y avait lieu de continuer à exercer sur leurs salaires la retenue de 3 0/0 au profit de la caisse des Invalides.

J'ai l'honneur de vous faire que tous les agents payés sur les budgets locaux des colonies peuvent obtenir une pension de retraite pourvu que leurs services ne soient ni temporaires ni rétribués par une simple indemnité. L'art. 3 du décret du 13 juillet 1880 porte en effet que le personnel colonial non compris dans le tableau qui lui fait suite, est retraité d'après les dispositions de la loi du 9 juin 1880. La condition d'être Français n'a pas même à être exigée de ce personnel. Le Conseil d'État, statuant au contentieux, a décidé, le 24 mars 1863, que la justification de la naturalisation n'était pas nécessaire pour la concession d'une pension civile. Cette condition n'est imposée qu'à ceux qui, par la nature de leurs fonctions et la quotité de leurs émoluments sur le pied d'Europe, peuvent être assimilés aux agents compris dans le décret du 21 mai 1880 (B. O., p. 978).

C'est dans cet ordre d'idées que vous devez vous placer pour régler la situation des intéressés au point de vue des prestations dues à la caisse des Invalides.

Je vous prie de vouloir bien donner des instructions dans ce sens aux administrateurs placés sous vos ordres.

A. Peyron.

(16 janvier 1885)

CIRC. D. I. *faisant application des instructions contenues dans la circulaire ministérielle du 31 mai 1884, relativement à la retenue de 3 0/0 au profit de la Caisse des invalides, que ne doivent plus subir les allocations autres que la solde et les accessoires de solde proprement dits (énumération de ces allocations).*

B. C. p. 80.
B. D. I. p. 2.

Conformément aux prescriptions contenues dans la circulaire ministérielle du 31 mai 1884, insérée au *Journal officiel de la colonie*, n° 70, les dépenses d'allocations autres que la solde et les accessoires de solde proprement dits ne doivent plus subir de retenue de 3 0/0 au profit de la Caisse des invalides de la marine à compter du 1er janvier 1885, tant en ce qui concerne les dépenses de l'exercice 1885 que celles de 1884 à liquider.

J'ai, en conséquence, l'honneur de vous prier de vouloir bien donner les ordres nécessaires pour que les états à fournir à la Direction de l'Intérieur, en vue du mandatement des différentes allocations autres que la solde, soient arrêtées à la somme nette :

1° Les frais de représentation aux administrateurs ;
2° Les frais de bureau ;
3° Les frais de service des greffiers ;
4° Le supplément aux patrons de chaloupes ;
5° Les avances faites aux gardes civils en route ;
6° Les frais de médecine légale ;
7° L'indemnité de caisse aux percepteurs ;
8° L'indemnité aux parents des enfants vaccinifères ;
9° L'indemnité de 20 cents par jour aux gardes-meubles ;

10° Les vacations aux géomètres, piqueurs, chaîneurs du cadastre et aux membres des sous-commissions de délimitation pour journées passées sur le terrain;

11° Indemnité de route et de séjour, frais de transport, location de voitures, de chevaux, etc.

Par suite, ces différentes dépenses, qui ne doivent pas être confondues avec la solde du personnel, feront l'objet d'états séparés.

Je vous prie de vouloir bien tenir la main à l'application rigoureuse de cette mesure, en vue de donner satisfaction aux prescriptions de la circulaire ministérielle précitée.

NOUET.

(17 février 1885)

RAPP. D. I. *proposant d'exercer, à partir du 1er janvier 1885, sur les traitements des employés indigènes admis à une pension de retraite, les retenues prescrites par la loi du 9 juin 1853 (5 0/0 sur la moitié de la solde et 3 0/0 sur le surplus.)*

J. C. p. 250.

Dans sa séance du 11 janvier 1882, le Conseil colonial avait émis un vœu en faveur de la création d'une caisse de retraite pour les employés indigènes du service local de la Cochinchine.

La question fut soumise au Département en lui signalant en même temps qu'il existe un certain nombre d'Indigènes comptant d'assez longs services et qui, ayant subi depuis leur admission dans l'Administration la retenue de 3 p. 100 au profit de la Caisse des invalides, seront fondés à revendiquer une pension lorsqu'ils réuniront les conditions exigées par la loi.

Par dépêche du 8 août 1882, timbrée : *Sous-secrétariat d'État des colonies : 1er bureau, n° 475*, le Ministre de la marine, en faisant remarquer qu'il ne pouvait s'agir dans l'espèce que d'une pension sur la Caisse des invalides de la marine, attendu qu'il ne devait en être autrement tant que subsisterait l'unité administrative de la marine et des colonies, rappelait que la question avait été résolue affirmativement par l'article 3 du décret du 13 juillet 1880, et par la décision ministérielle du 10 mars 1881.

Or, la décision ministérielle du 10 mars 1881, commentée par les circulaires des 12 avril 1881 et 30 décembre 1882, a déterminé, pour l'application des dispositions contenues dans l'article 3 du décret du 13 juillet 1880 précité, les retenues à exercer sur les traitements du personnel colonial non compris dans les décrets des 21 mai, 13 juillet et 6 septembre 1880, et qui est, par suite, retraité dans les conditions générales de la loi du 9 juin 1853.

Aux termes de la dépêche ministérielle du 8 août 1882 précitée, le personnel indigène du service local qui n'a ni assimilation ni parité d'office déterminée par une loi ou un décret, doit tomber sous le régime de la loi de 1853 et subir par suite, sur ses traitements, les retenues prévues par ladite loi, c'est-à-dire 5 p. 100 sur la moitié de la solde et 3 p. 100 sur le surplus, suivant la décision du 10 mars 1881.

Toutefois, la circulaire ministérielle du 30 décembre 1882 fait remarquer que, sous le régime de la loi du 9 juin 1853, les services, pour être admissibles, doivent exiger un travail habituel et continu (articles 3 et 23 de ladite loi).

En conséquence, ceux des agents qui ne sont employés que temporairement n'ont pas droit à pension, et ne doivent supporter aucune retenue au profit de la caisse des invalides ; les émoluments qui leur sont attribués doivent être abondés de 3 p. 100 sur les états de payement.

S'appuyant sur les dispositions qui précèdent, l'inspection des services administratifs et financiers demande que les retenues réglementaires soient prélevées, à partir du 1er janvier 1885, sur la solde du personnel indigène employé dans les diverses administrations dépendant du service local de la colonie.

Les termes de la dépêche ministérielle du 8 août 1882 ne permettant aucun doute sur le droit du personnel indigène à une pension de retraite, dans les conditions de la loi du 9 juin 1853, j'ai l'honneur de proposer à Monsieur le Gouverneur de vouloir bien décider qu'à partir du 1er janvier 1885 les retenues prescrites par ladite loi seront exercées sur les traitements des employés indigènes admis à une pension de retraite.

Dans le cas où le Chef de la colonie donnerait son approbation aux conclusions du présent rapport, la reprise de la retenue du 5 p. 100 pour le mois de janvier serait faite sur la solde de février courant.

Il y aurait lieu de demander au Département un tarif déterminant la quotité des pensions à allouer aux fonctionnaires et agents de cette catégorie d'après leur grade et leur traitement en fin de carrière.

NOUET.

(21 février 1885)

CIRC. D. I. *au sujet des retenues à exercer sur la solde du personnel indigène du service local. (Application des propositions contenus dans le rapport du 17 février 1885.)*

J. C. p. 251.

Pour faire application des dispositions contenues dans le rapport ci-dessus, adoptées par M. le Gouverneur, et se conformer aux prescriptions de la dépêche ministérielle du 31 décembre 1884, insérée au *Journal officiel* du 19 février courant, n° 15, j'ai l'honneur de vous prier de donner les ordres nécessaires pour que les fonctionnaires, employés et gardes civils indigènes placés sous vos ordres subissent désormais la retenue de 5 p. 100 sur la moitié de leur solde et celle de 3 p. 100 sur l'autre moitié.

La mesure dont il s'agit devant être mise en vigueur à compter du 1er janvier 1885 ; il y a lieu, par suite, de faire une reprise de 1 p. 100 sur la solde du mois écoulé, indépendamment des retenues à opérer pour le mois courant.

EXEMPLE :

X., élève secrétaire, à 120 piastres par an.

			Piastres.
Solde de février 1885			10 00
A déduire :			
Reprise pour le mois de janvier, 1 p. 100 sur 10 piastres			0 10
Retenues de février.	5 p. 100 sur 5 piastres	0 25	0 40
	3 p. 100 sur 5 piastres	0 15	
			0 05
Somme nette			9 50

Ainsi qu'il est dit dans les paragraphes 7 et 8 du rapport qui précède la présente circulaire, les agents qui ne sont employés que temporairement et qui, par suite, n'ont pas droit à pension, ne doivent supporter aucune retenue au profit de la Caisse des invalides ; les émoluments qui leur sont attribués doivent être abondés de 3 p. 100 sur les états de payement, à compter de ce mois.

Tels sont les journaliers, coolies, manœuvres, hommes de peine, tireurs de pankas employés dans les divers services de l'Administration locale.

Je vous prie de vouloir bien tenir la main à la stricte observation de ces dispositions.

NOUET.

(21 juillet 1885)

DÉP. M. *confirmant les mesures prises en vue d'assurer les retenues de 3 0/0 sur les dépenses de matériel du service local. (Avis du Conseil d'État, 16 juin 1885.)*

ARCH. GOUV.

En rendant compte par une lettre du 30 mars dernier du vote du budget des recettes et des dépenses du service local pour l'exercice 1885, vous avez fait connaître que le Conseil colonial s'appuyant sur la loi de finances du 29 décembre 1882, avait refusé les crédits nécessaires pour assurer le versement des prestations de 3 0/0 dévolus à la Caisse des Invalides sur les dépenses de matériel proprement dites. Cette mesure vous ayant paru illégale, vous avez cru devoir user des pouvoirs que vous confère l'article 39 du 8 février 1880 pour établir en Conseil privé les crédits supprimés.

J'ai l'honneur de vous faire connaître que je donne mon entière application à cette manière de procéder qui est régulière et conforme d'ailleurs à l'avis émis par la section des finances des postes... de la marine et des colonies, du Conseil d'État dans sa séance du 16 juin 1886 à l'occasion d'une affaire semblable qui s'était présentée à la Réunion. Je vous envoie ci-joint une copie de ce document.

Je dois ajouter au surplus qu'en vertu de l'article 9 de la loi de finances du 22 mars 1885, la Caisse des invalides se trouvant déchargée du paiement des pensions pour services rendus à l'État, il n'y sera plus encaissé à partir de l'exercice 1886 des retenues de 5 0/0 sur la solde du personnel du service local non plus que des retenues de 3 0/0 sur les dépenses de matériel.

Le montant des retenues, en ce qui concerne ces dernières dépenses, sera compris dans les contingents qui seront imposés aux colonies par la nouvelle loi de finances pour tenir compte au Trésor du surcroît de charge qu'occasionnera le paiement des pensions. Cette mesure, vous le remarquerez, réalisera en grande partie les intentions exprimées dans votre lettre précitée du 30 mars.

A. Rousseau.

(7 octobre 1885)

DÉP. M. *relative aux retenues de 3 et de 5 p. 100.*

B. C. 1886, p. 4.

Les lois de finances des 21 et 22 mars 1885 ont, par leur article 9, placé, à partir du 1er janvier 1886, les fonctionnaires civils des colonies sous l'application de la loi du 9 juin 1853, sur les pensions civiles, et déchargé, à partir de la même date, la caisse des invalides de la marine du paiement des pensions pour services rendus à l'État ; d'autre part, celle du 22 mars a, par son article 11, attribué au Trésor les retenues de 3 et 5 p. 100 qui sont exercées au profit de ladite caisse sur les traitements du personnel du Département.

Enfin, la loi de finances du 8 août dernier a cessé de faire figurer, pour l'exercice 1886, parmi les ressources de l'établissement précité, les retenues qui sont encore exercées sur les dépenses à la charge des revenus locaux des colonies ; mais, pour indemniser le Trésor de l'augmentation de dépense que lui imposera le paiement des pensions des fonctionnaires de ces services locaux, elle a, par application de l'article 6 du sénatus-consulte du 4 juillet 1866, imposé aux colonies le versement de contingents équivalents ou montant desdites retenues. Ce contingent a été fixé à la somme de 288,000 francs pour la colonie de la Cochinchine.

Il résulte de l'ensemble de ces dispositions qu'il n'y a plus aucun motif pour continuer à exercer la retenue de 3 p. 100 tant sur les dépenses de matériel que sur les allocations indépendantes des traitements qui conduisent à une pension de retraite. Pour le personnel retraité d'après la loi du 5 août 1879, ces allocations, qui avaient été définies par les circulaires des 22 août 1879 et 31 mai 1884, font, vous le savez, l'objet des tarifs spéciaux approuvés, à la date du 19 décembre 1884, par le Président de la République, et insérés au *Bulletin officiel* (page 1091).

Elles consistent dans les suppléments coloniaux, conformément aux termes de l'article 22 du décret du 22 novembre 1853, pour tout le personnel placé sous le régime des pensions civiles.

Le maintien de la prestation dont il s'agit dans les budgets locaux ne pourrait profiter qu'à ces budgets eux-mêmes qui se seraient créé ainsi une dépense pour l'annuler par une recette égale et n'obtiendraient, par suite, d'autre effet de la mesure qu'un surcroît de frais d'administration.

Il n'y aura donc plus à inscrire en sommes brutes dans les budgets locaux des colonies, que la solde et les accessoires proprement dits de la solde en ce qui concerne les fonctionnaires retraités, d'après la loi du 5 août 1879 et les traitements de parité d'office ou, à défaut, les soldes d'Europe pour le personnel placé sous le régime de la loi du 9 juin 1853. Les trésoriers-payeurs des colonies appliqueront aux revenus divers du budget les retenues de 5 et de 3 p. 100 (1) qui seront opérées sur ces émoluments au moment de leur paiement aux intéressés.

Je vous prie de prendre bonne note de ces diverses considérations pour l'établissement du budget local de l'exercice 1886.

Vous voudrez bien, en outre, veiller personnellement à ce que le montant du contingent de la colonie soit rigoureusement versé au Trésor par quarts et en fin de trimestre, au moyen d'un ordonnancement sur le budget local, au compte également des revenus divers du budget.

(6 novembre 1885)

DÉP. M. *Instructions concernant les retenues opérées sur la solde et accessoires de solde du personnel de la marine et des colonies en vertu des lois de pensions militaires et de la loi du 9 juin 1853 sur les pensions civiles.*

B. C. p. 409.

(1) La retenue de 3 p. 100 s'applique exclusivement au personnel non officier ou assimilé, retraité d'après les lois des 5 août 1879 et 5 août 1883.

Aux termes de l'article 11 de la loi de finances du 22 mars dernier (B. M., p. 603) doivent être portées en recette au budget de l'Etat, à partir du 1er janvier 1886 :

1o Les retenues de 3 et de 5 p. 100 exercées sur la solde et les accessoires de solde du personnel de la marine et des colonies, en vertu des lois de pension militaires ;

2o Les retenues sur traitements exercées en vertu de la loi du 9 juin 1853 sur le service des pensions civiles.

Vous recevrez prochainement notification d'un décret dont un des objets est de régler l'exécution de cet article de la loi ; mais eu égard à la date rapprochée à laquelle il doit être appliqué, j'ai jugé nécessaire de vous indiquer, dès à présent, les dispositions que vous aurez à prendre pour assurer cette partie du service.

En ce qui concerne les troupes de la marine et des colonies, la retenue à laquelle est assujettie par les lois de pension la solde des officiers sans troupes, des officiers des corps de troupe et des employés militaires, retenue qui est actuellement liquidée mensuellement au profit de la caisse des invalides de la marine, le sera trimestriellement et dans la même forme, au profit du Trésor public, par les soins des fonctionnaires qui auront effectué leurs paiements.

Pour les officiers, officiers mariniers et marins qui figurent sur les rôles des divisions des équipages de la flotte ou des bâtiments et dont la solde et les accessoires de solde sont, comme pour les troupes, ordonnancées pour la somme nette, le montant des retenues continuera à être calculé en une seule fois, au moment du décomptage des rôles par les commissaires aux armements, puis récapitulé dans un relevé général établi par division ou bâtiment conformément au modèle A annexé à la circulaire du 8 octobre 1884 (*Bull. off.*, page 690) et qui sera joint à un mandat au profit du Trésor public.

Quant aux officiers ou assimilés et agents des différents corps qui ne figurent sur aucun des rôles précités, les dépenses dont il s'agit continueront également à être ordonnancées pour leur montant brut avec mention sur les mandats de paiement des retenues à exercer en vertu de la loi du 5 août 1879, et les comptables du Trésor sur la caisse desquels le paiement de ces mandats sera désigné se chargeront en recette du montant de ladite retenue.

Il sera de même pour les traitements du personnel civil des colonies, placé par l'article 9 de la loi de finances du 21 mars 1885 sous le régime de la loi du 9 juin 1853. Les mandats de paiement continueront à être établis pour le montant brut, avec mention des retenues à exercer pour le service des pensions civiles, et les comptables du Trésor sur la caisse desquels le paiement de ces traitements sera assigné se chargeront en recette du montant desdites retenues.

Enfin, à partir du 1er janvier prochain, il n'y aura plus lieu de faire le versement à la caisse des invalides, des retenues exercées sur la solde du personnel en congé, de l'indemnité de logement des officiers en résidence libre et de la solde et des accessoires de solde des officiers, fonctionnaires ou agents en congé ou en prolongation de congé sans solde et qui sont maintenus dans le cadre des corps auxquels ils appartiennent. Ces retenues ayant été déduites des prévisions budgétaires, il n'y aura pas lieu davantage d'en verser le montant au Trésor qui en profitera par le fait de leur non-paiement.

J'ai l'honneur de vous prier de vouloir bien donner les instructions nécessaires pour assurer la stricte exécution des instructions qui précèdent.

GALIBER.

(12 novembre 1885)

DÉP. M. *Indication des premières mesures à adopter par suite des modifications apportées dans le service de l'Établissement des invalides par la loi de finances du 22 mars 1885.*

ARCH. GOUV.

(28 novembre 1885)

DÉP. M. *au sujet de l'encaissement des retenues opérées sur la solde du personnel du budget local.*

ARCH. GOUV.

Par une lettre du 12 octobre dernier, vous faites remarquer que ma dépêche du 21 juillet, no 101, établit bien que les retenues de 3 0/0 seront supprimées à partir de l'exercice 1886 sur les dépenses de matériel du service local et que ces retenues seront remplacées par l'imputation au budget de la colonie d'un contingent annuel, mais qu'il n'est pas parlé de la destination que devront recevoir les retenues qui étaient encaissées par la caisse des invalides de la marine sur la solde du personnel. Vous me demandez, par suite, des instructions sur ce point.

J'ai l'honneur de vous faire connaître que cette question a été traitée d'une manière générale dans une dépêche du 7 octobre dernier timbrée : Colonies et invalides de la marine, qui s'est croisée avec votre lettre et qui vous est sans doute parvenue aujourd'hui.

Cette dépêche fixe le mode à suivre pour le versement au Trésor du susdit contingent et elle prescrit l'encaissement au profit des revenus divers du budget de l'état des retenues de 5 0/0 et de 3 0/0 qui seront opérées, suivant le cas, sur les émoluments du personnel.

(Janvier 1886)

CIRC. D. I. *fixant provisoirement et sous la réserve de l'approbation ministérielle les allocations exemptées de toute retenue à prévoir en sommes nettes au budget et déterminant les catégories des fonctionnaires et employés dont la solde est passible de retenues au profit soit de la caisse des pensions civiles, soit de la caisse des invalides de la marine.*

B. D. I. p. 2.
J. C. p. 79.

Par dépêche du 7 octobre dernier, insérée au *Journal officiel* de la colonie du 18 janvier 1886, M. le Ministre de la marine et des colonies a bien voulu instruire l'Administration locale des modifications importantes introduites dans le régime financier de la Cochinchine par les lois de finances des 21 et 22 mars 1885.

Quelques doutes s'étant élevés sur la portée exacte des instructions ministérielles, je me suis concerté avec M. l'inspecteur des services administratifs et financiers et M. le trésorier-payeur pour fixer provisoirement, et sous la réserve de l'approbation du Département, les allocations exemptées de toute retenue à prévoir en sommes nettes au budget et déterminer, d'autre part, les catégories de fonctionnaires et employés dont la solde est passible de retenues au profit soit de la caisse des pensions civiles, soit de la caisse des invalides de la marine.

A cet effet, le personnel rétribué sur les fonds du budget local a été divisé en deux catégories bien distinctes correspondant à deux caisses différentes de retraites :

1° Fonctionnaires et employés retraités par la caisse des invalides d'après la loi du 5 août 1879 : ce personnel essentiellement local devra supporter la retenue sur l'intégralité de son traitement, à savoir : le 5 p. 100 pour les fonctionnaires et le 3 p. 100 pour les employés ;

2° Fonctionnaires et agents retraités par la caisse des pensions civiles d'après la loi du 9 juin 1853 : ils devront subir la retenue de 5 p. 100 quel que soit leur grade, sur leur solde d'Europe ou leur parité d'office seulement, le complément devant figurer à l'avenir en somme nette sur le budget (paragraphe 5 de la circulaire ministérielle précitée).

La loi du 5 août 1879 étant limitative, l'Administration coloniale a été conduite à considérer comme régis par la loi générale des retraites du 9 juin 1853, non seulement les fonctionnaires et employés métropolitains ou de formation locale des divers services désignés aux tableaux faisant suite au décret du 13 juillet 1880, mais encore les agents de quelques services non prévus par les textes promulgués dans la colonie.

Quant aux suppléments coloniaux alloués à cette dernière catégorie de personnel, ils sont, aux termes des instructions ministérielles, affranchis de toute retenue ; les nouvelles dispositions ont encore eu pour effet d'exonérer de toute prestation un grand nombre d'allocations personnelles indépendantes de la solde de grade proprement dite.

Les indemnités et suppléments temporaires étaient déjà inscrits en sommes nettes au projet de budget de l'exercice 1886. Quant aux nouvelles réductions prescrites par la dépêche du 7 octobre, elles sont indiquées dans un état autographié qui vous sera adressé à bref délai. Par suite, les allocations qui en sont l'objet devront figurer en sommes nettes sur les états mensuels de solde, à partir du 1er janvier 1886, sans prestation aucune.

Je dois appeler d'une manière toute spéciale votre attention sur les résolutions prises à l'égard des Indigènes. Les fonctionnaires et employés annamites n'ayant jamais fait l'objet d'aucune loi au point de vue des retraites, M. le Ministre a bien voulu nous faire connaître par dépêche du 31 décembre 1884, timbrée « Colonies et invalides, bureau central, n° 3762 », que les Asiatiques étaient régis par la loi du 9 juin 1853 et devaient, par suite, suivant leur grade, supporter la retenue soit de 5, soit de 3 p. 100. Il me paraît difficile de concilier ces dispositions avec l'interprétation que j'ai donnée aux instructions plus récentes du Département, soumettant à une retenue unique de 5 p. 100 tout le personnel retraité par la caisse des pensions civiles. Toutefois, jusqu'à ce que nous ayons reçu des ordres formels sur ce point, les Indigènes, quel que soit le service auquel ils appartiennent, continueront à être soumis à une retenue de 5 p. 100 sur la moitié de leur solde et 3 p. 100 sur l'autre moitié.

Le projet de budget de l'exercice 1886 était déjà en discussion devant le Conseil colonial lorsque la dépêche du 7 octobre nous est parvenue; par suite, lés anciennes fixations n'auraient pu sans difficulté et surtout sans un grand retard être modifiées. L'Administration a pensé qu'il était plus simple de diminuer chaque section du budget du montant des économies réalisées par la mise en vigueur de la loi du 22 mars 1885, et d'ajourner jusqu'en 1887 l'inscription nette des crédits pour chaque rubrique de dépense. Cet expédient ne portera, d'ailleurs, aucun préjudice à l'application des nouvelles dispositions à partir du 1er janvier 1886. Les mêmes considérations ont fait différer jusqu'en 1887 l'établissement de nouveaux tarifs qui, pour faciliter les décomptes, seraient exactement des multiples du nombre 12.

Telles sont, Messieurs, les dispositions auxquelles vous devrez vous conformer à partir du 1er janvier 1886. Dans le cas où M. le Ministre de la marine et des colonies, auquel je les ai soumises, ne les approuverait pas dans leur ensemble, j'aurai l'honneur de vous faire connaître ultérieurement les modifications qu'il y aura lieu d'apporter à la présente réglementation.

Nouet.

(13 mai 1886)

DÉP. M. *Observations au sujet des retenues à exercer sur la solde du personnel ressortissant au budget local de Cochinchine.*

ARCH. GOUV.

J'ai l'honneur de vous accuser réception de votre lettre du 24 décembre dernier relative aux retenues à exercer, à compter du 1er janvier 1886 sur la solde du personnel ressortissant au budget local de la Cochinchine.

Les mesures que vous avez prises, en ce qui concerne les fonctionnaires et agents soumis au régime des lois des 5 août 1879 et 9 juin 1853, en matière de pensions, m'ont paru conformes aux prescriptions de la dépêche du 7 octobre 1885.

La loi du 5 août 1879 et le décret du 21 mai 1880 étant limitatifs, l'administration coloniale a dûment appliqué les dispositions de la décision ministérielle du 10 mars 1881 (*B. O.*, page 375) en considérant comme régis par la loi du 3 juin 1853 les agents de quelques services non désignés dans les décrets qui fixent la base de la pension à leur attribuer.

En ce qui concerne la transformation en sommes nettes des allocations indépendantes des traitements qui conduisent à pension, l'administration de la Cochinchine doit se référer aux règles notifiées par la circulaire du 31 mars 1884 (*B. O.*, p. 1045) qui établit clairement les distinctions dont il y a lieu de tenir compte.

Quant aux agents annamites ou asiatiques dont il est fait mention dans la dépêche du 31 décembre 1884, à laquelle vous vous référez et qui seraient susceptibles d'acquérir des droits à la retraite en vertu de la loi du 9 juin 1853, ils doivent subir la retenue unique de 5 0/0 prévues par ladite loi sur la partie du traitement destinée à servir de base à la liquidation de leur pension. Par application des lois de finances des 21 et 22 mars 1885, il n'y a plus lieu d'exercer la prestation de 3 0/0 au profit de la caisse des invalides sur le supplément colonial, mais il est entendu que le montant des allocations qui correspondent à cette retenue devra être transformé en somme nette attendu que le budget local qui est soumis au versement au Trésor d'un contingent destiné à remplacer en partie ladite retenue, ne doit être lésé en aucune manière par l'exécution des dispositions en vigueur à compter du 1er janvier 1880.

Je crois devoir vous faire remarquer, en terminant que l'état annoncé par votre lettre du 24 décembre 1885 précitée n'y était pas joint.

(9 octobre 1886)

DÉP. M. *Rappel aux prescriptions de la circ. du 10 janvier 1885 au sujet de la retenue de 3 0/0 sur les suppléments alloués aux états-majors.*

ARCH. GOUV.

La vérification des revues de liquidation du 1er trimestre 1886 pour les officiers appartenant à l'état-major particulier du service de l'Artillerie et des travaux de constructions, a permis de constater que l'Administration de la colonie a perdu de vue les prescriptions de la circulaire du 10 janvier 1885. B. M. p. 28.

En effet, les suppléments alloués aux officiers d'artillerie remplissant les fonctions de directeur, de sous-directeur ou de capitaine-adjoint, ainsi que les suppléments attribués aux grades titulaires, ont été soumis à la retenue de 2 0/0 au lieu de celle de 3 0/0 prescrite au profit du Trésor public.

Vous voudrez bien donner des ordres pour que l'on rectifie en ce sens les paiements, qui sont effectués sur l'exercice en cours et pour que, à l'avenir, on se conforme aux dispositions de la circulaire précitée du 10 janvier 1885.

(10 janvier 1887)

DÉP. M. *au sujet d'une divergence d'opinion qui s'est produite entre le trésorier-payeur de la Cochinchine et le Directeur de l'Intérieur relativement au mandatement des frais de représentation de ce fonctionnaire et de ceux du Gouverneur. — Les indemnités de cette nature doivent être liquidées à la somme nette en exécution des instructions notifiées par les circulaires du 31 mai 1884 (B. C. p. 310) et 7 octobre 1885 (B. C. 1886, p. 4). Il est en effet de principe, comme le fait remarquer M. Sadi-Carnot, que la suppression de la retenue de 3 0/0 édictée par les lois de finances des 21 et 22 mars 1885 ne saurait avoir pour conséquence d'augmenter les émoluments des fonctionnaires.*

ARCH. GOUV.

(24 janvier 1887)

DÉP. M. *Il n'y a pas lieu de verser au Trésor la retenue de 3 0/0 sur la solde des sous-officiers et soldats. La retenue ne s'applique qu'aux officiers et employés militaires, et elle est de 3 0/0.*

ARCH. GOUV.

L'examen des relevés des mandats délivrés au titre du chapitre 5 du budget colonial et dont la production a été prescrite par la circulaire du 30 octobre 1885 a permis de constater que, dans la plupart des colonies, les administrations locales faisaient opérer le versement au Trésor de la prestation de 3 0/0 sur la solde des sous-officiers et soldats appartenant aux corps de troupes coloniaux.

Or, aux termes de la loi de finances du 21 mars 1885 la solde des sous-officiers et soldats des corps de troupes a été inscrite en somme nette au budget de l'exercice 1886 et les crédits ont été diminués en conséquence.

Seule la solde des officiers et employés militaires a été prévue de somme brute et se trouve passible de la retenue de 5 0/0.

J'ai par suite, l'honneur de vous prier de donner des ordres pour que, à l'avenir, la solde des sous-officiers et soldats ne donne plus lieu à l'abondement de 3 0/0 au profit du Trésor.

Je vous prie de donner des ordres pour que les chefs d'administration et de service se conforment aux dispositions qui précèdent, aussi bien pour les paiements à faire dans la colonie que pour la régularisation des dépenses de l'espèce déjà effectuées depuis le 1er janvier 1886.

(16 février 1888)

DÉP. M. *Mode de versement au Trésor du contingent imposé au budget local enremplacement des retenues de 3 0/0.*

ARCH. GOUV.

M. le Président du Conseil me fait connaître que l'examen de la comptabilité du trésorier-payeur a donné lieu de constater que l'administration de la Cochinchine n'avait pas pas procédé conformément aux instructions contenues dans la circulaire du 7 octobre 1885, pour le versement du contingent imposé à la colonie en compensation des retenues de 3 0/0 exercées avant l'exercice 1886, au profit de la Caisse des invalides de la marine, sur les dépenses de matériel acquittées par le service local.

Ainsi, les versements qui auraient dû être opérés à la fin des deux premiers trimestres de 1887, ne l'ont été qu'au commencement du 2e trimestre et dans le courant du troisième.

J'ai l'honneur de vous faire remarquer que les instructions susvisées prescrivent d'effectuer ces versements par quarts, en fin de chaque trimestre. Je vous prie de veiller à ce que ces prescriptions soient rigoureusement observées à partir de l'exercice 1888.

FÉLIX FAURE.

(23 août 1888)

DÉP. M. *Manière d'opérer pour effectuer le versement au Trésor de l'abondement des 3 0/0 et 5 0/0 sur la solde des officiers de tous grades.*

ARCH. GOUV.

L'examen de revues de liquidation et des relevés de mandats adressés au Département a permis de constater que certaines administrations coloniales continuant d'appliquer les prescriptions de la dépêche ministérielle du 10 juin 1880, (*B. O.* p. 1043), ne versent directement au Trésor que l'abondement de 5 0/0 afférent au supplément colonial des officiers de gendarmerie.

Quant à la solde d'Europe de ces mêmes officiers, elles se bornent à établir et à transmettre trimestriellement au Département un relevé faisant ressortir le montant net des sommes qui sont payées à ce titre dans la colonie. Elles laissent ainsi à l'administration centrale le soin d'effectuer le versement dans la caisse du Trésor du 5 0/0 afférent à la solde d'Europe.

Cette manière d'opérer à cessé d'être régulière. L'article 11 de la loi de finances du 22 mars 1885 dispose, en effet, que « les retenues de 5 13 0/0 seront portées en recette au budget de l'État à partir du 1er janvier 1880 » c'est-à-dire qu'elles doivent toutes être mandatées au profit du Trésor.

Dans ces conditions, j'ai l'honneur de vous prier de vouloir bien donner des ordres pour que les retenues de 5 0/0 portent sur la solde coloniale (solde d'Europe et supplément colonial) des officiers de tous grades soient directement mandatées dans la colonie au profit du Trésor.

Ces dépenses devront figurer sur les relevés de mandats à adresser en France.

A. DE LA PORTE.

INVALIDES DE LA MARINE (1).

(1) Pour les textes antérieurs consulter la table générale du *Bulletin officiel* de la marine et des colonies (1681 à 1882) à l'article « Invalides de la marine.

IVRESSE PUBLIQUE

(4 février 1873)

LOI *tendant à réprimer l'ivresse publique et à combattre les progrès de l'acoolisme.*

(Promulg. A. G. 31 janvier 1883).
B. C. p. 82.

Article premier. — Seront punis d'une amende de un à cinq francs inclusivement ceux qui seront trouvés en état d'ivresse manifeste dans les rues, chemins, places, cafés, cabarets ou autres lieux publics.

Les articles 474 et 483 du Code pénal seront applicables à la contravention indiquée au paragraphe précédent.

Art. 2. — En cas de nouvelle récidive, conformément à l'article 483, dans les douze mois qui auront suivi la deuxième condamnation, l'inculpé sera traduit devant le tribunal de police correctionnelle et puni d'un emprisonnement de six jours à un mois et d'une amende de seize francs à trois cents francs.

Quiconque ayant été condamné en police correctionnelle pour ivresse, depuis moins d'un an, se sera de nouveau rendu coupable du même délit, sera condamné au maximum des peines indiquées au paragraphe précédent, lesquelles pourront être élevées jusqu'au double.

Art. 3. — Toute personne qui aura été condamnée deux fois en police correctionnelle pour délit d'ivresse manifeste, conformément à l'article précédent, sera déclarée par le second jugement incapable d'exercer les droits suivants : 1° de vote et d'élection ; 2° d'éligibilité ; 3° d'être appelée ou nommée aux fonctions de juré ou autres fonctions publiques, ou aux emplois de l'administration ou d'exercer ces fonctions ou emplois ; 4° du port d'armes pendant deux ans à partir du jour où la condamnation sera devenue irrévocable.

Art. 4. — Seront punis d'une amende de un à cinq francs inclusivement les cafetiers, cabaretiers et autres débitants qui auront donné à boire à des gens manifestement ivres ou qui les auront reçus dans leurs établissements, ou auront servi des liqueurs alcooliques à des mineurs âgés de moins de seize ans accomplis.

Toutefois, dans le cas où le débitant sera prévenu d'avoir servi des liqueurs alcooliques à un mineur âgé de moins de seize ans accomplis, il pourra prouver qu'il a été induit en erreur sur l'âge du mineur ; s'il fait cette preuve, aucune peine ne lui sera applicable de ce chef.

Les articles 474 et 483 du Code pénal seront applicables aux contraventions indiquées aux paragraphes précédents.

Art. 5. — Seront punis d'un emprisonnement de six jours à un mois et d'une amende de seize francs à trois cents francs les cafetiers, cabaretiers ou autres débitants qui, dans les douze mois qui auront suivi la deuxième condamnation prononcée en vertu de l'article précédent, auront commis un des faits prévus audit article.

Quiconque ayant été condamné en police correctionnelle pour l'un ou l'autre des mêmes faits, depuis moins d'un an, se rendra de nouveau coupable de l'un ou l'autre de ces faits, sera condamné au maximum des peines indiquées au paragraphe précédent, lesquelles pourront être portées jusqu'au double.

Art. 6. — Toute personne qui aura subi deux condamnations en police correctionnelle, pour l'un ou l'autre des délits prévus en l'article précédent, pourra être déclarée par le second jugement incapable d'exercer tout ou partie des droits indiqués en l'article 3.

Dans le même cas, le tribunal pourra ordonner la fermeture de l'établissement pour un temps qui ne saurait excéder un mois, sous les peines portées par l'article 3 du décret du 29 décembre 1851.

Il pourra aussi, sous les mêmes peines, interdire seulement au débitant la faculté de livrer des boissons à consommer sur place.

Art. 7. — Sera puni d'un emprisonnement de six jours à un mois et d'une amende de seize francs à trois cents francs, quiconque aura fait boire jusqu'à l'ivresse un mineur âgé de moins de seize ans accomplis. Sera puni des peines portées aux articles 5 et 6 tout cafetier, cabaretier ou autre débitant de boissons qui ayant subi une condamnation en vertu du paragraphe précédent, se sera de nouveau rendu coupable soit du même fait soit de l'un ou de l'autre des faits prévus en l'article 4, 1° dans le délai indiqué en l'article 5, 2°.

Art. 8. — Le tribunal correctionnel, dans les cas prévus par la présente loi, pourra ordonner que son jugement soit affiché à tel nombre d'exemplaires et en tels lieux qu'il indiquera.

Art. 9. — L'article 463 du Code pénal sera applicable aux peines d'emprisonnement et d'amende portées par la présente loi. L'article 59 du même Code ne sera pas applicable aux délits prévus par la présente loi.

Art. 10. — Les procès-verbaux constatant les infractions prévues dans les articles précédents seront transmis au Procureur de la République dans les trois jours au plus tard, y compris celui où aura été reconnu le fait sur lequel ils sont dressés.

Art. — Toute personne trouvée en état d'ivresse dans les rues, chemins, places, cafés, cabarets ou autres lieux publics, pourra être, par mesure de police, conduite à ses frais au poste le plus voisin, pour y être retenue jusqu'à ce qu'elle ait recouvrée sa raison.

Art. 12. — Le texte de la présente loi sera affiché à la porte de toutes les mairies et dans la salle principale de tous les cabarets, cafés et autres débits de boissons. Un exemplaire en sera adressé à cet effet à tous les maires et à tous les cabaretiers, cafetiers et autres débitants de boissons. Toute personne qui aura détruit ou lacéré le texte affiché sera condamnée à une amende de un à cinq francs et aux frais du rétablissement de l'affiche. Sera puni de même tout cabaretier, cafetier ou débitant chez lequel ledit texte ne sera pas trouvé affiché.

Art. 13. — Les gardes champêtres sont chargés de rechercher, concurremment avec les autres officiers de police judiciaire, chacun sur le territoire sur lequel il est assermenté, les infractions à la présente loi. Ils dressent des procès-verbaux pour constater ces infractions.

(31 mars 1873)

DÉCRET *déclarant applicable aux colonies la loi du 5 février 1873.*

(Promulg. A. G. 31 janvier 1883.)
B. C. p. 82.

Article premier. — La loi du 4 février 1873, tendant à réprimer l'ivresse publique et à combattre les progrès de l'alcoolisme, est déclarée applicable aux colonies.

A. Thiers.

J

JARDIN BOTANIQUE.

NATURE DES DOCUMENTS	DATES	RECUEILS A CONSULTER							OBSERVATIONS
		Bat.	B. C.	B.D.I	J. C.	J.H.	B. M.	B Col	
A. G.	17 février 1869.	II-128	60						
A. G.	14 juillet 1869.	II-129	244						
Dép. M.	27 mars 1880.								
Circ. D. I.	19 août 1881.			30					
Circ. M.	10 février 1885.				482				
A. G.	21 avril 1887.		258		478				
A. G.	22 juin 1887.		427		676				
A. G. G.	11 avril 1888.				406				
A. G. G.	20 mai 1888.				505				
Dép. M.	5 septembre 1888								

(17 février 1869)

A. G. *réglant l'organisation du jardin botanique.*

BAT. II. p. 128.
B. C. p. 60.

Article premier. — Le jardin botanique et le personnel qui y est affecté relèvera de l'administration du Directeur de l'Intérieur.

Art. 2. — Une commission permanente composée de : MM. . . . . . sera chargée de surveiller les dépenses du jardin botanique et de s'assurer qu'elles ne dépassent pas les prévisions ci-après fixées par le Gouverneur.

Les réunions de cette commission auront lieu dans la maison du directeur du jardin botanique, qui y assistera avec voix consultative.

Art. 3. — Aucune dépense, quelle que soit sa quotité, ne pourra être engagée par le directeur du jardin sans une décision de ladite commission.

Art. 4. — Les relations officielles du directeur du jardin botanique auront lieu par l'intermédiaire du président de la commission.

Art. 5. — Les dépenses annuelles du jardin botanique sont fixées comme suit :

(Voy. prévisions budgétaires.)

Art. 6. — Toutes ces dépenses seront payées par le budget local.

Art. 7. — Il n'est alloué aucun crédit pour le muséum, ni pour les préparations zoologiques.

Art. 8. — Il ne sera pas établi de pépinière dans le jardin botanique, le directeur devant seulement s'occuper d'acclimater les plantes utiles au pays, sous sa propre initiative et sous le contrôle de la commission de surveillance.

Art. 9. — Les animaux vivants ne seront reçus au jardin que sur l'ordre du Directeur de l'Intérieur (la construction et l'entretien de leurs cages sont à la charge du budget local).

Art. 10. — Le jardin est constamment ouvert au public.

Art. 11. — Sont abrogées toutes les dispositions antérieures, contraires au présent arrêté.

G. Ohier.

(14 juillet 1869)

A. G. *Les grains et plantes provenant du jardin botanique seront délivrées aux particuliers et aux différents services de la colonie qui en feront la demande. — Catalogue. — Prix de cession.*

BAT. II. p. 129.
B. C. p. 244.

Article premier. — A compter du 15 juillet 1869, les graines et plantes provenant du jardin botanique seront délivrées aux particuliers et aux différents services de la colonie, aux conditions fixées par un catalogue dressé par les soins de la commission chargée de la surveillance du jardin et revêtu de l'approbation du Directeur de l'Intérieur.

Art. 2. — Le prix de cession des plants et graines sera établi suivant les exigences de culture ou de préparation de chacune des espèces cultivées, et sera néanmoins toujours aussi modique que possible, afin de permettre de les répandre plus facilement dans la colonie.

La commission de surveillance pourra apporter des modifications successives au catalogue du jardin, afin de tendre constamment vers ce résultat.

Un dépôt des exemplaires de ce catalogue aura lieu à la Direction de l'Intérieur, et la cession en sera faite au prix de 25 centimes par jardin botanique.

Art. 3. — Toute personne qui désirera des plants ou graines provenant des pépinières du jardin botanique devra en adresser la demande au directeur du jardin botanique.

Cette demande, visée et réduite, s'il y a lieu, par le directeur du jardin botanique, sera présentée au receveur des domaines, entre les mains duquel l'impétrant versera le prix des plants et graines demandés.

Le récépissé constatant ce versement sera remis au directeur, qui délivrera les plants sans autre formalité.

Art. 4. — La délivrance des plants ou graines aura lieu tous les jours non fériés, de six à neuf heures du matin.

Les plants sont arrachés par les ouvriers du jardin sans aucune rétribution ni gratification quelconque.

Nul ne sera admis à entrer dans les pépinières, sous prétexte de choisir les plants ou pour tout autre motif, sans une permission expresse et sans être accompagné du directeur de l'établissement ou du jardinier chef.

Art. 5. — Le directeur du jardin botanique tiendra un registre des délivrances par lui faites des plants et graines. Ce registre arrêté par lui en fin d'année, sera présenté dans la première dizaine de janvier à la commission de surveillance instituée par l'arrêté susvisé du 17 février 1869, qui, après s'être assurée de sa concordance avec les récépissés du domaine, l'arrêtera définitivement.

G. OHIER.

(27 mars 1880)

DÉP. M. *au sujet de la publication du travail sur la « Flore de la Cochinchine », entrepris par M. P.., directeur du jardin botanique.*

ARCH. GOUV.

(19 août 1881)

CIRC. M. I. *prescrivant d'adresser au jardin botanique divers échantillons de la faune de la colonie.*

B. D. I. p. 30.

Dans quelques jours, le jardin botanique aura été aménagé d'une façon qui lui permettra de pouvoir conserver des échantillons divers de la faune de la colonie, et il serait à désirer qu'on pût promptement peupler ces locaux.

J'ai, en conséquence, l'honneur de vous prier de vouloir bien adresser à M. le directeur de cet établissement, et à titre gracieux autant que possible, les animaux dont vous pourriez disposer dans les espèces suivantes :

1° *Singes :* macaques de toute espèce, semnopithèques, hylobates, etc.;

2° *Ruminants :* con-minh, con-nai, con-ca-tang, con-cheo, con-manh, etc.

Tous les envois, du reste, seront reçus avec connaissance.

En outre, et pour nous permettre de satisfaire à une demande du Ministre de la marine, relativement à l'envoi au Muséum d'histoire naturelle de Paris de représentants des diverses espèces animales existant en Cochinchine, je vous prierais également de vouloir bien expédier au jardin les animaux dont la liste suit :

1° *Mammifères :* ours, des cocotiers, petits félins et autres carnassiers, grand écureuil noir au ventre jaune (sciurus bicolor), lori paresseux (nycticebus javanicus), bœuf des Stiengs (con-minh), petit cerf à longues canines supérieures (cervulus ou cerf mutjoc), cerf panolia ou sungai (de la hauteur d'un daim).

2° *Oiseaux :* grues, marabouts, tantales, ibis blanc, becs-ouverts, jabirus, pélicans, anhingas (sorte de cormoran au cou de serpent), paons spicifères, faisans prélats, éperonniers, pigeons nicobar, vautours chauves (à plumage noir avec un appendice cutané de chaque côté du cou), vautours du Bengale (à plumage noir et à cou nu), calaos, surtout de la grande espèce.

Du reste, le Muséum d'histoire naturelle prendra tout autre mammifère ou oiseau, excepté les tigres, les macaques, le cerf con-nai, les poules et les coqs sauvages.

Le Muséum ayant ouvert un crédit de 2,000 francs à M. le directeur du jardin botannique, celui-ci vous remboursera directement toutes les dépenses qu'occasionneraient l'achat des animaux et les frais de construction des cages, etc.

Je vous prie de vouloir bien, chaque fois que cela vous sera possible, satisfaire à la présente demande. Vous m'avertiriez des envois par télégraphe.

BÉLIARD.

(10 février 1885).

CIRC. M. *Mesures à prendre pour l'envoi en France des plantes vivantes.*

J. C. p. 482.

Je crois devoir appeler votre attention sur certaines difficultés qui se sont élevées récemment au sujet d'un envoi, de la Martinique en France, de plants de Kolas destinés à la Réunion.

Cet envoi n'étant pas accompagné des certificats d'origine exigés par l'arrêté du Ministère de l'agriculture, en date du 15 juin 1882, sur la circulation en France des produits de l'agriculture et de l'horticulture, les compagnies de chemins de fer n'ont consenti à se charger du transport des plants de végétaux précités que sur une autorisation spéciale du Ministre de l'agriculture.

Il en est résulté des retards dans la réexpédition, aussi préjudiciables à leur conservation qu'à la marche du service.

Pour prévenir le retour de ces inconvénients, bien que le phylloxera n'ait jamais fait son apparition dans celles de nos colonies où il existe de la vigne, je vous prie de vous conformer dorénavant, en cas d'envoi en France de plantes vivantes, de quelque nature que ce soit, aux prescriptions suivantes contenues dans les articles 5 et 6 de l'arrêté du 15 mai 1882.

L'envoi devra être accompagné d'une déclaration de l'expéditeur et d'une attestation de l'autorité compétente du pays d'origine.

La déclaration de l'expéditeur devra :

1° Certifier que le contenu de l'envoi provient en entier de son établissement ;

2° Indiquer le lieu de réception définitive avec adresse des destinataires ;

3° Porter la signature de l'expéditeur.

L'attestation de l'autorité compétente certifiera :

1° Que les objets proviennent d'un terrain séparé de tout pied de vigne par un espace de 20 mètres au moins, ou par d'autres obstacles aux racines, jugés suffisants par l'autorité compétente;

2° Que le terrain ne contient lui-même aucun pied de vigne ;

3° Qu'il n'y est fait aucun dépôt de cette plante ;

4° S'il y a eu des ceps phylloxérés, que l'extraction radicale en a été opérée, que des opérations toxiques réitérées ont été effectuées et que des investigations répétées pendant trois ans assurent la destruction complète de l'insecte et des racines.

Je vous prie également de vouloir bien porter ces prescriptions à la connaissance du public, afin de le prévenir contre les difficultés que les envois de plants pourraient rencontrer dans la Métropole.

ALB. GRODET.

(21 avril 1887)

A. G. *créant une inspection d'agriculture qui relèvera du directeur du jardin botanique.*

B. C. p. 258.
J. C. p. 478.

Article premier. — Une inspection de l'agriculture est créée en Cochinchine ; cette inspection relèvera du directeur du jardin botanique, qui prendra le titre de directeur du service d'acclimatation.

Art. 2. — L'inspecteur d'agriculture, aidé du concours des administrateurs, sera chargé d'aller porter sur les lieux mêmes des exploitations les conseils et les encouragements, de diriger et de surveiller dans les arrondissements la création de champs d'expériences, de préconiser certaines cultures nouvelles, l'emploi d'instruments aratoires perfectionnés susceptibles d'être avantageusement utilisés par les Indigènes.

Art. 3. — Les agriculteurs qui se livreront à la culture des produits spéciaux indiqués par l'Administration, pourront être dégrevés de l'impôt foncier jusqu'à l'année de la seconde récolte, et dans des conditions qui seront ultérieurement spécifiées.

Art. 4. — L'écoulement des produits récoltés par les intéressés sera assuré par l'Administration. Des récompenses et des encouragements seront accordés aux plus méritants.

Art. 5. — Des rapports trimestriels sur la marche du service seront adressés au Directeur de l'Intérieur par l'inspecteur d'agriculture. La franchise postale et télégraphique est accordée à ce dernier pour sa correspondance avec le Directeur de l'Intérieur, le directeur du jardin botanique et de l'acclimatation et les administrateurs.

Art. 6. — Le mandatement des dépenses afférentes à l'inspection de l'agriculture aura lieu sur les crédits inscrits au chapitre XV du budget de 1887.

FILIPPINI.

(22 juin 1887)

A. G. *fixant la solde du directeur du service d'acclimatation et du jardin botanique.*

B. C. p. 427.
J. C. p. 676.

La solde annuelle brute de M. M..., directeur du service d'acclimatation et du jardin botanique, est fixée comme suit, à partir du 1er janvier 1887 :

Solde d'Europe	7,000 francs.
Supplément colonial	7,000 —
Total.	14,000 francs.

Cette dépense sera imputable au budget de l'exercice courant, chapitre XV, 1re section : *Dépenses obligatoires.*

FILIPPINI.

(11 avril 1888)

A. G. G. *fixant le traitement du jardinier chef du jardin botanique.*

J. C. p. 406.

Article premier. — M. H..., jardinier-chef du jardin botanique, jouira en cette qualité d'un traitement de mille quatre cent soixante-dix-sept piastres cinquante cents (1,477 piastres 50 cents).

CONSTANS.

(20 mai 1888)

A. G. G *fixant le solde de M. B..., pharmacien de la marine, chargé temporairement de la direction du jardin botanique.*

J. C. p. 505.

Article premier. — M. B..., pharmacien de 2e classe de la marine, remplira provisoirement les fonctions de directeur du jardin botanique et d'inspecteur d'agriculture pendant l'absence de M. M....-T...., titulaire de ces fonctions, parti en congé.

RICHAUD.

(15 septembre 1888)

DÉP. M. *approuvant l'arrêté du 20 mai 1888 fixant la solde de M. B..., pharmacien de la marine, chargé temporairement de la direction au jardin botanique.*

ARCH. GOUV.

Monsieur le Gouverneur général, dans un rapport du 28 mai dernier, M. l'Inspecteur des services administratifs et financiers C... m'a rendu compte d'une divergence d'opinion qui s'est manifestée entre l'administration locale et le service de l'inspection au sujet de la solde allouée à M. le pharmacien de 2e classe de la marine, B..., désigné pour remplir temporairement les fonctions de directeur du jardin botanique de Saïgon.

M. l'inspecteur C... estime qu'il y avait lieu d'appliquer dans l'espèce le § 1er de l'article 10 du décret du 1er juin 1875, aux termes duquel l'officier ou fonctionnaire appelé à remplir temporairement les fonctions attribuées à un grade ou à un emploi supérieur au sien n'a droit qu'à la solde du grade ou de l'emploi dont il est titulaire.

Dans votre pensée, au contraire, l'article 10, § 1er, du décret de 1875, ne s'applique qu'à l'officier ou fonctionnaire nommé à une fonction supérieure dans le corps auquel il appartient.

M. B... peut donc être considéré comme étant en mission temporaire, et il y a lieu de le faire bénéficier des dispositions du § 2 de l'article 32 du décret précité.

J'estime que, dans la circonstance, ni l'article , ni l'article 32 dudit décret n'étaient applicables, qu'il y avait une solde à fixer qui devait être soumise à l'approbation du Département.

Toutefois, sous réserve de ces observations et en considérant le chiffre de 1,750 piastres comme une proposition, je donne mon adhésion à votre arrêté du 20 mai.

A. DE LA PORTE.

JARDIN DE LA VILLE

(1er mai 1869)

A. G. *concédant à la ville de Saïgon un terrain qui sera transformé en jardin et promenade publiques.*

BAT. II, p. 128.
B. C. p. 173.

Article premier. — Il est fait concession en toute propriété à la ville de Saïgon, pour faire partie de son domaine public, d'un terrain d'une superficie d'environ vingt hectares, réservé primitivement sous le nom de *Parc du nouveau palais du Gouvernement*, et borné au nord-est par la rue n° 30 ; au nord-ouest, par la route stratégique ou boulevard Chasseloup-Laubat ; au sud-ouest, par la route de Tong-kéou, et au sud-est, par le prolongement de la rue Tabert.

Ce terrain est désigné au plan ci-annexé par le polygone A, B, C, E.

Art. 2. — La concession est faite à titre gratuit, mais à charge, par la municipalité de Saïgon, d'affecter immédiatement le terrain concédé à l'établissement d'un jardin et de promenades publiques, de prolonger la rue Tabert jusqu'à la route de Tong-kéou, suivant la ligne C, E du plan, et de placer des portes grillées aux points de rencontre de la route de Tong-kéou et de la rue n° 32, avec les limites du jardin.

Les frais d'aménagement, d'entretien, de gardiennage et tous autres seront supportés par le budget communal.

G. OHIER.

JAUGEAGE ET TONNAGE DES NAVIRES.

NATURE DES DOCUMENTS	DATES	RECUEILS A CONSULTER Bat.	B.C.	B.D.I.	J.C.	J.H.	B.M.	B.Col	OBSERVATIONS
Décret.	12 nivôse an II.						R.I 105		
O. R.	18 novembre 1837.						1866 168		
O. R.	18 août 1839.						1866 168		
D. G.	23 mars 1868.	II-505	63						
Décret.	24 mai 1873.	II-130	360						
D. G.	30 juin 1870.	II-136	187						
A. G.	11 octobre 1873.	II-130	360						
Circ. D. G. D.	6 décembre 1878.	II-133							

(12 nivôse an II (1er janvier 1794)

DÉCRET *qui détermine la manière de calculer le tonnage des bâtiments.*

B. M. R. I. p. 105.

(18 novembre 1837)

ORD. R. (*extrait*) *relative au jaugeage en ce qui concerne les bâtiments à voiles.*

B. M. 1866. tom. suppl. p. 168.

(18 août 1839)

ORD. R. (*extrait*) *relative au jaugeage en ce qui concerne les bâtiments à vapeur.*

B. M. 1866. tom. suppl. p. 168.

(23 mars 1868)

D. G. *portant règlement du port de commerce de Saïgon* (*art. 11 à 16*) (1).

BAT. II. p. 505.
B. C. p. 63.

(24 mai 1873)

DÉCRET *concernant le jaugeage des navires.*

BAT. II. p. 130.
B. C. p. 360.

Article premier. — Les navires de commerce sont jaugés d'après les règles déterminées ci-après :

RÈGLE PREMIÈRE. — POUR LES NAVIRES VIDES.

Longueur.

Art. 2. — La longueur pour le tonnage des navires ayant un ou plusieurs ponts est prise :

Sur le pont supérieur, pour les navires à un ou deux ponts ;

Sur le second pont à partir de la cale, pour les navires ayant plus de deux ponts.

Cette longueur est mesurée de tête en tête, en dedans du vaigrage, à la face supérieure du pont de tonnage ; on en retranche ensuite des quantités correspondantes, l'une à l'élancement de l'étrave sur la partie comprise dans l'épaisseur du bordé du pont, et l'autre à la quête de l'arrière, sur une hauteur égale à l'épaisseur du bordé du pont, augmentée du tiers du bouge du bau.

Division de la longueur.

Art. 3. — En vue de calculer les aires des différentes sections transversales qui sont nécessaires pour établir le volume intérieur du navire, la longueur définie à l'art. 1er est divisée conformément au tableau ci-après :

(1) V. Décret du 24 mai 1873.

Longueur totale des navires.

Nombre de divisions à effectuer. — 1re classe, 15 mètres ou moins, 4.
2e classe, de 15 mètres exclusivement à 37 mètres inclusivement, 6.
3e classe, de 37 mètres exclusivement à 55 mètres inclusivement, 8.
4e classe, de 55 mètres exclusivement à 69 mètres inclusivement, 10.
5e classe, plus de 69 mètres, 12.

Hauteurs des sections transversales.

Art. 5. — A chacune des divisions de la longueur, on mesure le creux ou la hauteur de chaque section, depuis un point marqué au tiers du bouge du pont en contre-bas du can supérieur du barrot, jusque sur le vaigrage du fond à côté de la carlingue.

Division des hauteurs.

Art.5.— Les hauteurs de toutes les sections transversales sont partagées en quatre parties égales lorsque celle de la section milieu est de 5 mètres ou moins, et en six parties égales lorsque celle de la section milieu excède 5 mètres.

Largeur des sections transversales.

Art. 6. — A chacun des points de division de la hauteur de chaque section (les points extrêmes compris), on mesure la largeur du navire en dedans du vaigrage.

Chaque largeur est numérotée (n°s 1, 2, 3, etc.) à partir du pont du tonnage, et l'on multiplie :

Par 1, les largeurs n°s 1 et 5 (points extrêmes),
Par 4, les largeurs n°s 2 et 6 —
Par 2, les largeurs n° 3 —
Lorsque la hauteur est de 5 mètres ou moins.
Par 1, les largeurs n°s 1 et 7 (points extrêmes),
Par 4, les largeurs n°s 2, 4 et 6 —
Par 2, les hauteurs n°s 3 et 5 —
Lorsque la hauteur est de plus de 5 mètres.

Aire des sections.

Art. 7. — Le total des produits ci-dessus est multiplié par le tiers de la distance entre les divisions de la hauteur. Le résultat donne l'aire de la section.

Volume des navires et tonnage officiel.

Art. 8. — Les sections transversales sont numérotées (1, 2, 3, etc.) à partir de l'avant; on multiplie :

La première et la dernière section par 1 ;
Les sections des numéros pairs par 4,
Et les sections des numéros impairs (la première et la dernière exceptées) par 2.

Le total de ces produits, multiplié par le tiers de l'intervalle entre les sections, donne le volume en mètres cubes de l'espace mesuré.

Le tonnage du volume principal est obtenu en divisant se volume par 2,83.

Navires non pontés.

Art. 9. — Dans les navires non pontés, l'extrémité supérieure des virures de bordage est considérée comme la limite de l'espace à mesurer.

La longueur est mesurée et divisée comme si un pont supérieur régnait à la hauteur du can supérieur de ces bordages, et les profondeurs des sections correspondantes à chaque point de division de la longueur, sont prises à partir des lignes transversales menées d'un bord à l'autre à cette hauteur.

Navires ayant plus de deux ponts.

Art. 10. — Lorsque le navire a un troisième pont, le volume compris en ce troisième pont et le pont de tonnage est déterminé de la manière suivante :

On mesure la longueur de l'entrepont au milieu de la hauteur, depuis le vaigrage sur ou à côté de l'étrave jusqu'au revêtement intérieur de l'allonge de poupe.

Cette longueur est divisée en autant de parties qu'il en a été fait pour le deuxième pont. A chacun des ponts de division, ainsi qu'aux ponts extrêmes, on mesure la largeur au milieu de la hauteur. Les largeurs sont numérotées (1, 2, 3, 4, etc.) à partir de l'avant. On multiplie par 1 la première et la dernière, par 4 celles ayant des numéros pairs et par 2 celles ayant des numéros impairs (la première et la dernière exceptées). Le total de ces produits, multiplié par le tiers de la distance entre les divisions de la longueur, donne l'aire moyenne horizontale de l'entrepont. On obtient ensuite le volume de l'entrepont en multipliant cette aire par la hauteur moyenne, et ce volume, divisé par 2.82. représente le tonnage à ajouter au tonnage principal (article 8). Si le navire a plus de trois ponts, le volume et le tonnage des entre ponts supérieurs sont calculés de la même manière et ajoutés au tonnage principal.

Dunettes, gaillards, tangues, rouffles, etc.

Art. 11. — S'il existe des dunettes, gaillards, tangues, rouffles ou toute autre construction permanente ou fermée pouvant recevoir du chargement ou des vivres, ou servir de logement pour l'équipage ou des passagers, le tonnage en est pareillement ajouté au tonnage principal.

Il est calculé de la manière suivante :

1° Quand les contours sont formés par des surfaces courbes, on mesure à l'intérieur la longueur moyenne de chaque compartiment. On prend le milieu de cette longueur. A ce point, ainsi qu'aux deux extrémités, on mesure, à la moitié de la hauteur, la largeur du compartiment. On multiplie par 4 la largeur du milieu ; on y ajoute les largeurs aux points extrêmes : le total, multiplié par le tiers de la distance entre les divisions de la longueur, donne l'aire moyenne horizontale du compartiment. On mesure alors la hauteur moyenne, on la multiplie par l'aire moyenne.

2° Quand les contours sont entièrement formés par des surfaces planes, on mesure le volume en multipliant entre elles la longueur, la largeur et la hauteur moyenne de chaque compartiment.

L'opération est effectuée pour chaque compartiment distinct.

Dans les deux cas, on divise les volumes obtenus par 2.83 pour avoir le tonnage à ajouter au tonnage principal.

Toutefois, s'il s'agit de compartiments exclusivement affectés à l'équipage, au-dessus ou au-dessous du pont supérieur, et n'excèdent pas le vingtième du total du navire, il n'y a pas à les comprendre dans le tonnage total, et s'ils excèdent ce vingtième, il n'est tenu compte que de l'excédent.

Il n'y a pas à comprendre dans le tonnage les abris établis sur le pont pour les passagers et admis pour cette destination par l'administration des douanes.

Épaisseur du vaigrage.

Art. 12. — Dans la mesure de la longueur, de la largeur et de la hauteur du volume principal ou des autres espaces, on doit ramener à l'épaisseur moyenne les vaigrages qui dépassent cette épaisseur.

Quand le vaigrage manque ou qu'il ne doit pas être établi à demeure, la longueur et la largeur sont comptées à partir de la membrure et la hauteur à partir des varangues.

Règle II. — Pour les navires chargés.

Art. 13. — Lorsque les navires ont leur chargement à bord ou que, par tout autre motif, ils ne peuvent pas être jaugés d'après la règle nº 1, on opère comme il suit :

La longueur du navire est prise sur le pont supérieur, depuis le trait extérieur de la rablure de l'étrave jusqu'à la face arrière de l'étambot ; on en retranche la distance du point de rencontre de la voûte avec la rablure de l'étambot, à la face arrière de cet étambot.

On mesure ensuite la plus grande largeur du navire hors bordé et hors préceinte.

On marque à l'extérieur et des deux côtés, dans une direction perpendiculaire au plan diamétral, la hauteur du pont supérieur, et l'on fait passer sous le navire une chaîne allant de l'une à l'autre marque. A la moitié de la longueur de la chaîne, on ajoute la moitié de la plus grande largeur, on élève la somme au carré ; on multiplie le résultat, d'abord par la longueur déjà prise, et ensuite par le facteur 0,17 (dix-sept centièmes) si le navire est en bois, et par le facteur 0,18 (dix-huit centièmes) si le navire est en fer. Le produit donne le volume en mètres cubes, et l'on obtient le tonnage officiel en divisant par 2,83.

Si, au-dessus du dernier pont, il existe des dunettes, gaillards, tangues, rouffles ou tout autre compartiment fermé, on en détermine le tonnage en multipliant entre elles la longueur, la largeur et la hauteur moyennes, et en divisant le produit par 2,83.

Pour les navires à vapeur, il est procédé d'après la règle III, ci-après :

Règle III. — Déductions pour les navires a vapeur.

Principe général de la déduction.

Art. 14. — Dans les navires mûs par la vapeur ou par toute autre puissance mécanique exigeant une chambre des machines, déduction est faite des espaces occupés par l'appareil moteur ou nécesaires à son fonctionnement, ainsi que de ceux occupés par les magasins ou soutes à charbon, lorsque ces magasins ou soutes sont établis à titre permanent et installés de telle sorte que le charbon puisse être immédiatement versé dans l'emplacement occupé par les machines.

Maximum de la déduction.

Dans aucun cas, cette déduction ne peut dépasser 50 p. 100 du tonnage total.

Remorqueurs.

Pour les navires à vapeur exclusivement affectés au remorquage, la déduction est uniformément de 50 p. 100.

Emplacement de l'appareil et des soutes dans la cale.

Art. 15. — Selon les dispositions de l'appareil et des soutes à charbon, l'on procède à l'estimation des emplacements qu'ils occupent, ainsi que de ceux nécessaires au fonctionnement de l'appareil, soit en groupant lesdits emplacements, soit en les mesurant séparément.

1° Si les emplacements à mesurer comprennent des sections transversales s'étendant d'un bord à l'autre du navire, le cubage est fait comme il suit ;

La longueur est mesurée au milieu de l'emplacement ;

Elle est divisée en parties égales ;

On mesure jusqu'à la hauteur du pont qui recouvre l'appareil ou les soutes, et, d'après les règles établies aux articles 3, 4 et 5, la section transversale de cet emplacement au milieu de la longueur et aux deux extrémités ;

L'aire de la section du milieu est multiplié par 4 ; on y ajoute l'aire des deux autres sections; cette somme multipliée par le tiers de l'intervalle des sections, donne le volume de l'emplacement.

2° Si les emplacements à mesurer forment des capacités distinctes ou limitées dans tous les sens par des cloisons, on détermine le volume de chacun d'eux en multipliant entre elles la longueur, la largeur et la hauteur moyennes.

Espaces supérieurs.

Art. 16. — Si, au-dessus du pont qui recouvre l'appareil et les soutes, il se trouve encore d'autres ponts, et si une partie de ces entreponts est réservée soit pour le fonctionnement de la machine, soit pour loger du charbon, soit pour donner accès à l'air ou à la lumière, le volume en est ajouté à celui de l'emplacement des machines. On le détermine en multipliant entre elles la longueur, la largeur et la hauteur moyennes.

Tunnel de l'arbre de l'hélice.

Art. 17. — Le cubage du tunnel de l'arbre dé l'hélice s'obtient par le produit de la longueur, de la largeur et de la hauteur moyennes.

Tonnage net.

Art. 18. — Les volumes des espaces dont la déduction est autorisée sont additionnés. Le total, divisé par 2.83, est défalqué du tonnage calculé conformément aux règles I et II, et la différence constitue le tonnage net des navires à vapeur.

Changement de destination des espaces intérieurs.

Art. 19. — Lorsque les espaces, considérés d'abord comme étant affectés à la machine ou au combustible, ont été employés à une autre destination, ils doivent être ajoutés au tonnage net des navires.

DISPOSITION TRANSITOIRE.

Déductions transitoires pour les bateaux à vapeur.

Art. 20. — Tant que les déductions afférentes aux machines à vapeur seront calculées, dans le Royaume-Uni de la Grande-Bretagne et d'Irlande, suivant les dispositions de l'acte du 10 août 1854, les armateurs ou consignataires de navires auront la faculté de profiter des mêmes dispositions, sous la réserve que ces déductions ne pourront pas dépasser 40 p. 100 du tonnage brut total.

On appliquera, dans ce cas, les dispositions ci-après :

Lorsque, dans les navires à roues, les espaces occupés par les chaudières et les machines, ainsi que les espaces indispensables pour le fonctionnement des machines et pour donner de l'air et du jour à la chambre des machines, représenteront plus de 20 p. 100 et moins de 30 p. 100 du tonnage total du navire, remise sera faite de 0.37 (trente sept centièmes) de ce tonnage.

Lorsque, dans les navires à hélice, les mêmes espaces représenteront plus de 13 p. 100 et moins de 20 p. 100 du tonnage total, remise sera faite de 0.32 (trente-deux centièmes) de ce tonnage.

Si les espaces désignés ci-dessus ne représentent, dans les navires à roues, que 20 p. 100 ou moins, et dans les navires à hélice que 13 p. 100 ou moins du tonnage total, la déduction consistera dans le tonnage effectif desdits espaces, avec addition de moitié pour les navires à roues et des trois quarts pour les navires à hélice.

Quand les mêmes espaces représenteront dans les navires à roues 30 p. 100 ou plus, et dans les navires à hélice 20 p. 100 ou plus du tonnage total, la déduction sera uniformément de 40 p. 100.

La mesure des espace dont il s'agit aura lieu comme suit et séparément dans chaque espace distinct.

Espaces au-dessous du pont.

Pour les espaces situés au-dessous du pont qui recouvre l'appareil, on mesurera la hauteur moyenne depuis le sommet de l'espace jusqu'au vaigrage du fond. La largeur sera mesurée, à moitié hauteur, à chacune des extrémités et au milieu de la longueur; si la dimension de l'espace l'exige, on prendra un plus grand nombre de largeur. On fera la moyenne des largeurs. On mesurera la longueur moyenne entre les cloisons. On multipliera l'une par l'autre la longueur, la largeur et la hauteur moyennes, et le produit donnera le volume de l'espace.

Espaces au-dessus du pont.

Si, au-dessus du pont qui recouvre l'appareil, il exisie des espaces nécessaires au fonctionnement de la machine ou destinés à donner de l'air ou de la lumière, on multipliera l'une par l'autre leur longueur, leur largeur et leur hauteur, lorsque chacune de ces dimensions sera constante, et, dans le cas contraire, on fera le produit de la longueur, de la hauteur et de la largeur moyennes.

Tunnel de l'arbre de l'hélice.

Le volume du tunnel de l'arbre de l'hélice s'obtiendra en multipliant l'une par l'autre la longueur, la hauteur et la largeur moyennes.

Déduction devra être faite, dans les espaces affectés aux chaudières, aux machines et à leur fonctionnement, de toute portion qui n'aurait pas réellement cette destination.

Les capacités des espaces mesurés séparément seront réunies. Le total, divisé par 2.83, donnera le tonnage de l'ensemble des compartiments occupés par la machine. Le calcul des déductions s'établira en raison du tonnage.

DÉLAIS D'EXÉCUTION.

Navires neufs.

Art. 21. — Les dispositions relatives au jaugeage des navires vides seront exécutoires à dater du 1er juin 1873, pour tous les navires de constructions française ou étrangère qui seront admis à la francisation.

Navires étrangers.

Art. 22. — A partir de la même date, les navires étrangers seront jaugés conformément aux dispositions de l'article 13 du présent décret et sauf les exceptions résultant des traités ou d'arrangements spéciaux.

Effectif actuel de la marine marchande.

Art. 23. — Pour les navires composant l'effectif actuel de la marine française, la nouvelle jauge ne sera obligatoire, suivant le tonnage de ces navires, qu'à l'expiration des délais ci-après:

Tonnage des navires.

1,000 tonneaux et au-dessus	2 ans.
De 1,000 à 500 tonneaux inclusivement.	3 ans.
De 500 tonneaux à 200 tonneaux inclusivement.	4 ans.
De 200 tonneaux à 100 tonneaux inclusivement	5 ans.
Moins de 100 tonneaux	6 ans.

Le délai acccordé pour l'application de la règle n° I est à partir du 1er 1873.

Toutefois si, avant l'expiration de ces délais, les navires avaient à recevoir un radoub important, le jaugeage devrait en être effectué à ce moment.

A. THIERS

(30 juin 1870)

A. G. *nommant une commission chargée de jauger les navires de commerce.*

BAT. p. 136.
B. C. p. 187.

Article premier. — L'opération du jaugeage sera exécutée par une commission composée de trois membres :

1° Un capitaine au long cours, dont le choix appartiendra à la Chambre de commerce ;

2° Le maître de port ;

3° Un 1er ou un 2e maître charpentier, désigné par M. le commandant de la marine.

Cette commission se réunira en présence du directeur du port de commerce toutes les fois que les besoins du service l'exigeront.

Art. 2. — Il sera alloué, au compte du navire soumis à la visite, une vacation de 25 francs au capitaine délégué par la Chambre de commerce et de 12 francs au maître entretenu de la marine et au maître de port.

Art. 3. — Le directeur du port de commerce demeure chargé de convoquer la commission. Il prendra au préalable les ordres du Directeur de l'Intérieur.

de Cornulier-Lucinière.

(11 octobre 1873)

A. G. *modifiant la méthode de jaugeage pour l'établissement des droits de phare.*

BAT. II. p. 130.
B. C. p. 360.

Article premier. — Le paragraphe 1er de l'article 14 du règlement du 23 mars 1868, sur le port de commerce, sera abrogé à partir du 1er novembre prochain.

Art. 2. — La méthode de jaugeage, pour l'établissement des droits de phare, sera celle prescrite par le décret du Président de la République, en date du 24 mai 1873.

Dupré.

(6 décembre 1878)

CIRC. DIRECT. Gale DES DOUANES *concernant la délivrance de nouveaux certificats spéciaux de tonnage en vue de l'application du péage pour la navigation du canal de Suez. — Note.*

BAT. II, p. 137.

La circulaire no 1275, du 10 juin 1875, a indiqué les règles d'après lesquelles on doit calculer le tonnage des navires que les armateurs désirent pourvoir de certificats spéciaux, en vue du passage par le canal de Suez.

Ainsi que l'Administration l'a expliqué alors, ces règles sont celles qui ont été recommandées par la commission réunie à Constantinople en 1873. L'expérience ayant démontré qu'elles pouvaient donner lieu à quelques divergences d'interprétation, un accord est intervenu entre le gouvernement anglais et la Compagnie du canal de Suez pour l'adoption d'une nouvelle formule de certificat, et un règlement a été mis en vigueur à cet effet par la Compagnie, à compter du 1er juillet 1878. En vertu d'une décision du 6 septembre, concertée entre le Département du commerce et le Département des finances, les douanes françaises sont autorisées à appliquer les dispositions de ce règlement. Les certificats précédemment délivrés aux navires qui empruntent la voie du canal de Suez doivent par conséquent être renouvelés.

Les nouveaux certificats porteront, comme les certificats actuels, le numéro 43 de la série N. De fait, ils n'introduisent aucune modification essentielle dans les résultats du mesurage. Mais ils présentent plus de détails et ils font ressortir d'une manière plus distincte la capacité des espaces mesurés. Une note ci-jointe donne à cet égard des explications auxquelles je me réfère. J'appelle aussi l'attention du service sur les mesures d'exécution indiquées par le paragraphe final de cette note.

Ainsi que l'Administration l'a déjà fait remarquer par le dernier paragraphe de la circulaire n° 1275, les certificats relatifs à la navigation par le canal de Suez n'ont de valeur que pour cette destination spéciale. On doit s'abstenir d'y inscrire les mutations de propriété et les hypothèques. Il doit également demeurer entendu que le commerce reste libre de ne présenter, au passage par le canal de Suez, que les actes de francisation des navires. A l'avenir, comme par le passé, les certificats spéciaux ne lui seront délivrés que sur sa demande.

AMÉ.

NOTE.

NAVIRES A VOILES.

Les nouveaux certificats se divisent, comme les anciens certificats, en deux parties distinctes, savoir :

1° Espaces mesurés pour la détermination du volume brut du navire ;
2° Espaces donnant droit à déduction.

Première partie. — Espaces mesurés pour la détermination du volume brut du navire.

Cette première partie comprend :

1° L'espace sous le pont de tonnage ;
2° L'espace ou les espaces entre le pont de tonnage et le pont supérieur ;
} *Le mesurage en est fait d'après les règles générales. (Voir le décret du 24 mai 1873 et le Procédé pratique.)*

3° Les espaces couverts et clos formant des constructions permanentes sur le pont supérieur.

Ces constructions doivent être nommément désignées et l'on doit indiquer pour chacune d'elles le nombre de tonneaux qu'elles mesurent.

Les formules du nouveau certificat, qui sont actuellement sous presse, mentionnent :

La dunette,
Le gaillard d'avant,
L'espace situé sous la passerelle,
Les rouffles,
Les chambres latérales,
La partie du capot servant de fumoir,
Les cuisines, chambres des cuisiniers, bouteilles et salles de bain,
La cabine de l'homme de barre,
La chambre des cartes,
La chambre du petit cheval,
Les écoutilles excédant un demi pour cent du volume brut du navire.

S'il existait d'autres constructions, elles devraient être nommément désignées.

Il y aurait lieu, en outre, de faire ressortir pour mémoire les constructions qui, n'étant pas closes et couvertes, ne devraient pas être comprises dans le calcul du volume brut.

Deuxième partie. — Espaces donnant droit à déduction.

Cette deuxième partie comprend quatre catégories, savoir :

1° Le logement de l'équipage ;
2° Le logement des officiers et des maîtres ;
3° Les cuisines, chambres de cuisiniers et bouteilles servant exclusivement à l'usage de l'équipage ;
4° Les espaces couverts et clos sur le pont supérieur, employés pour la manœuvre du navire.

Première catégorie. — Logement de l'équipage.

On indiquera séparément le logement des matelots, celui des chauffeurs, des quartiers-maîtres et autres hommes de l'équipage, s'il en existe. (*Les maîtres d'hôtel, les cuisiniers des vapeurs à passagers et les domestiques des passagers ne font pas partie de l'équipage pour lequel la déduction est acquise.*)

Deuxième catégorie. — Logement des officiers et des maîtres.

On fera également ressortir ici, d'une manière distincte, le logement de chaque officier (premier, deuxième, etc.), de chaque mécanicien, du maître d'équipage et du charpentier. (*Les installations du capitaine, du médecin, du trésorier, de l'économe, etc., ne doivent pas être comprises dans la déduction.*)

Troisième catégorie. — Cuisines, chambres de cuisiniers et bouteilles servant exclusivement à l'usage de l'équipage.

On doit distinguer entre les constructions établies sur le pont et les constructions existant ailleurs.

Quatrième catégorie. — Espaces couverts et clos sur le pont supérieur, employés pour la manœuvre du navire.

Cette quatrième catégorie comprend :

1° La chambre des cartes. (*Quand le capitaine est logé dans la chambre des cartes, une déduction maximum de trois tonneaux est faite pour l'espace occupé par les cartes dans cette chambre*) ;

2° La chambre de vigie ;

3° La chambre des signaux ;

4° La cabine de l'homme de barre ;

5° Le cabinet du médecin. (*Le cabinet du médecin ne doit être déduit du tonnage sujet à la taxe que lorsque le médecin lui-même est à bord*) ;

6° La salle à manger des officiers. (*La déduction accordée pour la salle à manger, affectée à l'usage exclusif des officiers et des mécaniciens, ne doit pas dépasser quatre tonneaux. Mais aucune déduction n'est allouée pour la salle à manger des officiers et mécaniciens, quelle que soit sa capacité, dans les navires aménagés pour les passagers, qui n'ont pas à bord de salle à manger pour ces passagers*) ;

7° La salle à manger des sous-officiers. (*La déduction pour cette salle, s'il en existe une, ne doit pas dépasser deux tonneaux et demi*) ;

8° La salle de bain et autres espaces, le cas échéant.

L'espace approprié pour la salle de bain doit être déduit du tonnage sujet à la taxe lorsqu'il n'y a aucun passager à bord ; cet espace étant alors exclusivement à l'usage des officiers et des mécaniciens.

Une déduction pour salle de bain est également faite, malgré la présence de passagers à bord, lorsqu'il existe plus d'une salle de bain permanent. Dans ce cas, l'une des salles de bain est considérée comme spécialement affectée à l'usage des officiers et des mécaniciens.

Dans le premier comme dans le second cas, l'espace à déduire comme salle de bain, exclusivement à l'usage des officiers et des mécaniciens, ne doit pas dépasser deux tonneaux.

Observations générales. — Lorsque les salles à manger ou les salles de bain occupent moins que l'espace maximum alloué pour déductions, l'espace réellement occupé est seul déduit.

Le total des espaces déduits ne doit, en aucun cas, dépasser cinq pour cent du volume brut du navire, et lorsque des approvisionnements ou du chargement sont transportés, ou que des passagers sont logés ou couchés dans un de ces espaces, la déduction cesse d'être opérée.

Indications que doivent porter les espaces déduits. — Le règlement de la Compagnie du canal de Suez renferme une disposition importante, sur laquelle le service devra appeler l'attention des intéressés. D'après cette disposition, la chambre des cartes servant de logement au capitaine, le cabinet du médecin, la salle à manger exclusivement réservée aux officiers, aux mécaniciens ou aux maîtres d'équipage, la salle à manger exclusivement réservée aux sous-officiers, et généralement tous les espaces donnant droit à déduction, doivent porter une indication visible certifiant leur destination exclusive. A défaut ou en l'absence de cette indication, aucune déduction ne serait allouée par la Compagnie du canal.

NAVIRES A VAPEUR.

Toutes les dispositions ci-dessus sont applicables à la fois aux navires à voiles et aux navires à vapeur.

Ceux-ci ont, en outre, droit à une déduction pour l'appareil moteur.

A cet égard, rien n'est changé aux instructions données par la circulaire n° 1275, du 10 juin 1875. Le service devra s'y conformer.

MESURES D'EXÉCUTION.

Ainsi que la circulaire n° 1275 l'a expliqué, deux formules spéciales ont été établies pour les vérifications complémentaires auxquelles donne lieu la détermination du tonnage des navires qui doivent emprunter la voie du canal de Suez. La seconde de ces formules est maintenue, la première sera réimprimée avec les modifications que rendent nécessaires les nouvelles mesures adoptées. Provisoirement, le service devra en faire usage en ajoutant à la main l'indication des espaces qui n'y sont pas désignés. Au besoin, on emploierait comme feuille intercalaire un second exemplaire.

C'est à l'Administration qu'est exclusivement réservée la délivrance des certificats relatifs à la navigation par le canal de Suez. Mais, à l'avenir, le projet de ces certificats lui sera soumis avec les formules nos 41 et 42. L'Administration invite spécialement les directeurs à tenir la main à l'accomplissement de cette prescription. Ils recevront en temps utile les imprimés nécessaires.

JEUNES DÉTENUS.

V. *Prisons.*

JEUX DE HASARD.

NATURE DES DOCUMENTS	DATES	RECUEILS A CONSULTER								OBSERVATIONS
		Bat.	B. C.	B D.I	J.C.	J.H.	B.M.	B.Col		
Circ. D. I.	5 décembre 1865.			10						
Circ. D. I.	28 avril 1869.			32						
A. G.	21 mai 1869.		182							
Circ. D. I.	21 mai 1869.			53						
Circ. D. I.	1er juin 1869.			77						
Circ. D. I.	22 juin 1869.			79						
A. G.	22 août 1869.	u-139	292							
Délib. C. C.	12 décembre 1885.				1856 9					

(5 décembre 1865)

CIRC. D. I. *sur la suppression des maisons de jeux hors de Saïgon et Cholon. — La défense de jouer ne doit point être un motif de perquisition d'un caractère inquisitorial et oppressif à l'égard des indigènes.*

B. D. I. p. 10.

(28 avril 1869)

CIRC. D. I. *au sujet de la surveillance des personnes étrangères à la localité dans les maisons de jeux.*

B. D. I. p. 32.

(21 mai 1869)

A. G. *rapportant ceux des 26 juillet et 17 avril 1861, 29 décembre 1864 et 20 avril 1869 ainsi que les décisions des 26 octobre 1862, 15 mars 1869, et portant nouveau règlement de la ferme des jeux et des maisons de jeux en Cochinchine.*

B. C. p. 182.

(21 mai 1869)

CIRC. D. I. *Rétablissement des maisons de jeux. — Application de l'arrêté du même jour.*

B. D. I. p. 53.

(1er juin 1869)

CIRC. D. I. *Classement du produit des maisons de jeux recouvré en exécution de l'arrêté du 21 mai 1869.*

B. D. I. p. 77.

(22 juin 1869)

CIRC. D. I. *Modèle du cahier des charges relatif à l'affermage des maisons de jeux. — Instruction.*

B. D. I. p. 79.

(22 août 1874)

A. G. *établissant qu'à partir du 1er janvier 1875 les jeux sont prohibées dans toute l'étendue de la Cochinchine.*

B. C. p. 292.
BAT. II. p. 139.

A partir du 1er janvier 1875, la ferme des jeux et les maisons de jeux seront supprimées dans toute l'étendue du territoire de la Cochinchine française.

KRANTZ.

(12 décembre 1885)

DÉLIB. C. COL. *au sujet du rétablissement de la ferme des jeux.*

J. C. 1886 p. 9.

Consulter en outre : *Bourses de commerce.*

JONQUE DU GOUVERNEUR.

V. *Chaloupes et canots à vapeur.*

JONQUES DE SERVICE.

V. *Chaloupes et canots à vapeur.*

JOURNAUX ET BULLETINS OFFICIELS.

NATURE DES DOCUMENTS	DATES	RECUEILS A CONSULTER							OBSERVATIONS
		Bat.	B. C.	R.D.I	J. C.	J.H.	B. M.	B.Col	
D. G.	7 décembre 1865.	II-576		5					
D. G.	18 mars 1869.	II-577	91						
D. G.	16 septembre 1869.		317						
D. G.	29 mars 1878.	II-578	91						
Circ. D. I.	11 juillet 1879.	II-579		67					
A. G.	21 juillet 1879.	II-579	264						
Circ. D. I.	4 août 1879.	II-579		74					
A. G.	10 mai 1880.		258						
Dép. M.	17 août 1881.								
Circ. D. I.	15 novembre 1881.			56					
A. G.	24 décembre 1881.		544						
Circ. Ch. S. Ad.	24 juillet 1882.								
Dép. M.	30 août 1884.								
Avis.	juillet 1886.				705				
Dép. M.	14 janvier 1887.								
Dép. M.	1 septembre 1887.								
A. G. G.	31 décembre 1888.				1889 1				

(7 décembre 1865)

D. G. *Création du « Bulletin de la Direction de l'Intérieur ».*

BAT. II. p. 576.
B. D. I. p. 5.

Il est créé un *Bulletin de la Direction de l'Intérieur*, pour la publication des circulaires, notes, extraits de correspondance et autres documents concernant l'Administration locale.

Ce bulletin sera publié tous les trimestres. Il en sera envoyé un exemplaire à chaque inspection, où il sera conservé aux archives.

Les divers numéros seront pliés sous un même format pour être ensuite réunis en volumes. La dernière livraison de chaque année sera accompagnée d'une table récapitulative.

Le Directeur de l'Intérieur est chargé de faire imprimer ce bulletin et de le faire distribuer.

DE LA GRANDIÈRE.

(18 mars 1869)

D. G. *portant que le journal annamite le « Gia dinh bao » paraîtra tous les lundis, à partir du 1er avril, et fixant à 20 francs par an le prix de l'abonnement. — Supplément de 1,200 francs au directeur chargé de la publication.*

BAT.II. p. 5 77.
B. C. p. 91.

Article premier. — Le *Gia din bao* paraîtra tous les lundis à partir du 1er avril.

Art. 2. — Le prix de l'abonnement est porté à vingt francs par an.

. . . .

G. OHIER.

(16 septembre 1869)

D. G. *chargeant M. Petrus Truong-Vinh-ky de la rédaction du journal annamite le « Gia dinh bao »; — Allocation d'un traitement annuel de 3,000 francs. — Mise en pages; répartition des matières.*

B. C. p. 317.

(29 mars 1878)

D. G. *Dépôt au secrétariat du Conseil privé des documents à insérer au « Bulletin officiel ».*

BAT. II. p. 578.
B. C. p. 91.

Le 15 de chaque mois au plus tard, dépôt sera fait au secrétariat du Conseil privé, par chaque administration intéressée, des divers documents à insérer dans le *Bulletin officiel* de la colonie du mois précédent. — Ces pièces seront comprises, suivant leur ordre chronologique, dans un bordereau portant leurs dates et analyses. — Si elles consistent en copies préparées spécialement pour le *Bulletin*, la transcription ne devra occuper que le recto de chaque feuillet, cette disposition étant propre à faciliter notablement le travail de l'imprimerie. — Si elles sont empruntées à la composition des numéros du *Courrier de Saïgon*, elles devront être détachées par les soins du service dont elles émanent pour être présentées dans l'ordre méthodique voulu.

Quant aux actes qui ne figurent au *Bulletin* que sous forme d'*analyse*, ils feront l'objet d'un bordereau distinct où ils seront classés sous l'un des titres suivants :

Nominations et Mutations. — Congés et Passages. — Démissions, etc.

J. LAFONT.

(11 juillet 1879)

CIRC. D. I. *prescrivant d'afficher devant la porte de l'inspection le « Gia dinh bao », ainsi que tout ce qui pourra intéresser la population.*

BAT. II. p. 579.
B. D. I. p. 67.

J'ai l'honneur de vous prier de faire placer devant la porte de l'inspection, dans un endroit apparent, deux poteaux supportant des placards à affiches.

Vous voudrez bien y faire afficher le *Gia dinh bao* (*au moyen de deux emplaires, recto et verso de la 1re feuille sur un des placards, et recto et verso de la 2e feuille sur l'autre*), ainsi que tout ce qui pourra intéresser la population.

BELIARD.

(21 juillet 1879)

A. D. *Le « Courrier de Saïgon » prendra à l'avenir le titre de « Journal officiel de la Cochinchine française ».*

BAT. II. p. 579.
B. C. p. 264.

Le *Courrier de Saïgon* prendra à l'avenir le titre de *Journal officiel de la Cochinchine française* (1).

Cette publication paraîtra tous les samedis, à compter du 26 courant ; son format sera réduit.

Aucun changement n'est apporté aux conditions de l'abonnement.

LE MYRE DE VILERS.

(1) Abonnements au *Journal officiel de la Cochinchine française* :

Cochinchine, Pondichéry, Réunion et Shanghaï. . .	Un an. . .	3 P. 40
	Six mois. .	1 90
Hong-kong et Singapore	Un an. . .	4 20
	Six mois. .	2 30
France.	Un an. . .	4 00
	Six mois. .	2 10
Le numéro		0 10

Modifié depuis le 1er janvier 1889 par suite de la création du *Journal officiel de l'Indo-Chine française* (A. G. G., 31 décembre 1888).

(4 août 1879)

CIRC. D. I. *Instruction concernant les abonnements au* Journal officiel *de la Cochinchine et au Gia dinh bao* (1).

BAT. II. p. 579.
B. D. I. p. 74.

J'ai l'honneur de vous annoncer qu'à partir du 10 courant, les abonnements au *Journal officiel* de la colonie et au *Gia dinh bao* seront reçus dans les arrondissements, par MM. les administrateurs des affaires indigènes, et voici la marche à suivre pour assurer la régularité de l'opération :

Dans les inspections-perceptions, il sera délivré séance tenante, contre le versement du prix de l'abonnement, une quittance à souche au titre: *Produits divers*. Le montant des recettes effectuées à ce titre pendant le mois devra figurer au tableau de la 3e page du bordereau de versement, comme produits de l'imprimerie.

Dans les inspections non perceptions, il sera délivré des ordres de recettes au moyen desquels les intéressés iront verser le prix de leur abonnement au payeur de la localité ; ils viendront ensuite présenter le récépissé à l'administrateur.

Aussitôt qu'un abonnement aura été pris et payé, vous voudrez bien m'adresser immédiatement une dépêche télégraphique faisant connaître que M. a versé le suivant récépissé no une somme de pour un abonnement de au *Journal officiel de la Cochinchine* ou au *Gia dinh bao*, à servir à (le lieu où le journal doit être envoyé).

BÉLIARD.

(10 mai 1880)

A. G. *Le Journal officiel paraîtra désormais deux fois par semaine.*

B. C. p. 258.

Article premier. — Le *Journal officiel* paraîtra désormais deux fois par semaine: le mercredi et le samedi.

Art. 2. — Le prix de l'abonnement ne sera pas provisoirement augmenté.

LE MYRE DE VILERS.

(17 août 1881)

DÉP. M. *prescrivant l'envoi par les voies les plus rapides et sans aucun retard au Département des procès-verbaux des délibérations du conseil colonial, du* Journal officiel *et de l'annuaire.*

ARCH. GOUV.

L'envoi rapide et régulier au Département des documents officiels publiés par les colonies est d'une très grande importance pour la solution des affaires. Il est en outre absolument nécessaire que le Département soit nanti de tous les documents avant que ceux-ci ne tombent dans les mains du public. Je vous invite donc à organiser un mode d'envoi qui permette de réaliser les deux conditions de régularité et de promptitude. Les documents que le Département a le plus d'intérêt à posséder dans un bref délai sont les procès-verbaux des délibérations du conseil général, le *Journal officiel* de la colonie et enfin l'annuaire. Les procès-verbaux des délibérations du conseil général sont publiés par le *Journal officiel* avant d'être réunis en fascicule. Il est indispensable que cette insertion soit faite le plus promptement possible afin que les affaires puissent être étudiées sans retard. Je vous prie donc de donner les ordres nécessaires pour que les journaux contenant le compte rendu des séances me soient toujours transmis par le plus prochain courrier formant un paquet spécial adressé sous le présent timbre avec la mention « Procès-verbaux du Conseil général.

(1) V. Circ. D. I., 15 novembre 1881.

De plus par ces mêmes courriers des lettres spéciales à chaque affaire portant le timbre des différents bureaux me seront adressées pour me signaler des questions sur lesquelles vous penserez que mon attention doive être appelée en me faisant connaître en même temps votre opinion personnelle.

Aussitôt les procès-verbaux réunis en fascicules je vous prie d'en faire parvenir indépendamment de ceux qui étaient envoyés jusqu'ici, six exemplaires sous bande spéciale à chacun des bureaux de la direction et deux sous le timbre « Secrétariat du Directeur des colonies. »

Les numéros du *Journal officiel* contenant les délibérations du Conseil général devront également être adressés à chaque bureau comme il est dit ci-dessus, au fur et à mesure de leur publication.

J'appelle également votre attention sur la nécessité de faire imprimer l'annuaire en temps utile pour qu'il puisse arriver au Département dans la commencement de l'année.

G. Cloué.

(24 décembre 1881)

A. G. *Insertion au* Journal officiel *de la colonie des annonces du service marine et colonial.*

B. C. p. 534.

Article premier. — A partir du 1er janvier 1882, les annonces du service marine et colonial, insérées au *Journal officiel* de la colonie, seront remboursées par ce motif à raison de 6 cents la ligne.

Une réduction de moitié sera accordée pour les annonces répétées.

Art. 2. — L'insertian des dépêches ministérielles, arrêtés, annonces d'examens et avis de réception de mandats *gens de mer* sera gratuite.

Art. 3. — Aucune demande de publication ne devra être acceptée par le service de l'imprimerie, si elle ne porte le visa du chef du service administratif ou celui du chef de son secrétariat.

Le Myre de Vilers.

(24 juillet 1882

CIRC. CHEF. S. AD. *Les annonces des services marine et colonial devant, aux termes de l'arrêté local da 24 décembre 1881 être insérées au* Journal officiel *de la colonie. Il importe de laisser ces frais à la charge du fournisseur. Recommandation d'inscrire une clause spéciale dans ce sens au cahier des charges.*

ARCH. S. AD.

(15 novembre 1881)

CIRC. D. I. *au sujet des abonnements au* Journal officiel *de la Cochinchine et au Gia dinh bao.*

B. D. I. p. 56.

Les abonnements au *Journal officiel* de la colonie et au *Gia dinh bao*, reçus dans l'intérieur, donnent lieu à l'envoi de télégrammes dont la formule, contenue dans la circulaire du 4 août 1879, est inutilement longue. Il importe de la réduire à la plus extrême concision.

Les dépêches pour cet objet devront à l'avenir ne contenir que la désignation du journal, la durée de l'abonnement, la date à partir de laquelle il doit être servi et l'adresse du destinataire du journal.

Béliard.

(30 août 1884)

DÉP. M. *prescrivant l'envoi d'un volume broché du* Journal officiel *et de chaque journal paraissant dans la colonie au commencement de l'année qui suit celle de la publication.*

ARCH. GOUV.

Malgré le soin employé à recueillir et à conserver une collection du *Journal officiel* et des divers journaux publiés dads chacune des colonies, on arrive difficilement à réunir une collection complète de ces journaux;

Pour obvier à cet inconvénient j'ai l'honeur de vous prier de donner des ordres pour qu'un volume broché du *Journal officiel* et de chaque journal paraissant dans la colonie soit adressé au Département sous le présent timbre, au commencement de l'année qui suit celle de la publication.

Je vous serai obligé de donner des ordres pour que cette mesure soit mise en pratique dès l'année courante.

FÉLIX FAURE.

(juillet 1886)

AVIS *faisant connaître que le « Journal officiel » insérera gratuitement toutes les offres et demandes d'emplois pour le commerce et l'industrie.*

J. C. p. 795.

A l'avenir, le *Journal officiel* insérera gratuitement toutes les offres et demandes d'emplois pour le commerce et l'industrie.

Ces offres et demandes d'emplois devront être adressées sous la forme la plus concise à la Direction de l'Intérieur.

Elles pourront être accompagnées d'une pièce contenant tous les renseignements que les intéressés croiront devoir fournir à l'appui.

Cette pièce annexe restera déposée à la Direction de l'Intérieur, où elle pourra être communiquée sans déplacement.

(14 janvier 1887)

DÉP. M. *au sujet du service des journaux et des bulletins officiels. A l'avenir ils doivent être envoyés sous bande spéciale portant l'indication de chacun des bureaux des services destinataires.*

ARCH. GOUV.

Les Journaux officiels et les bulletins officiels des colonies sont envoyés, par la plupart des administrations locales, en un seul paquet contenant, sans adresse spéciale, le nombre d'exemplaires à répartir entre les différents bureaux et services du Ministère de la marine et des colonies.

Ce mode de procéder est une cause de retards et d'irrégularités dans la distribution de ces documents que les bureaux de l'Administration des colonies ont le plus grand intérêt à recevoir exactement.

Je vous prie, en conséquence, de vouloir bien donner des ordres pour qu'à l'avenir les journaux et bulletins officiels soient envoyés *sous bande spéciale portant l'indication de chacun des bureaux en services destinataires.*

Voici d'ailleurs la répartition qui doit être adoptée pour ces envois et les suscriptions que devront porter les bandes :

Le Sous-Secrétaire d'État.	1	exemplaire.
Cabinet du Sous-Secrétaire d'État . .	2	—

(1er septembre 1887)

DÉP. M. *au sujet des rapports périodiques sur la situation de la colonie et du mode d'envoi des journaux ou publications paraissant dans la colonie.*

ARCH. GOUV.

. . . .

J'ajouterai, en terminant, qu'il conviendra également de modifier le système actuellement suivi pour la transmission au Département des journaux et autres publications de la colonie : en dehors des envois destinés au Cabinet du Sous-Secrétaire d'État et au Archives coloniales, lesquels devront être maintenus ; il suffira dorénavant de faire parvenir à l'Administration des colonies *trois* exemplaires de chacun desdits journaux et publications qui devront être spécialement adressés au Chef de la 2e Division (Bureau de la Cochinchine et du Cambodge).

. . . .

(31 décembre 1888)

A. G. G. *création à partir du 1er janvier 1889 : 1° d'un Journal officiel de l'Indo-Chine française ; 2° d'un Bulletin officiel de l'Indo-Chine française ; 3° d'un Annuaire de l'Indo-Chine française.*

J. C. (1889) p. 1.

Article premier. — Il est créé, à partir du 1er janvier 1889 :

1° Un *Journal officiel de l'Indo-Chine française*, paraissant simultanément à Saïgon et à Hanoï, le lundi et le jeudi de chaque semaine, et divisé en deux parties : la première, publiée à Saïgon, comprend tous les actes officiels concernant la Cochinchine et le Cambodge ; la seconde, publiée à Hanoï, comprend tous les actes officiels concernant le Protectorat de l'Annam et du Tonkin (1) ;

2° Un *Bulletin officiel de l'Indo-Chine française*, paraissant simultanément à Saïgon et à Hanoï, le 1er de chaque mois, et divisé, comme le *Journal officiel*, en deux parties ; la première publiée à Saïgon et relative à la Cochinchine et au Cambodge ; la seconde publiée à Hanoï pour tous les actes administratifs concernant l'Annam et le Tonkin (2) ;

3° Un *Annuaire de l'Indo-Chine française*, divisé en deux tomes : le tome Ier, publié à Saïgon, comprendra la Cochinchine et le Cambodge ; le tome II comprendra le Protectorat de l'Annam et du Tonkin.

Art. 2. — Les journaux et bulletins officiels, ainsi que les annuaires publiés

(1)

Prix des annonces.

Les vingt premières lignes : 20 cents la ligne ; 10 cents les lignes suivantes.
Annonces renouvelées : moitié du prix de la première insertion.
Prix du numéro : 13 cents.

Prix de l'abonnement pour chacune des parties.

Indo-Chine, Pondichéry, Réunion et Shanghaï : un an, 4 P. 50 ; six mois, 2 P. 50. — Hong-kong et Singapore : un an, 5 P. 50 ; six mois, 3 P. — France : un an, 5 P. 25 ; six mois, 2 P. 75.

Prix d'abonnement pour les deux parties.

Indo-Chine, Pondichéry, Réunion et Shanghaï : un an, 9 P. ; six mois, 5 P. — France : un an, 10 P. 50 ; six mois, 5 P. 50. — Hong-kong et Singapore : un an, 11 P. ; six mois, 6 P.

(2) Antérieurement, du 1er janvier 1883 au 31 décembre 1888, le bulletin concernant l'Annam et le Tonkin paraissait sous le titre de : *Moniteur de l'Annam et du Tonkin.*

actuellement en Cochinchine et dans les pays de Protectorat de l'Indo-Chine, cesseront de paraître à dater du 1er janvier 1889.

RICHAUD.

Consulter en outre : *Annuaire ; — Promulgation.*

JOURS FÉRIÉS.

V. *Fêtes légales.*

RECUEILS ET JOURNAUX. PUBLICATIONS PÉRIODIQUES. ÉCRITS.

NATURE DES DOCUMENTS	DATES	RECUEILS A CONSULTER							OBSERVATIONS
		Bat.	B. C.	B. D.	J. C.	J. H.	B. M.	B. Col	
Circ. M.	16 décembre 1852.	I-498							
Circ. M.	8 mai 1853.	I-498							
A. G.	28 octobre 1865.	I-257	367						
Dép. M.	23 septembre 1868.	II-576							
Dép. M.	18 octobre 1868.	I-490							
Circ. M.	8 juillet 1871.	I-499							
Circ. D. I.	31 janvier 1880.			12					
Dép. M.	17 février 1880.								
A. G.	31 janvier 1881.		101						
Circ. D. I.	13 avril 1882.			16					
Circ. M.	23 mai 1883.		254						
Circ. M.	25 octobre 1883.		407						
Dép. M.	30 août 1884.								
Dép. M.	17 juin 1885.								
Circ. M.	6 août 1886.								
Circ. M.	19 octobre 1886.								
Circ. D. I.	19 janvier 1887.								
A. G.	16 mars 1887.		196						
Circ. D. I.	12 avril 1887.				429				
A. G. G.	18 mars 1889.								

(16 décembre 1852)

CIRC. M. *interdisant au personnel de tout grade appartenant à la marine de faire toute publication sans l'autorisation du Ministre.*

BAT. I. p. 498.

Différents journaux de Paris et des départements publient souvent, sur les mouvements du personnel et du matériel de la marine, sur l'état des constructions, sur les armements, désarmements, missions et opérations des bâtiments de l'État, des renseignements qui, j'ai tout lieu de le supposer, en raison de leur nature et de leur précision, sont fournis par des personnes appartenant au service de la marine.

Indépendamment de ce fait, des officiers, fonctionnaires ou agents des divers corps de la marine, paraissent se croire libres de livrer à la publicité, par la voie des journaux, revues, livres, etc., des relations de leurs campagnes, d'opérations militaires ou démissions officielles, enfin, des controverses et des appréciations approbatives ou critiques sur les matières de leur service ou sur des projets d'organisation attribués ou conseillés par leurs auteurs au Département dont ils relèvent.

Dans le premier comme dans le second cas, une semblable manière d'agir n'est pas moins contraire à la réserve et à la discrétion impérieusement commandées à ceux qui ont l'honneur de servir l'État, qu'aux règles élémentaires de la hiérarchie et de la discipline.

Je vous invite à interdire formellement, à l'avenir, toute publication de faits, d'observations, d'éloges, de critiques, de documents relatifs au service, de la part de toute personne appartenant à la marine, quel que soit son grade et à quelque titre que ce soit, à moins qu'elle n'en ait préalablement obtenu mon autorisation.

Th. Ducos.

(8 mai 1853)

CIRC. M. *concernant les publications faites par le personnel appartenant à la marine.*

BAT. I. p. 498.

La circulaire du 16 décembre 1852 (B. M. p. 681) interdit formellement aux personnes de tout grade, appartenant à la marine, de publier leurs idées ou leurs réclamations, soit dans les journaux, soit dans les livres, brochures, etc., sans l'autorisation du Ministre.

Conformément à ces dispositions, les officiers, fonctionnaires ou agents des divers corps de la marine, qui veulent faire imprimer un écrit, en demandent l'autorisation au Ministre, lequel accorde ou refuse, suivant qu'il juge convenable.

Mais, il arrive quelquefois que ceux qui ont obtenu cette autorisation font insérer sur l'ouvrage même cette mention :

« Publié avec l'autorisation du Ministre de la marine. »

De cette indication, qui peut faire croire que le Ministre s'associe aux idées de l'auteur et en favorise la propagation, il résulte des inconvénients qu'il importe de prévenir.

En conséquence, toute personne appartenant à la marine qui aura reçu l'autorisation de publier un écrit quelconque, devra s'abstenir de faire figurer en quoi que ce soit le Ministre ou l'Administration de la marine dans les annonces, dans le titre ou dans le texte dudit écrit.

Th. Ducos.

(28 octobre 1865)

A. G. *Création d'un bulletin du Comité agricole et industriel de la Cochinchine française.*

BAT. I. p. 257.
B. C. p. 367.

Article premier. — Il sera publié un *Bulletin du Comité agricole et industriel de la Cochinchine française.*

Art. 2. — Le bulletin reproduira les comptes rendus des séances du comité rédigés par le secrétaire, les rapports du comité ou des membres correspondants, enfin les rapports communiqués à l'Administration et dont la publication aura été autorisée.

Art. 3. — Cette publication se fera, sous la direction du président du comité, aux frais du service local et par lessoins de l'imprimerie impériale.

Art. 4. — Le format du *Bulletin* sera le même que celui du *Bulletin officiel de la Cochinchine*. Chaque numéro contiendra six feuilles d'impression, c'est-à-dire environ cent pages.

Art. 5. — Il n'y aura pas de dates régulières pour la publication. Chaque numéro sera tiré et publié dès qu'on aura réuni les éléments nécessaires pour le composer.

G. Roze.

(23 septembre 1868)

DÉP. M. *prescrivant l'établissement et l'envoi mensuel d'un bulletin conforme au modèle.*

BAT. II. p. 576.

En vue de simplifier, autant que possible, les écritures auxquelles donnait lieu l'établissement des documents périodiques fournis par quelques-unes de nos administrations coloniales, mon prédécesseur a été conduit à autoriser, en 1862, la suppression du *Bulletin agricole, commercial et industriel*, qui devait être transmis chaque quinzaine à mon Département, conformément aux instructions ministérielles du 19 mars 1859.

L'une de nos colonies a continué néanmoins à fournir, chaque mois, les renseignements qui faisaient l'objet de ces bulletins, et l'expérience m'a conduit à reconnaître que cet envoi avait une utilité pratique très appréciable.

Je vous invite en conséquence à faire établir et à me transmettre mensuellement un *Bulletin* conforme au modèle ci-joint et dans lequel vous ferez consigner, avec tout le soin désirable, les renseignements que comportent les divers titres inscrits dans ledit modèle.

Vous voudrez bien prendre les dispositions nécessaires pour que ces renseignements soient toujours envoyés très exactement au Département.

Rigault de Genouilly.

(18 octobre 1868)

DÉP. M. *Rappel aux dispositions des circulaires des 16 décembre 1852 et 8 mai 1853.*

BAT. I. p. 499.

J'ai été informé que des officiers de marine appartenant à la division navale, placés sous votre commandement, avaient adressé à des journaux ou recueils périodiques des articles qui ont été publiés sans mon autorisation. Je signale à votre attention cette infraction aux règles de la discipline, et je vous invite à rappeler aux officiers placés sous vos ordres, qu'aux termes des circulaires des 16 décembre 1852 et 8 mai 1853, aucune publication ne peut être faite par un officier en activité, à moins qu'il n'en ait obtenu l'autorisation du Ministre.

. . . .

. . . .

Rigault de Genouilly.

(8 juillet 1871)

CIRC. M. *Application rigoureuse des prescriptions interdisant toute publication sans l'autorisation du Ministre.*

BAT. I, p. 499.

(31 janvier 1880)

CIRC. D. I. *Envoi de la première feuille du « Recueil de jurisprudence indigène ». — Ces feuilles seront réunies plus tard en un volume avec répertoire alphabétique* (1).

B. D. I. p. 12.

J'ai l'honneur de vous adresser exemplaires de la première feuille d'un *Recueil de Jurisprudence indigène*, rédigé par les soins de M. le président du tribunal supérieur et publié par ordre de M. le Gouverneur.

Ce recueil, dont le but principal est de fixer la jurisprudence en matière de législation indigène et dont l'importance à ce point de vue ne saurait vous échapper, sera publié par feuilles de 16 pages, et *à suivre*, lesquelles seront réunies plus tard en un volume, avec répertoire alphabétique.

Je vous recommande donc de les conserver avec soin.

BÉLIARD.

(17 février 1880)

DÉP. M. *prescrivant de réduire les abonnements aux publications et journaux envoyés aux colonies. — État indiquant ceux pour lesquels l'abonnement est autorisé.*

ARCH. GOUV.

J'ai l'honneur de vous faire connaître qu'en vue de restreindre les dépenses trop considérables occasionnées chaque année par les abonnements aux publications et journaux envoyés aux colonies, j'en ai supprimé plusieurs qui sont complètement inutiles et réduit ceux qui sont indispensables aux divers services à un nombre strictement nécessaire.

Vous trouverez ci-joint un état indiquant les abonnements dont j'ai autorisé le renouvellement pour l'année 1880, ainsi que ceux qui ont été supprimés.

JAURÉGUIBERRY.

ANNEXE.

(*État des journaux, recueils et publications périodiques dont l'abonnement a été autorisé pour les divers services de la Cochinchine en 1880*).

CHAPITRE 20, ARTICLE 2.

Service de santé.

	Exemplaires
Annales d'hygiène et médecine	1
» de physique et de chimie	1
» hebdomadaire de médecine	1
Journal de pharmacie	1
» d'hygiène et de climatologie	1

CHAPITRE 21, ART. 2.

Bulletin officiel.	Inspecteur		1
	Postes de l'Intérieur chargés du service administratif.		4
	Commandant supérieur des troupes		1
	Chef du service administratif		1
	Bureau des	Revues. Fonds. Armements. Subsistances. Approvisionnement.	

(1) Ouvrage publié en 1884.

Journal militaire.	4	Commandant supérieur des troupes. Chef du service administratif. Inspecteur. Gouverneur.
Journal officiel.	3	Gouverneur. Chef du service administratif. Commandant supérieur der troupes.
Moniteur de l'armée.	1	
Nouvelles annales des constructions	1	Directeur du génie.

Service local.

Annales télégraphiques.	1	
Nouvelles annales de constrnctions.	1	
Annales des ponts et chaussées.	1	
Annuaire de la Société météorologique.	1	
Bulletin des contributions directes.	1	
» semestriel de l'Enregistrement.	1	
» du Ministère de l'Intérieur.	1	
Bulletin officiel de la Marine.	4	Gourverneur . . . . . . 2 Conseil privé . . . . . . 1 Direction de l'Intérieur. 1
» de la société de géographie	1	
» Mensuel des Postes et des télégraphes . . .	1	
Correspondant des justices de Paix.	20	
Dictionnaire de comptabilité de l'Enregistrement .	2	
Gazette des tribunaux.	1	
Instructions générales de l'Enregistrement.	6	
Journal d'agriculture pratique.	1	
» de droit international	1	
Journal officiel.	7	Gouverneur. Directeur de l'Intérieur. Procureur général. Président de la Cour. Consul de France à Hanoï. » à Haïphong. Chargé d'affaires à Hué.

Service local (Suite).

		Exemplaires
Journal télégraphique intermédiaire, art de Berne.		1
Portefeuille économique des machines		1
Recueil des arrêts du Conseil d'État.		1
» des décisions des juges de Paix.		20
» de jurisprudence générale.		1
» général des lois et arrêts.		2
Répertoire de l'Enregistrement.		1
» pratique du commerce.		1
Tour du monde		1
Correspondant des greffiers des justices de paix.		20
Bulletin des lois.	Gouverneur	2
	Ordonnateur	2
	Directeur de l'Intérieur.	1
	Procureur général.	1
	Président de la Cour	1
	Secrétaire archiviste.	1

Abonnements supprimés en 1880.

COCHINCHINE

Service de santé

GAZETTE DES HÔPITAUX

CHAPITRE 21 ART. 3.

Almanach national.

Bulletin officiel.	Directeur d'artillerie. » du génie.
Journal militaire.	Bureau des revues. Directeur d'artillerie. » du génie.
Journal officiel.	Directeur d'artillerie. » du génie.

Moniteur de la Flotte.

Service local.

Almanach national

Bulletin officiel.	Trésorier-payeur à Saïgon. » à Chaudoc. » à Mytho. » à Vinhlong. » à Haïphong.

Journal des justices de paix.

Journal officiel.	Trésorier-payeur. Bibliothèque publique.

Moniteur de la flotte.
» de l'armée.
Revue des deux Mondes.

(31 janvier 1881)

A. G. *instituant des conférences pédagogiques et un* Bulletin de l'enseignement *(art. 7 et 8).*

B. C. p. 101.

Art. 1er. . . . .

. . . .

Art. 7. — Le travail des conférences sera complété par l'institution d'un *Bulletin de l'enseignement*, qui sera imprimé par la presse autographique du collège Chasseloup-Laubat et distribué gratuitement à tous les membres européens et indigènes du corps enseignant.

Ce *Bulletin* contiendra les circulaires et instructions du directeur de l'enseignement, un choix des communications faites aux conférences, toutes les pièces de statistique ou autres, enfin tous les renseignements utiles au progrès de l'instruction publique dans la colonie.

Art. 8. — La rédaction de ce *Bulletin* sera confiée, sous la surveillance du directeur de l'enseignement, à un fonctionnaire de l'instruction publique désigné par lui.

LE MYRE DE VILERS.

(13 avril 1882)

CIRC. D. I. *prescrivant aux administrateurs de remettre au percepteur de leur arrondissement un exemplaire de chacun des recueils administratifs qui leur sont adressés.*

B. D. I. p. 16.

La direction de l'Intérieur vous adresse périodiquement les ouvrages administratifs dont le détail figure au tableau suivant :

DÉSIGNATION DES OUVRAGES.	NOMBRE D'EXEMPLAIRES
Bulletin officiel	2
Bulletin de la Direction de l'Intérieur	2
Budget local	2
Procès-verbaux du Conseil colonial	3
Annuaire	2

L'installation de percepteurs dans les arrondissements nécessitant la remise à ces fonctionnaires, pour les besoins deleur service, des ouvrages ci-dessus énumérés, j'ai l'honneur de vous prier de vouloir bien leur remettre, contre reçu un exemplaire de chacun de ces documents, qui vous seront ultérieurement adressés ainsi que de ceux que vous avez reçus depuis le commencement de l'année. Je vous recommande, en outre, de veiller à ce que la distribution en soit faite désormais avec toute l'exactitude désirable.

Les ouvrages que vous remettrez au percepteur devront faire l'objet d'un inventaire spécial établi par vos soins, et qui sera adressé en fin d'année à la Direction, en même temps que celui de votre inspection.

Vous voudrez bien prier M. le percepteur de vous fournir, dès maintenant, l'état détaillé des ouvrages administratifs qu'il a pardevers lui.

BÉLIARD.

(23 mai 1883)

CIRC. M. *portant invitation d'adresser au Ministère de l'Intérieur les journaux ou écrits périodiques. — Modèles d'états à fournir.*

B. C. p. 254.

Par lettre du 4 mai courant, M. le Ministre de l'Intérieur a appelé mon attention sur l'inexécution de l'article 3 de la loi sur la liberté de la presse du 29 juillet en ce qui concerne le dépôt des journaux ou écrits périodiques imprimés dans les colonies françaises.

Le dépôt dont il s'agit est imposé aux imprimeurs dans le but spécial et bien défini d'enrichir nos collections nationales. Or, mon collègue fait observer qu'à une exception près, il ne reçoit d'aucune de nos colonies les écrits périodiques qui y sont publiés.

Je vous prie de rappeler aux imprimeurs qu'aux termes de l'article 3 précité, ils doivent opérer au siège du Gouvernement et *au moment de leur publication*, le dépôt *en double exemplaire* de tous les journaux *politiques ou non politiques* sortant de leurs presses.

Je vous transmets ci-joint, au nombre de neuf, des formules spéciales dites *état B*, destinées à recevoir l'enregistrement des dépôts dont il s'agit et dont l'une devra accompagner chacun des envois effectués à destination du Département de l'Intérieur. Je vous adresse en même temps cinq autres formules *état A*, destinées à l'enregistrement des ouvrages ou publications non périodiques et sur lesquelles devront être inscrits les volumes déposés par les imprimeurs *également en double exemplaire*, en exécution de la loi visée ci-dessus.

DÉPARTEMENT
d

BUREAU
DE L'IMPRIMERIE
ET
DE LA LIBRAIRIE

» Envoi de l'année 189 .

PRÉFECTURE
d

État B.

DÉPOT LÉGAL DES OUVRAGES LITTÉRAIRES

(ÉCRITS PÉRIODIQUES ET PUBLICATIONS PARAISSANT PAR LIVRAISONS).

Le 189 .

Monsieur le Ministre,

ÉTAT de transmission des ouvrages du dépôt légal.
(Écrits périodiques et publications paraissant par livraisons.)

NUMÉRO d'enregistrement répété sur l'ouvrage.	DATE DU DÉPOT à la Préfecture	TITRE DE L'ÉCRIT.	NUMÉRO DU TOME ou Année.	NUMÉRO D'ORDRE de l'écrit.	DATE DE L'ÉCRIT.	NOM DE L'IMPRIMEUR	DOMICILE de l'Imprimeur.	FORMAT	NOMBRE DE FEUILLES	NOMBRE D'EXEMPLAIRES.	OBSERVATIONS.

Reçu pour la Bibliothèque nationale un exemplaire des ouvrages mentionnés dans le présent état .
Paris, le 189 .
Reçu pour le Ministère de l'Instruction publique un exemplaire des ouvrages mentionnés dans le présent état.
Paris, le 189 . .
Monsieur le Ministre de l'Intérieur.

(25 octobre 1883)

CIRC. M. *rappelant et confirmant les prescriptions formelles contenues dans les dépêches en date des 16 décembre 1852, 8 mai 1853 et 8 juillet 1871, au sujet des publications des officiers ou fonctionnaires. Elles sont, dans tous les cas, soumises à l'autorisation ministérielle.*

B. C. p. 407.

J'ai remarqué que des articles de journaux, de revue, etc., des livres même, émanant de fonctionnaires de mon Département, ont été publiés sans que les auteurs se soient conformés aux prescriptions formelles contenues dans les dépêches de mes prédécesseurs, en date des 16 décembre 1852, 8 mai 1853 et 8 juillet 1871 ; il convient de renouveler ces prescriptions. Je vous invite, par suite, à rappeler au personnel sous vos ordres qu'il est interdit à tout officier, fonctionnaire ou agent du Département de la marine et des colonies de publier quoi que ce soit, signé, non signé ou signé d'un pseudonyme, sans avoir au préalable obtenu l'autorisation du Ministre.

Les demandes de ce genre devront m'être adressées par la voie hiérarchique, sous le timbre : *Cabinet, 1er bureau,* et accompagnées de l'écrit à publier.

A. PEYRON.

(30 août 1884)

DÉP. M. *prescrivant l'envoi d'un volume broché du* Journal officiel *et de chaque journal paraissant dans la colonie au commencement de l'année qui suit celle de la publication* (1).

ARCH. GOUV.

(17 juin 1884)

DÉP. M. *notifiant que la Cochinchine recevra 40 exemplaires du* Bulletin mensuel des Postes et Télégraphes *au prix de 1 fr. 80. La dépense sera imputable sur les fonds du budget local de la Cochinchine.*

ARCH. GOUV.

J'ai l'honneur de vous informer que, dans la répartition des abonnements au *Bulletin mensuel des Postes et des Télégraphes* faite entre les diverses colonies, la Cochinchine a été comprise pour 40 exemplaires de ce recueil.

Le prix de ces abonnements a été fixé par M. le Ministre des Postes et des Télégraphes, comme pour les agents de la métropole, à 1 fr. 80.

La dépense sera imputable sur les fonds du budget local de la Cochinchine.

(6 août 1886)

CIRC. M. *prescrivant d'envoyer au Département les publications périodiques qui se font sous les auspices du chef religieux de la colonie.*

ARCH. GOUV.

Je désirerais recevoir chaque année les publications périodiques qui se font sous les auspices du chef du service religieux de la colonie.

Je vous prie de donner des ordres pour que deux exemplaires de chacune d'elles soient régulièrement adressés au Département sous le timbre de la sous-direction politique (2e bureau).

A. DE LA PORTE.

(19 octobre 1886)

CIRC. M. *portant que les journaux qui paraissent dans les colonies doivent être envoyés régulièrement au Département par chaque courrier.*

ARCH. GOUV.

Mon attention a été appelée sur l'irrégularité avec laquelle les journaux des colonies parviennent à l'Administration centrale qui doit, cependant, en prendre régulièrement connaissance, afin de pouvoir me signaler et me soumettre les articles de nature à m'intéresser spécialement.

J'ai, en conséquence, décidé que deux exemplaires de tous les journaux sans exemption paraissant dans les colonies devraient être expédiés à Paris aux adresses suivantes, lisiblement portée sur la bande :

1° *Administration des Colonies, Paris. Le Sous-Directeur d'État ;*

2° *Administration des Colonies, Paris. Le Sous-Directeur chargé de la Sous-Direction politique.*

Je vous prie de vouloir bien donner des ordres pour que ces envois soient effectués exactement par chaque courrier. Les journaux ont perdu, en effet, la plus grande partie de leur intérêt quand ils sont expédiés six semaines ou deux mois après la date où ils ont paru.

A. DE LA PORTE.

(1) V. Journaux et Bulletins officiels.

(19 janvier 1887)

CIRC. D. I. *Réimpression en une seule brochure des décrets et arrêtés concernant spécialement l'Administration des contributions indirectes. — Fixation du prix de cette brochure.*

ARCH. GOUV.

L'Administration a fait réimprimer et convertir en une seule brochure les arrêtés et décrets concernant les contributions indirectes.

Cette brochure est mise à la disposition du personnel moyennant le remboursement de la valeur, soit 3 fr. 50. Les entreposeurs adresseront des demandes à cet effet, comme il est procédé en ce qui concerne les livrets d'opium, et les sommes provenant de cette cession seront inscrites sous le titre : *Recettes accessoires.*

J. MARTEL.

(16 mars 1887)

A. G. *chargeant M. Laffont, administrateur de 3e classe des affaires indigènes, de la révision du* Recueil de législation et réglementation locale, *et de sa continuation jusqu'au 31 décembre 1886 inclusivement.*

B. C. p. 196.

Article premier. — M. Laffont, administrateur de 3e classe des affaires indigènes, appelé à Saïgon en mission spéciale par arrêté du 17 janvier 1888, est chargé de la revision du *Recueil de législation et réglementation locale* et de sa continuation jusqu'au 31 décembre 1886 inclusivement.

FILIPPINI.

(12 avril 1887)

CIRC. D. I. *au sujet de la publication d'un* Annuaire colonial. *Autorisation est donnée de fournir des renseignements en vue de faciliter l'exécution de ce travail.*

J. C. p. 429.

Il résulte des termes d'une dépêche ministérielle arrivée récemment dans la colonie, que le Département de la marine a autorisé M. Paul Trouillet, demeurant à Paris, 38, rue Saintes-Georges, à publier un *Annuaire colonial*, à l'aide des renseignements qui lui seront fournis par les divers bureaux de l'Administration des colonies.

La publication projetée par M. Trouillet paraît offrir un intérêt général et mérite à tous égards d'être encouragée. Dans le cas où cet éditeur vous demanderait des renseignements relatifs au service que vous dirigez, je vous autorise, conformément aux instructions contenues dans la dépêche précitée, à les lui fournir aussi complets que possible, en vue de faciliter l'exécution du travail qu'il a entrepris.

NOEL PARDON.

(18 mars 1889)

A. G. G. *chargeant M. Laffont, administrateur, et M. Fonssagrives, aide-commissaire de la marine, de la surveillance de l'impression du* Recueil de législation et réglementation locale *au 1er janvier 1889.*

B. C. et J. C.

JUSTICE INDIGÈNE.

I. TEXTES ORGANIQUES. — INSTRUCTIONS.

I. TEXTES ORGANIQUES.

NATURE DES DOCUMENTS	DATES	RECUEILS A CONSULTER							OBSERVATIONS
		Bat.	B. C.	B.D.I	J. C.	J. H.	B. M.	B.Col	
D. G.	12 septembre 1863.		390						
D. G.	9 janvier 1864.		10						
D. G.	29 juin 1864.		73						
Décret.	25 juillet 1864.	II-140	100						
A. G.	4 avril 1867.		111						
D. G.	9 octobre 1867.		274						
A. G.	29 septembre 1869.		338						
D. G.	11 mai 1871.	II-215	153						
A. Présid.	23 août 1871.	II-216	346						
A. G.	14 mai 1872.	II-218	130						
A. G.	19 novembre 1873.		415						
A. G.	6 juillet 1875.	II-218	263						
A. G.	31 décembre 1875.	II-320	410						
A. G.	24 mars 1877.	II-221	230						
A. G.	12 octobre 1877.		296						
Circ. D. I.	26 octobre 1877.	II-222		83					
A. G.	20 novembre 1877.	II-222							
A. G.	25 mai 1878.	II-2,6	166						

NATURE DES DOCUMENTS	DATES	RECUEILS A CONSULTER							OBSERVATIONS
		Bat.	B. C.	B. D. I	J. H.	J. C.	B. M.	B Col	
Décret.	25 juin 1879.	II 205	345						
A. G.	6 octobre 1879.	II-248	392						
A. G.	6 octobre 1879.		396						
A. G.	24 novembre 1879.		446						
A. G.	27 novembre 1879.	II-252	452						
A. G.	1er décembre 1879.	II-252	479						
A. G.	14 janvier 1880.			186					
Rapp. Ch. J.J.	9 février 1880.		54						
Décret.	3 avril 1880.		273						
A. G.	19 avril 1880.		199						
A. G.	13 décembre 1880.		596						
D. G.	17 janvier 1881.		57						
A. G.	24 octobre 1881.		414						
A. G.	7 novembre 1881.		433						

(12 septembre 1863)

D. G. *règlementant les pouvoirs judiciaires du Quan-an de Saïgon et ceux des officiers de l'administration indigène dans les arrondissements*

B. C. p. 390.

(9 janvier 1864)

D. G. *régularisant la rédaction et l'enregistrement des jugements.*

B. C. p. 10.

(29 juin 1864)

D. G. *condensant en un corps d'instructions les instructions partielles et ordres généraux donnés antérieurement sur l'administration et le commandement des populations indigènes.*

B. C. p. 73.

(25 juillet 1864)

DÉCRET *sur l'organisation de la justice dans les possessions françaises de la Cochinchine des tribunaux français ; des tribunaux indigènes ; de leur compétence ; de la procédure ; attributions diverses* (1).

(Promulg. A. G., 24 septembre 1864).

BAT. II, p. 140.
B. C. p. 100.

(4 avril 1867)

A. G. *portant création d'une commission d'examen pour les jugements rendus par les tribunaux indigènes.* (2)

B. C. p. 111.

(9 octobre 1867)

D. G. *complétant la disposition édictée par l'arrêté du 4 avril 1867 portant création d'une commission d'examen pour les jugements rendus par les tribunaux indigènes* (3).

B. C. p. 274.

(29 septembre 1869)

A. G. *relatif à l'extension du droit d'appel contre les jugements rendus par les inspecteurs des affaires indigènes*

B. C. p. 338.

(1) V. service judiciaire ; V. Dép. M., 14 mai 1868 ; Dép. M., 2 septembre 1870.
(2) V. D. G., 9 octobre 1867 ; V. A. G., 19 novembre 1873 ; V. A. G., 6 octobre 1879 (art. 7).
(3) V. A. G., 19 novembre 1873.

(11 mai 1871)

D. G. *allouant une indemnité aux notables appelés à Saïgon pour faire partie de la commission d'appel.*

BAT. II. p. 215.
B. C. p. 153.

Il sera alloué une somme de deux piastres nettes de vacation par séance à chacun des notables appelés à Saïgon, pour faire partie de la commission d'appel siégeant au bureau de la justice indigène.

DUPRÉ.

(23 août 1871)

A. PRÉSID. *déterminant d'une manière précise la portée des mots « Asiatiques » et « Européens » cités dans les articles 11 et 13 du décret organique de la justice du 25 juillet 1864.*

(Promulg. A. G. 28 octobre 1871).
BAT. II. p. 216.
B. C. p. 346.

Les Asiatiques qui, aux termes du décret du 26 juillet 1864, sont soumis à la loi annamite, sont : les Chinois, les Cambodgiens, les Minh-huongs, les Siamois, les Moïs, les Chams, les Stiengs, les Sang-Mêlés (Malais de Chaudoc). Tous les autres individus, à quelque race qu'ils appartiennent, sont soumis à la loi française.

A. THIERS.

(14 mai 1872)

A. G. *constituant une délégation municipale à Cholon. Attributions administratives et judiciaires de la délégation (art. 12 à 15).*

BAT. II. p. 218.
B. C. p. 130.

CHAPITRES 1er ET II

Abr. A. G., 6 juillet 1875.

CHAPITRE III

DES ATTRIBUTIONS JUDICIAIRES DE LA DÉLÉGATION.

Art. 12. — Lorsque des contestations commerciales de la compétence des tribunaux indigènes s'élèveront entre les habitants de la ville de Cholon, et que la somme en litige sera supérieure à 150 francs de capital, elles seront jugées par l'inspecteur assisté de deux juges asiatiques pris parmi les délégués et désignés par la voix du sort.

Art. 13. — Si la contestation a lieu entre les Chinois, les deux juges asiatiques seront Chinois ; ils seront Annamites si la contestation a lieu entre Annamites.

Si elle a lieu entre Chinois et Annamites, le phu de Cholon siégera avec les deux juges désignés par le sort.

Dans le tribunal ainsi composé, l'inspecteur aura voix prépondérante en cas de partage.

Art. 14. — Les jugements seront rendus au nom du Gouverneur, dans la forme usitée par les tribunaux indigènes.

Art. 15. — Par dérogation à l'article premier de l'arrêté du 29 septembre 1869, le tribunal indigène ainsi constitué, jugeant en matière commerciale, connaîtra en dernier ressort des contestations dont le principal n'excédera pas 1,500 francs.

Au-dessus de cette somme, les appels seront reçus par la commission d'examen des jugements des tribunaux indigènes (1).

Ch. d'Arbaud.

(19 novembre 1873)

A. G. *portant organisation de la justice indigène en Cochinchine. — De la commission dite d'examen des jugements des tribunaux endigènes* (2).

B. C. p. 415.

(6 juillet 1875)

A. G. *instituant un conseil des notables à Cholon (art. 2, § 2).*

BAT. II, p. 218.
B. C. p. 263.

. . . .

Art. 2. — . . . .

Les membres du conseil des notables conserveront les fonctions judiciaires qui leur sont attribuées par l'arrêté du 14 mai 1872.

. . . .

. . . .

Duperré.

(31 décembre 1875)

A. G. *réglementant à nouveau le service de la justice indigène* (3).

BAT. II. p. 320.
B. C. p. 410.

. . . .

. . . .

Art. 12. — Les phus, les huyens et les tongs continueront, comme par le passé, à régler, en conciliation, dans l'étendue du ressort soumis à leur surveillance, les affaires qui leur seront exposées soit de vive voix, soit par écrit; mais les parties intéressées auront toujours le droit d'appeler de leurs décisions au tribunal de l'administrateur.

Ces fonctionnaires indigènes pourront être chargés, en outre, de l'instruction des affaires au criminel et des enquêtes au civil.

Les maires continueront également à juger les affaires de simple police, ainsi que les contraventions purement locales.

Art. 13. — L'arrêté du 19 novembre 1873 est et demeure abrogé. Sont également

(1) V. A. G., 6 octobre 1879.
(2) V. A. G., 31 décembre 1875.
(3) V. Circ. D. I., 4 janv. 1876.

abrogées toutes les dispositions antérieures concernant le, service de la justice indigène et contraires au présent arrêté.

DUPERRÉ.

(24 mars 1877)

A. G. *transformation des peines prononcées par le code annamite. — Tableau donnant la conversion des peines en amendes* (1).

BAT. II. p. 221.
B. C. p. 230.

Article premier. — A l'avenir les peines prononcées par le Code annamite seront transformées suivant le tableau annexé au présent arrêté.

Art. 2. — Les amendes ou rachats de peines seront à l'avenir prononcées suivant les tarifs compris dans ledit tableau (2).

DUPERRÉ.

(12 octobre 1877)

A. G. *généralisant les dispositions de l'arrêté du 14 mai 1872 relatives aux attributions judiciaires de la délégation municipale de Cholon dans les contestations civiles et commerciales entre les indigènes ou asiatiques* (3).

B. C. p. 296.

(26 octobre 1877)

CIRC. D. I. *L'approbation de la liste annuelle des assesseurs par le Gouverneur suffira pour donner les pouvoirs mentionnés à l'article 6 de l'arrêté du 12 octobre 1877. — Les termes de l'art. 7 n'impliquent pas forcément le maintien des mêmes assesseurs, l'administrateur aura toujours le droit de procéder à un nouveau tirage au sort pour chaque affaire.*

BAT. II. p. 222.
B. D. I. p. 83.

En vue de remédier à certaines interprétations qui se sont déjà produites et qui sont contraires à l'esprit de l'arrêté du 12 octobre 1877 (4), j'ai l'honneur de vous faire connaître qu'il reste bien entendu que l'approbation de la liste annuelle des assesseurs par M. le Gouverneur suffira pour *lui donner* les pouvoirs mentionnés en l'article 6.

La limite de deux mois fixée par l'article 7 n'a été indiquée que comme temps maximum pendant lequel les assesseurs pourraient demeurer en fonctions, mais n'implique pas forcément le maintien des mêmes assesseurs pour toutes les affaires qui se présenteront pendant la durée de ces deux mois ; car, dans le cas où l'Administrateur aurait quelque raison de suspecter leur impartialité, il aurait toujours le droit de procéder à un nouveau tirage au sort pour chaque affaire.

Chaque administrateur étant plus que personne à même d'apprécier l'importance et le nombre des causes produites devant son tribunal, c'est à lui qu'il appartient de fixer le nombre des assesseurs sur la liste annuelle, en vue des besoins probables.

PIQUET.

(1) V, décret 16 mars 1880 qui applique le Code pénal modifié aux indigènes asiatiques étrangers.
(2) Voir le tableau pages 632 et 633.
(3) V. Circ. D. I., 26 octobre. abr. A. G., 25 mai 1878.
(4) Abr. A. G., 25 mai 1878, auquel cette circulaire est également applicable.

(20 novembre 1877)

A. G. *condensant en un corps d'instructions aux tribunaux indigènes les règles de procédure tracées par les lois annamites, les décrets, arrêtés et circulaires en vigueur dans la colonie.*

BAT. II, p. 222.

CHAPITRE PREMIER.

DES JURIDICTIONS ET COMPÉTENCES.

Article premier. — La loi annamite régit toutes les conventions et contestations civiles ou commerciales entre indigènes ou Asiatiques ; toutefois, la déclaration faite dans un acte, par lesdits indigènes ou Asiatiques, qu'ils entendent contracter sous l'empire de la loi française entraîne l'application de cette loi et la compétence des tribunaux français.

La loi annamite régit également les crimes et délits desdits indigènes ou Asiatiques, sauf les exceptions ci-après, prévues en l'article 13 du décret du 25 juillet 1864. (*Art. 11 du décret visé.*)

Art. 2. — Les Indigènes ou Asiatiques cessent d'être justiciables des tribunaux indigènes : 1° pour toutes les affaires civiles ou commerciales entre Européens et indigènes ou Asiatiques ; 2° pour les mêmes affaires entre Indigènes ou Asiatiques, si ceux-ci entendent recourir aux tribunaux français, ou lorsqu'il s'agit d'un acte dans lequel les parties ont déclaré contracter sous l'empire de la loi française ; 3° dans le cas de crime, délit ou contravention commis dans l'étendue du ressort soumis à la juridiction des tribunaux français et défini dans l'arrêté local du 15 mars 1867 ; 4° dans le cas de crime commis hors du ressort des tribunaux français, mais sur le territoire de la Cochinchine française, de complicité avec des Européens ou au préjudice d'Européens (*articles 13 et 14 du décret du 25 juillet 1864*) ; 5° dans le cas de crime ou délit ayant un caractère politique ou insurrectionnel, si un ordre du Gouverneur a déféré la cause aux conseils de guerre. (*Article 15 du décret susvisé.*)

Art. 3. — Les Asiatiques non indigènes soumis à la loi annamite sont : les Chinois, les Minh-huongs, les Cambodgiens, les Siamois, les Mois, les Chams, les Stiengs et les Malais de Chaudoc. — Tous les autres sont soumis à la loi française. (*Arrêté du Chef du pouvoir exécutif de la République française, en date du 23 août 1871.*)

Art. 4. — *Abr. Déc., 2 décembre 1879, et Rég. min., 4 décembre 1879* (*Tirailleurs annamites*).

(1) Art. 5. — Les pouvoirs judiciaires, en ce qui regarde les indigènes ou Asiatiques justiciables des tribunaux indigènes, résident entre les mains du Gouverneur, juge suprême (*article 16 du décret du 25 juillet 1864 et article 11 de l'arrêté du 31 décembre 1875*) ; toutefois, en vue de procurer aux populations facile et prompte justice, le Gouverneur a délégué partie de ces pouvoirs à des magistrats et fonctionnaires, dans les conditions ci-après :

Art. 6. — Les affaires de simple police, contraventions purement locales et contestations de peu d'importance pouvant être réglées à l'amiable sont, autant que possible, laissées au jugement ou à l'arbitrage des grands notables des villages. Les contestations entre Chinois ou autres Asiatiques non indigènes, et non sujets fran-

(1) V. Déc., 3 avril 1880.

çais sont examinées par leurs notables réunis, sur la demande des parties. (*Arrêtés du 29 juin 1864 et du 31 décembre 1875.*)

Conformément à l'article 301 du Code annamite, il peut être fait appel de toute décision des notables par-devant le tông, autorité immédiatement supérieure dans l'ordre hiérarchique.

Art. 7. — Les tôngs (chefs de canton) ont pouvoir de régler en conciliation, dans l'étendue du ressort soumis à leur surveillance, les affaires qui leur sont exposées soit de vive voix, soit par écrit; mais les parties ont toujours le droit d'appeler de leur décision devant le huyen ou phu.

Ils peuvent être chargés, en outre, de l'instruction des affaires au criminel et des enquêtes au civil. (*Article 12 de l'arrêté du 31 décembre 1875.*)

Art. 8. — Les huyens et phus ont pouvoir de connaître de toute affaire civile ou commerciale dans l'étendue du territoire de l'inspection à laquelle ils sont attachés, et de faire intervenir leur arbitrage; ils conseillent les parties, les éclairent sur leurs droits et devoirs, comme l'ont dû faire antérieurement les tôngs et notables, mais ils ne peuvent prononcer aucune sanction pénale et créer autre chose qu'une obligation morale pour celui qui a succombé. — Les parties ont toujours le droit d'appeler de leurs décisions au tribunal de l'administrateur.

Les huyens et phus peuvent être chargés de l'instructions des affaires au criminel et des enquêtes au civil. (*Article 12 de l'arrêté du 31 décembre 1875 et circulaire du Directeur de l'Intérieur en date du 4 janvier 1876*).

Lorsqu'ils résident hors du siège de l'inspection et sont chargés de la surveillance d'un territoire, ils entrent en jouissance des pouvoirs judiciaires qui leur ont été accordés par l'arrêté local, en date du 18 juin 1863, modifié le 25 juillet 1871, et peuvent, par délégation du premier administrateur, rendre des jugements en matière de simple police.

(1) Art. 9. — Dans chaque inspection, le premier administrateur des affaires indigènes est chargé de la justice (*article 2 du décret du 2 juin 1876*), à partir du moment où il a prêté serment entre les mains du Gouverneur. (*Article 5 du décret du 14 janvier 1865.*) (2) Il a pouvoir de juger en dernier ressort : 1° en matière civile ou commerciale, tout litige dont l'importance est inférieure à 100 piastres ou à 500 ligatures; 2° en matière pénale, lorsque les faits entraînent une pénalité inférieure soit à deux mois de prison, soit à 500 francs d'amende, soit cumulativement à un mois de prison et 250 francs d'amende. (*Article 2 de l'arrêté du 31 décembre 1875.*)

Art. 10. — Son tribunal est compétent pour toute cause relative à des faits accomplis dans son arrondissement : c'est la règle générale; mais il peut connaître aussi des crimes perpétrés hors de son arrondissement s'il en est régulièrement saisi et seulement dans le cas où le prévenu résiderait dans sa juridiction ou y aurait été arrêté.

En matière civile ou commerciale, le tribunal dans le ressort duquel réside le corps du litige est seul compétent.

(1) Le premier administrateur peut déléguer le troisième administrateur pour juger les cas de simple police. (*Arrêté du 14 octobre 1865.*)

(3) Art. 11. — Les contestations civiles ou commerciales portant sur des valeurs déterminées, non supérieures à 1,500 francs, mais dépassant les sommes dites ci-

(1) Mod. Déc., 7 novembre 1879 (*Affaires indigènes*).

(2) *Formule du serment* : « En présence de Dieu et devant les hommes, je jure et promets, en mon âme et conscience, de bien et fidèlement remplir mes fonctions, de garder le secret des délibérations et de me conduire en tout comme un digne et loyal magistrat. » (Circ. D. I., 4 mai 1875.)

(3) Mod. A. C., 25 mai 1878.

dessus, sont jugées en dernier ressort par le tribunal mixte institué conformément à l'arrêté en date du 12 octobre 1877.

(1) Art. 12. — Toute cause civile ou commerciale d'importance supérieure à 1,500 francs fait l'objet d'un jugement en premier ressort rendu par le tribunal mixte qui pose ses conclusions et propose au Gouverneur la sentence à prononcer. Les causes correctionnelles ou criminelles entraînant des pénalités plus graves que celles dites en l'article 9, sont jugées de même par le premier administrateur. (*Décision du* 12 *octobre* 1863, *arrêtés des* 31 *décembre* 1875 *et* 12 *octobre* 1877.)

Art. 13, 14 et 15. — *Abr. A. G*, 6 *octobre* 1879.

Art. 16. — Le commandant particulier de Poulo-Condore est investi des attributions judiciaires dévolues aux administrateurs des affaires indigènes. En cas d'empêchement ou d'absence, ces pouvoirs sont transmis au directeur du pénitencier.

Le représentant du Protectorat au Cambodge et l'administrateur qui lui est adjoint ont également, à l'égard des Asiatiques sujets français fixés dans le Cambodge, les pouvoirs judiciaires dont jouissent les administrateurs dans la Cochinchine; toutefois, lesdits Asiatiques sujets français ne peuvent jouir du privilège d'être jugés au Protectorat que s'ils font, à leur arrivée, une déclaration de présence déposée entre les mains du représentant du Protectorat. Cette déclaration n'a d'effet que pendant un an, après quoi tous les Asiatiqnes sont soumis aux lois du pays.

(1) Art. 17. — Le commandant particulier de Poulo-Condore, le représentant du Protectorat au Cambodge et l'administrateur qui lui est adjoint appliquent le Code annamite et les règlements locaux aux Indigènes et autres Asiatiques. Les jugements sont adressés au bureau de la justice dans la forme prescrite par les présentes instructions; les appels sont portés devant la commission d'examen siégeant à Saïgon, et les jugements sont soumis à l'approbation du Gouverneur comme il est dit ci-dessus, sauf les exceptions prévues dans les articles 6, 7, 8, 9 et 10 des présentes instructions. (*Arrêté du* 12 *avril* 1877 *et ordonnance du roi du Cambodge en date du* 1er *mai* 1877.)

CHAPITRE II

DE LA PROCÉDURE DEVANT LES TRIBUNAUX INDIGÈNES.

(2) 1° *Procédure civile ou commerciale.*

Art. 18. — *De l'instance.* — Les causes civiles ou commerciales portées devant les notables sont exposées et réglées de vive voix; devant les tongs, huyens et phus, elles peuvent être exposées soit de vive voix, soit par écrit; mais la décision de ces magistrats doit toujours être formulée dans un acte écrit, signé par les intéressés qui acceptent la décision, par le lettré-rédacteur et par le magistrat, qui appose son cachet officiel. (*Article* 12 *de l'arrêté du* 31 *décembre* 1875.)

Quant à la procédure, aux débats, à la tenue et à la police des audiences devant les magistrats indigènes, on se conforme aux dispositions des lois annamites et aux usages locaux. (*Article* 29 *du décret du* 25 *juillet* 1864.)

Art. 19. — Toute affaire civile ou commerciale ne peut être admise au tribunal de l'administrateur qu'autant qu'elle a été soumise déjà à l'arbitrage des notables, tongs, huyens ou phus. Du moment où l'affaire est portée devant les tribunaux, il ne s'agit plus, à proprement parler, d'une simple affaire civile ou commerciale, mais bien d'une affaire entraînant des pénalités, en vertu des dispositions de la loi anna-

(1) Mod. A. G., 6 octobre 1879.
(2) V. Déc., 3 avril 1880, article 9.

mite, contre la partie qui succombe, attendu que la plainte déposée au tribunal doit forcément incriminer la partie adverse ou les magistrats qui ont eu déjà à connaître de l'affaire. (*Code* : *article* 305.)

Bien que l'administrateur soit juge de l'opportunité des poursuites à exercer au criminel, à l'occasion des procès civils ou commerciaux, le chef du bureau de la justice n'en conserve pas moins entier son droit d'appel dans l'intérêt de la loi.

Art. 20. — *Des plaintes.* — Celui-là seul qui est intéressé dans une affaire a droit de porter plainte. (*Code* : *article* 305, *décret III.*) Quiconque prétend entamer une action à titre civil ou commercial, doit déposer au tribunal une plainte écrite pour servir de point de départ à la procédure, et qui contiendra clairement énoncés : ses noms, âge, profession, lieu de naissance et demeure ; l'exposé des motifs, ses revendications et conclusions, l'énumération des pièces probantes et la liste des témoins auxquels il fait appel. Il signera sa plainte, et signera aussi l'écrivain dans le cas où le plaignant n'aurait su ou pu rédiger de sa main. (*Code* : *article* 308.)

(1) Les Indigènes ou autres Asiatiques ne peuvent faire intervenir un intermédiaire dans leurs plaintes et appels. Les administrateurs se refuseront à l'ingérance des personnes étrangères aux intéressés dans les procès poursuivis devant les tribunaux indigènes. (*Code : article* 309 ; *circulaires du Directeur de l'Intérieur*, 30 *avril* 1869 *et* 1er *octobre* 1877.)

Art. 21. — Une même affaire ne peut donner lieu qu'à une seule plainte devant le tribunal compétent. Cette plainte doit être complète et définitive ; il n'y peut être rien ajouté après coup. (*Code* : *article* 305, *décret I.*)

Art. 22. — Le juge recevant une plainte peut, s'il le croit utile, s'assurer de la personne du plaignant, soit en l'emprisonnant, soit en exigeant caution responsable. (*Code* : *article* 305, *Commentaires du décret II*, page 428.)

Art. 23. — Le plaignant en matière civile ou commerciale a toujours le droit de retirer sa plainte et d'arrêter ainsi les effets de l'instance, autant du moins que l'affaire n'a pas pris un caractère criminel.

Art. 24. — *Des citations.* — La plainte admise par l'administrateur et visée pour que suite soit donnée, le magistrat fixe le jour de la comparution des parties. (*Code* : *article* 305, *décrets*, *I*, *II et III.*)

Les citations à comparaître consistent en un simple avertissement par écrit, mentionnant les motifs de l'action et la date de la comparution, signé par l'administrateur chargé de la justice, revêtu du cachet officiel et adressé au maire s'il s'agit des indigènes, ou au chef de la congrégation s'il s'agit d'autres Asiatiques, pour être remis sans délai et sans frais aux parties. (*Code : article* 56.)

Le maire ou chef de congrégation est responsable de la remise de cette citation.

Art. 25. — A partir du moment ou il a déposé sa plainte, le demandeur doit se tenir à la disposition du tribunal pour le jugement. S'il ne se conforme pas à cette règle et si, sans motif légitime, il s'absente, s'enfuit ou reste plus de deux mois sans se présenter, l'objet de la plainte est écarté purement et simplement ; l'affaire ne peut donner lieu à une nouvelle plainte comme il est dit à l'art. 21, et le demandeur défaillant, s'il peut être arrêté, doit être jugé et puni comme calomniateur (*Code* : *article 305*, *décret II*).

Art. 26. — Dans le cas où le défendeur s'abstient de comparaître sans motif légitime et dépasse ainsi un délai de deux mois, si tous les témoignages sont certains, le juge doit passer outre et prononcer son jugement (*Code : 305*, *décret I*).

Art. 27. — *De l'enquête.* — Les parties appelées devant le tribunal, le demandeur

(1) Abr. A. G., 6 octobre 1879, et Circ. Ch. J. I., 18 novembre 1879.

est admis à exposer ses revendications, à fournir toutes preuves écrites ou par témoignage. Le défendeur pose ses réserves et fournit également ses preuves.

S'il est possible d'amener les parties à conciliation, il en est rédigé immédiatement procès-verbal sur le registre des jugements en dernier ressort, dans la forme ci-après :

Tribunal indigène de................

Aujourd'hui (*date en toutes lettres*),

En vertu des pouvoirs conférés par le contre-amiral Gouverneur et Commandant en chef,

Pardevant nous (*noms, prénoms et qualités*), chargé de la justice dans l'inspection de...., statuant au civil (*ou commercial*), ont comparu :

1° X..., qui a exposé que (*demande, ses motifs, moyens et conclusions*);

2° XX..., qui a objecté que (*exposé des moyens de la défense, ses réserves*);

Après avoir entendu les parties, leur avons proposé de se concilier.

S'étant expliquées, elles sont convenues de ce qui suit :

(*Expliquer nettement les conventions des parties, de manière à éviter tout sujet de nouvelles contestations*).

Et ont, lesdites parties, après lecture du présent, signé avec nous et nos greffier et interprète.

(*Signature et cachet officiel*).

Si toute tentative de conciliation a échoué, les déclarations des parties sont écrites séance tenante par un lettré attaché au tribunal, lues aux intéressés qui, après en avoir reconnu l'exactitude, y ajoutent leur signature. Le lettré rédacteur signe également.

Art. 28. — *Des témoins.* — Le juge convoque ensuite à son tribunal, dans les formes prescrites en l'art. 24, les témoins cités par les parties et tous autres dont le témoignage lui paraîtrait devoir éclairer la cause. Il consigne leurs dépositions par écrit, qu'ils signent après en avoir entendu lecture et reconnu l'exactitude, et que signe également le lettré rédacteur. Si un témoin refuse de signer de son nom ou du diêm chi sa déposition, il en est fait mention dans la pièce.

La déposition des témoins comprend : noms, âge, profession, lieu de naissance et demeure ; déclaration s'ils sont parents, alliés, serviteurs ou domestiques des parties et à quel degré ; reproduction exacte et complète de leurs dires (*Code : article 374, décret II*).

Art. 29. — Tout témoin convaincu de faux témoignage est sur-le-champ l'objet d'une condamnation comme calomniateur. Ceux qui ont reçu un produit d'action illicite sont punis en suivant la loi la plus sévère et en tenant compte de la valeur du produit de l'acte illicite, d'après les dispositions relatives au cas de violation de règles (*Code : article* 305, *décret V*).

Art. 30. — Il est accordé aux témoins, pour se présenter devant le juge, des délais suffisants en rapport avec leurs occupations habituelles et l'éloignement de leur domicile.

Après avoir été entendus et confrontés avec les parties, s'il y a lieu, ils sont congédiés immédiatement (*Code : article* 56).

Dans le cas où des témoins résident dans un autre arrondissement, les citations sont adressées à l'administrateur local pour la suite qu'elles comportent (*Code : articles* 359 *et* 370).

Il peut être adressé aussi des commissions rogatoires dans la forme ordinaire.

Des parties qui résident dans un autre arrondissement sont assignées par le même moyen.

Art. 31. — *De la visite des lieux.* — S'il le croit utile, le juge procède à la visite des lieux ou délègue un fonctionnaire pour ce fait ; il nomme des experts, gardes, etc., etc., requiert des ouvriers-assistants ; procède, en un mot, à toute vérification qu'il croit nécessaire.

L'enquête sur les lieux est faite en présence des parties. Dans les causes sujettes à appel en revision, il est dressé procès-verbal de ces actes ; mais dans celles que le tribunal juge en dernier ressort, il suffit que le jugement énonce les noms des experts, s'il en a désigné, leurs avis et les résultats de l'enquête sur place.

Art. 32. — *Des jugements.* — Les audiences des tribunaux civils et commerciaux sont publiques, excepté dans les affaires où la publicité serait jugée dangereuse pour l'ordre ou les mœurs. Dans tous les cas, les jugements sont prononcés publiquement et doivent toujours être motivés (*Article* 2 *du décret du* 25 *juillet* 1864).

Lorsque, d'après l'importance du litige, le tribunal prononce en dernier ressort, l'instruction peut n'être pas nécessairement faite par écrit ; il suffit au juge d'avoir réuni tous les éléments propres à former sa conviction. Dans ce cas, le jugement est inscrit séance tenante sur le registre spécialement affecté à l'enregistrement des jugements en conciliation, justice de paix, simple police, etc., etc. (*Circulaire du Directeur de l'Intérieur*, n° 122 ; *Bulletin officiel*, 1865-66-67, page 115), et dans la forme ci-après :

Jugement rendu publiquement par le tribunal de..........

Aujourd'hui (*date en toutes lettres*),

En vertu des pouvoirs conférés par le contre-amiral Gouverneur et Commandant en chef,

Pardevant nous (*noms, prénoms et qualités*), remplissant les fonctions de juge dans l'inspection de......., jugeant en matière civile (*ou commerciale*) et en dernier ressort, entre :

X..., demandeur, assisté de

XXX..., témoins, d'une part ;

Et XX, défendeur, assisté de

XXX..., témoins, d'autre part ;

Le sieur Y..., remplissant les fonctions d'interprète.

Attendu que X... demande (*exposé de la demande, de ses motifs et moyens*) ;

Que XX... conclut à ce que (*exposé des moyens de la défense et de ses réserves*) ;

Qu'il résulte de (*citer les témoignages, pièces, preuves à l'appui des dires des deux parties ; motiver le jugement*) ;

Déclarons X... bien (*ou mal*) fondé en ses revendications, et condamnons XX... à (*ou déboutons X... de sa demande.* — (*Circulaire du bureau de la justice, 1er décembre 1868*).

Dans les cas où l'administrateur s'adjoint les assesseurs nommés en vertu de l'arrêté du 12 octobre 1877, il doit être fait mention de leur assistance dans les préliminaires du jugement, après l'exposition des qualités du juge et avant l'éunmération des parties :

.........., assisté de A..., B..., assesseurs nommés par la voie du sort et conformément à l'arrêté du 12 octobre 1877, et de C..., huyen ou phu (*s'il y a lieu*).

A la suite des conclusions et avant le prononcé du jugement, sont enregistrés les avis personnels des juges :

.... Le président recueille les votes en commençant par le plus jeune assesseur :

A... est d'avis que....................

B... est d'avis que....................

C... est d'avis que....................

E..., administrateur président, est d'avis que....................

Il en résulte que le tribunal, à l'unanimité (*ou à la majorité de*............... *voix*), est d'avis que..................... et ordonne que.............

Art. 33. — Quand l'importance du litige ne permet au tribunal qu'un jugement premier ressort, la procédure doit être entièrement faite par écrit, tout jugement de ce genre pouvant, sur la réquisition des parties ou du chef du bureau de la justice, être renvoyé devant la commission d'examen.

Cette commission, comprenant des membres français et des Asiatiques, et le Gouverneur pouvant désirer d'examiner lui-même quelque procédure, toute pièce en annamite, en cambodgien ou en caractère chinois est accompagnée de sa traduction.

Pour la forme des jugements, il est fait usage du modèle cité plus haut (art. 32), en remplaçant cette indication « *en dernier ressort* » par celle de « *en premier ressort.* » Ce jugement est transcrit en double expédition sur papier de format uniforme fourni par le bureau de la justice ; il en est donné lecture aux parties qui sont invitées à certifier cette communication en apposant leur signature au bas d'un procès-verbal spécial (*Code* : *article* 374, *décret II; circulaire du bureau de la justice*, 1er *décembre* 1868).

(1) Art. 34. — *Exécution des jugements.* — En matière civile ou commerciale, tout jugement en dernier ressort comporte mise à exécution dans les trois jours et conformément au prononcé du tribunal. Quiconque refuse de s'y conformer y est contraint par les voies de droit et, au besoin, est poursuivi au criminel, par application des art. 87, 243, 305, 351 et autres du Code annamite.

A moins d'absolue nécessité et excepté lorsqu'il s'agit de pourvoir à la conservation de valeurs exposées à disparaître, il doit être sursis à la mise à exécution de tout jugement en premier ressort jusqu'à décision du Gouverneur (*Circulaire du bureau de la justice indigène*, 15 *juin* 1874).

(1) Art. 35. — *Des appels en revision.* — Après lecture faite aux parties d'un jugement en premier ressort, le juge est tenu de leur faire connaître la faculté qui leur est accordée de pouvoir, dans un délai de deux jours francs (le jour de la signification non compris), en demander la révision par la commission siégeant à Saïgon. — Il est dressé, le délai d'appel expiré, un procès-verbal qui sert à constater que ce délai a été observé et que les parties font ou ne font pas usage du droit d'appel, et qui est inscrit sur le registre *ad hoc* tenu conformément à l'arrêté du 10 avril 1867. Ce procès-verbal est signé seulement par le juge et l'interprète, s'il y a appel ; mais s'il n'y a pas appel, il doit être signé par le non-appelant ou deux témoins, si celui-ci ne sait ou ne veut signer, ainsi que l'interprète. Le juge signe pour visa (*Circulaires du bureau de la justice*, 1er *décembre* 1868 *et* 10 *mars* 1871).

(1) Art. 36. — *Transmission des jugements et dossiers au cabinet du Gouverneur.* — Les jugements en premier ressort sont adressés le plus tôt possible, en double expédition, au cabinet du Gouverneur (*service de la justice*), accompagnés de :

1° Traduction du jugement, en double expédition et en chu-nhu, sur feuilles distinctes et indépendantes du texte français, signées du lettré ou des lettrés qui auront concouru à la faire ou à la transcrire. L'une des expéditions porte le cachet du juge, l'autre reste en blanc pour recevoir le cachet du Gouverneur ;

2° Plaintes (en original) accompagnées de la traduction en français, si la plainte n'est déjà ainsi rédigée, laquelle traduction est certifiée par l'interprète-traducteur et visée par le juge ;

3° Dépositions des témoins, signées par eux et le lettré-rédacteur (*le chu nôm peut être employé*), accompagnées de la traduction en français certifiée et visée comme il est dit ci-dessus ;

4° Réponses des parties, avec les mêmes formalités ;

5° Toutes pièces pouvant servir à éclairer l'affaire ; leur traduction.

6° Procès-verbal constatant que le jugement a été signifié tel jour aux parties et qu'elles ont été prévenues de la faculté qui leur est accordée, pendant deux jours, d'en demander la revision ;

(1) Mod. A. G., 6 octobre et 27 novembre 1879

7° Extrait du registre des déclarations d'appel, constatant l'usage que les parties ont entendu faire de leur droit d'appel, et signé comme sur le registre (*Circulaires de la Direction de l'Intérieur*, 14 *juin* 1867, *et du bureau de la justice*, 1er *décembre* 1868 *et* 10 *mars* 1871).

Ces diverses pièces feront l'objet d'un bordereau d'envoi établi sur imprimés fournis par le bureau de la justice.

(1) Art. 37. — *Exécution des jugements après approbation du Gouverneur.* — Aussitôt l'approbation d'un jugement civil ou commercial par le Gouverneur, l'une des deux expéditions (français et caractère chinois) est retournée au tribunal qui a jugé, revêtue de la signature et du cachet du Gouverneur, pour la mise à exécution.

Quiconque refuse de se soumettre au jugement approuvé par le Gouverneur est, par ce seul fait, passible de la peine édictée par l'art. 350 du Code annamite.

Art. 38. — *Dispositions générales.* — Les affaires appelées en conciliation peuvent être réglées dans le cabinet de l'administrateur. Les jugements sont rendus en séance publique. — Tout assistant qui oublierait le respect qu'il doit au tribunal serait puni des peines portées en l'art. 351 du Code.

Art. 39. — Dans les procès civils entre parents, les parties sont tenues de présenter un arbre généalogique dont l'exactitude est attestée par un certificat de notoriété signé de trois personnes dignes de foi et visé par le maire. — Pour les individus dont la naissance est postérieure à l'établissement de l'état civil des Indigènes, ainsi que lorsqu'il s'agit de personnes décédées depuis cette époque, et pour ceux dont le mariage est postérieur au 1er janvier 1877, le juge exige la production d'un extrait des registres (*Arrêté du* 21 *juillet* 1871 ; *circulaire de la Direction de l'Intérieur du* 12 *mars* 1875 *et arrêté du* 1er *décembre* 1876).

Art. 40. — En cas de contestations touchant à des propriétés foncières, le demandeur doit fournir avant tout la preuve que l'action n'est pas prescrite.

Il y a prescription immédiate dans le cas de partage ou de vente, si la famille a établi par écrit un acte de partage, ou si la vente a été l'objet d'un contrat écrit reconnu vrai ; la prescription est acquise après cinq ans s'il n'y a pas eu acte écrit.

Dans le cas de vente d'un immeuble sous condition de rachat, la prescription est acquise après trente ans.

S'il y a prescription certaine, la plainte est simplement écartée (*Code : art.* 89, *décret I, et décret de la* 20e *année de Minh-mang*).

Art. 41. — La procédure des affaires relatives à des terres doit comprendre un extrait du cahier de prescription des propriétés dans les villages (*arrêté du* 20 *mai* 1871) et la minute des titres de propriété. — Les titres anciens ou nouveaux, rédigés en caractères chinois ou en annamite, sont tenus pour valables, pourvu que toutes les formalités et garanties exigées par les lois ou coutumes aient été observées. Les titres français qui auraient été donnés en échange des anciens sont également valables, sauf les restrictions qui résultent de la *circulaire du Directeur de l'Intérieur en date du* 6 *février* 1874 (*Arrêté du* 16 *mai* 1863).

Art. 42. — Les conventions, transactions, cessions, ventes, donations, transmissions de biens et généralement les actes de toute nature translatifs de propriété entre Asiatiques justiciables des tribunaux indigènes, ne peuvent être produits en justice qu'autant qu'ils ont préalablement été soumis aux formalités d'enregistrement prescrites par l'arrêté en date du 6 avril 1871. Ces actes peuvent être, à défaut de la minute, représentés par une copie authentique délivrée à l'inspection en vertu de l'article 10 de l'arrêté susvisé.

(1) Mod. A. G., 6 octobre 1879.

Toutefois, l'enregistrement n'est rigoureusement obligatoire que lorsqu'il s'agit de propriétés immobilières, de barques, de chevaux, de bœufs ou de buffles ; pour les actes concernant d'autres objets, l'enregistrement est facultatif (*Circulaire du Directeur de l'Intérieur du 6 janvier* 1873).

Art. 43. — Le juge requis de procéder à un partage entre divers cohéritiers est tenu de déférer au vœu émis par la famille qui désire fonder un huong-hoa (*part réservée* pour subvenir aux frais du culte en mémoire des ancêtres et à l'entretien des tombeaux) ; n'ayant pas à s'immiscer dans la religion domestique, il n'a pas à imposer cette fondation à la famille qui croirait ne pas devoir la faire.

Art. 44. — Dans toute procédure, dans tout jugement, l'unité de mesure pour l'évaluation des propriétés sera l'hectare, à l'exclusion de toute mesure annamite, telle que mau, day, cong, so, etc. Les subdivisions de l'hectare remplaceront celle du mau (*Arrêté du* 3 *octobre* 1865).

Art. 45. — Bien que les mesures prescrites par la circulaire, en date du 16 décembre 1875 (*Bulletin officiel*), ne soient obligatoires qu'en cas d'affaires commerciales entre Asiatiques et Européens, les tribunaux indigènes qui auront à juger des différends commerciaux entre Indigènes ou Asiatiques tiendront grand compte de l'observation de ces prescriptions ; ils ne regarderont comme certains et faisant preuve que les livres de commerce tenus conformément à ladite circulaire. Dans tous les cas, ces livres ne peuvent être présentés qu'à titre de renseignement.

Art. 46. — Toutes les fois qu'il y a lieu de prononcer la contrainte par corps pour le recouvrement d'amendes ou de dommages-intérêts, sauf dans les cas où des arrêtés locaux auraient fixé des durées spéciales, il sera fait application des dispositions arrêtées par la décision du Gouverneur, en date du 1er septembre 1875, touchant la durée de la détention, le mode d'exécution et affectation des sommes recouvrées en cas d'insolvabilité partielle.

Le contraint est incarcéré aussitôt que le jugement est devenu définitif ; mais, conformément à l'arrêté du 25 juin 18x4, si celui qui a obtenu contre un particulier le bénéfice de la contrainte par corps, dans les localités autres que Saïgon, néglige de verser dans la caisse de l'administrateur, mensuellement et à l'avance, la somme de 50 centimes par homme et par jour, le contraint doit être élargi aussitôt que la provision de consignation est épuisée (*Circulaire du bureau de la justice*, 15 *juin* 1874).

Art. 47. — Les effets mobiliers déposés à l'occasion des procès civils définitivement jugés et qui n'auraient pas été réclamés, les objets d'or et d'argent, les armes, doivent, dans les dix premiers jours des mois de janvier et de juillet de chaque année, faire l'objet d'une requête au chef du bureau de la justice indigène pour autorisation de remise au receveur des domaines ou la vente sur place. L'opération est effectuée sur inventaire détaillé, dans les trente jours de la date de l'ordonnance qui l'autorise. Dans le cas de vente, procès-verbal en est dressé.

Décharge est donnée au dépositaire au bas de l'ordonnance du chef du bureau de la justice.

Les armes de guerre sont remises au directeur de l'artillerie.

Sont exceptés les papiers appartenant à des parties ou à des tiers, lesquels papiers restent déposés à l'inspection pour être rendus à qui de droit, s'il y a lieu (*Arrêté du* 20 *avril* 1869).

(1) Art. 48. — Tout en conservant à la justice son caractère de gratuité, les tribunaux sont autorisés à condamner la partie qui succombe à payer de justes indemnités aux personnes auxquelles il aurait été causé un préjudice quelconque à l'occasion

(1) Mod. A. G., 1er décembre 1879.

RÈGLE GÉNÉRALE.

...de autorise la conversion des peines en ...ou rachat des peines quand la culpabilité ... relative et dans certains cas seulement ...t n'est jamais obligatoire pour le con... Le rachat n'est jamais permis, en cas de ...ité absolue, au principal coupable, quand ...es complices. — Au reste, consulter le ...our l'application du rachat et des diffé...rifs.

CONV... ON DES PEINES ET AMENDES.

		NOMBRE DE COUPS										TRAVAIL PÉNIBLE							EXIL			MORT
		DIX.	VINGT.	TRENTE.	QUARANTE.	CINQUANTE.	SOIXANTE.	SOIXANTE-DIX.	QUATRE-VINGTS.	...n.	CENT.	UN AN.	UN AN ET DEMI.	DEUX ANS.	DEUX ANS ET DEMI.	TROIS ANS.	CULPABILITÉ RELATIVE — QUATRE ANS	CULPABILITÉ RELATIVE — CINQ ANS	2,000 LIS.	2,500 LIS.	3,000 LIS.	
...Hommes.	VERSER LE RACHAT — Personnes pourvues de ressources.	de 2 f 50 c. à 125 fr.	de 5 fr. à 250 fr.	de 7 f. 50 c. à 375 fr.	de 10 fr. à 500 fr.	de 12 f 50c. à 625 fr.	de 30 fr. à 1,500 fr.	de 35 fr. à 1,750 fr.	de 40 fr. à 2,000 fr.	fr. fr.	de 50 fr. à 2,500 fr.	de 75 fr. à 3,750 fr.	de 100 fr. à 5,000 fr.	de 125 fr. à 6,250 fr.	de 150 fr. à 7,500 fr.	de 175 fr. à 8,750 fr.	de 200 fr. à 10,000 fr.	de 150 fr. à 12,500 fr.	»	»	»	»
	— Personnes pourvues de peu de ressources.	de 2 fr. à 50 fr.	de 2 f. 50 c. à 225 fr.	de 6 f. à 300 fr.	de 7 f. 50 c. à 375 fr.	de 9 fr. à 450 fr.	de 12 fr. à 600 fr.	de 13 f. 50 c. à 675 fr.	de [illegible] fr. à 750 fr.	k. t.	de 18 fr. à 900 fr.	de 36 fr. à 1,800 fr.	de 54 fr. à 2,700 fr.	de 72 fr. à 3,600 fr.	de 90 fr. à 4,500 fr.	de 108 fr. à 5,400 fr.	de 144 fr. à 7,200	de 180 fr. à 9,000 fr.	»	»	»	»
...ts, vieillards, infirmes.	RECEVOIR LE PRIX DU RACHAT.	de 0,075 m. à 3 fr. 55 c.	de 15 c. à 7 fr. 50 c.	de 0 f. 225m à 11 f. 25 c.	de 30 c. à 15 fr.	de 0 f. 275m à 18 fr. 75 c.	de 45 c. à 22 fr. 50 c.	de 0 f. 525m à 26 f. 25 c.	de 0 f. 60 c. à 30 fr.	...c.	de 0 f. 75 c. à 38 f. 50 c.	de 1 f. 50 c à 75 fr.	de 1 f. 875m à 92 f. 75 c.	de 2 fr. 25 à 112 fr. 50	de 2 f. 25 à 112 fr. 50	de 3 fr. à 150 fr.	*Transportation* de 4 fr. 50 à 225.		de 3 fr. 75 à 187 fr. 50	de 4 f. 125m à 206 fr.	de 4 f. 50 c. à 225 fr.	de 5 f 25 c. à 262 f. 50 c.
...Femmes.	RACHETER LA FAUTE.	de 1 fr. à 50 fr.	de 2 fr. à 100 fr.	de 3 fr. à 150 fr.	de 4 fr. à 200 fr.	de 5 fr. à 250 fr.	de 6 fr. à 300 fr.	de 7 fr. à 300 fr.	de 8 fr. à 400 fr.	fr. t.	de 10 fr. à 500 fr.	de 10 f. 75 à 375 f. 50 c.	de 11 f. 125 à 556 f. 25 c.	de 12 f. 50 à 575 fr.	de 11 f. 875 à 593 f. 75 c.	de 12 f. 25 à 612 fr. 50	»	»	de 30 fr. à 165 fr.	de 3 f. 375m à 668 f. 75 c.	de 13 f. 75 à 687 f. 50 c.	de 14 f. 50 à 725 fr.
...Femmes.	RACHAT DE LA CANGUE.	»	*20 jours de cangue.* — de 1 f. 05 c. à 52 f. 50 c.	*25 jours de cangue.* — de 1 f. 05 c. à 67 f. 50	*30 jours de cangue.* — de 1 f. 65 c. à 82 f. 50 c.	*35 jours de cangue.* — de 1 f. 95 c. à 97 fr. 50 c.	*40 jours de cangue.* — de 2 f. 25 c. à 112 f. 50 c.	*45 jours de cangue.* — de 2 f. 55 c. à 127 f. 50 c.	*50 jours de cangue.* — de 3 fr. à 150 fr.	... c.	*60 jours de cangue.* — de 3 f. 15 c. à 157 f. 50 c.	»	»	»	»	»	»	»	»	»	»	»
...des deux sexes.	MEURTRE ET BLESSURES commis par mégarde.	»	de 3 f. 54 c. à 266 fr.	de 5 f. 32 c. à 266 fr.	de 7 f. 00 c. à 351 f. 50 c.	de 8 f. 87 c à 443 fr.	»	»	de 14 f. 19 c. à 887 fr.		de 17 f. 74 c. à 887 fr.	de 35 f. 48 c. à 1,774 fr.	»	de 53 f. 22 c. à 2661 fr.	»	de 70 f. 97 à 3,548 f. 50	»	»	de 106 f. 50 à 5,322 f. 50	»	»	de 124 f. 50 à 6,210 fr.

...gnant l'âge de 70 ans. — TRAVAIL PÉNIBLE. Condamnés devenus vieux ou infirmes pendant la durée de leur peine.

...calomnié n'a subi encore condamnation. — RECEVOIR LE PRIX DU RACHAT. — Calomniateurs présentant une faute légère comme un fait grave.

Les coups n'ayant pas été administrés, il suffit de diviser le prix total du tableau : R... prix du rachat par le nombre total de mois de la peine, et de multiplier ce quotient par le nombre de coups restant à faire.
Cette opération se fait, dans tous les cas, aussi bien pour la prison que pour toute au... temps, prononcées en changement de la peine édictée par le Code pour le fait qui a motivé la condamnation.

La peine du travail pénible et de l'exil se convertit toujours en coups pour l'évaluatio..., d'après les règles indiquées dans le ta...bleau inséré à cet effet dans le texte du Code : Chaque degré de l'exilé se décompte par... quand il s'agit de différencier les peines de l'exil entre elles, ainsi *100 coups et exil à 2,000 lis = 240 coups ; 100 coups et exil* ...lis = *200 coups ; 100 coups et exil à 3.000 lis = 250 coups.*

Dans tous les autres cas, les trois degrés d'exil sont considérés comme équivalents au... 4 ans de travail pénible, ce qui fait 240 coups pour une peine d'exil quelconque.

La peine de mort non exécuté est considérée comme équivalente à 5 ans de travail p... 250 coups.

Conversion en amende par degré de 10 coups de rotin ou de truong. { de 0 fr. 075 mill. à 3 fr. 75 cent.

NOTA. — Les termes employés : *Verser* (le rachat), *recevoir* (le prix du rachat), *racheter* (la faute), *rachat* (de la cangue), etc., ...ction exacte des termes employés par le Code annamite pour désigner le différent tarif du rachat des fautes ; les sommes d'argent ...ées doivent, dans chaque cas, être versées au trésor, sauf dans le cas du tarif : *Meurtre et blessures commis par mégarde*, où l... désignées dans ce tarif doivent être versées entre les mains de la victime. (*Voir le Code*).

TRANSFORM... DES PEINES

Peine du rotin.

...coups, de 1 jour de prison à 2 mois de prison.
...coups, de 2 jours de prison à 3 mois de prison.
...coups, de 3 jours de prison à 4 mois de prison.
...coups, de 4 jours de prison à 5 mois de prison.
...coups, de 5 jours de prison à 6 mois de prison.

Peine du truong.

...coups, de 6 jours de prison à 7 mois de prison.
...coups, de 7 jours de prison à 8 mois de prison.
...coups, de 8 jours de prison à 9 mois de prison.
...coups, de 8 mois de prison à 10 mois de prison.
...coups, de 9 mois de prison à 11 mois de prison.

Peine de la marque.

Première marque, de 1 jour de prison à 2 mois de prison ou de travaux forcés (1).
Marque en récidive, 2 mois de prison.

Peine de la cangue (1).

20 jours de cangue, 20 jours de prison ou de travaux forcés.
25 jours de cangue, 25 jours de prison ou de travaux forcés.
30 jours de cangue, 30 jours de prison ou de travaux forcés.
35 jours de cangue, 35 jours de prison ou de travaux forcés.
40 jours de cangue, 40 jours de prison ou de travaux forcés.
45 jours de cangue, 45 jours de prison ou de travaux forcés.
50 jours de cangue, 50 jours de prison ou de travaux forcés.
55 jours de cangue, 55 jours de prison ou de travaux forcés.
60 jours de cangue, 60 jours de prison ou de travaux forcés.

(1) Suivant que la peine principale qu'accompagne la cangue ou marque est changée en prison ou en travaux forcés.

Peine du travail pénible.

...coups et un an, prison de 11 à 18 mois ou travaux forcés de 12 à 18 mois.
...coups et un an et demi, prison de 15 à 24 mois ou travaux forcés 15 à 24 mois.
...coups et deux ans, travaux forcés 18 à 30 mois.
...coups et deux ans et demi, travaux forcés de 21 à 36 mois.
...coups et trois ans, travaux forcés de 24 à 48 mois.

Peine de l'exil (culpabilité relative).

...coups et exil à 2.000 lis, travaux forcés de 3 ans à 8 ans.
...coups et exil à 2,500 lis, travaux forcés de 5 ans à 10 ans.
...coups et exil à 3.000 lis, travaux forcés de 7 ans à 12 ans.

Peine de l'exil (culpabilité relative).

...coups et exil à 2,000 lis.
...coups et exil à 2,500 lis.
...coups et exil à 3,000 lis.
} Transformation ordonnée par le Code en 4 ans de travaux forcés.

Service militaire.

Premier degré, en travaux forcés de 10 ans à 15 ans.
Deuxième degré, en travaux de 12 à 18 ans.
Troisième degré, en travaux forcés de 15 à 20 ans.

Peine de mort.

Strangulation avec sursis..........	Culpabilité absolue.	Travaux forcés de 5 ans à perpétuité.
Décapitation avec sursis..........		Travaux forcés de 6 ans à perpétuité.
Strangulation avec sursis..........	Culpabilité relative	Transformation prescrite par le Code en 5 ans de travaux forcés.
Décapitation avec sursis..........		

Strangulation avec exécution, travaux forcés de 10 ans à perpétuité.
Décapitation avec exécution, travaux forcés de 12 ans à perpétuité.
Mort lente avec exécution, décapitation avec exécution.
} En exécution par la décapitation.

du procès, sans que, toutefois, ces indemnités puissent dépasser le tarif des vacations fixées par l'arrêté du 11 juillet 1865.

Art. 49. — Toute cause entraînant le divorce ou la séparation ne peut être jugée qu'en premier ressort par le tribunal de l'administrateur. Dans le jugement ainsi prononcé, la religion que suit chacun des époux en cause doit être indiquée (*Circulaire du bureau de la justice*, 10 *octobre* 1874).

Art. 50. — Chaque jugement porte un numéro d'ordre : ces numéros forment dans chaque inspection une série non interrompue qui commence au 1er janvier de chaque année. En aucun cas, les jugements en premier ressort et ceux en dernier ressort ne doivent être confondus en une seule série; ils forment deux séries distinctes. La série des jugements en premier ressort comprend indistinctement ceux en matière civile ou commerciale et ceux au correctionnel ou criminel ; ils se distinguent seulement par l'inscription faite en marge et au-dessous du numéro d'ordre : affaire civile ou commerciale, correctionnelle, criminelle (*Circulaire du bureau de la justice*, 15 *mars* 1875).

A la fin de chaque année, les jugements (textes français et chinois) et les procès-verbaux de la commission d'examen sont réunis en volumes reliés.

Art. 51. — Les pièces françaises et celles en annamite constituant le dossier joint au jugement doivent être établies sur feuilles distinctes, de telle façon que les membres français de la commission d'examen puissent prendre connaissance de la procédure en même temps que les membres indigènes lisent, de leur côté, les pièces en caractères chinois (*Circulaire du bureau de la justice*, 15 *mars* 1875).

(1) 2° *Procédure criminelle.*

Art. 52. — *De la recherche des crimes et délits.* — Tout particulier, témoin d'un crime ou délit, est tenu de concourir à l'arrestation du coupable qui doit être immédiatement livré aux notables du village sur le territoire duquel s'est accomplie l'arrestation.

Tout particulier qui a connaissance d'un crime ou délit a pour devoir d'en informer immédiatement le notable le plus voisin ou le maire, qui devra en rechercher les auteurs et rassembler les preuves du fait, pour le tout être livré au chef du canton sous la surveillance duquel se trouve le lieu qui a été le théâtre de l'arrestation (*Code : articles* 270, 358, *etc.*).

Le chef de canton, ainsi saisi de l'affaire, reçoit la plainte des personnes atteintes par le crime ou délit, procède rapidement à une enquête sommaire dont il adresse par écrit les résultats au huyen ou phu en faisant conduire devant lui les plaignants et les coupables. Il joint à son rapport les pièces de conviction.

Au reçu du dossier, le huyen ou phu rend compte immédiatement à l'administrateur et prend ses ordres pour l'incarcération des prévenus et la suite à donner à l'affaire ainsi entamée. Il peut être chargé de compléter l'instruction en appelant devant lui les plaignants et les témoins, en faisant comparaître les prévenus ou les parties, en provoquant toute mesure propre à éclairer la cause, en opérant la visite des lieux et la saisie de toute pièce susceptible de servir à conviction, en désignant des experts, ouvriers-assistants, etc., le tout, bien entendu, sous la direction et selon les ordres de l'administrateur auquel il remet par écrit le résultat des opérations auxquelles il s'est livré, et fait connaître ses conclusions en lui soumettant le dossier aussi complet que possible (*Arrêté du* 31 *décembre* 1875 *et circulaire du Directeur de l'Intérieur*, 4 *janvier* 1876).

(1) V. décr., 3 avril 1880 art. 9.

Art. 53. — L'administrateur peut être directement saisi : par le flagrant délit qui se présente à lui, par des cas assimilés au flagrant délit ou par arrêté du Gouverneur.

Prévenu d'un crime ou délit commis dans l'étendue de son arrondissement, il requiert tout notable ou fonctionnaire sous ses ordres de faire tous actes de constatations nécessaires, de rechercher les auteurs du fait et de les livrer au tribunal. Il peut requérir l'aide de la gendarmerie dans les cas et moyennant les formalités prévus en l'arrêté du 21 août 1869.

Art. 54. — Dans le cas de fabrication, possession, usage de poisons, drogues enivrantes ou stupéfiantes, susceptibles d'aider ou ayant aidé à commettre un crime, le corps du délit doit être saisi et placé sous scellés pour être analysé par une personne compétente (*Code : art.* 258).

En cas de blessures, suivies de mort ou non, il doit être dressé par qui de droit un procès-verbal médico-légal (*Code : article* 259) ; — à défaut de médecin français, y employer des médecins asiatiques. — L'enquête médico-légale a lieu en présence des parents de la victime (*Code* : *article* 377).

En cas d'arrestation de voleurs, s'il y a eu butin saisi, l'autorité qui a procédé à l'arrestation et à la saisie doit joindre à son rapport un inventaire détaillé des valeurs tombées entre ses mains (*Code* : *article* 320) ; même inventaire doit être établi lors de l'arrestation de joueurs surpris en flagrant délit (*Code : article* 343).

Art. 55. — Si des prévenus en fuite se sont réfugiés dans une autre inspection, l'administrateur poursuivant est autorisé à envoyer des agents munis d'un mandat revêtu du sceau, pour qu'ils aillent immédiatement et secrètement faire l'arrestation, et, d'un autre côté, il enverra une dépêche pour mettre l'autorité intéressée au courant du fait. Après l'arrestation, les agents devront, d'ailleurs, rendre compte au magistrat du territoire où elle aura été opérée, pour qu'il envoie quelqu'un pour effectuer le transfert (*Code : article* 359, *décret I*).

Lorsqu'il s'agira de faire comparaître des personnes d'un autre arrondissement, le tribunal saisi de l'affaire à juger enverra au fonctionnaire local concerné tous les renseignements nécessaires pour le mettre au courant, afin qu'il fasse rechercher et conduire au premier magistrat les personnes réclamées (*Code* : *article* 359, *décret II*). Le fonctionnaire ainsi requis n'a pas qualité pour apprécier les motifs des recherches ; par la seule raison qu'un mandat d'amener lui a été adressé par une autorité compétente, il est tenu aux recherches nécessaires à l'arrestation et au transfert (*Code*, *article* 359, *décret IV*).

Art. 56. — Lorsque les auteurs d'un crime n'ont pu être arrêtés immédiatement, l'administrateur saisi de l'affaire doit en prévenir par télégramme :

MM. le Directeur de l'Intérieur ;
le procureur général ;
le chef du bureau de la justice indigène ;
le représentant du Protectorat français au Cambodge et les administrateurs chargés de la justice.

Le télégramme mentionne les circonstances importantes du crime ; les noms des auteurs présumés, leur signalement, la direction probable qu'ils ont prise et généralement toutes les circonstances propres à amener leur capture (*Arrêté du* 29 *juillet* 1874).

Art. 57. — *Des plaintes*. — Tout particulier victime d'un acte criminel a droit d'en obtenir justice. Il présente sa plainte écrite, en se conformant, d'ailleurs, aux présentes instructions (*Articles* 17 *et suivants*). Il expose d'une manière claire et précise les détails des faits et, en cas de vol, joint à la plainte la liste des objets perdus. Si les objets volés sont en très grande quantité et qu'il ne puisse se souvenir de tout à la fois, il lui est permis de présenter une nouvelle déclaration dans les cinq jours (*Code, article* 235, *décret V*).

S'il s'agit d'adultère, l'accusateur doit joindre à la plainte la preuve qu'il y a eu légitime mariage.

Toute plainte en accusation doit comprendre la liste des témoins à citer.

Le juge peut, s'il le croit nécessaire, appliquer à l'accusateur les mesures prescrites par l'article 22 ; en aucun cas, celui-ci n'est admis à retirer une accusation portant sur un fait puni par les lois criminelles ou correctionnelles.

Art. 58. — Toute plainte doit être signée par le plaignant et par celui qui l'a écrite, sous peine d'être rejetée ; le plaignant anonyme et le rédacteur furtif doivent, s'ils peuvent être découverts, subir les peines édictées par les articles 302 et 309 du Code.

(1) Il est interdit, au criminel comme au civil, de faire intervenir dans un procès un intermédiaire non intéressé directement (*Code : articles* 302 *et* 309, *et circulaires du Directeur de l'Intérieur*, 30 *avril* 1867 *et* 1er *octobre* 1877).

Art. 59. — *Audition des témoins.* — Les témoins cités dans la plainte et toute personne dont le juge croirait devoir entendre la déposition sont convoqués comme il est dit en l'article 24. Le témoin régulièrement cité qui, volontairement, s'abstient de comparaître, peut y être contraint et tombe sous le coup de l'article 351 du Code.

On se conformera aux articles 28, 29 et 30 des présentes instructions pour la convocation des témoins qui résident dans un autre arrondissement, pour les formes à employer dans la consignation par écrit des dépositions des témoins, la répression des faux témoignages, les délais de comparution, etc.

Art. 60. — Le juge est tenu d'appliquer soigneusement, dans l'audition des témoins, les formes prescrites par l'article 374, décret II, du Code.

Art. 61. — *Des preuves par écrit et pièces de conviction.* — L'accusateur qui prétend faire preuve par écrit doit déposer cette preuve entre les mains du juge et en minute, en même temps que la plainte. Toute pièce qui serait présentée après coup peut être refusée (*Code : article* 305).

Les pièces de conviction doivent être déposées de même ; si elles ont été saisies par l'autorité qui a constaté le crime ou arrêté le prévenu, celle-ci en doit faire le dépôt en transmettant son rapport, lequel en comprend l'inventaire (*Code : article* 320).

Art. 62. — *De la mise en jugement.* — Du moment où il y a présomption suffisante, le prévenu est mis en jugement. S'il s'agit d'un fonctionnaire du rang de phu ou huyen dans l'ordre civil, ou du rang de pho-vê-huy dans l'ordre militaire, et au-dessus, l'administrateur doit, avant d'entamer l'action publique, se pourvoir d'une autorisation de poursuivre auprès de l'autorité supérieure. Pour les autres fonctionnaires et employés nommés par l'administration centrale de la colonie, il suffit de rendre compte en ouvrant l'instruction (*Code : article* 6).

Art. 63. — Le juge procède aux interrogatoires ; il n'est pas permis aux agents chargés de poursuivre et d'arrêter les coupables de procéder privément à une instruction et de faire établir des déclarations. Dès le commencement de l'instruction, le juge doit vérifier si les accusés ont ou n'ont pas de cicatrices, de blessures (*Code : art.* 235, *décret VII*) ; il recherche les condamnations antérieures qu'auraient pu encourir les prévenus (*Code : article* 238, *décret I*).

Art. 64. — S'il y a lieu, il procède à la visite des lieux ou délègue un fonctionnaire pour ce faire, provoque l'analyse des matières suspectes ou l'enquête médico-légale ; confronte entre eux les prévenus et les témoins ; nomme des experts ; requiert des interprètes, médecins, sages-femmes, ouvriers-assistants, gardes, etc. ; en

(1) Mod. A. G., 6 octobre 1879, et Circ. Ch. J. I., 18 novembre 1879.

un mot, procède à toute vérification et prend toute mesure qu'il croit propre à éclairer la cause. Ces opérations donnent lieu à procès-verbal dressé par qui a instrumenté, et joint à la procédure (*Code : article* 272).

Art. 65. — *Des jugements.* — Les audiences du tribunal sont publiques, ainsi qu'il est dit ci-dessus, article 32).

Vu le défaut de règles fixes dans le Code annamite sur les formes à observer pendant les débats devant le tribunal, les administrateurs se conformeront, autant que possible, et jusqu'à ce qu'un Code définitif et complet de procédure ait été promulgué dans la colonie, aux prescriptions du Code français d'instruction criminelle, articles 310, 312, 314, 316 et suivants.

Art. 66. — La cause entendue, le juge prononce la sentence. Si, d'après l'importance de la peine encourue, le jugement peut être prononcé en dernier ressort, il est inscrit séance tenante sur le registre *ad hoc* (*voir article* 32), et il n'est pas indispensable que les détails de l'instruction soient joints par écrit. La formule à employer dans ce cas est la suivante :

Jugement rendu publiquement par le tribunal indigène de.........

Aujourd'hui (*date en toutes lettres*),

En vertu des pouvoirs conférés par le contre-amiral Gouverneur et Commandant en chef,

Pardevant nous (*noms, prénoms et qualités*), remplissant les fonctions de juge dans l'inspection de............, jugeant en matière criminelle (ou correctionnelle) et en dernier ressort, avons fait comparaître :

X... (*noms, âge, profession, domicile, nationalité*), prévenu de.........

Et les témoins :

XX... (*noms, âge, profession, domicile, etc.*) ;

Le sieur XXX... remplissant les fonctions d'interprète ;

Attendu que (*suit l'exposé du crime ou délit dans toutes ses circonstances*) ;

Ouï les témoins en leurs dépositions et le prévenu en ses moyens de défense :

Considérant que (*exposé des moyens de la défense*) ;

Qu'il résulte de (*preuves, etc.*) la preuve que X... est coupable (*ou innocent*) de (*tel ou tel fait*) ;

Le condamnons à la peine de (*citer exactement, sans modifications ni omissions, la peine édictée par la loi*), conformément au Code annamite, article........, ainsi conçu : (*citer l'article entier ou le paragraphe, selon le cas*) ;

Prononçons la transformation de cette peine en celle de (*citer la peine équivalente, d'après l'arrêté du 24 mars 1877*), rachetable (*s'il y a lieu*) moyennant....... francs........ centimes d'amende.

Fait à............, les jour, mois et an que dessus.

L'administrateur chargé de la justice,

L'interprète,

(*Code : articles 63 et 380 ; arrêté du 9 janvier 1864 et circulaire du bureau de la justice, 1er décembre 1868*).

Art. 67. — Quand l'importance de la peine ne permet qu'un jugement en premier ressort, on se conforme aux articles 33 et 66, excepté que le tribunal ne *prononce* pas la transformation des peines, mais en *propose* la transformation.

(1) Art. 68. — Après que lecture lui a été faite de la sentence, le condamné est prévenu du droit qu'il a, pendant deux jours francs (celui de la signification non compris), de demander la révision du jugement par la commission d'examen siégeant à Saïgon. Nonobstant l'appel que peut faire le condamné en premier ressort, celui-ci est maintenu en détention préventive jusqu'à décision du Gouverneur.

(1) Art. 69. — *Des appels en revision.* — Le délai de deux jours francs expiré, la déclaration d'appel ou non appel est reçue et constatée comme il est dit article 35. Dans tous les cas, le condamné peut toujours faire joindre au dossier, lorsqu'il demande la révision du jugement, l'exposé de ses nouveaux moyens de défense et ses

(1) Mod. A. G., 27 novembre 1879.

motifs d'appel. (*Code : article* 381 *et circulaire du bureau de la justice*, 1er *décembre* 1868).

(1) Art. 70. — *Exécution des jugements après approbation du Gouverneur.* — Comme il est dit à l'article 37, s'il s'agit d'exécution capitale, il est dressé procès-verbal de l'exécution par le fonctionnaire qui y a présidé, pour être joint au jugement déposé dans les archives de l'inspection. Copie authentique du procès-verbal est adressée au bureau de la justice pour ses archives.

Les exécutions capitales ne doivent avoir lieu ni le dimanche ni un autre jour de fête reconnue. (*Circulaire du Directeur de l'Intérieur*, 19 *mai* 1876).

Art. 71. — *Dispositions générales.* — Quand plusieurs parents sont impliqués dans une même affaire, le dossier doit comprendre les renseignements généalogiques réclamés en l'article 39.

S'il y a lieu (*dans les cas d'adultère, divorce, etc.*), joindre l'extrait des registres de l'état civil. (*Circulaire du Directeur de l'Intérieur*, 12 *mars* 1875).

Il est fait également application des articles 40, 41, 42, 43, 44, 45, 46, 47, 48, 49, 50 et 51, selon le cas.

Art. 72. — Le jugement doit ordonner toujours restitution ou confiscation du produit des actions illicites (*Code : article* 23 *et circulaire du bureau de la justice*, 10 *avril* 1871) ; par suite, l'inventaire des biens des coupables est joint au dossier, et si le condamné participe à quelque bien indivis, il en est fait le partage entre les ayants droit, préalablement à la mise à exécution des mesures de restitution ou de confiscation prescrites. (*Code* : *article* 23, *décret VI*, *et articles* 129 *et* 131).

Art. 73. — Les sommes dues par suite de jugement, constituent des dettes personnelles ; les parents, quels qu'ils soient, s'ils ont un domicile différent et des biens propres et séparés, ou s'ils n'ont pas eu connaissance des faits, ne peuvent être aucunement obligés à effectuer le remboursement à défaut de moyens de la part du condamné. (*Code : article* 131, *décret II*).

Dans le cas de confiscation pour couvrir des déficits, si dans les maisons et terrains confisqués il y a des terrains de sépulture ou bien des jardins de sépulture, ou si parmi les constructions il se trouve des maisons pour les personnes chargées de l'entretien des tombes ou des biens consacrés au culte de la famille, toutes ces propriétés sont rendues à leur maître et ne peuvent être confisquées à l'État ni vendues. (*Code: art.* 131, *décret III*). Par analogie, les terres et valeurs diverses constituant un huong-hoa régulièrement et certainement fondé sont insaisissables et inaliénables. *Code* : *article* 37, *décret I*).

(2) Art. 74. — Les biens des individus condamnés pour rébellion sont saisis et vendus : leur valeur est affectée aux familles des miliciens tués ou blessés en service. (*Code : article* 224 *et arrêté du* 9 *mars* 1875).

Art. 75. — Tout village convaincu de rébellion ou de complicité de rébellion doit être rayé du rôle et son territoire annexé à celui des communes environnantes. Les biens de tous les notables sont confisqués, et ceux-ci internés dans un arrondissement éloigné. (*Arrêté du* 20 *mai* 1875).

Dans le cas ou des amendes collectives sont infligées à une commune comme responsable de crime ou délit, la totalité de l'amende doit être répartie entre les notables et inscrits, au prorata de la cote foncière de chacun. Cette répartition est affichée à la porte de la maison commune. (*Circulaire du Directeur de l'Intérieur*, 21 *mai* 1874).

(1) Mod. A. G., 6 octobre 1879, et Circ. Ch. J. I., 18 novembre 1879.
(2) V. Inst. Ch. J. I., 25 août 1876.

Art. 76. — Si quelque butin volé est repris ou rendu volontairement par le voleur, chaque propriétaire est appelé à reconnaître les valeurs qui lui appartiennent ; les objets qui auront été reconnus comme lui appartenant lui seront rendus immédiatement et, sa déclaration prise, il sera laissé libre de retourner chez lui. (*Code : article* 235, *décret IV*).

Art. 77. — Dès qu'un voleur a été arrêté, si sa culpabilité a été reconnue, on doit, avant tout, faire établir l'inventaire de ses biens et, le jugement rendu exécutoire, on emploie ses biens pour effectuer les restitutions. Tous les co-auteurs d'un vol sont obligés, solidairement, aux restitutions, et l'obligation de solidarité s'étend aux pères, frères aînés ou cadets et oncles (frères aînés ou cadets du père) qui auraient eu connaissance de la nature des faits et auraient participé au produit de l'action illicite. (*Code : article* 235, *décret VIII*).

Art. 78. — Les portions d'un produit d'action illicite qui n'auraient été réclamées par aucun propriétaire serviront à dédommager ceux qui ne retrouveraient pas ce qui leur a été volé ; le surplus sera confisqué au profit de l'État. *Code : article* (235, *décret IX*).

Art. 79. — Si quelqu'un a reçu en gage ou acheté des produits d'un vol ou bien les a recélés, mais sans en connaître la provenance, non seulement il ne doit pas être mis en jugement, mais, après qu'il aura été contraint à restituer le produit d'action illicite, le coupable sera condamné à lui rembourser le prix qu'il en avait reçu. (*Code: article* 235, *décret IX*).

Art. 80. — Les jugements criminels ne peuvent atteindre un contumax, excepté dans le cas prévu par l'article 30 du Code ; la déclaration faite par des prévenus que le contumax a été principale coupable, doit être tenue pour vraie jusqu'à preuve du contraire, et entraîne pour ces prévenus une diminution d'un degré de la peine encourue. En tout cas, le tribunal est dans l'obligation de distinguer le principal coupable des co-auteurs d'un crime ou délit commis en commun ; l'auteur de l'idée est toujours réputé principal coupable, mais, à défaut de connaissance certaine de l'auteur de l'idée, le juge prononce la distinction d'après telle ou telle circonstance qu'il tient pour suffisante. A défaut d'autre circonstance, le plus âgé est réputé principal coupable (*Code : articles* 29 *et* 30).

Art. 81. — La circonstance aggravante de récidive n'est admise qu'autant qu'il existe, à la disposition du tribunal, preuve certaine d'une condamnation antérieure en vertu d'un jugement régulier.

Art. 82. — Dans le cas de blessures, aucune condamnation définitive ne peut être prononcée contre le coupable avant l'expiration des délais fixés par la loi et après lesquels on peut baser l'étendue de la responsabilité de la faute. (*Code : article* 272.) — Le juge doit, si les blessures sont graves, se transporter de sa personne auprès du blessé ou déléguer un fonctionnaire pour aller recevoir la déposition; tout déplacement de la victime pour un tel motif est interdit. (*Code : article* 272, *décret I.*)

Art. 83. — Les poursuites pour cause de jeu ne doivent être exercées que contre ceux qui feraient jouer le *public* dans leur maison. Il est recommandé de s'abstenir de toute rigueur envers les personnes qui, réunissant chez elles quelques-uns de leurs amis, joueraient par hasard des sommes minimes; la défense de jouer ne doit point être la cause de visites ou perquisitions d'un caractère inquisitorial et oppressif. (*Circulaire du Directeur de l'Intérieur*, 5 *décembre* 1865.)

Lorsqu'il est démontré qu'il s'agit d'un tripot, le jugement doit prononcer, en même temps que la peine encourue par les joueurs et le maître de la maison, la confiscation au profit de l'État de la maison où l'on joue et des enjeux saisis. Ainsi qu'il résulte du texte de la loi, on doit entendre par « la maison » l'établissement seul dans lequel se tient le jeu, et par « les enjeux », non-seulement les espèces, mais tous les objets et valeurs exposés dans le lieu où l'on joue, servant au jeu, et saisis lors de la constatation du flagrant délit. (*Code : article* 343.)

(1) Art. 84. — Les jugements criminels et leurs dossiers sont transmis au cabinet du Gouverneur (bureau de la justice), composés comme il est dit à l'article 36.

3° Procédures spéciales.

Art. 85. — Des délits non prévus par la loi annamite sont l'objet de pénalités réglées par des arrêtés du Gouverneur, pris en vertu des décrets des 10 janvier 1863 et 14 janvier 1865 ; ces arrêtés et des circulaires du Directeur de l'Intérieur ont prescrit certaines formes spéciales de procédure pour des cas particuliers, ainsi qu'il va être dit :

Art. 86. — *Armes et munitions.* — Le commerce des armes et des munitions étant interdit aux Indigènes ou Asiatiques quelconques (*Arrêté du* 16 *octobre* 1874), tout individu justiciable des tribunaux indigènes, convaincu de contravention à cette règle, doit être puni d'une amende de 500 à 3,000 francs, sans préjudice de la confiscation des armes et munitions. Il peut en outre être condamné à un emprisonnement de deux mois à un an. (*Arrêté du* 3 *août* 1864.) En pareille cause, le jugement est rendu conformément aux dispositions des présentes instructions, en dernier ou premier ressort, selon le cas, et à titre correctionnel.

Art. 87. — *Abatage des génisses et vaches. — Exportation des bœufs, vaches, veaux et génisses.* — L'abatage des vaches et génisses propres à la reproduction, interdit par arrêté du 3 juillet 1871, entraîne pour le contrevenant l'application des articles 464 et suivants du Code pénal français, soit des peines de police comprenant l'emprisonnement d'un jour à cinq jours inclusivement et l'amende de un franc à quinze francs inclusivement. Les animaux abattus sont confisqués au profit de l'État.

Ces animaux ne sont plus regardés comme propres à la reproduction lorsqu'ils sont âgés de plus de neuf ans. (*Circulaire du Directeur de l'Intérieur*, 9 *juillet* 1874.)

L'exportation des bœufs, vaches, veaux et génisses, interdite par arrêté du 24 septembre 1877, donne lieu aux mêmes peines de police que ci-dessus.

Les contraventions de ce genre sont toujours l'objet de jugements en dernier ressort.

Art. 88. — *Dégâts causés au matériel des lignes télégraphiques.* — Les communes sont responsables des dégâts causés, sur leur territoire, au matériel des lignes télégraphiques ; outre les frais résultant des réparations, elles peuvent être condamnées à de fortes amendes, sans préjudice des peines qu'on prononcerait contre les auteurs des délits. (*Circulaire du Directeur de l'Intérieur*, 30 *décembre* 1874.) Les amendes collectives infligées pour ce motif sont réparties entre les notables et inscrits, comme le prescrit la circulaire du Directeur de l'Intérieur du 21 mai 1874.

Les jugements sont rendus en dernier ou en premier ressort, selon le cas, et la procédure en est suivie comme dans les crimes et délits ordinaires.

Art. 89. — *Exploitation des forêts.* — La répression des délits et contraventions en matière d'exploitation des bois et forêts est réglée par l'arrêté du 16 septembre 1875.

Dans le cas où les amendes où peines de prison prononcées en vertu des articles 4, 10, 11, 16 et 22 dudit arrêté seraient inférieures à 500 francs ou à deux mois, le jugement, selon la règle ordinaire, serait rendu en dernier ressort ; si ces peines sont

(1) Mod. A. G., 6 octobre 1879.

plus élevées, il y a lieu à jugement en premier ressort. — Les mêmes dispositions sont applicables en cas de confiscations en vertu des articles 7 et 11 de l'arrêté susdit. Le procès-verbal du garde forestier sera joint à la procédure qui, d'ailleurs, sera dans tous les cas conforme aux prescriptions des présentes inscriptions.

Art. 90. — *Barques.* — Tout propriétaire d'une barque non inscrite ou transférée dans une autre inspection sans autorisation, ou qui aura changé ou altéré la couleur distinctive ou la nature des marques obligatoires de sa barque, ou ne portera pas les couleurs et marques, ou qui fera flotter sans droit le pavillon français des navires de guerre, ou enfin qui naviguera sans permis ou porteur d'armes non autorisées, sera passible d'amendes réglées par l'arrêté du 25 juillet 1871.

Ces amendes ne pouvant, en aucun cas, s'élever au-dessus de 500 francs, ne donnent jamais lieu qu'à jugement en dernier ressort. Les armes saisies sont confisquées au profit de l'État.

Art. 91. — *Fourrières.* — La destination à donner aux animaux, voitures et autres objets saisis ou abandonnés sur la voie publique, les devoirs de ceux qui les ont trouvés, la répression des détournements commis par eux, etc., etc., sont définis dans l'arrêté du 14 juillet 1873. Les dispositions ainsi prescrites, conformes d'ailleurs à la loi annamite, doivent, en ce qui regarde les justiciables des tribunaux indigènes, être jointes, pour les détails, à ladite loi, pour servir à motiver les jugements et à fixer les peines, restitutions, mises en possession, etc. Les jugements en pareille matière rentrent, quant aux formes, dans la règle commune.

Art. 92. — *Hygiène.* — Pour suppléer à l'insuffisance de la loi annamite, en ce qui regarde l'hygiène publique, l'arrêté en date du 8 septembre 1871, applicable dans les chefs-lieux d'arrondissements situés en dehors du ressort des tribunaux français, fixe les pénalités pour défaut de propreté à l'intérieur des maisons et sur la voie publique, dépôt d'immondices ou débris de verre ou de porcelaine, défaut de surveillance des animaux domestiques, enfouissement de ceux morts de maladie, etc., etc.

Les peines applicables à ces contraventions ne pouvant dépasser quinze francs d'amende et cinq jours de prison, le jugement qui les prononce est rendu en dernier ressort.

Dans le cas de vente de viande provenant d'un animal mort de maladie, ou de possession de ladite viande par un restaurateur ou fournisseur d'établissement public quelconque, il est fait application de l'article premier de la loi du 27 mars 1851, promulguée dans la colonie par arrêté en date du 3 avril 1867; les peines pouvant s'élever de trois mois à un an de prison, il y a lieu toujours à jugement en premier ressort, qui fixe en même temps l'amende (*minimum, 50 francs; maximum, = le quart des restitutions*) et les dommages-intérêts, et ordonne la saisie des viandes gâtées, pour être enfouies.

Lorsqu'un arrêté, spécial à un arrondissement, y a réglé les questions de police, voirie et hygiène publique, il est naturellement fait application des prescriptions de cet arrêté, à l'exclusion de toutes autres.

Art. 93. — *Falsification des boissons et substances alimentaires ou médicamenteuses.* — Les Indigènes ou autres Asiatiques, habitant en dehors du ressort des tribunaux français, qui falsifient, vendent, mettent en vente, ou, sans motifs légitimes, ont dans leurs magasins, boutiques et maisons de commerce, dans les halles et marchés, soit des boissons, soit des substances alimentaires ou médicamenteuses qu'ils savent être falsifiées ou corrompues, sont poursuivis conformément aux lois des 10, 19 et 27 mars 1851 et 5 mai 1855. (*Arrêté du* 30 *août* 1875 *et circulaire du Directeur de l'Intérieur*, 6 *septembre* 1875.)

Le maximum des peines encourues par les délinquants pouvant atteindre jusqu quatre ans de prison et mille francs d'amende (*en cas de récidive*), il est prononc selon le cas, par jugement en dernier ou en premier ressort et dans les formes i prescrites. Le jugement est appuyé d'un procès-verbal d'une personne comp tente établissant la preuve de la falsification, corruption ou nocuité des boissons substances.

S'il s'agit de vente à faux poids ou fausse mesure, les poursuites peuvent êt exercées, soit d'office par le magistrat qui a connaissance du fait, soit sur la plaint de l'acheteur trompé. Ce fait tombe sous le coup de l'article 138 du Code annamite

Les objets dont la vente, l'usage ou la possession constitue délit sont confisqués e le jugement arrête la destination à leur donner.

Il est loisible au juge de prescrire la publicité du jugement par les moyens indi qués en l'article 6 de la loi du 27 mars 1851.

Dans tous les cas, il peut être fait application des dispositions prévues par le Code pénal français, article 463, relatif à l'admission des circonstances atténuantes, et le jugement doit régler la part du produit de l'amende qui revient aux communes dans lesquelles les délits auraient été constatés.

En cas de tromperie sur la quantité, la peine ne saurait sortir des limites tracées par l'arrêté du 24 mars 1877 (transformation des peines prononcées par l'article 138 du Code annamite).

Art. 94. — *Monts-de-piété.* — Les condamnations prononcées en vertu des articles 5, 9 et 12 de l'arrêté du 5 octobre 1871 sont, selon la quotité des amendes ou la durée de l'emprisonnement, l'objet de jugements en dernier ou premier ressort; il en est de même dans le cas où le tribunal doit statuer sur un différend entre le public et l'administration des monts-de-piété, selon que la valeur du litige est inférieure ou supérieure à 1,500 francs, ou que le fait entraîne pour le coupable des peines au-dessous ou au-dessus de deux mois de prison ou de 500 francs d'amende. Les formes de la procédure sont celles ici prescrites.

Art. 95. — *État civil.* — Le maximum des amendes prononcées en vertu de l'article 7 de l'arrêté du 21 juillet 1871, pour inexécution non justifiée des règles établies pour la constatation légale de l'état civil des Indigènes et Asiatiques (naissances et décès), est fixé à 50 francs, et, par suite, entraîne jugement en dernier ressort. — En cas d'application des articles 8 et 9 dudit arrêté, les minimum des peines étant six mois de prison et 500 francs d'amende, le jugement peut être frappé d'appel.

Ces jugements sont rendus sur simple constatation du délit reproché, s'il s'agit de perte, destruction, altération d'un registre; en cas de violation des articles 3, 4, 5, 6 et 8, il y a lieu de procéder à une instruction, et l'affaire rentre dans les formes générales.

L'arrêté en date du 1er décembre 1876, réglementant la constatation légale des mariages des Indigènes et Asiatiques, et la circulaire du Gouverneur en date du même jour ont réglé le mode de procéder en cas d'inexécution des dispositions prescrites. Conformément à l'article 7, dans tous les cas il est fait application de la loi annamite (*soit : articles* 60, 73, 74, 82, 94, 109, 307, 350, 351, *etc.*).

Ces jugements rentrent, dès lors, dans la règle générale.

Art. 96. — *Pêcheries.* — Les contraventions relatives aux pêcheries sont comprises dans les arrêtés des 23 janvier 1866 et 23 septembre 1876. Vu le maximum des amendes encourues (100 *francs*), ces contraventions sont jugées en dernier ressort, sur simple constatation du délit ou rapport d'un fonctionnaire ou agen autorisé.

Art. 97. — *Pétrole.* — L'introduction, le chargement, le déchargement, le dépôt et vente du pétrole et de ses dérivés, peuvent donner lieu à des contraventions qui ssortissent au tribunal de l'administrateur, dans les localités situées hors du resort des tribunaux français, et dont la répression, prononcée par jugement conforme ux règles générales, entraîne des peines de police et de plus, au besoin, l'interdicon de la vente au détail. (*Arrêté du* 6 *juillet* 1875 *et circulaire du Directeur de l'Inérieur*, 19 *décembre* 1876.)

Art. 98. — *Opium.* — Le commerce de l'opium est réglementé par un arrêté en ate du 13 septembre 1873, dont la teneur primitive a été modifiée le 2 janvier 1874, n ce qui regarde l'article 27, — le 22 janvier de la même année, en ce qui regarde article 28, — le 14 août 1876, pour l'article 30, — le 8 septembre 1877, pour les aragraphes 2 et 3 de l'article 32.

Par une décision en date du 2 janvier 1874, le Gouverneur a maintenu la mise en ratique des instructions précédemment données par l'autorité supérieure aux agents e la ferme d'opium (*Bulletin officiel*, 13 janvier 1870). — Enfin, un arrêté du 6 juin 874 a réglé le mode de recherches de l'opium à bord des navires, les formes à observer lors des perquisitions, la constatation des contraventions et la justification des saisies.

Toute contravention aux règlements et arrêtés ci-dessus n'est dûment constatée qu'autant que, indépendamment des circonstances probantes, il est acquis que toutes es formes constituant garantie pour les intéressés ont été rigoureusement observées.

Ne sont considérés comme débitant d'opium que l'individu pourvu d'une patente déclarée à la police et délivrée par le fermier; comme employé de la ferme, que l'individu en possession de fonctions ayant trait au commerce de l'opium et rétribué par le fermier.

Les contraventions constatées par un agent ou employé, quel qu'il soit, non assermenté, ne peuvent donner lieu à un procès-verbal faisant foi en justice.

Les procès-verbaux des agents assermentés doivent contenir: 1° les noms, prénoms et qualité de celui qui instrumente ; 2° les noms, qualité, profession et domicile de l'individu contre lequel il est opéré ; 3° les date et heure (de jour ou de nuit) des perquisitions ; 4° cette circonstance que l'agent assermenté était porteur d'une plaque placée d'une manière apparente et portant les deux lettres F. O. (ferme d'opium) ; 5° la mention qu'il a produit à l'intéressé, et avant toute opération, l'autorisation préalable délivrée par l'administrateur ; 6° le détail des circonstances qui ont amené la saisie des matières ou objets constituant le fait de contravention ; 7° l'énumération des matières (poids indiqué (1), vases, ustensiles et mécaniques saisis) ; 8° les mesures prises à l'égard du prévenu et des matières et objets saisis ; 9° les conclusions et revendications posées au nom du fermier. Sont ajoutés toutes les circonstances et tous les détails que la ferme croirait propres à établir sûrement le degré de culpabilité. Bien que les procès-verbaux dressés par les agents assermentés fassent foi en justice jusqu'à preuve du contraire, ces agents ne doivent cependant négliger aucune des circonstances et aucun des témoignages susceptibles de corroborer leurs constatations.

(1) Sont considérés officiellement comme équivalents les poids ci-après, d'après le rapport admis, d'ailleurs, par la Chambre de commerce de Saïgon :
1° Picul (déduit du poids de 40 ligatures de sapèques au chiffre de Gia-long) = 60 k. 400 ;
2° Cati ou can (un centième de picul) = 0 k. 604 ;
3° Taël, luong ou once chinoise (un seizième de cati) 0 k. 03775 ;
4° Mèce, tien, dong ou chi (un dixième de taël) = 0 k. 003775 ;
5° Cantarin ou phan (un dixième de mèce) = 0 k. 0003775.

La circulaire du Directeur de l'Intérieur en date du 30 juin 1875, relative aux autorisations en blanc à délivrer aux agents français de la ferme d'opium se rendant en tournée, énonce les conditions dans lesquelles ces autorisations doivent être délivrées. Il ne s'agit pas d'autorisations permanentes, mais seulement d'autorisations dans lesquelles les noms de personne et de localité sont laissés en blanc. Avant d'en faire usage, les agents sont tenus de remplir les blancs, de telle sorte que l'autorisation devienne absolument spéciale. Elle devra, d'ailleurs, être jointe au procès-verbal, revêtue de la signature du fonctionnaire ou notable qui aura assisté aux perquisitions, saisie et arrestation.

L'autorisation préalable n'est nécessaire que pour les perquisitions à faire chez les particuliers ; dans les autres cas, par exemple en cas de flagrant délit de colportage les agents assermentés en sont dispensés.

Les délinquants, mis en arrestation par les agents de la ferme, doivent être, sans retard, conduits devant l'administrateur pour que la cause puisse être jugée dans la prochaine audience.

L'administrateur n'a l'initiative des poursuites que dans le cas de résistance avec violences et voies de fait aux agents, ou de contrebande et fraude à main armée. Dans ces cas, il est fait application des dispositions de la loi annamite, article 279 ; mais si les violences et voies de fait ont été exercées sur la personne même de l'agent français, la cause ressortit aux tribunaux français.

La ferme doit pourvoir aux aliments des détenus pendant la détention préventive, comme pendant qu'est exercée la contrainte par corps en sa faveur.

En cas de condamnation de plusieurs personnes coupables de se livrer de complicité à la contrebande de l'opium, les peines sont prononcées personnellement contre chacun de ceux qui sont impliquées dans la même affaire et reconnus coupables; néanmoins les condamnations pécuniaires sont subies solidairement par tous.

S'il y a transaction entre la ferme et les fraudeurs, la cause n'en est pas moins portée devant le tribunal qui n'a, dès lors, qu'à prononcer la confiscation, au profit de la ferme de l'opium des ustensiles saisis.

Le fraudeur, arrêté et conduit devant l'administrateur, peut être incarcéré ou laissé libre selon décision motivée du juge, s'il offre bonne et valable caution ou consigne lui-même d'avance le montant de l'amende encourue.

Au cas où l'agent ne pourrait, par suite d'empêchement absolu, se conformer à la prescription de livrer sans retard le fraudeur à l'administrateur, il devra le remettre à l'autorité indigène la plus voisine, laquelle en demeurera désormais responsable et sera chargée du transfert.

Le fraudeur peut demander à être jugé sans délai.

Il n'est fait application de l'article 30 de l'arrêté du 30 septembre 1873 qu'autant qu'il existe de preuves certaines que le prévenu à vendu, cédé à titre onéreux ou gratuit, importé ou colporté de l'opium de contrebande. La simple saisie de balances dans la maison d'un particulier trouvé détenteur d'opium autre que celui de la ferme ne constitue pas une preuve suffisante.

Dans tous les cas, la saisie ne doit porter que sur les matières et objets désignés en l'article 8 de l'arrêté précité, et le jugement ne peut prononcer d'autres confiscations que celles énoncées en l'article 24 du même arrêté. C'est ainsi que les pipes, fourneaux, plateaux, lampes à fumer l'opium, les balances, etc., ne peuvent être confisqués que s'ils ont été employés comme récipients et trouvés contenant de l'opium de contrebande.

Les barques servant au transport de l'opium de contrebande ne sont comprises dans la confiscation qu'autant que le juge en ordonne ainsi, ayant eu à apprécier si, eu égard à la quantité d'opium trouvé et au tonnage de la barque, cette dernière doit ou non être confisquée.

La ferme ayant saisi un prétendu fraudeur et réclamant l'application d'un des articles 30, 31, 32, 33, etc., de l'arrêté du 13 septembre 1873, c'est à elle qu'incombe l'obligation de réunir les preuves de la contravention. A cet effet, elle fournit tel échantillon de ses produits qui peut être réclamé, provoque toute expertise, analyse, etc., jugée nécessaire, produit tous procès-verbaux d'un pharmacien expert. Faute d'avoir fourni au juge le moyen de reconnaître indubitablement la culpabilité, elle est exposée à se voir déboutée des fins de ses poursuites et, au besoin, condamnée à tels dommages-intérêts qui réclamerait la partie lésée par elle.

Un délinquant n'est tenu pour récidiviste qu'autant que la contravention antérieure a donné lieu à jugement.

Toute contravention est jugée en dernier ou premier ressort, selon les règles tracées par les articles 32 et 33 des présentes instructions, et, de même, les jugements sont en tous points soumis aux formes ici réglées.

Art. 99. — *Alcools de riz.* — Le commerce des alcools de rix est réglementé par un arrêté en date du 5 octobre 1871.

Les formes de la procédure en matière de contravention à l'arrêté susdit, sont celles exposées en l'article ci-dessus relatif à l'opium.

Art. 100. — *Militaires.* — Lors de l'arrestation d'un indigène ou Asiatique quelconque régulièrement lié au service militaire ; il procède à une enquête immédiate et, dans les huit jours, doit adresser un rapport au Directeur de l'Intérieur, qui provoque alors un ordre du Gouverneur remettant ce militaire à la disposition des tribunaux indigènes.

Le jugement prononcé doit toujours viser la décision du 20 octobre 1870 et l'ordre qui a mis le prévenu à la disposition du tribunal indigène. (*Arrêté du 29 novembre* 1870). Copie conforme du jugement est adressée à l'autorité militaire par le tribunal qui a prononcé à l'expiration de la peine ou lorsque le détenu doit être relâché, l'administrateur prévient ses chefs assez à temps pour qu'ils puissent le faire réclamer pour rejoindre son corps, et, en même temps, il leur adresse par écrit :

1° La date et les motifs de l'incarcération ;

2° La désignation du tribunal qui a prononcé ;

3° La sentence rendue. (*Circulaires du Directeur de l'Intérieur*, 2 *décembre* 1870 *et* 18 *février* 1871).

Dans les cas relatifs aux milices attachées aux inspections, et non prévus par la loi annamite, il est fait application, en ce qui regarde la justice, des prescriptions de l'arrêté du 24 juin 1863, notamment pour la durée de l'absence illégale entraînant le fait de désertion.

Art. 101. — Les causes prévues dans les articles 85, 86, 87 et suivants, jusqu'à 100, des présentes instructions, ressortissent aux tribunaux indigènes, quand il s'agit, bien entendu, d'un Indigène ou Asiatique quelconque soumis à la loi annamite, et le tribunal prononce correctionnellement.

4° *Procédure devant la commission d'examen des jugements.*

Art. 102 à 106. — *Abr. A. G.*, 6 *octobre* 1879.

(1) Art. 107. — Il est procédé chaque année au renouvellement des notables appelés à remplir les fonctions d'assesseurs près la commission.

Chaque membre indigène est changé après deux mois d'exercice. Le fonctionnaire indigène faisant partie de la commission n'est changé que tous les trois mois,

(1) Mod. A. G., 6 octobre 1879.

encore ses pouvoirs peuvent-ils au besoin être prorogés. Les membres asiatiques non indigènes ne sont convoqués qu'exceptionnellement et pour les causes intéressant quelque individu de leur nationalité.

Art. 108. — Ces assesseurs sont soumis aux conditions d'âge et de capacité exigibles en vertu des articles 11, 12, 13, 14, 15, 16, 17 et 20 de l'arrêté du 7 mars 1865.

Il leur est également fait application des articles 23, 24, 26 et 27 de l'arrêté précité.

CHAPITRE III

PRESCRIPTIONS DIVERSES.

Art. 109. — Les arrêtés et règlements sont tenus pour promulgués, et, par suite, il en est fait application, savoir :

1° Dans la circonscription de Saïgon et dans celle de Mytho, trois jours après publication au journal de la colonie ; 2° dans la circonscription de Vinhlong, quatre jours après cette publication ; 3° dans la circonscription du Bassac, six jours après cette publication.

Ils ne peuvent avoir d'effet rétroactif, mais cependant la loi admet qu'une faute commise avant la promulgation doit être jugée d'après les nouvelles règles si la nouvelle loi est moins sévère que l'ancienne ou s'il y a bénéfice quelconque pour le coupable. (*Code : article* 42).

Les décrets insérés dans le Code à la suite des articles, et modifiant ceux-ci, sont appliqués de préférence aux dispositions antérieurss considérées comme abrogées. C'est ainsi que, par exemple, en cas de vol de bêtes à cornes, il doit être fait application, non de l'article 239, mais bien du décret II qui lui fait suite et modifie le genre d'évaluation du produit illicite et la peine à prononcer. (*Code : article* 380 ; *décret de la* 1re *année du Thu-duc*).

Art. 110. — On ne donnera pas suite aux plaintes présentées en dehors de la voie hiérarchique.

Art. 111. — Si quelqu'un adresse une plainte au Gouverneur sans avoir passé par la voie hiérarchique, bien que la plainte puisse être fondée, il sera puni d'après la loi (*Contrevenir à un ordre écrit du souverain*). (*Code: article* 60). Si la plainte est mensongère, le coupable sera puni d'après la même loi, la peine étant augmentée d'un degré. (*Décret de la* 6e *année de Thu-duc.*) En cas de calomnie, il est fait application pure et simple des dispositions propres à ce délit.

Art. 112. — A moins de circonstances exceptionnelles. la détention préventive ne peut dépasser un mois (*circulaire du Directeur de l'Intérieur*, 31 *juillet* 1867) ; de là l'obligation de prononcer dans ce délai sur toute cause criminelle ou autre ayant causé incarcération d'un prévenu. (*Code : article* 370, *décret I*). S'il y a nécessité de prolonger la prévention au-delà d'un mois, le juge en doit obtenir l'autorisation du Gouverneur. (*Arrêté du* 29 *juin* 1864).

Art. 113. — Pour une affaire importante, le tribunal peut s'adjoindre, à titre consultatif, des assesseurs choisis parmi les principaux fonctionnaires de l'arrondissement.

Art. 114. — Les Indigènes ou Asiatiques quelconques chargés de fonctions judiciaires sont soumis à l'obligation de se récuser dans les cas cités en l'article 304 du Code et les commentaires officiels suivants.

Art. 115. — Il est fait application aux interprètes indigènes ou autres Asiatiques attachés aux tribunaux, des dispositions de l'arrêté de 8 avril 1874. (*Article* 8, *paragraphe* 2, *et articles* 11, 12 *et* 14).

Art. 116. — Le juge s'abstient d'appeler en témoignage les personnes auxquelles la loi refuse pouvoir d'accuser le prévenu, pour cause de parenté ou autre ; en effet, obligés de dire la vérité sous peine de faux témoignage, elles tombent encore sous le coup de la loi si leurs dires sont à charge de l'accusé. Cette règle est applicable principalement aux épouses, enfants, domestiques, etc., des prévenus. Ils peuvent, toutefois, être entendus à titre de renseignement.

Art. 117. — Dans l'établissement des pièces de l'instruction et dans le jugement, l'administrateur doit s'abstenir de faire usage d'une griffe, mais apposer toujours sa signature autographe. (*Circulaire du Directeur de l'Intérieur* 22 *décembre* 1871).

Toutes les pièces sont authentiques par l'apposition du sceau officiel. — Dans les expéditions du jugement en français, le sceau est apposé à côté de la signature du juge placée au bas du jugement.

Dans toute pièce en caractères chinois, on a soin d'apposer le sceau (en chinois et imprimé en rouge) partout ou prescrit de le faire l'article 71 du Code (*Commentaires officiels*).

Dans les pièces en français ou en quoc-ngu les surcharges, ratures, corrections quelconques doivent être approuvées. (*Code : article* 71, *décret I*).

Art. 118. — Le jugement doit énoncer les peines édictées par le Code, mais, vu la suppression des peines corporelles, il doit y avoir en même temps demande du juge pour transformation de ces peines en celles équivalentes, fixées par l'arrêté du 24 mars 1877. (*Circulaires du Directeur de l'Intérieur*, 5 *octobre* 1865, 31 *juillet* 1867, 14 *septembre* 1868 *et* 26 *mars* 1877). Toutefois lorsque la loi prononce la peine de mort *avec exécution*, le droit de grâce n'appartient qu'au Gouverneur, le juge doit se borner à appliquer la loi et, ensuite, s'il le croit bon, il peut recommander le condamné à la clémence du Gouverneur, mais par une pièce indépendante du jugement et jointe au dossier. Il ne lui est pas permis de fixer l'étendue d'une grâce dont le Gouverneur aura à décider.

Art. 119. — L'orsqu'un enfant a été mis en jugement, mais acquitté comme ayant agi sans discernement, si le juge croit ne pas devoir le remettre à sa famille, il peut demander, par le jugement, qu'il soit admis à la maison pénitentiaire de Saïgon.

En règle générale, sont admis dans cet établissement correctionnel les jeunes garçons âgés de 12 à 18 ans et trouvés abandonnés par leur famille ou en état de vagabondage, mis en jugement mais acquittés comme ayant agi sans discernement et non remis à leur famille, détenus par voie de correction paternelle, détenus enfin par suite de condamnation judiciaire.

En cas d'approbation de la demande par le Gouverneur, copie du jugement est adressée au Directeur de l'Intérieur par l'administrateur pour provoquer la mise à exécution. (*Arrêtés des* 16 *juin* 1869 *et* 18 *août* 1870 ; *circulaire du Directeur de l'Intérieur*, 25 *juin* 1869).

Art. 120. — Tout tribunal qui a prononcé une condamnation à mort pour piraterie ou brigandage quelconque, doit faire traduire en quoc-ngu et en caractères chinois l'extrait du jugement, après approbation par le Gouverneur, et le faire afficher sur papier de couleur voyante dans tous les villages de l'arrondissement, aux endroits les plus apparents. — Des exemplaires de ces affiches sont adressés à tous les autres arrondissements pour que la publicité soit étendue à tout le territoire de la colonie. (*Circulaire du Directeur de l'Intérieur*, 19 *décembre* 1874).

Art. 121. — Sont abrogées toutes les dispositions antérieures contraires aux présentes instructions.

J. Lafont.

(25 mai 1878)

A. G. *modifiant la composition des tribunaux indigènes jugeant en matière civile et commerciale. — Des assesseurs* (1).

BAT. II, p. 246.
B. C. p. 166.

(1) Article premier. — Tous les jugements en matière civile et commerciale, rendus par les tribunaux indigènes, seront soumis à l'approbation du Gouverneur, lorsqu'ils auront statué sur des litiges dont la valeur sera supérieure à 500 francs en capital.

Art. 2. — Dans toutes ces affaires, le juge sera assisté de deux assesseurs asiatiques ou indigènes, qui auront voix délibérative en matière commerciale et voix consultative seulement en matière civile. Ils seront pris parmi les notables de la nationalité des parties en cause et désignés par le sort.

Art. 3. — Si les parties sont de nationalité différente, le phu ou le huyen siégera avec les deux assesseurs désignés par le sort et au même titre qu'eux. Le président aura voix prépondérante en cas de partage.

Art. 4. — Tout litige de valeur indéterminée ne pourra donner lieu qu'à un jugement en premier ressort, et il ne sera pas permis au tribunal d'en faire une évaluation arbitraire qui aurait pour effet d'enlever aux parties le droit d'appel, à moins de consentement desdites parties.

Art. 5. — Les jugements seront rendus au nom du Gouverneur et dans la forme usitée par les tribunaux indigènes.

Art. 6. — Les assesseurs à désigner par le sort seront pris parmi les notables inscrits sur une liste renouvelée chaque année et arrêtée par le Directeur de l'Intérieur, sur la proposition des administrateurs ; — ils tiendront leurs pouvoirs du Gouverneur.

Art. 7. — Chaque assesseur indigène restera en fonctions pendant deux mois au maximum ; les assesseurs asiatiques ne seront convoqués qu'exceptionnellement et pour les seules causes intéressant les personnes de leur nationalité.

Art. 8. — Ils seront soumis aux conditions d'âge et de capacité exigibles en vertu des articles 11, 12, 13, 14, 15, 16, 17 et 20 de l'arrêté du 7 mars 1865 (1). Il leur sera également fait application des dispositions des articles 23, 24, 26 et 27 de l'arrêté précité.

Art. 9.— L'arrêté du 12 octobre 1877 est et demeure abrogé ; sont également abrogées toutes les dispositions antérieures contraires au présent arrêté, sauf, toutefois, l'article 15 de l'arrêté du 14 mai 1872 et l'arrêté du 6 juillet 1875, qui continueront à être en vigueur.

J. LAFONT.

(25 juin 1879)

DÉCRET *portant ouverture en Cochinchine : 1° du recours en annulation en matière de simple police ; 2° du recours en cassation en matière correctionnelle et criminelle* (2).

(Promulg. A. G. 15 septembre 1879).
BAT. II p. 205.
B. C. p. 345.

(1) V. A. G. 6 octobre 1879.
(2) V. Service judiciaire ; Dép. M., 2 août 1879.

(6 octobre 1879)

A. G. *création d'un tribunal supérieur des affaires indigènes à Saïgon* (1).

BAT. II, p. 248.
B. C. p. 392.

Article premier. — Un tribunal supérieur des affaires indigènes est créé à Saïgon.

Il est composé de :

Un inspecteur ou, à défaut, un administrateur des affaires indigènes, *président ;*

Un magistrat du service judiciaire français nommé par le Gouverneur, sur la désignation du procureur général, *membre ;*

Un inspecteur ou administrateur des affaires indigènes, *membre*,

Et deux assesseurs indigènes ou asiatiques.

Art. 2. — Ce tribunal connaît de tous les jugements, tant en matière civile et commerciale qu'en matière criminelle et correctionnelle, rendus en premier ressort par les tribunaux inférieurs et dont il a été fait appel soit par les parties intéressées, soit par la partie civile, soit par le chef de la justice indigène.

Les sentences sont définitives ; toutefois, les jugements en matière criminelle entraînant une des peines des fers, de l'exil ou de la mort, continueront à être soumis au Gouverneur, qui prononce comme juge souverain, conformément aux dispositions du décret du 25 juillet 1864 susvisé.

Tout condamné à la peine capitale aura droit au sursis et recours en grâce au Président de la République. Sa peine ne pourra être exécutée qu'après le rejet de sa demande.

Art. 3. — Le tribunal supérieur connaît également, par analogie avec le *tribunal des règles*, des recours en cassation formés contre les jugements rendus en dernier ressort par les tribunaux de première instance, pour incompétence, excès de pouvoir ou violation de la loi.

Si le jugement est annulé pour cause d'incompétence, le tribunal supérieur renverra la cause devant le tribunal qui devra en connaître.

Si le jugement est annulé pour violation des formes substantielles de la loi, la connaissance de l'affaire sera renvoyée, par désignation spéciale, à l'un des tribunaux voisins de celui qui aura rendu la sentence annulée, lequel sera tenu d'en connaître.

Lorsque le jugement sera annulé parce que le fait qui aura donné lieu à une condamnation se trouvera n'être pas un délit qualifié par la loi, le renvoi, s'il y a une partie civile, sera porté devant le tribunal qui aura connu en premier lieu de l'affaire, et s'il n'y a pas de partie civile, aucun renvoi ne sera prononcé.

Si le jugement a été annulé pour avoir prononcé une peine autre que celle que la loi applique au fait incriminé, le tribunal supérieur retiendra l'affaire et rendra son jugement sur la déclaration de culpabilité faite par le premier juge, en prononçant la peine édictée par la loi.

Le tribunal supérieur n'annulera qu'une partie du jugement, lorsque sa nullité ne vicie qu'une ou quelques-unes de ses dispositions.

Art. 4. — En matière civile, l'appelant qui succombera sera condamné à une amende de dix francs, qu'il devra consigner à l'avance.

Tout recours en cassation donnera lieu à la consignation d'une amende de cent francs.

(1) V. mod. A. G., 19 avril 1880 ; Décret du 3 avril 1880 (art. 12).

Art. 5. — Les formes de la procédure, les débats, la fixation des jours et des heures des audiences, leur tenue et leur police, demeurent tels que les ont établis le décret du 25 juillet 1864 et les arrêtés locaux en vigueur.

Les défenseurs, institués près des Cours et tribunaux français par le décret précité, sont admis à défendre les accusés et prévenus, dans toute cause criminelle ou correctionnelle, devant le tribunal supérieur.

Dans les affaires civiles, les parties peuvent déposer des conclusions ou notes signées de toute personne prise comme conseil.

Art. 6. — Le chef de la justice indigène remplit auprès du tribunal supérieur les fonctions de ministère public.

En cas d'absence ou d'empêchement, il est suppléé par son substitut.

Art. 7. — La commission instituée à Saïgon par l'arrêté du 21 décembre 1875, pour la revision des jugements rendus par les tribunaux indigènes, est supprimée.

Art. 8. — Sont et demeurent abrogées toutes les dispositions contraires au présent arrêté.

LE MYRE DE VILERS.

(6 octobre 1879)

A. G. *créant un emploi de substitut du chef de la justice indigène près le tribunal supérieur.*

B. C. p. 396.

(24 novembre 1879)

A. G. *fixant le personnel de la justice indigène ainsi que celui affecté au tribunal supérieur.*

B. C. p. 446.

(27 novembre 1879)

A. G. *accordant aux justiciables des tribunaux indigènes le bénéfice de délais plus étendus pour leurs moyens d'appel. — Délai de recours en cassation.*

BAT. II. p. 252.
B. C. p. 452.

Article premier. — Dans les causes civiles et commerciales, à partir de ce jour, le délai pour interjeter appel sera de dix jours. Il courra du jour de la signification à personne ou à domicile.

Art. 2. — L'appel du jugement sera suspensif si l'exécution provisoire n'est pas prononcée.

Art. 3. — Pour les jugements correctionnels et criminels, le délai d'appel sera de dix jours, non compris celui où le jugement a été prononcé. Si le prévenu a fait défaut, il y aura déchéance de l'appel si la déclaration d'appeler n'a pas été faite au greffe du tribunal qui a rendu le jugement, dix jours au plus tard après celui de la signification qui en aura été faite au condamné ou à son domicile.

Pendant ce délai et pendant l'instance d'appel, il sera sursis à l'exécution du jugement.

Art. 4. — Le délai de recours en cassation des jugements rendus en dernier ressort par les tribunaux inférieurs sera de trois jours francs après celui où le jugement aura été prononcé.

En cas de défaut, le délai courra de la signification à personne ou à domicile.

Pendant ces trois jours et, s'il y a eu recours, jusqu'à la réception de l'arrêt du tribunal supérieur, il sera sursis à l'exécution du jugement.

Art. 5. — Sont abrogées toutes dispositions antérieures contraires aux présentes, dont l'exécution sera assurée par le chef de la justice indigène.

LE MYRE DE VILERS.

(1er décembre 1879)

A. G. *Tarifs des dépens dans les causes portées devant le tribunal supérieur indigène.*

BAT. II, p. 252.
B. C. p. 479.

Article premier. — Dans les causes civiles portées en appel devant le tribunal supérieur, les Indigènes ou Asiatiques quelconques, entendus sur la présentation des parties ou cités par le ministère public ou le président, auront droit aux taxes suivantes :

1° Témoins domiciliés dans le ressort des tribunaux français à raison de leur état ou profession, par chaque journée de présence : de 2 à 5 francs ;

2° Témoins domiciliés en dehors de ce ressort, même taxe que ci-dessus, plus une indemnité par myriamètre parcouru, tant pour l'aller que pour le retour, fixée à 2 francs ; au-dessous d'un myriamètre, 1 franc.

Art. 2. — Il sera alloué aux experts 4 francs par vacation de trois heures ; ils auront droit en outre aux frais de voyage, dont le taux est fixé ci-dessus, et dans les mêmes cas que les témoins. Si les experts sont obligés de se faire assister d'un ouvrier ou aide quelconque, il sera alloué à celui-ci, par vacation de trois heures : 2 francs.

Art. 3. — Le président réduira le nombre des vacations qui lui paraîtra excessif.

Art. 4. — Les frais de garde seront taxés par chaque jour :

Pour les douze premiers jours : 2 francs.

Ensuite, seulement : 1 franc.

Art. 5. — Chaque interprète employé par le tribunal supérieur, pour les langues pour lesquelles il n'y a pas d'interprète commisssionné, aura droit :

Pour les traductions dans l'intérêt des parties, par rôle de 20 lignes à la page et de 12 syllabes au moins à la ligne :

1° Requêtes, billets et autres actes ; 3 francs ;

2° Comptes : 4 fr. 50 cent ;

3° Vérification de traductions : les deux tiers des sommes allouées pour traduction.

Au-dessous de 20 lignes de 12 syllables, il ne sera payé qu'un demi-rôle.

Par vacation de trois heures, pour assister le tribunal supérieur ou l'un de ses membres aux interrogatoires, enquêtes, visites de lieux, etc. : 4 francs.

L'interprète non commissionné aura droit, en cas de déplacement, aux frais de voyage alloués aux témoins et experts.

TARIFS CRIMINELS.

Art. 6. — Pour les causes criminelles ou correctionnelles portées en appel devant le tribunal supérieur, les taxes dues aux Indigènes ou Asiatiques quelconques seront les suivantes :

Art. 7. — Chaque interprète de langues pour lesquelles il n'y a pas d'interprète commissionné recevra, par vacation de trois heures : 3 francs.

Les traductions par écrit seront payées par chaque rôle de 30 lignes à la page et de 18 syllabes à la ligne : 2 francs.

Il sera seulement alloué pour les traductions de plus de 30 lignes de 18 syllabes à la ligne et de moins de 45 lignes, les trois quarts du droit ci-dessus ; de moins de 30 lignes, la moitié ; de moins de 15 lignes, le quart.

Art. 8. — Les témoins domiciliés dans le ressort des tribunaux français recevront, lorsqu'ils seront entendus par le tribunal supérieur, soit dans l'instruction, soit lors du jugement, et s'ils le demandent, par chaque journée de présence, sans distinction de sexe ni d'âge : 1 franc.

Ceux domiciliés en dehors du ressort des tribunaux français recevront en outre et à titre d'indemnité de voyage, tant pour l'aller que pour le retour :

Si les moyens de transport ne sont pas fournis par l'administration : premier myriamètre, 2 francs ; tous les autres, 1 franc ; au-dessous d'un myriamètre, 1 franc ; si les moyens de transport sont fournis par l'administration, par journée de route : 0 fr. 75 cent.

Art. 9. — L'interprète d'une langue pour laquelle il n'y a pas d'interprète commissionné recevra, en cas de voyage, les indemnités fixées pour les témoins à l'article précédent.

DISPOSITIONS GÉNÉRALES

Art. 10. — La liquidation des dépens, en matière civile et commerciale, sera faite par le jugement qui les aura adjugés.

Art. 11. Les frais seront acquittés, en matière criminelle et correctionnelle et en matière commerciale, dans le cas prévu par l'article 461 du Code de commerce, par le service de l'enregistrement, sur simple taxe du président du tribunal supérieur ou de tout autre magistrat compétent mise au bas des réquisitions, copies de convocations ou de citations, états ou mémoires.

Art. 12. — Lorsqu'un témoin se trouvera hors d'état de fournir aux frais de son déplacement, il lui sera délivré, par l'administrateur de l'inspection dans laquelle il réside, un acompte de ce qui pourra lui revenir pour son indemnité. Mention de l'acompte payé sera faite en marge ou au bas de la citation.

Art. 13. — Dans le cas où l'instruction d'une procédure criminelle exigerait des dépenses extraordinaires, elles ne pourront être faites qu'avec l'autorisation du Gouverneur.

Art. 14. — Le président du tribunal supérieur ne pourra refuser de taxer des états ou mémoires de frais de justice criminelle, par la seule raison que ces frais n'auraient pas été faits par son ordre direct, pourvu toutefois qu'ils aient été faits en vertu des ordres d'une autorité compétente.

Art. 15.— La condamnation aux frais sera prononcée, dans toutes les procédures, solidairement contre tous les auteurs et complices du même fait et contre les personnes civilement responsables du délit.

Art. 16. — En matière civile, la partie qui appelle sera tenue, quand elle n'aura pas justifié de son indigence, de déposer, avant toutes poursuites, à la caisse de l'administrateur-percepteur, la somme présumée nécessaire pour les frais devant le tribunal supérieur.

Les sommes ainsi consignées seront soumises aux dispositions de l'ordonnance du 28 juin 1832, relative au registre à tenir et à la destination à donner à ces dépôts après jugement définitif.

Art. 17. — Il sera dressé, pour chaque affaire remise au tribunal supérieur, un état de liquidation des frais autres que ceux à la charge de l'État et sans recours envers les parties ou les condamnés. Cet état sera transmis, dans le plus court délai, à M. le Directeur de l'Intérieur, chargé d'assurer le recouvrement par toutes voies de droit et même par celle de la contrainte par corps.

Art. 18. — Les Européens entendus ou cités devant le tribunal supérieur indigène auront droit aux taxes réglées par l'arrêté du 11 juillet 1865.

Art. 19. — Le tableau des distances en myriamètres, à partir de Saïgon, sera affiché dans le greffe du tribunal supérieur.

LE MYRE DE VILERS.

(14 janvier 1880)

A. G. *répartissant entre les administrateurs des diverses classes les attributions dévolues à ces fonctionnaires par les articles 2 et 3 du décret du 2 juin 1876, abrogés par décret du 7 novembre 1879.*

J. C. p. 186.

(9 février 1880)

RAPP. CH. J. I. *portant nouvelles dispositions relatives aux tribunaux indigènes de la colonie.*

B. C. p. 54.

L'application des dispositions prescrites par les arrêtés locaux en date des 6 octobre (*Création d'un tribunal supérieur indigène*), 27 novembre (*Délais d'appel*), 1er décembre (*Tarifs des frais et dépens*), et par le décret du 7 novembre 1879, constituent un état de choses absolument nouveau, qui rend insuffisantes les règles de procédure civile et d'instruction criminelle en usage dans les tribunaux indigènes de la colonie. Quelque transitoire que soit cette organisation, j'estime qu'elle réclame impérieusement des règles nouvelles, appropriées au progrès réalisé dans l'exercice de la justice indigène, et qui permettent aux tribunaux provinciaux, plus régulièrement constitués, de fonctionner désormais avec l'ordre, la régularité et les garanties désirables.

Votre arrêté du 14 janvier 1880 ayant substitué au magistrat unique, chargé jusqu'à ce jour de l'ensemble des fonctions judiciaires dans chaque arrondissement, un tribunal formé d'un juge et assisté d'un ministère public, lequel fonctionne sous la haute direction du premier administrateur, sous réserve, pour le premier, des conditions d'indépendance « qui conviennent au magistrat », selon les termes de la dépêche ministérielle du 18 novembre dernier, nous voyons surgir une situation absolument nouvelle et entrer dans les tribunaux indigènes des magistrats nouveaux qui attendent de vous, Monsieur le Gouverneur, la définition claire et formelle de leurs droits et devoirs respectifs envers leurs chefs, leurs égaux et les justiciables. L'arrêté en date du 20 novembre 1877 présente donc aujourd'hui bon nombre de dispositions devenues inutiles ou nuisibles au fonctionnement du service et à la sûreté d'une bonne justice, soit que ces dispositions soient contraires au progrès accompli, soit qu'elles deviennent insuffisantes ; enfin, il est indispensable d'indiquer la mesure exacte dans laquelle seront réparties, entre les magistrats d'un même ressort, les diverses attributions réunies jusqu'à ce jour dans la même main.

C'est pourquoi j'ai l'honneur de vous soumettre, ci-après, l'ensemble des dispositions que je propose d'introduire dans la procédure, et qui modifient essentiellement les règlements actuellement en vigueur.

Convaincu que le but qui nous est proposé tend à l'unité de juridiction, j'ai pensé qu'il y a un très sérieux avantage à se rapprocher, autant du moins que le permettent et le personnel de la justice indigène et l'état actuel, à se rapprocher, dis-je, des dispositions générales réglées par nos Codes français. Cette combinaison constituera, en effet, un préparation à la réforme projetée. Mais j'ai dû forcément laisser de côté une bonne partie des formes, d'une application impossible dans les tribunaux indigènes, et, conséquemment, maintenir, en ce qui n'est pas contraire aux créations dernières, les règles de procédure tracées par l'arrêté local du 20 novembre 1877.

Le Gouverneur s'étant dessaisi des droits qui, en vertu des lois annamites, lui réservaient tous pouvoirs judiciaires à l'égard des Indigènes et Asiatiques non soumis à la loi française, l'article 5 de l'arrêté du 20 novembre 1877 se trouve abrogé en fait ; désormais les divers degrés de juridiction indigène comprendront :

Des tribunaux de paix;
Des tribunaux de 1re instance;
Une Cour d'appel et de cassation.

Dans les tribunaux de paix sont compris :

1° Les conseils de notables des communes, institués en une sorte de conseils de prud'hommes;

2° Les maires, chefs de canton, huyens et phus, investis de pouvoirs de simple police, fort limités d'ailleurs;

3° Les tribunaux d'arrondissement, jugeant en dernier ressort tout litige dont l'importance est inférieure à 500 francs en capital, soit à titre civil, soit à titre commercial, et tout délit ou contravention puni de peines inférieures à deux mois de prison et cinq cents francs d'amende ou, cumulativement, à un mois de prison et deux cent cinquante francs d'amende.

Les sentences des deux premières catégories de tribunaux de paix sont susceptibles d'appel devant les tribunaux d'arrondissement; celles de ce dernier sont soumises aux pourvois en annulation et recours en cassation devant le tribunal supérieur siégeant à Saïgon, dans les formes énoncées dans la circulaire du chef de la justice indigène, conformes au décret du 25 juin 1879, et auxquelles vous avez bien voulu donner votre approbation.

Les tribunaux de 1re instance sont saisis de toute cause civile, commerciale, correctionnelle ou criminelle, d'importance supérieure à celles susdites, et ne prononcent qu'à charge d'appel devant le tribunal supérieur indigène, soit des parties ou des condamnés, soit du ministère public. Les attributions de ce dernier tribunal, Cour d'appel ou de cassation, étant définies dans l'arrêté local en date du 6 octobre 1879, il n'y a pas lieu d'y revenir ici.

Les audiences des tribunaux pourront avoir lieu tous les jours, même le dimanche; le juge déterminera le jour et l'heure desdites audiences, après avoir, toutefois, soumis préalablement à l'approbation du Gouverneur le tableau qu'il en aura arrêté une fois pour toutes.

Indépendamment des pouvoirs énoncés ci-dessus, les chefs de canton, huyens et phus conserveront les attributions qui leur sont reconnues par les articles 7, §§ 2 et 8, §§ 2 et 3, de l'arrêté du 20 novembre 1877. Ils exerceront la police judiciaire, ainsi que les maires, sous l'autorité du 1er administrateur.

En ce qui regarde les magistrats indigènes, le moment n'est pas venu, je crois, de toucher aux formes très sommaires de la procédure usitée par eux et qui est restée, du reste, conforme aux coutumes; prétendre astreindre ceux de l'époque actuelle à nos pratiques, étroites en pareille matière, ce serait exposer l'autorité française à capituler à bref délai devant une force d'inertie invincible. Aussi pensé-je qu'il n'est utile de parler que des tribunaux de 1re instance d'arrondissement.

Dans chaque inspection, le premier administrateur dirigera l'action judiciaire; il sera chargé de la recherche et de la poursuite des crimes, délits et contraventions; il disposera de la force publique.

Toute autorité constituée, tout fonctionnaire ou officier public qui, dans l'exercice de ses fonctions acquerra la connaissance d'un crime ou d'un délit, sera tenu d'en donner avis sur-le-champ au 1er administrateur de l'arrondissement sur le territoire duquel ce crime ou délit aura été commis, ou dans lequel le prévenu pourrait être trouvé, et de transmettre à ce magistrat tous les renseignements, procès-verbaux et actes qui y sont relatifs. Toute personne qui aura été témoin d'un attentat, soit contre la sûreté publique, soit contre la vie ou la propriété d'un individu, aura pour devoir de dénoncer le fait au 1er administrateur.

Au parquet, le 1er administrateur dirigeant l'action judiciaire dans l'arrondissement, est détaché un administrateur ou agent de l'inspection, désigné par le Gouverneur comme chargé des fonctions du ministère public près le tribunal local.

Le 2e administrateur, investi des pouvoirs judiciaires, sera chargé aussi de l'instruction. C'est à ce magistrat que seront adressées les dénonciations, ainsi que les plaintes tendant à obtenir réparation d'un dommage.

Dans tous les cas de flagrant délit, lorsque le fait sera de nature à entraîner une peine afflictive ou infamante, le juge se transportera sur le lieu, sans retard, pour y dresser les procès-verbaux nécessaires à l'effet de constater le corps du délit, en s'inspirant des prescriptions du Code français d'instruction criminelle, article 32 à article 47.

C'est au magistrat instructeur que le premier administrateur transmettra les informations sommaires touchant les crimes, délits ou contraventions arrivés à sa connaissance, lorsqu'il y aura lieu de poursuivre, accompagnés d'un réquisitoire.

Le magistrat instructeur ayant reconnu qu'il y a lieu d'instruire et rendu le mandat d'amener, au besoin, devra citer devant lui les personnes qui auront été indiquées, de quelque façon que ce soit, comme ayant connaissance soit du crime ou délit, soit de ses circonstances.

En matière criminelle ou correctionnelle, il pourra ne décerner qu'un mandat de comparution, sauf à convertir ce mandat, après l'interrogatoire, en tel autre mandat qu'il appartiendra. Si l'inculpé fait défaut, il sera décerné contre lui un mandat d'amener. Aussitôt que la procédure sera terminée, communication en sera donnée au ministère public qui aura à en rendre compte au 1er administrateur. Elle sera retournée au juge dans un délai de trois jours.

Si ce dernier a reconnu que le fait ne présente ni crime, ni délit, ni contravention, ou qu'il n'existe aucune charge contre l'inculpé, il pourra déclarer par une simple ordonnance qu'il n'y a pas lieu à poursuivre, et si l'inculpé avait été arrêté, il sera mis en liberté.

Cette disposition ne pourra préjudicier aux droits de la partie civile qui pourra former opposition à l'ordonnance, faisant grief à ses intérêts, dans un délai de 24 heures, à compter de la signification qui lui en est faite à domicile ou à personne. L'opposition sera portée devant le tribunal supérieur qui statuera comme dans les cas de recours en cassation. Les pièces seront transmises au chef de la justice indigène selon le mode usité présentement pour les jugements en dernier ressort, contre lesquels il y a recours. Le prévenu gardera prison jusqu'à ce qu'il ait été statué sur l'opposition, et, dans tous les cas, jusqu'à l'expiration du délai d'opposition.

Dans tous les cas également, le droit d'opposition appartiendra au chef de la justice indigène, saisi par le rapport du 1er administrateur. Il devra notifier son opposition dans les dix jours qui suivront l'ordonnance. Néanmoins la disposition qui prononce la mise en liberté du prévenu sera provisoirement exécutée.

La partie civile qui succombera dans son opposition sera condamnée aux dommages-intérêts envers le prévenu.

Si le magistrat instructeur est d'avis qu'il y a crime, délit ou contravention, et que des charges suffisantes existent contre l'inculpé, la cause sera inscrite au rôle pour être jugée à l'audience du tribunal.

En matière civile ou commerciale, le juge pourra être saisi directement par la partie demanderesse; mais sera toujours communiqué préalablement au jugement le dossier des causes suivantes :

1o Celles qui concernent l'ordre public, l'État, le domaine, les communes, les établissements publics, les dons et legs au profit des pauvres ;

2o Celles qui concernent l'état des personnes, les successions et les tutelles ;

3o Les causes des femmes non autorisées par leurs maris, celles des mineurs, et généralement toutes celles où l'une des parties est défendue par un curateur ;

4o Les causes concernant ou intéressant les personnes présumées absentes ;

5o Les causes touchant aux rites ou au culte domestique, au ministère public qui pourra, d'ailleurs, réclamer communication de toutes les causes dans lesquelles il croira son intervention nécessaire.

Jusqu'à nouveau règlement, les formes de la procédure devant les tribunaux indigènes restent telles que les ont tracées les arrêtés en date du 20 novembre 1877, 25 mai 1878, 6 octobre 1879, et la circulaire du chef de la justice indigène du 18 novembre 1879, approuvée par le Gouverneur, et les magistrats des divers tribunaux indigènes s'y conformeront très exactement, sauf les modifications suivantes :

Le juge de première instance, saisi d'une affaire comme il est dit ci-dessus, fixera l'audience à laquelle celle-ci devra être appelée et lancera les divers mandats et citations qu'il jugera nécessaires. Au jour indiqué, il jugera la cause en audience publique, entendra les parties, les témoins, les prévenus, qui comparaîtront libres et seulement accompagnés de gardes pour les empêcher de s'évader; complétera l'instruction s'il ne la juge pas suffisante. Le prévenu et les personnes civilement responsables proposeront leurs défenses ; le ministère public assistera aux débats, aura la parole pour prononcer son réquisitoire et donnera des conclusions écrites ou verbales; le prévenu et les personnes civilement responsables du délit pourront répliquer. Le jugement sera prononcé de suite ou, au plus tard, à l'audience qui suivra celle où l'instruction aura été terminée, le ministère public étant présent.

Le jugement sera exécuté à la requête du ministère public et de la partie civile, chacun en ce qui le concerne.

En cas d'acquittement, le prévenu sera immédiatement, et nonobstant appel, mis en liberté.

Le ministère public, sous le contrôle du 1er administrateur, pourra interjeter appel des jugements en premier ressort et former recours en cassation des jugements en dernier ressort dans les délais accordés aux prévenus, parties civiles ou personnes civilement responsables, et dans la même forme, sauf le dépôt préalable de l'amende exigée, en matière civile, sous peine de nullité de l'appel. Mention de ce dépôt sera inscrite sur la déclaration d'appel, par le juge.

Les jugements et arrêts ne seront plus rendus en vertu des pouvoirs conférés par le Gouverneur mais au nom du *Peuple français*. En conséquence, les formules indiquées dans les articles 27, 32 et 66 de l'arrêté du 20 novembre 1877, comporteront désormais cet en-tête :

« RÉPUBLIQUE FRANÇAISE.

« Au nom du peuple français :

« Jugement rendu publiquement par le tribunal indigène de

« Aujourd'hui (*date en toutes lettres*), le tribunal siégeant en audience publique et statuant en ma-« tière (*criminelle, correctionnelle, civile ou commerciale*) et en premier (*ou en dernier*) ressort ; étant « présents :

« MM. . . . . juge ;

« . . . . } assesseurs annamites ou chinois
« . . . . } (selon le cas) ;

« . . . . ministère public ;

« . . . . greffier.

« A (*ou ont*) comparu, etc., etc. »

Dans les causes civiles et commerciales, par abrogation des dispositions prescrites en l'article 32 de l'arrêté précité, les avis personnels des juge et assesseurs ne seront plus enregistrés dans le corps des jugements.

Les jugements comporteront désormais la formule exécutoire ci-après, inscrite à la suite et signée par le juge :

« En conséquence, la République mande et ordonne à tous huissiers, sur ce requis, de mettre le « présent jugement à exécution ; aux procureurs généraux et aux procureurs de la République près « les tribunaux de 1re instance, d'y tenir la main ; à tous commandants et officiers de la force pu-« blique de prêter main-forte, lorsqu'ils en seront légalement requis.

« En foi de quoi le présent jugement a été signé par le président et le greffier. »

Le juge demeurera chargé de pourvoir à l'exécution des mesures prescrites par les articles 35 et 36 dudit arrêté, touchant l'envoi des dossiers au chef de la justice indigène. Il requerra le transfert à la prison centrale, par la première occasion, de tout condamné détenu, appelant d'un jugement en premier ressort ; pour cela, il remettra au 1er administrateur l'extrait de jugement nécessaire. Même extrait de jugement sera remis par lui au 1er administrateur dans le cas de condamnation définitive à une peine quelconque afflictive ou infamante.

Les greffiers, les interprètes et lettrés devront, préalablement à leur entrée en fonctions, avoir prêté, devant le tribunal de 1re instance local, le serment suivant :

« Je jure et promets de bien et loyalement remplir mes fonctions et d'observer en tout les de-« voirs qu'elles m'imposent. »

Toutes les dispositions contraires aux présentes, contenues dans les règlements locaux en vigueur seront et demeureront abrogées.

LE MYRE DE VILERS.

(3 avril 1880)

DÉCRET *portant que la Cour d'appel de Saïgon connait de l'appel des jugements rendus par les tribunaux indigènes. — Rapport* (1).

(Promulg. A. G. 18 mai 1880).
B. C. p. 273.

L'art. 1er décide que la Cour comprendra deux chambres entre lesquelles les affaires seront réparties. Il leur est adjoint provisoirement des juges spéciaux.

L'art. 2 confie au procureur général l'exercice de l'action criminelle dans toute la colonie.

Les art. 3 à 7 traitent des différentes procédures qui pourront être portées devant la Cour soit en appel, soit en annulation, soit en règlement de juges.

(1) V. Service judiciaire, §   , Cour d'appel.

Le droit de grâce ou de commutation, en matière indigène, n'appartient plus au Gouverneur.

L'art. 12 supprime la commission d'appel instituée à Saïgon par arrêté du 21 décembre 1875 et le tribunal supérieur institué par arrêté du 6 octobre 1879.

(19 avril 1880)

A. G. *autorisant les défenseurs à assister les parties devant le tribunal supérieur, dans les affaires civiles (modification à l'arrêté du 6 octobre 1879 créant un tribunal supérieur des affaires indigènes).*

B. C. p. 199.

Article premier. — Le § 3 de l'article 5 de l'arrêté du 6 octobre 1879, est ainsi modifié :

« Dans les affaires civiles, les défenseurs sont admis à assister les parties à l'audience et à présenter leurs conclusions. »

Le Myre de Vilers.

(13 décembre 1880)

A. G. *Création d'un 20e arrondissement comprenant tout le territoire des tribunaux français tel qu'il est défini par l'arrêté du 27 novembre 1879, fixant le ressort de la Cour d'appel, du tribunal de 1re instance, du tribunal de commerce et de la justice de paix de Saïgon* (1).

B. C. p. 596.

Art. 1er à 3 (Création du 20e arrondissement).

Art. 4. — Il a été créé un tribunal indigène de 1re instance connaissant de toutes les affaires civiles ou commerciales contractées sous l'empire de la loi indigène, dans toute l'étendue du territoire.

Art. 5 à 7 (Administration).

Le Myre de Vilers.

(17 janvier 1881)

D. G. *allouant des frais de bureau à l'administrateur-président du tribunal indigène du 20e arrondissement, et fixant à 600 francs la solde annuelle des deux plantons indigènes attachés à ce tribunal.*

B. C. p. 57.

(24 octobre 1881)

A. G. *supprimant le tribunal indigène du 20e arrondissement.*

B. C. p. 414.

Article premier. — Le tribunal indigène du 20e arrondissement, institué par l'arrêté du 13 décembre 1880, est supprimé.

Art. 2. — La connaissance des affaires civiles et commerciales, contractées sous l'empire de la loi annamite, est déférée aux tribunaux français de Saïgon dans toute l'étendue de leur ressort.

Art. 3. — Les dispositions de l'arrêté précité, relatives à l'organisation administrative du 20e arrondissement, sont et demeurent maintenues.

A. de Trentinian.

(1) Abr. A. G., 24 oct. 1881.

(7 novembre 1881)

A. G. *disposant que dans les arrondissements les crimes commis par des Annamites ou par des Asiatiques continueront à être jugés par les tribunaux indigènes jusqu'à ce que les tribunaux d'arrondissement aient été constitués. — Les crimes commis par des Européens ou par des Indigènes ou des Asiatiques, de complicité avec des Européens, ou par des Indigènes ou des Asiatiques, au préjudice d'Européens, continueront d'être déférées à la Cour criminelle de Saïgon jusqu'à la constitution des Cours criminelles dans les différents tribunaux d'arrondissement.*

J. C. p. 433.

NATURE DES DOCUMENTS	DATES	RECUEILS A CONSULTER Bat.	B. C.	B D.I	J.C.	J.H.	B. M.	B.Col	OBSERVATIONS
Circ. Ch. J.	21 mars 1865.		207						
Dép. M.	14 mai 1868.	II-172							
Dép. M.	2 septembre 1870.	II-215							
Rap. Ch. J. I.	1870.	II-212		75					
Circ. Ch. J. I.	10 mars 1871.	II-214		40					
Circ. Ch. J. I.	10 avril 1871.	II-214		1878 124					
Circ. Ch. J. I.	15 juin 1874.	II-216		1878 125					
Circ. Ch. J. I.	10 octobre 1874.	II-217		1878 126					
Circ. Ch. J. I.	15 mars 1875.	II-217		1878 126					
Circ. Ch. J. I.	30 août 1875.	II-218	1876 307						
Circ. D. I.	4 janvier 1876.	II-220		20					
A. G.	20 novembre 1877.	II-222	349						
Circ. G.	10 décembre 1877.	II-245	395						
Circ. G.	11 janvier 1878.	II 246	16						
Circ. G.	18 janvier 1879.	II-247		19					
Dép. M.	2 août 1879.	II-204							
Circ. J. I.	18 novembre 1879.	II-249	439						

(21 mars 1865)

CIRC. CH. J. *Attributions de l'inspecteur des affaires indigènes de Cholon en matière commerciale. Les affaires civiles de la circonscription ressortissent au tribunal de première instance. — Les tribunaux de Saïgon connaissent également de tous les crimes, délits et contraventions commis à Cholon. — Attributions de l'inspecteur comme officier de police judiciaire.*

B. C. p. 207.

(14 mai 1868)

DÉP. M. *Interprétation de l'article 14 du décret du 25 juillet 1864 organisant la justice.*

BAT. II, p. 172.

Par dépêche en date du 25 février dernier, n° 120, vous avez demandé au Département si la compétence dévolue par le paragraphe 2 de l'article 14 du décret du 25 juillet 1864, aux tribunaux français de Saïgon, relativement aux crimes commis hors de leur ressort, soit par des Européens, soit par des Indigènes ou des Asiatiques, de complicité avec des Européens, soit par des Indigènes ou des Asiatiques, *au préjudice d'Européens,* va jusqu'à obliger le Gouverneur à déférer à ces tribunaux les faits de rébellion, de piraterie, de brigandage, etc., par ces motifs que ces actes étant dirigés contre l'autorité française, sont par conséquent commis contre les Européens.

M. le Procureur impérial, chef du service judiciaire, se prononce pour l'affirmative et soutient que tout crime commis dans l'étendue de nos possessions en Cochinchine, auquel se rattache *un intérêt Européen quelconque,* est par cela seul de la compétence exclusive des tribunaux français.

Vous pensez, au contraire, que l'article 14 du décret du 25 juillet 1864 ne peut être interprété dans un sens aussi général, et que les dispositions dudit article ne s'appliquent qu'aux attentats commis au préjudice de *particuliers Européens,* ou de complicité avec des Européens, mais que, pour les cas d'insurrection ou de révolte, les tribunaux indigènes sont seuls compétents toutes les fois que vous renoncez à user de la faculté qui vous est donnée par l'article 15 du décret organique, de déférer à un conseil de guerre la connaissance de ces crimes.

Je pense, Monsieur le Gouverneur, que le paragraphe 2 de l'article 14 doit être, en effet, interprété dans le sens restrictif que vous indiquez. Il est certain que, par cette disposition, on a eu *seulement* en vue de garantir aux *particuliers Européens* établis en Cochinchine, dans tous les cas où leur personne et leurs intérêts sont en jeu, la protection de la juridiction et de la loi françaises. Mais pour les attentats contre l'autorité publique, les intérêts qu'ils peuvent menacer sont d'une tout autre nature, et je ne vois aucune raison de leur appliquer les dispositions dont il s'agit.

Les tribunaux indigènes sont institués par la même autorité et au même titre que les tribunaux français ; comme ceux-ci, ils rendent la justice au nom de l'Empereur. On ne comprendrait donc pas que, dans les causes où l'intérêt public seul est engagé, cette autorité récusât elle-même une juridiction qu'elle a établie.

En conséquence, sauf le cas où les nécessités de la répression exigent le renvoi devant un conseil de guerre, il n'y a pas lieu de distraire les accusés de leurs juges naturels, lesquels, dans l'espèce, sont les tribunaux indigènes pour les Annamites et les individus d'origine asiatique.

L'interprétation que vous avez donnée aux dispositions de l'article 14 me paraît donc, Monsieur le Gouverneur, bien fondée en droit et conforme à l'esprit et à la lettre du décret organique. Mais il demeure bien entendu que toutes les fois qu'un simple particulier Européen aura été victime ou complice d'un acte de piraterie, de brigandage ou de tout autre attentat de l'espèce, les tribunaux indigènes ne devront pas connaître de la poursuite criminelle. Je crois devoir ajouter que l'Européen, même fonctionnaire, officier ou agent du Gouvernement, ou sa veuve et ses héritiers s'il est décédé, pourront toujours, pour exercer leur action civile en dommages et intérêts, réclamer le bénéfice de la juridiction française, car, dans ce cas, c'est bien en effet d'un intérêt européen particulier qu'il s'agit.

RIGAULT DE GENOUILLY.

(2 septembre 1870)

DÉP. M. *Interprétation des art. 11 et 13 du décret organique de la justice du 25 juillet 1864. Portée réelle des mots : « Asiatiques » et « Européens »* (1).

BAT. II, p. 215.

Par dépêche en date du 25 mars dernier, n° 249, vous m'avez transmis un arrêt de la Cour impériale de Saïgon du 20 août 1869, portant interprétation des articles 11 et 13 du décret organique du 25 juillet 1864 et déclarant que les dispositions de ces articles ne sont applicables qu'aux Annamites et aux Chinois qui étaient fixés au sol au moment de la conquête de la Cochinchine. Vous m'avez fait connaître, en même temps, que l'interprétation donnée par la Cour impériale au décret organique de la justice vous semblait jeter la perturbation dans ce service et qu'elle soulevait plusieurs questions qu'il serait difficile de trancher. Vous proposez, en conséquence, au Département, ou de référer à la Cour de cassation, dans l'intérêt de la loi, l'arrêt du 20 août 1869, pour qu'il soit réduit à néant, ou bien de faire rendre un décret explicatif qui détermine la portée exacte des dispositions du décret du 25 juillet 1864.

Le Département, après avoir attentivement examiné les questions soulevées par l'arrêt de la Cour impériale de Saïgon, n'a pas cru pouvoir s'associer à la doctrine consacrée par cet arrêt et d'après laquelle le mot *Asiatiques* inscrit dans le décret organique, notamment aux articles 11 et 13, ne serait applicable qu'aux Chinois fixés au sol au moment de la conquête. En effet, si l'on recherche qu'elle a été la pensée du législateur lorsqu'il a déclaré que les *Indigènes* et les *Asiatiques* resteraient soumis à la loi annamite, on est amené à reconnaître que, dans un but de conciliation et de ménagement, il a voulu maintenir à tous les individus de race indigène ou asiatique le bénéfice de leur statut personnel, et qu'il n'a été fait à cet égard aucune réserve ni restriction de la nature de celles que formule l'arrêt de la Cour de Saïgon. En restreignant l'application de l'article 11 aux Indigènes et aux Chinois déjà fixés au sol de la Cochinchine au moment de la conquête, cet arrêt va donc évidemment à l'encontre de la pensée du législateur et consacre une interprétation erronée. Toutefois, Monsieur le Gouverneur, l'examen auquel s'est livré le Département l'a conduit à reconnaître que l'expression *Asiatiques* que le décret a placée après le mot *Indigènes* dans plusieurs de ses dispositions, présente un caractère de généralité absolu dont la pratique a pu révéler le côté excessif, et il me paraît indispensable de reviser sous ce rapport le décret organique, de façon à déterminer d'une manière plus précise la portée réelle du mot *Asiatiques*, sans laisser place à aucune interprétation nouvelle. C'est dans ce but que j'ai fait préparer le projet de décret ci-joint qui détermine quels sont les individus auxquels il convient d'appliquer le mot *Asiatiques* inscrit dans le décret du 25 juillet 1864, et qui doivent, en conséquence, comme les Indigènes, demeurer soumis à la loi annamite en ce qui concerne leurs conventions ou contestations en matière civile et commerciale. Vous aurez à examiner, Monsieur le Gouverneur, s'il vous paraît utile d'adjoindre aux *Chinois*, aux *Cambodgiens*, aux *Siamois* et aux *Ming-huongs* qui figurent dans cette nomenclature, les *Moïs*, les *Chams*, etc., ou si, au contraire, il n'y a pas lieu de désigner ces derniers individus d'une manière particulière.

La dernière disposition du projet de décret a pour objet de faire disparaître les doutes qui se sont élevés sur le point de savoir si le mot *Européens*, opposé par le décret de 1864 au mot *Asiatiques*, est applicable aux individus d'origine *américaine*, *océanienne* ou autre.

RIGAULT DE GENOUILLY.

(1870)

RAPP. CH. J. I. *sur l'administration de la justice indigène.*

BAT. II, p. 212.
B. D. I. p. 75.

Chez le peuple annamite, le roi est le législateur suprême. — Les lois en usage actuellement sont celles de la dynastie régnante des *Tsin* (2). Le texte des lois ou *luât* est au fond à peu près immuable et s'est transmis de dynastie en dynastie.

(1) V. A. Présid., 23 août 1871.

(2) La dynastie tartare des *Tsin* occupe actuellement le trône en Chine. Ceci explique comment les Chinois et les Annamites sont jugés par les mêmes tribunaux, puisque le même Code est commun aux deux nations.

Le roi modifie, interprète, perfectionne, transforme les lois, suivant les besoins du temps, au moyen des *lê* ou règlements supplémentaires faits par lui sur chaque loi. Cependant les *lê* ne doivent pas être en contradiction avec le texte de la loi, car, dans ce cas, il est de principe en droit annamite que le texte de la loi doit être suivi par les tribunaux.

En matière de crimes et délits, les jugements sont prononcés par les mandarins locaux envoyés au chef judiciaire de la province ou quan-an, et après avoir été revisés ou jugés en appel par ce dernier, ils sont transmis avec rapport et pièces à l'appui, ainsi que toutes les plaintes judiciaires en général, au ministère de la justice et des peines, établi près du roi et chargé de faire examiner les jugements. Sur le rapport de ce ministère ou tribunal, composé du ministre et de cinq grands mandarins (deux *tam-tri*, deux *hu-lang*, un *bien-li*), le roi prononce en dernier ressort. Le roi est donc le juge suprême de la nation annamite.

Le décret sur l'organisation de la justice en Cochinchine dispose :

« Art. 11. — La loi annamite régit les conventions et toutes les contestations civiles et commer-
« ciales, entre Indigènes et Asiatiques...
« La loi annamite régit également les crimes et délits desdits Indigènes ou Asiatiques...

« Art. 16. — .... Les jugements des tribu-
« naux indigènes portant condamnation aux fers, à l'exil ou à la peine de mort, sont, conformé-
« ment à la loi annamite, soumis au Gouverneur, qui prononce en dernier ressort, sur le rapport
« du chef du bureau de la justice indigène institué près du Gouvernement central » (1).

Il résulte formellement de ce texte que l'empereur, substitué par la conquête aux prérogatives du roi d'Annam, a délégué complètement et sans restriction ses droits au Gouverneur, qui est, par conséquent, le juge suprême en droit indigène.

Les formes de la procédure criminelle, l'exercice du droit d'appel ont été réglés par une série d'arrêtés pris par vos prédécesseurs et commentés ou expliqués par le Directeur de l'Intérieur, chef primitif du bureau de la justice indigène et président de la commission d'appel.

Plus tard, sur la proposition du Directeur de l'Intérieur, M. Philastre ayant été nommé chef du bureau de la justice indigène, le chef de ce bureau a été appelé à exercer, au nom du Gouverneur, une surveillance active sur le service de la justice indigène et à remplir les fonctions du ministère public devant la commission d'examen, à laquelle il soumet les jugements dont les intéressés ou lui-même font appel.

Par arrêté du Gouverneur, en date du 29 septembre 1869, sont transmis sans exception, au chef du bureau de la justice indigène, pour être examinés, les jugements rendus en premier ressort par les tribunaux indigènes ; le même arrêté fixe la limite supérieure (2) jusqu'à laquelle les tribunaux indigènes jugent en dernier ressort.

Cet arrêté abroge toutes les dispositions contraires à sa teneur.

Enfin, une circulaire de M. Philastre, en date du 1er décembre 1868, condensant les dispositions de tous les arrêtés et circulaires précédents et les dispositions du Code annamite en matière d'instruction criminelle, règle la forme à donner aux jugements tant civils que criminels qui doivent être motivés : exposer les moyens de la défense et les preuves de culpabilité ou d'innocence des accusés, citer les témoignages, pièces, preuves à l'appui des dires des deux parties, et citer exactement, sans modification ou omission, les dispositions du Code annamite.

Cette même circulaire prescrit que les jugements devront être faits en double expédition, avec dossier et pièces d'instruction, savoir :

Dépositions des témoins en français et en chinois, signées de leur main, réponses des prévenus avec les mêmes formalités, plaintes, accusations et généralement toutes pièces signées des auteurs pouvant servir à éclairer l'affaire. Le dossier doit toujours être accompagné d'un procès-verbal de signification du jugement et d'un procès-verbal constatant l'usage que les intéressés ont fait de leur droit d'appel.

Aussi, l'on peut assurer qu'aujourd'hui la justice indigène fonctionne suivant les règles du droit strict dont elle ne peut plus s'écarter, grâce à la surveillance du bureau de la justice indigène et de la commission d'examen.

Il en résulte que nul Indigène n'est jugé s'il n'a, suivant les formes établies, comparu devant le tribunal compétent ; s'il n'a exercé sa faculté de faire appel ; si son jugement n'a été examiné par le bureau de la justice indigène, et si l'avis de la commission d'examen et le jugement n'ont été présentés, par le bureau de la justice indigène, au Gouverneur, qui prononce en dernier ressort.

(1) V. Déc., 3 avril 1880.

(2) Cette limite supérieure est fixée, en matière civile, à 150 francs; en matière criminelle, à un mois de prison ou 150 francs d'amende, ou bien quinze jours de prison et 75 francs d'amende.

Au point de vue du droit strict, du droit théorique, le Gouverneur, juge souverain, ne devrait donc se prononcer que quand toutes les formalités ont été remplies.

Mais le Gouverneur est aussi le Chef administratif, politique et militaire de la colonie, et comme tel, les nécessités du maintien de la conquête peuvent, dans certaines circonstances rares et exceptionnelles, le forcer, au nom de la sécurité des conquérants, à prendre des mesures extra-légales.

Il résulte de là que les inspecteurs, dans les temps de trouble, rendent des jugements administratifs, dans lesquels les règles de la justice garantissant les droits des condamnés sont nécessairement modifiées et abrégées.

Or, ces jugements administratifs sont destinés à rendre impuissants, en les enlevant momentanément de leurs provinces, des hommes dont l'influence dangereuse peut compromettre la sécurité des intérêts français, sans que cependant on puisse constater à leur charge aucun crime ou délit. Ces jugements ne sauraient donc avoir qu'un caractère exceptionnel, temporaire, tout politique, et nullement criminel.

Mais, dans l'état actuel des choses, depuis la conquête jusqu'à ce jour, par des jugements administratifs, les Indigènes ont été condamnés à des peines variant depuis la prison jusqu'à la décapitation. En parcourant les dossiers, nous y trouvons des hommes condamnés administrativement pour assassinat, pour piraterie et pour divers autres actes commis, il est vrai, en coïncidence avec des actes de rébellion.

Dans ces cas, pourquoi ne pas suivre purement et simplement les formes du droit indigène ?

Quel intérêt peut-il y avoir à condamner autrement que par la voie légale et judiciaire, tous les hommes contre lesquels des faits criminels peuvent s'élever ?

La Cochinchine nous paraît aujourd'hui arrivée à une époque de pacification telle, que le droit légal doive toujours être suivi.

La nécessité d'éloigner momentanément du pays des personnes dont l'influence politique peut être dangereuse, mais contre lesquelles aucun fait ne peut être formulé, implique que les mesures seront de nature telle que la durée des peines soit courte et que les condamnés politiques qu'elles atteignent restent toujours sous la main de l'Administration, afin que, aussitôt le trouble apaisé, le Gouverneur puisse exercer efficacement et facilement son droit de grâce.

Mais comment exercer ce droit en faveur des individus condamnés à plus de dix ans d'exil et déjà partis pour Cayenne, ou confondus avec de grands coupables dont ils paraissent plus tard les complices ?

J'ai donc l'honneur de vous proposer, Amiral :

1° Que tous les crimes et délits communs soient punis par la loi indigène ;

2° Qu'il soit envoyé une circulaire aux inspecteurs pour leur ordonner de ne recourir aux mesures administratives qu'en cas d'absolue nécessité et après votre autorisatisn préalable ;

3° Que le maximum de détention prononcé par jugement administratif ne puisse s'élever à plus de cinq ans d'exil à Poulo-Condore, considéré comme lieu de détention politique, et qu'au-dessus de ce terme, nul Indigène ne puisse être frappé que par application du droit indigène, qui punit très sévèrement le crime de rébellion contre l'autorité établie.

Un pareil mode de procéder ne peut avoir que les meilleurs résultats politiques, car les criminels ne seront plus confondus avec les rebelles de bonne foi ou les gens soupçonnés d'être dangereux.

Enfin, il est de la dignité d'un Gouvernement fort comme le nôtre de ne pas recourir à des mesures précipitées et d'attendre avec patience, de l'application d'une justice éclairée, de l'organisation de l'Administration, du progrès de l'instruction, de l'accroissement des richesses publiques et surtout du temps, l'assimilation du peuple vaincu par nos armes.

E. Luro.

Approuvé :
de Cornulier-Lucinière.

(10 mars 1871)

CIRC. CH. J. I. *au sujet des procès-verbaux d'appel. — Instructions pour éviter les réclamations.*

BAT. II, p. 214.
B. D. I. . 40.

Le Gouverneur a remarqué qu'il s'est élevé, au sujet des procès-verbaux d'appel, des réclamations faciles à éviter.

D'après l'arrêté du 4 avril 1867, il doit être dressé deux procès-verbaux : 1° un procès-verbal de signification du jugement constatant que lecture du jugement a été faite au condamné, et qu'il a été informé du délai de deux jours francs accordé par l'arrêté précité pour en faire appel; cette notification doit être signée par le condamné ou, à son défaut, par deux témoins, s'il ne sait pas signer; 2° un procès-verbal d'appel constatant l'usage que le condamné a fait de ce droit à l'expiration du délai légal, et signé comme le précédent.

Ces deux pièces doivent être établies par MM. les Inspecteurs, à part du jugement (voir circulaire de M. Philastre).

Pour le 2e procès-verbal, quand les intéressés en appellent, la constatation pure et simple, signée de l'inspecteur, ne peut soulever aucune difficulté. Mais quand l'intéressé n'en appelle pas, il arrive souvent qu'on vient ensuite pétitionner auprès du Gouverneur, disant que les délais d'appel n'ont pas été observés ou que la question sur l'usage du droit n'a pas été comprise par l'intéressé, ou même qu'elle ne lui a pas été posée.

Je crois qu'il serait facile d'éviter ces récriminations toujours désagréables, et pour cela je vous prie de ne jamais omettre les deux précautions suivantes :

1° Constater toujours au procès-verbal d'appel que le délai de deux jours francs a été observé; 2° dans le cas de non-appel, faire signer le procès-verbal par l'intéressé ou par deux témoins.

E. Luro.

Approuvé :
de Cornulier-Lucinière.

(10 avril 1871)

CIRC. CH. J. I. *Instructions concernant le service de la justice indigène.*

BAT. II, p. 214.
B. D. I. (1878), p. 124.

J'ai l'honneur de porter à votre connaissance que beaucoup de tribunaux indigènes oublient, dans le cas de vol ou de piraterie, d'ordonner la restitution au profit des victimes. Or, la loi annamite, page 114, livre III, section XIII, est très explicite à cet égard dans les règlements 8 et 9, et prévoit tout ce que vous devez faire en pareil cas.

En conséquence, et pour éviter tout oubli, j'ai l'honneur de vous prier de vouloir, dans le cas où les objets n'auraient pas été retrouvés, ajouter à votre jugement, avant la formule pour demander la commutation de peine, la formule suivante : « *Ordonnons que le coupable sera contraint à la restitution par les voies de droit.* » Les voies de droit sont très explicitement décrites dans les règlements 8 et 9. Dans les cas où les objets volés auraient été retrouvé, veuillez en ordonner la remise au propriétaire, en modifiant la formule en conséquence.

Veuillez en outre remarquer que, dans le cas où le voleur et ses complices ne possèdent rien, la loi annamite ne vous autorise pas à prononcer contre les coupables la contrainte par corps en outre des peines édictées par la loi, et que, dans le cas où ils ont quelques biens, vous devez procéder à la restitution aux dépens du patrimoine des coupables, aussitôt que le jugement est approuvé en dernier ressort par le Gouverneur.

E. Luro.

Approuvé :
Dupré.

(15 juin 1874)

CIRC. CH. J. I. *Toute condamnation pénale prononcée au sujet de contestations civiles ne sera exécutoire qu'après approbation du jugement par le Gouverneur.*

BAT. II, p. 216.
B. D. I. (1878), p. 125.

Les statistiques du bureau de la justice indigène démontrent que la majeure partie des peines prononcées comme sanction d'infraction à la loi civile sont annulées ou réformées par la commission d'appel.

Comme en ces matières, l'exécution de la peine, amende ou emprisonnement, n'a pas le même caractère d'urgence que dans les causes purement criminelles ou dans la répression des contraventions,

Comme, la plupart du temps, la partie perdante n'a aucun intérêt à se dérober,

Comme la société n'a pas à se garantir contre la disparition de la partie perdante et que cette disparition n'apporte aucun trouble à la sécurité publique,

A l'avenir, toute condamnation pénale prononcée au sujet de contestations civiles, ne recevra son effet et ne sera exécutoire qu'à partir de la réception du jugement approuvé par le Gouverneur. — En conséquence, la détention ou l'amende ne seront appliquées à la partie perdante que lorsque le jugement sera devenu définitif.

E. LURO.

Approuvé :
KRANTZ.

(10 octobre 1874)

CIRC. CH. J. I. *Causes entraînant le divorce ou la séparation. — Indiquer dans les affaires de ce genre la religion des parties. — Dans les causes civiles, il est indispensable de donner l'âge des parties en cause.*

BAT. II. p. 217.
B. D. I. (1878) p. 126.

Les causes entraînant le divorce ou la séparation ayant toujours une gravité incontestable, j'ai l'honneur de vous rappeler que ces affaires ne peuvent être jugées qu'en premier ressort par votre tribunal et qu'elles doivent parcourir tous les degrés de juridiction.

En outre, l'appréciation des faits pouvant varier suivant que les parties en cause sont catholiques ou non catholiques, vous voudrez bien à l'avenir ne jamais omettre, dans les affaires de ce genre, d'indiquer la religion des parties.

Enfin, dans les causes civiles, de quelque nature qu'elles soient, il est indispensable de donner l'âge des parties en cause, tout aussi bien qu'en matière criminelle.

Approuvé : KRANTZ.

E. LURO.

(15 mars 1875)

CIRC. CH. J. I. *Rédaction des jugements et préparation des dossiers. — Instructions.*

BAT. II. p. 217.
B. D. I. (1878) p. 126.

Depuis quelque temps, je remarque des divergences dans la manière de numéroter les jugements et d'établir les dossiers.

Il est indispensable, pour la bonne tenue des archives judiciaires, que les jugements soient numérotés d'une façon uniforme dans toutes les inspections. — En conséquence, vous voudrez bien vous conformer aux prescriptions suivantes :

1° Chaque jugement en premier ressort portera un numéro d'ordre ; ces numéros formeront dans chaque inspection une série non interrompue, qui recommencera au 1er janvier de chaque année ;

2° En aucun cas les jugements en premier et en dernier ressort ne devront être confondus en une seule série ; ils devront former deux séries distinctes ;

3° Les jugements devront porter en marge l'indication *affaire civile* ou *affaire criminelle*, suivant la nature de la cause.

Vous voudrez bien, en conséquence, faire rectifier votre numérotage, dans le cas où il ne serait pas conforme aux prescriptions ci-dessus, et signaler au bureau de la justice indigène la rectification que vous auriez faite pour qu'elle soit portée sur les doubles de vos jugements.

En outre, en ce qui concerne les dossiers, je vous prie d'éviter d'établir sur la même page, séparée en deux colonnes : l'une pour le français, l'autre, pour le chinois, les interrogatoires, dispositions et généralement toutes pièces devant être établies en deux langues.

Veuillez établir les pièces françaises et les pièces annamites sur feuilles séparées, de telle façon que les membres français de la commission puissent lire les pièces françaises, pendant que les membres annamites lisent de leur côté les pièces en caractère chinois.

Enfin, pour la facile conservation des dossiers, je vous prie d'éviter d'établir des pièces sur quart de page ou demi-page de papier écolier.

En résumé, les jugements en premier ressort sont établis sur papier uniforme, à entête et intercalaires, fourni par le bureau de la justice indigène.

Les dossiers doivent, comme par le passé, être établis sur papier écolier pour les pièces en français et pour les pièces en caractères, sur papier français ou sur papier chinois du format en usage dans les bureaux.

Approuvé ; Duperré. E. Luro.

(30 août 1875)

CIR. CH. J. I. *Application par les tribunaux indigènes de l'arrêté du 18 mars 1875 modifiant l'article 36 de l'arrêté du 13 septembre 1873 portant règlement sur le commerce de l'opium.*

BAT. II. p. 218.
B. C. (1876) p. 307.

La rédaction de l'arrêté du 18 mars 1875, modifiant l'article 36 de l'arrêté du 13 septembre 1873, sur l'opium, étant conçue en termes qui rendent fort difficile l'application de cet arrêté par les tribunaux indigènes, j'ai dû demander une interprétation officielle que M. le Gouverneur, législateur en matière d'arrêtés locaux, me charge de vous transmettre.

En principe, vous considérerez l'arrêté de 1875, comme n'existant pas et suivrez les dispositions de l'arrêté de 1873 pour la répression des contraventions d'opium.

En effet, l'arrêté de 1875, cela résulte des considérants qui le motivent, n'a pas été rendu dans le but de changer les pénalités édictées par l'arrêté de 1873. Il a été rendu pour décider qu'en cas d'insolvabilité, l'insolvable contraint par corps serait mis en liberté au bout de trois mois ou six mois, en ce qui concerne l'amende, selon qu'il se trouverait frappé de trois ou six mois de contrainte en vertu de l'arrêté de 1873. Il a été rendu pour décider également qu'en matière de dommages-intérêts, cette contrainte ne pourrait excéder la contrainte édictée par l'arrêté de 1873. Le but du législateur était de permettre à la *juridiction française* de mettre en liberté l'insolvable, sans passer par les formalités et constatations exigées par la loi française, la plupart du temps impossibles à accomplir en ce pays.

En conséquence, pour toute contravention d'opium, si l'amende ne dépasse pas 500 francs, la contrainte par corps, quel que soit le montant de cette amende, sera de trois mois invariablement. Si l'amende dépasse 500 francs, quel qu'en soit le montant, la contrainte sera invariablement de six mois. En effet, vous remarquerez que, pour la contrainte à fixer pour l'amende, la disposition de l'arrêté de 1873 est impérative, il n'est laissé aucune liberté au juge : il doit appliquer trois mois ou six moix suivant le cas. L'arrêté de 1875 ne fait qu'édicter pour les tribunaux qu'en cas d'insolvabilité, la contrainte n'excédera pas les mêmes limites. Le terme de la condamnation arrivé, le contraint par corps sera mis en liberté.

En ce qui concerne la contrainte par corps pour les dommages-intérêts, la disposition de l'arrêté de 1873 n'est plus impérative. Cet arrêté dispose : Art. 36... « La durée de la contrainte par corps ne pourra jamais excéder six mois pour les Asiatiques. » Donc, en droit, elle pourra être moindre. Aussi, dans ce cas, la contrainte par corps à prononcer au profit de la ferme, sera celle édictée par la loi de 1867, avec cette dérogation favorable au condamné asiatique que, si la loi générale donne plus de six mois pour les dommages-intérêts encourus, il sera fait exception à cette loi conformément au vœu de l'arrêté, et le juge ne dépassera pas six mois.

L'arrêté de 1875 a pour but de disposer parallèlement, qu'à l'épuisement de la contrainte prononcée pour les dommages-intérêts, le condamné insolvable sera mis en liberté.

Un arrêté spécial édictera, pour la juridiction indigène, l'échelle de contrainte à suivre par analogie avec les dispositions de la loi de 1867, pour le cas où les arrêtés locaux prescriraient l'application de cette loi dans leurs dispositions. En attendant, vous n'avez qu'à suivre la loi de 1867, sans toutefois dépasser le maximum de six mois, en ce qui concerne la contrainte à fixer pour les dommages-intérêts alloués à la ferme.

Approuvé : Duperré. E. Luro.

(4 janvier 1876)

CIRC. D. I. *appelant l'attention sur l'article 12 de l'arrêté du 31 décembre 1875 qui remet en vigueur les attributions conférées aux phus et huyens par la décision du 29 juin 1864.*

BAT. II. p. 220.
B. D. I. p. 20.

....

Je désire appeler spécialement votre attention sur l'article 12 du nouvel arrêté, qui remet en vigueur les attributions conférées aux phus et huyens par la décision du 29 juin 1864 (1), et tombées en désuétude dans certaines inspections. Ces fonctionnaires doivent être de véritables officiers de police judiciaire indigène et pourront, comme tels, vous rendre de grands services. M. le Gouverneur désire que vous les utilisiez le plus possible.

Leur rôle devant se borner à poursuivre les instructions et à préparer les affaires, sur lesquelles il vous appartient seul de statuer, vous pourrez profiter de leur concours sans crainte de donner naissance aux abus de l'ancien régime.

PIQUET.

(20 novembre 1877)

A. G. *condensant en un corps d'instructions aux tribunaux Indigènes, les règles de procédure tracées par les lois annamites, les décrets, arrêtés et circulaires en vigueur dans la colonie* (2).

BAT. II. p. 222.
B. C. p. 349.

(10 décembre 1877)

CIRC. G. *Instruction en ce qui concerne le jugement des causes touchant à la répudiation et au divorce.*

BAT. II. p. 245.
B. C. p. 395.

Une circulaire n° 5 du service de la justice indigène, en date du 10 octobre 1874, approuvée par M. le contre-amiral Krantz, Gouverneur *p. i.* et Commandant en chef, a appelé votre attention sur le caractère incontestable de gravité que présentent les causes touchant à la répudiation et au divorce ; elle vous a rappelé que ces affaires doivent parcourir tous les degrés de juridiction, et que, par suite, elles ne peuvent être jugées qu'en premier ressort par votre tribunal. De plus, il vous a été prescrit, en vue de permettre une appréciation exacte des circonstances particulières que peuvent présenter ces causes, selon que les parties engagées suivent ou non le culte catholique, de ne jamais omettre d'indiquer dans le jugement la religion des intéressés.

Contrairement à ces dispositions, des jugements sont adressés à mon cabinet, prononçant le divorce et néanmoins dépourvus de cette dernière et importante indication. Je crois donc devoir vous rappeler à la stricte observation de cette mesure si sagement prescrite par mes prédécesseurs et à l'exécution de laquelle je tiendrai la main.

A cette occasion, je vous recommande de faire tous vos efforts pour que les populations arrivent à se convaincre qu'il ne leur est permis d'user qu'avec la plus grande réserve des facultés qu'accorde l'article 108 du Code annamite, et vous apporterez vous-même la plus grande circonspection dans les jugements que vous aurez à prononcer dans les causes de ce genre. C'est surtout en pareille matière que le rôle du magistrat doit être éminemment protecteur, et l'intérêt bien entendu des populations que vous avez à administrer vous commande le plus scrupuleux respect de la constitution de la famille, qui est justement la pierre d'assise de la société annamite.

J. LAFONT.

(11 janvier 1878)

CIRC. G. *au sujet de la faculté laissée par l'arrêté du 20 novembre 1877 aux administrateurs d'infliger en dernier ressort des amendes pouvant s'élever jusqu'à 500 francs pour les délits non prévus par la loi annamite.*

BAT. II. p. 246.
B. C. p. 16.

Depuis quelque temps, de nombreuses plaintes me sont adressées par les notables des villages auxquels des amendes, souvent trop fortes pour le peu de gravité de la faute, ont été infligées.

L'arrêté du 20 novembre 1877 vous laisse en effet, comme juge, la faculté d'infliger en dernier ressort des amendes pouvant s'élever jusqu'à 500 francs pour les délits non prévus par la loi annamite.

(1) V. B. C. p. 72.
(2) V. § précédent ; — Rapp. Ch. J. I. 9 février 1880.

Sans m'appesantir sur la manière dont vous devez user de cette pénalité, et qu'il vous appartien seul d'apprécier, je vous recommanderai cependant, dans toutes les circonstances, de ne pas agir avec trop de précipitation et de ne rendre les jugements de cette nature qu'après vous être bien assuré du degré de culpabilité ou de responsabilité de chacun, et ce afin d'éviter de nouvelles réclamations, qui ne peuvent que porter atteinte à notre esprit de justice.

Vous voudrez bien joindre à l'avenir, à votre rapport mensuel, un état faisant connaître les amendes au-dessous de 500 francs infligées pendant le mois, avec indication du motif.

J. LAFONT.

(18 janvier 1879)

CIRC. G. *Indigènes condamnés à la prison par des jugements civils et emprisonnés avant que ces jugements aient reçu l'approbation du Gouverneur.*

BAT. II. p. 247.
B. D. I. p. 19.

Il arrive parfois que des Indigènes, condamnés à la prison par des jugements civils, sont emprisonnés avant que ces jugements aient reçu mon approbation. Une circulaire du 15 juin 1874, récemment réimprimée, interdit absolument la détention préventive en matière civile et prescrit de n'incarcérer, s'il y a lieu, la partie perdante qu'après que le jugement est devenu définitif.

Je vous invite à vous conformer strictement à ces prescriptions et, en général, à n'emprisonner préventivement que les gens accusés de crimes ou délits de droit commun.

Pour cette catégorie d'individus, la détention préventive ne peut jamais être prolongée, sans mon autorisation, au delà d'un mois. Cette interdiction est contenue dans l'article 112 des règles de procédure, qui n'a fait que rappeler l'arrêté du 29 juin 1864. B. C. p. 73.

Dans les affaires de contrebande ou de contravention, vous laisserez autant que possible les inculpés en liberté sous caution, et la prison ne sera le plus souvent employée que comme moyen de contrainte par corps, conformément à l'arrêté du 1er septembre 1875.

Quant aux femmes, vous leur appliquerez les dispositions de l'article 374 du Code annamite, en vertu duquel, hors les cas de fornication ou de crime capital, les femmes accusées d'un délit restent chez leur mari ou chez un parent, à la disposition du tribunal pendant toute l'instruction.

Vous devez aujourd'hui tenir plus de compte de la liberté individuelle qu'il n'a été toujours possible de le faire dans les premières années de l'occupation, et vous efforcer de relever le niveau moral des Annamites en développant chez eux le sentiment de la responsabilité et celui de la dignité personnelle.

J. LAFONT.

(2 août 1879)

DÉP. M. *Notification du décret du 25 juin 1879 portant ouverture du recours en annulation en matière de simple police et du recours en cassation en matière correctionnelle et criminelle.*

BAT. II. p. 204.

(18 novembre 1879)

CIRC. J. I. *Procédure en matière de pourvoi en cassation des jugements rendus en dernier ressort par les tribunaux indigènes* (1).

BAT. II. p. 249.
B. C. p. 439.

Des dispositions de l'arrêté du 6 octobre 1879, il résulte que, dorénavant, le recours en annulation ou cassation est ouvert aux condamnés, aux parties civiles, aux personnes civilement responsables et au chef de la justice indigène contre les jugements en dernier ressort rendus en toute matière par votre tribunal, pour cause d'incompétence, excès de pouvoir ou violation de la loi.

Je crois utile de vous faire connaître les intentions de M. le Gouverneur en ce qui regarde les formes la procédure à observer en pareil cas, lesquelles sont rapprochées autant que possible des prescriptions du décret du 25 juin dernier, promulgué dans la colonie par arrêté en date du 15 septembre suivant.

(1) V. Décret, 3 avril 1880.

Pourvoi en annulation. — Recours en cassation. — Matière civile ou commerciale (1).

I. — Le délai de pourvoi en annulation sera, pour les parties et personnes civilement responsables, de trois jours francs après celui où le jugement aura été prononcé. En cas de défaut, le délai courra du jour de la signification à personne ou à domicile.

Pendant ces trois jours, et, s'il y a eu recours, jusqu'à la réception de l'arrêt du tribunal supérieur, il sera sursis à l'exécution du jugement. La déclaration de recours sera faite au tribunal qui a jugé, par la partie intéressée, et inscrite sur un procès-verbal analogue à celui usité pour les jugements en premier ressort. Cette déclaration pourra être faite dans la même forme par un fondé de pouvoirs spécial. Dans ce dernier cas, le pourvoi demeurera annexé au procès-verbal.

La déclaration de recours en annulation sera inscrite sur un registre à ce destiné. Ce registre sera public, et toute personne aura le droit de s'en faire délivrer des extraits.

II. — Lorsque le recours sera exercé, soit par une des parties en cause, soit par le chef de la justice indigène, il sera notifié dans le plus bref délai à la partie contre laquelle il sera dirigé.

III. — La partie civile qui se sera pourvue en annulation doit joindre aux pièces une expédition authentique du jugement. Elle est tenue, à peine de déchéance, de consigner une amende de cent francs. Seront dispensées de consigner l'amende les personnes qui joindront à leurs demandes en annulation un certificat constatant qu'elles sont, à raison de leur indigence, dans l'impossibilité de le faire. Ce certificat leur sera délivré sans frais par le premier administrateur des affaires indigènes.

IV. — La partie civile, soit en faisant sa déclaration, soit dans les dix jours suivants, pourra déposer au tribunal qui aura rendu le jugement attaqué une requête contenant ses moyens de cassation.

V. — Après les dix jours qui suivront la déclaration, le juge fera passer au chef de la justice indigène les pièces du procès et les requêtes des parties, si elles en ont déposé.

Les parties pourront aussi transmettre directement au greffe du tribunal supérieur, soit leur requête, soit les expéditions ou copies signifiées tant du jugement que de leur demande en annulation.

VI. — Le tribunal supérieur rejettera la demande ou annulera le jugement sans qu'il soit besoin d'un arrêt préalable d'admission.

VII. — L'affaire sera jugée sur rapport d'un des membres du tribunal, en audience publique. Les parties feront valoir leurs moyens. Le chef de la justice indigène sera toujours entendu.

VIII. — Lorsque le tribunal supérieur annulera un jugement, il renverra la cause devant le tribunal qui devra en connaître, en se conformant aux dispositions des paragraphes 3, 4 et 6 de l'article 3 de l'arrêté du 6 octobre 1879.

Si l'annulation est prononcée dans l'intérêt de la loi et sus recours du chef de la justice indigène, aucun renvoi ne sera prononcé, et le tribunal supérieur, retenant l'affaire, prononcera la sentence définitive.

IX. — La partie civile qui succombera dans son recours sera condamnée, envers l'État, à une amende de cent francs, sans préjudice des indemnités ou frais divers.

X. — Lorsque le jugement aura été annulé, l'amende consignée sera rendue sans aucun délai, en quelques termes que soit conçu l'arrêt qui aura statué sur le recours et quand même il aurait omis d'en ordonner la restitution.

XI. — Lorsqu'une demande en annulation aura été rejetée, la partie qui l'avait formée ne pourra plus se pourvoir en annulation contre le même jugement, sous quelque prétexte et par quelque moyen que ce soit.

XII. — L'arrêt du tribunal supérieur qui aura rejeté la demande sera adressé, par le chef de la justice indigène, au tribunal qui aura rendu le jugement attaqué.

Lorsque le jugement aura été annulé, expédition de l'arrêt d'annulation sera, à la diligence du chef de la justice, transcrite en marge ou à la suite du jugement annulé.

Matière criminelle ou correctionnelle.

XIII. — La déclaration de recours en cassation sera faite au tribunal par le condamné et inscrite sur le procès-verbal et dans le registre mentionnés au paragraphe 1er ci-dessus.

Sont aussi les mêmes que dans ledit paragraphe 1er les délais de recours.

Les dispositions des paragraphes 3, 4, 5, 6 et 7 ci-dessus sont également applicables aux jugements en matière criminelle ou correctionnelle.

XIV. — Lorsque le tribunal supérieur cassera un jugement, il renverra l'affaire devant le tribunal qui devra en connaître, ou la retiendra conformément à l'article 3 de l'arrêté du 6 octobre.

XV. — Quiconque verra confirmer le jugement attaqué par lui sera condamné à une amende de cent francs envers l'État, sans préjudice des indemnités et frais divers.

(1) V. Déc., 3 avril 1880, article 9.

Les dispositions du paragraphe 10 ci-dessus lui seront applicables en cas de cassation du jugement. Seront également applicables aux matières criminelles et correctionnelles les paragraphes 11 et 12.

XVI. — Les condamnés à une peine emportant privation de la liberté ne seront pas admis à se pourvoir en cassation lorsqu'ils ne seront pas actuellement en état, ou lorsqu'ils n'auront pas été mis en liberté sous caution.

L'acte de leur écrou ou de leur mise en liberté sous caution sera annexé à l'acte de recours en cassation.

Néanmoins, lorsque le recours en cassation sera motivé sur l'incompétence, il suffira au demandeur, pour que son recours soit reçu, de justifier qu'il s'est actuellement constitué dans la maison de justice de Saïgon ; le gardien de cette maison pourra l'y recevoir sur la représentation de sa demande adressée au chef de la justice indigène et visée par ce magistrat.

XVII. — Si un jugement a été annulé pour avoir prononcé une peine autre que celle que la loi applique à la nature du crime ou délit, le tribunal à qui l'affaire est renvoyée rendra son jugement sur la déclaration de culpabilité faite par le premier.

Si le jugement a été annulé pour autre cause, il sera procédé à de nouveaux débats devant le tribunal auquel le procès sera renvoyé.

Le tribunal supérieur n'annulera qu'une partie du jugement lorsque la nullité ne viciera qu'une ou quelques-unes de ses dispositions.

XVIII. — Celui dont la condamnation aura été annulée et qui devra subir un nouveau jugement au criminel, sera traduit en état d'arrestation devant le tribunal à qui son procès sera renvoyé.

Dispositions communes.

XIX. — Lorsqu'après la cassation d'un premier jugement rendu en dernier ressort, le deuxième jugement rendu dans la même affaire, contre le même accusé ou entre les mêmes parties procédant en la même qualité, sera attaqué par les mêmes moyens que le premier, si le deuxième jugement est cassé pour les mêmes motifs que le premier, le tribunal auquel l'affaire est renvoyée se conformera à la décision du tribunal supérieur, quant au point de droit jugé par ce tribunal.

XX. — Le recours en cassation ne sera ouvert contre les jugements par défaut qu'au chef de la justice indigène et à la partie civile en ce qui la regarde.

Des appels.

En ce qui regarde la confirmation des jugements en premier ressort, l'arrêté du 6 octobre a introduit dans la jurisprudence des affaires indigènes d'importantes modifications qui ne présentent d'ailleurs aucune difficulté d'interprétation.

XXI. — Les jugements continueront à être adressés au bureau de la justice indigène, mais sans passer désormais par le cabinet de M. le Gouverneur.

XXII. — Ceux dont il n'est pas fait appel par les condamnés ou les parties et les personnes civilement responsables seront définitifs lorsqu'ils seront revenus avec la déclaration de non-appel du chef de la justice indigène au tribunal qui a jugé.

XXIII. — Tout appelant d'un jugement civil rendu en premier ressort devra consigner une amende de dix francs en même temps qu'il fait sa déclaration d'appel. Si le jugement est confirmé, ladite amende sera prononcée, sans préjudice des indemnités et frais divers. Quant au surplus, il sera fait application des dispositions renfermées dans les paragraphes 10 et 11 ci-dessus.

XXIV. — Les jugements en premier ressort portant condamnation à des peines inférieures à celles qualifiées par le Code annamite « fers, exil, mort », et dont il aura été fait appel, deviendront définitifs, sauf infirmation par le tribunal supérieur, dès qu'il seront retournés au tribunal qui a jugé, portant confirmation de la sentence signée du tribunal supérieur.

Même mode de procéder en cas de réforme, la sentence du tribunal supérieur jointe au jugement réformé et signé du tribunal.

Les jugements portant condamnation aux peines des fers, de l'exil, de la mort, seront seuls soumis à M. le Gouverneur, qui prononce en dernier ressort. Toutefois, dans le cas de condamnation à la peine capitale, il doit être sursis à l'exécution jusqu'à décision touchant le recours à la clémence du Président de la République, qui aurait pu être tenté par le condamné.

En ce qui regarde les formes générales de la procédure, l'article 5 de l'arrêté du 6 octobre dispose que les tribunaux indigènes continueront à se conformer aux règlements en vigueur, avec les modifications qui admettent le concours des défenseurs en matière criminelle et correctionnelle devant le tribunal supérieur, et la faculté accordée aux parties civiles de déposer devant tout tribunal des conclusions ou notes signées de toute personne prise comme conseil.

LE MYRE DE VILERS.

JUSTICE MILITAIRE.

I. RÉGLEMENTATION ET PROCÉDURE. — II. PERSONNEL. — III. INSTRUCTIONS.

I. RÉGLEMENTATION ET PROCÉDURE.

NATURE DES DOCUMENTS	DATES	RECUEILS A CONSULTER								OBSERVATIONS
		Bat.	B. C.	B.D.I	J. C.	J.H	B. M.	B Col		
A. M.	6 février 1860.		231							
Dép. M.	6 février 1860.		230							
Dép. M.	15 janvier 1865.	I-468	518							
D. G.	23 septembre 1867.	II-266	104							
A. G.	26 mai 1868.	II-267								
Dép. M.	10 août 1872.	II-255								
Dép. M.	19 février 1880.									
Dép. M.	28 juillet 1880.									
Dép. M.	21 mars 1882.									
Circ. M.	26 mai 1882.						715			
A. G.	3 septembre 1883.		354							
Dép. M.	16 novembre 1883.									
Circ. M.	21 mars 1884.									
Dép. M.	30 mai 1884.									
O. Ct Sup. Tr.	28 août 1884.									
O. Ct Sup. Tr.	28 août 1884.									
D. G.	4 octobre 1884.		405							
C. C. R. T. An.	6 janvier 1887.									
A. G.	28 février 1887.		177		277					
Dép. M.	1887.									

NATURE DES DOCUMENTS	DATES	RECUEILS A CONSULTER							OBSERVATIONS
		Bat.	B. G.	B. D I	J. H.	J. C.	B. M.	B Col	
Circ. M.	25 mai 1888.								
Dép. M.	15 juin 1888.								
Décret.	23 février 1889.				425				
A. G. G.	3 octobre 1889.					930			

(6 février 1860)

A. M. *réglant le mode de concentration des affaires de simple police et délimitant les attributions respectives des officiers de police judiciaire maritime, en cas de concurrence.*

B. C. p. 231.

(15 janvier 1865)

DÉP. M. *Explications relatives à l'arrêt de cassation qui a rendu non recevable le pourvoi du sieur T...*

BAT. I. p. 408.

(6 février 1860)

DÉP. M. *Envoi de l'arrêté ministériel du 6 février 1860. — Observations.*

B. C. p. 230.

(23 septembre 1867)

D. G. *relative à l'acquittement des frais de justice militaire.*

BAT. II, p. 266.
B. C. p. 518.

Les dispositions suivantes seront observées à l'avenir pour l'acquittement des frais de la justice militaire en Cochinchine :

1° Les frais qui n'ont pas un caractère d'urgence et qui peuvent attendre les délais de l'ordonnancement, seront payés sur mémoires, factures ou comptes taxés par les présidents des conseils de guerre ou de revision, au moyen de mandats de l'ordonnateur, dans la forme ordinaire ;

2° Les frais urgents, tels que taxes de témoins et autres, qui ne pourraient pas attendre les délais de l'ordonnancement, seront payés par le receveur de l'enregistrement, sur la présentation des cédules ou autres titres taxés par les juges rapporteurs pour les frais de l'instruction, et par les présidents pour les frais d'audience ;

3° Au commencement de chaque trimestre, le receveur de l'enregistrement dressera un bordereau détaillé des frais acquittés par lui pendant le trimestre précédent et le remettra au Directeur de l'Intérieur, avec les cédules et autres titres portant l'acquit des parties, pour le tout être transmis à l'ordonnateur et servir à l'émission d'un mandat de remboursement au service local.

DE LA GRANDIÈRE.

(26 mai 1868)

A.G . *promulguant : 1° le décret du 21 mars 1868 portant organisation de juridictions militaires permanentes siégeant dans les possessions françaises de la Cochinchine ;*

2° Le Code de justice militaire pour l'armée de terre (9 juin 1857) ;

3° Le Code de justice militaire pour l'armée de mer (4 juin 1858) ;

4° Le décret du 21 juin 1858 portant règlement d'administration publique pour l'application aux colonies du Code de justice militaire pour l'armée de mer ;

5° Le décret du 21 juin 1858 indiquant, selon le grade, le rang ou l'emploi de l'accusé, la com-

position des conseils de guerre pour le jugement des divers individus qui, dans les services de la marine, sont assimilés aux marins ou militaires aux termes des art. 10 et 13 du Code de justice militaire pour l'armée de mer, et de l'art. 2 du décret du 21 juin 1858 portant règlement d'administration publique ;

6° *Le décret du 21 juin 1858 rendu en exécution de l'art. 369 du Code de justice militaire pour l'armée de mer, du sénatus-consulte du 4 juin 1858 et de l'art. 21 du décret portant règlement d'administration publique du 21 juin 1858, sur la police et la discipline dans les ports, arsenaux et autres établissements de la marine dans les colonies et à bord des bâtiments de l'État ;*

7° *Le décret du 21 juin 1858 concernant le personnel, les archives et les dépenses du service de la justice militaire.*

BAT. II, p. 267.
B. C. p. 104.

(10 août 1872)

DÉP. M. *Envoi d'un arrêt de règlement de juges rendu dans l'affaire J...; ledit arrêt renvoyant tous les prévenus devant le 2e conseil de guerre permanent de Saïgon. — Arrêt (V. Cour de cassation, § Arrêts.*

BAT. II, p. 255.

En réponse à votre lettre du 15 février dernier, j'ai l'honneur de vous adresser ci-joint, avec le dossier complet de la procédure, quelques exemplaires d'un arrêt par lequel la Cour de cassation, réglant de juges dans l'affaire J... et consorts, renvoie tous les prévenus devant le 2e conseil de guerre permanent de Saïgon.

L'étendue de ce document me dispense d'insister auprès de vous sur les erreurs d'appréciations où sont tombés la plupart des tribunaux auxquels avait été déférée cette poursuite, et je ne puis que me borner à vous prier de mettre l'arrêt de la Cour suprême sous les yeux des officiers qui ont participé à la reddition de ces diverses sentences.

J'ajoute que chacune des juridictions saisies ayant refusé de connaître de l'affaire, les officiers qui en ont fait partie ne se trouvent point dans le cas de récusation prévu au n° 5 de l'art. 24 du Code maritime. Vous ne rencontrerez donc, de ce chef, aucune entrave à la composition normale du 2e conseil de guerre permanent de la colonie.

A. Pothuau.

(19 février 1880)

DÉP. M. *faisant envoi de la circulaire du 7 novembre 1879* (1), *portant instructions générales sur le mode de recouvrement des frais de justice dans la marine.*

ARCH. GOUV.

(28 juillet 1880)

DÉP. M. *portant recommandation au sujet de la mise en jugement devant les conseil de guerre.*

ARCH. GOUV.

Par votre lettre du 10 juin dernier, vous avez appelé mon attention sur un certain nombre d'acquittements qui se sont récemment produits devant les conseils de guerre de la Cochinchine.

L'étude attentive des affaires dans lesquelles sont intervenus les jugements dont il s'agit, m'a conduit à reconnaître que l'on devait plutôt attribuer l'issue des poursuites à la nature des préventions qu'à un parti pris d'indulgence chez les juges d'épée.

Je remarque, en effet, la disproportion considérable qui existe entre les éléments de l'inculpation et la pénalité encourue ; cette disproportion a, le plus souvent, pour effet de porter à la clémence les membres du conseil de guerre, en jetant une sorte de trouble dans leur conscience de juge, par

(1) V. B. M.

la considération de la gravité des peines qu'ils auraient à prononcer, en exécution d'un verdict de culpabilité.

Si la compétence des conseils de guerre est indispensable à maintenir pour assurer une répression énergique dans les circonstances importantes, il est tout aussi essentiel de s'abstenir de mettre en mouvement cette juridiction pour la répression des faits qui pourraient, le plus souvent, être frappés par voie disciplinaire.

En vous inspirant de cette considération, vous n'oublierez pas que la législation maritime vous confie, en matière militaire, le rôle dévolu, en droit commun, aux Chambres de mise en accusation; il vous appartient, lorsqu'une affaire a été élucidée par une information préalable qui a donné aux faits leur véritable caractère, de peser les charges relevées contre les inculpés, et d'apprécier si elles sont suffisamment criminelles, pour motiver la comparution en justice des prévenus, ou si les nécessités de la discipline et de la répression ne seront point suffisamment satisfaites, par la punition disciplinaire des inculpés. Cet examen de chaque affaire ne manquera pas d'avoir un effet salutaire sur l'esprit même des membres des conseils de guerre, à la barre desquels ne seront, en quelque sorte, traduits que des individus accusés de faits graves, dont le châtiment exemplaire s'imposera à la conscience de leurs juges.

C'est tout particulièrement à l'égard des tirailleurs annamites que peut être d'une sérieuse utilité, dans des circonstances données, la juridiction des conseils de guerre, juridiction qu'il importe de maintenir en ce qui concerne ce corps de troupes; mais c'est également en ce qui touche ces individus, récemment rendus justiciables de ces tribunaux militaires, que vous devez vous inspirer des considérations qui précèdent, pour réprimer judiciairement ou par voie disciplinaire, les infractions qu'ils pourraient commettre, en tenant compte de la gravité réelle qu'elles présentent.

JAURÉGUIBERRY.

(21 mars 1882)

DÉP. M. *Nécessité d'indiquer si les circonstances atténuantes ont été admises à la majorité. Cette disposition est aussi applicable aux conseils de guerre.*

ARCH. GOUV.

Sous la date du 2 février dernier, vous m'avez transmis une lettre dans laquelle le Commissaire du Gouvernement près le Conseil de révision de la Cochinchine appelle votre attention sur une décision rendue par ce tribunal, le 27 janvier 1882, au sujet du nommé Phanvan-Bich.

Les juges, saisis de la question de savoir si l'omission des mots : « A la majorité », dans la déclaration des circonstances atténuantes, constituait un cas de nullité, se sont prononcés pour la négative; et l'organe du ministère public pense que cette solution est contraire à la loi.

L'appréciation de ce magistrat est exacte : l'art. 347 du Code d'instruction criminelle prescrit, à peine de nullité, l'emploi des expressions « à la majorité » (Cassation, arrêts nombreux) : elles sont substantielles; aucun terme équivalent ne peut y être substitué (Cass., 17 avril 1862).

L'applicabilité de cette disposition aux conseils de guerre maritimes résulte virtuellement de ce fait que l'art. 164 du Code maritime impose devant ces juridictions l'emploi de la formule tirée du Code d'instruction criminelle pour la déclaration de circonstances atténuantes.

Quoi qu'il en soit, l'erreur d'appréciation du conseil de révision ne portant pas sur un point de droit douteux et contesté, il n'y a pas lieu de déférer sa sentence à la Cour de cassation, dans l'intérêt de la loi par application de l'article 441 du Code d'instruction criminelle. Toutefois, je vous prie de faire part aux membres de ce tribunal des observations qui précèdent.

JAURÉGUIBERRY.

(26 mai 1882)

CIRC. M. *Pour le jugement d'un militaire, il n'y a lieu de recourir au Code de justice militaire qu'en ce qui touche la pénalité.*

B. M. p. 715.

Des hésitations se sont produites sur la question de savoir si, lorsque des militaires sont traduits devant les Conseils de guerre maritimes, il y a lieu de leur faire application du Code militaire ou du Code maritime.

Aux termes de l'article 252 du Code maritime, les militaires tombent sous le coup de la législation de l'armée de terre pour tout ce qui est de la pénalité (loi du 9 juin 1857, livre IV). Ce sont donc ces textes et non leurs similaires du Code maritime qu'il y a lieu de viser dans les réquisitions du ministère public ou de citer dans le jugement, toutes les fois qu'il s'agit, non seulement du crime ou du délit, mais encore de la nature et des conséquences de la peine (Code de l'armée de terre, art. 185 à 203).

Au contraire, chaque juridiction emportant avec elle les règles de compétence et de procédure qui lui sont propres, c'est au Code de justice maritime (loi du 4 juin 1858) qu'il convient de recourir pour l'instruction et les débats, ainsi que pour la reddition du jugement et pour les voies de recours dont il est susceptible.

Je vous prie d'appeler sur ce point l'attention des officiers chargés des fonctions de judicature.

JAURÉGUIBERRY.

(3 septembre 1883)

A. G. *portant que l'article 231 du Code de justice militaire pour l'armée de terre est applicable dans toute sa teneur aux militaires indigènes du corps des tirailleurs annamites.*

B. C. p. 354.

Article premier. — L'article 231 du Code de justice militaire pour l'armée de terre est applicable, dans toute sa teneur, aux militaires indigènes du corps des tirailleurs annamites.

Art. 2. — Tout militaire manquant à l'appel est signalé comme tel à l'administrateur de l'arrondissement, dans les vingt-quatre heures, par le commandant de compagnie ou de détachement.

Art. 3. — L'administrateur mettra immédiatement le village en demeure de faire rentrer l'absent à sa compagnie.

De son côté, le corps le fera rechercher par tous les moyens dont il pourra disposer.

Art. 4. — Tout militaire qui, à l'expiration de 14 jours révolus d'absence illégale, ne sera pas rentré au corps ou n'y aura pas été réintégré après arrestation, sera remplacé immédiatement par le village qui l'avait fourni.

Art. 5. — Les villages auront l'obligation de la recherche des déserteurs, et quand ceux-ci seront arrêtés, ils seront remis à l'autorité militaire. Les déserteurs réintégrés au corps ne viendront pas en atténuation du contingent à fournir par le village.

Toute mutation concernant un homme en état de désertion ou d'absence illégale sera, le jour même où elle se produira, notifiée à l'administration par les soins du commandant de compagnie ou chef de poste.

Art. 6. — Les villages continueront de jouir de la faculté d'exercer au civil telles poursuites que de droit pour rentrer dans les avances pécuniaires qu'ils auront pu faire, à raison de l'engagement ou du rengagement de tout tirailleur absent ou déserteur, poursuivi judiciairement ou non, et qu'il aura fallu remplacer à l'effectif du corps.

Art. 7. — Les prescriptions du Code relatives à l'état de désertion seront affichées par placards, par les soins du corps, en langue annamite, dans tous les camps et locaux occupés par le régiment de tirailleurs. Des théories sur ce sujet seront faites fréquemment aux intéressés et notamment aux recrues.

Art. 8. — Les dispositions de la circulaire du 9 juillet 1880 sont et demeurent abrogées.

CHARLES THOMSON.

(16 novembre 1883)

DÉP. M. *au sujet des observations sur la procédure suivie dans l'affaire C...*

ARCH. GOUV.

Sous la date du 13 juillet dernier, vous m'avez transmis les pièces d'une procédure suivie devant le 2e conseil de guerre de Saïgon, contre le nommé C..., canonnier d'artillerie de marine, condamné à mort, le 3 du même mois, pour voie de fait envers un supérieur ; et vous avez appelé mon attention sur les irrégularités dont ce jugement vous paraît entaché.

En effet, les juges, après avoir déclaré coupable l'accusé : 1o du vol d'un gilet de flanelle, appartenant à un camarade ; 2° de voie de fait envers un supérieur, à l'occasion du service, et 3o de désertion à l'étranger en temps de paix, ont condamné le nommé C... à la peine capitale, par application de l'article 223, § 1er, du Code de justice pour l'armée de terre, puis ils ont prononcé contre cet homme la dégradation militaire, empruntée sans doute à l'art. 248 qui punit de la réclusion le vol militaire.

En agissant ainsi, les membres du conseil ont commis une double erreur : ils ont oublié qu'en cas de conviction de plusieurs délits, la peine la plus forte est seule prononcée aux termes de l'art. 165 du Code maritime, et qu'en outre, il est interdit d'emprunter ses conséquences accessoires à une pénalité qui n'en est pas appliquée. Or, dans l'espèce, la peine de mort, seule encourue par le nommé C..., n'entraînait pas la dégradation militaire, qui n'eût été que la conséquence de sa condamnation à la réclusion, peine qui ne pouvait lui être infligée d'après les textes précités.

L'irrégularité de ce verdict est manifeste et ne saurait donner lieu à un pourvoi en cassation dans l'intérêt de la loi ; car la Cour suprême, fidèle à une jurisprudence constante, ne manquerait pas d'en déclarer la non-recevabilité, comme ne portant pas sur un point de droit douteux ou contesté.

Quant à l'intérêt du condamné, il ne motive pas non plus l'annulation de ce jugement, puisque la commutation de peine dont il va être l'objet et que je vous ferai connaître ultérieurement, couvrira entièrement l'erreur commise. Il vous suffira, pour prévenir le retour de cette fausse application de la loi, d'appeler sur les observations qui précèdent, l'attention des membres des conseils de guerre de la Cochinchine.

La lettre de M. le colonel O..., jointe à votre communication précitée, soulève une question de procédure devant les conseils de revision sur laquelle il me paraît essentiel de vous fournir quelques explications. Les vices dont est entaché le verdict, bien qu'ayant échappé au juge rapporteur, au défenseur de l'accusé et au commissaire du Gouvernement, auraient été aperçus par le Président du Conseil de revision qui les leur aurait officieusement signalés ; mais ni l'un ni l'autre n'auraient cru devoir revenir sur les conclusions arrêtées avant la séance, et le conseil ne se serait pas reconnu le droit de relever lui-même et d'office ces moyens de nullité qui, aux termes de l'art. 187, no 3, du Code maritime, auraient dû entraîner l'annulation du jugement.

Ce mode de procéder est à la fois contraire à l'esprit comme au texte des articles qui règlent la compétence du Conseil de revision. Ainsi l'art. 188 prévoit précisément le cas où le commissaire du Gouvernement croit devoir proposer d'office les moyens d'annulation ; il fait donc à ce magistrat une obligation étroite d'examiner scrupuleusement la procédure suivie et, dans le cas où il n'a pas été assez heureux pour découvrir par lui-même les irrégularités qu'elle contient, il doit s'empresser d'accueillir et de faire prévaloir, si elles lui paraissent fondées, les causes de nullité qui lui sont signalées. J'ajoute que tous les membres du Conseil de revision devant signer la sentence qui porte la déclaration suivante : « Attendu, d'ailleurs, que le jugement attaqué est régulier dans la forme », ne sauraient être astreints à certifier une régularité qu'ils savent mensongère ; ils ont donc individuellement, pour décharger leur responsabilité, le droit incontestable d'appeler le Conseil à se prononcer sur telle cause de nullité qu'ils peuvent avoir découverte. Ces principes ont été sanctionnés par de nombreuses décisions des conseils de guerre des armées de terre et de mer (V. notamment, Lyon, 13 octobre 1866) et par un arrêt de la Cour de cassation en date du 20 décembre 1870 (affaire Martin).

Je vous prie d'assurer le dépôt de la présente instruction conformément à l'art. 6 de l'arrêté du 22 septembre 1868. B. O. p. 419, et d'en recommander tout spécialement la lecture aux officiers appelés par vous à exercer des fonctions de judicature.

A. PEYRON.

(21 mars 1884)

CIRC. M. *indiquant les pièces qui doivent accompagner les demandes d'envoi à la compagnie de discipline.*

ARCH. GOUV. BUR. MIL.

(30 mai 1884)

DÉP. M. *Envoi d'un arrêt de cassation, du 10 avril 1884, annulant pour excès de pouvoirs un jugement de Conseil de justice. — Sommaire de l'arrêt.*

ARCH. GOUV.

Vous trouverez ci-après le texte d'un arrêt en date du 10 avril 1884, par lequel la Cour de cassation, statuant dans l'intérêt de la loi et des condamnés, a annulé *parte in quâ*, sur ma demande, un jugement rendu par un Conseil de justice et condamnant deux matelots, non seulement aux peines portées par le Code maritime, mais, en outre, au paiement de frais de sauvetage et à la réparation du dommage causé à l'État par la perte d'une embarcation et de son matériel.

La Cour a jugé que les frais de sauvetage n'étaient pas des frais de capture ni, par suite, des frais de justice, et que l'action civile résultant d'un délit échappait à la compétence des juridictions maritimes.

Je vous prie de vous conformer strictement à la règle de jurisprudence tracée par cet arrêt.

A. PEYRON.

SOMMAIRE DE L'ARRÊT. — I. *Les frais de sauvetage d'un marin tombé à la mer au moment où il s'absentait illégalement du bord et ne pouvait, par suite, être encore déserteur, ne constituent pas des frais de capture, dans le sens de l'article 15 du décret du 21 juin 1858, et ne peuvent dès lors être compris dans la liquidation des frais de justice effectuée conformément à l'article 169 du Code de justice maritime.*

II. — *Les tribunaux civils sont seuls compétents pour connaître de l'action civile résultant d'un délit, spécialement pour ordonner la réparation du préjudice que cause à l'État la perte d'une embarcation illicitement enlevée et ayant péri par la faute des marins qui s'en étaient emparés.*

III. — *En conséquence, commet un excès de pouvoir le Conseil de justice qui, après avoir reconnu les prévenus coupables du délit d'enlèvement d'embarcation, les condamne, non seulement aux peines portées par le Code maritime, mais, en outre, au remboursement de la valeur de l'embarcation et de son matériel. Cette sentence doit être cassée pour partie, dans l'intérêt de la loi et des condamnés, sans renvoi.*

ARRÊT

(10 avril 1884)

(28 août 1884)

O. Ct SUPr T. *A l'avenir, les rapporteurs près les Conseils de guerre préviendront les chefs de corps du jour et de l'heure où ils devront procéder aux interrogatoires des militaires en prévention et conseil de guerre (Annulé par un ordre en date du même jour).*

ARCH. C. SUP. T.

(1) V. Cour de cassation, § Arrêts.

(28 août 1884)

O. Ct SUPr T. *rapportant l'ordre en date du même jour prescrivant aux rapporteurs près les conseils de guerre de donner avis aux chefs des corps des jour set heures des interrogatoires. Les mentions portées sur le mandat d'amener sont suffisantes pour qu'il ne soit pas besoin d'un mandat spécial.*

ARCH. C. SUP. T.

(4 octobre 1884)

D. G. *fixant la composition du 1er tribunal maritime permanent.*

B. C. p. 405.

La composition du 1er tribunal maritime permanent est arrêtée ainsi qu'il suit:

MM. le lieutenant-colonel d'artillerie, *président;*

le directeur des mouvements du ports, en remplacement provisoire d'un ingénieur de la marine, *membre;*

Deux capitaines d'artillerie, *idem;*

Un sous-commissaire de la marine, *idem;*

Deux magistrats de l'ordre civil, *idem.*

M. G....., lieutenant de vaisseau, adjudant de division, remplira les fonctions de commissaire rapporteur, et le premier maître de timonerie L....., celles de greffier.

CHARLES THOMSON.

(6 janvier 1887)

CIRC. C. R. T. A. *A l'avenir, à moins de nécessité absolue, il ne sera plus désigné de sous-officiers européens comme défenseurs d'office devant les Cours criminelles de la Cochinchine.*

ARCH. REG. T. A.

(28 février 1887)

A. G. *fixant la composition des conseils de guerre et du conseil de ravision siégeant dans la colonie.*

B. C. p. 177.
J. C. p. 277.

(1887)

DÉP. M. *Notifiction d'un décret en date du 31 décembre 1886, réglant les conditions dans lesquels peuvent être apposés les scellés au décès.*

ARCH. DIV. NAVALE.

(25 mai 1888)

CIRC. M. *Instruction au sujet des mesures à prendre pour assurer la défense des accusés devant les conseils de guerre.*

ARCH. GOUV.

Mon attention a été appelée sur les mesures qu'il convient de prendre pour assurer la défense des accusés devant les conseils de guerre.

L'article 139 § 3 du Code de justice maritime prescrit, à peine de nullité, au ministère public d'avertir l'intéressé, trois jours avant l'audience, qu'il ait à choisir lui-même un défenseur, faute de quoi faire, il lui en sera désigné un d'office par le président.

Devant les Cours d'assises, cette désignation peut et doit être faite sur-le-champ, grâce à la faculté qui appartient au président d'assises d'imposer le rôle de défenseur à un avocat stagiaire, tandis que cette ressource n'existe pas devant le conseil de guerre. On est donc trop souvent conduit dans la pratique à laisser en suspens le choix du défenseur jusqu'à l'appel de la cause, qui se trouve alors confiée au brigadier de gendarmerie de service ou à telle personne présente à l'audience.

Or, bien que la loi maritime n'ait pas attaché une nullité expresse à cette façon de procéder, il ne vous échappera pas que la défense ainsi présentée se satisfaire à l'esprit de la loi. Notre législation criminelle veut qu'un prévenu ne soit pas livré seul, sous le coup d'une émotion souvent profonde, aux accusations du ministère public, quelque justifiées qu'elles puissent être. Ce dernier, tout en faisant équitablement la part des circonstances, a pour mission de faire ressortir les éléments de la culpabilité et sa poursuite même appelle une contre partie que l'intéressé n'est guère à même de présenter avec sang-froid.

L'assistance d'un défenseur s'impose donc ; sans doute, le Code maritime, tenant compte de la simplicité des faits généralement déférés au conseil de guerre, a prévu, à défaut d'avocat de profession, l'intervention d'un marin, d'un militaire qui, souvent, puiseront dans ce qu'ils savent des choses de l'armée des arguments susceptibles de toucher les juges. Mais encore faut-il que ces défenseurs improvisés aient eu le temps de connaître le dossier de l'information et de se concerter avec l'accusé ; autrement leur assistance devient purement illusoire et cesse de répondre au vœu du législateur.

Pour remédier a cet inconvénient, j'ai décidé qu'il y aurait lieu désormais de se conformer aux règles suivantes: Vous voudrez bien tout d'abord faire une démarche auprès du bâtonnier des avocats, s'il existe un barreau dans le ressort ; à défaut d'entente régulière, ou si les avocats ne sont pas en nombre suffisant, MM. les présidents de conseils de guerre désigneront pour chaque affaire, après concert avec le commissaire du gouvernement et quarante-huit heures à l'avance, un marin ou militaire de bonne volonté, gradé ou non, qui sera chargé de présenter la défense du prévenu et qui devra voir ce dernier à la prison, après avoir pris au greffe connaissance du dossier de procédure. Je ne doute pas que les inculpés ne rencontrent parmi leurs camarades ou leurs supérieurs l'assistance nécessaire pour l'accomplissement de cette tâche.

Je vous invite tenir la main à l'application de la présente instruction.

KRANTZ.

(15 juin 1888)

DÉP. M. *Le Gouverneur général est seul investi du pouvoir juridictionnel en Cochinchine. En cas d'empêchement du Gouverneur général, ces prérogatives passent de droit au Gouverneur par intérim, mais ne peuvent être délégués.*

ARCH. GOUV.

J'ai l'honneur de vous confirmer mon télégramme du 9 juin courant, ainsi conçu :

Conservez pouvoirs juridictionnels pour « Cochinchine. Instructions suivent ».

Je crois utile de vous adresser à ce sujet les recommandations suivantes.

Il existe entre le fonctionnement de la justice maritime au Tonkin et en Cochinchine une différence profonde. Au Tonkin, pays de protectorat, les conseils de guerre ont été établis en exécution des articles 33 et suivants du Code de justice militaire ; ils sont composés de cinq juges ; ce sont des conseils de guerre aux armées, et, bien que constitués à titre permanent, ils suivent le sort du corps expéditionnaire ou d'occupation et ressortissent, sans conteste, à l'autorité de son commandant en chef.

En Cochinchine, colonie française, les conseils de guerre sont institués en permanence et sont régis par le règlement d'administration publique du 21 juin 1858 qui les place sous les ordres directs du Gouverneur à qui seul appartient le pouvoir juridictionnel. Dans cette situation, il ne saurait être dans l'état actuel de la législation, question entre M. le général Bégin et vous, d'une délégation de pouvoirs. En cas d'empêchement de votre part, ces prérogatives passent de droit au Gouverneur par intérim, mais ne se déléguent pas par un acte de votre volonté.

Veuillez donc, jusqu'à nouvel ordre, cantinuer d'exercer en matière de justice militaire les prérogatives qui vous sont reconnues par les actes en vigueur.

KRANTZ.

Vous trouverez ci-après le texte d'un décret, en date du 23 février 1889, inséré au *Journal officiel* du 28 du même mois, et ayant pour objet de rendre justiciable des conseils de guerre maritimes permanents le personnel des comptables des matières aux colonies.

Je vous prie d'assurer dans le plus bref délai la publication de cet acte suivant les formes officielles; vous voudrez bien, en m'accusant réception de la présente circulaire, me faire connaître la date à laquelle ce décret sera devenu exécutoire.

BESNARD.

Article premier. — Les garde-magasins principaux, garde-magasins et magasiniers du corps des comptables aux colonies sont justiciables des conseils de guerre pour tous crimes et délits.

Art. 2. — Lorsqu'il y aura lieu de traduire devant les conseils de guerre un de ces agents, le conseil de guerre sera composé conformément au tableau ci-annexé.

Art. 3. — Le ministre de la marine et des colonies est chargé de l'exécution du présent décret.

Fait à Paris le 23 février 1889.

CARNOT.

(23 février 1889)

DÉCRET *soumettant à la compétence des Conseils de guerre les comptables des matières aux colonies et indiquant la composition de ces conseils selon l'emploi de l'accusé.*

(Promulg. A. G. G. 12 avril 1889).

J. C. p. 425.

(3 octobre 1889)

A. G. G. *investissant momentanément le Lieutenant-gouverneur de la Cochinchine des pouvoirs de chef de la justice militaire en Cochinchine et au Cambodge* (1).

J. C. p. 930.

(1) V. Général, commandant en chef les troupes de l'Indo-Chine, Circ. M. 15 octobre 1888.

II. PERSONNEL.

NATURE DES DOCUMENTS	DATES	RECUEILS A CONSULTER Bat.	B. C.	B. D.	J. C.	J. H.	B. M.	B. Col	OBSERVATIONS
D. G.	19 février 1862.	II-266	88						
Dép. M.	8 septembre 1875.	II-263							
D. G.	18 octobre 1875.	II 263	360						
A. G.	15 mars 1880.		120						
Dép. M.	23 février 1881.								
D. G.	22 mai 1881.		220						
Dép. M.	30 juin 1881.								

(19 février 1862)

D. G. *fixant à 30 francs par mois les frais de bureau attribués aux greffiers près des Conseils de guerre.*

BAT. II. p. 266.
B. C. p. 88.

(8 septembre 1875)

DÉP. M. *Fixation du supplément à allouer au commissaire rapporteur près le premier tribunal maritime de Saïgon. — Imputation.*

BAT. II, p. 263.

(18 octobre 1875)

D. G. *imputant sur les fonds du budget local le supplément annuel de 1,800 francs attribué au Lieutenant de vaisseau, Commissaire du Gouvernement près le tribunal maritime de Saïgon* (1).

BAT. II, p. 263.
B. C. p. 360.

(15 mars 1880)

A. G. *supprimant diverses indemnités accordées à des fonctionnaires, officiers de troupes du service métropolitain.*

B. C. p. 120.

Sont supprimés, à partir du 1er avril prochain, les indemnités suivantes accordées à des fonctionnaires, officiers ou troupes du service métropolitain.

. . . .

Supplément de 1,800 francs au Commissaire rapporteur près le tribunal maritime.

. . . .

LE MYRE DE VILERS.

(23 février 1881)

DÉP. M. *au sujet de l'indemnité accordée au Commissaire rapporteur près le tribunal maritime. Ce supplément, fixé par la dépêche ministérielle du 8 septembre 1875, est rétabli.*

ARCH. GOUV.

Je suis informé par M. le Chef de division commandant la station navale de Cochinchine, que l'Administration locale a supprimé le supplément attribué au lieutenant de vaisseau remplissant les fonctions de Commissaire rapporter près le tribunal maritime de Saïgon.

Le supplément dont il s'agit a été fixé par la dépêche ministérielle du 8 septembre 1875. Par suite, j'ai l'honneur de vous inviter à donner des ordres pour que le paiement de cette allocation soit continué.

G. CLOUÉ.

(1) V. D. G. 15 mars 1880.

(22 mai 1881)

D. G. *allouant un supplément de 15 francs par mois aux militaires ou marins attachés comme plantons au service du 1er tribunal maritime et des 1er et 2e conseils de guerre permanents.*

B. C., p. 220.

Les militaires ou marins attachés comme plantons au service du 1er tribunal maritime et des 1er et 2e conseils de guerre permanents, continueront à recevoir une indemnité de 15 francs par mois.

La dépense sera imputable au service colonial, chapitre XIX : *Personnel militaire*, paragraphe : *Frais de justice militaire.*

A. DE TRENTINIAN.

(30 juin 1881)

DÉP. M. *rappelant la dépêche du 23 février 1881 et décidant que le supplément alloué au Commissaire rapporteur près le tribunal maritime est une dépense obligatoire.*

ARCH. GOUV.

Par lettre du 29 avril dernier, vous m'avez fait connaître que vous ne pouviez faire payer au Commissaire rapporteur près le tribunal maritime de Saïgon l'allocation de 1,800 fr. qui lui est attribuée par ce motif que ce supplément de solde n'ayant pas été voté par le Conseil colonial lors du budget en cours, l'Administration locale ne pourrait en effectuer le paiement pour 1881 avant d'avoir obtenu de cette assemblée le crédit nécessaire.

J'ai l'honneur de vous faire remarquer que le supplément attribué aux commissaires rapporteurs près les tribunaux maritimes a été déterminé par l'article 4 du décret du 21 juin 1858. Ce supplément a été porté à 2,400 fr. par un décret du 7 décembre 1880 que vous trouverez au *Bulletin officiel de la Marine* et que je vous prie de promulguer dans la colonie.

Or, aux termes de l'art. 38, § 2 du décret du 8 février 1880, sont obligatoires « les dépenses de « personnel et de matériel des différents services publics telles qu'elles auront été fixées par un dé« cret du Président de la République. »

Par suite, vous voudrez bien faire payer désormais le supplément de fonctions de 2,400 fr. attribué par le décret du 7 décembre précité au commissaire rapporteur près le tribunal maritime de Saïgon, et prescrire, en outre, le rappel de l'indemnité due jusqu'à ce jour à cet officier.

A défaut de l'inscription d'un crédit spécial au budget local, vous aurez soin de pourvoir à cette dépense à l'aide du fonds de dépenses diverses et imprévues, conformément aux prescriptions de l'art. 39 du décret du 8 février 1880.

Ces dépenses seront imputables sur les fonds de dépenses diverses et imprévues.

Je vous prie de me rendre compte des mesures que vous aurez prises pour l'exécution des présentes instructions.

G. CLOUÉ.

III. INSTRUCTIONS.

NATURE DES DOCUMENTS	DATES	RECUEILS A CONSULTER							OBSERVATIONS
		Bat.	B. C.	B D. I	J. C.	J. H	B. M.	B Col	
Circ. M.	15 août 1846.						R. IV. 302		
Circ. M	7 novembre 1856.						990		
Circ. M.	18 mars 1859.						191		
Circ. M.	25 février 1860.						131		
Circ. M.	6 mars 1860.	I-311							
Circ. M.	17 mars 1860.	I-311							
Circ. M.	8 avril 1861.						252		
Circ. M.	25 avril 1862.	I-312							
Circ. M	9 mai 1862.						459		
Circ. M.	12 mai 1862.	I-312							
Circ. M.	24 juillet 1863.						67		
Circ. M.	18 novembre 1864.	I-313							
Dép. M.	20 octobre 1865.	I-313							
Dép. M.	14 décembre 1866.	I-313							
Dép. M.	12 décembre 1868.	I-314							
Circ. M.	12 octobre 1871.						341		
Circ. M.	5 mai 1873.	I-316							
Circ. M.	21 décembre 1876.						751		
Circ. M.	20 juin 1877.						1000		
Circ. M.	23 avril 1881.						546		

NATURE DES DOCUMENTS	DATES	RECUEILS A CONSULTER							OBSERVATIONS
		Bat.	B. C.	B.D.I.	J.H.	J. C.	B. M.	B Col	
Dép. M.	26 octobre 1881.								
Dép. M.	26 mai 1885.								
Dép. M.	6 janvier 1886.		10						

(15 août 1846)

CIRC. M. *Rappel à l'observation des dispositions relatives aux pièces qui doivent accompagner partout les condamnés appartenant à l'armée.*

B. M. R. IV. p. 302.

(7 novembre 1856).

CIRC. M. *Rapatriement de marins condamnés hors de France par les tribunaux maritimes commerciaux.*

B. M. p. 990.

(18 mars 1859)

CIRC. M. *Tout individu condamné par un tribunal maritime commercial, et renvoyé en France pour y subir sa peine, doit être accompagné d'une expédition authentique du jugement prononcé contre lui.*

B. M. p. 191.

(25 février 1860)

CIRC. M. *au sujet du transport par la voie de mer des marins condamnés devant subir leur peine au pénitencier de Brest.*

B. M. p. 131.

(6 mars 1860)

CIRC. M. *Pièces dont doivent être accompagnés les marins dirigés sur le pénitencier maritime de Brest.*

BAT. I. p. 311.

Aux termes des articles 4 et 73 du décret du 5 décembre dernier, portant création d'un pénitencier maritime (*Bulletin de la marine*, p. 489), aucun marin ne peut être écroué dans cet établissement que sur la production :

1° D'une expédition ou d'un extrait du jugement par suite duquel il doit subir la peine de l'emprisonnement ;

2° De l'ordre régulier de translation.

Il m'est rendu compte que des marins condamnés, auxquels cette destination avait été donnée, sont arrivés à Brest avec des extraits de jugement établis sommairement et ne présentant presque aucun des renseignements que ces pièces comportent, selon la disposition même de l'imprimé et des renvois indicatifs destinés à guider dans la confection de ces documents (formules 22 et 23 *bis* de la série A, faisant suite au Code de justice maritime).

Il appartient à MM. les présidents des conseils de justice et aux commissaires impériaux près les conseils de guerre, qui visent les expéditions et extraits de jugement délivrés pour l'exécution des peines, de veiller à ce que ces pièces, outre la filiation et l'âge du marin condamné, fassent connaître :

1° Le bâtiment d'où il provient, s'il était embarqué au moment de sa condamnation ;

2° Le titre en vertu duquel il est au service (jeune soldat, engagé volontaire dans les conditions de la loi du 21 mars 1832 ou de la loi du 25 avril 1855, rengagé ou remplaçant), la division des équipages de la flotte à laquelle il appartient, avec le numéro d'immatriculation ;

S'il s'agit d'un inscrit maritime, les quartiers, folio et numéro d'inscription, la date de la dernière levée ;

3° Le temps de service qui lui restait à faire au jour du jugement, en tenant compte des interruptions résultant des condamnations antérieures.

En vue d'assurer subsidiairement l'accomplissement de ces prescriptions, je recommande de joindre l'extrait du jugement :

1° Le livret individuel du marin ;

2° Le feuillet mobile de la compagnie le concernant ;

3° Les brevets pour fonctions spéciales dont il pourrait être titulaire ;

4° Et enfin le relevé des punitions annexé jusqu'ici au dossier de la procédure.

Dans le cas où, nonobstant ces recommandations, des hommes condamnés par des juridictions militaires de bord ou séant dans les colonies auraient été renvoyés en France sans être accompagnés des pièces exigées, spécialement d'une expédition ou d'un extrait du jugement, l'autorité maritime du port où le condamné serait débarqué aurait à me rendre compte du fait, par urgence, en me transmettant tous les renseignements qu'il aurait été possible d'obtenir, tant du condamné lui même que du capitaine du bâtiment qui l'aurait rapatrié, sans que ce soit un obstacle à ce qu'il soit dirigé sur le port de Brest. Toutefois, ceux qui seraient débarqués dans les chefs-lieux des sous-arrondissements maritimes seront immédiatement dirigés sur le chef-lieu de l'arrondissement, pour y être provisoirement détenus dans la maison d'arrêt de la marine.

HAMELIN.

(17 mars 1860)

CIRC. M. *Renvoi en France des marins au service de l'État condamnés à un emprisonnement d'une année au moins.*

BAT. I. p. 311.

(8 avril 1861)

CIRC. M. *Marins condamnés à l'emprisonnement par des tribunaux maritimes commerciaux et renvoyés en France pour y subir leur peine. — Indiquer sur les extraits de jugement si l'exécution de la peine a commencé avant le renvoi en France.*

B. M. p. 252.

(25 avril 1862)

CIRC. M. *Rappel des pièces qui doivent accompagner les condamnés renvoyés en France.*

BAT. I. p. 312.

J'ai constaté que, dans le cours des deux dernières années, un assez grand nombre de condamnés, provenant des colonies ou des divisions navales, sont arrivés en France sans que l'administration du port de débarquement, chargée de leur faire suivre les destinations qui devaient leur être assignées, ait pu pourvoir à cette partie du service en temps opportun, faute d'extraits de jugements établissant la situation de ces condamnés.

Je vous prie de vouloir bien prendre les dispositions nécessaires pour que tout condamné dont vous ordonnerez le renvoi en France, soit *toujours* accompagné d'une expédition ou d'un extrait de son jugement soigneusement établi. A ce document *indispensable*, qui ne peut être remplacé par une simple annotation sur le billet de destination, il conviendra de joindre toutes autres pièces dont la production a été antérieurement recommandée, et spécialement l'état signalétique, le relevé des punitions et la situation financière de chacun.

DE CHASSELOUP-LAUBAT.

(9 mai 1862)

CIRC M. *Les marins des colonies condamnés à l'emprisonnement par les tribunaux maritimes commerciaux ne doivent pas être envoyés en France pour y subir leur peine, quelle qu'en soit la durée.*

B. M. p. 459.

(12 mai 1862)

CIRC. M. *Désignation itérative des documents administratifs qui doivent accompagner les condamnés militaires dirigés sur le lieu de leur détention.*

BAT. I. p. 312.

M. le Ministre de la guerre vient d'appeler mon attention sur ce fait, qu'un assez grand nombre de condamnés, *provenant de la marine,* arrivent dans les établissement pénitentiaires militaires sans les documents administratifs dont l'envoi est recommandé par des instructions réitérées, et dont une note de rappel, en date du 15 août 1846 (*Journal militaire,* page 197) donne la désignation ci-après :

1o Relevé du contrôle signalétique;

2o Relevé des punitions ;

3o Situation de masse individuelle.

J'ai l'honneur de vous prier de prendre, en ce qui vous concerne, les dispositions nécessaires pour qu'à l'avenir la production de ces pièces, lorsquelle n'aura point accompagné la remise du condamné à l'autorité militaire, ne subisse pas au moins des retards préjudiciables au bien du service.

DE CHASSELOUP-LAUBAT.

(24 juillet 1863)

CIRC. M. *au sujet des marins condamnés à l'emprisonnement par des tribunaux maritimes commerciaux et renvoyés en France pour y subir leur peine.*

B. M. p. 67.

(18 novembre 1864)

CIRC. M. *Les commandants des bâtiments de l'État doivent exiger, pour rapatrier des marins candamnés, la remise du jugement.*

BAT. I. p. 313.

Les circulaires des 21 octobre 1853 (*Bulletin officiel,* page 755), 18 mars 1858 (*Bulletin officiel,* page 191) et 8 avril 1861 (*Bulletin officiel,* page 252), recommandent aux autorités maritimes et consulaires de ne jamais renvoyer en France, pour y subir leur peine, des marins condamnés par des tribunaux maritimes commerciaux, sans qu'ils soient accompagnés d'une expédition de leur jugement. La dernière de ces instructions prescrit aussi d'inscrire sur cette expédition une apostille authentique indiquant si le condamné a subi une partie de sa peine avant son retour en France, et dans le cas de l'affirmative, constatant la durée précise de cette détention.

Cependant, malgré des prescriptions si formelles et si souvent répétées, il arrive fréquemment encore que des marins condamnés sont envoyés en France sans les expéditions des jugements qui les concernent. L'administration du port où ils abordent est obligée de s'en rapporter à leur seule déclaration sur la nature et la durée de leur peine, comme sur le temps de détention qu'ils ont pu subir avant d'être rapatriés. En outre, elle est dépourvue de toute pièce authentique, soit pour assurer elle-même, soit pour requérir des procureurs impériaux, lorsqu'il y a lieu, l'exécution des condamnations prononcées.

Je ne saurais trop vous recommander l'observation, en ce qui vous concerne, des prescriptions que je viens de rappeler, et afin que toute omission à cet égard, de la part des autorités qui auront présidé les tribunaux maritimes commerciaux, puisse être réparée à temps, vous devrez vous même, chaque fois qu'un condamné vous sera remis pour être dirigé sur un port de France, exiger, avant de le recevoir à bord, la remise simultanée du jugement qui le concerne, annoté, s'il y a lieu de l'apostille concernant la détention provisoire.

Vous agirez de même lorsque les individus qu'il s'agira de rapatrier auront été condamnés par des conseils de guerre ou de justice.

DE CHASSELOUP-LAUBAT.

(20 octobre 1865)

DÉP. M. *au sujet d'un Annamite condamné à 5 ans de réclusion et maintenu à Saïgon pour l'accomplissemens de sa peine les dispositions à prendre pour le cas où cette mesure serait étendue à un certain nombre d'individus.*

BAT. I. p. 313.

Vous m'avez rendu compte, par lettre du 24 janvier dernier, de la mesure que vous avez prise à l'égard du nommé Ph..., Annamite de la compagnie indigène, qui avait été condamné à cinq ans de réclusion, et que vous n'avez pas cru devoir envoyer en France pour y subir sa peine, afin d'éviter les frais de son transport dans la métropole.

Par ce motif, et aussi parce que, dans votre pensée, l'expiation sur les lieux mêmes de la faute serait d'un salutaire exemple pour la population, vous avez décidé que le nommé Ph... serait maintenu dans les prisons de Saïgon.

J'apprécie les considérations qui vous ont porté à prendre la mesure dont il s'agit, et je ne fais pas d'objection à ce que les individus condamnés à la réclusion accomplissent leur peine dans la colonie. Je me borne seulement, pour le cas où la mesure appliquée à Ph... devrait être généralisée, et surtout s'étendre à un certain nombre d'individus, à vous prier de prescrire, relativement à l'aménagement et au régime disciplinaire des prisons, les dispositions nécessaires pour que la peine soit, autant que possible, subie dans les conditions prescrites par le code.

DE CHASSELOUP-LAUBAT.

(14 décembre 1866)

DÉP. M. *au sujet d'un recours en commutation de peine formulé en faveur d'un novice condamné à 5 ans de travaux forcés et à la dégradation militaire pour vol qualifié. — Demande du dossier. — Rappel des articles 213 et 180 du Code maritime. — Envoi d'une copie de la circulaire du 9 octobre 1852 prescrivant l'envoi en France des dossiers de procédure des condamnés militaires. — Annexe.*

BAT. I. p. 313.

Selon le vœu exprimé dans une de vos lettres du 2 novembre dernier, je me propose d'appeler la clémence de l'empereur sur le novice P..., condamné le 28 septembre, par un conseil de guerre assemblé à bord de *l'Orne*, à Saïgon, à cinq ans de travaux forcés et à la dégradation militaire, pour vol qualifié.

Toutefois, je ne saurais prendre les ordres de Sa Majesté sans m'être préalablement concerté avec M. le Ministre de la justice, à qui je dois, selon le vœu du décret du 10 juillet 1852, communiquer le dossier de procédure, dont l'envoi est prescrit par la circulaire ci-incluse du 9 octobre de la même année.

Je vous invite donc à m'adresser, dans un bref délai, ce document, dont la production est particulièrement indispensable dans cette affaire, puisqu'on y doit trouver la constatation de faits énoncés dans le rapport que vous m'avez adressé et devant militer puissamment en faveur du condamné.

Le recours en commutation de peine, formulé par M. le commandant J... au nom des membres du conseil de guerre, et appuyé par vous, se fonde sur des motifs qui appellent un vif intérêt sur ce marin, dont le jeune âge aurait pu déterminer les premiers juges à lui accorder des circonstances atténuantes et à lui faire application d'une peine purement correctionnelle.

Je constate d'ailleurs, à regret, l'impossibilité qu'il y a aujourd'hui d'effacer, par voie de grâce, le caractère *infamant* de la condamnation : un pareil acte de clémence aurait pu, en effet, être provoqué, si, usant de la faculté ouverte par les articles 213 et 180 du Code maritime, vous aviez suspendu l'effet du jugement; c'est faute de ce sursis que le nommé P... a subi, le 2 octobre, la dégradation militaire.

La décision de commutation à intervenir ne devra donc porter que sur le *restant* de la peine commencée, sans que l'impétrant puisse en tirer le bénéfice de la *réhabilitation*, en vue de laquelle le conseil de guerre semble avoir invoqué la clémence impériale.

ANNEXE

(9 octobre 1852)

Aux termes d'un décret du 10 juillet 1852, le Ministre de la marine est chargé de soumettre directement au prince Président de la République les rapports sur les commutations de peine à accorder aux condamnés militaires de son Département. Toutefois, le Ministre de la justice est appelé préalablement à faire connaître son avis *et doit recevoir communication des pièces de procédure.*

Pour satisfaire à cette dernière obligation, mon Département a besoin d'avoir le dossier de la procédure relative à chacun des militaires qui viennent subir en France les condamnations prononcées par les conseils de guerre.

D'après les dispositions de la circulaire du 29 septembre 1843, il est fait envoi, par les autorités coloniales, des dossiers des militaires condamnés à la peine capitale ou aux fers.

Désormais, ces documents devront m'être adressés indistinctement pour tous les condamnés militaires qui seront renvoyés en France soit pour y subir immédiatement leur peine, soit par suite de sursis à l'exécution du jugement.

. . . .

Quant aux condamnés militaires qui subissent leur peine dans la colonie, vous aurez à me faire parvenir leur dossier lorsque vous m'adresserez des propositions en leur faveur.

J'appelle toute votre attention sur les dispositions qui font l'objet de la présente dépêche ; je tiens à être toujours en mesure de déférer au vœu du prince Président, toutes les fois qu'il jugera devoir faire acte de clémence en faveur des condamnés militaires.

TH. DUCOS.

(12 décembre 1868)

DÉP. M. *au sujet de l'envoi en France de onze Annamites condamnés. — Rappel aux prescriptions concernant le rapatriement des condamnés militaires.*

BAT. I. p. 314.

Le transport *Le Var* vient d'amener à Toulon onze Annamites destinés à subir en France des condamnations prononcées contre eux en Cochinchine.

Malgré les prescriptions expresses concernant les rapatriements de condamnés, lesquels font l'objet des circulaires des 6 et 17 mars 1860, 25 avril et 12 mai 1862, l'administration du port s'est trouvée, faute d'extraits de jugement accompagnant ces prisonniers, dans l'impossibilité de donner à chacun d'eux la destination qui doit lui être assignée. Veuillez bien faire remarquer à MM. les commandants des bâtiments rangés sous vos ordres que la circulaire du 18 novembre 1864 leur impose l'obligation d'exiger les pièces dont il s'agit pour tout condamné devant être rapatrié.

Je dois ajouter que je n'ai point encore reçu, relativement à chacun de ces Annamites, les expéditions et extraits de jugements dont l'envoi est prescrit à l'article 181 du Code de justice maritime. Il en est de même des dossiers de procédure qui, aux termes de la circulaire du 9 octobre 1852, « doivent m'être adressés indistinctement pour tous les condamnés qui seront renvoyés en France « soit pour y subir immédiatement leur peine, soit par suite de sursis à l'exécution du jugement. »

Je vous recommande tout particuliairement de veiller à ce que de semblables omissions ne se renouvellent pas à l'avenir, et je vous prie de me transmettre, le plus promptement possible, tous les documents ci-dessus mentionnés.

RIGAULT DE GENOUILLY.

(12 octobre 1871)

CIRC. M. *au sujet du transfèrement des prisonniers sur les bâtiments de l'État.*

B. M. p. 341.

(5 mai 1873)

CIRC. M. *Adoption de nouvelles mesures relativement aux condamnés frappés par des conseils de guerre ou de justice réunis hors de France.*

BAT. I. p. 316.

. . . .

. . . .

Je crois devoir vous faire connaître que la facilité, de jour en jour plus grande, des communications entre les colonies et la métropole, rend nécessaire l'adoption de nouvelles mesures relativement aux condamnés frappés par des conseils de guerre ou de justice réunis hors de France.

J'ai décidé, en conséquence, qu'à l'avenir il y aurait lieu de renvoyer en France, pour y subir sa peine, tout marin ou militaire de la marine qui, déduction faite du temps de la traversée, aurait encore six mois d'emprisonnement à accomplir lors de son débarquement.

Je vous rappelle, à cette occasion, qu'aux termes des circulaires des 6 et 17 mars 1860, 25 avril et 12 mai 1862 et 18 novembre 1864 tout condamné rapatrié doit être accompagné des pièces réglementaires, dont les commandants de bâtiments ont le devoir d'exiger la remise, en même temps que celle de l'homme.

Je vous invite, en terminant, à me transmettre trimestriellement, sous le présent timbre, un état, conforme au modèle nº 23, des condamnés gardés dans la colonie, et, mensuellement, l'état de mutation des détenus (modèle nº 16).

A. POTHUAU.

(21 décembre 1876)

CIRC. M. *Les condamnés militaires doivent être rapatriés, autant que possible, par les transports de l'État.*

B. M. p. 751.

(20 juin 1877)

CIRC. M. *Il y aura lieu d'établir désormais en double expédition le bulletin nº 1 du casier judiciaire concernant les individus originaires de certains pays étrangers.*

B. M. 1000.

Je vous remets ci-joint un certain nombre d'exemplaires du *Bulletin judiciaire central,* qui devra être désormais rempli par les greffiers à l'égard de tout individu ayant comparu devant une des juridictions de la marine.

Je vous prie de recommander spécialement aux chefs de parquets de tenir la main à ce que ce bulletin soit joint à chaque copie de jugement de condamnation, d'acquittement ou d'incompétence et me soit adressé dans le délai prescrit aux articles 181, 197, 213 et 225 du Code de justice maritime.

CLOUÉ.

(23 avril 1881)

CIRC. M. *Envoi d'un bulletin judiciaire à joindre à la copie de tout jugement.*

B. M. p. 546.

(26 octobre 1881)

DÉP. M. *rappelant que les exécutoires doivent être adressés au Ministre dans le plus bref délai (Instructions des 11 juin 1878 et 5 novembre 1879).*

ARCH. GOUV.

Monsieur le Ministre des Finances vient de me faire connaître qu'il a reçu directement du Trésorier général de la Cochinchine un extrait exécutoire concernant le nommé L..... (Henry-Emile-Désiré), soldat d'infanterie de marine, condamné le 18 juillet dernier par le 1er conseil de guerre de Saïgon.

Ce mode de transmission, auquel les conseils de guerre de la Cochinchine ont parfois recours, est contraire aux prescriptions formelles des instructions des 11 juin 1878. B. O. P. 1055 et 5 novembre 1879. B. O. P. 723. Aux termes de ces actes, les exécutoires doivent m'être adressés dans le plus bref délai, pour être réunis dans les mains du receveur central de la Seine: tout autre mode de procéder, notamment l'envoi direct de ce documents aux agents du Trésor, ne permet plus le contrôle établi au Ministère de la Marine pour le recouvrement des frais de justice.

Je vous prie d'appeler sur ces dispositions l'attention de qui de droit.

G. CLOU

(26 mai 1885)

DÉP. M. *Rappel des instructions réglant l'envoi des extraits exécutoires de jugement (Dép. du 5 novembre 1879, rappelée le 21 mars 1884).*

ARCH. GOUV.

Vous m'avez adressé le 15 avril dernier un extrait exécutoire de jugement concernant le nommé D...... (G.-S.), soldat d'infanterie de marine, condamné à Saïgon, le 21 mars 1885, à cinq ans de travaux publics. Vous vous référez, pour cet envoi, aux instructions ministérielles des 22 mars et 16 avril 1852.

Je crois devoir vous prier d'appeler l'attention de qui de droit sur les décisions qui régissent la matière : la transmission des documents de l'espèce est, en effet, réglée aujourd'hui par la dépêche du 5 novembre 1879 (B. G. p. 723), rappelée le 21 mars 1884 (B. D. p. 455), et le recouvrement des frais de justice est maintenant opéré, non plus par l'administration de l'enregistrement, mais bien par celle des contributions directes.

(6 janvier 1886)

DÉP. M. *concernant l'envoi des extraits exécutoires de jugements destinés à assurer le recouvrement des frais de justice (Rappel aux instructions des circulaires des 5 novembre 1879 et 21 mars 1884).*

B. C. p. 10.

Vous m'avez adressé, sous la date du 4 du mois dernier, un extrait exécutoire concernant le nommé B..... (Charles-Alexandre-Étienne-Lucien), soldat d'infanterie de marine, condamné à Saïgon, le 24 octobre 1885, à cinq ans de réclusion et aux frais pour vol.

Me référant à ma dépêche du 26 mai 1885 (n° 544), j'appelle de nouveau votre attention sur les instructions qui règlent la matière (circul. du 5 novembre 1879, *B. O.* p. 723, et 21 mars 1884, *B. O.* p. 455), ainsi que sur le dessaisissement de l'administration du domaine au profit du service des perceptions, en ce qui touche le recouvrement des amendes et frais de justice. C'est donc sous le présent timbre et non sous celui des colonies que vous devez me transmettre les extraits exécutoires.

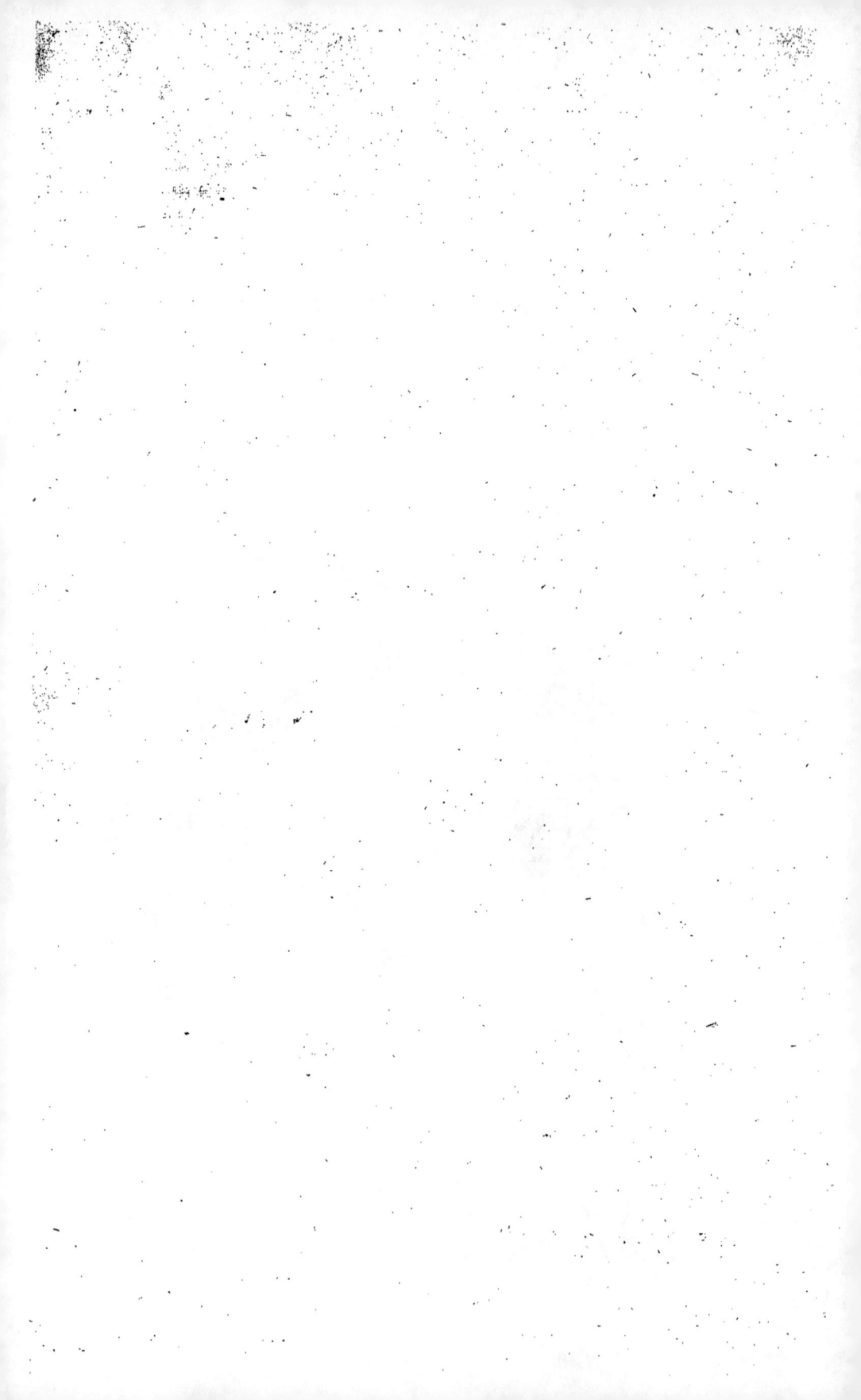

Imp. G. Saint-Aubin et Thevenot, Saint-Dizier (Haute-Marne). 30, Passage Verdeau, Paris.

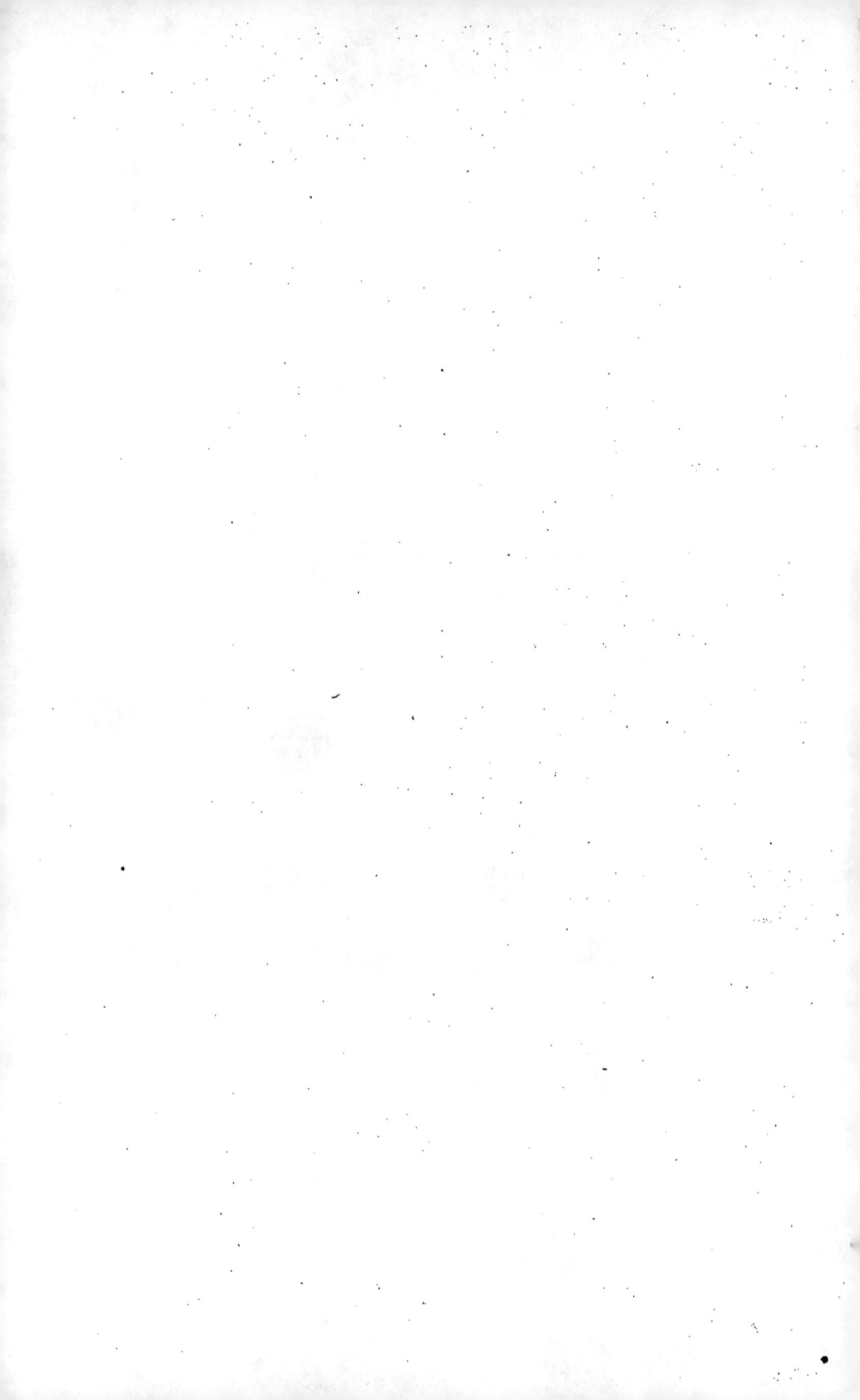